교수설계 이론과 모형

Instructional-Design Theories and Models
A New Paradigm of Instructional Theory
Volume II

Charles M. Reigeluth 편저

최 욱 · 박인우 · 변호승 · 양영선 · 왕경수
이상수 · 이인숙 · 임철일 · 정현미 옮김

LEA 아카데미프레스

Instructional-Design Theories and Models, Volume II:

A New Paradigm of Instructional Theory

역자 서문

본 역서는 미국 교육공학계에서 교수설계 이론가로서 명망이 높은 Indiana University의 C. M. Reigeluth 교수가 1999년에 출간한 『*Instructional Design Theories and Models: A New Paradigm of Instructional Theory*』를 한국 교육공학 전공 교수들이 십시일반의 노력으로 번역하여 세상에 나오게 되었다. 이 책의 원본은 Reigeluth 교수가 1983년에 처음 출간한 『*Instructional design theories and models: An overview of their current status*』와는 사뭇 다른 면모를 보이고 있다. 무엇보다 돋보이는 것은 다시 게재된 몇 개의 이론들을 제외하고는 전편과는 달리 그 유용성과 가치가 관련 학계에서 이미 입증된 완전히 새로운 교수설계 이론이나 모형들로 환골탈태하여 대거 제시되고 있다는 점이다. 특히 현대 교육공학의 다양한 실제 활동 영역에 대해 커다란 방향성을 제시해 줄 뿐만 아니라 기반 이론으로서의 역할을 자임하는 비중 있는 이론들을 모아 체계적으로 제시한 면은 역자 대표가 박사과정 시절 경험한 편집자의 교수설계 이론과 모형에 대한 통찰력과 혜안을 다시 한 번 느끼게 한다. 즉, 본 원서는 한 교육공학자의 이론만을 다룬 것이 아니라 교수설계 이론과 모형에 있어 강호제현이라고 인정받고 있는 걸작들을 편집자가 엄선하였을 뿐만 아니라 교육공학과 관련 학계의 미래를 밝혀줄 주요 이론들을 총망라했다는 면에서도 현존하는 교수설계 이론과 모형에 관한 어떤 전문서적도 추종을 불허하는 수준이라고 해도 과언이 아닐 것이다.

그런데 이 역서의 원본은 영역과 분량의 방대함으로 인해 관련 학계와 교육계에서 이를 강의하거나 심도 있게 학습하는데 있어 난관에 봉착하는 경우가 비일비재하였다. 그로 인해 각 이론과 모형에서 느껴지듯이 교육공학 분야뿐만 아니라 교수-학습에 연관된 다양한 분야의 학자들에게 그 가치와 유용성을 높게 인정받고 평가받은 결과에 반해서 여러 관련 학계에서의 교육과 연구에 있어서 그리 심도 있게 활용되지 못했던 것이 현실임을 역자들은 인식하게 되었다. 이에 본 역서는 미국 유수 대학교에서 교수설계 이론과 모형을 공부한 9인의 교수들 즉, 최욱(경인교대), 박인우(고려대), 변호승(충북대), 양영선(관동대), 왕경수(전북대), 이상수(부산대), 이인숙(세종대), 임철일(서울대), 정현미(안동대)가 책임 번역의 노력을 지난 1년 동안 경주한 결정체임을 밝혀두고 싶다.

본서는 위에서 언급했듯이 제한된 지면에 주요 교수설계 이론과 모형들이 총망라되는 형태로 서술되었기 때문에 그 핵심 내용을 제시하는데 중점을 두고 있다. 이로 인해 특정 교수설계 이론이나 모형을 실제 교육과 연구에 구체적으로 적용하는 데에는 좀더 심도 있는 탐구가 필요하다. 이에 독자들은 역자대표가 원본을 바탕으로 교육하고 연구할 때 그래야 하듯이, 각 장의 뒤편에 제공한 '참고문헌'뿐만 아니라 이와 관련된 최근의 연구 문헌들을 면밀하게 분석하여 한국 교육에 적용하는 시도를 한다면 상당한 결실을 맺을 수 있으리라고 확신한다.

본 역서가 관련 학계에 미치는 영향과 비중을 항상 염두에 두면서 모든 역자들은 책임 번역을 통해 그 사명감을 실천하고자 하였다. 그러나 한편으로는 역자들보다 더 높은 식견을 가지고 있을 독자들의 예봉을 그냥 지나칠 수는 없으리라는 각오를 하고 있다. 이 역서를 접하고 느낀 제안사항이나 개선점을 지적하는 것은 우리 역자들을 고통스럽게 하기보다는 좀더 양질의 교수설계 이론과 모형을 수준 높게 전달해 줄 수 있는 계기를 마련해주고 그 의미를 고양시켜준다는 점을 잘 알고 있으므로 때로는 따가운 질책과 비판도 겸허하게 수용할 것이다.

또한 우리 역자들 모두는 원서의 편집자가 후면 표지에서 천명하였듯이 후속 작품을 크게 기대해 본다. 특히 1983년의 전편과는 판이하게 다른 수준 높은 교수설계 이론과 모형을 이 원서에서 제시하여 관련 학계를 경탄해마지 않게 했듯이, 3편에서도 백가쟁명하며 명멸을 거듭하고 있는 다양한 스펙트럼의 교수설계이론과 모형들에 대해 명료한 체계와 새로운 지평을 열어 선도해나갈 또 하나의 걸작을 기대해 본다.

마지막으로 역자 대표가 작년 초에 제시한 본 역서에 대한 간청을 선뜻 승낙하여 주신 아카데미 프레스의 홍진기 사장님의 결단과 배려가 없었다면 이 책의 탄생은 기대하기 지난했으리라 사료된다. 이 지면을 빌어 홍 사장님과 아카데미 프레스의 관련 임직원 여러분들께 다시 한 번 감사드린다.

성하염천의 경인교육대학교에서
역자 대표 최 욱

저자 서문

인간이 학습을 더 잘하기 위해 어떻게 도와줄 수 있겠는가. 이것이 교수이론의 모든 것이라고 할 수 있다. 이 이론은 여러 가지 교수방법들을 설명해 주고 있으며 (인간의 학습과 발달을 촉진할 수 있는 다양한 방법들), 각각의 방법들을 언제 활용하는 것이 적합한지도 제시하고 있다.

이 책의 전편 『*Instructional Design Theories and Models, Volume I*』은 1980년대 초의 교수설계 현황에 대한 개괄적인 모습을 제공하였다. 그러나 교수설계의 모습은 그 이후 극적인 변화를 맞이하고 있는데, 이러한 변화는 한편으로 학교교육과 기업교육 환경에서 야기된 새로운 요구에 부응하기 위해서, 또 한편으로 인간의 두뇌와 학습 이론에 대한 지식의 발전과 궤를 같이 하기 위해서, 다른 한편으로는 교육철학이나 신조의 변화로 인해, 그리고 다른 한편으로는 정보통신공학의 발달로 인해 이전과는 다른 교수능력을 이용할 필요가 대두되어 새로운 교육방법에 대한 필요성과 가능성에 보조를 맞추기 위해서, 등등 다양한 양상으로 나타나고 있다. 이런 변화들은 너무나 현저하기 때문에 많은 사람들이 새로운 패러다임의 수업을 수립해야 한다고 주장하고 있으며 이러한 주장은 새로운 패러다임의 교수이론을 요구하고 있다.

즉, 『*Instructional Design Theories and Models, Volume II*』의 출판 필요성은, 현재 개발중인 여러 새로운 교수방법들의 요약본을 제시하고자 할 뿐만 아니라, 이러한 다양한 이론들 간의 상호관계를 보여 주고 교수설계 영역에서의 현재 이슈와 동향을 부각시키는 데 두고 있다. 이러한 교수 방법과 이론들의 다양성을 구비하고 이 책이 학교교육과 기업교육에 종사하는 교육실천가와 대학원생들에게 더 유용하기 위해서, 전편(*Volume I*)보다 2배나 많은 장(chapters)을 담으면서도 각 장의 분량은 반으로 줄였다. 이로 인해 내용의 구체성은 전편에 비해 전반적으로 덜하다.

 이 책은 이해하고 비교해야 할 많은 이론들을 다루었기 때문에, 기존의 책과는 다른 형태의 서술방식으로서 각 장의 서문을 통해 해당 교수설계 이론의 주요 구성요소를 요약·제시하여 독자들의 이해를 돕고자 하였다. 원컨대, 이러한 서문들이 각 이론들을 전반적으로 파악하고 상호 비교하는 데 쓰일 뿐만 아니라 해당 장의 이론이 독자 자신의 관심에 부합하는지를 미리 판단하는 기준으로 삼고, 또한 교수이론들에 대한 전체적인 도식(schema)을 개발하는데 유용하기를 바란다. 더 나아가 각 장의 주요 쪽마다 편저자의 각주를 달아 각 이론들을 이해하고 비교하는 데 도움을 주고자 한다. 끝으로 제2부와 제4부에서 제공한 소개의 글은 해당 단원에 있는 각 장의 이론들에 대한 분석과 이해를 용이하게 해 줄 것이다.

 제1부는 교수설계 이론이란 무엇이며, 이론들의 변화 양상과 그 이유들을 서술하고 있다. 또한 이 부분에서는 교수설계 이론의 현재 이슈와 동향에 대한 심도 있는 논의를 제시하고 있다. 편저자는 독자가 이 책의 어느 이론을 읽기 전에 반드시 이 영역에서 기술된 두 개의 장을 먼저 통독하기를 바란다. 제2부는 인지적 영역에서 현재 개발중인 여러 새로운 이론들을 다양하게 요약·설명하고 있다. 그리고 제3부는 운동기능적 영역에서 고도의 통합성을 지닌 이론을 소개하고 있으며, 제4부는 정의적 영역과 연관된 5개의 이론들을 제시하고 있다. 끝으로 제5부에서는 제2부와 제4부에서 다루어진 다양한 이론들에 대한 전체적인 논의가 이루어지고 있으며, 또한 새로운 패러다임의 교수설계이론을 개발하는데 유용한 연구방법론이 제공되고 있다.

 편저자는 인간의 학습과 발달을 촉진하는데 있어 이러한 매력적인 신이론들을 탐구하는데 독자들이 희열을 느끼길 바란다. 나에게 이러한 이론들은 모든 학습 상황에서 학습자들의 요구에 좀더 부합하는 교육방법에 대한 "외부 지원 전략(outside the box)"이 항상 되어 주었다.

Charles M. Reigeluth

차 례

PART   Ⅲ

운동기능발달 촉진

CHAPTER   19   번역: 이상수

신체적 기능의 발달: 운동기능영역의 수업   **375**

PART   Ⅳ

정의적 발달의 촉진

CHAPTER   20   번역: 이상수

정의적 교육과 정의적 영역:
수업설계이론과 모델을 위한 적용   **397**

교수설계이론에 관하여

제1부는 독자들이 다음의 사항들을 분석하고 이해하는데 도움을 주는 두 개의 장으로 구성되어 있다.

- 이 책에 제시되어 있는 이론의 특성
- 새로운 교수설계이론의 패러다임이 기존의 패러다임과 다른 측면
- 연구자나 실행자가 관심을 두고 있는 교수설계이론의 일부 논점들

나는 다른 장을 읽기 전에 이 두 개의 장은 꼭 읽을 것을 강력히 추천한다.

이 책에서 나는 1권에서 서술적 이론의 대안으로 쓰였던 "처방적 이론"이라는 용어 대신에 "설계이론"이라는 용어를 사용하고자 한다. 이렇게 변화를 준 이유는 "처방"이라는 용어의 의미가 경직되고 유연하지 못해서 대부분의 교수설계이론에서 부정확한 개념으로 간주되고, 특히 새로운 패러다임에서는 더욱 그러하기 때문이다. 이러한 용어의 교체는 "교수설계이론"을 명백한 설계이론으로 자리매김할 수 있게 하기도 한다. 이외에, 많은 사람들이 "교수이론"이라는 용어를 교수설계이론과 같은 의미로 사용하기 때문에, 이 책에서 나도 교수이론이란 표현을 때때로 사용하였다.

1부에서는 이 책 전체에 걸쳐 다뤄지는 많은 논점들에 대해 소개한다. 다음의 질문들은 그러한 논점들의 주요 측면들이다.

- **새로운** 교수 **패러다임**의 핵심적인 특성은 무엇인가?
- **교수이론**은 무엇이고, 이것은 학습이론이나 교수체계 개발(ISD)과정과 어떤 측면에서 다른가?
- 교수설계에 작용하는 역할 중 어느 것이 **가치**를 가져야 하는가?

- 교수이론과 교육과정이론은 어느 정도까지 **통합**되어야 하는가?
- 교수는 어느 정도까지 세 가지 영역(**인지**, **행동**, **정서**)을 통합된 방식으로 다뤄야 하는가?
- 단일 이론상의 관점에 기반한 방법론에 반하여, **방법의 다양성**은 교육 실행자들에게 어느 정도까지 제시되어야 하는가?
- 교수이론은 교육 실행자들에게 어느 정도의 **유연성**을 제공해야 하는가?
- 교수이론은 교육 실행자들에게 **세부사항들**을 지침으로서 얼마나 제공해야 하는가?
- 학습환경의 **문화**나 **풍토**는 교수이론의 방법으로서 어느 정도나 작용해야 하는가?
- 교수의 새로운 패러다임에 있어서 **학생들의 동기화**라는 방법은 어떠한 역할을 하는가?
- 학생의 **학습에 대한 자기규제**와 **반성**이 교수의 새로운 패러다임에 있어서 어떠한 역할을 하는가?
- 새로운 교수 패러다임에 있어서 **학생 평가**는 어떻게 이루어져야 하는가?
- **체계적인 사고**란 무엇이고, 새로운 교수 패러다임을 설계하고 실행하는데 있어서 이것은 얼마나 중요한가?
- **양자택일**의 사고는 교수이론의 새로운 패러다임과 어떻게 연관되어 있는가?
- **특수한 종류의 학습**도 교수이론의 새로운 패러다임에서 다뤄지는가?
- 교수의 새로운 패러다임에서 교사와 학생의 **역할**은 어떻게 다른가? 또 예비훈련과 현직훈련차원의 교사 직업개발이 갖는 새로운 역할이 주는 시사점은 무엇인가?

이러한 질문들은 1장과 2장에서 어느 정도 다루어지지만, 대부분은 여러분이 2~4장을 읽으면서 해결할 수 있게 남겨둘 것이다. 이론을 다루는 장

에 있는 편집자주는 여러분이 위의 질문들을 유념하고, 내가 생각했던 해답들에 대해 생각해 볼 수 있도록 도와 줄 것이다. 더 나아가, 이러한 질문들의 일부는 제1권(Reigeluth, 1983)의 제1부에서 다루었으므로, 그 책의 세 개의 장을, 특히 제1장을 읽어 보면 도움이 될 것이다.

이 책의 중요한 주제 중 하나는 인지적, 정서적, 행동적인 발달이 복잡하게 뒤얽혀 있다는 점이다. 그럼에도 불구하고, 발달을 촉진하는 방법(예, 교수 방법)들은 보통 인지적인 측면과 정서적인 측면이 상당히 다르다. 인간 학습과 발달에 있어서 이 세 가지 영역의 차이점과 상호 연관성을 이해하는 것은 중요하다.

또 다른 주제는 보다 넓은 범위의 상호 관련성과 관련이 있다. 교육과정이론과 교수이론은 상호 연관이 있다. 교수이론, 학습이론, 그리고 ISD과정(개발이론)은 상호 연관되어 있다. 학습의 서로 다른 영역들은 상호 연관되어 있고, 이러한 각각의 영역 내부에서 서로 다른 주제의 범주들은 여러 형태로 상호 연관되어 있다. 또한 교수와, 학생의 동기 부여나 평가와 같은 다른 영역 간의 상호 관련성은 강하게 존재한다. 학습은 학습이 발생하는 문화나 풍토와 관련되어 있다(영향을 받는다). 게다가, 교육체계의 다른 측면들(또는 하위체계)은 관리체계나 직업개발체계, 기록보관체계, 기술지원체계, 수송체계 등 학교에서 시행되는 교수의 새로운 패러다임의 성공에 커다란 영향을 준다(유사한 관계가 기업훈련환경에서도 존재한다). 시스템사고(Boulding, 1985; Checkland, 1981; Hutchins, 1995; Senge, 1990 참조)와 혼돈이론(Gleick, 1987; Prigogine & Stengers, 1984)은 광범위한 교수이론을 성공적으로 만들어내는 이론가의 능력뿐만 아니라 교수이론의 새로운 패러다임을 성공적으로 시행하는 교육 실행가의 능력에 영향을 미치기 쉬운 상호 연관성의 존재를 확인하고 이해하

는 강력한 도구를 제공한다. 시스템사고를 교육에 유용하게 적용시켜 발표한 사례로는 Banathy (1991, 1996), Fullan(1993), Jenlink(1995), Reigeluth와 Garfinkle(1994), 그리고 Schlechty(1990) 등이 있다. 상호 연관관계가 교수의 새로운 패러다임에 중요하다는 측면에서, 시스템사고와 혼돈이론이 제시하는 도구들에 대해 알아보는 일은 유용한 작업이 될 것이다.[1]

— C.M.R

참고문헌

Banathy, B. H. (1991). *Systems design of education*. Englewood Cliffs, NJ: Educational Technology Publications.

Banathy, B. H. (1996). *Designing social systems in a changing world*. New York: Plenum Press.

Boulding, K. E. (1985). *The world as a total system*. Beverly Hills, CA: Sage.

Checkland, P. (1981). *Systems thinking, systems practice*. Chichester, NY: Wiley.

Fullan, M. (1993). *Change forces*. London: The Falmer Press.

Gleick, J. (1987). *Chaos*. New York: Vilroy.

Hutchins, C. L. (1995). *Systems thinking*.

Jenlink, P. M. (1995). *Systemic change: Touchstones for the future school*. Palatine, IL: Skylight Training and Publishing, Inc.

Prigogine, I., & Stengers, I. (1984). *Order out of chaos: Man's new dialogue with nature*. Boulder, CO: New Science Library.

Reigeluth, C. M. (Ed.); (1983). *Instructional-design theories and models: An overview of their current status*. Hillsdale, NJ: Lawrence Erlbaum Associates.

Reigeluth, C. M., & Garfinkle, R. J. (1994). *Systemic change in education*. Englewood Cliffs, NJ:

1) 이 번역을 위하여 한 학기 동안 같이 이 책을 읽고 초고를 만드는 데 도움을 주었던 전북대 정혜영, 김현숙, 양영희, 서의정, 조영혜, 그리고 박선일, 김희선, 한명숙, 이명란, 이은정 님의 노고에 감사드립니다.

Educational Technology Publications.

Schlechty, P. C. (1990). *Schools for the 21st century: Leadership imperatives for educational reform*. San Francisco, CA: Jossey-Bass.

Senge, P. (1990). *The fifth discipline: The art and practice of the learning organization*. New York: Doubleday.

교수설계이론이란 무엇이며, 어떻게 변화하고 있는가?

Charles M. Reigeluth

Indiana University

왕경수

전북대학교 교육학과 교수

이 장의 목적은 이 책에 제시되어 있는 교수설계이론을 독자들이 이해하고 분석하는 데 도움을 주는 것이다. 먼저 우리는 교수설계이론이 무엇인지 알아볼 것이다. 여기에는 교수설계이론에서 작용하는 가치들의 역할에 대한 논의와 교수설계이론이 아닌 요소들에 대한 논의가 포함된다. 이 장의 두 번째 영역에서는 교수설계이론의 새로운 패러다임의 필요성에 대해 알아볼 것이다. 특히 학습자가 조직화된 차트의 하위가 아닌 정점에 위치해 있는 훈련과 교육의 필요성에 대해 살펴볼 것이다. 그리고 나서, 교수설계이론에 대해 그러한 패러다임이 갖는 의미에 대해 살펴볼 것인데, 여기에는 일부 설계과정이 학습자가 학습을 수행하는 과정에서 이루어져야 한다는 부분까지 포함된다.

1. 교수설계이론이란 무엇인가?

교수설계이론이란 인간의 학습과 발달을 촉진시키는 보다 나은 방법에 관해 명확한 지침을 주는 이론이다. 학습과 발달에는 인지적, 정서적, 사회적, 신체적, 정신적인 것들이 포함될 수 있다. 한 예로, Perkins는 『*Smart Schools*』에서 교수설계이론을 "제1이론(Theory One)"이라고 부르는데, 이 이론은 수업이 인지적 학습을 촉진하기 위해 포함해야 하는 요소에 대해 다음과 같은 지침을 제공한다.

- **명확한 정보**. 목표와 필요로 하는 지식 및 예기되는 성과에 대한 묘사와 예시.
- **치밀한 연습**. 학습자가 어떠한 내용의 학습이든지 적극적이고 반성적으로 참여할 수 있는 기회─덧셈, 문제 풀이, 작문.
- **유익한 피드백**. 수행에 관한 분명하고 신중한 조언.
- **강한 내외적 동기**. 충분한 보상이 주어지는 활동─매우 흥미 있고 연관성이 있거나, 학습자와 관련된 성취를 제공하는 경우(Perkins, 1992, p. 45).

이것이 교수설계이론이다. 물론 Perkins는 이러한 각각의 지침을 그의 책에서 상세히 언급하지는 않았지만, 이러한 견해는 교수설계이론이 무엇인지에 대해 좋은 예시를 제공해 준다. 모든 교수설계이론에 나타나는 네 가지 공통적인 주요 특성은 무엇인가?

첫째, 여타 친숙한 이론들과는 달리, 교수설계이론은 설명 지향적이라기보다 설계 지향적이다. 즉, 주어진 사건의 결과에 초점을 두기보다는, 학습이나 발달을 위해 제시된 목표를 달성하는 수단에 초점을 둔다. 이는 목표 달성을 위한 방법에 대해 직접적인 지침을 주기 때문에, 설계 지향적인 교수설계이론은 교육자들에게 더욱 직접적으로 유용하게 된다.

둘째, 교수설계이론은 수업의 **방법들**(학습을 지원하고 촉진하는 수단) 및 그 방법들이 사용되거나 사용되지 않아야 할 **상황들**을 알려준다. 위의 제1이론의 경우에 수업의 방법들은 명확한 정보, 치밀한 연습, 유용한 피드백, 강한 동기의 부여이다. Perkins에 의하면 "훌륭한 교수는 개개의 다른 상황에 다른 방법을 요구한다."(p. 53)고 한다. 그리고 그는 제1이론이 Adler(1982)가 말하는 세 가지 교수방법의 기초가 되는 방식에 대해 설명한다(설명식 교수, 코우칭, 소크라테스식 교수).

셋째, 모든 교수설계이론에서 교수 방법들은 교육자들에게 지침을 제공하는 **보다 세분화된 구성 방법들**로 쪼개질 수 있다. 제1이론에서 Perkins는 네 가지 기본 방법을 구성하는 각각의 요소에 대해 중요한 정보를 제공한다. 예를 들어, 설명식 수업 구조를 놓고 Perkins는 Reinhardt(1989)의 연구에 근거하여 명확한 정보를 위한 구성요소에 대해 말한다.

- 수업목표의 확인
- 목표의 체크와 부호화 과정
- 논의되는 개념에 대한 충분한 예시의 제공
- 실연
- 친숙하고 확장된, 새로운 요소의 도입을 통한 기존 개념과 새로운 개념의 결합
- 학생들이 이미 알고 있는 원리, 설명 사이의 상호 점검, 논리의 주입 등을 통한 새로운 개념이나 절차의 합리화(Perkins, 1992, pp. 53-54).

넷째, 이 수업의 방법들은 결정적인 것이 아니라 **개연적**인 것이다. 즉, 이 방법들은 목표 달성을 확실히 보장하는 것이 아니라, 목표 달성의 기회를 증가시켜줄 뿐이다. 제1이론의 경우에서, "논의되는 개념에 대한 충분한 예시의 제공"은 학생들이 도달하는 목표를 보장하지 못한다. 그러나 학생들이 목표에 도달할 수 있는 가능성을 높여준다.

요컨대, 교수설계이론들은 설계 지향적이며, 수업의 방법들 및 그 방법들이 사용될 상황을 설명하며, 그 방법들은 더욱 간단한 방법들로 쪼개질 수 있으며, 그리고 그 방법들은 개연적이다. 교수설계이론의 이러한 각각의 특징들은 다음에서 보다 자세히 다루어질 것이다.

설계 지향적 이론들

교수설계이론들의 중요한 특성은 설계 지향적이라는 것이다(목표 지향적). 이 점은 교수설계이론이 사람들이 보통 이론으로 생각하는 것들과 커다란 차이를 보이는 원인이 된다. 보통 이론들은 인과관계나 자연현상의 흐름을 다룬다고 생각할 수 있는데, 그러한 결과나 현상들은 대부분 결정적(예, 원인이 언제나 정해진 결과로 귀결됨)이라기보다는 개연적(예, 원인은 정해진 결과의 발생빈도를 높임)이다. 대부분의 사람들은 이론을 본질적으로 서술적인 것으로 간주하는데, 이것은 말하

자면 원인이 되는 부류의 사건들이 발생했을 때 그 결과에 대해 설명하거나 특정한 현상이 일어나는 과정을 설명한다고 생각하는 것이다. 예를 들어 정보처리 이론은 기술적이다. 이 이론은 새로운 정보가 장기 기억 속에 저장되기 전에 단기 기억을 거친다고 말한다. 이것은 학습을 촉진하는 방법을 말해 주지 못한다. 기술적인 이론들은 예측(원인이 되는 현상이 주어졌을 때 어떤 결과가 도출될지에 대해서나, 과정 속에 한 현상이 주어졌을 때 다음 차례에 일어날 현상을 예측)이나 설명(이미 발생한 결과가 주어졌을 때 그 원인이나 또는 결과에 선행했던 것을 설명)에 사용될 수 있다.

그러나 설계 지향적 이론들은 기술적 이론들과 매우 다르다(Cronbach & Suppes, 1969; Simon, 1969; Snelbecker, 1974; Reigeluth, 1983b, 이 책 제1권 제1장). 설계이론들은 주어진 목표에 도달하기 위해 사용되는 최상의 방법들에 관한 지침을 제공한다는 의미에서 본질적으로 기술적이다. 교수설계이론은 인과관계나 자연현상의 흐름을 설명하는 기술적 이론들과는 달리, 주어진 목표를 가장 잘 달성하기 위해서 어떤 방법을 사용해야 하는지에 관한 지침을 제공한다는 점에서 본질적으로 처방적이다. (그러나 수업 중 행해져야 하는 지극히 세부적인 사항까지 규정하고, 변화를 주는 것을 허용하지 않는다는 의미에서는 보통 처방적이지 못하다. 이 의미에서의 처방은 사회과학의 영역에서 거의 존재하지 않는 결정론적 이론에만 적용된다.) 한 예로, 새로운 정보를 장기 기억하도록 도와 주고 싶다면(교수목표), 학습자로 하여금 그 정보를 관련된 사전 지식에 연관시키도록 도와 주어야 한다(교수방법).

Simon(1969)은 기술적 이론과 설계 이론의 차이를 "자연과학"과 "인공과학"으로서 각각 지칭하고 있다. Cronbach와 Suppes(1969)는 이를 "결과 지향적 연구"와 "의사결정 지향적 탐구"라고 부른

다. 어떤 방식으로 이것들을 부르더라도 이 두 이론들은 매우 다른 종류로서, 상이한 목적을 갖고 있고, 연구방법의 차이를 요구한다. 설계이론은 실천가들에게 다른 목적들을 달성하기 위해서 사용될 방법들에 관해 직접적인 지침을 주는 것이 목적이다. 반면에 기술적 이론들은 현상으로부터 나온 결과에 관한 심층이해를 제공하는 것이 목적이다. 기술적인 이론들 역시 실천가들에게 유용하다. 왜냐하면 어떤 설계이론이 작용하는 이유에 관해 이해하도록 하고, 또한 적합한 설계이론이 없는 상황에서 실천가들에게 그들 자신의 설계이론을 만들어내도록 도와 줄 수 있기 때문이다. 기술적 이론을 개발하고 검증하는 사람들의 관심은 '타당성'에 있는 데 비해, 설계 이론의 경우에는 '적합성'에 있다. (즉, 당신이 처한 상황에서 이 방법을 사용하면 기존의 다른 어느 방법보다 더 잘 목표에 달성할 수 있는가?) 이런 까닭에 설계이론은 기술 이론과는 다른 연구방법론을 필요로 한다 (고급 설계이론을 위한 방법론에 대한 설명을 보려면 이 책 26장을 참고하라).

방법과 상황들

교수설계이론은 적어도 두 가지의 요소를 요구한다. 인간의 학습과 발달을 촉진하기를 위한 방법, 그리고 그 방법들을 사용하는 때와 그렇지 않은 때를 구분짓는 기준이다(상황이라고 부르는). "환경"이라는 용어가 일반적인 언어에서 유사한 의미를 갖고, 교육에서 종종 사용된다 하더라도 어떠한 방법이 사용되어야 하는지에 대해 환경의 모든 측면이 적용되는 것은 아니다. 따라서 나는 방법의 선정에 영향을 미치는 환경의 측면을 말하기 위해 "상황"이라는 용어를 사용한다. 교수설계이론의 중요한 특징은 제공하는 방법들이 보편적이라기보다는 상황적이라는 점이다. 다시 말하면,

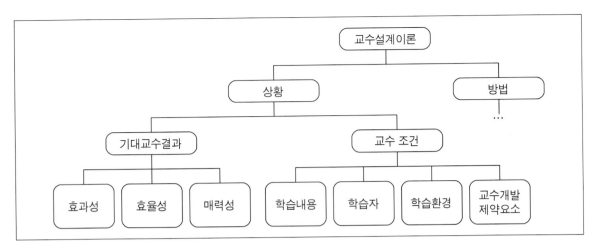

그림 1.1   교수설계이론의 요소

하나의 상황에서 최상으로 작용하는 방법이 있고, 다른 상황에서는 또 다른 방법이 최상이 될 수 있다는 것이다.

어떤 교수 상황에서든지 두 가지의 주된 양상이 있다(그림 1.1 참조): 교수가 발생할 수 있는 조건과 교수의 기대결과가 그것인데, Gagné의 학습 조건과 혼동하면 안 되는 **교수 조건**은 다음과 같다.

- 학습내용의 특성(예: 이해와 기술의 습득은 다르게 학습된다)
- 학습자의 특성(예: 사전지식, 학습전략, 동기)
- 학습환경의 특성(예: 집에서 혼자, 학교에서 26명의 학생이, 기업에서 소규모 팀이)
- 교수개발 제약요소들의 특성(예: 교수의 계획과 개발에 투입할 수 있는 시간과 재정)

이런 모든 조건들은 어떤 방법으로 기대결과에 가장 이상적으로 도달할 수 있는지에 대해 영향을 미칠 수 있다. Gagné가 말한 학습의 내부조건은 위의 두 번째 항목(학습자의 특성)에 포함되어 있으므로, 교수조건이다; 그러나 Gagné의 학습의 외부조건은 사실 교수조건이 아니라 교수방법이다.

교수조건의 두 번째 주된 측면은 기대된 교수결과이다. 이것은 학습목표와는 다르다. 여기에는 기대되는 세부 학습들이 포함되지 않는다. 위의 목록을 보면 교수조건의 첫 번째 항목은 "학습내용의 특성"이었다. 대신에 기대된 교수결과에는 교수를 통해 원하거나, 필요로 하는 효과성, 효율성, 매력성의 단계들이 포함된다.

- 효과성의 단계는 교수활동의 질에 관한 문제로써, 학습목표에 도달하는 정도로서 나타난다. 기대 교수결과는 학습목표가 무엇인지와는 관계가 없고, 그 성취도와 관련되어 있다. "기준"이라는 용어는 효과성을 말하기 위해 종종 사용된다. 예를 들면 정삼각형에서 $a^2 + b^2 = c^2$을 사용하여, 10개의 실생활의 문제 중 8개를 정확히 풀어 보라고 하는 식이다.
- 효율성의 단계는 투입시간 대비 교수나 교수의 비용 등을 통해 본 효과성의 단계이다. 예를 들면 위에서 언급된 기준에 학생들이 도달하는데 걸리는 시간을 들 수 있겠다: 정삼각형에서 $a^2 + b^2 = c^2$을 사용하여, 10개의 실생

활의 문제 중 8개를 정확히 풀어 보라고 하는 식이다.

- 매력성의 단계는 학습자가 학습을 즐기는 정도이다. 예를 들면 학습 주제에 대한 추가적인 학습을 받을 수 있는 장소를 학습자들이 물어보는 상황이 있겠다.

보통 세 가지 기대결과(효과성, 효율성, 매력성)는 균형을 이룰 필요가 있다. 교수활동이 보다 효과적이길 원한다면, 더 많은 시간과 비용이 투입되어야 하고, 효율성이 떨어질 수 있다. 간혹 교수활동이 보다 매력성(동기 부여)을 갖추길 원한다면, 효율성이 떨어질 수 있다. 이 책에서 교수설계이론(2부와 3부 참고)은 상황에 따라 권장되는 방법에 대해 명확하게 언급하고 있다.

구성 방법들

따라서 교수설계이론들은 설계 지향적이다. 교수설계이론에 포함되는 방법들은 적합하거나 부적합한 상황들(수업 조건과 기대 성과)을 구체적으로 제시한다는 점에서 상황적이다. 또한 각 방법이 다른 식으로 실행될 수 있고 그러므로 다른 구성요소들로 이루어져 있다는 점에서 요소적이다. 예를 들면 문제기반학습(PBL)은 교수방법으로 볼 수 있다. 하지만 PBL은 문제나 시나리오의 제시, 조 구성, 조별활동 보조, 개인이나 조별활동 결과의 반영 등의 많은 세부방법들로 구성되어 있다. 이것들은 보다 일반적인 방법의 **일부**이다.

이외에, 적용 가능한 여러 가지 방법들이 있다. 다양한 방식으로 문제가 제시될 수 있고, 시나리오는 많은 종류의 특성을 가질 수 있다. 이것들은 보다 일반적인 **종류**의 방법들이다. 간혹 이러한 방법들 중 하나가 다른 종류의 방법들보다 나을 수 있고(주어진 조건들이나 기대결과에서) 비슷한

수준으로 효과적이기도 하다. 대개 이러한 측면은 상황에 좌우된다.

마지막으로, 어떤 방법에 있어서 그 방법이 반드시 만족시켜야 하는 **준거**를 제공할 수 있다. 이는 일반적인 방법의 부분이나 종류는 아닌데, 가령 문제중심학습에서 시나리오를 설계할 때 현실성을 준거로 삼는 것이 그 경우이다.

이 요소들은 좀더 자세한 지침들로 나누어질 수 있다. 다시 말해서, 그것들은 대부분 기본 구성요소(실용적인 목적에서 볼 때, 무의미한 변화를 보임으로써 그 구성요소로서 유용하게 분석되지 않는 요소들; 1권의 Landa와 Scandura 이론: Reigeluth, 1983a 참고)라 불리는 하위구조를 가지고 있다. 물론 이러한 구성요소들은 서로 밀접한 상호관계가 있고 기대결과에 도달하는 모습에 있어서도 상황에 좌우되기 쉽다. 교수설계이론은 비교적 일반적인 수준에서 방법을 설명하면 더 간단하고 더 쉽다. 다시 말해서, 방법들이 그 구성요소로 나뉘고, 그 구성요소들이 또 다른 구성요소들로 세분화되는 도표에서 일반적인 방법들은 도표의 상부에 위치해 있다. 그러나 그런 단순 이론은 교육자들에게는 덜 유용하다. 왜냐하면 그 방법들이 실행될 수 있는 많은 다른 방식들이 있는데 교육자들은 어떤 방식이 그들의 상황에 가장 잘 들어맞을 거 같은지에 관해 안내를 받지 못하기 때문이다. 그러므로 교수설계이론은 비교적 상세한 수준에서 방법을 설명한다면 적용하기가 더 쉽다.

따라서 교수설계이론은 제시되는 지침의 단계에 따라 매우 일반적인 이론부터 상당히 세부적인 이론까지 그 범위가 크게 달라질 수 있다. 그러나 서로 다른 상황에의 적용이라는 관점에서 볼 때 이론이 세부적이라는 것이 그 이론의 유연성을 의미하지는 않는다. 저자들은 이 책에서 그들의 이론을 요약적으로 제시하고 있기 때문에, 이 책에서 제시된 지침의 단계는 동일한 저자가 다른 곳

에서 제시하는 것보다 낮은 단계일 수밖에 없다. 이러한 경우 작가들은 보다 완전한 작업을 위해 참고문헌을 제시하고, 독자는 이를 통해 추가적인 지침을 얻게 된다.

개연적 방법들

교수방법의 또 다른 특성으로는 그것이 개연적이라는 데 있다. 이 의미는 방법들이 기대된 교수와 학습결과를 보장하지 못한다는 것이다. 단지 기대 결과가 나타날 개연성을 높이는 것이다. 이것은 교수활동의 방법에 영향을 미치는 요소(상황, 변수)들이 많기 때문이다. 아마도 교수 방법은 의도된 상황에 정확히 맞춰서 개발하기란 거의 불가능할 것이다. 하지만 교수설계이론의 목표는 기대결과(종종 비용효과성도 포함하여)에 관한 가장 높은 가능성을 확보하는 것이다.

만약 교수설계이론이 각각의 구성 방법들에 대해 일일이 개연적이라면 좋겠지만, 이런 개연성들은 각각의 상황에 따라 다르고, 다른 구성 방법들이 어떻게 사용되는가에 따라서 다르다. 이것은 전자 작업 지원시스템하의 어떤 상황에서든지, 각각의 방법들이 개연성을 구체화하기 힘들게 하는데, 이론가들은 질적으로 다른 모든 상황에 모든 개연성들을 경험적으로 결정하거나 입증하는데 아직도 무수히 많은 문제점을 갖고 있다. 그러므로 불행하게도, 개연성은 교수설계이론에 드물게 포함된다.

가치

목표(설계)지향적이며 목표를 달성하기 위한 방법의 적합성을 강조하는 설계이론이 던지는 주요한 시사점은 설계이론에서 가치가 중요한 역할을 한다는 것이다. 반면에 서술적 이론의 가치는 보통 비과학적인 것으로 간주된다. 설계이론에 있어서 가치(혹은 철학)는 두 가지 측면에서 특히 중요하다. 먼저 추구해야 할 목표를 결정하는 데 중요한 역할을 한다. 전통적으로 교수설계 절차모형(아래의 "교수설계과정" 영역 참고)은 가르칠 내용을 결정하기 위해 오로지 요구분석 기술(자료기반접근)에만 의존해왔다. 우리는 이러한 결정에 작용하는 가치의 중요한 역할에 주목할 필요가 있고, 교수설계 절차모형은 교수상황에 이해관계에 있는 모든 사람들이 그러한 가치에 합의점을 찾을 수 있도록 도와 주는 지침을 제공할 필요가 있다. 둘째로 목표가 주어졌을 때, 거의 대부분의 경우는 목표도달을 위해 하나 이상의 **방법**이 사용될 수 있다. 전통적으로 교수설계 절차모형은 주로 교수를 위한 최상의 방법들에 관한 연구자료에 의존해왔다. 그러나 어떠한 방법이 최선인지는 방법을 판단하는 기준에 따라 달라질 수 있다. 이러한 기준은 당신의 가치를 반영한다. 이 책에서, 모든 교수설계이론(제2~4부 참고)은 목표와 방법의 선택에 지침이 되는 가치를 명확히 제시해 주고 있다.

따라서 교수설계이론들은 설계 지향적이고, 이 이론들이 제시하는 방법들은 상황적, 구성적, 개연적이다. 교수설계이론들은 방법들이 사용되어야 하는 상황들을 확인시켜 준다. 또한 추구하는 목표와 그러한 목표도달을 위해 제시하는 방법들의 기초가 되는 가치들도 말해 준다. 교수설계이론이라고는 볼 수 없지만 종종 교수설계이론과 혼동을 가져오는 것들에는 무엇이 있을까?

2. 무엇이 교수설계이론이 아닌가?

교수설계이론을 이해하기 위해서, 교수설계이론이 아닌 것과 교수설계이론을 대조해보는 것은 상당한 도움이 된다. 교수설계이론은 **학습이론**, **교수설계과정**, **교육과정이론**과 핵심적인 측면에서 다르다. 그러나 교수설계이론은 이것들과 밀접하게 연관되어 있고, 교사와 교수설계자들이 이에 대해 알 필요가 있다.

학습이론

학습이론은 종종 교수설계이론과 혼동된다. 그러나 학습이론은 기술적이다. 학습이론은 학습이 어떻게 일어나는지를 설명한다. 예를 들어 스키마이론이라 불리는 한 학습이론은, 기존에 존재하는 스키마에 첨가를 통해 새로운 지식이 습득되는데, 이것은 사소한 불일치가 발생했을 때 스키마를 전환하고, 두드러진 불일치가 발생했을 때 스키마를 재구조화하는 것이다(Rummelhart & Norman, 1978). 하지만 이것을 이해하는 것이 영문법과 같은 것을 가르칠 때는 어떻게 적용이 될까? 만일 내가 창조적이고 시간이 많다면, 첨가를 촉진하는 교수방법을 개발할 수 있을 것이고 스키마를 전환하고 재구조화할 것이다. 그러나 이것은 매우 어려워서, 나는 목표를 달성하지 못할 것이다. 만일 내가 특정 상황에 유용한 방법을 찾아냈다면, 이것은 교수설계이론일 것이다. 이것은 단지 매우 좁은 범위의 상황에만 적용될 것이지만, 이러한 방법과 상황들이 모여서 교수설계이론을 구성하는 것이다.

학습이론에 비해 교수설계이론은 더 직접적이고 쉽게 교육 문제에 적용된다. 왜냐하면 교수설계이론은 학습이 일어날 때 학습자의 머릿속에 무엇이 일어나고 있는지를 묘사하기보다는, 학습을 촉진(예, 교수방법)시키는 학습자 외부의 구체적인 사건들을 설명하기 때문이다. 이와 같은 종류의 분석은 인간개발이론에도 적용된다. (온갖 종류의 학습과 개발을 촉진함)이것들은 서술적이고,

수업에 간접적으로만 적용된다.

그럼에도 불구하고, 이 점이 학습이론과 인간발달이 교수자에게 유용하지 않다는 것을 의미하지는 않는다. Winn(1997)이 설명했듯이, "성공적인 교육실무자나 연구자들은 적어도 자신의 학문에 직접적인 기반이 되는 분야에 있어서는 완벽히 정통해질 필요가 있다. 유능한 교수 설계자는 학습이론과 인간발달이론을 알고 있다"(p. 37). 학습이론과 발달이론은 교수설계이론이 작용하는 이유를 이해하는데 유용하고, 교수설계이론이 존재하지 않는 영역에서 두 이론은 교육자가 새로운 방법을 고안하거나, 기존에 있는 적합한 교수방법을 선택하는데 도움을 줄 수 있다.

따라서 교수설계이론과 학습이론, 인간발달은 마치 집과 그 초석의 관계와 같이 모두 중요하고 밀접하게 연관되어 있다. 사실, 세 이론은 보통 상당히 밀접하게 연관되어 있어서, 제2~4부에 나오는 여러 이론들은 교수설계이론뿐만 아니라 학습이론에도 논의점을 제공해 준다(제7장, Mayer가 말하는 "SOI모형에 의해 제시된 교수방법"과 "학습의 SOI모형" 참고). 그러나 이러한 종류의 이론들은 연관성과 마찬가지로 중요한 측면에서 서로 다르고, 이 이론들 사이의 차이점에 대한 이해 없이 학습 촉진방법을 충분히 이해하기는 어렵다.

교수설계 과정

교수설계이론이 아닌 또 다른 것으로 교수설계 과정이 있다. 교수설계이론은 수업이 어떤 모습이어야 하는지에 관심을 가지지만(예, 어떤 교수방법이 사용되어야 하는지), 교사나 교수 설계자가 그 수업을 계획하고 준비하기 위해서 어떤 과정을 사용해야 하는지에 관해서는 관심 밖이다. 수업이론, 수업 모형, 수업 전략 등의 용어가 교수설계이론을 나타내는 데 비해, 수업개발모형(ID)이나 수

업체계개발(ISD)과정은 교수설계과정을 나타내는 용어들이다.

그러나 교수설계이론과 교수설계과정들은 밀접히 관련되어 있다. 서로 다른 이론들은 그 이론들을 특정 상황에 사용하는 과정에서 차이점을 요하기 때문이다. 이에 따라, 이 책 제2~4부의 일부장에는 각각의 이론사용을 위해 필요한 설계과정의 새로운 양상들에 대해 간략한 요약이 수록되어 있다.

교육과정 이론

이 책의 제1권(Reigeluth, 1983a)에서 나는 교수내용과 교수방법에 대해 논의했다. 그리고 교수방법의 결정이 교육과정이론의 영역으로 간주되어 왔음을 확인했고, 반면에 교육방법의 결정은 교수설계이론의 영역으로 여겨져 온 것 또한 확인했다. 그러나 이 두 가지의 상호관련성은 매우 강해서, 종종 이 둘을 결합시키는 것도 용인되어 왔다. 사실 많은 교육과정 이론들은 어떻게 가르칠지에 관해, 많은 교수설계이론들은 무엇을 가르칠 것이냐에 관해 지침을 제공했다. 따라서 수업방법과 수업내용을 결정하는 일 사이의 차이점을 아는 것은 필요하지만, 제2부와 제3부에 제시된 이론들은 양쪽을 적절하게 다루었다. 예를 들어 제4장에서 Gardner는 이해의 촉진 방법뿐만 아니라 "이해할 가치가 있는 주제"에 대해서도 말하고 있다.

기본적인 논점들은 교수내용과 교수방법을 결정하는 기반에 관련되어 있다. 무엇을 가르칠지(목표)에 대해서 ISD과정은 앞서의 "가치" 부분에서 언급했던 대로, 전통적으로 요구분석의 과정을 통해 무엇이 작용하는지에 대해서만 관심이 있다. 그러나 많은 교육과정이론들은 철학(일련의 가치)에 기반을 둔다. 사실, 대부분의 경험(무엇이 필요한지에 대한 자료)과 가치(무엇이 중요한지에 대

한 견해)는 관련되어 있고, 교수내용을 결정하는 데 있어 ISD과정 속에서 다뤄져야 하는데 서로 다른 상황에는 그에 맞는 단계를 적용시키는 것이다. 마찬가지로 어떻게 가르칠지(어떤 방법을 사용할지)에 대한 결정에 있어서, 전통적으로 교수설계이론은 연구를 통해 얻어진 자료나, 합산된 평가, 형성 평가에 오로지 의존했고, 무엇이 작용하는지 판단하기 위해 사용되는 기준은 보편적(명백함)이라고 보았다. 그러나 중요시하는 결과에 관한 가치는 사람마다 다르기 때문에, 기준은 종종 상황에 따라 달라진다. 따라서 교수내용뿐만 아니라 교수방법을 결정하는데 있어서도 가치와 경험은 중요하고, 교육과정이론과 ISD과정의 요소들은 결합되어야 한다.

이 장에서 우리는 교수설계이론이 무엇인지에 대해 알아보았다. 교수설계이론은 설계지향적(목표지향적)이고, 상황에 따라 사용되는 방법의 지침을 제공한다. 그 방법들은 구성 요소들로 되어 있고, 교육자에 따라 변화하는 지침을 제공한다. 방법들은 또한 개연적이고 결과를 항상 촉진하는 것은 아니다. 그리고 우리는 것을 알고 있다. 가치들은 교수설계이론이 추구하는 목적 및 도 목적을 달성하고자 제공하는 방법의 근저에 가치가 중요한 역할을 한다는 점에서 중요하다는 것을 알고 있다. 우리는 무엇이 교수설계이론이 아닌가를 또 탐구하여 왔다. 그것은 학습이론과 같지 않으며, ISD 절차 모형도 아니고 교육과정이론도 아니다; 그것은 이 세 가지 것과 밀접한 관계가 있으며 교육자들은 이 세 가지를 가지고 교수설계에 관한 자기들의 지식을 보충한다. 사실, 그것은 수업설계이론과 교육과정이론을 결합하는 것이 유용할 때가 많다.

수업설계에 관한 이러한 이해 속에서 우리는 왜 그것이 중요한가에 대한 문제로 나아가기로 한다.

왜 교수설계이론이 중요한가?

Pogrow(1996)는 "교육개혁의 역사는 생존하고 제도화되기 위해 행한 주요 개혁의 일관된 실패들 중 하나라고, Cuban(1993)은 시도된 교육과정 개혁의 역사적 성공을 '비참'하다고 표현했다"(p. 657). Pogrow는 "개혁을 촉진하는 가장 강력한 단일도구는 옹호였다"(p. 658)고 계속해서 말하는데 이것은 "연구/학문/개혁(REAR)집단"으로부터 비롯된 것으로 사유와 원리를 개발하는 교육 개혁가와 학자, 그리고 연구자로 이루어져 있다. Pogrow는 "REAR집단에서는 일반적 이론을 만들어야 한다는 책임의식이 광범위하게 퍼졌고, 이론을 적용시키는 방법을 고안하는 것은 실행자들의 몫이었다"(p. 658)고 말한다.

Pogrow가 요구한 것은 서술적 이론보다 설계이론의 필요성이다. 그는 계속해서 말한다.

서술적 이론의 실행방법을 고안하는 것은 그 이론을 만드는 것보다 훨씬 어려운 일이다. 나는 상당히 지적인 사람인데, 단지 네 개의 생각을 세부적이고 효과적인 교육과정으로 만들어서 지속적으로 작용할 수 있는 방법을 고안하는데 거의 14년의 세월이 걸렸다…. 내가 경험한 것은 만약 REAR이 제대로 배치된다면 대부분의 조건에 적용할 수 있는 기술을 개발하고 세부적인 수행방법을 결정하는 적당한 연구가 실제로 가능하다는 것이었다. (p. 658)

교육자들의 교육 개선을 도우려면, Pogrow가 말했듯이 REAR집단의 보다 많은 사람들이 "사색하고 설명하는 것을 선호"(p. 658)하기보다는 설계이론을 만들어내는 데 전력투구해야 한다. 이 책의 목적은 교수분야에서 설계이론을 만들어내기 위해 행해졌던 유망한 작업들을 요약하고 공

표하기 위함이다. 이것으로 행정이나 관리/정책과 같은 교육의 다른 분야에 동일하게 적용되었으면 한다. 또한 전반적인 교육체계의 구조적인 변화를 다루는 설계이론의 산출에도 적용되었으면 한다(Banathy, 1991: Reigeluth & Garfinkle, 1994 참고).

지금까지 교수설계이론이 무엇이고 왜 중요한지에 대해 다뤄봤고 이제부터는, 제2판이라기보다는 이 주제에 대한 기존의 작업인 제2권에서 요구한 바와 같이, 이 이론이 왜, 그리고 어떻게 극적으로 변화하고 있는지에 대해 다뤄보고자 한다(Reigeluth, 1983a).

3. 왜, 그리고 어떻게 교수설계이론은 변화하고 있는가?

두 가지 종류의 변화의 관점에서 생각해보는 것이 수월할 것 같다. 점진적 변화와 조직적 변화가 그것이다. 점진적 변화는 체계의 구조를 변화시키기 않고 그대로 남겨둔다. 종종 동일한 필요를 충족하기 위해 더 좋은 방법을 찾는 것을 포함하는데, 예컨대 유추를 이용하여 작년에 가르쳤던 내용과 다른 면에서 유사한 방식으로 학생들이 과학 개념을 학습할 수 있도록 도와 주는 것이다. 이와 다르게, 조직적 변화는 보통 새로운 필요에 대한 대응으로서 체계구조의 변경을 수반한다. 예를 들어 당신은 학생들의 특성(초기지식, 학습방식, 흥미, 동기 등과 같은)이 전보다 다양하고, 그에 따라 여러 가지 다른 목표(대학, 직업학교, 취업 등과 같은)를 각각 지니고 있다는 것을 발견할 수 있다. 이러한 변화된 필요에 대응하기 위해 맞춤형, 조별활동 기반, 문제기반 학습 등의 사용을 결정할 수 있고, 향상된 과학기술을 광범위하게 사용할 수 있다. 점진적 변화는 보통 체계의 한 부분이 변

화되고, 이 변화된 부분은 나머지 부분과 양립하게 된다. 반면 조직적 변화는 체계 전체에 걸친 변화를 요하는 근본적인 변화를 수반하는데 이는 나머지 부분과 변화가 양립할 수 없기 때문이다.

그러면 교수설계이론은 점진적 변화와 조직적 변화 중 어느 것을 필요로 할까? 이전에 논의했듯이, 교수설계이론은 교육의 수행을 안내하는 지식 기반적 성격을 갖는 학습 촉진방법이다. 차례로, 교수의 실행은 다양한 종류의 체계를 구성하는 하나의 하위체계인데, 공공교육체계나 상위교육체계, 협동훈련체계, 의료기관, 군대, 박물관, 비공식 학습체계 등과 마찬가지이다. 나는 교수실행 하위체계를 "교수체계"로 부르겠다.

조직 사상가들은 인간활동체계(사회체계)가 현저히 변화할 때, 그 하위체계 역시 생존을 위해 똑같이 현저하게 변화해야 한다는 것을 안다. 이것은 상위체계가 계속해서 하위체계를 지원하려면, 그 상위체계의 하나 이상의 필요를 각각의 하위체계가 충족시켜야 하기 때문이다(Hutchins, 1996). 따라서 교수체계의 상위체계가 조직적 변화를 경험한다면, 교수체계도 마찬가지로 변화를 겪어야하고, 결과적으로 교수설계이론은 조직적 변화를 경험할 필요가 있고, 그렇지 않으면 뒤처지는 위험을 감수해야 한다.

교수의 상위체계

그러면 교수의 상위체계는 극적으로 변화하고 있는가? 농경시대에는 일이 가족을 중심으로 조직되었다. 산업시대에는 기업조직의 전형적인 형태가 된 관료제와 세분화된 조직이 농경시대의 가족의 역할을 대체하였다. 이제 우리는 정보시대로 깊숙이 들어섰고, 기업은 탈관료제의 중간단계에 있으며, 낱낱의 부서가 아니라 전면적인 절차에 기반하여 재조직화되고 있다. 또한 기업은 직원들을 팀으로 조직하여, 이들이 상부에 지배되기보다는 기업의 시각을 벗어나지 않는 범위 안에서 스스로를 관리할 수 있도록 상당한 자율성을 보장한다(Drucker, 1989; Hammer & Champy, 1993). 이것은 기업이 고객과 의뢰인의 필요에 보다 빠르고 적절하게 대처할 수 있다는 것을 의미한다. 이러한 변화들은 조직적인 변화의 정의에 확실히 부합한다.

민간, 공공, "제삼"(비영리) 분야의 다른 조직들도 유사한 변이를 체험하는 경우가 많아지고 있다(Osborne & Gaebler, 1992 참조). 그림 1.2는 산

산업사회	정보사회
표준화	개별화
관료적 구조	팀-조직
중앙집권	자율성
반대적 관계	협력관계
독재적 정책입안	공용 정책입안
순응	독창성
동조	다양성
단일 교제(교류)	다양한 교제(교류)
구역화	전체론
부분지향	과정지향
계획된 위축	총체적 질
"왕" 같은 경영자 또는 지도자	"왕" 같은 고객

그림 1.2　산업사회와 정보사회의 차이점

업사회와 정보사회 조직 간의 차이점을 특징적으로 보여 주는 "핵심요인"이다.

수업의 상위체계들의 근본적인 변화는 수업에 대해서 중요한 시사점을 제공한다. 고용인들은 문제에 대해 생각하고, 해결하고, 팀으로 일하며, 의사소통하고, 주도권을 가지며, 그들의 일에 대해 다양한 관점을 지녀야 할 필요가 있다. 또한 "사람들은 더 많이 배워야 할 필요가 있지만, 학습할 수 있는 시간은 적다"(Lee & Zemke, 1995, p. 30), 조직의 전략적인 목표들이 갖는 효과를 증명해 보여야 할 필요가 있다(Hequet, 1995). 교육이나 훈련체계는 이러한 요구들을 만족시키기 위해서 단지 내용을 변화시키고 있는가, 아니면 보다 근본적인 변화가 요구되는가? 이 질문에 대답하기 위해서 우리는 훈련과 교육에 대한 현재의 패러다임을 보다 자세히 들여다 볼 필요가 있다.

현재의 교육과 훈련 패러다임

그림 1.2는 교육과 훈련에 있어서 현재의 패러다임이 산업사회의 대량생산과 같은 **표준화**에 기반하고 있다는 것을 나타내는데, 표준화는 현재 정보화사회에서 맞춤형 생산으로 변화하고 있다. 서로 다른 학습자들은 서로 다른 속도로 학습하고, 학습에 있어서 필요도 다르다는 것을 우리는 알고 있다. 그러나 현재 교육 및 훈련 패러다임은 다수의 학생들이 같은 내용을 동일한 시간 동안 배우는 수업을 수반한다. 그 이유는 집단 기반학습이 학습자의 필요를 충족시키는 데는 적합하지 않더라도 논리성과 경제적 효율성을 보장하기 때문이다. Campbell과 Monson(1994)이 말했듯이, "우리는 모든 학생들에게 동일한 방식으로 내용을 가르치는 것이 효과적일 수 있다고 주장하는 전통적 교수의 핵심적인 가정을 거부한다. 이것은 효율성을 확보할 수는 있어도 확실히 효과성의 문제는

아니다"(p. 9).

학생들의 평가가 대체로 규준에 기반하여 이뤄져왔고, 교사는 학생들 스스로가 정보의 옥석을 가리는 것을 때때로 억제한다고 생각해봤을 때, 표준화된 교수가 학습자들을 K-12단계의 학교교육과 고등교육, 단체 훈련으로 분류해왔음은 명백해진다. 표준화된 교수는 학생들 상호간의 비교를 가능하게 했는데, 이것은 산업사회에서 관리자와 노동자를 분리시키는데 있어서 그 필요성이 매우 컸다. 결국 당신은 일반적인 노동자들에게 보통 이상의 교육을 시킬 수 없거나 또는 그것을 원하지 않을 텐데, 그렇지 않으면 노동자들이 자신에게 맡겨진 일을 아무런 문제의식 없이 행하는 것이 아니라, 지루하고 반복적인 업무에 대해 불만을 갖게 되기 때문이다. 결국 우리의 현재 교육 및 훈련 패러다임은 학습이 아니라 분류를 위해 설계되었다(Reigeluth, 1994).

하지만 일관 공정라인에서 기계처럼 일하는 노동자들은 미국에서 사라져가는 직종으로 분류되었다. 제조업의 해외이주, 장비의 복잡화, 품질을 향상시키기 위해 기업을 재편하는 최근의 움직임 등이 결합되어 수많은 노동자들에게 독창적으로 행동하고, 비판적으로 생각하며, 문제를 해결할 수 있는 능력을 요구한다. 산업에서의 이러한 필요와 평생교육 학습자의 필요를 충족시키기 위해, 우리는 분류 대신에 학습에 초점을 맞출 필요가 있다. 우리 사회의 체계가 다시 학습에 초점을 맞출 수 있는 방법은 무엇인가? 교육자들은 사람 간에 학습속도가 다르다는 것에 동의한다. 따라서 교육이나 훈련체계가 시간을 일정하게 제한한다면, 하나의 교실에서 수업이 이루어진 이래로 산업사회 교육체계에서 그래왔듯이 결과는 차이가 있을 수밖에 없다. 대안은 시간을 다양화시켜서 학습자들이 각자 학습목표에 도달하는데 필요로 하는 기회를 주는 것이다. 이것이 바로 진보의 신

호라고 할 수 있는 학습중심체계이다(Northwestern University와 Anderson Consulting Education이 개발한 목표 기반 시나리오에 관한 *Educational Technology*, 1994 특별판 참고). 이것은 우리가 표준화가 아닌 **주문형**에 초점을 맞출 필요가 있다는 것을 의미한다. 이것은 K-12학교나 고등교육기관뿐만 아니라 기업과 기타 조직 등 모든 교수 상황에서 통용된다. 단지 교육내용의 변화가 교수의 상위체계의 새로운 필요를 충족시키지 못할 뿐이다.

그림 1.2는 현재의 교육 및 훈련 패러다임이 또한 **적합성**과 **순응**에 기반하고 있다는 것을 보여 준다. 훈련받는 사람과 학생은 앉아서, 조용히 하고, 시키는 대로 한다는 점에서 닮아 있다. 그들의 학습은 트레이너나 교사에 의해 좌우된다. 그러나 현재의 고용주들은 문제를 **독창적**으로 해결하고, 작업장에서 **다양한 관점의 차이점**을 제시하는 사람을 원한다. 이 두 가지 측면은 하나의 팀이 문제를 해결하고 경쟁에서 앞서 나갈 수 있는 능력을 높여준다. 지역사회나 가족 내부에서도 독창성을 갖고 있고, 다양성을 존중하는 사람을 필요로 한다. 우리의 현재 훈련 및 교육 체계의 구조가 독창성과 다양성을 저하시키고 있기 때문에 교육내용의 변화는 이러한 상위체계의 새로운 필요를 충족시키기에 충분치 않다.

나는 현재의 훈련 및 교육 패러다임의 각각의 핵심요인들이 정보화사회에서 부각되는 요구를 충족시키는데 있어서 어떻게 역효과를 가져오는지에 대해 계속해서 분석할 것이다. 하지만 그 메시지는 이미 명백하다: 패러다임 자체가 변화해야 한다. 이것이 새롭게 부각되는 교육시스템설계(ESD)(Banathy, 1991; Reigeluth, 1995 참고)의 초점이다. 교육체계설계의 주요 관심사는 상위체계와 학습자의 요구를 보다 잘 충족시키기 위해서 어떤 변화가 요구되는지(내용 문제)와 이러한 변화를 만들어가기 위해 필요한 방식(절차문제)이다.

교수설계이론을 위한 함의

앞서의 논의에서 우리는 교육 및 훈련에서의 현재 패러다임은 분류에서 학습으로ー Darwinian의 개념인 "소수의 향상"에서 보다 정신적이고 인간적인 개념인 "모두의 향상"으로ー그리고 모든 사람들이 자신의 잠재력을 발휘하도록 돕는 것으로 그 강조점이 변해야 한다는 것을 살펴보았다. 이것은 수업의 패러다임이 표준화에서 주문형으로, 수업자료를 제시하는 것에서 학습자의 요구를 충족시키는 것으로, 학습자의 머릿속에 주입하는 것에서 학습자들이 자신의 머릿속으로 들어오는 것을 이해하도록 돕는 것으로 바뀌어야 한다는 것을 의미한다. 이는 곧 "학습 중심" 패러다임이다. 이는 또한 수동적인 학습에서 능동적인 학습으로, 교사 주도적 학습에서 학생 주도적(혹은 상호 주도적) 학습으로, 교사에 의한 주도, 통제, 책임에서 상호 주도적, 통제와 책임으로, 탈 맥락적인 학습에서 실제적이고 유의미한 과제로의 변화를 요구한다. 그리고 그 무엇보다도 시간을 고정시키고 성취도를 다르게 하는 것으로부터, 기대하는 목표를 달성하기 위해 각 학습자가 필요로 하는 시간을 허용하는 것으로 바뀌는 것이 가장 중요하다.

그러나 이런 식으로 수업의 패러다임을 바꾸기 위해서는 교사는 동시에 전 학급에 같은 내용을 가르칠 수는 없다. 이는 교사가 "무대 위의 현자"가 되기보다는 "주변의 안내자"가 되어야 한다는 것을 의미한다. 대부분의 학습에서 교사가 학습의 관리자가 아닌 촉진자가 된다면 누가 학습의 관리자가 될 것인가? 잘 설계된 자원들과 교수설계이론, 그리고 교수공학이 특히 중요한 역할을 할 수 있다. 그러나 동료 학습자(학생이나 훈련자)나 각 지역의 자원들(교육 실행가), 멀리 떨어진 자원들(인터넷을 통해 얻을 수 있는 것들)까지 여기에 포함시키기도 한다. 교수설계이론은 이 모든 종류의 자원들을 수업의 학습 중심 패러다임에 맞게 활용할 수 있도록 지침을 제공할 필요가 있다. 나아가, 수업의 정의도 대부분의 인지이론가들이 말하는 "구성(construction)"(Ferguson, 1992 참고)을 포함하여, 단지 학습자에게 정보를 전달하는 과정이 아니라, "학습자들이 자신의 지식을 형성하도록 돕는 과정"으로 바뀌어야 한다. 수업은 "의도하는 학습을 촉진시키기 위해 시행되는 것"으로 더 넓게 정의되어야 한다.

수업의 새로운 패러다임은 교수설계 이론에서도 새로운 패러다임을 요구한다. 그러나 이것이 현재의 교수설계이론을 모두 버려야 한다는 것을 의미하는 것일까? 여기에 대답하기 위해 현재의 이론들이 주로 기여한 측면을 살펴보자. 만약 누군가가 기술을 배우길 원한다면 기술의 실연, 방법의 일반화(설명), 연습, 피드백 등은 확실히 학습을 보다 쉽고 성공적으로 만들 것이다. 행동주의자들이 사용하는 '예, 규칙, 연습 및 피드백'과 같은 요소들은 인지주의자들에 의해서도, 비록 다른 이름이긴 하지만, '인지적 도제, 발판제공'과 같은 것으로 언급되고 있다. 구조주의자들도 이러한 개념을 인정하고, 급진적인 구조주의자들도 발전적 논의를 하지는 않지만 앞서의 개념을 사용하고 있다. 일부 급진적 구조주의자들에 의해 설계된 교수 분석은 바로 이러한 교수전략을 상당히 사용하고 있음을 보여 준다. 우리는 이 지식을 버리는 것을 고려해야 할까? 나는 그렇게 생각하지 않는다. 그러면 이 지식이 고급 교수설계를 위해 충분한가? 나는 역시 그렇게 생각하지 않는다.

여기에서 중요한 점은 교수 설계자나 교육자들이 수업의 방법에는 두 가지 종류, 즉 기본 방법과 변용 방법이 있음을 알아야 한다는 것이다. **기본 방법**이란 주어진 상황(정해진 유형의 학습이나 학습자)에서 학습의 가능성을 일관되게 증가시킨다고 과학적으로 검증된 것을 말한다(가령, 기능을 가르쳐 주기 위해서 "말하고, 보여 주고, 해보는 것"). **변용 방법**이란 이 기본 방법들의 매개물로서, 선택할 수 있는 여러 대안들을 나타내는 것이다(가령, PLB 대 도제). 이것은 교수방법과, 교수방법이 쓰이거나 쓰이지 않아야 할 다양한 상황간의 관계를 지나치게 단순화했음에도 불구하고, 설계자가 알아야할 중요한 구별이다. 전통적인 교수설계이론들은 이들 변용 방법들을 언제 사용하는지에 관한 지침을 제공하지 못했다. 이 책 제 2∼4부에서는 기본방법과 변용방법의 구분이 제시될 것이다.

이들 방법들을 언제 사용하는지에 관해 지침을 제공하기 위해서는, 독백으로부터 대화를 변화한 교수설계이론의 새로운 패러다임이 필요하다. 이 대화를 설계자와 사용자간의 대화뿐만 아니라 설계 및 그와 상호 작용하는 사람들 간의 대화까지도 의미한다(Mitchell, 1997, p. 64). 새로운 패러다임은 현재의 이론을 포함해야 하며, 다음에 대해 유연한 지침을 제공해야 한다. 학습자들이 언제, 어떻게:

- 주도권을 제공받아야 한다.
- 실제 현실의 일에 관해 조별로 작업해야 한다.
- 여러 가지 바람직한 방법 중에서 선택하는 것이 허용되어야 한다.
- 진보한 과학기술의 강력한 기능을 제대로 활용해야 한다.
- 적당한 기준에 도달할 때까지 기다리는 것이 허용되어야 한다.

학습 중심 교수설계이론은 도전과 안내, 권한 부여와 지원, 자율과 구조를 적절히 결합한 학습

환경의 설계에 관한 지침을 제공해 주어야 한다. 그리고 수업 설계에서 그 동안 무시되었던 분야, 즉 PBL, 프로젝트 기반 학습, 시뮬레이션, 개인교수, 팀 단위 학습과 같은 수업의 변용 방법들 중에서 선택하는 것에 관한 지침서들도 포함해야 한다. 그림 1.3과 1.4는 학습중심이론이 포함하고 있을 수 있는 접근방식들의 일부를 보여 준다. 또한 각각의 접근방식의 설계를 위한 유연한 지침과 교수에의 또다른 접근 방식들이 필요하다.

게다가, 교수설계이론의 이전 패러다임은 상대적으로 적은 수의 학습에 초점을 맞추었다. 그러나 서로 다른 유형의 학습은 그에 따른 교수방법을 요구한다. 정서적 영역에서의 태도와 가치, 학습의 여러 유형들은, 인지적 영역에서의 인지적 기술과 학습유형들과 촉진 방식이 매우 다르다. 이것은 정서적 학습에 인지적 요소가 포함되어 있고, 인지적 학습과 정서적 학습이 종종 긴밀하게 연관되어 있다는 사실에 비추어 보아도 마찬가지이다. 영역 의존적 지식(특정 학문분야에 한정됨)의 학습이 촉진되는 방식은, 영역 독립적 지식(초인지 기술과 같은 높은 단계의 학습을 나타냄)의 학습이 촉진되는 방식과 다르다. 하지만 이 두 가지 지식 유형은 종종 함께 사용된다.

산업사회에서 교육은 주로 단순 영역 의존적인 인지 학습에 치중할 필요가 있었다. 그러나 정보 사회로 갈수록 그 학습자들은 비구조화된 영역에서 문제를 해결하는 것과 같은 복잡한 인지적 과제를 위한 기능을 더욱 필요로 한다. 또한 정서 발달, 성격 발달, 정신 발달과 같은 비인지적인 영역들에서의 발달을 위한 도움을 필요로 한다. 지금까지 산업 사회에서는 주로 인지 영역과, 그 중에서도 특히 잘 구조화된 영역에서의 매우 단순한 절차적 과제와 정보에 초점을 맞추어 왔다. 새로운 패러다임의 교수설계이론은 모든 종류와 유형에서 학습을 도와 주는 방법을 알려 주어야 한다.

교수설계이론이 현재 교육 및 훈련체계의 변화하는 요구를 충족시킬 수 있는, 약동하고 성장하는 영역으로 남기 위해서는 교수설계이론의 새로운 패러다임을 서로 협력해서 개발하고 개량하는 보다 많은 이론가와 연구자가 절대적으로 필요하다. 나는 이 책이 이 분야에서 일하는 보다 많은 사람들, 이 분야의 연구를 지원하는 보다 많은 자금, 이 분야에 기반하여 성장한 지식을 사용하는 보다 많은 실행자들에게 힘을 실어 주기를 바란다. 형성적 연구(제26장 참고)는 이러한 이론을 개발하는 하나의 방법론을 제시해주는데, 이것은 형성적 연구가 이론간의 상호 비교(경험적인 연구와 같이) 또는, 이론이 적용되었을 때의 상황에 대해 설명(사실적인 성질의 연구와 같이)하기보다는 현재의 설계이론을 개선하는 방법에 **초점을 맞추기 때문이다.**

새로운 교수설계이론의 사용

교수설계이론의 새로운 패러다임은 종래의 패러다임이 사용되던 방식과는 다르게 사용될 것이라고 나는 생각하며, 이것은 이론의 방향성에 대해 새로운 요구가 생겨나게 하였다.

첫째, 교수설계이론은 이해 관계자들이 설계의 초기단계에 교수에 관한 목적(학습자들이 그 결과로서 어떻게 달라질 수 있는지)과 수단(학습자 내부에서 변화가 어떻게 촉진될 수 있는지)이라는 두 가지 측면에서 통찰을 할 수 있도록 도와줘야 한다. 이것은 모든 이해 관계자들이 목적과 수단 양쪽에 대해 그들의 가치를 공유하고 합의에 도달함으로써 시행을 하게 되었을 때 두드러진 실망이나 오해, 저항 등이 사라지게 된다. 이상적인 비전에 대해 생각하는 연습을 해 보는 것은 교수에 있어서 부족한 창조적 접근을 가능하게 한다. 이러한 종류의 이상적인 비저닝 활동은 여러 실질적

도제(Apprenticeship): 학습자가 지식이 활용되는 조건과 근접한 상황에서 직접 대면하면서 인지적 지도를 받고 학습에 직접 참가하면서 지식과 기능을 습득하는 것.

토론(Debate): 서로 상반되는 논제에 대하여 주장하는 두 팀 사이의 형식적·구조적 토의.

시범수업(Demonstration): 어떤 행위를 하거나 절차를 실행에 옮기는 것을 보여 줄 수 있도록 갖추어진 상연; 이 상연에는 구두나 시각적인 설명이나 예증이 적절히 곁들여지며 질문도 도입된다.

현장 여행(Field trip): 직접적인 관찰이나 연구를 목적으로 흥미로운 대상이나 장소를 방문하도록 신중하게 기획된 교육 여행.

놀이(Game): 참가자들이 도전적인 목표를 쟁취하기 위하여 다투는 등 실제적인 경기와 달리 사전에 정한 규칙에 따르도록 하는 교육활동; 이에는 경쟁이 수반되는 사례가 많다.

단체 토론(Guided group discussion): 지도자의 지도하에 참가자들의 상호 관심사를 주제로 설정하여 이루어진 목표지향성 대화와 토의.

자유/공개 토의(Free/open group discussion): 교사가 선택한 주제에 대한 자유로운 단체 토론, 여기서 교사는 의장으로서의 역할만을 행한다; 학습은 단체 구성원 사이의 상호작용에 의해서만 이루어진다.

고전적인 토론회(Ancient symposium): 가정이나 개인의 방에서 좋은 음식을 먹거나, 여흥을 즐기거나 우정을 다지고 상호 관심사에 대한 토의를 하는 집단적인 행위.

면담(Interview): 사전에 정해진 주제에 대해 청중이 체계적으로 질문하고 이에 전문가가 반응을 하며 5∼30분 정도의 시간이 걸린다.

실험(Laboratory): 학생들이 새로운 자료를 소재로 하여 상호작용하는 학습경험.

안내된 실험: 학생들이 새로운 자료를 소재로 하여 교사의 지도를 받아가며 행하는 실습.

강의/연설(Lecture/Speech): 주제에 관하여 신중하게 미리 준비한 구술적인 상연.

강의, 안내된 탐구(Lecture, guided discovery): 학생들에게 탐구를 지도하도록 선별된 교사가 질문하면 청중이 이에 응답하는 단체 학습방법.

공개 토론(Panel discussion): 집단이 학습자 청중 앞에서 주어진 주제에 대해 목적의식을 가지고 대화하는 것; 구성원들은 과거의 토론 주제 및 흥미에 대한 적성과 언어표현능력 여하에 따라 선별된다.

프로젝트(Project): 조직화된 과업수행 또는 문제해결 활동.

팀 프로젝트(Team project): 과업수행 또는 문제해결에 협동하여 연구하는 학습자 소집단.

세미나(Seminar): 한 개 또는 몇 개의 집단이 주제에 대한 연구/기획(보통 교사에 의하여 선별된다)을 실행하는 방식 및 일반 결론에 이르고자 토론(보통 교사가 지도함)에 이어 나머지 인원을 상대로 연구 결과를 발표하는 방식.

묵상 회합(Quiet meeting): 15∼60분 동안 5명 또는 그 이상의 인원이 묵상이나 제한된 구두표현을 하는 것. 이 묵상 회합에는 상호간에 낯선 사람들이 구성되어서는 안 되며; 지도자나 혹은 구성원의 의사 반영이 원활하며 묵상에 적절한 시각에 시행하는 것이 좋다.

모의실험(Simulation): 어떤 특별하고 진실한 삶의 세계·상황·과정 및 과업을 추상화·단순화시키는 것.

사례 연구(Case study): 학습자에게 나중에 요구되는 의사결정 경험을 부여하려는 목적하에서 행하여지는 모의실험의 한 형태.

역할놀이(Role play): 선택된 학습집단 구성원에 의한 극화된 사례 연구; 조건·환경 혹은 상황에 대한(상황으로부터 재연되는) 자발적인 자화상.

두뇌집단/브레인스토밍(Think Tank/Brainstorm): 창조적 문제해결을 위한 새로운 사고를 생성하기 위한 집단적 노력; 참가자 한 명의 사고는 또 다른 사람의 새로운 방향과 사고를 유발시킨다.

프로그램화된 개인지도(Tutorial, programmed): 개별 교사(생생한 장면, 원문, 컴퓨터, 전문 시스템)에 의하여 도출된 의사결정을 신중하게 선택되고 입안된 교수법을 적용하여 사전에 프로그램화시킨 개인 대 개인 교수법; 이 방법은 단계가 개별화되고 생생한 학습자 반응을 요구하며 환류가 제공된다.

가정교사형 대화(Tutorial, conversational): 가정교사가 적응적 방식으로 수업을 전개하며 개별적으로 진도를 나가며 능동적 학습자 반응, 피드백 등이 필수적이다.

소크라테스식 대화(Socratic dialogue): 대화중심 개별 지도방식으로 이 방법에서 개인 교사는 연속적인 질문으로 학습자가 탐구할 수 있도록 지도한다.

참고: 이 접근법들은 변화가 가해져 활용되며 상호간에 서로 결합되어 활용되기도 한다.

그림 1.3　수업에 대한 접근방식들(Olson, Dorsey, & Reigeluth, 1988)

방법		장점
강의/설명	(효과적인 말) T → L, L, L	효과성 획일화 조직화
실연/모델링	T (실제적인 전시) → L, L, L	용이성 실용성
개별지도	T ←→ L	개인 맞춤형 학습자에 대한 책임감
훈련과 연습	T T T T LA — LA — LA — LA	자동화 정통성(전문화)
자기주도적/학습자 통제	T ---- L ←→ Ri	유연성 성취감
토론, 세미나	T ←→ (L L L L)	학습자에게 맞는 의미있고 현실적인 공유
협동 집단 학습	T ←→ (LA LA LA LA) ←→ P a) 인위적 조건 b) 실제-사회(OJT)	지도력 집단 형성
게임(모의 규칙)	인위적 규칙 (LA ← LA) / (LA ← LA)	
모의실험	실제적 구조 (LA ← LA) 상황	고도의 전이성 높은 동기부여
발견학습 • 개인	T ---- LA → Rr	
• 집단	T ---- (LA LA LA LA) → Rr	
문제해결/실습실	T ---- (LA LA LA LA) → P	고차원 사고력 도식화 문제(논리적 문제)

T = 교사 (직접 또는 매체 활용)   L = 학습자   Ri = 방법 (교수)   ----- = 간접적인 관련

P = 문제   LA = 학습 활동   Rr = 방법 (가공하지 않은)   ▶ = 직접적인 통제

그림 1.4   교수의 선택적(대인) 방법

```
정서적 영역
    정서와 감수성
    태도와 가치관
    도덕과 윤리
    사적 발전(personal development)
    ...
인지적 영역
    (주제 분야) 영역-종속적
        정보와 사실
        이해
        기능
    (주제 분야) 영역-독립적
        학습전략
        사고 및 문제해결 기능
        메타인지적 기능
        ...
정신운동 영역
    재생적 기능
    생산적 기능
    ...
```

그림 1.5   다른 학습유형의 부분적 목록

이익을 얻는 Diamond(1980)에 의해 주창되었는데, 설계팀이 해결책에 대해 흥분한 것은 적지 않은 이익이었다. 아마도 모든 설계이론에는 이론의 사용자들이 나름의 특정한 상황에 이론을 적용하는 것에 "막연한" 이상적 비전을 갖는 것을 조장하는 전형적인 시나리오가 으레히 따를 것이다.

둘째, 교수설계이론은 "사용자-설계자"의 개념을 적극 활용할 수 있도록 해야 한다(Banathy, 1991). 이것은 연관된 사용자의 지각을 측정하고 통합하는 것을 뛰어넘는다는 면에서 "사용자-지향 ID"라는 Burkman(1987)의 개념을 넘어서는 자연적인 진보라고 할 수 있는데, 사용자들(주로, 학습자와 학습의 촉진자들-최근의 학생/훈련대상이나 교사/트레이너의 개념과 혼동해서는 안 된다)이 자신의 수업을 설계하는데 주요한 역할을 행사하는 것을 수반한다. 설계이론이 사용자-설계자의 필요를 충족시키기 위해 어떠한 모습을 지닐 필요가 있을까? 나는 이론이 취하는 형태가 가장 중요한 문제라고 생각한다. 책에 인쇄된 개개의 장보다는 실행자들이 더욱 쉽게 사용할 수 있는 전자

형태를 취하게 될 것이다. 나는 우리의 전형적인 교수설계팀에 사용자(학생과 교사)를 추가하는 혁신이외에 두 개의 서로 다른 시나리오를 상상해볼 수 있다. 이 중 하나는 높은 기술수준의 학습도구를 요하고 다른 하나는 그렇지 않다.

첫 번째 시나리오에서, 교수설계이론은 컴퓨터 시스템으로 구체화되어 설계팀(이해관계자를 포함해서)이 인텔리전트 교수시스템과 같이 유연한 컴퓨터기반 학습 도구를 만들어 낼 수 있도록 돕는다. 이러한 학습 도구는 학습자－학습과정에서－가 그들만의 교육을 만들어내고 수정할 수 있도록 한다. 이 개념은 학습자가 특정한 수업 방법을 이용해서 컴퓨터 시스템이 질문을 할 수 있고, 컴퓨터 학습자의 투입이나 학습자에 관한 정보에 기반하여 일정한 방법을 통해 조언을 하거나 결정을 내릴 수 있다는 점을 제외하면 적응수업과 같은 것이다. Winn(1989)은 말한다:

이것은 교수의 의사결정문제에 있어서 교수설계자의 직접적인 역할이 줄었다는 것과 결정을 내리는 메커니즘에 대한 관심이 높아졌다는 것을 의미한다(Winn, 1987)… 인지이론과 맞물려 있는 교수전략에 관한 결정 중 유일한 존립 가능한 방식은 수업 중에 시스템을 사용하여 학생들과 지속적인 문답을 주고받는 것으로, 학생의 발달이나 태도, 기대치 등에 관한 정보가 꾸준히 갱신될 수 있다. (pp. 39-41)

이 시나리오의 경우, 교수설계이론은 세 가지 수준에서 지침을 제공해야 할 것이다:

• 어떤 방법이 다른 상황에서 학습과 인간 발달을 가장 잘 촉진시키는가?
• 학습 도구의 어떤 특성들이 여러 대안적인 방법들을 학습자에게 가장 유용하고, 수업이 진

행되는 동안 내용과 방법에 대한 의사결정을 내릴 수 있도록 도와주는가?

- 어떤 시스템 특성들이 수업설계 팀에서 양질의 학습 도구들을 설계하도록 가장 잘 도와주는가?

"교호작용 셸(transaction shell)"(Li & Merrill, 1990; Merrill, Li, & Jones, 1992; Merrill, 이 책 제 17장)에 관한 Dave Merrill과 그 동료들의 연구는 이러한 유형의 학습도구를 만들어냈고, 이와 같은 유형의 시스템을 이끌어 냈다.

이 시나리오를 충족시키기 위해, 교수설계이론 은 수업 동안에 많은 분석과 판단을 내릴 수 있는 학습도구를 설계하는 지침을 제공해야만 하는데, 이것은 대개 실제 수업 전에 설계자에 의하여 일 단의 학습자들을 대상으로 행해진다. 학습도구는 지속적으로 각각의 학습자들이나 학습자의 소규 모 집단으로부터 정보를 수집하고, 그 정보를 사 용해서 학습자가 다음차례에 무엇을 어떻게 배워 야 하는지에 대해 일련의 바람직한 지침을 제시한 다. 또한 교수설계이론은, 컴퓨터 시스템이 교사 나 트레이너에게 그들이 중요하다고 생각하는 방 향으로 시스템을 쉽게 수정할 수 있는 기회와 메 커니즘을 제공하고, 고정된 조언을 통해 교사들이 잘못된 방법을 채택하지 않도록 한다는 점에서 처 방적이다. "동결과성(equifinality)"이란 시스템 개 념은 동일한 목적을 달성하기 위해 보통 여러 가 지 채택 가능한 방법이 있는 현실을 반영한다. 나 는 교수설계이론의 새로운 패러다임이 학습자들 에 대해 다양한 목적뿐만 아니라 위에서 언급한 다양한 수단을 허용하는 메커니즘을 처방할 것이 라고 생각한다.

사용자-설계자의 개념을 시행하는 교수설계이 론의 다른 시나리오에서, 컴퓨터는 상대적으로 부 수적인 역할을 하고 교사는 수업활동 중에 그들이

사용할 수 있는 다양한 자료들을 선택, 수정, 제작 하게 되는데, 이것은 수업활동 과정에서 대개 새 로운 방식으로 행해진다. 이 상황에서 교사는 또 한 수업에 존재하게 되는 틀이나 지원시스템을 설 계한다(많은 교수 결정이 수업 도중 일어나기는 한다).

이러한 상황들로 인해, 교수설계이론은 교사가 수업 및 자료가 사용되는 하부구조의 활동을 위해 자신의 자료를 적용시키거나 설계하는데 사용할 수 있는 전자수행 지원시스템(EPSS)으로 구체화 된다. 이러한 시스템은 설계이론에 있어서 교사의 전문성을 개발하는데 강력한 도구를 제공하는데, 여기에는 교사가 시스템의 규칙이나 교수결정 이 면의 논리에 대해 의문을 제기할 수 있는 시스템 이어야 한다는 전제가 따른다. 이러한 도구를 통 해 교사는 시스템이 "알고 있는" 모든 복합성을 점 진적으로 습득하게 되고, EPSS는 교사와 학생들 로부터 학습을 받는 정도로까지 설계될 수 있게 된다. 이것은 또한 교사가 학생들이 학습한 내용 이나 최상의 학습방법 등에 대한 중요한 정보의 관찰을 보조하도록 설계될 수 있다. 동시에 교사 들이 시스템이 따라올 수 없는 특정한 능력을 항 상 보유함으로써 학생 개개인의 요구를 충족시키 는 교사의 역할이 EPSS의 역할과 구분되었으면 하는 바람을 나는 갖고 있다.

만약 사용자들에 관련된 EPSS에 관한 이러한 생각이 학습자에게도 적용된다면, 사실 이렇게 되 어서, EPSS와 첫 번째 시나리오에서 논의되었던 컴퓨터 시스템간의 차이가 무시해도 좋을 정도가 될 것인데, 이는 이러한 동일 시스템들이 학습자 가 즉시 시스템에 의해 시행될 수 있는 교수 결정 을 형성하는데 도움을 주기 때문이다. 더욱이, 이 러한 교수설계 EPSS는 다른 EPSS와 합병되어(예: 기획 관리 EPSS), 현장 실행의 지원과 교수를 동 시에 제공할 것으로 보인다. 교수설계이론은 이러

한 통합된 시스템에 지침을 제공하기 위해서 확실히 대폭 변화할 필요가 있다.

4. 결론

이 장에서 우리는 교수설계이론이 무엇인지에 대해 살펴보았다. 이 이론은 설계 지향적이고, 상황에 따라 사용되어야 할 방법에 대한 지침을 제공한다. 그 방법은 구성적이고, 교육자에게 다양한 단계의 지침을 제공한다. 방법은 또한 개연적이다: 항상 기대결과를 도출해 내지는 않는다. 그리고 우리는 교수설계이론에서 중요한 역할을 하는 가치에 대해 살펴보았는데, 가치는 이러한 이론이 추구하는 목표와 목표에 도달하기 위해 제공하는 방법의 기초가 된다. 우리는 또한 교수설계이론이 아닌 것에 대해 살펴보았다. 교수설계이론은 학습이론, ISD과정 모형, 교육과정이론과 다르다. 하지만 이 세 가지는 서로 밀접하게 연관되어 있으며 교육자들은 교수설계이론에 대한 자신의 지식을 이 세 가지 이론에 보충해야 한다. 다행히도, 이러한 견해들은 2~4부에 나오는 이론들을 독자가 이해하고 분석하는데 도움을 줄 것이다.

우리는 교수설계이론의 새로운 패러다임이 필요한 이유에 대해서도 알아보았다. ISD의 상위체계에 대해 살펴보았고, 극적인 변화가 일어났던 것도 알 수 있었다-이러한 변화들은 의미 있는 함의를 갖는데, 어떠한 교육 및 훈련 체계가 그 상위체계의 필요를 충족시켜야 하는지에 대한 것이다. 이러한 함의 중에 가장 주된 것은 학생들을 분류가 아닌 학습에 기반을 둔 훈련과 교육 패러다임의 필요이다. 다른 시사점들로는 독창력과 팀워크, 사고 기술, 그리고 다양성의 개발 필요 등이 있다. 학습자들이 자신의 잠재력을 발휘하도록 돕기 위해서는 학습과정이 표준화가 아닌 주문형이

되어야 한다. 이것은 교육과 훈련의 새로운 패러다임을 제시해 준다.

우리는 또한 이 새로운 패러다임이 교수설계이론에 대해서 중요한 시사점을 갖고 있다는 것을 살펴보았다. 교육자와 트레이너가 필요를 충족할 수 있도록 도와 주는 학습중심 교수설계이론의 새로운 계통을 형성하고 다듬는 측면에 있어서, 이론가들과 연구자들은 절실한 필요를 갖고 있다 (예, 학습에 초점을 맞추고, 독창성, 팀워크, 사고 기술, 다양성의 개발을 촉진하는 측면). 교수설계이론의 상태는 설계과정에서 모든 이해 관계자를 포함시키는 능력에 좌우된다. 그러나 아마도 가장 중요한 시사점은 많은 수의 설계가 학습과정에서 학습자(사용자-설계자)에 의해 행해져야 한다는 것인데, 이것은 학습자로부터 수집한 정보를 정보에 기반하여 학습자에게 선택 가능한 항목들을 제시하는 컴퓨터 시스템의 도움이 수반된다. 우리는 또한 트레이너와 교사의 교수설계활동을 지원하기 위해 EPSS를 제공할 필요가 있다. 우리의 이론은 이러한 새로운 요구들을 충족시키는 방향으로 설계될 필요가 있다.

그러나 교수설계이론의 새로운 패러다임의 필요와 함께, 기존의 패러다임을 완전히 거부하고 버리지 않는 것이 중요하다. 사실 새로운 패러다임은 기존의 교수설계이론에 의해 산출된 대부분의 지식을 통합시킬 필요가 있지만, 그러나 그 지식은 우리가 필요한 것들의 새로운 요구를 충족시키기 위해 본질적으로 다른 배치를 통해 재구조화될 필요가 있다.

교수설계이론을 새로운 패러다임에 맞춰 변형시키기 위해서, 우리는 이 책에 언급된 것과 같은 이론을 개발하는 보다 많은 사람들이 절실히 필요하다-이러한 이론을 높은 단계로 향상시키는 것을 돕고, 인지나 감성, 행동 영역과 같이 지금까지 주목받지 못했던 영역들을 개발한다.

참고문헌

Adler, M. (1982). *The paedeia proposal: An educational manifesto.* New York: Macmillan.

Banathy, B. H. (1991). *Systems design of education: A journey to create the future.* Englewood Cliffs, NJ: Educational Technology Publications.

Burkman, E. (1987). Factors affecting utilization. In R. M. Gagné (Ed.), *Instructional technology: Foundations.* Hillsdale, NJ: Lawrence Erlbaum Associates.

Campbell, R., & Monson, D. (1994). Building a goal-based scenario learning environment. *Educational Technology, 34*(9), 9-14.

Cronbach, L., & Suppes, P. (Eds.). (1969). *Research for tomorrow's schools: Disciplined inquiry for education.* New York: Macmillan.

Cuban, L. (1993). Thelure ofcurriculumreform and its pitiful history. *Phi Delta Kappan, 75,* 182-185.

Diamond, R. M. (1980). The Syracuse model for course and curriculum design, implementation, and evaluation. *Journal of Instructional Development, 4*(2), 19-23.

Drucker, P. (1989). *The new realities.* New York: Harper & Row.

Educational Technology. (1994). Special issue on goal-based scenarios, *34*(9).

Ferguson, D. E. (1992). Computers in teaching and learning: An interpretation of current practices and suggestions for future directions. In E. Scanlon & T. O'Shea (Eds.), *New directions in educational technology* (pp. 33-50). Berlin: Springer-Verlag.

Hammer, M., & Champy, J. (1993). *Reengineering the corporation: A manifesto for business revolution.* New York: HarperCollins.

Hequet, M. (1995, November). Not paid enough? You're not alone. *Training, 32*(11), 44-55.

Hutchins, C. L. (1996). *Systemic thinking; Solving complex problems.* Aurora, CO: Professional Development Systems.

Landa, L. N. (1983). Descriptive and prescriptive theories of learning and instruction: An analysis of their relationships and interactions. In C. M. Reigeluth (Ed.), *Instructional-design theories and models: An overview of their current status.* (pp.

55-69). Hillsdale, NJ: Lawrence Erlbaum Associates.

Lee, C., & Zemke, R. (Nov. 1995). No time to train. *Training, 32*(11), 29-37.

Leinhardt, G. (1989). Development of an expert explanation: An analysis of a sequence of subtraction lessons. In L. Resnick (Ed.), *Knowing, learning and instruction: Essays in honor of Robert Glaser.* Hillsdale, NJ: Lawrence Erlbaum Associates.

Leshin, C. B., Pollock, J., & Reigeluth, C. M. (1994). *Instructional design strategies and tactics.* Englewood Cliffs, NJ: Educational Technology Publications.

Li, Z., & Merrill, M. D. (1990). Transaction shells: A new approach to courseware authoring. *Journal of Research on Computing in Education, 23*(1), 72-86.

Merrill, M. D., Li, Z., & Jones, M. K. (1992). Instructional transaction shells: Responsibilities, methods, and parameters. *Educational Technology, 32*(2), 5-26.

Mitchell, C. T. (1997). New thinking in design. *Urban Land, 56*(12), 28-64.

Olson, J., Dorsey, L., & Reigeluth, C. M. (1988). *Instructional theory for mid-level strategies.* Unpublished manuscript.

Osborne, D., & Gaebler, T. (1992). *Reinventing government: How the entrepreneurial spirit is transforming the public sector.* New York: Penguin.

Perkins, D. N. (1992). *Smart schools: Better thinking and learning for every child.* New York: The Free Press.

Pogrow, S. (1996). Reforming the wannabe reformers: Why education reforms almost always end up making things worse. *Phi Delta Kappan, 77,* 656-663.

Reigeluth, C. M. (Ed.). (1983a). *Instructional-design theories and models: An overview of their current status.* Hillsdale, NJ: Lawrence Erlbaum Associates.

Reigeluth, C. M. (1983b). Instructional design: What is it and why is it? In C. M. Reigeluth (Ed.), *Instructional-design theories and models: An overview of their current status* (pp. 3-36). Hillsdale, NJ: Lawrence Erlbaum Associates.

Reigeluth, C. M. (1994). The imperative for systemic change. In C. M. Reigeluth & R. J. Garfinkle (Eds.), *Systemic change in education* (pp. 3-11). Englewood Cliffs, NJ: Educational Technology Publications.

Reigeluth, C. M. (1995). Educational systems development and its relationship to ISD. In G. Anglin (Ed.), *Instructional technology: Past present, and future* (2nd ed., pp. 84-93). Englewood, CO: Libraries Unlimited.

Reigeluth, C. M., & Garfinkle, R. J. (Eds.). (1994). *Systemic change in education.* Englewood Cliffs, NJ: Educational Technology Publications.

Rummelhart, D. E., & Norman, D. A. (1978). Accretion, tuning, and restructuring: Three modes of learning. In J. W. Cotton & R. L. Klatzky (Eds.), *Semantic factors in cognition* (pp. 37-53). Hillsdale, NJ: Lawrence Erlbaum Associates.

Simon, H. A. (1969). *Sciences of the artificial.* Cambridge, MA: MIT Press.

Snelbecker, G. E. (1974). *Learning theory instructional theory and psychoeducational design.* New York: McGraw-Hill.

Winn, W. (1989). Toward a rational and theoretical basis for educational technology. *Educational Technology Research & Development, 37*(1), 35-46.

Winn, W. (1997). Advantages of a theory-building curriculum in instructional technology. *Educational Technology, 37*(1), 34-41.

CHAPTER 2

이론, 완전성, 수업에 관한 몇 가지 생각들

Glenn E. Snelbecker
Temple University

임철일
서울대학교 교육학과 교수

1. 시작하며: 이론, 지침, 수업에 관한 생각과 일화들

이론에 관한 연구자와 실천가의 관점: 두 가지 일화

어떤 연구자가 자신의 연구 결과에 대하여 동료 연구자들에게 설명을 다 끝내갈 무렵, 동료 연구자들이 연구 계획을 세우는데 기초가 된 이론 및 관련된 "다른 주제"들을 왜 검토하지 않았는가에 대하여 질문을 하였다.

어떤 강사가 한 이론에 대하여 매우 흥미롭다고 생각하였다. 학생들에게서 일어나는 많은 것들을 그 이론이 설명할 수 있다고 믿었다. 그래서 교실에서 이루어지는 수업의 모든 측면들을 그 이론에 맞추어서 바꾸려고 하였다. 특정의 이론에 기반을 두고 교육과정(課程)과 수업을 개발하려고 시도한 것이었다.

이론: 완전한 것보다는 지침으로 간주

Dewey(1929)는 다음과 같은 주장을 하였다:

세 번째 논점은, 법칙과 사실들이 아무리 제대로 된 과학적 형태를 지닌다 하더라도 **실천을 위한 규칙**을 창출하지는 못한다는 점이다. 교육적 실천을 위한 법칙과 사실들의 가치는 간접적이다. **모든 교육**은 그것이 우수하든 우연적이든 아니면 일상적이든지 간에 일종의 실천 형태를 보인다. 법칙과 사실들의 가치는 교육자에 의하여 사용될 수 있는 **지적 도구성**(intellectual instrumentalities)을 지니고 있는가에 달려 있다.

더 나아가서 Popper(1957)는 다음과 같이 말한다. "모든 이론들은 일종의 시도이다. 잠정적인 가설들이며, 실제로 맞아 떨어지는지 확인하여야 하는 검토의 대상이다. 실험을 통한 확증이라는 것은 우리의 이론들이 어디에서 **문제**가 있는지를 찾아내기 위하여 비판적인 관점에서 수행된 검사 결과에 불과하다"[따옴표는 저자에 의하여 추가됨](p. 87).

하나의 이론과 여러 이론: "완전한" 이론이 존재하지 않는다면?

Hall과 Lindzey(1957)는 다음과 같은 점을 강력하게 제안한다. "학생들은 성격에 관한 모든 이론들을 검토한 후, 주저함 없이 특정의 이론적 입장을 편협될 정도로 그리고 애정어린 태도로 받아들여야 한다. 그 이론에 완전히 젖어들고, 열중하고, 빠져들어야 하며, 완벽하게 배워야 한다. 행동을 이해하는데 그 이론이 최선의 방식이라고 생각하여야 한다"(pp. 556-557).

Michael Scriven은 "교사 훈련을 위한 대학들은 CL(Collaborative Learning)을 주요 교수 패러다임으로 강조하여야 한다"는 전자 메일에 대한 답장으로 다음과 같이 썼다. "유감입니다. 저는 보다 철저한 평가가 있기 전까지는 CL의 **허용**을 받아들이려고 합니다만, 그것을 **확립**하는 것에 대해서는 독단적이라고 생각합니다. 비록 독단이라는 것은 **항상** 있지만"(AERA-C Division C: Learning and Instruction listerv. 1996년 12월 8일).

아마도 다음과 같은 광고 문구가 교수 이론에 비유적으로 적용될 수 있을 것 같다. "우리는 여러분들이 구입하는 수많은 제품을 만들지 않습니다. 우리는 여러분들이 잘 구입하는 제품을 만듭니다"TM(BASF 회사 상표).

2. 서론

이 책은 한편으로는 수업에 관한 우리들의 이해를 높여 줄 수 있으며, 다른 한편으로는 학습 촉진의 조건을 설계하려는 실천가를 도와 줄 수 있는 제반 교수 이론과 모형들을 안내하고 있다. 다른 연구(Paterson, 1977; Snelbecker, 1974, 1983)에서 밝혔듯이, 교육의 실천에 대하여 지난 수백 년 동안 관심을 가져왔지만, 체계화된 교수 이론들은 20세기 중반 무렵에서야 나타나기 시작하였다. 교수 이론의 성격과 가치에 대한 상충되는 관점을 보여 주기 위하여 앞에서 두 가지의 일화와 다섯 개의 인용문이 선정되어 제시되었다. 대부분의 사람들은 교수 이론이 학습 이론에 비하여 실천과 밀접하게 관련되어 있다는 데 동의한다. 그렇지만 교수 이론이 (a) 실천을 위한 상세한 처방을 "반드시" 제공하여야 한다거나 혹은 (b) 실천가들이 수업을 설계하는데 활용할 수 있는 일반적 지침만을 제공하면 된다는 것에 대해서는 다른 기대를 한다.

특정의 교수 이론 혹은 일반적인 이론으로부터 어떤 것을 기대할 수 있는가? 이번 장의 목적은 이 책에서 소개되는 이론과 모형들을 검토할 때 유용할 수 있는 몇 가지 아이디어들을 제시하는 것이다. 또 하나의 다른 목적은, 학습을 촉진하는 수업 설계에 관한 이해를 확장하는 방안에 대하여 다양한 이론들을 주장하는 사람들 사이에, 특히나 "경쟁적인" 집단들 사이에 건설적인 대화가 가능하도록 자극하려는데 있다. 세 번째 목적은 특정 이론의 "범위를 확인하는"(혹은 연구 결과들의 시사점과 제한점) 몇 가지 방법들을 제안하는 것이다. 이 글에서는 심리 치료 이론에 관한 "이론 통합"이라는 시도를 설명하고 있다. 왜냐하면 이런 시도가 교수 이론에도 적용될 수 있을 것이라고 생각하기 때문이다. 또한 흥미로운 광고 문구를 통하여 어떻게 특정 이론과 연구 보고서가 모종의 실제적 상황을 다루는지 혹은 그렇지 않은지를, 구분할 수 있다는 점을 설명한다.

이후 논의를 위하여 이번 장에서 다루는 용어들이 어떤 의미를 갖는지를 분명히 하는 것이 필요하다. 첫째, **이론**은 구문론적으로 그리고 의미론적으로 통합되어 있는 구조화된 진술들의 집합체이다 (다시 말하면 이론은 모종의 규칙에 의하여 논리적으로 서로 관련되어 있으며, 관찰 가능한 자료들에 연결되어 있는 진술들이다). 또한 이론은 관찰 가능한 현상들을 예측하고 설명할 수 있는 수단의 기능을 지니고 있다. 몇몇 저자들은 **모형**이라는 용어를 특정 이론의 구체화된 형태를 설명하는데 사용한다. 또는 **모형** 혹은 **축소 모형**을 다소간 좁은 규모의 이론들을 언급할 때 사용한다. 이번 장에서 이론은 방금 언급한 모든 예들을 다룰 수 있을 정도로 폭 넓게 사용될 것이다. 즉, 어떤 저자들은 이론이라고 부르는 반면에, 어떤 저자들은 모형이라고 부르는 것을 모두 포함한다. 둘째, **강사**는 교사와 훈련가 모두를 지칭하는 것으로 사용될 것이다. 셋째, 간결성을 위하여 **교수 설계 이론** 대신에 **교수 이론**이라는 용어를 사용하겠다.

교수 이론에 관하여 관심 있는 사람들 사이의 문화적 차이

교수 이론에 관심을 가지고 있는 사람들 사이에 "문화적 차이"가 존재한다는 점을 인식할 필요가 있다. 첫 번째 책에서 내가 확인하였던 것은 (Snelbecker, 1983), 교수 이론의 현 상태에 대하여 관심을 가지는 사람들이 두 집단으로 나누어진다는 점이었다. 첫 번째 집단에는 연구자와 이론가들이 포함되는데, 이를 **지식 생산자**라 명명하였다. 두 번째 집단은 **지식 소비자**로 명명되었는데, 강사(교사와 훈련가), 교수 설계자, 교육과정 장학사, 행정가, 그리고 여타의 실천가들이 포함된다. 앞에서 언급한 두 개의 일화에서 알 수 있듯이, 지식 생산자들은 지식 소비자들에 비하여 연구 결과 혹은 이론들이 확실한 대답을 제공할 것이라는 기대를 거의 하지 않는다. 이와 같은 근본적인 차이는 지식 생산자와 지식 사용자들이 일하는 곳의

문화적인 차이를 반영한다.

강사, 행정가, 그리고 여타의 실천가들은 학생 혹은 서비스를 제공받는 사람들에게 비용효과적인 최고의 방법을 적시에 보여 주어야만 하는 문화에서 일하고 있다. 이들은 새로운 자료 혹은 연구의 해석을 기다릴 여유가 없다. 현재의 정보를 바탕으로 결정을 내려야만 한다. 또한 자신들이 선호하는 학생들이나 서비스를 제공받는 사람들을 선택할 수 없다. 보다 나은 조건이나 지원을 요구할 수도 없다. 다시 말해 강사와 교수 설계자들은 이론에 부합하는 학생 혹은 상황을 선택할 수 없으며, 오히려 다양한 이론과 연구 결과들이 학생이나 교수설계를 의뢰한 사람들에게 적합할 수 있는 방식을 강구하여야 한다. 현 상태의 자원과 제한 조건을 고려하여야 하는 것이다.

이와는 대조적으로 연구자와 이론가들이 일하는 문화에서는 결론 도출이 신중하게 이루어지며, 연구에 포함되는 변인과 조건을 조심스럽게 다룬다. 타당한 연구 결과를 도출하기 위하여 연구 질문들을 분명하게 밝히며, 연구의 대상이 되는 사람들을 적절하게 선택하려고 하고, 어떤 변인들을 포함시키고 어떤 변인들을 배제할 것인가를 결정하며, 마지막으로 자료를 수집하는데 적절한 조건을 확인하려고 한다. 이렇게 하지 않으면 탐구하고자 하는 연구 문제에 적합한 규칙성과 관계를 확인할 수가 없다. 이 말이 의미하는 것은 특정의 사람들만이 현재의 연구에 적합하며, 만약에 관심의 대상이 되는 연구 문제와 분명하게 관련되지 않는다면, 다른 외부의 영향력과 조건들은 배제되거나 통제되어야 한다는 것이다. 교실 혹은 다른 실제적인 상황에서 이루어지는 연구를 포함하여 이른바 실천 연구와 응용 연구 프로젝트의 경우에도 제대로 연구를 수행하기 위해서는 "일상적이며 정상적인" 연구 대상의 문화에 변화가 수반된다. 예컨대, 이러한 연구가 수행되지 않을 때에 비해

서 더 많은 인원과 자원이 필요하다. 또한 일반적인 상황의 학생들을 대상으로 하기보다는 특정의 학생들을 선발하거나 배정하게 된다. 연구자와 이론가들은 자신들의 일상적인 문화에 기반을 둔 현재 자료에 바탕을 두고 잠정적인 결론을 제시한다. 또한 확실한 정보를 보여 주는 잘 설계된 연구를 확보하기 위하여 어떤 요인과 조건들이 포함되어야 하는지, 그리고 결과적으로 어떤 연구가 추가적으로 필요한가를 보여 주어야 한다.

앞에서 언급한 두 개의 일화에서, 강사들과 실천가들 중 일부는 이론에 대하여 연구자와 이론가들이 일반적으로 지니고 있는 기대와는 다른 기대를 한다는 것을 알 수 있다. 이론의 개발과 수정에 몰두하는 연구자와 이론가들은, 어떤 이론이 특정 주제에 대해서 다루는 부분이 무엇이고 다루지 않는 부분이 무엇인지 정확히 알고 있으며, 이러한 특성은 다른 사람들의 이론을 검토할 때 더욱 분명해진다. 그러나 교수 이론에 관한 지식을 사용하고자 하는 사람들은 종종 특정 상황의 요구와 요청에 지나친 관심을 쏟기 때문에 어떤 이론이 직면하고 있는 중요한 관심사항을 처리하는데 도움을 준다면, 해당 이론의 한계나 생략된 부분에 대해서 비판적이지 않을 것이다. 그러므로 지식 생산자와 지식 사용자 간의 의사소통은 때때로 그들의 서로 다른 직업 문화 때문에 어렵게 된다.

이런 문제는 다음과 같은 상황에서 더욱 복잡해진다. 연구자의 연구 결과나 특정의 이론이 제시하는 매우 분명한 실제적 시사점에 현장의 실천가들이 관심이 많을 경우가 있다. 연구자 혹은 이론가들이 자신들의 이론에 매우 많은 관심을 보여 주는 사람들에게 자신들의 이론들에 약점이 있다는 것을 강조하는 것은 결코 쉽지 않다. 지식을 만드는 사람들은 학문적 기준에 매우 익숙하다. 예컨대, 논문을 게재하기 위해서는 어떤 것이 결론으로 제시되거나, 어떤 것을 포함시키지 않는 것

이 필요하다는 것을 잘 안다. 그런데 이들은 강사나 다른 실천가들이 일반적으로 직면하는 다양한 조건들을 그다지 고려하지 않는 경향이 있다. 연구자들은 대체로 특정 연구 환경에서 발견된 결과들이 다른 연구 환경에 일반화되는 것에 대하여 조심스러워 한다. 그러나 실천가들이 도움을 요청할 때면 연구자들은 이와 같은 신중한 태도를 보이지 않을 수 있다. 그들은 자신들의 연구에서 다루고 있는 많은 측면들에만 초점을 맞추게 된다. 그러다보면 강사나 다른 실천가들이 일상적으로 겪게 되는 다른 여타의 조건들에 대해서는 충분하게 고려하지 않게 된다. 결국 자신들의 연구 맥락과 실제 맥락 사이의 차이를 과소평가하는 경향을 보이게 된다.

따라서 실천가들은 실망하게 된다. 또한 이론을 적용하려는 시도를 하였지만 기대하거나 바랬던 바대로 결과가 나타나지 않는 것에 대하여 이론가와 연구자들을 비난하게 된다. 연구자와 이론가들은 추가적인 논의에 참여하는 것을 주저하거나 때로는 거의 대부분 추가적인 논의에 참여하는 것을 원치 않는다. 왜냐하면 자신들의 아이디어가 오해받거나 왜곡되거나 잘못 적용되고 있다고 생각하기 때문이다. 많은 사람들이 지식을 만드는 사람들과 지식을 사용하는 사람들이 상호간의 이익을 위하여 서로 협조하는 것이 중요하다는 관점을 보이기는 하지만, 이러한 협동을 가로 막는 장애물이 있다는 것 또한 지적되고 있다(Casanova, 1989; Leby-Leboyer, 1988; Phillips, 1989 등을 참고하라).

이론의 가치에 관한 대조적 판단

실천가들과 연구자/이론가들이 가지고 있는 문화적 차이에 관한 한 가지 측면은 이론과 연구 결과들의 가치를 판단하는 근거와 관련이 있다. 특히

이론들이 실천가들에게 무엇을 하여야 하는가를 알려주는 수준과 관계가 있다. 교수 설계자들과 여타의 실천가들은 특정 이론이나 연구 결과들의 가치를 판단할 때 얼마나 그것들이 **실제적 시사점**들을 가져오는가에 주목한다. 반대로 지식을 만드는 사람들은 특정의 이론 혹은 연구 결과들의 가치를 판단할 때 그것들이 새로운 통찰을 제공하거나 후속 연구 및 이론 구축에 방향을 제시하는가를 살펴본다.

어떤 의미에서 지식의 사용자들은 실제적인 결정을 내릴 때 필요한 도움을 찾고자 한다. 또한, 연구결과와 이론으로부터 **최종적인 대답**을 원한다. 지식의 생산자들은 특정의 현상을 이해하기 위하여 끊임없는 시도를 하며, 연구 보고서와 이론을 바라볼 때 기본적으로 최종적인 대답보다는 **중간 보고**(progress reports)로 파악한다. 따라서 교사나 다른 실천가들은 비록 실제적인 맥락의 모든 측면들이 특정의 이론에서 다루어지지 않았더라도 그러한 연구 결과나 혹은 이론에 비추어서 교실 수업을 수정하려고 한다. 반면에 연구자와 이론가들은 특정의 연구나 이론들에서 어떤 측면들이 다루어진 반면, 어떤 변인과 조건들이 제대로 다루어지지 못했는가를 논의하려고 한다. 그러나 이런 엄격성이 자신들의 이론에 있어서는 그다지 드러나지 않는다는 것도 주목하여야 한다.

지식의 사용자: 이론과 연구 결과의 가치

교사, 훈련 전문가, 교수 설계자, 그리고 여타의 실천가들은 자신들이 하고 있는 일의 성격으로 인하여 이론 및 연구 결과에 대하여 공부를 하기보다는 학생들이나 의뢰인들에게 도움을 줄 수 있는 지침(요리책 같은 것?)을 듣고자 한다. 비록 많은 실천가들은 자기들이 독자적인 결정을 내릴 수 있기를 원한다고 강변하지만, 몇몇 실천가들은(행정가를 포함하여) 애매하게 말하지 말고, 자료에 근거할 경우 어떤 행동을 하여야 하는지를 간단하게 알려줄 것을 연구자들에게 항상 요구한다.

이론의 실제적 가치에 대하여 실천가들이 기대를 하는 것은 '좋은 이론만큼 실용적인 것은 없다'는 것을 John Dewey나 혹은 누군가가 말한 것을 들었기 때문이라고 할 수 있다. 때때로 Dewey는 심리학적 혹은 교육학적 연구들이 실제를 개선할 수 있는 방법을 지닌다고 말하였다(Dewey, 1900, 1929를 참고하라). 그러나 이 장의 앞에서 제시한 인용문에서 밝히고 있듯이, Dewey가 말하고자 하는 바는, 이론이라는 것이 단지 실천가들로 하여금 실제적 문제들을 다른 방식으로 보게끔 하는 것이라는 점이다. 이론가 혹은 이론이 실천가들에게 어떤 행동은 취하고, 어떤 행동은 피하라고 구체적인 수준에서 지시하는 것은 아니라는 것이다.

물론, 교수 이론이나 연구 결과들이 수업의 설계에 보다 초점을 맞추고 있기 때문에 학습 이론이나 동기 이론에 비하여 특정의 결정이나 행동을 구체적으로 지시한다고 볼 수 있다. 그러나 어떤 실제적 상황도 연구가 수행되는 조건과 동일한 것이 아니기 때문에 실천가들은 특정의 실제적 상황에서 주어진 학습자의 특성과 제반 조건들에 대한 결정을 내려야 한다. 따라서 이론이라는 것은, 실천가로 하여금 특정 결정이 가져오는 결과에 대한 전반적인 이해와 대안적 접근들의 장점을 고려하여, 주어진 실제적 상황에서 최선을 선택할 때 필요한 기초를 제공하는 것으로 보아야 한다.

결국, 독자들은 개별 이론들을 볼 때, 이론이 제시하는 특정의 방향을 살펴보기보다는 실제적 상황이 포함하고 있는 모든 조건들과 사람들의 특성 중에서, 어떤 점을 다루고 있는지 혹은 다루고 있지 않은지를 잘 검토할 필요가 있다.

지식의 생산자: 이론과 연구 결과들의 가치

지식의 생산자들이 이론과 연구 결과의 가치에 대하여 가지고 있는 관점은 학문적인 훈련을 받으면서 그리고 전문 학술지 등에서 들은 바에 의하여 발전되어 온 것으로 볼 수 있다. 예컨대, 대학의 강좌나 학술 논문을 작성할 때 새로운 연구자나 이론가들은 자신들의 연구 범위를 제한할 것을 빈번하게 듣는다. 한 가지 학습 상황에 영향을 미치는 많은 변인들 중에서 몇 가지에만 초점을 맞추게 된다. 또한 단일한 이론을 중심으로 자신의 아이디어를 정리하도록 주문받는다. 다른 말로 말하자면, 야심찬 지식의 생산자들에게 특정의 이론적 입장 혹은 연구 접근을 선택한 후, 마치 다른 이론들은 존재하지 않는 것처럼 행동하라고 요구하는 것이다. 이 점은 이 장의 맨 앞에서 Hall과 Lindzey (1957)의 인용문을 통하여 제시한 바 있다.

이러한 지침들은 연구자들에게는 의미가 있다. 왜냐하면 특정의 이론적 틀을 충분하게 이해하는 것이 어렵기 때문이다. 동시에 두 가지 이상의 상이한 이론적 틀을 다루는 것은 혼선을 일으키거나 오히려 방해가 될 수 있다. 이와 같은 관점에서 볼 때 특정의 접근과 다른 접근들을 "넘나들기"(jump)보다는, 잘못된 기대나 예측 그리고 여타 문제들은 그것들이 발생할 때 다루는 것이 보다 적절하다.(이렇게 넘나드는 것을 초점을 맞추지 않고 그냥 쏘아 댄다고 하여서 엽총 접근(shotgun approach)이라고 부르기도 한다.) 물론 특정의 연구 혹은 이론적 입장을 면밀하게 검토한 후에, 특정 접근의 수정을 꾀하거나 새로운 이론이 필요하다는 결정을 하기도 한다. 요컨대, 어떤 이론이든지 선택한 후에는 그것이 제대로 설명하고 있는지를 면밀히 살펴보는 것이 필요하다는 것이다. 그러나 하나의 이론에 초점을 맞추는 것이 좋다는 제안은 일반 사회과학 이론들에서 볼 수 있는 것처럼 오히려 교수 이론의 발전에 고립을 가져오거나 부정적인 결과를 가져올 수 있다.

이러한 충고가 때때로 잘못 해석되는 경우도 있다. 즉, 앞의 Hall과 Lindzey(다른 저자들도 비슷한 이야기를 하고 있음)가 제안한 것과는 다르게 이해되는 것이다. 자신의 이론에 강하게 초점을 맞추다 보면, 마치 다른 이론들이 존재하지도 않은 것처럼 행동을 하게 되며 이는 때때로 연구를 수행하거나 이론을 구성하는데 유용할 수 있다. 그러나 상이한 이론들 간의 장점을 논의할 때 때때로 특정의 입장을 지지하는 사람들은, 자신들의 입장이 무척 좋다는 것을 강조할 뿐만 아니라 다른 입장에 대하여 심한 비판을 가하게 된다. 결국 상대방 이론들이 많은 약점과 단점을 가지고 있으므로 심지어는 존재해서도 안 된다는 입장까지 나타낸다.

비록 다음과 같은 말을 한 사람을 확실하게 알 수는 없지만, 나의 초기 연구 활동에 지대한 영향을 끼친 한 가지 생각은 다음과 같다. "물리학이나 생물학에서는 이전 연구자들의 결과에 바탕을 두고 최신 연구자들이 자신들의 관점을 발전시키려고 한다. 반면에 사회 과학에서는 자신들의 관점을 발전시키기 위해서는 이전 연구자들의 연구 결과들을 짓밟아야만 된다고 생각하는 것 같다. 왜 이런 일이 발생하는가?" 나는 서로 다른 접근들에 대한 호기심을 오래전부터 발전시켜 오고 있지만, 이러한 것을 보면서 매우 상이한 이론과 연구 접근에 대하여 더욱 관심을 갖게 되었다. 상충하는 이론들을 검토하게 되면서 보다 넓은 관점을 가지게 되었을 뿐만 아니라 실제적 문제와 이론적 문제들에 대한 다양한 주제와 쟁점들을 보게 하는 많은 "렌즈"들을 지니게 되었다.

지식의 사용자뿐만 아니라 지식의 생산자들도 자기가 좋아하는 이론과 그것과 경쟁하는 상대방 이론 등 다양한 이론들이 존재하고 있다는 것을 이해하는 것이 중요하다. 왜냐하면 수업에 관한 우리들의 이해, 특별히 학습을 촉진시킬 수 있는 다양한 방법을 아는 것은 이론들이 지니고 있는 특성과 장점 및 약점에 대한 건설적인 토의를 통하여 나타나는 대안적 이론의 존재에 의하여 많이 향상될 수 있기 때문이다.

Donmoyer(1997)는 『*Educational Researcher*』라는 학술지의 편집자 역할을 언급하면서 경쟁하는 패러다임과 접근 사이에 지나치게 적대적인 관계가 있음을 지적하고, 건설적인 의견 교환을 통하여 모두에게 도움이 될 수 있다는 점을 제안하고 있다. 그는 실제로 상황적 인지와 학습에 관한 인지적 접근을 비교 검토하였는데, 이는 교수 이론과도 관련이 있다. "상황적 인지"(situated cognition)에 관한 문헌들에 대하여 비판적 연구(Anderson, Reder, & Simon, 1996)가 있었는데, Greeno(1997)는 Anderson 등이 그의 연구에 대해서 제기한 비판점들을 다시 비판하였다. 이에 대하여 Donmoyer가 말하기를:

다른 말로 말하면 전통적인 지적 논의 규범으로부터 Greeno가 이탈하는 것은 정중하기 때문에 혹은 공손하고자 하는 욕구 때문에 결과적으로 나타난 산물은 아닌 것 같다. (비록 정중함과 공손함이 그러한 입장을 취할 때 나타나는 부수적인 결과라 할지라도). 그 보다는 그 입장은 지적인 관심에 의하여 촉발되었으며, 교육 심리학과 같은 단일의 학문 영역 내에서도 상이한 패러다임들이 분명하게 존재하는 현재에 와서, Greeno의 지적 관심은 더욱 의미가 있다. (p. 4)

Donmoyer는 일반적으로 이론의 개발이 대안적 입장을 옹호하는 사람들 사이에 건설적인 논의를 통하여 서로 도움을 받을 수 있다는 관점을 제기하고 있다.

3. 경쟁하는 교수 이론에 관한 건설적인 논의를 촉진할 수 있는 두 가지 방식

두 가지의 일반적인 방식에 대하여 탐색을 함으로써 다음과 같은 목적을 얻으려고 한다. 첫째, 이 방식들은 서로 경쟁하는 이론들이 공헌할 수 있는 건설적인 논의를 지지하는 토대를 가져오게 될 것이다. 둘째, 특정의 이론이나 연구 결과들이 다루거나 다루지 않는 것이 무엇인가를 지식의 사용자뿐만 아니라 지식의 생산자에게도 분명하게 할 것이다. 첫 번째 일반적인 방식은 심리치료 이론으로부터 도출되었는데 이는 심리치료 이론들을 통합하려는 지식의 생산자와 지식의 사용자들을 모두 포함한다. 두 번째 일반적인 방식은 산업 활동으로부터 도출되었는데, 자신들이 생산한 제품이 무엇을 할 수 있고 혹은 할 수 없는지를 분명하게 밝히려는 시도를 포함하고 있다. 이 방식은 우리가 교수 이론들로부터 무엇을 기대할 수 있고 혹은 기대할 수 없는가에 관한 질문 및 대답을 가능하게 한다.

응용 심리학에 있어서의 발전: 심리치료 이론의 통합

이 책과 다른 관련 책에서 저자들은 교수 이론과 모형에 관한 논의를 학술 대회나 학술지에서 볼 수 있는 것같이 촉진하고 있다. 그러나 때때로 다른 영역 예컨대, 응용심리학과 같은 곳에서 유사한 문제와 관심거리가 어떻게 다루어지고 있는가를 살펴보는 것이 유용하다. 이하 심리치료 이론의 활용과 개발에 대한 몇 가지 접근들을 살펴볼 것이다. 분명한 것은 이 글의 목적은 교수 이론의 활용과 개발을 개선하려는 시도에 동일한 접근이 유용하다는 것을 말하자는 것이 아니다. 대신 심리치료 이론의 활용과 개발에 대한 몇 가지 접근에 관한 정보를 제공함으로써, 이러한 방식의 일부분이 교수 이론들을 생각하고 활용하고 창출하는 과정을 개선하는데 도움이 되는 생각을 촉진하는 수단이 되기를 기대한다.

심리치료의 실제를 위한 경험적, 개념적 기초의 확충에 관심이 많은 연구자와 실천가들은 지난 몇 년 동안 자신들이 사용하고 있었던 각 접근들에 관한 만족 및 관심 사항에 대한 아이디어를 비공식적인 차원에서 교환하여 오고 있었다. 그러나 이론적 경계에 대한 이러한 논의는(반대의 관점을 지지하는 사람들 사이에도) Goldfried(1980)의 논문 『*Toward the Delineation of Therapeutic Change Principles*(치료 변화 원리의 서술을 지향하며)』에서 제기된 행동 지침에 의하여 더욱 더 촉진되었다.

『*Journal of Psychotherapy Integration*(심리치료 통합 연구)』은 이론을 통합하는 것과 관련된 새로운 전망을 탐색하기 위하여 창간되었다. 다른 연구지들도 다양한 이론적 입장을 지지하는 사람들의 아이디어를 비교하고 교환하는 관심을 보여주고 있다(Goldfried & Wachtel, 1983). 지식의 사용자뿐만 아니라 지식의 생산자들도 이러한 논의에 공헌할 수 있음을 분명히 할 필요가 있다. 예컨대, Castonguay와 Goldfried(1994)는 심리치료 통합은 "전성기가 도래한 아이디어다"라고 주장하였으며, Jacobson(1994)는 현대 행동주의를 위한 전망을 보여 주었으며, Mitchell(1994)은 심리분석이 다른 심리치료와 상호 관계를 탐색할 준비가 되어 있다고 주장하였다. Garfield(1994)는 실천가들 사이에 절충주의(유일한 이론적 입장만을 전적으로 의지하기보다는 상이한 관점을 활용하는 것)가 심리치료 통합을 지지할 수 있는 것으로서 최근에 많은 관심을 불러 모으고 있다는 점을 지적하였다. 일정한 형태의 이론적 통합의 매력성을 인식함과

함께 지침 개발의 필요성(Beitman, 1994)을 강조하고는 있지만, 동시에 검토할 필요가 있는 문제와 복잡성이 있다는 점을 많은 학자들이 또한 지적하고 있다(예, Fonagy & Target, 1996; Lazarus, 1995, 1996; Lemmens, de Ridder, & van Lieshout, 1994; Norcross, 1995; Steenbarger, Smith, & Budman, 1996; Strupp, 1996).

교수 이론 통합도 Castonguay와 Goldfried(1994)가 심리치료 이론에서 제안한 것과 같이 "전성기가 도래한 아이디어"인가? 아마도 시간이 지나야만 알 것이다. 그러나 위에서 언급한 논문들에서 제기한 측면들이 대체로 심리치료 이론에 적절하겠지만, 이론의 통합을 탐색하려는 것과 관련된 주요 아이디어와 문제는 동일하게 교수 이론에서도 적절한 것으로 볼 수 있다. 예컨대, 다양한 인지심리학 접근들이 현대에 끼치는 영향을 고려하고, 심리분석 이론의 적합성을 덜 강조하는 방향으로 약간의 변형을 가하게 되면, 1980년대의 심리치료 이론의 상태에 대한 Goldfried의 두 가지 설명은 오늘날 교수 이론과 모형의 상태에도 적절한 것처럼 보인다. Goldfried는 각 접근들이 지니고 있는 한계에 대한 다양한 이론적 입장에 대하여 사람들이 가지고 있는 생각을 보여 주고 있다. 또한 대안적 개념화와 잠재적으로 효과적인 중재안의 절차에 대하여 각 입장들을 옹호하는 사람들이 전혀 모를 수 있다는 생각을 제시하고 있다(Goldfried, 1980, p. 991).

심리치료에 있어서 이러한 이론 통합의 시도가 교수 이론의 향후 개발과 활용에 적절할 수 있게 하는 최소한의 두 가지 일반적인 방법이 있다. 첫째, 교수 이론의 경우와 마찬가지로, 현대에 있어서 인지심리학의 영향력이 매우 강해서(Alford, 1995 참고), 하나의 인지적 틀(Person, 1995 참고) 내에서 다른 심리 치료 이론을 재해석하는 방향으로 통합을 이끄는 것이다. 둘째, 심리치료 통합은

통합을 위한 노력이 응용과 이론의 대조되는 강조를 반영하여야 한다는 논의를 촉진시켰다. 이론 통합 시도가 실천가들에게 어떤 장점을 주는지 강조하는 사람들과 달리 Safran과 Messer(1997)은 지식의 생산자에게 제공될 수 있는 장점에 초점을 맞추었다. "심리치료 통합 운동의 가장 큰 가치는 창조적이고 성장 지향적인 대결과 대화에 있다. 이런 과정은 결국 우리에게 이로움을 가져온다" (p. 149). 따라서 실천가들뿐만 아니라 많은 선도적인 심치리료 연구자들과 이론가들은 이론 통합 노력에 관심을 보여 왔는데, 이는 지식의 생산자와 지식의 사용자 모두 이러한 노력으로부터 서로 도움을 받을 수 있다고 생각하였기 때문이다.

이 책은 다른 책과 전문적인 학술 대회에서와 마찬가지로 교수 이론에 있어서 대안적 접근에 관한 논의를 촉진시키고 있다. 이러한 협동적인 활동들이 심리치료 이론에서 달성한 통합의 노력과 같은 것을 이끌지는 두고 볼 일이다(Snelbecker, 1993).

이론과 연구 결과로부터 기대하거나 기대할 수 없는 점을 광고하거나 분명히 하는 것에 대한 전망

"기업 모형 혹은 산업 모형을 단순하게 활용하는 것"이라는 비판을 감수하더라도, 특정의 이론으로부터 어떤 것을 기대할 수 있는가에 대한 설명을 보다 분명히 하는 것이 필요하다는 것을 제안하고자 한다. 다음과 같은 흥미로운 광고 문구는 이런 접근을 잘 보여 준다. "우리는 여러분들이 구입하는 수많은 제품을 만들지 않습니다. 우리는 여러분들이 잘 구입하는 제품을 만듭니다"TM(BASF 회사 상표). (혹시 독자들이 의심스러워 할까봐 말하지만, 저는 이 회사와 관련하여 재정적이거나 어떤 다른 연관성도 없습니다!) 그러나, 왜 이 특

정의 광고 문구가 교수 이론의 개발 및 활용과 관련하여 유용할 것인가를 설명하기 전에 관련된 배경 정보를 말하는 것이 중요하다.

어떤 의미에서 이와 같은 광고 문구는 나로 하여금 교수이론 분야에서도 "광고에 있어서 진실" 지침과 같은 것이 동일하게 필요하다는 것을 믿게 하였다. 이로 인하여 연구 보고서와 교수 이론들은 자신들의 결과물들이 어떤 것을 다루거나 다루지 않고 있다는 것을 보다 분명하게 제시하게 될 것이다. 내 생각에는 분명하게 다음과 같은 세 가지 문제에 대하여 답변을 해야 한다. (a) 이론이란 완전한가? (b) 이론이 다루고자 하는 주제에 관하여 모든 측면을 포함하고 있는가? (c) 특정의 주제를 다루는 유일한 이론인가 혹은 유일한 이론이어야 하는가? 나는 이와 관련된 지침이 필요하다는 것을 제안한다. 이러한 지침은 강사와 여타의 실천가들을 도와 줄 수 있다. 만약 이런 것이 없다면 이 사람들은 특정의 상황에 맞는 아이디어들을 확대 적용하려고 할 것이다. 연구자와 신진 이론가들은 특정의 이론을 너무 좋아하는 나머지 그것이 가지고 있는 제한점과 다른 경쟁적인 관점을 자신의 범주에서 배제하게 된다.

이론이란 완전한가? 이런 주장이 어떠한 과학적 이론의 주창자에서도 발견 수 없을 것이라고 생각한다. 유명한 과학 철학자 Popper(1959)는 다음과 같은 점을 경고하였다.

> 모든 과학적 지식은 항상 잠정적인 것으로 남아 있어야 한다. 과학적 지식은 입증될 수 있다. 그러나 모든 입증은 다른 지식에 대하여 상대적이다. 그런데 그 지식도 또한 잠정적이다. 확신이라는 주관적 경험과, 주관적 신념에 있어서만 우리는 "절대적으로 확실할 수 있다." (p. 280)

그는 또한 다음과 같이 제안하였다.

과학은 결코 최종적인 답 혹은 확률적인 답을 제시하려는 환상과 같은 목적을 추구하지 않는다. 과학의 발전은 무한하면서도 획득 가능한 목적을 달성하는 방향으로 나아간다. 이 목적은 새롭고 심오하며 일반적인 문제를 발견하는 목적과 잠정적인 대답을 새로우면서도 엄격한 검사에 의하여 검토 받는 목적을 포함한다. (p. 281)

어떤 점에서는 우리가 좋아하는 이론들을 교수 설계를 위한 최종적인 지식으로 보기보다는 "중간 보고"로 보는 것이 적절하다. 특정의 이론에 입각한 수업이 기대하였던 대로 드러났다면 분명히 어떤 이유가 있을 것이며 나름의 자신감을 가질 수 있을 것이다. 그러나 이러한 흥분을 가라앉히고 조심스러울 필요가 있다. 왜냐하면 미래의 연구결과와 이론들이 우리들의 중간 보고에 대하여 추가적인 검토와 수정이 필요하다는 문제와 질문들을 가져올 수 있기 때문이다.

이론이 다루고자 하는 주제에 관하여 모든 측면이 포함되어 있는가? 잠시 다음과 같은 질문에 대하여 생각하여 보자. 어떤 이론가가 특정 주제에 대하여 여러분들이 알고자 하는 것이 자신의 이론에 모두 다 포함되어 있다고 주장하는 것을 얼마나 많이 들어보았는가? 비록 어떤 이론을 주장하는 사람이 이 정도로 심각하게 자화자찬 하는 것을 들어볼 수도 있겠지만, 이론을 원래 제창한 사람이나 혹은 그 이론을 가장 잘 아는 사람들이 이와 같은 과장된 주장을 하는 경우는 드물다. 흥미로운 이론적 문제를 연구하거나 실제적 문제를 해결하려고 할 때, 마치 그 상황에 있는 어떤 것이든지 혹은 모든 것이 전부다 고려되는 것처럼 생각하고 행동하는 경향이 있다. 그러나 이와는 대조

적으로 이론가들은 자신들의 이론이 다루는 현상의 범주를 분명히 할 것을 기대받는다. 또한 자신의 이론들에 적용되는 제한점과 적절한 활용 방식을 분명히 하여야 한다. 이와 유사하게 유능한 연구자들은 선정된 요인들을 다루면서 다른 요인들은 적어도 한시적으로 무시하기 위해서 자신들의 연구 설계의 한계를 인식하여야 한다(때때로 분명하게 명시하여야 한다). 검사와 측정 문항 개발업체와 출판업자(미국 심리학 협회, 1985 참고)에게 요구되는 것과 같이 공식화된 것은 아니라 하더라도, 제한 사항 및 특성에 대한 설명은 연구 결과에 대한 해석과 해당 이론의 범주와 적용 가능성에 대한 논의에 관한 전문적인 의견 교환을 구두로 혹은 문서로 할 때마다 기본적으로 요구된다.

특정의 주제를 다루는 유일한 이론인가 혹은 유일한 이론이어야 하는가? 나는 이 질문에 대답하기 위한 기초 자료로서 심리치료 통합에 관한 문헌들을 활용할 것이다. Safran과 Messer(1997)는 이론의 개발을 촉진하기 위해서는 대안적 접근들이 있는 것이 중요하다는 주장을 한다. 그들은 "심리치료 통합을 위해서, 보다 맥락에 기초를 둔 다차원적인 접근"의 필요성을 주장하면서 다음과 같이 말한다. "자연과학에 있어서, 현상의 다양한 측면들을 파악하기 위해서 복수의 모순된 이론들이 필요하다. 대개 한 이론이 어떤 측면을 제대로 보여 주지 못하지만 다른 측면들은 오히려 잘 보여 준다"(p. 149). 그들의 이러한 주장은 Nozick(1981)의 글에서 인용한 것이다. 결론적으로 그들은 다음과 같은 점을 경고한다. "특정의 이론적 체계는, 항상 한 때는 강력한 통찰과 같은 것이 화석화되는 것과 같은 위험에 처하여 있다. 심지어 그 이론을 개발한 사람에 의해서도 그렇게 될 수 있다"(p. 149). 따라서 지식의 사용자뿐만 아니라 지식의 생산자들은 한 가지 접근이나 관점보다는 가능한 복

수의 이론들을 활용함으로써 도움을 받을 수 있다.

만약 문제가 없다면, 왜 이러한 세 가지 문제를 다루어야 하는가? 그렇다면 논리적으로 볼 때, 어떤 특정의 이론이 완벽하다거나, 특정 주제의 모든 측면을 다룬다거나, 이론적 쟁점이나 실제적 문제를 파악할 수 있는 유일무이한 지배적인 관점이라고 기대하는 것은 적절하지 않다. 그럼에도 불구하고 이러한 관점을 발견하는 것은 어렵지 않다.

예컨대, 이 글을 쓰는 과정에서 나는 미국 교육학회(American Educational Research Association)의 CL(협동학습) 관련 리스트서브(listserve)에서 전자메일을 주고받는 것을 볼 수 있는 기회가 있었다. (리스트서브의 어떤 참가자들은 CL을 협력학습(collaborative learning)으로 보는 반면에 다른 사람들은 CL을 협동학습(cooperative learning)으로 간주하였다. 그러나 현재의 논의를 위하여 특정의 이론이 반드시 적절한 것은 아니다. 따라서 현재의 목적을 위하여 CL은 어떤 이론이 되든지 상관이 없다.) 리스트서브의 어떤 사람이 CL의 장점에 대한 논의를 마치면서 다음과 같이 글을 썼다. "교사 훈련 대학들은 CL을 주요한 수업 패러다임으로 강조하여야 한다." Michael Scriven은 이에 대한 대답으로 다음과 같이 썼다. "유감입니다. 저는 보다 철저한 평가가 있기 전까지는 CL 허용을 받아들이려고 합니다만 그것을 **확립**하는 것에 대해서는 독단(dogma)이라고 생각합니다. 독단이라는 것은 **항상** 있지만"(AERA-C Division C: Learning and Instruction listserv. 1996년 12월 8일).

나는 이 장의 글에 Scriven 교수의 글을 인용할 수 있도록 요청하였다(허락을 받았음). 그의 글이 내가 현재 논의하고 있는 문제를 간결하게 요약을 하였기 때문이다. 내가 본 사전에 의하면 "독단"이라는 것은 기본적으로 특정 관점의 핵심이라고 볼

수 있는 주요 교조나 신념을 의미한다. 내가 생각하기에 Scriven 교수는 어떤 사람이 특정 관점의 강조점을 확인하려는 권리가 있다는 것을 부정하지는 않는다. 그러나 어떤 이론 혹은 접근의 확립을 반대하는 것은 독단적으로 되는 것을 경고하는 것으로 보여진다. 내가 참고하는 사전에 의하면 "독단적인" 것은 관점을 잘못 제시하거나, 마치 그런 것들이 이미 확립된 사실들인 것처럼 파악하는 것이다. 앞의 세 가지 질문을 바탕으로 내가 제안하고자 하는 것은 특정 이론을 지나치게 옹호하는 사람들은 (의도적으로 혹은 비의도적으로) 자신들이 선호하는 이론이 사실상 완벽하며 완전하고 논의할 가치가 있는 유일한 이론이라는 점을 암시한다는 것이다.

대체로 이론들은 초보자들뿐만 아니라 경험 있는 전문가들에게도 상당한 도전 거리를 제공한다. 한편으로 이론들은 무엇인가를 이해하는데 도움을 준다. 다른 한편으로는 이론들은 너무 추상적이어서 설명하는 대상에 대하여 골치 아픈 제한점들을 많이 가지고 있다. 다른 말로 하면 이론들은 배우거나 사용하기가 쉽지 않고 제한 조건이 너무나 많다.

학생들에게 이론이나 연구 결과 보고서에서 어떤 것을 기대할 수 있고 어떤 것은 기대할 수 없는지를 가르칠 때, 학생들한테 매우 친숙한 구체적인 사례를 가지고 설명하는 것이 필요하다는 것을 알게 되었다. 이론과 일반적인 정보들은 너무 추상적이다. 따라서 내가 가르치고자 하는 원칙들이 어떻게 구체적인 결과물에 적용될 수 있는가를 먼저 보여 주는 것이 훨씬 쉽다. 예컨대, 정보를 보다 잘 소비할 수 있도록 노력하는 것을 도와 주기 위해서, 나는 물건을 보다 잘 소비하기 위해서는 학생들이 어떻게 하는가를 생각하도록 한다. 이러한 단계들은 교사나 다른 실천가들뿐만 아니라 열정적인 연구자와 이론가들 그리고 학부생 및 대학

원생들에게 모두 교육적으로 매우 유용하다.

지난 몇 해 동안 나는 수업 시간에 학습 이론과 교수 이론에 관한 많은 예들과 비유를 사용하고 있다. 나는 가끔 학생들에게 "영화(movie)"를 보는지 묻는다. 대부분의 학생들이 그렇다고 대답을 하면, 나는 다시 글자 그대로 움직이는(moving) 그림들이 아니라 사람과 물체가 움직이는 것과 같은 인상을 주는 일련의 정지된 그림을 보는 것이라고 강조한다. 이러한 이른바 움직이는 영화는 카메라의 위치, 렌즈의 종류, 전반적인 조건, 그리고 여타의 영향을 주는 요소들 때문에 무척이나 극적으로 달라질 수 있다는 사실을 지적한다. 게다가 영화들이 실은 역동적이며 변화하는 사람과 대상에 대한 정지된 그림에 기초를 두기 때문에 영화라는 것이 다 마쳤을 때에는 영화는 이미 어떤 점에서는 사라진 것이라는 점을 강조한다. 그러나 이미 촬영이 끝난 영화도 필름에 찍힌 사람이나 사물, 그리고 사건들을 매우 잘 표상화할 수 있다. 이와 유사하게 비록 이론들이 현상 그 자체는 아니더라도 이론들은 우리가 기술하고자 하는 현상을 제대로 표상하는데 도움을 준다. 영화와 같이 특정 주제에 관한 많은 이론들은 여러 가지 요소들에 의하여 영향을 받는다. 이러한 요소들은 이론의 유형과 우리들의 노력의 결과로 나타나는 이론에 영향을 미치게 된다. 이러한 이론들이 현상에 대한 일정한 표상이라는 점을 인식할 수만 있다면 각 이론들이 다루는 현상을 이해하는데 해당 이론들이 큰 도움을 줄 수 있다.

나는 학생들이 다음과 같은 점을 이해하도록 도와 주고 있다. 학생들은 대체로 새로운 물건이 동일한 제품의 초기 버전을 완전히 무시하기보다는 개선 사항을 보여 주는 것처럼, 새로운 이론들이 기존의 이론들을 바탕으로 하거나 혹은 하여야 한다는 점을 이해하여야 한다. 물론, 제품이나 이론의 경우 모두 예외가 있다. 컴퓨터와 고급 기술 산업 분야에서는 새로운 제품을 사자마자 그 순간 벌써 옛날 물건이 되는 경우가 빈번하다. 그러나 또한 우리들은 새롭게 구매한 물건이 곧바로 구식이 되기는 하지만 이 물건이 수년 동안은 좋은 가치를 준다는 것을 안다. 이와 유사하게 비록 지식의 생산자들이 특정 현상에 대해서 우리가 생각하는 방식을 변화시키는 연구를 수행하거나 이론을 변화시키지만, 나는 학생들이 연구 결과와 이론적인 원리들로부터 가치 있는 아이디어를 어떻게 얻을 수 있는지 이해하도록 돕기 위해서 노력한다. 이것은 마치 우리가 컴퓨터 장비나 소프트웨어를 새롭게 업그레이드함으로써 결국에는 이러한 새로운 것들과 어떻게 일을 할 것인가에 영향을 끼치는 것을 면밀히 따져 보는 것처럼, 우리들은 지식의 소비자뿐만 아니라 지식의 생산자로서 우리가 사용하고 있는 이론들과 관련된 새로운 연구 결과와 변형을 어떻게 대할 것인가를 신중하게 생각할 필요가 있다.

그러나 현재 시점에서도 오랜 기간 동안 나를 혼란스럽게 한 문제들은 여전히 남아 있다. 내가 대학원을 막 다니기 시작한 이후부터 지금까지 나는 다음과 같은 아이디어를 강조하였다. "아무리 어떤 이론이 훌륭하더라도 그 이론에 대하여 노예인 사람은 여전히 노예이다." 그럼에도 불구하고 내가 이론에 대하여 함께 논의한 많은 사람들은 그 사람들이 이제 막 지식을 사용하기 시작한 사람이든 아니면 야심찬 포부를 가진 지식의 창출차이든지 간에, 혹은 대학원생이든지 아니면 대학생이든지 혹은 경험 많은 전문가이든지 특정 이론을 보다 선호하며, 하나 이상의 이론을 연구나 실제적인 상황의 맥락에 적절하게 사용하는 방법을 잘 알지 못한다. 특정의 이론에 대하여 이처럼 강력하게 빠져드는 것 때문에(사람들은 이론을 선택하는데 있어서 상이하다) 모든 경쟁 이론을 제거하거나 혹은 적어도 그것의 정당성을 없애려고 한다.

4. "부가 가치"의 장점: "모든 것" 대신에 "단지" 특정한 측면만 다룬다고 왜 주장하는가?

몇 년 전 이 문제를 해결하기 위하여 공통된 주제를 보여 주는 일련의 광고문들을 본 적이 있다. "우리는 여러분들이 구입하는 수많은 제품을 만들지 않습니다. 우리는 여러분들이 잘 구입하는 제품을 만듭니다"TM(BASF 회사 상표). 또 다른 광고들은 다음과 같다. "BASF에서 우리들은 스케이트를 만들지 않습니다. 우리는 보다 매끄러운 스케이트를 만듭니다."TM 또한 "우리는 헬멧을 만들지 않습니다. 우리는 보다 편안한 헬멧을 만듭니다."TM 호기심이 생겨서 나는 학생들에게 이런 광고를 보거나 들은 적이 있는지 물어 보았다. 많은 학생들이 그것을 본 적이 있다고 대답을 하자, 그 광고가 무엇을 의미하는지 물어 보았다. 또한 이론과 이론의 활용에 대한 우리들의 논의에 어떻게 관련을 맺을 수 있는가를 물어 보았다. 나는 이 광고 문구를 이론이 다루거나 다루지 않는 것들에 관해서 학생들이 보다 분명하게 생각할 수 있도록 돕는데 잘 사용한 다음 BASF에 연락을 취했다. Terrence M. Cooper(개인적인 의견 교환, 1996. 12. 12)는 자신들의 광고를 이 책에 실을 수 있도록 허락하였다. 나는 또한 von Moltke(1993)의 책을 한 권 받았는데 그 책은 이러한 광고 방식의 탄생에 관한 배경 정보와 그것의 효과성을 설명하고 있다. 결국 그 책을 통하여 나는 병행적인 접근(a parallel approach)이 교수 설계 연구 결과와 이론의 범위와 한계를 설명하는데 유용하다는 논점을 받아들이게 되었다.

이러한 광고 문구로부터 배울 점이 있다. 이론과 연구 보고서를 서술하는 데 있어서 우리가 할 수 있는 것은 각 이론과 연구 보고서들이 제공하여 줄 수 있는 "부가 가치"를 확인하는 것이다. 어떤 이론적인 문제나 실제적인 상황에 대하여 모든 답을 가지고 있다고 주장할 필요는 없다. 그러나 그러한 문제들에 대하여 최소한 몇 가지 측면들에 대해서는 다루고 있다고 주장할 수 있다.

앞에서 언급한 대로 원칙적으로 이론과 연구 결과로부터 이런 것들은 이미 기대된 것이다. 이미 알고 있는 것에 대하여 이야기한다는 열정 때문에, 우리는 때때로 순간적으로 우리가 선호하는 이론 혹은 연구 결과의 제한점을 잊고는 한다. 이러한 개방적이고 솔직한 접근 방식은 모든 것이 변화되어야 하는 것처럼 보이려 하기보다는, 수업의 특정 측면을 개선하는 가능성을 인정한다. 이 접근 또한 지식의 생산자와 지식의 사용자 모두에게 도움이 된다. 이 접근은 이론가와 연구자들이 더 많은 것을 해야 한다는 압력을 제공하는 것 대신 선택할 것이 무엇인지를 분명히 하도록 도와 준다. 강사와 다른 실천가들이 주어진 실제적 상황의 어떤 측면들을 다루었는지 아니면 의도적으로 혹은 비의도적으로 배제하였는지를 알게 도와 준다.

5. 이론으로부터 무엇을 기대할 수 있는가? 이론들을 검토하는데 고려할 수 있는 다른 생각들

저자들이 자신들의 이론을 이 책에 포함시키는 것에 동의한 사실은 수업을 설계하는데 있어서 다양한 접근들이 있다는 것을 지식의 사용자와 지식의 생산자 모두가 인식하도록 도와 주는 데 있어 중요한 진전을 보여 준다. 보다 넓은 맥락에서 볼 때 심리학에 있어서 이론과 실천 사이의 간격이 점점 넓어지고 있다는 전망(Stricker, 1997)에 대한 관심과 함께, 이론 개발을 위한 지원(Slife & Williams, 1997)이 점점 증가하고 있다는 점은 주목할 만하다. 교수 이론을 통합하는 조직화된 시도가 필요한 시점인지 아닌지 모르겠지만, 이런 통합의 노력은 이론 개발을 촉진하고 이론과 실천 사이의 연결을 강화시키며, 경쟁하는 이론들을 옹호하는 사람들 사이에 보다 건설적인 의견 교환을 장려하는 개인적인 수준 혹은 소집단 수준의 단계별 활동들이 이루어지고 있다.

개인적인 지식의 생산자들은 자신들의 이론과 연구 보고서가 무엇을 다루는지 분명히 함으로써 도움을 줄 수 있다. 또한 다루지 않은 것들과 자신들의 연구 결과나 이론들이 이론적 쟁점이나 실제적 문제들에 어떤 부가 가치를 줄 수 있는지를 분명히 함으로써 도움을 줄 수 있다. 기대하건대 이것이 이 책의 한 가지 결과가 되었으면 한다. 비록 이와 같은 아이디어들이 기본적으로는 지식의 사용자에게 도움을 줄 수 있지만 지식의 생산자들도 자신이 선호하는 이론의 범위와 한계점을 인식할 필요가 있으며 경쟁하는 관점을 포함한 다른 접근으로부터 도움을 받을 수 있다는 점을 깨달을 필요가 있다.

지식의 사용자들은 이 책의 저자들이 자신들의 이론이 무엇을 대상으로 하는지에 관하여 "주장하는"("선전하는?") 것을 주의 깊게 보아야 한다. 불행하게도 어떤 강사들은 저자들이 예상하지 못했던 방식으로 혹은 이론가들이 제안하였던 것과는 일관되지 않게 이론을 사용하려고 한다. 그리고는 때때로 그 이론이 제대로 기능을 발휘하지 못한다고 불평을 한다. 이렇게 이론을 잘못 사용하는 것을 최소화하기 위해서는 실천가들은 해당 이론이 기본적으로 다루는 수업의 종류와 다루는 주제를 명확하게 살펴볼 뿐만 아니라 수업을 설계하는데 그 이론이 어떻게 사용되는가를(이론의 개발자에 따라서) 잘 확인하여야 한다. 물론 강사는 새로운 방식으로 이론을 사용하는데 익숙하다. 그러나 이렇게 함으로써 이론의 저자들이 생각하였던 것을

벗어난다는(혹은 반대로 가는) 점을 인식하여야 한다. 수업을 설계하는 것을 안내하기 위하여 하나의 이론에만 의지하는 것을 선택하거나, 다양한 학생의 특성과 상이한 학습 상황의 측면들을 고려하여 몇 가지 이론들을 통합적으로 사용하든지 간에 최종적인 목적은 의뢰인에게 제공되는 수업의 질적 수준을 높일 수 있는 원리와 아이디어들을 선정하는 것이다.

참고문헌

Alford, B. A. (1995). [Introduction to the Special Issue] "Psychotherapy integration" and cognitive psychotherapy. *Journal of Cognitive Psychotherapy, 9*, 147-151.

American Psychological Association. (1985). *Standards for educational and psychological testing*. Washington, DC: Author.

Anderson, J. R., Reder, L. M., & Simon, H. A. (1996). Situated learning and education. *Educational Researcher, 25*(5), 5-11.

Beitman, B. D. (1994). Stop exploring. Start defining the principles of psychotherapy integration: Call for a consensus conference. *Journal of Psychotherapy Integration, 4*, 203-228.

Casanova, U. (1989, January). Research and practice: We can integrate them. *National Education Association Today* [Special Edition], 44-49.

Castonguay, L. G., & Goldfried, M. R. (1994). Psychotherapy integration: An idea whose time has come. *Applied & Preventive Psychology, 3*(3), 159-172.

Dewey, J. (1900). Psychology and social practice. *Psychological Review, 7*, 105-124.

Dewey, J. (1929). *The sources of a science of education*. New York: Liveright.

Donmoyer, R. (1997). Introduction: Refocusing on learning. *Educational Researcher, 26*(1), 4-34.

Fonagy, P., & Target, M. (1996). Should we allow psychotherapy research to determine clinical practice? *Clinical Psychology: Science & Practice, 3*, 245-250.

Garfield, S. L. (1994). Eclecticism and integration in

psychotherapy: Developments and issues. *Clinical Psychology: Science and Practice, 1,* 123-137.

Goldfried, M. R. (1980). Toward the delineation of therapeutic change principles. *American Psychologist, 35,* 991-999.

Goldfried, M. R., & Wachtel, P. L. (1983). Results of the questionaire. *Societyfor the Exploration of Psychotherapy Integration Newsletter, 1*(1), 1-3.

Greeno, J. G. (1997). Response: On claims that answer the wrong question. *Educational Researcher, 26*(1), 5-17.

Hall, C. S., & Lindzey, G. (1957). *Theories of personality.* New York: Wiley.

Jacobson, N. S. (1994). Behavior therapy and psychotherapy integration. *Journal of Psychotherapy Integration, 4,* 105-119.

Lazarus, A. A. (1995). Different types of eclecticism and integration: Let's be aware of the dangers. *Journal of Psychotherapy Integration, 5,* 27-39.

Lazarus, A. A. (1996). The utility and futility of combining treatments in psychotherapy. *Clinical Psychology: Science & Practice, 3,* 59-68.

Leby-Leboyer, C. (1988). Success and failure in applying psychology. *American Psychologist, 43,* 779-785.

Lemmens, F., de Ridder, D., & van Lieshout, P. (1994). The integration of psychotherapy: Goal or utopia? *Journal of Contemporary Psychotherapy. 24,* 245-257.

Mitchell, S. A. (1994). Recent developments in psychoanalytic theorizing. *Journal of Psychotherapy Integration, 4,* 93-103.

Norcross, J. C. (1995). A roundtable on psychotherapy integration: Common factors, technical eclecticism, and psychotherapy research. *Journal of Psychotherapy Practice and Research, 4,* 248-271.

Nozick, R. (1981). *Philosophical explanations.* Cambridge, MA: Harvard University Press.

Paterson, C. H. (1977). *Foundations for a theory of instruction.* New York: Harper & Row.

Persons, J. (1995). Are all psychotherapies cognitive? *Journal of Cognitive Psychotherapy, 9,* 185-194.

Phillips, B. N. (1989). Role of the practitioner in applying science to practice. *Professional Psychology, 20,* 3-8.

Popper, K. R. (1957). *The Poverty of historism.* Boston: Beacon Press.

Popper, K. R. (1959). *The logic of scientific discovery.* New York: Basic Books.

Safran, J. D., & Messer, S. B. (1997). Psychotherapy Integration: A Postmodern Critique. *Clinical Psychology: Science and Practice, 4*(N2), 140-152.

Slife, B. D., & Williams, R. N. (1997). Toward a theoretical psychology: Should a subdiscipline be formally recognized? *American Psychologist, 52,* 117-129.

Snelbecker, G. E. (1974). *Learning theory, instructional theory and psychoeducational design.* New York: McGraw-Hill. (Reprinted in 1985 by University Press of America, Lanham, MD.)

Snelbecker, G. E. (1983). Is Instructional Theory Alive and Well? In C. M. Reigeluth (Ed.), *Instructional design theories and models: An overview of their current status* (pp. 437-472). Hillsdale, NJ: Lawrence Erlbaum Associates.

Snelbecker, G. E. (1993). Practical ways for using theories and innovations to improve training: Functional relevance, and Differentiated Instructional Systems Design (DISD). In G. M. Piskurich (Ed.), *The ASTD Instructional Technology Handbook,* (19.3-19.26). New York: McGraw-Hill.

Steenbarger, B. N., Smith, H. B., & Budman, S. H. (1996). Integrating science and practice in outcomes assessment: A bolder model for a managed era. *Psychotherapy, 33,* 246-253.

Stricker, G. (1997). Are science and practice commensurable? *American Psychologist, 52,* 442-448.

Strupp, H. H. (1996). The tripartite model and the Consumer Reports study. *American Psychologist, 51,* 1017-1024.

von Moltke, H. (1993, January). *Measuring the Impact of Your Campaign.* Paper presented at the Fourth Annual Image Conference, New York.

인지발달 촉진하기

이 단원은 독자들이 이론들을 분석하고 이해하도록 도와 준다. 제3장은 이론들이 서로 다르게 되는 학습의 유형이나 학습의 통제권과 같은 여섯 가지의 차원을 보여 주는 틀을 제시한다. 제3장은 또한 문제기반 학습에 관해 생각할 수 있는 틀을 제공한다.

이 단원에 이론을 포함하여야 할지 결정하는 것은 쉽지 않은데 인지 영역에 대한 새로운 수업 이론 패러다임에 기초해 만들어진 흥미로운 작업이 많이 있기 때문에 나는 John Anderson(Anderson, 1976; Neves & Anderson, 1981 참고)과 Rand Spiro(Spiro, Feltovich, Jacobson, & Coulson, 1992 참고)로부터 기여를 받지 못한 것이 유감이다. 또 북아메리카 외의 지역에서 기여를 받지 못한 것도 유감이다. 지금까지 행해진 뛰어난 작업들 덕분에 나는 3권(Vol. III)도 즉시 시작하려 하며 따라서 좋은 작업이 있으면 그것을 포함하도록 reigelut@indiana.edu로 보내주었으면 한다.

또 이 단원에 있는 장들을 묶고 순서를 매기는 것도 어려운 일이었다. 비슷한 면이 있는 것끼리 느슨하게 그것들을 배열하였다. 제4장부터 제7장까지는 주로 이해에 관련되는 것들이다. 제8장부터 제10장까지는 촉진할 가치가 있는 이해의 종류나 그것을 촉진하는 방법, 제11장부터 제13장까지는 학습에서 협동과 자율을 강조한다. 제14, 15장은 고차원의 사고 기술에 관련된다. 그리고 제16장부터 제18장까지는 기타의 것들을 다룬다. 그러나 장들을 분류하는 것이 쉽지 않았는데, 그것들이 어느 정도는 많은 범주들을 다루고 있기 때문이다.

나는 여러분이 15개의 이론들이 어느 정도 호환 불가능한지, 혹은 언급하지 못하는 영역을 언급하기에 서로 보완이 된다는 점에서 호환 가능한지, 혹은 다른 용어를 사용하지만 같은 방법을 제공한다는 점에서 호환 가능한지를 탐구하도록 권장한다. 각 장의 서문과 편집자 각주는 여러분이 이슈를 생각해 보고 이론들을 비교하고 대조하는 것을 돕는다.

각 장의 서문은 이론이 추구하는 목적과 그 목적을 달성하기 위해 제공하는 방법들에 깔린 가치를 요약하고 있다. 가치들은 중요한 것으로 여겨지는 것(명사나 동명사)들을 나열한다. 이 가치들을 기술하는 대안적인 형태는 다음과 같다.

- …의 중요한 점은(The importance of) ……. 라고 하거나
- 그리고 수업은 ……해야 한다(instruction should)로 당위를 기술한다.

여러분이 이 단원의 장들을 읽으면서, 여러분도 2쪽의 질문목록(제1부의 서문 참고)을 주기적으로 검토하는 것이 도움이 될 것이다.

―C.M.R

참고문헌

Anderson, J. R. (1976). *Language, memory and thought*. Hillsdale, NJ: Lawrence Erlbaum Associates.

Neves, D. M., & Anderson, J. R. (1981). Knowledge compilation: Mechanisms for the automatization of cognitive skills. In J. R. Anderson (Ed.), *Cognitive skills and their acquisition*. Hillsdale, NJ: Lawrence Erlbaum Associates.

Spiro, R. J., Feltovich, P. J., Jacobson, M. J., & Coulson, R. L. (1992). Cognitive flexibility, constructivism, and hypertext: Random access instruction for advanced knowledge acquisition in ill-structured domains. In T. Duffy & D. Jonassen (Eds.), *Constructivism and the technology of instruction: A conversation*. Hillsdale, NJ: Lawrence Erlbaum Associates.

인지 교육과 인지 영역

Charles M. Reigeluth / Julie Moore
Indiana University
왕경수
전북대학교 교육학과 교수

1. 서론

산업화 시대의 교수설계의 패러다임에 있어서 연구의 초점은 주로 배타적인 인지영역에 국한되었다. 그리고 그 인지영역 안에서도 기억과 적용 단계의 학습 수준(단순 암기와 절차적 기능 개발)에만 초점이 맞추어졌다. 정보공학과 정보화 시대의 도래와 더불어 이와 같은 수준의 학습의 중요성은 보다 덜하지만, 여전히 중요한 위치를 차지하고 있다. 그러나 고차원적인 학습 수준이 상대적으로 대다수의 학습자들에게 보다 더 중요해지고 있다. 그리고 학습 경험을 좀더 맞춤식(customization)으로 제공하는 것과 정보공학, 동료 학습자, 기타의 학습 자원 등을 보다 더 잘 이용하는 교육 방법의 중요성이 커지고 있다. 본 저서의 이 단원에서는 이러한 요구를 충족시키기 위해 최근의 교수설계이론, 즉 정보화 시대에 있어서 교수이론들의 새로운 패러다임을 제시하고자 하였다.

모든 교수이론을 포함하는 것은 불가능하나, 제4장에서 제18장에 이르기까지 가르치고 배우는 것이 무엇이고 어떻게 해야 학습을 가장 촉진할 수 있는지에 대한 다양한 견해를 보여 준다. 『교수설계의 이론 및 모형(Reigeluth, 1983)』 제1권 이래로 구성주의는 현재 이 책에서 제시된 여러 이론들에 반영되어 있다. 이 장의 목적은 두 가지이다. 첫째, 인지 발달과 관련된 이론들에 대한 소개의 역할이다. 둘째, 다양한 교수이론을 어떻게 비교 대조해야 하는가에 대한 차원의 틀(frame of dimensions)을 제공하고 있다. 이 틀은 여기에서 독자들이 이 단원에 포함된 각각의 이론들 사이에 차이점과 공통점을 더 잘 이해할 수 있는 도구(tool)로써 제시된다. 마지막으로 문제기반학습(PBL)의 전망에 기초해서, 문제기반학습 이론을 고찰할 수 있는 부가적인 주제들을 제공한다.

2. 학습의 종류

우선은, 인지영역과 인지교육이라는 말을 정의하

는 것이 도움이 될 것이다. 학습에는 여러 가지 종류(Gardner, 1983)가 있겠지만, 대부분의 이론가들(Bloom, 1956; Gagné, 1985)은 인지적, 정의적, 운동적 영역으로 나누고 있다. 여기에서는 Bloom(1956)이 제시한 이해, 지적능력, 기술의 개발과 지식의 회상 및 재인을 다루는 영역으로서의 **인지적 영역**에 대한 정의에 좀더 추가하려고 한다. 따라서 **인지적 교육**은 학생들의 이해와 지적 능력 그리고 기술을 개발하는 것뿐만 아니라, 회상 및 재인해야 될 지식을 학습하는 데 있어 학생을 도울 일련의 수업방법으로 구성되어 있다. 메타인지가 자기 자신의 사고를 생각하는 지적인 기술인 까닭에 그것 또한 인지적 영역에 해당한다.

Bloom과 그의 동료들(1956)은 인지영역에 대한 교육목적의 유형을 범주화하기 위하여 널리 사용되는 분류법을 개발하였다. 그들의 연구는 교육자들에게 공통의 언어를 제공하였고, 교육목적과 행위를 확인하고 분류하기 위한 표준을 제공하였다. 그들이 확인한 주요 학습유형은 표 3.1에 제시되었다.

교수이론의 새로운 패러다임의 많은 초점이 우리로 하여금 낮은 수준의 목표를 넘어서 흔히 고차원적 사고 기술이라고 불리는 수준으로 나아가게끔 한다. 이것은 이 단원의 교수이론들에서 분명해질 것이다. 특히 제14~15장에서 그렇다.

많은 교수이론가들이 인지영역에서 학습유형의

분류법을 제안해 왔다. Gagné(1985)는 인지적 영역에 대해 세 가지 유형을 제안하였다:

- **언어적 정보**.   학습자가 말을 한다든지, 타이핑을 한다든지, 혹은 그림을 그림으로써 사실이나 일련의 사건을 진술함
- **지적 기능**.   학습자가 기호를 이용해서 환경과 상호작용함
- **인지 전략**.   개개인이 자기 자신의 학습, 기억, 사고를 관리하는 기술을 학습함

Ausubel(1968)은 학습을 두 가지 유형으로 구분하였다:

- **기계적 학습**.   학습된 자료가 임의적이고 축어적인 형태로 인지구조와 관계될 수 있는 이산적이며 상대적으로 고립된 실체들
- **유의미 학습**.   학습 과제가 비임의적이고 학습자가 이미 알고 있는 것과 실질적으로 관계될 수 있다면, 그리고 학습자가 상응하는 학습태세를 채택한다면 발생할 수 있음

Anderson(1983) 역시 두 가지로 구분하였다:

- **선언적 지식**.   chunk나 인지단위로 나타나는데, 이때 인지단위는 명제, 문자열, 혹은 공간

표 3.1 Bloom의 분류

지식	이 단계에서 학생은 구체적인 부분에서 추상적인 부분까지 기억하거나 회상시킬 수 있는 상태이다.
이해	이해의 수준에서는 학생은 이해할 수 있으며, 소통된 것들을 사용할 수 있다. Bloom은 이 단계가 학교에서 쓰이는 주된 단계라고 생각했다. 이 단계에서 학생은 대화를 번역, 해석, 추정할 수 있다.
적용	학생은 이 단계에서 문제나 상황에서 자극이 없는 때라도 구상이나 추상적 개념 등을 적절하게 적용할 수 있다.
분석	학생은 그것의 물질을 부분으로 나누어서 생각할 수 있고, 각 사이의 관계를 정의할 수 있다.
종합	학생은 이전의 경험과 온전히 만들어진 새로운 물질의 각 부분을 결합함으로써 물질을 만들 수 있다.
평가	학생은 물질이나 아이디어의 가치 등을 판단할 수 있다.

적 이미지와 같은 것들이다. 각 경우에 인지 단위는 특별한 관계로 일련의 요소를 부호화한다. chunk는 5개 정도의 요소를 포함한다.
- **절차적 지식**. 어떻게 하는가에 관한 지식이다.

마찬가지로, Merrill(1983)도 다음과 같은 분류를 제시하였다:

- **축어적으로 기억하기**. 문자 그대로 정보를 저장하고 인출하는 것과 관련됨
- **의역하여 기억하기**. 연상기억 안으로 아이디어들을 통합하는 것과 관련됨
- **일반성 사용하기**. 학습자가 특정 정보를 처리하기 위해서 일반적 규칙을 사용하기
- **일반성 발견하기**. 학습자가 새로운 일반성을 발견하거나 고차원적인 과정을 발견하기

이 분류방법들은 비슷한 점들이 많아서 간단한 형태(표 3.2 참고)로 종합할 수 있다. 여기서 제안된 합표현은 Reigeluth라고 표제가 붙은 열에 주어져 있다. 아래의 단락들은 이 새로운 항들의 각각에 설명을 제공한다.

정보 기억하기는 Bloom의 지식, Ausubel의 기계적 학습, 그리고 Merrill의 축어적으로 기억하기와 비슷하다. 마찬가지로 그 다음 범주 관계이해와 결합해서 보면, 이것은 Gagné의 언어적 정보 그리고 Anderson의 선언적 정보와 비슷하다. 이때 Gagné와 Anderson의 차이점에 대한 재검토는 다른 교수방법에서 관계이해하기와 비교할 때 필요하기 때문에 매우 중요하다. 학습의 가장 단순하고 피상적인 수준에서 기억하기는 행동주의자들이 광범위하게 언급했던 학습의 유형이지만, 인지주의자들도 학습자들이 정보를 기억하기 위해 기억술과 초인지 기술을 사용하는 것에 대해 탐구하였다. 이러한 학습은 오늘날 학교 및 다른 교육적 상황에서 가르치고 평가하기가 가장 쉽다는 이유로 너무 과용되고 있다.

관계 이해하기는 Bloom의 이해와 비슷하며 Ausubel의 유의미 학습, Merrill의 의역해서 기억하기와 비슷하다. 또, 이전 단락에서 언급한 대로 이는 Gagné의 언어적 정보의 부분이며 Anderson의 절차적 지식의 부분이다. 이해는 기본적으로 지식의 구성요소들 간의 관계를 학습하는 문제이다. 학습자가 이렇게 관계를 구성해 나가는 것은, 결국 지식 구성요소를 흔히 스키마라 불리는 지식구조로 조직하게 해준다. 행동주의는 이런 종류의 학습에 거의 지침을 제공하지 못하며 사실 이해를 타당한 학습결과로 보게 하지도 못했다. 그러한 내적 지식구조에 대한 관심이 행동주의 학습이론에 인지 학습이론의 주요 장점 중의 하나이다. 많은 작업이 지난 이삼 십 년 동안 이런 종류의 학습이 일어나도록 그리고 그것을 육성하는 데에 대한

표 3.2 교수적 분류들

Bloom	Gagné	Ausubel	Anderson	Merrill	Reigeluth
지식	구두정보	암기학습	선언적 지식	축어적으로 생각함	정보 암기
이해		의미 있는 교육		의역하여 생각함	관계 이해
적용	지적인 정보		절차상의 지식	일반적으로 생각함	기술의 적용
분석 종합 평가	인지 전략			일반성을 발견함	일반적인 기술의 적용

이해를 증진시키기 위해 행해졌다. 그러나 그것은 정보를 기억하는 것보다 가르치고 평가하는 것이 더 어렵다.

기술 적용하기는 Bloom의 응용하기와 Gagné의 지적 기술, 그리고 Anderson의 절차적 지식, Merrill의 일반성 사용하기와 비슷하다. 그리고 이것은 정보 기억하기나 관계 이해하기와는 아주 다른 교수방법을 필요로 한다. 행동주의는 이런 종류의 학습을 가르치고 평가하는 일에 많이 기여하였으며, 인지적 학습이론은 이러한 기초 위에서 성립하였다. 기술 적용하기는 학교 및 기업의 교육훈련 상황에서 흔하다. 정보 기억하기보다는 기술 적용하기가 평가하는 일이 더 힘들지만, 보통 복잡한 현상을 깊이 이해하는 것보다는 더 쉽다.

일반적 기술 적용하기는 Bloom의 분석, 종합 그리고 평가, Gagné의 인지 전략 그리고 Merrill의 일반성 발견하기 등을 포함한다. 이것은 하나의 영역 안에만 적용 가능한 영역 의존적인 것보다는 영역 독립적인 기술이라는 점에서 이전의 범주와는 다르며, 또 습득하기도 훨씬 시간이 많이 걸린다. Bloom의 분석, 종합, 평가에 대한 구분은 무엇을 가르칠지에 대한 결정을 하는 데는 유용하지만, 교수방법을 결정하는 데는 유용하지 않다. 왜

냐하면 기본적으로 비슷한 방법으로 가르치고 있기 때문이다(따라서 그것들을 하나의 범주로 정리하였다). 이러한 학습유형은 고차원적인 사고 기술, 학습전략 그리고 인지적 기술을 포함한다. 인지학습 이론은 이러한 학습유형을 어떻게 가장 잘 가르치고 평가하는가에 관하여 이해하는데 기여하였지만, 여전히 가르치고 평가한다는 것은 어려운 것이다.

3. 비교를 위한 틀

이 책에서 설명한 인지적 영역의 교수이론은 넓고 다양하다. 그것들은 창조적 열린 학습환경에서 문제해결을 촉진하는 조직화된 인쇄매체 범위의 방법을 제시하고 있다. 많은 면에서 이러한 이론들을 비교하려고 하는 것은 오렌지와 사과를 비교하는 것과 같다. 따라서 각각의 이론에 대한 당신이 이해를 체계화 할 수 있고, 교수의 각 이론들에서 이 이론들의 비교와 구분을 어떻게 할 것인지에 대한 비교의 틀을 제공하고자 한다(표 3.3과 그림 3.1 참고).

각각의 교수이론이 이러한 비교 요소들에 대하

표 3.3 비교 관점에 대한 설명

비교 관점	설명
학습의 유형	어떤 방식으로 학습을 하는가? 이론을 실행하며 그것을 강연하는가?
학습의 통제	학습의 과정을 통제하는 이는 누구인가? : 선생님, 학생, 지시디자이너.
학습의 초점	학습의 활동에서 명확한 화제나 문제, 혹은 다른 것에 초점을 맞추고 있는가?
학습을 위한 그룹 만들기	학습자들은 어떻게 그룹을 만들었는가? 그들은 각자 활동을 하는가? 아니면 다른 사람들과 같이 활동하는가?
학습을 위한 상호작용	학습의 1차적 상호작용은 어디에서 일어나는가? 교사와 학생, 학생과 학생, 학생과 자료
학습을 위한 지원	학습자에게 어떤 수준의 지원이 주어지는가? 교사나 자료에 의해 어떤 종류의 인지와 관계 있는 지원이 주어지는가? 어떤 종류의 자원을 사용할 수 있는가? 어떤 종류의 감정적인 지원이 주어지는가?

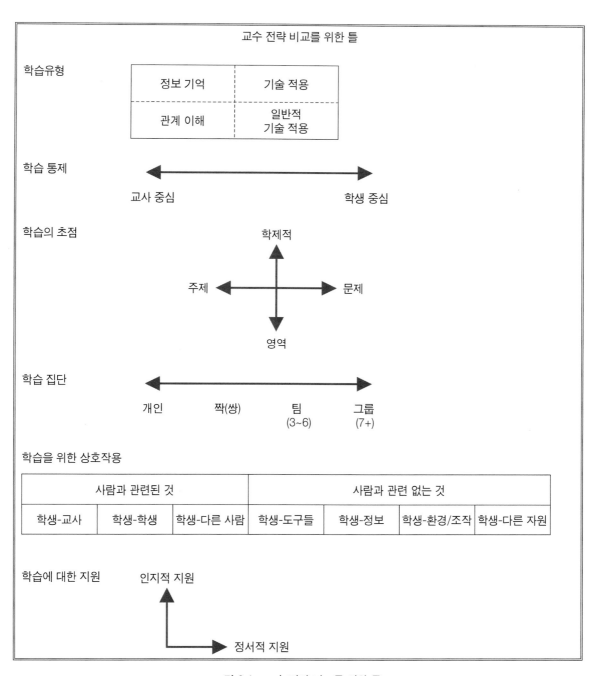

그림 3.1   교수 전략 비교를 위한 틀

여 각각 다른 관점을 가지고 있는 것으로 간주되기 때문에 제시하지 못한다. 대다수의 교수이론들은 어떤 요소들에 대해 특별한 속성을 제공하나, 다른 것들에게는 그렇지 않을지도 모른다. 어떤 이론들은 범주에 걸쳐서 여러 가지 국한을 포함할 수 있는 탄력적인 속성들을 제공한다. 반면, 다른 것들은 단지 하나만을 택하도록 조장한다. 그럼, 좀더 세부적으로 이러한 비교의 관점들에 대해 각

각 살펴보도록 하겠다.

학습의 유형

학습의 유형

정보 기억	기술 적용
관계 이해	일반적 기술 적용

학습의 유형은 포함된 학습의 형태와 학습 활동의 목적에 관련이 있다. 특히 이 비교의 초점은 교수의 내용에서의 교수 분류법에 대한 적용이다(기대되는 인지 발달과 학습유형). 이를 위해 우리는 Reigeluth의 분류법의 종합을 이용할 수 있다(정보의 기억, 관계의 이해, 기술의 적용, 일반적인 기술의 적용). 서로 관련된 범주의 스키마로서 Reigeluth 분류법을 실현화 할 수 있다. 별개로서 이러한 범주를 보는 동안, 그것들은 연속선상의 한 분류의 구성과 중복된다. 예를 들면, 기술의 적용을 위해 정보를 외우는 것은 학생들에게 필요하다. 그렇지만 항상 그런 것은 아니다. 이런 상호관련성은 구분되어지는 선들의 사용을 통하여 구조적 틀을 나타내고, 범주의 전반적인 면을 보여 주고, 그것들은 다른 것들을 지지하거나 부분적으로 일치할 수도 있다.

Pogrow의 이론(제14장)은 HOTSs(Higher Order Thinking Skills) 교수에서의 활동연구로부터 학습된 수업을 논의한다. 학생들이 창조하는 이야기들, 활동의 예측, 그리고 자원의 다양한 활용을 강조하는 것은, 4분면에 있는 "일반적 기술 적용"에 따른 전략으로 질문들에 대한 그들 자신의 전략에 따르는 답변과 같은 것을 강조한다.

어떤 이론은 특히, HOSs(Higher Order Skills) 개발에 초점을 맞추는가 하면(제14장과 제15장), 구성주의자들의 인식에 동조하는 다른 교수 이론들은 HOSs에서의 활동의 범위(가장 현저한 것은 분석, 종합, 평가를 포함한 문제해결이다)와 보다 낮은 단계의 학습의 발전을 위한 범위에서의 활동들을 사용한다. 이러한 예로 Schwartz, Lin, Brophy, 그리고 Bransford의 STAR(Software Technology for Action and Reflection) LEGACY(제9장) 소프트웨어 셀이다. STAR LEGACY는 반복되는 질문의 순환을 자극하기 위한 문제나 도전에 유용하다. 이 틀 안에서 학습자들은 도전과제를 해결하기 위하여 다른 학습자들과 활동하거나, 자원을 활용하고, 모의실험(simulations)과 실제 경험들을 실행한다. 이러한 문제해결활동들을 통해 학습자들은 기술과 이해력을 개발하고 다양한 영역에서의 정보를 어느 정도 확장시킨다.

학습의 유형 : Pogrow's HOTS

정보 기억	기술 적용
관계 이해	일반적 기술 적용

학습의 유형 : Schwartz, Lin, Brophy 그리고 Bransford

정보 기억	기술 적용
관계 이해	일반적 기술 적용

특별한 주의를 필요로 하는 일반적인 기술들이 차지하는 한 영역이 메타인지의 영역이다. 우리가 생각하는 방식에 대해 생각할 수 있는 능력이다. 몇 가지 교수 이론들은 명백하게 메타인지 전략의

교수의 중요성을 강조한다(Corno & Randi, 제13장; Pogrow, 제14장; Landa, 제15장). 다른 교수이론들은 그 모델에서의 메타인지를 이용한다(Jonassen, 제10장; Nelson, 제11장).

학습의 통제

학습 과정에서의 전형적인 통제의 근원은 교사이다. 교사는 교육목표, 교수내용의 선정, 교수전략의 결정, 학습 평가를 선택한다. 그러나 교수이론의 새로운 패러다임의 핵심은 "학습자 중심"의 환경을 조성하는 것이다. 즉, 학습자가 학습 결과를 결정하는데 좀더 책임감을 지니고, 그러한 학습결과를 성취하는데 필요한 방법을 선택하는 것이다. 대부분의 교육적 상황들은 전반적으로 교사 중심도 아니고 학습자 중심도 아니다. 단지, 둘 사이의 연속선상을 따라 몇 가지 관점만 존재한다. 하나의 극단적인 관점이 항상 다른 관점보다 좋은 것은 아니다. 연속선상에 있는 다른 관점들은 다른 상황에서 적절할 수 있다.

학습의 통제

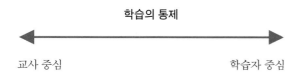

교사 중심　　　　　　　　　　　학습자 중심

이러한 연속선상에서 교수전략이 특히 적합한 곳이 어디인지 결정할 때 묻는 몇 가지 질문들이 있다. 이 질문들은 연속선상에서 각각, 또는 요소의 범주로서 간주될 수 있다.

1. 누가 교육 목적을 결정하는가?
2. 누가 어떤 방법으로 그 목적들을 달성할 것인가를 결정하는가?
3. 누가 내용을 선정하는가?
4. 누가 학습 자원의 종류와 난이도를 선택할 것인가?
5. 누가 학습 지원과 자원들을 언제 사용할 것인지를 결정할 것인가?
6. 누가 앞으로 해야 할 활동이 무엇이고, 그 단계가 무엇인가를 결정할 것인가?
7. 누가 배운 것을 평가할 것인가?

다른 상황들은 연속선상에서 전적으로 다른 위치들과 다른 질문들에게서 비슷하게 적절한 대답을 할 수 있다.

Gardner(제4장)는 교사 중심으로 향하는 통제 위치의 교수 전략의 예를 제공하였다. Gardner는 학습과정의 안내와 결정은 교사에 의해 이루어지는 것이고, 당면한 정보와 주제에서 교사의 선택을 안내하기 위하여 학습자들의 관심과 흥미의 사용을 활성화하였다. 대부분의 Gardner의 관점들은 교사의 행위에 일치하고 있다. 이는 이야기 말하기, 유추와 예 사용하기, 많은 학습자들이 도달하고자 하는 중요한 주제를 포착, 획득하고 표현하는 선택하기를 포함한다. 따라서 내용과 교수의 결정은 학습자가 아닌 교수자에게 거의 맡겨져 있다.

학습의 통제: Gardner

교사 중심　　　　　　　　　　　학습자 중심

반대로 Hannafin, Land, 그리고 Oliver(제6장)는 학습자들이 그들의 학습 그 이상으로 통제할 수 있는 학습환경을 기술하고 있다. 필자는 내용을 가능하게 하는 세 가지 다른 형태들을 명확히 하고자 하였다. 그것들은 "개인의 필요와 문제의 경향에 따른 전달수단과 어떤 위치에 놓인 해석적 관점"이라고 설명하였다.

내용들을 가능하게 하는 세 가지 형태들(외적 강요, 외적 권유, 그리고 개인적 생성)은 방법에 있어서 교수자에 의해 선택된 문제들을 사용하는 것에서 학습자에게 위임된 문제 해결로의 통제 형태들의 범위를 설명하고 있다. 즉, 문제해결의 방법뿐만 아니라, 문제 그 자체에 대한 학습자들의 선택권이 주어지는, 보다 더 학습자 중심 전략인 것이다.

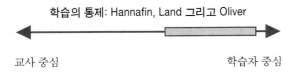

학습의 통제: Hannafin, Land 그리고 Oliver

교사 중심   학습자 중심

학습의 초점

학습의 초점은 영역-특성 주제의 사용에서 여러 분야에 걸친 문제들에 이르기까지 매우 광범위할 수 있다. 이러한 틀은 이전 요소와는 다르게, 단지 활동뿐만 아니라, 활동이 기본이 되는 내용의 비교가 가능한 2차원의 공간으로서 비교의 관점을 살펴볼 수 있다. 다시 이러한 원리 각각은 연속선상에서 생각될 수 있다.

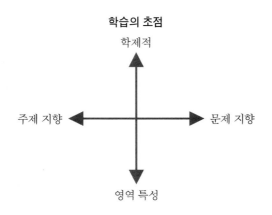

학습의 초점

예를 들어, 제5장에서 Perkins와 Unger는 "이해를 위한 교수와 학습"에서 학습 활동을 위한 토대로서 생산적인 주제들을 사용하였다. 이런 주제들은 "영역의 중심"으로 간주되었고, 그렇기에 우리

의 매트릭스 안에서 주제 지향이나 영역-특성으로 열거할 수 있다. 수행들을 이해하는 학생들은 문제 해결 활동을 포함해서 많은 것을 잘 수행하는 것을 드러내는 것이다. 이것들은 주제를 포괄하고 학습 전달매체의 중요한 주제를 만든다.

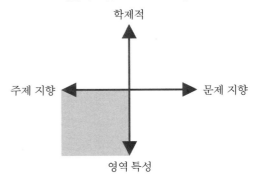

학습의 초점: Perkins와 Unger

반대로 제8장에서 Shank, Berman, 그리고 Macpherson은 목표 기반 시나리오를 바탕으로 학습을 조직하였다. 이 시나리오들은 내용과 과정의 목표를 가지며, 선택된 목표나 임무 달성을 위한 확실한 내용들에 대한 학습을 요구했다.

이 전략은 유용성은 있으나, 목표의 본질이나 임무를 선택하는 데 있어 영역이나 다학문간에 대해 의존하는 경향성이 중요한 문제이다.

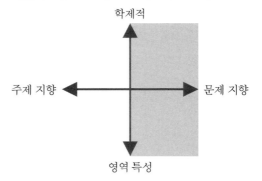

학습의 초점: Shank, Berman, 그리고 Macpherson

학습을 위한 집단 구성

다음으로 비교를 위한 틀의 관점은 학습자 집단의 배치이다. 이는 함께 작업하는 학습자들 수를 고려해야 한다. 학습자들의 학습은 개인적인가? 아니면, 그룹에 포함되었는가? 비교의 목적을 위해 우리는 학습자의 배치를 다음과 같이 나눌 수 있다. 개인, 짝, 팀(3~6), 그리고 그룹(7＋). 그룹의 각 형태는 그것 자체의 논리적인 면과 교수를 계획할 때 반드시 고려해야 하는 과정의 관련성을 가지고 있어야 한다. 많은 교수이론들이 그룹을 이용하거나 이용하지 않는 것에 대해서 지시하지는 않는다. 그렇지만 여러 가지로 그것들은 필수적인 특징을 가지고 있다.

학습 집단

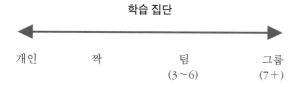

개인   짝   팀   그룹
                     (3~6)   (7＋)

　Nelson의 "협동적 문제해결"(제11장)은 그것의 중심으로서 팀을 사용하는 교수이론이다. Nelson의 "포괄적 지침"이라는 개론은 전체적인 경험을 통한 수행뿐만 아니라, "과정의 활동들"의 본질 안에서 좀더 연속적인 활동을 나타내고 있다. 특히, Nelson은 작고, 이질적이고, 많은 시간을 함께 하기를 제안하였다. 이런 Nelson의 모델은 그룹 구성원들이 단지 함께한다는 것뿐만 아니라, 그들 자신의 학습 쟁점, 필요, 계획을 함께 결정하기 위하여 협동하는 것이다.

학습 집단

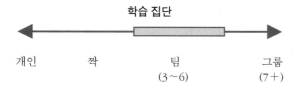

개인   짝   팀   그룹
                     (3~6)   (7＋)

학습의 상호작용

또 다른 비교의 틀은 학생이 주어진 교수 이론의 사용결과에 따른 학습자 상호작용의 유형에 초점을 맞추는 것이다. 이 책에 대략적으로 소개된 어떤 교수이론들은 필연적으로 요구하는 교수 의지의 상호작용들의 유형들이 명확하게 제시되지 않은 반면(예; Reigeluth, 제18장), 다른 것들은 제안된 상호작용의 유형이 명확하게 제시되었다. 우리는 두 가지의 주요 범주(사람에 관한 것과 사람과 관련 없는 것) 안에서 학습자의 상호작용을 분류하였다. 이와 같은 범주 안에는 학습자들이 학습 과정에서 드러내게 될 상호작용의 다양한 특성의 유형들이 있다.

학습의 상호작용

사람과 관련된 것		
학생-교사	학생-학생	학생-다른 사람

사람과 관련 없는 것			
학생-도구들	학생-정보	학생-환경/조작	학생-다른 자원

학생과 교사: 교사 혹은 교수자와의 상호작용

학생과 학생: 개인 혹은 그룹 안에서의 자원으로서 다른 학생들과 함께 작업하거나 활용하는 것

학생과 다른 사람: 다른 개인(혹은 그룹)들과 혹은 부모나 사회 구성원들과의 상호작용

학생과 도구들: 과제들을 완성하기 위해서 이용할 수 있는 도구들의 사용

학생과 정보: 이용하거나 발견할 수 있는 정보를 함께 작업하거나, 감각을 기르는 것

학생과 환경/조작: 교실 상황과 외부 상황에서의 시뮬레이션이나 자원들을 이용하거나 작업하는 것

학생과 다른 사람과 관련 없는 것: 있음직한 어떤 다른 비인간적인 자원들을 가지고 작용하는 것

"교실 안 학습 공동체"(제12장)의 Bielaczyc와 Collins는 구성원들이 지식을 확장하기 위해 함께 작업하는 공동체를 기술하였다. 이 공동체의 부분처럼, 학습자들은 다양한 목적을 위해 다양한 방법에 참여한다. 그 결과 학습자들은 다양한 방법으로 상호작용한다. Bielaczyc와 Collins는 학습자가 목표를 세우고, 교사들과 함께 작업하고(학생-교사 상호작용), 접근과 도전을 위해 전통적인 교실 경계를 벗어나고(학생-환경의 상호작용), 다른 사람들과의 의존과 공유를 조장(학생-학생)하는 환경을 설명하였다. 자원과 도구를 사용하는 것은 특별히 언급할 필요 없고, 많은 시간이 필요 없으며, 학습자는 질적인 결과물을 생산할 것으로 기대되었다. 이러한 결과물에 대한 기대는 성취를 위하여 약간의 도구들과 자원들을 사용할 것을 제안한다.

학습의 상호작용: Bielaczyc와 Collins

사람과 관련된 것		
학생-교사	학생-학생	학생-다른 사람

사람과 관련 없는 것			
학생-도구들	학생-정보	학생-환경/조작	학생-다른 자원

제15장에서 Landa는 학습자들의 메타인지 기술을 형성할 수 있도록 도와 주는 것에 초점을 둔 교수의 일반적인 방법을 제시하였다. Landa는 학습자가 지식을 인지하고 분류할 수 있는 과정을 발견할 수 있도록 지도해 주는 교사와, 교사와 함께 상호작용하는 학습자에 초점을 맞추었다. 게다가 이 설계된 이론에서 학생-교사의 상호작용이 제일 중요한 종류이기에 다른 상호 작용들이 발생할지

도 모른다고 하였다.

학습의 상호작용: Landa

사람과 관련된 것		
학생-교사	학생-학생	학생-다른 사람

사람과 관련 없는 것			
학생-도구들	학생-정보	학생-환경/조작	학생-다른 자원

학습을 위한 지원

학습자의 학습에 따라, 향상과 성장을 위한 지원이 필요하다. 이 지원의 중요한 두 가지는 인지적 지원과 정서적 지원이다. 인지적 지원은 학습자가 그들이 가진 이해력과 능력과 교과를 형성하는 것을 지원해 주는 요소들로 구성되어 있다. 인쇄 자료, 컴퓨터 자료 그리고 인간 상호작용과 정보의 연속적 접근, 피드백, 평가 등이 포함된다. 정서적 지원은 학습자의 태도, 동기, 감정, 그리고 자기 자신감을 뒷받침해 주는 요소들로 구성되어 있다. 이런 것들은 교사가 학생들의 태도나 감정 그리고 자신감 수준에 확실한 역할의 활동에 대한 인지적 잘못을 판단하기 위한 피드백을 제공하는 것처럼, 항목을 구별할 필요는 없다. 그렇지만 어떤 전략들은 학습자의 인지적 또는 정서적 발달 어느 쪽이든 확실한 지원을 해 준다. 다시 한번 우리는 이 비교의 표현 수단으로서 원리를 사용한다.

학습을 위한 지원

Mayer의 SOI(selecting, organizing, and inte-grating) 모델(제7장)은 교수적 메시지의 설계에 대한 전략에 주목하고 있다. Mayer는 조직하는 것, 강조하는 것, 그리고 선택하거나 조직하는 것, 그리고 그들 학습을 뒷받침해 주는 통합적 매체들에서 학생에게 도움이 되는 교수적 메시지 활용에 대한 전략을 제공하는 것에 관심을 가졌다. 이와 같이 그가 제공한 학습자를 위한 지원은 완전히 인지적 영역이다.

학습을 위한 지원: Mayer의 SOI Model

인지적 지원

정서적 지원

Jonassen의 "구성주의 학습환경 설계"(제10장)는 정서적 뿐만 아니라, 인지적 지원 요소에 초점을 맞추었다. Jonassen은 코칭과 스캐폴딩의 이미지를 사용하여 학습자들에게 정서적 지원을 제공하는 전략들을 제시하였다. 이 전략들은 과제의 중요성에 대한 강조, 신뢰 수준에서의 격려, 그리고 연속적이며 어려운 과제를 제시할 것을 포함한다. 인지적인 면에서 교수자들은 관련된 예시들과 정보의 자원, 지식, 구성 도구, 그리고 대화와 협력 도구들을 제공해야 한다. 더불어 적절한 사고 전략과 관련된 예들의 고려, 수행에 대한 피드백을 촉구해야 한다.

학습을 위한 지원: Jonassen의 구성주의 학습환경

인지적 지원

정서적 지원

4. PBL이론에 대한 이슈 추가

PBL의 중심 전제는 교수가 학습자들에게 중요하고 적절한 문제와 함께 시작되어야 한다는 것이다. 학습은 문제 해결의 맥락에서 이루어지는데, 보다 낮은 수준과 보다 높은 수준의 사고를 모두 고려해야 한다. **주어진 이 전제에서 우리는 PBL 설계를 위한 어떤 이론은 적절한 문제들의 선택을 위한 지침을 제공하고, 학습자와 교수자가 중요하다고 느끼는 보다 낮은 수준과 보다 높은 수준의 '내용'에 기초가 되어야 한다는 것을 제안한다.** 적절한 문제 선택의 필연적인 관련은 문제의 복잡성이다. Vygotsky(1978)는 교수 경험들은 근접발달영역(ZPD; zone of prox-imal development) 안에서 이루어지거나, 학습자들이 현재 가지고 있는 능력, 즉 그들이 경험을 완수하기에 많은 어려움을 가지고 있는 능력을 훨씬 능가해서는 안 된다고 제안하였다. **그러므로 PBL의 설계를 위한 이론은 복잡성 안에서 각자 적절하게 학습할 수 있는 계속적인 설계를 도와 주는 안내를 제공해야 한다.**

우리는 학습자들이 문제 해결이나 학습 과정에서 두 개의 영역 안에서 작용하는 것처럼 도움이 되는 사고를 제시한다. 하나는 "문제 영역"인데 이것은 직접적으로 학습자가 문제를 해결하는 것이다. 그렇지만 학습자가 관련된 문제를 해결하는 데 있어서 지식이나 기술의 부족에 부딪혔을 때, 학습자가 필요한 지식이나 기술, 그리고 태도를 얻는 작용을 하는 '교수 영역' 안에서와 문제 영역을 뛰어넘는 것과 같이 그것들은 도움이 될 것이다. 이 교수 영역은 고차원적인 구성주의 접근의 연속선상 어디서나 설계될 수 있다. 학습자들이 지식, 기술 태도, 고차원적인 객관적 접근을 어디서나 어떻게든 얻을 수 있도록 자기 자신이 생각해 내는 것을 기초로 하고 있다. 많은 수의 구조들이 학습자가 지식, 기술 그리고 태도들을 얻을 수 있게 도움을 제공하고 있다. 기본적으로 이 구조적 연속선상은 상당한 양의 구조와 지원을 반영하여 학습자들에게 제공하고 있다.

여러 가지 이유로 이것은 매우 중요하다. 첫째로 Anderson(1976; Neves & Anderson, 1981)의 복잡한 인지기술 획득에 대한 연구는 기술 개발의 정확한 기준에 도달하는 것(서술적 부호화와 절차를 필요로 한), 즉 기술들의 자동화에 따라오는 것을 포함한 여러 단계를 명확히 규명해야 한다고 하였다. 그는 이것은 복잡한 인지기술, 즉 문제를 해결하는 것과 같이 중요한 것이라고 말했다. 왜냐하면 보다 낮은 단계의 자동화는 인간의 의식적 인지 과정을 자유롭게 하여, 보다 중요하고 보다 높은 단계에 주의 집중할 수 있도록 해 주기 때문이다. 좀처럼 학습은 한 문제를 해결하기 위하여 기술의 자동화는 말할 것도 없고, 정확성의 기준에 도달하기 위한 충분한 여러 연습을 제공하지 못한다. 이처럼 충분하고 적당한 연습 형태로 교수영역에서 제공받지 못한다면, PBL은 공격받기 쉬운 형편없는 기술 개발이다. 유사한 관련성은 충분한 깊이와 이해의 폭을(인과적 모델 개발을 포함해서) 형성하고, 중요한 정보를 기억하고, 학습에 속하는 문제 영역에서 태도의 중요성을 얻는 것뿐만 아니라, 적절한 상위 수준의 사고와 문제 해결, 그리고 메타인지 기술을 개발하기 위해 적용된다. 다른 상황은 이들 각각의 학습 종류에 따라 다른 정도의 지원을 필요로 한다. 이것들이 항상 학습자들이 발견하는 가장 좋은 것도 아니고 중요한 자원으로 사용되는 것도 아니다. 학습은 학습자들과 관련된 행위를 요구한다. 그러나 관련된 행위가 유익한 것만은 아니다. 예를 들어, 단지 기술들을 맴돌거나 학습자들이 이미 정통해 있는 이해하기와 같은 경우가 그렇다.

그러므로 PBL의 설계를 위한 이론은 어떤 주어진 교수 상황의 구조적 연속선상 위에서 안내를 제공해야 한다. 그리고 상용할 수 있는 방법과 각각 지원할 수 있는 특별한 범위에서 제공하기 위한 안내가 제공되어야 한다. 예를 들면, 개별 지도들(증명, 설명, 그리고 즉각적인 피드백과 함께 다른 연습)은 기술 개발을 위한 어떠한 상황들에서도 아마도 유익할 것이다. 시뮬레이션 또는 시각적 SimCity들은 복잡한 인과관계의 모델 발전을 위한 어떠한 상황에 적절할 것이다. 그리고 입증된 기억술은 정보를 기억하는 상황에서 유익할 것이다.

문제가 마침내 해결되었을 때, 학습자들은 문제의 영역과 문제 해결 과정, 이 두 가지에 대하여 무엇을 학습하였는가를 되돌아봄으로써 많은 것을 배울 수 있을 것이다. 그들이 마주치는 장애 또는 어려움은 무엇인가? 그들은 어떻게 그런 장애와 어려움을 더 잘 다룰 수 있는 것일까? 다른 문제 해결자 또는 그 분야의 문헌은 제기된 쟁점들에 관하여 무엇을 해야 하는가? 어떤 상황들에서 학습자들은 문제를 해결하는 동안 배우는 것보다 문제 해결하는 경험의 근처에서 반영하는 것에 더 많이 배울 수 있다. 그러므로 PBL설계를 위한 이론은 반영 과정에서의 안내를 제공해야 한다.

PBL 설계를 위한 이론에 대하여 생각해 볼 추가적인 논쟁점들이 PBL 안에서 중요한 모든 쟁점들을 나타내지는 못하기에 의미 없이 이해될 수도 있다. 또한 개인 혹은 팀 안에서 PBL의 다양한 형태를 나타낼 수도 그렇지 않을 수도 있다. 그렇지만 우리가 이 영역에서 제시된 이론들을 신뢰하는 중요한 몇 가지 이슈들을 나타내고 있다. 이 책에서 당신이 PBL 이론들을 공부하는 것처럼, 우리는 당신이 이 이론을 이해하기 위한 렌즈처럼 틀 위에 이 화제를 더하기를 제안한다. 그리고 추가적인 쟁점들을 명확히 하는 것에 노력하고 고려해야 할 것이다.

5. 결론

당신은 이 책에 설명된 인지 영역의 다양한 교수
전략을 시험해 보면서 다른 이들과 비교해 봄으로
써 도움이 되는 몇 가지에 의미를 가질 것이다. 이
장에서는 학습의 유형, 학습의 초점, 학습을 위한
집단 구성, 학습을 위한 상호작용, 그리고 이 비교
의 지침을 위한 도구와 같은 학습 지원에 대한 틀
을 제공하였다. 그리고 PBL에 대한 사고를 위하여
추가적인 논점을 제공하였다. 이 논점과 틀이 모
든 것을 표현할 수는 없지만 그래도 분석과 논의
에 대한 당신 자신의 과정을 시작하기 위한 출발
점을 제공한다.

참고문헌

Anderson, J. R. (1976). *Language, memory and thought*. Hillsdale, NJ :Lawrence Erlbaum Associates.

Anderson, J. R. (1983). *The architecture of cognition*. Cambridge, MA:Harvard University Press.

Ausubel, D. P. (1968). *The psychology of meaningful verbal learning*. New York: Grune & Stratton.

Bloom, B. S. (Ed.). (1956). *Taxonomy of education objectives. Handbook 1: Cognitive domain*. New York: David McKay.

Gagné, R. M. (1985). *The conditions of learning* (4th ed.). New York: Holt, Rinehart, & Winston.

Gardner, H. (1983). *Frames of mind: The theory of multiple intelligences*. New York: Basic Books.

Merrill, M. D. (1983). Component display theory. In C. M. Reighluth (Ed.). *Instructional-design theories and models: An overview of their current status*. (pp. 279-333). Hillsdale, NJ: Lawrence Erlbaum Associates.

Neves, D. M., & Anderson, J. R.(1981). Knowledge compilation: Mechanisms for the automatization of cognitive skills. IN J. R. Anderson (Ed.), *Cognitive skills and their acquisition*. Hillsdale, NJ : Lawrence Erlbaum Associates.

Reigeluth, C. M. (1983). *Instructional-design theories and models: An overview of their current status*. Hillsdale, NJ: Lawrence Erlbaum Associates.

Vygotsky, L. S. (1978). *Mind in society: The development of higher psychological processes*. (Edited by M. Cole, V. John-Steiner, S. Scribner, & E. souberman). Cambridge, MA: Harvard University Press.

다중적 접근을 통한 이해 학습

Howard E. Gardner
Harvard University Graduate School of Education
이인숙
세종대학교 교육학과 교수

Howard E. Gardner는 Harvard 대학 교육학과 교수이며, 심리학 겸임교수로, Harvard Project Zero의 공동책임자이다. MacArthur Prize Fellowship을 포함해 여러 번의 수상 경력을 갖고 있는 그는 Frames of Mind, Multiple Intelligence, Leading Minds 등 18편의 저서와 수많은 논문을 집필했다. Gardner는 교육계에서 표준화된 심리측정도구로 평가할 수 있는 단일 인간지능이 존재한다는 입장을 비판하고 있는 다중지능이론으로 잘 알려진 인물로, 그의 최근 연구는 전형적인 창의자(creators)와 지도자에 대한 연구이다.

서 문

목적 및 전제. 이 이론의 일차적 목적은 학습자들의 지능 차이를 긍정적으로 활용하여 이해를 증진시키고자 하는 것이다. 특별한 전제조건은 없는 것으로 보인다.

학문적 가치. 이 이론은 다음과 같은 가치를 바탕으로 한다.

- '무엇을 가르칠 것인가'의 중요성과 '어떻게 가르칠 것인가'의 다양성
- 이해를 실천할 수 있기(이해의 수행)
- 학생들이 사회에 유익한 성인이 되도록 준비시키기
- 학생들이 다양한 지능을 계발하도록 돕기
- 지능의 개인차에 맞춘 교육
- 공식화되거나 형식적인 교수에서 벗어난 접근

주요 방법. 이 이론이 제공하는 주요 교수방법은 다음과 같다.

몇 가지 **중요한 논제**를 선택한다. 영향력이 큰 주제, 해당 학문영역의 아이디어와 접근양식 등에 적절히 연관된 논제를 선택한다.

- 더 깊이 있게 다루기 위해서는 더 적은 수의 논제를 선택한다.
- 영향력이 큰 주제와 적절히 연관이 될 수 있는 논제들만 선택한다.

다음과 같은 다중지능을 고려하여, 학생들을 논제로 끌어들이기 위한 **도입부**로 사용한다.

- 서술적: 이야기를 하기
- 양적/수적: 통계자료와 양적 패턴을 이용하기
- 기초적/경험적: 폭넓은 철학적 질문과 쟁점에 관하여 진술하기
- 미학적: 예술작품 활용하기, 소재와 논제의 예술

적 속성에 호소하기

- 실천적: 실제적인 체험활동 제공하기
- 사회적: 집단 환경, 역할극 및 협동작업 활용하기

이해영역의 특정 형식을 주입시킬 수 있도록 **유추**와 **예시**를 들어 설명한다.

- 새로운 소재에 대해 이해를 높일 수 있는 예제 및 유추법, 은유법 사용
  - 각각의 유추를 적절하게 규정

논제의 중심이 되는 지식을 전달할 수 있도록 다양한 표상을 사용하여 **핵심에 접근**한다.

- 해당 논제에 충분한 시간을 투자(즉, 제한된 주제들을 심도 있게 교수하기)
- 논제를 깊이 이해할 수 있도록 다양한 방법(따라서 다양한 유형의 지능, 기술, 흥미와 다양한 종류의 심벌 및 스키마를 요구하게 됨)으로 논제를 표현하기
  - 논제의 주요한 측면을 포착할 수 있는 표상을 선택
  - 많은 학생들에게 다가갈 수 있는 표상 선택
  - 단 하나의 '최적의' 형식으로 논제를 표현하려는 경향 억제
  - 다양한 유형의 수행 기회 제공(단답형 시험, 논쟁, 면담, 논술, 실험, 토론, 예술작업, 설계)

교수설계에 대한 적용점. 학습 성과의 중요한 유형으로서 이해에 초점을 두고 있다. 학생들의 지능뿐 아니라 논제의 주된 특성에 걸맞은 표상들을 이용하여, 교수자가 좀더 많은 학생들에게 접근하고 유연한 전문 지식의 본질을 보여 주게 된다.

—C. M. R

다중적 접근을 통한 이해 학습

이해의 가치가 있는 논제

어떠한 논제는 한 시대의 담화를 주도하기도 한다. 대중 매체에서 진화론처럼 중요한 과학적 견해나 유대인 학살처럼 엄청난 역사적 사건을 다루지 않은 때는 거의 없다. 심지어 교육을 받지 못한 사람들도 이러한 주제를 일상 들어가며 생활한다. 하물며, 교육을 받은 사람이라면 교육, 독서, 영화나 텔레비전, 뉴스가 넘치는 문화환경 속에서 진화론이나 유대인 학살과 같은 논제들을 쉽게 연상할 수가 있게 된다. 또한 이들은 새로운 정보를 자기 것으로 소화할 수도 있어야 한다. 공룡의 멸종, 창조론의 대두, 단속적인 새로운 종의 발현 등 익숙하지 않은 설에 대해 자신의 견해를 말할 수도 있어야 한다. 혹은 독일인의 공동범죄행위인 나치 스위스은행에 금을 은닉한 줄거리를 담은 한 생존자에 대한 소설에 대해 자신의 견해를 가지고 있어야 한다.

그러나 요즘 볼 수 있는 교육적 논의에는 위에서 언급한 교육받은 자들이 갖추어야 할 특성이 완전히 배제되고 있다. 그 대신 능력별 학급편성, 공동학습, 프로젝트 수업 방법의 사용 등을 장려할 것인지와 같은 방법적 문제에 매달리고 있음을 발견한다. 그리고 '바우처(voucher) 제도, 선택권, 국가표준을 받아들여야만 하는가?'와 같은 정치적 논제를 다루는데 집중하고 있다. 이런 주제들은 물론 논의할 가치가 있지만, 무엇을 그리고 왜 배워야만 하는지 논쟁이나 합의가 없는 상태에서 이루어진다면 비현실적인 경향을 띤다.

교육과정이 쟁점화되면 불가피하게 교육공동체의 분열을 자극한다. 진화론이나 유대인대학살에 대한 문헌은 대부분의 교육상황에서 볼 때 특별한 문제가 없어 보이는데도, 교과서에서 진화론을 삭제하거나 다윈의 업적을 "단지 또 하나의 이론"으로 격하하려는 우리 시대의 원리주의자들을 보아왔다. 그리고 교육자들 중에는 소수만이 유대인대학살의 발생을 직접적으로 문제 삼는 반면, 문화평론가들은 교육과정이 독일인의 관점을 충분히 대변하지 않았으며 600만 유태인에 대한 처우가 다른 시대의 다른 집단들에 대해 행해졌던 것과는 질적으로 다르거나 훨씬 더 잔인했다고 주장하고 있다면서, 유대인대학살을 다루고 있는 [현재의] 교육과정을 비난하기도 한다. 따라서 [현실적으로는 교육을 할 때] 몇몇 사실이나 정의를 단순히 암기하고는 다른 이론이나 역사적 사건들로 신속하게 학습 주제를 바꾸는 것이 더 무난하게 여겨지는 풍토이다.

교육의 목적

간단한 논문으로는 교육의 목적을 결정하고 "이상적인 교육과정"을 구체화시키거나 지지하기가 어려우며, 본 글의 취지가 그렇게 하고자 하는 것도 아니다. 무엇을, 왜 가르쳐야 하는지에 대한 입장을 확실히 하지 않고 어떻게 가르칠 것인가에 대해서 알기 쉽게 논할 수 있을 것이라고 생각하지 않는다. 그러나 이런 문제에 대해 (특히 동료들 사이에서) 확실한 입장을 가진 사람조차도, 교육과정에 대한 논의는 미뤄두는 것이 유리하다고 생각한다.

이 시대의 교육은 물리적, 생물적, 인간적, 인공적, 자아의 세계를 포함하여 다양한 세계에 대한 이해를 증진시킬 기초를 제공할 수 있어야 한다. 사람들은 지속적으로 이러한 주제에 관심을 보여 왔다. 현대의 학문은 신화, 예술, 민간의 지식에 뿌리를 둔 인간의 성찰을 수정 또는 추가해 왔다. 물론 진화와 유대인대학살만이 이해할 가치가 있는 유일한 주제라고 보기는 힘들다. 그러나 우리는 진화론에 대해 다소 전문적 지식이 없는 사람이 얼마나 생물의 세계를 이해할 수 있는지를 판단해보기는 어렵다. 마찬가지로 유대인대학살(또는 다른 집단학살사건)에 대한 학습 없이 누군가가 얼마나 인류세계를 이해하는지에 대해 확인해보기는 어렵다.

이 연구의 목적은 읽고 쓰는 능력의 획득, 기초지식의 학습, 기초능력 수련, 여러 학문분야의 추세에 대한 전문성을 기르는 것 등의 주제를 다루는 것이 아니다. 그것들도 중요하지만, 수단으로서 그러할 뿐 그 자체가 목적이어서는 안 된다. 읽기, 쓰기, 계산을 배우는 것은 출석부와 같은 기록일지를 작성하여 보고하거나 입학시험에서 좋은 점수를 받을 수 있도록 하기 위한 목적이 아니다. 읽고 쓰는 능력, 기술, 학문적 단련은 가치 있는 질문, 논제, 주제에 대한 이해를 증진시키는 도구로서 지향되어야 한다.

이와 같은 목적의 설정은 기발하거나 지나치게 이상적으로 보일 수도 있다. 무엇보다 교육의 진정한 목적은 다른 사람들과 함께 사는 것을 배우고, 인격적 규율을 습득하고, 원만한 성격을 기르고, 직업을 위해 준비하고 성공과 행복을 누릴 수 있는 준비를 하는 것이 아니겠는가? 이러한 목적이나 또 다른 도구적 목적을 옹호하는 목소리들이 커질 것이 틀림없다. 그러나 여전히 이러한 교육의 목적은 부모, 가족, 종교, 대중매체, 사회단체와 같은 사회 전반의 책임으로 인식되어야 한다. 나는 공교육에 투자된 자원들이 결국에 모든 학생이 인류가 직면한 중요한 문제와 화두에 대해 개선되고 향상된 이해를 갖게 한다면 그 가치를 가장 적절히 입증하는 것이라고 생각한다.

이해에 대한 수행적인 관점

일반인의 지혜와 현대 심리학은, 이해란 정신(뇌)에서 일어나는 과정이나 사건이라는 것을 확인시켜 준다. 나는 상식을 존중하는 심리학자로서, 물론 정보와 지식의 변환과 융화과정에서 발생하는 정신적 표상의 과정이 지닌 중요성을 강조하고자 한다. 그러나 교사와 학생의 입장에서 보면, 정신(뇌) 속의 물리적 사건은 명료하지도 않고 자신들의 교육적 사명과는 무관한 것으로 보인다.

그러나 이해라는 개념에 대해서라면 관찰하고 비평하고 개선할 수 있는 "수행"에 강조점을 두면서 '실재감'이 있게 여긴다. 정교한 정신적 표상 없이 양질의 수행은 가능하지 않으며, 양질의 수행은 다양한 인지적 스키마로부터 나온다.

따라서 "진화를 이해하기"라는 교육목적을 추구할 경우, 이에 상응하는 교육은 사전적 정의나 교과서를 단순히 암송하는 수준을 넘어서는 것이어야 한다. 학생들이 여러 생태적 장소에서 발견된 다양한 종을 관찰하여 이들의 고유 특성체제의 원인을 알았을 때나 적자생존에 대한 Malthusian, Darwinist, 사회적 Darwinian간의 유사점과 차이점을 지적할 수 있을 때 바로 그들이 이해한 것을 수행하는 것이다. 마찬가지로 학생들은 "좋은 독일인"이라는 관점에서 쓰인 SS 장병의 일기 내용을 해석하거나 독일의 수용소에서 벌어졌던 사건들을 보스니아에서 발생한 현대 인종학살의 시도와 비교할 때 유대인대학살에 대한 이해를 수행하게 된다.

이러한 이해의 측정은 학생들이 무엇을 알고 할 수 있는지를 평가하기 위해 피상적으로 시도되는 최근의 노력들과 비교할 때, 특히 많은 노력을 요하는 것으로 보인다. 그리고 완전히 이해하고 있음을 입증하는 수행을 요구하는 것은 학생, 교사, 부모 등 전통적인 방식에 익숙해져 버린 모든 사람들에게 부담을 줄 수도 있다.

그럼에도 불구하고 수행적 접근을 통해 이해를 배우는 것은 타당한 것이다. 우선은 새로운 접근이라는 사실이 당장 이행하는데 장애요소가 될 수는 있으나 회피하려는 변명이 되기는 힘들다. 더 중요한 것은 수행에 중점을 두게 되면 내용을 단순 숙달하는데서 벗어나 왜 그 내용을 가르쳐야 하며 가장 적절한 방법으로 이해를 표출하는 방식이 무엇인지로 관심의 초점이 바뀌게 된다는 점이다. 학생들이 자신의 지식과 성찰을 공개적으로 적용시켜야 한다는 것을 깨닫게 되면 "수행력"을 기르고자 더욱 적극적인 입장을 취할 것이다.

몇 년 전 이해에 대해 수행적 입장을 채택하면서 나는 "인지발달이론"이라는 대학원 교과를 이에 상응하게 개편하였다. 이 교과의 목적은 단순히 "이론을 아는 것"이 아니라 그것을 생산적으로 사용할 수 있게 하는 것이었다. 개편 이후에 매주 학생들은 Jean Piaget나 Lev Vygotsky 이론과 같은 특정 발달이론을 숙지했다. 학생들은 학습자료(예를 들어 교육실천에 관한 자료나 데이터)를 제공받으면, "그 주간의 이론"을 인용하면서 학습 자료들을 설명하게 되어 있었다. 어느 날 한 학생이 내게 다가와 물었다. "Gardner 박사님, 제가 이론을 이해하지 못한다면 어떻게 그 이론을 적용할 수 있나요?" 나는 잠시 생각하다가 대답했다. "자네가 적용하지 않는다면 그 이론을 절대 이해하지 못할 것이네." 수행을 강조하는 것은 학생이 학습자료를 적극적으로 사용하도록 자극할 뿐 아니라 수행할 수 있는 기회를 자주 제공하는 것은 학습자료에 대한 이해를 높이는데 가장 좋은 방법이다.

이해: 방해요소와 기회

잠시 중요하면서도 어려움을 초래하는 사항을 논의하려고 한다. 이해력 평가를 피해보려는 잘못된

집단적 합의가 관행적으로 이루어져 왔다. 아마 이러한 회피에 악의는 없을 것이다. 물론 이해라는 것이 사실을 습득하는 것과 동일하거나 학습자료에 노출되고 난 후에 자연스럽게 뒤따라온다면, 이해의 수행을 요구할 이유가 없을 것이다. 그러나 이해력 평가에 시간이 걸리고 이 평가를 통해 찾아내고자 하는 것이 무엇인지에 대해 자신감이 부족했기 때문에, 이를 피해왔을 가능성이 더 많다.

지난 수십 년간 인지심리학자와 교육학자들이 행한 많은 연구 덕분에 이해영역에 관해 하나의 진실을 알게 되었다. 즉 대부분의 학교에서 대다수의 학생들은—실제로는 우수한 학교의 우수한 학생들임에도—명확한 이해력을 입증해 보이지 못하고 있다. 가장 극단적인 경우는 물리교과에서 나타났다. 고등학교와 대학에서 성적이 뛰어난 학생들이 새로운 상황에 지식을 적절히 사용해야 할 때에는 숙련된 지식을 제대로 적용하지 못했다. 심지어 더욱 비난받을 일은 학생들이 "미취학"(학교 교육을 받지 않은) 아동들이 하는 식의 대답밖에 할 수 없었다는 데 있다.

위와 같은 문제들은 단지 물리학만이 직면한 것일까! 과학교과 전반에 학생들은 오개념을 형성하고 있음을 발견하게 된다. 진화론의 경우를 예로 들면, 학생들은 거의 대부분 목적론적, 절대주의적 관점을 따른다. 즉 진화는 어떤 종이 미리 결정될 수 없는 무작위적 변화 과정으로 이루어짐에도 불구하고, 학생들은 진화 과정은 보이지 않는 손에 의해 진행되는 것으로 해석한다. 우리 시대에 우리 자신이 속한 종이 진화의 최정점에 위치한다고 해석하며 각각의 종은 이전의 종보다 더욱 완전하다는 관점을 취한다. 유사한 오개념은 물리학, 생물학, 지질학, 천문학이나 가족학에서도 나타난다.

다른 교육과정 영역에서도 "미취학" 상태라고 표현할 수 있는 이런 어려움이 산재해 있다. 수학

에서 학생들은 엄격하게 정해진 연산에 지나치게 의지한다. 그들은 정해진 방법으로 공식을 사용하는 방법을 배우며 특정 공식이 사용되는 기호를 제대로 선택한다면 상당히 효과적으로 잘 해낸다. 그러나 공식에 대해 어떠한 실마리도 제공되지 않거나 새롭게 공식을 배워야 한다면 학생들은 어려움에 빠지게 된다. 어쨌든 학생들은 공식을 사실은 전혀 이해하지 못하고 단지 선행상황에서 신뢰성 있게 인용했던 기호들이 제공되기를 기다렸을 뿐이다.

사회과학과 인문과학분야에서 이해의 적은 정해진 틀과 편견이다. 학생들은 사건은 특정한 방식으로 발생한다는 식으로 믿어버리기 쉽고 적절하든 아니든 간에 이 틀을 연상하곤 한다. 예를 들어, 두 집단간의 논쟁은 착한 편이 우세해야 한다는 가치가 바탕에 깔려 있는 "착한 편/나쁜 편"이라는 이분법적 틀에 쉽게 동화된다. 유대인대학살에 대한 피상적 이해는 그 사건의 존재를 전부 부인하고 독일인을 완전히 악마라고 비난하며 유대인을 특별한 민족으로 취급하거나, 그런 사건은 앞으로 다시는 일어날 수 없다고 말하게 만든다. 그러나 어디에서든 인간은 학살을 자행하거나 학대의 희생자가 될 잠재성이 있다는 식의 좀더 심층적인 이해를 하기 위해서, 학생들은 역사적, 사회적, 개인적 세계에 대한 좀더 응집력 있고 폭넓은 파악이 필요하다.

이해에 방해가 되는 요소는 도처에 있고 쉽게 피할 수도 없다. 게다가 예를 들면 미국 서부 역사를 다루는 36주 과정에서 Plato부터 NATO까지 다 다루어야 한다는 욕심에 굴복하는 한, 학습자의 잘못된 이해는 피할 수 없다. 그러나 다행히도 최근 몇 년 사이에 이해에 대한 네 가지 가망성이 있어 보이는 접근이 발견된다. 이런 접근은 이해의 방해요소를 인식하고 더욱 효과적인 이해의 수행방법을 찾고 있는데, 그 중 세 가지를 간단하게 언

급하고 그 후에 네 번째 접근을 설명하고자 한다. 네 번째 접근이 실제로는 이 논문의 핵심이다.

첫 번째 접근은 이해를 성공적으로 가르치고 그 배움의 결과를 적용할 수 있도록 해주는 제도에 관한 연구이다. 전통적 도제제도가 그 예 중 하나이다. 어린 도제는 "숙련자"의 참석아래 많은 시간을 보내고 숙련자를 가까이에서 관찰하고 점차적으로 스스로 문제를 해결하고 제품을 생산하는 일상적인 실천을 하도록 유도된다. 기존의 어린이박물관이나 과학박물관 제도 역시 이해의 형성에 대표적인 사례라 할 수 있다. 이런 제도는 학생들이 자신에게 맞는 방식으로 현상에 접근하는 기회를 제공한다. "누구도 박물관을 퇴출시키지 않기" 때문에 학생들은 충분한 시간을 할애하여 그곳에 머물 수 있다. 더 중요한 점은, 학생들이 집에서 학교로 또는 박물관으로 화젯거리를 가져오고 거꾸로 가져가기도 하면서 다양하게 투입되는 정보를 통해 점점 더 확실히 이해력을 쌓아가게 된다. 어떻게 이런 제도가 심층적인 이해를 만들어내는지를 우리가 해독해낸다면 이해를 가르치는 최고의 교수방법에 대한 단서를 얻게 되는 것이다.

이해를 고양시키는 두 번째 접근은 앞서 설명하였던 이해에 장애가 되는 요소에 정면으로 도전하는 것이다. 이 접근에 따르면 사람들은 자신의 오개념에 직접 대응하게 된다. 예를 들어 획득형질의 유전을 믿을 경우, 그 사람은 여러 세대의 도롱뇽의 꼬리를 자르고는 꼬리가 더 짧은 도롱뇽이 점차적으로(또는 갑자기) 출현하는지를 관찰해 볼 수 있다. 응용연산을 인용하는 경향이 있는 사람이라면 적절한 변수를 사용한 실험을 통하여 자기만의 공식을 도출할 수도 있다. 또는 습관적으로 고정관념을 가지고 있다면 다중적 관점으로 사건이나 예술작품들을 접하도록 격려를 받을 수도 있다.

위의 어떤 접근도 오개념을 교정하는데 완전한 수단은 아니다. 간간히 "다중적 관점"을 선택하거

나 오개념에 대해 도전하는 것으로는 충분하지 않을 것이다. 교사들은 부적절한 개념화를 학생에게 인식시키고 지적하여 학생의 이해를 고무시킨다. 그러나 이런 도전적 시도가 규칙적으로 발생하고 그 결과가 제대로 반영될 때 학생들은 점차 이런 의도된 행동을 스스로 적용하게 될 것이다. 이런 "확인" 행위의 내면화는 이해의 습관화를 촉진할 것이다.

이해에 대한 세 번째 접근은 최근 David Perkins, Vito Perrone, Stone Wiske와 여러 다른 학자들이 협력하여 발전시켰다. "이해를 위한 교수법"이라고 불리는 이 접근은 분명한 수행적 관점을 취한다. 교사는 이해 영역의 학습 목적을 제한된 수 내에서 진술하고 이 목적과 관계가 있는 이해의 수행들을 명시해야 한다. 이런 교사의 수행적 관점은 학생들과 공유된다. 이 접근을 통한 교수법은 학문영역에 핵심적이면서 학생의 주의를 끌만한 생성적 논제, 하나의 단위 수업이나 코스에 내재되어 있는 "계열성"의 규명, 그리고 교사와 학생들을 처음부터 지속적으로 포함시키면서 이루어지는 평가에 초점을 둔다는 등의 몇 가지 핵심적 특성들을 보여 준다(Wiske, 1998).

다중지능: 이해를 위한 잠재적 동반자

지금까지 이해는 일련의 일반적 해결책을 가진 일반적 문제임을 시사해 왔다. 학생들이 이해를 갖추는 것은 중요하며 이해를 성취하는 것은 하나의 도전이고 이런 도전에 학생에게 도움이 될 만한 다양한 방법이 존재한다. 그러나 가장 우선적으로는 일반적 접근이 유용하다고 보는 관점이다. 즉, 근본적인 구성요소를 통해 문제에 접근하는 게 바람직한데 이 중에서 어떤 접근방법은 모든 학생 또는 적어도 대다수의 학생에게 성공적임이 입증되기도 했다.

그러나 인지심리학/개인심리학의 최근 연구는 일반적 접근에 이의를 제기한다. 상당수의 연구에서 인간의 정신은 같은 방식으로 작용하지 않고 인지적 강약 역시 같은 구조로 나타나지 않는다고 주장하고 있다. 이 특징이 어느 정도 사실이라면, 학생을 가르치고 그들이 배운 것을 평가하는 방법에 엄청난 영향을 끼칠 것이다. 이런 접근에 동의하면서 나는 인지구조에 새로운 관점을 도입하게 되었다. 그 후 지금까지 나의 학문적 방향을 학생의 이해를 돕고 향상시키는데 도움을 줄 것으로 보이는 이 새로운 관점으로 전환하였다.

오랫동안 전통 심리학과 측정심리학은 인간은 단 하나의 지능을 가졌고 그것은 비교적 고정적이어서 단순한 지필고사를 사용하여 정확한 지능을 측정할 수 있다고 가정해 왔다. 이 관점에 따르면 우리는 "정규분포 곡선"의 불연속적인 점들을 보여 주게 된다(Herrnstein & Murray, 1994). 서로 다른 학습력을 가진 학생들로 구성된 트랙을 보여 주려는 경우가 아니라면 교육을 개별화할 하등의 이유가 없다. 우리 모두는 동일한 방식으로 상당히 많은 것을 배워왔으며 개인간의 주된 차이라면 학습의 향상, 지식, 이해로 가는 동일한 경로를 얼마나 빨리 통과하는가에 있다는 것이 이런 정통적인 입장이다.

연구 증거들이 기존의 관점들을 어떤 면에서는 지지해 주고 있지만 이들 관점이 더 이상 강한 매력을 갖지는 못한다. 신경과학, 인지과학, 인류학 분야의 연구 결과물을 종합해 보면 기존의 관점에 대한 의문이 제기된다. 다시 말해서, 요즘 권위 있는 많은 학자들은 단일지능의 지배적 입장에 도전장을 던지면서 지능이 선천적으로 고정되며 표준화된 측정이 가능하다는 주장을 비판하고 있다(Sternberg, 1985).

나의 연구는 결과적으로 다중지능이론의 성장을 가져왔다(Gardner, 1993a; 1993b; 1998). 이 이론의 관점에서 모든 인간은 비교적 서로 차별적인 8가지 정보처리체제로 설명되는 진화과정의 절정의 위치해 있다. 8가지 정보처리체제에는 언어적 지능(시인, 연설자에 의해 전형적으로 나타나는), 수리-논리적 지능(과학자, 논리학자), 음악적 지능(작곡가, 연주가), 공간적 지능(선원, 조각가), 신체-운동감각 지능(운동선수, 무용가), 자연친화적 지능(사냥꾼, 식물학자), 대인간 지능(임상의, 판매원), 개인내 지능(자신에 대한 깊은 이해)이 포함되어 있다. 또한 삶, 죽음, 혼돈, 운명의 수수께끼를 고민하는 인간의 속성을 반영하는 존재론적 지능이 있을 수도 있다.

우리는 모두 이 복합적 사고력을 가지고 있다. 어떤 의미로 이것은 인간의 지적유산인 것이다. 그러나 우리 모두가 같은 강도나 유사한 형태로 이 지능을 나타내지는 않는다. 어떤 사람은 이런 지능에 또 다른 사람은 저런 지능에 강한 면모를 보인다. 한 종류에 특별히 뛰어난 지능이 다른 지능의 정도를 반드시 예측해 주는 것은 아니다. 이처럼 표준화의 속성을 보이는 기존 지능이론에 직접적으로 도전함으로써, 나의 이론은 개인이 특정한 지능을 노력을 통해 개발하거나 지적 능력의 강약형태를 변형시킬 수 있게 한다. 그리고 지필고사로는 특정 지능의 제한된 측면만을 이해할 수 있는 반면, 지능은 인간이 지능을 직접 사용하는 상황에서 가장 잘 측정된다. 예를 들면 공간적 지능을 측정하려면 좁고 굽은 길이 밀집된 보스턴 시내에 사람을 놔두고 그 사람이 집을 찾아올 수 있는지를 보면 된다.

나를 비롯한 많은 사람들에게 놀라운 사실은 다중지능이론이 교육영역에 많은 영향을 끼쳤다는 것이다. 그러나 내가 볼 때에는 다중지능이론이 부적절하게 인지양식 또는 학습양식에 대한 연구나 분야에 종종 흡수, 적용되고 있다. 교육자들은 비공식적이고 어떻게 보면 엉성하게 학생의 지능 정도(지능의 구조)를 판단하는 방법을 모색해왔다. 그들은 다중지능이론에서 실천에 관한 다수의 서로 모순된 추론들을 이끌어내기도 했는데, 여기에는 각각의 지능을 집중적으로 다루는 7~8개의 서로 다른 교과를 가르치는 것, 학생들이 선호하는 지능에 따라 집단을 구성하고 교육과정을 구성하는 것, 7~8개의 다른 방법으로 각 교과목을 가르치는 것까지 다양하다. 나는 다른 사람들이 내 이론을 교육 현장에 적용하려는 노력과 시도에서 많은 것을 깨닫게 되었다. 대부분의 교육자들에게 다중지능이론은 기본적으로 Rorschach 검사나 다름없이 여겨지는 것이 분명하다. 사람들은 나의 새로운 심리학이론이 진정 대면하고 있는 것에서 교육적 의미를 유추해내기보다는 내 이론 속에서 자신이 이미 가치 있다고 여기는 교육적 실천을 찾아내려는 경향이 있다(Gardner, 1993b).

많은 교육자들은 다중지능 그 자체를 목적으로 본다. 즉, 학교나 프로그램은 다중이론을 긍정적으로 다루고 학생들의 다양한 지능의 특징을 평가하고 교육과정에서 다중지능을 현저하게 다루고 있을 때 가치 있게 여긴다. 이러한 식의 성취가 의미 없다고 부정하지는 않지만 이런 접근이나 결과들은 교육의 목적에서 출발하지 않거나 이것을 충분히 고려하지 못하였다는 점에서 어려움을 겪을 수 있다.

나는 "다중지능" 그 자체가 한 가지 지능이나 협력학습 또는 자아존중감과 비교할 때 그것들보다 더 적절한 교육목적을 구성하고 있다고 보지는 않는다. 일단 교육목적이 독립적으로 확립될 경우에 다중지능은 우수한 교육을 보조하는 역할을 해주는 것으로 보는 것이 더 적절하다고 본다. 실제로 나는 다중지능이 다음과 같은 두 개의 교육 목적에 가장 값지게 사용된다고 주장하고자 한다.

첫째 목적은 사회에서 인정받는 성인의 역할이나 최종적인 상태를 구현하는 것이다. 누군가가 예술 활동에 참여하고자 원한다면, (시인을 위해서는) 언어적 지능을 개발하고, (미술가를 위해서는) 공간적 지능을, (작곡가나 연구자를 위해서는) 음악적 지능을 개발하는 것이 당연할 것이다. 누군가가 민주시민이 되기를 원한다면 그때는 대인간 지능을 개발하는 것이 중요하다.

두 번째 목적은 어떤 교육과정이나 훈련 내용의 완전한 습득이다. 앞서 논의된 바 있는 다른 입장을 따른다면, 학생은 생물학을 공부하는 것이 중요하고 그래야 생물계 기원과 발달을 더 잘 이해할 수 있기 때문이다. 역사를 공부해야 인류가 과거에 행했던 선과 악을 더 잘 이해할 수 있으리라는 판단 역시 마찬가지다. 이 경우에 모두가 동일한 방식으로 동일한 것을 배우고 그리고 동일한 방식으로 평가를 받아야 한다는 입장을 취할 것이다. 이처럼 지능을 표준적 관점으로 보면 쉽사리 그리고 필연적으로 교과목을 선호하는 방향으로 가게 되어 있다. 그러나 다중지능에 타당성이 있다고 받아들인다면—개개인이 다른 강도, 흥미, 전략을 지닌 다양한 종류의 지능을 가지고 있다면—중핵 교육과정 내용이 다양한 방법으로 가르치고 평가될 수 있는지를 살펴볼 필요가 있다.

1. 이해: 다중지능을 통한 접근

드디어 여기에서 내가 주장해 온 교육적 접근의 핵심 되는 아이디어를 소개하려고 한다(구체적인 것은 Gardner, 1999 참조). 나는 모든 사람들이 교육과정의 자료와 접근법에 핵심이 되는 것을 모두 습득해야 한다고 믿는다. 그렇다고 특정한 규범을 고집하지는 않지만 말이다. 이 글에서 진화론과 대학살을 예로 선택하여 사용하고 있다. 물론 논쟁의 여지가 있긴 하지만, 내가 생각할 때 이 예들은 모든 교양인들이 접하고 있으며 익숙한 비

교적 안정된 주제라고 생각하기 때문이다(다른 저서에서는 이 두 가지 예 이외에 선의 예(모차르트의 음악)를 추가하기도 했다). 나는 한 가지 방식으로 가르치고 평가되어야 한다는 가설에 머무는 전통적 교육자, 전통적 심리학의 흐름에서 이탈해 나왔다.

생물학적 배경, 문화적 배경, 개인의 역사, 특별한 개인적 경험들 때문에 학생들은 입학할 때 백지처럼 일률적이지도 한 가지의 지적 수행에 따라 일차원적으로 줄 세울 수 있는 존재도 아니다. 그들은 각기 다른 지능, 강점, 흥미, 그리고 정보처리 유형을 가지고 있다. 이러한 다양성(이것이 바로 진화의 결과 아니겠는가!)이 처음에 교사의 일을 복잡하게 하겠지만 실제로 효과적 교수에 동반자 역할을 할 수도 있다. 다채로운 교육적 접근을 사용할 수 있는 교사라면 더 효과적인 방법으로 더 많은 학생들을 가르칠 수가 있다.

학생들의 차이점은 수많은 방식으로 제시될 수 있으며 이것에 우선순위를 매긴다는 것은 지나친 단순화이다. 나는 여기에서 다양한 지능을 부각시키면서 학생이라는 대상을 설명하고자 한다. 그러나 이런 나의 주장에 따르기 위해서 다중지능이론을 반드시 지지할 필요는 없다. 지적 성향의 차이점들을 인정하고 어떤 식으로든 명명하거나 인지할 수 있는 접근이라면 무엇이든 상관없다.

교육의 목적이 생물학과 역사학에서 주제를 이끌어낸 "진화론"과 "유대인대학살의 이해"라고 가정해보자. 구체적으로 우리는 학생들이 유전자형의 우연적인 변화 과정인 진화가 과거에 존재했고 현재도 존재하는 다양한 종의 뒤에 숨어 있는 실질적인 동력임을 감지하기를 바란다. 유전적 다양성에 따라 나타나는 표현형(phenotyes. 눈에 보이는 생물의 체질)은 특정한 생태학적 상황 속에서 생존할 수 있는 유기체를 만들어낸다. 생존하여 번식한 종은 주어진 생태조건에 적절히 적응하는

능력이 약한 종보다 유리한 부분을 가지고 있다. 이러한 경향이 계속된다면, 생존하는 종들은 널리 퍼지고 그렇지 못한 종들은 멸종해갈 것이다. 화석은 역사적으로 여러 가지 종들의 생존과정과 운명에 관한 정보를 말해준다. 즉, 다양한 종이 점차 증가하기도 하고 또는 한 가지 계보에서 그 복잡성이 증가하기도 했음을 보여 준다. 다양한 종류의 초파리 번식에 관한 연구에서부터 유전자의 기원을 다루는 실험실 연구에 이르기까지 관련된 여러 다양한 연구들을 가지고 동일한 과정을 동시에 연구하는 것이 가능하다.

유대인대학살에 관한 논제로 다시 돌아가서, 우리는 학생들이 1933～1945년까지의 "나치의 제3제국(Nazi Third Reich)" 기간에 유대인 및 비난의 대상이 된 다른 소수민족, 정치적 반체제자들에게 무슨 일이 생겼는지 바르게 감지할 수 있기를 바란다. 유대인을 징계하고 고립시키려는 노력은 언어적 공방과 축출관련 법안으로 시작하여 점차 더 폭력적인 학대의 형태를 띠게 되고 절정에 이르러서는 유럽에 거주하는 유대인을 완전히 소멸시키려는 명확한 의도가 담긴 수용소를 세우기에 이른다. 반 유대정책의 주요 골격은 히틀러의 초기 연설이나 글에 나타나 있다. 그러나 계획에서 실천까지의 역사적 과정은 몇 년이 걸렸고 다양한 역할을 맡은 수십만의 사람들과 관련이 있다. 한 민족을 완전히 제거해버리려는 노력인 인종학살은 새로운 현상은 아니다. 이것은 성서시대로 거슬러 올라간다. 그러나 알려진 바대로라면 문명화된 현대 국가가 6백만 유대인을 말살시키고자 시도한 것과 같은 체계적인 방법은 전례가 없다.

간단한 형태라면 위와 같은 '이해'는 한 교과나 단위학습 수준의 목적으로 구성될 수 있을 것이다. 그러나 위에 제시한 단락들을 완전히 암기하거나 그대로 재 진술하는 것을 '이해'라고 볼 수 없다. 오히려 학생들이 일련의 생각들을 융통성 있고 적절하게 인용해서 구체적인 분석, 비교, 비평, 해석을 할 수 있는 수준의 정도를 가지고 이해를 갖추었는지를 판단할 수 있다. 이해를 평가하는 이런 매우 날카로운 시험방법은 바로 오늘 인쇄된 신문만큼이나 새로운 학습자료에 대해 학생이 이해를 보여 주는 수행을 할 수 있는지를 평가하는 것이다.

어떻게 이렇게 다루기 힘든 문제에 접근할 수가 있을까? 그 답의 일환으로 다중지능의 특성에서부터 세 가지 접근법을 제안하고자 한다.

A. 출발점

이 시점은 학생이 참여하고 학습할 논제에 빠져들 수 있는 방법을 찾는데서 시작한다. 특정한 지능에 어림잡아 연계될 수 있는 적어도 여섯 개의 출발점을 규명해내었는데, 여기에서는 본 글에서 사용해 왔던 두개의 예를 가지고 각각의 출발점의 특성을 규명해 보고 구체적으로 설명하고자 한다.

1. 설명적 출발점　설명적 출발점을 사용하는 접근은 이야기를 통해서 학습하기 좋아하는 학생들을 염두에 둔다. 언어나 영화적인 매체는 주인공, 갈등이나 해결해야 할 문제, 성취할 목적 그리고 긴장감 등을 부각하기도 하고 때로는 이것들을 경감시키기도 한다. 진화론의 경우(성서이야기와 반대인) 다윈의 여행에 대한 이야기나 특정한 종의 "발달과정"에 대한 이야기를 빌어서 대본을 이끌어 낼 수 있다. 대학살은 특정한 인물에 대한 이야기식의 설명이나 나치 독일의 역사적 사건의 연대기를 통해 소개할 수 있을 것이다.

2. 양적/수리적 출발점　양적 출발점을 사용하는 접근은 수, 수가 만들어내는 형식, 다양한 수적 조작, 크기·비율·변화에 대한 성찰에 흥미가 많

은 학생들을 염두에 둔다. 진화론의 경우, 다른 생태적 지위에 속하는 여러 다른 종과 개별 동식물의 발생률을 관찰하고 그것이 시간이 흐름에 따라 어떻게 변화를 증폭시켰는지를 살펴볼 수 있다. 대학살의 경우, 개별 유대인의 수용소 이동현황과 생존율, 유대인들과 다른 도시나 국가에서 발생한 이와 유사한 희생자들의 운명을 비교해 볼 수 있을 것이다.

3. 근본적/실존적 출발점　이것은 인생의 가장 "근본적"인 질문에 관심을 가지는 학생들에게 호소력이 있는 접근일 것이다. 거의 모든 젊은이들이 대개는 신화나 예술을 통해 이런 질문을 제기하는데, 철학적 지향의 젊은이일수록 언어적으로 문제에 대해 사색하고 논쟁을 하게 된다. 진화론은 우리가 누구이며 어디서 왔는지, 삶의 문제가 무엇인지에 대해 다루고 있다. 대학살은 인간은 어떤 존재이며 우리가 지닌 선과 악은 무엇인지와 같은 질문을 다룬다.

4. 심미적 출발점　어떤 사람들은 예술작품이나 형태의 균형, 조화나 잘 설계된 구성을 갖춘 대상에서 영감을 받는다. 종들 간에 뻗은 많은 가지와 거리를 보여 주는 진화의 계보는 이런 특성을 가진 사람들에게 매력적으로 받아들여질 것이다. Darwin 자신이 자연의 '얽혀진 둑'(tangled bank)이라는 비유에 의해 지적인 자극을 받았었다. 대학살은 결국 죽은 자들과 생존자들 그리고 관찰자들에 의해 미술, 문학, 음악 작품들로 표현하려는 많은 노력이 있어 왔다.

5. 실천적 출발점　많은 사람들, 특히 젊은 사람들은 실제 활동에 참여함으로써 논제에 접근하는 것이 가장 쉽다고 한다. 이런 상황에서는 실제로 무엇인가를 지어보고, 사물을 다루어보고, 직접

수행해보게 된다. 초파리 여러 세대를 길러보면 유전적 발생과 죽음을 관찰할 수 있는 기회를 갖게 된다. 홀로코스트 전시는 이 사건을 가슴이 뭉클하게 소개할 기회를 줄 수 있다. 학생들이 전시장에 입장하면서 [마치 자신이 대학살의 희생자가 된 것처럼] 희생자의 신원증명서를 받고 그 후에 그 사람에게 어떤 일이 일어났는지를 확인받았을 때, 개인적 동일시 경험이 지닌 위력은 매우 강력할 수 있다. 명령을 따르고자 하는 인간의 성향을 알아보기 위한 심리실험에 등장인물이 되어 보는 것 역시 불편하고 껄끄러운 경험을 해보는 기회가 될 수 있다.

6. 사회적 출발점　지금까지 위에서 설명한 출발점의 유형은 '한' 사람으로서의 개인들에 대해 다루었다. 그러나 많은 개인들이 집단적 상황에서 더 효과적으로 학습하는데, 이런 경우에 사람들은 다른 역할을 가정하고 다른 사람의 관점을 관찰하고 규칙적으로 상호작용하고 서로를 보완해 주기 위해 논의하고 논쟁할 수 있는 기회를 가지게 된다. 집단을 이룬 학생들에게 해결해야 할 문제가 부가될 수 있는데, 예를 들면 기후의 급격한 변화에 따라 다양한 종들이 발생했는지, 또는 집결 캠프로 통하는 기찻길을 폭파시킨 연합군에 독일인들이 어떻게 대응했는지 등의 문제이다. 혹은 역할극을 통해 배울 수도 있는데, 예를 들어 변화하고 있는 생태계 속의 여러 다른 종이나 유대인 강제 거주지구의 반란에 참여하는 사람들의 역할을 해보는 것 등이다.

B. 유추를 사용하기

출발점에서 학생들이 형성하는 관점은 후속 탐색에 필요한 흥미를 자극하고 인지적 주인의식을 확고하게 해 주면서, 학생들을 해당 논제에 몰입하

게 한다. 그러나 이 출발점이 반드시 구체적인 형태나 유형의 이해를 깨우쳐 주는 것을 보장하지는 않는다.

여기에서 바로 교사가(혹은 학생이) 교수적 가치가 있는 유추를 끌어내야 하는 어려운 요구에 직면하게 된다. 교수적 유추는 이미 이해되었지만 아직 덜 익숙한 논제의 중요한 면도 잘 전달해 줄 수 있는 요소들에서 도출되어야 한다. 진화론의 경우라면, 유추는 역사나 예술 작품에서 도출될 수 있다. 사회는 시간의 흐름에 따라서 때로는 점진적으로 때로는 갑자기 변화한다. 인간의 사회적 변화 과정은 이종 간에 그리고 동종 간에 발생하는 생물학적 변화의 과정과 비교될 수 있다. 진화는 예술 작품 속에서도 관찰된다. 등장인물들은 한 책의 내용이 진행되어 가면서 변하고 때로는 연작이 이어져 가면서도 변해 간다. 푸가 음악의 주제는 특정한 방식으로 나타나고 전개되어 가는데, (보통은) 다른 형식의 음악에서는 그렇지 않다.

대학살의 경우에도 유추를 찾을 수 있다. 한 민족을 말살하려는 노력은 한 사건의 흔적을 근절하거나 심지어는 전체 문명을 말살하는 것과 유사한 것으로 유추될 수 있다. 때때로 이런 말살의 노력들은 범죄자가 증거를 숨기려 할 때처럼 고의성을 띠고 있다. 때로 이런 노력은 고대 도시의 흔적이 실질적으로 파괴된 경우 발생하는 것처럼 시간의 흐름에 따라 저절로 발생한다. (물론 관련된 역사적 기록이 없기 때문에 우리는 자연재해나 전쟁으로 흔적 없이 사라져버린 도시들에 대해 알지 못한다.)

유추는 강력하지만 우리를 오도할 수도 있다. 즉 유추는 해당 논제에 익숙하지 않은 개개인 학습자에게 주제의 중요한 면들을 전달해주지만, 유추가 타당성이 없는 비유를 내포할 소지도 있다. 푸가음악의 주제를 구성하는 특정 방식은 생물진화의 우연적 특징과는 다르다든지, 독자적으로 범행을 저지르는 살인자는 비밀리에 제휴를 통해 움직이는 사회와는 다르다든지 하는 유추가 이런 예들이다. 교사의 의무는 각 유추가 적격성을 유지하도록 하고 유추가 오도할 수 있는 부분 때문에 학생들의 궁극적 이해가 왜곡되거나 방해받지 않도록 해주는 것이다.

C. 핵심으로의 접근

출발점은 대화를 열어 주며, 유추는 해당 개념의 두드러진 부분의 의미를 전달해 준다. 그러나 '핵심적인 이해'를 전달해야 한다는 어려운 과제는 여전히 남아 있다.

지금 우리는 가장 성가신 접근법을 거론하고 있는 것이다. 전통적으로 교육자들은 상반되어 보이는 두 접근법에 의존해 왔다. 한 접근은 아주 명확한 교수를 제공해온 것인데, 보통 이런 교수법은 설교적인 특성을 가지며 언어적 숙달의 관점에서 학습내용에 대한 이해정도를 평가하였다(예를 들면, "진화론이란 ….." "대학살의 5가지 핵심부분은 ….."). 또 다른 접근은 학생에게 풍부한 정보를 제공하고 스스로 종합해 낼 수 있기를 기대한다(예를 들면 독서, 박물관 견학, 다양한 교실활동을 기초로 하여 "여러분은 …한 경우라면 어떻게 하겠습니까?"). 어떤 교사들은 두 접근법을 동시에 또는 연속적으로 사용해오기도 하였다.

여기에서 우리는 중요한 교육적 의문점에 직면하게 된다. 한 논제의 가장 중요한 핵심을 신뢰성 있고 빈틈없는 방식으로 전달할 수 있는 교육접근법을 창안하기 위해서, 표상의 강도와 유형에서 발견된 개인차에 관한 우리의 지식을 사용할 수 있겠는가?

우선 이런 접근에 공식화된 방식이 있을 수 없다는 것을 알아야 한다. 모든 교실상황이 다른 것처럼 모든 논제에 차이가 있기 때문에 각 논제는 그 자체의 특별한 개념, 개념조직, 논쟁거리, 문제점, 그리고 오개념 발생의 취약점 등의 측면에서 고려되어야 한다.

둘째, 논제는 독립적으로 존재하지 않는다는 것이다. 논제는 어느 정도는 기존의 그리고 새롭게 등장하는 학문영역들의 결합에 의해 나타나거나 규명된다. 따라서 예를 들면 진화에 대한 연구는 일반적으로 생물학 분야 또는 과학적 설명의 영역에서 나타난다. 이와 같이 진화에 대한 연구는 모든 종류의 환경 아래 속하는 모든 유기체에 적용될 일반 원리나 모델에 관한 연구와 관련이 있다(표의적 성향의 과학자들은 심지어 공룡의 멸종과 같은 특정 사건의 해석을 탐구하기는 하지만). 반대로, 유대인대학살 연구는 역사학 및 때로는 이 역사적 사건을 표현하고자 시도하는 문학이나 예술작품에서 찾을 수 있다. 유대인대학살의 세부적 현상들은 다른 역사적 현상들을 물론 답습하고 있기도 하겠지만, 역사학의 기본적 입장은 역사란 특정한 맥락 속에서 발생하는 특정의 사건이라는 것이다. [따라서] 사건 발생의 일반적 원리를 기대하는 것도 검증될 모델을 성립시키는 것도 기대할 수 없다(과학적 성향의 역사학자들 중에는 그와 같은 모델들을 만들고 검증하려고 시도하기도 하지만).

세 번째는 개념을 진술하고 설명하는 일반적인 방법을 인지하는 것이다. 따라서 진화론은 전형적으로 네안데르탈인의 멸종, 진화론의 계도와 같은 예를 사용하여 설명되고, 대학살[예를 들어, 히틀러의 저서인 '나의투쟁'(Mein), 1942년의 Wannsee 최종회의에서 행해진 공식발표문, Auschwitz에 보존된 기록물, 수용소를 해방시킨 첫 연합군의 보고서, 생존자들의 얼어붙은 표정이 담긴 사진들과 같은 중요한 사건과 기록을 가지고 제시된다. 이런 친숙한 예들은 우연히 선택된 것이 아니라 학자들이 과거에 이러한 논제를 규명하는데 도움을 주었던 것들이며 상당히 많은 학생들에게 이미 교육적 효과가 있다고 입증되었다.

이런 예들이 나름대로 논리성을 가지고 있지만 유일하거나 영원히 받아들여진다고 생각해서는 안 된다. 그리고 어떤 교육자들은 학생들의 이해를 확실히 확보하지 못한 채 이런 예들을 부각시키기도 한다. 같은 맥락에서, 앞에서 제시한 것이 아닌 다른 예들이나 자료들이나 다른 방식으로 구성된 인과적 설명들을 사용해 진화론과 대학살에 대한 이해를 높여줄 수도 있다. 우리는 개념학습과 개념에 대한 이해를 도와 주는 적절한 예의 조합이 변한다는 것을 안다. 왜냐하면 새로운 역사적, 과학적 발견이 이루어지고 더 효율적임이 검증된 새로운 교육접근법들이 등장하기 때문이다. (예를 들어, 컴퓨터 프로그램으로 진화과정을 모의해 주거나 가상현실을 만들어내는 것이 한 세대 또는 두 세대 전에는 예상할 수 없었던 교육적 가능성을 낳았다.)

개인이 핵심을 다양한 방식으로 표상하면, 개념이 잘 이해될 뿐 아니라 이해의 수행에 기초가 된다는 것을 인식하는 것 자체가 핵심에 접근하는 주요 단계임을 강조하고자 한다. 게다가 표상의 다중 유형이 다양한 상징체계, 지능, 인지구조, 스키마, 사고의 틀에서 도출된다면 바람직한 일이다. 유추보다 더 높은 수준을 지향하는 것으로서의 표상(즉 개념의 진술과 설명)은 명확성과 포괄성을 추구한다.

이런 나의 단정적 발언에는 몇 가지 주요 조건이 뒤따라 주어야 한다. 우선, 한 논제에 충분한 시간을 주는 것이 중요하다. 두 번째, 내재된 복잡성을 묘사하고 전체 학생들에게 접근하기 위해서는 다양한 방법으로 논제를 표현하는 것이 중요하다. 세 번째, 이런 다중적 접근은 다양한 유형의 지능, 기술, 흥미를 사용하도록 명확히 요구해야 한다.

간단히 말해서 나의 주장이 교육에 뷔페식 접근 방법을 요구하는 것으로 들릴 수도 있다. 학생들에게 널리 회자되는 (속담)주제들을 충분히 던져주면 그중 어떤 것은 정신/두뇌를 자극하고 그곳에 안착할 것이라는 이런 뷔페식 접근이 효과가 전혀 없다고는 생각하지 않으나, 다중지능이론은 단순한 다양성과 선택의 가능성 그 이상의 기회를 제공한다. 다중지능이론은 어떤 지능, 어떤 유추, 어떤 예가 논제의 가장 중요한 부분을 포착하고 상당수의 학생에게 접근하는데 최선의 것인가를 결정하기 위해서, 논제를 자세히 음미하는 것을 가능하게 한다. 우리는 현재도 미래도 결코 알고리즘적 접근에 부합되지 않는 교육의 가내수공업인 측면을 여기에서 인정해야만 한다. 이런 수공업적 속성은 어떤 논제를 다시 다루면서 그 논제의 핵심적 구성요소들을 전달해 주기 위해 새로운 방식을 고려해 볼 수 있는 기회를 통해서, 가르침의 즐거운 요소를 만들어내기도 할 것이다.

교육자와 학자들은 여전히 논제의 핵심을 표상하는 데는 하나의 최적의 방법이 있다는 믿음을 계속 유지할 것이다. 이런 태도에 대해 나는 다음과 같이 반응하고자 한다. 학문발달사는 아마도 생물학에서는 '유전자돌연변이'와 '생태적 지위'(ecological niche), 역사학에서는 '인류의 의도'와 '전 세계의 군사력'처럼 제한적으로 선택된 관점에서 한 논제에 대해 생각하는 것을 불가피하게 한다. 이런 합의된 표상은 물론 합리적이기는 하다. 그러나 진화론이 생물학에서 발생하지 않았고 대학살 역시 역사학에서 발생하지 않았다는 점을 간과해서는 안 된다. 이들 사건들은 스스로 발생했고 관찰자나 학자가 자신들이 할 수 있는 최고의 해석을 할 수 있도록 가용하게 된 사건과 과정일 뿐이다. 새로운 발견과 학문적 경향이 점차적으로 기존의 정설을 침식시키고 있고 따라서 미래의 학자는 우리의 기존 이해의 틀을 바꿀 수도 있을 것이다. 다윈이 라마르크의 진화관을 바꾼 것처럼, 단속평형설(punctuated equilibrium) 신봉자들은 다윈의 점진주의를 뒤집으려고 한다. 이와 마찬가지로 골드하겐의 저서인 『욕망의 사형인, 히틀러(Hitler's Willing Executioners』(1996)는 이전의 역사가들보다 유대인대학살에 대해 더욱더 '평범한 게르만인'의 견해를 담고 있는 경향이 있다.

2. 접근의 일반화

내가 교육 분야가 중요하게 다루는 두 논제에 접근하는 최선의 방법을 제안하는데 앞의 글을 통해 어느 정도 성공을 거두었다 하더라도, 아직 교육과정에 대해서는 대부분 다루지 않았다. 내가 접근법을 제안하면서 초점을 둔 것은 고등학교나 대학 수준이며 두 가지 논제를 동시에 다루는 것이다. 그리고 수학, 음악, 기상학보다는 생물학과 유럽 역사에서 논제를 뽑아내었고 구체적인 화학반응이나 측량분석, 지리적 증명보다는 논제나 논쟁거리에 초점을 두고 있다.

여기에서 개략적으로 소개하고 있는 접근법이 수업계획서에 포함된 모든 논제에 동일하게 적용될 수 있으리라는 암시를 주었다면 그것은 내가 부주의해서이다. 실제로 상당히 특성이 선명하면서도 여러 다른 시각에서 살펴보기가 가능한 두 가지 논제만을 의도적으로 택하였다. 나는 어떤 교육적 접근도 모든 범주의 논제와 기술의 전달에 똑같이 효과적일 수는 없다고 생각한다. 불어 동사나 인상주의 기법을 가르치는 것이 러시아 혁명을 다루거나 뉴턴의 역학법칙을 설명하는 것과 그리 쉽게 상응하지는 않는다.

그럼에도 불구하고 여전히 여기에서 소개한 접근법은 그 쓰임새가 폭넓을 수 있다. 우선, 이 접근법은 어떤 논제들을 왜 가르쳐야 하고 학생들이 언젠가는 무엇을 습득해야할 것인지에 대한 질문을 야기한다. 우리가 가르치는 것 중에 많은 것이 습관처럼 반복되고 있지만 좀더 소수의 논제들을 가르치면서 이것들을 좀더 깊이 있게 다루는 것이 바람직하다. 이러한 접근법은 생물학에서의 진화론이나 역사학에서의 유대인대학살(혹은 물리학에서 에너지, 문학에서 등장인물) 논제처럼 몇 개의 핵심주제에 자료와 내용을 관련시켜 다룰 수 있도록 해 주며, 중요한 주제나 전체 흐름에 논리적으로 연결되지 않는 논제들은 제외시킬 수 있도록 해 준다. 무엇보다도 우리는 모든 것을 포함시킬 수는 없으며 포함시킨 논제들 속에 일관성과 통일성을 유지하도록 혼신의 노력을 기울이게 될 것이다.

지속적으로 주의를 기울일 가치가 있는 논제를 선택하고 나면, 교육적 접근법들의 조화로운 종합적 효과를 시도할 수 있게 된다. 우선 개관을 제시하는데, 이 단계는 어떤 출발점이 다양한 학생들의 흥미를 끌고 주의집중을 유도할 수 있는지를 검토하면서 시작한다. 그 후 어떤 종류의 유추와 비교법(예를 들면 은유적 표현들)이 학생들을 오도하지 않으면서 효율적으로 논제의 주요 부분을 전달해줄지를 검토한다. 마지막에는 논제를 풍부하고 차별성 있게 전달할 수 있는 일련의 표상을 찾아내려는 노력을 하게 된다. 이런 표상을 통해 전문가라는 것이 이런 것이구나 하는 것을 학생들에게 전달하게 된다. 그리고 표상이 얼마나 다양한 범위의 상징과 스키마를 포함하고 있는지에 따라 학생들이 감칠맛 나고 유용하게 받아들여지는 정도가 결정될 것이다.

다중적 표상이 가능한 자료의 제공이 효과적 교수의 한 요소이다. 결과적으로 이 보완적 요소는 수행을 위한 많은 기회를 수반하는데 이 수행은 학습내용이 숙지된 정도를 다른 사람들에게 확실히 보여 줄 수 있다. 이런 이해의 수행을 촉진시키려면 교사들은 풍부한 상상력과 다원적인 관점을 지녀야 한다. 단답형 시험이나 논술형 문제처럼 이미 그 가치가 입증된 방식으로 되돌아가는 것이 손쉽지만 그렇게 해야 할 당의성은 없다. 수행은 논제의 다양한 측면이나 학생들의 다양한 능력만큼이나 다양할 수 있다. 다양한 종류의 수행은 더욱 많은 학생들에게 자신이 이해하고 있는 것을 입증해 보일 기회를 제공할 뿐 아니라, 단한번의 '시도'로 학습자(혹은 시험작성자!)의 이해 여부를 부적절하게 판단하는 헤게모니가 발생하지 않도록 해 준다.

예를 들어 학생들이 유대인대학살의 원인이나 라마르크 학파의 공적에 대해 같이 토론에 참여하고, 진화과정의 다양한 측면을 조사하고자 실험을 해보고, 유대인대학살에서 생존했거나 우리 시대의 지구적 이념갈등을 경험한 사람들을 면담하게 하며, 지하저항운동(레지스탕스) 영웅을 기념하는 예술작품을 제작하고, 환경오염에도 살아남을 수 있는 생명체를 설계하도록 교사들에게 권유하고자 한다. 호모사피엔스(생각하는 인간)의 행동의 진화에 대해 우리가 알고 있는 바를 바탕으로 유대인대학살이 일어나도록 방임할 수밖에 없었던 변인들을 토론하도록 요구할 필요도 있을 텐데, 아마 이것은 가장 도전적인 토론거리가 될 수도 있다. 결과적으로 우리가 본 글에서 다루고 있는 두 논제인 진화론과 유대인대학살은 최종에 가서는 이렇게 만나게 된다. 교육과정지침에 대해 자문을 구하고 다른 교사들과 이야기를 교환하는 것은 다른 교육과정에 사용될 수 있는 표본이 될 만한 여러 종류의 수행을 찾아내는데 상상력을 자극해 주는 것이 분명하다.

그렇다면 이것은 최근에 Hirsch(1996)가 극렬히 비난한 것처럼 프로젝트를 진보주의 운동이 저지른 실수 중 하나로 보고자 하는 또 하나의 요구일 뿐인가? 내가 보기에는 완전히 반대이다. 그러나 학생 프로젝트는 두 가지 관점에서 신중히 평가될 필요가 있다. (a) 한 장르의 예시로서의 적합성(조리 있는 글인가? 효과적인 기념물인가? 인과관계의 설명으로서 적격인가?) 그리고 (b) 이해한 것을 수행하는 기회로서의 적합성(논쟁자들이 합의된 사실에 충실한지 아니면 알려진 사실을 왜곡시키는지? 새로 개발된 종들이 번식하거나 후손을 기를만한 생명주기를 가지고 있는지?)의 측면에서 말이다. 이러한 프로젝트와 수행은 이해를 피상적으로 측정하는데서 벗어나 학생의 높은 성취수준을 유지시켜 주며, 학습한 개념이 지닌 핵심적 특징들은 문화적 생존력을 검증받을 수 있는 매개물[이 경우는 프로젝트를 의미함]을 통해 수행되어져야 한다.

3. 결론 : 기술적 수단과 인간적 목적

본 저자는 교육적 연구와 실천에서 스스로 지금까지 책, 연필, 종이, 그 외에 약간의 예술용 도구, 간단한 생화학 실험실 등과 같은 단순한 기술의 활용에 제한해 왔다. 이런 나의 입장은 적절하며 교육목적과 방법에 대한 근본적인 논의는 최첨단 기술 진보에 의존적이어서는 안 된다고 믿는다.

그러나 본 글에서 개괄적으로 제시된 접근법은 현재와 미래의 기술이 지닌 힘으로 괄목할만하게 발전할 것이다. 교사가 한 교실에 30명의 초등학생, 심지어 100명이 넘는 고등학생들을 대상으로 개별화된 교육과정을 제공한다는 것은 쉽지 않다. 마찬가지로 학생들에게 다양한 수행을 제시하고 복합적인 특성을 지닌 이런 수행에 대해 피드백을 제공하는 것 역시 도전적인 일이다.

다행히 학생과 교사에게 개별 서비스를 제공하기 위해 극적인 도약을 하게 해줄 공학기술을 오늘날 우리 손안에 쥐고 있다. 여러 지능을 다루고 폭넓은 유형의 출발점을 제공하며 학생들이 자신의 이해를 언어, 수리, 음악, 미술과 같은 상징체제로 보여 줄 수 있고 유연하면서 신속하게 학생들의 학업정도를 교사들이 검토하도록 해 주는 소프트웨어 개발이 이미 가능해졌기 때문이다. 학생의 작품은 전자우편이나 화상회의 덕분에 원거리에서도 평가할 수가 있다. 학생들의 작품을 평가할 수도 있고 그에 적절한 피드백을 제공할 수 있는 인공지능시스템의 발전이 더 이상 공상과학소설의 한 부분이 아닌 시대가 되었다.

과거에는 개별화된 교수기법이 바람직하나 구현이 불가능하다는 주장이 가능할 수 있었겠으나, 이제 이런 주장은 더 이상 지지기반을 잃었다. 더 이상 그런 부정적 입장은 "통상적인 방식으로는" 성공을 경험하지 못하고 오히려 대안적 교육전달방식을 통해 혜택을 보고 있는 학생과 학부모에게는 설득력이 없어 보인다. 또한 그런 거부감은 교육내용과 자료를 새로운 방법으로 개념화하게 된 학자들도 설득시킬 수 없고 스스로 다양한 교육방법과 평가방법에 전념하고 있는 교사들 역시 만족시키지 못할 것이다.

항상 교육자는 앞으로 가능성이 있는 기술에 자극을 받아 왔고, 교육역사의 상당 부분이 종이, 책, 강의실, 필름스트립, TV, 컴퓨터, 그 밖의 도구들과 운명을 같이 해왔다. 현재의 공학기술은 다중지능을 현실화시켜 주는데 안성맞춤인 것 같다. 하지만 여전히 아무것도 보장된 것은 없다. 많은 공학기술이 사라졌고 다른 많은 공학들이 피상적이고 비생산적으로 사용되어 왔다. 그리고 우리는 유대인대학살과 같이 인류 역사에서 끔찍했던 사건 중 어떤 것은 기존의 공학기술의 남용으로 저질러졌음을 잊을 수 없다.

이것이 바로 교육에 대한 고찰이 단지 도구적인 수준에 머물 수 없는 이유이다. 던져야 할 질문은 "컴퓨터여야 하는가 혹은 아닌가?"가 아니라 "무엇을 위한 컴퓨터인가?"이며 더 나아가 "무엇을 위한 교육인가?"이다. 나는 여기에서 결국 교육이란 인간의 이해를 향상시키는 점에서 정당화될 수 있다는 확고한 입장을 취하고자 한다. 그러나 이해 그 자체는 이럴 수도 저럴 수도 있는 기회에 노출되어 있다. 예를 들면 우리는 물리학 지식을 다리를 세우는데 사용할 수도 폭탄을 제조하는데 사용할 수 있으며, 인류에 대한 지식을 남을 돕는데 사용할 수도 노예화하는데 사용할 수도 있다.

나는 아이들이 세상을 이해하기를 바라지만 세상이 아주 재미있고 인간의 마음이 호기심으로 가득 차있기 때문만은 아니다. 나는 그들이 세상을 이해하여 더 나은 곳으로 만들 수 있는 위치에 있게 되길 바란다. 지식이 도덕과 동일한 것은 아니지만, 과거의 실수를 반복하지 않고 생산적인 방향으로 나아가려면 이해하는 능력이 필요하다.

이해의 중요한 부분 중 하나는 우리가 누구이고 무엇을 할 수 있는지를 아는 것이다. 그 대답의 일부는 (우리 종의 기원과 변화를 다루는) 생물학에 그리고 또 다른 일부는 (과거에 인간이 무엇을 했고 지금 무엇을 할 수 있는지를 다루는) 역사학에서 찾아볼 수 있다. 많은 논제들이 중요하겠지만 나는 특별히 진화론과 유대인대학살이 중요하다고 주장한다. 이 논제들은 인류의 (선과 악의) 잠재적 속성과 관련이 있기 때문이다. 학생은 시험에 나오기 때문이 아니라 인간의 잠재적 속성을 구체적으로 이해할 수 있게 하기 때문에 이 논제들에 관해 알 필요가 있다. 결국 우리는 스스로를 위해 우리의 이해를 종합하여야 한다. 진정으로 의미 있는 이해의 수행은 불완전한 세상이지만 선을 위해서든 악을 위해서든지 간에 우리가 영향을 미칠 수 있는 세계에서 인간으로서 수행하는 그런 것들이라고 믿는다.

4. 감사의 말

이 연구는 Ross Family Charitable Foundation, the Louis and Claude Rosenberg, Jr. Family Foundation, 그리고 Thomas H. Lee의 지원으로 이루어졌음을 밝힌다. 또한 Veronica Boix-Mansilla, David Perkins, 그리고 Charles Reigeluth에게 초고에 대해 값진 비평을 해준 것에 감사한다.

참고문헌

Gardner, H. (1991). *The unschooled mind: How children think and how schools should teach.* New York: Basic Books.

Gardner, H. (1993a). *Frames of mind: The theory of multiple intelligences.* New York: Basic Books.

Gardner, H. (1993b). *Multiple intelligences: The theory in practice.* New York: Basic Books.

Gardner, H. (1998). Are there additional intelligences? In J. Kane (Ed.), *Education, information, and transformation.* Englewood Cliffs, NJ: Prentice-Hall.

Gardner, H. (1999). *The disciplined mind: What all students should understand.* New York: Simon and Schuster.

Goldhagen, D. (1996). *Hitler's willing executioners.* New York: Knopf.

Gould, S. J. (1993). *Wonderful life.* New York: Norton

Herrnstein, R., & Murray, C. (1994). *The bell curve.* New York: Free Press.

Hirsch, E. D. (1996). *The schools we need.* New York: Doubleday.

Sternberg, R. J. (1985). *Beyond IQ.* New York: Cambridge University Press.

Wiske, M. S. (Ed.). (1998). *Teaching for understanding.* San Francisco: Jossey-Bass.

CHAPTER 5

이해의 교수와 학습

David N. Perkins / Chris Unger
Harvard University Graduate School of Education

이인숙
세종대학교 교육학과 교수

David Perkins는 Harvard Project Zero의 공동책임자이며, Harvard 교육대학원 수석연구원이다. MIT에서 수학과 인공지능을 전공한 인지학자로 『*Smart Schools: From Training Memories to Educating Minds*』『*Outsmarting IQ: The New Science of Learnable Intelligence*』『*Knowledge as Design*』등 여러 권의 저서와 논문이 있다. 그는 남아프리카, 이스라엘, 남미에서 주도한 연구를 비롯하여 이해와 사고에 대한 수많은 교수개발과 접근법 연구에 참여해 왔으며, Guggenheim fellow이기도 하였다.

Chris Unger는 Harvard 교육대학원 Project Zero 책임연구원으로, '이해를 위한 교수'의 개발에 통합적 역할을 한 인물이었으며, 학생의 이해에 대한 연구를 주도했다. 그는 현재 Dr. Perkins 및 여러 동료들과 함께 조직(기업, 지역사회)에서의 이해학습을 위한 기본 틀을 다루고 있는 Project Zero 연구에 참여 중이다. 그의 현재 작업은 학교, 기업, 사회단체, 그리고 개인의 생활에서 개인적·조직적 탐구를 뒷받침해 줄 수 있는 기본 틀로서 '이해를 위한 교수법'을 활용하는 것에 중점을 두고 있다.

서 문

목적 및 전제.　이 이론의 일차적 목적은 수행능력으로로서의 이해의 함양이다. 따라서 이해력이 주된 관심사인 경우에 적용하려는 목적을 가지고 있다.

학문적 가치.　이 이론이 기초를 둔 가치는 다음을 포함한다.
- 이해로 지식을 조직화할 수 있기
- 학문 분야에서 중요하게 여겨지는 학습주제
- 동기(진정한 참여, 열성적 관여, 감성적 반응)
- 지식의 적극적 사용과 전이
- 지식의 유지(즉, 기억)
- 구성주의적 교수를 위한 조직적이고 체계적인 접근
- 직접교수를 포함하여 폭넓고 융통성 있는 영역의 교육학적 유형
- 서로 피드백을 주고받는 학생들

주요 방법.　이 이론이 제공하는 주요 교수 방법은 다음과 같다:
1. 학습(교사와 학생)을 위한 **생성적인 주제**를 선택한다. 이들 주제는 다음의 특성을 갖추어야 한다.
   - 학문 영역에서 중심적 위치를 가질 것
   - 학생들에게 접근이 용이하며 흥미로울 것
   - 교사에게 흥미를 주는 것
   - 다양한 주제와 연계될 것
   - 일반적으로 풍부하고 설명적인 특성을 지니고 있어서 총괄적인 경향을 띤 주제들

2. **이해 목표**를 선택하고 공개적으로 알린다(교사와 학생). 이해 목표는 다음의 특성을 지녀야 한다.
   - 하위 목표를 가진 포괄적인 것
   - 학문 영역에서 중심적으로 간주되는 것
     - 영역의 내용지식　　　- 영역의 방법
     - 영역의 목표　　　　　- 영역의 표현방식

3. **이해의 수행**에 참여한다(학생).
목표:
- 학습자들의 이해를 향상시킨다.
- 더 나아가 학습자가 획득한 이해를 공개적으로 입증한다.

4. 준거
- 이해 목표에 직접적으로 부합하여야 한다.
- 연습을 통해 이해를 계발, 개선시켜야 한다.
  - 도전적이지만 접하기 쉬운 과제에 성찰적인 참여
  - 점점 더 폭넓고 심층적인 이해로 계열화되어야 함
    + 출발점 수행(탐구를 위한)
    + 중간정리 수행(조직적일 것, 안내된 탐구)
    + 누적된 수행(결과물 그리고/혹은 발표)
  - 피드백과 교정
- 다중적인 학습양식과 표현방식을 포함해야 한다.

5. **지속적인 평가**를 제공한다(교사). 이 평가는 다음과 같아야 한다.
- 연계되고 명백하고 공개적일 것
- 빈번히 제공할 것
- 다양한 평가출처를 활용할 것
- 학습 성장을 살피고 학습관련 계획을 알리기 위해 사용할 것

교수설계에 대한 적용점.　학습결과의 주요 영역인 이해에 초점을 맞추고 있다. 이해의 계발과 평가를 구성하는 요소로서 수행을 강조한다. 교수와 학습의 구성주의적 접근을 기능적으로 쉽게 구조화하여 교사들에게 실제적인 지침으로 받아들여질 수 있는 교수법이다.

— C.M.R.

이해의 교수와 학습

"당신이 정말로 잘 이해하는 한 가지가 있다면 무엇이냐? 단, 그것이 학문적 주제일 필요는 없다."라는 질문을 받았다고 하자. 추가로, 어떻게 당신이 그것을 이해하게 되었으며, 이해를 잘했음을 어떻게 아느냐는 데 대한 설명을 요구받았다고 하자.

첫 번째 질문에 대해, 사람들은 요리, 운전, 항해, 원예, 소규모 사업경영과 같은 분야를 언급하는 것을 빈번히 볼 수 있다. 두 번째 질문에 대해서 적극적인 참여, 피드백 받는 기회, 성찰적인 에피소드 등으로 답을 한다. 세 번째 질문에 대해서 "나는 해낼 수 있기 때문이지요. 나는 효과적으로 문제와 기회를 다룰 수 있고, 다른 사람에게 설명을 잘 하고, 논리에 맞는 결정을 할 수 있습니다." 등으로 답변하는 경향이 있다. 요약해 보면 사람들은 '이해의 학습'이란 활동적이고 열정적이고 사려 깊은 일로 스스로 형상화하고 있다. 이들의 대답은 이해 학습에 대한 구성주의적 관점을 직관적으로 옹호하는 경향을 강하게 보인다.

흥미롭게도 사람들이 보편적으로 학문영역에 속한 주제를 가지고 첫 번째 질문에 답변을 한 경우는 거의 없다. 이런 현상은 다소 실망스럽기는 하나 두 가지 점에서 그리 놀라운 것은 아니다. 첫째, 교육자들은 형식적 교육은 곳곳에 풍부한 학습기회를 숨겨두고 있는 '삶'이라는 복잡한 태피스트리를 구성하는 수많은 실 중에 단지 하나의 실이라는 것을 잊기 쉽다. 둘째, 더 깊이 생각해 볼 가치가 있는 것인데, 유치원부터 대학에 이르기까지 교실에서는 사람들이 일반적으로 최상의 학습경험을 할 수 있는 참여적, 역동적, 피드백이 풍부한 분위기를 제공하지 못하고 있다는 것이다. 교육학 이론이 직면한 도전은 교사와 교육과정 설계자가 학습을 가장 잘 촉진시킬 수 있는 비전과 지침을 제공하는 데 있다.

이 글은 그런 도전적 문제에 하나의 해답을 제공하고자 한다. 이해에 대한 이론과 이해를 촉진하는 교수 설계를 위한 기본모형이 Spencer 재단의 지원으로 수년에 걸쳐 하버드 교육대학원의 Zero 프로젝트 팀에 의해 개발되었다. 개발과정은 고도로 협력적이었고, 학교 현장에서 교사와 대학 관계자들의 긴밀한 협력으로 이루어졌다. 정의된 기본모형과 이를 적용한 결과가 두 권의 책에 포괄적으로 논의되었다. 『*Teaching for Understanding*』(Wiske, 1998)은 연구자와 실천가들에게 도움이 되는 논문을 제공하고 『*Understanding Up Front*』(Blythe and associates, 1998)는 교사 지침서가 된다. 이 책이 나오기까지 초고들은 Gardner(1991), Perkins(1992, 1993), Perkins와 Blythe(1994), Simmons(1994), Unger(1994) 등의 글을 포함한다.

이해를 가르치는 것에 대한 철학과 기본모형에 간편한 명칭을 주어 TfU라고 부르기로 한다.

목적과 의의

이해는 중요한 교육적 가치로 이미 널리 인식되고 있다(Cohen, McLaughlin, & Talbert, 1993; Gardner, 1991; Perkins, 1992; Perkins, Schwartz, Wiske, & West. 1995; Perrone, 1998). 지식의 획득과 기억에는 분명히 중요한 의도가 있지만, 학습자가 이해력을 가지고 그 지식을 조직화할 때까지 지식은 그 가치를 발휘하지 못한다. 정확하게 산수의 연산을 실행하는 것이 하나의 능력이라면, 어떤 상황이 어떤 작동을 요구하는지를 인식하는 것은 분명 또 다른 능력이다. 남북전쟁 발생 원인의 목록을 익히는 것이 한 가지라면, 남북전쟁에 대해 아는 것을 가지고 현대 상황에 대해 생각해 보고 구체화할 수 있는 유추를 하는 일은 또 다른 것이다.

기차의 화물 수송처럼 지식의 습득이 이해를 저절로 동반한다고 간주한다면 그것은 철학적인 입장에 불과하다. 불행히도, 지난 30여 년 동안 이루어진 풍부한 연구의 역사는 학생들이 공부한 교과에 대해 이해하기보다는 그 교과에 대해 훨씬 더 많이 아는데 머물고 있음을 입증해 주고 있다. 대부분의 학생은 대학수준의 강의에서조차 전통적인 교수방법으로 습득한 과학적 개념에 대한 잘못된 이해로 고통을 받는다(예, Clement, 1982; Gardner, 1991; Gentner & Stevens, 1983; Mc-Dermott, 1984; Novak, 1987; Perkins & Simmons, 1988). 역사과목 수강생들은 현재에 근거를 두고 과거의 과제에 대해 예측하는 경향을 의미하는 '현재주의'의 성향을 보인다(Carretero, Pozo & Asensio, 1989; Shelmit, 1980). 학생들은 산수, 대수와 기하의 계산적인 지식을 이야기 형태의 문제와 수학적 모델링에 활용하여 적용하는 데 일반적으로 어려움을 느낀다(예, Lochhead & Mestre, 1988; Resnick, 1987). 이와 같이 이해의 교수와 학습이 당면한 도전은 심각한 수준이다. 이해의 교수법에 조직화된 체계적인 접근이 필요하다.

이해가 모든 상황에서 다른 분야보다 우세한 보편적인 교육적 가치라고 주장하는 것은 아니다. 어떤 종류의 학습에서는 이해가 주된 관심사가 아닌 경우도 있다. 언어적 행위를 통해 문법에 대해 기능적인 이해를 갖추었는지 여부를 판단할 수는 있으나, 실제로 아이들은 학문적 문법을 이해하지 않고도 모국어를 익힌다. 일상생활에서 어린 아이들은 너무나 어려서 이해할 수 없는 것임에도 불구하고 피해야 할 것이 무엇인지에 대해 수많은

실천적 학습을 해야 한다. 이해의 이데올로기보다는 어린이들의 안전 문제가 부모들의 때로 엄하게 '무조건 해'라는 식의 가르침 속에 숨어 있는 진정한 이유이다. 사실과 정형성을 제대로 다루어 주면 이해의 계발이 가능하다고 우리 모두 믿고는 있으나, 교실상황에서 어떤 학습들은 암기와 정형성(문자조합에 맞는 발음, 곱셈표 등)에 지나치게 의존하고 있음을 본다.

그러나 이해가 학습의 궁극적 지향점이 아니라 하더라도 가끔은 이해를 중요한 것으로 고려해 보는 것 역시 사치는 아닐 것이다. 때때로 사람들은 사실과 반복적인 것에 대한 학습이 우선되어야 한다고 주장한다. 적어도 모험적 성향과 열성을 가진 학생들에게 이런 기본 학습 능력이 나중에 하게 될 심오한 학습에 기초를 세워준다는 것이다. 그러나 "좋아, 그러나 지금 당장은 아니야" 라는 식의 정책은 교육이 학생들에게 의미 없고 지루하게 될 위험성을 지닌다. 대부분의 경우 이해를 동반한 학습은 기계적인 암기에 의한 학습보다 높은 참여, 지식의 더욱 적극적인 활용 및 전이, 궁극적으로는 더 우수한 기억의 보존을 가능하게 한다(cf. Perkins, 1992).

요약하자면, 이해는 근본적이고도 널리 인정받는 목표임에도 종종 사람들에게 그것이 쉽게 성취될 수 있거나 다음으로 미룰 수 있거나 우수한 학생들에게만 해당되는 사치로 여겨져 왔다. 이 글에서 우리들은 이런 입장들이 모두 맞지 않음을 주장하고자 한다. 교육의 동경의 대상이라고 할 수 있는 이해를 획득하기 위해서는 이해의 교수-학습이라는 도전적 대상을 효과적으로 다룰 수 있는 교수법이 필요하다(Perrone, 1998).

수행적 관점에서 보는 이해와 이해의 학습

이해란 무엇인가? 이해에 교육적으로 접근할 때면

이러한 기본적 질문에 관심을 둘 필요가 있다. 앞서 말한 프로젝트의 일환으로 실시된 고등학생 대상의 조사에서 대부분의 학생들이 이해, 특히 학문적인 이해의 경우 그것을 [단순한] 지식으로 인식하고 있음이 드러났다. 한 주제를 이해한다 함은 그것을 잘 알고 있다는 것이기는 하다. 그러나 그 대상에 대한 지식이 이해를 보증해 주지 않음은 분명하다. 단순히 암송하거나 어떤 진정한 이해가 없이 전통적인 양적 속성의 문제들을 풀 수 있다는 점에서 뉴턴의 법칙을 알 수는 있다. 햄릿의 유명한 "죽느냐 사느냐 그것이 문제로다"라는 독백을 그 속에 담고 있을 의미에 대해 어떤 이해도 없이 혹은 자신의 해석을 담아 그 대사를 전달하는 능력이 없이도 단순암기를 통해 알 수 있다.

이해의 또 다른 제한적 의미는 일상생활의 자연언어 속에서 암암리에 나타난다. 이해는 "당신이 무엇을 의미하는지 알겠다", "핵심을 알겠다", "아이디어를 파악하겠다"와 같은 표현에서처럼 알겠다 혹은 받아들인다는 것으로 여겨지는 경우가 자주 있다. 이런 모든 표현법은 이해의 즉각성을 암시한다. 이해는 일종의 형태(gestalt)처럼 갑자기 발생한다. 그러나 여기에서 다시 한번 그런 일반적인 생각은 잘못되었음을 지적하게 된다. 많은 경우에 분명히 이해는 계속되는 노력에 의해서 어렵사리 얻어지는 것이지 갑작스런 영감으로 얻어지는 것이 아니기 때문이다.

아마 "이해란 무엇인가?"라는 질문에 대한 현대 인지과학에서 가장 탁월한 기술적 대답은 일종의 정신모델 혹은 스키마(Schemata)라는 개념에서 찾을 수 있다(예, Gentner & Stevens, 1983; Johnson-Laird, 1983; Rumelhart, 1980; Schank & Abelson, 1977). 뉴턴의 법칙에서부터 펠로폰네소스 전쟁에 이르기까지 어떤 것을 이해한다는 것은 그 대상에 관한 우수한 정신모델이나 스키마를 가지는 것이다. 정신모델은 종종 실행력을 가지기

도 해서 행위의 예견과 계획을 도출하는데 도움을 주는 정신적 시뮬레이션을 활성화 시킨다. 스키마는 한 주제에 대한 추론을 가능하게 하는데, 그것은 바로 손실된 정보에 직면했을 때 그것을 메울 수 있는 '기본값'을 명시해 주고 예상이 어긋났을 때 편차를 파악해낼 수 있기 때문이다.

연구 결과를 보면 정신모델 혹은 스키마는 여러 종류의 이해에 중요한 역할을 한다. 예를 들어 Mayer(1989)는 자신이 "개념적 모델(conceptual models)"이라고 부르는 것이─기본적으로 레이더 혹은 컴퓨터처럼 시스템의 도식적 표현─비교적 열등한 학습자의 이해를 높여준다는 점을 입증해보였다. Perkins와 Unger(1994)는 정신적/물리적인 표상은 이해하고 있음을 입증하기 위해 당연히 동반되는 그런 유형의 사고를 지지해줄 '구조화된 문제영역'을 학생들에게 제공해 주어서 이해를 도와 준다고 주장한 바 있다.

그러나 이해를 정신적 표상의 소유와 동일시하는 것은 지나치게 앞서가는 것이다. 모델 혹은 스키마를 소유하는 것만으로 이해하는데 충분하지 않다. 정신적 표상을 계획, 예견, 발명 혹은 적절히 사용하기 위해서는 정신적 표상을 가지고 있는 것만으로는 부족하며 이것을 가지고 그리고 이것을 통해서 행위를 수행할 수 있어야 한다. 예를 들어 정신적 모델을 작동한다는 것은 본질적으로 정신적 이미지를 만들어 내고, 그 이미지의 역량을 현장에 시험해 볼 것을 요구한다. 표상은 이 과정을 지원해 주지만 그 과정을 직접 해 주는 것은 아니다(Perkins & Unger, 1994). 그런 편리한 관계가 당연히 발생하리라고 기대할 수 없다. 게다가 최소한 어떤 종류의 직관적, 내재적인 이해의 경우는─재즈 음악가가 능숙하고 유연하게 즉흥곡을 연주하거나 숙련된 목수가 능숙하고 유연한 기술로 귀가 잘 맞지 않는 모서리를 꼭 맞도록 멋진 책꽂이를 만들어 내는 기술처럼─의식적 표상이

란 것조차 불필요할 수도 있다(cf. Perkins, 1998).

위와 같은 점을 고려하여, 본 글에서 제시하는 이론적 틀은 이해에 대한 수행적 관점을 핵심적으로 개진하고 있다. 수행적 입장은 한 마디로 **어떠한 주제를 이해한다는 것은 그 주제에 대해 알고 있는 것을 사용해서 창의적이고 유능하게 생각하고 행동할 수 있다는 것이다.** 학생이 뉴턴의 법칙을 자신의 말로 설명할 수 있고 이전에 접하지 않았던 유형의 문제를 풀 수 있으며 그 법칙을 검증하기 위해 해야 할 것들을 조사할 수 있다면, 그 정도까지만 이해를 하고 있는 것이다. 또는 학생이 수요와 공급의 법칙에 관련해서, 특정한 가격 변동을 설명할 수 있고 경제 유통보다는 무역에서 그 법칙이 의미하는 것이 무엇인가를 사고하고 심지어 생태계에서 에너지의 흐름에 그것이 주는 의미를 추론할 수 있다면, 그 만큼만 이해를 하고 있는 것이다. 학생이 어떤 시를 개인적으로 해석을 하고 이것을 옹호하며 그 자신의 내적/외적 인생과의 관계를 구체화하고 시인이 그 시에 활력을 불어넣기 위해 사용했던 기법을 알아내고 다른 작품들과 내용이나 스타일의 유사성을 토론할 수 있다면, 그 정도만큼만 이해하고 있다고 볼 수 있다. 어떤 수행의 유형이 요구되는지는 물론 상황과 관련되어 있고 따라서 수행의 유형은 특정 학문이나 전문영역 나름의 요구사항을 반영해 줄 것이다. 그러나 유연하고 사고력 있게 수행하는 능력은 모든 상황에 일관되게 요구되는 조건이다.

따라서 본 글에서는 그러한 사고력을 요구하는 활동을 **이해력 수행**(understanding performance) 혹은 **이해의 수행**(performances of understanding)이라고 부르고자 한다. '이해력 수행'은 학습자에게 문제를 해결하고 판단하며 전에 가졌던 아이디어들을 새로운 상황에 적용하도록 요구하여 현재 보유한 학습자의 이해 상태를 보여 줄 뿐 아니라 이해를 보다 더 넓혀준다. 이해를 목적으로 하는 학습은 점점 더 난이도가 높아지는—점차로 학습자의 유연한 수행력을 넓혀주게 되는—이해의 수행을 시도하고자 하는 점진적인 과정이다. 이것은 더 이상 교재나 강의 같은 전통적인 교육 방법론의 설 자리가 없음을 의미하지는 않는다. 다루는 논제나 학습자에 따라서는 구술형과 인쇄형 정보자료들이 학습과정에서 지닌 가치가 잴 수 없을 정도로 중요한 요소로 작용한다. 그러나 수행에 대한 강조는 결국 어떤 정보가 요구되는지 간에 무게의 중심이 다시 점진적 이해의 수행에 몰입해야 한다는 학습의 핵심의도에 놓이도록 해 준다.

앞으로 소개할 네 영역으로 구성된 이론적 틀은 위에서 언급한 기본입장이 교수설계와 교수전달을 위한 실용적 도구에 연결되도록 해 준다. 네 개의 핵심요소는 **생성적 주제**(교과영역, 교사 및 학습자에 따라 생성적인 특성을 가지고 있기 때문에 선정되는 주제), **이해영역의 목표**(어떤 한 주제에 대해 이해되어야 할 것이 무엇인지를 구체화한 것), **이해영역의 수행**(학습자의 이해를 보여 주고 증진시킬 활동들), 그리고 지속적 평가와 사정(학습과정 중에 일찍이 그리고 빈번히 정보제공적 피드백을 제공해 주는 사정 활동)이다.

다른 견해들과 비교 및 대조

지난 수십 년에 걸쳐 교육학과 심리학 분야의 역사에 익숙한 사람들은 여기에서 다루는 이론적 틀이 구성주의적인 교육학을 반영하고 있음을 알아차릴 것이다. 그러나 TfU 체제와 일반적 구성주의의 입장 사이에는 두 가지 주목할 만한 차이점이 있다. 첫째, 많은 교사와 교수개발자가 일반적인 철학으로서의 구성주의가 혼란스러움을 야기함을 느끼곤 한다. 학습자가 능동적이라는 것은 도대체 무엇을 의미한단 말인가? 어떤 종류의 활동들이

유의미성을 가지는가? 학습자가 구성하는 것은 도대체 무엇인가? 그러나 바로 위에 우리가 언급한 성취의 관점과 네 가지 범주가 이러한 교수-학습의 도전적 요인들에 대해 일반적 구성주의자들보다 더욱 방향성이 있고 도움이 될만한 구성주의적 설명을 제공한다.

둘째, TfU의 이론적 틀은 흔히 보는 그런 구성주의적 사례들보다 더 많은 유연성을 허용하는데 이것을 소위 '구성주의적 발견학습'이라 부를 수 있을 것이다. 이 사례는 세 가지 가치관에 철저히 충실하였음을 보여 준다. 첫째, 정신적 모델이나 표상은 이해에 중심 역할을 한다. 둘째, 학습자는 자신에게 의미가 있는 정신적 모델을 구성해야 뛰어난 이해를 형성하게 된다. 셋째, 일단 획득되면 그 이해는 학습자가 정진하여 폭넓은 이해를 발휘할 수 있게 한다. 따라서 예를 들면 전기와 전기회로에 대해 공부하는 학생들은 전기흐름 모델을 만들어 보고 그 모델을 평가하는데 있어 현상들을 폭넓게 조사하고 교사로부터 격려와 지도를 받아야 할 것이다.

이런 학습과정은 TfU 모델과 일치한다. 그러나 우리가 개발한 TfU 모델에서 발견이 이해를 습득하는 유일한 길로 생각하지는 않는다. 실제로 여기에서 제시한 관점은 위의 세 가지 가치관에 대해 더 많은 융통성을 가질 수 있다. 우선 이미 언급된 것처럼 명확한 방식으로 의식적 속성의 정신적 표상에 의존하지 않는 이해의 영역이 있을 수 있다(Perkins, 1998). 둘째, 학습자가 구성한 정신 모델들이 반드시 특히 훌륭하지 않을 수도 있고, 학습자들이 항상 모델을 향상시키는데 전문가 수준에 이르거나 그렇게 되고자하는 욕구가 있는 것도 아니다(Collins & Gentner, 1987; Driver, Guesne, & Tiberghien, 1985; Gentner & Stevens, 1983; Smith & Unger, 1997). 그리고 오히려 교사와 교수개발자가 제공하는 정신 모델들이 Mayer

(1989)의 연구에서처럼 그 역할을 더 잘 할 수도 있다. 셋째, 합리적인 모델을 습득한다고 해서 그것이 항상 학습자를 폭넓고 다양한 이해의 수행으로 유도하는 것은 아닐 것이다. 오히려 유연하고 효과적으로 모델을 사용하는 것이 해결해야 할 더 어려운 과제일 수도 있다.

그러므로 목표로 하는 주제에 대한 이해를 키워주는 탐구과정에 학생들을 몰두시키는 동시에 정신 모델, 시범 혹은 이와 유사한 도구들을 통해 설명을 보충하면서 개념이나 원리를 직접 소개해야 할 수도 있다. 초기에 습득한 이해를 시험해보고 확장시키기 위해서 설계된 폭넓은 활동들을 이어서 해볼 수도 있다. 요약하자면, TfU 체제는 다른 일반적 구성주의 모델보다 훨씬 폭넓은 교육학적 접근을 수용하고 있는데 '이해의 수행'이 학습과정에서 지속적으로 충분히 고려되기만 한다면 직접 교수법까지도 받아들인다.

TfU의 적용 조건

이해영역의 학습이 우선되는 경우라면 TfU의 이론적 틀이 학습경험을 조직하는데 적합한 안내자 역할을 해줄 것이다. 이 이론적 틀의 적용범위는 모든 학교급과 학문분야에 해당될 수 있으며 학교교육뿐 아니라 개인의 학습 그리고 '조직 학습'에 이르기까지 매우 광범위하다(Argyris, 1993; Argyris & Schön, 1996; Garvin, 1993; Senge, 1994). 우리는 실제로 TfU틀을 가지고 학교교육의 교사뿐 아니라 대학 교수, 교육과정 개발자, 그리고 조직 변화 업무에 종사하는 행정가들과 일을 해보았다. TfU 틀의 융통성은 생성적인 논제, 이해의 목적, 이해의 수행, 그리고 다양한 학습자와 학습영역 그리고 상황에 부합되는 계속 평가수단들을 자유롭게 선택할 수 있기 때문에 가능한 것이다.

그러나 바로 이 융통성이 교사나 학습 설계자에

게 어려움을 안겨줄 가능성이 있다. TfU에서 제공하는 지침들이 광범위하기 때문에 학습할 것이 무엇인지에 대한 합리적 이해를 바탕으로 신중한 해석이 필요하다. 때로 교사나 개발자들은 자신들이 수업의 논제에 기대보다는 정통하지 못하다고 느끼기도 한다. TfU는 이들의 이해가 부족한 부분을 더 드러나게 하는 경향이 있으며, 교사와 교수개발자들은 이 부족함을 해결하는데 필요한 시간과 자원, 심지어 그것을 다루고자 하는 의지의 부족을 겪을 수도 있다.

여느 새 모델의 경우와 마찬가지로, 교사와 교수개발자들이 TfU에 대해 제대로 파악하는데 시간이 걸린다. 그뿐 아니라 이해를 위한 교수는 TfU 방식이든 또 다른 방법이든 학습자가 많은 시간을 투자해야 한다. 이해란 공짜로 생기지도 않고 많은 경우 결코 쉽게 얻어지지도 않는다. 어떤 이유에서든지 만일 시간과 노력을 제대로 투자할 수 없다면, TfU나 이해를 위한 교수법은 그 가치를 발휘하지 못하고 오히려 좌절감을 가져올 수도 있다.

우리의 경험으로 판단할 때, TfU가 어느 정도의 노력을 요구하는지는 TfU가 제안한 방식으로 교사들이 이미 가르치고 있는지(사실 많은 교사가 그렇게 하고 있다.) 그리고 TfU 모델에 얼마나 적극적으로 접근하는지에 따라 달라진다. 급진적인 교육과정의 개혁 없이도 개인의 강의나 수업 단원 수준에서 TfU를 적용하는 것이 전적으로 가능하다. 웬만한 정도의 노력으로 가능한 이런 신중한 모델 활용이 학생의 이해 학습에 도움이 될 수 있다.

1. TfU의 교수적 요소에 대한 구체적인 소개

TfU의 핵심은 이해를 수행능력으로 보는 관점이다. 학습의 본질은 학습자가 이해의 수행에 적극적으로 몰입하는데 있다. 그러나 이 원리들은 너무 구체성이 약해서 효과적인 교수 계획을 도와줄 수가 없다. 어떻게 이해의 학습을 도와 주기 위한 논제를 정하거나 이미 확정된 논제를 조정할 수 있는가? 어떤 원리들이 이해의 수행을 선택할 때 결정적인 역할을 하는가? 어떻게 학습자가 이해의 수행을 정교화하고 발전시키는데 도움을 줄 수 있는가? 이러한 질문들이 본 연구자들이 교수의 설계와 전달을 조직해 주는 네 영역의 틀을 개발하는데 동기가 되었다. 아래에서는 TfU의 네 개 영역과 소규모로 이것을 적용해본 사례를 소개하고 있다. 더 큰 규모로 적용했던 예는 본 글의 후반부에서 살펴볼 것이며, 다양한 학문영역에 적용해 본 예에 관심이 있다면 구체적 내용을 Wiske (1998)와 Blythe와 associates(1998)의 저서에서 볼 수 있다.

1. 생성적 논제들

이해를 가르칠 때 예상되는 한 가지 교수적 도전은 학교에서 다루는 많은 논제들은 학습목표를 성취할 수 있는 풍부한 기회를 제공하지 않는다는 점이다. '관절' 같은 주제는 지겨울 정도로 지나치게 개념 정의와 관절의 위치를 강조하는 수업으로 흐르는 경향이 있다. '시'는 종종 암기의 대상, 역사적 사건, 사실과 예상되는 원인으로 구성된 학습목록의 대상이 되곤 한다.

생성적 논제로 이루어진 주제는, 이해에 구성주의적 접근을 가능하게 하는 풍부하고도 매력적인 논제를 선택하도록 그리고 전통적인 논제들도 이런 식으로 재고안하고 구체화하도록 해 준다. '관절'이라는 논제를 더 풍부하고 매력적으로 재구성할 수 있는데 예를 들면, '바퀴, 지레, 그리고 기타 간단한 연모로서의 관절', '스포츠와 댄스에서의 관절' 또는 '관절, 부상 그리고 노화' 등이다.

좀더 체계적으로 보자면, 무엇이 더 좋은 주제를 만드는가? 우리 연구진은 교사들과 협동작업을 통해 생성적 논제를 선택하는 기준이 될 만한 네 개의 기본속성을 다음과 같이 규명하였다.

1. **학문분야나 영역에 중심적일 것.**   좋은 생성적 논제는 해당 분야에서 핵심적인 것이어야 한다. 예를 들면, '관절'은 신체의 기본 움직임의 일부로 제시될 때 혹은 운동과 무용 혹은 의학적 문제에서처럼 행위를 요구하는 신체에 주된 부분으로 보일 때 더욱 핵심적인 논제가 된다.

2. **학생들이 쉽게 접근할 수 있고 흥미를 느낄 것.**   좋은 생성적 논제란 학생들에게 매력적이고 접근이 용이해야 하는데 그래야만 학생들이 의욕적이고 효과적으로 열중할 수 있다. 예를 들면, '관절'은 유추를 사용하여 바퀴와 같은 익숙한 기재들과 연계시킬 때, 운동이나 무용 같은 활동, 또는 건강처럼 직면한 문제와 관련되어 있을 때 학생들에게 더욱 관심을 끄는 논제가 된다.

3. **교사에게 흥미를 줄 것.**   교사들의 흥미라는 문제가 지금까지는 교수설계 지침에 중요한 요소로 고려된 적이 거의 없기 때문에 의외라고 생각할 수도 있다. 그러나 우리의 경험으로 보면 교사들의 흥미는 매우 중요한 결정적 요소로 작용한다. 가르치는 논제에 열정을 가진 교사일수록 더 많은 열정과 상상력을 가지고 논제에 접근하며 학생들이 심층적인 학습에 몰입하도록 더 많은 준비를 하는 것을 볼 수 있다. '관절'과 관련해서 위에 언급된 세 개의 다른 생성적 논제들이 모두 기본적 이해를 형성시키는데 좋은 매개 역할을 할 수 있다. 그러나 교사는 수업계획과 교수에 힘을 실어줄 수 있는 것이 어떤 것

인가를 고민하면서 자신의 관심에 따라 그 중 한 가지를 선택할 것이다.

4. **연계성을 가질 것.**   좋은 생성적 논제는 현안의 학문분야 안팎의 여러 주제뿐 아니라 학생들의 사전경험이나 현재의 삶에 연결될 수 있어야 한다. 실제로 우수한 생성적 논제는 종종 그 깊이를 헤아릴 수 없을 정도로 연계성이 높은 특징을 가진다. 풍부한 연계성 때문에 점점 더 심오한 수준의 이해를 계발하면서 논제들을 탐구할 수가 있다. 예를 들면 바퀴, 지레, 그리고 다른 간단한 도구로서의 '관절'은 지렛대의 물리적 힘, 복잡한 기계로서의 신체, 관절이 뼈, 근육, 힘줄과 함께 조화로운 신체를 구성하는 방식 등등의 문제로 연결되는 길을 제공한다. '관절'의 다른 부분들도 이와 유사한 방식으로 이해의 학습을 위해 사용될 수 있다.

'관절'에 이렇게 많은 시간을 할애하여 교수하는 것이 이상해 보일지도 모른다. 실제로 TfU를 사용하는 교사와 교수개발자는 이보다는 더 방대한 주제를 선택하는 것이 일반적이다. 그러나 '관절'이라는 논제는 사소하면도 재미없는 논제를 얼마나 잘 사용할 수 있는지를 간결하게 예시해 주는 역할을 한다. 이런 논제는 일종의 '실제의 축소판'(microcosm)으로서 해당 학문 분야의 안팎이나 학생의 삶 속에 있는 주제들을 다루는 복합적 학습기회와 풍부하게 연계되어 재구성될 수 있다. 우리는 본 글에서 TfU 모형을 설명하기 위한 작은 예제로 '관절'이라는 논제를 계속 사용할 것이다.

2. 이해 목표

묘하게도 생성적 논제에 초점을 두는 것은 다양한 선택의 기회라는 미로로 유도함으로써 어떤 점에

서는 TfU를 사용하기 더 어렵게 만들기도 한다. '관절' 논제로 되돌아가 설명하자면, 운동이나 춤이라는 측면에서 본다면 '관절'이 어떻게 운동이나 춤을 출 수 있게도 하고 제한시키기도 하는지? 기계적인 장점 그리고 이와 비슷하게 운동과 춤에서 볼 수 있는 물리학 개념들의 역할? 운동과 무용을 할 때 관절에 부가되는 힘이 어떻게 부상의 위험을 초래하는지? 우리가 만일 기존과는 다른 관절들을 가졌다면 어떤 운동과 춤이 연출될까? 동물의 움직임은 어떻게 우리 인간과는 다르게 통제될까(예를 들면 경마에서처럼)? 어떻게 장대높이뛰기용 장대와 같은 도구가 신체 외부에 일종의 관절을 제공해 주어 신체 움직임의 가능성을 확장시키는가? 등등의 논제들을 다양하게 고려해볼 기회를 준다. 따라서 TfU는 생성적 논제들이 증가함에 따라 그만큼 엄격한 선택을 요구한다. 학습자가 이해하기 위해 추구해야 하는 것은 도대체 무엇인가에 대해 깊은 고민이 필요하다.

짧은 단원의 학습이라면 교사들은 서너 개 정도의 이해를 위한 목표를 정하는 것이 보통이다. 각각의 목표를 충분히 다루어야 하는데 목표가 많아질수록 점점 다루기 어려워진다. 한 학기나 일 년을 대상으로 한다면 목표가 더 많아질 수 있다.

예를 들어 "관절, 부상과 노화"에 관한 논제에 이해 목표를 다음과 같이 세 개로 정해볼 수 있다.

1. 부상을 초래할 수도 있는 여러 종류의 힘에 신체의 여러 관절이 어떻게 노출되어 있는지 이해할 수 있다. 이때 신체적으로 긴장을 초래하는 다양한 활동들을 고려한다.
2. 의복과 노화가 여러 종류의 관절 상태가 악화되는데 미치는 영향을 이해할 것이다.
3. 다양한 활동을 할 때, 자신이 노출될만한 여러 종류의 관절 부상 가능성을 감지하고, 적절한 예방 차원의 실천 사항을 고려할 것이다.

위에서 본 것과 같이 교사들은 이해영역의 목표를 표현할 때 "학생들은 이해할 것이다, 또는 학생들은 감지할 것이다." 같은 문장형태를 사용하도록 권장된다. 이런 표현은 '이해 목표'가 '이해의 수행'보다 높은 추상성의 수준을 유지하도록 해준다. 그렇지 않다면 '이해 목표'와 '이해의 수행'이 뒤섞여 버리는 경향이 있다. 또한 하나의 목표로서 어간동사인 감지하다(appreciate)의 사용도 두드러진다. TfU 프로젝트의 초기 단계에서 목표를 표현하는데 사용했던 이해한다(understand)라는 동사는 학습자의 진정한 참여, 책임, 정신적 반응의 중요성을 부각시키지 못하여서 가끔 논제의 본의도와 제대로 부합되지 않았음을 발견하게 되었다. 이와는 달리 감지하다(appreciate)라는 표현은 교사와 교육과정개발자가 위의 중요성을 충분히 고려하는데 도움을 준다.

종종 개인 교수설계자가 모든 이해 목표들을 선정하지만 대부분의 교사들은 이해 목표들을 구체화하기 위해서 학생들과 대화를 한다. 보통 이런 교사들은 스스로 교육적 미션에 핵심이 될 것으로 생각하는 한두 개의 목적을 이미 마음에 두고 있다. 대화를 통해서 추가적인 목적을 학생들이 제안하게 될 것이다. 이런 접근법은 학생의 참여의식도 높이고 논제를 풍부하게 하는데 도움이 된다.

더 자연스럽게 목적을 이끌어내고 학습자 편의를 도모하면서 목적을 공유하려면 아이디어를 유발시키는 질문의 형식을 취할 수도 있다. 예를 들면 관절에 대해 앞에서 소개했었던 첫 번째 목표를 질문의 형태로 다시 진술하는 것이다. "신체에 부담을 주는 다양한 활동을 염두에 두고, 상해를 일으킬 수 있는 다양한 힘에 우리의 관절이 어떻게 노출되는가?" 이런 형태로 기술된 '이해 목표'가 상당히 오래 TfU 교수활동에 확산되어 조직적으로 사용되는 시점에서 몇몇 TfU 참여자들은 이런 현상을 **관통현상**(through lines)이라고 부르게 되었다. 이 용어는 배우가 자신이 맡은 배역의 성격을 만들어 낼 수 있게 해주는 연극의 근본적인 주제를 참조하여 연기를 하는 연극기법을 주창한 Stanislavski 학파에 뿌리를 두고 있다.

마지막으로 아래 소개한 특성은 적합한 목적을 선택하고 활용하기 위한 준거로서 도움이 될 것이다.

1. **목표는 명시적이고 공개적이어야 한다.** 이해 목표의 주된 특징은 공개적인 본질에 있다. 학생들은 '논제를 숙지해야 한다'는 전반적이고 모호한 식으로만 인지할 뿐, 수업 목적이 무엇인지에 대해 거의 아무런 생각 없이 학습경험을 하는 경우가 허다하다. 칠판에 판서한 항목이나 유인물에 큰 점으로 표시된 항목처럼 공개된 목적은 학생, 교사, 부모와 행정가들로 하여금 시작부터 교수 일정을 인지하고 여기에 초점을 두고 목표에 충실하게 전반적인 학습과정을 진행시킬 수 있도록 도와 준다.

2. **목표는 전체 주제에 연계되고 겹쳐져야 한다.** TfU 교수프로그램이 주 단위뿐 아니라 한 학기나 일년간 운영될 주제를 포함할 때 목표는 그 특성상 연계되고 겹쳐져 구성된다. 다시 말해서 하위 논제에 대해 좀더 구체적이고 세부적인 목표를 구성할 수 있는 기반을 소수의 상위수준의 목표가 제공해 준다. 예를 들며 '관절' 아래의 몇 개의 구체적이고 세부적인 '이해 목표'들이 "어떻게 인간의 신체가 강약의 특성을 동시에 가지고 있는 체제로서 작동하는가?"처럼 전체 학기를 관통하고 연계되도록 구성된다.

3. **목표는 해당 학문영역에 중심적인 것이어야 한다.** '이해 목표'는 생성적 논제의 선택부터 항상 해당분야나 학문에 중심적인 것을 다루어야 한다. 이렇게 초점을 유지하는 한 가지 방법은 다음과 같은 학문적 이해의 네 가지 측면을 염두에 두고 이것들을 바탕으로 뒤따라오는 이해 목표와 이해의 수행들이 학문 영역의 무대중심에 있는 것들인지를 자문해보는 것이다. 첫째, 해당 **학문영역의 내용지식**, 오개념과 피상적 개념을 피하고 잘 통합된 지식구조를 지향하는가? 둘째, 해당 **학문영역의 방법**들이 어떻게 탐구가 실천되고 주장의 정당성이 입증되는지에 대한 이해를 지향하는가? 셋째, 해당 **학문영역의 의도**가, **학문영역의 역할**과 그 결과로써 다양한 여러 학문분야와 가정, 전문적 활동이나 다른 활동에 미칠 역할을 인식하는가? 마지막으로, 해당 학문의 표현 형식이(에세이식의 쓰기, 공식 증명서, 그래프적 표상, 신체적 수행 등) 어떤 형태를 띠든지 간에 해당 학문분야에 제 역할을 하는가? (Boix-Mansilla & Gardner, 1998). 이와 동일한 측면을 학습자의 이해에 미치는 TfU의 영향을 공적으로 분석 평가하는데 반영했었는데, 이것에 대해서는 나중에 논의할 것이다.

3. 이해의 수행

생성적 논제와 이해 목표는 이해의 학습에 필요한 핵심 사태들이 제 역할을 할 수 있도록 무대를 만들어 준다. 다시 말해서 이해의 수행에 학습자가 몰입하게 해 준다는 것이다. 이해의 수행에는 두 개의 핵심적 특성이 있음을 기억하기 바란다. 첫째로 이해의 수행은 지금까지 학습자가 확보한 이해를 확실하게 보여 주게 하며, 둘째로 그 이해를 더 발전시켜 준다는 것이다. 이 단계에서 교수 개발자는 학습자가 논제를 제대로 다루기 시작하고 적절한 속도로 이해를 향상시키며 맥락에 맞는 이해의 수준에 도달하도록, 이해의 수행을 적절히 배열해 주는 쉽지 않은 업무를 담당하게 될 것이다.

(TfU에 참여하는) 교사와 교수 개발자들은 교수 프로그램을 전반적으로 계열화하면 도움이 된다는 것을 깨닫게 되었다. 논제를 처음 접할 때, 이해의 수행은 소위 '혼란기'(messing around)의 특징을 띤다. 이 단계에서 학습자는 자주 작은 모둠 활동을 하면서 초기 상태에 형성된 개념화의 결과를 발표하고, 성찰적 탐색과정에 참여하며, 학습 과정에 사용되는 학습자원(교재, 인공물, 예술작품 등)을 검토, 조작하면서 경험을 얻게 되는 활동을 한다. 그 다음으로 '안내된 탐구'라 부를 수 있는 좀더 조직적인 단계가 이어지는데, 이때는 '이해 목표'에서 정의된 몇 가지 단계를 체계적으로 진척시키게 된다. 학습자는 때로 모둠으로 때로는 혼자서 학습한다. 마지막으로, 프로젝트의 특성을 띤 최 정점의 수행을 하게 되는데 개별 혹은 소집단의 상당히 규모가 큰 프로젝트들이 포함된다. 이 수행들은 작문, 그림, 모형이나 다양한 유형의 혼합매체로 구성될 수도 있을 것이다. 만일 이 교수적 계열화가 한 학기나 일 년을 단위로 하는 수행이라면 같은 반 학생들, 다른 반 학생들, 부모나 다른 사람들을 포함하여 그 발표 대상이 상당히 큰 규모로 확대될 것이다.

예를 들어 바퀴, 지렛대, 그 밖의 간단한 기계로서의 '관절'을 다루는 짧은 단원의 경우에 해볼 수 있는 초기 수행에는 관절이 어떻게 작용을 하는지에 대한 일차적인 범주화 및 사색적인 스케치를 해보기 위해 외부로부터 자신의 신체 관절을 관찰 조사하고, 다른 동작들을 취해 보고, 관절을 느껴 보며, 동작에 따른 다양한 유연성을 차트화 하는 등의 활동을 포함할 수 있다. 중간 단계에서 이해의 수행은 단순한 재료를 가지고 '경첩 관절'의 모형을 구성하고, 근육의 부착점을 검토하고, 신체

체계의 취약점이 주로 어디인지 판단하기 위해 힘을 측정하거나 계산하도록 한다. 마지막으로 최정점의 수행은 유연성을 증가시키고 부담을 최소화하기 위해 개인적으로 선택한 활동 말하자면 '운동'(스포츠)의 보다 효과적인 수행을 위해 서너 개의 관절을 재설계하는 것을 포함하는 것이다. 이때, 그 결과물은 정교한 논리적 설명을 곁들인 모형으로 제시될 것이다.

생성적 논제나 이해의 목표와 마찬가지로 '이해의 수행'을 선택하는데 도움을 주는 다음과 같은 준거가 있다.

1. **이해의 목표에 직접 관련된다.** 이해의 수행은 교수 단원에서 선정된 이해의 목표를 명시적이고 분명히 다루어 주어야지, 주변을 맴돌아서는 안 된다.

2. **연습을 통해 이해를 개발하고 적용해야 한다.** 앞에서 제안한 바와 같이, 이해의 수행은 많은 활동을 해봄으로써 초기에 이해의 초보자 수준으로부터 더 넓고 심층적이며 풍부한 이해의 수준으로 진행되어야 한다.

3. **다양한 학습 형태와 표현 양식을 포함시킨다.** 이해의 수행은 서로 다른 학습 양식과 표현 형태를 위한 여지를 집단적으로나 심지어는 개별적으로 확보해 주어야 한다. 예를 들어 도입 단계에서, 어떤 학생은 계획을 세우고 그것을 실행하는 동안 다른 학생은 특별한 연구논제에 전념하는 것을 선호할 수도 있다. 어떤 학생이 목록이나 이야기 형태를 사용하는데 반해, 다른 학생은 결론을 도형을 사용해 표현하는 것을 선호할 수도 있다.

4. **도전적이면서도 접근 가능한 과제들에 성찰적인 참여를 개진한다.** 이해의 수행은 단순한 행위가 아니라 사고를 하도록 요구한다. 사고가 물론 행위 속에 내재될 수는 있지만 말

이다. 이해의 수행은 접근가능하면서 무조
건 해보는 것 이상의 즉 성찰적 몰입을 초래
하는 방식이라는 이유 때문에 도전적이다.

5. **이해하고 있음을 공개적으로 입증한다.** 논리
적인 견지에서 볼 때 이해의 수행이 가시적
일 필요는 없다. 분명, 많은 학습자들은 그
들이 아는 것을 사용하여 사고하고 이해를
개선시키는 등의 정신적인 수행을 시도하기
때문이다. 그러나 교수 계획의 견지에서 본
다면, 기본적인 이해의 수행은 학습하는 과
정에서는 아니더라도 적어도 학습 결과에서
는 가시화될 필요가 있다. 학습자는 자신이
이미 마친 수행에서 한발 뒤로 물러나 검토
할 수 있어야 하며, 동료, 교사, 부모 등 다
른 사람들은 피드백을 주는 위치에 있어야
한다.

4. 지속적인 평가와 사정

TfU 모형의 마지막 구성 요소는 지속적 평가와 사
정이다. 이 요소는 피드백이 학습의 가장 근본이
되는 것 중 하나임을 인정하는 것이라고 볼 수 있
다. 학습자는 자신의 수행에 대해 정보제공적인
피드백(informative feedback)을 받고 그 피드백
을 바탕으로 자신의 수행을 정교화 하는 기회를
통해 혜택을 많이 받게 된다. 불행히도, 대부분의
학교환경에서 학습자들은 교수단위의 마지막에
가서나 피드백을 받게 된다. 그 때가 되면 이미 오
류학습을 교정하고 학습 결과를 수정할 시간적 여
유가 없다. 또한 학습자들은 종종 X, OK, A, B, 혹
은 C 등의 성적등급을 받게 되는데 이런 표현방식
은 개념정립이나 무엇이 잘 못되고 잘 되었는지에
대해 제대로 표현해 주지 못하기 때문에 학습결과
물을 효과적으로 교정하는데 도움이 되지 못한다.

지속적인 사정은 평가의 이처럼 반복되어온 위

와 같은 문제점을 간단히 해결할 수 있는 방안이
라는데 의미가 있다. 지속적 사정은 교사들과 교
수개발자들이 초기 학습과정 단계에서 정보제공
적인 피드백을 자주 제공하도록 해준다. 보통 지
속적인 사정은 공식적 시험이나 별도의 준비를 요
하는 그런 추가적 사태(events)가 필요하지 않다.
그 대신 학습자들은 교수적 계열 속에 자연스럽게
구성되는 '이해의 수행'을 통해 평가를 받게 된다.
이 수행은 가장 핵심적인 학습경험이므로 여기에
주어지는 피드백은 이해를 향상시키는데 가치를
가장 잘 발휘할 수 있다. '관절'을 다시 예로 들자
면, 학생들은 경첩관절의 모델을 구성해보고 근육
연결 지점을 살펴보며 무리가 가해지는 것에 대해
조사하면서 교사나 다른 학생들에게서 자신이 구
성한 모델의 명확성과 정확성, [근육 연결지점]의
계산이나 측정의 대략적인 정확함, 그리고 무리가
강하게 가해지는 지점의 확인 여부에 대해 피드백
을 받게 될 것이다. 이런 피드백은 학생이 자신이
구성해본 개념 모델을 교정할 수 있게 해주면서
동시에 또 다른 평가를 유도한다.

'사정'이라는 어휘는 교사가 제공하는 공식적인
반응이라는 이미지를 연상시키기는 하지만, 교사
에게 온전히 의존하는 것은 학습자를 위해서 논리
적으로나 실제적으로 결코 바람직하지 않다. 지속
적 사정은 교사가 피드백의 유일한 제공자 역할을
하도록 지나치게 요구한다. 그러나 학습적 관점에
서 학습자들은 다른 학습자나 자신을 위해 피드백
을 제공함으로써 상당히 많이 배울 수가 있다. 그
뿐 아니라 학부모와 학문공동체가 때때로 '지속적
사정'에 참여할 수 있는 기회가 있다. 따라서 지속
적 사정 계획에는 다른 학습자뿐 아니라 스스로에
게 피드백을 제공하는 역할을 하는 학습자 등 다
양한 피드백 제공자를 포함시키게 된다.

그 밖에도 지속적인 사정은, 때로는 학생들이
한두 사람에게서 분명하게 피드백을 받는 경우처

럼 현저히 나타나는 요소이지만 어떤 경우에는 학습자들이 같이 보고서 초안을 검토하거나 전체 학급이 실험결과나 시 평론에 대해 토의하는 경우처럼 학습사태의 흐름 속에 내재되어 나타날 수도 있다. 서로 대화를 하면서 상대에게 귀를 기울이는 것만으로도 학생들은 다소간의 암묵적 피드백을 받게 된다.

누가 언제 어떤 피드백을 제공할지를 계획하는 것 그리고 피드백과 사후 재검토의 시점을 결정하는 것은 TfU 모델에 따른 교실수업에서 다루기에는 확실히 도전적인 과제이다. 사실 우리의 경험으로 보건대 TfU 모델이 운영되는데 가장 어려운 사안이 '지속적 사정'이고 그렇다보니 교사들이 대개 가장 마지막에 숙달하게 되는 사안이기도 하다.

그렇다고 해서 교사가 하는 성적부여와 관련된 행정 사항들이 미루어질 필요가 있다거나 지속적 평가 사정이 성적부여가 지닌 함의에 이의를 제기하는 것도 아니다. TfU에 참여하는 대부분의 교사들은 프로젝트와 교과활동을 통해 학생의 성적을 부여하며, 성적부여에 관한 최종 결정은 자신들의 책임이자 특권으로 인식하고 있다. 물론 몇몇 교사들은 다양한 방식으로 학생들과 성적 사정 과정을 분담하지만 말이다.

마지막으로 앞서 제시한 3개 항목과 더불어 아래 제시한 기준들은 '지속적 평가와 사정'이 유용하게 그 역할 매김을 할 수 있게 해줄 것이다.

1. **사정의 준거는 유관적이고 명시적이며 공개적이어야 한다.** 그렇게 되면 학생들이 명확하고 외현적인 사정의 준거에 대해 사전지식을 가지는데 크게 도움이 될 것이다. 많은 경우 수행의 준거가 다소 비형식적일 수 있다. 그러나 핵심적 수행 그리고 특히 궁극적이고 최종적인 수행의 경우에 준거는 다소 더 신중하게 적용된다. 예를 들면 루브릭기법

(rubrics)은 수행이[단 한 개의 영역으로 평가되기에는 복합적인 특성을 지니기 때문에] 몇 개의 영역에 대해 각각 3~5점 척도로 평가되어야 할 경우에 사용된다.

2. **빈번히 발생해야 한다.** 지속적 사정은 빈번히 발생하지만 루브릭기법을 대규모로 잘 적용하는 사례는 그리 잦지는 않으며 좀더 중요한 경우에 제한된다.

3. **사정의 다중적 출처가 요구된다.** 실제 업무나 제대로 된 교육방법론은 다중적 출처에서 제공되는 피드백을 요구한다.

4. **진척 사항을 측정하고 계획을 알려 주는 역할을 해야 한다.** 마지막으로 지속적 사정은 진전 상태를 재고 계획을 알려 주는 역할을 해야 한다. 이 사항은 학생뿐 아니라 교사에게도 적용되는 것임을 잊지 말아야 할 것이다. 교사는 개별 학생이 얼마나 잘하고 있는지 살펴 개인의 필요에 맞는 교수적 중재에 집중할 수 있다. 교사는 학급 전체가 얼마나 잘하고 있는지 살핌으로써 발생하는 문제들을 해결하거나 새로운 기회를 포착하기 위해 계획을 수정할 수가 있다.

종합해보자면, 앞서 제시한 네 요소와 이에 관련된 기준들은 교사와 교수개발자들에게 이해 학습에 대한 수행적 관점에서 학습 경험을 계획하고 운영할 수 있는 기본 틀을 제공해 준다. 표 5.1에 제시된 요약 내용은 네 요소 및 관련 기준들이 어떻게 명확하면서도 유연한 교수패러다임의 비전을 제공하는데 서로 조화를 이루고 있는지를 정리해 주고 있다.

기본 모형의 융통성

지금까지 제시한 내용들은 교수계획자들이 네 영

표 5.1   이해를 가르치는 교수의 네 요소와 기준

생성적 논제	이해 목표	이해의 수행	지속적 평가와 사정
1. 학문분야나 영역에 중심적일 것 2. 학생들이 쉽게 접근할 수 있고 흥미를 느낄 것 3. 교사에게 흥미를 줄 것 4. 연계성을 가질 것	1. 명시적이고 공개적일 것 2. 전체 주제에 연계되고 겹쳐질 것 3. 학문영역에 중심적일 것	1. 이해 목표에 직접 관련될 것 2. 연습을 통해 이해를 개발하고 적용할 것 3. 다양한 학습 형태와 표현 양식을 포함할 것 4. 도전적이면서도 접근 가능한 과제들에 성찰적인 참여를 개진할 것 5. 이해하고 있음을 공개적으로 입증할 것	1. 유관적이고 명시적이며 공개적일 것 2. 빈번히 발생할 것 3. 사정의 출처가 다중적일 것 4. 진척 사항을 측정하고 계획을 알려 주는 역할을 할 것

역(요소)을 순서적으로 진행할 것을 제안하고 있다고 볼 수 있다. 그리고 물론 어떤 교사나 교수계획자들은 우리가 제안한 틀을 그대로 실천해서 좋은 결과를 본다. 그러나 우리의 경험으로는 순서를 다르게 조직하는 것을 선호하는 사람들도 있다. 어떤 교사는 기대되는 최종 학습산출물에 대해 비전을 설정하고 여기에 요구될 평가와 사정에 대해 아이디어를 구성하면서 시작할 수도 있다. 또 어떤 교사는 이전에 입증된 바 있는 풍부한 속성의 수행을 먼저 검토하고 거기에서 생성적 논제와 이해 목표를 도출하는 방향으로 확장해 갈 것이다. 교수계획자가 다소 위의 항목들을 주어진 순서대로 사용하더라도 이들 네 요소 사이에는 필연적으로 조정을 위한 교류가 생기게 된다. 지속적 평가와 사정의 기준을 고려하다 보면 종종 수행을 더 정교화하거나 상당히 많이 수정해야 할 필요성이 대두된다. 수행의 세부 사항들을 파악해 가다 보면 그전에는 미처 깨닫지 못했던 '이해 목표'를 추가할 필요가 생길 수도 있다.

교사들에게 이 네 가지 기본 틀을 '간접적으로' 소개하는 것도 가능한데, 기본 틀에 포함되는 네 요소들을 언급하는 대신 좀더 자연스러운 질문들을 전면에 내세우면서 간접적으로 네 요소들을 소개하는 방법이다. 예를 들면:

- 진정 학생들이 무엇을 이해하기를 원하십니까?
- 학생들의 이해를 기르는데 도움을 주기 위해 무엇을 할 수 있습니까?
- 학생들은 스스로 자신의 이해를 키우기 위해 어떤 행위를 취할 수 있습니까?
- 학생들이 이해했다는 것을 우리와 그 학생들은 어떻게 알까요?

많은 교사들은 이런 종류의 질문이 매우 사용자 친화적임을 발견하게 된다. 사실 이 질문들은 적어도 암암리에 우수한 교사들이 어쨌든 스스로 질문해 보게 되는 그런 질문이다. 이런 질문은 좀더 공식적으로 기본 틀을 소개하도록 자연스러운 다리를 제공한다.

TfU 모형은 '골절'이라는 논제처럼 소규모, 무미건조할 수 있는 논제들을 풍부하게 해 주는데 도움이 되는 기본 틀이지만, 훨씬 더 과감하게 사용될 수도 있다. Wiske(1998)와 Blythe and associates(1998)는 과감하게 적용해 본 예 중 몇 가지를 자신들의 저서에 담고 있는데, 이 글에서는 다

른 저자가 제시한 예를 소개하고자 한다. 본 글의 저자 중 Unger는 급격히 성장을 하고 있는 미국 Oregon주 Portland 근교에 위치한 Wilsonville 고등학교와 공동 작업을 해왔다. 남부의 성장에 담배경작이 미치는 역할을 토의하던 중, Kevin Guay 씨(미국역사 담당교사)는 그 학교가 위치한 도시(한때는 준 농경마을이었음) 성장의 경제적, 환경적 논제들을 다루기로 결심하였다. 활발한 토의는 곧 자신들의 도시 성장이 1800년도 중반에 나타났던 Jamestown의 성장처럼 경제에 의해 지배되고 있으며 교통문제, 과도성장, 목초지 및 자연환경의 손실 등 위협적인 요소들이 나타나고 있음을 명확히 보여 주었다.

그 후 세달 동안, Guay 씨의 수업에서는 급속히 성장하는 지역사회를 위해 최초로 '도시발전 컨퍼런스'를 계획, 실행하고 독립적으로 관리하였다. 학생들은 실천계획을 세우고 위원회를 구성하고 행사를 설계하며 홍보를 하고 행사 전단을 세우고 음식을 준비하기도 했다. 또한 시각자료와 통계자료를 사용하여 개발에 대한 다양한 관점을 보여 주는 멀티미디어 발표 자료를 만들었다. 최종적으로는 이 컨퍼런스에 전임시장, 도시행정가, 도시계획전문가, 사업가, 그밖에도 지역사회의 모든 구성원들을 포함하여 300명 이상의 사람들이 참가하게 되었다.

역사 공부를 하기 위해 필요 이상의 것이라고 보일만한 이런 '이해의 수행' 과정에서, Guay 씨의 수업은 1800년대 미국의 발전사에 초점을 둔 다른 주제들을 계속적으로 다루어 갔다. 예를 들면 시민전쟁, 노예, 미국의 서부지역으로의 확장 등의 주제를 포함하는 경제력의 향상 및 상이한 관점을 통해 학생들은 미국사의 핵심 사건들을 분석하게 되었다. 이 역사적 사건들은 학생들의 지역사회 문제들과 연계되어 토의가 이루어졌는데 이를 통해 분석할 역사적 문제와 분석의 틀이 학생들에게

훨씬 생생하게 받아들여질 수 있었다.

2. 교사 전문성개발의 유형

TfU 프로젝트를 통해 우리가 추구한 주요 목적은 이 프로젝트의 기본 틀을 사용하여 교사전문성개발을 위한 독자적인 모형을 만들어내는 것이었다 (Wiske, Hammerness, & Wilson, 1998). 이 모형 작업에 두 집단이 특히 기여하였다. 우선 TfU 모형을 개발하는 과정에서 탐구과정에 협력했던 교사들 중 일부가 사례연구의 대상이 되었다. 또한 과거 5년간 미국전역, 남미, 유럽, 일본을 포함하는 여러 나라의 초중등 및 대학까지를 포함하여 12개 학교에서 수백 명의 교사들이 우리와 작업을 해왔다. 진일보한 우리의 통찰력은 이런 경험에서 도출되었다.

교사들은 이 기본 틀(즉 TfU의 모형)이 지닌 힘과 특성을 나날이 발견해가는 역동적 경험을 하였음을 보고하고 있다. 많은 교사들은 TfU모형에서 제안하는 이상적인 아이디어가 이미 자신들이 해왔던 방식과 여러 가지로 유사하다는 첫인상을 가진다. 그러나 좀더 상의, 토의, 심사숙고를 거친 후에는 기존의 실천사례에 이런 이상적인 것들을 만족시키기에는 역부족인 방식이 수없이 많이 있음을 깨닫기 시작하고, TfU에서 제시한 네 요소와 관련된 실천에 대해 얻게 된 새로운 성찰을 보고하기 시작한다. 이런 인식이 시작될 때면, 모든 아이디어들을 한꺼번에 전체 과정에 반영하기에는 역부족을 느끼므로, 한동안은 목표 단원 내에서만 TfU 기본 틀의 네 요소 중 한 요소만 반영하는 입장을 선호한다. TfU 프로젝트에 1차년도에 참여하는 교사들은 여전히 기존 방식으로 교육과정을 다루면서 동시에 교수의 서너 단원을 가지고 시도를 해본다. 그리고 2차년도가 되어서야 자신들이

담당하는 교수의 대부분을 TfU 기본 틀을 따라서 재 조직화할 준비가 되었다고 느끼게 된다.

어떤 교사들은 TfU 틀이 자신들 앞에 갑자기 던져진 장애물로 인식하면서 거부반응을 보인다. 그러나 우리와 꾸준히 일을 해본 대다수의 교사들은 이 기본 틀이 자신의 교육적 실천을 검토하고 재고하는데 도움이 되는 시각을 제공한다는 점을 발견한다. 이 기본 틀에서 우리는 학교변화에 대한 문헌이 흔히 우리에게 주는 교훈을 또 다시 발견하게 되었다. 우리는 TfU 프로젝트가 동료의식, 행정지원, 외부지원 그리고 학교내부 지도력의 정도에 따라 날개를 단 듯 잘되기도 하고 실패하기도 하는 것을 보았다. 전반적 환경이 도움이 안되는 상태라도 혁신적이고 열정적인 교사들 때문에 TfU가 잘 운영되는 수가 간혹 있으나 이것은 상당히 예외적인 경우이다. 오히려 교육 분야의 다른 혁신문제와 마찬가지로 TfU의 진척여부는 지도력과 지역사회에 의해 좌우된다.

3. TfU가 학생들의 이해에 미치는 영향

TfU가 학생의 이해에 미치는 영향을 연구하기 위해서 TfU를 통해 교육받은 4개 학급 중 각 학급에서 8∼10명의 학생을 선정하여 7학년 역사수업, 고등학교 물리/영어/지질학 수업에 대해 사례연구를 실시하였다. 전통적인 방식의 사전검사, 사후검사, 처치-통제집단 방법론보다는 학생들의 활동물 수집과 다중적 면담을 통해 학생의 '이해'에 대한 풍부한 묘사를 이끌어 내는 방법을 취했다.

학생의 이해정도를 평가 사정하기 위해서는 이미 앞에서 언급한 학문영역의 내용지식, 방법론, 지식의 의도, 그리고 표현형태를 포함하는 '이해'의 4개 주요 영역에 초점을 둔 루브릭(Boix-Man-

silla & Gardner, 1998; Hammerness, Jaramillo, Unger, & Wilson, 1998)을 개발하였다. 4개 영역은 '이해'에 대한 Bloom(1971), Perry(1970), Entwistle & Marton(1994) 그리고 Howard(1990) 등 이해를 다루고 있는 문헌을 반영하고 있을 뿐 아니라 우리가 실시한 학생 예비면담의 분석 결과를 반영한 것이다. 각 영역에 대해 각 사례연구의 등급을 매겼다. 우수한 '평가자간 신뢰도'를 얻은 바 있는 이해의 네 등급(미숙, 초보, 수습, 숙달) 중에서 한 등급을 각 사례연구에 부여하였다. '미숙' 단계는 실천이 조악하며 지식이 엉성하고 연결성이 없으며 잘못 해석되었음을 의미하고, '숙달' 단계는 폭넓은 지식이 고도로 세련, 정밀, 창의적으로 이동되고 있음을 의미한다.

우리는 4개 학급 학생들 대부분이 (수습 혹은 숙달 수준의) 높은 이해를 얻었음을 발견하였다. 점수는 학급 간에 다양하게 나타났다. 가장 높은 점수를 받은 학생집단은 7학년 역사교실이었다. 과반수를 훨씬 넘는 학생들(각 영역에서 최소 80%)이 숙달 혹은 수습 수준의 성취를 보였다. 담당 여교사는 연구자 및 현장전문가로 구성된 파트너들과 주 단위로 만나면서 2년 동안 우리와 밀접하게 작업을 해왔고 2차년도에 가서는 TfU가 가지고 있는 다양한 속성들을 매우 자유롭게 실천하기 시작했었다. 공식적인 평가 사정을 실시하는 시점에서 그 교사의 실천은 단원 수준의 '이해 목표'뿐 아니라 일년 단위의 '이해 목표'까지 포함하였고 이 두 단위가 명확히 연계되어져 실시된 평가 사정도 수반하였다. 그 교사가 실천한 평가 사정에는 구체화된 준거에 따른 자기 및 동료의 피드백, 학습과정 일기(process journal), 수시로 실시하는 교사와의 면담, 그리고 학습산출물 개발에 대한 5∼6회의 집단토의가 포함된다.

4. TfU가 학생의 이해에 대한 개념화에
미치는 영향

'이해'와 '이해를 위한 학습'에 대해 학생들이 어떤 개념을 가지고 있는지도 알아보았다(Unger, Wilson, Jaramillo, & Dempsey, 1998). 이 연구는 TfU 프로그램에 참여하지 않았던 나이가 비슷한 학생집단을 대상으로 시작하였다. 이 글을 시작하면서 제시했던 것과 동일한 질문으로 구성된 면담을 통해 나온 결과는 강한 하나의 성향을 드러냈는데, 그것은 이 학생들이 '이해'를 '지식'(knowl-edge)과 동일시하고 있다는 점이다. 소수의 학생만이 학교교육과정 밖의 것을 예로 언급하면서 '이해'에 대해 '수행 지향적'인 개념을 형성하고 있음을 알 수가 있었다.

TfU에 참여한 학생들이 '이해'에 대해 가지고 있는 개념을 확인하기 위해서는 이 글의 앞부분에서 이미 두 번 언급한 적이 있는 TfU 학생들과 면담을 실시하였다. 이 면담에서 우리는 이해에 대한 학생들의 인식과 이들이 TfU가 제공하는 방법론이 학습에 도움이 되었다고 인정하고 있는지를 면밀히 알아보고자 하였다. 그 결과 이 프로그램에 참석한 학생들이 TfU 스타일의 교수법이 가지고 있는 독특함을 인정하고 학습에 주는 영향을 높이 평가하고 있었다. 학생들은 핵심적이면서도 개인적인 몰입을 가능하게 하는 속성을 지닌 생성적 논제의 저력, 공개적으로 공유된 목적이 학습을 유도하는데 가지는 역할, 새롭고 응용적인 방식으로 사고하도록 이끌어 주었던 수행, 그리고 단지 마지막에 실시되는 것이 아니라 교수전반에 걸쳐 학생을 지원해 주는 역할을 했던 평가와 사정의 가치에 대해 높이 인식하고 있었다.

또한 이 학생들이 입증해준 이해에 대한 개념은 TfU 프로그램에 참여하지 않았던 학생들의 경우

보다 훨씬 더 수행지향적인 속성을 보여 주고 있었다(Unger, 1994). 예를 들면, 많은 학생들은 단순히 교실에서 배운 지식을 그대로 답습하는 수준을 넘어서 어떻게 그 지식을 확장시킬 수 있게 되었는지 신이 나서 이야기해 주고 있다. 좀더 자세히 말하자면 세계를 보는 관점을 변화시키고 세계 속에서 다르게 행동하는 힘을 실어 주었다는 것이다. 그뿐 아니라 많은 학생들은 어떻게 자신의 세계관이 전환되었는지를 논의하고 자신이 최근에 발견한 지식과 능력에 대해 뚜렷한 주인의식을 보여 주기도 하였다.

셋째, 연구에 참여했던 모든 학생이 각 영역에 대해 독립적으로 점수를 취득하였기 때문에 우리는 이런 변인과 학생들이 실제로 습득한 이해 사이의 관계를 정식으로 검토할 수 있었다. 학생들이 습득한 이해, 그들의 이해에 대한 개념, 그리고 교사들이 실천했던 TfU 방법론에 대한 인식 사이에 통계적으로 상당히 높게 유의미한 긍정적 상관관계를 발견하였다(Spearman의 상관계수가 모든 영역에서 적어도 $p < .01$인 결과가 나왔다). 다시 말해서, TfU에 참여한 학습자 집단은 이해에 대해 더욱 수행적인 개념을 형성하고 있으며 TfU 방법론의 특성을 더 많이 인정한 학생들이 루브릭(Rubrics)에 의해 측정된 것과 마찬가지로 해당 학문영역에서 더 우수한 이해 수준을 보여 주었다.

상관관계 자료는 항상 조심해서 해석되어야 한다. 그럼에도 불구하고 이 결과는 (비교집단 학생들과는 대조적으로) TfU 교수 방법론은 이해에 대한 개념을 개선시키며, 이해에 대한 개념화의 변화는 이해의 학습을 할 수 있도록 학생들을 준비시킬 수 있음을 시사해 주는 것이다. 다시 말해서 TfU 방법론의 가치가 확장될 수 있는 가능성을 보여 주는 것이다. 지금 제시된 바와 같이 TfU는 그 기본 틀을 학생들에게 명시적으로 제시하거나 '학습하기 위한 학습전략'으로 사용할 것을 강조하지

는 않다. 그렇지만 TfU의 기본 틀과 조화를 이루어 진행되는 이해의 학습에 좀더 명시적으로 관심을 기울인다면 효과 있는 교수적 중재를 제공할 수 있을 것이다. TfU 방법론이 내포한 잠재력을 계속 발전시켜 나가면서 우리 연구진은 더욱 영향력 있는 이해의 교육방법론에 도달하기 위한 이런저런 가능성들을 탐구하고자 한다.

5. 감사의 말

본 글에서 제공된 아이디어와 결과는 Spencer Foundation의 연구비 지원으로 Harvard University Graduate School of Education이 개발하였다. 주임연구진은 Howard Gardner, David Perkins, Vito Perrone이다. 재단의 재정적 지원에 감사를 표한다. 그러나 본고의 의견은 재단의 공식적인 의견이나 정책을 대변하는 것이 아님을 분명히 한다.

참고문헌

Argyris, C. (1993). *On organizational learning*. Cambridge, MA: Blackwell.

Argyris, C., & Schön, D. (1996), *Organizational learning II*. Reading, MA: Addison-Wesley.

Bloom, B. (1971). *Handbook on formative and summative evaluation of student learning*. New York: McGraw-Hill.

Blythe, T. and associates. (1998). *The teaching for understanding guide*. San Francisco: Jossey-Bass.

Boix-Mansilla, V., & Gardner, H. (1998), What are the qualities of understanding? In M. S. Wiske, (Ed.), *Teaching for understanding: Linking research with practice* (pp. 161-196). San Francisco: Jossey-Bass.

Carretero, M., Pozo, J. I., & Asensio, M. (Eds.). (1989). *La enseñanza de las ciencias sociales*. Madrid, Spain: Visor.

Clement, J. (1982). Students' preconceptions in introductory mechanics. *American Journal of Physics, 50*, 66-71.

Cohen, D. K., McLaughlin, M. W., & J. E. Talbert (Eds.). (1993). *Teaching for understanding: Challenges for policy and practice*. San Francisco: Jossey-Bass.

Collins, A., & Gentner, D. (1987). How people construct mental models. In D. Holland & N. Quinn (Eds.). *Cultural models in language and thought* (pp. 243-265). Cambridge, England: Cambridge University Press.

Driver, R., Guesne, E., & Tiberghien, A. (Eds.). (1985). *Children's ideas in science*. Philadelphia: Open University Press.

Entwistle, N. J., & Marton, F. (1994). Knowledge objects: Understandings constituted though intensive academic study. *British Journal of Educational Psychology, 64*, 161-178.

Gardner, H. (1991). *The unschooled mind: How children think and how schools should teach*. New York: Basic Books.

Garvin, D. (1993). Building a learning organization. *The Harvard Business Review, 10*, 803-813.

Gentner, D., & Stevens, A. L. (Eds.). (1983). *Mental models*. Hillsdale, NJ: Lawrence Erlbaum Associates.

Hammerness, K., Jaramillo, R., Unger, C., & Wilson, D. (1998). What do students in teaching for understanding classrooms understand? In M. S. Wiske, (Ed.), *Teaching for understanding: Linking research with practice* (pp. 233-265). San Francisco: Jossey-Bass.

Howard, V. (Ed.). (1990). *Varieties of thinking: Essays from Harvard's Philosophy of Education Research Center*. New York: Routledge.

Johnson-Laird, P. N. (1983). *Mental models*. Cambridge, MA: Harvard University Press.

Lochhead, J., & Mestre, J. (1988). From words to algebra: Mending misconceptions. In A. Coxford & A. Schulte (Eds.). *The idea of algebra k-12: National Council of Teachers of Mathematics Yearbook* (pp. 127-136). Reson, VA: National Council of Teachers of Mathematics.

Mayer, R. E. (1989). Models for understanding. *Review of Educational Research, 59*, 43-64.

McDermott, L. C. (1984). Research on conceptual

understanding in mechanics. *Physics Today, 37,* 24-32.

Novak, J. D. (Ed.). (1987). *The proceedings of the 2nd misconceptions in science and mathematics conference.* Ithaca, NY: Cornell University Press.

Perkins, D. N. (1992). *Smart schools: From training memories to educating minds.* New York: The Free Press.

Perkins, D. N. (1993). An apple for education: Teaching and learning for understanding. *American Educator, 17*(3), 28-35.

Perkins, D. N. (1998). What is understanding? In M. S. Wiske, (Ed.), *Teaching for understanding: Linking research with practice* (pp. 39-57). San Francisco: Jossey-Bass.

Perkins, D. N., & Blythe, T. (1994). Putting understanding up front. *Educational Leadership, 51*(5), 4-7.

Perkins, D. N., & Simmons, R. (1998). Patterns of misunderstanding: An integrative model for science, math, and programming. *Review of Educational Research, 58*(3), 303-326.

Perkins, D. N., Schwartz, J. L., Wiske, M. S., & West, M. M. (Eds.). (1995). *Software goes to school: Teaching for understanding with new technology.* New York: Oxford University Press.

Perkins, D. N., & Unger, C. (1994). A new look in representations for mathematics and science learning. *Instructional Science, 22*(1), 1-37.

Perrone, V. (1998). Why do we need a pedagogy of understanding? In M. S. Wiske, (Ed.), *Teaching for understanding: Linking research with practice* (pp. 13-38). San Francisco: Jossey-Bass.

Perry, W. (1970). *Forms of intellectual and ethical development in the college years: A scheme.* New York: Holt, Rinehart & Winston.

Resnick, L. B. (1987). Constructing knowledge in school. In L. Liben (Ed.), *Development and*

learning: Conflict or congruence? (pp. 19-50). Hillsdale, NJ: Lawrence Erlbaum Associates.

Rumelhart, D. E. (1980). Schema: The building block of cognition. In R. J. Spiro, B. C. Bruce, & W. F Brewer (Eds.), *Theoretical issues in reading comprehension* (pp. 33-58). Hillsdale, NJ: Lawrence Erlbaum Associates.

Schank, R., & Abelson, R. P. (1977). *Scripts, plans, goals and understanding: An inquiry into human knowledge structures.* Hillsdale, NJ: Lawrence Erlbaum Associates.

Senge, P. (1994). *The fifth discipline: The art and practice of the learning organization.* New York: Doubleday.

Shelmit, D. (1980). *History 13-16, evaluation study.* Edinburgh: Holmes McDougall.

Simmons, R. (1994). The horse before the cart: Assessing for understanding. *Educational Leadership, 51*(5), 22-23.

Smith, C., & Unger, C. (1997) Conceptual bootstrapping. *The Journal of the Learning Sciences, 6*(2), 143-182.

Unger, C. (1994). What teaching for understanding looks like. *Educational Leadership, 51*(5), 8-10.

Unger, C., Wilson, D., Jaramillo, R., & Dempsey, R. (1998). What do students think about understanding? In M. S. Wiske, (Ed.), *Teaching for understanding: Linking research with practice* (pp. 266-292). San Francisco: Jossey-Bass.

Wiske, M. S. (Ed.). (1998). *Teaching for understanding: Linking research with practice,* San Francisco: Jossey-Bass.

Wiske, M. S., Hammerness, K., & Wilson, D. (1998). How do teachers learn to teach for understanding? In M. S. Wiske, (Ed.), *Teaching for understanding: Linking research with practice* (pp. 87-121). San Francisco: Jossey-Bass.

열린 학습환경: 기초, 방법, 모형

Michael Hannafin
University of Georgia

Susan Land
The Pennsylvania State University

Kevin Oliver
University of Georgia

정현미
안동대학교 교육공학과 교수

Michael Hannafin은 조지아대 학습과 수행 지원 연구소장이자 교수공학과 교수이다. 이전에 그는 플로리다 주립대학 교수체제학과 교수, 미국 공군아카데미의 방문교수, 펜실베이니아 주립대학과 콜로라도 대학에서 교수를 역임했다. 그의 연구는 테크놀로지 지원 학습자 중심 학습환경(technology-enhanced, student-centered learning environments) 설계를 위한 기초 틀을 개발하고 검증하는 데 초점을 둔다.

Susan Land는 펜실베이니아 주립대학의 교수체제학과 조교수이다. 이전에 그녀는 조지아대 학습과 수행 지원 연구소에서 박사후과정 연구자로서 일하였고, 오클라호마대학에서 교수를 역임했다. 그녀의 연구는 학습자 중심 테크놀로지 환경에서의 개념적 발달 과정에 초점을 둔다. 그녀는 플로리다 주립대학 교수체제학과에서 박사학위를 받았다.

Kevin Oliver는 현재 조지아대 학습과 수행 지원 연구소에서 근무한다. 그곳에서 멀티미디어를 개발하고, 교사 훈련 워크숍을 수행하고, K-12학교내 연구를 관리하고 있다. 그의 연구 관심사는 문제기반학습, 사례기반학급, 웹기반 학습도구, K-12학교를 위한 컴퓨터매개 학습환경을 개발하는 것이다. 그는 조지아대학 교수공학과 박사과정학생이다.

서 문

목적 및 전제.   이 장은 발산적 사고와 다중적 관점이 정답으로 여겨지는 단일 관점보다 가치롭게 여겨지는 상황에 적합한 이론을 제공한다. 이 이론은 휴리스틱 기반 학습(heuristics-based learning)과 모호하고 분명하게 정의되지 않는 비 구조화된 문제탐색에 적절하다.

학문적 가치.   이 이론이 기반을 두고 있는 가치들은 다음과 같다:
- 개인적인 탐구
- 발산적 사고와 다중적 관점
- 자기주도적 학습과 초인지적 지원을 함께하는 학습자 자율성
- 개인의 경험과 개인적 이론을 통한 학습 중재하기
- 현실적인 관련 문제들을 실제로 체험하는 구체적 경험
- 학습에서 학습자의 노력을 보조하는 도구와 자

원 제공

주요 방법.   이 이론이 제공하는 주요한 방법들은 다음과 같다:
학습맥락(그 환경에서 관점들을 세우기 위한)
- 외부적으로 부여된 맥락들(학습자에게 특정 문제들을 구체적으로 제시한다)
- 외부적으로 유도된 맥락들(문제 맥락을 제시하고, 그 맥락 속에서 학습자가 직접 해결해야 할 구체적인 문제들을 생성한다)
- 개인적으로 생성된 맥락들(학습자가 맥락과 문제들을 모두 생성한다)

자원(이용 가능한 정보들을 제공하기 위한)
- 정적 자원(이용하면서 변화하지 않는다)
- 동적 자원(이용하면서 변화한다)
도구(정보를 조작하는 기본적인 수단들을 제공하기 위한)

(그 자체는 구체적인 방법이 아님; 학습하고 있는 개념들을 표현하고 조작하기 위해 다양한 방식으로 이용됨)

- 처리 도구(학습자의 인지 과정을 지원하기 위한)
  - 탐색 도구(필요한 자원들의 위치를 알아내고 여과하기 위한)
  - 수집 도구(자원을 모으기 위한)
  - 조직 도구(아이디어들 간 관계를 표현하기 위한)
  - 통합 도구(새로운 지식을 기존 지식과 연결하기 위한)
  - 생성 도구(생각하는 새로운 것이나 가공물들을 창조하기 위한)
- 조작 도구(신념과 이론의 타당성을 검증하거나 탐색하기 위한)
- 의사소통 도구(학습자, 교사, 전문가들 사이에 의사소통하기 위한)
  - 동시적 의사소통 도구(실시간 상호작용 지원)
  - 비동시적 의사소통 도구(비실시간 의사소통 지원)

스캐폴드(학습 노력을 안내하고 지원하기 위한)
- 영역-특정적 스캐폴드 대 일반적 스캐폴드
- 개념적 스캐폴딩(무엇을 고려해야 하는지에 대한 안내)
- 초인지적 스캐폴딩(탐구하고 있는 문제에 대하여 생각하는 방법에 관한 안내)
- 절차적 스캐폴딩(자원과 도구를 활용하는 방법에 관한 안내)
- 전략적 스캐폴딩(문제를 해결하는 접근에 관한 안내)

이 이론이 몇 가지 가이드라인을(어떤 조건에서 어떤 방법을 사용해야 하는가에 관한) 제공하지만, 그것의 대부분은 방법으로 제시된다. 실천가는 언제 각 방법을 사용해야 하는가를 찾아낼 필요가 있다.

교수설계에 대한 적용점. 어려운 유형의 학습을 다양한 방법을 사용하여 융통성 있게 안내한다.

— C.M.R

열린 학습환경: 기초, 방법, 모형

학생중심 학습과 학습자중심 설계에 대한 관심이 급증하고 있다. 월드 와이드 웹과 같은 테크놀로지 발달을 활용하는 다양한 교수-학습 틀이 출현하면서 이전에는 불가능하고, 실현되기 힘든 상상할 수 없었던 접근들이 가능해지고 있다.[1] 이러한 접근 중 열린 학습환경(Open Learning Environments; OLEs)은 특히 흥미로운 것으로 여겨지고 있다. 열린 학습은 "개인의 의도와 목적이 독자적으로 설정되고 추구되는 과정"을 포함한다;[2] OLEs는 "...학습자가 중요하다고 여기는 것을 이

해하려는 개인의 노력을 지원한다(Hannafin, Hall, Land & Hill, 1994, p. 48)." 이 장에서 우리는 OLEs에 대해 간략히 개관하고, 그것의 특징을 기술하고, 열린 학습환경 설계의 예들을 제시할 것이다.

1. OLEs 개관

Open-endedness는 학습목표, 학습목표가 추구되는 수단, 혹은 학습목표와 수단 모두에 적용된다. 학습목표는 세 가지 방법 중 하나로 결정된다: (a) 해결해야 하는 특정 문제에 학습자를 몰두시킴으

---

1) 이것은 교수이론의 새로운 패러다임 출현을 보여 준다.

2) 이것은 개인별 맞춤화(customization)의 핵심적인 사항이다(제1장 참조).

로써 외부적으로 학습목표를 구체화시켜 주는 것. 예를 들면, 적도 위 정지궤도 안으로 가상 인공위성 보내기 등; (b) 특정한 학습목표 혹은 수행 과제를 명시하지 않은 채 지구 온난화 현상과 같은 문제에 학습자를 몰두시키는 것처럼 외부적으로 학습목표를 유도하는 것; (c) 가족을 괴롭히는 건강 문제의 원인을 알아내려고 시도하는 학습자의 경우처럼 개인적으로 독자적인 학습목표를 생성하는 것. 각 사례에서 비록 그 목표가 형성되는 방식은 서로 다르지만, 이해에 대한 필요는 개인적으로 형성된다. 개인은 자신의 독특한 요구, 지각, 경험에 바탕을 두고 진행하는 방법을 결정하고, 알고 있는 것과 알지 못하는 것을 구별하고, 학습 노력을 지원하기 위해 이용 가능한 자원들을 확인하고, 개인적 신념을 확립하고 검증한다(Land & Hannafin, 1996).

OLEs는 직접적 교수(direct instruction)와 대조적일 수 있다. 표 6.1과 같이, 직접적 교수는 전형적으로 명확히 진술된 외부의 학습목표들을 수용한다. 이 학습목표들은 결정적인 정보와 개념들을 분리하고, 학습할 개념들을 지식의 위계적인 특성을 반영하는 계열 순으로 조직하고, 주의 집중과 인지적 자원들을 차별적으로 유도하는 전략들을 사용하는 경향이 있다. 직접적 교수는 학습을 촉진시키기 위한 전략은 물론 학습될 지식과 기술을 상당량 외부에서 조작하는 것을 특징으로 한다 (Hannafin, 1995).

대조적으로, 열린 환경은 의미를 규정하고, 학습요구를 확인하고, 학습목표를 결정하고, 학습활동을 수행하는 데 학습자 개인의 조정역할을 강조한다. 학습자 중심 설계 원리와 일관되게, 개인의 관점은 현상을 해석하고, 연관성과 의미를 부여하는 데 작용하고, 나아가 어떻게 주어진 환경과 맥락이 독특하게 이해되는가에 영향을 미친다 (Hannafin & Land, 1997). 사례에 따라 학습자에 따라 각기 다른 다양한 맥락은 지식과 기술에 대

표 6.1 직접적 교수와 열린 학습환경의 비교

직접적 학습환경(Directed learning environments)	열린 학습환경(Open-ended learning environments)
외부적으로 생성된 목표를 달성하도록 내용을 위계적으로 쪼개고, 점진적으로 가르침.	문제와 연관된 과정들, 맥락들, 내용을 조작하고, 해석하고, 실험할 기회가 제공되는 상황을 제시함.
학습될 지식과 기술을 분리하고 가르침으로써 핵심 개념들의 확인과 숙달을 쉽게 함; "아래에서 위로", 기초를 우선시함.	"알아야 할 필요"가 자연스럽게 발생하는 일상생활 경험에 내용과 개념들을 연결시키는 복잡한, 의미 있는 문제들을 활용함.
구조화되고 미리 계획된 교수-학습 접근을 통해 지식과 기술을 전달함.	고차적 개념들, 융통적인 이해, 다양한 견해들을 탐색하는 발견적 접근을 중시함.
명백한 활동과 연습을 통해 외부적으로 학습을 중재함; 목적으로서 규범적인 이해를 촉진함.	학습자가 자신의 요구를 평가하고, 의사결정하고, 자신의 지식을 변경하고, 검증하고 수정함에 따라 개별적으로 이해를 발달시켜 나감.
주의깊게 미리 조작된 외부 조건에 의해 학습의 내부 조건을 활성화함.	인지와 맥락을 교묘히 연결시킴.
"정답"을 생산하는 데 초점을 두고 실수를 감소시키거나 제거함으로써 숙달을 성취함.	이해에 도달하는 과정에서 실수의 중요성을 강조함; 학습자가 초기에 갖는 결점 투성의 신념과 생각으로부터 깊이 있는 이해가 출현함.

주: "Student-centered learning and interactive multimedia: Status, issues, and implications," by M. J. Hannafin, J. Hill, and S. Land(1997), *Contemporary Education*, 68, pp. 94-99에서 인용함.

한 의미와 필요성 및 그것의 유용성을 규정한다. 그러므로 구체적인 이해 혹은 수행을 촉진시키기 위해 미리 직접적 교수 전략을 강요하는 것은 적합하지 않다.

OLEs는 사고를 증대시키거나 확장하는 활동, 도구, 자원들을 사용한다. 그것들은 다양한 수준에서 지원과 스캐폴드를 제공한다는 점에서 미리 조작되지만, 내용이나 학습계열의 해석을 강요하거나 제한하지 않는다. OLEs는 사고를 촉진시키는 맥락에서 학습활동을 실행한다. 이것은 현상에 대한 추상적인 기술로부터가 아니라 개인적이고 실제적인 경험으로부터 나온다. 이해하려는 개인의 노력은 문제에 몰입하고, 초인지적 스캐폴딩을 통해, 그리고 이용 가능한 자원들의 위치를 찾아내고, 학습자의 필요와 해석에 따라서 자원들의 관련성이 평가될 수 있는 도구들에 의해 지원된다.

OLEs는 발산적 사고를 촉진시키고, 하나의 "올바른" 관점보다는 다중적 관점들이 가치 있게 여겨지는 상황에서 특히 중요하다. OLEs는 휴리스틱 기반 학습(heuristics-based learning)에 특히 가치가 있다. 휴리스틱 기반 학습에서 OLEs는 특정 바람직한 해석들을 전달하기보다는 현상에서 나타나는 패턴을 해석하기 위해 개념들을 활용하는 기회를 제공한다. OLEs는 또한 불분명하고, 정의되지 않고, 비구조화 된 문제들을 탐색하는 일에 가치를 부여한다. 그것들은 특정한 신념을 강요하기보다는 기저 신념과 구조들을 발견하고 조작하도록 촉진한다. 열린 환경은 학습자 개개인이 문제와 필요를 생성하고, 다양한 이용 가능한 정보 원천들을 선택하고, 자신의 판단을 평가하도록 격려하는 가운데 개개인의 자율성[3]을 촉진하도록

돕는다.

반면에, OLEs는 서로 다른 학습자들이 동일한 지식, 절차적 기술 혹은 해석을 개발할 필요가 있는 수렴적 학습과제에는 덜 적합하다. OLEs는 개인적인 탐구를 격려하기 때문에, 모든 개개인이 같은 정보를 읽고, 더욱이 그 정보들을 동일하게 해석하지 않을 것이다. 또한, OLEs는 학습자들로 하여금 정해진 지식과 기술을 반드시 숙달시켜야 하는 학습이거나 학습시 획득 시간의 효율성이 중요한 경우에는 덜 효과적인 편이다.[4]

핵심 기저와 가치

이론에 근거를 둔 학습체제(grounded learning systems)는 핵심 기저들을 반영한다: 심리학적, 교육학적, 기술적, 문화적, 실용적 기저. 근거를 두고 있다는 것은 얼마나 일관성 있게 이런 신념들이 기저들을 반영하는가는 물론, 학습환경이 각 기저의 핵심적인 내용을 명백히 나타내는 정도로 반영된다(Hannafin, Hannafin, Land, & Oliver, 1997). 각 이론적 기저는 다양한 관점들을 포함한다: 뿌리를 두고 있는 이론적 기저가 바뀜에 따라 기본 가정들은 그에 따라서 변화한다. 예를 들면, 행동주의에서 갖는 지식과 이해의 발생에 관한 가정은 상황 인지에서 갖는 가정과 매우 다르지만, 행동주의와 상황 인지 모두는 심리학적 기저를 표현한다. 마찬가지로, 교육학적 기저가 무수히 많은 대안적 방법과 전략을 포함할지라도, 행동주의 심리학에 기반을 둔 교수학습 접근은 상황 인지에 기반을 둔 교수학습 접근과는 달라야 한다(예로서

---

3) 자기조절(Self-regulation)은 새로운 패러다임에서 나타나는 또 하나의 특징이다(제13장 참조).

4) 이것은 각기 다른 상황을 위한 교수(instruction) 방법이 필요함을 강조한다. 즉, 모든 상황에 적용할 수 있는 최적의 접근은 없다. 또한, 그것은 산업사회 패러다임의 대부분을 배척하기 보다는 확장하고 재구성하는 것이 중요함을 강조한다.

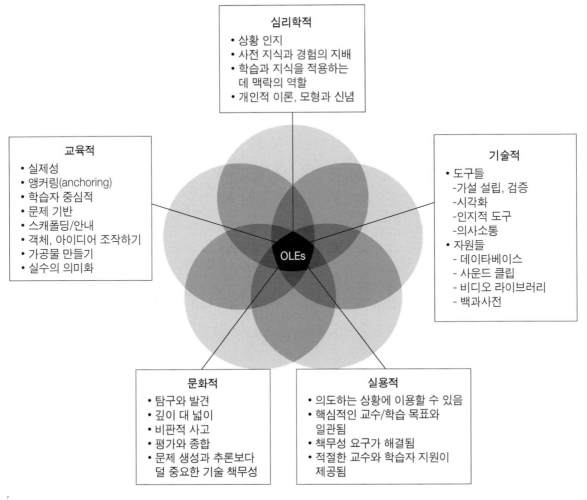

그림 6.1   OLE 기저와 가치들의 관계("The Foundations and Assumptions of Technology-Enhanced, Student-Centered Learning Environments", M.J. Hannafin and S. Land, (1997), Instructional Science, 25, pp. 167-202. copyright 1997.)

Hannafin & Land, 1997을 참고하라).[5]

몇 가지 핵심적인 가치들이 OLEs에 반영된다. 그런 가치 중 하나는 학습을 완성하는 데 있어서 개인의 경험이 중심적인 역할을 한다는 것이다. 경험은 개인의 해석적 관점 형성에 영향을 미친다. 즉, 문제를 지각하는 방법, 기존 지식, 기술, 경험을 연관시키는 방식, 규범적인 신념은 물론

개인적인 성품에 영향을 미친다. OLEs는 각 개개인이 갖고 있는 생각 및 이론을 인정할 뿐만 아니라, 탐구를 통해 검사되고, 테스트되고, 수정될 수 있는 계속 변화되어 가는 형성적 이해의 바탕으로서 개인적 이론을 고려한다(Land & Hannafin, 1997).

게다가, OLEs는 개인의 이해와 이론이 개발되는 수단으로서 경험 기반 문제해결 활동을 활용하는 특징을 지닌다. 개인의 이해는 OLEs를 통해 제시되거나 유도되는 현실적인 관련 문제들을 포함

---

5) 이러한 뿌리들은 제1장에 논의된 기초를 이루는 기술적 지식(학습이론)들이다.

하는 실제적인 구체적 경험들을 통해 발전한다. 학습자들이 자신의 아이디어는 물론 문제 내 물리적 객체 혹은 속성을 조작할 수 있도록 다양한 도구가 제공된다.

결국, 여러 가지 이유에서 초인지적 지원이 가치 있게 평가된다. 개인은 어느 행동이 그들의 이해를 향상시킬 것인지를 계속적으로 평가하면서 이를 바탕으로 지속적으로 해석하고, 평가하고, 반응한다. 개인은 자신의 이해상태를 자각하고, 이를 바탕으로 연관된 중요한 판단을 한다; OLEs는 개개인의 자발적인 초인지적 활동을 촉진하고, 동시에 그런 초인지적 활동이 자발적이지 않을 경우 초인지적 탐구 과정을 지원하는 스캐폴드를 제공한다.

그림 6.1에 묘사된 OLE 기저들과 가치들 간의 공통부분은 몇 가지 설계 특징과 전략들을 제안한다. 예를 들면, OLEs는 심리학적이고 교육학적인 가치들―상황적 사고, 사전 지식과 경험, 초인지적 모니터링, 이해에 대한 점진적인 검사와 정련화(Hannafin et al., 1994)―을 공유한다. 이와 연관된 방법들은 실제적 학습맥락, 앵커된 문제 기반 접근, 구성, 조작, 스캐폴딩을 강조한다. OLE 기술적 기저는 다각적인 목적들을 지원하는 다양한 도구들(예, 스프레드시트, 그래픽 프로그램, 웹 브라우저)과 자원들(예, 온라인 데이터베이스, 이미지 라이브러리, 소스 문서들)의 형태로 나타난다. 이 접근은 무조건 받아들이고 단순히 암기하는 것을 넘어서 탐구와 발견과 같은 과정들을 강조하는 탐구 지향의 비판적 사고를 강조하는 교수-학습문화(inquiry-oriented, critical thinking teaching-learning culture)에 적합하다; OLE에서 제공하는 학습환경은 그것들이 활용되는 장면의 상황적 제약을 수용한다.

2. 구성요소와 방법들

그림 6.2에 제시된 바와 같이 OLEs는 네 가지 기본 구성요소로 이루어진다: 학습맥락, 자원, 도구, 스캐폴드.

학습맥락들

학습맥락(enabling context)은 개개인이 필요(학습요구) 혹은 문제에 초점을 두도록 유도하고, 해석적 견해들이 상황화되는 매개물로 역할을 한다. 이러한 맥락은 학생들이 해결되어야 하는 문제들을 인지하거나 생성하고, 학습 요구를 형성하도록 안내한다. 표 6.2에 요약된 것과 같이 그것은 세 가지 기본 형태를 갖는다.[6] 외부적으로 부여된 맥락들은 학습자들이 만들도록 기대하는 산출물을 명료화하고, 암묵적으로 전략 선정과 전개를 안내한다. 외부적으로 부여된 맥락은 종종 명백하게 상황화된 문제 진술문이나 학생들로 하여금 관련 경험을 참조하도록 보조하는 일련의 질문으로 제시된다.

외부에서 부여된 학습맥락(externally imposed enabling context)의 몇 가지 예들은 다음과 같다. 예를 들면, Great Solar System Rescue(1992)에서 학습맥락은 학생들에게 우주선이 멀리 떨어져 있는 행성과 충돌하는 상황에 처한 기상학자나 지질학자로서 역할을 부여한다. 학생들에게 단서들을 제공하고, 충돌이 일어난 행성과 정확한 충돌 위치를 찾아내도록 요구한다. 대개 학생들의 과제는 분명하게 기술된다. 외부적으로 부여된 맥락들은

---

6) 이것은 하나의 방법("맥락 제공하기")을 구체적인 하위 방법들(외부적으로 부여된, 외부적으로 유도된, 개인적으로 생성된 맥락)로 세분화하는 하나의 예이다.

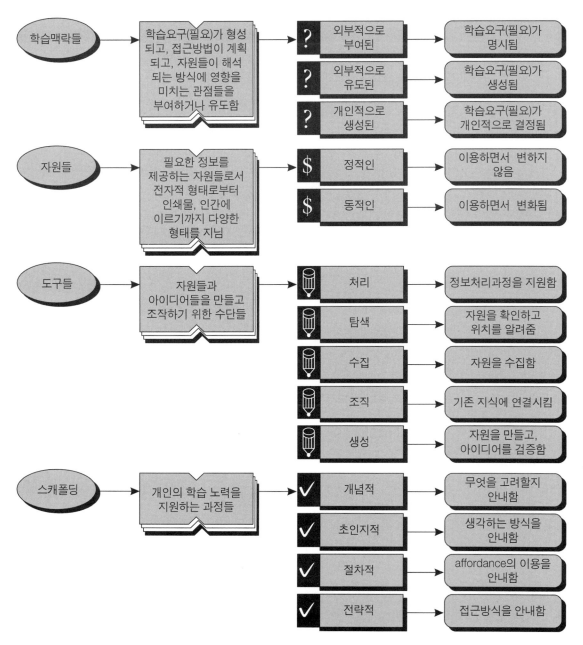

그림 6.2   OLE 구성요소와 설계 휴리스틱의 개관

구체적으로 진행과정을 참고할 수 있는 참조물이
교사 혹은 학생들에게 필요하다고 생각될 때는 물
론 특정 지식과 기술 획득이 명백히 요구되는 곳
에서 널리 이용된다.[7]

　　외부적으로　유도된　학습맥락(externally in-

duced context)들은 학습자에게 하나의 영역을

_____

[7] 여기서 이론은 이런 종류의 맥락(방법 변인)이 대부분
적합하기 쉬운 상황들을 명시한다. 1장에서 교수이론의
두 가지 주요 구성요소를 방법과 상황이라고 언급하였다
(p. 8).

표 6.2   OLE 학습맥락들의 예

내용 유형	예
외부적으로 부여된(Externally Imposed)	
맥락은 특정 문제, 혹은 수행 요구를 구체적으로 제시하지만, 해결책을 추구하는 방법은 학습자들에 의해 결정된다.	문제 해결, Great Solar System Rescue(1992) 수행 필요 조건과 제한된 비용이 주어졌을 때, 가장 비용 효과적인 제트 수송 항공기를 결정한다.
외부적으로 유도된(Externally Induced)	
시나리오, 문제, 사례, 유추 혹은 질문들이 제공되고, 학습자는 해결해야 하는 문제들과 해결책을 추구하는 방법들을 생성한다.	앵커드 수업, Jasper Woodbury Problem Solving Series(Cognition and Technology Group at Vanderbilt, 1992) 사례기반 수업, The Thematic Investigator(Jacobson, Sugimoto, & Archodidou, 1996) 탐구기반 과학, Science Vision(Tobin & Dawson, 1992) 과학적 사고, Knowledge Integration Environment(Linn, 1995)
개인적으로 생성된(Individually Generated)	
학습자가 개인적 흥미, 이슈, 관심사, 혹은 문제들을 바탕으로 독자적인 학습요구를 설정하고 전략을 결정한다.	대학원생처럼 현존하는 연구와 이론들 내에서 연구 주제를 선택하고, 특정 문제를 구체화한다. 아열대 폭풍이 당신이 새로 구입한 해변가 집으로 다가오고 있기에 적합한 예방조치를 취해야 한다. 최근 중동지역의 국제 테러리즘 때문에 당신은 팔레스타인 저항의 근원적인 이유에 대해 학습하기로 결정한다.

소개하지만 해결되어야 하는 특정 문제를 제시하지는 않는다. 학습자에게 제시되는 것은 하나의 영역이며, 그 영역 안에서 여러 문제들 혹은 이슈들이 학습자의 자유재량에 따라 생성되거나 연구될 수 있다. Bransford와 그 동료들은(Cognition and Technology Group at Vanderbilt, 1992)[8] *The Jasper Woodbury Problem Solving Series*에서 주인공이 직면하는 딜레마 상황을 묘사하는 간략한 비디오 장면들을 설계했다. 하나의 문제 혹은 여러 문제들이 제시하는 상황이 소개된다. 그 유도된 학습맥락은 문제나 이슈들을 제기하고 학습자 참여를 요청하는 상황을 소개한다. 학생은 의미를 파악하기 위해 그 맥락을 해석하고, 하위 문제들을 생성하고, 맥락에 대한 개인적 해석에

바탕을 두고 전략들을 고안한다. Jacobson, Sugimoto와 Archodidou(1996)의 *Thematic Investigator*는 복잡한 다윈 학설을 학습하기 위한 다양한 맥락을 제공하기 위해 진화론적 생물학의 특정 사례들(예, 호주의 토끼)을 사용한다. 대안적 맥락들은 학생들이 종종 복잡하고 잘 정의되지 않는 과학적 개념(예, 인구변화, 자연의 선택 등)들에 대하여 "다르게 생각하도록" 유도한다. 앞서 언급한 각 예들에서, 학생들은 문제와 연관된 기술, 관련 사전 지식, 경험을 활성하도록 돕고, 잠재적으로 전개되는 전략들을 생성하도록 돕는 다양한 맥락들을 제공받는데, 이 맥락들은 학습자들로 하여금 관점을 설정하거나 혹은 관점을 변경시키는 맥락들이다.[9]

---

8) Schwartz, Lin, Brophy와 Bransford가 쓴 제9장을 참고하라.

9) 여기서 이론은 하나의 방법("외부적으로 유도된 맥락들을 제공하기")을 종류보다는 부분(part)으로 세분화한다ㅡ

개인적으로 생성된 학습맥락(individually-gen-erated enabling context)에서, 구체적인 맥락은 미리 설계될 수 없다.[10] 학습자가 개인적인 필요와 상황에 기초하여 학습맥락을 생성한다. 예를 들면, 집 정원사는 야채밭에 난 버섯들이 왜 생겼으며 어떻게 처치해야 하는지 알기 원할 것이다. 3일간 여행을 계획한 도보 여행자는 자석 나침반, 경계표, 6분원 같은 다양한 방향도구와 항해도구의 사용법을 더 잘 이해하려 할 것이다. 회사 간부는 생산품 결함과 재고물품 관리 문제를 해결할 필요가 있을 것이다. 각 사례에서 개인은 학습요구를 형성하는 독자적인 맥락을 만든다. 유도된 맥락에서와 같이, 이 생성된 맥락은 문제와 이슈를 형성하고, 문제해결 전략을 안내하기 위하여 관련 지식, 기술, 경험을 활성화시킨다.

자원

자원(Resource)은 학습을 지원하는 자료들을 말한다. 자원들은 전자적인 매체(예, 데이터베이스, 컴퓨터 튜토리얼, 비디오)로부터 인쇄 매체(예, 교재, 문서, 저널 논문), 인간(예, 전문가, 부모, 교사, 동료)에 이르기까지 다양하다. 웹은 아마도 가장 널리 보급된 이용 가능한 자원들의 저장소이다. 누구든지 웹상의 자원들에 접근할 수 있지만, 어느 자원이 자신의 필요에 활용될 수 있는 잠재적인 연관성을 갖고 있는지 확인하기는 어렵다(Hill & Hannafin, 1997). 웹이 잠재적인 관련성이 있는 수백만의 자료들을 포함할지라도, OLEs를 위한 웹자원들의 유용성은 내용이 명확하지 않거나, 접근하거나 이용하는 데 어려움으로 인하여 종종 제한된다. 자원의 유용성은 학습자에게 접근될 수 있는 정도와 학습맥락과의 연관성에 의해 결정된다. 자원이 개인의 학습목표와 좀더 많이 관련되고, 보다 쉽게 접근할수록 자원의 유용성은 더욱 커진다.

OLEs는 활용 가능한 자원들을 광범위하게 이용한다.[11] 몇몇 사례에서, 주어진 OLE의 학습맥락에 현존 자료들이 적합한지 판정하여 이용 가능한 자원들을 새 자원으로 보충하거나 확장한다. 단순하게 보면, 자원은 정적이거나 동적일 수 있는데, 디지털 자원은 이 두 가지 성질을 모두 반영한다.

정적인 자원의 컨텐츠(static resource contents)는 사람들이 이용한다 해서 그 내용이 변화하지 않는다. 역사적인 사건을 촬영한 사진 이미지처럼 변형되지 않고 시간이 흘러도 안정적인 정보를 담을 것이다. 몇몇 자원들은 비디오디스크, 멀티미디어 CD-ROMs, 교재, 전자 백과사전에 담긴 내용처럼, 그것들의 내용 변경을 허용하지 않는 기술

즉, 좀더 구체화된 구성요소 방법들(제1장 참고) – 이러한 부분들은 상황들 사이에 공통적으로 나타난다. 그러나 또한 상황들을 가로지르는 몇몇 구성요소 방법들에서 변형이 존재하며, 이러한 변형은 각기 다른 하위 상황을 위해 추천되는 하위 종류들을 표현한다. 이것은 어떻게 이론가들이 수업(교수)의 역동성을 좀더 이해하거나 안내를 제공하려고 시도함에 따라 하나의 교수이론이 기하학적으로 복잡해지는지를 설명한다. 이 장에서 앞서 언급된 것 이외에 다른 방법들의 종류들과 부분들(그리고 다른 종류들에 적합한 상황)을 확인할 수 있는지 살펴보라.

10) 이것은 새로운 교수이론 패러다임에서 중요한 이슈로 부각된다. 때때로 맞춤화된 수업(customized instruction)은 미리 설계될 수 없다. 학습과정의 어떤 측면에 대하여 교수이론이 그런 상황에 대한 안내를 제공할 수 있고, 제공할 수 없는가? 교수이론은 그런 상황을 위해 어떤 종류의 지원 혹은 안내를 제공할 수 있는가? 어떻게 테크놀로지와 동료 학습자들이 그런 상황을 위해 가장 효과적으로 이용될 수 있는가? 이것은 새로운 교수이론 패러다임에서 추가적인 연구와 개발이 필요한 매우 중요한 영역이다.

---

11) 이용 가능한 자원들을 활용할 것인가, 아니면 새로운 자원들을 설계할 것인가의 이슈는 흔히 경제적인 결정사항이다. 그러나 이용 가능한 자원들을 활용해야 하는 상황에서조차, 교사 혹은 학습자가 자원을 선택하는 것을 안내하기 위해 이용 가능한 자원들의 교수적 질을 판단하는 설계 준거를 갖는 것은 유익하다.

을 통해서만 이용 가능할 것이다. *Visible Human* 데이터베이스(National Library of Medicine, 1996)는 수천 개의 신체 해부에 관한 고해상도 사진 슬라이드, 그래픽, 디지털 동영상 클립들을 포함하는데, 이러한 자료들은 무한한 방식으로 사용될 수 있다. NASA와 국립 도서관 의회(National Library of Congress)는 이와 유사한 데이터베이스를 만들어 오고 있다. 학습자들이 정적인 자원을 반복적으로 활용함에 따라 그들의 해석과 이해가 변화되며, 고정된 자원에 담긴 문자 그대로의 내용은 변하지 않는다.

몇몇 예에서는 시간이 흐르면서 새로운 자료들이 유입됨에 따라 역동적으로 변화하는 자원들을 활용하는 것이 바람직하다. 이것은 학습자에게 같은 자원에 반복적으로 접근하여 다른 결과물을 만들어내는 기회를 제공한다. 예를 들면, 국립 기상 서비스에 의해 만들어진 기상 데이터베이스와 같은 동적 자원들은 매일 날씨 데이터가 들어오면서 계속적으로 변화한다. 동적 데이터베이스는 또한 개인이나 그룹의 요구, 질문, 의도에 근거하여 점진적으로 변화할 수 있다. 뛰어난 데이터베이스들은 사용자에게 적합한 자원들을 제안하는 사용자 모형을 생성하기 위해 필요한 데이터를 수집한다. 몇몇 시스템에서, 사용자들은 새로운 엔트리를 더하거나 기존 엔트리에 주석을 달아 데이터를 변형할 수 있다. 예를 들어, CSILE(Computer-Supported Intentional Learning Environment)는 사용 정도와 이용자들이 매기는 평점에 따라 변화하는 사회적 지식 자원이다(Scardamalia & Bereiter, 1994).

Human Body(Iiyoshi & Hannafin, 1996)는 정적 자원과 동적 자원 모두를 제공한다. *Human Body*는 텍스트, 음성 설명, 애니메이션, 디지털 무비, 그래픽 자원들을 포함하는 수천 가지의 멀티미디어 객체들을 포함하는 OLE이다. 각 자원은

학습자의 계속적인 필요에 따라 독립적으로 접근되거나 연결될 수 있다. 게다가, 개인적 정보는 개인 노트, 관찰, 정교화의 형태로 자원들에 첨부될 수 있다. 핵심적인 자원들은 손상되지 않고 그대로이지만, 사용자가 개인 학습자들의 관점과 필요에 따라 내용을 추가하고, 수정하거나 맞춤화하면서 자료의 역동성이 발생한다. 마찬가지로, Honebein(1996)의 *Lab Design Project*에서 학생들은 가상 생물공학 연구소에 들어가서, 방문하고 싶은 실험실을 확인하고, 장비에 관한 상세한 설명을 조사하고, 가상 실험실 연구원들의 인터뷰를 검토한다. 이 자원들의 원래 주어진 형태는 정적이나, 연구 문제들을 제공하고 학생들이 탐구하는 질문을 해결하기 위하여 이용 가능한 자원들 간에 연결을 생성하도록 자극함으로써 자료에 대한 조작을 촉진한다.

학습맥락이 외부에서 유도되는 사례에서 자원들은 미리 확인되고 선택될 수 있다; 자원이 문제 혹은 필요와 얼마나 관련성을 갖고 있는가에 대한 판단이 쉽게 만들어질 수 있다. 예를 들면, Science Vision 자원들은 관련 백과사전과 참고 정보, 온라인 영역 전문가, 영화와 사진 라이브러리를 포함한다(Tobin & Dawson, 1992). 학습자들은 미리 표시된 자원들만 활용하도록 제한되지 않으며, 다양한 자원의 존재, 그것의 이용가능성, 문제 맥락과의 잠재적인 관련성이 분명하게 제공된다. 진정한 개방 시스템에서 학습자들은 선택된 자원들로의 접근만 허용되는 것은 아니다; 학습자는 설계자가 인식한 학습맥락과의 연관성과 관계없이 어느 자원이든지 실질적으로 찾아내고 접근할 수 있다. 개인적으로 생성된 학습맥락의 가변적인 특성 때문에, 자원들이 미리 예측되기 힘들다. 대신, 개인의 독특한 학습맥락에 대한 지원은 종종 스캐폴딩 형태로 제공되며, 그 스캐폴딩은 학습자들로 하여금 학습문제 및 학습요구를 개념화하고, 탐색하고,

표 6.3   OLE 도구들과 예

도구 유형	예
처리 도구(Processing Tools)	open-ended learning과 연관된 인지적 처리 과제를 가능하게하고, 촉진시킨다.
• 탐색	핵심어 찾기, 탐색 엔진, 인덱스
• 수집	텍스트 복사와 붙이기, 파일 전송, 이미지 복사
• 조직	브레인스토밍, 요약하기, 플로우 차트
• 통합	지식 표상 도구, 주석 링크, 정교화
• 생성	그래픽 프로그램, 프로그래밍 언어
조작 도구(Manipulation Tools)	학습자가 이해한 바를 검증하고, 확장하기 위해 내용, 변수 값, 매개변수를 변경할 수 있다.
	효과를 조사하기 위해 스프레드시트에 다양한 변수 값을 넣는다.
	도표로 효과를 시각화하기 위해 그래프 생성기에 함수들을 프로그래밍한다.
의사소통도구(Communication Tools)	학습자, 교사, 전문가들에게 대화를 촉진하고, 아이디어를 공유하고, 작업을 검토하고, 질문하고, 협력하는 수단을 제공한다.
• 비동시적	메시지 센타, e-mail, 리스트서브, 비디오와 오디오 스트리밍
• 동시적	전화, 텔레멘토링, 그룹웨어, 비디오 컨퍼런싱

평가하고, 해결하도록 안내한다.

도구

도구(Tool)는 개인을 학습에 참여시키고, 자원과 자신의 아이디어를 조작하는 명백한 수단을 제공한다. 도구 기능은 그 사용자의 의도는 물론 OLE의 학습맥락에 따라 변화한다;[12] 동일한 테크놀로지 도구가 다른 기능을 지원할 수 있다. 도구는 선천적으로 인지적 활동이나 기술을 증진시키지 않는다;[13] 다만, 그것들은 사고가 향상되고, 증대되고, 확장될 수 있는 수단을 제공한다. 도구는 복잡하고, 추상적인 개념들을 실제적이고 구체적인 방식으로 표현하고 조작하는 수단을 제공한다. 표 6.3에 제시된 바와 같이, 세 가지 유형의 도구가 OLEs에서 공통적으로 활용된다: 처리 도구(pro- cessing tools), 조작 도구(manipulation tools), 의사소통 도구(communication tools).

처리 도구.   처리 도구(Processing Tools)는 인간 인지의 정보처리모형과 전형적으로 관련된 기능을 지원한다(Iiyoshi & Hannafin, 1996).[14] 예를 들면, 탐색도구(seeking tools)는 학습자들이 필요한 정보의 위치를 알아내고, 선별하도록 도움으로써 관련 정보를 발견하고 선택하는 것을 지원한다. 키워드 탐색에서 주제별 인덱스, 웹에서 이용 가능한 주제별 탐색 엔진에 이르기까지 다양한 탐색도구가 존재한다. 각 도구는 사용자 개인의 학습 요구에 관련될 수 있는 정보들을 찾기 위하여 이용 가능한 자원들을 탐색하는 노력을 지원한다.

수집 도구(collection tools)는 학습자가 자신의 목적을 위해 자원들을 모을 수 있도록 해 준다. 이 수집 도구들은 이 후에 수반되는 자원에 대한 접근을 간소화하고, 공부를 상세히 지원하거나, 개

---

12) 따라서 "OLE 학습맥락(enabling context)"는 도구의 선정(방법 변인)에 영향을 미치는 상황 변인이다.

13) 이런 의미에서, 도구들은 선천적으로 교수의 방법이 아니다. 그러나 도구가 사용되는 방식은 하나의 방법이 될 수 있다.

14) 여기에 제시된 가공 도구들과 Mayer의 SOI 모형 간의 유사성을 주목하라.

인의 학습 요구에 적합한 자원들을 수집하기 위해 이용될 가능성이 있는 중요한 정보들을 대량으로 수집하는 것을 도움으로써 학습을 지원한다. 수집 도구들은 학습자가 텍스트 문서 혹은 선택된 텍스트를 모으고, 그래픽 이미지들을 복사하여 저장하고, 선택된 웹사이트 URL(웹 주소)의 디렉토리를 만드는 것과 같은 다양한 과제들을 수행할 수 있도록 한다.

조직 도구(organization tools)는 학습자가 아이디어들 간 연관 관계를 표현하도록 돕는다. The Highly Interactive Computing Group의 Model-It은 학습자들이 자신의 개념적 이해를 점진적으로 형성하고 재 수정하도록 지원한다. Model-It은 개개인이 과학현상을 설명하는 이해 모형을 만들고 테스트할 수 있는 시각적 도구를 제공한다(Jackson, Stratford, Krajcik, & Soloway, 1995a). InspirationTM같은 일반적인 목적의 조직 도구는 학습자가 복잡한 관계들을 묘사하는 개념지도를 조직하고, 주석을 달 수 있도록 돕는다.

통합 도구(Integration tools)는 학습자들이 기존 지식과 새 지식을 연결하도록 돕는다. 예를 들면, CONSTRUE는 역동적인 지식구성 환경을 개발하기 위해 이용되는 인터넷 쉘이다(Lebow, Wager, Marks & Gilbert, 1996). 전형적인 CONSTRUE 환경은 작성 글과 논문의 광대한 데이터베이스를 탐색하고 연결하는 다양한 선택기능을 갖고 있다. 사용자들은 자신의 의도에 따라 문서들을 찾고, 하나의 영구적인 자원으로서 그들의 의견과 해석을 주석으로 달 수 있다. 연결과 구성기능은 다양한 관점에서 아이디어를 조직화하고 그것들을 개인적 지식과 통합하는 것을 돕는다.

생성 도구(generation tools)는 학습자들이 무엇인가를 창조하는 것을 가능하게 한다. 생성 도구는 다양한 학습환경 속에서 개발되어 왔다. Hay, Guzdial, Jackson, Boyle, Soloway(1994)는 멀티미디어 요소 개발을 간소화하기 위하여 Media-Text라는 컴퓨터 프로그램을 만들었다. Iiyoshi와 Hannafin(1996)은 고정된 자원과 사용자가 개발하는 자원 모두를 사용하여 자신의 멀티미디어 수업을 만들 수 있도록 하는 일련의 도구들을 설명하였다. Harel과 Papert(1991)는 친구에게 분수를 가르치기 위한 소프트웨어 설계를 개발하기 위해 고차원적이고 사용하기 쉬운 프로그래밍 언어인 Logo를 생성적인 도구로 활용하는 방안을 연구하였다. Microworlds Project Builder(1993)는 한 명 또는 여러 명의 활용을 위해 새로운 쉘을 만들거나 주어진 쉘을 사용하는 객체를 생성하는 데 이용될 수 있다.[15]

조작 도구. 조작 도구(Manipulation tools)는 신념이나 이론의 설명력을 탐색하거나 타당성을 검사하기 위해 이용된다. Vosniadou(1992)는 정신모형의 재구조화를 촉진시키기 위하여 학습자들에게 우선 자신의 기존 신념을 인식할 기회를 주어야 한다고 지적했다. Rieber(1993)는 가상 우주선을 도킹하는 동안 학습자들이 질량과 속도 같은 뉴턴 물리학 개념을 조작하는 마이크로월드를 만들었다. 이러한 조작들은 전진 속도, 흔들림, 각도 등을 조절하기 위해 사용되었던 우주 정거장 엔진과 기능적으로 유사했다. Lewis, Stern과 Linn(1993)은 학습자들이 물체의 열역학 성질을 추측하고, 그 후 조작할 수 있게 하는 도구를 기술했다. 예를 들면, 학습자가 물체의 표면적 증가가 절연 성질과 별도로 부가적인 열손실을 반드시 초래한다고 믿는다고 가정해 보자. 이 경우 학습자는 이러한 신념들의 가정과 사실을 검사하기 위해 물체 특성을

---

15) 여기서 우리가 제시하는 것은 일차적으로 도구들의 분류이다; 각 도구를 언제 활용해야 하는가에 관한 안내는 거의 제공되지 않는다. 이 책의 각 장에 할당된 지면이 충분치 않아 상세한 활용 안내를 제시하지 않았다.

변경해 볼 수 있다. RasMol(Raster Molecules)는 DNA, 단백질, 소 분자들의 구조를 만들고 전시하기 위해 사용되는 인터넷 기반 학습환경이다(Sayle, 1996). 몇 가지 RasMol 쉘들은 학습자들에 의해 다운로드 되고 조작될 수 있다. 분자들은 철제틀 그래픽, 실린더 막대 결합, 구, 거대 분자 리본, 수소 결합 또는 점 표면으로서 표현될 수 있다. 이러한 표현물은 채색되거나 명암이 입혀질 것이고, 조작된 이미지의 생생함과 깊이감을 증가시키기 위해 그 분자들을 회전시키고 크기를 조정할 수 있다.

의사소통 도구. 의사소통 도구(Communication Tools)는 학습자, 교사, 전문가들 간 교류를 시작하거나 지속하려는 노력을 지원한다. 이것은 특히 인터넷과 웹기반 OLEs에서 특히 중요하다. 의사소통 도구는 각 도구의 이용가능성, 비용, OLE 학습맥락의 특성에 따라 동시적 혹은 비동시적으로 학습자들을 참여시킨다.

동시적 의사소통 도구는 참가자들 간에 실시간 상호작용을 지원한다. 예를 들면, 전화는 두 사람 이상 참가자들 간에 생생한 목소리를 통한 의사소통을 지원하는 널리 이용 가능한 저 비용의 도구이다. OLE 학습맥락 내에서 협동이 필요한 경우에 즉시 전화를 이용할 수 있다. 그러나 음성을 통한 의사소통은 사운드에 제한되고, 다른 매체를 경유한 자원들의 공유는 불가능하다. 한편, 양방향 비디오 텔레컨퍼런싱은 음성과 이미지 공유를 가능하게 하고, 따라서 학습자들이 이용할 수 있는 도구세트를 증가시킨다; 그러나 그것은 대중적이지 못하고, 비싼 장비와 접속료를 필요로 한다.

대조적으로 비동시적 의사소통 도구는 시간에 구애받지 않는 의사소통을 가능하게 한다. 비동시적 의사소통 도구들을 이용하여 아이디어와 자원의 광범위한 교류가 가능하며, 모든 참여자들이 동시에 접속할 필요가 없다. 예를 들면, Listserv는 학습자들과 교사들 사이에 공동의 대화를 위한 장치를 제공하지만, 모든 참여자들의 활용을 기대하지 않는다.

실제 상황에서 동시적 의사소통 도구와 비동시적 의사소통 도구들이 널리 사용되고 있다. Blieske(1996)는 학생들로 하여금 협력적으로 새 집에 들어갈 마루를 설계하도록 하였다. 학생들은 다른 학교 학생들과 비동시적으로 각자의 설계안을 공유하였고, 다양한 접근들의 장점을 토론한 후 서로의 설계안을 만들었다. 이 외에도 다른 학급에 있는 학생들이 하나의 연극을 위한 다른 막들을 협동적으로 작성하거나(Schubert, 1997a), 발행할 온라인 뉴스레터에 투고할 이야기들을 협력적으로 작성하는 프로젝트들이 있다(Schubert, 1997b).

스캐폴드

스캐폴딩(Scaffolding)은 학습자들이 OLE에 참여하는 동안 그들의 학습노력을 지원하는 과정이다(Jackson, Stratford, Krajcik, & Soloway, 1995b; Linn, 1995). 스캐폴딩은 메커니즘과 기능에 의해 구별될 수 있다. 메커니즘은 스캐폴딩이 제공되는 방법을 강조하는 반면, 기능은 추구되는 목적을 강조한다.

개인들은 OLE 학습 맥락에 반영된 문제상황 혹은 개인적인 학습요구를 해결하려고 시도한다. 표 6.4에 제시된 바와 같이, OLE 스캐폴딩은 학습맥락에 부여된 문제와 요구에 따라 다양한 형태로 제공된다.[16) 즉, 학습맥락 유형에 따라 스캐폴딩

---

16) 여기서 방법과 상황변인이 매우 일반적인 수준에서 설명되고 있음을 주목하라. 좀더 상세한 안내가 다음 문장에서 제공되지만, 여전히 상세한 세부적인 안내가 필요하다.

표 6.4   OLE 스캐폴딩 분류

스캐폴드 유형과 기능	관련 방법과 메커니즘
개념적(Conceptual)	
무엇을 고려할 지에 관하여 학습자를 안내한다; 문제 과제가 정의될 때를 고려해야 할 것들에 관한 안내.	문제해결의 특정 단계에서 특정 도구들의 활용을 권고함. 필요시 학생들에게 명백한 힌트와 프롬프트를 제공함. (Vygotskian scaffolding, intelligent tutoring) 구조 맵과 내용 트리를 제공함.
초인지적(Metacognitive)	
학습하는 동안 어떻게 생각하는지를 안내한다: 공부하고 있는 문제와 고려할만한 가능한 전략들에 대하여 생각하는 방식; 문제를 발견하고 확인하는 초기의 역할과 해결해가는 동안 지속적인 역할	학생들에게 미리 계획을 세우고, 진행경과를 평가하고, 필요를 결정하도록 제시함. 인지적 전략들과 자기 조절과정을 모델링함. 자기 조절 기준과 관련된 모니터링을 제안함.
절차적(Procedural)	
이용 가능한 OLE 특징을 활용하는 방법을 안내한다; 특징적 기능과 활용에 관한 조언과 지속적인 "도움"	시스템 기능과 특징에 대해 가르침. 시스템 기능을 정의하고 설명하는 "풍선" 혹은 "팝업" 도움말을 제공함.
전략적(Strategic)	
학습과제 혹은 문제를 분석하고 접근하는 것을 안내한다; 거시적 전략으로 초기에 제공되거나, 필요 혹은 요청이 발생함에 따라 지속적으로 제공됨.	대안적 방법 혹은 절차들을 제안하면서 시스템 사용에 대한 지적인 반응을 가능하게 함. 고려될 만한 출발 질문을 제공함. 전문가로부터 조언을 제공함.

접근은 적절히 변화한다. 학습맥락과 문제들이 외부적으로 제공될 때, 스캐폴딩은 학습하고 있는 영역과 밀접히 연결될 수 있다; 학습맥락이 개인적으로 생성될 때, 일반적인 속성의 스캐폴딩이 제공된다. OLE 스캐폴딩은 학습자의 기술이 숙달됨에 따라 사라지거나 사라지지 않을 수도 있다. 예를 들어, 외부적으로 부여되거나 유도된 맥락에서 스캐폴딩은 사라질 것이다. 왜냐하면 학습자의 스캐폴딩 이용이 미리 예측될 수 있기 때문이다. 개인적으로 생성된 학습맥락의 경우, 스캐폴딩 활용과 학습자 필요는 미리 예견될 수 없다. 이 경우 스캐폴딩은 여전히 이용 가능하지만, 학습자의 능력이 증가함에 따라 덜 빈번하게 활용된다.

개념적 스캐폴딩.   개념적 스캐폴딩(Conceptual Scaffolding)은 탐색할 문제가 정의될 때, 즉 다시 말하면, 외부적으로 부여되거나 유도된 학습맥락에서 제공된다. 문제 상황과 영역이 외부적으로 확정될 때, 학습할 영역에 적합한 방법들을 예측하는 것은 가능하다. 예를 들면, 널리 퍼져 있는 과학 오개념들은 학생들이 갖기 쉬운 개념적 어려움을 예측하고 그에 알맞은 지원을 준비하기 위한 토대를 제공한다. 개념적 스캐폴딩은 잘못된 오개념들이 널리 퍼져 있는 곳에서 정확한 개념 획득을 돕는 것은 물론, 복잡하거나 혼동스러운 문제들 속에서 학습자들이 합리적으로 추론하는 것을 돕도록 설계될 수 있다. 일반적으로 이해가 어려운 곳에서 힌트는 학습자에게 이용 가능한 자원들이나 혹은 제안될 수 있는 도구 조작들을 안내할 수 있다.

개념적 스캐폴딩은 무엇을 생각할 것인가에 대해 학습자들을 안내한다. 때때로, 이것은 문제와 연관된 핵심 개념적 지식을 확인하거나 혹은 개념들 간 관계를 조직화시켜 표현하는 개념 구조도를 만듦으로써 성취될 수 있다. 이 구조도는 개념들 간 관계를 그래픽으로 묘사하는 것에서부터 특징적인 주-종속 관계를 요약하고, 전문가에 의해 제공된 정보와 힌트에 이르기까지 다양한 메커니즘을 통해 이용 가능하게 만들어질 수 있다.

OLEs에서 개념적 스캐폴딩은 어느 자원을 우선적으로 고려해야 하는가에 관한 직접적인 지시를 하지 않고, 탐구 중인 그 개념들과 연관된 문제-관련 관점들을 제공한다. 예를 들면, Jasper 환경은 주인공의 생각을 혼잣말 더빙으로 제시하는 비디오 클립을 제공한다. 그 사운드 트랙은 특정 개념 혹은 인과관계를 격려시키지 않고, 대신 고려되어질 수 있는 것들의 예를 제공한다.

초인지적 스캐폴딩. 초인지적 스캐폴딩(Metacognitive Scaffolding)은 개인의 학습관리와 연관된 기저 과정들을 지원한다. 그것은 학습하는 동안 어떻게 생각해야 하는지를 안내한다. 초인지적 스캐폴딩은 맥락이 외부적으로 유도되는 곳에서 영역 특징적(domain specific)이거나 혹은 맥락이 미리 알려지지 않는 곳에서는 좀더 일반적일 수 있다. 예를 들면, Linn(1995)의 Knowledge Integration Environment(KIE)는 학습자가 과학적 현상을 설명하는 모형을 형성하려고 시도할 때 외부적으로 유도된 문제들에 대한 초인지적 지원을 제공한다. 스캐폴드된 탐구의 과정은 학생들이 그들의 모형을 제안하고, 비교하고, 수정하는 방법을 숙고하도록 돕는다.

초인지적 스캐폴딩은 학습자들이 목표에 대하여 성찰하도록 상기시키거나, 즉각적으로 문제 혹은 요구에 주어진 자원 혹은 도구 조작의 결과물을 연결시키도록 촉진할 것이다. KIE의 "빛이 얼마나 멀리 여행하는가?"와 같은 문제 상황이 제시될 때, 스캐폴드된 탐구(scaffolded inquiry)는 연구하고 있는 문제에 대하여 구체적으로 생각하도록 설계될 수 있다(예, "촛불에서 빛을 보는 것과 호수 건너편에서 비추는 손전등 빛을 보는 것은 시간상에 차이가 있을까? 즉, 더 많은 시간, 적은 시간, 혹은 같은 시간이 소요되는가?). 이와 대조적으로, 일반적인 모형 형성을 위한 스캐폴딩은 과제가 동일할지라도, 매우 다른 구성요소와 무게를 가지고 광범위한 현상들이 모형화되도록 표현한다. 그런 경우에, 스캐폴딩은 모형을 만드는 과정에 초점을 두는데, 그것은 모형을 사전 지식 및 경험과 연결시키는 방식을 찾아내고, 현재 이해상태를 반영하는 모형을 표상하고, 학습자들이 모형을 만드는 도구를 사용하여 아이디어를 조작할 수 있게 한다(Jackson, Stratford, Krajcik, & Soloway, 1995b).

절차적 스캐폴딩. 절차적 스캐폴딩(Procedural Scaffolding)은 이용 가능한 자원과 도구들을 활용하는 방법을 강조한다. 그것은 시스템 특징과 기능에 익숙해지도록 안내하고, OLE를 항해하는 동안 학습자들을 보조한다. 예를 들면, 몇몇 학습자들은 OLEs에서 방향을 상실하곤 한다. 절차적 스캐폴딩은 원하는 장소로 돌아가는 방법, 후속 검토를 위하여 자원들이나 해당 위치를 표시하거나 북마크하는 방법, 또는 주어진 도구들을 활용하는 방법을 명백하게 하기 위해 자주 제공된다. 예를 들어, *Human Body*(Iiyoshi & Hannafin, 1996)는 각기 다른 기능들을 갖는 도구와 몇 가지 자원들을 제공한다. 각 도구와 자원 활용에 관한 모든 절차들을 기억하는 것은 지나친 인지적 부담을 주기 때문에, 필요할 때마다 즉각적으로 절차적 시범을 볼 수 있도록 하였다. 학습자들은 개인적으로 주어진 도구 혹은 자원이 필요해 질 때까지 모든 절차들을 활용하는 능력을 개발할 필요는 없다.

전략적 스캐폴딩. 전략적 스캐폴딩(Strategic Scaffolding)은 도움을 줄 수 있는 대안적 접근들을 강조한다. 이것은 열린 학습환경에서 학습하는 동안 분석, 계획, 전략, 전술적 결정을 지원한다. 이것은 필요한 정보를 확인하여 선정하고, 이용 가능한 자원들을 평가하고, 새로운 지식을 기존 지식과 경험에 연결시키기 위한 접근들을 강조한다. 예를 들면, Great Solar System Rescue(1992)는 지시 수준을 변화시키면서 즉시 문제에 접근하는 대안들을 제공한다. 탐색 질문들은 어디서부터 시작해야 할지 모르는 사람들에게 분명한 전략적 단서를 제공하며, 또한 아직 해결하지 못했지만, 문제에 몰입된 사람들에게는 일련의 연관된 전략들을 실행하도록 돕는다.

다른 유형의 전략적 스캐폴딩은 학습자에게 주어진 상황에서 도움을 줄 수 있는 이용 가능한 도구와 자원들을 환기시키고, 활용시 안내를 제공한다. 예를 들면, 몇몇 OLEs는 어떤 도구와 자원들이 필요한 정보를 담고 있을 수 있는가에 관한 힌트는 물론 문제를 평가하는 동안 고려할 관련 질문들을 필요시 즉각적으로 제공한다. 또한, OLE에서 도움을 줄 수 있는 접근들에 대한 전문가 충고도 제공될 수 있다.

결국, 전략적 스캐폴딩은 중요한 의사결정 시점에서 학습자 반응에 따른 안내(response-sensitive guidance)의 형태를 취할 것이다. 예를 들면, 개인들은 중력과 관련된 개념들에 대한 자신의 이해를 토대로 필요한 자원들을 선정하고 편안함을 느낄 것이다. 일단 그 OLE 환경에서 나가려는 학습자들의 의도가 감지되면, 학습자들은 자신의 이해상태

를 테스트하도록 권고될 것이다. 학습자들이 지각한 변인들 간 관계를 토대로 예측을 만들고, 조작도구들을 사용하여 그 예측을 테스트할 수 있다.

3. OLES 실제 사례: ERGOMOTION

개요

*ErgoMotion*은 *Science Vision* 프로그램의 상호작용 멀티미디어 단원 시리즈 중 하나이다. 그것은 물리 법칙들과 그 법칙이 일상생활에 미치는 영향에 대한 학습자 중심의 탐색을 강조한다(Tobin & Dawson, 1992). *ErgoMotion*은 구성주의 인식론을 반영한다; 참가자들이 지식을 탐색하고, 분류하고, 수집하고, 조직하고, 통합하고, 생성할 수 있는 도구들을 제공한다; 다수의 멀티미디어 자원들을 활용한다; 그리고 점진적으로 변화해 가는 해석에 바탕을 둔 이해를 촉진시키는 탐구기반학습을 스캐폴드한다(Litchfield & Mattson, 1989).

*ErgoMotion*은 컴퓨터 생성 그래픽, 시뮬레이션, 비디오와 인쇄 자료들을 결합한다. 학생들은 가상 롤러코스터를 설계하면서 부분적으로 물리 개념들에 대해 학습한다. 그들에게는 기본 개념들과 연관된 다양한 자원들을 선정하고 평가하고, 온라인 전문가에게 정보 혹은 자문을 요청하고, 롤러코스터와 연관된 몇 가지 물리학 원리들을 학습하고(예, 에너지 전환과 가속도), 대안적 롤러코스터 설계안을 만들고 테스트할 기회가 제공된다.

학습맥락

*ErgoMotion*은 외부적으로 유도된 거시적이고 미시적인 학습맥락들을 제공한다. 거시적 수준의 맥락은 좀더 포괄적인 수준에서 개인의 흥미를 추구

하도록 격려하는 것은 물론 이해 틀을 넓히는 데 기여한다. *ErgoMotion*에서 사용된 거시적 맥락은 롤러코스터 설계와 연관된 물리학 원리들을 학습하는 것이다. 학습자들은 무엇이 롤러코스터를 흥미 있고 재미있게 만드는 지를 묻는 질문이 제시되는 롤러코스터 영화를 보게 된다.

학습자 중심 탐색과 해석을 촉진하기 위해 설계된 다양한 관점과 개념들이 제공된다. 초기 제공 맥락은 롤러코스터에 탑승하는 10대들을 묘사하는 비디오 장면을 통해 외부적으로 유도된다; 참가자들은 10대들의 눈을 통해 탑승을 관찰한다. 그 후, 그들은 그 환경에서 다양한 형태로 이용 가능하지만 명백하게 암시되지 않은 물리 원리들을 이용하여 스릴 넘치면서 안전한 롤러코스터를 설계하도록 요청된다. Jasper 시리즈처럼, 롤러코스터 설계는 물론 물리학 내용을 체계적으로 탐색하도록 돕는 문제가 소개된다. 문제 장면은 학습자들이 가설과 그럴 듯한 설명을 확인하고, 그 문제를 해결하기 위하여 다양한 자원과 도구를 활용하는 것을 촉진한다.

마이크로월드와 유사하게, 미시적 맥락들은 특정 범위 내 기술과 개념들을 나타낸다. 미시적 맥락들은 범위와 정의가 다소 협소한 문제들을 제시하지만, 어떻게 그것들이 해결될 수 있는가의 측면에서 열려져 있는 문제들이다. 예를 들면, 롤러코스터를 설계하는 도전적 과제에서 특정 문제들이 외부적으로 부과된다(예, 코스터가 첫 번째 계곡에서 휴식을 취할 수 있도록 그 언덕의 크기를 정하라). 복잡한 개념과 원리들을 인식하는 동안 학습자들의 이해를 증진시키도록 지원하는 점진적으로 어려워지는 세 가지 도전들이 제공된다. 이 문제들은 학생이 관련 개념들(마찰, 질량, 마력)을 충분히 이해한 경우에만 해결될 수 있다. 특정 바람직한 결과물을 만들어 내도록 기대되는 분명한 과제가 존재한다.

이용 가능한 자원들

정적 자원들. *ErgoMotion*은 탐색중인 개념들에 대한 다양한 멀티미디어 예와 설명을 제공하는 정적 자원들을 제공한다. 예를 들면, 학습자들은 물리학 용어(예, 뉴튼의 법칙, 속도, 마찰)를 알파벳 순서로 정리한 "비디오피아"로부터 비디오 클립과 실험을 볼 수 있으며, 이 목록은 항상 학습자들에 의해 접근 가능하다. 또한, 물리학자, 오토바이 운전자, 경찰관, 혹은 롤러코스터 설계자의 관점에서 물리학 개념들을 설명하는 온라인 컨설턴트 형태로 물리학 정보가 제공된다. 이러한 자원들은 학습자들이 활용해도 변하지 않고 고정적인 형태를 유지하지만, 각 개인마다 자원에 접근하는 양상과 해석맥락은 각기 달라진다.

동적 자원들. *ErgoMotion*은 또한 초기 형태는 정적이지만, 학습자에 의해 만들어진 결정을 토대로 동적인 특성을 갖는 자원들을 활용한다. 이것은 학생들로 하여금 다른 힘들이 변경될 때 코스터의 상태 변화를 조사하는 것을 가능하게 한다. 예를 들면, 학생들은 사용자 지정 설계 내 변수값 설정에 따라 달라지는 코스터 수행에 관한 데이터 수치를 수집한다. 학생들이 코스터의 질량, 곡선 반경과 언덕 크기를 설정함에 따라, 경로 위 다양한 지점에서 코스터 속도, 그것의 위치 에너지와 운동 에너지, 가속도, 중력에 관한 데이터 수치들이 생성된다. 요컨대, 새 데이터들이 사용자 실험을 거쳐 생성되고, 그것은 학습자 중심 문제해결을 지원하는 자원을 제공한다. 그림 6.3은 어떻게 자원 데이터들이―코스터 경로 위 데이터 점수로서 이용 가능한―학습자가 제공하는 변수 값들에 따라 역동적으로 변화하는지를 설명한다.

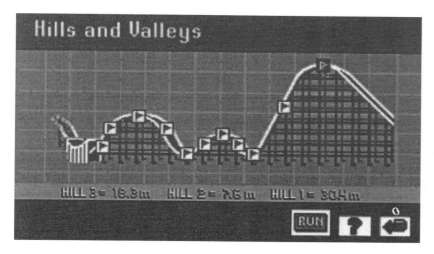

그림 6.3   코스터 경로 위 데이터 점수를 확인하기 위한 동적 자원

이용 가능한 도구

탐색도구(seeking tools)는 원하는 정보의 위치를 알아내는 일을 간소화시키는 키워드 서치와 인덱스 형태로 제공된다. 그 프로그램은 또한 *Ergo-Motion* 자원을 이용하여 프레젠테이션을 생성하도록 허용하는 도구와, 나중 검토를 위해 특정 부분을 표시할 수 있게 하는 도구를 제공한다. 그림 6.4에 나타난 바와 같이, 하나의 *ErgoMotion* 조작 도구는 학습자가 롤러코스트 변수를 정의하고, 실험 사이트에서 그것의 효과를 시뮬레이션할 수 있도록 만든다. 이 도구들은 학습자가 코스터 설계 혹은 이론을 생성하고 그것의 실행가능성을 테스트하도록 허용한다. 예를 들면, 도구들은 이용 가능한 설계 변수들을 조작하는 데 사용될 수 있다: 이 변수들은 세 가지 다른 언덕 크기(세 가지 선택), 코스터 자동차의 모터 크기와 질량(세 가지 선택), 수평 곡선의 반지름(소, 중, 대)을 포함한다. 테스트될 변수를 확인하는 아이콘을 간략히 선택함으로써 변수를 설정한다.

그림 6.4   변수 조작 도구들을 지닌 코스터 실험 사이트

변수를 설정한 후에, 학습자들은 코스터의 움직임을 시뮬레이션할 수 있다. 조작과 시뮬레이션 도구는 어떻게 롤러코스터가 작동하는가에 대한 학습자의 생각을 모델링하고, 그러한 생각과 모델의 결과를 실시간으로 시뮬레이션 하도록 지원한다. 그 도구들은 아이디어와 이론들을 테스트하고, 관찰된 결과에 관한 데이터를 수집하고, 학습자가 세운 가설을 지원하거나 반박하는 데이터와 자신의 생각을 통합하는 수단을 제공한다.

스캐폴딩

절차적 스캐폴딩은 시스템 작동에 관한 비디오 투어 형태로 제공된다. 그것은 학습자에게 사용 방법은 물론 이용 가능한 자원들을 소개한다. 또한, 활용 가능한 텍스트 자원들을 열거한 풀 다운 메뉴가 제공된다. 텍스트 파일들은 주로 학습자가 자신의 탐험을 안내하고, 데이터를 수집하고 기록하는 장소를 결정하고, 프로젝트 아이디어를 생성하는 것을 보조하기 위해 제공된다.

개념적 스캐폴드와 초인지적 스캐폴드는 그림 6.5에 설명된 질문과 같은 촉진 안내(facilitation guidance)를 포함한다. 이러한 스캐폴드들은 학습자들의 탐색 행동을 보조한다. *Ergomotion*은 또한 언덕과 계곡, 에너지 부담, 코스터 수행에 대한 곡선 반지름의 영향에 관하여 다양한 질문들을 제공한다. 학생들은 주요 원리 혹은 설계 과제에 대한 개념적인 이해를 얻기 위해 한 가지 이상의 질문들을 탐색하거나, 그들의 계획과 실천을 관리하도록 안내하는 탐색 질문을 이용할 것이다.

부가적인 개념적 스캐폴딩은 주어진 문제 영역에 대한 의견과 견해 형태로 제공된다. 예를 들면, "어떤 요인들이 경사면 주행 속도에 영향을 미치는가?"와 같은 질문이 제시되고, 가능한 다양한 응답들이 제공된다. 학습자는 온라인상으로 제공되는 전문가들의 의견을 평가하고, 어느 의견에 동의하고 동의하지 않는지 확인하고, 자신의 입장을 지지하거나 반박하는 증거를 수집하도록 격려된다. 이러한 개념적 스캐폴딩은 라디오 토크쇼 활동의 형태로 제공되고, 그곳에서 롤러코스터 설계와 수행에 답하는 서로 상충되는 다양한 전문가 의견이 제공된다.

결국, *ErgoMotion*은 무엇을 학습했는지를 보여주는 가공물(예, 개념지도, 매체 클럽 프레젠테이

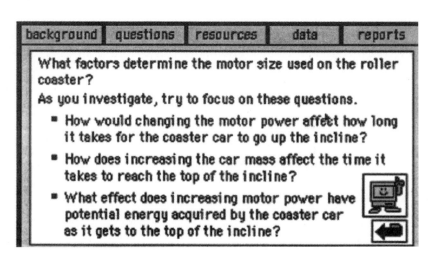

그림 6.5 안내 질문 형태의 개념적 스캐폴딩

선, 게임) 생성에 대한 전략적 제안들을 포함하는 보고서 파일을 제공한다. 다른 전략적 스캐폴드는 고려해야 하는 질문들을 포함하고, 학생들이 핵심 질문들을 탐색하도록 지원하는 활용 가능한 자원들을 열거한다. 다른 텍스트 자원인 데이터 파일은 코스터 사이트에서 수집된 데이터를 학생 워크북에 기록하도록 제안한다.

4. 시사점과 결론

OLE가 이론적 토대를 두고 있는 핵심 기저들은 OLE 방법과 실제의 초석이 된다. 이 장에서는 OLEs의 핵심 가치, 목적, 구성요소, 방법들을 확인하고 정교화하려고 시도하였다. 하나의 장에서 이를 달성하기에는 어려움이 있었다. 그래서 우리는 독자들에게는 상세한 설명을 볼 수 있는 소프트웨어와 논문들을 소개하면서, OLEs의 근본적이고 핵심적인 기반과 방법을 강조하려고 시도하였다.

우리는 현재 교육 실제와 출현하고 있는 자원 기반 교수와 학습 접근 모두에 OLEs가 중요하고 유용하게 활용될 수 있으리라고 믿는다. 이것은 학습자 중심 환경을 지향하는 관점을 반영한다. 우리는 경쟁적인 다른 관점들의 잠재적 가치 혹은 실현 가능성을 깎아내리지 않을 것이다. 분명히 학습하는 많은 다양한 방식들이 존재한다. 많은 실제적인 요인들이 신중히 고려해야 하고, 학습이 지원되고 기대되거나 요구되는 환경과 학습 이론들이 반영된 많은 방법들을 이용할 수 있다. 실제로 이론에 근거를 둔 설계(grounded design)는 이 장에서 우리가 설명한 핵심 기저들 간 제휴를 주장한다. 결코 하나의 접근이 다른 것보다 근본적으로 우월하다고 보지 않는다(Hannafin, Hannafin, Land, & Oliver, 1997).[17]

우리는 자원들을 계속적으로 재개발하고 수집하는 것보다 이용 가능한 자원들을 최적화할 필요가 있음을 느낀다. 다양한 매체의 형태로 존재하는 수십 만 자원들이 지난 이천 년 동안 제작되어 왔다. 테크놀로지와 정보의 발달은 미래에 더욱 가속될 것이다. 이것은 다음과 같은 심각한 딜레마를 야기시킨다: 학습을 지원하기 위해 어떻게 현존 자원을 좀더 활용 가능하게 만들 뿐만 아니라, 각각 미래의 테크놀로지 발달에 적응시킬 수 있는가?

우리는 현재 갖고 있는 자원들과 미래에 출현할 자원들을 보다 잘 이용할 수 있어야 한다. 자원들을 좀더 융통적으로 광범위하게 효율적으로 활용하는 시스템이 필요하다. 우리는 같은 자원들을 재개발하는 것보다 동일한 혹은 유사한 자원들을 다양한 목적과 필요에 따라 활용할 수 있게 만들 필요가 있다. 정보 증가와 테크놀로지 발달은 점차 증가하는 자원들에 쉽게 접근하고, 갱신하고, 포함시킬 수 있는 설계 모형을 필요로 한다.[18]

동시에 학습 시스템은 빠르게 출현하는 정보 시스템에로의 역동적인 접근을 허용하는 것보다 더 많은 것을 해야 한다. 우리는 학습자의 추론 능력을 최소화시키기보다는 다소 최적화하고 개인의 목표와 필요를 지원하도록 이러한 능력을 활용하는 설계 기술을 발전시킬 필요가 있다. OLEs는 학습자가 탐색활동을 수행하는 틀을 유도(혹은 지원)하고, 자원들을 이용 가능하게 만들고, 분석과 해석을 지원하고 격려하는 도구들을 제공하고, 학습자들이 그들의 목표를 달성하거나 요구를 해결

---

17) 이것은 교수 이론의 새로운 패러다임의 핵심적인 특징으로 여겨지는 새로운 시각이다.

18) 이 마지막 두 단락은 정보화 시대로 인한 많은 이슈들을 제기하고, 정보화 시대의 교수(수업)에 대한 상당한 시사점을 제공한다. 이 이슈들에 대한 심각한 고민과 토론이 필요하다.

하도록 안내함으로써 이러한 필요를 충족시키려
고 시도한다.

참고문헌

Blieske, M. (1996). *Collaborative design project for the Internet* [On-line]. Available: gopher://gopher. schoolnet.ca:419/00/grass-roots/projects/final-.reports/elementary/collaborative

Cognition and Technology Group at Vanderbilt. (1992). The Jasper experiment: An exploration of issues in learning and instructional design. *Educational Technology Research & Development, 40*(1), 65-80.

Great Solar System Rescue [Computer software]. (1992). Watertown, MA: Tom Snyder Productions.

Hannafin, M. J. (1995) Open-ended learning environments: Foundations, assumptions, and implications for automated design. In R. Tennyson (Ed.), *Perspectives on automating instructional design* (pp. 101-129). New York: Springer-Verlag.

Hannafin, M. J., Hall, C., Land, S., & Hill, J. (1994). Learning in open environments: Assumptions, methods, and implications. *Educational Technology, 34*(8), 48-55.

Hannafin, M. J., Hannafin, K. M., Land, S., & Oliver, K. (1997). Grounded practice in the design of learning systems. *Educational Technology Research and Development, 45*(3), 101-117.

Hannafin, M. J., Hill, J., & Land, S. (1997). Student-centered learning and interactive multimedia: Status, issues, and implications. *Contemporary Education, 68*(2), 94-99.

Hannafin, M .J., & Land, S. (1997). The foundations and assumptions of technology-enhanced, student-centered learning environments. *Instructional Science, 25,* 167-202.

Harel, I., & Papert, S. (1991). Software design as a learning environment. In I. Harel & S. Papert (Eds.), *Constructionism* (pp. 41-84). Norwood, NJ: Ablex.

Hay, K. E., Guzdial, M., Jackson, S., Boyle, R. A., &

Slowway, E. (1994). Students as multimedia composers. *Computers and Education, 23,* 301-317.

Hill, J., & Hannafin, M. J. (1997) Cognitive strategies and learning from the World-Wide Web. *Educational Technology Research and Development, 45*(4). 37-64.

Honebein, P. C. (1996). Seven goals for the design of constructivist learning environments. In B. G. Wilson (Ed.), *Constructivist learning environments* (pp. 11-24). Englewood Cliffs, NJ: Educational Technology Publications.

Iiyoshi, T., & Hannafin, M. (1996, February). *Cognitive tools for learning from hypermedia: Empowering learners.* Paper presented at the annual meeting of the Association for Educational Communications and Technology National Convention, Indianapolis, IN.

Jackson, S., Stratford, S. J., Krajcik, J., & Soloway, E. (1995a). Model-It: A case study of learner-centered design software for supporting model building. *Paper presented at the Working Conference on Technology Applications in the Science Classroom.* Columbus, OH: National Center for Science Teaching and Learning, The Ohio State University.

Jackson, S., Stratford, S. J., Krajcik, J., & Soloway, E. (1995b, April). *Making system dynamics modeling accessible to pre-college science students.* Paper presented at the annual meeting of the American Educational Research Association, San Francisco, CA.

Jacobson, M. J., Sugimoto, A., & Archodidou, A. (1996). Evolution, hypermedia learning environments, and conceptual cahnge: A preliminary report. In D. C. Edelson & E. A. Domeshek (Eds.), *Proceedings of ICLS '96* (pp. 151-158). Charlottesville, VA: Assciation for the Advancement of Computing in Education.

Land, S. M., & Hannafin, M. J. (1996). A conceptual framework for the development of theories-in-action with open-ended learning environments. *Educational Technology Research & Development, 44*(3), 37-53.

Land, S. M. & Hannafin, M. J. (1997). Patterns of understanding with open-ended learning environments: A qualitative study. *Educational*

Technology Research & Development, 45(2), 47-73.

Lebow. D., Wager, W., Marks, P., & Gilbert, N. (1996, June). *Construe: Software for Collaborative Learning over the World Wide Web.* Paper presented at the AET Collaboration in Distance Education Conference, Tallahassee, FL.

Linn, M. (1995). Designing computer learning environments for engineering and computer science: The Scaffolded Knowledge Integration Framework. *Journal of Science Education and Technology, 4*(2), 103-126.

Lewis, E., Stern, J., & Linn, M. (1993). The effect of computer simulations on introductory thermodynamics understanding. *Educational Technology, 33*(1). 45-58.

Litchfield, B., & Mattson, S. (1989). The IMS Project: An inquiry-based multimedia science curriculum. *Journal of Computers in Mathematics and Science Teaching, 9*(1), 37-43.

Microworlds Project Builder (Version 1.02) [Computer program]. (1993). Highgate Springs, VT: Logo Computer Systems.

National Library of Medicine. (1996). *Visible human project.* Bethesda, MD: Office of Public Information.

Rieber, L. P. (1993). A pragmatic view of instructional technology. In K. Tobin (Ed.), *The practice of constructivism in science education* (pp. 193-212). Hillsdale, NJ: Lawrence Erlbaum Associates.

Sayle, R. (1996). RasMor [Computer Program]. Edinburgh, Scotland: University of Edinburgh.

Scardamalia, M., & Bereiter, C. (1994). Computer support for knowledge-building communities. *The journal of the Learning Sciences, 3*, 265-283.

Schubert, N. (1997a). *Playwriting in the round* [Online]. Available: http://www1.minn.net:80/~schubert/Play.html

Schubert, N. (1997b). *Signs of spring* [Online]. Available: http://www1.minn.net:80/~schubert/spring.html

Tobin, K., & Dawson, G. (1992). Constraints to curriculum reform: Teachers and the myths of schooling. *Educational Technology Research & Development, 40*(1), 64-92.

Vosniadou, S. (1992). Knowledge acquisition and conceptual change. *Applied Psychology: An International Review, 41*(4). 347-357.

구성주의 학습을 위한 교수설계

Richard E. Mayer
University of California, Santa Barbara

양영선
관동대학교 교육공학과 교수

Richard E. Mayer는 University of California, Santa Barbara의 심리학 교수이며, *Journal of Educational Psychology* 와 *American Educational Research Journal* 을 비롯한 11개 학술지의 편집위원이다. *Educational Psychologist* 와 *Instructional Science* 의 편집자였으며, American Psychological Association의 제15분과인 교육심리학 분과장이었다. 주로 교육심리학에서 『*The Promise of Educational Psychology: Learning in the Content Areas*』를 비롯한 200편이 넘는 논문을 썼다. 연구 관심은 멀티미디어 학습에 초점을 둔 인지와 테크놀로지이다.

서 문

목적 및 전제. 이 이론의 일차적 목적은 직접 교수를 통해 지식 구축(이해)을 촉진시키는 것이다. 우선적으로 행동주의적 활동(조작)이 가능하지 않은 교과서 기반의 학습, 강의, 멀티미디어 환경에서 사용하기 위한 것이다.

학문적 가치. 이 이론에 근거한 가치는 다음과 같다.
- 학습 결과와 함께 학습자의 두뇌에서 진행되는 학습 과정에 초점을 둔 교수
- 파지와 함께 전이(지식의 사용)
- 배우는 내용과 함께 배우는 방법

주요 방법. 이 이론이 제공하는 주요 방법은 다음과 같다.

관련된 지식을 **선택하라.**
- 학습자에게 가장 중요한 정보를 강조하기 위해 다음과 같은 것을 사용한다.
  - 표제, 이탤릭체, 굵은 글씨, 글씨 크기, 큰 점, 화살표, 아이콘, 밑줄, 여백의 노트, 반복, 여백 공간, 캡션
- 교수 목표와 보조 질문을 사용한다.
- 요약을 제공한다.

- 관련 없는 정보를 없도록 한다. 간결하게 한다.

학습자를 위한 정보를 다음과 같은 방법을 사용하여 **조직하라.**
- 텍스트 구조
  - 비교 및 대비 구조
  - 분류 구조
  - 열거 혹은 부분 구조
  - 일반화 구조
  - 원인-결과 구조
- 개요
- 표제
- 포인터 혹은 신호 단어
- 그래픽 표상

정보를 다음과 같은 방법을 사용하여 **통합하라.**
- 선행 조직자
- 캡션이 있는 삽화(여러 화면)
- 내레이션이 있는 애니메이션
- 문제 풀이 연습
- 정교화 질문

교수설계에 대한 적용점. 구성주의 학습에 비발견적, 비조작적 접근을 제공한다.

— C.M.R

구성주의 학습을 위한 교수설계

구성주의 학습은 제시 자료를 학생들이 이해하려고 노력함으로써 활발하게 자신의 지식을 창출할 때 이루어진다. 예를 들어, 번개 형성에 대한 교과 단원을 읽을 때 구성주의 학습자는 번개 형성을 위한 원인-결과 체제의 정신적 모형을 구축하려고 한다. 이 장의 목적은 교과서, 강의, 멀티미디어 환경에서 과학적 설명에 대한 학습과 같은 구성주의 학습을 촉진시키는 설계 원리를 탐구하는 것이다. 이 장의 중요한 주제는 구성주의 학습을 하기 위해 발견 학습이 필요하지 않다는 것으로서, 예를 들어 학습자는 잘 설계된 직접 수업에서 의미를 구성해 낼 수 있다. 첫째로 구성주의 학습을 위한 교수설계에서의 몇 가지 초기 이슈를 조사하고, 둘째로 구성주의 학습에 포함되는 인지적 과

정을 보여 주는 일반 모형을 제시하고 예시화하겠다. 셋째로 구성주의 학습을 촉진하기 위해 만들어진 교수 모형을 검토하고, 끝으로 구성주의 학습을 위한 교수설계 원리에 기반이 되는 목적과 가치를 검토하겠다.

1. 구성주의 학습의 소개

학습과 교수의 세 가지 관점

Mayer(1992)는 학습에 대한 연구에서 학습에 대한 세 가지 관점이 지난 100년 동안 어떻게 나났는지를 보여 주었는데, 이는 반응 강화로서의 학습, 지식 획득으로서의 학습, 그리고 지식 구성으로서의 학습이다.

첫 번째 관점에서 학습은 학습자가 자극과 반응 사이의 관련성을 강화하거나 약화할 때 일어난다. 반응 강화로서의 학습은 20세기 전반기에 발달되었고 인공적인 실험실 환경에서의 동물 학습의 연구에 크게 기반을 둔다. 학습자의 역할은 수동적으로 상과 벌을 받고, 교수자의 역할은 반복 연습과 같은 상벌을 관장하는 것이다. 교수설계자의 역할은 학습자가 반복적으로 즉각적인 피드백이 뒤따르는 단순한 반응을 하도록 하는 환경을 제공하는 것이다.

지식 획득으로서의 학습인 두 번째 관점은 학습자가 장기기억 속에 새로운 정보를 넣을 때 학습이 일어난다는 생각에 기반을 두고 있다. 이 관점은 1950년대에서 1970년대에 걸쳐 발달되었으며 인공적인 실험실 환경에서의 인간 학습의 연구에 크게 기반을 두고 있다. 이때 학습자의 역할은 정보를 수동적으로 획득하는 것이고, 교사의 일은 정보를 교과서나 강의에서 제시하는 것이다. 지식 획득의 관점에 따르면 정보란 교사로부터 학습자에게 직접 전달될 수 있는 상품이다. 교수설계자의 역할은 학습자가 교과서, 강의, 컴퓨터기반 멀티미디어 프로그램과 같은 더 많은 정보의 양에 노출될 수 있는 환경을 제공하는 것이다.

세 번째 관점인 지식 구성으로서의 학습에서 학습이란 학습자가 작동기억에 지식 표상을 활발히 구성할 때 일어난다는 생각에 기반을 둔다. 이 관점은 1980년대와 1990년대에 나타나, 증가하고 있는 실제 환경에서의 인간 학습에 대한 연구에 크게 기반을 두고 있다. 지식 구성 관점에 따르면, 학습자는 의미 생성자(sense-maker)이고, 교사는 실제 학술적인 과제에서 안내와 모델링을 제공하는 인지적 안내자이다. 교수설계자의 역할은 학습자가 학술 자료와 의미있게 상호작용하는 환경을 만드는 것으로 학습자가 정보를 선택하고, 조직하고, 통합하는 과정을 촉진시키는 것을 포함한다. 이 장에서 지식 구성의 관점을 교수설계 원리에 대한 논의를 이끄는 데 사용하겠다.[1]

학습 결과의 세 가지 종류

다음의 상황을 생각해 보자. 앨리스, 벨리나, 카르멘 등 세 명의 학생에게 표 7.1에 부분적으로 나타난 것과 같은 번개 형성에 대한 문장을 읽도록 하였다. 각 학생은 모든 단어에 집중하며 주의깊게 읽는다. 그리고 학생들에게 문장으로부터 기억할 수 있는 모든 것을 적으라는 **파지 시험**과, 정보를 새로운 방법으로 사용하도록 하는 질문에 답할 것을 묻는 전이 시험이 주어졌다. 파지와 전이 문제의 예는 표 7.2에 있다.

---

[1] 각 관점은 서로 다른 실제의 양상에 따라 다른 창을 표상할 것이다. 교수 이론의 새로운 패러다임이 스스로를 단일한 관점으로 제한하는 것과는 반대로 다양한 관점을 어느 정도까지 활용할 필요가 있다고 생각하는가? 이는 이 책의 다양한 주제와 관련된다.

표 7.1　번개 형성에 대한 텍스트 부분

번개는 구름과 지면 사이의 전하 차이로부터 일어나는 전기의 방전으로 정의될 수 있다. 매년 대략 150명의 미국인이 번개로 사망한다. 수영하는 사람은 물이 전기를 통하는 우수한 전하체가 되므로 위험에 노출되어 있다.

지구의 표면이 따뜻할 때, 지표면 가까이의 습기찬 공기는 더워져 급격히 상승하여 상승기류를 만든다. 비행기는 기류 상승을 통해 날아갈 때 난기류에 흔들리게 될 수 있다. 이 상승기류의 공기가 차가워지면 수증기는 물방울로 응집되어 구름을 형성한다. 구름의 꼭대기는 결빙 수준 위로 연장된다. 이 고도에서 공기의 온도는 빙점 훨씬 아래로 떨어져 구름의 윗부분은 아주 작은 결정체로 이루어진다.

결국 물방울과 얼음 결정체는 상승기류에 정지하기에는 너무 커진다. 빗방울과 얼음 결정체가 구름을 통해 내려올 때 아래 구름이 공기를 끌어내려 하강기류를 만든다. 구름 속의 기류의 상승과 하강이 우박을 형성하도록 한다. 하강기류가 땅을 칠 때 모든 방향으로 퍼지며 사람들이 비가 오기 직전에 느끼는 시원한 바람의 돌풍을 만들어낸다. 번개가 땅을 칠 때 섬전암이 형성되어 번개의 열기는 전기 경로 모양으로 모래에 도화선이 된다.

구름 안에서는 움직이는 공기가 전하를 만들도록 하는데 과학자도 번개가 어떻게 일어나는지를 완전히 이해하지 못하고 있다. 충전은 구름의 빛이 충돌하는 데서 일어난다고 대부분 믿고 있으며, 물방울과 얼음의 매우 작은 조각이 우박과 더 무거워서 떨어지는 다른 입자에 역행하여 증가한다. 번개 형성의 과정을 이해하려고 하는 과정에서 과학자들은 때로 위의 구름에 작은 로켓을 발사함으로써 번개를 창출한다. 음극으로 전하된 입자가 구름에서 바닥으로 떨어지고 양극으로 전하된 대부분의 입자가 위로 올라간다.

[다음에는 구름으로부터 땅에 떨어지는 음극으로 전하된 입자와 반대로 땅에서 구름으로 올라가는 양극으로 전하된 입자의 흐름을 두 문장으로 설명하고 있다.]

표 7.2　번개 형성 수업을 위한 파지와 전이 시험

파지 시험	• 어떻게 번개가 형성되는지 설명하시오.
전이 시험	• 하늘에 구름이 있으나 번개가 없다고 가정하자. 왜일까?
	• 번개 폭풍의 강도를 줄이기 위해서 무엇을 할 수 있을까?
	• 무엇이 번개를 일으키는가?

앨리스는 파지와 전이 시험을 잘 못 보았고, 이는 번개 형성에 대하여 많이 학습하지 못함을 나타낸다. 이런 학습 결과는 비학습(no-learning)이라고 부른다. 비학습 시나리오에서 학습자는 관련된 투입 정보에 대한 주의집중에 실패한 것이다.

벨리나는 번개 형성에 대한 문장에서 중요한 정보를 잘 기억하였으나 새로운 문제를 풀기 위한 정보의 적용은 잘 하지 못하였다. **암기 학습**에서 학습자는 그들의 기억에 행동이나 정보를 추가하고자 한다. 예를 들어 번개 문장을 읽으며 암기 학습자는 "매년 150명 정도의 미국인이 번개로 사망한다."와 같은 사실을 가능한 많이 암기하려고 한다. 중요한 인지적 과정은 입력으로서, 예를 들면 정보를 장기기억 속에 넣는 것이다. 이 과정은 교수의 반복 연습으로 가장 잘 지원된다.

끝으로, 카르멘은 파지와 전이 시험을 잘 보았고, 이는 **구성주의 학습**에 기초한 구성주의 학습 결과를 나타내고 있다. 구성주의 학습에서 학습자는 제시된 정보로부터 의미를 생성하려고 시도한다. 번개 문장을 읽으면서 구성주의 학습자는 원인과 결과를 연결하는 번개 체제의 모형을 세우려고 한다. 구성주의 학습은 학습하는 과정으로 학습자가 다양한 인지과정을 가지고 사용하는 활발한 학습이다. 주요 인지과정에는 관련 정보에 주의를 기울이고, 정보를 일관된 표상 안에 조직하고, 이러한 표상을 존재하는 지식과 통합하는 것

표 7.3   번개 형성 수업을 위한 세 종류의 학습 결과

파지 시험에서의 성취	전이 시험에서의 성취	학습 결과
낮음	낮음	비학습
좋음	낮음	암기 학습
좋음	좋음	구성주의 학습

이 포함된다. 학습이 일어나는 동안 이러한 과정을 촉진하기 위해 반복 연습 외의 교수 방법이 필요하다.

표 7.3의 세 가지 학습 결과의 양상은 낮은 파지와 낮은 전이에서는 비학습이, 잘된 파지와 낮은 전이에서는 암기 학습이, 끝으로 좋은 파지와 좋은 전이에서는 구성주의 학습이 나타나는 것으로 요약된다(Mayer, 1984, 1996).

두 종류의 활발한 학습

다음의 상황을 고려해 보자. 두 학생이 책상에 앉아서 다가오는 기상학 시험을 준비하고 있다. 레이첼은 워크북의 빈칸에 단어를 넣는 문제를 풀고 있다. 예를 들어 "매년 대략 ____ 명의 미국인이 번개로 사망한다." 이 경우 레이첼은 행동주의적으로 활발하며 워크북에 열심히 쓰고 있으나, 인지적으로는 활발하지 못하며 자료를 이해하려고 하지 않는다.

대조적으로 미카엘은 텍스트를 읽고 조용히 스스로에게 설명하려고 노력하고 있다. 텍스트가 불완전하고 불분명한 때는 Chi, Bassok, Lewis, Reimann, Glaser(1989)가 "자가 설명"이라고 부르는 것을 만들려고 노력한다. 예를 들어, 시험은 양극이 지구 표면에 오는 부분에서 반대극이 서로 끌어당긴다는 설명을 정신적으로 추가한다. 이 경우, 미카엘은 행동적으로는 비활성화되어 있어 쓰거나 말하거나 행동하지는 않고, 인지적

으로 활성화되어 있어 자신에게 그 문장을 설명하려고 한다.

그렇다면 어떤 유형의 활동이 구성주의 학습을 이끌까? Robins와 Mayer(1993)는 구성주의 학습이 학습자의 행동주의 활동보다 인지 활동에 어떻게 의존하는가를 설명하고 있다. 이는 교수설계가 학습자로 하여금 행동주의적 활동을 촉진하는 데에만 맞추기보다 인지적으로 활동하도록 격려해야 한다는 것과 연결된다. 앞선 예는 행동주의적으로 활동적인 학습자가 구성주의 학습에 집중하지 않는 경우가 있을 수 있고, 한편 행동주의적으로 비활동적인 학습자가 구성주의 학습에 참여하는 경우가 있을 수 있다고 제안한다. 이 장은 행동주의적 활동이 가능하지 않더라도 인지적 활동을 촉진하는 방법에 초점을 두고 있다.

두 종류의 시험

위의 예는 학습을 평가하는 두 가지 고전적 기법을 구분하는 것이 중요함을 보여 준다. 파지 시험은 제시된 자료를 학습자가 얼마나 많이 기억할 수 있는가를 평가하며, 기억할 수 있는 모든 것을 쓰도록 하는 회상 시험과 여러 가능한 답 중에서 가장 적합한 것을 고르라고 하거나 어떤 반응이 어떤 용어와 맞는지를 연결하도록 하는 인식 시험 모두를 포함한다. 파지 시험은 초기 행동주의적 학습 연구의 초점이었고 가장 많이 쓰이는 교수 방법으로 반복 연습을 촉진하는 데 사용되었다

(Thorndike, 1926).

이와는 대조적으로, 전이 시험은 학습자가 새로운 상황에서 학습한 것을 적용하도록 한다. 위의 예에서 볼 수 있듯이 이해를 통해 학습한 사람과 암기로 학습한 학생을 구별하는 특성은 **문제 해결의 전이**에 착수하는 능력이다. Mayer와 Wittrock (1996, p. 47)에 따르면, "문제 해결 전이는 이전의 문제 해결 경험을 새로운 문제를 위한 해결을 고안하는데 사용할 때 일어난다." 전이 시험은 초기 게쉬탈트 성향의 학습 연구의 초점이었고 가치 있는 교수 방법으로서 구조적 이해를 촉진하는데 사용되었다(Wertheimer, 1945).

교수의 목적이 구성주의 학습일 때, 파지와 전이를 모두 포함한 학습의 다면적 평가가 보장된다. 구성주의자의 접근은 파지를 통해 측정되는 단순히 "얼마나 학습되었는지?"를 묻는 대신 전이 시험을 통해 측정되는 "무엇이 학습되었는지?"를 또한 요구한다. 예를 들면 Bloom의 여섯 가지 수준의 분류법(Bloom, Engelhart, Furst, Hill, & Krath-wohl, 1956)에서 첫 번째 수준은 파지를 포함하고 나머지 다섯 가지 수준은 전이의 서로 다른 양상을 제안하고 있다. 구성주의 학습으로부터 암기 정도를 구별하는 데 전이 시험의 중요성이 있다면, 전이를 위한 탐색은 구성주의 학습을 위한 교수를 설계하는데 있어서 중심이 되는 과제이다.

문제 해결 전이를 위한 세 가지 선수요소

Mayer(1998)는 문제 해결 전이를 위한 세 가지 주요 선수요소로 기능, 메타기능, 그리고 의지를 제안하였다. 기능이란 구성요소 인지과정으로서 작동기억으로 더 진행되도록 하기 위한 단원에서 관련된 정보를 선택하는 것, 선택된 정보를 작동기억에 일치된 정신적 표상으로 조직하는 것, 입력되는 정보를 장기기억의 기존지식과 통합하는 것을 말한다. 메타기능이란 학습 과제에 대한 구성요소 과정의 사용을 계획하고, 조화시키고, 관리하는 메타인지적 자기규제 과정을 말한다. 의지는 열심히 공부하는 것에 대해 보상받고 과학적 설명을 이해하는 것이 가능하다는 믿음을 포함하는 학습의 동기적 태도 양상을 말한다. 구성주의 학습을 위한 환경 설계가 모든 세 가지 선수요소에 의존한다고 할지라도, 이 장에서는 감각 형성(즉, 학습 기능)을 위한 인지과정의 역할에 주로 초점을 맞추겠다.

2. 학습의 SOI 모형 : 지식 구축에서의 세 가지 인지과정의 촉진

구성주의 학습은 학습하는 동안에 학습자에게서 일어나는 몇 가지의 인지과정의 활성화에 의존하여, 관련 정보를 선택하고, 일련의 정보를 조직하고, 이를 기존 지식과 통합하는 것을 포함한다. 구성주의 학습에서의 중요한 인지과정을 강조하기 위해 이 분석을 SOI 모형이라고 부르겠다(Mayer, 1996). 이전의 학습이론이 장기기억으로 제시된 정보가 입력되는 과정을 강조하였다면, 구성주의 학습 이론은 학습자가 작동기억에서 정보를 구축하는 방법에 초점을 맞추고 있다. 이런 구성주의 과정에서 학습자는 환경으로부터 입력되는 자료와 장기기억으로부터의 사전지식을 모두 사용한다. SOI 모형은 교수적으로 실행하도록 하는데 사용될 수 있는 학습 이론이다.

그림 7.1은 SOI 모형을 단어와 그림을 포함하는 교수 메시지로 제시하고 있다.[2] 작동기억의 최근 이론에 따라서 SOI 모형은 시각적 작동기억과 청

---

2) 이는 이 책 제1장, 7쪽에서 논의된 서술적 이론임에 주목하라.

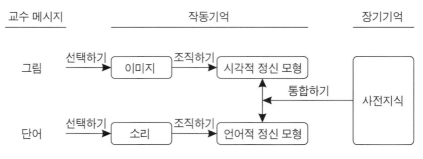

그림 7.1   단어와 그림으로부터의 구성주의 학습을 위한 SOI 모형

각적 작동기억을 구분한다(Baddeley, 1992; Sweller, 1994). 시각적으로 제시되는 자료, 예를 들어 그림과 텍스트는 처음에는 시각적 작동기억으로 유지되다가 텍스트는 청각적 작동기억으로 유지되는 소리로 변환될 수 있다. 시각적 작동기억과 청각적 작동기억의 제한된 용량 때문에 들어오는 모든 자료가 유지되고 처리될 수는 없을 것이다.

예를 들어 그림 7.2에 제시된 번개에 관한 단원을 생각해 보자. 구성주의 학습자는 번개 형성에 관련된 이미지와 단어를 정신적으로 선택해야 하고, 이를 해당 그림과 언어적인 원인-결과 고리에 연결시켜야 하며, 사전지식과 함께 두 개 고리 사이에 정신적 연결을 만들어야만 한다.

관련 정보의 선택

정보처리를 계속하기 위한 첫 번째 과정은 관련 정보를 선택하는 것이다. 학습자에게 단어와 그림이 교수 메시지로 제시되면, 학습자는 이를 감각기억에 짧게 표상한다. 인간의 정보 처리 시스템의 제한된 용량은 표상의 일부만이 작동기억으로의 과정을 위해 유지될 수 있게 한다. 따라서 중요한 인지과정은 작동기억에 유지되는 관련 정보를 학습자가 선택하는 것이다. 이 단계는 그림 7.1에서 "선택하기" 화살표로 나타나 있으며, 이때 들어오는 이미지는 시각적 작동기억으로, 들어오는 단

어는 청각적 작동기억으로 처리되기 위해 각각 선택된다.

예를 들어 구성주의 학습자가 그림 7.2의 번개에 대한 문장을 읽을 때는 "음극으로 전하된 입자가 구름에서 바닥으로 떨어지는"과 같은 번개의 과정에서의 주요 단계와 위의 반은 양극이고 아래의 반은 음극인 구름의 사진과 같은 주요 이미지에 초점을 맞출 필요가 있다. 그림 7.2에 제시된 단원은 관련 단어와 그림을 강조하고 있기 때문에 선택 과정을 촉진시킨다. 각 캡션은 번개 형성 과정의 주요 단계를 간단명료하게 진술하고 있으며, 각 그림은 번개 형성의 주요 단계를 보여 주고 있다. 주요 단계를 가리키는 요약은 읽는 사람에게 관련 정보를 선택하도록 한다.

입력 정보의 조직

다음 과정은 선택된 청각적 표상을 통일성 있는 말로, 표상된 조직에 선택된 이미지를 통일성 있는 그림으로 표상되도록 조직하는 것을 포함한다. Kintsch(1988)은 이런 활동을 제시된 정보로부터 상황 모형을 구축하는 것이라고 말한다. 이 단계는 그림 7.1에서 화살표 "조직하기"에 의해 나타나 있으며, 시각적 이미지와 말의 표상은 적합한 링크(원인-결과와 같은)에 의해 연결된다. 이 활동은 작동기억에서 일어나서 처리되는데 제한된 자

번개형성과정

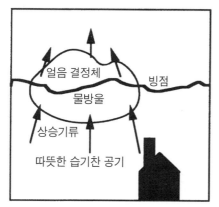

1. 따뜻한 습기찬 공기가 올라가서 물의 수증기는 물방울로 응집되어 구름을 형성한다.

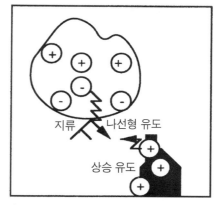

4. 양극이 만나면 음극으로 전하된 입자가 구름에서 바닥으로 떨어진다.

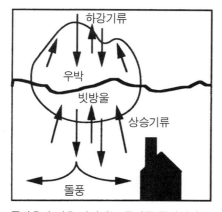

2. 물방울과 얼음 결정체는 공기를 끌어내린다.

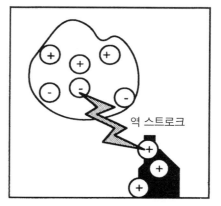

5. 땅으로부터 양극으로 전하된 입자가 같은 경로를 따라서 위로 올라간다.

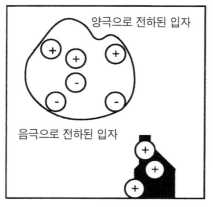

3. 음극으로 전하된 입자가 구름의 바닥으로 떨어진다.

그림 7.2   번개 형성에 대해 개정한 단원 부분. American Psychological Association의 저작권 1996. 재인용 허락.

원의 양으로 구속된다. 이 과정의 결과는 일치되는 시각 표상(혹은 시각적 정신 모형)과 말의 표상(혹은 언어적 정신 모형)이다.

예를 들면, 구성주의 학습자는 그림 7.2에 제시된 번개 문장을 읽으면서 번개 형성 과정의 단계 사이에서 원인-결과 관계를 추리할 필요가 있다. 읽기에서 "음극으로 전하된 입자가 구름에서 바닥으로 떨어지는"은 "음극으로 전하된 입자가 구름으로부터 땅으로 급강한다"에 이어져 나옴으로써 독자는 이전 사태와 다음 사태로의 원인 링크를 구성하게 된다. 마찬가지로, 음극으로 전하된 입자가 지표면에 있는 양극으로 전하된 입자를 향해서 하강하는 것을 보여 주는 그림에 이어서 구름의 아래 부분에 음극으로 전하된 입자가 그려진 그림을 봄으로써 독자는 이전 사태와 다음 사태로의 원인 링크를 구성하게 된다. 그림과 캡션에서의 사태를 분명하게 순서화하고 이들을 "단계 1", "단계 2"처럼 신호가 주어지면, 교수 메시지는 독자에게 적절한 조직적인 처리를 알려줄 것이다.

입력 정보의 통합

세 번째 과정에서 학생들은 사전지식을 사용하여 구축한 그림과 캡션에 있는 대응 요소들 사이에 일대일 연결을 만든다. 이 단계는 그림 7.1에서 "통합하기"라는 화살표로 제시되어 있다. 그 결과는 제시되는 자료의 통합으로 나타난다.

예를 들어 학생들의 번개 문장 읽기에서 "음극으로 전하된 입자가 구름에서 바닥으로 떨어지는"은 바닥에 음극으로 그려진 구름과 연결되어야 한다. 이 연결은 대응하는 단어와 그림이 페이지에 서로 가까이 있거나 대응하는 내레이션과 애니메이션이 동시에 제시될 때 쉽게 만들어질 것이다(Mayer, 1997). 마찬가지로 구성주의 학습자는 입자가 분리되도록 하는 마찰에 대한 사전지식을 음

극으로 전하된 입자가 구름에서 바닥으로 떨어지는 이유의 가능성을 설명하는데 사용하게 된다.

학습 과정에서의 마지막 단계는 입력으로 작동기억에 구성된 정신적 표상이 영구히 유지되기 위해 장기기억으로 저장된다. 이 국면은 학습의 초기 개념에서 중요하지만 구성주의 학습의 입장은 지식이 선택, 조직, 통합과 같은 작동기억에서의 지식 구축에 사용되는 인지과정의 역할을 강조한다. 더하여 이 구성 과정은 메타인지나 실행 통제라고 명명될 수 있는 구성요소 과정의 조화와 조정을 요구한다.

3. SOI 모형이 제안하는 교수 방법

교재, 강의, 멀티미디어 메시지를 향상시키기 위해 SOI 모형이 교수설계적으로 의미하는 것이 무엇일까? 학습자로 하여금 학습에 인지적으로 결부하도록 격려하는 것이 목적이라면 교수는 학습자가 유용한 정보를 밝혀내고, 자료들이 함께 조화되는 방법을 이해하고, 자료를 사전지식과 관련시키게 하도록 설계되어야 한다.

중요한 교수설계 이슈는 구성주의 학습에서의 사회적 상호작용의 역할을 고려한다. 구성주의 학습을 촉진하기 위해 많이 사용되는 교수 방법들은 토론, 모델링, 안내적 발견, 스케폴딩 등을 가능하게 해 주는 개별학습자간 일어나는 학습 환경에 의존한다. 예를 들어, 인지적 도제 기법은 학습자와 멘토가 실제 과제에 대하여 함께 작업한다(Collins, Brown, & Newman, 1989). 사회적 매개 학습의 다른 형태는 협동학습(Slavin, 1990)과 학습자 공동체의 육성(Campione, Shapiro & Brown, 1995)으로서 학생이 그룹 구성원으로서 학습하길 요구한다. 학습의 사회적 맥락은 구성주의 학습에 많은 기회를 제공할지라도, 모든 사

회적 맥락이 구성주의 학습을 증진시키지는 않으며 더욱 중요하게는 모든 구성주의 학습이 사회적 맥락에 의존하지는 않는다.

오히려, 이 장은 교재의 문장, 강의, 멀티미디어 프로그램과 같은 교수 메시지[3](Fleming & Levie, 1993)의 설계에 초점을 맞추었다. 이러한 입장은 구성주의 혁명의 대상이 학습이란 정보 암기에 의한 전이라는 낡은 방법에 있다는 점에서 유리하다. 이러한 환경은 학습자의 능동적인 인지과정을 촉진하도록 설계될 수 있는 정도까지만 구성주의 학습을 지원한다. 지난 20년 동안 동료들과 함께 교재, 강의, 멀티미디어 프로그램으로부터 구성주의 학습을 증진하기 위한 기법을 탐구해 왔다. 일차적인 설계 이슈는 학습자의 인지과정을 선택, 조직, 통합하는 것과 같은 감각 형성에 필요한 것으로 어떻게 준비시키는가에 있다.

자료의 선택을 격려하는 기법

어떻게 학생들이 교과서 단원, 강의나 멀티미디어 프레젠테이션에 나타난 가장 관련된 정보에 집중하도록 할 수 있을까? Mayer(1993)는 텍스트 기반 메시지에 통합될 수 있는 방법으로 다음과 같은 기법을 제시하였다: (1) 관련 정보를 강조하기 위한 소제목, 이탤릭체, 큰 글씨, 큰 점, 화살표, 아이콘, 밑줄, 여백의 노트, 반복, 여백 공간의 사용; (2) 관련 정보를 강조하기 위해 보조 질문과 교수 목표 진술의 사용.[4]

예를 들어 학생이 표 7.1의 번개 문장에서 관련 자료를 선택하도록 하기 위해서 번개 형성의 과정

에서 둘째 문장인 "따뜻한 습기찬 공기가 올라가서 물의 수증기는 물방울로 응집되어 구름을 형성한다."와 같이 각 중요한 단계에 밑줄을 긋거나 이탤릭체를 사용할 수 있다. 마찬가지로 이 요약은 둘째 문장의 소제목으로 사용되거나 노트로서 옆의 여백에 쓰일 수도 있다. 관련 자료에 대한 독자의 주의를 이끄는 다른 방법은 번개 형성 과정의 각 주요 단계에서 "따뜻한 습기찬 공기가 올라갈 때 무슨 일이 일어나는가?"와 같은 보조 질문이나 "따뜻한 습기찬 공기가 올라갈 때 무슨 일이 일어나는지를 말할 수 있어야 한다."와 같은 교수 목표를 문장 2에 포함시키는 것이다. 끝으로 그림 7.2와 같이 요약을 제공함으로써 관련 자료에 대한 독자의 주의를 끌어낼 수 있다.

더 최근에 Mayer, Bove, Bryman, Mars, Tapangco(1996)는 요약의 제공이 학생들에게 관련 정보에 집중하도록 하는지를 실험하였다. 기대한 대로 번개 형성의 주요 단계에 대한 요약을 읽은 학생들은 전체 단원을 읽은 학생들과 비교하여 번개 형성의 주요 단계를 더 잘 기억하고 전이 문제를 더 잘 해결하였다. 분명히 요약은 학생들이 관련 정보에 집중하도록 하기 때문에 "적을수록 더 많다"의 경우이다.

Harp와 Mayer(1997)는 재미는 있으나 관련이 없는 정보를 제거하는 것이 학생들이 관련정보에 집중하도록 한다는 아이디어를 시험하였다. 어떤 학생들은 번개 형성에 대한 표준 문장을 읽고, 어떤 학생들은 번개를 맞은 소년의 그림과 이야기 같은 산재되어 있는 재미있는 텍스트와 그림이 함께 있는 같은 문장을 읽는다. 기대한 대로 표준 책자를 읽은 학생들이 번개 형성의 주요 단계를 재미있는 내용을 담은 문장이 있는 책자를 읽은 학생들보다 더 잘 기억하고 전이 문제를 더 잘 해결하였다. 이 연구는 재미있는 상세내용이 독자에게 관련 정보에 덜 집중하도록 하는 결과를 낳기 때

---

3) 이는 이론 사용을 위한 선수조건이다.

4) 이 방법 "학생들이 자료를 선정하도록 하라"는 여러 가지 방법으로 나누어져 왔지만 선택을 안내하기 위해 서 밝혀진 상황은 없다.

문에 "적을수록 더 많다"는 데 대한 추가적인 증거를 제공한다.

이 연구들은 학생들이 관련 정보를 선택하도록 하는 데 있어서 주요 요인으로 의식을 지적한다. 이러한 제안은 미국의 교과서가 많은 토픽을 표면적으로 다루기 위하여 점점 더 길어지는 경향을 갖는 경우가 많아지는 것과 충돌한다(Mayer, Sims, & Tajika, 1995). 대조적으로 교과서 설계에 대한 연구는 책은 몇 가지 안 되는 토픽을 다루면서 더 간결해져야 한다고 제안한다.

자료의 조직을 격려하는 기법

어떻게 학생들이 입력 정보를 일치된 표상으로 조직하도록 도울 수 있을까? Mayer(1993)는 글의 조직을 나타내는 개요, 표제, 포인트 단어 등의 사용 방법을 보여 주었다. 번개 문장에서 원인-결과의 연결과 같은 이해할 수 있는 구조를 가진 텍스트를 사용하는 것도 중요하다(Cook & Mayer, 1988).

예를 들어 학생들이 표 7.1의 번개 문장을 조직하도록 하기 위해서는 처음 문장에 다음과 같은 개요를 추가할 수 있다. "번개 형성에는 다섯 가지 주요 단계가 있다: 1) 구름 형성, 2) 하강기류, 3) 구름 충전, 4) 전방위의 접촉, 5) 반대로 치는 스트로크"이다. 더하여, 다섯 가지의 각 단계에서 문장마다 그림 7.2의 캡션과 같이 해당하는 표제를 붙일 수 있다. 끝으로, 텍스트에 "1단계", "2단계", "3단계" 등과 같이 단계에 번호로 붙임으로써 독자가 더 분명히 조직하도록 할 수 있다. "이것 때문에" 혹은 "결과로서"와 같은 포인터 단어는 단계들 사이의 원인 연결을 독자에게 더욱 분명하게 해 준다.

Loman과 Mayer(1983)는 한 연구에서 학생들에게 적조 형성에 대한 문장을 신호를 보내거나 보내지 않는 문장으로 읽도록 하였다. 신호가 보내진 문장에는 적조 형성의 3 단계에 대한 간략한 개요, 각 단계에 대응하는 표제, "이 때문에"와 같은 포인터 단어가 포함되어 있었다. 신호가 있는 문장을 읽은 학생들은 적조 형성 과정의 주요 단계를 기억하고 전이 문제를 해결하는 데 있어서 신호가 없는 문장을 읽은 학생들보다 더 잘 수행하였다. 이 결과는 구조를 더 분명하게 하여 독자로 하여금 창의적인 문제 해결을 지원하는데 사용될 수 있는 일치된 표상을 구성하도록 한다는 것을 제안하고 있다.

학생들이 텍스트 구조와 일치된 정신적 표상을 구성하도록 하기 위해 그래픽 표상을 조직하는 것이 신호와 함께 연결되어 사용될 수 있다. 예를 들어, Mayer, Dyck, Cook(1984)은 학생들에게 과학 교재에 나오는 니트로젠 순환을 설명하는 문장이나 그 문장에 위와 같은 신호가 있는 교재를 읽도록 하였다. 원래 교재와 달리 신호가 있는 교재는 앞부분에 니트로젠 순환의 주요 다섯 단계를 명명하는 개요, 다섯 단계에 기초한 표제, 각 단계가 순차적으로 설명되는 문장의 재순서화, 다섯 단계의 관계를 플로 다이어그램으로 요약하는 그림 등을 포함하고 있다. 신호가 있는 문장을 읽은 학생들은 원래 문장을 읽는 학생들보다 중요한 정보를 더 많이 회상하였고 전이 문제에서 더 많은 해결을 생성해 냈다.

텍스트로부터 일치된 정신 표상을 구축하는 과정은 학습자가 그 텍스트의 구조를 인식하는 능력에 달려 있다. Cook과 Mayer(1988)는 텍스트가 몇 개의 일반적인 구조로 조직될 수 있다는 것을 학생들은 때로 알지 못한다는 것을 보여 주고 있다. 예를 들면 텍스트의 구조는 비교 및 대비(여러 차원에 따라 두세 개의 비교 아이템), 분류(위계적 네트워크), 열거(주제의 부분이나 특성 연결), 일반화(지원하는 증거에 따른 일반적인 주장), 원인-결과(인과 구조로 사건 연결)로 조직될 수 있다.

학습자에 의해서 텍스트가 조직되지 않거나 그 구조가 보이지 않으면 학습자는 관련없는 사실을 독단적으로 사용하여 텍스트를 단순 암기 학습하려고 할 것이다. 표제와 신호 단어들과 조화된 개요는 학생들이 텍스트의 수사적 구조를 탐지하고 일치된 정신 표상을 구축하도록 한다.

자료의 통합을 격려하는 기법

어떻게 학생들이 사전지식을 활성화하여 사용하고 자료의 다양한 표상을 조정하도록 도울 수 있을까? Mayer(1993)는 지식 통합을 촉진하기 위해 선행 조직자, 삽화, 문제 풀이 연습, 정교화하는 질문 등을 사용하는 법을 보여 주고 있다.

예를 들어 독자가 자신이 가지고 있는 지식에 텍스트를 연결하도록 하는 한 가지 방법은 그림 7.2에서 보여 주듯이 각 단계에 맞는 그림을 제시하는 것이다. 각 단계를 구체적인 방법으로 제시함으로써 독자는 자신이 가지고 있는 지식에 입력되는 단어들을 더 잘 연결할 수 있을 것이다. 예를 들어 그림 7.2의 세 번째 그림은 어떻게 음극 입자가 구름의 밑 부분으로 내려오고 양극의 입자가 위로 움직이는지를 보여 준다. 전체적으로 그림 7.2에 제시된 요약은 이 단원에서 제안된 세 가지의 각 기법과 일치되어 있다: 캡션은 학생의 주의가 관련 자료에 집중되도록 하고, 메시지를 다섯 단계로 나눈 것은 독자에게 자료의 조직을 신호하도록 하며, 텍스트를 삽화와 함께 대응시키는 것은 단어들을 사전지식과 통합하도록 돕는다.

Mayer(1989a)의 연구는 선행조직자가 어떻게 학습자의 적절한 사전지식을 준비할 수 있는지를 보여 준다. 연구의 한 부분에서 학생들은 레이더 작동법을 설명하는 문장을 읽었다(Mayer, 1983). 선행조직자 그룹의 학생들에게는 레이더를 물에 튀기는 공과 비교하는 문장으로, 비선행조직자 그룹의 학생들에게는 유추를 담지 않은 문장으로 시작하였다. 예측대로 선행조직자 그룹은 파지와 전이 시험에서 비선행조직자 그룹보다 더 잘 수행하였다. Mayer(1989a)는 선행조직자로 제공된 유추는 학습자에게 익숙한 사전지식을 준비시켰고 문장의 나머지 부분을 이해하는데 사용될 수 있었다고 결론지었다.

텍스트에 정교화 질문을 삽입하는 것도 독자가 새 정보를 기존의 지식과 연결하도록 돕는다. 예를 들어 Mayer(1980)는 학생들에게 데이터베이스 시스템 사용법을 설명하는 텍스트를 읽게 하였다. 일부 학생들은 이 시스템을 여러 개의 바구니에 파일을 구분해 넣는 작업자와 같은 친근한 용어로 설명하는 정교화 질문이 포함된 텍스트를 읽었다. 이 학생들은 정교화 질문을 받지 않은 학생들보다 중요한 정보의 회상과 문제 해결 시험에서 더 잘하였다. 정교화 질문은 학생들로 하여금 자료가 종류별로 나누어질 수 있다는 기존 지식에 제시되는 정보를 연결하도록 하였다.

더 최근에 Mayer(1997)는 여러 프레임의 삽화를 사용하는 것이 삽화 프레임에 그려진 설명에 대응하는 캡션을 포함할 때 지식 통합을 촉진한다고 제안하였다. 일련의 연구에서(Mayer, 1989b; Mayer, Steinhoff, Bower, & Mars, 1995; Mayer & Gallini, 1990), 통합 그룹의 학생들은 삽화와 대응 캡션이 있는 문장을 읽었고, 분리 그룹의 학생들은 캡션과 다른 페이지에 있는 삽화가 있는 문장을 읽었다. 통합 그룹의 학생들은 분리 그룹의 학생들보다 파지와 전이 시험에서 더 잘했다. 유사한 결과가 멀티미디어 환경에서 얻어졌다. 내레이션을 들으며 동시에 애니메이션을 본 학생들은 애니메이션이 나온 후에 내레이션이 나오는 것을 본 학생들보다 더 잘 수행하였다(Mayer & Anderson, 1991, 1992; Mayer & Sims, 1994). 이런 경우에 단어와 그림이 같이 제시되는 것은 학생들로 하여금 같은 설명의 다양한 제시를 구축하여 조정하도록 한다.

활발한 인지과정을 촉진하기 위한 교수 기법에 더하여 구성주의 학습은 자료가 잠재적으로 이해될 수 있다는 학습자의 믿음에 달려 있다. 연구자는 학습자의 자기 효능감(Schunk, 1991)과 성공과 실패의 귀인(Weiner, 1986)이 어떻게 새로운 자료를 학습하려는 지속성에 영향을 주는지를 보여 주려고 한다.[5]

4. 지식 구성 접근의 교수 목표를 강조하는 가치

교수설계의 지식 구성 접근은 적절한 교수 목적에 관한 몇 가지 중요한 가치에 기반을 둔다. 이는 산출과 함께 과정, 파지와 함께 전이, 학습하는 내용과 함께 학습하는 방법에 초점을 둔다.

산출과 함께 과정에 집중하기. 구성주의 접근은 제시되는 것만을 고려하기보다는 학습자의 머리 안에서 무엇이 일어나고 있는지를 고려하는 것에 가치를 둔다는 아이디어를 기반으로 한다. 이는 Dewey(1902)의 아동 중심 교육과 교육과정 중심 교육 사이의 고전적 구별까지 거슬러 올라가 교육에서 지속되어 온 가치이다. 아동 중심 접근에서 학습자의 인지적 변화를 증진하는 방법에 초점을 두는 반면 교육과정 중심 접근은 다루는 자료에 초점을 두고 있다. 이러한 가치는 또한 학습의 결과뿐 아니라 학습의 과정에 초점을 두는 고전적 주장에서 반영된다(Bloom & Broder, 1950). 학습 과정에의 초점은 구성주의 접근의 중심 가치이다.

---

[5] 이 문장은 설계 이론이라기보다는 서술적 이론을 나타낸다.

파지와 함께 전이를 가능하게 하기. 구성주의 접근은 또한 학생들이 배운 것을 단순히 기억할 수 있는지보다는 사용할 수 있는지에 우선을 둔다. 구성주의 접근의 동기적 가치의 하나는 의미 있는 학습이 때로 암기 학습보다 선호되며 깊은 이해가 의미없는 기억보다 좋다는 것이다. 의미 있는 학습을 위한 경우는 교육학과 교육에서 오랜 역사를 가지고 있으나 Wertheimer(1945)와 같은 게쉬탈트 심리학자들에 의해 가장 잘 발전되었을 것이다. 깊은 이해의 특징은 학습한 것을 새로운 상황에 전이하는 능력으로서, 구성주의 접근은 파지를 넘는 학습의 평가를 강조한다.

학습하는 내용과 함께 학습하는 방법을 촉진하기. 끝으로 구성주의 학습은 학습하는 것(그리고 생각하고 기억하는 방법) 뿐 아니라 학습하는 방법(그리고 생각하고 기억하는 방법)에 가치를 둔다. 학습의 중요한 부분은 학습자가 구성 요소를 개발하는 데 사용하는 학습 전략을 포함한다. 이러한 전략에는 정보를 선택하고 조직하고 통합하는 것, 이러한 과정을 조정하고 관리하는 기법과 같은 것이 있다(Pressley, 1990; Weinstein & Mayer, 1985). 교과 내용을 학습하는 것에 더하여 학생들은 기초 학습능력과 사고력을 가질 필요가 있다.

이러한 가치들은 이 장에서 제시한 구성주의 학습을 위한 교수설계의 비전을 강조한다.

5. 결론

이 장의 주제는 학습자가 행동적으로 활발한 학습 에피소드에 관여하지 않는다 해도 구성주의 학습을 증진시키는 교수설계가 가능하다는 것이다. 특히 구성주의 학습은 텍스트가 학습자의 적절한 인지적 과정을 촉진하기 위해 설계되어 있다면, 텍스트 읽기라는 수동적인 과제에서도 구성주의 학습 결과가 나올 수 있다. 학습의 SOI 모형에 따르면 구성주의 학습은 학습자가 세 가지 인지과정에 참여할 때 일어날 수 있다: 관련 정보에 주의를 집중하여 선택하기, 일치된 정신적 표상에 정보를 지적으로 조직하기, 기존의 지식에 정보를 통합하기이다. 텍스트에서 정보를 선택하는 과정을 촉진하는 교수 방법은 표제, 이탤릭체, 굵은 글씨, 글씨 크기, 큰 점, 화살표, 아이콘, 밑줄 등을 사용하는 것이다. 정보를 조직하는 과정을 촉진하는 교수 방법은 개요, 신호가 있는 표제, 포인터 단어, 구조화된 삽화, 일치된 텍스트 구조 등을 포함한다. 제시되는 정보와 사전지식을 통합하는 과정을 촉진하는 교수 방법은 선행 조직자, 캡션이 있는 삽화, 내레이션이 있는 애니메이션, 문제 풀이 연습, 정교화 질문 등을 포함한다.

 구성주의 혁명은 학습자를 활발한 의미 생성자로서 보는 새로운 시각을 제공하고, 편리하게 사용할 수 있는 활동과 토론을 강조하는 새로운 교수 방법을 제안한다. 교육에서 교재 기반의 교수가 중요한 역할을 계속 한다는 사실에 비추어 볼 때(Britton, Woodward, & Binkley, 1993), 교과서로부터 구성주의 학습을 촉진하는 방법을 탐구하는 것은 유익하다. 이 장은 이러한 목적을 성취하기 위한 방법의 비전을 제공하고 있다.

참고문헌

Baddeley, A. (1992). Working memory. *Science, 255*, 556-559.

Bloom, B. S., Broder, L. J. (1950). *Problem-solving processes of college students.* Chicago: University of Chicago Press.

Bloom, B. S., Engelhart, M. D., Furst, E. J., Hill, W. H., & Krathwohl, D. R. (1956). *Taxonomy of educational objective: Classification of educational goals. Handbook I: Cognitive domain.* New York: McKay.

Britton, B. K., Woodward, A., & Binkley, M. (Eds.) (1993). *Learning from textbooks: Theory and practice.* Hillsdale, NJ: Lawrence Erlbaum Associates.

Campione, J. C., Shapiro, A. M., & Brown, A. L. (1995). *Forms of transfer in communities of learners: Flexible learning and understanding.* In A. McKeough, J. Lupart, & A. Marini (Eds.), Teaching for transfer (pp. 35-68). Hillsdale, NJ: Lawrence Erlbaum Associates.

Chi, M. T. H., Bassok, M., Lewis, M., Reimann, P., & Glaser, R. (1989). Self-explanations: How students study and use examples in learning to solve problems. *Cognitive Science, 13,* 145-182.

Collins, A., Brown, J. S., & Newman, S. E. (1989). Cognitive apprenticeship: Teaching the crafts of reading, writing, and mathematics. In L. B. Resnick (Ed.), *Knowing, learning, and instruction: Essays in honor of Robert Glaser* (pp.453-494). Hillsdale, NJ: Lawrence Erlbaum Associates.

Cook, L. K., & Mayer, R. E. (1988). Teaching readers about the structure of scientific text. *Journal of educational Psychology, 80,* 448-456.

Dewey, J. (1902). *The child and the curriculum.* Chicago: University of Chicago Press.

Fleming, M., & Levie, W. H. (Eds.). (1993). *Instructional message design: Principles from the behavioral and cognitive sciences* (2nd ed). Englewood Cliffs, NJ: Educational Technology Publications.

Harp, S. F., & Mayer, R. E. (1997). The role of interest in learning from scientistic text and illustrations: On the distinction between emotional interest and cognitive interest. *Journal of educational Psychology, 89,* 92-102.

Kintsch, W. (1988). The use of knowledge in discourse processing: A construction-integration model. *Psychological Review, 95,* 163-182.

Loman, N. L., & Mayer, R. E. (1983). Signaling techniques that increase the understandability of expository prose. *Journal of educational Psychology, 75,* 402-412.

Mayer, R. E. (1980). Elaboration techniques that increase the meaningfulness of technical text: An experimental test of the learning strategy hypothesis. *Journal of educational Psychology, 72,* 770-784.

Mayer, R. E. (1983). Can you repeat that? qualitative and quantitative effects of repetition and advance organizers on learning from science prose.

Journal of educational Psychology, *75*, 40-49.

Mayer, R. E. (1984). Aids to text comprehension. *Educational Psychologist*, *19*, 30-42.

Mayer, R. E. (1989a). Models for understanding. *Review of Educational Research*, *59*, 43-64.

Mayer, R. E. (1989b). Systematic thinking fostered by illustrations in scientific text. *Journal of educational Psychology*, *81*, 240-246.

Mayer, R. E. (1992). Cognition and instruction: On their historic meeting within educational psychology. *Journal of educational Psychology*, *84*, 405-412.

Mayer, R. E. (1993). Problem-solving principles. In M. Fleming & W. H. Levie (Eds.), *Instructional message design: Principles from the behavioral and cognitive sciences* (2nd ed., pp. 253-282). Englewood Cliffs, NJ: Educational Technology Publications.

Mayer, R. E. (1996). Learning strategies for making sense out of expository text: The SOI model for guiding three cognitive processes in knowledge construction. *Education Psychology Review*, *8*, 357-371.

Mayer, R. E. (1997). Multimedia learning: Are we asking the right questions? *Educational Psychologist*, *32*, 1-19.

Mayer, R. E. (1998). Cognitive, metacognitive, and motivational aspects of problem solving. *Instructional Science*, *26*, 49-63.

Mayer, R. E., & Anderson, A. B. (1991). Animations need narrations: An experimental test of a dual-coding hypothesis. *Journal of educational Psychology*, *83*, 484-490.

Mayer, R. E., & Anderson, A. B. (1992). The instructive animation: Helping students build connections between words and pictures in multimedia learning. *Journal of educational Psychology*, *84*, 444-452.

Mayer, R. E., Bove, W., Bryman, A., Mars, R., & Tapangco, L. (1996). when less is more: Meaningful learning from visual and verbal summaries of science textbook lessons. *Journal of educational Psychology*, *88*, 64-73.

Mayer, R. E., Dyck, J. L., & Cook, L. K. (1984). Techniques that help readers build mental models from scientific text: Definitions pretraining an signaling. *Journal of educational Psychology*, *76*, 1089-1105.

Mayer, R. E., & Gallini, J. (1990). When is an illustration worth ten thousand words? *Journal of educational Psychology*, *82*, 715-727.

Mayer, R. E., & Sims, V. (1994). For whom is a picture worth a thousand words? Extensions of a dual-coding theory of multimedia learning? *Journal of educational Psychology*, *86*, 389-401.

Mayer, R. E., & Sims, V., & Tajika, H. (1995). A comparison of how textbooks teach mathematical problem solving in Japan and the United States. *American Educational Research Journal*, *32*, 443-460.

Mayer, R. E., Steinhoff, K., Bower, G., & Mars, R. (1995). A generative theory of textbook design: Using annotated illustrations to foster meaningful learning of science text. *Educational Technology Research and Development*, *43*, 31-43.

Mayer, R. E., & Wittrock, M. C. (1996). Problem-solving transfer. In D. Berliner & R. Calfee(Eds.), *Handbook of educational psychology* (pp. 47-62). New York: Macmillan.

Pressley, M. (1990). *Cognitive strategy instruction that really improves children's academic performance*. Cambridge, MA: Brookline.

Robins, S., & Mayer, R. E. (1996). Schema training in analogical reasoning. *Journal of educational Psychology*, *85*, 529-538.

Shunk, D. H. (1991). Self-efficacy and academic motivation. *Educational Psychologist*, *26*, 207-231.

Slavin, R. (1990). *Cooperative learning*. Englewood Cliffs, NJ: Prentice-Hall.

Sweller, J. (1994). Cognitive load theory, learning difficulty, and instruction design. *Learning and Instruction*, *4*, 295-312.

Thorndike, E. L. (1926). *Educational psychology: Vol. 2, The psychology of learning*. Syracuse, NY: Mason.

Weiner, B. (1986). *An attributional theory of motivation and emotion*. New York: Springer-Verlag.

Weinstein, C. E., & Mayer, R. E. (1985). The teaching of learning strategies. In M. C. Wittrock (Ed.), *Handbook or research on teaching. Third edition* (pp. 315-327). New York: Macmillan.

Wertheimer, M. (1945). *Productive thinking*. New York: Harper & Row.

CHAPTER 8

경험 중심 학습

**Roger C. Schank / Tamara R. Berman /
Kimberli A. Macpherson**
Institute for The Learning Sciences at Northwestern University

이인숙
세종대학교 교육학과 교수

Roger C. Schank는 Northwestern 대학에 Institute for The Learning Sciences(ILS) 창립 때부터 ILS 원장으로 재직중이며, 인공지능과 멀티미디어 기반의 쌍방향 연수 분야를 주도하고 있다. 그의 연구는 전문가로부터 학습하는 것, 판에 박힌 일을 숙달하기보다는 기술을 계발하는 것, "적시" 훈련의 장점을 적용하는 것 등이 지닌 가치를 강조하고 있다. Northwestern 대학의 세 개 학부에서 교수직을 맡고 있으며, ILS의 연구개발 노력으로 태어난 기업 솔루션 개발회사인 Cognitive Arts Corp.(舊 Learning Sciences Corporation)의 사장이면서 기술이사이다.

Tamara R. Berman은 Northwestern 대학의 Learning Science 전공 박사과정에 재학중인 학생으로 전문직을 위한 실시간 목적기반 시나리오 교육과정을 설계하고 운영하는 작업을 하였으며 컴퓨터기반 연수프로그램의 초기 작업을 한 바 있다. 그녀는 현재 목적기반 시나리오 훈련의 적용과 관련된 학위논문 연구를 진행중이다.

Kimberli A. Macpherson은 Northwestern 대학의 Learning Science 전공 박사과정에 재학중인 학생으로 어린이를 위한 컴퓨터기반 프로그램과 전문직을 위한 목적기반 시나리오(GBS) 환경을 포함하여, GBS를 설계하고 운영하는 작업을 하였다. 그녀가 준비하고 있는 학위논문은 실시간 GBS 설계 방법론에 중점을 둔 연구이다.

서 문

목적 및 전제.   이 이론의 일차적 목적은 실용적 상황에서 기능적 능력의 개발과 사실적 정보의 학습을 육성하는 것이다. 특별한 전제조건은 없는 것으로 보인다.

학문적 가치.   이 이론은 다음과 같은 가치를 바탕으로 한다.
- 단순히 아는 것(사실적 지식)이 아니라 하는 것(기술)을 학습하기
- 학습자에게 관련이 있고 유의미하며 흥미로운 목표 상황에서 발생하는 학습
- 학습이 일어났던 환경이 아닌 상황에서 이미 배운 것을 사용하는 방법 그리고 밀접한 특성을 지닌 과제 상황에서 학습되어지는 내용지식

주요 방법.   목표기반 시나리오의 일곱 가지 핵심적 요소는 다음과 같다.
1. 목표
   - 과정지식 목표
   - 내용지식 목표
2. 임무
   - 동기를 유발시켜야 한다.
   - 어느 정도는 현실적이어야 한다.
3. 커버스토리(배경 줄거리)
   - 임무에 대한 필요성을 만들어 내야 한다.
- 기술을 연마하고 지식을 탐구할 충분한 기회를 허용해야 한다.
- 동기를 유발해야 한다.
4. 역할(학습자들이 담당하게 될)
   - 필요한 기술과 지식을 사용하는 역할이어야 한다.
   - 동기를 유발해야 한다.
5. 시나리오 운영(즉 학습자들이 하게 될 활동)
   - 임무와 목표에 밀접하게 관련되어야 한다.
   - 결과를 명백히 할 수 있는 결정시점을 가지고 있어야 한다.
     - 결과는 임무 달성을 통해 진척되고 있음을 보여 주어야 한다.
     - 부정적인 결과는 예상의 실패로 받아들여져야 한다.
   - 학습자들이 참여할 수 있는 많은 활동이 있어야 한다.(학습자들이 기술을 연마하면서 대부분의 시간을 보낼 수 있도록)
   - 목표가 요구하는 것 이상의 활동을 요구해서는 안 된다.
6. 교육자료
   - 임무를 완성하는데 필요한 자료를 학습자들에게 제공해 주어야 한다.
     - 자료는 잘 조직되어 있어야 하고 바로 접근 가능해야 한다.

 - 자료는 종종 이야기의 형태를 통해 가장 잘 제공된다. (지식과 기술에 적절한 일종의 색인이 매겨질 수 있기 때문)
 + 이야기는 이미 학습자들이 알고 있는 이야기의 연장선상에서 구성하여 이해가 가능한 것이어야 한다.
7. 피드백
 • 상황적이어야 예상되는 실패로서 적절히 색인이 된다.
 • 시기적절하게 주어져야 학습자들이 그것을 사용할 것이다.

 • 세 가지 방법으로 제공할 수 있다.
  - 행동의 결과
  - 코치
  - 해당 영역의 전문가가 겪은 유사한 경험을 제공하는 이야기

교수설계에 대한 적용점. 과제기반 학습에 포함되는 모든 주요 측면에 대해 지침을 제공해 준다. 또한 형성적 연구(formative research)를 통해 개발된 방법들이 가치가 있음을 입증해 주고 있다.
— C.M.R

경험 중심 학습

학교 환경은 지금 급격한 변화의 요구에 직면하고 있다. 우리는 사실에 기반을 둔 지식이 전통적 교수를 지배해 온 문화 속에 살고 있고 Trivial Pursuit나 Jeopardy와 같은 "지식게임"을 잘하는 사람이 우수한 사람으로 인정받고 있다. 그러나 삶을 영위하기 위해서는 단순히 아는 것 이상으로 행할 것을 요구받는다. 따라서 과제를 수행하는 방법을 학습자에게 가르쳐 주는 것이 더 타당할 것이며, 해보도록 하는 것이 그 방법을 가르치는 유일한 효과적 방법이다.

지능형 컴퓨터를 개발하려는 오랜 노력을 통해 우리는 어떻게 인간의 기억이 작동하며 인간이 학습하는지에 대해 많은 것을 배울 수가 있었다. 이런 배움의 결과를 사용하려는 노력의 일환으로 그리고 앞서 언급한 전통적 학습환경이 가지는 문제점을 해결하기 위해, 본 저자들은 목적기반 시나리오(GBS)라는 수업·학습의 구조를 개발하였다.

GBS는 학습자들이 기술을 연마하고 관련된 내용 지식을 사용하여 학습목표를 성취하는데 도움을 주는 경험학습기반의 시뮬레이션이다. 시뮬레이션이 실행되는 동안 학습자들은 정보를 사용하

도록 적시에 코칭을 받게 된다. 코칭 방식의 피드백 제공은 학습자가 배운 것을 기억하게 해 줄 것이다. 풍부한 양의 내용을 포함하고 흥미진진하면서도 복합적인 활동을 지원하며 학습자들의 내재적 동기를 자극할 수만 있다면, GBS가 소프트웨어 환경이든 실시간 역할극이든 문제가 되지 않을 것이다.

이 장에서는 전통적 교수법에서 나타나는 본질적 문제점을 먼저 논의해 보기로 한다. 이어서 목표기반 시나리오를 통한 수업에 이론적 기반과 지원을 제공하는 소위 **사례기반 추리**(case-based reasoning, CBR)라는 기억과 학습의 이론을 설명할 것이다. 그 다음에는 GBS설계의 요소들을 좀 더 세부적으로 소개할 것이다. 우리는 GBS가 어떤 학습 주제, 어떤 연령에도 적합하며 학교 및 기업 교육용으로 가장 이상적인 형태임을 강조한다.

1. 전통적 교수법의 문제점과 GBS의 가치

전통적 교수법은 몇 가지 문제점을 안고 있다. 이

것에 대해 논의한 후 GBS설계에서 이 문제점을 어떻게 해결해 줄 것인지를 설명할 것이다. GBS 교수법은 GBS 학습환경이 가진 잠재적 효과성을 극대화해 주는 특정 학습과 수업의 기저가치를 바탕으로 하고 있다.

가장 큰 그리고 첫 번째 문제는 전통적 수업 방법을 통해서는 아이들이 기술을 배우지 못한다는 것이다. 여기에서는 사실적 지식을 학습자들에게 전달하는데 수업의 중심을 더 두게 된다. 이런 현상은 학교교육과정 속에 규명된 학습목표를 보면 분명하다. 교육기관은 외부에 교육프로그램 설계를 해달라고 도움을 구할 때에 학습목표를 "~을 안다(know that)"의 형태로 기술해 오는 관행을 보여 왔다. 예를 들면 생물학과에서는 학습자들이 동물은 내장기관을 가지고 있다는 사실을 알기를 기대했다. 그렇지만 학습자들이 이 지식으로 무엇을 해야 하는지(다시 말해서 왜 그 지식을 알아야 하는지) 알지 못한다면 배운 내용을 금방 잊어버릴 것이다.

GBS가 강조하는 가치 중의 하나는 "~을 안다" 보다는 "~을 하는 법"을 학습목표로 하는 교수모형을 만들어 내는 것이다. 간경병 환자를 진단하기 위해 건강한 간과 손상된 간을 찾아내는 방법을 배운다면 생물학 전공생들은 더 좋은 교육서비스를 받은 것이다. 방법을 배울 때 학습자들은 과제를 달성하기 위해 수반되는 과정상의 내용적 지식을 당연히 배우게 된다. 그때에 바로 학습자들은 왜 그것을 알아야 하며 또 그 지식을 어떻게 사용해야 하는지를 알게 된다(Schank, 1994b).

두 번째 문제는 전통적 교수방법이 학습자의 내재적 동기를 유발하는 목표를 성취하게 해 주는 교육서비스를 통해 새 지식을 탐구할 기회를 제공하지 못하는데 있다. 다시 말해서 학습자들은 때로는 숙제를 끝내기 위해서나 시험에 통과하기 위해서 사실적 지식과 기술을 배워야만 한다. 이것

은 학습자 자신에게 의미 있는 목표를 달성하는 데 도움이 될 새 지식과는 하나도 관련이 없다.

GBS 교수법은 학습자들이 흥미롭고 중요하다고 느끼는 목표, 학과목과 관련이 있는 목표를 성취하기 위해서 학습내용과 기술을 배워야만 한다는 우리의 이론을 잘 반영해 주고 있다. 예를 들면, 시험 점수를 잘 받기 위해서 동물은 간을 가지고 있고 그 위치가 어디인지 학습해야 한다면 궁극적으로 동기화된 목표라고 볼 수 없다. 성적이나 심지어는 돈과 같은 변인은 외적 동기이다(Malone, 1981). 이와 반대로 학습자가 병든 강아지(그 학습자가 애완 강아지를 아낀다는 가정 하에)를 살리기 위해 간에 대해서 좀더 배워야 하는 상황이라면 이것은 내적으로 동기화 될 수 있는 이유이다.

세 번째 문제는 전통적 교수방법을 통해서는 아이들이 탈 맥락화된 형태로 학습한다는 것이다. 실생활과 괴리된 방식으로 지식과 기술을 가르치고 교과서에 수록된 내용을 전수하거나 시험에 대비하는 연습만을 시킨다. 이런 환경에서는 지식을 회상해내거나 사용하는 것이 매우 힘들어 학습자들의 기억이 작동하는 데 문제가 있다.

GBS는 내용지식과 관련이 있는 과제를 통해 학습자들이 내용지식을 배우도록 가르쳐야 한다고 강조한다. 우리가 배운 것을 기억해 내는 유일한 방법은 기억을 유발하는 유사한 경험을 통해서이다. 예를 들면 시험을 보는 경험은 과거에 보았던 다른 시험에 대한 기억을 유발시키며, 문제를 진단하는 과제는 과거에 해보았던 다른 진단과제에 대한 기억을 유발시킨다. 게다가 우리 인간은 고립된 형태의 정보보다는 경험을 더 잘 기억해 내는 경향이 있다. 따라서 학습자의 [과거] 경험과 연결될 수 있는 경험의 기회를 풍부하게 제공함으로써 가르치는 것이 당연히 바람직할 것이다. 그리고 GBS에서 학습자들이 기술을 연마하는 방법은 학

습이 일어나는 환경 밖의 실제상황에서 그 기술을 사용하는 방법과 밀접한 관련성이 있어야 한다.

2. 사례기반 추론

사례기반 추론(CBR)은 새로운 문제를 해결하기 위해서 우리가 어떻게 기억하며 기억을 사용하는 지에 관한 이론이다. 사실 우리 모두가 일상생활 에서 정기적으로 CBR을 사용한다. 이 방법은 갓 난아이에서 성인에 이르기까지 어떻게 학습하게 되는지를 보여 주고 있다. 지금부터 CBR이 어떻 게 작동하는지 설명하기 위해서, 학습에 CBR이 사용되는 예를 들어보기로 하겠다.

어떤 사람이 초코과자 굽는 방법을 알고 싶어 한다고 가정해 보자. 초코과자를 굽는 것이 학습 과 무슨 연관이 있을까? 무엇인가를 굽는다고 할 때, 당신은 어떻게 굽혀 나왔으면 좋겠다는 생각 을 하게 된다. 결국 계획한 대로 나오든지 안 나오 든지 둘 중 하나일 것인데, 만약 계획대로 되지 않 았다면 무엇이 잘못되었는지를 배울 수 있는 기회 를 가지게 될 것이며 다음에 구울 때는 기술이 향 상될 수 있을 것이다. 한편 이런 방식으로 배우면 처음 구우면서 발생했던 문제점을 기억할 수가 있 기 때문에 다음에는 어떻게 개선할 수 있을지 알 수가 있다. 이전의 경험 즉 CBR을 통해 학습할 수 가 있는 것이다. 이런 학습의 형태 즉 CBR은 단지 제과 분야에서만 효과적인 것이 아니라 어떤 기술 을 학습하거나 개선할 때에도 효과적인 방법이다. 일반적으로 CBR은 전문가가 되기 위해 거쳐 가는 방식이며 전문가들이 전문분야에서 다루는 문제 에 대해 추론하는 방식이기도 하다(Riesbeck & Schank, 1989).

그러나 CBR이 추론할 때 사용하는 유일한 방법 이라고 단정할 수는 없다. 예를 들면, 유추를 가능

하게 해줄 과거의 유사 경험을 기억하기가 어려울 정도로 새롭고 전과는 다른 문제와 직면할 수 있 다. 이 상황에서라면 사람들은 검증되지 않은 초 벌원리에 입각해 추론 과정을 시작해야 한다. 또 어떤 경우에는 문제해결을 하기 위해서 추론 과정 보다는 '짐작'에 의존할 것이다. 그러나 현재의 문 제를 과거의 문제와 견주어 보는 방법을 가장 흔 히 사용하며, 이 때에 CBR을 효과적으로 사용할 수 있다.

CBR의 가장 강력한 점은 '과자굽기'에서와 같이 상황적 특성이 유사한 기억에만 제약을 받는 것이 아니라는 데 있다. 상황을 뛰어넘어 추론을 하게 되는데 이런 경우에 기억의 유사성은 '상황'보다는 '주제'의 특성에 기반을 두게 된다. 예를 들면 "한 번에 성공하지 못하면, 계속해서 도전하라"라는 속담이 있다. 아마도 이 속담은 새로운 시도에서 많은 실패를 겪었지만, 이후에 성공을 경험한 적 이 많은 사람에 의해 만들어졌을 것이다.

만약 이것이 당신의 경험이기도 하다면, 처음으 로 수레바퀴를 돌리려고 시도했던 일, 처음으로 자 전거를 탔던 일, 처음으로 긴 나눗셈 문제를 풀려 고 했던 일 등등 당신도 처음 시도했던 노력들이 실패로 돌아갔던 사례들을 분명히 간직하고 있을 것이다. 그렇다면 이제 이 과거의 사례들을 이용하 여 추론할 준비가 된 것이다. 만약 당신이 맛있는 과자를 굽는데 어려움을 겪고 있다면 그것은 아마 도 첫 경험이기 때문이라는 것을 알게 될 것이다.

자전거를 제대로 타지 못했던 기억은 과자를 굽 는 일과는 겉보기에 유사성이 없어 보이지만, "처 음에는 실패하는 경향이 있지만 할수록 더 나아진 다."와 같이 더 내면적인 유사성을 사용하여 유추 (사례기반 추론)할 수는 있다. 이런 유추는 왜 형 편없이 빵을 굽게 되었는지를 설명해 줄 뿐 아니 라 꾸준히 시도하는데 동력이 된다. 이것이 바로 문제를 해결하기 위해 우리가 특정 상황을 넘나들

며 CBR을 사용하는 방식이지만, 본 글에서는 학습 과정을 설명하는데 '과자굽기'라는 상황으로만 제한하여 최대한 단순화시키려고 한다.

가르칠 때 기본적으로 우리는 초보자가 전문가가 될 수 있도록 하는데 노력을 기울인다. 이것은 성인교육뿐 아니라 학교교육에도 마찬가지로 적용된다. 여기서 "전문가(expert)"란 꼭 직업적인 전문가를 의미할 필요는 없다. 우리가 의미하는 전문가란 특정 목표를 달성하기 위해 기능적으로 지식을 사용하고 기술을 수행할 수 있는 사람을 말한다.

과자굽기의 예를 들어보면, 학습자로서 당신은 자신, 가족, 친한 친구를 위해서 맛있는 과자를 굽기 바라고 심지어는 제과에 대해 무엇인가 전반적으로 배우려고 할 수도 있다. 그렇다고 해서 식당이나 제과점에서 일하는 제과 전문가가 되려는 의도는 아닐 것이며 다만 간혹 과자를 제대로 구울 수 있기를 바랄 뿐이다. 반면에 만일 직업적인 제과 전문가가 되고자 한다면 제과 과정에 대해 좀 더 많은 학습이 필요하다. 목표가 서로 다르므로 배울 내용이 달라진다. 그러나 두 가지 경우에 학습과정은 여전히 동일하다. 즉, 과자굽기에 대해 설명을 들어서 학습하는 것이 아니라 과자를 구우면서 배울 필요가 있다.

그렇다면, 전문가란 무엇으로 만들어지는가? CBR의 개념에 따르면 전문가는 현재 일하고 있는 영역과 관련된 기억들로 이루어진 풍부한 "도서관"을 마음에 가지고 있는 사람들이다. 다시 말해서 전문가는 자신의 전문영역에서 많은 경험을 쌓은 사람들이며 따라서 새로운 문제를 해결하기 위해서 필요할 때 거기에 꼭 맞는 기억이나 사례를 회상할 수 있는 사람이다.

사례란 전에 일어났던 어떤 특정한 경우에 대한 기억이다. 예를 들어 비록 당신이 과자를 굽는 일이 서툴더라도 그 동안 살아오면서 빵은 많이 구워보았을 수 있다. 매번 빵을 구웠던 모든 경험은 '굽는 것'으로 구성된 자신의 '사례 도서관'에 일부분을 이루고 있다. 이 안에는 빵에 관련된 기억들이 하위 항목으로 들어가 있다. 너무 많은 밀가루를 빵 반죽에 넣었다면 그 빵은 딱딱하거나 무거웠을 것이다. 그런 기억 자체가 한 가지의 사례이다. 만약 당신이 이런 기억을 많이 가지고 있고 다양한 종류의 실수로부터 배웠다면, 아마도 지금쯤은 빵을 꽤 잘 구울 것이고 그래서 전문가가 되어 있을 것이다(Schank, 1982).

앞서 말했듯이 전문가는 자신의 전문 영역에서 많은 경험을 가지고 있어야만 한다. 이러한 경험의 집합이 새로운 문제를 해결하는데 도움이 되는 중요한 기억을 회상할 수 있는 정신적 사례집이 되기 때문이다. 예를 들어 빵을 구웠던 경험은 과자를 굽는데도 도움을 줄 수 있을 것이다. 당신은 과자 반죽에 밀가루를 추가할 때 밀가루를 필요 이상으로 많이 섞으면 딱딱한 과자가 된다는 것을 기억해낼 것이다. 따라서 한 사례로부터 배운 수업내용이 다른 유형의 새로운 사례와 밀접한 관계가 있다면 그 새로운 사례에 전이될 수 있다.

전문가들은 자신의 경험을 조직화할 수 있어서 필요할 때 관계 자료를 어디에서 찾아야 할지를 알아야 한다. 우리는 이것을 **색인과정**(indexing)이라고 부른다. 기억을 유용한 방법으로 저장하고 회상하려면, 반드시 의식 수준에서 그럴 필요는 없지만 우리가 경험을 하게 되는 바로 그때 그 경험이 우리에게 어떻게 관련되는지를 알아야만 한다.

'도서관' 은유를 사용하자면 색인과정은 경험에 적절한 '제목'을 달고(labeling) 적절한 기억 장소에 '보관하는 작업'(filing)으로 구성된다. 예를 들면 우리는 모든 '요리에 대한 기억'을 모아 저장한다. 이 모둠 안에는 굽기에 대한 기억이 담길 영역이 있어야 하고 굽기에 관한 모둠은 또 다시 빵 등을 굽는 것에 관한 모든 것을 담는 영역을 포함하게 된다. 마지막으로 이러한 기억이 제 역할을 하려면 적시에 회상되어야 한다. 우리의 경험을 색인하는 데 다양한 방법이 있다. 우리가 보고 행하는 것들을 분류하는데 시각, 소리, 냄새, 사건 등등을 사용한다. 우리는 색인하는 방법을 [의식적으로] 선택하지는 않는다. 이 과정은 무의식적인 과정이기 때문이다.

기억은 현재의 경험이 제공해 주는 단서에 의해서 회상되어진다. 종종 이런 단서는 경험의 맥락, 경험의 목적, 경험을 통해 배운 것들과 연결된다(Schank, 1982). 그래서 처음으로 과자를 구울 때는, 조리법을 참조하면서 사용할 재료를 꺼냈던 경험이나 맛있는 과자를 구우려는 당신의 목표 등이 '굽는 행위' 일반에 대해 이미 자신이 가지고 있는 기억 구조에 접근하도록 도와 주며, 빵에 너무 많은 밀가루를 넣으려고 했던 때의 그 구체적 기억도 불러일으킨다.

우리는 과학적 사실을 전통적 교수법을 통해 학습하며 학습한 것을 시험에 통과하기 위해 선다형 시험(우리는 학교 시험에 관한 또 다른 기억 구조로 자료를 색인한다.)에 써먹을 때, 학습한 그 정보를 학교 시험에 대해 이미 가지고 있는 다른 기억들을 이용해 색인하고 아마도 과학 시험이라는 하위 항목으로도 색인을 할 것이다. 시험에 통과해야 한다는 목표를 성취하는데 도움을 줄 수 있는 것은 공부하기, 플래시 카드기법, 그 밖에도 우리가 사용하는 다른 기발한 기법들이다. 과학정보에 대한 기억의 단서는 시험을 치르는 '과정'에 연결되어 조직화되므로, 시험의 구조와 과거에 본 시험에 대한 기억이 우리의 공부 습관을 만들어 준다. 그러나 이런 전통적 교수환경에서는 시험 '내용' 그 자체는 우리가 성취하고자 신경을 쓰는 목표와 아무런 관련이 없다. 이 시험 내용은 앞으로 다시는 알 필요가 없기 때문에 회상할 수 있는 방식으로 색인화되지 않고 만다.

반면에 흥미 있는 문제를 해결하는데 도움을 줄 내용이 필요한 경우에 그것과 유사한 문제들은 관련 정보를 회상하는 데 좀더 단서가 되는 경향이 있다. 예를 들면, 생물학 수업시간이고 여기에서 우리가 의사의 역할을 한다고 생각해 보자. 오래 지속된 열과 피로감을 호소하는 환자가 우리에게 제공되고 우리는 병의 원인을 검사, 판단하기 위해 약간의 혈액을 채취하도록 지시를 받을 것이다. 혈액 조직의 여러 유형과 특정한 조직화가 특정 질병과 어떻게 관련되는지를 배울 때, 우리는 배운 그 내용을 환자를 치료하고자 하는 우리의 희망으로 목록화할 것이다. 또한 우리는 여러 다른 혈액조직 문제와 관련이 있는 병의 유형을 기억하게도 될 것이다. 그래서 향후 질병과 혈액조직에 관련된 문제가 발생할 때 우리가 진료했던 환자의 사례에 접근하게 되고 관련된 내용을 좀더 많이 기억하게 될 것이다.

이것이 바로 GBS설계에서 학습자들이 목표로 하는 기술을 연습할 동기부여적이고도 감각적인 환경을 조성해 주는 것이 매우 중요한 이유이다. GBS 속에서 학습자에게 부여되는 역할과 목표는 학습할 기술이 현실과 '관련성'을 가지고 있다는 것을 이해하는데 도움을 준다. 이것은 전통적 교수법에서 실패하고 있는 부분이다. 전통적 교수환경에서 학습자는 배우고 있는 것과 현실의 관련성을 파악하지 못하며 전통적인 수업은 내적인 동기를 촉진하는 목표를 반영하지 못하는 본질적인 문제를 가지고 있다. 이러한 한계 때문에 학습자는 배운 내용을 효과적으로 색인화하지 못하고 따라서 필요할 때 회상하지 못한다.

적절한 회상이 가능하도록 색인(Index)이 잘된 사례도서관을 구축하는 단계를 좀더 잘 설명하기 위해서, 처음으로 맛있는 초코과자를 만드는 방법을 배워가는 과정을 제시하고자 한다. 이 예를 통해, 사례기반추론 및 사례기반학습에 관련된 요소인 목표, 계획, 기대, 기대의 실패, 설명 등에 대해 논의해볼 것이다.

목표, 계획, 기대

모든 노력은 목표를 가지고 출발하며 학습은 목표를 성취해 가는 길에 발생하는 것으로부터 얻어진다. 이 경우에 이미 당신의 목표는 '맛있는 과자를 만들기'라는 점을 알고 있다. 이 목표를 마음에 둔 당신은 어떤 **기대**를 갖게 될 것이다. '기대'는 우리를 둘러싸고 있는 세계를 이해하는데 필요한 것 중 하나이다. 만약 우리가 좋은 과자의 기준이 무엇인지 모른다면 이 과자가 좋은 것인지 나쁜 것인지를 알 수 없을 것이다. 성장하고 배워가면서 우리들은 주변의 거의 모든 것에 대해 기대감을 키우게 된다. 때때로 기대가 충족되기도 하고 때로는 그렇지 않을 때도 있다. 이 예에서 당신의 '기대'는, 만약 조리법에 따라 하면 아주 좋은 과자를 만들어 낼 수 있으리라는 것이다.

그럼 이 목표를 달성하기 위해 어떻게 해야 하는가? 우선 계획을 세워야 한다. 그러나 완전히 백지 상태에서 계획을 만들어 낼 수 있는 방법을 배워야만 할까? 아마도 그렇지 않을 것이다. 당신이 달성하고자 하는 목표가 있을 때, 이전에 사용한 적이 있는 계획을 활용하고 이전부터 친숙한 다양한 목표 유형들을 조절하여 적용할 수 있다. 이 경우에는, 빵을 굽는 목표가 바로 이전부터 친숙한 목표가 된다. 이전부터 친숙한 계획(과거에 당신이 목표를 성취하기 위한 수단이었던)은 제빵 방법을 참조해서 당신만의 입맛에 맞추는 것을 어느 정도 허용하면서, 여전히 그 방법에 정확히 따라 만드는 것이었다. 이 계획은 당신의 기억 속에 저장된 제빵에 대한 많은 기억들을 일반화 시킨 것이라는 데 주목하라. 당신은 초코과자를 만드는 데 정확히 똑같은 계획을 사용할 수 있을까? 재료

가 다르고 조리 단계가 약간은 다르지만, 대부분의 것은 동일하다. 당신은 이전부터 익숙하면서도 일반화된 계획을 새로운 계획에 수반되는 특정 요구에 맞도록 적응시킬 수 있어야 한다. 학습은 이러한 적응과정에서 발생하게 된다.

조리법에 따르면 초코과자를 구울 때는 처음에 버터, 설탕, 바닐라를 함께 넣어 크림상태로 만들고 그리고 나서 계란을 첨가해야 한다. 다른 용기에 밀가루, 소다가루, 소금과 같은 마른 재료를 섞는다. 마지막으로 두 용기의 내용물을 섞는다. 그러나 이 때에 반죽용으로 쓸 깨끗한 사발이 하나밖에 없는 경우가 생길 수 있다. 그럴 경우 당신은 "별 문제 없겠지(no big deal)"라고 생각할 수도 있다. 그래서 모든 종류의 재료를 한 용기에 넣고 이것을 한번에 섞는다. 반죽이 그다지 고르게 된 것 같지는 않지만 과자 반죽을 제과용 종이 위에 적당한 크기로 올려서 평소처럼 굽는다. 조리용 시계가 울리고 오븐의 문을 열어보니 너무 납작하고 모양새가 별로 없는 과자를 보게 된다. 반죽이 순식간에 너무 딱딱하게 되어 버린 것이다. 이런 과자를 좋아할 사람은 아무도 없으며 당사자인 당신은 특히 그럴 것이다. 이번 경험을 통해서 당신은 무엇을 배우겠는가?

기대의 실패(Expectation Failure)

위의 경우처럼 '기대의 실패'는 학습과정의 중요한 일부이다. 과자가 다 구워졌을 때, 당신은 과자가 어떤 모양과 맛일까 기대했었다. 그런데 지금은 계획대로 결과가 나오지 않은 것을 보게 된다. 우리는 이것을 '기대의 실패'라고 한다. 실수를 저질렀고 이것을 통해 학습할 수 있는 기회를 갖게 된 것이다. 만약 과자에 대해서 전혀 관심이 없고 앞으로 다시는 굽지 않을 생각이라면 당신은 이 실수를 통해 어떤 것도 배울 가능성이 없다. 시험을

치기 위해 배운 과학적 지식을 당신은 기억하고 있는가? 이 경우도 마찬가지이다. 만약 어떤 정보에 대해 관심이 없고 왜 그것이 필요한지 모른다면, 당신은 그것을 모두 잊어버릴 가능성이 크다. 기대의 실패를 통해 얻게 된 정보를 다시 사용하려면 적절하게 색인화되어야 한다. 이와는 대조적으로 만약에 약간의 과자와 우유에도 입가에 군침이 돌거나 가장 친한 친구에게 사랑과 감사의 표시로 과자를 만들어 주었다든지 요리가 실패하면 매우 부끄럽다면, 당신은 자신이 만든 볼품없이 납작하게 구워진 과자에 대해 **설명**을 하려고 할 것이다. 이때가 바로 당신이 학습을 할 수 있는 최상의 상황에 있는 것이다.

설명(Explanation)

일단 '기대의 실패'를 경험하면, 이것에 대한 설명이 중요해진다. 설명은 '기대의 실패'로부터 배울 수 있는 기회를 제공하기 때문이다. 계획대로 일이 일어나지 않았을 때는 왜 그렇게 되었는지 알 필요가 있다. 실패한 이유들은 실패를 통해 배운 것을 추상화(일반화)하여 향후에 당신의 기대에 적용시키는 데 도움을 줄 것이다. 앞에서 소개한 예의 경우에 당신은 조리법을 다시 보고 조리법의 지시사항과 다르게 했던 것이 무엇일까 되돌아보게 된다. 아마도 평상시에 음식을 할 때도 설탕을 적게 넣는 습관이 있는데 이 경우에도 설탕을 적게 넣었지만 이것이 반죽을 부풀리는데 영향을 주는 것은 아니다. 그리고 보니 한 용기에 재료들을 모두 섞었다는 것을 제외하고는 모두 조리법대로 한 것 같다.

그러면 이제 왜 문제가 생겼는지 설명을 조직적으로 구성해야 할 때이다. 아마도 밀가루와 소다가루가 골고루 섞이지 않았을 수도 있고 대부분의 소다가루가 반죽의 촉촉한 부분과 잘 섞이지 않았

을 수도 있다. 이렇게 일단 실패에 대한 설명을 구성하였다면, 마음속 사례도서관에 [실패의] 기억을 색인화할 때 이 설명을 '기대의 실패'에 연결시킬 것이다. 그래서 만일 다시 과자를 굽는다면 조리법에 상세하게 써 있는 대로 별도의 용기에 재료를 섞어야겠다고 생각할 것이다. 만약 그렇게 하지 않으면 반죽의 밀도가 고르지 않게 되어 버릴 것이다. 실패를 통해 색인화된 설명은 다음에는 정확하게 일을 하는데 도움을 줄 것이다. 이런 유형의 학습은 유연하기 때문에 새로운 상황에 학습한 것을 적용시킬 수 있다. 당신은 아마도 별도의 용기를 사용해야 한다는 조리 방법이 과자에만 제한적으로 적용된다고 생각하지는 않을 것이며 무엇을 굽던지 '규칙'이 중요하다고 생각하게 된다. 이런 생각을 한다는 것은 배운 지식을 다른 문제로 "전이"시킬 수 있음을 의미한다.

새로운 문제의 해결에 도움을 줄 사례를 회상하고 있을 때면, 당신은 CBR을 사용하고 있는 것이다. CBR은 우리가 경험을 통해 배우게 되는 방식이다. 알아야 할 것이 무엇인지 설명을 듣는 것으로는 실제로 하는 방법을 배울 수 없다. 자신의 목표를 성취하고자 시도하는 과정에서 배워야 한다. 실수를 했을 때 우리는 앞으로 이런 실수를 방지할 수 있는 방법을 배우게 된다. 또는 실수를 하기 전에 그것을 방지하기 위해 적시에 중요한 질문을 하게 된다. 우리 모두는 자신의 목표달성에 중요한 역할을 했던 것들을 배우게 된다는 점을 기억하고 있다. 가장 기억에 남을 학습 방식은 바로 경험을 통한 것 즉, 경험학습(Learning by doing)이다.

3. 가르침

지금까지는 경험을 통해 어떻게 학습하는지를 검토해 보았다. 다음으로 제기해 볼 문제는 우리가

'타인을 어떻게 가르치는가'이다. 기억이론과 학습이론에 따르자면, 불행하게도 상대편이 새로운 정보를 받아들일 준비가 되어 있지 않다면 우리는 아무 것도 가르칠 수 없다. 때때로 사람들은 호기심 때문에 배우길 원한다. 만약 자신의 내적 동기에 충만해 있다면 그 사람은 학습할 준비가 이미 되어 있는 것이다. 일반적으로 교사들은 대부분의 학습자들이 동기부여가 잘 안 되어 실망스런 경험을 하게 된다.

교사는 동기를 불러일으키고 상황을 조성해서 학습자들이 학습할 준비가 되도록 해야 한다. 앞서 논의했듯이, 목표를 성취하는데 어려운 점은 새로운 정보를 마음속에 동화시키는 것이다. 그러므로 최고의 수업방법은 학습자들이 추구하는 목표가 교사가 전달하고 싶은 지식과 기술을 습득하도록 요구하는 그런 상황에 내재되도록 하는 것이다. 이것이 GBS의 핵심이다.

GBS 설계

이 글의 서두에서 GBS의 기본적 개요에 대해서는 이미 설명했다. 그러면 GBS를 구성하고 있는 구성요소들을 좀더 자세히 설명하기로 한다. 구체적 설명을 하기 위해서 소위 "대통령에게 자문하기(Advise the President)"(Schank & Korcuska)라는 GBS사례를 살펴보기로 한다. 학습과학연구원(The Institute for the Learning Sciences, ILS)은 대통령이 Krasnovia라는 나라의 내전에 대해 취할 조치를 결정하는데 도움을 줄 보고서를 학습자들이 작성하는 과제로 구성된 컴퓨터 기반 GBS를 개발했다. 이 GBS는 학습자들이 논쟁거리를 선택하고 또 얼마나 강하게 논쟁을 할 것인지도 선택하며 그 논쟁을 기초로 한 증거나 사례를 선택할 수 있는 메뉴 시스템을 사용할 수 있도록 구성되어 있다. 학습자들이 메뉴 시스템 안에 제공되는

선택사항들을 바탕으로 해서 보고서를 구성하기 때문에, 그 프로그램은 학습자들이 어떻게 그리고 무엇에 대해 비평하고 평가해야 하는지를 '알고 있다'. [따라서 평가를 위한 데이터베이스화가 되어 있을 가능성이 있다]. 이 프로그램은 (역사적 사건에 대한 뉴스방송의 비디오자료와 같이) 관련성 있는 역사적인 사례와 (미처 관찰해 내지 못한 학습자를 비평하는 자문위원 역할의 등장인물이 들어 있는 비디오자료 등과 같이) 자문위원단과 내용영역 전문가의 비평을 담은 비디오데이터베이스를 포함하고 있다. "대통령에게 자문하기(Advise the President)"의 줄거리는 다음과 같다.

당신이 잠든 한밤중이다. 갑자기 전화가 시끄럽게 울리고 잠이 깬다. 미합중국 대통령의 수석보좌관이 당신을 찾는 전화이다. 그녀는 CNN 뉴스를 틀어보라고 한다. 뉴스에서는 당신이 즉시 관심을 가져야 하는 위기사태에 대해 보도하고 있다. 당신은 대통령자문위원이고 뉴스 보도를 다 들은 후 가능한 빨리 대통령이 만나고 싶어 한다. 당신을 백악관으로 태우고 갈 리무진이 문 밖에서 기다리고 있다. 당신은 텔레비전을 켜고 뉴스를 통해 Krasnovia라는 섬의 일부가 다른 지역의 침략을 받았고 정부를 전복시키고 장악하려는 계획이 진행되고 있다는 것을 알게 된다. 당신은 대통령과 이 위기에 대해 논의하기 위해 집을 떠나게 된다. 대통령 집무실 안에서, 대통령은 낮에 있을 기자회견 개최에 관해 설명하고 있다. 바로 그 순간, 대통령은 당신에게 이 분쟁에 미국이 개입해야 할지 그리고 어떻게 해야 할지에 대한 자문을 구한다. 대통령은 당신이 명확한 보고서 형태로 전략을 제안하기를 원한다. 당신의 제안은 전문가들이 제공하는 정보를 수집하여 확실한 증거를 바탕으로 해야 한다.

이제 일반적 전제조건을 파악했으니 목표기반 시나리오를 구성하는 요소들을 세부적으로 나누어 볼 것이다. GBS에는 7가지 핵심적 요소가 있으며 **학습목표, 임무, 커버스토리, 역할, 시나리오 활동, 학습자원,** 코치와 전문가를 포함하는 **피드백**이 바로 그것들이다(Schank, R, Fano, A., Jona, M., & Bell, B., 1993). 우리는 당신이 학습자들을 가르치는 교육자라는 점을 염두에 두고 이 요소들을 검토할 것이다. 만약 자신이 GBS를 설계하고자 한다면, 비록 여기에 나열한 순서대로 꼭 할 필요는 없으나 각 요소들을 고려할 필요는 있다. 또한 설계한 GBS가 컴퓨터 프로그램화 될 필요는 없다는 점을 기억하라. 이 장에서 우리는 실시간의(대면 수업유형의) GBS를 소개할 것이다.

1. 학습목표 학습자들이 무엇을 배웠으면 좋을 지에 대한 확실한 생각을 가지고 GBS 설계를 시작하게 된다. 일반적으로 학습목표는 두 범주인 과정지식(process knowledge)과 내용지식(content knowledge)으로 나누어진다. 과정지식은 목표 달성에 관련된 기술의 실천방법에 관한 지식을 말한다. 반면에 내용지식은 목표달성에 필요한 정보를 말한다.

"대통령에게 자문하기" GBS의 설계는 과정 및 내용 지식에 모두 관련된다. 과정지식의 측면에서 설계자의 목표는, 학습자들이 조사를 통하여 얻은 증거를 바탕으로 좋은 논의를 이끌어 낼 수 있도록 가르치는 것이다. 그러므로 과정지식의 설계에서 성공하기 위해서 학습자들은 선수기술들을 흡족할 정도로 실천해야만 한다. 내용지식 설계의 경우, "대통령에게 자문하기"는 한 국가의 내전에 국제적인 개입과 관련된 사실적, 역사적, 전략적 정보를 학습자들이 배우도록 요구한다. 이들 정보는 주장을 지지하거나 반대하기 위해 학습자들이 대통령에게 제공하게 될 증거로서 사용되는 것이

다. 이러한 GBS를 구성할 때에 설계자는 학습자들이 발견해 냈으면 하는 내용지식뿐 아니라 학습자들이 실천했으면 하는 일련의 기술에 초점을 맞추어 설계를 시작해야 한다.

2. 임무 이전에 이미 다룬 바와 같이 학습은 목표와 계획에서 시작한다. 따라서 GBS를 만드는 첫 단계는 학습자들이 추구하는 동기의 역할을 할 목표와 임무를 결정하는 것이다. 이 점을 염두에 두고, 학습자들과 관련이 있을 것으로 판단되는 목표를 선택해야 한다. 이 목표는 학습자들이 이미 하고 싶어하는 내용일 수도 있고 제안을 받았을 때 재미있게 느낄 내용일 수도 있다. 물론 이들 목표는 본질적으로 다소 현실적일 필요가 있다. 만약 "당신은 외계인인데 집에 전화하는 방법을 알아내어야 한다."처럼 지나치게 황당한 아이디어라면, 학습자들은 자신이 배울 기술의 실생활 적용가능성을 파악하기 어려울 것이다. 실제로 사람이 중요한 이유가 있어서 성취할 필요가 있는 목표의 형태를 지녀야 한다. 임무는 성공적으로 목표를 성취하기 위하여 요구되는 기술과 지식을 학습자들이 계발, 실천하도록 요구하는 것이어야 한다.

"대통령에게 자문하기"에서 임무는 학습자들이 미국 대통령이 외국의 한 국가가 처한 위기를 해결하기 위한 최상의 전략적 접근을 제안하는 보고서를 준비하는 것이다. 이 임무는 상반된 의견들을 지지하는 여러 정보를 수집하고 최종적으로는 수집된 정보에 기초하여 제안을 하는 것으로 마무리된다.

3. 커버스토리 커버스토리는 성취되어야 하는 임무가 필요함을 보여 주기 위해 만들어지는 배경 이야기이다. 커버스토리를 결정할 때 가장 중요한 고려사항은, 이야기가 학습자들이 기술을 실천할 기회와 배워야 할 지식을 추구할 기회를 충분히

허용하느냐이다. 동시에, 임무와 마찬가지로, 커버스토리는 학습자들의 동기를 불러일으키고 재미있어야 한다.

초보설계자가 겪는 공통된 문제점은, 임무와 커버스토리는 잠재적으로 흥미로운 영역에서 선택하지만 학습자들이 배워야 할 일련의 기술은 그 영역 내의 단지 지루한 요소들의 조작을 통해서만 제공한다는데 있다. 그러다보니 학습자들은 과제를 달성하고자 하는 동기를 일찍이 상실하게 된다. 예를 들어 비행은 재미있는 활동이며 학습자들은 이러한 환경에서 학습하기를 원한다고 판단된다면, 교수설계자로서 당신은 비행 중에 필요한 기술과 내용을 가르치는 것이 바람직할 것이며 그래야만 학습자들은 하늘을 보며 짜릿한 비행의 요소를 경험하는 보상을 받을 수가 있다. 만약 학습자들이 공항이나 통제탑에서 자주 발생하는 비행기술을 연습해야 한다면, 당신은 학습자들이 그 기술을 배우는데 관심을 갖기에 충분할 정도로 감동적인 그래서 학습자들이 성공적으로 임무를 완수할 수 있는 그런 커버스토리를 찾아내야 할 것이다.

"대통령에게 자문하기"에서 커버스토리는 Krasnovia라는 국가에 내란이 발생한 시나리오이다. 미국 대통령은 그런 위기상황에서 미국이 어떠한 역할을 담당해야 하는지 판단해야 한다. 그래서 대통령은 자문위원(학습자들)에게 타당한 근거를 기반으로 작성된 보고서를 통해 조언해 주기를 요구하고 있다. 이러한 커버스토리는 설계자가 제시한 학습목표에 포함된 기술을 학습자가 연마하고 내용을 학습하도록 해주는 채널의 역할을 담당한다. 또한 커버스토리 자체가 많은 학습자의 동기를 자극할 수 있는 현실적이고 축약적인 이야기이다. 논쟁거리에 내포된 관련성과 중요성은 학습자들을 끌어들이고, 학습자들이 제시된 역할을 맡아 주어진 목표를 성취하고자 하는 욕심을 불러일으키는 기반을 제공한다.

4. 역할   역할은 학습자가 커버스토리 속에서 무슨 역을 할 것인지 정의하게 된다. 학습자들의 역할을 정의할 때, 필요한 기술을 익히기 위해 시나리오에서 어떤 역할이 가장 적합한지 생각하는 것이 중요하다. 예를 들면, ILS는 과학산업박물관(Museum of Science and Industry)을 위해 소프트웨어 형태의 GBS를 개발하였다. 이 박물관은 '겸형적혈구빈혈증'이라는 질병의 예를 사용하여, 유전자에 대해 가르치고자 했다. 처음에는 학습자들이 '겸형적혈구빈혈증' 보유 여부를 알아보기를 원하는 환자의 역할을 하도록 할까 고려했었다. 그러나 문제는, 환자 자신은 자신의 병이 활동하는 방식이나 전염되는 방식을 반드시 이해할 필요는 없다는 점이다. 이들은 단지 진단을 받고 자신을 잘 관리하는 방법을 배우기만 하면 된다. 최종적으로 ILS는 학습자들에게 더 적합한 역할은 출산여부를 결정해야 하는 예비부모들에게 상담을 해 주는 상담전문가라고 결론지었다. 이 역할에서 학습자는 무엇이 부부가 태아에게 겸형적혈구 유전자를 전염시키는 상황에 처하게 하는지를 이해할 필요가 있다. 상담전문가로서 학습자들은 우성과 열성 유전자 사이의 차이점과 다음 세대로 유전되는 속성에 관해서 배울 이유가 있는 것이다.

이런 역할이 중요한 또 하나의 이유는 학습자들을 정말 동기화 한다는 것이다. 앞서 언급했듯이, 역할은 다소간은 현실적이며 흥미진진한 것이어야 한다. "대통령에게 자문하기"에서 학습자의 역할은 미국 대통령 정책자문위원이며 대통령이 국제 위기에 적절한 군사 전략을 선택할 수 있도록 도움을 주는데 중요한 역할을 맡게 된다. 이러한 역할은 중요한 사례 속의 분명히 현실적인 역할이고, 모든 미국 시민에게는 잘 알려진 익숙한 역할 중 하나이기도 하다. 학습자들이 가까운 미래에 이러한 위치에 처하지 않으리라는 것은 중요한 문제가 아니며, 이론적으로는 미래의 어느 날엔가는 가능한 일이다.

5. 시나리오 활동 시나리오 활동은 학습자들이 임무로 부여된 목표를 성취해 가는 과정에서 하는 모든 행위로 구성된다. "대통령에게 자문하기"에서 시나리오 활동의 일부는 '보고서를 완성하는데 관련된 주제에 대해 전문가의 의견을 알아보기', '향후 참고용으로 정보를 모으기', '전략에 대한 주장을 작성하기', 그리고 '모아 놓은 정보 중에서 선택하여 주장을 뒷받침하기'를 포함한다. 시나리오 활동은 임무와 학습 목표에 밀접한 관련이 있어야 한다. 학습자들은 시나리오 목표에 반영되는 활동을 수행하는데, 이 예제의 경우에는 보고서에 제시한 주장을 뒷받침할 증거가 담긴 보고서를 만드는 활동이다. 또한 학습자들은 반대되는 관점들의 중요성을 저울질해 보고 자신의 주장을 증거를 가지고 지지하는 등의 기술을 연습하게 된다. 물론 이 활동들에는 학습목표가 반영되어 있다.

시나리오 활동은 또한 학습자들 간의 상호작용을 통하여, 다양한 시점에 명시적인 결과들이 나타나도록 구성되어야 한다. 일반적으로 그것은 정기적으로 결정을 해야 하는 시점을 역할극을 하는 과정에 포함시켜야 함을 의미한다. 이러한 결정이 주는 효과는 주어진 임무의 완수를 위한 과정이 성공이냐 실패냐를 확실하게 알려 주는 것이다. 성공적으로 활동을 하고 있다면 아마도 그 학습자는 GBS에서 제공하는 학습경로를 통해 필요한 정보를 얻었거나 기술을 적절히 연마했을 것이다. 만약 정보가 확실히 이해되지 않았거나 기술을 완벽히 소화해내지 못했다면, GBS는 학습자들이 '기대의 실패'로서 받아들일 부정적인 결과를 제공해야만 한다. 위에서도 논의 되었듯이, 결과의 제공은 학습자들이 좀더 성공적으로 목표를 성취하기 위한 방법 그리고 결과적으로 목표 기술을 더 잘 실습하거나 더 많은 내용을 배우는 방법을 학습할

준비를 시켜줄 것이다.

복잡성에 대해 주목해 보라: 시나리오 활동은 학습자들이 자신의 학습을 하면서 참여하게 되는 GBS의 일부분이다. GBS 안에는 시나리오에 관해서 학습자들에게 설명하는 시간을 거의 할애하지 않도록 하며 오히려 학습자들이 학습 목표를 구성하는 기술을 연습하고 정보를 학습하는데 훨씬 더 많은 시간을 할애하도록 설계하는 것이 필요하다. 이점을 고려하여, 목표를 성취하기 위해 학습자들이 해야 할 많은 양의 활동이 있어야 하며 시나리오는 학습자들이 조작할 풍부한 정보를 포함해야 한다. 반면에, 학습자들이 학습목표에 필요한 활동 이상의 것을 할 필요는 없도록 해야 한다.

예를 들면, 환경에 영향을 미치는 요인을 추론하도록 가르치기 원한다면 학습자들에게 늪지대를 보호하기 위해 필요한 변화를 제안하는 과학자의 역할을 담당해 보게 할 수 있다. 현실적으로는 아마 수년에 걸쳐, 복잡한 측정 절차를 통해 추적해야 할 다양한 요소가 있을 것이다. 그러나 이 예에서는 학습자들이 한 요소의 변화가 다른 요소들을 어떻게 변화시키는지를 관찰하도록 지도하는 데만 관심이 있다. 따라서 측정에 사용될 실제 과정을 학습자들이 반드시 배울 필요는 없으며, 추론을 하기 위해 단지 측정의 결과가 활용될 수 있으면 된다. 그러나 만약 학습자가 커버스토리와 실생활에서 자신의 역할이 어떻게 성취되는지 흥미가 생기고 탐구한다면 이 학습자들은 GBS 환경 밖에 있는 관련 정보를 배울 수도 있다. 분명, 교육자는 이와 같은 자발적 탐구심까지도 북돋워 주어야 할 것이다.

6. 학습자원 학습자원은 학습자들이 임무에 부여된 목표를 성취하는 데 필요한 정보를 제공해 준다. 따라서 이 자원은 학습자들이 임무를 성공적으로 완성할 수 있도록 손쉽게 접근하고 도움을

받을 수 있도록 조직화되어 있어야 한다. 우리는 학습자들이 실패하도록 속임수를 쓰려는 의도가 아니라 충분한 정보를 기반으로 결정을 내리는 데 도움을 줄 수 있는 정보를 학습자들이 언제나 요청할 수 있도록 해 주고자 한다. 학습자가 실패하고 교정을 필요로 하는 경우는 다만 적절한 정보를 찾는 데 실패하고, 성급하게 빠른 결정을 내리려고 할 때라고 생각된다.

일반적으로, 우리는 정보를 이야기 형태로 학습자들에게 제공한다. 그 이유는 기억과 학습의 본질 때문이다. 우리 인간은 수많은 경험들을 통해 사례를 만들어 낸다는 것을 기억하라. 우리의 '사례도서관'에 기여하는 기억들은 이야기 형태로 된 특정한 사태이다. 과거에 경험했던 이야기들과 차이점이 발견되는 이야기의 경우, 우리는 이 새로운 기억을 해석하고 이해하기 위해 사용한 해석으로부터 배우기 위해 우리의 기존 기억구조를 조정한다. 이와 비슷하게 다른 사람들의 이야기를 들을 때 우리는 자신의 경험적 맥락에서 그것을 듣고, 우리 자신의 '기대의 실패'로서 그 이야기들을 목록화한다(Schank, 1994a).

이것을 염두에 둔다면, 정보를 전달하는 최상의 방법은 탈맥락적 사실을 가르치는 것이 아니라 오히려 자신이 이미 알고 있는 이야기들의 연장으로 학습자가 받아들일 수 있는 이야기 속에 '수업'을 끼워 넣는 것이다. 그래서 우리가 제공하는 학습자원은 대개의 경우 학습자들이 필요한 정보에 관한 전문가들의 이야기를 사용한다.

"대통령에게 자문하기"에서 학습자에게 과거의 정치적 폭동에 군사전략이 어떻게 적용되었는지 이야기를 해주는 전문 정치 분석가와 같은 자원이 가용하다. 학습자들은 그 이야기를 듣고 미국과 Krasnovia와 관련된 현재의 이야기에 관련시켜 보게 된다. 또한 GBS 내에서 이전에 들었던 이야기들을 기초로 하여 자신이 선택했던 주장을 좀더 잘

파악하기 위해 이 전문가의 이야기를 사용한다. 예를 들면, 학습자들은 베트남에서 일어났던 어떤 사건에 대해 (자신이 들었던 이야기를 바탕으로) 의견 형성을 하기 시작할 것이다. 그리고는 2차 세계대전에 대해 들었던 이야기는 처음 이야기(베트남)와 충돌되는 것이고, 그래서 처음의 의견에 대한 '기대의 실패' 현상이 나타나게 된다. 학습자들은 초기의 의견(Krasnovia 상황에 대한 이해와 어떤 조치를 해야만 하는가에 대한 것)을 다른 시기에 적용된 전략을 포함하고 있는 새로운 이야기를 바탕으로 조절할 것이다. 이 후에 학습자들이 전략에 대해 생각하게 되었을 때, 전략 일반에 관한 탈맥락적 정보를 기억하는데 어려움을 겪지 않고 베트남에 관해 들었던 이야기를 기억할 것이다.

7. 피드백 초기에 우리는 '기대의 실패'는 적절한 맥락에서 회상하고 사용하기 위해서 알맞게 색인화(indexed)되어야 할 정보임을 언급한 바 있다. 그런데 GBS는 학습자가 자신에게 주어진 정보를 알맞게 색인하도록 해주는 방식으로 피드백을 제공한다. 피드백은 적절한 맥락에 정착되고 학습자들이 적시에 이것을 사용하도록 제공된다. 다시 말해서 피드백은 학습자들이 목표영역의 내용과 기술을 배울 준비가 되었을 때 제시되어진다.

피드백은 세 가지 방법으로 제시될 수 있다. 첫째는 행동의 결과를 통해서이다. 이 방법은 학습자들이 GBS 환경에서 과제를 하는 과정에서 실수를 범했을 때, GBS는 그 실수의 직접적인 결과로서 부정적인 결과를 모의로 보여 준다. 두 번째 피드백의 방법은 코치이다. 학습자가 GBS 안에서 과제를 수행할 때 온라인 코치는 학습자들의 학습 진도에 따라 필요할 때 조언을 제시할 수 있다. 이것은 과제를 해나갈 때 학습자들이 성장해 갈 수 있도록 적절한 시기에 자원을 제공해 준다. 마지막으로 GBS는 유사한 경험이 포함된 이야기를 해

줄 수 있는 영역 전문가를 통해 피드백을 제공해 줄 수 있다. 전문가는 이야기와 그 이야기에서 배울 점을 중계해 주고, 학습자들은 마치 자신들이 경험을 한 것처럼 경험들을 색인화할 수 있다.

"대통령에게 자문하기"에서 학습자들은 2차 세계대전 당시 미국이 히틀러의 군사력을 제압하기 위해 군사력을 어떻게 사용했는지에 관한 이야기를 듣게 될 것이다. 학습자들은, 무력이 Krasnovia에서의 폭동을 멈추게 하는 좋은 방법이라는 논의를 지지할 증거로 이 이야기를 사용할 수 있을 것이다. 그러나 이러한 방안을 대통령에게 제출한다면, 학습자들은 대통령 자문위원 중 한 명으로부터 폭동에 개입된 두 집단은 섬 안에 있으며 히틀러의 군대는 이번 경우보다 훨씬 크고 더 공격적이며 주변국들에게 더 큰 위협이었기 때문에, 미국이 히틀러의 군대에 사용한 방법이 현재의 예에는 필요하지 않다는 점을 고려하지 않았다고 즉각적인 피드백을 받게 될 것이다. 어느 측으로부터의 공격도 이 작은 섬나라 밖으로 확산될 가능성은 매우 희박한 것 같다.

이제 학습자들은 관련성 있는 내용과 기술을 학습할 준비가 된다. 즉 성공적으로 시나리오를 완성시키기 위해 학습자들은 소규모 군대간의 충돌을 해결하는 데 활용된 전략에 대해 알 필요가 있을 것이다. 또 학습자들은 더 정밀하게 증거를 조사하고 다양한 관점과 반대 관점을 고려하고 주장들을 성공적으로 지지하고 논의를 지원하는 방법을 배울 것이다.

GBS의 구조는 인간 기억과 학습에 관하여 우리들이 알고 있는 것을 향상시켜 주기 때문에, 전통적인 교수법이 가진 문제점을 타개하는데 필수적인 제약 상황을 제공한다. [이 제약 상황 속에서] 학습자들은 학습환경 밖의 상황으로 전이할 수 있는 주요 기술을 연마할 과제에 참여하게 된다. 또한 목표를 성취하기 위한 활동을 할 때 자신의 요구사항에 부합하게 상황이 설정된 내용을 배우게 된다.

실시간의 GBS

물론 컴퓨터 기반 GBS만이 기술을 가르칠 수 있는 유일한 형태의 시뮬레이션은 아니다. 우리는 인간 상호작용 또는 집단 상호작용을 통해서 최상의 학습이 가능한 목표 기술을 가르치는데 스크립트 기반의 역할극 시뮬레이션 즉, "실시간(Live)" GBS를 사용하기도 한다.

우리가 사회에서 성공적으로 자신의 역할을 하기 위해 배워야 할 가장 중요한 기술 중에는 의사소통, 인간관계, 추론능력 등이 있다. 다른 목표 기술처럼 종종 우리는 의사소통, 어울리기 그리고 타인과 일상의 상호작용을 통해 문제 해결하기 등을 배우게 된다. 하나의 목표를 성취하는 과정이 마무리되었을 때 종종 이런 기술들을 암암리에 배우기도 한다는 뜻이다. 우리는 일상생활에서 사람과 상호작용하면서 이러한 기술들을 지속적으로 연습하고 연마하고 더 발견하고 있기 때문에, 교사는 이 기술을 가르치기 위해 풍부하면서 실제적인 인간 상호작용의 기회를 제공해야 한다. 컴퓨터공학이 이런 요구를 제대로 다루어 줄 수 없는 때가 있다. 이 경우에 가장 효과적인 학습 방법은 "실시간의 대면" GBS이다.

앞서 제시된 사회적인 목표 기술은 시나리오의 일부로 꼭 명시화 되어 가르칠 필요는 없다. 오히려, 학습자들이 GBS 환경 안에서 학습해 나가면서 내현적으로 배울 수 있다. 예를 들면 학습자들이 "대면" GBS 환경에서 협력한다면, 공동작업 속에 내재된 의사소통과 인간관계의 이슈가 자연히 나타날 것이고, 그렇게 되면 학습자들에게 이러한 기술을 익히도록 영향력이 가해지게 된다. 이와 마찬가지로 시나리오가 풀리지 않은 문제나 논점을 포함하고 있다면, 학습자들은 추론 전략을 실천하게 될 것이다. GBS 환경의 본질은 실제적인 방법으로 과정을 경험하게 해주는데, 이 방법이 바로 학습자들이 내현적으로 학습하는 것을 가능하게 해 준다. 또한 이것은 시뮬레이션이기 때문에, 우리는 학습자의 연습상황을 관찰하면서 코칭을 할 수 있고 가르침을 제공하기 위한 관여를 적절한 시기에 할 수도 있다.

이런 접근법을 구체적으로 보여 주기 위해서 중간규모의 비즈니스 컨설팅 회사를 위해 설계된 실시간 대면 GBS의 예를 제시하고자 한다. 이 GBS는 모든 컨설턴트에게 고객을 위한 사업과정 분석과 조직개편 계획을 제안하는 법을 성공적으로 가르친 바 있다. 대면 GBS 코스는 가상의 고객회사 사례를 가지고 구성되었다. 연수생들은 실제 현장의 업무 팀의 특성을 살린 팀을 구성하여 함께 학습하였다. 각 팀은 고객사의 직원과 함께 일하게 되는데, 직원의 역할은 교육과정 설계자와 컨설팅 회사 직원이 담당했다. 의사소통과 집단 역학을 담당하는 코치가 동반하여 안내와 피드백을 제공하며, 배후에서 코스 운영자가 활동을 모니터링하고 시뮬레이션이 자연스럽고 현실적으로 운영되도록 해 주었다.

코스 설계 과정은 컴퓨터 기반 GBS와 비슷한 다섯 단계를 포함하였다. 첫 단계는 코스에서 가르치고자 하는 학습목표를 정의하는 것이다. 우리는 컨설턴트들이 수행한 전형적인 과제 모형을 만들고 훈련 코스의 네 목표 영역을 확인해 내었다. 영역내용(연수생이 일하게 될 업무 영역에 관한 정보), 의사소통(예를 들면, 인터뷰와 프레젠테이션 기술), 분석적 기술(양적인 비즈니스 분석), 그리고 조작적인 기술(소프트웨어 활용)이 바로 그것이다. 둘째 단계는 문제해결을 위해서 위에서 나열한 지식을 사용해야만 하는 원형적인 실제 사례를 찾아내는 것이다. 우리는 이 사례를 기초로 가상 사례를 만들었다. 셋째 단계에서, 우리는 학습자들이 목표 지식과 기술을 사용하도록 요구할 (현장에서 실제로 발생했던) 이슈들을 찾아내기 위해 그 사례를 분석하였다.

코스 설계의 넷째 단계는 연수생들이 수행할 활동을 확정하는 것이었는데, 이 활동을 통해 연수생들은 목표지식과 기술을 접하게 되었을 것이다. 예를 들어, 실제 상황에서 컨설턴트들은 특정 문제에 대해 알아보기 위해 고객회사의 구성원들과 인터뷰해야만 했다. 우리는 연수생들에게 그 정보를 제공할 수도 있고 그들이 스스로 정보를 찾아내도록 모의역할 담당자와 인터뷰를 하게 할 수도 있었다. 그러나 우리는 인터뷰 기술이 이러한 상황에서 가르치는데 중요하다고 결정했고 그래서 인터뷰 활동을 넣기로 계획했다.

코치와 전문 컨설턴트들은 연수생들이 실제 상황에서 키우고 있는 일련의 기술을 감독하였다. 그래서 컨설턴트들(이 경우에는 연수생)이 인터뷰를 수행할 때, 의사소통 담당 코치는 동석하여 잘한 부분과 개선이 필요한 부분에 대해서 피드백을 주었다. 연수생들이 (별도로 계획된 또 하나의 활동인) 프레젠테이션을 했을 때, 이 분야의 전문가인 역할극 관리자가 연수생들이 해당 역할을 하는 중에 피드백을 주고 나중에도 별도로 피드백을 주었다. 이것은 연수생들이 "실제세계"의 반응뿐 아니라 개별적 활동에서 명시적인 교수(가르침)를 경험하게 해 준다. 위의 단계를 통해 기대할 수 있는 것은, 연수생이 적절히 색인화하고 해당 분야에서 향후 업무에 적용할 수 있는 기억될 만한 사례들이다. 또한 연수생들이 공개적이고 양적으로 보다는 개별적, 주관적, 질적으로 평가받는 환경을 구성할 수 있었다.

설계의 마지막 단계는 교육 목표를 지원해 주고 더욱 원래의 모습에 가까운 환경을 만들기 위해 시나리오를 풍부하게 하는 전반적 인프라를 만드는 것이었다. 인프라의 구성요소에는 위계적인 팀

구성이 포함된다. 즉, 역할을 담당하는 고객, 코스 담당직원, 역할을 담당하는 사람들이 따라야 할 스크립트, 컨설턴트가 사용할 데이터 자료였다. 그 뿐만 아니라 연수생이 수행하며 누적되어 가는 활동에 대한 지원도 포함되었다.

　전반적으로 연수생들은 이 코스가 실제적이며 참여적인 것으로 받아들였다. 컨설팅 업무가 처음인 이 연수생들은 실제적이면서도 위험 부담이 없는 상황에서 기초적 기술을 실습할 수 있는 코스의 가치를 인정하였다. 더 많은 경험이 있는 연수생들일수록 현실 상황의 경험과 부합되도록 설계된 코스가 지닌 복잡성의 정도에 만족해하였다 (Macpherson, Berman, & Joseph, 1996). 결과적으로 실시간 GBS는 교사들이 컴퓨터를 전혀 사용하지 않고 GBS를 사용하는데 아주 좋은 방법임이 입증되었다.

4. 결론

이 글에서는 어떻게 효과적인 학습환경이 "전문가"처럼 학습자들이 사고하도록 가르치는 방법이 되는지에 대해서 설명하였다. 전문가는 전문영역에서 많은 경험들을 가지고 있어, 문제를 해결하는 데 도움을 주는 예제를 회상해내는데 일련의 이 경험기반 사례들을 사용해 왔다. GBS 환경은 학습이 가능하도록 풍부한 경험을 제공함으로써 학습자가 자신의 사례도서관을 구축할 수 있도록 해 준다. GBS의 기본 틀은 사람들이 기억을 가속화 시키는데 힘을 실어 준다.

　GBS 학습환경의 효과성은 학습 영역과 시나리오가 학습자의 흥미를 끄는 것일 때 최대화된다. 학습자들이 관심을 둔 주제 중에서도 관심을 둔 목표를 추구할 때, 목표 성취에 필요한 정보에 주의집중하려는 동기를 느낀다. 이런 학습자들은 배운 내용을 잘 잊지 않는다. 왜냐하면 학습영역 내에서 이미 구성되어 있는 다른 경험의 기억들로 새롭게 학습한 내용이 색인 될 것이기 때문이다. 동일 학습영역을 다시 학습할 때 이 학습자들은 관련된 기억들을 쉽게 회상해낼 것이다. GBS는 실제로 해 봄으로써 학습자들이 목표 기술을 습득하게 해 준다. GBS 환경에서 제공되는 각각의 경험은, 많은 배움이 누적되면서 완성되는 본질을 지닌 학습영역의 사례도서관을 만드는데 도움을 준다. 이것이 바로 초보자가 전문가가 되어 가는 방법이다.

참고문헌

Macpherson K., Berman, T., & Joseph. D., (1996). Case to courses: Mentored case-base training course, In *International conference on the learning science: Conference proceedings(1996);* (pp. 211-218). Charlottesville, VA: Association for the Advancement of Computing in Education.

Malone, T. W. (1981). Toward a theory of intrinsically motivating instruction. *Cognitive Science, 4,* 333-369.

Riesbeck, C., & Schank R. (1989). *Inside case-based reasoning.* Hillsdale, NJ: Lawrence Erlbaum Associates.

Schank, R. (1982). *Dynamic memory.* New York: Cambridge University Press.

Schank, R., Fano. A., Jona, M., & Bell, B. (1993). *The design of goal-based scenarios.* Evanston, IL; Northwestern University Press.

Schank, R. (1994a). *Tell me a story.* Evanston, IL: Northwestern University Press.

Schank, R.(1994b). *What we learn when we learn by doing.* Evanston, IL: Northwestern University Press.

Schank, R., & Korcuska, M. (1996). *Eight goal-based scenario tools.* Evanston, IL: Northwestern University Press.

CHAPTER 9

유연한 적응적 교수설계 개발을 위하여

Daniel L. Schwartz / Xiaodong Lin
Sean Brophy / John D. Bransford
Learning Technology Center, Vanderbilt University

왕경수
전북대학교 교육학과 교수

Daniel L. Schwartz는 Vanderbilt University에서 심리학과 인간개발 분야의 조교수로 재직하고 있으며 Peabody College의 학습공학센터의 구성원이다. 그는 Columbia University의 Teachers College의 컴퓨터와 교육이라는 분야에서 석사 학위를 받은 후, 인간의 인지와 학습이라는 분야에서 철학박사 학위를 받았다. 그는 비언어적 정신 모형과 보다 형식적이고 언어적인 이해를 보조해 주는 사회적인 상호작용에 대해 연구하고 있다. 그는 주로 직관적·상징적·이론적인 이해를 좀더 가깝게 연결시키기 위해 수업방법을 설계하며 연구하고 있다.

Xiaodong Lin은 Vanderbilt University의 Peabody College에서 교육공학 분야의 조교수로 재직하고 있으며 학습공학센터의 구성원이기도 하다. 그녀는 현재 교실학습 활동 설계와 관련된 문제와 또 그 학습 활동들이 복잡한 주제 영역에서 문제를 해결하고 이해하는 학생의 능력에 미치는 영향에 대해 연구하고 있다. 또한 자기 평가와 영역 학습을 지원하는 방법으로 문화 내외적인 지혜(within-and cross-cultural wisdom)를 교사와 학생 모두에게 접근 가능하도록 기술적인 환경(technology-rich environment)을 설계하는 방법을 연구하고 있다.

Sean Brophy는 공학과 컴퓨터 과학 그리고 교육 분야에 배경 지식을 가지고 있다. 그는 인공지능에 중점을 둔 컴퓨터 과학 분야에서 석사 학위를 취득하였다. 그는 어린아이들의 읽고 쓸 줄 아는 능력을 기르는 컴퓨터에 기반한 도구를 개발하였으며, 문제해결을 도와 주었으며, 교수 자료를 저작하였다. 또한 학생들이 이해하는 것에 반응할 수 있도록 돕는 시뮬레이션의 사용을 포함하는 공학을 이용한 평가 방법을 연구하는 혁신적 학습공학센터를 위해 열심히 일하고 있다.

John D. Bransford는 Vanderbilt University의 학습공학센터의 공동소장을 맡고 있으며 심리학과 교육 분야의 100주년 기념 교수이다. 7권의 책을 저술하였고 수백 여 편의 논문을 발표한 실적이 있는 그는 인지와 공학 분야에서 국제적으로 유명한 학자이다. 그와 동료들은 the Jasper Woodbury Problem Solving Series in Mathematics, the Scientists in Action Series, the Little Planet Literacy Series와 CD-ROM과 인터넷 프로그램 그리고 비디오디스크와 혁신적인 컴퓨터를 실행하고 개발해 왔다. 그의 프로그램은 많은 상을 수상하기도 했다.

서 문

목적 및 전제. 이 이론의 목적은 문제 기반 학습과 보다 개방적인 프로젝트 기반 학습에 의해서 문제해결, 협동, 그리고 의사소통의 기술들을 동시에 기르면서도 학문을 보다 깊이 이해하도록 하는 데 있다.

학문적 가치. 이 이론이 기초하고 있는 가치들은 다음과 같다.

- 수업의 효과적인 변용을 촉진하기 위해서 수업 설계 요점들을 이해하도록 돕는다.
- 학습자들의 초기 영역지식에 기초해서 수업을 맞추어(customizing) 나가도록 한다.
- 수업이 학습자가 사물에 관해서 어떻게 생각해야 하는가에 대한 모델들을 제공한다.

- 교사나 학습자에 의해서 사용된 방법들이 교수학습의 원리와 일관되게 사용하면서도 교사들이 자기들의 장점과 학습자의 요구에 맞추어 수업을 맞추어 나가는 데 충분히 창조적이다.
- 모호함에 대한 학습자들의 관용을 증가시키기.
- 수업을 진짜 참과제에 기반을 두지는 않더라도 유의미한 과제에 기반을 두기.
- 교수 학습에서의 목표설정, 학습자 중심적인 탐색 및 수정.
- 호기심과 포부를 자극하거나 자기 자신의 작품을 수정하고 개선하도록 동기 부여하기.
- 학생들이 자기 스스로 얼마나 학습했는가를 살피고 스스로의 성장을 반성하도록 하기.
- 시간에 따라 진화해나가는 방법.

- 이용한 매체에 기초한 방법보다는 그것이 기여한 학습 기능에 기초한 방법.
- 학습자들이 학습하려고 하는 초기의 공유된 정신적 모형 개발하기.
- 학습자들이 자기 자신의 사고를 명확히 하기.
- 교수 설계는 모든 관련 당사자의 협동적인 노력.

주요 방법. 아래의 것들은 이 이론이 제공하는 것들이다.

1. 미리보기 및 뒤돌아보기 쌍안경
- 직면한 목표맥락 그리고 도전들을 이해하도록 함.
- 시도해 볼 수 있는 기회 제공(사전 검사).
- 반성과 자기 평가의 기회 제공.
- 이미지, 이야기, 그리고 질문들이 동기부여적 관점에서 제공된다.
- 학생들이 특정 문제를 보다 큰 주제의 일부로써 표상할 수 있도록 돕는다.

———— **탐구 사이클의 시작** ————

2. 초기 도전(첫 탐구 사이클의 시작)
- 학생들이 학습하려고 하는 초기의 공유된 정신적 모형 개발하기.
- 도전의 선택: 동기 부여 및 재미 부여를 통해서 학생이 아이디어를 생성하도록 돕기.

3. 아이디어 생성
- 학생들은 전자 노트북에 아이디어를 정리하기.
- 논의의 중심으로써 교실 노트를 이용하기.

하위목표들
- 학생들이 자기 자신의 사고를 명확히 하는 것을 돕는다.
- 학생들이 다른 학생들이 사고하는 것을 돕는다.
- 교실에서 아이디어의 공유를 돕는다.
- 학생들이 학생 지식의 현재 상태를 평가하는 것을 돕는다.
- 학생들에게 자기가 얼마나 학습했는가를 쉽게 볼 수 있도록 기초선을 제공한다.

4. 다중견해(여러 모델들을 제시하기: 다양한 관점)
- 학생들에게 전문가의 용어와 관점을 소개하기.
- 학생들이 자신의 아이디어와 전문가의 아이디어를 비교하도록 하기.

- 학생들이 받으면서 학습할 필요가 있는 안내를 제공하기.
- 영역 안에서 전문성, 안내, 그리고 모형을 제공하기.
- 수행의 현실적 기준 제공하기.
- 영역 안에서 존재하는 다양한 견해를 나타내 보기.

5. 연구하기 및 개정하기(학생들이 도전에 대해 탐구해 보도록 하기)
- 자원으로부터 상담받기.
- 다른 학생과 협동하기.
- 적시에 진행되는 강의 청취하기.
- 기술 구축(skill-building) 단원(lessons)을 완성하기.
- 다른 학생들에 의해서 남겨진 유산 살피기.
- 시뮬레이션 및 실제로 경험해 보기.
- 대부분의 학습자료는 STAR Shell 외부에 있다.

6. 용기테스트(형성 평가)
- 학생들이 준비가 되어 있을 때.
- 다양한 형태로(선다형, 설계를 검사할 기회).
- 피드백은 주어진 이해 수준을 성취하기 위해서 의지해야 할 자원을 시사한다.
- 연구 및 수정하기 부분에서 학생들이 자기 자신의 작문을 평가할 체크리스트.
- 피드백은 동기를 부여해야.

7. 발표하기
두 가지:
- 최적의 해(解)를 발표한다(전자적 포스팅, 멀티미디어 제시, 구두 발표).
- 나중에 학습할 사람을 위해서 아이디어나 유용한 제안을 남기기(새로운 관점의 자원과 학습자 자신의 용기).

준거:
- 자기의 사고를 보여지게끔.
- 학습자들이 자기 및 남의 사고를 평가하게끔.
- 성취를 위한 표준을 설정하도록 돕기.
- 학생들이 서로에게 배우도록 한다.
- 학생들이 잘 하도록 동기 부여하기.

안내:
- 학생들이 왜 발표하기가 가치로운가를 이해하기.

• 학생들이 전체 탐구 사이클을 반성하기.

──── **탐구 사이클의 끝** ────

8. 점진적 심화

- 서로에 의존하도록 도전 과제를 주제상으로 관련 맺어 주기.
- 큰 그림을 그릴 수 있도록 보다 일반적이고 형식적인 모델 구축하기.
- 프로젝트(design) 기반 학습에 앞서 문제(decision) 기반 학습.

9. 남겨진 것들에 대한 일반적 반성 성찰 및 의사결정

- 제3의 사이클 끝에서
- 얼마나 학습했는가를 미리보기와 뒤돌아보기로 되돌아가기.
- 혼란스럽고 좌절을 맞본 상황에서 매우 중요하다.
- 인내의 보상을 보여 주기.
- 내용학습의 과정에 초점을 맞추기.

- 학습자들이 다른 사람을 위해 무엇이 유효하며 어떤 자산이 남겨져야 하는지 결정하도록 한다.
- 해결 방안들과 유산이 담긴 CD를 만들고 목록 및 그 해설을 남긴다.
- 교사들도 역시 유산을 남기도록 한다.

10. 평가하기

각 교수설계의 항목들에 대해서 근거를 남긴다.
각 학습사태(learning event)에 대해 제목과 설명을 붙이고 수업 목표에 주의를 기울이고 학습 기능(learning function)을 강조하도록 한다.

교수설계에 대한 적용점. 간단한 틀이면서 유연하고 적응적 설계를 지지하는 새로운 패러다임을 설계하는데 많은 인내를 제공하며 형성적인 연구를 위한 검증된 방법.

— C.M.R

유연한 적응적 교수설계 개발을 위하여

이 장은 교실, 기업, 훈련 상황(예: 밴더빌트 연구소의 인지 및 공학그룹—Cognition and Technology Group at Vanderbilt[CTGV], 1990; 1996; 1997)에서 발달시켜 온 교수설계를 위한 접근법을 설명하고 있다. 이 접근법은 교사와 학생들에게 제공된 수많은 안내를 나타내는 연속선상의 양극단 사이에서 중간에 위치한다. 한쪽은 교사나 학습자보다는 교수설계자에게 모든 교수적 의사결정을 위임한다. 이 가정은 교수설계자가 이론에 의해서 권한을 부여받았고, 이상적인 목표에 접근하는 교수적 절차를 제시하기 위한 연구이다. 다른 한쪽은 교수설계자가 제시하는 지침 없이 모든 교수적 의사결정을 교사 혹은 학습자에게 맡긴다. 그러므로 그들은 무엇을 해야 할지 결정할 최적의 위치에 있게 된다.

언급되어 왔듯이 양극단이 가지는 문제는 있다

(예, CTGV, 1997; Greenbaum & Kyng, 1991; Hannafin, 1992; Lin et al., 1995). 이후 다루어질 내용에서 우리는 이들 양극단 사이에서 균형을 유지하기 위한 우리의 시도를 탐구한다. 우리의 목적은 전적으로 규정되거나 비구조화된 것보다는 유연하게 적응할 수 있는 교수설계를 개발하고 시험하는 것이다. 이 장의 세 가지 주요 부분은 다음과 같다.

1. 유연한 적응적 교수설계의 필요성
2. 유연한 적응적 교수설계 연구를 촉진하기 위해서 설계된 STAR LEGACY 소프트웨어 프로그램
3. STAR LEGACY의 첫 번째 평가와 앞으로의 테스트를 위한 계획

1. 유연한 적응적 교수설계의 필요성

유연한 적응적 교수설계의 필요성은 고착된 교수의 개념을 가진 우리의 경험으로부터 기인한다. 몇 년 전 우리는 9개 다른 주에서 교사들을 위한 *Jasper Adventure Series*를 소개했다(CTGV, 1994; 1997). 학급 성취도는 긍정적인 면과 부정적인 면 모두 드러났다. 긍정적인 측면은 대부분의 교사들이 학생들의 학업성취를 위해 명백히 실제적인 결과를 가지고 *Jasper*를 적용했다는 것이다. 부정적인 측면은 소수 교사가 오래된 방법으로 *Jasper*를 잘못 적용했을 때 일어났다. 이러한 경험은 지침에 대한 제공의 필요성을 인식시킨다. 반면에 다른 경험들은 우리의 지침이 교사의 장점, 학생들의 장점, 그리고 지역사회의 필요성에 맞추어 수업(instruction)을 만드는 것으로부터 교사를 방해해서는 안 된다는 것을 상기시킨다. 예를 들면, 어떤 교사가 입증하는 바와 같이, 다른 수 년 동안의 수업은 상당히 다른 양상을 가진다. 그 다양성은 업무의 본래 상태이고, 교사들은 학습에 최대한 활용하기 위해서 이들 차이점을 적용시키려고 노력한다.

위의 경험들에서 우리는 유연성을 촉진할 뿐만 아니라, 학습의 중요한 원칙을 일관되게 하는 교수설계를 제공하는 것이 얼마나 중요한지를 깨닫게 한다.

많은 교육과정은 학교나 기업교육이 정확한 교수기술로 수업의 정확한 순서에 따라 정확한 내용으로부터 모든 것을 제공하도록 시도하는 것을 안내한다. 반면에, 우리는 최초의 설계자, 교사, 지역사회 구성원, 심지어 학생들까지도 포함하는 협동적이고 새로운 방법(emerging process)으로써 교수설계를 고안했다. 이 모델에서 최초설계자들

의 생각은 여전히 매우 중요하지만 교수설계는 경계 조건의 범위 내에서 유연성이 허락되어야만 한다. 이것이 우리가 개발을 시도해 온 교수설계의 유형이다. 우리 접근법 중의 하나는 STAR LEGACY 소프트웨어를 중심으로 조직되었다.

2. STAR LEGACY: 유연한 적응적 교수설계를 연구하기 위한 소프트웨어 셸

STAR LEGACY는 유연한 적응적 수업설계에 관련된 개발과 연구를 촉진한다. STAR LEGACY의 메인 메뉴화면은 그림 9.1에 설명되었다. 이것은 계속적인 도전을 중심으로 하여 조직된 학습 순환을 특징으로 한다. 도전은 학습자를 오르도록 촉진하는 점차적으로 높은 산으로 표현되었다. 학습자들이 각 산을 올라감에 따라서 그들의 전문적 지식은 점차적으로 깊어진다.

STAR은 활동 중의 하나가 유산(legacy)으로 남겨질 곳에서 "활동과 반영에 관한 소프트웨어 기술"을 나타낸다. 참여자들은 특별한 주제를 탐색하여 다음 그룹을 돕는 유산을 남길 수 있다. 이들 유산은 교사, 학생 그리고 다른 사람들이 그들의 고유한 장점, 욕구, 흥미에 특별한 내용을 적용하기 때문에 유연한 교수설계를 지원한다. 이런 방법에서, STAR LEGACY는 시간을 초월하여 점진적으로 변화하였다. 이 장에서는 STAR LEGACY의 다음 네 가지 측면을 중점적으로 다룰 것이다: (a) STAR LEGACY의 일반적 특성, (b) LEGACY의 학습 사이클, (c) 점진적으로 심도 있게 이해하도록 돕는 다중 학습 사이클, (d) 전반적인 학습과정의 재고의 중요성과 다른 사람들이 사용할 수 있는 LEGACY 제품 생산의 중요성.

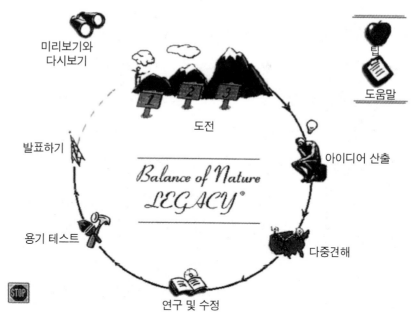

그림 9.1   STAR LEGACY의 주 화면과 학습 사이클

STAR LEGACY의 일반적 특성

LEGACY는 교사들, 훈련가들, 학생들, 교육과정 설계자들과 연구자들의 협동으로 발달되어 왔다. 특히, 교사들은 우리가 교수결과에 대해 다른 구성요소를 명확하게 만들도록 돕는데 있어서, 그리고 학습이론에 대한 결과를 연결하는데 도움이 되어 왔다. LEGACY는 학습 사이클에서 이론적 근거와 그러한 구성요소를 형성하고자 했다.

명확한 학습 사이클 만들기

LEGACY의 주요목적은 학습의 복잡한 순서에서 교사와 학습자가 그들이 어디에 있는지 알도록 (see where they are) 돕는 것이다. 이 특징의 중요성은 수업의 통합된 모델을 실행하고, "사도의 세련화에 대한 과학적, 수학적 장"으로 나타나는 SMART라 불려지는 평가를 하는 동안 분명해졌다 (Barron et al., 1995; 1998; CTGV, 1997). 이 모델

에서, 수업은 교수설계자가 이용 가능한 자료와 이슈를 보증할 수 없게 멀리 떨어진 곳에서 더욱 개방된 프로젝트 기반 학습을 위한 기초가 튼튼한 (solid) 지식을 개발하려는 문제기반 학습으로부터 진행된다. 예를 들면, 1단원에서 학생들은 "The Stones River Mystery"라 부르는 비디오 기반 문제를 가지고 시작한다(Vye et al., 1998). 이 문제는 강이 어떤 종류로 어디서부터 오염되었는지를 찾는 것이다. 문제를 풀기 위해서 학생들은 오염, 직접적인 원인의 결과, 생태계 그리고 수질오염에서의 산소의 역할에 대한 기본적인 지식을 배운다. 이런 것들과 다른 개념을 배우기 위해서 지식자원의 자문, 생각의 공유, 이해의 평가와 검토에 대한 많은 기회가 있다. The Stones River Mystery를 마친 후에, 학생들은 인근(local) 강에서 강을 조사하는 프로젝트를 계획하고 행동한다. 관련된 문제 상황과 프로젝트 도전에 있어 학습 사이클과 수정을 거쳐서 활동함으로써, 학생들은 점차적으로 그들의 이해를 심화시킨다(Vye et al.,

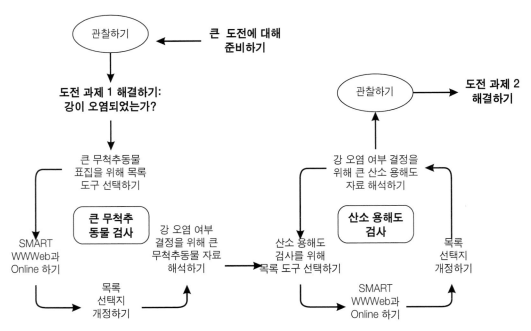

그림 9.2   SMART 교실에 게시된 초기 학습 사이클

1998).

　SMART 순서는, 교사와 학생들이 SMART 사이클에서 그들이 어디에 있는지 알도록 돕는 시각적 표시이다. 그림 9.2는 SMART 수업에서 정보를 알려 주던 학습 지도(map)의 예를 보여 주고 있다. 우리는 학생들과 종종 시간강사들이 길을 잃었다고 느끼는 초기의 실행으로부터 알았다(Barron et al., 1995). 그들은 어떻게 특별한 활동이 모두에게 적합한지를, 혹은 어떻게 활동이 전반적인 문제의 이해와 프로젝트를 수행하기 위한 그들의 능력에 기여하게 되는지를 몰랐다. 그림 9.2는 학생들이 그들 자신의 학습 지도(map)를 개발하도록 돕는데 도움이 되었다. 다른 것들에서는 수정한 것이 학습이 아닌 것에 대한 처벌보다는 학습의 기본적인 요소였다는 것을 그들이 알도록 두었다. 그림 9.3은 SMART 순서의 전 과정이 다섯 번의 수업 내에서 보충되었음을 보여 준다. 아동들은 수정한 것이 꼭 수업에서 학생들을 위한 것만이 아니라, 성인의 연습에 믿을 만한 일반적인 활동

이라는 것을 깨닫기 시작했다.

　LEGACY는 학습 사이클에 대한 시각적 표시를 제공한다. 그것은 SMART를 위해 사용된 표시보다 더 일반적이다. SMART 지도(map)와 같이, LEGACY의 표시는 학습 사이클에서 학생과 교사 모두가 그들이 있는 곳을 이해하도록 돕기 위해서 고안되었다. 추가로, 이것은 그들이 탐구의 실제들을 통해서 유사성을 볼 수 있기 때문에 교사와 학생들이 하나의 주제에서 다른 것으로 탐구 활동을 전이하도록 돕기 위해서 고안되었다.

　학습 사이클에 대한 구성요소는, 그것들이 반복적으로 종종 명확하지는 않지만 학습 구성요소의 중요성으로써 나타났었기 때문에 선택되어졌다. 그러나 LEGACY 사이클은 대단히 엄격한 규칙이어서 단지 순환에 나타난 명령에서 요소를 사용할 수 있도록 보여져서는 안 된다. 교사와 학생들은 자원자문 후에, 여러 견해를 들려주기를, 그들의 용기를 시험하기를 시도한 후 자원을 되돌려 주기를, 그리고 기타 등등을 원할 것이다. 그들이 이들

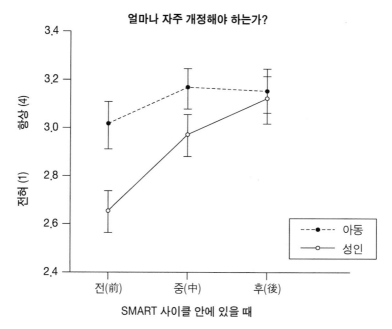

그림 9.3　아동 및 성인의 경우에 개정의 유용성에 대한 학생들의 신념의 변화

선택을 이해하도록 돕기 위해서, 민감한 상황의 "이론적 근거를 가진 조언"은 중요한 제안이나 설명을 제시한다. 그림 9.4는 메인 화면에 나타난 이론적 근거를 보여 준다. 아마 그러한 설명은 사람들이 교수설계 특징에 대한 요지를 이해하도록 돕고, 차례로 그 이해는 그들이 그들의 목적에 수업을 적용하도록 도울 수 있다.

처음 STAR LEGACY 사이클의 고찰

이 부분에서의 목적은 LEGACY 학습 사이클을 통해서 첫 번째 성공을 확인하기 위한 것이다. 우리의 논의를 맥락화하기 위해서, 우리는 주로 "Border Blues"라 부르는 비디오 앵커를 중심으로 조직된 하나의 LEGACY에 중점을 둔다. Border Blues는 Bob Sherwood와 그의 동료들에 의해 개발된 *Scientists In Action* 비디오 시리즈 중의 일부분이다(CTGV, 1997; Sherwood, Petrosino, Lin, Lamon, & CTGV, 1995). 이것은 생태계와 자연의

균형에 관한 것이고, 식물에 초점을 맞추고 있다. 우리의 의견을 공개할 때, 우리는 특정요지를 명확하게 하도록 돕는 다른 LEGACY 프로그램의 예와 함께 Border Blues LEGACY를 제공할 것이다.

1. 미리보기　LEGACY의 중요 특징은 미리보기(Look Ahead)와 다시보기(Look Reflect Back) 쌍으로 대표된다(그림 9.1 참고). 이것은 학습내용과 학습목적을 이해하도록 돕기 위해서 설계된 화면 속으로 사람들을 유도한다.

거의 모든 교수 학습 모델들은 목표환경(goal setting)의 중요성을 강조한다(예, Newell & Simon, 1972). 종종 학습 목표는 특정 목표(주로 교사의 시각에서)로 표현되었다. Border Blues에서 학생들은 자연의 균형을 유지하기 위해 요구되는 상호의존성을 이해할 것이고, 비토착 식물의 종에 대한 통제의 필요성을 이해하는 것을 포함한다. 교사, 학생들에 대한 우리의 일은, 특정 목표 목록에 대한 수많은 시도가 그들이 종종 모호하고

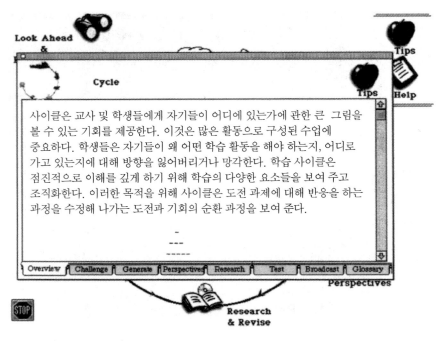

그림 9.4   STAR LEGACY 쉘에 주어진 설명을 위한 팁(tip)의 예

관계가 없는 추상적인 진술 목록으로 이해했기 때문에 이상적인 목표의 결함에 빠진다는 것을 알도록 도와 왔다는 것이다. 우리의 우선권은 교사와 학생들이 LEGACY 여행을 진행할 때 직면하게 되는 도전과 내용의 좀더 구체적인 통찰력을 개발하도록 돕는 것이다.

Border Blues를 수반하는 미리보기와 다시보기는 학생과 교사들이 그들의 여행에서 좀더 조리 있는 통찰력을 개발하도록 돕기 위한 우리의 시도를 설명한다. 학생들은 일련의 영상, 그중에서도 특히, 칡 분야, 과일 해충, 고객대리점, 인구성장 곡선, 담배, 바구미, 푸드 웹, 학교정원, 열(fire) 등을 보여 준다. 그들은 또한 그들이 Border Blues LEGACY를 마쳤을 때, 생태계의 균형을 유지하는 것에 관련되고, 또 상호 관련되기 때문에 그들이 각각의 영상을 논의할 수 있을 것이라고 설명하는 이야기를 듣는다. 안내자(narrator)는 그들이 지금 바로 시도할 것을 제안하여, 학습에서 이미

알고 있는 것과 가야할 필요가 있는 곳을 평가할 것이다.

미리보기와 다시보기 구성요소는 기술된 것 외에도 많은 형태를 취할 수 있다. 어떤 형태가 특정 목적을 위해 가장 유용한가는 중요한 연구 문제이다. 현재 우리는 LEGACY의 '미리보기' 특징에 대한 네 가지 잠재적인 이점을 기대한다.

- 학습자들이 이해하게 될 학습의 종류와 학습에서 그들이 무엇을 하고 있는지를 알 수 있는 기회를 제공한다.
- 학습자나 교사를 기반으로 한 평가에 대한 기회를 제공한다. 학습자들은 그들이 좀더 배울 필요가 있는 것들이 무엇인지 확인할 수 있다. 교사에게는 이러한 활동을 통해 수업의 도입 단계에서 초기 영역 지식을 평가하는 진단평가 활동과 같다. 이것은 그것들을 설계하는 것을 돕고 LEGACY와 다른 교실자원

을 이용하도록 만들어 줄 뿐만 아니라, 교사들의 수업설계에 도움을 준다.

• 호기심과 열망을 일으키는 동기유발적인 어려운 문제를 제공한다. 예를 들면, 학생들은 담배와 생태계 균형 사이의 관계에 대하여 알고 싶어 할지도 모른다.

• 반성과 자기평가를 위한 척도를 제공한다. 특히, LEGACY 사이클을 완성한 후에 학생들과 교사들은 미리보기를 하는 동안, 그들은 첫 번째 시도에 비유하면서 그들이 배웠던 것을 다시보기 위해 되돌아 갈 수 있다. 나중에 "점진적으로 심화하기"에 대해서 논의함에 따라, 이것은 강력한 경험이 될 수 있다.

2. 첫 번째 도전   미리보기(Look Ahead) 후에, 학생이나 교사는 첫 번째 산을 클릭하게 된다. 이것은 학습자가 첫 번째 학습 사이클을 시작하는 도전이다. Border Blues 도전은 Chris라는 젊은이의 비디오를 통해서 제시되는데, Chris는 자신을 당황하게 했던 사건을 설명한다. Chris는 해외여행에서 모기를 쫓아버릴 거라고 기대했던 식물을 샀던 일을 설명하고 있다. 비디오에서, 우리는 그가 그 식물이 압수되었다고 설명하는 해설소리가 나오는 동안, 그가 일시적으로 국경에 억류되었다는 것을 알았다. 그의 가족들이 급히 서두르게 하여, 그는 왜 그랬을지에 대한 이유를 알아낼 기회가 없었다. 그리고 난후에 Chris는 그의 도전에 대해서 다음과 같이 진술하였다. "그래서 나에게는 지금 여전히 두 가지 의문이 남겨져 있다. 첫째는, 정말로 식물이 모기를 쫓아버릴 수 있을까? 이고, 둘째는 왜 그들이 국경에서 나의 식물을 압수했을까? 이다."

LEGACY에서 도전은 현실세계 프로젝트를 설계하는 것에서부터 중요한 테스트의 견본항목에 대답하는 것까지 여러 가지 형태를 취할 수 있다.

어떤 형태에서 도전은 학생들이 배우려고 하는 초기의 정신적 모델인 공유(shared)하는 것을 개발시켜야 한다. 공유된 도전은 학생들 사이에서 논의를 조장하고, 지식이 성장할 수 있다는 것으로부터 의미의 근원을 제공해 준다(Bransford, Sherwood, Hasselbring, Kinzer, & Williams, 1990). 효과적으로 설계된 도전들은 또한 문제해결 상황에서 학습을 촉진해야 한다. 그 결과 학습은 차후의 문제해결에 더욱 쉽게 이용될 것이고, 더욱 활발해질 것이다(Bransford, Franks, Vye, & Sherwood, 1989; Morris, Bransford, & Franks, 1979).

위에서 기술한 바와 같이, LEGACY는 유연한 적응적 수업설계에 대한 문제들을 연구하는데 목적이 있다. 한 예는 첫 번째 도전과 미리보기 사이의 관계를 고려함으로써 발견될 수 있다. 미리보기와 첫 번째 도전을 나란히 놓는 것은 사람들에게 두 가지 수업요소 사이의 관계를 고려할 것을 요청하고자 한 것이다. 우리의 가설은 첫 번째 도전에 대한 학생들과 교사들의 해석이 LEGACY의 미리보기 특징에서 제시된 정보에 의해 영향을 받을 것이라는 것이다. 예를 들어, 격려된 도전의 관점으로 볼 때, Border Blues에서 Chris의 의문은 생태계와 생물들의 상호의존성에 대한 생각들을 반드시 일으키지는 않는다. 특별한 미리보기 경험에 대한 설계는 수많은 논쟁들에 관한 예로써 특정문제를 제시하여 학생들이 학습을 시작하도록 도울 수 있다. 연구의 중요한 부분은 문제에 대한 사람들의 표상이 그들이 어떻게 문제에 접근하고, 어떻게 새로운 상황에 전이시키는가에 있어서 강력한 효과를 지닌다는 것을 보여 준다(예, Bransford & stein, 1993; Gick & Holyoak, 1983; Hayes & Simon, 1977; Newell & Simon, 1972). 이 연구보고서는 첫 번째 도전들과 미리보기의 다른 결합 사이의 관계에 대한 후행 연구의 중요성을 강조한다.

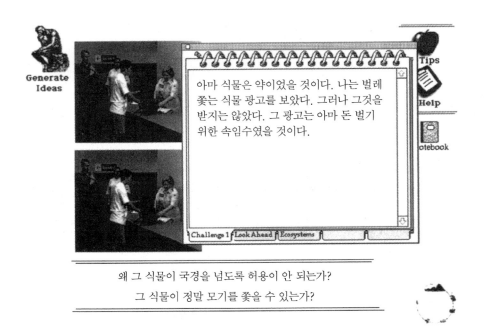

아마 식물은 약이었을 것이다. 나는 벌레 쫓는 식물 광고를 보았다. 그러나 그것을 받지는 않았다. 그 광고는 아마 돈 벌기 위한 속임수였을 것이다.

왜 그 식물이 국경을 넘도록 허용이 안 되는가?

그 식물이 정말 모기를 쫓을 수 있는가?

그림 9.5   아이디어 생성 단계의 노트북 활용의 예

3. 아이디어 산출   도전을 고찰한 후, 학생들은 발생하는 문제와 대답을 처음으로 통과했다. 그림 9.5는 학생의 전자 노트북뿐만 아니라, Border Blues에 대한 "아이디어 생성" 화면을 보여 주고 있다. 학생들은 계속해서 수정하고 향상시켜 갈 초기의 생각들을 저장하기 위해서 노트북을 사용한다. 또한, 학생들은 비디오 클립, 웹기반 정보, 녹음기, 계산기, 교과서를 포함한 자원들을 수집하기 위해서 노트북을 사용한다.

컴퓨터가 많이 있는 교실에서, 노트북을 사용하는 특징의 하나는 개개의 학생들이 개별 노트북을 이용하여 아이디어를 생성하는 것이다. 보다 적은 자원을 가진 수업에서, 도전은 전체 수업으로 보여질 수 있고, 학생들은 초기의 생각들을 종이 위에 적을 것이다. 어느 쪽 사례에서든 교사들은 결국 전체 수업이 반영될 수 있는 공동의 (collective) 노트북에 아이디어들을 결합시킬 것이다. 공동의 노트북은 토론을 위한 중요 논지로써 사용될 것이다.

우리가 LEGACY에 아이디어 산출을 포함하는 몇 가지 이유가 있다. 첫 번째 이유는 수업에서 교사들과 학생들이 아이디어를 공유하도록 북돋워 주기 때문이다. 모두는 다른 사람들이 생각하는 것을 알 수 있는 기회를 갖는다. 교사들에게는, 학생들이 도전주제에 관해 이해한 것이 무엇인지 좀더 개별적인(specific) 평가를 제공하여 '미리보기'를 보완한다. 학생들에게는 상황에 대해 다른 학생들이 생각한 것에 관한 아이디어를 전개하도록 해준다. 너무나 자주, 학생들은 그들 동료의 지식에 대해 거의 생각하지 않고 교사들은 학생들의 지식에 대해서 거의 생각하지 않는다. 그 결과, 전형적인 수업에서 분류된 지식을 이용하는 것이 어렵게 되었다.

학생들이 그들 자신의 아이디어를 생성하도록 요구하는 두 번째 이유는 모호하고 침묵의 상태로 있는 것보다는 학생들이 명확한 생각을 하도록 도울 수 있다는 것이다. 주제에 대한 자신의 생각을 명확하게 기록하는 일은, 학생들이 현재 어떤 생각을 하고 무엇을 알고 있는지를 발견하도록 돕는다. 이것은 학생들이 자신의 생각(ideas)과 다른 사람의 생각을 대조해 보는 것에 의해서 촉진될 수 있다. 자신의 생각과 다른 사람의 생각을 병치시켜서 보는 것과 같은 적절한 대조는 학생들이 중요한 차이를 알아차리도록 도울 수 있다(Bransford & Nitsch, 1978; Gibson & Gibson, 1955; Schwartz & Bransford, in press). 학생들에게 아이디어를 산출하도록 요구하는 것의 장점 중 하나는 학생들이 그 다음의 정보는 알기 쉬워서(obvious) 주목할 필요가 없다고 생각하는 것을 방지하도록 도울 수 있다는 것이다. 행동과학에서 대부분의 교사는 실제로 학생들이 자신의 생각에 상식을 결코 적용시키지 못할 때, 그런 점은 지루해하거나 단지 상식이라고 주장하는 학생들의 좌절을 경험해 왔다. 학생들에게 첫 번째 아이디어를 생성하도록 요구하는 것에 의해 그들은 처음부터 인식하던 초기의 경험적 지식(observation)과 계속되는 경험적 지식 사이의 대조를 더욱 올바르

게 이해하게 된다. 올바른 이해는 낡고 그럴듯한 생각에서 새롭고 중요한 생각으로 단지 동화(assimilate)되기보다는 학생들이 새로운 생각들을 조절(accommodate)하도록 도울 수 있다.

4. 다중견해   자신의 아이디어를 생성한 후에, 학생들은 "다중견해(Multiple Perspectives)"로 옮겨간다. 그림 9.6은 학생들이 식물과 그것의 생태계에 관한 문제들을 정의내리는 것을 돕는 Chris의 도전에 대한 세 가지 견해를 보여 준다. 그림에 있는 네 개의 사진은 학생들에게 다중견해 부분을 소개하는 것을 돕는다.

비록 분명히 표현되지 않을지라도 다중견해가 수업의 본질적인 구성요소(협의회 패널, 소설에서의 다른 역할, 수학문제 해결을 위한 대안 전략, Jigsawed 협동그룹)인 학습상황은 많이 있다. LEGACY가 다중견해를 포함하는 이유는, 학생들에게 종종 주제 접근 방식에 전문적인 성격을 띠고, 자신의 것과는 매우 다른 표현 방법과 견해를

그림 9.6   도전 과제 1에 대한 다중견해 화면

소개하는 방법을 제시해 주기 때문이다. 학생들이 생성한 아이디어와 전문가들이 생성한 아이디어 전략 간의 대조를 강조함으로써 학생들은 새로운 정보의 중요성을 파악하고, 그들이 다르게 생각하도록 돕기 위해 정보의 관련성을 이해하는데 도움을 받는다(Schwartz & Bransford, in press).

Border Blues에 대한 다중견해를 생각해 보자. 한 견해는 식물에 있는 독소에 관한 연구를 보고하는 학생 집단에서 나온다. 그 학생들은 해충으로부터의 보호를 위한 살충제를 많은 식물들이 본질적으로 생성한다는 점에 초점을 둔 견해를 나타내고 있다. 예를 들어, 그들은 강력한 살충제로 니코틴을 설명하고 있다. 보다 더 고려한 후에, 그들은 벌레들을 쫓아버릴 수 있는 어떤 식물들을 알고 있음을 진술함으로써 결론을 내렸다. 그러나 그들은 Chris가 그 식물을 가졌는지 어떤지는 모른다. 또한, 그들은 식물이 유독성을 지녔을지 모른다고 제안하지만, 그들은 실제로 그것이 Chris가 국경 부근에서 그 식물을 압수당한 이유인지 아닌지는 잘 알지 못한다.

또 다른 견해를 제시하는 두 번째 그룹은, 그 식물은 불필요한 독충들의 은신처가 될 수 있기 때문에 압수되지 않았을까 하고 생각한다. 그들은 캘리포니아에 있는 지중해성 과실파리에 대해 논의한다. 그들은 과실 파리들이 재생한 될 수 있는 비율을 보여 주는 작은 실험을 한다. 그리고 그들은 포식의 수준에 따라 좌우 되는 인구성장 모델을 개발한다. 그들은 식물이 그 지역 생태계에서는 잘 발견되지 않는 해충들을 옮겨올 수도 있기 때문에 압수되었다는 결론을 내리지만, 실제로 그 식물이 모기를 쫓아낼 수 있을지는 잘 모른다.

세 번째 견해는 칡 분야에 대해 한 쌍의 학생들에 의해서 제시되었다. 그들은 한때 정부가 칡을 심기 위해 농부를 고용했다고 설명한다. 그러나 카메라를 뒤로 움직여 나무와 산 울타리의 한 가운데 있는 두 소녀가 칡넝쿨에 완전히 휘말려 있는 모습을 보여 주면서, 그들은 칡은 남쪽에서 너무 잘 자란다고 설명한다. 그들은 또한 쉽게 식물을 뒤덮지 않는 Witchweed라고 불리는 또 다른 "외래 식물"을 기술하고 있다. 그 식물은 영양소를 훔쳐오기 위해서 뿌리에 직접 두드려 박는다. 그들은 Chris의 식물은 아마도 새로운 서식지에서 너무 잘 자랄 수 있는 외래 식물이기 때문에 국경에서 압수되었다고 결론짓는다.

이와 같은 다중견해에는 여러 목적이 있다. 먼저, 학생들이 그 영역에 관하여 배우기 위해서 탐색해야 하는 주제에 대한 지침을 제공하고자 한다. 다중견해는 해결책을 직접적으로 하지는 않는 대신에 탐구의 관련 영역에 대하여 지적한다.

견해에 대한 두 번째 목적은 그 영역에서의 사회적 연습 모델을 제시하고자 하는 것이다. Border Blues에서, 우리는 학습자들이 제시한 Chris의 첫 번째의 도전에 관한 양질의 보고서를 받았다. 이들 보고서는 실질적인 수행기준을 설정할 수 있게 하였으며, 제출자들의 해결책은 무엇이고, 해결되어야 할 필요가 있는 문제가 무엇인가에 대하여 제시된 진행 과정을 나타내었다. 또한 이러한 모델들은, 주로 주어진 상황은 다양한 이점을 가지고 있고, 받아들일 만한 것이라고 분명하게 지적하고 있다. 이것은 사물에 대해서 생각하는 방법으로 오직 한 가지 모델만을 제공하는 많은 수업과는 다르다. 주어진 주제에서 다양한 학습출발점은 앞으로의 문제 해결에 대한 융통성을 증가시킨다(Spiro & Jehng, 1990).

실행 모델의 제시와 연구의 다른 영역 외에 또 다중견해는 함께 모여 할 수 있고, 분류된 전문 견해를 이용 가능하게 하고, 쉽게 함께할 수 없는 사람들 사이에서 함께 실행할 수 있도록 하게 한다. 예를 들면, 아동의 발달에 관한 LEGACY는 다중견해에서 지방의 교수를 활용한다. 첫 번째 도전은 처음으로 음성활동모빌을 대하는 6개월 된 유아를 보여 준다. 비디오가 방영되는 3분 동안 유아는 그녀의 목소리가 몇 초 동안 모빌에서 켜진다는 것을 분명하게 배운다. 학생들(그리고 교수)을 위한 도전은 그들이 주목해야 하는 중요한 것에 대해서 아이디어를 산출해 내는 것이다. 학생들은 주로 "학습된 아기" 또는 "처음에 아기는 사진사에게 몰두되었다"라는 것을 알아차린다. 나중에 학생들이 다중견해로 접근했을 때, 그들은 대학 교수의 다른 의견들을 듣게 된다. 다른 의견들 중에는, 학습한 후에 유아에게서 종종 나타나는 흡족한 미소(mastery smile)에 관한 전문가들의 비평은 유아들이 그녀의 목소리와 모빌 움직임 사이의 우연성을 정말로 배웠는지 아닌지를 우리가 알 수 있는 방법에 관한 질문이고, 본질적인 행동주의자들에 있어서 유아는 배울 수 있는 환경적 반응을 자극하는 것을 이용했던 것이다. 학생들은 교수의 관찰을 자신의 것과 비교함으로써, "유아가 학습되었다"는 것이 충분히 구별될 수 없다는 그들의 관찰을 일정불변하게 깨닫는다. 아주 가끔 그들은 다소 놀라면서 "그것을 전혀 알아차리지 못했다"라고 진술하기도 한다.

5. 연구 및 수정 "연구와 수정"에서 학생들은 다음과 같이 서로 다른 활동들을 수행할 것이다. 즉 서로 협동하기, 자료 협의하기, 시기적절한 청강, 노련한 강의 완성하기. 그리고 예전부터 학생들이 남겨 놓았던 자료(legacy)를 들춰보고 모의실험과 실제 실험을 유도해내는 등의 서로 다른 활동을 수행할 수 있다. 이러한 LEGACY의 구성 요소는 매우 광범위하며 거의 포괄적이다. 수업에 대한 전통적인 접근법과 선구적인 접근법 모두 여기에서 발상을 찾을 수 있다. 중요한 것은 교수 매체가 학생들이 그들의 목적에 대한 도전에 대한 탐구를 촉진할 수 있어야 한다는 것이다. Border Blues의

경우, 자원은 주로 학생들이 관련된 경험적인 내용과 과학적 원리를 적용하고 배우도록 돕기 위해서 고안되었다. 대학진학 적성검사(SAT)를 준비하는 것과 같은 또 다른 도전은 학생들이 효과적으로 시험을 보기 위한 전략을 배워 온 것으로 보다 더 적절하다.

다중견해를 방영하도록 조직된 Border Blue에는 몇 가지 자원이 있다. 이 자료들은 특정지식의 필요성과 연구기회에 알맞은 활동과 논쟁들을 포함한다. 하나의 활동은 그들이 지역생태를 침범하고 있는 외래 식물을 판매하는지를 알아보기 위해서 정원을 공급하는 가게에 갈 것을 제안한다. LEGACY는 하나의 자원으로 침입하는 외래 식물에 대해 정부 웹 싸이트를 개설한다. 또 다른 자원은 학생들이 약탈, 먹이공급, 재생산의 다른 단계에서 곤충과 식물의 성장곡선을 탐색할 수 있는 모의실험을 구축한다. 또 다른 활동은 생태계에 의존하는 "가장 적합한" 적자생존을 보여 주기 위해 가능한 한 실제적인 실험을 제안한다. 게다가 또 다른 활동은 식물이 그들 자신을 보호하기 위해 사용하는 다른 물리학, 화학, 모방적인 메커니즘의 총체로서의 접근을 제시한다.

Chris의 도전에 대한 이용 가능한 자원은 주로 LEGACY 셀 자체의 외부에 있다. LEGACY는 풍부한 내용 프로그램에 위치하는 것보다 훨씬 조직적인 "launch pad"에 있다. 그중에서도 특히, 다중견해의 사례에서와 같이 비디오와 오디오로 시작한다. 이것은 웹브라우저 혹은 모의실험에서와 같이 적용을 시작하고, 교실에서 수행할 수 있는 활동들을 제안한다. 학생들은 그들의 작업 처음부터 끝까지 전자 노트북에 접근하고(그림 9.5 참고), 그들의 생각을 조직하고 메모를 남기기 위해 이 작업장을 사용할 수 있다.

6. 용기 테스트 학생들이 첫 번째 도전에 대한

이해를 발달시켜 왔다고 느낄 때, 그들은 도전에 있어서 해결책으로 "공개하기(Go Public)"로 가기 전에 "용기 테스트"를 수행 할 것을 요청받는다. 이것은 피드백을 가진 선다형시험에서부터 "근접한 전이" 문제에 초기의 에세이를 평가하기 위한 제목까지 수많은 형태를 취할 수 있다. 용기 테스트는 기말시험이 아닌 형성평가를 의미한다. 이것은 학생들이 그들의 지식이 과제 수행까지 이르렀는지를 알아보기 위하여 세상에 대해 직면한 기회이다.

Border Blues에 대한 용기 테스트 선택은 식물이 모기를 쫓아버릴 수 있는지 묻는 Chris의 도전과 매우 밀접하다. 학생들은 신비로운 금잔화 식물이 진딧물을 쫓아낼 수 있다고 주장하는 광고를 본다. 그들은 이것을 장미정원에서도 사용할 수 있는지에 대해 질문을 받았다. LEGACY는 금잔화의 쫓아내는 성질과 근처 식물을 질식시킬 가능성 등을 포함하는 많은 교과서적 자원을 함축한다. 이들 시험에 기초가 되는 대답의 기본 원리는 Chris의 식물의 모기 쫓는 능력에 대한 주장을 평가하기 위해 필요한 원리들과 일치한다.

학생들은 장미 정원에서 독충에 대한 금잔화의 통제에 대한 실행할 수 있는 연구에 관한 짧은 에세이를 작성한다. 에세이 작성 후, 그들은 그것들이 많은 금잔화를 필요로 하는지, 금잔화가 통제하는 것이 가능한지 등의 많은 관점을 포함하는 체크리스트를 받는다. 에세이에 논의되지 않은 각 관점에 대하여, 이러한 점이 왜 중요하게 고려되어야 하는지를 나타내는 연구와 수정(Research & Revise)으로 가서 상담을 받을 수 있다.

용기 테스트에서 학생들과 교사들은 그들의 지식을 연합하기 위한 기회를 가지고 있고, 이해는 적절한지, 적용범위는 수행 가능한지를 평가하기 위한 기회를 가지고 있다. 이것은 또한, 학생들이 혼자서 작업할 때 그들이 어떻게 하는지 알아보기

위한 기회이다. 이상적인 용기 테스트는 학생들이 필요한 이해 수준에 도달하기 위해 자문할 자원을 제시하는 피드백에 집중되었다. 대표적으로 이는 교사 또는 총명한 학생이 더 많은 학습을 위해 자원을 제안할 수 있는 충분히 명백한 사고를 하도록 고안될 수 있다. LEGACY의 다른 구성요소처럼 용기 테스트는 융통성이 있음을 의미한다. 그러나 모든 사례들에서, 용기 테스트에서의 피드백은 필요한 학습이 성취되는 방법이 제시되어야만 하고, 학생들이 그들의 작업을 향상시키고 수정할 수 있는 동기를 부여해 주어야만 한다.

용기 테스트에 대한 추가적 서계는 다른 LEGACY 교육과정에서 나타난다. 예를 들면, 예비 대수학 교육과정에서 학생들은 그들이 비율문제에 대한 순환유형을 해결하도록 도울 수 있는 그래프와 표와 같은 "SMART TOOLS"을 만들도록 도전 받는다(Bransford et al., in press). 이러한 도구는 다른 학생들이 알 수 있도록 발표하기 전에, 설계를 테스트하기 위한 기회를 갖는다(하나의 유형 또는 또 다른 유형의 자기 평가는 새로운 패러다임에서 자기-조절 학습의 중요한 측면이다). 그들은 정해진 시간 내에서 다양한 유형의 비율문제를 받는다. 만일 그들의 도구가 모든 유형의 문제에 성공을 한다면, 학생들은 설계의 공개적인 발표를 준비하는 일을 할 수 있게 된다. 만약 학생들이 걱정하고 있는 문제라면, 그들은 비율문제의 유형에 대한 그들의 도구를 수정하도록 돕는 자원에 자문하여 피드백을 받는다. 그림 9.7에서 설명하는 것처럼, 그들의 용기를 테스트하기 위한 기회는 학생들이 구성하는 SMART TOOLS의 질에 중요한 영향을 미친다. 좀더 일반적으로, 수정 기회를 가진 형성평가는 학생들이 학업성취를 의미 있게 향상시킬 수 있다는 것을 발견하게 되었다(예, Barron et al., 1995; CTGV, 1997; Vye et al., 1998).

다른 LEGACY에서, 용기 테스트는 그림 9.8과

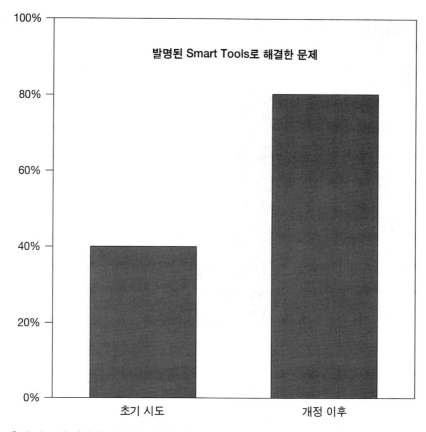

그림 9.7 초기 시도 및 개정 후에 대한, 형성평가와 수정 기회의 긍정적 효과: Smart Tools로 짧게 대답한 질문

같은 일련의 목록 사이에서의 선택을 포함한다. 이것은 강의 오염과 생태계에 대한 학습 사이클에서 나오는 웹기반 평가이다(Vye et al., 1998). 학생들은 강의 기름오염 정화작업을 돕는다고 주장하는 다른 회사들의 목록을 받는다. 학생들의 과제는 그들의 선택이 정당한지, 다른 회사를 거절한 이유의 정당성을 증명하여 기름오염 정화작업을 위해서 고용하고자 하는 기업을 선택하는 것이다. 어떤 기업은 일반적인 잘못된 생각을 반영한다. 그림 9.8에서 보이는 "Recycle Kings"은 수영장과 같은 정도의 깨끗함을 건강한 강으로 일반적 혼동을 하고 있음을 발견할 수 있다. 그림 9.9는 그림 9.8에서 이용할 수 있는 한 선택으로 만들어진 피드백의 예를 보여 준다.

7. 발표(공개)하기 용기 테스트 후, 학생들은 그들의 생각을 발표할 준비를 한다. 발표하기에는 두 가지 방법이 있다. 하나는 Chris의 첫 번째 도전에 가장 좋은 해결책을 제시하고 다른 사람들이 그것을 이용 가능하게 만드는 것이다. 두 번째 방법은 앞으로 프로그램을 사용할 학생들을 위해 아이디어와 팁을 포함한 자료를 남기는 것이다.

우리가 학생들에게 그들의 지식을 공개하도록 하는 데는 몇 가지 이유가 있다. 이것은 그들의 사고를 시각적으로 확실하게 하여 다른 학생들과 교사들이 이해의 고차원적 요소를 확인하고 평가할 수 있도록 한다. 이는 학생들이 자기 자신과 다른 사람을 평가하는 것을 배우도록 도움을 주고, 또한 성취기준을 설정하는 데 도움을 준다. 결과를

그림 9.8   용기 테스트에 대해 학생들이 사용한 웹기반 목록

공유하는 것은 서로가 서로에게서 배울 수 있다는 것을 알 수 있도록 도움을 주고, 대체로 어떠한 도전에 대해서 수없이 다양한 측면들과 문제해결 접근법이 있다는 것을 보여 준다. 자연스러운 발표는 학생들이 잘 하도록 동기를 부여하는 학습 사이클에 고차원적인 이해의 구성요소를 창조한다. 마지막으로, 결과물의 산출은 학생들의 작업에 동기를 부여 증거가 된다.

발표는 다양하게 구성할 수 있다. "공개(pub-lic)"는 인터넷에 띄우고, 집단의 노트북에 해답을

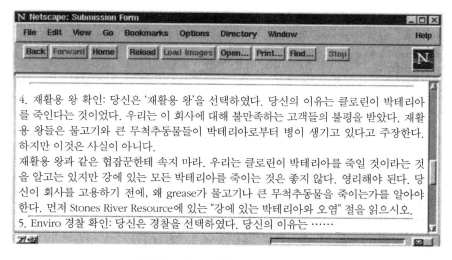

그림 9.9   웹기반 목록에서의 피드백의 예

복사하고, 멀티미디어 시연을 설계하고, 학습에서 구연하거나 다른 반이나 전문가 집단과 같은 외부의 청중에게 제시하는 것이다. 지역적 상황에 대한 가장 적절한 접근과는 무관하게 학생들이 왜, 그리고 어떻게 다양한 공적 수행을 학습경험으로써 제시할 수 있는지를 이해하도록 돕는 것은 중요하다. 이런 이유 때문에 학생들은 LEGACY에서 사이클을 통과한 뒤에, 그리고 다음 사이클로 이동하기 전에 그들의 경험을 검토하도록 요구된다.

학생들이 앞으로의 학생들을 위해 자료를 남기도록 요구되는 것은 검토를 보다 더 촉진할 수 있다. 학생들에게는 해결책을 남기는 것(다른 것들을 단순하게 복사할 수 있는)보다, 오히려 자원이나 도전에서 진행될 다른 방법에 대한 제안들을 남기도록 요청된다. 수업에서 학생들은 격려의 말(예를 들어, "우리는 이것을 발견하기까지 처음에는 많이 힘들었지만, 노력은 매우 값진 것이었어"와 같은 말), 새로운 자원과 참고문헌에 대한 아이디어, 실험에 대한 아이디어 등을 제공한다. 남겨진 자료들은 새로운 다중견해로서, 자원으로서, 새로운 용기 테스트로서 남겨진 것일 수 있다.

점진적 심화

이전의 부문은 첫 번째 LEGACY 도전과 그것의 학습 사이클에 초점을 맞추었다. 그림 9.1의 그래프와 같이, LEGACY는 다양한 도전을 지원하며, 점점 커지는 산들로 표현되었다. 이 도전들은 학생들이 그들에 의해 탐색되어지는 주제에 대한 지식을 점진적으로 심화시킬 수 있는 기회를 제공한다.

Border Blues에서, 우리는 세 가지 도전을 사용하는데, 그 세 가지 도전들 각각에서는 균형잡힌 생태계의 논쟁점에 대해 약간씩 다른 출발점을 제공한다. 첫 번째 도전은 균형이 깨진 생태계에 던져질 수 있는 요소들을 강조하고(예를 들면 천적의 부족), 두 번째 도전은 사람들이 어떻게 하면 균형잡힌 생태계로 회복할 수 있는지 숙고하게 한다.

두 번째 산을 클릭하면, 학생들은 사향엉겅퀴(Musk thistle)에 대한 확실한 문제를 소개받는다. 외래 식물의 하나인 북아메리카의 사향엉겅퀴는 미국의 몇 개 주에 "침범"한 이래로 통제를 벗어나서 성장해 왔다. 가축들은 가시가 많은 식물이 있는 들판을 피하기 때문에 사향엉겅퀴로 인해 이용할 수 있는 목초지는 축소되었다. 이 도전에 있어서 학생들은 사향엉겅퀴 문제를 관리하는 것에 관한 계획을 개발한다.

평소와 같이 학생들은 아이디어를 짜는 것에서 시작한다. 나중에 그들은 네 가지 의견을 제시한다. 첫 번째 의견은 엉겅퀴가 몇몇 다른 식물들처럼 다시 성장할지도 모른다는 염려에도 불구하고 들판을 태우는 것이다. 두 번째 의견은 땅을 갈아 엎는 것인데, 이것은 실제로는 캐나다 엉겅퀴의 번식을 돕기 때문에 문제가 될지도 모른다. 세 번째 의견은 제초제 살포이다. 마지막으로, 네 번째 의견은 자연의 통제 메커니즘과 같이 식물에 엉겅퀴 바구미(thistle weevils)를 풀어놓는 것이다. 엉겅퀴 바구미는 사향엉겅퀴의 자연스러운 생태계 균형을 유지해 준다. 그러나 만약 엉겅퀴 바구미들이 북아메리카에 소개된다면 엉겅퀴 바구미들의 개체수를 감소시키는 육식동물(포식자)을 가지고 있는지, 그리고 그들이 다른 것들을 먹을 것인지에 관해 다소 염려된다.

두 번째 도전 탐색 후에, 학생들은 세 번째 도전으로 옮긴다. 이 경우에, 세 번째 도전은 프로젝트이다. 대부분의 학생들을 위해서, 이 특정 프로젝트는 너무 의욕적이고, 제한이 없어 처음 두 도전을 수행하기 전에는 착수되지 못했다. 한 연구는 프로젝트 기반 도전으로 이동하기 전에 문제기반 도전(Border Blues에서 도전 1과 2)으로 시작하는 장점을 제시한다(CTGV, 1997; Barron et al., 1998). 적절한 준비로 프로젝트는 이해의 심화, 이해의 적용, 이해의 조직에 탁월한 기회로 제공할 수 있다.

Border Blues에서 프로젝트 기반 도전은 살충제를 필요로 하지 않고, 자연 생태계를 혼란시키는 식물이나 독충에 대한 염려가 거의 없는 학교 정원을 설계하는 것이다. 그 설계를 수행하기 위해서, 그리고 학생들이 더욱 표면적인 이해를 개발하도록 돕기 위해서, 그들은 예상되는 벌레와 식물들 사이에서 쫓아내는 관계, 먹이관계, 유인관계를 지적하는 "먹이사슬"을 만든다. 첫 번째 도전이 수행되는 것에 의해 학생들의 이해는 다루기 쉬운 프로젝트와 의미심장한 추상적 개념을 만들어야 한다.

유산에 관한 일반적인 반성 및 의사결정

초기에 우리는 STAR는 "활동과 재고에 대한 소프트웨어 기술"을 상징하고, 학생들은 각각의 학습 사이클 수행 후에 그들의 진행 과정을 반영한다는 것을 언급했다. 세 개의 사이클의 마지막에는, 그들의 노트북과 처음의 생각을 제시하기 위해서 미리보기와 다시보기로 돌아가는 것을 포함하는 중요한 검토를 위한 특별한 기회가 있다. 이것은 학생들에게 그 영역과 그들이 가진 학습과정에 대해 얼마나 많이 배워왔는지, 그들의 지식을 얼마나 더 확장했는지 알아보기 위한 기회를 제공한다. 예를 들면, Border Blues에서 그들이 담배 그림을 다시 볼 때, 그들은 벌레 포식동물로부터 자신을 보호하기 위한 니코틴을 가졌다는 것을 이해함으로써 생태계와 담배를 관련시킬 수 있어야 한다. 아마도 그들은 담배가 일반적 독소인지, 혹은 엉겅퀴 바구미가 엉겅퀴 식물을 공격하는 것처럼 유기체의 특정 형태로 상호작용하는지 궁금할 것이다.

다시보기는 이것이 학생들에게 그들의 학습을 사용하여 쓰기 위한 기회를 주기 때문에 중요하다. 종종 학생들이 그들이 얼마나 많이 배웠는지 알아볼 기회를 갖지 못한다. 대학원 교육을 고려해 보자. 학위는 학생들에게 직접적인 방법으로 그들의 지식성장을 지각하기 위한 기회를 주지 않는다. 동료들 간의 비교는 한 명과 하나의 동료들이 모두 앞으로 나아갈 수 있기 때문에 잘 연구하지 않는다. 결코 변화가 있었다는 것을 알지 못한다. 더구나, 조언자에 반하여 자신을 비교하는 것은 대조가 너무 클 수 있기 때문에 잘 연구하지 않는다. 때때로 학생 그들이 얼마나 많이 배웠는지 깨닫게 만드는 것이 자신을 비교하는 것이다. 예를 들면, 얼마의 시간이 지나서 사설을 읽는 것에 대해 대부분의 학생들은 사설에서 그들이 알 수 있는 것이 얼마나 많은지를 발견하고 고무된다.

학습 습관 개발에 관하여, 우리는 학생들이 그들의 성장을 반영하고, 성공적인 학습자였음을 깨닫게 하는 일은 중요하다고 본다. 우리는 특히 처음으로 혼란스럽고, 좌절한 듯 보이는 반영을 격려한다. 우리는 학생들이 "모호함에 대한 인내"(Kuhn, 1962)와 "아주 새로운 일에 대한 건강한 호기심"(Wertime, 1979)을 개발하기를 바란다. 지식을 얻기 위해 인내의 대가를 치러야 하는 것을 안다는 것은 중요하다(Dweck, 1989).

그들의 학습 과정에 대한 반성(reflection)은 또한 학생들이 다른 사람들을 위해 남겨 놓기를 원하는 유산을 결정하도록 도움을 주기 위해서 유용할 수 있다. 예를 들어, 세 개의 모든 LEGACY 사이클에서 그들이 얼마나 많이 배웠는지 되돌아볼 기회를 가진 학생들은 특히 LEGACY의 곤란한 부분을 통해서 인내는 어렵지만 가치 있다고 지적하면서 앞으로의 동시대적인 학생들을 위해 자원을 남길 것이다.

더욱 민감하게 예상된 기술적 변화 중의 하나는 CD-ROMS 생산의 용이함이다. CD-ROM은 학생들이 도전에 대한 해결책과 다음 학생들을 위해 남길 유산을 합한 것을 포함한 CD로 수업을 남기는 것이 가능하도록 한다. CD는 과정 내용의 탁월한 검토를 제공하고, 학생들은 그들의 통찰이 다음 학생들에게 가치 있다고 깨닫도록 그들을 돕는 것에 의해 매우 동기 부여적일 수 있다. 유사하게, 교사들 또한 다음 수업과 교사들을 위해 자료를 남길 것이다.

3. 유연한 적응적 교수설계의 평가

먼저 언급된 LEGACY의 주요 목적은 유연한 적응적 교수 설계와 학습의 이슈에 대한 연구를 진행시키는 것이다. 많은 이슈들은 교사들과 설계자들, 학생들을 포함한 청중의 다양성을 위하여 탐구된다. 왜냐하면 LEGACY는 단지 약 6개월의 작성 시간 동안, 우리는 그것을 줄이고 간략화 하여 탐험하기 시작하였다. 우리의 결과들에 대한 약간의 예들을 아래에서 논의하였다.

STAR LEGACY와 교사

처음 이 장에서 언급했듯이 LEGACY의 주요 목적은 학생, 교사, 그리고 설계자가 학습목표를 어디에 중점을 두는가를 아는 것이다. 지난 몇 달 동안 우리는 *Jasper*와 *Scientists in Action*과 같은 non-LEGACY 교육과정 단위를 이용한 다수의 K-12체제 교사들에게 LEGACY 구조를 소개할 기회가 있었다(예, CTGV, 1997). 우리는 LEGACY 구조상에 놓여졌을 때와 그들의 재반응이 요구되었을 때, 이러한 단위들이 어떻게 보여지는지를 그들에게 제시했다. 이 반응들은 확실하다. 교사는 학습 사이클에서 특히 점진적인 심화의 아이디어를 즉시 확인할 수 있었다. 교사들은 또한 가르쳤던 다른 학생들의 팀 구성원과 이야기하기가 더 쉽다는 것을 알았다. 왜냐하면 그들은 일반적 연구 구조를 공유하였기 때문이다. 그들이 LEGACY로 작업하여 다중견해들과 그들이 이용할 수 있는 자원들을 결정하는데 더 쉬워졌다. 그것은 또한 다른 교사들이 그들 자신의 교섭을 증가시키기를 원한다는 것을 분명하게 하였다. 일부는 그들의 다중견해들과 구조에 대한 자신의 논평을 증가시켰다. 일부는 그들이 보다 필요에 적합하고 학생들에게 관심을 가지고 도전을 반복하기를 원했다. 또한, 자신의 학생들이 다른 학생의 기회를 위해 자료를 남긴다는 아이디어에 의해 보다 높은 동기부여가 되기를 원했다.

많은 교사들은 다음 해를 위해 새로운 교육과정을 개발하는데, 역시 LEGACY 구조를 이용했다. 교사들은 초기 도전뿐만 아니라, 미리보기 구성에 관하여 생각하는 것과 그 다음으로 학생들이 무엇을 배워야 하는지를 규명하기 위하여 용기 테스트에 관하여 주의 깊게 생각하는 것이 특히, 유용하다는 것을 알게 되었다. 여러 도전을 설계하는 것은, 단지 하나의 도전에는 반대하는 것으로써, 또한 이 관계를 돕는 것이기도 하다. 이후 견해와 자원을 결정하는데 보다 쉬워졌다.

STAR LEGACY와 공동의 교수 설계자

우리는 LEGACY의 요소를 전문 교수 설계자들과 학교로 되돌아간 공동의 훈련자를 포함한 대학원 과정에서도 이용하였다. 그 과정은 자신의 할당량을 충족하지 않아, 팀에 방해가 되는 피고용인을 보여 주는 비디오로 시작한다. 학생들의 최초의 도전은 비즈니스 환경에서의 갈등 유형을 조정하기 위한 교수 설계였다. 설계자는 최초의 아이디어를 생성한 후에 다른 설계자들, 피고용인들 그리고 학자들로부터 여러 견해를 듣는다. 그들은 설계의 다른 모델 자원을 참고하고 최초의 설계를 수정하였다.

두 번째 사이클에서 학생들은 실제로 학부생들과 함께 노력하여 설계한다. 이 사이클에서 특히 강조하는 것은, 그들이 학부생과 설계를 시도하는 것과 그 경험을 반영한 "용기 테스트"에 중점을 두는 것이다.

다양한 사이클의 점진적 심화는 설계자들을 위해 특히 중요하게 보인다. 첫 번째 사이클에서 그 설계들은 그들이 모든 곳에서 사용해 왔던 전통적인 교수설계에 근거를 두고 있다. 이것은 학생들의 지식, 연구된 다른 개념, 교실 내의 자원과 논의, 연구과제에서도 발생하였다. 두 번째 사이클 과정에 들어서야 학생들은 LEGACY의 구성 요소에 대해 진지하게 생각하기 시작했고, 그들 자신의 세계에 다중견해들과 같은 것을 포함했다(사람들이 갈등의 재해결에 관한 수업 설계에서 특히 중요하다고 생각하는 것들).

게다가 여러 사이클의 가치에서 학생들은 다중견해 청중하기, 수업의 특별한 부분에 숨겨진 학습 목표에 대해 분명하게 질문하는 것, 응용된 설계의 다양한 상황에 대해서 아는 것에 대한 긍정적인 효과에 대해 설명했다. 다음과 같은 인용문은 한 가지 예를 제공한다.

나는 몇 년간 교수설계를 해왔고 많은 다양한 환경에서 훈련을 받아 왔다. 그러나 대부분의 훈련은 활동과 교수 전략들의 구조가 비슷했다. 학부생들과 함께 한 이러한 경험들은 다른 설계의 특징들과 전략의 효과가 학습 상황의 본질에 얼마나 영향을 미치고, 실험할 수 없을 정도로 얼마나 위험한지를 느끼게 했다. 두 번째 집단에서 다른 나라로부터 온 우리학생들의 대부분은 첫 번째 그룹에서의 이국학생들처럼 말이 많지 않다. 이것은 우리의 교수전략이 어떻게 진행되었는가에 엄청난 영향을 미쳤다. 우리가 계획했던 것은 진행되지 않았다. 우리가 어떤 대안을 준비했던 것은 행운이었다.

학습하는 기술센터 설계자

우리가 LEGACY로 소개해왔던 세 번째 지식 있는

그룹은 LTC(Learning Technology Center)이다. 이 그룹은 LEGACY 형식에서 구조를 배치함으로써, 사람들이 그들의 현행 작업을 재고찰하는 것을 쉽게 도와 줄 수 있는 방법을 우리가 알 수 있도록 해 준다. 또한 LEGACY는 다양한 자원들로 이루어진 여러 내용 영역들에서 다른 설계자들이 충분히 융통성 있게 작업할 수 있는지 없는지를 알 수 있도록 해 준다.

지금까지는 LTC 설계자들과 함께 작업할 기회가 우리에게 상당히 많은 것을 가르쳐 주었다. 예를 들어, 우리는 LEGACY 학습 사이클 형식으로부터 야기된 중요한 잠재적인 결점(drawback)을 주목해 왔다. 주어진 학습 구성요소는 오직 사이클을 포함한 그것의 특정한 위치에서만 사용될 수 있다는 가정을 하는 경향이 있다. 이것은 공유영역의 내포를 의도하는 것은 아니다. 예를 들어, 우리는 학생들이 아이디어를 생성해야만 하는 유일한 입장은 도전한 후라는 것을 함축하기를 바라는 것은 아니다. 학습은 본질적으로 생성되는 것이고, 시종일관 격려되어져야 한다. 사실상 연구 및 수정에서 많은 자원들은 생성되는 생각을 북돋우는 작은 도전(mini-challenges)을 창조한다. 우리는 이것이 수업의 유용한 결과가 된다는 것을 발견했기 때문에 학습 구성요소들은 제시된 결과에 배치되어졌다. 그러나 이상적으로 우리의 목표는 학습자들, 교사들, 그리고 다양한 학습 요소들 각각의 중요성을 인정하는 설계자들에게 도움을 주기 위한 것이다. 따라서 그들은 자신의 교수설계에서 그것들을 사용할 수 있게 된다.

또 다른 LTC 개발 결과에 대한 흥미로운 산출은 생산된 설계의 다양성이다. 많은 사람들이 LEGACY 상황에서 기본적인 교과과정을 사용하는 매우 다양한 방법을 종종 제안해 왔다. 이러한 다양성의 장점은 창조할 LEGACY에 많은 공간이 있다는 것이다. LEGACY에 관한 현행 실행의 결점은 여전히 효과적인 설계를 위한 원리들을 필연적으로 발생시켜야 한다는 강요하에 있다는 것이다. 우리는 LEGACY로 제공되는 "합리적인 팁(rationle tops)"을 통해서 이것의 일부를 다루기를 희망한다.

우리는 저술 과정 동안 설계 결정에 대한 보다 나은 지침을 제공하기 위한 방법을 실험하고 있다. 예를 들어, 우리가 LTC를 가지고 LEGACY 셀을 테스트하기 시작하였을 때, 사람들은 미디어의 유형에 따라 다른 학습 매체를 조직하는 경향을 보였다. 그들은 인터넷이 가능한 장소, 실제적인 활동이 가능한 제안, 교과 자원, 비디오, 시뮬레이션 등의 유용성에 따라 학습자원을 조직하였다. 비록 이것이 상품 목록에 좋은 조직적인 스키마를 창조할지라도, 그것은 그들이 활용하는 매스미디어보다는 학습기능이나 개념에 따라 교훈적인 자료들과 같이 이상적으로 조직될 수 있을 것이다. 따라서 우리는 특별한 교수 활동을 위한 학습기능을 정당화하기 위한 사람을 격려하는 소프트웨어 도구들을 발달시켜 왔다. 그림 9.10은 이러한 정당화를 격려하는 주요 "프로그래밍 도구"의 예를 보여 준다.

설계자들은 그림 9.10에서 보여 준 대화상자를 여는 설계 도구를 클릭하여 LEGACY에 "학습 결과"를 추가시킬 수 있다. 이러한 상자는 설계자들에게 신체적 형상, 교육적인 기술, 행동을 포함한 "학습 사건 객체"의 다양한 특징들을 정의할 것을 요구한다. 행동은 학생이나 교사가 대상을 클릭했을 때 발생되는 상호작용 결과의 유형으로 정의된다. 교훈적인 목표들에 주의를 기울이도록 격려하기 위해서 설계자들은 각각 자막처리가 되는 학습 결과(그림 9.10에서 보여 주는 "action name")를 제공하도록 한다. 자막은 주제나 문제에 "식물들이 어떻게 해충들로 변하는가"와 같은 특별한 학습 결과가 포함되는 것을 학생들에게 전달하고자

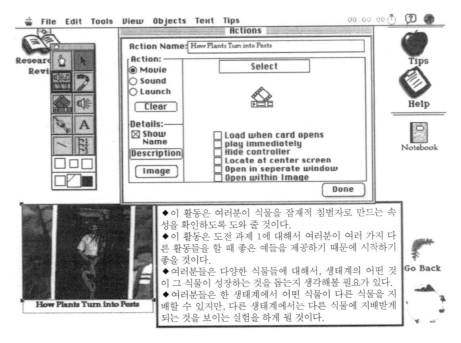

그림 9.10   저작 중의 STAR LEGACY

함을 의미한다. 자막은 매스미디어나 활동에 관한 것이라기보다는 학습내용에 관한 것이라는 사실을 주목해야 한다.

학습결과에 관련된 기술은 설계자들이 학습 사이클의 종합적인 구조에 연결시킴으로써 특별한 활동을 포함시켰던 이유에 대해서 명백하게 생각하도록 도와 준다. 이것은 학습자들의 학습결과의 목적을 인정하기 위해, 그리고 해결할 도전들의 주요목표를 어떻게 조화시킬지를 보여 주기 위한 도움에 대한 이중의 기능을 제공한다. 그림 9.10 자막 옆에 있는 기술적인 상자는 이러한 목적에 잘 맞추기 위한 예를 보여 준다.

STAR LEGACY와 학생들

우리는 특히 LEGACY가 먼저 고용된 교사들을 포함하여 학습과 교수설계에 관하여 생각하고, 학생들을 도울 수 있는 정도의 행동 연구들에 관심을 가지고 있다. 또한 LEGACY 구조가 여러 교사, 학교의 독특한 요구와 관심들에 특별한 교과과정 단위들을 적응시키려는 공동체들을 어떻게 도울 것인가를 연구하기 위한 계획을 세운다.

전반적으로, 네 명의 여러 청중들(교사, 사업 설계자, LTC 설계자, 학생)에게 LEGACY를 소개하는 것은 교육적이다. 첫 번째, 경험은 내용을 가르치려고 시도할 때조차도 우리로 하여금 융통성에 강한 필요성을 민감하게 느끼도록 해왔고, 두 번째 LEGACY 전망적인 현대 학습이론들로부터 다양한 교수절차를 위해 각각의 그룹이 그 논거들을 이해할 수 있도록 도울 필요가 있음을 인정하도록 우리를 도와 왔다. 일련의 절차 과정을 따르기 위한 간단한 시도라기보다는 LEGACY를 가지고 작업하는 사람은 학습에 관한 질문들로 이루어진 "평가할 수 있는 도전(challenges)"에 대한 결과들을 창조할 방법을 요구하면서 그것들 자체를 발견해 왔다. 여러 그룹이 LEGACY를 사용함에 따라, 우리는 LEGACY를 사용하는 사람의 교수설계에서 평가할 수 있는 시도를 지도할 수 있는 "보다 유용하고 친근한(user-friendly)" 교수이론을 발달시키기를 바란다.

4. 요약 및 결론

이 장에서 우리의 논의는 몇 가지 기본 가정으로부터 출발하였다. 교수설계의 효율성을 극대화하기 위해서, 중요한 학습원리와 평가에 순응(conform)하는 설계를 만드는 것은 중요하며, 더불어 교사, 학생의 욕구, 능력, 자원과 그들의 지역사회에 적합한 설계 만드는 것 또한 중요하다. 이 도전에 한 가지 접근법은 가능한 한 동질로 학생들의 선수지식과 교수적 상황을 만들어 왔다는 것이다. 교수설계자는 고정된 대상을 겨냥하는 것을 당연하게 생각하였다. 교실은 교실이고, 학생은 학생이고, 교사는 교사인 것이다. 그러나 학생과 교실 동질성에 관한 이들 가정은 일반적으로 유사하지만 특별한 외국 문화로부터의 사람인 교수 가정은 모두 같다. 문화는 이들 사람들 내에서 타고난 다양성을 조직하기 위한 방법을 제공한다.

　다양성은 예외라는 가정보다는 오히려, 우리는 학습상황과 학습자는 지역적인 훈련, 학습자원과 선수지식에 의하여 중요한 다양성을 보인다. 우리는 깊은 이해는 사람들이 어떤 주어진 상황에서 참도록 이끄는 다양한 견해를 협력하는 것임을 믿는다. 그래서 우리는 여러 지역의 학생들에게 맞게 최상으로 적용할 수 있고, 교수자료의 적용과 건전한 교수적 의사결정을 위해 학습과정에 관하여 잘 알도록 하는 학습을 포함하여 사람들을 도울 수 있는 교수설계이론에 대하여 연구하고 있다. 우리는 유연한 적응적 교수설계 도구와 조직하는 방법의 한 예로 LEGACY를 만들어 왔다. 이것 자체(유연한 적응적 수업설계)를 향상시키고 평가하기 위한 모델로 LEGACY 구조를 사용하는 것에 의해 우리는 유연한 적응적 교수설계를 촉진하기 위한 최소한 한 가지 방법을 제공하기를 바란다.

5. 감사의 말

이 연구는 USDOE 기금 305F60090 및 NSF 기금 ESI-9618248의 지원으로 행해졌으며, 이 연구에 의해 나타난 생각들은 반드시 지원 기관의 입장을 반영하지는 않는다.

참고문헌

Barron, B. J., Vye, N. J., Zech, L., Schwartz. D., Bransford, J. D., Goldman, S. R., Pellegrino, J., Morris, J., Garrison, S., & Kantor, R. (1995). Creating contexts for community-based problem solving: The Jasper challenge series. In C. N. Hedley. P. Atonacci, & M. Rabinowitz (Eds.), *Thinking and literacy: The mind at work* (pp. 47-71). Hillsdale, NJ: Lawrence Erlbaum Associates.

Barron, B. J., Schwarta, D. L., Vye, N. J., Moore, A., Petrosino, A., Zech, L., Bransford, J. D., & cognition and Technology Group at Vanderbilt. (1998). Doing with understanding: Lessons from research on problem-and project-based learning. *Journal of the learning Sciences, 7,* 271-312.

Bransford, J. D., Franks, J. J., Vye, N. J., & Sherwood, R. D. (1989). New approaches to instruction: Because wisdom can't be told. In S. Vosniadou & A. Ortony (Eds.), *Similarity and analogical reasoning* (pp. 470-497). New York: Cambridge, University Press.

Bransford, J. D., & Nitsch, K. E. (1978). coming to understand things we could not previously understand. In J. F. Kavanagh & W. Strange (Eds.), *Speech and language in the laboratory.*

school and clinic (pp. 267-307). Cambridge, MA: MIT Press.

Bransford, J. D., Sherwood, R. D., Hasselbring, T. S., Kinzer, C. K., & Williams, S. M. (1990). Anchored instruction: Why we need it and how technology can help. In D. Nix & R. Spiro (Eds.), *Cognition, education, and multi-media: Exploring ideas in high technology* (pp. 115-141). Hillsdale, NJ: Lawrence Erlbaum Associates.

Bransford, J. D., & Stein, B. (1993). *The IDEAL problem solver* (2nd ed.). New York: Freeman.

Bransford, J. D., Zech, L., Schwartz. D. L., Barron, B. J., Vye, N. J., & Cognition and Technology Group at Vanderbilt. (in press). Designs for environments that invite and sustain mathematical thinking. In P. Cobb (Ed.), *Symbolizing, communicating, and mathematizing: perspectives on discourse, tools, and instructional design*. Mahwah, NJ: Lawrence Erlbaum Associates.

Cognition and Technology Group at Vanderbilt. (1990). Anchored instruction and its relationship to situated cognition. *Educational researcher, 19,* 2-10.

Cognition and Technology Group at Vanderbilt. (1994). Generative learning and anchored instruction: Design, research and inplementation issues. In B. P. M. Creemers & G. J. Reezigt (Eds.), *New directions in educational research: Contributions from an international perspective* (pp. 33-62).Groningen, The Netherlands: ICO.

Cognition and Technology Group at Vanderbilt. (1996). Looking at technology in context: A framework for understanding technology and education research. In D. C. Berliner & R. C. Calfee (Eds.), *The handbook of educational psychology* (pp. 807-840). New York: Macmillan.

Cognition and Technology Group at Vanderbilt. (1997). *The jasper project: Lessons in curriculum, instruction, assessment, and professional development*. Mahwah, NJ: Lawrence Erlbaum Associates.

Dweck, C. S. (1989). Motivation. In A. Lesgold & R. Glaser (Eds.), *Foundations for a psychology of education* (pp. 87-136). Hillsdale. NJ: Lawrence Erlbaum Associates.

Gibson J. J., & Gibson, E. J.(1955). Perceptual learning : Differentiation or enrichment.

Psychological Review, 62, 32-51.

Gick. M. L., & Holyoak, K. J. (1983). Schema induction and analogical transfer. *Cognitive Psychology, 16,* 1-38.

Greenbaum, J., & Kyng, M. (1991). Introduction: Situated design. In J. Greenbaum & M. Kyng (Eds.), *Design at work: Cooperative design of computer systems* (pp. 1-24). Hillsdale, NJ: Lawrence Erlbaum Associates.

Hannafin, M. I. (1992). Emerging technologies, ISD, and learn environments: Critical perspectives. *Educational Technology Research and Development, 40,* 49-63.

Hayes. J. R., & Simon, H. H. (1977). Psychological differences among problem ismorghs. IN N. J. Castelan, D. B. Pisomi. & C. F. Potts (Ed.), *Cognitive theory* (Vol. 2, p. 21-42). Hillsdale, NJ:Lawrence Erlbaum Associates.

Lin. X. D., Bransford, J. D., Kantor, R., Hmelo, C., Hickey, D., Secules, T., Goldman, S. R., Petrosino, T., & Cognition and Technology Group at Vanderbilt. (1995). Instructional design and the development of learning communities: An invitation to a dialogue. *Educational Technology, 35,* 53-63.

Kuhn. T. S. (1962). *The structure of scientific revolutions*. Chicago: University of Chicago Press.

Morris, C. D., Bransford, J. D., & Franks, J. F. (1979). Levels of processing versus transfer appropriate processing. *Journal of verbal Learning and verbal Behavior, 16,* 519-533.

Newell, A., & Simon, H. (1972). *Human problem solving*. Englewood Cliffs, NJ: Prentice-Hall.

Schwartz, D. L., & Bransford, J. D. (in press). A time for telling. *Cognition & Instruction*.

Sherwood. R. D., Petrosino, A. J., Lin, X., Lamon, M., & Cognition and Technology Group at Vanderbilt. (1995). Problem-based macro-contexts in science instruction: Theoretical basis, design issues, and the development of applications. In D. Lavoie (Ed.), *Towards a cognitive-science perspective for scientific problem solving* (pp. 191-214). Mangattan, KS: National Association for Research in science Teaching.

Spiro, R. J., & Jehng, J. C. (1990). Cognitive flexibility and hypertext: Theory and technology for the nonlinear and multidimensional traversal of complex subject matter. In D. Nix and R. J. Spiro (Eds.), *Cognition, education, and multimedia: Exploring ideas in high technology* (pp. 163-205). Hillsdale, NJ: Lawrence Erlbaum Associates.

Vye, N. J., Schwartz, D. L., Bransford, J. D., Barron, B., Zech, L., & Cognition and Technology Group at Vanderbilt. (1998). SMART environments that support monitoring, reflection, and revision, In D. Hacker, J. Dunlosky, & A. Graesser (Eds.), *Metacognition in Educational Theory and practice* (pp. 305-346). Mahwah, NJ: Lawrence Erlbaum Associates.

Wertime, R. (1979). Students' problems and "courage spans."In J. Lockhead & J. Clements (Eds.), *Cognitive process instruction.* Philadelphia: The Franklin Institute Press.

구성주의 학습환경 설계[1]

David Jonassen
Pennsylvania State University

변호승
충북대학교 교육학과 교수

David Jonassen은 Pennsylvania State University의 교수 체제학 교수이다. 그는 이전에 the University of Colorado, the University of Twente, the University of North Carolina at Greensboro, Syracuse University, Temple University 등에서 가르쳤으며, 세계의 여러 기업, 대학, 기관들을 자문하여 왔다. 그는 현재 스무 번째의 저서를 집필 중이며 기고문, 논문, 기술 보고서 등 많은 글을 발표하였다. 그의 현재 관심은 구성주의 학습환경 설계, 학습의 인지적 도구, 지식표상 형식(knowledge representation formalisms), 문제해결, 컴퓨터 지원 협동 논쟁, 개인차와 학습 등이다.

---

1) 이 책의 틀에 부합하기 위해 이 장의 구성주의 학습환경 설계(constructivist learning environments; CLEs)는 객관주의 방식으로 개념적인 설명이 이루어졌다. 이것은 저자의 의도가 아니다. 저자의 수업에서 학생들은 먼저 문제를 정의하거나 받아들인 연후에 이 문제의 맥락에 맞게 CLEs를 설계하는 법을 배운다. 어떤 유능한 객관주의자의 수업도(이 장을 포함해서) 예를 제시해야 한다. 본고에서는 지면의 부족으로 예 제시가 어렵고, 이 모형과 이론적 근거에 대한 충분한 설명도 못하게 됨을 양지하기 바란다. CLE 원형(prototypes)과 환경에 대한 검토는 다른 곳에서 가능하다(http://www.ed.psu.edu/~jonassen/CLE/CLE.html).

서 문

목적 및 전제.   이 이론의 주 목표는 문제해결과 개념 발달을 촉진하는 것이다. 정의되기 어려운(ill-defined) 또는 비구조적(ill-structured) 영역에 대한 것이다.

학문적 가치.   이 이론이 근거한 가치들은 다음과 같다.

- 정의되기 어려운 또는 비구조적 문제(또는 질문, 사례, 프로젝트)에 의해 제기되는 학습
- 학습자가 "주인인(owned)" 문제나 학습목표
- 지식구성을 촉진하는(의미 만들기) 경험으로 이루어진 교수
- 활동적이며 실제적(authentic) 학습

주요 방법.   이 이론이 제시하는 주요 방법은 다음과 같다.

1. 학습이 중점을 두어야 할 적절한 문제(질문, 사례, 프로젝트)를 선택한다.
   - 문제는 학습자의 주인의식을 촉진할 수 있도록 흥미, 적절성, 매력이 있어야 한다.
   - 문제는 정의되기 어려운 또는 비구조적이어야 한다.
   - 문제는 실제적이어야 한다(실무자들이 하는 일처럼).
   - 문제설계는 맥락(context), 표상(representation), 그리고 조작공간(manipulation space)을 반영해야 한다.

2. 사례나 예를 제공해 사례-기반 사고를 가능하게 하고 인지적 유연성을 증진시킨다.
3. 학습자가 선택할 수 있는 정보를 적시에 제공한다.
   - 제공된 정보는 적절해야 하며 쉽게 접근할 수 있어야 한다.
4. 필수적인 기술을 비계설정(scaffold)할 수 있는 인지도구를 제시해야 하며, 이 인지도구에는 문제표상 도구, 지식모델링 도구, 수행지원 도구, 그리고 정보수집 도구가 포함되어야 한다.
5. 담론 공동체, 지식만들기 공동체, 및/또는 학습자 공동체를 지원하기 위한 대화와 협동 도구를 제공한다.
6. 학습환경을 위해 사회/맥락적 지원을 해 주어야 한다. 이 이론은 학습을 지원하기 위해 다음과 같은 교수활동도 아울러 제공한다.
   B. 수행과 암묵적(covert) 인지과정을 모델링하기
   B. 동기화 프롬프트(prompts) 제공하기, 학습자의 수행을 모니터하고 규제하기, 반성적 사고를 자극하기 및 학습자 모델을 교란하기 등으로 학습자를 지도하기
   C. 과제 난이도 조정, 과제 재구성 및/또는 대안적 평가 제공으로 학습자를 비계설정하기

교수설계에 대한 적용점.   구성주의 영역의 여러 내용을 일관된 교수체제 프레임웍에 통합.

— C.M.R.

구성주의 학습환경 설계

1. 서론

학습에 대한 객관주의적(Objectivist) 개념은 지식이 교사에 의해 전달되거나 테크놀로지에 의해 이동되어 학습자에 의해 습득된다는 가정을 한다.

교수설계의 객관주의적 개념에는 분석(analysis), 표상(representation), 그리고 내용과 과제를 더욱 예측 가능하고 신뢰롭게 전달시키기 위해 이들에 대한 재계열화(resequencing)가 포함된다.

반면, 학습에 대한 구성주의적(constructivist) 개념은 지식은 개인적으로 구성되며, 세상에서의

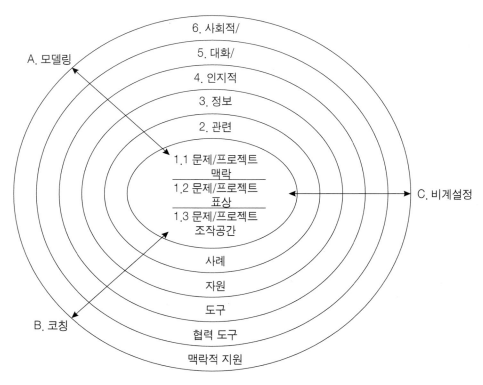

그림 10.1 CLE 설계 모형

경험에 대한 해석에 기반해 학습자들에 의해 사회적으로 구성된다는 가정을 한다. 지식이 전달될 수 없기 때문에 교수는 지식구성을 촉진할 경험들로 이루어져야 한다. 이 장은 학습자들이 의미 만들기(지식 구성)를 할 수 있도록 하는 구성주의 학습환경(CLEs) 설계 모형을 제시한다. CLE가 근거로 하고 있는 가정과 믿음에 대한 자세한 설명은 Duffy와 Jonassen(1992); Jonassen(1991, 1995a, 1995b, 1996a); Jonassen, Campbell과 Davidson(1994); Jonassen, Peck과 Wilson(1998); Savery와 Duffy(1996)를 참조하기 바란다.

대개 객관주의와 구성주의가 양립할 수 없고 배타적이라고 알려져 있으나, 이것은 본고의 가정이 아니다. 저자는 객관주의와 구성주의가 학습과정에 대해 다른 관점을 보여 주기 때문에 이를 통해 우리가 학습을 어떻게 이끌어 낼 것인가 고려하는

데 오히려 시사점을 준다고 믿는다. 저자의 집필과 교수 목적은 객관주의를 배척하거나 대체하려는 데 있지 않다. 오히려, 저자는 이 둘을 다른 맥락에서 적용되는 보완적 설계도구(가장 훌륭한 환경들은 여러 방법들을 혼용한다)로 본다.[2]

2. 구성주의 학습환경 설계를 위한 모형

CLEs 설계모형(그림 10.1)은 그 핵심요소를 나타내고 있다. 이 모형은 문제, 질문, 또는 프로젝트 환경의 중심으로 구성하고 있으며, 그 주변에는 다양한 해석적 및 지적 지원 체제를 가지고 있다. 학습자의 목표는 문제를 해석하거나 해결하거

---

2) 이 다양한 관점과 방법들은 새로운 교수이론 패러다임의 중요한 특징이다.

나 프로젝트를 완성하는 것이다. 관련된 사례나 정보자원은 문제에 대한 이해를 돕거나 가능한 해결책을 제안한다; 인지도구는 학습자로 하여금 문제의 제 측면에 대한 해석과 조작을 돕는다; 대화/협력 도구는 학습자 공동체로 하여금 문제에 대한 의미에 대해 협상케 하고 구성(construct)케 한다; 그리고 사회/맥락적 지원체제는 학습자로 하여금 CLE를 실행(implement)하도록 돕는다.

l. 질문/사례/문제/프로젝트

모든 CLE의 초점은 학습자가 해결하려고 하는 질문이나 이슈, 사례, 문제, 또는 프로젝트가 된다. 이것이 학습자가 받아들이거나 변형할 수 있는 학습목표가 된다. CLE와 객관주의적 교수의 근본 차이점은 문제(problem)가 기존에 배운 개념이나 원리의 예로 사용되기보다는 학습을 주도한다는 것이다. 학생들은 학습한 것을 적용하기 위해 문제를 해결하기보다는 문제를 해결하기 위해 해당 영역의 내용(domain content)을 배우는 것이다.

CLEs는 질문기반, 이슈(issue)기반, 사례기반, 프로젝트기반, 또는 문제기반 학습을 지원하도록 구성될 수 있다. 문제 또는 이슈기반 학습은 불명확하거나 논쟁의 여지가 있는 해답(예: 국가복지 혜택자들은 일하도록 해야 하는가? 환경보호는 공해를 없애는 방향으로 이루어져야 하는가 아니면 지역 환경보존 기준에 맞춰 규제하는 방향으로 이루어져야 하는가?)으로 출발한다. 사례기반 학습에서 학생들은 사례들을(예: 법률적, 의학적, 사회적 과업) 공부하고 사례 요약과 분석을 준비하면서 지식과 필수적인 사고기술을 습득하게 된다. 사례학습은 실제적 맥락(authentic context)에 터하고(anchored) 있어 학습자는 복잡한 상황을 관리할 줄 알아야 하며 실무자처럼 사고해야 한다(Williams, 1992). 프로젝트 기반 학습은 상대적으로 장기적이며 통합된 수업단위들에 초점을 두는데, 학습자는 여러 사례들로 구성된 복잡한 프로젝트에 초점을 맞춘다. 학습자들은 아이디어를 토론하고, 실험을 계획하고 수행하며, 그리고 발견한 내용을 의사소통한다(Krajcik, Blumenfeld, Marx, & Soloway, 1994). 문제기반학습(Barrow & Tamblyn, 1980)은 교육과정 수준에서 과목들을 통합하여 학습자들로 하여금 교육과정에 걸쳐 있는 여러 개의 사례를 해결하면서 자기의 학습을 스스로 주도하게 한다. 사례, 프로젝트, 그리고 문제기반 학습은 복잡성의 연속선상에 있으나,[3] 모두 활동적(active), 구성적(constructive), 그리고 실제적(authentic) 학습에 대한 가정들을 공유한다. CLEs는 이 모든 것을 지원하도록 개발될 수 있는데, 일반적 설계모형을 제시하는 것을 목적으로 하는 이 장에서는 문제에 초점을 두겠다.

의미 있는 학습의 열쇠는 문제나 학습목표에 대한 주인의식이기 때문에 학습자에게 관심 있고, 관련이 있고, 마음을 끄는 문제를 제공해야 한다.[4] 문제들은 과도하게 그 경계가 한정되어서는 안 된다. 오히려, 정의되기 어려운(ill defined) 또는 비구조적(ill structured)이어서 문제의 일부 측면이 학습자에 의해 드러나고 정의되어야 한다. 왜? 문제에 대한 주인의식 없이 학습자들은 문제를 해결하려는 데 덜 동기화되기 때문이다. 비구조적 문제들과 대부분의 다른 교과서에 제시되는 문제들을 대조해 봅시다. 교과서 문제들은 문제를 조형하고 정의하도록 돕지 않고 옳은 정답을 찾기

---

3) 흥미롭게도 Schwartz, Lin, Brophy, Bransford(제9장)는 프로젝트 기반학습을 문제기반 학습(166쪽)보다 더 복잡한 것으로 인식했다. 왜 그랬는지 한번 알아보기 바란다. 분명한 것은, 각각에 내재해 있는 복잡성의 범위에는 커다란 격차가 있을 수 있다.

4) 새 패러다임에서 동기와 주인의식(ownership)에 대한 이슈는 일관되게 나타나는 주제들이다.

위해 한정된 기술을 연습하도록 한다. 반면, 비구조적 문제들은:

- 목표와 제한점이 제시되지 않고,
- 복수 해답이나 해결 경로가 있거나, 해답이 아예 없고,
- 해답 평가에 대한 복수 기준이 존재하고,
- 필요한 해답을 얻기 위해 어떤 개념, 규칙, 원리를 사용하고 이들을 어떻게 조직하는지에 대해 명료하지 않으며,
- 대부분의 사례 결과를 서술하거나 예측하기 위한 일반규칙이나 원리를 제공하지 않고,
- 학습자로 하여금 문제에 대해 판단하게 하거나 개인의 의견이나 믿음을 표현함으로써 자기 판단에 대해 변호하도록 하게 한다(Jonassen, 1997).

CLE를 위한 문제를 어떻게 식별할 수 있는가? (교과서에 있는 것처럼)주제가 아니라 실무자들이 무엇을 하는지 학문분야를 조사한다. 경험이 많은 실무자들에게 이들이 해결한 사례, 상황, 또는 문제를 설명해보도록 물어보기만 하면 된다. 신문과 잡지에는 해결을 요하는 문제와 이슈(issues)들로 넘쳐흐른다. "이 분야의 실무자들은 무엇을 하는가?" 스스로에게 질문해 본다. 정치학에서 학생들은 막 출현하는 제3세계 국가의 민주화를 위해 국민의 사회, 문화, 정치, 역사적 특징과 지역 다른 나라와의 관계를 고려한 실용적인 헌법을 작성할 수 있을 것이다. 철학에서는 자살권리나 동성 결혼 등과 같은 윤리적 딜레마에 대해 판단하게 할 수 있다. 과학에서는 지역 시냇물이 새로운 하수 종말처리시설을 감당할 수 있을지 결정하도록 할 수 있다. 제시된 모든 문제의 적합성에 대해 평가해야 한다. 학생들은 문제를 해결하는 데 필요한 선수지식이나 능력을 갖추고 있는가? 학생들이 경험 많은 실무자들과 같이 수준 높고 효율적인 결론을 낼 것이라고는 생각지 말아야 한다. 목표는 이것이 아니라 전문가 집단의 일원처럼 사고함으로써 그 분야에 대해 배우는 것이다.

CLEs 문제에는 다음 세 가지 요소들이 통합되어야 한다: 문제 맥락(problem context), 문제 표상(problem representation) 또는 시뮬레이션(simulation), 그리고 문제조작공간(problem manipulation space).[5] CLE를 개발하기 위해서는 각각을 환경 안에서 나타나도록 해야 한다.

1.1 문제 맥락   문제 표상의 필수부분은 문제가 일어나는 맥락에 대한 설명이다. Tessmer와 Richey(1997)는 문제가 일어나는 물리적, 조직적, 그리고 사회문화적 맥락을 분석하고 기술하기 위한 개념모형과 절차 세트를 개발하였다. 같은 문제라도 그것이 처한 사회와 작업 맥락에 따라 다르다. CLEs는 문제진술에서 한 문제를 둘러싼 모든 맥락적 요인들을 서술해야 한다.

수행환경.   문제를 둘러싼 물리적, 사회문화적, 조직적 환경에 대해 서술해야 한다. 어느 곳에서 어떤 시간적 틀에서 일어나는가? 그 문제를 둘러싼 물리적 자원은 어떤 것인가? 문제가 일어나는 기업, 기관, 단체의 특성은 무엇인가? 이들이 생산하는 것은 무엇인가? 상황을 서술하는데 용이하다면 연차 보고서, 사업목적, 회계장부, 손익계산서 등을 제공한다. 그 배경의 역사는 어떤가? 학습자들이 문제를 이해하기 위해서는 이런 정보들이 제공되어야 한다.[6]

---

5) 여기서는 일반적 방법이 세 개 또는 그 이상의 세밀한 요소방법(component methods)으로 분할되어 있다.

6) 여기서 요소방법은 더 작은 하위요소로 세분되어 있다.

실무자/수행자/이해당사자 공동체.   관련된 사람들의 가치, 믿음, 사회문화적 기대, 그리고 관행은 무엇인가? 누가 정책을 결정하는가? 이 환경과 조직의 성원들은 사회 또는 정치적 효능에 대해 어떻게 느끼고 있는가? 수행자들이 가지고 있는 기능과 수행 배경은 어떤 것인가? 주요 참가자들의 경험뿐만 아니라 취미, 성격, 믿음을 나타내는 이력서를 제공하라. 이런 정보들은 이야기나 주요 참가자들과의 인터뷰를 통해 오디오나 동영상의 형태로 제공할 수도 있다. 한 맥락에서 어떤 학습이 일어나는가 정의하는 사람들은 참가자 공동체이다. 학습은 고립된 사건이 아니다. 오히려 학습은 그 공동체의 참가자들이 우연히 만들어낸 부산물이기 때문에(Lave & Wenger, 1991), 그 공동체가 믿는 것이 무엇인지를 아는 것이 중요하다.

1.2 문제 표상/시뮬레이션   문제의 표상(제시)은 학습자의 마음을 사기 위해서 매우 중요하다. 관심을 끌어야 하고, 매력적이어야 하며, 흡인력이 있어야 한다. 학습자를 어리둥절하게 해야 한다. The Cognition and Technology Group at Vanderbilt(1992)는[7] 문제를 소개하고 학습자의 관심을 끌기 위해 고화질 비디오 시나리오를 주장한다. 곧 가상현실이 문제를 표상하는데 기본 선택사양으로 쓰일 수도 있을 것이다. 문제표상에 사용될 수 있는 효과적이면서 첨단기술을 이용하지 않는 것은 이야기(narrative)이다.[8] 문제맥락과 문제표상은 해결해야 할 문제로 이어지는 일련의 사건에 대한 이야기가 된다. 이야기는 텍스트, 음성, 또는 비디오로 제시될 수 있다. 효과적인 이야

기 형태의 문제표상은 Lindeman 등에 의한 교수설계 사례이다(1996; http://curry.edschool.virginia.edu/go/ITCases/). 이 사례들에서, 사례문제를 소개하기 위해 사실적으로 상호작용하는 인물들이 만들어졌다. 이야기는 목표기반 시나리오에서 문제를 표상하고 코칭하기 위한 주요 수단이기도 하다(Schank, Berman, & Macpherson, 이 책의 제8장). 문제제시는 자연적인 맥락에서 문제를 시뮬레이션한다. 이야기는 이들을 전달하는 자연스러운 도구이다.

실제적(Authentic).   거의 모든 구성주의 학습 개념에서는 실제적인 문제의 해결을 추천한다.[9] '실제적(authentic)'이라는 것은 무엇인가? 어떤 설계자들은 실제적이라는 말이 구체적인 현실세계의 과제를 수행하도록 도와 주는 것을 말한다고 주장한다. 이러한 제한적 개념은 협의의 맥락(context)에서 현실과 유사한 학습환경을 제공하게 된다. 대부분의 교육자들은 '실제적인' 의미를 학습자들이 현실세계와 같은 유형의 인지적 도전을 제공하는 활동에 참여하도록 하는 것이라고 믿는다(Honebein, Duffy, & Fishman, 1993; Savery & Duffy, 1996). 다시 말하면, 한 맥락의 활동구조(activity structures)를 재현하는 과제를 말한다.

활동구조는 활동이론(activity theory)의 사회역사적 맥락에 의존하는데(Leontev, 1979), 이 이론은 공동체 구성원들이 참여하는 활동, 이 활동들의 목표들, 특정 활동을 제한하거나 가능하게 하는 물리적 환경, 그리고 활동을 매개하는 도구들에 초점을 둔다. 활동이론은 과제(tasks)와 환경(setting)을 분석하는데 효과적인 렌즈를 제공하며

---

7) Schwartz, Lin, Brophy, Bransford의 제9장을 참조하라.

8) 여기서 요소방법(문제표상)이 부분보다는 종류로 나뉜다는 것에 유념하라. 다른 종류의 표상들이 다른 상황에서 더 선호될 것이며, 그런 상황성이 이것을 단지 교수의 한 모형보다는 이론이 되게 한다(제1권의 제1장을 참조하라).

9) 여기서는 지침을 방법의 부분이나 종류로 보는 것보다 방법의 설계를 위한 기준으로 보는 것이 도움이 된다.

CLEs를 설계하는 틀을 제공한다(Jonassen & Rohrer-Murphy, 1999).

요구된 활동구조를 분리해 내는 또 다른 방법은 PARI 접근을 이용한 인지과제 분석이다(Hall, Gott, & Pokorny, 1994). PARI(precursor/action/result/interpretation) 방법은 여러 쌍의 전문가들에게 복잡한 문제를 해결하도록 하면서 질문을 던지거나 소리내어 생각하기(think aloud) 방법을 사용한다. 이 방법은 문제를 해결하면서 사용되는 활동들을 규명(identify)할 뿐 아니라, 문제의 해답을 가능하게 하는 영역 지식(domain knowledge)과 전략적 지식을 규명한다. 활동구조는 어느 공동체 맥락에서 그 관련성(relevance)과 중요성에 대해서 평가받을 수 있다.

'실제성(authenticity)'은 간단히 말해 개인적으로 관련성이 있고 학습자에게 흥미 있는 것을 의미할 수도 있다. Jasper 시리즈의 경우 대부분의 학생들이 이런 문제나 주어진 맥락을 경험한 적이 한번도 없지만, 고화질 비디오를 통해 중학생들에게 흥미를 줄 수 있는 문제들을 제시한다. CLEs 설계를 목적으로 한 실제적 문제들은 의미 있는 도전을 주어 학습자들을 몰입시킨다. 학습환경에서의 실제성에 대한 아주 재미있는 토론은 Petraglia(1998)에 나타나 있다.

1.3 문제조작공간

의미 있는 학습의 주요 특징은 의식적 활동(mindful activity)이다. 학습자들이 활동적이 되려면 이들은 무엇을 조작해야 하며(제품 만들기, 조건을 조작하기, 의사결정하기), 환경에 어떤 방법으로든 영향을 미쳐야 한다. 활동이론은 학습자간의 변형적 상호작용(transformational interaction), 학습자가 행동하는 대상(object), 그리고 상호작용을 매개하는 신호(sign)와 도구들(tools)을 설명한다. 문제조작공간은 학습자가 환경을 조작하는데 필요한 대상,

신호, 도구[10]를 제공한다. 왜? 학생들은 어떤 의미 있는 방법으로 문제 상황에 영향을 미칠 수 있다는 사실을 인식하지 않는 한 그 문제에 대한 주인의식을 가질 수 없다.

문제조작공간의 형태는 CLE가 관여하는 활동구조의 특징에 따라 달라질 것이다.[11] 그러나 이것은 현실세계의 과제환경을 물리적으로 시뮬레이션하여 제공해야 하며, 이를 현상제시용 도구(phenomenaria)라 부른다(Perkins, 1991). Phenomenaria 또는 microworlds는 문제에 대해 학습자들이 세운 가설을 검증하는데 필요한 관찰과 조작도구와 함께 단순화된 모형을 제시한다(Jonassen, 1996a). 학습자들은 자기들이 탐구하는 세계에 의해 직접 몰입되는데, 그 이유는 그들이 직접 실험한 결과를 즉시 볼 수 있기 때문이다. 만약 헌법을 만든다고 한다면, 포함된 각각의 조항들의 사회적, 정치적, 그리고 군사적 결과를 보여 준다. 실제 법원의 소송 사건 적요서(摘要書)를 가지고 윤리적 판단을 검증할 수 있을 것이다. 오염물질과 정화활동의 효과를 그림으로 나타내기 위해 유출모형을 개발할 수 있을 것이다.

문제조작공간들은 학생들에게 자기들이 한 조작의 효과를 검증할 수 있게 하는 인과모형인데, 이는 조작하는 물리적 대상의 외형이나 도표, 그래프, 결과로 제시된 수치처럼 행동표상의 변화를 통한 피드백을 받으며 가능해진다. 이것들은 조작 가능하고(학습자들에게 대상 또는 활동들을 조작할 수 있도록), 민감하고(학습자 조작에 대해 환경이 현실적으로 반응하게), 현실적이며(시뮬레이션의 충실도가 높아야), 정보를 제공해야(적절한 피

---

10) 이것들은 문제조작공간의 부분, 종류, 또는 기준입니까?

11) 이것은 상황성(situationality)에 대한 명백한 증거이다(제1장을 참조하라).

드백을 제공) 한다.[12] 나중에 학습자들에게 자신의 과제세계 모형을 구성하고 검증할 수 있게 하는 역동적 모델링 도구(문제조작공간과 인지 모델링 도구의 조합)에 대해 설명할 것이다.

문제조작공간을 만들 때 학습자가 물리적 대상이나 그 대상의 시뮬레이션에 늘 조작을 할 필요성은 없다. 가설이나 활동의 의도를 도출하고 이에 대해 논증(argue)하도록 하는 것만으로도 충분할 것이다.[13] 학습자에게 비구조적 문제(ill-structured problems)를 해결하도록 할 때, 학습자들에게 문제에 대한 해결책을 명료히 제시하게(articulate)하고 그 결과에 대해 일관성 있는 주장을 개발하도록 하는 것으로 충분한 경우가 많다. 논증(argument)은 학습자가 소유한 영역지식(domain knowledge)의 질을 나타내는 훌륭한 가늠자이다. 그러나 논증기술은 대부분의 학습자에게 미개발되었기 때문에 논증 양식(templates)이나 체크리스트(뒤의 대화도구에 서술됨)를 사용해 비계설정하거나 코치하여 논리적인 논증의 개발을 하도록 해야 할 것이다.

2. 관련 사례

어떤 문제를 이해하는 데에는 이것에 대해 경험을 하고 그 정신모형을 구성하는 것이 요구된다. 초보학습자에게 가장 결핍된 것은 경험이다. 이렇게 결핍된 것은 문제를 해결할 때 특히 중요하다. 따라서 초보학습자들이 참조할 수 있는 경험들의 세트에 접근할 수 있도록 하는 것이 중요하다. 관련사례를 서술하는 주목적은 문제표상에 함축되어

있는 논점들을 이해하도록 학습자들을 돕는 것이다. CLEs에서 관련된 사례는 적어도 두 가지 방법으로 학습을 돕는다: 학생의 기억을 비계설정하고 인지적 유연성(cognitive flexibility)을 향상시킨다.[14]

학생의 기억을 비계설정한다: 사례기반 추론.   우리가 가장 잘 이해하는 수업은 우리가 가장 많이 관여했고 많은 노력을 한 것들이다. 관련 사례들은 학습자들이 갖지 못한 경험을 표상하여 기억을 비계설정(또는 대체)할 수 있다. 이 사례들은 학습자의 참여를 대신할 수는 없지만, 비교의 근거를 제공할 수 있다. 사람이 처음 어떤 상황이나 문제에 직면하게 되면, 자연스럽게 먼저 과거에 유사한 사례에서 문제를 해결한 적이 있었는지 자기의 기억을 찾아보게 된다(Polya, 1957). 만약 유사한 사례가 기억나면, 현재의 문제에 이전의 경험이나 이를 통해 배운 교훈을 연결하려 할 것이다. 만일 목표와 조건들이[15] 일치하면, 사람들은 이전의 사례를 적용할 것이다. 학습환경에서 관련사례를 제시함으로써, 학습자에게 당면한 문제 또는 사안에 대해 비교할 수 있는 경험들을 제시하는 것이다.

사례기반 추론(case-based reasoning)은 인간의 지식은 경험과 사건들에 대한 이야기들로 약호화(encoded)되어 있다고 주장한다(Schank, 1990).[16] 따라서 사람들이 이해하지 못하는 문제나 상황을 경험하게 되면, 이들에게 당면한 문제해결에 도움이 되는 유사한 상황에 대한 이야기를 들려줘야 한다. 학습자들은 관련사례를 통해 어떻게 성

---

12) 이것들은 문제조작공간을 위한 부분, 종류, 또는 기준인가?

13) 이것은 대안적 방법, 조작공간이고, 이어지는 것은 그 활용이 필요한 상황에 대한 일반적 지시이다.

14) 이것은 부분, 종류, 기준, 아니면 (방법과 관련 사례를 위한) 다른 것인가?

15) 이것은 교수이론(방법)에 대한 것이라기보다는 과제(내용)에 대한 상황성들이다.

16) Schank, Berman, 및 Macpherson의 제8장을 참조하라.

공하고, 실패를 가져올 실수가 무엇이고, 그리고 무엇이, 왜 적중했고 적중하지 않는지 도움말을 얻게 된다(Kolodner, 1993). 당면한 문제에 맞게 설명을 적용시키는 것이다.

현재의 문제를 해결할 수 있게 학습자들을 도울 수 있도록 풍부한 관련사례들의 세트를 제공하려면, 당면한 문제를 대표할 수 있는(유사한 맥락, 해결책, 결론을 가진) 사례세트를 수집하거나, 각각의 사례가 줄 수 있는 교훈을 규명하고, 각 사례가 교훈을 줄 수 있는 상황의 특징을 기술해야 하며, 사례들이 회상 가능하도록 목차를 만들고 대표적 특징을 추출할 필요가 있다(Kolodner, 1993). 만약 헌법을 제정한다면, 출현하고 있는 다른 민주정체의 헌법 예를 사회적·정치적 결과물(예: 신문이나 잡지의 스크랩, 동영상)과 함께 제시해야 할 것이다. 우리는 수혈 의학분야의 사례기반 학습환경에서 수혈의학의 새로운 문제사례를 해결해야 하는 의과대학생들에게 관련사례 세트를 제공하였다(Jonassen, Ambruso, & Olesen, 1992). 징후학, 병리생리학 등의 분야에서 각각의 연습 사례에 사례 논평(review)이 유사성에 근거하여 목차로 만들어졌다. 학습자들에게는 모든 사례에 대해 관련 사례를 논평하도록 기회가 주어졌다. 이야기를 대표하는 목차를 개발하고, 적절한 시기에 열람할 수 있도록 하는 것은 힘들지만 매우 효과적이다.

초보자들에게 기억을 비계설정(또는 대체할) 또다른 방법은 문제에 대해 예제 풀이(worked examples)를 제공하는 것이다(뒤에 설명함).

인지적 유연성 증진. 관련사례는 또한 학습자에 의해 조사되고 있는 문제나 이슈에 다각적 시각, 주제, 해석을 제공하며 CLEs의 복잡성을 표상하는 데 도움이 된다. 수업은 일반적으로 대부분의 응용지식영역에 존재하는 복잡성을 제거하여, 개발되어야 할 지식영역에 대한 일천한 이해를 가져오게 한다.

CLEs에서 관련사례를 설계하는 중요한 모형인 인지적 유연성이론(cognitive flexibility theory)은 지식영역에 내재해 있는 복잡성을 전달하기 위해 내용을 다양한 형태로 제공한다(Jonassen, 1993; Spiro, Vispoel, Schmitz, Samarapungavan, & Boerger, 1987). 내용에 대한 여러 해석을 제공함으로써 아이디어의 개념적 상호관련성과 상호연관성을 강조하라. 대부분의 문제에 대해 다양한 관점을 전달하기 위해 다양한 관련사례를 사용하라. 인지적 유연성을 향상시키기 위해서 중요한 것은 관련사례가 해결되고 있는 사례나 프로젝트에 대해 다양한 관점과 견해를 제공하는 것이다. 예를 들어, 도덕적 딜레마를 해결하는 경우, 주제에 대한 관점을 전달하기 위해 유사한 도덕적 난제들에 대한 해석뿐 아니라 다른 개인적인 해석을 제공해야 한다. 사례에 대한 대조를 통해 학습자들은 자신의 해석을 구성하게 된다.

3. 정보 자원

문제를 조사하기 위해서 학습자들은 문제공간의 조작을 주도할 정신모형을 구성하고 가설을 형성하기 위해 정보가 필요하다. 따라서 CLEs를 설계할 때, 문제를 이해하기 위해서 학습자들이 어떤 정보가 필요한지 결정해야 한다. 풍부한 정보원은 CLEs의 필수불가결한 요소이다. CLEs는 학습자가 선택할 수 있는 정보를 시기적절하게 제공해야 한다. 문제 또는 적용의 맥락에서 정보는 가장 의미 있게 된다는 가정을 CLE는 한다. 따라서 문제를 해결하기 위해 학습자들이 필요로 하는 것이 무엇인지 결정해야 한다. 어떤 것은 문제표상에 자연스럽게 포함되어 있다. 다른 적절한 정보은행과 저장소가 환경에 연결되어야 한다. 여기에는 학습자들에게 문제와 그 원리를 이해하는데 학습자들을 도울 수 있는 텍스트 문서, 그래픽, 음성 자원, 동영상, 애니메이션 등이 포함된다.

월드와이드웹은 강력한 여러 플러그인 소프트웨어의 활용으로 이용자에게 멀티미디어 자원 접근을 가능하게 하는 기본 저장매체이다. 그러나 너무나 많은 학습환경들이 외형만으로 판단하여 하이퍼텍스트 링크를 웹사이트에 만들어 놓는다. 학습자들은 제공된 정보의 질을 평가하거나 걸러낼 정교한 문해력을 가지지 못하기 때문에 CLEs에 포함되거나 연결된 정보자원들은 적절한지 평가되어야 하며, 학습자들이 당신이 바라는 사고를 할 수 있도록 정보자원을 조직해야 한다. 문제해결을 지원하는 활동구조에 기반해서, 각각의 과제를 수행하는데 필요한 정보가 그러한 활동에 연결되어야 한다. CLEs를 처음 접한 학습자들에게 단순히 웹정보를 제시하는 것은 문제를 해결하는데 필요한 사고를 심각하게 분산시킬 소지가 있다.

4. 인지적(지식 구성) 도구

만약 CLEs가 복잡하고, 새롭고, 현실과 유사한 과제들을 제시한다면, 이 과제들에 대한 학습자들의 수행을 도와야 할 것이다. 그러기 위해서는 문제를 해결하는데 필요한 활동구조를 확인해야 한다. 필수 기술(skills) 중 어떤 것들이 학습자가 가지고 있을 개연성이 높은가? 가지고 있지 못할 기술들에 대해서는 이 과제들을 수행하는데 학습자들의 능력을 비계설정하는 인지적 도구들을 제공해야 한다.

인지적 도구란 일반화할 수 있는 컴퓨터 도구들로써 사람들을 특정한 인지적 과정에 참여시키고 촉진시킬 수 있다(Kommers, Jonassen, & Mayes, 1992). 이것들은 사고기술을 시각화(표상), 조직, 자동화, 또는 대체할 수 있는 지적 장치(intellec-

tual devices)들이다. 어떤 인지적 도구는 생각을 대신하는 반면, 다른 도구는 학습자들을 이 도구 없이는 이루어질 수 없는 정보의 생성적 처리(generative processing of information)에 참여시킨다.[17]

인지적 도구는 학습자들이 CLE와 상호작용하는 것을 돕는 여러 지적기능을 충족시킨다. 이것들은 학습자들이 수행하고 있는 문제나 과제를 잘 표상하도록 학습자들을 도울 수 있다(예, 시각화 도구). 학습자들이 알고 있는 것 또는 배우는 것을 표상하도록 도울 수 있고(정적 및 동적 지식 모델링 도구), 저차원적 과제들을 자동화하거나 과제들을 대신해 줌으로써(수행지원) 인지적 활동의 부담을 덜어줄 수 있다. 마지막으로, 인지적 도구는 문제해결에 필요한 정보를 수집하는데 학습자들을 도울 수 있다. 각 인지적 도구들은 다른 인지적 활동에 참여시키거나 이러한 활동을 대신하기 때문에 수행에 적합한 처리를 돕도록 신중하게 선택되어야 한다.

문제/과제표상도구들. 학습자들의 대상, 시스템, 또는 다른 현상에 대한 정신모형들은 시각-공간적(visual-spatial) 구성요소들을 가지고 있다(Jonassen & Henning, 1996). 사람이 어떤 현상을 이해하기 위해서는 이것에 대한 정신적 이미지를 생성해 낼 필요가 있다. 시각화 도구는 그러한 정신적 이미지를 구성하고 활동을 시각화하는데 학습자들에게 도움을 준다. 예를 들어, 그래피컬 유저 인터페이스(graphical user interfaces)는 조작할 파일들과 응용 프로그램들을 시각적으로 표상한다.

수많은 시각화도구들은 학습자들에게 움직이고 상호작용하는 대상에 대해 추론이 가능하도록 추

---

17) 이것은 인지적 도구의 부분인가, 종류인가, 아니면 기준인가?

론과 일치하는(reasoning-congruent) 표상을 제공한다(Merrill, Reiser, Bekkalaar, & Hamid, 1992). 예로는 Geometry Tutor의 그래프식의 증명나무 표상(Anderson, Boyle, & Yost, 1986); Weather Visualizer(기후학적 패턴을 색상화한다); Climate Watcher(기후학적 변인을 색상화한다); (Edelson, Pea, & Gomez, 1996). MATHEMATICA와 MATHLAB도 학습자들이 문제를 조작했을 때의 효과를 볼(see) 수 있도록 문제의 수학적 관계를 시각적으로 표상한다.

시각화 도구들은 과제- 및 영역-구체적(task- and domain-specific)인 경향이 있다. 보편적 목적을 가진 시각화 도구는 없다. 오히려, 이런 도구들은 해당 아이디어를 이해하는데 필요한 이미지의 특성을 근접하게 모방해야 한다. CLE 설계자로서 해야 할 일은 문제를 해결하는데 필요한 활동구조를 분석하고 시각적으로 표상해야 하는 과정과 학습자가 자신의 현상에 대한 모형을 검증하기 위해 어떻게 조작해야 하는지에 대해 규명해야 한다.

4.2 정적 · 동적 지식 모델링 도구들

Jonassen(1996a)은 데이터 베이스, 스프레드시트, 의미망(semantic networks), 전문가 시스템, 하이퍼미디어 구성 등 다른 정적 지식표상 도구를 사용하여 지식영역을 명료화(articulate)하는데 관련되는 비판적 사고와 지식표상활동에 대해 설명하고 있다. 학생들이 현상을 공부할 때 이 현상에 대한 이해를 명료화하는 것이 중요하다. 모델링 도구는 학습자가 현상에 대해 생각하고, 분석하고, 조직하는 것을 한정하는 지식표상형식을 제공하며, 이런 현상에 대해 이해하는 바를 약호화할 수 있는 환경을 제공한다. 예를 들어 지식데이터베이스 또는 의미망을 만들기 위해서는 지식영역을 구성하고 있는 개념들 간의 일련의 의미관계를 명료화해야 한다. 전문가 시스템은 영역에서의 결과를 예측할 수 있는 대상들간 또는 요소들 간의 인과적 사유를 명료화할 수 있도록 학습자들을 참여시킨다. 모델링 도구는 학습자들이 "내가 아는 것은 무엇이지?"와 "이것이 무슨 뜻이지?" 같은 질문에 답할 수 있도록 돕는다.[18] CLE 설계자는 학습자들이 그들이 알고 있는 것을 언제 명료화하고 어떤 형식이 이들의 이해를 가장 잘 도울 수 있는지 결정해야 한다.

복잡한 시스템은 상호작용적이고 상호의존적인 요소를 포함한다. 시스템 안에서의 역동적 관계를 표상하려면, 학습자들은 이런 시스템과 절차에 대한 시뮬레이션의 구축과 검증을 위해 역동적 모델링 도구들을 사용할 수 있다. Stella나 PowerSim은 간단한 집짓기 토막 같은 상자들을 이용해 절차도(map of a process)를 만들 수 있다. 학습자들은 절차도에서 확인된 변수들을 가지고 인과, 조건, 변수관계를 대변하는 공식을 제시한다. 시스템을 모델링하게 하는 시뮬레이션 모델링 도구는 학습자로 하여금 모델을 검증하고 시스템의 결과를 그래프, 표, 애니메이션으로 관찰할 수 있게 한다. 실행수준에서 학생들은 변수값을 변경시켜 시스템의 부분요소에 어떤 결과가 나타나는지 시험해 볼 수 있다.

현실세계의 현상에 대한 모델을 구축하는 것은 과학적 사고의 핵심이며 계획, 데이터 수집, 정보 접근, 데이터 시각화, 모델링, 보고 등과 같은 다양한 정신적 활동을 요한다(Soloway, Krajcik, & Finkel, 1995). 현상을 모델링하는 능력을 개발하는 과정에는 모델을 정의하기, 모델을 이용하여

---

18) 모델링 도구는 교수방법인가? 아니라면, 교수방법과는 어떤 관계이며, 그 방법은 어떤 것인가? 수행지원도구와 정보수집도구는 어떤가(다음 두 하위단원을 보라)?

현상을 이해하기, 현실세계의 현상을 표상하고 그 요소들간을 연관지워 모델을 창조하기, 그리고 마지막으로 세상을 표상하는 모델의 성능에 대해 분석하기 등과 같은 절차들이 필요하다(Spitulnik, Studer, Finkel, Gustafson, & Soloway, 1995). 이들은 사용자에게 친숙한 동적 모델링 도구(Model-It)를 개발했는데, 이 도구는 요인들간의 양적 관계를 서술해 주는 일련의 질적 관계들을 제공해 주거나, 이들이 수집한 표의 값을 입력하게 하여 수학의 이용을 돕는다. 어린 학습자들은 현실세계의 현상을 표상하는 모델들을 창조하고 검증하는 것이다.

수행지원도구들(Performance Support Tools). 많은 환경에서 반복적이며 알고리즘적으로 수행되는 과제들은 이보다 더 강도 높고 고차원적인 인지과제 수행에 필요한 인지적 자원을 빼앗아가게 된다. 따라서 CLEs는 수행에 있어서 인지적 부담을 덜어주기 위해 알고리즘 과제들을 자동화시켜야 한다. 예를 들어 기업 문제해결 환경에서 우리는 학습자들에게 스프레드시트 양식으로 된 문제들을 제공하여 이들이 수립한 제조, 재고, 판매 수준에 대한 가설을 검증하도록 하였다. CLEs에서 대부분의 검증 형식은 자동화되어 학습자가 간단하게 검증결과를 불러낼 수 있도록 해야 한다. 계산기나 데이터베이스 쉘 같은 보편적 도구가 삽입되어 학습자들이 수집한 정보를 조직하도록 도울 수 있다. 대부분의 CLEs는 필기도구를 제공하여 기억해야 하는 부담을 경감해 준다. 활동구조에서 학습자들에게 쉽지만 사고를 분산시킬 수 있는 과제를 찾아내어 이것을 지원할 수 있는 도구를 찾아보라.

정보수집도구들(Information Gathering Tools). 앞에서 언급한 대로 정보자원은 현상을 이해하는

데 중요하다. 도서관 연구에 따르면 학습자들은 정보를 탐색하는데 유능하지 않다. 정보를 탐색하는 과정은 학습자들을 주목적인 문제해결에서 이탈하게 만들 수 있다. 따라서 검색 도구들을 삽입해 놓는 것이 학습에 도움이 될 수 있다. (많은 그래픽 인터페이스를 가진) 정교한 검색엔진들과 인공지능 에이전트들은 웹상에서 정보자원을 검색하고 필터링하며 이용자가 적합한 정보를 선택할 수 있도록 상용화되어 있다. CLEs에서 이러한 정보수집도구들을 삽입하는 방안을 고려해 보라.

5. 대화와 협력 도구들

테크놀지의 지원을 받는 학습환경에 대한 현대의 개념은 여러 학습자 공동체 내에서 협력(collaboration)을 지원하기 위해 다양한 컴퓨터매개(computer-mediated)의 의사소통을 가정하고 있다(Scardamalia, Bereiter, & Lamon, 1994). 왜 그럴까? 가장 자연스럽게 일어나는 학습은 홀로 일어나는 것이 아니라 문제를 해결하기 위해 사람들이 모인 여러 팀에서 일어난다. CLEs는 공유된 정보와 공유된 지식구축(knowledgebuilding) 도구로 학습자들이 사회적으로 공유된 지식을 협력하여 구성할 수 있도록 도와야 한다. 문제는 그룹이 그 문제에 대한 공통의 개념을 개발하기 위해 노력하는 데서 해결된다. 이는 이들의 노력이 한곳에 집중될 수 있기 때문이다. 대화는 담론(discourse) 공동체, 지식구축 공동체, 학습자 공동체에 의해 지원될 수 있다.

공동의 관심을 가진 사람들은 자신들의 관심에 대해 토론하기를 좋아한다. 토론자들의 공동체를 넓히기 위해 사람들은 뉴스레터, 잡지, TV 쇼를 통해 이야기하게 된다. 최근 컴퓨터 네트워크는 발달하여 다른 형태의 컴퓨터 컨퍼런스[리스트서브, 전자메일, 게시판, 네트뉴스 서비스, 채팅,

MUDs(multiuser dimensions), MOOs(MUDs object oriented)]를 통해 담론 공동체를 지원할 수 있게 되었다. 이러한 테크놀러지는 폭넓은 주제에 대해 담론을 지원하여 준다.

Scardamalia와 Bereiter(1996)에 따르면 학교는 개개 학생의 능력과 학습에 초점을 맞춤으로써 지식구축을 지원하기보다는 저해한다고 주장한다. **지식구축 공동체**(knowledge-building communities)에서 목표는 학생들을 지원하여 "적극적이고 전략적으로 학습을 목표로 추구하게 하는 것"이다 (Scardamalia et al., 1994, p. 201).[19] 학생들로 하여금 지식구성을 주요목표로 삼도록 하기 위해서 CSILEs(Computer-Supported Intentional Learning Environments)는 지식 데이터베이스를 생성하는데 도움을 주는데, 이것은 학생들의 지식이 "객관화되고, 외현적 형태로 표현되어 평가할 수 있고, 괴리와 부적확성에 대해 점검받고, 덧붙여지고, 개정되고, 또 재정형화될 수 있게 한다"(p. 201). CSILEs는 각 공동체 구성원들에 의해 제공받는 아이디어를 저장, 조직, 재정형화하는 매개를 제공한다. 이 지식기반은 이들이 소유하고 있고 자랑스럽게 생각할 수 있는 이들의 종합적 사고를 대표한다.

CLEs는 또한 **학습자 공동체**(Communities of learners: COLs)를 육성하고 지원할 수 있다. COLs는 지식, 가치, 목표를 공유하는 학습자들의 사회조직이다(이 책의 제12장, Bielaczyc & Collins 참조). COLs는 학생들이 공통의 학습관심에 대한 지식을 공유할 때 나타난다. 신입구성원들은 그 공동체의 담론 구조, 가치, 목표, 믿음을 채택한다(Brown, 1994). COLs는 참가자들에게 의미있고 중요한 과제를 얻기 위해 연구(읽기, 공부, 보기, 전문가 상담하기)와 정보를 공유하게 함으로써 육성시킬 수 있다(Brown & Campione, 1996). 이러한 많은 학습공동체 환경은 구성된 지식과 학습자들에 의해 이것을 구성하는데 사용되는 절차에 대한 반성적 사고(reflection)를 지원한다.[20] COLs을 지원하는 비계설정된 환경에는 Collaboratory Notebook(Edelson, Pea, & Gomez, 1996); CaMILE(Guzdial, Turns, Rappin, & Carlson, 1995), Knowledge Integration Environment(Bell, Davis, & Linn, 1995) 등이 포함된다. 이들의 공통된 믿음은 학습은 무엇을 배우는가에 대한 학습자들의 대화를 중심으로 이루어지는 것이지 교사의 해석에 의한 것이 아니라는 것이다.

같은 장소에 있거나 멀리 떨어진 장소에 위치한 학습자 그룹 내의 협동을 지원하려면, CLEs는 학생들이 해결하려고 노력하는 문제나 프로젝트에 대한 대화를 할 수 있는 편의를 제공하거나 이를 권장해야 한다. 학생들은 교사 및 서로 간에 질문, 주제, 일어나는 문제에 대해 글을 쓴다. 학생들 간에 일어나는 담론을 문자화하는 것은 서로간이나 교수자의 코멘트 만큼이나 중요하게 보이게 한다 (Slatin, 1992). 학습자들이 협력할 때는 어떤 문제에 대해 이것을 해결하거나 어떤 과학적 합의를 이루려는 동일한 목표를 공유하게 된다.

CLEs는 참가자 그룹내의 협력, 환경을 어떻게 조작할지에 대한 의사결정의 공유, 주제와 문제에 대한 대안적 해석, 학습자의 아이디어에 대한 명료화, 그리고 이들이 사용하는 절차에 대한 반성적 사고에 대해 지원해 줘야 한다.[21] 문제를 해결하기 위한 협력은 공유된 의사결정이 필요하게 되는데, 이것은 합의 이루기 활동에서 사회적으로 공유

---

19) Bielaczyc와 Collins가 쓴 제12장도 참조하기 바란다.

20) 반성적 사고는 새 패러다임의 많은 이론에서 공통으로 나타나는 특징이다.

21) 이것들은 부분인가, 종류인가, 기준인가?

된 지식의 구성과 문제에 대해 이해하는 과정을 거치게 된다. 컴퓨터 컨퍼런싱(conferencing)을 통한 반성적 사고는 메타지식을 발생시키는데, 이 지식은 학습이 운영되는 절차에 대해 참가자들이 가지는 지식뿐 아니고 서서히 발전하며 지속되는 대화 속의 참가자로서 자신들에 대한 지식이다.

6. 사회/맥락적 지원

교수설계와 테크놀로지의 역사를 통해 보면, 프로젝트가 실패한 가장 빈번한 이유는 부실한 실행(implementation) 때문이었다. 왜 그랬을까? 그 이유는 설계자들과 테크놀러지 혁신자들이 실행에 영향을 미치는 환경적·맥락적 요인들을 수용하지 않았기 때문이다. 흔히 사람들은 혁신이 실행되는 환경의 중요한 물리적, 조직적, 문화적 측면을 고려하지 않은 채 혁신을 실행하려 하였다.[22] 예를 들어, 영화(film)와 비디오를 실행해 보려는 많은 노력은 실패했는데, 그 이유는 실내를 충분히 어둡게 할 수 없었고, 적절한 장비가 없었으며, 영화와 비디오의 내용이 관객에게 적대적이었거나 문화적으로 설득적이지 못했기 때문이다. 따라서 메시지는 학습자에 의해 거부되었다.

CLEs를 설계하고 실행하는데 있어서, 맥락적 요인을 수용하는 것이 성공적인 실행을 위해서 매우 중요하다. 또한, 학습을 지원할 교사와 인력을 훈련시키고 그 환경에서 학습할 학생들을 교육할 필요가 있다. CoVis 프로젝트(Edelson et al., 1996)

---

22) 이것은 교수의 새로운 패러다임을 성공적으로 실행하는데 필요한 것인데, 교수시스템과 그 환경간의 상호의존성을 인식하고 대처하는데 필요한 체제적 사고의 중요성을 강조하고 있다. G. Anglin(Ed.)의 Instructional Technology: Past, Present, and Future(2nd Ed.) Englewood, Co: Libraries Unlimited에 수록된 Reigeluth(1995)가 쓴 장을 보라. Perkins와 Unger(제5장)도 이에 대한 우려를 표명하고 있다.

는 교사들이 도움을 청하고 연구자들과 합의를 도출할 수 있는 워크숍과 회의를 후원함으로써 교사들을 지원하고 있다. 교사들에 의해 질문이 제기될 수 있고 동료교사나 기술지원 스태프에 의해 답변된다. 사회적·맥락적으로 교사와 사용자를 도와 주는 것이 CLEs를 성공적으로 실행하는데 필수적이다.

3. CLEs에서 학습을 지원하기

표 10.1은 CLEs에서 학생들이 수행하게 되는 학습활동과 이들을 지원하기 위해 CLE가 제공하는 교수활동을 열거하고 있다. 대부분의 CLEs 안에서 학습자들은 탐구(explore)하고; 알고 학습한 것을 명료화하고; 숙고(추측, 가설 설정, 검증)하고; 이론과 모델을 구성하고 검증하기 위해 환경을 조작하고; 자신들이 한 일과 왜 원하는 또는 원하지 않은 결과가 일어났으며, 활동을 통해서 배운 것이 무엇인가 등에 대해 성찰해야 할 필요가 있다.

문제의 특성을 탐색(exploration)하는 것에는 유사한 점을 찾기 위해 관련 사례를 조사하는 것, 문제의 해결책을 지원하는 증거를 확보하기 위해 정보자원을 살피는 것, 또는 CLE에 초점을 맞춘 프로젝트를 완료하는 것 등이 포함된다. 탐색의 가장 중요한 인지적 요소는 목표설정하기와 이러한 목표의 추구를 관리하는 것이다(Collins, 1991). 탐색의 인지적 부산물은 무엇인가?

CLEs를 탐색하면서 작용하는 인지적 활동은 결과에 대한 숙고와 추측, 환경 조작하기, 관찰하기와 증거 수집, 그리고 이러한 결과에 대한 결론 이끌어내기 등이 포함된다. 이러한 대부분의 활동은 행동 중의 반성적 사고(reflection-in-action)를 요구한다(Schon, 1982). 숙련된 실무자는 수행 중에 자신의 생각을 명료화(articulate)하는데(겉으로 드러내는데), 이것이 행동 중에 반성적 사고를 하는 것이다.

　CLEs는 또한 학습자 자신의 학습수행에 대해 명료화하고 반성적으로 사고하기를 요구한다. 행동에 대한 반성적 사고(Reflection-on-action)—자기 밖에 서서 자기의 수행을 분석하는 것—는 학습에 필수적이다. 학습자들이 자신의 환경에서 무엇을 하고 있으며 그 행동의 이유와 이들이 사용하고 있는 전략이 무엇인지 명료화하도록 하는 것은 지식구성과 메타인지를 지원한다.[23] Collins와 Brown(1988)은 학습자가 자신들을 위해 모델링된 수행을 모방하고 연습할 때, 그리고 교사가 학습자들의 수행을 [비디오, 오디트 트레일(audit trail)(역자 주: 결과를 바탕으로 입력 데이터를 추정하는 것), 소리내어 생각하기(think alouds) 등을 이용해] 재현할 때가 학습자들을 행동에 대한 반성적 사고에 몰입시킨다고 했다.

　이러한 학습활동은 모델링, 코칭, 비계설정 등 CLEs에서 교수지원을 하는 목적에 대해 보여 주고 있다(그림 10.1에 설명되어 있음).

A. 모델링

모델링은 CLEs에서 실행되기 가장 쉬운 교수전략이다. 두 가지 형태의 모델링이 존재한다: 하나는 외현적 행동에 대한 행동모델링(behavioral modeling)이고 다른 하나는 내재적 인지과정에 대한 인지모델링(cognitive modeling)이다. CLEs에서의 행동 모델링은 활동구조에서 확인된 활동을 어떻게 수행할지 시연해 준다. 인지 모델링은 활동을 하는 학습자들이 사용해야 하는 사고(행동중의 반성적 사고)를 명료화한다.

---

23) 이런 고차원적 사고 기술은 산업사회 교수 패러다임에서는 관심을 끌지 못한 중요한 종류의 학습(목표)이다.

표 10.1

학습활동	교수활동
탐색	모델링
명료화	코칭
반성적 사고	비계설정

모범적인 수행.　숙련된 수행자(전문가는 아님)의 수행에 포함된 각 활동을 조심스럽게 시연해 보라. CLE에서 학습자가 도움이 필요하면 "보여주기" 또는 "어떻게 해요?" 버튼을 누를 것이다. 모델링은 바람직한 수행에 대한 예를 학습자에게 제공하여 준다. 수행에 포함되는 개별 세부 활동과 의사결정에 대해 지적하는 일은 학습자에게 빠진 절차에 대해 추정하지 않도록 하기 위해서 중요하다. 모델링 문제해결의 방법으로 폭넓게 인정받는 것은 예제 풀이(worked examples)이다.

　예제 풀이는 경험 많은 문제해결자에 의해 문제들이 어떻게 해결되는가에 대한 설명이 포함된다(Sweller & Cooper, 1985). 예제 풀이는 문제도식(problem schemas)의 개발과 이것에 기초해 다른 형태의 문제들에 대해 인식하는 것을 증진시킨다. 예제 풀이의 사용은 학습자의 관심을 문제에 대한 해답으로부터 문제-상황배치(problemstate configuration)와 이에 관련된 움직임으로 돌리도록 만든다. 예제 풀이는 수행자에 의한 사고의 명료화(행동중의 반성적 사고)와 함께 사용되어야 한다.

추론을 명료화하기.　경험 많은 수행자가 문제해결이나 프로젝트 기술의 모델을 보여 줄 때는 과정의 각 단계에서 사용되는 추론과 의사결정에 대해 명료화해야 한다. 즉, 내재적 뿐 아니라 외현적 수행에 대한 모델을 보여 줘야 한다. 예를 들어, 수행중인 수행자의 소리내어 생각하기(think aloud)를 녹음하는 것이다. 중요한 행동이나 과정에 대해 학습자에게 큐(cue)를 제공하기 위해 프로토콜을 분석하여 보거나, 또는 그런 활동들에 대해 자세히 설명하거나, 대안적 표상을 제공하는 것도 가능하다. 또한 수행자의 행동이나 의사결정에 대해 토의하는 사후분석(postmortem analysis)이나 추상화된 재현(abstracted replay)을 녹화할 수도 있을 것이다.

CLEs의 특성을 대표하는 비구조적인(ill-structured) 문제를 해결하기 위해서 학습자들은 문제에 대한 자신들의 해결방안을 뒷받침할 논거를 개발할 줄 알아야 한다. 이런 경우, 수행자들은 문제해결에 필요한 유사 논거를 외현적으로 모델링해야 한다. (앞서 언급한) 숙련된 수행자에 의해 생성된 추론과 일치하는 시각적 표상(reasoning-congruent visual representations)을 제공하는 것을 고려해 볼 수 있을 것이다. 전문가의 추론 대상에 대한 이러한 시각 모델은 추론구조에 대해 지각할 수 있도록 풍부한 대안 표상을 제공할 수 있다. 또한 수행자로 하여금 문제에 대한 자기의 이해정도를 나타내거나 추론과정을 나타낼 수 있는 인지도구를 사용하게 할 수도 있을 것이다. 이 모든 것에 대한 목적은 내재적인 것을 외현적으로 만들어 이것을 분석하고 이해할 수 있도록 하고, 결국 학습자가 수행하는 방법뿐 아니라 수행하는 이유까지 알게 하도록 하기 위함이다.

B. 코칭(Coaching)

모델링 전략은 전문 수행자가 어떻게 기능하는가에 초점을 맞춘다. 대부분의 교수에 대한 가정은, 학습을 위해서 학습자는 개략적 모방을 시작으로, 점차 수행을 명료화하고 관습화하여 숙련된 원래의 수행을 달성하기 위해 노력한다는 것이다. 이러한 각 단계에서 학습자의 수행은 코칭을 통해 개선될 소지가 높아진다. 코칭의 역할은 복잡하고 확실치 않다. 좋은 코치는 학습자를 동기화하고,

이들의 수행을 분석하고, 피드백을 제공하여 수행방법에 대해 학습하는 방법을 조언해 주며, 배운 내용에 대해 반성적 사고와 명료화를 유발한다.

코칭은 학습자에 의해 먼저 요청될 수도 있다. 도움을 구하는 학생은 "나 어느 정도 잘하고 있나요?" 버튼을 누를 수 있다. 코칭은 먼저 요청되지 않을 수도 있는데, 코치가 수행을 관찰하여 격려, 진단, 피드백을 제공할 수 있다. 코칭은 자연스럽게 그리고 반드시 학습자의 과제수행에 존재하는 반응을 포함한다(Laffey, Tupper, Musser, & Wedman, 1997). 다음과 같은 종류의 코칭을 CLEs에 포함시킬 수 있다.

동기부여 프롬프트 제공하기.   좋은 코치는 학습자에게 학습과제의 중요성에 대해 설명한다. 학습자가 즉시 문제에 관심을 갖지 않으면, CLE 코치는 이 일에 몰두해야 하는 적합한 이유를 제시해야 한다. 일단 시작하면, 코치는 특히 문제나 프로젝트의 초기단계에서 학습자의 자신감 수준을 끌어 올려줘야 한다. 동기부여 프롬프트(motivational prompts)는 학습자가 일단 문제에 몰두하게 되면 대개 신속히 줄일 수 있다. 특히 어려운 과제 수행시에는 추가적인 간헐적 프롬프트를 제공할 필요가 있을 수 있다.

학습자의 수행을 모니터하고 규제하기.   코치의 가장 중요한 역할은 학습자의 중요한 기술을 모니터, 분석, 규제하는 것이다. 코칭은 다음과 같은 것이 될 수 있다:

- 과제의 특정 측면으로 학습자의 관심을 돌리거나 간과한 과제의 부분에 대해 학습자에게 상기시키는 것과 같은 **암시**(hints)와 **도움**(helps)을 제공하기
- 이미지를 생성하기 위한 제안, 추론하기, 아

이디어 일반화하기, 유추법 사용하기, 이야기 만들기, 질문 만들기, 결과 요약하기, 또는 시사점 도출하기 등의 적절한 생각을 프롬프트하기

- 협력적 활동을 사용하도록 프롬프트하기
- 학습자들이 아이디어를 해석하거나 이해하는데 도움이 될 수 있는 관련 사례나 특정 정보자원을 고려하도록 프롬프트하기
- 근본 개념이나 상호관련성을 명료화하고, 이해하는데 보조할 수 있는 특정 인지적 도구를 사용하도록 프롬프트하기
- 학습자에게 수행의 효과성과 정확성뿐만 아니라 그 행동과 사고에 대한 정보를 줄 수 있는 피드백을 제공하기

반성적 사고 유발하기. 좋은 코치는 학습자의 의식(conscience)이 되기도 한다. 그래서 좋은 코치는 학습자의 수행에 대해 반성(reflect; 모니터하고 분석)하도록 자극한다. CLEs에서 이해정도를 모니터링하고 적절한 인지전략을 선택하도록 이끄는 것은 다음과 같이 행동을 유발시키는 질문을 통해서 가능하다.

- 학습자에게 무엇을 했는지 반성하도록 요구하기
- 학습자에게 어떤 가정을 세웠는지 반성하도록 요구하기
- 학습자에게 어떤 전략을 사용했는지 반성하도록 요구하기
- 학습자에게 왜 특정 반응과 행동을 했는지 설명하도록 요구하기
- 학습자에게 의도된 반응을 확인하도록 요구하기
- 학습자에게 자기의 반응에 대해 얼마나 확신하는지 서술하도록 요구하기

- 코치와 논쟁하도록 요청하기
- 적절한 수행으로 이끌 수 있는 퍼즐을 제공하여 풀도록 하기

학습자의 모델을 교란하기. 미숙한 학습자들이 문제를 표상하기 위해 구축하는 정신모델은 대개 결함이 있다. 이들은 흔히 문제의 구성요인의 특성을 잘못 이해하거나 부정확하게 관련지어 결국 전혀 다른 유형의 문제를 해결하려 든다. 따라서 이런 학습자들의 모델을 교란(perturb)시킬 필요가 있다.[24] 학습자들은 자기 모델이 자신들이 조작하려는 환경을 적절히 설명하지 못한다는 것을 알게 되면, 이런 불일치를 설명하기 위해 모델을 조정하거나 변경시킨다.

학습자들이 이해하고 있는 것을 교란시키려면 이것을 유발시키는 질문을 삽입함으로써 가능하다(…에 대해 생각해 봤는가?, …경우 어떤 일이 벌어질까?, 네 모델이 …을 설명할 수 있는가?). 학습자들이 행한 행동에 대해 반성해보도록 하는 것도 유용하다(왜 …을 했는가?, …에 어떤 결과를 예상했는가?, …을 했다면 어떤 결과가 일어났을까?). 더 쉬운 접근은 무엇이 일어났는지 학습자들에게 확인 또는 명확히 하는 것이다(그 반작용은 왜 일어났는가…?). 반응을 이끌어내는 것과 함께 코치는 학습자의 반응에 대한 확신정도를 확인해야 한다. 다시 말하면, 학습자가 반응을 보일 때(컴퓨터에 반응을 입력하면), 간단한 질의(1에서 10까지의 척도 중에서, 이 답변에 대해 얼마나 확신하는가?)는 학습자에게 그 주제에 대해 얼마나 알고 있는지 반성하게 할 것이다. 이 전술은 학습자의 피로 때문에 매번 성공하기는 어렵기 때문

---

24) 학습자의 정신모델의 개발은 산업사회의 패러다임에서는 자주 언급되지 않은 종류의 학습이지만, 새로운 패러다임의 이론에서는 흔한 특징이다.

에 더 중요한 상호작용을 위해 남겨 놓는 것이 좋다. 학습자의 모델을 교란시키는 또 다른 방법은 학생의 행동이나 해석에 대한 반응에 대해 불일치하는 관점이나 해석을 제공하는 것이다.

특히 학습자 수행을 모니터링하고 규제하는 대부분의 코칭 과정에는 이 수행을 판단하기 위한 어떤 형태의 지능을 CLE 시스템에서 필요로 한다. 여기에는 학생의 수행, 사고, 최종 정신모델을 분석하고 비교하기 위한 근거로 사용하기 위해 대개 수행과 사고에 관한 어떤 형태의 전문가 모델을 수반한다.

C. 비계설정하기

모델링은 전문가들의 수행에 초점을 맞춘다. 코칭은 학습자들의 수행에 초점을 맞춘다. 비계설정 (scaffolding)은 과제, 환경, 교사, 학습자에 초점을 맞추며 학습자를 지원하는 면에서 더 체제적인 접근이다. 비계설정은 학습과 학습자의 능력을 넘어서는 학생들의 수행을 지원하기 위한 임시적 틀을 제공한다.

비계설정의 개념은 아동과 성인이 함께 과제를 수행할 때 제공되는 모든 형태의 인지적 활동의 지원을 말한다(Wood & Middleton, 1975). Wood, Bruner, Ross(1976)는 문제해결 중의 비계설정을 아동의 관심을 끌기, 과제를 단순화하기, 아동에게 동기부여하기, 올바른 수행을 시연하기 등으로 설명한다. Resnick(1988)은 기록하기와 다른 도구, 특히 컴퓨터 마이크로 월드(microworlds)에 일반적으로 발견되는 표상 장치가 교수적 비계설정의 역할을 할 수 있다고 제안하였다. Lehrer(1993)는 또한 대안적 평가를 통한 비계설정뿐 아니라 컴퓨터를 이용한 비계설정을 제안한다. 이러한 설명들을 통해 볼 때 비계설정의 개념은 모델링 및 코칭과 관련되어 모호하고 명확하지 않다.

CLEs의 목적을 위해서 비계설정은 그 자체로 이 시스템이 과제에 어떤 조작을 가했다는 것을 나타낸다. 수행을 비계설정할 때, 이 시스템은 학생을 위해 과제의 한 부분을 대신 수행하거나, 과제의 특성을 바꾸거나 학습자의 수행을 돕는 인지도구를 사용하도록 강제하여 학생의 능력을 대신하거나, 또는 과제의 특성이나 곤란도를 조정한다. 코칭은 개개의 과제수행에 초점을 맞추는 반면 비계설정은 수행되는 과제의 본질적 특성에 초점을 맞춘다. 비계설정에 대한 학습자의 요구는 "이것을 하도록 도와 주세요" 버튼을 누르는 형태가 될 수 있다.

과제를 수행하는데 어려움을 겪는 학습자는 사전지식 또는 준비성이 부족하다. 이 사실은 학습을 비계설정하는 데 세 가지 다른 접근이 있다는 것을 암시한다: 학습자에 맞게 과제의 곤란도를 조정하기, 부족한 사전지식을 대체하기 위해 과제를 재구성하기, 또는 대안적 평가를 제공하기이다. 비계설정을 설계하는 데에는 (앞에서 언급한 활동이론이나 인지과제분석을 이용한) 작업을 완성하는데 소요되는 활동구조에 대한 해설을 필요로 한다. 과제나 활동의 목록에서 학습자가 가지고 있지 않은, 또는 학습자가 준비되지 않은 항목들을 확인하라[학습자의 근접발달영역(zone of proximal development]을 규명한다).

과제곤란도 조정하기. 비계설정으로 더 쉬운 과제를 제공할 수도 있다. 학습자에게 이미 수행할 줄 아는 과제로 시작하여 혼자서 과제수행이 어려울 때까지 점차 과제 곤란도를 더한다. 이것이 이들의 근접발달영역이 된다. 이 형태의 과제 규제가 블랙박스 비계설정(black-box scaffolding)의 예가 되는데(Hmelo & Guzdial, 1996), 이것은 학생의 수행을 촉진하되 학습자가 이 환경을 사용하는 동안에는 없어지지는 않는다. 이런 종류의 비계설정은 학습자들이 볼 수 없는 것으로 성인 조력자가 가시적이지 않다.

지식을 대체하기 위해 과제를 재구성하기.   학습자의 수행을 비계설정하는 또 다른 접근법은 학습을 지원하도록 과제를 재설계하는 것, 즉 과제수행을 대체(supplant)하는 것이다(Salomon, 1979). 과제수행은 학습자가 문제를 표상하거나 조작하는 것을 돕기 위해 인지도구를 사용하도록 제안하거나 강제하면서도 대체될 수 있다. 이런 비계설정 형태는 유리상자 비계설정(glass-box scaffolding)의 예(Hmelo & Guzdial, 1996)가 되는데, 그 이유는 몇 개의 사례 이후에 차차 없어지기(fade) 때문이다. 그렇지 않으면 이것들은 지적인 목발(intellectual crutches)이 된다. 학습자들은 혼자 할 수 없는 수행에 대해 도움을 받아야 한다. 바람직한 기술을 수행해 본 후 학습자들은 수행을 돕는 비계설정 없이 수행하는 법을 배워야 한다.

대안적 평가 제공하기.   상당 부분 교육은 평가(assessment)에 의해 주도된다. 학습자들은 기대되는 수행이 무엇인지 알아내기 위해 상당히 정교한 전략을 개발하고 이에 맞게 공부한다. 대개 수행은 재생적(reproductive)이기 때문에 학습자들은 교사가 중요하다고 생각하는 것이 무엇인지 확인하는 전략을 개발하게 되고 이를 기억한다. 검사 풀(test pools)과 노트필기 서비스(notetaking service)는 이런 종류의 학습을 비계설정한다. 그러나 학습자들이 문제중심의 CLEs에 이런 재생적 전략을 적용할 때 대부분 실패한다.[25] 학습자는 학습과제의 복잡한 특성에 대해 알고 있어야 하고 과제가 의미하는 바를 이해해야 한다. 따라서 이

들은 자기들의 주의, 노력, 사고전략을 그 과제에 맞게 메타인지적으로 조절한다. CLEs에서는 학습자들에게 요구되는 것이 무엇인지 확실하게 이해하도록 하기 위해서 프로젝트나 문제의 요구사항이 무엇인지 명료하게 전달되어야 한다. 이것은 문제의 특성에 대해 이해하는 것뿐 아니라 문제표본이나 질문표본의 예제 풀이(worked example)에 의해 이루어질 수 있다. 학습자가 해결책이 어떤 것인지에 대해 이해하기 전에는 문제표상이나 해제과정은 시작될 수 없다(Jonassen, 1997).

4. 결론

CLEs 설계 모델에 대해 개략적으로 설명하였다. 이장에서는 CLE의 구성요소와 이 안에서 학습자들의 수행을 지원하는 전략에 대해 개념적으로 설명하였다. 지면의 부족으로 인해 CLEs 이면의 철학적 가정, CLEs에서 학습하는데 장애요소, CLEs 학습에서의 평가 방법, 그리고 테크놀러지를 이용하여 구성적 학습(constructive learning)을 지원하는 대안적 접근에 대해서 언급하지 못하였다. 이런 주제에 대해서는 다른 글에서 언급할 것이다.

꼭 알아두어야 할 것은 이 모델은 구성적 학습을 지원할 환경설계를 위한 지침을 제공하기 위한 것이다. 구성적 학습은 개인적 의미 만들기를 강조하기 때문에 기존의 경험이나 선행된 학습에 새 아이디어를 연관지으려 한다. CLEs는 모든 학습결과(learning outcomes)에 적합한 것은 아니다. 만약 학습자로 하여금 개인적이거나 또는 협력적 지식구성과 문제해결 결과에 참여시키는 학습환경을 설계하려면, CLEs 설계를 고려할 만하다.

---

25) 이것은 새 패러다임이 산업사회의 교수 패러다임과 다른 이유를 확인하는데 도움을 준다.

참고문헌

Anderson, J. R., Boyle, C. F., & Yost, G. (1986). The geometry tutor. *Journal of Mathematical Behavior, 5*, 5-19.

Barrows, H. S. (1985). *How to design a problem-based curriculum for the pre-clinical years.* New York: Springer-Verlag.

Barrows, H. S., & Tamblyn, R. M. (1980). *Problem-based learning: An approach to medical education.* New York: Springer-Velag.

Bell, P., Davis, E. A., & Linn, M. C. (1995). The knowledge integration environment: Theory and design. In J. L. Schnase & E. L. Cunnius (Eds.), *Proceedings of CSCL '95: The first international conference on computer support for collaborative learning* (pp. 157-160). Hillsdale, NJ: Lawrence Erlbaum Associates.

Brown, A. L. (1994). The advancement of learning. *Educational Researcher, 23*(8), 4-12.

Brown, A. L, & Campione, J. C. (1996). Psychological theory and the design of innovative learning environments: On procedures, principles and systems. In L. Schanble & R. Glaser (Eds.), *Innovations in learning: New environments for-education* (pp. 289-325). Hillsdale, NJ: Lawrence Erlbaum Associates.

Bruner, J. (1990). *Acts of meaning.* Cambridge, MA: Harvard University Press.

Cognition and Technology Group at Vanderbilt (1992). Anchored instruction in science and mathematics: Theoretical bases, developmental projects, and initial research findings. In R. A. Duschl & R. J. Hamilton (Eds.), *Philosophy of science, cognitive psychology, and educational theory and practice* (pp. 244-273). New York: State University of New York Press.

Cooper, G., & Sweller, J. (1987). The effects of schema acquisition and rule automation of mathematical problem-solving transfer. *Journal of Educational Psychology, 79*, 347-362.

Duffy, T. M. & Jonassen, D. (Eds.). (1992). *Constructivism and the technology of instruction: A conversation.* Hillsdale, NJ: Lawrence Erlbaum Associates.

Edelson, D. C., Pea, R. D., & Gomez, L. (1996).

Constructivism in the collaboratory. In B. G. Wilson (Ed.), *Constructivist learning environments: Case studies in instructional design* (pp. 151-164). Englewood Cliffs, NJ: Educational Technology Publications.

Guzdial, M., Turns, J., Rappin, N., & Carlson, D. (1995). Collaborative support for learning in complex domains. In J. L. Schnase & E. L. Cunnius (Eds.), *Proceedings of CSCL '95: The first international conference on computer support for collaborative learning* (pp. 157-160). Hillsdale, NJ: Lawrence Erlbaum Associates.

Hall, E. P., Gott, S. P. & Pokorny, R. A. (1994). *A procedural guide to cognitive task analysis: The PARI methodology* (AL/HR-TR-1995-0108). Brooks Air Force Base, TX: Armstrong Laboratory.

Hmelo, C. E., & Guzdial, M. (1996). Of black and glass boxes: Scaffolding for doing and learning. In *Proceedings of the Second International Conference on the Learning Sciences* (pp. 128-133). Charlottesville, VA; Association for the Advancement of Computers in Education.

Honebein, P., Duffy, T. M., & Fishman, B. (1993). Constructivism and the design of learning environments: Context and authentic activities for leaning. In T. M. Duffy, J. Lowyck, & D. Jonassen (Eds.), *Designing environments for constructivist learning* (pp. 87-108). Heidelberg, Germany: Springer-Verlag.

Jonassen, D. H. (1991). Objectivism vs. constructivism: Do we need a new philosophical paradigm? *Educational Technology: Research and Development, 39*(3), 5-14.

Jonassen, D. H. (1993). Cognitive flexibility theory and its implications for designing CBI. In S. Dijkstra, H. P. Krammer, & J. V. Merrienboer (Eds.), *Instructional models in computer based learning environments.* Heidelberg, Germany: Springer-Verlag.

Jonassen, D. H. (1995a). Supporting communities of learners with technology: A vision for integrating technology with learning in schools. *Educational Technology, 35*(4), 60-63.

Jonassen, D. H. (1995b). An instructional design model for designing constructivist learning environments. In H. Maurer (Ed.), *Proceedings of the World Conference on Educational Media*. Charlottesville, VA: Association for the Advancement of Computers in Educadon.

Jonassen, D, H. (1996a). *Computers in the class-room: Mindtools for critical thinking*. Columbus, OH: Prentice-Hall.

Ionassen, D. H. (1996b). Scaffolding diagnostic rea-soning in case-based learning environments. *Journal of Computing in Higher Education, 8*(1), 48-68.

Jonassen, D. H. (1997). Instructional design model for well-structured and ill-structured prob-lem-solving learning outcomes. *Educational Technology: Research and Development, 45*(1), 65-94.

Jonassen, D. H., Ambruso, D. R., & Olesen, J. (1992). Designing a hypertext on transfusion medicine using cognitive flexibility theory. *Journal of Educational Hypermedia and Multimedia, 1*(3), 309-322.

Jonassen, D. H., Campbell, J. P., & Davidson M. E. (1994). Learning with media: Restructuring the debate. *Educational Technology: Research and Development, 42*(2), 31-39.

Jonassen, D. H., & Henning, P. H. (1996). Mental models: Knowledge in the head and knowledge in the World. In *Proceedings of the 2nd International Conference on the Learning Sciences*. Evanston, IL, Northwestern University Press.

Jonassen, D. H., Peck, K., & Wilson, B. G. (1998). *Learning WITH technology: A constructivist perspective*. Columbus, OH: Merrill/Prentice-Hall.

Ionassen, D. H, & Rohrer-Murphy, L. (1999). Activity theory as a framework for designing con-structivist learning environments. *Educational Technology: Research and Development, 46*(1).

Kolodner, J. (1993). *Case-based reasoning*. San Mateo, CA: Kaufmann Development.

Kommers, P., Jonassen, D. H., & Mayes, T. (1992). *Cognitive tools for learning*. Heidelberg, Germany: Springer-Verlag.

Krajcik, J. S., Blumenfeld, P. C., Marx, R. W., & Soloway, E. (1994). A collaborative model for helping middle grade science teachers learn proj-ect-based instruction. *The Elementary School Journal, 94*(5), 483-497.

Laffey, J., Tupper, T., Musser, D., & Wedman, J. (1997). *A computer-mediated support system for project-based learning*. Paper presented at the annual conference of The American Educational Research Association, Chicago, IL.

Lave, J., & Wenger, E. (l991). *Situated learning: Legitimate peripheral participation*. New York: Cambridge University Press.

Lehrer, R. (1993). Authors of knowledge: Patterns of hypermedia design. In S. P LaJoie & S. J. Derry (Eds.), *Computers as cognitive tools*. Hillsdale, NJ: Lawrence Erlbaum Associates.

Leont'ev, A. N. (l979). The problem of activity in psychology. In J. V. Wertsch (Ed.), *The concept of activity in Soviet psychology* (pp. 37-7l). Armonk, NY: Sharpe.

Lindeman, B., Kent, T., Kinzie, M., Larsen, V., Ashmore, L., & Becker, F. (1995). Exploring cas-es on-line with virtual environments. In J. Schnase & E. Cunnius (Eds.), *Proceedings of the First International Conference on Computer-Supported Collaborative learning*. Hillsdale, NJ: Lawrence Erlbaum Associates.

Merrill, D. C., Reiser, B. J., Bekkelaar, R., & Hamid, A. (1992). Making processes visible: Scaffolding learning with reasoning-congruent representations. In C. Frasson C. Gauthier, & G. I. McCall (Eds.), *Intelligent tutoring systems: Proceedings of the Second International Conference, ITS '92* (Lecture Notes in Computer Science No. 608, pp. 103-110). Berlin: Springer-Verlag.

Perkins, D. (1991). Technology meets con-structivism: Do they make a marriage? *Educational Technology, 31*(5), l8-23.

Polya, M. (l957). *How to solve it* (2nd Ed.). New York: Doubleday.

Petraglia, J. (1998). *Reality by design: The rhetoric and technology of authenticity in education*. Hillsdale, NJ: Lawrence Erlbaum Associates.

Resnick, L. B. (1988). *Treating mathematics as a ill-structured discipline*. Pittsburgh, PA: University of Pittsburgh, Learning Research & Development Center, (ED 299133).

Salomon, G. (1979). *The interaction of media, cog-nition, and learning*. San Francisco: Josey-Bass.

Savery, J., & Duffy, T. M. (1996). Problem based learning: An instructional model and its constructivist framework. In B. G. Wilson (Ed.), *Designing constructivist learning environments* (pp. 135-148). Englewood Cliffs, NJ: Educational Technology Publications.

Scardamalia, M., & Bereiter, C. (1996). Adaptation and understanding: A case for new cultures of schooling. In S. Vosniadou, E. DeCorte, R. Glaser, & H. Mandl (Eds.), *International perspectives on the design of technology-supported learning environments* (149-163). Hillsdale, NJ: Lawrence Erlbaum Associates.

Scardamalia, M., Bereiter, C., & Lamon, P. (1994). The CSILE Project: Trying to bring the classroom into World 3. In K. McGilly (Ed.), *Classroom lessons: Integrating cognitive theory and classroom practice* (pp. 201-228). Cambridge MA: MIT Press.

Schank, R. C. (1990). *Tell me a story: Narrative and intelligence*. Evanston, IL: Northwestern University Press.

Schank, R. C., Kass, A., & Riesbeck, C. K. (1994). *Inside case-based explanation*. Hillsdale, NJ: Lawrence Erlbaum Associates.

Schon, D. A. (1982). *The "reflective practitioner" How professionals think in action*. New York Basic Books.

Slatin, J. M. (1992). Is there a class in this text? Creating knowledge in the electronic classroom. In E. Barett (Ed.), *Sociomedia: Multimedia, hypermedia, and the social construction of knowledge*. Cambridge, MA: MIT Press.

Soloway, E., Krajcik, J., & Finkel, E. A. (1995, April). *The ScienceWare project: Supporting science modeling and inquiry via computational media & technology*. Paper presented at the annual meeting of the America Educational Research Association, San Francisco, CA.

Spiro, R. J., Vispoel, W., Schmitz, J., Samarapungavan, A., & Boerger, A. (1987). Knowledge acquisition for application: Cognitive flexibility and transfer in complex content domains. In B. C. Britton (Ed.), *Executive control processes*. Hillsdale, NJ: Lawrence Erlbaum Associates.

Spitulnik, J., Studer, S, Finkel, E. A. Gustafson, E., Laczko, J., & Soloway, E. (1995). The RiverMUD design rationale: Scaffolding for scientific inquiry through modeling, discourse, and decision making in community based issues. In J. L. Schnase & E. L. Cunnius (Eds.), *Proceedings of CSCL '95: The first international conference on computer supporting collaborative learning*. Hillsdale, NJ: Lawrence Erlbaum Associates.

Sweller, J., & Cooper, G. (1985). The use of worked examples as a substitute for problem solving in learning algebra. *Cognition and Instruction, 2*, 59-89.

Tessmer, M., & Richey, R. C. (1997). The role of context in learning and instructional design. *Educational Technology: Research and Development, 45*(3).

Whitehead, A. N. (1929). *The aims of education and other essays*. New York: Macmillan.

Williams, S. (1992). Putting case-based instruction into context: Examples from legal and medical education. *Journal of the Learning Sciences, 2*(4), 367-427.

Wood, D. J., Bruner, J. S., & Ross, G. (1976). The role of tutoring in problem solving. *Journal of Child Psychology and Psychiatry. 17*, 89-100.

Wood, D. J., & Middleton, R. (1975). A study of assisted problem solving. *British Journal of Psychology, 66*(2), 181-191.

협력적 문제해결

Laurie Miller Nelson
Brigham Young University
양영선
관동대학교 교육공학과 교수

Laurie Miller Nelson은 Brigham Young University의 교수
심리학 및 공학과의 조교수이다. 인디아나대학교에서 교수
체제공학으로 PhD를 받았고, 학부에서 교육심리학 과정을
대학원에서 교수이론과 연구 과정을 가르치고 있다. 최근
관심은 교수 이론의 구축, 협력적 문제해결에 대한 형성적
연구, 온라인 협력 도구와 교육학의 개발이다.

서 문

목적 및 전제. 이론의 일차적 목적은 복잡한 영역, 문제해결과 비판적 사고 능력, 협력하는 능력에 대한 내용 지식을 개발하는 것이다. 이러한 학습유형이 지배적이고 학생과 교수자가 이러한 학습의 접근을 받아들일 때는 그 역할과 권한의 관계가 변화하며 사용되어야만 한다.

학문적 가치. 이 이론에 근거한 가치는 다음과 같다.
- 자연스럽게 효과적인 협력 과정을 사용하는 학습
- 비판적 사고와 문제해결력
- 학습을 위한 풍부한 사회적 맥락과 다원적 관점
- 상황적이고 학습자 중심이며 통합되고 협력적인 학습 환경
- 학생들을 위한 학습 경험의 확실성, 소유의식, 관련성
- 학습자와 교수자 사이뿐 아니라 학습자들 사이에 서로 지원하고 존중하는 관계의 개발
- 평생학습을 열망하고 이를 지속하는 능력의 개발

주요 방법. 이 이론이 제공하는 주요 방법은 다음과 같다.
포괄적 지침
교수자 실행 방법
- 학습자원과 튜터로서 행동한다.
- 학습자가 다양한 소그룹에서 충분한 시간을 갖고 공부할 수 있는 학습 환경을 만든다.
- 학습자가 중요한 내용과 학습 과정 측면에 집중하게 하는 질문을 만든다.
- 학습자가 요청할 때 적시 수업을 제공한다.
학습자 실행 방법
- 획득된 지식과 자원이 어떻게 문제해결에 사용되는지를 결정한다.
- 프로젝트 활동에서 개별 및 그룹 시간을 결정하고 설명한다.
교수자-학습자 실행 방법
- 학습 이슈와 목표를 결정하기 위해 협력한다.
- 그룹 진행 회의를 연다.
- 필요한 자원을 수집한다.

- 학습자를 다양한 방법으로 평가한다: 그룹 및 개별에 대한 평가와 점수를 제공한다.
상호작용 방법
- 사회성 기능과 팀 구축 활동을 학습하고, 목적을 가지고 사용한다.
- 조사, 상호작용, 해석, 내재적 동기를 증진시킨다.
- 동기적 상호작용과 면대면을 장려하는 촉진 상호작용을 격려한다.
- 동등한 참여, 긍정적 상호의존, 개별적 책임감을 증진시킨다.
과정 활동
1. 준비
   - 협력적 문제해결 과정을 개관한다.
   - 실제 문제나 프로젝트 시나리오를 개발하여 교수와 학습 활동에 연결시킨다.
   - 그룹 과정 기능에서의 교수와 실습을 제공한다.
2. 그룹 형성 및 규칙 제정
   - 소규모 이질 작업 그룹을 형성한다.
   - 그룹이 운영되는 지침을 세우도록 한다.
3. 우선적인 문제의 정의 결정
   - 문제에 대한 공통된 이해를 협의한다.
   - 학습 이슈와 목적을 확인한다.
   - 우선적인 해결안이나 프로젝트 계획을 브레인스토밍한다.
   - 초기 설계 계획을 선정하고 개발한다.
   - 필요한 자원의 출처를 확인한다.
   - 설계 계획을 타당화할 수 있는 우선적인 정보를 수집한다.
4. 역할 결정 및 배정
   - 설계 계획을 완성하는데 필요한 주요 역할을 확인한다.
   - 역할 배정을 협의한다.
5. 상호작용하는 협력적 문제해결 과정에 참여
   - 설계 계획을 다듬고 개발한다.
   - 과제를 확인하고 배정한다.
   - 필요한 정보, 자원, 전문성을 획득한다.
   - 필요한 추가 자원과 기능을 획득하기 위해 교수자와 협력한다.

- 획득된 정보, 자원, 전문성을 다른 그룹 구성 원들에게 보급한다.
- 해결안이나 프로젝트 개발 작업에 참여한다.
- 개별적 공헌 및 그룹 활동에 대해 정기적으로 보고한다.
- 상호그룹 협력과 평가에 참여한다.
- 해결안이나 프로젝트의 형성평가를 실시한다.

6. 해결안 및 프로젝트 종료
- 해결안이나 프로젝트 보고서의 초안을 작성한다.
- 해결안이나 프로젝트의 최종 평가나 유용성 테스트를 실시한다.
- 해결안이나 프로젝트의 최종안을 수정하고 완성한다.

7. 종합 및 반영
- 학습의 이득을 규명한다.
- 과정에 대한 경험과 느낌을 보고한다.
- 그룹 및 개별 학습 과정을 성찰한다.

8. 산출 및 과정 평가
- 창출된 산물과 산출품을 평가한다.
- 사용된 과정을 평가한다.

9. 마무리 제공
- 마무리 활동을 통해 그룹의 폐회를 공식화한다.

교수설계에 대한 적용점.   교수의 문제해결과 협력적 방법을 종합하였고, 포괄적이면서도 세부적인 지침의 특성을 제공한다.

— C.M.R

협력적 문제해결

1. 서론

우리는 생활하면서 매일 작업 프로젝트, 공공집단, 교실 또는 가족 안에서 소집단으로 일하는 것을 자주 발견하게 된다. 집단의 문제해결은 가장 일반적이고 자연적인 상황으로 이 안에서 사회적 일들을 성취한다.[1] 그 결과, 교육과 사업은 학습의 중요한 이득으로 인식되게 되었고, 그룹이나 팀으로 협력하여 학습하고 작업하는 가운데 개발된 창의성이 증가하였다(Johnson & Johnson, 1990). 이런 이점을 인식하면서 교육자들은 더 나은 교수 이론을 요구하고 있으며, 학습자를 효과적이며 효율적이고 협력적인 문제해결 과정에 몰두하도록 하는 방법들을 알아가고 있다.

협력적으로 일하고 공부하는 요구에 부응하여 많은 교수 접근이 개발되어 왔다. 최고의 접근 중 하나는 **협력 학습**이다. 이 접근의 형태는 수년 동안 사용되어 왔고(Sharan, 1994), 교실에서 협력을 사용하도록 하는데 주요한 힘이 되어 왔다. 더 최근의 접근은 **문제기반 학습**으로 의과 교육에서 젊은 의학도에게 더 풍부하고 실제적인 학습 경험을 위한 필요에서 개발되었다(Albanese & Mitchell, 1993). 각각의 접근은 협력적 학습과정의 다른 측면을 강조한다. 협력 학습은 학습 그룹을 조직하는 방법에 대한 지침을 제공하고 학습 경험을 구조화하기 위해 지그소우 방법(Aronson, Blaney, Stephan, Sikes, & Snapp, 1978), 짝을 지어 사고하고 공유하기(Kagan & Kagan, 1994), 학생의 팀 성취(Slavin, 1995)와 같은 구체적인 활동을 제안한다. 한편, 문제기반 학습은 튜터의 보조를 받으며 협력 그룹이 문제를 해결하기 위해 작업하는 주의 깊게 구성된 문제 시나리오의 개발을 강조한다

---

1) 이는 산업사회에서는 거의 없었으나 정보사회에서 우리가 더 발전되면서 매우 일반적이 되고 있다. 이는 교수의 새로운 패러다임의 필요성을 추진하는 힘이다.

(Savery & Duffy, 1995).

이 접근들은 모두 협력적 학습 환경을 만드는데 가치 있는 교수 지침을 제공하고는 있으나 어느 것도 포괄적이지 못하다. 즉, 협동학습은 보통 문제기반 환경의 맥락에서 고안되지 않고, 문제기반 학습이 언제나 협력을 요구하지도 않는다. 학생들이 집중할 수 있는 실제의 협력적 문제해결 과정에 대한 충분한 지침이 제공되지 않을 때 모든 접근에 어려움이 발생한다. 따라서 이전의 모든 접근에서 나온 최상의 전략을 적용하고 통합할 뿐 아니라 실제 문제해결 과정을 통하여 학습자를 지원하는 방법에 대한 추가적인 지침을 제공하는 포괄적인 접근이 필요하다. 이 장은 협력적 문제해결(collaborative problem solving: CPS) 이론을 위한 지침을 제시하고 있는데, 이는 협력하여 학습하기 위해 학생들을 준비시키고, 그룹 기능을 개발하고, 그룹을 형성하고, 협력적 문제해결에 참여하고, 적절한 종합으로 과정을 종료하고, 평가하고, 마무리 활동을 하는 협력 학습의 전 과정을 말해 준다.

이 포괄적 특성에 더하여 CPS 교수 이론의 다른 중요한 특성은, 학습자가 참여하는 문제해결 활동의 가장 강력한 유형인 자연스런 협력 과정에 기반한 유형을 지원한다는 것이다. 중요한 것은 학습자가 자신의 삶의 경험을 통해 직감적으로 개발하는 이러한 자연스런 효과적 협력 과정을 지원하고 주장하는 학습 환경을 가능한 정도까지 설계하는 것이다. 사실 부자연스러운 구조를 강요할 때는 상호작용과 학습의 흐름을 방해하고 효과적이고 효율적인 문제해결을 생략하게 된다.

학습자의 자연스러운 협력 과정을 극대화하는 것은 CPS 접근에서 강조하는 교육적 가치의 하나이다. 이 접근의 분명한 다른 가치들은 다음과 같다:

- 상황화되고 학습자 중심이며 통합되고 협력적인 학습 환경의 창출로 탈맥락적이고 고립되고 경쟁적인 것과 대비한다.
- 학습 내용, 학습 과정, 관련 학생들을 위한 학습 경험의 확실성, 소유의식, 관련성의 중요성을 존중한다.
- 학습자가 자신의 학습 과정에서 능동적으로 참여하며 학습하도록 한다.
- 비판적 사고와 문제해결력의 개발을 촉진한다.
- 다양한 관점에서 맥락을 탐구하고 분석하도록 격려한다.
- 학습을 위한 풍부한 사회적 맥락의 중요성을 인정한다.
- 학습자와 교수자 사이뿐만 아니라 학습자들 사이에 지원하고 존중하는 관계를 계발한다.
- 평생학습의 열망과 이를 지속하는 기능을 개발한다.

이러한 가치들은 CPS 교수이론의 적절한 방법과 지침의 틀을 만드는 기본이 된다. 이 지침은 소그룹 문제해결 과정, 협력 학습 이론, 협동과 문제기반 교수 이론의 연구 문헌을 종합하고 학습자, 교육자, 연구자로서의 실제 경험으로부터 개발되었다. 이 접근의 의도는 교수자와 학습자들이 비판적 사고, 창의성, 복잡한 문제해결을 일으키면서, 한편으로는 중요한 사회적 상호작용의 기능을 개발시키는 실제 학습 상황을 설계하고 참여할 때 사용할 수 있는 통합된 지침을 제공하는 것이다.

이 장에서 소개된 CPS 지침은 두 개의 일반적인 범주인 **포괄적인 지침**과 **과정 활동으로 나누어진다.** 포괄적인 지침은 기초가 되고 전체 과정을 통하여 적용된다. 이와는 대조적으로 과정 활동은 그룹의 문제해결 과정의 구체적인 단계에 제한된다. 지침의 두 유형이 지닌 의도는 학습자가 분명히 나타난 내용 지식과 기능을 학습하는 것뿐만이 아니라 문제해결 기능을 개발하도록 하는 풍부한 학습 경험을 제공하면서, 교수자와 학습자에게 협력적 문제해결에 총체적으로 접근하는 연주처럼 활동하도록 하는 것이다.

이 장은 CPS 접근이 사용되어야 하는 조건과 실행되어야 하는 방법을 논의함으로써 시작한 다음 CPS 교수 이론 자체를 설명하겠다.

2. CPS를 사용하는 조건

모든 교수 접근이 모든 학습 맥락에서 효과적이지는 않기 때문에 특정한 접근이 학습자의 요구, 교수자의 교수 유형, 학습 환경, 교수 목적 등과 **언제** 가장 가능하게 맞는지를 결정할 필요가 있다. 주어진 맥락에서 교수 접근이 **어떻게** 사용되어야 하는지를 결정하는 것도 중요하다. 전체 접근이 그 본래대로 유지되며 실행될 필요가 있는지 혹은 특정 부분이나 전략이 분리되어 사용될 수 있는지? 이 절은 CPS 접근이 가장 적합할 때와 가장 잘 실행되는 방법에 대한 조건을 고려하고 있다.

CPS 접근을 사용하는 시기

CPS를 사용할 때 학습자와 교수자의 특성에 더하여 내용의 종류와 학습 환경을 포함한 여러 조건이 고려되어야 한다.

내용의 특성.　CPS 접근은 절차적 과제와 반대되는 총체적인 과제에 가장 적합하다(Nelson & Reigeluth, 1997). 총체적인 과제는 과제를 성공적으로 완성하기 위해 여러 가지 방법이 혼합될 수 있는 지식과 기능의 복잡한 체제로 이루어진다(Reigeluth, 이 책의 제18장). 예를 들어, 심리학자

가 고객을 상담할 때 인간 행동의 넓은 범주의 원리에 대한 이해에 필요하여 끌어내는 지식과 기능의 유형은 다른 사람에게 있어서는 서로 다른 경우를 요구할 것이다. 대조적으로 절차적 과제는 자전거를 조립하는 것같이 일반적으로 더 변하지 않고 예측 가능한 형태를 갖는다.

CPS에 적합한 다른 학습유형은 총체적 과제에 더하여 개념적 이해와 인지 전략을 개발하는 것이다.[2] 개념적 이해의 개발은 새로운 지식을 위한 스키마를 개발하거나 기존 스키마에 그 내용을 동화시키는 것을 말한다. 인지 전략은 비판적 사고력, 학습 전략, 메타인지 기능 등을 포함한다. 이런 학습유형이 우선적으로 요구될 때 CPS는 매우 효과적인 교수 접근이 될 수 있다.

CPS 접근은 학습되는 내용이 암기할 필요가 있는 사실적 정보이거나 고정된 몇 개의 단계를 잘 성취하는 절차적 과제에는 보통 적합하지 않다. 이러한 조건에서는 CPS는 중요한 교수 시간을 낭비할 뿐만 아니라 매우 발달되고 검증된 절차가 이미 존재하고 직접 접근으로 더 효과적으로 가르쳐질 수 있는 절차를 학습 그룹에서 고안하려고 애쓸 때 학습자와 교수자 모두 좌절할 수 있다.

CPS는 어떤 질문에 대한 단일한 답이 없거나 어떤 일을 하는데 최고의 방법이 없을 때 가장 적합하며, 오히려 과제의 본성이 상황마다 상당히 다르거나 깊은 이해가 필요할 때 적합하다.

학습 환경.　CPS에 가장 효과적인 학습 환경은 협력, 실험, 탐구, 아이디어와 정보를 열어놓고 교환하도록 하는 환경에서 수행하는 것이다.[3] 학습

---

2) 이러한 세 종류의 학습은 산업시대 이론에서는 거의 언급되지 않았고 새로운 패러다임에서 일반적으로 언급되고 있다(특히 제14장, Pogrow와 제15장 Landa를 보라).

3) 이 또한 교수 이론의 새로운 패러다임에서 전형적이다(특히 제12장 Bielaczyc & Collins를 보라).

자는 자신의 의견을 내놓고, 새로운 아이디어를 탐구하고, 자신의 일에 다양한 접근을 시도하는 것을 자유롭게 느껴야 한다. 이런 협력적 분위기는 교수자뿐만 아니라 학습자 스스로에 의해서 촉진되고 보호될 필요가 있다.

학습 환경이 협력에 대해 내재적 가치를 반영하는 것이 중요하다. 이는 소그룹 작업을 지원하기 위해서는 교육과정을 재개념화하고 물리적 환경과 교실 분위기에 적응할 것을 요구한다. 적절한 시간, 공간, 자원이 사용가능해야만 한다. CPS는 학습자와 교수자 모두에게 매우 시간 집중적일 수 있다. 그룹이 만나서 프로젝트를 완성하는데 충분한 시간을 제공하도록 주의깊은 계획이 요구된다. 그룹 회의와 프로젝트 작업을 위해서 적절한 공간도 가능하도록 만들어져야 한다. 더 나아가 다양한 정보, 자료, 인적 자원 등이 학습자에게 상당히 이용 가능해야만 한다.

CPS는 잘 고안된 문제나 프로젝트 시나리오를 기반으로 하는 것이 중요하다. 시나리오는 수업 전에 교수자에 의해 완전히 설계된 것에서부터 일단 학습 경험이 시작되고 문제나 프로젝트의 변수가 결정되는 실제 세상의 잘 개념화되지 않은, 교수자 혹은 학생들이 규명한 것에 이르기까지 다양할 수 있다. 적합한 문제나 프로젝트 시나리오에 영향을 미치는 조건은 학습 내용의 유형, 각 과제에 할당된 시간, 실제 세상의 문제와 교과내용 전문가에의 접근 정도를 포함한다.

학습자 특성. CPS에서 학습하는 학습자 유형과 그 능력은 CPS 접근이 성공적으로 사용될 수 있을 때 영향을 미치는 또 다른 중요한 요인이다. 중요한 것은 CPS를 사용하여 학생들은 자신의 학습을 편안해 하고 기꺼이 책임지려 하는 자기 주도적 학생이거나 자기 주도적이 될 수 있다는 것이다.[4] 때로 교수자는 학습자에게 이러한 특성을 계발시

킬 필요가 있는데 특히 학습자의 경험이 우선적으로 전통적인 교육 접근일 때 그렇다. 그렇지 않으면 학습자는 학습자와 교수자에게 요구되는 새로운 역할을 매우 불편하게 느껴서 학습이 심각하게 방해받을 것이라고 생각하게 된다. 학습자들은 교수자가 진심으로 자신들에게 학습에 대한 권한을 허락하려는 것을 믿게 되어야 할 뿐만 아니라 이 권한을 받아들여야만 한다. 이런 대안적인 학생-교사 관계가 제시될 때,[5] 학습자는 이전의 상태를 유지하려고 하고 교수자는 모든 교실 활동을 지도하고 모든 필요한 정보와 자원을 제공하려는 책임을 갖기도 한다. 결과적으로 학습자는 때로 이 새로운 환경에서 어떻게 행동하는지에 대하여 어떤 새로운 역할과 기대와 책임이 요구되는지를 포함한 코칭이 필요하다.

이러한 역할의 변화는 학습자 특성과 교수자 특성이 어떻게 얽혀서 연결되어 있는지를 강조한다. 학습자가 더 자율적이 되면 교수자의 구조화는 덜 필요하다. 둘 다 더욱 열린 협력적 학습 환경을 창출하면서 전형적인 교실의 권한과 통제 구조에 있어서의 변화를 만드는 것에 편안해져야 한다.

교수자 특성. 위에 논의한 대로 교수자도 학생과 교수에 덜 직접적인 통제를 하며 편안해져야만 한다. 교수자는 학생들에 의한 자기 주도 학습을 격려하고 세세한 관리자로서보다는 촉진자로서의

---

4) 이는 역시 새로운 패러다임에서 전형적이다(특히 제13장 Corno & Randi를 보라).

5) 역할에서의 심각한 변화는 교수의 새 패러다임과 낡은 패러다임 사이의 주요 구분점이다. 이는 변화의 특성을 나타낸다. 또한 새로운 패러다임이 성공적으로 실행되기 위해서는 교사와 학생의 사고방식에서의 변화가 필요함을 강조한다. 교육에서의 체제적 변화의 모든 양상이 있다. 예로 Banathy, 1991을 보라(제1장의 참고문헌); Schlechty, P. C.(1990). *Schools for the 21st century: Leadership imperatives for educational reform.* Josey-Bass.

역할을 더 해야 한다. 이는 정확히 학습되어야 하는 것과 일어나야 할 방법에 있어서는 다소 모호하다고 할지라도 교수자가 유연하고 관대할 것을 요구한다. 교수자는 또한 필요한 대로 대규모 혹은 소규모 토론, 직접 교수, 능동적 학습, 적시 교수 등과 같은 넓은 범주의 교수 접근을 사용할 준비가 되어 있어야 한다.

CPS가 실행되어야 하는 방법

CPS 교수 이론은 아래 요약되는 것처럼 포괄적인 본성 때문에 협력적 문제해결 과정이 완전하고 일치하도록 하기 위해 전체적으로 실행되어야만 한다. 그렇지 않으면 이 이론은 설계되는 것을 위한 협력과 문제해결에 있어서 풍부하고 완전한 경험을 제공하지 못할 수도 있다. 그러나 이론 안에는 유연성이 있어서 다양한 학습 상황에 적응할 수 있다.[6] 예를 들면, 사용되는 문제나 프로젝트의 유형, 교사가 제공하는 지원의 수준, 학습 그룹의 구성 등을 주어진 학습 맥락에서의 독특한 요구에 개별적으로 모두 맞출 수 있다.

3. 협력적 문제해결을 위한 교수 이론

이 교수 이론은 협력적 문제해결을 하는 동안 사용되는 지침과 교수 전략을 제시하고 그 조직화를 설명하고 있다. 앞서 언급한 것처럼 지침은 두 개인 일반적인 범주로 나누어진다. 이는 (1) 모든 과정에 적용되고 과정을 지원하는 **포괄적인 지침**, (2) 과정의 구체적인 단계에서 사용되는 **과정 활동**이

---

6) 유연성은 새로운 패러다임의 많은 이론에서 공통된 특성이다(특히 제9장 Schwartz, Lin, Brophy & Bransford, 제13장 Corno & Randi를 보라).

다. 이론이 개발되면서 그 과정을 전체로서 가장 잘 말해 주는 지침은 협력 학습과 문제기반학습 접근으로부터 종합되었다. 대조적으로 실제 교수 사태 동안 사용되는 과정 활동은 그룹 문제해결 과정에 대한 연구로부터 만들어졌다. 포괄적인 지침과 과정 활동이 합일하여 사용될 때 자연스럽게 효율적인 "전문가" 협력 학습 환경을 지원하는 일관된 교수 접근을 제공한다. 다음은 포괄적인 지침과 과정 활동에 대한 설명이다.

4. 포괄적 지침

포괄적 지침은 교수자와 학습자가 수업하는 동안 일어나는 사고방식을 수집하여 형성되었다. 이 방법을 특성 짓는 기본 가정은 학습 환경은 협동적이고 협력적이며 교수자와 학습자는 문제해결이나 프로젝트의 완성을 이끌 뿐만이 아니라 문제해결, 비판적 사고, 팀구축 기능을 개발하도록 하는 활동에 참여한다는 것이다.

설명을 발전시키기 위해서 이 포괄적 지침은 그 일반성과 교수적 의도를 반영하는 범주로 나뉘어져 왔다. 처음 세 개의 범주는 교수자, 학습자, 혹은 교수자와 학습자 중 누가 그 방법을 실행하느냐와 관련된다. 네 번째 범주는 학습 그룹에서 일어나야 하는 상호작용의 유형을 위한 기본틀을 제공하도록 하는 방법을 다룬다. 이 상호작용 방법은 이러한 학습유형에 참여하는 데 있어 매우 중요한 협력적 사고방식에도 기여한다.

포괄적인 지침이 범주로 나뉘어져 있다 하여도 지침들은 서로 관련되고 반복되고 역동적인 방식으로 서로 상호작용하고 강조되어야 하는 과정 활동들과도 상호작용한다. 과정이 어떤 시기에든 몇 개의 지침은 사용될 수 있으며, 사용되도록 권장해야 한다.

표 11.1   포괄적 지침의 유형

교수자 실행 방법	• 지식의 배분자보다는 자원과 튜터나 촉진자로서 행동한다(Barrows, 1996; Bridges, 1992; Stinson & Milter, 1996). • 학습자가 다양한 소그룹에서 충분한 시간을 갖고 일할 수 있는 학습 환경을 창출한다(Barrows, 1996). • 학습자가 중요한 내용과 학습 과정 측면에 집중하게 하는 질문을 형성한다(Barrows, 1996; Savery & Duffy, 1995). • 학습자가 요청할 때 적시 수업을 제공한다(Johnson & Johnson, 1994).
학습자 실행 방법	• 획득된 지식과 자원이 어떻게 문제해결에 사용되는지를 결정한다(Bridges, 1992; Sharan & Sharan, 1994). • 프로젝트 활동에서 보내는 개별 및 그룹 시간을 결정하고 설명한다(Barrows, 1996; Bridges, 1992; Savery & Duffy, 1995).
교수자와 학습자 실행 방법	• 학습 이슈와 목표를 결정하기 위해 협력한다(Bridges, 1992). • 그룹 진행 회의를 한다. • 필요한 자원을 수집한다(Bridges, 1992; Stinson & Milter, 1996; West, 1992). • 학습자를 다양한 방법으로 평가한다(Bridges, 1992; Johnson & Johnson, 1994) • 그룹 및 개별에 대한 평가와 점수를 제공한다(Bridges, 1992).
상호작용 방법	• 적절한 사회성 기능을 학습하고 목적을 가지고 사용한다(Johnson & Johnson, 1994; Kagan & Kagan, 1994). • 팀구축 활동에 참여시킨다(Kagan & Kagan, 1994). • 조사, 상호작용, 해석, 내재적 동기의 생각을 증진시킨다(Sharan & Sharan, 1994). • 동등한 참여를 확인한다(Kagan & Kagan, 1994). • 동기적 상호작용을 격려한다(Kagan & Kagan, 1994: Slavin, 1995). • 긍정적 상호의존성을 증진시킨다(Johnson & Johnson, 1994; Kagan & Kagan, 1994). • 면대면 증진 상호작용을 격려한다(Johnson & Johnson, 1994).

표 11.1은 포괄적 지침의 개요를 제시하고 있다. 앞서 진술한 대로 많은 지침들은 문제기반 학습과 협력학습의 다양한 접근으로부터 도출되었고, 특정한 접근에 따른 독특한 지침을 위한 참고문헌이 포함되어 있다. 표 11.1 다음에는 각 지침에 대한 자세한 설명이 나온다.

교수자 실행 방법

협력 환경에서 가르치는 것은 전통적인 접근과 상당히 다르며, 교사는 자신의 역할을 재개념화하기 위해 아래 설명된 방법을 사용할 수 있다.

지식의 배분자보다는 자원과 튜토/촉진자로서 행동하라(Barrows, 1996; Bridges, 1992; Stinson & Milter, 1996). 교수자가 튜터나 촉진자의 역할을 할 때 교실 내 분위기와 권한 구조는 많은 면에서 놀랍게 변한다. 가장 심한 변화는 학습 관리에 대한 일차적 책임이 학생으로 이전하는 것이다.[7] 학생들은 자신이 필요한 정보와 자원과 이를 획득하는 방법을 결정하고, 교사는 필요한 안내와 피드백, 기능 개발을 제공할 수 있다.

학생이 다양한 소그룹에서 충분한 시간을 갖고 일할 수 있는 학습 환경을 창출하라(Barrows, 1996).

---

7) 이 변화는 학습자의 준비도, 자기 규제학습 능력에 따라서 단계적으로 일어나기도 한다(제13장 Corno & Randi를 보라). 자기 규제적 학습자를 개발하는 초점은 평생학습자를 개발하는 것으로 특성지을 수 있으며, 새로운 패러다임의 대부분 이론에서도 공통된다.

각 그룹에 허용되는 시간이 너무 짧으면, 학습자의 기대는 피상적이 되기도 하고 내용을 깊게 학습하지 못하거나 그룹의 문제해결 과정의 전체 영향을 경험하지 못하게 된다.[8] 며칠만에 완성하도록 하는 짧은 과제나 프로젝트는 시작하여 몇 주가 걸리는 경험의 복잡함 속에서 목적을 구축하는 것이 적합하다.

학습자가 중요한 내용과 학습 과정 측면에 집중하게 하는 질문을 형성하라(Barrows, 1996; Savery & Duffy, 1995). 이는 교수자가 학생의 학습을 통제하지 않고 학생의 학습을 촉진시킬 수 있는 유일한 방법이다. 교수자는 인지적 코치의 역할을 하여 학생들이 내용의 가장 중요한 측면에 집중하도록 하는 질문을 탐구하게 하고 학생들이 어떤 측면을 더 깊이 조사하거나 문제에의 접근을 재고하도록 한다.

학습자가 요청할 때 적시 수업을 제공하라(Johnson & Johnson, 1994). 학생들이 문제해결이나 프로젝트 개발에서 진행을 보일 때에도 그들은 작업을 완수하는데 필요한 지식이나 기능을 가지고 있지 않음을 발견하곤 한다. 구체적인 결함이 확인되면 교수자는 미니워크숍, 데모 또는 학생들이 필요로 하는 지식이나 기능을 획득하도록 하는 강의 등의 형태로 적시 수업을 제공할 수 있다.[9] 이러한 결함은 예측될 수도 있는데, 이때 학습 활동은 미리 준비되어 전체 학급이나 특정 그룹에 필요한 대로 전달될 수 있다.

학습자 실행 방법

교수자의 안내로 학습자는 스스로 그룹을 형성하고 그룹 활동을 관리하는 것을 보조하는 방법들을 사용한다. 적절하다면 이러한 방법은 학습자에 의해 직접 실행되어야 한다.

획득된 지식과 자원이 어떻게 문제해결에 사용되는지를 결정하라(Bridges, 1992; Sharan & Sharan, 1994). 각 그룹이 문제해결 작업을 시작할 때 그룹이 사용할 다양한 정보와 자원이 수집될 필요가 있다. 어떻게 정보와 자원을 사용할지는 그룹에 의해 판단되어야 한다. 이 복잡한 문제해결 경험은 학습자가 그들이 발견한 다양한 자원을 평가하고 다음의 작업에 관련된 것은 무엇인지, 어떻게 사용할 것인지를 결정한다.[10]

프로젝트 활동에서 보내는 개별 및 그룹 시간을 결정하고 설명하라(Barrows, 1996; Bridges, 1992; Savery & Duffy, 1995). 각 그룹은 그들이 스스로 확인한 과제를 수행하는데 어떻게 하면 시간을 가장 잘 사용할지를 판단하도록 해야 한다. 학생들은 또한 개별 및 그룹의 공헌을 설명할 필요가 있다. 이는 그룹의 각 개인이 정규적으로 무엇을 했는지, 그룹의 다른 구성원이 무엇을 공헌하고 있다고 보는지, 프로젝트 작업과 그룹 과정이 어떻게 되어가고 있는지 등을 보고하도록 함으로써 이루어질 수 있다. 이는 각 그룹 구성원이 책임을 지도록 하고, 교수자에게는 문제를 일찍 확인하고 조정할 수 있게 해 준다.

교수자와 학습자 실행 방법

이러한 방법은 교수자와 학습자가 화합하여 일할 때 협력적으로 실행하게 된다. 교수자가 얼마나

---

8) 깊이 있는 연구를 위한 시간은 새로운 패러다임의 많은 이론에서 강조된다(특히 제4장 Gardner와 제5장 Perkins & Unger를 보라).

9) 학습을 위한 이러한 지원은 매우 구조화된 것에서부터 제3장, 53쪽에서 논의된 매우 비구조화된 것까지 어느 부분에서도 설계될 수 있다.

---

10) 어떤 다른 이론이 이 방법을 제안했는가?

많은 안내를 제공하고 학습자에게 얼마나 많은 자유가 부여되는지는 교수자가 편안해 하는 정도와 학습자가 스스로 자신의 학습을 주도하는 능력에 따라 다를 것이다.[11]

학습 이슈와 목표를 결정하기 위해 협력하라(Bridges, 1992). 이 과정에서 먼저 교수자와 학습자는 어떤 학습 이슈를 탐구할 것이고 학습 경험을 위해 어떤 목적과 목표를 선택해야 할지를 함께 결정해야 한다. 교수자에 의해 얼마나 결정되고 학습자에 의해 얼마나 결정되는가는 연속선의 한 끝에서 교수자가 대부분 하는 결정과 다른 끝에서 학습자가 대부분 결정하는 정도에 달려 있다. 학습자가 학습 이슈와 목적을 결정하도록 하는 정도는 학습자가 과제와 그들의 작업에 대하여 느끼게 되는 소유의식과 관련성에 직접 영향을 미친다.[12] 가능하면 학습자가 이 과정에 전적으로 참여하도록 한다.

그룹 진행 회의를 하라. 전체 CPS 학습 과정을 통해 교수자와 함께 하는 각 그룹 회의가 정규적으로 열려야 한다. 회의는 그룹이나 교수자에 의해서 필요한 대로 제기될 수 있다. 회의중에 그룹은 그들의 진행, 질문, 문제 등을 논의할 수 있다. 이러한 방법으로 교수자는 진행을 파악하면서 각 그룹에 맞는 피드백을 제공할 수 있다.

그룹 회의와 더불어 교수자는 개별적인 기반에서 학생의 문제나 관심을 논의할 수 있는 준비가 되어 있어야 한다. 학습자가 더 나은 기능을 개발하도록 보조하기 위해서는 개인간 그리고 일과 관계된 문제를 통하여 그룹 내에서 직접 작업하도록 하는 지침이 제공되어야 한다. 교수자는 그룹을 구분하거나 나누지 않도록 주의하고 교수자의 협상에 전체적으로 의존하지 않도록 주의할 필요가 있다.

필요한 자원을 수집하라(Bridges, 1992; Stinson & Milter, 1996; West, 1992). 위에 설명한 대로 지식과 정보의 많은 유형은 문제나 프로젝트를 통해 그룹 작업으로 수집되어야 한다. 교수자와 학습자는 필요한 자원을 확인하고 획득하는데 함께 일해야 한다. 또한 그룹은 서로 그들이 얻은 자원과 정보를 공유하도록 해야 한다. 수집은 그룹내와 그룹간에서 모두 일어나야 하며, 그룹내와 그룹간의 협력은 이러한 학습 경험 유형의 특징이어야 한다.

학습자를 다양한 방법으로 평가하라(Bridges, 1992; Johnson & Johnson, 1994). 학습자의 평가는 전체 학습 경험을 통해 다양한 형태로 공식, 비공식적으로 일어나야 한다. 이러한 형태에는 비공식적인 대화와 교수자에 의한 그룹 내의 회의, 작업시 그룹의 관찰, 학생의 개별 진행 보고서의 평가, 각 그룹의 형성 평가와 유용성 시험 보고서 등이 포함된다. 학습자는 또한 계속해서 자신의 산출 결과와 과정을 성찰하고 평가해야 한다. 다음으로 교수자와 학습자가 함께 원래의 문제나 프로젝트 시나리오에 맞추어 산출의 질과 그 효과성에 대하여 평가하고 논의할 때 최종 산물의 공식 평가가 모두에 의해서 이루어져야 한다.[13]

그룹 및 개별에 대한 평가와 점수를 제공하라(Bridges, 1992). 최종 점수는 그룹 프로젝트와 개별 공헌에 대한 평가가 합해져야 한다. 이는 최종 점수에는 주간 진행 보고서나 모아진 개별 성찰 노트 같이 프로젝트 동안 만들어진 개별 산출의

---

11) 이는 제1장, 7쪽에서 논의된 상황성에 의해 지배되는 대안적인 방법을 선정하는 경우이다. 그러한 변화성이 이를 교수 모형이라기보다는 교수 이론으로 규명하게 한다.

12) 이는 서술적 원리나 독자가 이 문장에서 제공된 지침(설계 원리)을 위한 합리적 이유를 이해하도록 해 준다. 이는 서술적 이론을 설계 이론에 넣는 것이 도움이 되기도 한다.

---

13) 새로운 패러다임에서 다양성과 다원성은 교수를 위한 만큼 평가를 위해서도 중요하다.

평가를 반영하도록 함으로써 이루어질 수 있다. 최종 점수에는 또한 동료 그룹 구성원에 의한 개별 평가와 프로젝트 과정과 그룹 과정에 구체적으로 공헌한 자기 평가를 반영해야 한다.

상호작용 방법

이러한 방법은 CPS 동안 일어나는 상호작용을 위한 지침을 제공한다. 상호작용과 과정은 교수와 학습이 일어나는 맥락에서 제공되기 때문에 매우 중요하다. 이 지침은 (1) 교수자가 학습자의 작업을 지원하고 일어나는 문제와 관심을 다루는 것을 보조하고, (2) 학습자가 권한을 가지고 의미 있고 효과적인 협력 과정에 참여하여 내용을 학습하고 더 나은 그룹 문제해결 능력을 개발하도록 보조해야만 한다.[14]

지도력, 의사 결정, 신뢰 구축, 커뮤니케이션, 분쟁 관리와 같은 적절한 사회성 기능을 학습하고 목적을 가지고 사용하라(Johnson & Johnson, 1994; Kagan & Kagan, 1994). 사회성 기능은 효과적인 그룹 과정의 기반으로 이 부분이 부족하면 팀에 재앙을 가져올 수 있다. 따라서 교수자가 학습자의 경험 정도와 능력에 적합한 사회성 기능에 관한 교수와 자원을 제공하는 것이 중요하다.

팀구축 활동에 참여하라(Kagan & Kagan, 1994). 팀구축 활동은 협력 기능과 그룹 정체성을 개발하도록 돕는다. 교수자는 새 그룹이 신뢰와 일치를 구축하도록 일련의 짧은 활동을 설계해야만 한다. 이 활동은 실마리를 풀기, 서로 상호작용하도록 시간을 미리 만들기, 그룹 구성원이 협력적 퍼즐이나 게임, 그룹 참여와 협력을 격려하도록 구성

된 활동(예, 매듭 만들기 과정) 등이 포함된다.

조사, 상호작용, 해석, 내재적 동기의 생각을 증진시켜라(Sharan & Sharan, 1994). 이 세 가지 개념은 CPS에 필요한 학습 환경을 구성하는 가장 중요한 요소들을 다룬다. 조사는 학습자와 교수자가 "탐구자의 공동체"라고 보는 교실 분위기를 창출한다(Thelen, 1981). 이 사고방식은 CPS에서 중요하다. 이 접근의 일차적 목적은 스스로를 가설을 검증하는 조사자로 보게 하는데, 가능성 있는 해결안을 탐구하고 계획을 세우며, 필요한 정보, 자원, 기능을 획득하고, 견고한 해결안과 학습자 스스로 확인한 원래의 학습 이슈를 적절하게 설명해 주는 강력한 산출물을 형성하는 것이다.

상호작용은 협력이 이 이론의 특징인 점에 있어서 핵심이 된다. 학습자는 문제해결 그룹에 참여할 때 서로 자유롭게 상호작용할 수 있도록 지원하는 사회성 맥락을 필요로 한다. 상호작용을 통해서 학습자는 작업을 성취하고 중요한 사회적 비판적 사고력을 연마한다.

학습자는 또한 수집하는 정보의 다양한 유형과 자원을 맞게 **해석**하고 평가하는 능력을 개발할 필요가 있다. 학습자는 학습하는 것의 의미를 형성할 수 있어야 하며, 이것이 어떻게 학습 목적과 프로젝트 작업에 맞는지를 이해할 필요가 있다. 학습자는 자신이 발견한 것을 해결안이나 프로젝트에 통합하기 시작할 때 이를 조직하고 분석하고 종합하기 위한 기회를 많이 가져야 한다.

또한 협력적 문제해결은 학습자에게 **내재적 동기**를[15] 구축하는 경험을 제공할 것이라고 기대한다. 이는 학습자가 학습에 대하여 느끼는 관련성과 소유의식을 구축함으로써 증진되기도 한다. 무엇보다 학생이 평생 학습자가 되려는 태도와 능력을 키우는 것이 중요하다.

---

14) 이 절에 나오는 대부분은 제4장에서 논의된 것과 같은 중요한 정의적 요소이다. 이는 정의적, 인지적 영역의 매우 통합된 특성을 설명하고 있다.

---

15) 이는 새로운 패러다임 이론에서 일관된 관심이다.

문제해결 과제에 열중하는 다중적 능동적 참여자가 있는 동기적 상호작용을 격려하라(Kagan & Kagan, 1994). 이는 CPS의 핵심이다. 각 그룹 구성원이 프로젝트에 중요한 과제에 책임을 질 때, 그리고 그룹이 성공하기 위해 조화롭게 일할 때야만 성취된다. 이러한 상호작용은 많은 비판적 사고와 문제해결력의 개발을 증진시키고 일치된 팀으로 작업하는데 풍부한 경험을 제공한다.

동등한 참여를 확인하여 학습자가 공헌할 기회를 갖도록 하라(Kagan & Kagan, 1994; Slavin, 1995). 소그룹이 종종 갖는 문제는 한 명 이상의 학생이 그룹을 지배하기 시작하여 결정의 결과와 그룹 구성원을 위한 일의 분배를 통제할 수 있다는 것이다. 이는 그룹 안에 자리잡아야 하는 진정한 협력 정신을 파괴한다. 따라서 교수자가 학습자와 함께 불균형성에 대하여 직접 이야기하고 학생들이 처음 그룹으로 형성될 때 일어나게 될 문제를 다루는 방법을 논의하도록 그룹을 격려하는 것이 중요하다. 교수자는 그룹의 상호작용을 모니터하고 이 부분에서 어려워하는 그룹이나 개인을 보조해야 한다. 이 목적은 각 그룹 구성원이 아이디어를 나누고 수용과 존중의 분위기 가운데 공헌하는 환경을 촉진시키는 데 있다.

긍정적 상호의존성을 증진시켜 그룹이 성공하지 않으면 개인이 성공할 수 없는 방법으로 각 그룹 구성원을 다른 구성원과 긍정적으로 연결되도록 하라(Johnson & Johnson, 1994; Kagan & Kagan, 1994). 그룹 구성원이 다른 구성원과 긍정적인 상호의존성을 느낄 때, 이들은 개인적인 이득을 위해 경쟁적이 되기보다는 그룹의 발전을 위해 더 협력적으로 일하려고 한다. 교수자는 학습자의 개별적인 성공은 일차적으로 그룹의 성공에 근거한다는 것을 분명히 말함으로써 긍정적인 상호의존성을 증진시킬 수 있다. 학습자는 협력하여 일하고 전제적인 성공과 실패를 통한 경험을 할 때 곧 이를 직감적으로 이해하기 시작한다.

학생들이 학습하려는 서로의 노력을 칭찬하고 격려하고 도와 주고 지원함으로써, 서로의 성공을 촉진하도록 하는 면대면 증진 상호작용을 격려하라(Johnson & Johnson, 1994). 그룹 구성원은 상호의존성을 깨달아야 할 뿐만 아니라 실제로 서로의 성공을 촉진시킬 필요가 있다. 이는 팀 동료의 노력이 성공하는 것에 진실로 관심을 갖고, 격려하고 서로를 돕고 보조하려는 의지를 통하여 나타난다.[16)]

작업을 공유하는 책임을 가질 때 개별적 책임감을 요구하라(Johnson & Johnson, 1994; Kagan & Kagan, 1994; Slavin, 1995). 개별적인 책임은 각 그룹 구성원이 만드는 공헌에 대한 형평성을 유지하는 데 있어서 중요하다. 앞서 설명하였듯이 이는 교수자에게 작성된 보고서를 통해 외적으로 형성될 수 있다. 그러나 책임감이란 각 학습자가 정직하게 작업의 공정한 몫을 공헌해야 하는 것처럼 각 개별 작업에 내재된 질로 존재해야만 한다. 다시 말하자면 책임감은 교수자가 직접 격려하고 학습자가 기대해야만 만들어진다.

이제까지 포괄적 지침이 논의되었으며(표 11.1의 요약 참조), 다음 절에서는 일차적인 학습 활동을 안내하는 과정 활동을 설명하겠다. 이는 관련된 교수 지침에 따라서 학습자가 참여하는 협력적 문제해결 과정의 각 단계에 대한 개요와 논의를 포함할 것이다.

5. 과정 활동

전체 학습 사태에서 사용되는 포괄적 지침과는 대조적으로 과정 활동은 학습 사태 동안의 특정 단

---

16) 이는 교수이론의 산업시대 패러다임과 새로운 패러다임을 구별하는 주요 특성이다.

계와 과정에 적용되는 교수 전략과 방법이다. 이 지침의 목적은 해결안이나 프로젝트에서 협력시 참여해야 하는 활동 유형에 대하여 일반적인 청사진을 학습 그룹에 제공하는 것이다. 학습 활동은 여러 주 동안 때로 반복적으로 혹은 동시적으로 일어나게 된다.

과정 활동의 지침은 가능한 많이 자연스럽게 효과적인 문제해결 과정을 지원하기 위해 개발되었다. 이는 기본적으로는 그룹 상호작용과 학습을 위한 가장 좋은 사례에 대한 연구와 이론에 기초한다. 그 결과 협력적 문제해결과 관련된 과정 활동을 설명하는 통합적 교수이론이 도출되었다. 표 11.2는 이들 아홉 가지 과정 활동과 관련된 지침의 개요이다. 다음에 각 구체적인 지침을 자세히 설명하겠다.

전체적으로 각 주요 단계는 반복적이고 유연한 양상으로 다른 모든 사람들과 상호작용하도록 설계되어 있다. 이는 단계에 고유한 순서가 있으면서도 조건은 앞의 단계를 반복하는 교수자나 학습자가 필요로 하는 학습 사태 동안에 일어나기 쉽게 하고 있다. 예를 들어 그룹이 소유의식이나 프로젝트를 작업할 때 초기 과제에 대한 그룹의 공통된 이해를 협상하고 재설정하자는 필요성이 생길 수도 있다. 단계들은 동시에 일어날 수도 있는데, 예를 들어 우선적인 협력적 문제해결 과정 동안 일을 전개시키고 진행을 보고하고 그룹간 협력에 참여하는 데에 몰두하는 활동들이 보통 동시에 일어난다. 가장 중요한 원리는 이 과정이 역동적이고 유연하다는 것이다. 각 학습 경험은 학습자의 요구에 기초하여 학습되는 교수 내용 및 기능과 마찬가지로 맞춤식이 될 필요가 있다. 과정 활동의 교수 지침은 다음과 같이 설명된다.

1. 교수자와 학습자는 협력적 그룹 작업에 참여하기 위해 준비한다.

교수자는 교수 학습 과정의 유형에 관련된 기본 아이디어와 가치의 개관으로 시작한다(Johnson & Johnson, 1994; Stinson & Milter, 1996). 이는 이 과정이 얼마나 가치 있는 활동이 될 수 있는지와 학습자가 그룹에서 기대하는 것이 무엇인지를 개관하고, 그들과 그들의 산출이 어떻게 평가되는지를 논의하면서 그룹 작업의 이점과 위험을 언급해야만 한다. 그리고 교수자는 학생들이 질문하고 과정에 대한 관심을 토론하도록 해야 한다. 교수자가 이러한 관심에 적절히 대응하면서, 학습자에게 교수나 자원을 제공함으로써 반응하는 것이 중요하다. 이 단계의 일차적 목적은 학습자가 어디에 참여하는지, 그리고 왜 참여하는지를 이해하도록 하는 것이다.

다음은 실제 문제나 프로젝트 시나리오를 개발하여 교수와 학습 활동에 연결시킨다(Barrows, 1996; Savery & Duffy, 1995: Stinson & Milter, 1996). 이는 적합하다면 학생들과 함께 협력해서 이루어질 수 있다. 과제를 형성하는데 포함되는 학습자의 개입 정도를 결정하는 데 있어 고려사항은 학습자의 연령과 능력, 시간 제약, 교수 목적, 코스나 교실 구조 등을 포함한다. 이러한 의도는 학습자가 일하게 될 문제나 프로젝트의 윤곽을 주는 시나리오를 만들어 내는 것이다. 수업은 시나리오가 얼마나 구조화될 수 있는가의 연속선상에 놓여 있다. 한쪽은 수업이 시작되기 전에 과제가 교사에 의해 매우 구조화될 수 있고, 다른 한쪽은 학습자가 수업의 시작에서 확인된 학습 이슈와 목표를 기반으로 자신이 작업할 실생활의 문제를 규명하기도 한다. 이 활동의 일차적 목적은 시나리오를 개발하거나 학습자를 위해 적절한 수준의 복잡성을 가진 실제적인 문제를

표 11.2   과정 활동의 개요

과정 활동 단계	과정 활동 지침
1. 준비시키기	• 협력적 문제해결 과정을 개관하라(Johnson & Johnson, 1994; Stinson & Milter, 1996). • 실제 문제나 프로젝트 시나리오를 개발하여 교수와 학습 활동에 연결시켜라(Barrows, 1996; Savery & Duffy, 1995: Stinson & Milter, 1996). • 그룹 과정 기능에서의 수업과 실습을 제공하라(Johnson & Johnson, 1997; Kagan & Kagan, 1994).
2. 그룹을 형성하고 규칙 만들기	• 소규모 이질 작업 그룹을 형성하라(Bridges, 1992; Johnson & Johnson, 1997; Slavin, 1995). • 그룹이 운영될 지침을 세우도록 격려하라.
3. 우선적인 문제 정의를 결정하기	• 문제에 대한 공통된 이해를 협의하라(Barrows & Tamblyn, 1980; Schmidt, 1989). • 학습 이슈와 목적을 확인하라(Barrows & Tamblyn, 1980; Bridges, 1992). • 우선적인 해결안이나 프로젝트 계획을 브레인스토밍하라(Bransford & Stein, 1993). • 초기 설계 계획을 선정하고 개발하라. • 필요한 자원의 출처를 확인하라(Bridges, 1992; Stinson & Milter, 1996). • 설계 계획을 타당화할 우선적인 정보를 수집하라.
4. 역할을 결정하고 배정하기	• 설계 계획을 완성하는 데 필요한 주요 역할을 확인하라(Bridges, 1992; Johnson & Johnson, 1997; West, 1992). • 역할 배정에 대하여 협의하라(West, 1992).
5. 상호작용하는 협력적 문제해결 과정에 참여하기	• 설계 계획을 다듬고 개발하라. • 과제를 확인하고 배정하라. • 필요한 정보, 자원, 전문성을 획득하라(Schmidt, 1989). • 필요한 추가 자원과 기능을 획득하기 위해 교수자와 협력하라(West, 1992). • 획득된 정보, 자원, 전문성을 다른 그룹 구성원들에게 보급하라(Barrows & Tamblyn, 1980; Sharan & Sharan, 1994; West, 1992). • 해결안이나 프로젝트 개발 작업에 참여하라(West, 1992). • 개별적 공헌 및 그룹 활동에 대해 정기적으로 보고하라. • 상호그룹 협력과 평가에 참여하라. • 해결안이나 프로젝트의 형성평가를 실시하라(Schmidt, 1989).
6. 해결안이나 프로젝트를 종료하기	• 해결안이나 프로젝트 보고서의 초안을 작성하라. • 해결안이나 프로젝트의 최종 평가나 유용성 테스트를 실시하라. • 해결안이나 프로젝트의 최종안을 수정하고 완성하라.
7. 종합하고 반영하기	• 학습의 이득을 규명하라(Barrows & Tamblyn, 1980; Bransford & Stein, 1993; West, 1992). • 과정에 대한 경험과 느낌을 보고하라(Johnson & Johnson, 1994). • 그룹 및 개별 학습 과정을 성찰하라(Barrows & Tamblyn, 1980; Johnson & Johnson, 1994; Savery & Duffy, 1995).
8. 산출과 과정을 평가하기	• 창출된 산물과 산출품을 평가하라(Bridges, 1992). • 사용된 과정을 평가하라(Bridges, 1992).
9. **Provide closure**	• 마무리 활동을 통해 그룹의 폐회를 공식화하라.

발견하는 것이다.[17] 프로그램이나 프로젝트 시나리오를 개발하는 일반적인 지침은 다음과 같다.

- 비판적 사고와 문제해결 능력을 개발할 수 있도록 유도하는 잘 정의되지 않고 적절히 복잡한 문제를 개발하라.
- 사용자에게 실제적이고 관련된 이슈와 문제를 통합하도록 하라.
- 공부 영역에서의 전문적 실습을 요약하는 문제를 만들어라.
- 중요하고 시사적인 문제를 말해 주는 새로운 문제를 사용하라.

준비를 시키는 데 있어서 다른 중요한 활동은 학습자가 성공적인 학습 그룹을 위해 중요한 능력을 확인하고 개발하는 것이다. 학습자는 교수자의 안내 하에 그룹구축이나 팀구축 활동에 참여해야 한다(Johnson & Johnson, 1994; Kagan & Kagan, 1997). 이는 교수자가 이끄는 워크숍을 제공하거나 자가 학습 자료를 학습자에게 배포함으로써 이루어질 수 있다. 일차적 목적은 개인간의 상호작용, 그룹 지도력, 과정 관리, 상호의존성, 합의 구축과 같은 능력을 수립하는 것이다. 이러한 기능의 개발이 이미 상당히 높은 수준에 있지 않는 한, 학습자가 첫 번째 프로젝트를 위한 일차 그룹에 가기 전에 임시 그룹에서 이러한 기능을 실습할 시간이 있어야 한다.

2. 교수자나 학습자는 소규모 이질 작업 그룹을 형성하고 그룹이 규칙을 만드는 과정에 참여한다.

이러한 그룹을 형성하는 것은 협력적 문제해결 경험

17) 이 교수 결정은 이 장 전체의 지침의 가치로부터 혜택을 받는 어려운 결정이다.

의 성공과 관련된 가장 중요한 활동이다(Bridges, 1992; Slavin, 1995). 적어도 세 명에서 여섯 명이 넘지 않는 작은 학습 그룹이 가장 효과적인 것으로 나타났다(Johnson & Johnson, 1997; Putnam, 1997). 그 이하인 그룹은 그룹 회의를 관리하고 각 그룹 구성원이 최대 참여를 하도록 하기에는 너무 적다. 프로젝트를 위한 그룹은 3명에서 4명으로 구성될 때 가장 적합하며, 의사결정을 위한 그룹은 다소 많을 수도 있다(Bruffee, 1993).

그룹의 구성도 중요하다. 학생들이 이질 집단일 때 더 많은 경험이 제공된다. 그룹 형성의 기준은 성별, 인종, 관련된 사전 지식이나 기능, 팀에서 일해 본 이전 경험 등을 포함한다. 가능하면 학생들은 교수자가 준 기준에 따라서 그들 스스로 팀을 구성하도록 허락되어야 한다. 예를 들어 일련의 그룹 형성 기준은 남녀가 모두 포함되거나, 적어도 한 사람은 국제학생이거나 모국어가 다른 학생(적용되는 경우)이거나, 팀에서 각 사람은 적어도 아직 알지 못하는 사람과 일하게 하는 것이다. 이러한 지침의 유형은 오직 가장 힘 있는 학생 서클이나 "권력" 있는 팀이 반복하여 형성되는 것을 방지하도록 도와 준다. 이러한 문제가 발생할 것 같으면, 교수자는 학생들로부터 수집한 정보를 기반으로 그룹을 형성해도 된다.

위에 제시된 기준과 관련해서 팀은 이질집단이지만 일반적으로는 동질집단이기도 해야 하는 특성도 있다. 성인 연령이 아닌 학습자는 같은 일반적 연령이고, 학습자 구성원은 학습 능력과 정교함에서 서로 경쟁할 만한 수준을 가지고 있어야 한다. 그 뜻은 토픽에 대한 공통된 관심을 공유해야 한다. 이 뜻은 학습자가 너무 달라서 유사한 관심과 학습 능력을 공유하지 않으면 안 된다는 것이다. 때로 이러한 척도는 자연스럽게 학년과 같은 공교육의 구조에서 나온다.

그룹이 형성되면 규칙을 만드는 과정이 일어나

야 하는데 그룹 정체성과 그들 자신이 운영되는 지침에 대한 동의를 개발하는 것이다. 이러한 지침은 그룹 상호작용을 위한 기본 규칙, 일의 분배 및 합의에 이르는 절차 등을 포함한다. 일반적으로 그룹이 때로 첨예한 사항에 대한 규칙을 만드는 과정에서 협상할 때 그룹 촉진을 위해 교수자는 도움을 줄 수 있어야 한다.

3. 그룹은 그들이 작업할 문제를 결정하기 위해서 우선적인 과정에 참여한다.

그룹이 형성되고 규칙이 만들어진 후 스스로를 위해 앞에 놓인 과제를 결정하기 시작할 필요가 있다. 우선 그룹은 과제의 공통된 이해에 대하여 협의한다(Barrows & Tamblyn, 1980; Schmidt, 1989). 이는 그룹의 각 사람이 초기에 문제나 프로젝트 시나리오에 대하여 접근하는 아이디어에 따라서 다소 다른 해석을 가질 수 있기 때문에 중요하다. 이 과제 결정 과정은 CPS의 중요한 단계이다. 그러나 이 과정은 간과되거나 밀려나기 쉽다. 그렇게 되면 각 구성원은 과제에 대한 서로 다른 이해를 가지고 일하기 때문에 그룹은 진행하기 어렵게 된다. 따라서 효과적인 그룹이 되도록 구성원이 과제가 의미하는 것에 대한 합의에 이를 필요가 있다. 이는 또한 그룹 구성원이 해결안이나 프로젝트를 통해 작업할 때 어떤 학습 이슈와 목적이 가장 집중해야 하는 중요한 것인지를 확인하도록 해 준다.

일단 문제에 대한 이해가 합의에 이르면 우선적인 해결안이나 프로젝트 계획들을 브레인스토밍한다(Bransford & Stein, 1993). 교수자는 그룹이 넓은 범주의 가능성을 가지고 오도록 격려하는 것이 중요하다. 그룹은 이러한 가능성으로부터 초기 설계 계획에서 개발시킬 문제를 선택할 수 있다. 다음으로 그룹은 설계 계획을 작업하기 시작할 때 필요한 자원, 전문성, 지식, 정보를 어디에서 얻을 수 있는지를 대략적으로 확인하며 규명한다(Bridges, 1992; Stinson & Milter, 1996). 그러면 그룹은 어떤 자원과 정보가 구성원이 사용가능하게 준비된 것인지, 교수자로부터 보조를 얻을 필요가 있는지 등을 탐구하여 일차적인 사실 찾기 미션을 시작할 준비가 완료된다. 이 정보는 그룹으로 가져가서 초기 설계 계획이 타당한지, 다듬거나 새로운 것으로 대처할지를 결정하는 데 사용된다.

4. 각 그룹은 어떤 역할이 설계 계획을 완성하는데 필요한지를 결정하고 그 역할을 배정한다.

각 그룹 구성원의 역할을 정의함으로써, 학습자는 무엇이 되어질 필요가 있고 누가 이를 수행할 책임이 있는지를 분석한다. 특히 학생들이 협력 과정에 처음일 때 이는 그들의 그룹 활동을 조직하고 구조화하도록 해 준다. 따라서 먼저 설계 계획을 완수하기 위해 있어야만 하는 주요 역할이 확인되어야 한다(Bridges, 1992; Johnson & Johnson, 1997; West, 1992) 교수자는 각 그룹이 모든 필요한 자리를 확인하였는지를 살펴봄으로써 이 과정을 보조할 수 있다. 이는 프로젝트 조정자, 과정 촉진자, 설계자, 개발자, 기록자 등을 포함할 수 있다. 모든 역할이 규명되면 그에 따른 책무가 결정된다.

다음은 이러한 역할 배정이 각 학습자가 다양한 그룹에서 일하면서 서로 다른 역할을 시도하는 기회를 가졌는지를 확인해야 하는데, 이는 그룹에 의해 그리고 필요하다면 과정을 촉진해 주는 교수자와 함께 협상될 수 있다(West, 1992). 개인의 현재 관심과 능력에 대한 주의를 기울여야 하는 한편, 각 학습자는 강하지는 않지만 중요한 지식과 기술을 확장할 기회를 가져야 한다. 따라서 가장 좋은 경우는 역할 배정시 학생이 해내기에 가장 좋은 역할을 하도록 하기보다는 그것에 대한 학습 경험이 필요한 사람이 하도록 하는 것이다.[18] 과정이 진행되는 동안 학습자의 역할은 필요에 따라 바뀔 수 있다. 학습자는 그룹 구성원 간에 협동하는 과정을 통해 서로 다른 책임을 맡고, 다양한 역할에 대해 재규명할 수 있는 유연성이 필요하다는 것을 알아야 한다.

5. 그룹은 우선적이고 반복적인 CPS 과정에 참여한다.

설계 계획이 정해지고 역할이 배정되면 그룹은 일차적인 CPS 과정에 참여할 준비가 된다. 이 단계는 교수 이론의 중심이다. 이는 다음과 같은 활동을 통해 해결안이나 프로젝트를 설계하고 개발할 때 학습자가 대부분의 시간을 투자하는 단계이다.[19]

- 설계 계획을 다듬고 개발한다.
- 과제를 확인하고 배정한다.
- 필요한 정보, 자원, 전문성을 획득한다.
- 필요한 추가 자원과 기능을 획득하기 위해 교수자와 협력한다.
- 획득된 정보, 자원, 전문성을 다른 그룹 구성원들에게 보급한다.
- 해결안이나 프로젝트 개발 작업에 참여한다.
- 개별적 공헌 및 그룹 활동에 대해 정기적으로

---

18) 따라서 이 과제를 성취하는 데 지나치게 집중하는 것은 실제로 학습을 방해할 수 있다! 이는 협력을 증진시키는 이론에서 중요한 관심사항이다.

19) 이 방법의 부분, 종류, 기준은 "협력적 문제해결 과정에 참여하는 것"인지, 이 아홉 가지 각 하위 방법에 따라오는 협력에서 이러한 세 가지를 찾아낼 수 있는지, 어느 것인지를 확인하여 종류에 대하여 그 사용의 상황성을 규명하여 보자.

보고한다.

- 상호그룹 협력과 평가에 참여한다.
- 해결안이나 프로젝트의 형성평가를 실시한다.

이 과정의 반복적 성격은 강조되어야만 한다. 이 과정에서 학습자는 해결안이나 프로젝트를 최종안으로 이끌어낼 때 여러 번 참여할 것으로 예측된다. 이 반복 과정은 뒤에 나오는 각 안에 새롭게 획득된 이해와 자원, 형성 평가로부터 얻은 정보 등을 통합시키는 급속한 협력적 프로토타이핑과 유사하다(Dorsey, Goodrum, & Schwen, 1995). 이 활동 단계가 중요하기 때문에 각 하위 과정을 자세히 논의하겠다.

설계 계획을 다듬고 개발하라. 이번이 과정의 첫 번째 반복이라면 그룹은 설계 계획을 다듬고 개발하기 위해서 초기의 사실-발견 임무에서 얻은 정보를 사용한다. 또한 이번이 계속된 반복이라면 최근 해결안이나 프로젝트의 최신안에 대하여 실시된 형성평가에서 나온 정보를 사용한다. 이는 어느 경우에나 최근의 해결안이나 프로젝트에서 새로 얻은 정보와 비교함으로써 이루어진다. 새로운 정보와 최신안 사이에 모순이나 확증이 나타나면, 설계 계획은 희미한 초안(Bruner, 1966; Reigeluth & Nelson, 1997)으로부터 더욱 다듬어지고 세부화된 프로젝트나 해결안을 이끄는 안으로 개발되고 다듬어진다. 이 활동에서 교수자의 역할은 그룹이 설계 계획을 개발하기 위해 축적하는 정보들을 효과적으로 사용하도록 보조하는 것이다.

과제를 확인하고 배정하라. 또한 설계 계획이 진행될 때 프로젝트에서 배우고 있는 것을 통합하기 위해 새로운 과제가 나타나게 된다. 이러한 과제가 확인되면 팀 구성원들은 누가 이들 각 과제를 완수할 책임을 질 것인지에 대하여 협상할 필요가 있다. 이러한 과제는 전형적으로 프로젝트를 위한 실제 작업이거나 새 정보나 자원을 획득하여 보급하는 일이다. 과제는 개인에 의해서 혹은 그룹 전체에 의해서 수행될 수 있다. 보통 과제는 그룹 구성원이 이미 지정된 역할에서 진행하고 있는 작업에 추가되게 된다. 그러나 어떤 때는 특별한 과제가 나타나 역할에 동화되도록 할 필요가 있다. 이때 중요한 것은 각 과제가 확인되고 완성하기 위한 책임을 지는 것이다.

필요한 정보, 자원, 전문성을 획득하라(Schmidt, 1989). CPS 동안 정보, 자원, 전문성을 위해 계속되는 변화가 요구된다. 이러한 요구는 앞선 과제 규명의 단계 동안 확인된다. 확인이 되면 그룹은 적절한 자원의 위치를 찾고 이를 설명하는데 필요한 정보, 자원, 전문성을 획득해야 한다. 이는 도서 탐색, 현장 조사, 전문가와의 만남을 통하여 성취될 수 있으며, 이는 간단하게 보일 수도 있으나, 그룹의 기세를 꺾는 만만찮은 일일 수도 있다. 때로 무관한 활동으로 잘못된 지시와 시간 낭비가 있다거나, 그룹이 이미 중요한 정보나 기능을 가지고 있다고 잘못 가정하기도 한다. 방심하지 않는 교수자는 가능한 정보 자원을 지적하고, 학습자가 정보의 가치와 정확성, 혹은 자원의 적용성을 판단하도록 보조하고, 다음 지침에 나올 요구가 많은 기능과 지식에 대한 수업을 제공함으로써 획득 과정을 촉진할 수 있다.

필요한 추가 자원과 기능을 획득하기 위해 교수자와 협력하라(West, 1992). 각 그룹은 그들이 자원, 정보, 전문성을 획득하는 데 있어 보조를 필요로 하는 것에 대하여 교수자와 커뮤니케이션하는 것이 중요하다. 교수자는 이때 이러한 필요한 자원을 획득하는 방법에 대하여 보조한다. 또한 해결안이나 프로젝트를 완수하는 데 필요한 지식과 기능에 대한 적절한 적시 수업을 설계한다. 교수자와 그룹들간의 이러한 상호작용은 학습자가 이

해와 능력에 있어서 새로운 격차를 확인할 때 계속될 것이다. 따라서 교수자는 특히 각 그룹의 진행을 모니터링하고 의사소통의 경로를 열어놓음으로써 요구가 서로 소통되고 역점을 두어 다루어지도록 빈틈없어야만 한다. 학습자가 그들 자신의 학습 요구를 확인하고 의사소통하도록 하는 과정은 학습 과정에 대한 소유의식을 증가시키고 제공되는 수업이 관련성을 갖고 있다는 느낌을 만든다.

획득된 정보, 자원, 전문성을 다른 그룹 구성원들에게 보급하라(Barrows & Tamblyn, 1980; Sharan, & Sharan, 1994; West, 1992). 한번 획득되면 정보, 자원, 전문성은 그룹 전체에 적절히, 특히 그룹의 작업이나 책임을 맡은 사람들을 위해서 팀 구성원에게 보급되어야 한다. 결과적으로 잦은 작업 회의 동안에 다른 그룹 구성원과 발견에 대하여 의사소통하는 능력이 중요하다. 학습하거나 획득한 것은 정확하게 효과적으로 의사소통되어, 팀이 과정의 다음 단계 동안 해결안이나 프로젝트 설계 계획을 개발하고 다듬는데 사용할 수 있는 것이 매우 중요하다.

해결안이나 프로젝트 개발 작업에 참여하라(West, 1992). 새로운 해결안 구축이나 프로젝트 개발 작업 단계는 매번 그룹에 의해 산출되는 현행안에 동화되는 새로운 정보와 자원을 가져온다. 그러나 이를 그룹의 모든 구성원이 그들의 역할이나 배정된 과제가 무엇인지를 이해하고, 이를 성취하는데 경쟁력이 있다고 느낄 필요가 있다. 따라서 교수자가 계속하여 조직적인 촉진자로서 기능 구축의 자원으로서 그룹과 상호작용하는 것이 중요하다. 이러한 요구를 예측하고 다루기 위해서는 교수자는 그룹으로부터 그들의 진행에 대한 적절한 피드백과 성찰을 요청하여 받아야만 한다.

개별적 공헌 및 그룹 활동에 대해 정기적으로 보고하라. 한 가지 매우 효과적인 피드백과 평가 방법

은 각 그룹 구성원이 보고하는 매주 혹은 격주 보고서를 교수자에게 제출하는 것으로 이것은(1) 한 개인이 프로젝트와 그룹의 과정에 공헌한 것이 무엇인지, (2) 각각의 다른 팀 구성원이 공헌한 것은 무엇이지, (3) 어떤 프로젝트 작업이 완수되었는지, (4) 팀 그룹 과정이 어떻게 진행되고 있는지 등을 보여 준다. 이러한 보고서 및 각 그룹과 정규 회의를 통해서 교수자는 각 사람이 자신의 공헌에 대하여 또는 팀 동료의 공헌에 대해서 어떻게 인식하는지를 지속적으로 알 수 있다. 교수자가 프로젝트 작업이나 그룹 과정에서의 문제를 확인하고 개인 및 그룹 기반에서 이를 중재하도록 그룹 구성원을 도울 수 있다.

상호그룹 협력과 평가에 참여하라. CPS 동안 일어날 수 있는 가장 강력한 경험은 그룹들이 서로 협력하기 시작할 때이다. 이러한 단계의 협력이야말로 그룹들이 아이디어를 교환하고 성공과 관심에 대하여 논의하고 서로 피드백을 제공하도록 한다. 이는 서너 개의 팀이 큰 그룹으로 함께 만날 수 있는 교실 시간을 별도로 마련함으로써 이루어질 수 있다. 모임에서 각 작은 그룹은 지금까지의 작업을 발표하고 다른 그룹의 피드백을 요청한다. 각 그룹은 자신만의 그러나 유사한 프로젝트에서 작업하고 있기 때문에 프로젝트와 관련하여 무엇이 되었고 무엇이 되지 않았는지에 대하여 가치 있는 통찰을 다른 그룹과 공유할 수 있다. 이러한 그룹 간 협력과 피드백 모임시간은 새로운 아이디어나 과제의 새로운 해석을 하기 위한 기폭제이다. 더욱이 이 모임은 같은 과제에서 일하는 여러 그룹들에 대하여 의도 없이 파괴적인 결과를 일으킬 수 있는 그룹간의 경쟁심이 형성되는 것을 막도록 돕는다.

해결안이나 프로젝트의 형성평가를 실시한다 (Schmidt, 1989). 교수자와 다른 그룹으로부터 피드백에 더하여 각 그룹은 정기적으로 산출의 최신

인 대한 형성 평가를 실시할 필요가 있다.[20] 자원을 수집하고 보급하는 순환과 개발 작업이 병행하여 일어나기도 한다. 이 활동에서 중요한 것은 그룹이 교과의 형성 평가와 관련된 역할과 과정을 이해하는 것이다. 또한 이 평가는 새로운 평가를 보증하기에 충분한 해결안이나 프로젝트의 새로운 변형이 진행될 때에만 이루어져야 한다. 프로젝트의 각 안이 나올 때, 팀은 현장 시험, 유용성 시험, 전문가 검토와 같은 형성 평가 활동을 조직해야 한다. 처음에는 비공식적으로 하고 시간이 지나면서 해결안이나 프로젝트가 최종안에 가까워질수록 점점 더 구조화될 수 있다. 이 활동에서 교수자의 역할은 다시금 형성평가의 중요성, 목적, 과정을 팀에게 알려주는 안내자이다.

이 단계는 우선적인 협력적 문제해결 과정을 완성한다. 다음에 오는 것은 해결안이나 프로젝트가 종료되고, 결과를 평가하고, 학습 경험에 대해 마무리하는 동안의 활동들이다(표 11.2 참조).

6. 그룹은 해결안이나 프로젝트를 종료하기 시작한다.

우선적인 CPS 과정의 적절한 반복에 참여한 후 그룹은 산출의 최종안을 형성하기 시작한다. 일차적인 산출의 최종안이 만들어지면 그룹은 산출에 대한 최종 유용성 테스트나 총괄 평가를 실시한다. 이는 가능한 실제 상황에서 이루어져야 한다. 예를 들어 각 그룹은 제안한 해결안이나 산출을 대상이 되는 사람들과 가능한 실제 세상과 가까운 상황과 조건 하에서 시험하기 원할 것이다. 그룹은 최종 평가의 결과를 가지고 최종안을 만들어,

---

20) 이는 학습자가 자신의 설계나 해결안이 질적으로 높은지를 보고 필요한 대로 교정하기 위해 시험하는 자기평가 형태이다. 이는 자기 규제 학습의 중요한 부분이다.

교수자에게 평가받기 위해 제출할 해결안이나 프로젝트의 최종안을 완성한다.

7. 교수자와 학습자는 그들의 경험을 성찰하고 종합하도록 하는 활동에 참여한다.[21]

학습 사태의 또 다른 중요한 단계는 참여한 사람들이 보고나 경험에 대한 사후평가에 참여할 기회를 갖는 것이다(Barrows & Tamblyn, 1980; Bransford & Stein, 1993; West, 1992). 이 최종 성찰의 목적은 학생들이 (1) 내용 지식과 기능, (2) 그룹 과정 기능, (3) 메타인지 전략 등의 영역에 있어서 자신의 학습 이득을 확인하고 논의하는 것이다. 또한 학습자는 방금 경험한 과정에 대한 느낌을 공유할 기회를 갖는 것이 중요하다(Johnson & Johnson, 1994). 이 단계의 정점이 되는 활동은 소그룹과 전체 반의 보고와 학습자가 자신의 학습과 경험에 대한 개별 성찰 보고서가 될 수 있다(Barrows & Tamblyn, 1980; Johnson & Johnson, 1994; Savery & Duffy, 1995).

8. 교수자와 적절하면 학습자는 산출과 과정을 평가한다.

학습자가 자신의 경험을 보고할 기회를 가지면 학습 이득, 산출, 과정 등에 대한 실제적인 평가가 이루어진다(Bridges, 1992). 우선, 일곱 번째 단계에서 확인된 학습 이득의 세 가지 영역인 (1) 내용 지식과 기능, (2) 그룹 과정 기능, (3) 메타인지 전략이 평가된다. 다음은 각 그룹에서 개발한 해결안이나 프로젝트의 설계, 질, 실제 세상에서의 작동성 등에서 평가된다. 마지막으로 각 팀의 그룹

21) 성찰은 다시금 새로운 패러다임의 많은 이론에서 중요한 측면이다.

과정이 논의되고 평가된다. 평가는 여러 방법으로 이루어질 수 있다. 한 가지 접근은 학습자가 교수자의 보조를 받아서 최종 결과를 평가할 준거를 개발하도록 하는 것이다. 그룹 역시 자신의 작업과 과정에 대한 자신의 평가를 작성한다. 이들은 교수자의 최종 평가와 함께 고려될 수 있다.

9. 교수자와 학습자는 학습 사태를 마무리하기 위한 활동을 개발한다.

마무리는 그룹 기반 학습을 비롯하여 어떤 사회적 활동에서 중요하지만 때로 무시되는 측면이다. 마무리 단계 동안의 활동을 계획하고 참여 작업과 그룹의 폐회를 축하하기 위해 참여한다. 이 활동의 의도는 학습자가 자신의 경험에 경의를 표하고 성취에 대하여 기념하도록 하는 것이다.

6. 결론

결론적으로 CPS 교수 이론의 요소들에서의 상호 연관성과 상호의존성이 강조되어야 한다. 한 활동의 완성은 다음을 위한 선구자인 것이다. 한 단계의 성공은 다른 단계들과의 동시적인 적용과 통합에도 달려 있다. 이 포괄적 지침과 과정 활동의 통합성이 중요함도 강조되어야 한다. 예를 들어 포괄적 지침인 "필요한 자원을 수집하라"는 제3단계에서 구체적인 과정 활동인 "설계 계획을 타당화하기 위한 우선적인 정보를 수집하라"와 제5단계에서 "필요한 정보, 자원, 전문성을 획득하라"에서 구현될 수 있다. 이러한 관련성은 좋은 교수 이론의 체제적 성격의 배경이 된다. 각 일반적 지침이나 방법은 더 큰, 일관성 있는 교수 시스템의 부분이다.[22]

이 장은 CPS 교수 이론의 현재 상태에 대한 개

요를 제공하였다. 그러나 이 이론의 미래 연구와 개발은 이론에 대한 형성 연구를 실시하기 위해 사용할 일련의 질적인 사례 연구를 통해 계획되어 있다. 이러한 사례 연구에는 두 가지 유형이 있는데 설계된 사례 연구와 자연적 사례연구이다 (Reigeluth & Frick, 이 책의 제6장). 설계된 사례 연구는 CPS 이론의 실행을 분석하여 이론의 최신안을 평가하고 향상시키는 데 사용될 것이다. 자연적 사례 연구는 어떤 협력적 접근을 사용하지 않고 자연적으로 일어나는 학습 그룹을 이용하여 협력 과정에 관한 기초 이론을 개발하는 데 사용될 것이다. 이러한 사례 연구를 통해서 CPS 이론의 약점과 장점을 밝히고 이론과 형성 연구 결과 사이의 모순과 확증을 얻기를 바란다. 이는 CPS 이론의 미래 안에 종합되고 통합될 것이다.

7. 감사의 말

Charles Reigeluth와 Joseph South에게 이 장의 초기 원고에 대한 의견에 대하여 특별히 감사한다.

참고문헌

Albanese, M. A., & Mitchell, S. (1993). Problem-based learning: A review of literature on its outcomes and implementation issues. *Academic Medicine, 68*, 52-81.

Aronson, E., Blane, N., Stephan, C., Sikes, J., & Snapp, M. (1978). *The Jigsaw classroom.* Beverly Hills, CA: Sage.

Barrows, H. S. (1996). Problem-based learning in medicine and beyond: A brief overview. New *Directions for Teaching and learning, 68*, 3-12.

Barrows, H. S., & Tamblyn, R. M. (1980). *Problem-based learning: An approach to medical education.* New York: Springer-Verlag.

Bransford, J. D., & Stein, B. S. (1993). *The ideal problem solver: A guide for improving thinking, learning, and creativity* (2nd ed.). New York: W. H. Freeman.

Bridges, E. M. (1992). *Problem-based learning for administrators.* Eugene, OR: ERIC Clearinghouse on Educational Management. (ERIC/CEM Accession No: EA 023 722)

Bruffee, K. A. (1993). *Collaborative learning: Higher education, interdependence, and the authority of knowledge.* Baltimore: Johns Hopkins University Press.

Bruner, J. S. (1996). *Toward a theory of instruction.* Cambridge, MA: Belknap Press.

Dorsery, L. T., Goodrum, D. M., & Schwen, T. M. (1995). *Rapid collaborative prototyping as an instructional development paradigm.* Unpublished manuscript, Indiana University.

Johnson, D. W., & Johnson, R. T. (1990). Cooperative learning and achievement. In S. Sharan (Ed.), *Cooperative learning: Theory and research* (pp. 23-37). New York: Praeger.

Johnson, D. W., & Johnson, R. T. (1994). Learning together. In S. Sharan (Ed.), *Handbook of cooperative learning methods* (pp. 51-65). Westport, CT: Greenwood Press.

Johnson, D. W., & Johnson, R. T. (1997). *Joining together: Group theory and group skills* (6th ed.). Boston: Allyn & Bacon.

Kagan, S., & Kagan, M. (1994). The structural approach: Six keys to cooperative learning. In S. Sharan (Ed.), *Handbook of cooperative learning methods* (pp. 115-133). Westport, CT: Greenwood Press.

Nelson, L. M., & Reigeluth, C. M. (1997, March). *Guidelines for using a problem-based learning approach for teaching heuristic tasks.* Presentation at the annual meeting of the American Educational Research Association, Chicago, IL.

Putnam, J. (1997). *Cooperative learning in diverse classrooms.* Upper Saddle River, NJ: Merrill/Prentice Hall.

---

22) 이것을 이 책의 다른 이론들에서 어느 정도까지 볼 수 있는가?

Reigeluth, C. M., & Nelson, L. M. (1997). A new paradigm of ISD? In R. C. Branch & B. B. Minor (Eds.), *Educational media and technology yearbook* (Vol 22, pp. 24-35). Englewood, CO: Libraries Unlimited.

Savery, J. R., & Duffy, T. M. (1995). Problem-based learning: An instructional model and its constructivist framework. In B. Wilson (Ed.), *Constructivist learning environments: Case studies in instructional design.* Englewood Cliffs, NJ: Educational Technology Publications.

Schmidt, H. G. (1989). The rationale behind problem-based learning. In H. G. Schmidt, M. Lipkin, M. W. de Vries, & J. M. Greep (Eds.), *New directions for medical education: Problem-based learning and community-oriented medical education* (pp. 105-111). New York: Springer-Verlag.

Sharan, S. (1994) *Handbook of cooperative learning methods.* Westport, CT: Greenwood Press.

Sharan, Y., & Sharan, S. (1994). Group investigation in the cooperative classroom. In S. Sharan (Ed.), *Handbook of cooperative learning methods* (pp. 97-114). Westport, CT: Greenwood Press.

Slavin, R. E. (1995). *Cooperative learning: Theory, research, and practice.* Needham Height, MA: Allyn & Bacon.

Stinson, J. E., & Milter, R. G. (1996). Problem-based learning in business education: Curriculum design and implementation issues. *New Directions for Teaching and Learning, 68,* 33-42.

Thelen, H. (1981). *The classroom society: The construction of educational experience.* London: Croom Helm.

West, S. A. (1992). Problem-based learning-a viable addiction for secondary school science. *School Science Review, 73,* 47-55.

CHAPTER 12

교실에서의 학습공동체: 교육실천의 재개념화

Katerine Bielaczyc
Ontario Institute for Studies in Education and Boston College
Allan Collins
Northwestern University and Boston College
정현미
안동대학교 교육공학과 교수

Kaherine Bielaczyc는 보스턴 대학에서 연구과학자로 일하고 있다(Bolt, Beranek, Newman에서 책임과학자 역임). 그녀는 U.C. Berkeley에서 Education in Math, Science, Technology Program에서 박사학위를 받았고, 스코틀랜드 Edinburgh 대학에서 컴퓨터공학 학사를 받았다. 그녀는 Spencer Doctoral fellow였으며, 현재 NSF Vanguard for Learning Project 연구 책임자이다. McDonnell 박사후 과정 연구자로서 그녀는 또한 CSILE 학급에서의 초인지적 과정을 연구하고 있다. 그녀의 연구 관심사는 초인지, 매체와 상징체계의 역할, CSCL을 포함한다.

Allan Collins는 노스웨스턴 대학 Education and Social Policy 학과 교수이자 보스턴 대학 교육학과 연구교수이다. 그는 National Academy of Education 회원, 미국 인공지능학회 회원이며, 인지과학협회 초대 회장을 역임했다. 그는 의미론적 기억과 정신 모형에 관한 심리학 연구, 추론과 지능적 튜토링 시스템에 관한 인공지능 연구, 탐구적 수업, 인지적 도제, 상황학습, 발생적 게임, 교육 검사의 체제적 타당성에 관한 교육분야 연구에서 전문가로 널리 알려져 있다.

서 문

목적 및 전제.   이 이론의 우선적인 목적은 공동체 지식과 기술을 향상시키고 그로 인해 개인의 지식과 기술의 성장을 지원하는 것이다. 이 이론의 전제 조건은 학습공동체 구성원들 간에 다양한 전문성을 인정하고, 학습하는 방법에 대한 학습을 강조하는 것이다.

학문적 가치.   이 이론이 바탕을 두고 있는 가치들은 다음과 같다:
• 학습하는 방법 학습하기
• 학습자들이 자신의 학습을 주도하는 방법을 학습하기
• 복잡한 이슈들을 다루는 방법을 학습하기
• 사람들과 함께 일하는 방법을 학습하기
• 공동의 노력과 지식의 공유로서 학습 문화
• 공동체 내 서로 다름에 대한 존중과 감사
• 공동체 모든 구성원들에 대한 존중과 감사

주요 방법.   이 이론이 제공하고 있는 주요 방법들은 다음과 같다:
• 공동체 성장: 전반적인 목표는 공동체의 지식과 기술을 확장시키는 것이다.
• 공동체 목표 설정: 목표들은 학생들과 함께 구성되고, 그들의 활동에서 나와야 한다.
• 목표 명료화: 교사와 학생들은 그들의 목표와 성공을 판단하는 기준을 명료화해야 한다.
• 초인지: 공동체는 자체적으로 공동체의 목표가 무엇이고, 그 목표를 달성하기 위해 전진하고 있는지를 끊임없이 물어야 한다. 또한, 학습된 내용과 학습과정에 대해 성찰해야 한다.
• 경계 초월: 공동체는 그 공동체내 지식을 뛰어넘고, 그들이 믿는 것을 도전하는 새로운 접근과 아이디어를 추구하려고 시도해야 한다.
• 타인에 대한 존중: 학생들은 다른 이들의 공헌과 서로 다름에 대해 존중하는 것을 배울 필요가 있다. 존중을 위한 규칙을 분명히 명료화하고 강요하라.
• 실패에 대한 안전성: 공동체는 실패를 받아들이고, 비난하지 말아야 한다. 실패해도 괜찮다는

분위기가 조성되어야 하고, 실패를 두려워하지 않고 모험하는 것이 학습을 촉진시킨다는 공감대가 형성되어야 한다.
• 구조적 의존성: 공동체는 학생들이 다른 학생들에게 의존하도록 조직되어야 한다. 이것은 다른 이들에 대한 존중과 자부심을 촉진한다.
• 넓이보다는 깊이 있는 탐색: 학생들은 중요하고 생성적인 아이디어에 대한 실제적인 전문성을 획득할 수 있을 정도로 깊이 있게 주제들을 탐색하는 충분한 시간을 가져야 한다.
• 다양한 전문성: 학생들은 자신이 가장 흥미를 느끼고 잘할 수 있는 영역을 개발해야 한다. 학생들은 자신의 전문성을 공동체와 공유하려는 책임감을 지녀야 하며, 따라서 그들은 행함으로써 배울 뿐만 아니라 다른 이들이 하는 것으로부터 배운다.
• 다양한 방식의 참여: 학생들은 다양한 활동－질문하기, 지식 수집하기, 지식 공유하기 등－과 다양한 역할－연구자, 전문가, 중재자 등－을 수행해야 하며, 공동체는 모든 역할들을 높이 평가한다.
• 공유: 공동체 내에서 개인의 지식을 공유하기 위한 메커니즘이 존재해야 하며, 모든 학생들이 지식을 주고받을 수 있어야 한다.
• 협상: 아이디어들은 논리와 증거에 기반한 토론 과정에 의해 발전되어야 하며, 다른 사람들의 아이디어에 대한 비판을 객관화하는 방법에 관한 모델링과 코칭이 제공되어야 한다.
• 산출물의 질: 공동체에서 생산된 지식과 산출물의 질은 공동체 기준에 바탕을 두고, 개인, 공동체, 외부인들에 의해 평가되어야 한다.

교수설계에 대한 적용점.   학습을 위한 초점으로서 개인보다는 그룹을 강조함. 동료 학생들을 존중하고, 이해하는 것을 개발시키는 방법. 학생들이 자신의 흥미 및 관심사를 추구하도록 격려하는 방법. 학습환경의 문화의 중요성.

－ C.M.R.

교실에서의 학습공동체: 교육실천의 재개념화

1. 서론

최근 미국에서는 교육에 "학습공동체" 접근을 적용하는 시도를 해오고 있다. 학습공동체에서 목표는 공동의 지식을 향상시키고, 그 안에서 개인의 지식 성장을 지원하는 것이다(Scardamalia & Bereiter, 1994). 학습공동체를 규정짓는 특성은 모든 이들이 이해를 향한 공동의 노력을 기울이는 학습 문화가 존재하느냐에 있다.

그런 공동체의 학습 문화[1]가 가져야 하는 네 가지 특성이 있다: (a) 구성원들 간 전문성의 다양성, 구성원들의 공헌이 가치롭게 인식되고, 각자의 전문성이 개발되도록 지원함. (b) 지속적으로 공동의 지식과 기술을 진보시키는 공유된 목표, (c) 학습하는 방법에 대한 학습 강조, 그리고 (d) 학습한 것을 공유하기 위한 메커니즘. 만약 학습공동체에 문제가 제시된다면, 학습공동체는 그 문제를 해결하기 위하여 공동체 지식을 사용할 수 있다. 각 구성원이 공동체가 아는 모든 것을 이해할 필요는 없으며, 단지 특정 문제를 해결하기 위해 필요한 관련 전문성을 공동체 내 누가 갖고 있는지를 알아야 한다. 이것은 개인의 지식과 수행을 강조하고, 모든 학생들이 동시에 같은 지식을 배울 것을 기대하는 전통적인 학교교육의 관점과는 매우 다른 출발점을 갖는다.[2]

왜 학습공동체인가?

세계가 좀더 복잡해짐에 따라, 학생들은 개인적으로나 사회적으로 새로운 도전에 자신이 준비되어 있지 않음을 발견한다. 사회가 젊은이들에게 거는 새로운 요구는 교육에 관한 다양한 보고서에서 나타난다. 예를 들면, 미국 노동부의 SCANS 위원회 보고서(1991)와 Murnane와 Levy(1996)의 최근 책은 어떤 지식과 기술들이 21세기에 요청되는가에 대해 다음과 같이 말한다. 학생들은 자신의 학습을 주도할 수 있어야 하며, 다른 사람과 협력적으로 일하고 그들의 의견에 귀 기울일 수 있어야 하며, 다양한 종류의 전문성을 필요로 하는 복잡한 이슈와 문제들을 다루는 방식을 개발할 필요가 있다고 보고한다. 대부분의 경우, 이것들은 현재 학교에서 가르치고 있는 기술이 아니다.[3]

왜 우리는 교육을 학습공동체를 중심으로 재설계해야 하는가? 왜 학습공동체 접근이 좋을 수 있는가에 관하여 최소한 세 가지 주장들이 존재한다.

사회-구성주의자 주장. 교육의 "사회-구성주의자" 관점(듀이와 비고스키의 특징)은 학교에 널리 퍼진 개인 학습의 이론에 결함이 있다고 주장한다. 구성주의 관점은 사람들이 들은 바를 이해함으로써가 아니라 지식구성 과정에 의해 가장 잘 학습이 이루어진다고 본다. 개인이 지식을 구성하는 방법을 학습하기 위해서는, 학습자를 둘러싼 공동체 안에서 그 지식구성 과정이 모방되고 지원

---

1) 교수방법으로서 문화의 개념은 새로운 패러다임 내 여러 이론들에서 언급된다.

2) 이것은 교수에 관한 새 패러다임과 산업시대 패러다임 간의 차이를 분명하게 드러내도록 돕는다.

3) 이것은 교수의 새 패러다임이 어떻게 학교 밖의 강력한 사회적 변화에 의해 유도되는가를 보여 준다.

되는 것이 필요하다. 이것은 바로 학습공동체에서 일어나는 현상이다.

학습하는 방법 학습하기 주장. Smith(1988)는 만약 아동들이 자신의 존경하는 사람이 읽고 쓴다면 읽기와 쓰기를 배울 것이라고 주장한다. 즉, 그들은 "읽기 쓰기 클럽(literacy club)"에 합류하기를 원할 것이며, 그 클럽 구성원이 되기 위해 열심히 노력할 것이다. Brown, Ellery와 Campione (1998)는 숙련된 학습자 혹은 "지능적 초보자 (intelligent novice)"를 육성하는 방향으로 학교에 대한 요구가 변화되고 있다고 주장한다. 이러한 변화는 (a) 지식의 폭발적 증가로 인하여 어느 누구도 살아가면서 알아야 할 필요가 있는 모든 것을 학교 안에서 획득할 수 없다는 점과 (b) 미래사회에서는 테크놀로지가 낮은 수준의 과제들을 수행하고, 근로자들은 추상적으로 생각하고 새 기술을 학습할 수 있는 능력을 갖추도록 기대하는 시대적 요구에 따른 것이다. 따라서 우리가 학습하는 방법을 아는 사람들을 원한다면, Smith의 주장에 의하면 아동들은 "학습 클럽"에 참여함으로써 학습자가 되는 것을 학습할 것이다.

다문화적 주장. 세계는 새로운 의사소통기술의 발달에 힘입어 보다 가깝게 연결되고 있으며, 사회는 다른 문화권의 사람들이 서로 섞임으로써 다양성이 증가하고 있다. 이러한 변화는 서로 다른 배경을 지닌 사람들이 상호작용하고 함께 일하도록 요구한다. 그런 문화적 다양성 속에서 사람들이 일하고 생활할 수 있도록 준비시키기 위해, 학교는 다른 사람들과 함께 일하고 학습하는 학생들의 능력을 육성하는 학습환경을 제공할 필요가 있다. 각 개인의 공헌은 존중되어야 하며, 공동체는 다양한 견해들을 종합해야 한다. 이것이 바로 학습공동체 접근이 촉진하는 학습환경이다.[4]

요약하면, 학습공동체 접근은 학생들이 복잡한 이슈들을 다루고, 스스로 일을 해결하고, 다양한 배경과 견해를 가진 사람들과 의사소통하며 함께 일하고, 그들이 학습한 것을 다른 이들과 공유하도록 하는 사회적 요구를 충족시킨다. 따라서 미국 교육학자들은 학습공동체를 어떤 방식으로 조직하는 것이 가장 효과적인지 결정하기 위하여 다양한 학습공동체 모형들을 실험해 오고 있다(Brown & Campione, 1994; Collines & Bielaczyc, 1997; Lampert, Rittenhouse, & Crumbaugh, 1996; Rogoff, 1994; Scardamalia & Bereiter, 1994; Wineburg & Grossman, 1998).

학습공동체 검토를 위한 틀

학습공동체 접근은 학습환경 설계에 대한 여러 가지 이슈들을 불러일으킨다. 우리는 각 이슈를 차원으로 간주하고, 각 이슈별로 개인의 발달을 강조하는 기존 접근과 학습공동체 접근을 비교할 것이다. 교실은 여러 해에 걸쳐 좀더 많은 사회적 상호작용이 일어나도록 변해왔지만, 학습공동체로 조직된 교실은 보통 교실과는 여전히 여러 차원에서 다르다. 아래 제시된 8개 차원들은 다음 절에 기술된 교실기반 학습공동체(classroom-based learning communities)의 세 가지 사례들을 검토하기 위한 틀을 제공한다.

학습공동체의 목표. 학습공동체 접근에서 목표는 개인은 물론 전체로서 공동체 모두가 학습하는 방법을 학습하는[5] 학습문화를 육성하는 것이다.

---

4) 다른 말로 바꾸면, 정보화시대에서 작업환경은 교수에 대한 접근의 근본적인 변화를 요구하는 새로운 유형의 "잠재적 교육과정"을 요청한다.

5) 이러한 고차적 사고에 대한 강조는 새 패러다임에서 나타나는 전형적인 모습이다.

더 나아가, 공동체 구성원들은 연구하고 있는 내용을 깊이 있게 이해하기 위해 그들의 개인적인 노력을 공유한다. 학생들은 다양한 관점들을 종합하고, 다양한 방식으로 문제들을 해결하고, 그들의 이해를 향상시키고 문제를 협력적으로 해결하기 위한 자원으로서 서로의 다양한 지식과 기술을 이용하는 것을 학습한다. 구성원들은 공동체 내 서로 다름을 존중하고, 가치 있게 여기게 된다. 대조적으로, 대부분 교실에서 학생들은 동시에 동일한 지식을 획득하도록 기대된다. 다양한 전문성과 문제해결을 강조하기보다는 특정 주제에 대한 동일한 학습을 강조하기 쉽다.

학습활동. 학습공동체의 목표가 학습문화를 육성하는 것을 강조하기 때문에, 학습공동체의 활동들은 (a) 개인의 발달과 협력적인 지식 구성,[6] (b) 공동체 구성원들 간 지식과 기술 공유, 그리고 (c) 학습과정을 시각화시키고 명료화시키는 수단을 제공해야 한다. 학습공동체 접근은 다양한 학습활동을 활용한다. 이러한 학습활동들은 개인 연구와 그룹 연구, 수업 토론, 서로 다른 학년 학생들 간의 튜터링, 학습된 것과 학습 방식 모두를 발표하는 프레젠테이션이나 가공물을 만들기 위한 협력활동, 학생들이 공동의 목적을 향해 특정 역할을 담당하는 협력적 문제해결 활동 등을 포함한다.

학습공동체 접근에서 기술된 학습활동과 대부분의 교실에서 발견되는 학습활동들이 다소 유사성을 가질 수 있다는 점에 주목해야 한다. 그러나 이러한 학습활동들은 서로 다른 목적으로 이용되기 때문에 차이가 발생한다. 예를 들면, 협동학습과 협력학습과 같은 사회적 학습기법은(Cohen, 1986; Damon & Phelps, 1989; Slavin, 1986) 학

습공동체의 목표를 지원하기 위해 이용될 수 있으나, 그것들은 학생에게 특정 지식을 주입시키는 것을 목적으로 하는 전통적인 학습도 동일하게 잘 지원할 수 있다. Brown과 Campione(1996)은 두 가지 측면에서 대부분 교실에서의 학습활동과 학습공동체의 학습활동을 다음과 같이 대조시켰다. 이 두 가지 사항은 학습공동체 내 활동이 하나의 체제로서 작동하는 것[7]과 그들의 기저 목표들을 명료화하는 것이다. 그들은 다음과 같이 진술한다:

> 지금까지 생각을 촉진시키도록 설계된 많은 절차들이 존재한다. 이 절차들은 교사의 도구 박스의 일부이다. 그 절차는 상호의존적인 활동의 체제로서가 아니라 서로 관련되지 않은 도구들로서 이해된다.... 예를 들어, 교사들은 협동학습, 장기 프로젝트 활용, 작가의 작업대 접근 등 여러 방법 및 절차를 사용할 수 있다. 문제는 그러한 각 접근이 상보적으로 영향을 미치고 서로를 강화하는 교실 활동체제를 만들기보다는 각기 개별적으로 활용된다는 점이다.... 모든 활동에는 하나의 목적이 있으며, 목적 없이 어느 것도 존재하지 않는다. 모든 공동체 구성원들─학생, 교사, 부모, 연구자들─은 이 점을 명심해야 한다(pp. 292, 314).

교사 역할과 역학 관계. 대부분 교실에서 교사는 학습자 활동을 지시하는 경향이 있는 반면, 학습공동체 접근에서 교사는 학습자 주도적인 활동[8]을 조직하고 촉진시키는 역할을 한다. 교실에

---

6) 극단적, 이상주의적, 양자택일적 사고를 초월하는 것 또한 새 패러다임에서 나타나는 전형적인 모습이다.

7) 교수와 학습과정을 체제로서 바라보는 관점은 새로운 패러다임의 몇몇 이론들에서 주장된다(제5장, 제10장, 제11장, 제13장 참고).

8) 교사와 학생의 새로운 역할에 대한 개념은 새 패러다임의 핵심 사항이고 체제적 변화의 기본적인 양상이다.

서의 주도권은 학생들이 자신의 학습과 다른 이들의 학습을 책임지게 됨에 따라 교사에서 학생으로 옮겨간다. 학생들은 또한 자신의 진척 경과를 평가하고 공동체의 발전을 평가하기 위하여 다른 이들과 함께 작업하는 방식을 개발한다.[9] 대조적으로, 대부분 교실에서 교사는 학생들이 공부할 것을 결정하고, 그들이 만든 결과물의 질을 평가하는 권위적인 입장을 취한다.

중심적 역할/주변적 역할과 정체성. 사람들이 중심적인 역할을 수행하고 공동체의 다른 구성원들로부터 존경을 받는 정도는 그들로 하여금 정체성을 느끼도록 만든다(Lave & Wenger, 1991). 학습공동체 접근에서 중심적인 역할을 수행하는 사람들은 공동체의 활동과 지식에 대부분 직접적으로 기여하는 구성원들이다. 하지만, 모든 공동체 구성원들이 어떤 수준이든지 참여할 수 있는 기회가 존재하며, 비록 주변적인 역할을 수행하는 학생들이라도 그들의 공헌은 가치 있게 평가된다.[10] 중심적 역할(centrality)과 주변적 역할(peripherality)은 맥락의존적이다. 어떤 학생들은 특정 시점에서 더 많이 공헌할 것이며, 따라서 학생들의 중심적 역할은 시간이 흐름에 따라 변화할 수 있다. 공동체 구성원들이 공동 목표를 향해 개인적인 관심을 추구하고 서로 다른 역할을 수행하기 때문에, 학생들은 개인의 전문성과 정체성을 개발한다. 다양성이 중요하기 때문에, 학생들이 서로의 차이를 존중하는 분위기를 조성할 필요가 있다.

반면, 대부분 교실에서 학생들은 동일한 내용을

─────────

9) 자기조절은 학습자에게 기대되는 새로운 역할의 중요한 특성이고, 새 패러다임의 대부분 이론에서 공통적으로 나타난다.

10) 다양한 방법을 추구하는 것과 함께 여기서는 학생들의 다양한 역할을 주장한다.

배우고, 모든 학생들이 기본적인 이해수준에 도달하도록 기대된다. 학생들은 이 기본적인 이해수준을 준거 삼아 평가되거나 또는 스스로를 평가함으로써 자신의 정체성을 형성하는 경향이 있다. 중심적 역할은 이 기본수준에 도달하고 능가하는 학생들을 의미한다. 즉, 기본적인 이해수준을 성취한 사람들이다. Schofield(1995)는 교사들이 대개 더 잘하는 학생들과 상호작용하는데 대부분의 시간을 보낸다는 것에서 그런 중심적 역할의 이점을 지적한다. 주변적 위치에 있는 학생들은 추가적인 도움이나 처방이 필요한 학생들이다. 즉, 아직 그 기준에 도달하지 못한 학생들로서 교실에서 다른 사람들에 비해 그들의 가치를 낮게 평가받는다.

또한, 학습공동체 접근에서 **공동체 정체성**(community identity)이라는 개념이 존재한다. 공동 목표를 향해 함께 일하고 공동체 구성원들 사이에 활용 가능한 전문성에 대한 공동의 인식을 개발함으로써, "우리는 누구인가"라는 의식이 발달한다. 공동의 이해를 만들어 나가고 공동체 구성원들을 학습자원으로서 바라보는 학습문화가 존재하지 않고는 대부분의 교실은 강력한 공동체 정체성 의식을 발달시키는 데 실패한다.

자원. 학습공동체 접근과 많은 교실들은 모두 월드와이드 웹, 전문가, 텔레멘토 등과 같은 교실 밖 자원들을 이용한다. 그러나 학습공동체에서는 외부 자원으로부터의 학습 과정과 학습된 내용이 모두 공동체 구성원들 간에 더 많이 공유되고, 공동의 이해(collective understanding)의 일부가 된다. 학습공동체가 기존 교실과 다른 점은 공동체 구성원들 자체와 공동체의 지식과 기술을 중요한 자원으로서 간주한다는 점이다.

담화. 학습공동체 접근에서 공동체내 아이디어와 실천 활동들을 기술하기 위한 언어는 공동체 구성원들 사이에 협력적인 구성과 협상을 통하여 그리고 다른 지식 원천들과 상호작용을 통하여 출현한다. 또한, 학습공동체는 단지 내용지식과 기술보다는 그 이상을 위한 공동의 언어를 개발한다. 공동체는 학습과정, 계획, 목표, 가정 등을 명료화하는 방식을 개발한다. 이와 대조적으로, 대부분의 교실에서는 교사와 교재가 학습되어질 공식 언어를 전파하는 경향이 있다.

학습공동체에서 담화(discourse)는 아이디어를 형성하고 교환하는 매개체로서 기능한다. 그것은 새로운 질문과 가설을 제기함으로써 공동체내 연구와 성찰을 촉진시키는 데 기여하고, 추가 연구와 이해를 야기시킨다(Bereiter & Scardamalia, 1993). 학생들은 서로 피드백을 제공하도록 지원된다. 이와 대조적으로, 대부분 교실에서 의사소통은 교사와 학생들 사이에 주로 일어난다. 이 경우 담화는 학생들에게 지식을 전달하고 그들의 지식을 테스트하는 질문들을 묻는 매개체로써 작용한다(Schofield, 1995).

지식.   학습공동체에서는 다양한 개인의 전문성과 공동체 지식의 발전을 강조한다. 학생들은 전문성을 높이기 위해, 자신이 탐색하는 주제에 대한 깊이 있는 이해를 개발해야 한다. 풍부한 내용이 중요하다. 주제는 임의적으로 선택되는 것이 아니라, 깊은 탐색을 위한 주제는 다수의 주제들을 이해하기 위해 필요한 그 영역 내 핵심 원리들 혹은 아이디어들로 선정된다.[11] 지식의 순환적인 성장이 존재하며, 개인들이 학습한 것에 대해 공동체 내에서 토론하는 것은 개개인들이 더 나은 지식을 추구하도록 만들고 이 지식은 공동체와 다시 공유된다. 그래서 공동체 지식의 성장과 개인적 지식의 성장 사이에 서로를 지원하는 상호작용이 존재한다. 이에 반하여 대부분 교실에서 목표는 교육과정 내 모든 주제들을 포괄하고(깊이보다는 넓이를 강조함), 모든 학생들이 동일한 것을 학습하기를 지향한다.

산출물.   Dweck(1986)은 어떻게 수행목표(performance goal)를 채택한 학생들이 순조로와 보이는 것에 그들의 에너지를 기울이고, 실패할 때 포기하기 쉬운지를 보여 주었다. 그러나 학습목표(learning goal)를 채택한 학생들은 자신의 실수로부터 더 많이 배우고, 실패에 직면했을 때 학습을 추구한다. 한 가지 염려되는 점은 산출물에 대한 강조는 학생들이 수행목표를 받아들이고, 의미 있는 학습보다 산출물 가치에 초점을 두도록 유도할 것이라는 점이다.[12] 그러나 Bruner(1996)가 지적한 바와 같이, 최종 사건이나 산출물은 전체 학급의 에너지를 공동체 형성을 돕는 협력적인 노력(joint effort)에 초점을 두도록 작용할 수 있다.

학습공동체 접근에서 구성원들은 그들의 이해를 증진시키기 위하여 공동체에서 사용될 수 있는 가공물(artifacts) 혹은 수행(performances)을 생산하기 위해 협력한다. 여러 달에 걸쳐 탐구가 지속되고 산출물이 개발된다.[13] 대조적으로 대부분 교실은 공유나 집단적인 산출물이 없는 개인적 과제 혹은 소그룹 과제를 수행하는 경향이 있다. 보통 학생들은 짧은 기간 동안 그 과제들을 완성한다.

---

11) 이해의 깊이에 대한 강조는 새 패러다임을 특징짓는 학습유형의 확장을 보여 준다(제4~6장 참고). 이것은 또한 "이해" 이론과 "학습자들의 공동체"이론 간에 상당한 공통부분이 있음을 보여 준다.

12) 이것은 제11장에서 기술된 Nelson이 지적한 염려와 유사하다.

13) 시간의 이슈 혹은 학습의 깊이와 넓이에 관한 이슈는 새 패러다임에서 일관된 주제이다.

2. 학습공동체 교실 분석

학습공동체 접근이 학교 교육에 어떤 시사점을 주는가를 설명하기 위해 미국 학급에서 적용되고 있는 세 가지 대표적인 학습공동체 사례들을 소개한다. 각 사례를 간략히 설명한 후 앞서 제시한 여덟 개 이슈별로 세 사례들을 비교할 것이다. 그 다음 우리는 학습공동체 설계를 위한 일반적인 원리들을 도출하고자 한다.

Scardamalia와 Bereiter의 지식생산공동체 교실

Scardamalia와 Bereiter(1991, 1994)는 지식생산공동체(Knowledge-Building Communities) 모형을 개발하였다. CSILE(Computer Supported Intentional Learning Environment)는 비록 엄밀히 말하자면 그들이 개발한 컴퓨터소프트웨어 명칭이지만, 이 모형에 흔히 적용되는 이름이며, 이 CSILE는 지식생산공동체 모형을 채택할 수도 있고 아닐 수도 있는 학급에 이용된다. 이 모형의 핵심적인 아이디어는 학생들이 그들을 둘러싼 세계를 이해하기 위하여 함께 작업하고, 그들 자신의 이해수준과 학급의 지식 이해수준을 향상시키도록 일한다는 것이다.

이 모형은 학생들이 몇 주 혹은 몇 달에 걸쳐 각기 다른 과목 영역에 있는 문제들을 탐구하도록 한다. 학생들은 작업하면서 자신의 아이디어와 연구 결과들을 온라인 지식베이스 안에 있는 노트에 기록한다. 그 소프트웨어(원래 CSILE로 불리며, 지금 새 버전은 Knowledge Forum으로 불림)는 이론 형성 스캐폴딩(즉, "My Theory" "I Need to Understand") 혹은 논쟁 스캐폴딩(즉, "Evidence For") 같은 기능을 사용하여 학생들이 그들의 노트를 구성하도록 지원한다. 학생들은 텍스트, 그래픽, 질문, 다른 노트로의 링크, 서로의 작업에 대한 코멘트가 첨가된 지식베이스를 읽을 수 있다. 누군가가 다른 학생의 작업에 코멘트를 달 때 시스템은 자동적으로 그것을 학생들에게 알려 준다.

공동체의 주요 활동은 공동의 지식베이스에 기여하는 것이다. CSILE에서 학생들은 다양한 형태로 공동의 지식베이스에 기여한다. 우선 (a) **개인 노트**(individual note)를 작성하는데, 그 개인 노트에서 학생들은 문제를 기술하고, 초기의 이론을 발전시키고, 그들의 이론을 향상시키거나 문제를 해결하기 위하여 이해할 필요가 있는 것을 요약하고, 그림이나 다이어그램 등을 제공한다. 그리고 (b) 연관된 노트들을 시각적으로 조직하여 보여주는 views, (c) 학생들이 기존의 노트에 새로운 노트를 연결하도록 허용하는 build-ons, (d) 지식베이스의 노트들을 종합하는 **"Rise Above It"** 노트들을 작성한다. 이것들은 종종 다른 학생들과 함께 협력적으로 작성될 수 있다.

학생들은 그들이 작성한 노트가 공동의 지식베이스에 중요한 공헌을 한다고 느낄 때, 그 노트를 발행할 것을 제의할 수 있다. 그러면, 편집 그룹과 교사는 그 노트를 발행할지 아닐지를 결정한다. 학년이 끝날 무렵, 그 학급은 다음에 올 학급을 위해 지식베이스에 남겨 놓을 노트들을 선정하기로 결정할 것이다. 이런 활동들의 궁극적인 목표는 학생들을 전진적인 지식형성 과정에 참여시키는 것이며, 지식생산공동체에서 그들은 문제 확인, 연구, 공동체 담화를 통해 자신의 이해수준을 계속적으로 발전시켜 나간다. 개인의 학습과 수행보다는 공동체의 이해 증진을 강조한다.

Brown과 Campione의 FCL 교실

Brown과 Campione(1994, 1996; Brown, 1992)는

1학년에서 8학년 학생들을 위한 학습자들의 공동체 육성(Fostering a Community of Learners; FCL)이라고 불리는 모델을 개발하였다. 이 모델은 "발달상의 회랑(developmental corridor)"이라고 불리는 것을 제공하는데, 그곳에서 학습공동체는 수평적으로 같은 학년 교실들을 넘나들면서 확장될 뿐만 아니라, 학년 간 수직적으로 확대된다. 이 것은 학문수준이 높아지면서 학습주제들을 심도 있게 다시 다루는 것을 가능하게 한다.[14) 여기서 우리는 학년 간보다는 교실내 공동체에 초점을 두고자 한다.

  FCL접근은 전체로서 교실 공동체의 지식베이스를 풍부히 하기 위하여 다양한 흥미와 재능을 촉진시킨다.[15) FCL 교실은 현재 멸종 위기에 처한 종과 먹이사슬 같은 특정 중심 주제를 갖고 생물학과 생태학 교과에 주로 적용된다. 이 FCL 교실에서 학생들의 전반적인 구조는 다음과 같이 이루어진다. 우선, (a) 특정 하위 주제 영역을 전문적으로 다루는 각 학생들로 구성된 소그룹에서 중심 주제에 관한 연구를 수행하고, (b) 그들이 학습한 것을 자신의 연구 그룹과 다른 그룹의 학생들과 공유하고, (c) 학생들의 개별적 학습을 연결하도록 요구하는 "후속 과제(consequential task)"(Scardamalia, Bereiter, & Fillion, 1981)를 준비하고 참여한다. 그래서 결국 그룹 내 모든 구성원들이 주요 주제와 하위 주제들을 더 깊이 이해하게 된다. 교사는 학생들의 활동을 조율하고, 도움이 필요할 때 그들을 지원한다.

  대략적으로 1년에 세 가지 연구 주기가 나타난다.[16) 처음 주기는 공동 지식베이스를 형성하게 되는 일련의 공유된 자료들로 시작한다. 학생들은 중심 주제와 연관된 특정 연구 주제를 탐색하는 연구그룹들로 나누어진다. 예를 들어, 만약 학급이 먹이 사슬을 공부하고 있다면, 광합성, 소비자, 에너지 교환 등과 같은 먹이사슬의 세부 사항에 초점을 두는 5~6개의 연구 그룹을 만든다. 학생들은 자신의 연구그룹에서 하위 주제를 연구하고, 개인적으로는 그 하위 주제 내에서 자신만의 연구 아젠다를 수행한다. 두 번째 주기는 학생들이 각 하위주제를 탐색한 연구그룹들 간에 서로 설명하고, 질문하고, 그들의 이해를 심화시키는 "그룹간 대화(crosstalk)" 활동에 참여한다. 그 연구 활동들은 상보적 교수(Palincsar & Brown, 1984), 안내된 글쓰기와 작문, 교실 밖 내용전문가와 상담, 학년 간 튜토링 등을 포함한다. 세 번째 주기는 각 하위 주제 그룹의 학생들이 다양한 하위 주제들에 대한 학습을 공유하고, 몇몇 후속 과제를 함께 수행하기 위하여 "jigsaw" 그룹을 형성(Aronson, 1978)한다. jigsaw그룹 활동을 통해 학생들은 완전한 이해에 도달하게 된다.

  유의미한 후속 과제는 공동 산출물 혹은 공동 이해를 형성하기 위하여 각기 다른 하위 주제들을 함께 활용하도록 요구한다. 이상적으로 학생과 교사가 같이 그 후속 과제를 선택한다. 몇몇 사례의 경우, 이 과제들은 게시판 전시물, 멸종 위기의 종들을 보호하는 생태공원 설계안, 공동체에 대한 프레젠테이션, 또는 그들의 지식에 대한 테스트일 수 있다. 이런 과제들은 "연구 주기를 종료시키고, 학생들이 그룹 간에 지식을 공유하도록 만들고, 산출물을 전시하고 성찰할 기회를 제공한다"(Brown & Campione, 1996, p. 303).

---

14) 이것은 Reigeluth의 정교화 이론과 다소 유사하다.

15) 각 아동이 자신의 고유한 재능을 개발하도록 돕는 것은 학습자 중심 패러다임의 전형적인 모습이며, 이것은 아동들을 분류하는 데 초점을 두는 패러다임의 표준화와 정반대된다.

---

16) 연구 주기의 아이디어는 제9장(Schwartz, Lin, Brophy, Bransford)에 제시된 학습(혹은 탐구) 주기의 아이디어와 유사하다.

Lampert의 수학 교실

Lampert(1986, 1990; Lampert et al., 1996)는 여러 해 동안 5학년 학생들에게 수학을 가르치면서 이상적이라고 생각되는 수학 공동체를 구현하는 새로운 교수접근을 개발하였다. 이 수업은 일반적으로 하나의 문제를 학생들에게 제시하면서 시작된다.[17] 학생들은 혼자 혹은 그룹으로 작업하고, 1년 동안 그들의 모든 작업들을 담고 있는 노트북에 문제에 대한 해결책을 개발한다. 15~20분 동안 개별 혹은 그룹 작업 후 학급 전체는 그 문제와 다양한 가능한 해결책들에 대해 토론한다. Lampert는 학생들이 서로 다른 아이디어와 해결책들을 토론하도록 격려하고, 결과적으로 학생들은 해결책에 반영된 수학 원리들을 깊이 있게 이해하게 된다.

Lampert는 학생들에 의한 수학적인 논쟁과 깊이 있는 탐구를 촉진하는 문제들을 선택한다. 학생들은 다른 아이디어와 방법들을 제시하고, 어느 것이 정답이고, 왜 그런지를 토론하도록 격려된다. 여기서 논리와 증거를 바탕으로 수학적인 논쟁을 해결하는 방법을 강조한다. 교실의 핵심적인 활동은 수학적 토론에 참여하는 것, 수학적 논쟁을 만드는 방법을 학습하는 것, 그리고 수학 용어들을 학습하는 것이다.

Lampert는 모든 학생들이 이해할 수 있도록 그들을 조율하면서 토론을 촉진하고, 특정 아이디어들을 선정한다. 그녀는 중요한 수학적 아이디어와 연결시키기 위하여 학생들이 제안하는 아이디어

들을 적절히 활용한다. 학생들은 자신의 아이디어를 제시하고, 다른 학생들의 아이디어와 주장에 대해 논하면서 토론에 동등하게 참여한다. 그녀는 학생들 간 참여를 극대화시키도록 토론을 조심스럽게 조정한다. 학생들이 다른 학생의 아이디어들을 설명하도록 요청하는 것은 그들로 하여금 다른 학생들의 말에 경청하고 존중하게 만드는 데 특히 효과적이다. 토론은 학생들로 하여금 학급에서 개발하고 있는 아이디어와 원리들의 이해를 촉진시키는 방식으로 진행된다.

3. 세 사례들 간 비교

'서론' 부분에서 간략히 설명했던 여덟 가지 이슈별로 앞에서 살펴본 세 가지 사례들을 비교할 것이다. 학교에 적용된 학습공동체의 대표적인 세 사례들 간에 유사점과 차이점을 분석해 봄으로써 학습공동체의 핵심적인 특징들을 좀더 분명하게 알 수 있을 것이다.

목표

세 사례 모두 학생들이 스스로를 자신의 학습과 공동체 학습에 기여하는 자로서 인식하는 학습문화를 육성한다. 세 사례의 목표들은 서론에서 기술된 학습공동체의 목표와 일치한다. 이 목표들은 학생들이 (a) 학습하는 방법과 자신의 학습을 성찰하는 방법을 배우고, (b) 어떻게 질문을 만들어내는지 알고 그들이 탐색하는 이슈들에 대한 깊이 있는 이해를 개발하는 비판적 사고자가 되는 방법을 배우고, (c) 자원으로서 자신의 학습을 공유하고 공동체 내 다른 학습자들과 협력하는 방법을 학습하는 것이다.

---

17) 이런 문제들의 범위는 제8장(Schank, Berman, & Macpherson), 제9장(Schwartz, Lin, Brophy, & Bransford), 제10장(Jonassen), 제11장(Nelson)에서 언급된 문제들보다는 상당히 작은 규모이다. 그러나 이 이론은 문제기반학습(PBL)으로 자격을 갖춘 것 같다. PBL이론과 "학습자 공동체" 이론 사이에 상당한 공통성과 일치성이 있음을 보여 준다.

학습활동

세 사례들이 비록 같은 목표를 공유할지라도, 각각은 서로 다른 학습활동과 지원 형태를 갖는다. CSILE에서 학생들은 문제를 탐색하고 이론을 개발하고, 공동 지식기반에 그들이 학습하고 있는 것에 관한 설명글을 저장하고, 다른 학생들의 글에 대해 코멘트하고 응답한다. 직접 대화하며 토론하는 상황에서 이런 활동이 발생하기 쉽다. 다양한 스캐폴드(예를 들면, "My theory" "What I Learned")를 사용하는 소프트웨어를 사용하고, 그들의 아이디어에 대하여 다른 학생들과 상호 작용함으로써 이런 학습활동들이 안내된다. FCL에서 학습활동들은 연구, 지식공유, 공동 산출물 생산에 중점을 둔다. 각각의 다양한 활동들(예를 들면, 상보적 수업, 안내된 작문쓰기, 학년 간 튜토링)은 학생들을 안내하는 구조를 갖는다. Lampert의 교실은 학습활동으로서 문제해결과 수학적 논쟁을 강조한다. Lampert는 논쟁적인 문제를 제시하고, 중요한 수학적 이슈들에 대한 토론을 유도함으로써 수업 내내 안내를 제공한다.

교사 역할과 역학 관계

세 사례에서 교사는 촉진자의 역할을 수행한다. 학생들의 질문과 흥미가 학습활동과 탐구과정을 이끌기 쉽다. CSILE와 FCL과 비교해볼 때, Lampert의 교실에서 교사는 학생들이 하고 있는 것을 더 많이 통제한다. 전체 학급토론에서 학생들을 인도함으로써 Lampert는 수학적으로 추론하고 논증하도록 학생들을 지원한다. CSILE에서 교사의 역할은 미리 처방되지 않으며, 교사의 지식과 특정 단원을 향한 오리엔테이션에 따라 다양하게 변할 수 있다. Scardamalia, Bereiter와 Lamon(1994, p. 209)가 지적한 바와 같이, "CSILE는 교사를 매개로 하지 않고 교실에서 의사소통하는 중요한 통로를 제공한다." FCL은 CSILE와 Lampert의 수학 교실의 중간쯤에 위치한다. 벤치마크 레슨 같은 특정 활동들은 교사 혹은 초대된 전문가에 의해 주도적으로 안내된다. 하지만, 학생들이 모기가 AIDS를 옮길 수 있는 가의 질문에 관심을 갖는 경우처럼, 학생들 역시 공동체의 학습을 주도하기도 한다(Brown & Campione, 1994).[18]

CSILE와 FCL 교실에서 학생은 교사보다 특정 영역에서 좀더 전문성을 가질 것이다. 그것은 대부분 교실에서 존재하는 전형적인 학생-교사 역학관계를 변화시키는 것이다. 이상적으로 학생들은 교사와 활용 가능한 전문가들의 지식으로부터 이익을 취하지만, 동시에 가능하다면 언제든지 그들의 지식을 뛰어넘는다(Scardamalia & Bereiter, 1991).

중심적 역할/주변적 역할과 정체성

이전에 언급한 바와 같이, 공동체의 활동과 지식에 직접적으로 공헌하는 사람들은 핵심적인 역할을 수행한다. 세 사례 모두 모든 구성원들이 어느 정도이든지 주변적 역할에 참여하는 수단을 제공한다. CSILE에서 학생들은 지식베이스에 있는 노트들을 읽고 다른 학생들의 노트에 코멘트를 다는 것과 같은 주변적인 활동을 하면서 여전히 공동체에 참여할 수 있다. 학생들의 역할은 개인적으로

---

18) 자기조절학습은 산업화시대 패러다임의 특징이 아니며, 따라서 새로운 패러다임의 의미 있는 출발을 나타낸다. 그럼에도 불구하고, 여기에 기술된 "학습의 통제"에서의 다양성은(제3장에서 논의됨) 새 패러다임이 교사중심의 학습 통제를 적절한 때 활용할 수 있음을 보여 준다. 이것은 새 패러다임이 산업화시대 패러다임을 대처하기보다는 다소 그 패러다임의 많은 면모들을 어떻게 통합하는지를 설명한다.

혹은 그룹으로 자신의 노트를 작성해 가면서 변화하기 시작한다. 학생들은 자신의 노트를 발행하거나 다른 학생들의 노트에 연결시키면서 좀더 중심적인 역할을 수행하기 시작한다. 다음 CSILE 사용자들을 위해 어느 학생의 노트가 저장되도록 선택된다면 그 학생의 중심적 역할은 한층 증가한다.[19] FCL 교실 수업에서, 학생들은 그들의 전문성이 jigsaw 그룹 내에서 요구될 때, 생산물을 만들 때, 또는 구성원 각 개인의 전문성이 전체 공동체에 의해 요청될 때 중심적 역할로 이동한다. Lampert의 학급에서, 학생들은 그 학급이 참여하고 있는 수학적 발견과 논쟁에 기여할 때 중심적인 역할로 이동한다.

CSILE에서 개인의 정체성은 구성원들의 공헌이 공동체에서 인정될 때 발달된다: 즉, 다른 학생들이 그들의 노트를 읽고, 코멘트하거나, 그 노트에 링크를 만든다; 그들의 노트가 발행되거나, 전체 학급이 그 노트를 다음 세대를 위해 저장할 만한 가치가 있는 것으로 확인한다. FCL 교실에서 개인의 정체성은 jigsaw그룹 혹은 학년 간 수업(cross-age teaching) 같은 상황에서 다른 이들의 학습을 책임지는 활동을 통해 개발된다. 정체성은 또한 개인의 전문성과 기술을 공동체의 이해에 기여함으로써 발달한다. Lampert의 교실에서 개인의 정체성은 학급 토론에 대한 학생들의 공헌이 언급되고, 교사가 그들이 말한 것을 다시 소리내어 말해 줌으로써 발달한다.

세 사례들은 모든 학생들이 공동체에 기여하고, 그들의 공헌이 다른 학생들에 의해 가치 있게 평가될 수 있도록 주된 노력을 기울인다. 하지만, 이러한 노력은 각기 다른 방식으로 이루어진다. CSILE에서는 학생들이 관심을 갖는 이슈들을 탐색하도록 격려하고, 그래서 그들은 다양한 전문성을 개발하게 되고, 이러한 각 개인의 전문성은 다른 학생들에게 가치 있게 기여한다. 게다가, 학생들은 서로의 노트에 효과적으로 코멘트하는 방법을 배우고, 그래서 그들의 비평은 구성주의적이다(Woodruff & Brett, 1993). FCL에서는 jigsaw와 상보적 교수그룹을 만들고 협동 과제를 협력적으로 수행하도록 함으로써 다양한 전문성과 상호의존성을 육성하는데, 이것은 다른 학생들의 작업에 의존하고 가치 있게 생각하도록 촉진한다. 학생들은 또한 서로에게 유용한 안내를 제공하는 방법을 배운다. 예를 들면, 학생들이 학년 간 수업 활동을 시작하기 전에 튜터들은 튜터링 방법을 훈련받는다(Brown & Campione, 1996). Lampert는 또한 모든 학생들이 서로를 존중하는 공동체를 형성하기 위한 다양한 전략을 사용한다. 이 전략들은 학생들이 말한 것을 다시 진술하여 그들의 아이디어가 다른 이들에게 이해되도록 하고, 학생들이 반대의사를 표명하기 전에 다른 학생들이 말하고 있는 것을 설명하도록 요청함으로써 토론 동안 다른 이들의 말에 경청하도록 만드는 것을 포함한다. 또한, 그녀는 학생들이 다른 학생의 말에 귀 기울이거나 존중하지 않을 때 피드백을 제공한다.

세 사례 모두에서, 공동체 정체성(community identity) 역시 발달한다. CSILE에서 공동체 정체성은 모든 학생들이 공동 지식베이스를 구축하고, 학생들이 공동의 지식베이스를 검토하고 다음 세대 구성원들에게 무엇을 전승할지를 결정하기 위해 함께 일하는 과정 속에서 나타난다. FCL 교실에서는 공동 산출물을 만드는 데 참가하고, 학급 내 하위 그룹들이 어떻게 함께 일하는지 경험하면서 공동체 정체성을 개발한다. Lampert의 교실에서 공동체 정체성은 전체 학급이 수학 문제에 대해 깊이 있게 협력하고, 서로 수학적 논쟁을 벌이고, 수학적 원리들에 대한 공통된 이해에 도달하

---

19) 이것은 제9장(Schwartz, Lin, Brophy, Bransford)에서 설명된 "legacies"의 아이디어와 유사하다.

는 과정을 통해 발달한다.

자원

모든 사례에서 학생들은 서로를 학습을 위한 합법적인 자원으로 간주한다. 세 사례에서 공통적인 자원은 공동체가 개발하고 있는 공동의 지식과 기술(collective knowledge and skills)이다. 교사 역시 하나의 자원인데, CSILE 교실과 FCL 교실보다는 Lampert의 교실에서 교사는 좀더 주요한 자원이 된다. 교사로서 Lampert는 문제를 선정하고 학생들의 토론을 안내하는 데 있어서, 수학적 논쟁에서 수학적 이슈와 기술들에 대한 깊이 있는 이해를 제공한다.

FCL과 CSILE 학급은 가능한 모든 방식으로 교실 밖에 있는 자원들을 이용한다. 학생들은 깊이 있게 문제를 탐색하기 때문에 종종 교실 공동체의 전문성으로 해결하기 힘든 이슈들이 제기된다. 그래서 FCL은 학생들이 탐색하고 있는 질문에 도움을 줄 수 있는 사람들을 찾아내고, 학년 간 튜터링 상호작용에서 학생들로부터 배우고, 이슈들에 관해 텔레멘터와 이야기하고, 웹상에서 정보를 찾아내도록 격려한다. FCL 수업은 종종 공동체 밖 외부 전문가들을 참여시킨다. 이러한 자원은 학생들의 학습뿐만 아니라 교사의 전문성 개발에도 기여한다. "외부 전문가의 수업에 노출될수록, 학급 교사들은 내용영역에 대해 좀더 배우고 모범적인 수업에 대한 책임감을 갖게 된다"(Brown & Campione, 1996, p. 299).

Scardamalia와 Bereiter(1994, 1996)는 CSILE 모델에서 학생들과 외부자원들 사이의 새로운 관계를 개발해 오고 있다. 그들은 어른과 학생들이 공동 지식 기반에서 함께 일하는 지식 생성 사회를 상상한다. 그 사회가 어떻게 기능하는지 설명하기 위해, "어떻게 전기가 작동하는가?"의 문제를 풀고 있는 5학년과 6학년 학생들과 전기에 관한 전시회를 기획하고 있는 박물관 큐레이터가 있다고 가정해 보자. 큐레이터는 학생들이 전기에 대하여 흥미롭게 느끼는 것과 혼동을 느끼는 것이 무엇인지를 파악하기 위해 그들의 지식 상태를 조사할 수 있다. 이와 비슷하게, 학생들은 흥미를 느끼는 것과 이해되지 않는 것에 관해 코멘트하면서, 그 지식 기반 내에서 박물관 전시에 대한 토론을 진행시킬 것이다. 더욱이, 그 박물관 전시회에 참여한 과학자들은 학생들의 노트에 대해 유용한 코멘트를 제공하거나 노트들 간 링크를 만듦으로써 지식 형성에 기여할 수 있다. 학생들 또한 어른들의 대화에서 나타나는 사고 과정들을 관찰하면서 배울 것이다.

담화

세 사례들은 학생들 간 이슈에 관한 공개적인 토론을 격려한다. 이것은 학습공동체가 자신의 지식을 확장시키는 주요한 방법 중의 하나이다.

CSILE 시스템은 문제를 형성하고, 이론을 구축하고, 그것들과 관련된 질문, 코멘트, 새 정보들을 제시하는 대화를 강조한다. 노트들의 명칭은 학생들이 공헌하는 데 안내를 제공한다(예, "My theory" "I Need to Know"). 학생들이 학습한 것에 대한 노트를 작성하는 경우, 그들은 글과 그래픽 모두를 사용하여 대화하도록 격려된다. CSILE에서 의사소통은 비동시적이며, 이것은 학생들이 좀더 분명하게 자신을 표현하도록 허용한다. 왜냐하면, 그들은 자신의 견해를 분명하게 밝히는 데 있어서 즉각적인 맥락에 의존할 수 없기 때문이다(Bereiter & Scardamalia, 1993). CSILE에서 글로 하는 대화에서 흥미로운 점은 대화 시 상대방을 파악하는 데 사용되는 근거들이 면대면 상황에서와 다른 경향이 있다는 점이다. CSILE에서 교실 상호작용이 대부분 글 형식으로 이루어지기 때문에, 글의 명료성, 설득력, 독창성 같은 특성이 면대면 상황에서 일상적으로 상대방의 상태를 파악하는 근거로 사용되는 힘, 외모, 인기보다 중요한 근거가 된다. CSILE에서 학생들은 또한 다른 학생들의 노트를 읽고 의견을 제시함으로써 서로의 작업을 비판하도록 격려된다. 학생들은 이러한 다른 양식들을 효과적으로 사용하는 방법을 배운다. 예를 들면, 학생들이 다른 이들의 노트에 피상적인 의견 제시를 달지 않도록 만들기 위하여 다른 학생들의 작업의 강점과 약점을 모두 확인하도록 배운다.

비슷하게 FCL에서도 학생들이 글과 말의 형태로 모두 질문하고, 설명하고, 이슈들에 대해 구성적으로 토론할 것을 강조한다. 학생들은 그들의 연구에서 탐색할 질문을 형성하기 위하여 그룹으로 작업한다. 그들은 다른 학생들을 위해 연구 결과를 글로 작성하고, 이 글은 학급 내 다른 학생들과의 상보적 교수 활동을 위한 토대를 형성한다. crosstalk과 jigsaw에서 학생들은 그들이 무엇을 학습했는지를 토론하고 다른 이들이 학습한 것과 비교한다. Brown과 Campione(1996)은 다음과 같이 주장한다.

대화는 초보자가 과학적 실천의 담화 구조, 목표, 가치, 신념 체계를 받아들이는 형식을 제공한다. 시간이 흐르면서 학습자들의 공동체가 공동의 목소리, 공동 지식 기반, 공유된 의미 체계, 신념, 종종 암시적이거나 명시적인 활동을 받아들인다.... 아이디어는 토론 중에 제시되고 공동체 구석구석까지 이동한다(pp. 305, 319).

Lampert는 학생들에게 수학적으로 추론하는 방법을 가르치기 위하여 교실에서 수학적 논증을 강조한다. 이러한 접근에서 하나의 도전은 학생들이

다른 학생들과 사이좋게 지내고 싶어하고 그들을 비판하지 않으려 한다는 점이다(Lampert et al., 1996). Lampert와 그 동료들이 지적한 바와 같이, 어른들도 사람에 대한 비판과 아이디어에 대한 비판을 분리하는 것은 매우 어려운 일이며, 하물며 학생들이 논쟁 자체를 불편하게 받아들인다는 사실은 놀라운 일이 아니다. 학생들은 교사의 안내와 다른 학생들을 모델링함으로써 비판을 개인화하지 않고 효과적으로 아이디어에 대해 논쟁하는 방법을 학습한다.

지식

세 사례들이 다양한 지식에 대립되는 공동 지식을 개발하도록 사람들을 격려하는 정도는 서로 다르다. Lampert는 모든 참여자들 간에 공동의 지식을 추구한다. Lampert는 학생들이 그룹 내에서 서로 돕도록 격려하고, 문제에 대한 그룹 토론시 모든 이들이 논의된 아이디어들을 이해하는 것을 목표로 삼아 노력한다. 한편, CSILE에서는 학생들이 자신의 전문성을 개발시키는 방향으로 나가도록 격려한다. 몇몇 학생들은 주제의 한 측면에 초점을 두고, 다른 학생들은 다른 측면에 초점을 둘 것이다. 서로의 노트를 읽고 공동의 책임이 있는 데이터베이스를 만들어감으로써 공통된 이해를 형성하게 된다.

FCL은 각 연구 그룹이 다른 주제를 연구하도록 하고, 그룹의 구성원들은 그 주제의 각기 다른 측면을 탐색하여 그 영역의 전문가가 되도록 함으로써 다양한 전문성을 지원한다. 그러나 FCL도 역시 crosstalk, 학급 토론, 주요 과제 같은 다양한 메커니즘을 활용하고 학생들이 그들의 전문성을 공유하도록 함으로써 공동의 지식을 위해 노력한다. 그 활동들은 학생들이 누가 어떤 전문성을 갖고 있는지를 알도록 구조화한다. 따라서 만약 그들이

작업하고 있는 문제에 관하여 질문이 생기면, 누구에게 도움을 요청해야 할지를 안다.

세 사례 모두 학생들이 참여하고 있는 내용 영역과 학습과정에 대한 초인지적 지식을 개발하도록 돕는다. CSILE에서 "What We Have Learned" 노트와 "Rise Above It" 노트를 사용하여 공동체의 작업을 보다 상위 수준에서 바라볼 수 있게 함으로써 학생들로 하여금 일종의 "초-담화(meta-discourse)" 활동을 수행하도록 격려한다. 즉, 학생들은 지식베이스 내 대화에 관해 이야기함으로써 공동체의 이해 증진과 자기 자신의 이해 증진에 대하여 성찰하게 된다. FCL은 성찰적 학습을 촉진하는 활동 개발과 초인지에 관한 연구를 토대로 발전한다(Brown & Campione, 1996 참조). FCL 학급의 학습활동은 학습에 대해 성찰하는 분위기를 만들고, 학습과정을 명료화시키도록 격려한다.[20] 예를 들면, 학생들은 학습해 온 것들에 대하여 성찰하고 우선순위를 정한다: "알아야 할 필요가 있는 것은 무엇인가? 가르칠 만큼 중요한 것은 무엇인가? 우리가 새로 발견한 지식 중 무엇을 전시할 것인가?"(Brown & Campione, 1996, p. 295). Lampert의 교실에서, 교사는 학생들에게 자신의 제안서를 만들기 전에 다른 학생이 생각하고 있는 것이 무엇인지 설명하고, 그들이 반대하고 있는 아이디어를 명료화하도록 요구한다. 그런 활동들은 학생들로 하여금 공동체의 아이디어를 검토하고, 제안서들을 비교하고, 지식과 이해에 대하여 서로 이야기하도록 유도한다.

산출물

앞서 언급한 바와 같이, 학생들이 산출물을 만드

는 것에 관한 염려는 그런 활동이 학생들로 하여금 의미 있는 학습보다는 최종 산출물을 만드는 수행 목표에 치중하여 그 산출물을 제작하는 것에만 초점을 두도록 이끌 수 있다는 점이다. Scardamalia와 Bereiter(1991)는 학생들이 항상 학습목표(learning goals)에 초점을 두도록 노력하면서도, 노트를 발행하고, 발행된 노트를 미래 학급에게 물려주는 활동들을 CSILE에 포함시켰다. FCL에서는 학생들로 하여금 다른 학생들이 획득한 다양한 전문성들을 모두 필요로 하는 프로젝트를 수행하도록 하는 후속 과제를 강조한다. FCL은 또한 학생들이 부모, 공동체 구성원, 어린 학생들과 같은 다양한 청중들을 위한 프레젠테이션과 전시회를 열도록 한다. 그래서 각기 다른 학생의 작업을 함께 묶고, 학급 외부에 소개하는 산출물을 강조한다. Lampert의 학급에서 학생들은 개인 작업에 대한 저널을 작성하지만, 학급은 어떠한 물리적인 공동 산출물도 만들지 않는다.

또 하나의 염려는 공동체의 공동 지식을 하나의 산출물로서 바라보는 견해이다. 세 사례 모두 공동체 구성원들이 어느 수준의 공통된 이해를 공유하는 반면, 공동체 지식이 객관화되는 수준에 있어서는 사례들 간에 차이가 존재한다. CSILE에서 공동체 지식을 구체화하고, 탐색하고 성찰할 수 있는 글로 쓰여진 데이터베이스가 존재한다. FCL에서 공동의 지식은 말로 표현되기 때문에 공동 지식 데이터베이스를 만들지 않으며, 가공물과 공동의 수행을 통하여 공동체 지식에 대한 기록이 제공된다. Lampert의 학급에서, 모든 토론은 말로 진행되고, 공유된 공동체 지식에 관한 어떠한 가시적인 기록도 남기지 않는다. 학습한 것에 관해 글로 쓰여진 기록만이 개별 학생들의 저널에 남겨질 뿐이며, 그것은 공동의 이해를 반영하지 않으며 공유된 자원도 아니다.

---

20) 성찰(reflection)은 새로운 패러다임의 대부분 이론들에서 발견되는 공통된 특징이다.

4. 효과적인 학습 공동체 설계를 위한 원리

다양한 사례들을 살펴보면서, 우리는 각 사례로부터 배운 것들을 토대로 효과적인 학습공동체 설계를 위한 원리들을 도출하고자 한다.[21]

공동체 성장 원리

공동체의 전반적인 목표는 공동체의 지식과 기술을 확장시키는 것이다. 공동체 학습을 극대화하기 위하여, 공동체는 모든 구성원들의 지식을 취할 필요가 있다. 개인이 새로운 지식을 끊임없이 획득하고, 구성원들 간에 공유하는 것이 목표이다. 모든 구성원들의 지식을 자원화함으로써, 공동체는 공동의 지식을 확장시킬 수 있다.

공동체 목표 설정 원리

공동체의 학습목표는 학생들과 함께 설정해야 하고, 학생들이 탐색을 수행함에 따라 제기되는 질문과 활동들로부터 나와야 한다. 교사는 개별 학생들의 요구, 흥미, 능력에 민감해야 한다.[22] 그래서 목표는 학생들이 무엇을 아는지를 성찰하고, 그들의 강점과 약점에 기반하여 학습해 가도록 도와야 한다. 학생들은 학습공동체가 진화함에 따라 그들 자신의 목표를 설정하고, 공동체 활동에 더 많이 참여한다. 이런 방식으로 공동의 목표(collective goal)가 설정된다.

---

21) 각 원리가 이 책에 제시된 다른 이론들에 나타나는지를 파악해보라.

22) 이러한 맞춤 수업은 새로운 패러다임의 가장 중요한 핵심 사항이다.

목표 명료화 원리

교사와 학생들은 추구하는 목표와 그들의 성공을 판단하는 기준을 명료화해야 한다. 이것은 모든 공동체 구성원들이 목표에 대한 명확한 아이디어를 갖고, 그 목표를 달성했는지 아닌지를 말할 수 있는 준거들을 명백히 하도록 만든다. 모든 학생들은 목표가 달성되었는지를 판단할 능력을 개발해야 한다.

초인지적 원리

초인지는 (a) 자신의 사고 과정을 모니터링하고, (b) 아는 것과 알지 못하는 것을 인식하고, (c) 학습한 바에 대하여 성찰하는 것을 포함한다(Brown, Bransford, Ferrara & Campione, 1983). 모니터링 측면에서, 공동체는 공동체의 목표가 무엇이고, 지금하고 있는 것이 목표 달성에 도움이 되는지 아닌지를 스스로에게 계속 물어야 한다. 공동체는 또한 정기적으로 알고 있는 것과 알지 못하는 것을 확인하려고 노력해야 한다. 결국, 성찰 측면에서 학급은 무엇을 해 왔는지(예, 산출물과 수행) 뒤돌아보고, 무엇을 학습하였고 얼마나 잘 했는지를 평가할 수 있다.

경계 초월 원리

공동체는 공동체 내 지식과 기술, 그들에게 쉽게 이용 가능한 자원들을 확장시키도록 노력해야 한다. 그들 스스로 이해하려고 시도하고, 새로운 접근과 도전을 환영해야 한다. 기존 자원에서 발견한 것을 단순히 되뇌이기를 원하지 않는다. 주제에 관한 다양한 의견과 견해를 구함으로써 그들이 믿고 있는 바에 도전을 가하는 아이디어를 찾아야 한다. 공동체는 현재 신념이나 생각을 지지하는 증거만을 찾아내려고 하지 않아야 한다.

타인에 대한 존중 원리

학생들은 다른 학생들의 공헌과 차이점을 존중하는 것을 배우고, 자신의 아이디어를 솔직히 말하는 편안함을 느낄 수 있어야 한다. 모든 이들이 여러 사람의 의견을 들어줄수록 더 많은 지식의 원천들이 공동체의 지식을 확장하기 위해 존재할 수 있다. 오직 한두 학생의 말만을 듣는다면, 공동체의 학습은 그 소수 학생들이 제공하고 개발하는 것으로 제한된다. 존중에 대한 규칙은 분명하게 강요되고, 명료화되어야 한다.

실패에 대한 안전성 원리

우리는 종종 실패로부터 배우기 때문에 학습공동체가 어느 정도까지는 실패를 수용하고 그것을 비난하지 않도록 해야 하며, 학습시 실패가 발생하는 것을 허용하는 좀더 실험적인 접근을 촉진해야 한다. 종종 실패는 공동의 실패일 것이다. 실패해도 괜찮다는 분위기가 조성되어야 하고, 위험을 감수하고 실험적 접근을 실행하는 것이 더 많은 학습을 유도할 것이라는 생각을 가져야 한다. 비난 없는 성찰은 공동체가 실수로부터 배우도록 돕는다.

구조적 의존성 원리

공동체는 다소 학생들이 다른 학생들의 공헌에 의존하는 방식으로 조직되어야 한다. 학생들이 그들에게 의미 있는 함께 일하는 타당한 이유를 갖는 것이 중요하다. 즉, 그들의 연합된 노력을 필요로 하는 공동 과제를 수행하는 것이 그 예일 수 있다. 만일 학생들이 하나의 과제를 수행하면서 다른 학생의 도움을 필요로 한다면, 그들은 그 학생을 중요하게 여길 것이다. 이것은 다른 학생을 존중하고, 자신을 존중하도록 촉진한다.[23] 모든 이들이 항상 같은 것을 학습하도록 하는 전통적인 학교교육에서는 학생들 간 차이를 가치 있게 여기지 않는다.

넓이보다는 깊이 있는 탐색 원리

학생들은 실제적인 전문성을 획득할 수 있을 정도로 충분히 깊이 있게 주제들을 탐색하는 충분한 시간을 가져야 한다. 이것은 그들 자신의 전문성을 육성하고, 학생들 간 의미 있는 대화를 지원하기 위해 필요하다. 이상적으로는 광범위한 다수의 주제들을 이해하기 위해서 필요한 몇몇 중요 아이디어들에 대한 깊이 있는 탐색이 진행되어야 한다. 학생들이 학습하고 있는 것에 관심을 갖고, 학습하는 방법을 개발하기 위해서 학생들은 지식과 절차를 단순히 암기하는 것을 능가해야 한다.

다양한 전문성 원리

학생들은 자신의 전문성을 다른 학생들과 교사와 공유해야 한다는 책임감을 느끼면서 가장 흥미를 느끼고 잘 할 수 있는 영역을 개발한다. 다양한 전문성을 개발함으로써 공동체는 개인이 해결하기에는 너무 어려운 문제나 이슈들을 다룰 수 있다. 학습공동체는 계속적으로 아이디어를 토론하고 이해가 증진되었는지 검토한다. 그래서 개인이 학습한 것은 단지 그들 스스로 행한 활동들로부터가 아니라, 학습공동체의 각 구성원들이 참여하는 모

---

23) 정의적 결과물에 대한 관심은 새로운 패러다임의 대부분 이론들에서 나타나는 공통된 특징이다. 정의적 결과물을 강조하는 이론들은 제4부에 제시된다.

든 활동들로부터 나온다. 이것은 우리가 흔히 알고 있는 "행함에 의한 학습(learning by doing)"과는 근본적으로 다르다. 대부분 사람들에게 이것은 개인이 스스로 행한 것으로부터 배움을 뜻한다. 학습공동체에서 발생하는 것은 "행함에 의한 집단적 학습(collective learning by doing)"이며, 공동체 구성원들은 자신의 행동은 물론 다른 사람들이 행하는 것으로부터도 배운다. 개인이 학습한 것은 공동체 안으로 유입된다.

다양한 방식의 참여 원리

공동체의 공동의 이해를 증진시키기 위하여 학습공동체는 수행될 필요가 있는 다양한 업무들을 갖는다. 학생들은 각기 다른 활동에 흥미를 느끼고 숙달될 것이며, 따라서 그들이 참여하는 다양한 활동들이 존재해야 한다. 질문을 형성하고, 지식을 수집하고, 공동체 내에서 지식을 공유하고, 외부에 그들의 지식을 소개하고, 학습한 것에 대해 성찰하는 것과 같은 서로 다른 활동들은 공동체의 다중적 학습목표를 지원해야 한다. 학생들은 다양한 활동에서 연구자, 전문가, 협력적 탐색자, 모니터하는 사람, 중재자 등과 같은 서로 다른 역할을 수행할 것이다. 공동체는 모든 역할과 그들의 기여를 가치 있게 생각하고 어느 역할이라도 하찮지 않게 여기는 것이 필요하다.

공유 원리

공동체 내에서 각 개인에 의해 획득된 지식과 기술이 공유되는 메커니즘이 존재할 필요가 있다. 결국 각 학생은 학습자이자 공동체 지식에 기여하는 공헌자가 된다. 만일 어떤 것이 공동체의 지식으로 들어오지 않는다면 그것은 공동 이익에 이바지하지 않게 된다. 많은 공동체들은 지식과 실천

활동을 공유하는 적절한 방식이 부족하고, 결과적으로 구성원들은 그들이 도움 받을 수 있는 전문성을 누가 갖고 있는지 알지 못하기 때문에 종종 어려움에 처한다. 그래서 각 개개인이 학습한 것으로부터 모든 사람들이 이익을 얻을 뿐만 아니라 어려운 문제가 발생할 때 도움을 요청할 사람이 누구인지 알 수 있도록 지식을 공유하는 것이 중요하다.

협상 원리

공동체 구성원들 간 협상을 통하여 아이디어, 이론, 절차 등이 생성되고, 그들 사이의 논쟁은 논리와 증거에 의해 해결된다(Collins, 1998). 논쟁은 더 나은 해결책을 찾거나 이해하기 위해 필요하다. 왜냐하면 학습공동체는 부득이하게 발생하는 오류와 오해를 확인할 필요가 있기 때문이다. 그러나 다른 이들을 비판하는 것은 심리적으로 불편하게 만들기 때문에 학생들은 일반적으로 논쟁에 참여하기를 좋아하지 않는다(Lampert et al., 1996). 사람과 아이디어를 분리하려고 노력함으로써 비판을 개인화하지 않고 다른 사람들의 아이디어를 비판하는 방법에 대해서 구성원들을 코치하고, 모범을 본받도록 하는 방법이 필요하다. 학생들이 학습공동체에서 효과적으로 상호작용하기 위해 습득할 필요가 있는 비판을 객관화시키는 다양한 전략들이 있다(예, 약점과 강점 모두에 초점을 두고 비판하기; 잘못된 것보다는 무엇을 변화시킬 것인가의 측면에서 의견을 제시하기).

산출물의 질 원리

공동체에 의해 생산된 산출물의 질은 공동체 자체는 물론 공동체 밖 사람들 모두에 의해 가치 있게 평가되어야 한다. 특히, 학생들은 그들이 추구하

고 있는 목표와 생산하고 있는 지식과 산출물을 존중할 필요가 있다. 무엇이 양질의 결과물에 이바지하는 가에 관한 공동체의 합의된 기준이 있어야 하며, 이 기준은 바깥 세계에 비추어 검증되어야 한다. 이를 위한 한 가지 방식은 부모, 공동체 구성원, 다른 학생들 같은 다양한 청중들이 그 산출물을 판단하도록 하는 것이다.

5. 결론

교실 내 학습공동체 구축에 관한 아이디어는 우리가 복잡한 이슈와 문제들을 추론할 수 있고, 자신의 학습을 주도할 수 있고, 다양한 배경과 견해를 지닌 사람들과 의사소통하고 함께 일할 수 있고, 자신이 학습한 것을 다른 이들과 공유할 수 있는 능력을 지닌 학생들을 육성하고자 노력함에 따라 더욱 발전할 것이다.

학습공동체 접근의 핵심 아이디어는 공동체의 공동 지식을 향상시키고, 그 속에서 개별 학생들이 학습하도록 돕는 것이다. 이것은 학습이 개인적인 활동으로 간주되고 교재에 있는 지식과 교사가 지닌 지식을 학생들에게 전달하는 것을 목표로 삼는 대부분 학교에서 발견되는 접근과는 정반대되는 것이다. 기존 학교의 문화는 학생들이 대화하고, 문제 혹은 프로젝트를 함께 작업하고, 그들의 아이디어를 공유하거나 토론하는 것을 억제함으로써 지식의 공유를 방해한다. 시험과 성적은 개인별로 집행된다. 시험을 칠 때, 학생들은 다른 학생, 책, 컴퓨터 같은 자원들을 사용하지 못한다. 이 접근은 교육과정에 포함된 모든 지식을 학생의 머리속에 담는 것을 목표로 삼는다. 학습공동체 접근은 학교교육의 바탕이 되고 있는 기존 학습과 지식의 이론에 크게 벗어난다.

학습공동체 접근의 발달은 교육에 관한 우리의 이해가 좀더 광범위하게 변화하고 있음을 반영한다. 미국 내 교육적 사고는 Thorndike에서 출발하여 Skinner와 Gagné와 같은 행동주의자를 거쳐, Bruner와 John Anderson과 같은 최근 인지 심리학자들로 이어지는 심리학적인 견해에 의해 오랫동안 지배되어 왔다. 이러한 지배는 인류학적인 비고스키학파의 영향이 교육적 사고를 "문화화(enculturate)"하기 시작하면서 변하기 시작한다. 이러한 문화적인 관점은 Frank Smith(1988)가 "우리는 동료로부터 배운다"라고 표현한 바와 같이 학습을 사회적이고 문화적인 활동으로 강조한다. 이러한 관점에서 학습은 실천 공동체의 일부가 된다(Brown, Collins, & Duguid, 1989; Lave & Wenger, 1991). 이러한 문화적 관점을 학교교육에 적용하여 대두된 것이 바로 학습공동체에 관한 아이디어이다.

또한, 학습공동체 접근은 요즘 관심이 증대되고 있는 평생 학습에 대한 강조와 잘 맞는다. 이 장에서 우리는 교실 안에서의 학습공동체를 강조했지만, 학습에 대한 이러한 견해는 자연적으로 교실 밖으로 확대될 수 있다. 게다가 아동들에게는, 학습공동체가 부모와 더 넓은 사회 구성원들을 포함하는 충분한 이유가 존재한다. 사회적이고 정치적인 아이디어와 이슈들을 이해하고 다루려고 시도하는 공동체에서 컴퓨터 네트워크를 활용하여 지구의 다른 지역에 있는 학생들은 물론 과학자와 다른 전문가들을 연결시키는 것이 가능하다(Collins & Bielaczyc, 1997; Scardamalia & Bereiter, 1996). 아동들은 이러한 학습 상황에서 더 많은 어른들과 상호 작용함으로써 보자 큰 이익을 얻을 것이다. 학습공동체 접근은 학교 안에 아동을 고립시키지 않고, 그들의 학습을 더 넓은 사회의 학습과 통합하는 방식을 제공해 준다.

6. 감사의 말

이 논문은 McDonnell Foundation으로부터 연구
비를 일부 지원받아 수행되었다. 본 장의 초고에
대한 수정 의견을 제공해 준 Marlene Scardamalia,
Carl Bereiter, Magdalene Lampert, Nick Haddad,
Ann Koufman, Michael Reynolds와 Charles
Reigeluth에 감사를 전한다.

참고문헌

Aronson, E. (1978). *The jigsaw classroom*. Beverly Hils, CA: Sage.

Beteiter, C., & Scardamalia, M. (1993). *Surpassing ourselves: An inquiry into the nature and implications of expertise*. La Salle, IL: Open Court.

Brown, A. L. (1992). Design experiments: Theoretical and methodological challenges in creating complex interventions. *Journal of the Learning Sciences, 2*, 141-178.

Brown, A. L., Bransford, J. D., Ferrara, R. A., & Campione, J. C. (1983). Learning, remembering and understanding. In J. H. Flavell & E. M. Markman (Eds.), *Handbook of child psychology: Vol. 3. Cognitive development* (4th ed., pp. 77-166). New York: Wiley.

Brown, A. L., & Campione, J. C. (1994). Guided discovery in a community of learners. In K. McGilly (Ed.), *Classroom lessons: Integrating cognitive theory and classroom practice* (pp. 229-270). Cambridge, MA: MIT Press/Bradford Books.

Brown, A., & Campione, J. (1996). Psychological theory and the design of innovative learning environments: On procedures, principles, and systems. In L. Schauble & R. Glaser (Eds.), *Innovations in learning: New environmentsfor education* (pp. 289-325). Hillsdale, NJ: Lawrence Erlbaum Associates.

Brown, J. S., Collins, A., & Duguid, P. (1989). Situated Cognition and the culture of learning. *Educational Researcher, 18*, 32-42.

Brown, A., Ellery, S., & Campione, J. (1998). Creating zones of proximal development electronically. In J. G. Greeno & S. Goldman (Eds.), *Thinking practices*. Hillsdales, NJ: Lawrence Erlbaum Associates.

Bruner, J. S. (1996). *The culture of education*. Cambridge, MA: Harvard University Press.

Cohen, E. G. (1986). *Designing groupwork: Strategies for the heterogeneous classroom*. New York: Teachers College Press

Collins, A. (1998). Learning communities: Comments on papers by Brown, Campione and Ellery and by Riel. In J. G. Greeno and S. Goldman (Eds.), *Thinking practices*. Hillsdale, NJ: Lawrence Erlbaum Associates.

Collins, A., & Bielaczyc, K. (1997). Dreams of technology-supported learning communities. In *Proceedings of the Sixth International Conference on Computer-Assisted Instruction* (pp. 3-10). Taipei, Taiwan.

Damon, W., & Phelps, E. (1989). Critical distinctions among three forms of peer learning. *International Journal of Educational Research, 13*, 9-19.

Dweck, C. (1986). Motivational processes affecting leaning. *American Psychologist, 41*, 1040-1048.

Lampert, M. (1986). Knowing, doing, and teaching multiplication. *Cognition and Instruction, 3*, 305-342.

Lampert, M. (1990). When the problem is not the question and the solution is not the answer: Mathematical knowing and teaching. *American Educational Research Journal, 27*, 29-63.

Lampert, M., Rittenhouse, P., & Crumbaugh, C. (1996). Agreeing to disagree: Developing sociable mathematical discourse. In D. Olson & N. Torrance (Eds.), (pp. 731-764). *Handbook of education and human development*. Oxford, England: Blackwell's Press.

Lave, J., & Wenger, E. (1991). *Situated learning: Legitimate peripheral participation*. New York; Cambridge University Press.

Murnane, R. J., & Levy, F. (1996). *Teaching the new basic skills*. New York: Free Press.

Palincsar, A. S., Brown, A. L. (1984). Reciprocal teaching of comprehension-fostering and monitoring activities. *Cognition and Instruction*, *1*, 117-175.

Rogoff, B. (1994). Developing understanding of the idea of communities of learners. *Mind, Culture, anctivity*, *1*, 209-229.

SCANS Commission. (1991). *What work requires of schools: A SCANS Report for America 2000*. Washington, DC: The Secretary's Commission on Achieving Necessary Skills, U.S. Department of Labor.

Scardamalia, M., & Bereiter, C. (1991). Higher levels of agency for children in knowledge building: A challenge for the design of new knowledge media. *Journal of the Learning Sciences*, *1*, 37-68.

Scardamalia, M., & Bereiter, C. (1994). Computer support for knowledge-building communities. *Journal of the Learning Sciences*, *3*, 265-283.

Scardamalia, M., & Bereiter, C. (1996). Engaging students in a knowledge society. *Educational Leadership*, *54*(3), 6-10.

Scardamalia, M., Bereiter, C., & Lamon, M. (1994). CSILE: Trying to bring students into world 3. In K. McGilley (Ed.), *Classroom lessons: Integrating cognitive theory and classroom practice* (pp. 201-228). Cambridge MA: MIT Press.

Scardamalia, M., Bereiter, C., & Fillion, B. (1981). *Writing for results: A sourcebook of consequential composition activities*. Toronto: OISE Press & La Salle, IL: Open Court.

Schofield, J. W. (1995). *Computers and classroom culture*. Cambridge, England: Cambridge University Press.

Slavin, R. (1986, Summer). Learning together. *American Educator*, *12*, 6-13.

Smith, F. (1988). *Joining the literacy club*. Portsmouth NH: Heinemann.

Wineburg, S., & Grossman, P. (1998). Creating a community of learners among high school teachers. *Phi Delta Kapan*, *79*, 350-353.

Woodruff, E., & Brett, C. (1993, November). Fostering scholarly collaboration in young children through the development of electronic commenting. *Research in Education*, *50*, 83-95.

CHAPTER 13

학급수업에서 자기조절학습을 위한 설계이론

Lyn Corno / Judi Randi
Teacher's College, Columbia University

이상수
부산대학교 교육학과 교수

Lyn Corno는 1982년 이후 콜롬비아 대학교 사범대학 교수로 근무하고 있다. 그녀의 주요 연구 분야는 학생학습, 동기, 교실 수업, 교사 개발 등이다. Corno 박사는 American Educational Research Journal(1992-1995)의 교수, 학습, 인간자원개발 분야의 편집자이었으며, AERA C 부서의 간사와 APA의 15부서의 주요멤버이다. 그녀는 APA, APS, AAAS의 특별회원이며, NSSE, Educational Psychologist, 그리고 Contemporary Educational Psychology의 편집위원으로서 활동하고 있다. 그녀는 20권 이상의 책과 30편 이상의 저널 논문을 출판하였다.

Judi Randi는 콜롬비아 대학교 사범대학 Curriculum and Teaching 학과에서 박사학위를 취득했다. 최근에 그녀는 중등학교 고전문학을 가르치고 있으며 콜롬비아 대학교 사범대학 교육학과 보조 조교수 활동하고 있다. 그녀는 교실에서의 교사-연구가에 대한 연구와 개발 활동을 수행하고 있다. 그녀의 연구는 교사 전문성 개발, 협력연구, 그리고 연구와 실제간의 연계연구에 초점을 맞추고 있다. 그녀는 교사-연구가의 협동에 대한 여러 책자들의 공동저자이기도 한다.

서 문

목적 및 전제. 이 이론의 주요 목적은 학생들과 교사들의 자기조절학습을 촉진하는 것이다. 이러한 활동들은 혁신가, 문제 해결가, 실험적 학습자로서 교사들의 잠재력 개발활동을 포함하고 있다. 주요 전제조건은 자기조절학습이 중요한 목표라고 인식하는 것과 학습자들에게 자기조절기술을 개발하기 위한 충분한 시간을 부여해 주는 것이다.

학문적 가치. 이 이론이 근거로 하고 있는 학문적 가치들은 다음과 같다.
- 주제 내용에 대한 능력을 개선하기 위한 수단과 목적으로서의 학생들의 자기조절 학습
- 학생들의 학습목표 추구를 지원
- 학생들에게 자기조절학습을 가르치기 위한 모형 개발 수단으로써의 교사들의 자기조절
- 새로운 수업실천을 탐구하고 창안하기 위한 교사들의 기술에 초점을 둔 맥락화된 전문성 개발
- 연구와 실천의 연계

주요 방법. 이 이론이 제안하는 주요 방법들은 다음과 같다.
교사를 위해
1. 적절한 방법들을 생성하고 자신의 자기조절학습을 촉진하기 위하여 연구가들과 협력하라.
2. 자기조절학습을 위한 학급을 구조화하라.
   - 특별히 새로운 기술을 학습하는 초기단계에서는 학생들을 성적에 따라 순위를 매기기보다 학생 활동에 대한 질적 측면을 강조하는 평가체제에 초점을 두라.
   - 학생들로 하여금 준거를 설정하고 학습과제를 선택하도록 독려하라.
3. 학생들을 준비시켜라.
   - 성찰적인 자기평가와 동료 평가를 위해 학생들을 준비시켜라.
   - 계획, 자기관찰, 그리고 자원관리에 있어서 명확한 지시를 제공하라.
   - 도움이 필요로 할 때 도움을 찾는 방법을 가르치라.

4. 학생들로 하여금 자기조절학습에 참여하고 성공을 경험할 수 있는 풍부한 기회를 제공하라.
   - 필요로 하는 학생들에게는 초기부터 명확한 지시와 자기조절 전략의 분류를 제공하라. 다른 모든 학생들에게는, 학생들 자신의 노력에 기초하여 자기조절학습 전략을 모델로 보여 주고 분류를 하여 주라.
   - 학생들로 하여금 의미 있는 문헌이나 자신들의 삶의 경험들(집단 토론과 학급 발표) 속에서 자기조절 전략들을 귀납적으로 규정하게 하라.
   - 학생들이 자신들의 SRL 전략(예, 개인적 경험에 관하여 글을 쓰기 전에 문헌들에 나와 있는 특성에 맞게 자기조절 전략들을 창안하기)을 정교화하거나 개발하기 전에 SRL을 대리적으로 경험하게 하고 다른 사람들에게 SRL 전략을 제안하는 경험을 하도록 하라.
   - 학생들로 하여금 자신의 자기조절 경험에 대한 글을 쓰게 하고, 전략 사용 증거물로 자신의 글을 분석하게 하라.
   - 학생들로 하여금 SRL 습관을 명료화하기 위한 관점이나 연습활동을 공유할 수 있는 동료를 선택하도록 격려하라.
   - SRL 전략을 모방하는 학생들의 활동에 대해 질적 피드백을 제공하라.
   - 끊임없이 학생들의 준비도를 평가하고, 학생들을 지원해 주기 위해 수업을 조절해가라.
   - 각각의 학생들로 하여금 그들 삶에서 다루고 있는 것들을 통합할 수 있도록 과제를 설계하고 최적화하라.
연구자들을 위해
1. 교사들로 하여금 그들의 교수방법에 대한 자기조절학습에 참여하도록 격려하라.
   - 수업에 대한 계획, 행동, 그리고 성찰하는 순환 주기를 사용하라.
   - 교사들로 하여금 다양한 교수방법(수업모형)에 노출되도록 하라.
   - 교사들로 하여금 이러한 방법들을 교실에 적

용하도록 도와라.
- 교사들로 하여금 새로운 수업방법을 창안하도록 도와라.
- 교사들로 하여금 그들의 새로운 수업방법을 학생들과 평가하도록 도와라
- 교사들이 자신의 자기조절 전략의 사용을 의식적인 수준에서 이루어지도록 자신들이 무엇을 어떻게 학습하였는지 명료화하도록 격려하라.
- 교사들이 새로운 교수방법을 예전 것과 융합하도록 도와라.
- 신뢰, 실험, 그리고 문제해결을 격려하라.
2. 교사들과의 연구를 협력과 전문성의 공유를 위

한 기회 차원에서 접근하라.
- 새로운 유형의 자료수집과 수업 효과성을 평가하기 위한 새로운 방법을 개발하기 위해 교사들과 작업을 하라.
- SRL에 대한 기초 지식에 공헌하기 위해 협력적 연구와 새로운 자료수집 방법을 사용하라.
3. 또한 18~23쪽의 원리들을 참고하라.

교수설계에 대한 적용점. 자기조절학습과 이를 촉진하기 위한 방법에 대한 강조. 적절한 교사 개발을 촉진하는 방법과 이 방법을 학생들에게 효과적으로 사용하는 것에 대한 관심.

— C.M.R.

학급수업에서 자기조절학습을 위한 설계이론

위 제목은 자기조절학습을 위한 학급수업 설계이론의 타당성에 대해 이의를 제기하고자 한 것이다. 10여 년 이상의 연구들이 자기조절(학교활동에 대한 전략적, 개인적 경영)은 명시적 교수활동을 통해 촉진될 수 있다고 강조하고 있다. 그러나 우리는 연구결과들을 통해서 자기조절학습의 훌륭한 설계이론의 창안을 위해 필요로 한 구체화 작업은 오히려 이러한 목표의 궁극적 성취를 위태롭게 할 수도 있다는 입장을 갖게 되었다. 우리의 주장은 어떤 면에서는 비전통적으로 보일지 모르지만, 우리의 입장은 Reigeluth가 이 책의 제1장에서 기술한 수업이론의 새로운 패러다임과 일관성을 갖고 있다.

우리는 먼저 자기조절학습을 특성지우고 간단히 몇 가지 연구들의 흐름을 살펴보았다. 이 장에서 우리의 근본 목적은 교사훈련에 관한 현재 우리의 연구를 기술하는 것이다. 이 연구는 결과적으로 학급 수업과정에서 교사 자신의 조절적 노력의 중요성을 강조하게 하였다. 우리의 작업은 수

업설계이론과 과정간의 전통적인 구분을 유지하는데 관심이 있다기보다는 이 영역의 실제적 이론 형성에 있어서 협력적 혁신과정의 중요성을 제시하였다. 만약 교사들이 학생들 스스로 자기조절적 학습자가 되도록 도와 주고 싶다면 그들 자신들 또한 자기조절적이어야 한다. 전통적인 수업설계이론은 이러한 목표를 지원하기보다는 방해하는 위험성을 갖고 있다.[1]

학생들의 자기조절학습에 관한 관련 연구들의 고찰

학생들의 목표추구를 지원해 주는 한 가지 방법은 학문적 과제를 수행하는데 도움이 되는 구체적인 전략들을 가르치는 것이다. 읽기활동을 할 때 "여기서 주된 아이디어는 무엇인가?", 또는 문제해결 학습을 할 때 "내가 주어진 모든 정보들을 사용했

---

1) 이것은 Schwartz, Lin, Brophy, and Bransford의 제9장에서 기술한 융통성 있는 적응적 수업에 대한 요구와 유사하다.

는가?"와 같은 질문들을 스스로 해 보는 것이 그 예들이다. 목표에 도달하기 위해서 학생들은 또한 시간을 관리하는 방법을 학습하고 잘한 일에 대해서는 자신에게 보상해 줄 필요가 있다. 궁극적으로 학습은 인지적, 행동적 차원의 부하를 덜어주기 때문에 동일한 학습과 자기경영 전략에 대해서 습관적인 사용이 가능해진다(Corno & Mandinach, 1983). 비록 학생들의 자기조절학습에 대한 몇 가지 다른 정의들이 있지만, 모든 이러한 정의들은 학습관련지식과 자기경영 전략을 과제수행을 위해 적절히 사용하려는 학생들의 성향을 강조하고 있다(Zimmerman & Schunk, 1989). 자기조절학습은 또한 학생들이 한 가지 차원에서 구분될 수 있다는 점에서 이해될 수 있다: 즉, 어떤 학생들은 다른 학생들보다 자기조절학습을 훨씬 잘 사용하는 경향을 가지고 있다. 자기조절학습은 점차 확산되고 있는데 그 이유는 그 기능적 원리 자체가 학교의 일반적인 상황에서 다양한 유형의 교육적 성취를 얻게 하기 때문이다.

학생들의 자기조절학습에 대한 많은 사전 연구는 긍정주의적 세계관과 연관된 객관적이고 과학적인 방법에 따라 진행되었다. 예를 들면, Pintrich(Pintrich & DeGroot, 1990; Pintrich & Garcia, 1991), C. Weinstein(Weinstein & Meyer, 1991), Zimmerman(Zimmerman & Martinez- Pons, 1986; 1988)에 의한 예언적 연구 프로그램들은 학교현장에서 전략 사용과 학생들의 자기보고와 등급이나 성취도 시험과 같은 교육결과간의 상관연구에 초점을 맞추어 왔다. 이러한 유형의 연구들은 자기조절학습은 (a) 자기보고서 형태로 신뢰성 있게 측정될 수 있고, (b) 일반적인 인지능력, 불안과 같은 동기의 다른 측면들과 구분되며, (c) 청소년들의 중요한 교육적 성취를 예측하게 한다는 점을 발견하였다.

다른 연구들은 학습과정에서 자기조절학습에 대한 분석적이고 예언적 연구로부터 수업절차와 모형에 관한 설계와 평가에 관한 연구로 전환되고 있다(예: 특수교육에 관한 연구, Harris & Graham, 1985; 1992; 글 쓰기 수업에 관한 연구, Bereiter, 1990, Bereiter & Scardamalia, 1987). 이들 연구자들은 학습내용의 습득을 위해 자기조절 원리와 전략을 학습하고자 하는 학생들에게 이들 원리와 전략을 가르치기 위한 수업모형을 개발하는데 초점을 두고 있다. 일반적으로, 이러한 수업은 효과적으로 나타나고 있다. 심지어 학습장애아들도 올바른 유형의 수업자극을 통해 학교과제 수행에 대한 자기조절 능력을 학습할 수 있다.

읽기 영역에서의 보완적인 수업전략에 대한 연구 노력들은 Palincsar과 Brown(1984; Palincsar, 1986), Pressley와 그의 동료들(Pressley, Forrest-Pressley, Elliott-Faust, & Miller, 1985; Pressley, Goodchild, Fleet, Zajchowski, & Evans, 1989; Borkowski, Carr, Rellinger, & Pressley, 1990; Brown & Pressley, 1994), 그리고 다른 사람들(Dole, Duffy, Roehler, & Pearson, 1991)의 연구에서 나타나고 있다. 많은 기술적 작업들이 "훌륭한 전략 사용자 모형"(Brown & Pressley, 1994)에 대한 수많은 책과 논문들을 통해 Pressley에 의해 요약되고 있다. 비록 어떤 연구들은 다른 과제에 대한 전략사용의 전이에 실패하긴 했지만 전략 수업이 읽기 영역에서 많은 학생들에게 도움이 되고 있음을 보여 주고 있다.

최근에 수행된 질적, 해석학적, 그리고 민속학적 연구들은 특정 과제영역에서 명시적으로 자기조절 전략을 가르치는 것이 실제적 가치를 가진다는 점을 지지해 주는 다른 형태의 증거와 대안적 연구 패러다임을 제안하고 있다. 질적 연구는 또한 명시적 교육을 위한 교수활동과 교사교육에 주목하고 있고(Trawick & Corno, 1995), 이들 중 몇 가지는 표 13.1에 기술하였다.

표 13.1 훌륭한 전략사용 수업을 위한 교사교육의 장애물

- 교사는 정보처리에 관한 교육을 받지 못했다.
- 전략을 가르치는 수업에 대한 관점은 교사에게 너무나 많은 책임감을 부여한다.
- 전략수업은 교수방법에 대한 많은 노력을 요구한다.
- 전략에 대한 수업은 영속적인 전략의 사용을 보장해 주지는 못한다.
- 평가 자료의 부족은 교육자들로 하여금 효과적인 전략 및 수업 자료를 선택하는데 어려움을 준다.
- 교육자들은 전략에 대한 정보에 제한적인 접근이 허용된다.

주: "The challenges of Classroom Strategy Instruction," by M. Pressley, F. Goodchild, J. Fleet, R. Zajchowski, & E. Evans, 1989, *The Elementary School Journal, 89*, pp. 309-322에서 발췌함.

교사 전문성 학습

자기조절학습에 대한 연구에 대해 간단히 검토를 해보면 우리가 기술할 새로운 접근에 대한 정보를 제공해 준다. 우리의 새로운 접근은 학생들의 자기조절학습에 관한 연구의 이론적 관점을 확장시켰다. 학생들의 자기조절학습에 초점이 있음에도 불구하고 우리는 특별히 도전적인 교수 상황에서의 교사의 자기주도성에 관심을 두고 있다. 전통적인 교사개발은 교사들에게 교수활동에 대한 자기주도적인 학습을 할 수 있는 기회를 주지 못했다. 교사개발에 대한 연구와 훈련의 역사는 교사를 자기조절 학습자로 간주하는 현재의 우리 사고에 대한 배경을 제공해 주고 있다.

역사적으로 교사들은 그들 자신의 학급 밖에서 개발된 혁신을 실천하도록 요구되었다(Corno, 1977). 전통적인 교사개발에서 교사들은 기술훈련, 코칭, 그리고 실천에 대한 지원과 같은 도움으로 외부의 지시를 실천하는 수동적 학습자로 간주되었다(McLaughlin & Marsh, 1978). 몇 안 되는 교사개발 프로그램만이 교사 자신들이 혁신가라는 아이디어를 갖도록 교육하였다. 결론적으로 교사들에게 자기조절기술을 개발하도록 하는 데에는 관심이 주어지지 않았다. 교사들이 "성찰적"이고 "교사연구가"(Cochran-Smith & Lytle, 1992; Schon, 1983)가 될 필요성이 있다는 최근 요구들

이 교사를 능동적인 학습자로 보는 새로운 유형의 교사 전문성 개발(Lieberman, 1995)에서 주장되었다.[2]

학생들의 자기조절학습에 대한 연구와 함께 교사들이 어떻게 학습하는지에 대한 새로운 이해가 교사들의 자기조절학습에 대한 연구의 기초를 제공해 주고 있다. 예를 들어, 질적-해석적 연구들을 통해 학생들의 자기조절력을 촉진하기 위해 교사가 사용하는 전략뿐만 아니라 교사 자신들의 자기조절 노력을 밝혀내고 있다(Gudmundsdottir, 1997 참조). 우리는 현재 다른 종류의 사례 중심 질적 자료를 연구하고 있다. 한 가지 목표는 현존하는 심리측정 척도 또는 질문지로부터 도출된 통계적 조합을 넘어서 자기조절 학습의 구인을 새롭게 보는 시각과 그 측정방법을 발견하는 것이다. 우리는 또한 통제된 수업전달에 의해 비의도적인 영향을 줄임으로써 설계된 교수의 장점을 측정하려는 기존의 실험 연구를 극복하고 있다. 우리의 연구에서는 교사가 "충실하게 실천"해야 하는 체계적인 수업처치를 설계하기보다는 그들의 특정한 학생들을 대상으로 자기조절학습을 가르치는 그들 자신의 모형을 개발하도록 하고 있다.[3]

---

2) 이러한 새로운 형태의 교사전문성 개발은 새로운 수업 패러다임의 한 예이다.

3) 이러한 접근은 교사의 전문성 개발을 위한 문제중심학습의 형식을 취하고 있다.

비록 전통적인 교사개발은 혁신을 "실천"하도록 장려하였지만, 혁신 자체가 장려되지 못했다. 교사개발의 영향을 평가하기 위해 널리 사용되고 있는 실행측정방법은 구식모형에서는 일관성 없는 결과를 보여 주었다. 비록 그들은 수업을 개선하기 위한 수단으로 혁신을 강매하였지만 교사개발을 하는 사람들은 혁신이 아닌 모방을 가르치고 평가하였다. 교사전문성개발을 위한 새로운 접근방법은 탐구에 가치를 두고, 실천과 성찰 없는 모방을 넘어서 새로운 발견에 가치를 두고 있으며, 매체와 메시지, 방법과 내용, 그리고 주어진 가치와 평가 간의 일관성을 얻기 위해 노력하고 있다 (예, Lewis, 1997 참조).

이러한 노력들은 점차적으로 우리로 하여금 "자기조절학습을 가르치기 위한 지침을 제공해 주는" 모순이 되는 철학적 입장으로 인도하였다. 학생들을 위한 자기조절학습의 목표는 교사들에게는 다른 형태의 작업을 필요로 한다. 우리의 작업은 초기의 수업중재전략을 보충하는 것이며, 동시에 대안적 형태의 수업이론을 제공해 주는 것이다.[4] 사람들이 어떤 쪽의 심리학적 경계선을 선택하느냐에 따라 우리의 이론은 "설계이론"이 될 수도 되지 않을 수도 있다.

비록 자기조절학습을 가르치기 위해 구체적인 지침을 제공하는 것이 우리의 입장과 대조가 되기는 하지만, 우리는 교사들과의 작업에서 우리가 사용한 협력적 과정을 기술하겠다. 이 과정에서 우리는 교사들의 해방된 자신들의 자기조절노력을 관찰할 수 있었다.[5] 지속적인 우리의 협력적인 작업은 학생들의 학습경험을 증가시키기 위한 교사 자신들의 학습과 문제해결 동안 보여 준 자기조절의 과정을 기록할 수 있게 하였다.

이 글의 나머지 부분에서 우리는 이러한 협력적 과정을 기술하겠다.[6] 이러한 과정은 새로운 형태의 연구이면서 새로운 형태의 교사전문성 학습을 의미한다. 오랜 역사의 실행연구와 실천 이후에 우리는 협력적 혁신이라고 지칭하는 새로운 형태의 교사 전문성 학습으로 연착하게 되었다. 이런 학습은 특별히 Reigeluth(1996)가 언급한 "미리 구성된 수업자료를 취하여 이를 해체하고 그리고 그 결과를 수업 중에 독특한 방식으로 사용하는" 교사들을 위한 것이다. 즉, 최근의 개혁적 문헌 (Lieberman, 1995)에서 요구하고 있는 교사 전문성 학습의 유형과 일관성 있게 협력적 혁신은 타인의 아이디어를 실행하는 것이 아니라 교사의 창조활동을 지원해 준다(Randi, 1996; Corno & Randi, 1997).[7]

협력적 혁신의 의미와 목표

협력적 혁신은 교사의 창안활동을 지원함과 동시에 교사와 연구자간의 협력을 통해 연구와 실천을 연결하고 있다. 협력적 혁신은 특정한 학생들의 변화하는 요구에 맞게 새로운 학급활동을 구성, 평가, 그리고 기술하는 연구가들을 포함한 대규모의 학교공동체 내에서 교사들이 함께 일하는

---

4) 새로운 패러다임은 기존 패러다임의 많은 측면들을 통합한다는 점을 보여 준다.

5) 따라서 교사들의 자기조절 능력을 증가시키기 위한 전문성 개발에 참여하는 사람들을 도울 수 있는 지침을 우리가 제공해 줄 수 있는가? 라는 논점이 제기된다. 만일 그렇다면 새로운 패러다임이기는 하지만 수업설계이론이 아닌

것인가?

6) 협력은 새로운 패러다임의 대부분 이론에서의 공통된 특징이다.

7) 간단하게 언급되었듯이 이 이론에서는 타인의 아이디어가 완전히 무시되는 것은 아니다. 사실은 저자가 이분법적인 함정을 피하고 반대의견을 두 가지 모두 통합된 보다 강력한 대안으로 융합하였다. 이것은 새로운 패러다임의 전형적인 이론이다.

과정을 규정하고 있다. 협력적 혁신은 타인의 아이디어를 실행할 자료나 수업모형을 교사에게 제공하지 않고, 이러한 모형을 어떻게 사용하고 "이러한 프로그램을 어떻게 정착시키는지"를 교사에게 조언해 주지 않으며, 모형에 대한 순응이나 "충실성"의 정도를 평가하지 않고, 교사의 신선한 실천을 위한 창안활동을 격려한다. 즉, 협력적 혁신은 교사로 하여금 외부에서 제공된 모형에 적응하는 것을 넘어서 각 교사와 학생들이 가지고 있는 특성에 따라 현대 심리학적 이론과 일관성이 있는 새로운 수업적 실천을 창안하도록 격려하고 있다.8) 교사의 혁신은 이처럼 그들 자신의 학급환경에 매우 맥락화되어 있다. 협력적 혁신 모형은 교사의 동기화 요소를 다룰 뿐 아니라 학생들의 개인차에 따른 새로운 수업방법을 개발을 할 수 있게 해 준다.

협력적 혁신은 역동적인 실천에 기초하고 있다. 오늘날의 학교와 학급은 지속적으로 변화하고 있다(McLaughlin, 1993). 학교, 학급, 그리고 더욱 다양해지는 학생집단은 오늘날 교육자들에게 특별한 도전감을 주고 있다. 이러한 문제점들에 대한 해결책을 고안해줄 연구와 정책을 기다리는 것은 비효과적이고 어리석은 행위이다. 오늘날의 교사는 전문가적 기술이 아닌 창안을 위한 도구를 필요로 한다(Olson, 1997). 협력적 혁신의 한 가지 중요한 목표는 교사들이 혁신가와 문제해결자로서의 잠재력을 개발하는 것이다. 또 다른 목표는 학생들의 자기조절학습 능력 개발을 촉진하는 것이며, 이를 위해서는 직접적 수업이 가장 좋은 방법일 것이다. 예를 들어, 협력적 혁신 과정은 교사들이 학생처럼 학습과정을 경험하게 한다. 이러한 과정에서 교사들은 그들이 학습

한 것을 연구가들에 의해 정교화 하도록 지도를 받고 이에 따라 이번에는 그들이 비슷한 학습경험으로 학습자들을 지도할지 모른다. 마지막으로 협력적 혁신은 교사들의 경험적 학습을 목표로 하고 있다. 교사들은 가끔 그들이 분명한 모형에 의한 경험으로부터 가장 잘 학습한다고 말한다(Hargreaves, 1984; Olson, 1997). 경험적 학습은 성인학습에서 중요한 역할을 하는 것으로 생각된다(Brookfield, 1996). 협력적 혁신은 교사들이 자신의 교수 상황에서 학습하려는 노력을 지원해 주고, 그들의 지식을 정교화 하도록 격려해 준다.

1. 협력적 혁신의 실례

우리는 자기조절학습에 대한 우리들의 연구에서 협력적 혁신 전략을 사용했었다. 그러나 점차 많은 연구들도 같은 유형의 연구를 실시하였다(Perry, 1997 참조). 우리는 이 장에서 다른 관련 연구들을 기술할 공간을 가지고 있지 않다. 그러나 독자들은 보다 자세한 내용을 위해 Corno와 Randi(1997) 그리고 Guthrie와 Wigfield(1997)의 연구를 참조하기 바란다. 우리들 연구의 한 가지 예는 체계적 수업설계이론과 자기조절학습에 대한 딜레마를 예증해 주고 있다. 이 예에서 우리는 학습자로서의 학생과 자기조절 학습자로서의 학생을 지원해 줄 수 있는 학급환경을 조성하기 위해 교사가 무엇을 할 수 있는지에 초점을 두고 있다. 우리가 사용한 협력적 연구과정은 특정 개별 학습자를 가르칠 교사가 새롭게 개발한 수업 실천을 그대로 밟아가는 것이었다. 아래에 기술된 학급의 실례는 자기조절학습을 지원해 주기 위한 학급구조를 구축하는 수업요소들에 대한 요약이다.

---

8) 다시, 맞춤형은 새로운 패러다임의 핵심요소라는 것이 명확해졌다.

문헌을 통한 자기조절학습을 가르치기

우리들의 자기조절학습 수업을 위한 협력적 탐구는 우리들 중 한 사람(Randi)이 교외의 공립 고등학교에서 고급 라틴어를 가르칠 때 시작되었다.

학생들의 자기조절학습은 모델링이나 독립적 학습을 위한 많은 기회를 줌으로써 촉진될 수 있다는 확신을 가지고, 우리는 Randi의 고등학교 고전문학 교육과정이 자기조절능력을 보다 명확하게 또는 다소 암시적으로 학습할 수 있는 다양한 기회를 제공해 줄 수 있도록 구조화하는 다양한 방법들을 논의하였다. 우리는 탐구, 끈기, 그리고 용기와 같은 고전문학 문헌과 영화를 특징짓는 자기의존과 독립성의 영구적인 주제를 탐구하였다. 우리는 고전문학 교육과정 자체가 어떻게 자기조절학습을 위한 분명한 수업 모형을 제공하는지를 알게 되었다.

교육과정 자체를 넘어서 우리의 의도는 학생들이 자기조절학습에 참가하도록 하는 많은 방법을 제시하는 학급구조를 제공하는 것이었다. 학생들은 귀납적으로 자기관리 전략을 학습함과 동시에 문헌을 통하여 대리적으로 자기조절학습을 경험하였다. 그들의 귀납적 학습은 자기 주도적 학습자의 개인 성격특성의 좋은 예가 되는 인물을 문헌적으로 분석하는 활동이었다.[9] 항상 우리의 주된 관심사는 교사인 Randi가 이 목적을 위해 특별히 개발된 그녀 자신의 수업자료로 그녀 자신의 학급을 운영해야 한다는 것이다.

학생들.   10명으로 구성된 이 특별한 학급의 고급 라틴어 수강 학생들은 실제로 같은 나이대의 학생들보다 성적이 낮은 학생들이다. 비록 라틴어 과목이 이 학교에서는 선택과목이지만 몇 명의 성적이 낮은 학생들이 이 과목을 수강하기 위해 상담을 해왔다. 이 공동체의 학부모들은 고급과목을 수강하는 것이 학생들의 대학입학 기회를 높여줄 것이라고 생각했다. 일반적으로 이러한 고급과목을 수강한 학생들은 일류대학의 입학을 위한 "좋은 평가"를 받고 있다.

자기조절학습을 증진하는 학급 만들기.   자기조절학습자가 되기 위해서 학생들이 어떤 학습자가 되고 어떤 노력을 해야 하는지를 돕기 위해서는, 자기조절학습이 발생하도록 학급구조를 구축함으로서 활동범위를 설정하는 것이 중요하다. 만일 학생들이 충분히 지원을 받았다고 느낀다면, 우리가 믿기에 그들은 새롭고 점차 어려운 도전을 즐기게 될 것이다. 이러한 목적을 위해 우리는 학생들에게 성공적인 학습자가 되는 방법에 대한 명확한 수업을 제공했었다. 우리는 그들에게 그들 자신의 학습을 계획하고 관찰하는 방법을 가르쳤다[10]: 학생들에게 점차 난이도가 증가하는 도전적인 학습상황에서 성공을 경험하는 주의 깊은 비계활동이 제공되었다.

학생들이 성공을 느끼게 하는 한 가지 방법은 평가를 도전의식을 갖도록 피드백이나 도움을 제공하는 방식으로 사용하는 것이다. 예를 들어, 이러한 학생들에게 자신들의 작품을 예제나 동료들이 미리 세운 준거와 비교하여 평가하는 방법을 가르쳤다. 학생들이 자신의 작품을 동료들이 미리 정한 준거와 비교하여 평가하는 방법을 이해할 때까지 전체학급은 학생들 자신의 반응과 최종과제를 완벽하게 기술한 가정적 예제들에 대해 토론하였다. 이처럼 학생들은 자신의 작품을 객관적이고

---

9) 이것은 Schank, Berman, 그리고 Macpherson이 제8장에서 이야기를 하나의 사례로 활용한 것을 기억나게 한다.

10) 다시, 산업시대 패러다임의 요소들이 새로운 패러다임에서 사용되었다.

솔직하게 평가하도록 격려되었다. 그들은 또한 자기평가 이후에 자신의 작품을 수정하도록 하였고 또한 그들의 설명이나 평가가 교사의 피드백과 일치할 때 추가 점수가 주어졌다.[11]

학생들은 자신의 작품에 대한 구체적이고 질적인 피드백을 받았다. 피드백은 장점과 단점 그리고 학생들의 개선을 위한 정보를 포함하고 있다. 성적의 중요성은 의도적으로 최소화하였다. 학생들은 항상 글로 쓰인 피드백을 받았지만 드물게 성적을 받았다. 모든 과제에서 노력을 경주하게 하기 위해 학생들은 과제에 대한 성적이 주어질 때 미리 통보를 해주지 않았다. 학생들이 새로운 기술을 습득하기 위해 노력을 할 때에는 성적을 매기지 않았다. 따라서 새로운 학습에 대한 부정적 영향이나 지연된 희열이 발생하지 않도록 하였다.

성공을 위한 또 다른 방법으로, 주어진 과제를 보다 기쁘게 하게 하기 위해 학생들에게 준거나 과제를 협상할 수 있도록 하였다. 예를 들어, 한 학생은 제삼자의 입장에서 개인적 경험을 이야기식으로 기술하도록 하였다. 그 이유는 그가 개인적인 방식으로 자신에 대해 글을 쓰는 것이 불편하다고 표현을 했기 때문이다. 합리적 또는 이야기 형태의 과제는 자기조절 학습자가 목표달성을 위한 노력을 유지하기 위해 사용할 수 있는 하나의 동기 통제 전략이다(Corno, 1993).

독립적인 학습을 격려하고, 목표 지향적이게 하며, 어려운 과제를 수행할 때 학생들의 좌절을 최소화하기 위해서는 학생들에게 친구들로부터 도움을 청하는 방법, 사용가능한 자원의 목록을 창의적으로 만드는 방법, 그리고 대안적인 행동이나 실행 계획과 같은 계획과 자원관리에 대한 명확한

---

11) 자기 평가나 자신의 작업에 대한 수정 기회는 수업이론의 새로운 패러다임에서 공통적인 것들이다.

수업을 제공해 주었다. 학생들에게 "과제를 함께 하는 동료"를 배정해주고 그들이 과제를 못했거나 도움을 필요로 할 때마다 그 동료와 함께 점검하도록 하였다. 귀납적인 수업전략과 함께 이러한 수업구조는 학습에 대한 책임은 학생들 자신에게 있다는 메시지를 강화시켜 주었다.

이 학급은 고의적으로 이러한 특정한 연구 프로젝트를 위한 것이 아니라 강좌의 시작부터 자기조절학습을 촉진하기 위한 목적으로 구조화하였다. 예를 들어, 학생들에게 강좌를 통하여 일련의 수업활동에서 자신의 작품을 어떻게 평가할 것인지 가르쳐 주었다. 학생들(그리고 그 부모들)에게 정책 배경에 있는 의도뿐만 아니라 "항상 피드백이 주어지고 가끔 성적이 주어진다는" 정책에 관하여 정보가 주어졌다.

교육과정에 내재된 수업. 의도적으로 구조화된 학급환경의 맥락 속에서 우리는 교육과정을 통해 은연중에 구체적인 자기조절전략을 가르치는 가능성을 탐구해 보았다. 이처럼 우리는 구조와 내용, 매체와 메시지, 그리고 Cronbach(1989)가 말했듯이 "수행과 과정"을 혼합하는 계획을 실행했었다. 그리 놀랄 일이 아닌 것은 교육과정 내용을 통해 은연중에 자기조절학습 전략을 가르치려는 우리의 시도는 학생들에게 독립적인 학습을 보다 분명히 그리고 보다 이해하기 쉽게 촉진하려는 교사들의 목표를 가능하게 하였다.

이러한 특정한 고전문학 교육과정에 내재시키는 것이 자기조절학습의 지적 이해를 개발하는 또 다른 수단이 됨을 확신하고 우리는 고등학교 3학년 라틴어 학급의 교육과정에 우리의 관심을 집중하였다. 고전문학 특히 중세 탐구여행 문헌은 자기조절전략을 추론하고 가르치기 위한 자연스런 환경을 제공하여 주는 것 같다. 탐구여행 문헌에 있는 보편적인 주제는 대체로 자기조절학습자에

의해 선택된 자기관리와 학습전략 두 가지를 들 수 있다: 어려운 과제에 대한 노력을 유지하기, 현재의 과제에 관심을 집중하기, 비슷한 상황에서의 성공을 기억하기, 시간과 자원을 관리하기, 우선순위를 바꾸기, 탐구의 끝에서의 성취감을 상상하기 등.

학생들에게 자기조절 노력을 촉진하기 위해 설계된 경험의 맥락 안에서 이러한 문헌을 분석하게 하는 것은 매우 유용하다. 이러한 활동 속에서 학생들에게 Virgil의 서사시인 *Aeneid*에서의 영웅인 아에네아스에 의해 좋은 예로 제시된 세 가지 로마인의 특성을 가진 상상의 인물을 창조하도록 요구하였다. 로마인의 세 가지 특성인 충성심, 철저한 목적의식, 인내심은 자기조절적 노력을 대변한다는 생각에 교사들은 이들을 과제의 목적으로 선택하였다.[12]

이러한 특성들에 초점을 둔 한 가지 수업활동은 작은 집단학습 활동이었으며, 여기서 학생들은 정기적으로 자선사업에 기부하고, 공동체에서 봉사를 하며, 매주 가라테를 가르치고, 다섯 명의 아이들을 입양한 가족적인 자원봉사 판사 "프레드"를 상상으로 만들어 냈다. 교사의 지도하에 학생들은 프레드가 똑 같이 중요시하는 갈등이 되는 책임사항(예, 그가 가라테를 가르쳐야 하는 저녁에 그의 아내가 아프면 프레드가 어떻게 해야 하는지)에서 발생하는 갈등을 생각하고 해결하도록 하였다. 학생들이 프레드가 사용할 수 있는 전략들을 기술하면서, 그들은 우선순위를 바꾸고, 시간과 자원을 관리하는 방법에 대한 사고를 학습하였다. 예를 들어, 그들은 프레드가 가라테 학급을 자신의 집에서 실시함으로써 그가 가족의 요구와 학생들의 수업을 동시에 충족할 수 있다고 논의를 했다. 만

일 이들이 프레드의 문제를 해결할 수 있다면, 이들 학생들은 이와 비슷한 개인적으로 도전적인 상황에서 그들 자신의 문제를 해결할 수 있는 유사한 전략을 창안해 낼 수 있게 될 것이다. 이러한 활동은 일련의 지속적인 학급활동과 학생들 반응의 한 부분을 설계한 수업의 한 예이다. 이것은 작은 집단의 학생들이 프레드를 창안해 내고 이들 혹은 다른 학생들이 이러한 특성을 포함한 다른 개성을 구성해 낼 수 있을 때 가능하다. 그럼으로써 교사는 학생들의 작업에 기초하여 지속적인 활동을 할 수 있으며 프레드의 갈등 이외의 다른 갈등을 해소하도록 지도해갈 수 있다.

추후활동에서 학생들은 어떻게 탐구적 영웅들이 그들의 목적의식을 잃지 않고 다양한 장애물들을 극복하였는지를 분석하면서 그들의 자기조절 전략을 정교화 하였다. 특별히 학생들에게 오디세우스가 *The Odyssey*에서 귀향을 위해 어떻게 그의 탐구를 활용하였는지 다양한 전략을 숫자화, 범주화, 그리고 명명하도록 요구하였다. 학생들 자신들이 규정하고 구성한 범주와 명칭들은 자기조절학습 문헌에서 기술된 초인지, 동기, 정서통제 전략들[13]과 매우 유사하다(표 13.2 참조).

마지막으로 학생들에게 그들의 결정을 평가하고, 그들의 목적을 추구하는 과정에서 부딪혔던 장애물들을 어떻게 극복했었는지를 기술하기 위해 그들 삶에서의 탐구를 규정하도록 요구하였다. 표 13.3은 이러한 학생들의 개인적 탐구들로부터의 발췌문들을 보여 주고 있다. 괄호 안의 고딕체의 용어들이 우리의 전략적 코드들이다.

비록 이들 학생들의 학습자로서의 독립성에 대한 실제적 검증은 그들이 미래 학습에서의 새로운 학문적 도전과 직면할 때 가능하지만, 우리는 이

---

12) 정의적 영역과 중복됨을 주목할 필요가 있다. 이러한 현상은 새로운 패러다임에서 일반적인 것이다.

13) 정의적, 인지적 영역의 상호연관성은 새로운 패러다임의 많은 이론들에서 명확하게 나타나고 있다.

표 13.2

자기조절학습 전략에 대한 학생들의 예시		탐구영웅에 의해 예시된 유사한 전략	
전략	학생	전략	탐구 영웅
내재적			
초인지 통제	올바른 출발이 되도록 첫 번째 단계에 대해 생각하라.	계획	오디세우스는 폴리페무스를 속이고 동굴에서 도망치기 위해서 필요한 것들을 생각했다.
	달성 가능한 몇 가지의 목적을 세워라.	점검/기준설정	오디세우스는 이타카의 왕으로서 자신의 위치를 개척하기 전에 탄원자들을 죽여야만 했다.
			오디세우스는 한 번에 한 개의 장애물을 처리하였다.
	당신의 일을 점검하라; 피드백을 찾아라.	목적/과정평가	칼립소가 오디세우스에게 불멸의 기회에 대한 제안을 했을 때, 오디세우스는 자신의 목적의 중요성을 다시 고려하였다.
동기유발 통제	하는 일이 잘 될 거라고 상상하라.	집중/긍정적인 사고	오디세우스는 그의 아내 페네로페와 아들 텔레마코스와 함께 집에서 살고 있는 상상을 해 보았다.
	시간관리를 위한 지시와 명령을 자신에게 주라; 힘든 일에 대해 자기보상을 하라.	인내/자기의존	뗏목에 혼자 있는 동안 오디세우스는 자신에게 말했다; 안전하게 해안가까지 수영할 수 있을 때까지 뗏목에 있자.
정서통제	기억하라: 난 예전에 비슷한 유형의 것들을 했다.	시각화/심상화	칼립소의 뗏목에서, 오디세우스는 그가 전에 참아냈던 많은 고난들을 기억하였다.
	현재의 일에 자신이 능숙하다는 상상을 하라.		아테네가 오디세우스에게 성공의 비전을 보여 준 후에 오디세우스는 탄원자들에게 대적할 준비를 했다.
외재적			
과제상황 조절	일을 시작하기 위해 사람들과 자료를 수집하라.	자원의 사용/마법	오디세우스는 키르케의 주문을 방해하기 위해 마법의 허브를 사용했다.
	일을 능률적으로 하여 일이 쉽고 덜 힘들게 하라; 일을 보다 재밌게 하기 위해 도전이나 장식물을 부가하라.	자신만의 솜씨/책략 사용	오디세우스는 사이렌의 노래를 들었지만, 그는 집을 향한 탐험을 포기하지 않았다. 그의 부하들은 그를 돛대의 기둥에 묶어서 배 밖으로 나가려는 유혹에 빠지지 않도록 하였다.
과제상황에 서 다른 조건 조절	교사에게 도움을 청해라.	친구로부터 도움받기	오디세우스는 아테네에게 도움을 받았다.
	만일 아이들이 귀찮게 하면 그들에게 조용히 해달라고 부탁하라; 조용한 장소로 이동하라.	부하 통제	오디세우스는 그의 부하들이 신성한 소를 먹는 것과 태양의 신 헬리오스의 분노를 사는 것을 막으려고 노력하였다.

[a]Corno와 Kanfer(1993) 참조.
[b]위의 전략들은 학생들이 문헌분석을 통해 규정한 것이다; 명칭들은 학생들에게 전략들을 범주화하고 그 범주들에 명칭을 부가하게 하는 활동에서 교사와 학생들이 구성한 것들이다.

표 13.3 학생들의 개인적 탐구로부터의 인용문

나는 몸이 굳어지면 깊이 숨을 쉬고 다시 시작하려고 한다(정서통제). 나는 내가 무엇을 썼는지를 기억할 수가 없었고, 어디에서 시작해야 하는지 알 수가 없었다. 나는 두 번째 장애물인 작가의 장애물을 만나게 되었고… 나는 그만두고 대학을 포기할 수도 있고 또는 책상으로 다시 돌아가서 공포스러운 컴퓨터 괴물(초인지; 평가)과 부딪힐 수도 있다. 나는 이 수필이 나의 미래에서 얼마나 중요한지 결정하고 이를 타파하려고 할 때 무엇을 한 것인가를 곰곰이 생각했다(동기조절).

나는 아무 곳으로나 펼쳐진 열린 도로를 마음껏 차로 달리는 꿈이 있었다. 나는 운전자 교육을 끝마치고 결국 운전면허를 취득하기까지의 나의 탐험 동안 부딪힐 많은 고난들을 절대 상상하지 않았다. 그럼에도 불구하고, 나는 터벅터벅 걸어서 나의 수업을 시작하였다(초인지: 계획/달성 가능한 목적설정). 되돌아보면, 내가 나 자신을 몰아붙이고 나의 목표달성에 성공한 것이 기쁘다. 그 이유는 지금은 내가 훨씬 독립적이고 자기 확신을 가지게 되었기 때문이다. 내가 포기한 모든 것과 내가 투자한 모든 시간들이 결국은 나에게 보상을 주었다(초인지: 평가).

신입생 때부터, 난 미국 육군사관학교에 들어가기 위해 모든 것을 다 해왔다. 이것은 내가 기억할 수 있는 순간부터 나의 꿈이 되어 왔다(동기 통제)…. 몇 주 전에 나는 육군사관학교의 입학허가서를 받게 되었다. 내가 결국 해냈다는 것을 아는 것 자체가 이러한 과정을 가치 있게 만들었다(초인지: 점검 및 평가)

이것은 나의 여정의 끝이 아니다. 왜냐하면, 나는 아직 몇 달의 학교교육이 남아 있기 때문이다(초인지: 점검). 나의 아이디어를 써내려가고 나의 선택사항들을 계획한 후에(초인지: 계획), 나 자신과 내 생의 몇 달 안에 성취해야 할 목적들을 더 잘 이해할 수 있었다(초인지: 평가).

학급의 모든 학생들이 그들의 수필에서 자기관리 전략의 사용을 증명해 보였음을 발견하였다. 계획, 정서통제, 그리고 자기평가들이 특별한 증거들이다. 열 명의 학생 중 아홉은 최소한 여덟 개의 자기관리전략의 예들을 포함한 글을 썼다.

학생들에게 전략 사용에 대한 증거를 위해 그들 자신의 글들을 평가하도록 요구하였다. 특별히 Randi는 학생들에게 그들의 개인적 탐구 글에서 장애물들을 극복하기 위해 사용했었던 전략들을 확인하도록 하였다. 이러한 전략들은 탐구 영웅들을 모델링한 동기와 정서통제를 포함하고 있다(예, 인내심, 긍정적 사고, 자기강화, 그리고 정신적 시각화). 학생들은 또한 자신들만의 자원관리 방법을 포함하여 어떤 부분에서 계획, 감시, 또는 목표 평가와 같은 초인지적 전략을 사용하였는지를 확인하였다. 학생들은 그들의 글 속에서 어떻게 행동전략을 수립하고, 그들의 목표들을 평가하며, 기준을 설정하고, 자원을 찾고 발견하며, 그리고 친구에게 의존하였는지를 보여 주도록 하였다(완전한 과제는 부록에 제시되었다). 교사(Randi)는 독립적 학습을 위한 학생들의 발전을 평가하고 또한 학생들에게 자기관리 전략과 학습전략을 사용하도록 가르치기 위하여 이러한 학습경험을 설계하였다(예, 문학상 인물이 사용한 전략에 대한 인식, 목적달성을 위해 어떤 또는 모든 등장인물들을 돕기 위한 전략의 창안, 학생들의 개인적 글에서 사용된 전략의 자기평가 등).

교사의 역할. 이러한 단원을 통하여, 교사는 촉진자로서 역할을 한다. "암시적"으로 자기조절을 가르치려는 우리의 의도와 일관성을 갖기 위해, 교사들은 학생들에게 탐구 영웅들에 의해 좋은 예로 보인 특성들을 규정하고 영웅들의 노력과 자신들의 목표지향적인 노력 간의 연계를 만들도록 요구하였다. 이처럼 학생들은 먼저 그들 자신의 언어로 자기조절전략을 규정하고 기술하였다.14) 학생들 자신의 발견이 모델링15)을 통해 교사에 의해 명명되고 강화되었다. 그리고 이후 활동은 학생들 자신의 글에서 자신들의 전략을 규정하는 것과 같은 자기조절학습 전략의 정교화에 초점이 주어졌다.

비록 우리의 증거들은 교사에 의해 인도된 학생들이 교육과정을 통해 암시적으로 자기조절 전략을 학습한다는 것을 보여 주지만, 우리는 모든 학생들이 이러한 귀납적인 학습과정으로부터 혜택을 받지 못한다는 것을 경고하고자 한다. Randi는 다음과 같은 관찰 결과를 기록하였다.

교사들에게 자기조절학습의 명시적 혹은 암시적 교수법 사용의 조건적 지식을 갖게 하는 것이 그들에게 도움이 될 것인가? 나에게는 자기조절학습을 암시적으로 가르치는 것이 효과적인 때가 있고, 명시적인 수업이 보다 효과적인 때16)가 있는 것처럼 보인다. 나는 유난히 감성적이고 민감한 한 학생이 떠오른다. 암시적인 수업과 모델링이 궁극적으로는 그녀에게 효과적인 방법이 될 것이다. 그러나 어떤 학생들은 그들이 자신의 사고를 인식하지 못하고 피드백에 민감하지 못하는 등의 문제 때문에 초기에는 명시적 수업과 분류 작업을 필요로 한다.

이 인용문은 학생들의 개인차에 따른 수업의 필요성을 명료화하였다(Cronbach & Snow, 1977). 전형적으로 Randi의 일기에서의 관찰은 다음의 두 가지를 강조하고 있다: (a) 자기조절학습을 향한 학생들의 발달에 대해 수집된 자료, 그리고 (b) 그녀(교사)가 변화될 필요가 있다고 느끼는 것들에 학생들이 집중하도록 자료를 분석하고 사용한 방법. 이 인용문은 또한 상황에 민감한 교육과정을 만드는데 있어서 교사의 중요한 역할을 강조하였다. 이러한 유형의 교육과정 개발은 전통적인 수업 설계에서는 발생하기가 힘들다.

이 프로젝트를 위한 수업요소의 요약

우리의 프로젝트는 한 교사 자기조절학습을 위한 수업조건에 관하여 알려져 있는 내용을 어떻게 의미 있는 방법으로 적절한 교육과정에 통합할 수 있는지의 한 예를 제공해 주고 있다. 우리는 이러한 수업이론의 요인들을 다음과 같이 요약하였다.

- 첫째, 학급은 자기조절학습이 일어나도록 의도적으로 구조화될 수 있으며, 새로운 인지전략과 자기관리전략의 학습을 촉진할 수 있다. 예를 들어, 성적의 중요성은 의도적으로 최소화하고 학생들이 기준을 설정하고 그들 자신이 의미 있다고 생각하는 과제를 선정하도록 격려하였다. 이처럼 과제의 특성이나 정책뿐만 아니라 보상까지도 학생들에게 위임해 줌으로써 학생들은 이전에는 선택하지 않았을 학습에서의 위험을 감수할 수 있었다.
- 둘째, 교사는 학생들이 단원이 부과한 도전에 참여하도록 준비하였다. 비록 모든 학생들이 평균적인 능력을 가지고 참여하였지만, 모두 미리 자기평가와 동료평가를 위해 준비하였다.

---

14) 이러한 방법은 이 책 제1권에서 제5장에서 기술된 Gropper의 행동적 수업이론에서 제안된 전략인 산출절차의 인지(자기조절전략을 규정하고 난 후 이를 스스로 사용함)로 특징지을 수 있다.

15) 이 책 제1권에서 Merrill은 세 가지 중요한 수업방법으로 말하기, 보여 주기, 그리고 행하기(보편성, 예, 그리고 실습)를 규정하였었다(반드시 이러한 순서일 필요는 없음). 자기조절은 귀납적 학습과정에서 "행하기", 이를 뒤따라 "보여 주기"(모델링), 그리고 "말하기"(명명하기 그리고 코칭)에 의해 촉진되는 것으로 보인다.

16) 다시 우리는 이분법적인 사고방식을 거부하고 방법의 다양성을 볼 수 있다.

- 셋째, 평가를 학생들의 수행에 대한 판단보다는 목표성취를 위해 학생들을 동기화하기 위한 수단으로 사용하였다.[17] 예를 들어, 학생들에게 성적을 부여하는 것보다 더 자주 구체적이고 질적인 피드백을 제공하였다.
- 넷째, 학습에서의 성공을 보장하고 좌절을 최소화하기 위해 학생들은 계획과 자원관리에 대한 명시적 수업을 제공받았다. 예를 들어, 비록 학생들이 독립적인 학습자가 되도록 격려되었지만 그들이 도움을 필요로 할 때 교사, 과제 파트너, 또는 다른 자원으로부터 도움을 추구하는 방법을 교육받았다.
- 다섯째, 수업단원은 학생들에게 자기조절학습을 학습하고 증명해 보일 수 있는 최대한의 기회를 제공해 주었다. 예를 들어, 탐구영웅들에 의해 예증된 자기조절학습 전략을 규정하려는 학생들의 시도는 또 다른 유형의 자기조절학습이었으며, 이들의 작업이 인정되고 타당화된 후에 교사가 공식적인 명명작업을 해 주었다.
- 여섯째, 궁극적인 과제는 Hill(1992)이 말한 회고적이 아닌 미래지향적 즉, 학생들이 그들의 삶에서 다룰 무엇인가를 학급에 다루는 과제였다.[18] 성인기는 많은 탐구활동을 위한 시기이다(대학이나 어떤 다른 미래 방향을 추구하는).
- 일곱째, 교사가 개발한 단원은 학생들의 개인차와 반응의 패턴에 민감했다. 학생들의 준비성이 지속적으로 평가되고 학생들의 완전한 잠재력을 펼칠 수 있도록 수업을 정기적

으로 조정하였다는 점에서 교육과정이 유동적이었다.[19]
- 여덟째, 고전문학 교육과정 자체는 자기조절에 대한 토론과 학습을 위한 기초로 사용되기에 의미 있는 문헌과 주제를 제공해 주었다(표 13.3 참조). 우리는 이러한 주제들이 고전문학 교육과정에서만 유일한 것이라고 생각하지 않지만 우리의 특정한 관점에서 중요한 요인이었다. 학생들 자신들의 삶의 경험뿐만 아니라 전기문학을 포함한 다른 문헌들도 우리가 특정한 고전문학 교육과정에서 했던 것처럼 학생들에게 자기조절전략을 정교화 하도록 지도하는 기회를 제공해 줄 수 있을 것이다.
- 마지막으로 우리의 협력적인 작업들은 다른 접근이었다면 불가능했던 자기조절학습 구인의 다중 방법적이고 포괄적인 평가방법을 만들어 냈다.[20] 우리의 증거들은 우리 프로젝트가 매일 수업 상호작용에서 학급교사들에 의해 사용되는 진단적 평가유형, 그리고 자기관리전략의 증거로 학생들의 수필을 부호화하는 것과 같은 전통적으로 질적 연구자들에 의해 사용되는 유형의 측정을 통합하는 데 성공하였음을 보여 준다.

어떻게 협력적 혁신이 자기조절학습을 지원해 주는가?

초기에 우리는 교사들이 학생들의 자기조절 노력을 지원해 주기 위해서는 교사 자신의 자기조절이 이루어져야 함을 논의하였다. 우리가 증명하

---

17) 학생에 대한 총괄적이기보다는 형성적인 평가는 수업이론의 새로운 패러다임에서는 공통된 특징이다.

18) 이 방법은 맞춤형 학습을 위한 강력한 방법으로 보인다.

19) 이러한 맞춤형-목표나 방법 모두-은 새로운 패러다임의 가장 중요한 지표이다.

20) 다른 말로, 교사들은 그들의 전문성 발달에 있어서 학생들처럼 "무대 위의 현자"가 아닌 "주변에서의 지도"를 통해 보다 이득을 얻을 수 있다.

였듯이 상황에 민감한 방법으로 가르치기 위해서는 역동적인 교육과정의 구성을 필요로 한다. 교사들 자신의 혁신이 교수의 절대 필요한 부분이지만 이러한 것들이 드물게 인식이 되고 격려되지도 않았다. 교수와 수업설계의 완전성을 인식하고 일하는 가운데, 우리는 학생들의 개인차에 따라 그리고 자기조절학습자로서 학생들의 잠재력을 극대화할 수 있는 수업을 설계할 수 있다는 것을 발견하였다.

중요한 것은 연구결과를 교육과정과 학급의 수업에 통합하려는 협력적 경험이 우리 모두에게 암시적인 학습기회 즉, 전통적인 학급사상에 대한 사례연구에서 연구자들에게는 불가능하고, 전통적인 형태의 전문성 개발에서 학급교사들에게도 불가능했던 기회를 가능하게 했다는 것을 우리는 발견하였다. 우리는 새로운 수업전략이 연구와 실천의 지속적인 상호작용 속에서 만들어졌음을 발견하였다.[21] 우리의 연구는 또한 학급에 어떤 새로운 관점을 소개하는 것이 협력적 혁신에서 이익이 될 것이라는 점을 제안하고 있다(Corno & Randi, 1997; Olson, 1997; Randi, 1996).

더욱이 이 특정한 프로젝트에서 실습하였던 협력적 혁신은 다른 학급교사에 의해 개발된 혁신적인 교수전략의 효과성을 타당화하는 대안적인 모형을 제공하고 있다. 주목할 것은 이러한 한 학급 사례로부터 수집된 연합자료가 구인 타당도에 관심을 가지고 있는 측정 전문가들에 의해 오랫동안 촉진되어 온 다양한 방법의 평가, 다중사건의 표본, 그리고 측정의 포괄성을 정확히 포함하고 있다(Snow, Corno, & Jackson, 1996). 그러나 만일 우리가 했던 방식으로 작업하지 않았다면 이러한

방법은 구현되지 못했을 것이다.

자기조절학습 전략은 학생들이 학습해야 할 중요한 것이다. 그러나 자기조절학습이 학급에서 중요한 것처럼 학습하는 방법을 아는 것은 학교현장에서 가치 있는 것이다(Corno & Kanfer, 1993). 학생들처럼 교사들은 타인의 도움 없이 암묵적 지식(Schon, 1983)이나 현장에서 성공하는 방법에 대한 지식을 스스로 습득하도록 방치되고 있다(Sternberg, 1995). 암묵적 지식을 습득할 수 있는 능력은 뛰어난 수행을 위해 결정적으로 필요하다(Sternberg & Wagner, 1993). 비록 몇 안 되는 교사개발 프로그램이 교사들의 혁신을 위한 학습을 도와 주고, 역사적으로 교사들이 타인의 혁신적 아이디어를 실행하도록 격려되어 왔지만, 어떤 교사들은 그들에게 제공된 모형을 개조하여 암묵적으로 혁신을 하는 방법을 학습해 왔다(Randi & Corno, 1997).

전통적으로 구조화된 학급에서는 전통적인 교사개발처럼 학생들이 자기조절을 학습할 기회가 거의 없었다. 그러나 어떤 학생들은(그리고 어떤 교사들) 분명히 자기조절학습 전략을 습득하였다. 교사와 학부모들(Xu, 1994)은 자기조절전략을 모형화 하였지만 학습자들에게는 적용이 안 될 수 있다. 이처럼 어떤 학생들은 "좋은" 학생들에 의해 전형적으로 사용되는 전략을 습득하는데 불이익을 당할 수 있다. 어떤 지도 없이 경험만으로 학습하도록 하는 것은 교사들 역시 전문가라는 차원에서 불이익을 당할 수 있다(Olson, 1997). 협력적 혁신은 교사들이 학습한 것을 정교화 할 뿐만 아니라 그들의 독특한 학급상황에서 교사들의 창의적 발상을 격려함으로써 그들의 교수활동으로부터 학습을 하도록 교사들을 지원해 준다.[22] 이처

---

21) 보다 나은 수업전략을 생성하기 위해 협력적 혁신을 사용하는 것은 형성적 연구의 사용과 어떤 면에서 유사하다(Reigeluth & Frick의 제26장 참조).

---

22) 무엇을 학습했고 어떻게 학습했는지에 대한 정교화를 포함하여 우리는 성찰을 새로운 패러다임의 핵심적인 특징

럼 협력적 혁신은 교사들이 자신의 전략을 의식적으로 사용하게 하고 학생들을 위한 전략들을 분류할 수 있게 한다.

마지막으로 협력적 과정은 교사들로 하여금 그들이 학생들을 위해 설계하는 것과 유사한 학습경험에 참여하게 한다. 우리가 했던 것처럼 협력적으로 일하면서 우리는 다양한 접근의 문제해결이 단순한 문제해결을 대신하고, 탐구적인 조사가 피상적인 판단을 대체하며, 그리고 외부의 아이디어를 모방하는 것을 상황에 민감한 창안활동이 대치하는 것을 관찰했었다. 결론적으로, 교사와 학생들은 그들 자신의 경험으로부터 암묵적으로 자기조절학습 전략을 학습하는 이득을 갖는 것으로 보인다. 다음 부분에서 우리는 교사를 자기조절 학습자로 논의하고 교사의 자기조절학습을 지원해 주는 하나의 수단으로 협력적 혁신을 탐구하였다.

2. 교사혁신과 자기조절학습

자기조절학습자로서의 교사

협력적 혁신은 연구가들이 그 과정을 "발견하고" 명명하기 오래전부터 몇몇의 교사들에 의해 실천되어 왔다.[23] 오랜 전통의 외부에서 생성된, 연구기반 혁신들에서, 실천가들은 수많은 혁신적 수업모형의 수령자들이었다. 이러한 실천을 모방하도록 격려된 교사들은 혁신자라기보다는 모방자 또는 소비자로 특징지어졌다. 그러나 모방의 충실성이 기대되었음에도 불구하고, 교사들은 수업혁신을 모방하기보다는 개조하는 것으로 관찰되어 왔

으로 보고 있다.

23) 이 사실은 새로운 테크놀로지에 의해 가능한 것만 빼고는 모든 교육방법에서 진실이다.

다(McLaughlin & Marsh, 1978). 연구자들은 교사들이 그들 자신의 수업 실천을 고안하고 그들이 모방하도록 격려되었던 모형으로부터 원리를 추상화해 내는 것을 관찰했다(Connelly & Clandinin, 1988; Randi, 1996). 그리고 어떤 연구는 교사를 자기조절학습자로 기술하고 있다(Gallimore, Dalton, & Tharp, 1986; Manning & Payne, 1993).

교사들이 자기조절적이 되는 한 가지 방법은 그들의 교수 방식과 학습환경에서 수업혁신과 상호작용을 통해 가능하다. Brown(1993)과 동료들은 학생들이 인적자원과 자료들을 그들을 위한 **근접발달**의 대행자(Vygotsky, 1978)로 포함하게 하는 유사한 학습환경과 그들의 완전한 잠재력 실현을 위해 함께 일하도록 학습자를 지도하는 협력적 과정을 의도적으로 구조화하였다. 따라서 교사들 역시 그들에게 제공되는 수업모형으로부터 새로운 실천을 창안하도록 학습할 수 있다(Randi, 1996). 그러나 창안활동이 교사개발의 목적이 아니었기 때문에 교사들은 그들의 지식에 대한 정교화와 그들이 행하는 것에 대한 분류작업 없이 과정만을 학습하기 쉬울 것이다. 즉, 교사들은 그들이 실행하도록 기대가 되는 혁신의 설계에 관한 암묵적 지식을 은연중에 학습하고 있다.

학습자로서의 교사를 위한 환경 구축

학생과 같이 교사들도 위험감수를 지지해 주고 동시에 도전감을 제공해 주는 풍부한 학습환경에서 혜택을 받을 수 있다는 확신하에, 우리는 교사를 위한 그러한 학습기회를 구조화 하였다. 실천으로부터 학습하려는 교사들의 경향성을 이용하여, 우리는 "자연적으로 제공되는 것보다 어떤 유형에 대한 보다 더 많은 경험을 제공하고 결론을 보다 빨리 도출하도록 도움으로써"(p. 79) Cronbach(1955)가 제시한 특정상황에서의

학습을 촉진하는 방법에 대해 생각하기 시작하였다.

우리들 중의 한 사람(Randi, 1996)이 어떤 내용 영역에서 여덟 명의 학교교사가 고차원적인 사고기술을 가르치도록 설계된 프로그램을 실행할 연구를 하게 되었을 때 기회를 갖게 되었다. 프로그램이 학생들에게는 창의성을 촉진하되 교사들에게는 그들이 따라야할 처방을 요구한다는 대조적 관점에서, 우리는 만일 교사들이 처방된 프로그램으로부터 일탈할 수 있는 "승인이 주어진다면" 어떤 일이 일어날까 하는 고민을 해 보았다. 이처럼 교사들은 그들이 선택한 수업에 대해 계획, 실행, 성찰을 하도록 하였다. 전통적인 교사개발과는 달리 이들 교사들에게 특정한 혁신을 실행하도록 요구하지 않았다. 대신에 이들 교사들은 인터뷰, 학급관찰, 그리고 그들이 설계한 수업에 대한 성찰을 경험하였다. 교사와 연구가들이 함께 해석적인 기술을 기록하였다. 이러한 기술은 교사의 아이디어가 학급에서 실천되기까지 교사의 수업 개발을 추적하여 기록하였다.

교사개발 프로그램을 처방된 대로 실행하기보다는 교사들은 그들에게 제공된 모형을 개조하거나 그들 학급의 상황에 따라 그들 자신의 수업전략을 창안하였다. 우리는 교사들의 개조나 창안이 의도적이었음을 발견하였다. 즉, 교사들은 그들의 수업과 그들의 아이디어의 자원이 되는 모형간의 차이점을 분명히 규정하였다. 교사들에게 선택권을 준 것처럼, 그들은 학생들에게도 선택권을 주었다(보다 자세한 내용은 Randi, 1996 참조). 예를 들어, 한 사회적 연구에서 교사는 학생들에게 가나에서 온 교환학생에게 그들에게 흥미 있는 질문을 하도록 격려하였다. 다른 영어교사는 학생들에게 그들이 읽고 싶은 현대희곡을 선택하도록 하였다. 앞에서 기술하였듯이 고전문학 교육과정의 도전에서 선택의 기회는 학생들로 하여금 위험을 감수하도록 고무한 것처럼, 우리 역시 교사들이 자신의 선택에 의해 수업을 설계하도록 했을 때 그들이 위험을 감수하고 새로운 수업의 실행을 실험해 보는 것을 관찰할 수 있었다.

우리는 협력적 연구과정이 우리 이론에서 중요한 몇 가지 방법으로 교사의 창안활동을 지원한다는 것을 발견하였다. 첫째, 연구과정은 교사들이 전형적으로 사용하는 수업설계과정을 모방하였다. 예를 들어 교사와 협력적으로 실행했던 인터뷰와 관찰을 통해 교사의 개인적 교육과정 형성을 특징지어 주는 것으로 생각되어 온 숙고, 실행, 그리고 행동에 대한 성찰의 일상적인 순환주기를 포착하였다(Connelly & Clandinin, 1988). 이처럼 이러한 순환주기 과정에서 교사는 지속적으로 그들의 작업을 평가하고 수정하였다. 두 번째, 교사들에게 그들 자신의 수업을 특징짓고 그들의 아이디어의 근거가 되었던 모형과 그들 수업이 어떻게 다른지를 기술하도록 하였다. 이처럼 교사 자신들의 창안활동이 원칙에 맞는 지식으로 인식되었다. 마지막으로, 협력적 과정은 특정상황에서 문제를 해결하고, 교수와 학습에 대한 새로운 지식을 구성하며, 그리고 학급의 외부에서 지배적이었던 "오래된" 아이디어와 새로운 교수활동을 융화시키도록 교사들을 지원해 주었다.

교사전문성 학습을 위한 수업요소

교사전문성 학습을 위한 열 가지 원칙들이 교사들과의 협력적 작업을 통해 만들어졌다. 우리가 사용한 협력적 과정은 풍부한 학습환경의 제공에 의해 어떻게 교사들이 학습을 증진시키고 교사들이 자신의 지식을 정교화 하도록 지도하는지를 포함하여, 교사들이 어떻게 그들의 교수 상황에서 학습을 하는지의 예를 제공하고 있다. 아래에서 우리는 수업요소를 요약하였고 교사전문성 학습의 한 형식으로 협력적 혁신에 대한 보다 공식적인 "이론"을 만들었다.

원칙 1: 교사의 창안.   지식노동자라는 현재의 교사에 대한 개념과 일관성 있게, 협력적 혁신은 교사의 창안활동을 고무한다. 예를 들어, 특정한 모형과의 "일치성" 정도를 측정함으로써 교사의 수업을 평가하기보다는 교사들에게 혁신으로서 그들의 수업을 특징짓고 그들 수업이 어떻게 제공된 모형과 다른지를 기술하도록 하였다.

원칙 2: 교사 선택.   협력적 혁신은 수업에 대한 선택을 할 수 있는 기회를 교사들이 갖도록 하고 있다. 예를 들어, 우리는 교사들에게 그들이 선택한 수업에 대한 계획을 세우도록 하였다. 즉, 우리는 특정한 모형을 실행하도록 요구하지 않았다. 교사들은 자신의 아이디어에 의한 모형의 장점과 단점을 논의하도록 격려되었다. 다른 형태의 교사전문성 개발과는 달리, 다른 아이디어에 순응하도록 교사들의 신념과 실행을 바꾸려는 시도가 없었다. 교사들을 특정한 철학적 방향에 순응하도록 격려하기보다는, 협력적 혁신은 비판적 탐구와 선택을 격려하였다. 이처럼, 교사들 자신의 동기가 다루어졌고 교사들은 다양한 방법으로 다양한 학생들의 요구를 충족할 수 있는 융통성을 유지하였다.

원칙 3: 새로운 실천 평가.   협력적 혁신은 새로운 수업에 대한 평가에 교사의 관심이 집중되도록 하고 있다. 협력적 과정에서 교사들은 그들의 새로운 실천을 분류하고 학생들에 대한 영향을 평가하여야 했다. 전통적인 교사 개발 차원보다는 연구나 개발활동에 가깝게 교사평가 혹은 코칭 모형을 평가하는 준거로 교사가 혁신을 사용하느냐보다는 수업의 혁신을 하느냐를 보았다.

원칙 4: 순환적인 교육과정 형성.   협력적 혁신은 교사들이 전형적으로 수업설계를 위해 사용하는 과정을 따른다. 즉, 실행에 있어서 교육과정 형성은 비선형적이다. 이처럼 협력적 연구 과정은 교사들을 계획, 실행, 그들이 설계한 수업에 대한 성찰 등의 순환적 과정에 전념하게 한다.

원칙 5: 문제해결.   협력적 혁신은 교사들이 새로운 수업과 기존의 수업을 통합하려 할 때 문제해결을 위한 기회를 교사들에게 제공한다. 새로운 것과 오래된 것 간의 불일치를 해결하려 하는 것은 새로운 지식을 습득하는 한 방법이다(Pribram, 1964). 교사의 학습은 기술습득으로 제한되어 있지 않다. 이처럼 교사의 지식에 대한 접근은 전통적인 교사 개발 프로그램보다 더 풍부하고 심도 있게 될 수 있다.

원칙 6: 맥락 내에서 학습.   협력적 혁신은 교사로 하여금 새로운 실행을 창안하도록 격려함으로써 맥락 내에서 학습할 수 있는 기회를 갖게 한다. 수정과 창안을 위해 격려되면서 교사들은 그들이 새로운 교수 전략을 개발할 때까지 지속적으로 수업을 평가하고 개정하였다. 외부에서 생성된 아이디어가 교사에게 부과되는 전통적인 교사 개발과는 대조적으로 협력적 혁신과정은 교사 자신의 아이디어를 인정해 준다.

원칙 7: 학생에 대한 초점.   협력적 혁신은 학생을 교육과정 형성의 중앙에 위치하게 한다. 교사들은 특정 맥락 안에서 창안활동을 하도록 격려되기 때문에, 그들은 다른 맥락에서 특정한 수업활동을 평가하였다. 그리고 그들은 학생들의 반응에 기초하여 수업을 개정하였다. 이처럼 교사들은 심지어 학급과 학급 간에 자신이 창안한 것을 수정하면서 창안과 재창안을 하였다.

원칙 8: 지식구성.   협력적 혁신과정은 교사들이 그들의 지식을 정교화하는 것을 도와 준다. 예를 들어, 교사들은 그들의 실천 활동에서 암묵적이었던 지식을 의식적 수준으로 가져오면서 그들이 학습한 것을 정교화해야 했었다. 이러한 귀납적 과정에서, 암묵적 이해가 가끔 언어습득보다 선행되었다. Sarason이 Dewey를 인용하여 "지식은 외적인 것이고 아는 것은 내적인 것이다"라고 말하고 있다(Dewey in Sarason, 1996, p. 320). 협력적 혁신은 교사들로 하여금 개인적 지식을 내적으로 구성하도록 지원해 주었고, 이후에 이들 지식은 명명화되고, 커다란 지식체 안에서 맥락화되었으며, 그리고 협력적 과정을 통해 공유되었다.

원칙 9: 협력적 도제제도.   교사전문성개발의 형식에 내재된 협력은 교사들이 그들 자신만으로는 도달하지 못할 높은 수준의 사고와 수행을 하도록 교사들에게 비계활동을 제공해 준다. 전통적인 코칭과는 달리 교사들은 모형의 모방과 구체적인 행동의 습득에 의해 지도되지 않는다. 사회문화이론(Vygotsky, 1986)과 일관성 있게, 협력적 혁신은 교사와 연구자들에게 보다 협력적인 역할을 부과한다.

원칙 10: 낮은 위험과 높은 도전.   교사전문성 학습은 낮은 위험과 높은 도전 환경에서 지원된다. 즉, 수정과 창안이 허용됨으로써 우리는 신뢰, 실험, 그리고 문제해결을 격려했었다. 유일한 방법이 없다는 것을 이해하면서 교사들은 작은 "실수"의 위험에 처했다. 어렵지만 성취하기에 불가능하지 않은 도전적 과제에 의해 학생들이 동기화 되듯이 교사들도 그들의 교수활동을 도전하게 하는 문제해결을 위해 수업을 수정할 수 있는 융통성이 있는 맥락에서 문제해결을 위한 기회가 주어질 때 자기조절 학습자가 될 수 있다. 다르게 표현을 한

다면, 교사들(그리고 학생들)은 성공을 위한 다양한 방법이 제공될 때 성공하기 쉬워진다.

교사 전문성 학습으로서 협력적 혁신

비록 협력적 혁신이 최근의 교사 개발 문헌(Lieberman, 1995)에서 요구한 새로운 형태의 교사 전문성 학습을 통합하고 있지만, 협력적 혁신은 모든 상황에서 적절하지 않을 수 있다. 학생들처럼 어떤 교사들은 보다 직접적인 형태의 수업으로부터 혜택을 받을 수 있다. 더욱이, 모든 교사들이 우리가 했던 것처럼 일하기를 바라지 않을 수 있다. 교사에게 협력적 혁신을 부과하는 우리의 입장과 반대가 되는 경우도 있을 수 있다. 그러나 불행히도 우리가 기술한 협력의 형태에서 혜택을 볼 수 있는 많은 교사들은 비록 그러한 협력이 점차 증가하는 상식임에도 불구하고 연구자들과 협력을 형성할 수 있는 기회를 갖지 못하고 있다.

또한 교사들에게 자기조절학습을 촉진할 수 있는 또 다른 방법이 있을 수 있다. 우리는 협력적 혁신을 교사들이 학생들을 위해 설계한 똑같은 의미 있는 학습경험처럼 교사들을 위한 풍부한 학습환경을 구조화하는 한 가지 방법으로 제안하고자 한다. 아이러니하게 학습의 동행자를 선택하라고 했을 때 교사들은 교사 자신을 선택할 수 없었다.

3. 요약 및 결론

우리는 전통적인 수업설계는 학생간의 개인차를 고려한 이상적인 학급수업과는 불일치할 수 있음을 제안함으로써 시작하였다. 우리는 교사들과 협력적으로 작업하면서 교사들에 의해 실천되는 수업설계는 역동적인 과정이라는 것을 발견하였다. 이러한 과정은 많은 부분 교사와 학생 간 상호

작용뿐만 아니라 순간순간에 매우 의존하고 있었다. 이처럼 우리는 학생 간의 개인차에 따른 수업은 학급교사에 의해 가장 잘 만들어질 수 있음을 논의하였다. 우리는 교사 전문성 학습의 지원과 교사의 자기조절과정과 혁신을 위한 교사의 창조성을 가져올 수 있는 수단으로 협력적 혁신을 제안하고 있다.

창안의 한 형태로서 협력적 혁신은 전통적인 수업설계이론의 대안을 제시하고 있다. 우리는 교사들과의 작업을 통해 미리 처방된 교육과정이나 수업은 학생들에게 풍부한 교육과정 경험을 제공해 주려는 교사의 노력을 훼손한다는 믿음을 갖게 되었다. 다른 연구들은 학생들에게 격려되는 것과 교사들에게 요구하는 것 간의 갈등을 주목하였다. Cohn과 Kottkamp(1993)은 "자율적 활동 구성, 탐구, 의미 있는 학습에 참여, 위험감수, 의사결정, 그리고 자신의 능력을 평가하는 등의 자유를 갖지 못한 교사들은 학생들을 위한 이러한 가능성을 창조할 수 없을 것이다(p. 223)"라고 논의하고 있다.

교사 전문성 학습의 한 형태로, 협력적 혁신은 교사들에게 그들의 실행으로부터 학습할 수 있는 기회를 주고 있다. 연구자들은 교사의 발견을 체계적인 지식구조에 통합함으로써 연구와 현장을 융합하는 개인적인 역할을 하는 반면에 협력적 혁신은 교사가 경험으로부터 학습하는 것을 선호한다는 것을 활용하고 있다.

실천에 관한 연구의 한 형태로서, 협력적 혁신은 교사의 학습을 문서화하는 기능을 하고 있다. 보다 전통적인 사례연구에서 보인 주의 깊은 삼각측정이나 지속적인 비교들을 대신하여, **협력적 혁신**은 학급 현장에 대한 보다 "체제적"(Salomon, 1991)인 시각을 제공하고 있다.[24] 이러한 형태의 연구는 전형적으로 학급현장을 개선하기 위해 교

---

24) 이처럼 체제적 사고는 이 이론에 필요하다.

사에 의해 수행된다. 협력자로서 연구자들은 교사들이 하는 것과 같이 학급활동을 경험하도록 초대되었다. 우리는 협력적 모형이 교육현장에서 평생학습을 위한 기회를 제공해 줄 뿐만 아니라 연구와 실천을 위한 모두에게 정보를 제공해 줄 수 있는 잠재력을 가지고 있음을 믿고 있다.

이처럼 협력적 혁신은 학생, 교사, 연구자들을 위한 학습을 증가시켜 줄 것으로 기대된다. 더욱이, 우리의 연구는 교사와 학생 모두 암시적으로 많은 것을 학습한다는 증거들을 제공하고 있다. 만일 학생들처럼 교사들이 모형을 통해 암시적으로 자기조절을 학습한다면, 협력적 연구과정은 교사들에게 성찰적인 교수와 자기조절 학습을 위한 암시적 모형을 제공할 것이다. 문제해결을 경험하고, 실제적 학습을 하며, 자신을 발견함으로써, 교사들은 이러한 경험들을 학생들에게 보다 잘 제공해 줄 수 있을 것이다.

참고문헌

Beauchamp, G. A. (1981). *Curriculum theory*. Itaska, IL: Peacock.

Bereiter, C. (1990). Aspects of an educational learning theory. *Review of Educational Research, 60*, 603-624.

Bereiter, C., & Scardamalia, M. (1987). *The psychology of written composition*. Hillsdale, NJ: Lawrence Erlbaum Associates.

Borkowski, J., Carr, G., Rellinger, E., & Pressley, M. (1990). Selfregulated cognition: Interdependence of metacognition, attributions, and self-esteem. In B. F. Jones & L. Idol (Eds.), *Dimensions of thinking and cognitive instruction* (pp. 53-86). Hillsdale, NJ: Lawrence Erlbaum Associates.

Brookfield, S. (1996). Experiential pedagogy: Grounding teaching in students' learning. *Journal of Experiential Education, 19*(2), 62-68.

Brown, A. L., Ash, D., Rutherford, M., Nakagawa, K., Gordeon, A., & Campione, J. C. (1993). Distributed expertise in the classroom. In G.

Salomon (Ed.), *Distributed cognitions: Psychological and educational considerations* (pp. 188-228). New York: Cambridge University Press.

Brown, R., & Pressley, M. (1994). Self-regulated reading and getting meaning from text: The transactional strategies model and its ongoing validation. In D. H. Schunk & B. J. Zimmerman (Eds.), *Self-regulation of learning and performance* (pp. 155-180). Hillsdale, NJ: Lawrence Erlbaum Associates.

Cochran-Smith, M., & Lytle, S. L. (Eds.). (1992). *Inside/outside: Teacher research and knowledge.* New York: Teachers College Press.

Cohn, M. M., & Kottkamp, R. B. (1993). *Teachers: The missing voice in education.* Albany, NY: State University of New York Press.

Connelly, F. M., & Clandinin, D. J. (1988). *Teachers as curriculum planners.* New York: Teachers College Press.

Corno, L. (1977). Teacher autonomy and instructional systems. In L. Rubin (Ed.), *Curriculum handbook: Administration and theory* (pp. 234-248). Rockleigh, NJ: Allyn & Bacon.

Corno. L. (1993). The best-laid plans: Modern conceptions of volition and educational research. *Educational Researcher, 22*(2), 14-22.

Corno. L., & Kanfer, R. (1993). The role of volition in learning and performance. In L. Darling-Hammond (Ed.), *Review of research in education* (Vol. 19, pp. 301-341). Washington. DC: American Education Research Association.

Corno, L., & Mandinach, E. B. (1983). Using existing classroom data to explore relationships in a theoretical model of academic motivation. *Journal of Educational Research. 77*(1), 33-42.

Corno, L., & Randi, J. (1997). Motivation, volition, and collaborative innovation in classroom literacy. In J. Guthrie & A. Wigfield (Eds.), *Reading engagement: Motivating readers through integrated instruction* (pp. 14-31). Newark, DE: International Reading Association.

Cronbach, L. J. (1955). The learning process and text specification. In L. J. Cronbach (Ed.), *Text materials in modern education* (pp. 59-95). Urbana, IL: University of Illinois Press.

Cronbach, L. J. (1989). Construct validation after thirty years. In R. L. Linn (Ed.), *Intelligence* (pp. 147-171). Urbana, IL: University of Illinois Press.

Cronbach, L. J., & Snow, R. E. (1977). *Aptitudes und instructional methods.* New York: Irvington/Naiburg.

Dole, J., Duffy, G., Roehler, L., & Pearson, P. D. (1991). Moving from the old to the new: Research on reading comprehension instruction. *Review of Educational Research, 61*, 239-264.

Gallimore, R., Dalton, S., & Tharp, R. G. (1986). Self-regulation and interactive teaching: The effects of teaching conditions on teachers' cognitive activity. *The Elementary School Journal, 86*, 613-631.

Gudmundsdottir, S. (Ed.). (1997) Narrative perspectives on research on teaching and teacher education [Theme issue]. *Teaching and Teacher Education, 13.*

Guthrie, J., & Wigfield, A. (Eds.). (1997). *Reading engagement: Motivating readers through integrated instruction.* Newark, DE: International Reading Association.

Hargreaves, A. (1984). Experience counts: theory doesn't. How teachers talk about their work. *Sociology of Education, 57*, 244-254.

Harris, K. R., & Graham, S. (1985). Improving learning disabled students' composition skills: Self-control strategy training. *Learning Disability Quarterly, 8*, 27-36.

Harris, K. R., & Graham, S. (1992). *Helping young writers master the craft: Strategy instruction and self-regulation in the writing process.* Cambridge, MA: Brookline.

Hill, C. (1992). *Testing and assessment: An ecological approach.* Inaugural lecture as A. I. Gates Professor in Language and Education. Teachers College, Columbia University, New York. (Published as a pamphlet.)

Lewis, A. C. (1997). A new consensus emerges on the characteristics of good professional development. *The Harvard Education Letter, 13*(3), 1-4.

Lieberman, A. (1995). Practices that support teacher development: Transforming conceptions of professional learning. *Phi Delta Kappan, 76*, 591-596.

Manning, B. H., & Payne, B. D. (1993). A

Vygotskian-based theory of teacher cognition: Toward the acquisitions of mental reflection and self-regulation. *Teaching and Teacher Education, 9,* 361-371.

McLaughlin, M. W. (1993). What matters most in teachers' workplace context？ In J. W. Little & M. W. McLaughlin (Eds.), *Teachers' work: Individuals, colleagues, and contexts* (pp. 79-103). New York: Teachers College Press.

McLaughlin, M. W., & Marsh, D. (1978). Staff development and school change. *Teachers College Record, 80,* 69-94.

Olson, L. (1997, April 30). Teachers need nuts, bolts of reforms, experts say. *Education Week, 1,* 37.

Palincsar, A. (1986). The role of dialogue in providing scaffolded instruction. *Educational Psychologist, 2,* 73-98.

Palincsar, A. M., & Brown, A. L. (1984). Reciprocal teaching of comprehension-fostering and comprehension-monitoring activities. *Cognition and Instruction, 1,* 117-175.

Perry, N. E. (1997). *Examining the relationships between classroom writing environments and students' self-regulated learning.* Research proposal submitted to the Social Sciences and Humanities Research Council of Canada.

Pintrich, P. R., & DeGroot, E. V. (1990). Motivational and self-regulated learning components of classroom academic performance. *Journal of Educational Psychology, 82,* 33-40.

Pintrich, P. R., & Garcia, T. (1990). Student goal orientation and self-regulation in the college classroom. In M. Maehr & P. R. Pintrich (Eds.), *Advances in motivation and achievement: Goals and selfregulatory processes* (Vol. 7, pp. 371-402). Greenwich, CT: JAI.

Pressley, M., Forrest-Pressley, D., Elliott-Faust, D., & Miller, G. (1985). Children's use of cognitive strategies, how to teach strategies, and what to do if they can't be taught. In M. Pressley & C. J. Brainerd (Eds.), *Cognitive teaming and memory in children* (pp. 1-47). New York: Springer-Verlag.

Pressley. M., Goodchild, F., Fleet, J., Zajchowski, R., & Evans, E. (1989). The challenges of classroom strategy instruction. *The Elementary School Journal, 89,* 301-342.

Pribram, K. H. (1964). Neurological notes on the art of educating. In E. Hilgard & H. G. Richey (Eds.), *Theories of learning and instruction: The sixty-third yearbook of the National Society for the Study of Education, Part I* (pp. 78-110). Chicago: University of Chicago Press.

Randi, J. (1996). *From imitation to invention: The nature of innovation in teachers' classrooms.* Unpublished doctoral dissertation, Teachers College, Columbia University, New York.

Randi, J., & Corno, L. (1997). Teachers as innovators. In B. Biddle, T. Good, & I. Goodson (Eds.), *The international handbook of teachers and teaching. Vol 1,* (pp. 1163-1221). New York: Kluwer.

Reigeluth, C. M. (1996). A new paradigm of ISD？ *Educational Technology, 36*(3), 13-20.

Richardson, V. (1990). Significant and worthwhile change in education. *Educational Researcher, 23*(5), 5-10.

Sarason, S. (1996). *Revisiting "The Culture of School and the Problem of Change".* New York: Teachers College Press.

Salomon, G. (1991). Transcending the qualitative-quantitative debate: The analytic and systemic approaches to educational research. *Educational Researcher, 20*(6), 10-18.

Schon, D. A. (1983). *The reflective practitioner: How professionals think in action.* New York: Basic Books.

Snow, R., Corno, L., & Jackson, D. III (1996). Individual differences in affective and conative functions. In D. Berliner & R. Calfee (Eds.), *Handbook of Educational Psychology* (pp. 243-310). New York: Macmillan.

Sternberg, R. J. (1995). Testing common sense. *American Psychologist, 50*(11), 912-925.

Sternberg, R. J., & Wagner, R. K. (1993). The geocentric view of intelligence and job performance is wrong. *Current Directions in Psychological Science, 2,* 1-4.

Trawick, L., & Corno, L. (1995). Expanding the volitional resources of urban community college students. *New Directions for Teaching and Learning, 63,* 57-70.

Vygotsky, L. S. (1978). *Mind in society: The development of higher psychological processes.*

Cambridge, MA: Harvard University Press.

Vygotsky, L. S. (1986). *Thought and language*. Cambridge, MA: MIT Press.

Weinstein, C. E., & Meyer, D. K. (1991). Cognitive learning strategies and college teaching. *New Directions for Teaching and Learning, 45*, 15-26.

Xu, J. (1994). *Doing homework: A study of possibilities*. Unpublished doctoral dissertation. Teachers College, Columbia University, New York.

Zimmerman, B. J., & Martinez-Pons, M. (1986). Development of a structured interview for assessing student use of self-regulated learning strategies. *American Educational Research Journal, 23*, 614-628.

Zimmerman, B. J., & Martinez-Pons, M. (1988). Construct validation of a strategy model of student self-regulated learning. *Journal of Educational Psychology, 80*, 284-290.

Zimmerman, B. J. & Schunk, D. (1989) (Eds.). *Self-regulated learning and academic achievement*. New York: Springer-Verlag.

부록 A

탐구수필 과제, 고전문학 교육과정

1. 당신의 삶 속에서 추구한 당신만의 "Odyssey" 나 탐구의 모험담을 기술하라.

   - 시작을 위한 의사결정, 여정에서의 장애물과 의사결정, 그리고 그 결정에 따른 결과나 영향.
   - 다음을 고려하거나 토론하라: 당신의 목적을 달성했는가? 가치가 있었는가? 그 이유는? 탐구문헌에서 우리가 규정한 동인들을 주지하라. 당신은 당신 혹은 다른 사람들의 모험담에서 이러한 동인들을 규정하라고 요구될 것이다. 자유롭게 우리가 읽은 고대 작가들을 모방하라.

2. 문헌이나 매체에서 나온 인물들로부터 배운 것들을 기초로 하여 당신의 다음 탐구를 기술하고 목적 달성을 위하여 어떤 전략을 사용할 것인지 기술하라.

   - 성공적인 탐구를 위해 당신의 계획을 구체적으로 세우라.

우리는 당신이 글을 쓰기 전에 이들 수필을 평가하기 위한 준거를 협상할 것이다.

CHAPTER 14

4-8학년 학습부진아의 학습을 촉진하기 위한 체계적인 학습환경

Stanley Pogrow
University of Arizona

최 욱
경인교육대학교 교육학과 교수

Stanley Pogrow는 Stanford University로부터 박사학위를 받고, 현재 University of Arizona의 교육행정학과에서 부교수로 재직 중이다. 그의 전공 영역은 학습부진아를 위한 효과적인 학습환경의 설계・실행・보급을 통해 모든 학생들을 위한 학교 개선 및 재구조화 분야를 다루고 있다. 그는 National Science Foundation, California주 교육부를 위해 일해 왔으며, 뉴욕시에서 6년 동안 교사로 근무했었다. 그는 4권의 책과 80여 편의 논문의 저자이며, 미국 내 학술대회에서 240여 차례 글을 발표했으며, 300만 달러 이상의 연구비 수혜 실적을 올려 왔다.

서 문

목적 및 전제. 이 이론의 주요 목적은 사고력 신장이다. 특히 이 이론은 4-8학년 학습부진아를 위해 개발되었다.

학문적 가치. 이 이론이 기반을 두고 있는 학문적 가치는 다음과 같다:

- 학습요구에 부합하는 수업
- 4-8학년 학습부진아를 위한 다음과 같은 사고력 배양을 지향
  - 초인지 전략
  - 특정 상황으로부터 추론
  - 아이디어를 일반화
  - 정보를 종합·선정
- 기존의 이해와 개념화에 대한 변화
- 방과 후의 교사-학생간 상호작용을 위한 체계적인 활동
- 교사-학생간의 다양한 상호작용의 기반 조성을 위한 컴퓨터 활용
- 정서적 자극(동기화)
- 심도있는 사고과정을 촉진하기 위해 컴퓨터와 상상의 세계를 활용

주요 방법. 이 이론이 제시하고 있는 교육방법의 주요 골자는 다음과 같다:

비슷한 능력을 보이고 있는 5 내지 13명의 4-8학년 학습부진아들을 1년 반에서 2년 동안 매주 5일, 매일 35분에서 40분 정도 실시

이 학생들에게 컴퓨터에 수록된 흥미롭고 극적인 상황이 담긴 이야기(모르는 용어 및 문화적으로 친숙한 시각자료 포함)를 읽게 함

학생들에게 다음과 같은 사고과정을 촉진하기위해 교사-학생간에 체계적인 형태의 대화와 소크라테스식 문답기법을 사용한다.

- 특정 상황에서 모르는 용어의 의미를 추정
- 그 이야기에서 다음 장면이 어떻게 전개될 것인지를 추측
- 주요 정보를 종합하고 선정
- 새로운 상황에 특정 개념을 일반화
- 추정, 추측, 종합/선정하거나 일반화할 때 어떤 전략을 사용했는가를 생각

그리고 1-2년 후에 다른 일반아동과 함께하면서 위의 "내용에 대해 사고하기" 활동에 참여시킴

교수설계에 대한 적용점. 4-8학년 학습부진아들의 특정 학습요구를 반영함과 동시에 다양한 학습장애를 극복할 수 있도록 심도 있는 인지적 능력 배양. 교육 현장의 현실적인 조건(시간, 예산상의 제약)을 염두에 두면서, 이 학생들의 사고력을 배양하고 동기화시킬 수 있는 효과적이고 일관성 있으며 체계적인 기법들을 보여 줌. 인지적인 요구와 관련된 학습환경들을 적절하게 통합하여 상당한 학습효과를 낼 수 있는 학습상황을 제시.

—C.M.R

4-8학년 학습부진아의 학습을 촉진하기 위한 체계적인 학습환경

1. 서론

미국 교육에서의 최대 문제점은 4학년에서 8학년의 학습부진아들에게 나타나고 있는 학업성취의 저하이다. 이 학생들은 1-3학년 시절에 학업성취가 향상되는 것처럼 보이지만, 4학년이 되면 별 향상을 보이지 않다가 점점 성취도가 저하되기 시작하고, 결국 많은 경우 자퇴로 이어지곤 한다. 학교개혁은 이러한 현상에 거의 도움을 주지 못하고 있으며, 오히려 문제를 더 심각하게 만들고 있다(Pogrow, 1996). 최근에 나온 다른 교육개혁도 학습격차를 줄이는데 거의 효과가 없었다고 다시 한 번 입증해 주는 연구 결과가 나왔다(Hoff, 1997). 실제로 3학년 이후의 학습부진아들에게 효과가 입증된 교육프로그램은 거의 없다고 할 수 있다. 그 결과, 어느 정부이든지 교육 정책방향을 초등학교 1-2학년 학생들의 성공적인 교육 입문에 우선 순위를 두는 경향을 보인다. 그러나 이러한 교육적 시도는 후속 학년(3학년 이후)에서의 지속적인 개선으로 연결되지 못하고 있는 실정이다.

초등학교 3학년 이상의 학생들에게 나타난 개혁의 실패에 대한 핑계거리로 가장 많이 거론되는 것이 철학적이고 사회학적인 측면이다(예, 호르몬, 또래 압력 등). 그러나 내 경험이 비추어 보면, 3학년 이상의 학생들에게 나타나는 교육적 실패는 그보다는 훨씬 체계적이고 인지적인 면에 기반을 둔 무엇에서 기인한다고 볼 수 있다.

3학년 이상인 학생들의 학습 수준을 대폭 향상시키려고 시도하는 나의 접근 방법은 상당히 효과적인 학습환경을 설계하고 실행해 왔다. 지난 18년 동안 나는 다음과 같은 교육 프로그램들을 개발하고 시행해 왔는데, 그들은 a) Title I에 해당하는 학생들과 학습부진아들을 위해 제공된 모든 종류의 교정학습 프로그램을 도전적인 사고능력 개발활동으로 대체할 수 있는 고등 사고 능력 프로그램(HOTS: the Higher Order Thinking Skills)과, b) 2년 과정의 대수 기본(pre-algebra)을 학습하는 SuperMath로 구성되어 있다. 이중 HOTS 프로그램은 Title I에 해당하는 학생들과 학습부진아들의 일반적인 사고능력(즉, 정규 교실에서 다루는 교육내용에 대한 사고능력과는 별도로, 특정 아이디어(ideas)를 가지고 어떻게 활동할 것인가에 대한 근본적인 감각능력을 내면화 시킬 수 있는)을 개발해 줄 수 있다. 이에 반해, SuperMath는 수학에 대한 학습을 구성주의적인 문제해결 방식으로 접근하면서 정규 교육과정에서의 사고능력을 길러 줄 수 있다.

지난 18년 동안 HOTS 프로그램은 2000여 학교에서 활용되었다. 그리고 이 프로그램은 4-8학년의 학생들의 교육에서 다양하면서도 상당한 수준의 학습 성과를 보여 주었다. 또한 SuperMath에 대한 연구는 현재 진행중이다. 이러한 몇몇 연구결과들은 나중에 제시될 것이다.

일단 우리는 HOTS 프로그램이 효과적임을 알았으므로, 왜 그렇게 효과적인지 또한 누구에게 특히 성공적인지에 대해 파악하려고 시도하게 되었다. 많은 시간 동안 우리는 교사와 교육행정가의 경험, 느낌을 알아보는 것뿐만 아니라 좀더 심도 있는 이해를 구하기 위해 광범위한 자료 수집을 실시하였다. 여기서 우리는 전국의 교사와 교육행정가로부터의 다양한 자료들에서 어떤 정형(patterns)을 찾으려고 노력하였다. 나는 이러한 연구방법을 "정형화(pattern sense making)"(즉,

대량의 정보 유입에서 정형을 찾으려는 시도)라고 칭했다. 이러한 형태의 연구는 또한 대규모의 인류학적인 연구방법으로 표현될 수 있다.

우리는 이러한 연구를 통해 경이롭게도 HOTS 프로그램이 미국 원주민(Native American: 속칭 인디안)과 대부분의 학습부진아에게 효과적임을 알게 되었다. 우리는 어떻게 Title I에 해당하는 학생들을 위해 만든 교육프로그램이 학습부진아에게도 성공적인가에 대해 이유를 알고 싶어졌다. 이와 동시에 HOTS는 해당 학생들의 약 15-20%에게는 그다지 효과적이지 않음을 발견하였고 이 또한 우리들의 호기심을 자극하였다. 이러한 여러 가지 연구결과들을 바탕으로 어떤 정형화된 현상이 규명되었다. 특히 해당 가설들이 증명되면서, 이 연구는 Title I의 일환으로 시도했던 교육개혁의 실패 원인에 대한 새로운 설명뿐만 아니라 그와 관련된 획기적인 개선책에 대한 시사점을 제공해줄 수 있는 차원에서 그 동안 밝혀지지 못한 상당한 수준의 교육 요구를 제시해 주었다.

이 글은 역순으로 내용이 서술된다. 즉, 첫째 장은 4-8학년 중에 교육적으로 혜택받지 못한 학생들을 어떻게 성공적인 학습으로 이끌었는지, 그리고 현재의 교육개혁이 왜 실패했는지에 대한 연구 결과를 정형화된 현상의 형태로 기술하고 있다. 두 번째 장에서는 HOTS 프로그램의 의미와 가치뿐만 아니라 그 학습환경이 어떻게 교수설계되었는지를 제시해 주고 있다.

2. 파트 1. 4-8학년 학생들의 학업성취에 대한 상황적 역학관계

3학년 이상의 학생 중에서 교육적으로 혜택받지 못한 학생들의 학업 성취 수준이 떨어지는 가장 중요한 원인은 가중되어 가고 있는 학교 교육과정의 복잡·방대성이다. 초등학교 저학년에서 성공적이었던 학습전략이 3학년 이후의 학습에 방해가 되거나, 학습을 성취하기에는 상당 부분 충분하지 못한 현상이 나타나고 있다. 즉, 3학년 이상의 학습자들의 학업성취를 위해서는 기존에 있었던 교육방법들보다는 좀더 정교한 교수전략들이 요구되며, 특정 학습 요구에 부응하는 체계적이고 집중적인 형태로 활용될 필요가 대두되고 있다. 그런데 모든 학습자들이 자신만의 활동을 영위해 나감과 동시에 학습자 모두가 교육장 중심 관리(site-based management), 협동적 참여, 학습 사회, 전적인 통합, 균등성 등의 이름 하에 똑같이 다루어지고 있는 현재의 교육개혁에서 취하고 있는 접근 방법은 실패하고 있다.

3학년 이후의 학습부진아 교육이 성공하기 위해서는 이전과는 달리 좀더 정교한 학습환경이 요구된다. 이러한 수준의 학습환경은 상당한 기간에 걸쳐 교사와 학습자 간의 상호작용이 정교하게 이루어지는 형태를 의미한다. 그러면 이를 상당수의 학습부진아들이 있는 기존의 전형적인 교실에서 보이는 모습과 비교해 보자. 일반교실에서 교사는 흥미를 잃은 학습자에게 간단한 질문을 던지거나, 설령 어려운 질문을 종종 던지더라도 몇 안 되는 학생만이 질의응답 과정에 참여할 뿐이다. 즉, 상호작용이 최소화된 교실환경이라고 할 수 있다.

상당한 효과를 내는 학습환경이 되기 위해서는, 대화식 수업체제와 효과적으로 수업할 수 있도록 잘 훈련된 교사가 잘 어우러진, 창조적이면서도 구체적인 교육과정이 요구된다. 하지만 기존의 대부분의 교육과정이나 교육프로그램은 이러한 요구 조건을 충족하지 못하고 있다. 또한, 효과적이고 정교한 학습환경도 학생의 학습 요구와 직결되는 특정 상황에 가장 적합한 방식으로 활용되어야 한다. 연구 결과, HOTS 프로그램은 지금까지 제기한 주요 효과성 기준들을 충족해 주었음을 입증하고 있다.

연구결과 1

K-3학년의 학습부진아에게 나타나는 학습 차원의 주요 문제점들은 4-8학년에서 나타나는 문제점들과 상당히 다르며, 근본적으로 차별화된 접근 방법을 필요로 한다. 즉, K-3학년에게 효과적인 방법과 동일한 접근방법을 4-8학년에게 적용하게 되면 학업 성취도의 저하라는 결과를 낳게 된다.

K-3학년의 학습부진아에게 나타나는 가장 큰 학습의 문제점은 내용 지식 결핍(content knowledge deficit)(예, 문자나 숫자를 모름)이다. 그러나 3학년 이후의 학습부진아에게 나타나는 가장 큰 학습의 문제점은 이해를 잘 하지 못한다(예, 아이디어, 일반화, 요약을 어떻게 하는지에 대한 기초적인 이해를 하지 못함)는 것이다.

이러한 연구결과는 K-3학년 학습부진아들을 교육하는 방법만으로는 부족하다는 사실을 말해주고 있다. 즉, 내용 지식 결핍과 무관한 학습부진 현상을 해결할 수 있는 전혀 다른 방식의 도움이 3학년 이후의 학습부진아들에게 필요하다. 실제로, 3학년 이후의 학습부진아에게 나타나는 것으로 보이는 교과내용 학습과 관련된 문제점(content learning problems)들은 사실 교과내용을 학습하는 데서 야기된 문제가 아니라 오히려 이해 결핍(understanding deficit)에서 오는 증상이라고 할 수 있다. 예를 들어, 만약 Title I 프로그램에 있는 어떤 5학년 학생이 독해와 수학 교과에서 문제점이 있다면, 기존의 방식은 독해와 수학에서 추가적인 도움을 제공해 주는 것이다. 그러나 내용 강화 접근 방식은 3학년 이후의 학습부진아에게는 별 도움이 되지 못한다. 왜냐하면 내용 학습과 관련된 것으로 보이는 문제점들은 실제로 해당 학습자들이 특정 아이디어를 구조화하고 이해하는 능력이 부족한 데서 오는 좀더 심각한 문제점들일 가능성이 있기 때문이다. 즉, 이러한 학습자들은 자신에게 주어진 문제해결이나 시험 상황에서 내용 지식을 적용할 수 없다. (실제로, 이러한 학생들에게 직접적인 내용 수업 방식을 적용해서 상당한 효과를 거두었다는 주장을 살펴보면 이미 풀어본 특정 시험 문항에 대해서만 해당되는 경우가 비일비재하다. 여기서 시험 문제 유형을 바꾸게 되면, 그 학습자들은 단순 암기한 지식을 익숙하지 않은 시험환경에 적용하지 못하기 때문에 점수가 급전직하로 떨어진다.)

이러한 관점에서 단순히 지식 내용에 대한 도움을 제공해 주는 방식에서 탈피하여 이해력을 개발하는데 우선 순위를 두는 노력이 요구된다. 이러한 이해력은 학습자로 하여금 배우는 초기부터 학습 내용을 습득할 수 있는 전반적인 능력을 갖추게 해준다.

연구결과 2

인지이론에 의하면, 이해력이 개발되기까지는 4-8학년의 학습부진아들은 사고력을 요하는 교육과정에서 성공할 수 없다.

학습부진아들의 인지적 잠재력이 총체적으로 개발되기 위해서는 두 단계의 과정이 필요하다. 첫째는, 포괄적인 이해능력의 개발이다. 이러한 능력은 학습자가 배우는 모든 것을 좀더 복잡한 수준으로 학습하게 만드는 촉매제의 역할을 한다. 두 번째 단계에서는 다양한 학습 수준으로 구성된 집단 속에서 학습부진아들로 하여금 사고력을 요하는 대표적인 몇몇 교육과정에서 학습활동을 영위하도록 한다. 이러한 이해력이 내면화되면 이 학습자들은 결국 학습내용을 이해할 수 있는 능력이 생기게 된다. 위의 첫 번째 단계를 생략하고, 평등성 추구라는 명목 하에 학습부진아들을 즉각적으로 사고력을 요하는 교육과정에 접하도록 요구하는 진보주의자들의 주장을 따르게 되면 원하는 효과를 얻을 수 없다. 이러한 접근방법은 아마도 1960년대와 70년대 좋은 취지로 접근했던 탐구식의 수학과 과학 교육 운동이 왜 실패할 수밖에 없었는가에 대한 근본 원인이라고 할 수 있다.

이와 같이, 이해능력은 무계획적인 교육방법으로는 창출될 수 없다.

연구결과 3

위에서 설명한 1단계에서 이해능력이 성공적으로 개발되기 위해서는, 1.5-2년 정도의 기간 동안 매일 35-40분씩 5-13명의 같은 학습부진아 수준 학생들 집단 속에서 소크라테스식 문답법의 방식으로 수업이 진행되어야 한다.

이렇게 일반학급에서 분리된 학습부진아들끼리의 집단 속에서 문답식 수업이 필요한 이유는 일반교실에서는 이해력 결핍을 극복할 수 있는 수준으로 밀도 있는 수업을 진행할 수 없기 때문이다. 그러나 일단 이 학습자들에게 이해능력이 개발되면, 그들은 일반학급에서도 제한된 형태의 대화식 수업을 통해 다른 학생들과 마찬가지로 학습활동을 영위해 낼 수 있다.

위에서 언급된 학습환경 속에서 매일 35-40분 정도의 밀도있는 토론식 수업으로 이해능력이 개발될 수 있다는 새로운 사실을 접하게 된 교육관계자들은, 만약 그러한 방법이 그 정도의 성공을 거둘 수 있다면 모든 학습도 그런 방식으로 이루어져야 한다는 자연스러운 반응을 보이고 있다. 그런데 이러한 관점은 두 가지 문제를 안고 있다. 첫째, 적절한 시간보다 더 추가 시간을 내서 문답식 수업을 하는 것은 크게 문제될 것은 없지만, 효과 차원에서는 이해력을 증진하는데 별로 기여하지 못한다. 둘째로, 위의 학습환경에 필요한 교수

학습활동을 개발하는 것은 상당히 힘든 작업이며, 그러한 활동을 학교의 정규 수업시간을 따로 할애해서 제공할 수 있는 자원과 전문가를 확보한 학교는 거의 없다고 볼 수 있다. 다행스러운 것은, 이러한 학습활동이 실제로 정규 수업시간을 따로 할애할 필요 없는 형태로 이루질 수 있다는 것이다. 즉, 이러한 교육은 중앙정부의 별도 예산을 통해 실제적인 방법으로 실행할 수 있다. 또한, 정규 수업시간에는 기존의 방법대로 교수학습활동이 이루어져야만 한다.

연구결과 4a

HOTS와 같은 프로그램은 이해력을 개발함과 동시에 표준화된 시험에서의 성취도뿐만 아니라 다양한 인지발달 검사에서 상당한 효과가 있음을 보여 주었다.

이와 관련한 연구 결과, HOTS 프로그램에서 교육받은 학습자들이 통제집단인 Title I의 프로그램에서 교육받은 학습자들보다 전통적인 평가방법뿐만 아니라 다른 여러 평가에서도 더 나은 성취를 나타냈음이 입증되었다. 미국 전역의 여러 학교와 교육구(district)에서 실시된 50개 가까이 되는 연구들에서도, HOTS에서 학습한 학생들은 표준화된 읽기와 수학 시험에서 전국 평균보다 두 배의 학업성취를 달성했으며, 이해력 부분에서는 통제집단보다 세 배에 달하는 성취도를 보여 주었다. 이러한 기본능력에서의 효과뿐만 아니라, HOTS의 학생들 중 약 15%가 자신들의 인지적인 개발을 교과내용 학습에 성공적으로 적용한 차원에서 전국적으로 명예로운 학생의 표상으로 선정되었다.

특히 Darmer(1995)는 위에서 언급한 성공적인 적용 효과를 명확하게 입증하였다. Darmer는 HOTS의 학생에게 나타난 교육효과를 다음과 같은 측면에서 측정하였다: (a) 독해능력, (b) 초인

지, (c) 쓰기, (d) 지능검사, (e) 고차원적인 문제해결 과제에의 적용, (f) 학교 성적. HOTS에서의 학습자들은 같은 학교에 재학중인 통제집단의 학습부진아들보다 모든 12개의 측정치에서 월등한 학업성취 수준을 보여 주었다. 실제로, 한 비교집단인 Title I 프로그램에 속해 있던 5학년 학습자들은 독해력과 학교성적이 오히려 저하되는 현상도 발생하였다.

이러한 연구는, 이해능력을 개발하는 효과가 교과내용 학습과 문제해결 능력을 배양하는 쪽으로 전이된다는 차원에서 상당히 성공적이며, 이러한 효과들이 기존의 표준화검사와 다른 평가에서도 탁월한 성과를 냈다는, 사실을 보여 주고 있다. 특히 의미 있는 변화는 학교성적에서의 향상이다. HOTS로 공부한 학생들은 HOTS 프로그램 자체가 특정 교육과정의 교육내용과 직접 관련이 없음에도 불구하고 학교 성적이 상당히 향상되었다. 반면에 통제집단의 학생들은 학습시간의 반 정도를 일반교실이 아닌 곳에서 배웠고 특별한 도움도 받았음에도 불구하고 학교성적이 도리어 떨어졌다. 이는 Title I 차원에서 시행되고 있는 교실에서 학습자들이 시간을 보내면 보낼수록 그 만큼 학업성취도는 저하된다는 것을 말해 주고 있다. 이러한 불합리한 현상은 이해력 개발의 필요성을 반증하는 것이라고 할 수 있다.

비교집단에 있던 학생들의 독해력과 학교성적의 저하는 Title I 프로그램에 오래 머물수록 문제는 더 심각해진다는 것을 재확인해 주었다. 몇몇은 이러한 학습 저하현상에 대해 여러 가지 핑계거리로 방어하려는 논리를 폈지만, 연구 결과에 의하면 타당성이 전혀 없음이 입증되었다. 즉, 통제집단의 학습자들과 같은 수준이었던 HOTS의 학생들이 여러 방면에서 극적인 개선이 이루어진 결과들이 이러한 주장들을 일축하고 있다. 특히, 중요한 사실은 3학년 이후의 학습자들에게 주어

진 학습환경의 형태에 따라 학습효과가 증대되거나 저하되는 결과를 낳았으며, 또한 적합한 학습환경으로 인해 여러 측면에서 학업성취가 향상되었다는 것이다. 이러한 효과는 인종이나 민족성을 초월하여 보편적으로 나타났다.

이 연구결과는 HOTS의 학습자들에게 항상 성공이 보장된다는 의미는 아니다. 그보다는 HOTS 프로그램이 학습자들을 학교생활에서 성공적인 학습자로서 활동하고 의사소통하고 사고할 수 있는 능력을 발휘할 수 있는 방향으로 이끌어준다고 것이다. 여기서 학습자 스스로의 성공 의지가 관건임은 두말할 나위도 없다.

연구결과 4b

대부분의 학습부진아들은 높은 수준의 지적 능력을 가지고 있다.

연구결과 5

2년 과정의 HOTS 프로그램을 일단 이수했거나 아니면 2년차에 있는 학생들은, 교과내용 학습에 대해 사고력을 키울 수 있는 잘 짜여진 과목을 최소한 하나 들으면서 일반 학생들과 같은 교실에서 활동하도록 해 주어야 한다. (이것이 단계 2에 해당하는 지적 능력 개발 과정이다.)

Denver(미국 콜로라도 주의 한 도시)에 있는 한 학교에서 시행된 2단계 교육 프로그램의 시범 실시에서, Title I 학생들은 6학년의 HOTS 프로그램에 배정되었고, 그 후 2년차의 HOTS에서 있었던 7학년 학생들과 같이 일반교실에서 SuperMath에 대한 학습활동을 하게 되었다. 그 교실에서 어떤 학생들은 수학의 사전 검사에서 상위 10%에 들기도 했으며, 몇몇 HOTS 학생들은 하위 12%에 속해 있었다. 그런데 HOTS의 학습자들은 학업 성취도

에서 상당한 향상을 보여 주면서 성공적인 수학 학습활동을 영위하였다. 그 중 한 학생은 "우리의 사고 전략을 수학에 활용하게된 것은 정말 굉장한 일이었다." 여기서 상위 집단의 학생들은 여전히 높은 성취도를 보여 주었다. 특히 중요한 것은 수학을 잘하지 못하지만 컴퓨터에서 자신의 생각을 설명하고 표현하는 데 익숙한 하위 집단의 학습자들과, 수학은 잘하지만 자신의 생각을 표현하는 데 숙달되지 못했던 상위 집단의 학생들 사이에 생겨난 유대감이다.

위의 연구 결과는 학습부진아의 지적 능력들을 광범위하게 개발시킬 수 있다는 것을 여실히 증명하였다. 그러나 이러한 성공은 주어진 학습상황에 의해 크게 좌우된다. 무계획적인 의도나 시도로는 충분치 못하다. 학습부진아의 지적 능력을 개발하는 일은 잘 설계된 학습환경 속에 3-4년 동안 전념해야만 성공할 수 있다. 즉, 포괄적인 접근방법은 이러한 요구를 충족하기에는 너무 산만하며, 좀더 체계적인 접근이 요구되고 있다.

왜 3학년 이상의 학습자들에게 교육개혁은 실패했는가?

이해력을 개발하는 방법은 한편으로 매우 효과적

임이 입증된 반면에, 15-20%의 Title I의 학생들과 학습부진아들에게는 성공적이지 못했다. 왜 그럴까?

어떤 정형화를 찾으려는 연구 결과, 이러한 집단들이 매우 다양한 학습요구를 가지고 있다는 사실이 밝혀졌다. Title I의 학생들은 세 가지 유형의 학습요구를 가지고 있는 것으로 나타났다. 대부분에 해당하는 75-85%는 초인지 결함(즉, 이해력 부족)을 겪고 있지만 높은 수준의 잠재력을 지닌 학생들이다. 두 번째 유형(약 5-10%)에 해당하는 학습자들은 특수아의 경계에 있다. 이러한 아이들은 실제로 평균 이하의 지적 능력을 가지고 있다. 그들은 특수교육 영역에서 보살필 수 없다는 이유로 Title I에 속하게 되었다. 마지막 유형(약 5-10%)의 학습자들은 대부분 중증의 난독증과 행동장애를 보이는 학생들이다. 이 유형의 학습자들 중 상당수가 높은 잠재력을 가지고 있다.

학습부진아도 위에서 열거한 것과 동일한 세 가지 유형의 학습요구를 가진 집단이라고 할 수 있으며, 그림 14.1에서 관련 내용이 제시되어 있다.

HOTS에서 보여 준 광범위한 효과들의 정형화를 통해, 좀더 구체적인 유형별 교육요구가 밝혀졌을 뿐만 아니라 학습자의 교육요구를 어떻게 예측하고 차별화된 도움을 줄 수 있는가에 대한 정

그림 14.1 근본적인 학습 문제들의 유형(4-8학년)

확한 방법이 제공될 수 있었다. 예를 들어, 학습부진아가 일단 지능검사의 언어능력에서 80 이하의 점수가 나오면 그들은 이해력을 개발하기에는 어려운 학생으로 분류되며, HOTS의 초인지 개발 전략이 효과를 볼 수 없게 된다.

이러한 연구는 "Title I"와 "학습부진아"로 명명하는 것은 학습자의 교육요구와는 아무런 상관이 없는 단순한 법적인 요식행위임을 명백히 보여 주고 있다. 만약 우리가 진정으로 학습자의 요구를 충족시키는데 관심이 있다면, 다음과 같은 유형별로 특별한 교육서비스를 도모하고 그것을 위한 예산을 투입해야 한다는 것은 자명한 상식이다: (a) 초인지 개발, (b) 특수아와 일반아의 경계, (c) 중증장애. 다시 말하면, 주요 교육요구가 이해능력을 개발하는 유형에 해당되는 Title I의 학생과 학습부진아는 같은 집단 속에서 동일한 교육서비스를 받아야 한다. 이에 대한 내용은 그림 14.2에 제시되어 있다.

HOTS가 왜 해당 학생의 80-85%만에게 효과적일 수밖에 없는가의 이유는 초인지 개발의 도움이 필요한 Title I 학생과 학습부진아에게만 이해력

개발의 성공 가능성이 있고, 일반아와 특수아의 경계에 있는 학생이나 중증장애아에게는 별 효과를 기대하기 어렵기 때문이다. 정부의 정책 방향도 그림 14.2에서 제시된 바와 같이 재구조화되어야만 동등한 예산 혜택 속에서 모든 특수교육 요구가 충족될 수 있을 것이다.

지금까지 제시한 연구 결과 옳다면, 3학년 이상의 학생들에게 실시된 교육개혁이 거의 효과가 없었다는 사실은 그리 놀랄 만한 일이 아니다. 많은 학교와 교육구에서는 Title I 학생들과 학습부진아들에 대해 전문성 없는 계획을 수립하고 있는 실정이다. 또한 모든 학년에 동일한 형태의 Title I 프로그램을 천편일률적으로 적용하는 경향을 보이고 있다. 이러한 일원화된 접근방식은 교과내용 학습을 강화하는 전략(통합교육이나 분리형 수업의 여부에 상관없이)으로 통일되며, 바로 이것이 문제의 핵심이 된다.

천편일률적인 교과내용 학습 강화전략은 K-3학년 학습부진아들의 교육요구를 매우 잘 충족시켜 줌과 동시에 학업성취도도 향상시켜 줄 수 있다. 그러나 3학년 이상에서, 교과내용 학습 강화전략

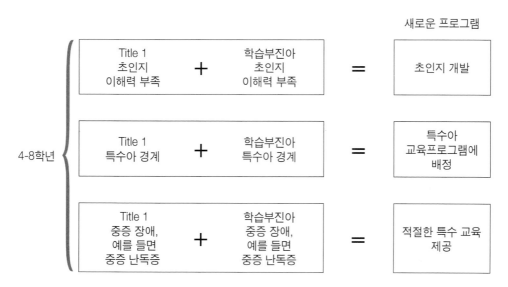

그림 14.2 4-8학년에서 학습자의 교육요구에 따라 구조화된 교육 프로그램

은 기껏해야 세 가지 유형의 교육요구 중에서 특수아의 경계에 있는 학습자들에게만 효과적인 처치가 될 것이다. 하지만 이는 전체 Title I 학생과 학습부진아 집단 중에 매우 적은 부분의 학생들에게만 적합한 방법이다. 특히, 교과내용 학습 강화전략은 해당 학습자의 대부분을 차지하는 초인지 개발이 필요한 학생들의 발전을 저해하는 접근 방법이다. 그 결과, 이 방법은 3학년이상의 Title I과 학습부진아들 중에 단 10%의 학생들만을 도와 줄 뿐이며, 80%의 해당 학생들의 능력 개발을 부지불식간에 방해하고 있다. 그래서 K-3학년에서 성취도는 향상되지만, 오히려 4-8학년에서는 저하되는 경향을 보인다. 즉, 천편일률적인 교과내용 학습 강화전략은 4-8학년에 재학중인 대부분의 Title I 학생과 학습부진아들을 실제적인 교육요구에 부적합하며, 그 결과 성취도 저하를 야기하였다.

물론, 학교 현장이 일원화된 교과내용 학습 접근 방식에 현혹될 때, 통합 교육과정, 학교 전반의 구조조정 등의 천편일률적인 진보 개혁을 지향하기도 한다. 이러한 개혁들은 해당 상황을 충분히 고려하지 않았을 뿐만 아니라 교육요구를 충족시키면서도 효과를 낼 수 있는 조건들 하에 설계된 탁월한 학습환경을 실제로 전달할 수 없다. 이는 훌륭한 취지와 철학 그리고 선의의 지지와 희망에만 의존함으로 인해, 실질적으로 도움이 필요한 대부분의 Title I 학생과 학습부진아의 초인지 능력을 개발할 수 없는 실체가 없는 개혁이다. 진정으로, 이상만 는 진보적인 개혁은, 4-8학년의 해당 학생들의 교육에 실패하여 일을 더 그르치게 할 뿐만 아니라 기본적인 내용을 공식적으로 가르쳐야 하는데 집중하지 못함으로 인해 K-3학년에서도 학습 저해 현상을 야기하는 경향을 보이고 있다.

전통적이건 진보적인 접근이건, 천편일률적인 방법을 대신하여, 우리는 좀더 과학적인 방법에 바탕을 두면서 좀더 명확한 목적의식을 가진 혼합형의 접근방식을 필요로 한다. 즉, 교육 초기에는 기초능력 개발을 도모하고 후기에는 HOTS와 같은 특정 상황을 위해 고안된 진보적인 방법인 HOTS를 활용하는 방법이 대부분의 해당 학생들에게 최선의 통합적 접근이라고 할 수 있다.

3학년 이상의 학습자들에게 기존의 교육방법이 왜 효과를 거둘 수 없는가에 대한 설명은 학부모에게 지나친 권한 부여, 학교 전반에 걸친 구조조정, 교육장 중심 관리, 조직 활성화, 통합 교육과정, 실제 상황 연계 평가, 학습자의 호르몬, 부적절한 평가, 강요된 개혁, 여러 핑계거리 등과는 아무 상관이 없다. 그보다, 3학년 이상의 교육개혁 실패는 해당 학생들이 무엇을 필요로 하고 있는지에 대한 몰이해와 관심 부족으로 인해 학습자의 교육 요구를 충족시키지 못한 데서 기인한다고 할 수 있다.

3. 파트 2. HOTS 프로그램

HOTS 프로그램은 18년 전부터 시작되었다. 그 시대는, 학습부진아가 학습성취를 이룰 때까지 지속적으로 기초적인 내용을 연습시키는 것이 가장 좋은 방법이라는 믿음이 팽배하던 때였다. 또한 그 때는 교육에서 컴퓨터의 위상과 교육과정에 컴퓨터를 접목하는 것에 대한 인식이 높아지던 시기였다. 그 당시에 컴퓨터의 교육적 활용에 대한 가장 큰 논제는 학교가 여러 컴퓨터 프로그래밍 언어들(Basic, Pascal, Logo 등)을 가르쳐야 하는가, 그리고 학교가 여러 회사 컴퓨터들(Apple II, Pet Commodore, Radio Shack TRS-80 등) 중 어느 것을 구입해야 하는가의 여부였다. 학교는 이러한 새로운 과학기술의 적용 압력에 대해 컴퓨터활용능력(computer literacy)을 키우는 교육과정 개발로 응수하였다(즉, K-8학년 학생들이 컴퓨터에 대해 알아야 할 수많은 지식들을 기반으로). 이러한 시대의 대세는 학습자들을 컴퓨터에 숙달된 사람으로 키워 미래에 대비한다는 것이다.

나도 컴퓨터활용 능력에 대한 지지자였다. 나는 컴퓨터가 점점 사람이 사용하기 편하게 될 것이라고 주장했다(즉, 사용이 쉽고 기술적인 지식이 거의 필요없게 되는 형태로). 그러므로 컴퓨터에 대한 모든 기술적인 지식을 가르치는 것은 시간 낭비이다. 또한, 나는 컴퓨터가 인간에게 안겨준 가장 큰 영향력은 인간의 일상적인 반복작업을 대신해 주는 것이라고 생각한다. 즉, 훨씬 유용한 기능을 가진 컴퓨터가 보편화된 상황에서, 사용자가 사람을 고용하는 단 하나의 이유는 그 사람이 인간 특유의 기능을 높은 수준으로 발휘하기 때문이다. 여기서의 기능은 창조적이고 혁신적인 사고, 대인관계 기술, 예술적인 능력들을 의미한다. 이러한 능력들을 발휘하기 위해서 인간은 새로운 방식으로 정보와 아이디어를 활용할 줄 알아야 한다. 즉, 인간이 컴퓨터를 활용하는 데 있어 지향해야 할 방향은, 모든 사람으로 하여금 컴퓨터 활용능력을 갖추게 하는 것이 아니라, 전통적인 관점에서 보더라도 "매우 능력있는 사람(highly literate)"을 양성하는 데 있다. 이제는 이러한 능력이 없거나 창조적이지 못한 사람은 낮은 수준의 직업(예, 햄버거를 뒤집는 일)에 종사해야만 할 것이다.

컴퓨터의 활용과 창조적인 적용이 중시되는 세상에서, 나에게 있어 평등의 의미는 컴퓨터 사용에 있어서의 동등성이 아니라 사고능력(thinking literacy)을 개발하는데 있어 동등한 기회를 부여하는 데 있다. 이러한 기회 부여는 이 사회를 한층 더 성숙하게 만드는 계기를 마련해 줄 것이다.

1980년대 초는 모든 사람들로 하여금 컴퓨터를 처음으로 경험하게 했던 시대이다. 이때 나는 여러 학회에서 주로 컴퓨터활용 능력에 대해 정의를 내리는 내용과 관련해서 발표할 기회를 가졌었다. 여기서 나는 "컴퓨터활용 능력을 가르치지 마라."고 말하는 사람 중에 하나였다. 나의 이러한 연설은 한편으로 많은 갈채를 받기도 했지만 전적으로 무시되었다. 그런데 어느 날 한 연설을 마친 직후 LA시의 외곽에 있는 한 학교의 여러 관계자들이 나에게 다가왔다. 그들은 내 생각이 상당히 인상 깊었다고 하면서, Title I 프로그램에서 사용하는 연습방식(drill practice)은 해당 학생들에게 효과가 별로 없다고 말하였다. 때로는 그러한 연습방식이 효과를 보기도 하지만, 안타깝게도 해당 학습자들은 대부분 명석한 학생들임에도 불구하고 높은 보수를 받을 수 있는 직업을 가질 정도의 경쟁력을 갖추지 못하고 있다는 것이다. 그 관계자들은 학교가 이 학생들이 그러한 단계에 도달할 수 있는 길을 열어준다면 얼마든지 대다수가 높은 수준의 능력을 발휘할 수 있게 될 것이라는 생각을 피력했다. 그러면서 그들은 나에게 기존의 Title I 프로그램의 연습방식을 배제하고, 컴퓨터를 통해 사고능력을 키울 수 있는 방식으로 해당 프로그램을 새롭게 설계해달라고 요청했다.

나는 그에 동의했다. 우리는 방 하나를 잡고 회의에 들어갔다. 우리의 목표는 Title I 학생들을 영재로 대하면서 그들의 지적 개발을 촉진할 수 있는 학습환경을 구축하는 데 있었다. 여기서 우리는 어떤 하나의 Title I 프로그램을 설계한다는 생각보다는, 비록 하루 중에 일부 시간이지만 이 학생들이 마치 훌륭한 사립학교에 다니는 것처럼 대해 주고, 가능한 최선의 교육경험을 제공해 줄 수 있는 형태로 교육프로그램을 기획하였다.

그런 후에 우리는 구체적으로 무엇을 할 것인가를 생각해 보았다. 나를 포함해 누구도 그 실행안을 도출해내지 못했다. 사실, HOTS 프로그램은 기존의 학습부진아 교육에서 도외시되었던 교육영역을 개발하는 순수한 의도만을 가지고 출발하였기 때문이다. 그러나 이 프로그램이 적용되면서 이렇게 순수하기까지한 의도는 하나의 장점으로 작용하였는데, 왜냐하면 우리들은 통상적인 사고의 틀에 갇히거나 기존의 연구결과에만 단순 의존하지 않았고 이러한 사고와 연구결과들이 후에 잘못된 것임이 밝혀졌기 때문이다. 그리고 우리는 이러한 사고와 연구결과에 얽매이지 않고, 학생들에게 무엇이 효과적인가에 관한 정형(patterns)을 찾아내는 데 있어 우리 자신의 창의력, 통찰력, 행운, 은유(metaphor: 후에 구체적으로 설명), 관찰들에 주로 의존했다.

놀랍게도, 첫 해의 자료를 비추어봤을 때 이 프로그램은 매우 성공적이었다. 나는 스스로에게 이렇게 반문해 보았다. 우리가 그 프로그램을 어떻게 실행할 줄도 모를 때임에도 불구하고 이런 결과를 냈다면, 그 구체적 실행안을 알고 있었다면 어떤 결과가 나왔을 것인가라고 말이다(다행히도 정말로 어떻게 실행해야 할지를 알게 된 것은 그 뒤로 10년이 더 흐른 뒤였으니, 처음부터 그런 줄 알았다면 애초에 포기했을 것이다). 또 하나 놀라운 것은, 그 외 여러 학교들의 적용 요청이 쇄도하기 시작했다는 것이다. 이때 내가 사실 구체적인 실행안은 갖고 있지 않다고 말하자, 그 대답은 다음과 같이 거의 유사했다: "지금 하는 것보다 나아지면 됩니다." 여기서 나는, 정부가 학습부진아들을 위해 일 년에 50-60억 달러를 지출함에도 불구하고, 이들을 어떻게 도와 주어야 하는지에 대해 누구도 알고 있지 못하는 것 같아서 충격을 받았다.

지난 몇 년 동안 학습부진아들의 고등 사고능력을 개발하는 접근 방식은 교육의 사명으로 받아들여지고 있다. 그 동안 18년의 세월이 유수와 같이 흘렀고, 이 교육프로그램은 2000여 개 학교에 전파되었다. 그리고 거의 매일 들려오는 성공담을 듣고 발견하는 것이 이 프로그램을 만든 커다란 보람이 되고 있다.

HOTS가 보급된 초기에는, 많은 사람들이 이 프로그램이 불법이거나 효과를 내기 힘들 것이라고 비판했었다. 그런데 이제 우리는 이 학습부진아들이 사실은 명석하며, 자신들에게 흥미 있는 방법으로 지적인 능력을 개발시키는 것이 그들이 수준 높은 직업세계에 대해 준비하는 것뿐만 아니라 4-8학년의 기본적인 능력을 상당히 고양시키는 데에도 최선의 방법임을 명확히 알게 되었다. 오늘날 Title I 프로그램이 학생들로 하여금 높은 수준의 학습과제를 부여함과 동시에 가능한 최선의 교육적 방법을 기반으로 접근하는 형태로 법이 바뀌었다. 불행하게도, 이 법이 HOTS 프로그램 자체를 반영하지 않고 있으며, 현재 교육개혁가들은 이러한 훌륭한 교육적 의도를 실제적인 교육성과로 연계할 수 있는 체계적인 방법의 필요성을 여전히 무시하고 있다. 결과적으로, HOTS 프로그램은 최신의 교육방법을 체계화한 점과 컴퓨터를 적극적으로 활용한 뛰어난 접근방법을 가지고 있다는 점에서 특이하다고 평가받고 있다.

HOTS와 SuperMath 학습환경의 설계

단계 1: 이해력 신장. 학습부진아들을 지적능력을 개발하기 위한 프로그램을 구체적으로 어떻게 설계해야 하는지에 대해 모르고 있는 상태에서, 우리는 은유(metaphors)에 주로 의존했다. HOTS 교육과정 설계에 있어서 첫 번째 은유 활동은 저녁 식탁에서의 대화이다. 이러한 대화활동은 학습자가 어렸을 때부터 가정의 저녁 식탁에서의 대화를 통해 얻는 경험은 이전 세대의 문화유산을 전수받는 계기가 될 뿐만 아니라 전반적인 인지발달에 특히 중요하다는 믿음에서 연유한다. 또한 가정과 학교에서 이러한 대화의 부족은 대부분의 학습자 문제들의 주요 원인된다고 할 수 있다.

이러한 관점에서, HOTS는 컴퓨터를 활용한 소크라테스식 문답법의 방법에 입각해서 설계되었다. 여기서 컴퓨터는, 학습자가 스스로 도출한 아이디어를 검증함과 동시에 많은 시각적인 자료들을 통해 자신의 학습경험을 완성해가는 활발한 상호작용적 학습환경을 위해 활용되었다. 이 교육과정은 학습자에게 친밀한 시각적 학습자료와 생소한 청각 및 문자자료를 통합해서 사용하였다.

저녁 식탁 대화식의 은유 활동은 두 가지 주요 원칙을 고수하고 있다. 첫째로, HOTS는 일반적인 사고능력을 배양하는 프로그램이다. 즉, 여기서의 사고능력은 학교에서 다루는 구체적인 교육내용과 무관하며, 오히려 실제 가정의 저녁 식탁에서 그때그때 경험하는 내용들로 구성되어 있다. 두 번째 원칙은, 컴퓨터를 교육내용을 학습자에게 제시하는 도구로 사용하기보다는 "삶에서의 의미 있는 활동"으로 활용된다는 점이다. 다시 말하면, 소프트웨어의 가치는 그 자체가 의도하는 목적에 있기보다는, 그 소프트웨어가 학습자의 인지발달을 증진시킬 수 있는 체계적인 토론을 다양하게 구성할 수 있는 학습경험(즉, 가정의 저녁 식탁에서 일상의 인생경험을 하는 것과 같이)을 제공해 주는가의 여부에 달려 있다. 많은 경우 가정에서 매일의 간단한 대화 속에서도 일반적인 인지적 발달이 이루어질 수 있다. (이러한 접근 방식에서 컴퓨터는 교육과정에 통합되는 것이 아니라 교육과정을 설계하는 시초부터 기반이 되며, 바로 이러한 측면이 컴퓨터의 좀더 적합한 개념화와 활용이 가능하도록 만들어 준다.)

많은 경우 저녁 식탁 대화의 효과를 일관성과 적합성에서 찾을 수 있듯이 HOTS 프로그램에서의 대화 내용도 같은 특성을 반영하여야 한다. 여기서는 인지심리학의 주요 요소들이 반영되는데, 이 요소들은 모든 학습의 기반이 되는 일반적인 사고능력을 발달시킬 수 있는 일관된 형태를 만들어내기 위해 사용되었다. 여기서 선정된 사고능력은 다음과 같다:

- 초인지: 문제를 해결하는데 의식적으로 적용하는 전략들
- 상황으로부터 추론: 주변 정보로부터 모르는 단어들과 정보를 파악
- 일반화: 여러 상황들로부터 일반화된 아이디어를 도출
- 정보 종합: 여러 자원으로부터 정보를 통합하고, 문제를 해결하는데 필요한 주요 정보를 추출

위에서 열거한 능력들을 개발하기 위해 필요한 대화내용을 2년 과정으로 제공하는 구체적인 교육과정이 만들어졌다. 위의 능력들 중에서 초인지는 교육과정에 구체적으로 들어 있는 매일의 대화내용을 결정짓는데 가장 큰 영향을 미친 반면에, 일반화는 HOTS 교육과정이 다른 교육과정과 차별화될 수 있도록 전체 교육과정 구성에 가장 결정적인 역할을 했다. 이렇게 일반화에 대해 중점을 둔 것은 학습부진아들 간의 대화내용을 관찰한 결과, 대부분이 여러 상황들로부터 일반화를 거의 도출해내지 못하는데서 비롯되었다.

저녁식탁에서의 대화 다음으로 HOTS 교육과정의 개발의 배경이 되는 두 번째 은유는 뇌를 근육과 같이 생각하는 것이다. 인간이 근육을 발달시킬 수 있는 한 방법은 그 근육의 특성을 잘 살리는 측면에서 반복적으로 사용하는 것이다. 그러면 인간의 뇌는 정보를 어떻게 저장하고 사용하는가? 뇌는 여러 관련된 개념들을 상호연계를 통해 결합시킨다. 그래서 HOTS에서의 대화내용은 이러한 뇌의 과정을 복제하기로 하여 학습자들로 하여금 지속적으로 아이디어들을 서로 연결시키고 그 연계에 대해 토론하게 만들었다. 즉, 이 외현적인 대

화활동은 뇌 '근육'의 내적 활동 과정을 그대로 본 뜬 것이다. 이러한 은유는 '일반화'에 더 많은 비중을 두는 계기를 마련해 주었다.

이 교육과정은 위에서 언급한 능력들을 개발하는 대화내용을 다음과 같이 담고 있다.

초인지는 문제를 해결하는데 어떤 전략을 사용했으며, 어떤 전략이 성공적이었고, 특정 전략이 실패했다는 것을 어떻게 알 수 있으며 또한 어떤 전략이 더 좋고 어떤 전략을 사용해야 하는지 등에 대해 지속적으로 발문하는 방법을 통해 개발된다.

상황으로부터 추론은 두 가지 방법으로 길러진다. 첫 번째 방법은 컴퓨터를 통해, 글과 그림으로 구성된 재미있는 이야기를 학습자로 하여금 읽게 하는 것이다. 이 활동 전에 교사는 그 이야기의 상황을 극적인 형태로 소개(예를 들어 이야기 속에서 학습자는 여러 가지 어려움에 봉착할 것이라는 경고 메시지)하여 학습자의 적극적인 참여의지를 고양시킨다. 이러한 극적인 요소는 사고활동의 기본 전제조건이라고 할 수 있는 높은 수준의 참여를 촉진하게 된다.

또한 이 이야기는 주요 부분에서 학습자가 이해하지 못하는 단어들을 담고 있다. (이러한 단어들이 정규 교육과정 내용과 직결될 필요는 없다.) 그리고 학습자는 자신이 이해하지 못하는 단어를 보게 될 때마다: (a) 그 단어를 포함하고 있는 문장을 적고, (b) 해당 단어에 동그라미를 치며, (c) 교사를 불러서 그 단어의 뜻을 추측해서 말해야 한다. 또한 교사는 그들에게 후속 이야기가 어떻게 전개될 것인지 예측하라고 요구하게 된다. 다음 날 교사는 전날 제기된 문장들을 칠판에 적은 후에 학생들에게 해당 이야기와 그림으로부터 동그라미 친 단어의 뜻이 무엇인지, 왜 그렇다고 생각하는지를 말해 보라고 한다. 이렇게 대화가 시작되고 학습자의 대답에 대한 심도 있는 논의가 진행된다. 이렇게 풍부한 대화활동은 독해능력이 뛰

어난 사람들이 전형적으로 보여 주는 예측형 독해 과정을 그대로 본뜬 것이며, 또한 이는 상황으로부터 추론하는 능력뿐만 아니라 정보종합과 초인지능력도 길러주게 된다.

'상황으로부터 추론'하는 능력을 키워줄 수 있는 두 번째 방법은 사용안내문에서 모르거나 애매모호한 단어들에 대해 추론질문을 제기하는 것이다. 그리고 교사는 학생이 모르는 단어들의 뜻을 해당 파악전략을 적용해서 알아내도록 독려하게 된다. 여기서 주어지는 시각적 실마리는 학습자로 하여금 자신의 추론능력에 자신감을 가지도록 해 준다. 이러한 형태의 추론은 모든 소프트웨어의 활용 방법을 학습하는 활동으로 연결된다.

일반화도 두 가지 방법으로 개발된다. 그 첫 번째는, 학습자가 일상생활에서 많이 다루어본 소프트웨어에 있는 단어들을 활용하여 그 프로그램에서 해당 단어들이 무엇을 의미하는지에 대해 예측하도록 요구한다. 예를 들어, DAZZLE DRAW라는 그래픽 프로그램은 "flood fill"이라는 선택 메뉴를 가지고 있다. 교사는 학습자에게 그들이 알고 있는 "flood"의 의미를 기반으로 해당 메뉴를 선택했을 때 어떻게 될 것인지 예측하라고 반문하게 된다. 그런 후에 학습자들은 컴퓨터로 가서 자신의 예측이 맞았는지 검증하는 절차를 밟는다. (여기서 "Flood Fill"은 사용자가 선택한 색으로 스크린의 특정 지역을 채우는 것을 의미한다.)

둘째로, 좀더 효과적인 일반화 기법은 여러 소프트웨어 프로그램에서 주어지는 다양한 상황들에서 나타나는 많은 개념들을 활용하는 것이다. 예를 들어, 열기구(hot-air balloon)를 날리는 것에 대해 토론한 후 문서작성기에 열기구 날리는 것과 관련된 이야기를 만들고, 그 이야기에서 등장하는 한 역할의 사람이 보는 관점에서 주어진 상황에 대해 어떻게 생각하는지 토론하게 된다. 그런 후에 교사는 학생들에게 위의 활동에 사용되었던 소

프트웨어에서 생각한 개념들 간의 연결이 이전의 프로그램들에서 생각한 것과 어떤 점에서 같고 다른지를 판단하도록 요구한다.

정보종합은 학습자들이 특정 질문에 답하기 위해서 필요한 정보를 여러 자원 또는 다양한 형태의 정보를 활용하여 도출해야 하는 상황에 처해 있게 하면서 개발될 수 있다.

이를 위한 교육과정은 학생이 흥미로워하는 소프트웨어(게임이나 모험물이 특히 좋음)를 선택하여 위에서 열거한 모든 사고능력들을 연습할 수 있는 다양한 질문들을 고안한 후 다른 종류의 소프트웨어들과 관련해서 토론한 주요 연결 개념들과 연계하는 활동으로 구성되어 있다. 예를 들어, 인기 있는 시뮬레이션 프로그램인 OREGON TRAIL에서 외현적으로 나타난 목적은 Oregon으로 가는 옛길을 이용해서 Oregon에 도달하는 것이다. 이 상황에서 사용자는 적으로부터의 공격, 악천후, 홍수 등의 여러 문제들에 봉착하면서 안전하게 여행할 수 있도록 음식과 보급품 사용을 지혜롭게 기획해야 한다.

그런데 위에서 설명한 교육과정에서는 학습자에게 이런 질문들이 제기된다: "마차에 대해 어떤 관점을 가지고 있는가?"(주요 연결 개념으로서의 "관점"을 활용한 **일반화**), "한 수소에게 씌운 멍에는 무엇인가?"(**상황으로부터 추론**), "Oregon에 도착하기 위해 어떤 전략을 사용했는가?"(**초인지**), 그리고 "실제로 이 길을 여행한 사람은 누구인가?"(**정보종합**). 이러한 질문들은 Oregon에 도착하는 목적을 달성하기 위해 수반되는 것들이며, 프로그램의 사용안내문의 여러 문장들을 기반으로 도출된 것이다. 이 질문들은 4가지 주요 사고능력들을 연습하는 토론을 제기하는데 활용된다. 이러한 질문들의 응답에 관한 토론의 질, 밀도, 일관성은 해당 소프트웨어의 질이나 성공적인 사용보다는 학습과정에 있어 훨씬 더 중요한 역할을

한다.

이렇게 주요 사고과정을 지속적으로 반영한 관련 질문들에 대해 교사와 학생간에 이루어지는 HOTS에서의 대화활동은 컴퓨터활용 측면에 있어서 컴퓨터보조수업과 통합학습체제(Integrated Learning System)와 명확한 차별화를 보여 준다. 즉, 이 HOTS와 SuperMath 교육과정은 컴퓨터를 통해 교육과정의 본질을 되짚어보면서 컴퓨터를 어떻게 활용할 것인가에 대한 새로운 인식을 심어 준 신선한 시도라고 할 수 있다.

HOTS는 1-2년의 기간에 매주 4-5일에 걸쳐 35-40분 동안 독자적인 프로그램으로 실행될 수 있다. 각 차시 수업의 전반부에서 대화활동을 한 후 학생들은 컴퓨터를 이용해 해당 내용을 파악하는 과제를 수행한다. 이 대화활동에서 제기되어야 할 주요 질문은 교사용 지도서에 바람직한 질문의 형태로 제시되어 있다. 그러나 단순히 질문을 던지고 이에 대해 응답하는 것으로만 정교한 대화활동이 이루진다고 볼 수 없다. 기존의 소크라테스식 문답법 수업에서 교사와 학생간의 상호작용을 면밀히 관찰해 보면, 애매모호함이 팽배될 뿐만 아니라 교사들이 발문기법을 사용하기보다는 학생들에게 권위적이고 지시위주의 행동으로 되돌아가는 경향을 보인다. 그에 반해, HOTS에서의 소크라테스식 문답활동은 대화에서 활용할 주요 활동과 상황을 상세히 제시함과 동시에 학습자로 하여금 스스로 도출해내는 방식의 이해력을 개발시켜주는 성찰적 사고를 지속적으로 할 수 있도록 적절한 후속 심화 질문들을 교사가 고안하는데 필요한 전략들을 구체적으로 제시하고 있다.

이 프로그램 성공의 관건은 이전과는 전혀 다른 방식으로 가르칠 수 있도록 훈련된 훌륭한 교사이다. 극장에서 도출된 은유(metaphors)가 교사연수 프로그램을 설계하는데 적용되었다. 예비 HOTS 교사들은 5일 동안 집중적으로 이루어진

연수 프로그램에 참가했다. 이 연수를 통해 교사들은 관련 이론에 대해 강의를 받기보다는 학생의 역할을 하는 다른 참가 교사를 소크라테스식 문답활동으로 가르치는 수업을 실제로 연습하여 서서히 내재화시키는 데 주력하였다. 이러한 수업실습의 결과, 교사들은 학습자와 대화하는 능력이 생겼고, 학생의 초기 답변에 대해 후속 심화질문을 융통성 있게 이끌어나가는 전문성을 가지게 되었다. 또한 교사들은 학습자가 어떤 말을 할 때 이해력을 보여 주는가를 분석할 수 있게 되었을 뿐만 아니라 학생들이 의미를 파악할 수 있도록 교사가 적절하고 창의적인 질문들을 제기하는 능력도 습득하게 되었다. 이와 같이, 이 교사들은 소크라테스식 상호작용이 반영된 교육과정을 이전과는 다른 방식으로 가르칠 수 있게 되었다.

끝으로, 학습자가 자신의 정신적인 에너지를 쏟고자하는 노력을 기울이지 않으면 위의 모든 것이 허사가 된다. 이를 위해 HOTS는 다양한 시각자료 활용, 컴퓨터의 시각자료를 학습자에게 문화적으로 친숙한 모의상황 제시, 드라마 형식의 활동 적용들을 통해 학생들을 동기화시켰다. 그리고 각 활동 단위는 연극처럼 각본을 가지고 있다. 여기서 학생들은 다채로운 연극기법을 통해 학습활동에 몰입하게 되었다. 예를 들어, 어느 날 교사는 이색적인 복장을 하고 학생들을 맞이한다.

위에서 열거한 모든 요소들(연극, 인지심리학, 소크라테스식 문답활동, 컴퓨터)은 하나의 교육과정에 체계적으로 통합·반영되었고, 이 교육과정은 성공적이고 면밀하며 체계적인 학습환경을 조성하기 위해 많은 시간을 두고 지속적으로 개선되었다. 여기서 학생들은 아이가 저녁식탁 밑에 숨는 것처럼 모둠 토론을 회피할 수 없게 되어 있다. 이 프로그램 체제는 학습자가 점점 더 정교한 형태로 대화활동을 하도록 요구할 뿐만 아니라 문자정보를 전략적으로 활용하도록 분위기를 조성한

다. 여기서의 과제는 학생들의 발달 수준보다 훨씬 높은 난이도를 보여 준다. 그러나, 실험적 활동과 점진적으로 정교해지는 형태의 성찰전략을 통합한 학습활동을 통해, 학습자는 문제해결과 의사소통 능력에서 자신감을 가지게 되었다.

단계 2: 교과내용 학습에서의 사고활동.　Super-Math는 2년 과정의 기초 대수(pre-algebra)를 학습하는 프로그램으로서, 컴퓨터와 소크라테스식 문답활동을 중심으로 설계되어 교과내용 학습에서의 사고활동을 촉진하는 새로운 형태의 교육과정이다. 이 프로그램은 전통적인 수학뿐만 아니라 새로운 주제의 내용을 가르치는데 있어 교과학습에서의 사고활동, 문제해결, 구성주의적인 접근방법을 활용하였다. 학습자 중심의 교육과정을 개발한다는 목적아래, 여기서의 문제해결 활동은 실제 상황이 주어지기보다는 학습자에게 흥미 있고 문화적으로 친숙한 공상의 환경 속에서 이루어진다. 이러한 공상의 환경이 사용된 이유는, 수학과 관련된 실제상황 중에 중학생들에게 의미 있는 것이 드물며 성인세계에서의 예를 드는 것도 그들의 흥미를 끌 수 있는 좋은 방법이 아니기 때문이다. 가상환경의 예들에는, (a) 화성에 가서 햄버거를 주문하면 그 화성인이 얼마나 바가지를 씌우는가를 파악, (b) 두건으로 얼굴을 가리고 있고, 가장 사기꾼 같은 소수들(decimals) 중에 하나이며, 교활한 악한인 Carmen San Decimal을 추적, (c) 길을 잃거나 체포되지 않고 San Francisco까지 차를 운전, (d) 학생의 컴퓨터에 갇힌 외로운 외계인과 의사소통 시도 등이 있다. 마지막 예에서, 학습자는 단어 문제를 풀기 위해 언어와 수학 간의 관계성을 인식하게 된다. 여기서 간단한 인공지능의 형태로, 그 외계인이 학생의 언어를 처리한 후 수학적인 언어로 응답하게 된다.

이제, 본 논문에 허용된 지면 부족으로 HOTS와

SuperMath를 간략하게 설명해야 한다. 이에 대한 상세한 설명은 다른 문헌에서 제시되어 있다 (Pogrow, 1990, 1997). 하지만, 이 프로그램들이 어떻게 설계되었는지에 대한 몇몇 주요 사항들을 제공하고자 한다.

내가 "학습연극"이라고 지칭한 기본적인 설계 기법은, 학습자로 하여금 해당 소프트웨어를 구입하고, 그것을 자의적으로 활용하도록 하여, 이러한 자의적 활동을 중심으로 교육과정을 개발한 후 관련 교육방법을 교사들에게 교육시키는 것이다. 이 일은 많은 작업을 요한다. 게다가, 해당 소프트웨어의 원래 용도를 무시하고 대화활동 위주로 상황을 만들어내는 것은 너무 인위적으로 보이기도 한다. 그러나 컴퓨터를 이러한 방법으로 활용했을 때 효과적이라는 것은 Bransford와 동료연구자의 연구(1989)에서 검증되었다. Bransford는 영화에서 인디아나 존스가 함정을 피해가는 장면(즉, 학생들에게 친숙하고 흥미로운 시각적 상황을 설정)을 동영상으로 학습자에게 제공한 후, 인디아나 존스의 행동을 가능하게 하는 물리적인 힘과 수학적인 원리에 대해 토론하게 하였다. 이 연구자는 후속 토론을 위한 시각적인 상황을 설정하는데 컴퓨터를 활용한 것은, 수학 교과내용을 설명하거나 면대면 수업을 위해 컴퓨터를 활용하는 것보다 훨씬 효과적인 방법임을 입증하였다.

하지만, 이러한 학습연극의 설계는 시중에 판매되는 소프트웨어의 질 저하로 인해 난관에 봉착하였다. 컴퓨터 기술이 날로 발전하면서, 오늘날의 소프트웨어 개발자들은 프로그램 내에서 언어를 거의 사용하지 않게 되었다. 새로운 소프트웨어에서 아이콘을 클릭하면 좀더 많은 그림이 주어지면서 문장이해 능력은 별 필요가 없게 되었다. 사실, HOTS에서는 시중에 판매되는 소프트웨어를 사용하는데 우리들은 구형 버전 사용을 고수하고 있으며 언어를 별로 사용하지 않은 새로운 버전은 거부하고 있다. 불행하게도 구형 버전이 더 이상 판매되지 않게 되는 경우에는, 가능하면 우리 자체 버전을 개발할 필요성이 대두되고 있다.

마지막으로, 컴퓨터를 활용한 효과적인 학습환경인 HOTS와 SuperMath를 개발하게 된 아이디어는 Papert(1980)의 연구에서 비롯되었다. 불행하게도, 그는 Logo와 같은 정교한 소프트웨어의 활용이 학습환경을 제공할 것이라고 생각했다. 그러나 이는 옳은 생각이 아니다. HOTS와 SuperMath 두 프로그램 모두, 컴퓨터를 수업이나 교과내용의 전달 매체나 도구로 사용하기보다는 삶의 은유가 되는 상황 설정을 위해 활용하면서, 효과적인 학습환경을 구축하기 위한 여러 가지 주요 요소들을 통합하고 체계화하였다.

프로그램 설계에서 연구의 역할

프로그램 설계에서의 이론과 연구의 역할에 대해 많은 학자들이 제기한 모든 용감한 주장들을 나는 별 가치가 없는 것이라고 생각한다. 이론은 단순히 어떤 것에 대한 누군가가 내린 최선의 추정일 뿐이다. 이러한 이론들은 부지기수이다. 어떤 이론이 적합한 것인가? 사실, 당신이 비록 어떤 이론이 적합하다고 생각되더라도, 하나의 프로그램에 그 이론을 실행하는 방법에는 수백 가지가 있으며, 아마 그중에서 5가지 정도만 성공적일 것이다. 바로 이 확률을 보면 해당 이론의 주요 가치를 인정하기 힘들게 된다.

실제로, 내가 만약 처음부터 어떤 이론을 중점적으로 활용했다면 나의 프로그램들은 아마 잘못된 길로 접어들었을 것이다. 예를 들어, 대부분의 인지이론들이 사고능력 개발은 일반적인 사고능력보다는 교과내용과 연계되어야 한다고 믿기 때문에, 나는 HOTS를 교실 및 교과 학습활동에 좀더 연계되도록 설계했었거나 구체적인 교과내용에 사고과정을 접목시키는 시도를 했었을 것이다. HOTS 프로그램은 이러한 이론들이 학습부진아 교육에서 명백히 잘못되었다는 것을 입증하였다. (이는 아마 대학생들의 교육에서도 마찬가지일 수도 있다.)

이 설계에서 가장 중요한 단계는 상당 부분 직감과 행운이라고 할 수 있는, 은유를 선정하는 것이다. 일단 은유가 선정되면, 이론을 지혜롭게 적용해야만 한다. 그런 후에 근육으로서의 뇌라는 은유를 사용하기로 결정하면 심리학에서 정보처리와 관련된 이론들이 가장 관련성 있는 정보를 가지고 있지만, 사실 신뢰할 만한 충분한 자료를 가지고 있는 아이디어는 몇 개에 불과하다. 학습부진아 교육에서 성공적이었던 것처럼 보이는 다른 문헌들을 보면, 대부분 초인지에 대한 연구들이며, 이들 대부분은 4-8학년에 적용된 것들이 아니다. 이러한 범주에 해당하는 연구들 내에서 선정된 몇몇 연구들은 해당 은유를 어떻게 실행할 것인가를 상세히 설계하는데 제한적이지만 가치 있는 공헌을 하였다.

설계의 기반 논리로서 이론을 사용하기보다는, 어느 이론가가 HOTS 프로그램이 도달하려는 결과와 궤를 같이하는가를 발견한 후 그 이론들을 프로그램을 개선하는데 반영하는 것이 훨씬 더 낫다. 바로 Vygotsky의 이론이 하나의 탁월한 예가 된다.

이론이 성공적이고 혁신적인 학습환경을 설계하는데 가치 있기보다는, 그 학습환경을 설계하는 것이 이론을 생성하는 데 더 많은 가치가 있다는 역설을 제기해 보고자 한다.

4. 결론

HOTS는 인종, 문화, 지역을 불문하고 4-8학년에 해당하는 많은 학습부진아들에게 일관성 있는 효과가 입증된, 창의적이고 구체성을 띤 학습환경이 설계 가능하다는 것을 여실히 보여 주었다. 또한 이 프로그램은 정규 수업시간이 많이 주어지지 않고서도, 다양한 형태의 학습성취, 사회성, 인지발달에서의 성과를 낼 수 있는 학습환경을 설계 가능하다는 것도 보여 주었다. 그러나 이러한 효과를 일관성 있게 창출하는 학습환경을 위해서는, 적합한 은유를 선정하고 이를 적절한 방법으로 실행하는 데 있어 많은 시간이 필요함과 동시에 행운이 따라 주어야 한다. 또한 효과적인 프로그램이 되기 위해서는, 이전과는 다른 방식으로 가르칠 수 있게 잘 훈련된 교사와 성공적인 교육과정이 상호 부합되어야 한다.

HOTS 교육과정은 다음과 같은 원칙을 고수했기 때문에 성공적일 수 있었다: (a) 활동과 지시사항의 적절한 통합, (b) 컴퓨터활용에 대한 성공적인 개념화, (c) 일반적인 인지능력 개발을 위해 일관성있고 집중적인 학습체계 제공(즉, 이 프로그램은 다양한 능력을 피상적으로 다루려는 기존의 시도와는 반대로 독해능력 개발에 가장 큰 영향을 미치는 가장 중요한 사고과정의 소규모 체계를 성공적으로 개발하였다), (d) 컴퓨터활용을 효과적인 교수법과 연계, (e) 교육과정을 혁신적인 교사연수와 접목, (f) 서로 다른 효과적인 은유방법들을 통합.

HOTS는 (a) 학습자의 교육요구를 파악하고, (b) 특정 교육상황에서의 효과성을 제시할 수 있는 대규모 연구 대상으로서 혁신적인 프로그램이 사용될 수 있다는 가능성을 보여 주었다. 전자는 교육정책에 영향을 주는 차원에서 가치가 있으며, 후자는 프로그램의 보급과정에 유용하게 쓰여 결과적으로 그 효과성을 높이는데 일조를 한다. 예를 들어, 교육행정가들은 어떤 학생들이 HOTS로 효과를 보지 못하는가에 대한 정보를 제공받아서 그들에게 적합한 다른 프로그램을 고려하게 되었다. 실제로, 보급과정에서 연구결과를 활용하는 것은 전반적인 프로그램의 성공에 있어 프로그램 설계의 질적 수준만큼이나 매우 중요한 요소라고 할 수 있다.

HOTS를 실시해 본 경험에 비추어 볼 때, 이 프로그램은 4-8학년의 학습부진아들의 학습효과를 전반적으로 높일 수 있다는 가능성을 열어 놓았지만, 좀더 효과적인 학습환경을 조성하기 위해서는 상황 변수를 반드시 고려해야 한다. 만약 주요 상황 변수를 배제하게 되면 아주 탁월한 프로그램조차도 거의 효과를 보기 힘들게 된다.

불행히도 현재의 교육개혁은 이 논문의 1장에서 언급된 모든 상황 변수를 고려하지 않았다. 새로운 Title I 법안을 포함해서 현재의 개혁이 왜 거의 효과를 볼 수 없었는가에는 인지적인 측면에서 여러 이유들이 있다. Title I에 해당하는 학생과 학습부진아에게 나타난 학습의 문제는 상당히 심각하며, 좀더 구체적으로 제시될 필요가 있을 정도로 상당한 결함을 내포하고 있다. 효과적으로 교육요구를 파악하는 것은 해당 상황에 대한 적합한 지식(저자의 생각에 의하면, 폭넓은 경험을 통해서만 얻어질 수 있음)에 입각해서 적재적소의 도움을 도모할 때만 가능하다.

이 글은 4-8학년의 대다수 학습부진아들을 어떻게 도와 줄 수 있는가를 여실히 보여 주었다. 이 프로그램은 지방 및 중앙정부 수준에서 무엇을 해야 하는가에 대한 핵심적인 지침을 제공하였다. 우리는 정규 수업 시간의 일부를 할애해서 4-8학년의 학습부진아들의 요구를 효과적으로 충족시킬 수 있는 학습환경을 3-4년의 기간에 걸쳐 제공해야 한다. 또한 우리는 연방정부와 주정부의 예산도 앞에서 언급한 세 가지 상이한 학습 요구에 따라 차별화되어 집행되는 형태로 재조정되어야 한다.

이 논문이 정책과 실행에 있어 구체적인 지침을 제공하고 있지만, 나의 어떤 제안도 가까운 장래에 교육정책 입안자나 교육실행자들에게 받아들여질 것이라는 것에는 의심의 여지가 많다. 현재, 현장 기반 관리의 개념으로 접근하는 방식 하에서는 개별 학교들이 각자 따로 노는 듯한 인상을 주고 있으며, 이러한 접근방법으로는 특정 학습자들의 교육요구를 충족시킨다는 것은 거의 불가능에 가깝다고 할 수 있다. 또한 연방정부 수준에서는 강력한 이익집단들이 자신의 밥그릇과 예산을 챙기려 하며, 현재의 법과 예산상의 지위를 계속 유지하려 한다. 이와 같이, 우리는 자신들이 실제로 명석하다는 사실을 전혀 발견하지 못하고 있는 학습부진아들에게 충분한 도움을 제공하지 못하고 있다는 사실을 인정해야 한다. 그리고 우리는 좀더 잘 해낼 수 있으리라 믿는다.

참고문헌

Bransford, J. et al. (1989). Mathematical thinking. In R. Charles & Silver(Eds.) *Teaching for evaluating mathematical problem-solving.* City: National Council of Teachers of Mathematics.

Darmer, M. A. (1995). Developing transfer and met-acognition in educationally disadvantaged students: Effects of the higher order thinking skills(HOTS) program. Unpublished dissertation. University of Arizona, Tucson.

Hoff, D. (1997). Chap. 1 aid failed to close learning gap, study finds. *Education Week*, April, pp.1-29.

Papert, S. (1980). *Mindstorms: Children, computers and powerful ideas.* New York: Basic Books.

Pogrow, S. (1990). *HOTS(higher order thinking skills): A validated thinking skills approach to using computers with students who are at-risk.* New York: scholastic.

Pogrow, S. (1996). Reforming the wannabbee reformers: Why education reforms almost always end up making things worse. *Phi Delta Kappan*, Vol 77, 656-663.

Pogrow, S. (1997). Using technology to combine process and content. In A. Costa & R. Liebman, (Eds.), *When process is content: Towards renaissance learning* (pp. 98-116). Corwin Press.

CHAPTER 15

Landamatics 교수설계 이론과 포괄적 사고력을 위한 교육방법

Lev N. Landa
Landamatics International, New York

최 욱
경인교육대학교 교육학과 교수

Lev N. Landa는 1976년까지 소련(USSR) 사람이었다. 그는 모스크바와 레닌그라드에서 박사와 박사후 과정 학위를 받았으며, 소련의 대학교육부로부터 종신교수직을 부여받았다. 소련에 있을 때, Landa는 모스크바에 있는 Institute of General and Educational Psychology에서 교수이자 학과장을 역임했을 뿐만 아니라 모스크바에 소재한 Institute for Advanced Training of University와 Pedagogical College Teachers at the USSR Academy of Pedagogical Sciences의 교수로도 봉직했었다. 1976년 이후에 그는 네덜란드의 Universities of Utrecht의 교수를 지냈고, 미국의 University of Iowa와 Columbia University 교수도 역임했다. 현재 그는 뉴욕에 소재하고 있는 경영 및 교육 컨설팅회사인 Landamatics International의 대표이다. 그는 100여 개의 연구 실적을 가지고 있으며, 그 중에 27개는 15개 언어로 번역되어 있다.

서 문

목적 및 전제. 이 이론의 주요 목적은 포괄적 사고력(최상위의 사고능력)을 교육하는 데 있다. 이 이론은, 다른 교과 내용이라도 그 내용이 유사한 일반적 논리구조를 가지고 있어서 같은 형태의 포괄적 인지활동으로 해당 내용을 습득할 수 있는 모든 학습상황에 적용 가능하다.

학문적 가치. 이 이론이 기반을 두고 있는 학문적 가치는 다음과 같다:
- 포괄적 사고 방법(교육, 직업 세계, 오늘날의 정보화 시대를 위한)
- 여러 교과내용의 구조를 다루는 방법을 알 수 있도록, 다양한 교과내용이 가지고 있는 일반적인 논리 구조를 찾아냄

주요 방법. 이 이론이 제시하고 있는 주요 교육방법(교수전략)은 다음과 같다:

교수전략 I: 안내형 발견학습
1. 학습자로 하여금 포괄적 사고방법에 입각한 인지활동 체제를 발견할 수 있도록 안내한다.
   - 학습자에게 과제나 문제를 주고 그것을 수행하도록 요구한다.
2. 과제를 수행할 때 학습자가 어떤 인지활동을 하고 있는지 파악한 후 그 인지활동에 적합한 사고방법을 체계화하도록 도와 준다.
   - 학습자로 하여금 이 사고방법을, 타인이 해당 과제를 수행할 때 그대로 따라할 수 있을 정도의 구체적인 안내문 형태로 체계화하도록 한다.
   - 만약 학습자가 과제 해결의 난관에 봉착했을 때, 교수자는 그 방법을 어떻게 체계화했는지 설명해 준다.
   - 과제나 문제의 내용에 암시되어있는 논리적 구조를 밝혀내고 그것을 명확하게 설명해 준다.
   - 그 내용의 논리적 구조가 그 내용을 습득하는 방법을 어떻게 결정해 주는가를 보여 준다.
   - 내용을 습득하는 방법을 학습자로 하여금 시각적으로 표현하도록 도와 주기 위해 flowchart를 활용한다.

3. 학습자에 의해 체계화된 방법을 학습자가 적용할 수 있도록 도와 준다.
   - 체계화된 구체적인 실행 방법을 학습자가 새로운 과제에 단계적으로 적용하면서 연습하게 한다.
4. 그 방법을 학습자가 내재화(internalize)하도록 도와 준다.
   - 기존의 구체적인 실행 방법이 아닌 자신만의 방식으로 기술된 설명서를 활용하여, 그 방법을 새로운 과제를 통해 연습하게 한다.
5. 그 방법이 숙달(automate)되게 한다.
   - 자신의 설명서 없이도 새로운 과제를 매우 신속하게 수행할 수 있다.
6. 학습자가 체계화한 방법의 일반화 정도를 높이기 위해 위의 "1-5 단계"를 반복한다.
   - 위의 단계 1에서, 지금까지 사고방법을 적용했던 교과내용이 아닌 분야의 과제나 문제를 주고, 기존의 사고방법을 수정하도록 학습자에게 요구한다.
   - 위의 단계 2에서, 양쪽 교과내용에 공히 효과적인 좀더 일반화된 사고방법을 체계화하도록 도와 준다.
   - 위의 단계 3-5는 기존에 했던 대로 실행한다.

교수전략 II: 설명식 수업
위의 6 단계를 그대로 따르되 처음 두 단계에서, 기존에 했던 대로 학습자가 사고방법을 발견하도록 하지 않고 교수자가 체계화한 방법을 학습자에게 시범보이는 형태로 실행한다.

교수전략 III: 통합적 접근
교수자가 생각하는 학습목표에 따라, 몇 단계에서는 발견식 전략으로 수업하고, 다른 몇 단계에서는 설명식 수업을 적절하게 혼합하는 형태를 취한다.

교수설계에 대한 적용점. 중요한 수업목표이자 학습목표로서, 일반적인 사고방법(최상위의 사고능력)에 초점을 둠. 사고능력 발달의 각 단계에 입각한 교수전략. 발견식과 설명식 수업의 선택적 사용.

— C.M.R

Landamatics 교수설계 이론과 포괄적 사고력을 위한 교육방법

1. 서론

란다매틱스는 특정 한두 개의 주제, 개념, 기능을 가르치는 방법을 제시한 교수학습이론이 아니다. 또한 이 이론은 여러 효과적인 수업계획서의 모음도 아니다. 그보다는, 학습과제가 어떤 현상에 대한 지식, 어떤 사물의 시각적 분석과정, 또는 사고전략 등을 가르치는 것이건 간에, 모든 형태의 수업을 설계하는데 적용가능한 포괄적인 방법이라고 할 수 있다. 이러한 방법은 포괄적이면서도 충분히 구체적인 절차를 제시하고 있어서 어떤 종류의 지식이나 인지과정도 설계하고 가르치는 데 적용될 수 있다.

이 논문의 목적은 포괄적인 사고방법을 가르치는 란다매틱스를 구체적인 예를 들면서 체계화하여 설명하는 데 두고 있다. 우리가 그렇게도 원하는 원대한 학습결과를 성취하기 위해서는, 무엇을 가르칠 것인가와 어떻게 가르칠 것인가가 공히 중요하다는 것이 란다매틱스의 주요 논점이다.

이 이론의 시각적인 예를 들기 위해, 연구자는 특정 사고방법을 활용했다. 이 방법은 특정 유형에 대한 개념과 정의에 입각해서 어떤 사물이 특정 유형에 속하느냐의 여부를 식별하는 것이다. 본 논문의 말미에서 이 방법은 사물들의 특성과 다른 사물들과의 상호관계에 대한 결론을 도출하는 방법으로도 연결될 것이다. 어떤 사물을 식별하는 절차는 지식을 적용하는 모든 방법을 어떻게 가르칠 것인가를 시각적으로 예를 들 때에만 사용되기 때문에, 연구자는 "식별을 목적으로 하는 지식 적용 방법"이라는 편협한 용어 대신에 "지식 적용 방법"이라는 좀더 광범위한 용어를 사용하게

될 것이다. 이러한 논점은 식별방법에 관한 논리가 모든 형태의 사고방법과 모든 방식의 인지활동까지에도 적용될 수 있다는 것을 강조하기 위해서도 사용될 것이다.

가장 중요한 교육목적 중의 하나로서 포괄적인 인지과정을 교수

정보화시대에 접어들면서, 지식은 오늘 배운 것이 몇 년 후에는 최신성이 없거나 더 이상 쓸모없는 정보가 되어버릴 정도로 급격하게 변화고 있다. 그러나 이러한 시대의 현상은 지식을 습득하고 적용하는 인지구조까지도 변화되었다는 것을 의미하는가? 또는 좀더 정확히 말하자면, 인간이 습득하는 지식의 속도 정도로 지식이 변했다는 뜻인가? 그 대답은 '아니다'이다.

과학 또는 직업세계에 종사하는 전문가들(지식을 효과적으로 습득하고 적용하는 방법을 이미 아는 사람들)은 다양한 형태의 지식을 학습하고 다루는데 있어 근본적으로 같은 인지활동과 과정을 사용한다. 이러한 인지과정들은 다른 종류의 지식(예를 들면, 사실에 대한 지식 대비 자연의 법칙에 대한 지식)과 다른 형태의 문제해결 상황에 따라 달라질 것이라고 생각되지만, 인지과정에 있어서는 같은 종류의 지식과 문제로 취급된다. 그러므로 이러한 관계를 내용-독립적(content-independent)이며 포괄적이라고 말할 수 있다.

만약 우리가 지식을 습득하고 적용하는 방법을 익히는 것이 핵심지식을 아는 것만큼 중요하다는 것(아마도 곧 쓸모가 없어지는 특정 지식을 학습하는 것보다 훨씬 중요하겠지만)을 인정한다면, 학습자에게 포괄적인 인지과정과 그에 적합한 사

고방법을 가르치는 것이 가장 중요한 교육목적 중에 하나가 되어야 한다. (물론, 이러한 인지과정과 방법은 특정 지식을 가르치는 것을 통해 이루어질 수 있다.)

교육에서의 기현상

학교에서 기이한 현상이 발생하고 있다: 학생들은 어떤 사물을 식별하고, 현상을 설명하고, 결론을 도출하며, 주장을 증명하는 등의 활동을 요구받고 있는 반면에, 식별이 무엇이고, 설명이 무엇이며, 결론을 도출한다는 의미가 무엇이고, 주장을 증명하는 것이 어떤 의미를 가지고 있는지에 대해 가르치지 않고 있어서 이에 대해 무지한 상태이다. 여기서 중요한 논의사항은 이러한 활동과정들에 대한 정의가 제대로 내려지지 않았다는 것이 아니라, 인지활동과 그 체제에 대한 지식(예를 들어, 무엇인가를 명확하게 설명하기 위해서는 설명할 대상을 가지고 인지적으로 수행해야 할 것을 의미)이 학습자에게 부족하다는 것이다.

연구자가 여러 교사들에게 행한 무수히 많은 인터뷰에 의하면, 대부분의 경우에 위에서 언급한 인지과정을 어떻게 실행하는지에 대해 무지한 상태이다. 즉, 이는 교사들이 학습자들을 가르치기 위해 필요한 적절한 사고방법에 대해 모르고 있다는 의미이다.

또한 예상한 대로, *New York Times* 에서 Peter Applebome이 National Assessment of Educational Progress의 연구결과를 다음과 같이 간략하게 설명하였다: "최근의 과학교과 관련 국가시험 결과에 의하면, 미국 학생들은 기본적인 과학 지식과 원리에 대한 이해가 어느 정도 되어 있지만, 과학적 지식을 적용하거나 실험을 설계하거나 또는 자신의 논리를 명확하게 설명하는 능력에 있어서는 실망스러운 수준이다"(p. 36).

방법들

"방법" 이라는 의미. "방법"이라는 용어에 대한 많은 정의가, 학자들 사이에서조차도 종종 혼돈을 일으키고 의사소통을 방해할 정도로 철학적이고 학술적인 형태로 표현되고 있다. 이러한 문제를 극복하기 위해, 일상의 언어에서 "방법"이 어떻게 사용되는지 살펴보자.

"방법"이라는 용어에 대한 의미론적인 분석에 의하면, 이 말은 두 가지 뜻을 내포하고 있다: (a) 문제를 해결하거나 과제를 수행하도록 이끌어 주는 활동(actions), 그리고 (b) 수행할 행동을 적시하는 처방(prescriptions). "방법"이라는 용어에 관한 이러한 두 가지 의미를 구분하기 위해, 활동체제로서의 방법에 Ma라고 명명하고, 처방차원의 수업체제로서의 방법은 Mp라고 명명할 것이다. 새로운 문제를 해결하거나 새로운 과제를 수행하는 방법을 찾을 때, 사람들은 보통 Ma에 해당하는 방법을 먼저 탐색한 후에 그것을 Mp에 해당하는 방법으로 변환시킨다.

나는 "방법"을 어떤 목적을 달성하기 위해 필요한 수업과 활동의 구조화된 체제라고 정의하였다. 이러한 정의는 방법에 대해 다음과 같은 핵심 특성들로 설명해 주고 있다:

1. 방법은 항상 수업과 활동이 통합된 **체제**이지 그 중 하나로 이루어질 수 없다. 극단적인 경우에만 방법의 체제가 단일 수업이나 활동으로 구성되어 있다.
2. 방법은 특정 형태로 상호 연계된 수업과 활동으로 이루어진 **구조화된** 존재이다(예를 들어, 특정 순서나 위계로 구성된).
3. 방법은 어떤 목표(과제를 수행하거나 문제를 해결하는 등)를 달성하는 데 주안점을 두고 있는 차원에서 항상 **목적지향적**이다.

일상의 언어와 학문의 세계에서 방법이라는 의미는 "과정", "절차", "안내", "기법", "전략" 등의 뜻으로 종종 쓰이기도 한다. 여기서 문제는 이러한 몇몇 표현("전략"과 같이)은 방법이라는 뜻보다 다원적인 의미를 가지고 있을 뿐만 아니라 애매모호하기까지 하다.

일단 개념, 명제, 방법이 사회와 학문세계 속에서 개발되면 언어라는 측면에서 객관화된 사회현상으로 자리잡게 된다. 그리고 이를 일단 학습하게 되면, 이러한 현상들은 학습자에게 객관적인 사회현상에 대한 상대적 개념인 주관적인 심리현상이 된다. 인간이 습득한 이러한 주관적인 방법(심리현상)들은 객관화된 방법(사회현상)들에 따르기도 하고 그렇지 않기도 하다. 예를 들어, 많은 사람들이 특정 현상에 대해 제시하는 설명이 종종 틀리는 경우가 있다(부정확, 피상적, 일관성이 없는 등). 그래서 교육의 중요한 목표 중에 하나는, 학습자들의 인지과정에 형성되어있는 주관적인 방법이 사회와 학문세계에서 개발된 효과적인 객관화 방법들을 따르게 만드는 교수방법을 제공하는 것이다.

방법과 기술(skill) 간의 관계. 비록 부분적으로 관련되지만, 방법과 기술은 각각 다른 종류의 심리현상을 반영하기 때문에 서로 다르다.

Mp만 보더라도, 어떤 목적을 달성하기 위해 수행해야 하는 행동을 아는 것은 행동을 실제로 실행에 옮기는 것과 사뭇 다르다. 예를 들어, 사람은 수영을 하기 위해 어떤 행동이 필요한가를 알고 있지만, 실제로 수영을 못할 수 있다. 또한 행동체제로서 Ma에 대한 개념과 어떤 기술에 대한 개념 사이에는 명확한 차이가 존재한다. 즉, 능력들은 행동 체제가 아니다; 그보다는 Ma인 행동체제를 수행하는데 필요한 잠재력을 나타내는, 뇌생리학적인 과정이다.

물론, Ma에 해당하는 방법을 구성하는 행동체제와 기술 사이에는 직접적인 연관성이 존재한다: 행동의 수행이 이루어진 후에는 뇌에 "흔적(traces)"을 남기면서 생리학적 과정과 결합을 형성한다. 이러한 흔적들이 바로 기술이라고 할 수 있다. 기술은 특정 행동과 그 체제를 실제로 수행하는 것으로만 형성될 수 있다는 사실은, 학습자에게 뛰어나고 효과적인 기술이 개발되기를 바란다면 뛰어나고 효과적인 방법으로 가르칠 필요가 있음을 확실히 지적해 주고 있다.

지금까지의 논의는 방법에 대해 아는 것과 할 줄 아는 것 사이에 엄밀한 차이가 존재한다는 사실을 부각시키고 있다. 어떤 방법을 아는 것은 언어로 체계화된 그 방법의 설명서 내용(instructions)을 안다는 것을 의미한다. 이에 반해, 어떤 방법을 할 줄 안다는 것은 그 방법을 구성하고 있는 실제 활동을 수행할 수 있다는 것을 말한다. 다음의 상황은 학교나 실생활에서 비일비재하게 발생한다:

1. 어떤 사람은 방법에 대해 알고 있고 또 할 줄도 안다.
2. 어떤 사람은 방법에 대해 알고 있지만 할 줄은 모른다.
   예 수영을 어떻게 하는지는 알지만(수행할 행동에 대한 지식을 가지고 있음) 실제로 할 줄은 모른다.
3. 어떤 사람은 방법에 대해서는 모르지만 할 줄은 안다.
   예 어떤 사람은 수영은 할 줄 알지만, 방법의 설명서에 해당하는 행동을 묘사하거나 체제를 체계화할 줄은 모른다.
4. 어떤 사람은 방법에 대해서도 모를 뿐만 아니라 할 줄도 모른다.

기존의 수업에서 포괄적인 사고방법을 가르치는데 실패. 실제로 교사들이 교육현장에서 직면하는 문제점들 중에 하나는: 많은 학습자들이 배웠던 문제들과 유사한 것들은 잘 해결하지만, 배운 문제들과 사실은 같은 유형이거나 형식임에도 불구하고 표면적으로 유사성이 없는 경우에는 그 문제들을 해결하지 못하거나 실수를 하게 된다. 왜 그럴까?

연구자의 분석에 의하면, 이러한 현상은 학습자들이 어떤 형태의 내용에도 사용하고 적용할 수 있는 포괄적인 인지활동을 배우기보다는, 교사가 시범을 보일 때 선정된 몇몇 특정 내용 위주의 문제들에게만 적용될 수 있는 해결과정을 배웠기 때문이다. 이런 형태의 수업이 현재 학교현장에서 전형적으로 나타나고 있으며 또한 널리 팽배되어 있다. 이러한 수업으로 인해, 학습자의 인지구조 속에서 행동체제(Ma)는 교사가 시범을 보일 때 활용되었던 특정 내용하고만 연계되어 있다.

모스크바의 Institute of General and Educational Psychology에서 같이 근무했던 동료 연구자인 Zykova 박사는 모스크바의 한 학교의 기하학 수업에 참석했다. 수업 주제는 직각삼각형이었다. 교사와 학습자의 교수 학습활동은 아래와 같다:

교육활동 1. 여러 형태의 삼각형들이 있으며 각각의 삼각형은 고유의 특성들을 가지고 있다고 교사가 설명해 준다. 그리고 오늘은 직각삼각형에 알아볼 것이라고 말하고 그 삼각형의 정의를 제시하였다(즉, 직각삼각형은 한 변이 90도인 삼각형이다).

교육활동 2. 그리고 난 후 교사는 여러 가지 직각직각삼각형의 예를 도형으로 보여 주면서 설명하였다.

교육활동 3. 그리고 난 후 교사는 직각삼각형의 개념(정의)을 학습하고 적용할 수 있는 다음과 같은 연습의 기회를 제공하였다:

활동 3a. 교사는 직각삼각형의 정의를 학습자가 체계화하도록 요구했다. 몇몇 학생들만 정확하게 수행하였다.

활동 3b. 그리고 나서 학생들이 칠판에 직각삼각형의 예를 그림으로 표현하게 한다. 두 명의 학생만이 정확하게 수행하였다.

활동 3c. 그런 후에 교사는 칠판에 직각삼각형이거나 아닌 것이 혼합된 여러 가지 도형들을 제시하고, 학습자들에게 직각삼각형이 무엇인지 지적해 보라는 질문을 하였다. 여러 학생들이 정답을 제시하였다.

활동 3d. 마지막으로 교사는 학습자들에게 의문사항이 있느냐와 잘 이해했는가를 물었다. 그러자 많은 학생들은 모든 것을 잘 알았다고 우렁차게 대답하였다.

여기서 수업이 전반적으로 잘 진행된 것처럼 보이며 교사와 학생 모두 다 직각삼각형에 대한 개념을 완전히 습득했고 그 지식을 적용할 줄도 알았다고 확신에 차 있었다.

그 수업이 끝난 후, Zykova는 수업에 적극적으로 참여했고 교사의 질문에 정답을 제시한 한 학생에게 작은 실험에 참여해 줄 것을 요청했다. 이 실험에서, Zykova는 직각삼각형의 정의가 무엇이냐고 그 학생에게 물었다. 이 학생은 직각삼각형이란 한 각이 90도인 삼각형이라고 정확한 정의를 제시하였다.

그런 다음, Zykova는 그림 15.1과 같은 네 개의 삼각형들을 보여 주면서 어떤 것이 직각삼각형이냐고 질문했다. 그 학생은 (1)과 (3)을 선택했다. 이에 Zykova는 다음과 같이 물었다: "(2)는 어때? 이것도 직각을 가지고 있잖아! 이 도형은 직각삼

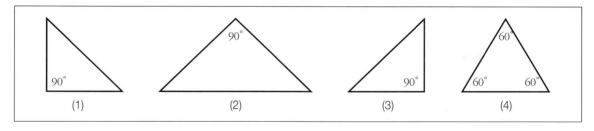

그림 15.1   학생들에게 보여 준 삼각형들

각형 아니니?"

그 학생이 대답하기를: "아니죠, 직각삼각형이 되려면 도형 밑 부분의 왼쪽이나 오른쪽에 직각이 있어야죠."

수업이 잘 실행된 것처럼 보이는데(해당 개념의 예와 예가 아닌 것들이 주어지고 연습도 실시했는데), 어떻게 이 학생에게 오개념이 생겼을까? 학생이 해당 개념의 정의를 잘 알고 있고 그 대답도 잘 했지만, 그가 가지고 있는 실제개념에는 수업시간에 주어진 도형들의 예(즉, 직각의 공간적인 위치를 직각삼각형의 특성으로 오인하게 만든 예들)로부터 습득한 경험적인 일반화(empirical generalizations)가 반영되었다.

Zykova는 이 수업에서 학생들이 "대표적"인 직각삼각형들[그림 15.1의 (1)과 (3)]만 보게 되는 우를 범하였다고 주장하였다. 이러한 문제에 대해 Zykova(1963)와 동료 연구자들에 의해 제안된 교육적인 해결방안은: 새로운 개념을 학생들에게 가르치는 교사는 개념을 설명할 때, 특정 개념에 해당하는 사물들과 관계 없는 특성들을 최대한 광범위하게 제공해 주어야 한다.

물론, 특정 사물과 관련 없는 특성들에 대해 다양한 예가 많이 주어지지 않은 것도, 오개념과 개념 적용 실패를 야기한 주요 원인이 될 수 있다. 그러나 내 생각에, 이 문제에 있어 정말로 중요하고 저변에 깔려있는 원인은 다른 데 있다.

왜 경험적인 일반화에 입각해서는 높은 수준의 수업을 제공할 수 없는가

특정 사물과 관련성 없는 다양한 특성들을 바탕으로 형성된 경험적인 일반화는, 연관성 없는 변인과 특성들이 아주 적을 때는 유용하다. 그러나 그 특성들의 숫자가 조금만 많아져도 수업시간에 모든 것들을 학생들에게 빠짐없이 제시하기는 실제로 불가능하다.

객관적으로 요구되는 여러 특성들과 수업에서 실제로 가르칠 수 있는 특성들 간의 숫자 차이가 많으면 많을수록, (a) 학생의 인지구조에서 형성되는 일반화는 부정확해지며, 결과적으로, (b) 이러한 일반화를 기반으로 조성되는 오개념률은 상당히 높아지게 될 것이다.

란다매틱스(Landamatics)에 의하면, 잘못된 개념 형성과 적용의 문제가 나타나는 진짜 원인은 학습자들이 개념 습득과 적용을 위해 필요한 포괄적인 방법을 배우지 못했기 때문이다. 그리고 이 주장이 사실이라면, 예방약과 치료법은 특정사물과 관련 없는 특성들을 가능한 많이 제공하는 것이 아니라, 포괄적인 사고 방법을 가르치고 배우는 것이다.

2. 수업에서의 란다매틱스 접근방법

란다매틱스는 전적으로 사고과정에만 중점을 두고 가르치는 방법을 통해(Ma와 Mp 모두), 일반화, 개념, 사고과정을 형성하는데 있어 기존의 방법과는 판이하게 다른 방법을 지향하면서 개발하였다.

이 방법은:

- 많은 수의 특성들을 더 이상 필요로 하지 않게 한다.
- 완전하고 적절한 일반화를 형성시켜 준다.
- 적절한 일반화를 통해 정확한 개념과 명제를 형성하게 해 준다.
- 학습자로 하여금 지식(이미지, 개념, 명제)을 효과적으로 습득하고 적용하는 방법을 형성해 준다.
- 학습자가 경험에만 의존하지 않으면서, 자신의 지식과 인지활동 모두를 새로운 상황과 문제에 정확하게 전이시킬 수 있게 해 준다.
- 학습에서의 실수와 난관을 상당히 감소시켜 준다.
- 자신의 인지활동을 스스로 관리·조절·통제할 수 있는 능력을 길러 준다.
- 지금까지 언급한 위의 모든 것들을 상당히 신속하게 달성하게 해 준다.

기존의 수업방법을 통해 학습자에게 형성된 경험적인 일반화와는 달리, 란다매틱스는 신뢰할 만하고(Reliable), 과학적이고(Scientific), 개념에 적합한(Concept-Congruous) 일반화(RSCC)를 형성시켜 준다. 경험적인 일반화에 입각한 개념형성과 반대로 RSCC 일반화를 통한 그것과 어떻게 다른가를 간결하고 극명하게 보여 주기 위해, 연구자는 학생에게 똑같이 직각삼각형을 가르치는 예를

사용할 것이다. 무엇을 가르치든지, 두 가지 기본전략이 직각삼각형을 가르치는데 사용될 수 있다: (a) 학습자들에게 적절한 학습안내를 제공하면서 학습할 내용을 스스로 발견하게 한다. 그리고 (b) 이미 구조화된 지식과 방법을 학생들에게 가르친다. 또는 두 가지 전략을 적절하게 통합한다.

교수전략 1: 안내형 발견학습

안내형 발견학습의 수업목표와 활동들은 다음과 같다:

1. 직각삼각형의 개념을 학생이 스스로 발견
2. 그 삼각형의 이름을 스스로 명명(학문분야에서 그 개념에 지정되어 사용되는 용어)
3. 그 개념의 논리적으로 정확한 정의를 형성
4. 그 개념을 적용하는데 필요한 인지활동 체제(Ma)를 스스로 발견
5. 발견한 방법을 스스로 체계화(Mp)
6. 위의 체계화된 방법을 어떻게 적용할 것인가를 연습을 통해 학습
7. 체계화된 구체적인 실행 방법(Mp)을 내재화
8. 그 방법의 인지활동(Ma)을 숙달되게 하여, 완전한 학습과 자유자재의 구사가 가능

위의 여덟 개 수업목표와 활동 중에서, 란다매틱스 특유의 방법인 끝에서 다섯 개(4-8)에 대해 여기서 구체적으로 설명하고자 한다.

수업목표 4: 규정된 유목에 속하느냐의 여부로 사물을 식별하는 과제에, 습득한 개념을 적용하고 정의내리는 것과 관련된 인지활동 체제(Ma)를 학습자로 하여금 발견하고 확실히 인식하게 한다.

교육활동: 해당 정의에 입각해서, 어떤 삼각형이 직각삼각형인지의 여부를 결정하기 위해서 학습

자는 머릿속에서 어떤 과정을 거쳐야 하는지를 물어본다. 위에서 사용했던 예에서, 학습자들은 그 삼각형이 직각삼각형인지의 여부를 따져보아야 한다고 말한다.

수업목표 5: 구체적인 해당 실행 방법을 명확하게 체계화(Mp)하도록 요구

교육활동:

1. 학생에게 구체적인 실행방법 또는 구사방법을 스스로 체계화하도록 요구한다. (즉, 직각삼각형의 정의를 어떻게 사용하는지 모르는 학습자가, 주어진 삼각형이 직각삼각형인지의 여부를 판별하기 위해 어떤 인지활동을 해야 하는지의 방법)

2. 만약 학습자가 그 방법을 정확하게 체계화하면, 다음의 수업목표로 넘어간다; 그러나 만약 학습자가 성공적으로 체계화하지 못할 경우에는, 제시된 삼각형이 직각삼각형인지 여부를 판별하기 위한 방법(Mp)을 어떻게 체계화시킬 것인가를 교사가 설명해 준다.

만약 필요하다면 학습자는 교사의 도움을 받으면서 다음의 방법을 체계화할 수 있다:

1. 직각삼각형의 정의를 참고하면서 그 도형의 특성(90도 각도)을 도출해낸다.

2. 위의 특성을 주어진 삼각형에 대입시키고, 그 삼각형이 90도 각도를 가지고 있는지를 대조해본다.

3. 아래의 규칙에 따라 결론을 내린다.
    (a) 만약 삼각형이 90도 각도를 가지고 있으면, 그 도형은 직각삼각형이다.
    (b) 만약 그 도형이 90도 각도를 가지고 있지 않다면, 이 도형은 직각삼각형이 아니다.

4. 칠판에 체계화된 방법(알고리듬)을 적거나 필요하면 다른 교수매체로 제시한다.

수업목표 6: 위에서 체계화된 방법(Mp)을 적용하는 연습기회를 제공한다.

교육활동:

1. 학습자에게 이제 과제는, 여러 삼각형 중에서 직각삼각형을 식별해 내는 체계화된 방법을 적용하는 연습을 하는 것이라고 말해 준다.

2. 여러 가지 삼각형을 학습자에게 보여 주고, 체계화된 방법에 따라 직각삼각형인지 여부를 판별하도록 시킨다.

3. 학습자로 하여금 체계적인 단계를 거쳐야한다고 설명해 준다: 첫 번째 단계를 보고 그대로 해보라고 지시한 후, 두 번째 단계를 보고 그에 따라 해보도록 하는 등. 위의 예에서, 체계화된 방법을 따라하면 학생들은 직각의 위치에 상관 없이 직각삼각형을 쉽게 식별해 내게 된다.

수업목표 7: 특별한 연습을 통해, 체계화된 방법을 내재화하는 연습을 시켜 완전학습 수준이 되게 한다.

교육활동:

1. 학습자들에게 그들이 칠판에 적었던 방법이 더 이상 필요로 하지 않으며, 스스로 터득한 체계화된 방법으로 대체될 수 있다고 말해 준다.

2. 학생들에게 이제 칠판에 적었던 방법을 지우고 삼각형을 몇 개 더 보여 주겠다고 말한다. 그리고 학습자들은 칠판에 적었던 방법에 의존하지 않고 스스로 터득한 방법에 입각해서 어느 도형이 직각삼각형인지 가려내야 한다.

수업목표 8: 방법의 인지과정(Ma)을 완전히 숙달되도록 만든다.

교육활동:

1. 학습자들에게 이제 직각삼각형을 식별해 내는 데 있어 스스로의 방법 안내문도 더 이상 필요하지 않다고 설명해 준다.

2. 직각삼각형을 골라내는 활동을 위해 마지막 남은 삼각형들을 학생들에게 제시한다. 여기서 학생들에게 자기안내문 없이 가능하면 신속하게 직각삼각형 여부를 판별하도록 요구한다. 이제 학생들은 쉽게 과제를 완수하며 즉각적으로 직각삼각형을 골라낸다.

지금까지 설명한 내용은 '전략 1'에 해당하는 란다매틱스식 수업의 전체 절차에 대한 것이었다.

비록 직각삼각형의 개념을 가르치고 배우는 란다매틱스 방법과 그 적용 방법을 설명한 것이 상당히 긴 것 같지만, 실제 수업에서는 사실 15-20분 정도만 소요된다.

3. 사고방법의 내재화와 숙달화의 심리적 현상

구체적인 방법을 내재화하는 것(Mp)과 그 방법의 인지활동을 숙달화하는 것(Ma)은 어떤 의미를 가지고 있는가? 내재화와 숙달화의 과정을 거치면서 인간의 인지에는 무엇이 나타나는가?

란다매틱스에 따르면, 어떤 방법의 점진적인 내재화와 숙달화는 다름 아닌 학습과 연습의 과정 속에서 인지활동 작동기에서 다른 작동기로 점진적인 변화를 일으킨 것을 의미한다.

1. 어떤 방법을 학습하는 첫 번째 단계에서, 인지활동은 (문서나 컴퓨터로 제시된) 구체적으로 체계화된 방법에 의해 외부적으로 작동된다.

2. 두 번째 단계에서, 인지활동은 자신만의 의미로 표현된 방법에 의해 내적으로 작동된다. 이것이 방법의 내재화(Mp)이다.

3. 세 번째 단계에서는 구체적으로 표현된 방법이 내・외적으로 주어질 필요 없이, 인지활동이 명확한 목적 하에 이루어지고 문제상황에 따라 적절하게 작동하게 된다. 이 단계를 인지활동의 숙달화(Ma)라고 부른다.

란다매틱스에 따르면, 한 단계에서 다른 단계로 옮겨가는 과정에서 인지활동의 내적인 심리 현상 차원에서 하나의 중요한 변화를 맞이하게 된다: 단계 1과 2에서 각각의 절차를 점진적으로 밟아 나가다가, 단계 3에서는 인지활동에 있어 여러 절차가 동시에(또는 최소한 일부 절차라도) 이루어지게 된다. 이러한 인지활동의 동시진행성으로 인해 다음과 같은 심리현상이 발생된다:

- 초반에 했던 대로의 단계적인 과정을 거치는 대신 정보를 동시에 처리
- 어떤 사물이나 현상을 정형화된 형태(patterns= gestalt)로 인식
- 인지활동(과정)을 매우 신속하게 즉각적으로 실행
- 인지활동(과정)을 의도적인 노력 없이 실행(숙달된 형태로 실행)

인지활동에서 나타나는 이러한 특성은 그 활동에 대한 완전학습과 숙달이 되었다는 것을 의미한다.

기존의 수업에서 이러한 특성들이 우연발생적이거나 비효과적인 방법으로 나타났다. 란다매틱스는 주도면밀하게 수업이 설계・운영되는 과정

속에서 이러한 심리적 특성이 형성되게 하며, 또한 동시진행성의 결과로 높은 수준의 인지능력을 개발시켜 준다.

교수전략 2: 설명식 수업

교수전략 2에서는 학생들로 하여금 직각삼각형의 개념을 스스로 발견하게 하는 대신에 해당 용어를 파악하고, 그 용어의 정의를 내리게 하며(이 부분은 교수전략 1과 동일), 교사는 자신이 사전에 구조화하고 체계화한 방법 모두를 학습자에게 직접 가르치는 접근방식(적절한 시각자료와 연습활동 수반)을 택한다.

교수전략 1과 2를 선택하는 조건

교수전략 1은 교수전략 2보다 교육적으로 훨씬 가치 있고 월등하며 효과적이다. 그러나 교수전략 1은 더 많은 시간을 요한다. 교수전략 2보다 교수전략 1이 전체 절차를 활용하는 데 있어 시간이 충분히 확보되지 못하는 경우가 종종 발생한다. 이러한 상황 때문에 란다매틱스는 양쪽의 전략을 적절하게 혼합된 형태를 권한다. 이를 혼합 또는 통합전략이라고 부른다.

교수전략 3: 통합 전략

이 전략을 통해 어떤 내용은 발견 수업 전략을 사용해서 교육하고, 또 다른 내용은 사전에 구조화된 형태로 교사가 직접 가르치는 방법을 채택하게 된다. 어떤 내용을 어느 전략에 입각해서 가르칠 것인가는 주어진 수업상황에서 교사가 의도하는 교육목적과 각 전략이 어느 부분에서 가장 효과적인가에 대한 판단에 따라 결정될 수 있다.

4. 사고방법의 일반화 수준을 제고

직각삼각형을 식별해 내기 위해 체계화한 사고방법은 어떤 직각삼각형에도 적용가능할 정도로 충분히 포괄적이며, 동시에 직각삼각형의 식별을 위해서만 전적으로 활용될 수 있도록 매우 구체적이었다. 이 사고방법을 다른 교육내용에도 적용할 수 있게 수정하는 것이 가능할까? 즉, 이 방법을 좀더 포괄적인 형태로 만들 수는 없을까? 이는 충분히 가능하다.

이를 설명하기 위해 이전에 사용했던 직각삼각형의 예를 들어보도록 하겠다. 그리고 가장 낮은 수준의 일반화를 d1이라고 하고, 그 바로 위를 d2, d3 등으로 명명하겠다. 직각삼각형을 식별하는 방법의 일반화 수준이 가장 낮기 때문에, 이 방법을 d1이라고 칭하였다. 이는 그림 15.2의 좌측면에서 서술되어 있다. 그 다음으로 높은 수준의 일반화 방법은 오른쪽 면에서 기술되어 있다. 이는 이러한 사고방법의 일반화를 좀더 쉽게 비교할 수 있게 해 준다. 또한 두 방법에서 차이가 나는 요소들은 그림 15.2에서 **고딕체**로 표현되어 있다.

나는 독자가 그림 15.3에 있는 각 도형에 대해 방법 2(d2)를 단계적으로 밟아나가면서 적용해 볼 것을 권하고 싶다. 이 과제는 각 도형들 중에 어느 것이 마름모인가를 판별해 내는 것이다. 여기 마름모의 정의는 다음과 같다: "마름모는 네 변의 길이가 모두 같은 평행사변형이다."

이제 이 방법을 그림 15.1에서 주어진 예에서 직각삼각형을 식별해 내는 과제에 적용해보기로 하자. 특히 방법 2는 직각삼각형과 마름모에 공히 적용될 수 있다. 이는 방법 2가 직각삼각형에만 적용가능한 방법 1보다 훨씬 포괄적이라는 점을 의미한다.

방법 2의 일반화 수준을 알아보기 위해, 독자들

방법 1(d₁)	방법 2(d₂)
직각삼각형을 판별해 내기 위해서는: 1. **직각삼각형**의 정의를 참고하여 특성(90° **각도를 가지고 있음**)을 도출해 낸다. 2. 이 특성을 주어진 **모든 삼각형**에 인지적으로 대입해보면서 90° 각도를 가지고 있는가를 파악한다. 3. 다음의 규칙에 입각해서 결론을 내린다: 　(a) 만약 삼각형이 90° 각도를 가지고 있다면, 이는 **직각삼각형**이다. 　(b) 만약 삼각형이 90° **각도**를 가지고 있지 않다면, 이는 **직각삼각형이 아니다.**	어떤 사물이 **특정 유목**(class)에 포함되느냐의 여부를 판별해내기 위해서는: 1. 해당 유목의 정의를 참고하여 특성들을 도출해 낸다. 2. 이 특성들을 주어진 모든 사물에 각각 대입하면서 그 사물이 **모든 특성들**을 다 가지고 있는가를 파악한다. 3. 다음의 규칙에 입각하여 결론을 내린다: 　(a) 만약 **어떤 사물**이 해당 정의에서 제시한 **모든 특성들**을 다 가지고 있다면, 그것은 정의내려진 **사물들의 유목**에 속한다. 　(b) 만약 어떤 사물에 해당 **특성들** 중의 **하나라도 빠져** 있다면, 그것은 그 유목에 속하지 **않는다.**

그림 15.2   일반화 1: d1에서 d2

은 이 방법을 다음과 같은 단어들의 모음들 중에서 어느 것이 절(clause)인지 식별하는 문법과제를 푸는 데 적용해 보길 바란다: (a) "아뿔싸!(My God!)"; (b) "제발 용서해 주오(Please, forgive me)"; (c) "피터가 그 방에 들어갈 때(When Peter entered the room)"; (d) "나는 정말로 이 책을 좋아한다(I really like this book)." 다음과 같은 절의 정의를 참고해 볼 수 있다: "절이란 주어와 술어를 가지고 있는 단어들의 모음이다"(Hirsch, 1993).

방법 2는 얼마나 포괄적인가?

수학 관련 문장을 보면 다음과 같은 규칙을 보게 된다: "만약 어떤 숫자가 5와 0으로 끝나면 5로 나눌 수 있다." 방법 2의 일반화 수준을 검증하기 위해서는 몇몇 시험 대상 숫자들을 선정하고, 방법 2에 입각해서 이 숫자들이 5로 나누어지는지를 판별해 보자. 이 연습을 지금 실시해 볼 것을 권한다.

위에 대해 연습을 해 보았다면 당신은 몇몇 잘못된 결론을 얻었을 것이다. 왜냐하면 방법 2는 충분히 포괄적이지 못하기 때문이다.

그러면 좀더 포괄적인 사고방법을 어떻게 찾아낼 것인가? 그러기 위해서는 왜 방법 2가 어떤 개념과 정의에 적용할 때는 성공적이었다가 다른 것들에게는 그렇지 않은지를 밝혀내야한다.

왜 방법 2가 항상 성공적이지 않은가?

이 문제를 진단하기 위해 방법 2가 성공적으로 적용될 수 있는 개념들의 정의와 그렇지 못한 것을 비교해 보자. 그들은 어떻게 서로 다른가? 그 차이점은 명확하다. 5로 나눌 수 있는 특성들은 접속사로 연결되기도 또는 이접접속사로 분리되기도 하는데 반해, 마름모와 절의 특성들은 접속사인 '과(와)(and)'로 연결되어 있다. 이제 과제는 특성들

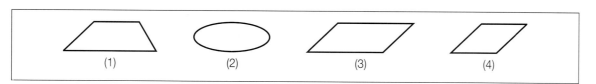

그림 15.3   다음 도형 중에서 마름모는 어느 것인가?

방법 2(d₂) (연결형 개념들)	방법 3(d₃) (이접형 개념들)
어떤 사물이 특정 유목(class)에 포함되느냐의 여부를 판별해 내기 위해서는: 1. 해당 유목의 정의를 참고하여 특성들을 도출해 낸다. 2. 이 특성들을 주어진 모든 사물에 각각 대입하면서 그 사물이 **모든 특성들**을 다 가지고 있는가를 파악한다. 3. 다음의 규칙에 입각하여 결론을 내린다: (a) 만약 **어떤 사물**이 해당 정의에서 제시한 **모든 특성들**을 다 가지고 있다면, 그것은 정의내려진 **사물들의 유목**에 속한다. (b) 만약 어떤 사물에 해당 **특성들** 중의 하나라도 빠져있다면, 그것은 **그 유목에 속하지 않는다.**	어떤 사물이 특정 유목(class)에 포함되느냐의 여부를 판별해 내기 위해서는: 1. 해당 유목의 정의를 참고하여 특성들을 도출해 낸다. 2. 이 특성들을 주어진 모든 사물에 각각 대입하면서 그 사물이 모든 특성들 중에 **최소한 하나라도** 가지고 있는가를 파악한다. 3. 다음의 규칙에 입각하여 결론을 내린다: (a) 만약 어떤 사물이 해당 정의에서 제시한 **모든 특성들** 중에서 **최소한 하나라도** 가지고 있다면, 그것은 정의 내려진 사물들의 유목에 속한다. (b) 만약 어떤 사물에 해당하는 모든 **특성들** 중 어느 하나도 가지고 있지 않다면, 그것은 그 유목에 속하지 않는다.

그림 15.4 이접형 개념들에 대한 사고방법을 위한 비교

의 이접적인 구조를 위해 방법 3을 고안해 내는 것이다.

그림 15.4는 방법 2와 함께 이에 대비되는 방법 3을 보여 주고 있다.

특성들이 이접접속사인 '또는(or)'으로 연결되는 정의들을 찾아보면 방법 3을 쉽게 검증해 볼 수 있다. 여러 교재들로부터 발췌한 해당 정의들은 다음과 같다: "어떤 것의 크기 또는 모양을 바꾼 것이 물리적 변화이다"; 간접목적어는 "누구에게?(To whom?)" 또는 "무엇에게?(To what?)"라는 질문에 대한 답이다; 형용사는 어떻게 생겼다든가 또는 느꼈다든가 또는 맛보았든가 또는 들리든가에 대해 표현하는데 사용하는 단어들을 의미한다.

여기서 방법 3이 방법 2보다 좀더 포괄적인가? 대답은 '아니다'이다. 만약 방법 3이 방법 2를 포함했다면, 방법 3이 좀더 포괄적이라고 할 수 있었을 것이다. 그러나 실제로 그렇지는 못하고, 단지 방법 3이 방법 2를 보완해 주는 기능을 한다. 이 말은 방법 3이 같은 수준의 일반화 정도를 가지고 있다는 것을 의미한다.

방법 2와 방법 3을 좀더 효과적으로 설명하기 위해 그림 15.5에서 흐름도 형태의 시각적인 표현이 제시되어 있다.

방법 2와 3의 통합이 충분히 포괄적일까?

방법 2와 3을 가지고 있는 일반화 수준을 검증하기 위해 특성들의 논리적 구조를 처리할 때 아래와 같은 두 가지 명제에 직면하게 된다:

1. 사회 보장 관서(Social Security Administration)의 한 규정: "한 아이를 키우고 있고 연소득이 12,0000 달러를 넘지 않은 결혼하지 않은 어머니들이거나, 또는 두 아를 키우고 연소득이 16,500 달러를 넘지 않은 결혼한 어머니들만이 이 혜택을 받을 수 있다."

2. 어떤 문법 정의: "동사는 술부의 핵심 부분을 이루고 있고 어떤 행동, 발생, 존재 형태를 표현하는 단어이다."(*Webster's Guide to Business Correpondence*, 1988, p. 217).

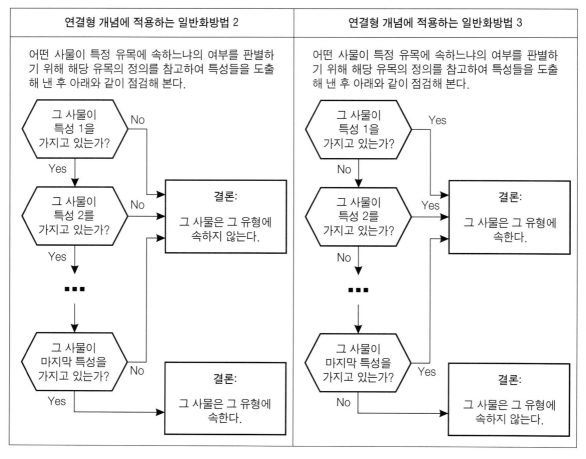

그림 15.5 일반화 방법 2와 3의 흐름도

어떤 여자가 위에서 서술한 혜택을 받을 수 있는지 여부를 어떻게 판단할 수 있을까? 마찬가지로, 특정 단어가 동사인지의 여부를 어떻게 가려낼 수 있는가? 어떤 식으로 사고해야 하는가?

위의 명제들은 연결형 접속사인 '와(과)'와 이접형 접속사인 '또는'이 둘 다 포함되어 있다. 그러나 방법 2와 3은 각각 순수 연결형이나 이접형 논리구조를 위해 고안되어 있으며, 두 논리구조를 어떻게 통합하는가에 대해서는 전혀 언급이 없다. 그러므로 이 두 방법들은 충분히 포괄적이라고 할 수 없으며, 좀더 포괄적인 방법의 필요성이 대두되고 있다.

통합된 논리구조의 내적인 논리 형태를 인식하기 위한 방법

위에서 서술한 사회 보장 관서의 예를 들면서 란다매틱스에 의해 제시된 방법을 설명해 보겠다:

인지활동 1. 유목화 형태로 서술된 명제를 조건문의 형태인 "만약..., ~라면"으로 변환한다.

만약 결혼하지 않은 어머니가 한 아이를 키우고 그녀의 연수입이 12,000 달러를 넘지 않거나 또는 두 아이를 키우고 결혼한 상태인 어머니이며 연소득이 16,500 달러를 넘지 않는다면, 이러한 경우들에만 혜택을 받을 수 있다.

인지활동 2: 위에서 조건문의 형태로 변환된 명제의 내부 논리 구조를 파악하기 위해, 괄호를 활용해서 서술한다.

만약 (혼인하지 않은 모가 한 자녀를 부양하고 가계소득이 12,000 달러를 넘지 않는다) 또는 (혼인한 어머니가 두 자녀를 부양하고 가계소득이 16,500 달러가 되지 않는다), 그렇다면 이러한 경우에만 그 여성이 혜택을 받을 수 있게 된다.

인지활동 3: 괄호를 활용해서 제시된 위의 명제를 좀더 확실하게 이해하고 구별할 수 있게 "논리도표"라고 칭한 시각 자료의 형태로 표현한다.

논리 도표

만약

I.

(a) 혼인하지 않은 모가 한 자녀를 부양한다.

그리고

(b) 그녀의 가계소득이 12,000 달러를 넘지 않는다.

또한

II.

(a) 혼인한 모가 두 자녀를 부양한다.

그리고

(b) 그녀의 가계소득이 16,500 달러를 넘지 않는다.

그렇다면, 이러한 경우에만 그 여성이 혜택을 받을 수 있다.

인지활동 4: 위에서 도표의 형태로 제시된 명제를 가장 일반화된 형태의 논리구조로 간결하게 표현할 수 있는, 명제적 논리 공식으로 표현한다.

위의 도표에서 'I(a)'를 'a'라고 하고, 또한 'I(b)'를 'b', 'II(a)'를 'c', 'II(b)'를 'd'라고 명하며, 결론인 "그 여성은 혜택을 받을 수 있다."를 'E'라고 하자. 더 나아가 논리접속사인 'and'를 '&'라 하고, 이접접속사인 'or'를 'v', "만약…., 그렇다면"이 한 방향이면 '→', "만약…., 그렇다면"이 양 방향이면 '↔'으로 표현한다. 이런 식으로 표현하면 그 공식은 다음과 같은 모습이 된다:

$$(a \ \& \ b) \ v \ (c \ \& \ d) \leftrightarrow E$$

위의 공식은 다음과 같이 읽을 수 있다: 만약 a와 b 또는 c와 d라는 조건들 하에서만 결론 E를 낼 수 있다.

나는 이 글을 읽는 독자들에게, 위에서 제시한 바와 같이 혼재된 논리의 내적 구조를 파악하는 방법을 동사의 정의에 적용해 보고 두 명제(사회보장제도와 동사)를 서로 비교해 보길 바란다. 그렇게 하고나면 첫 번째 명제는 연결된 것들의 분리형(disjunction of conjunctions)이며, 두 번째 명제는 분리된 것들의 연결형(conjunction of disjunctions)이라는 사실이 자명해질 것이다.

이제 나는 독자들이 각자, 분리-연결 명제(방법 4)와 연결-분리 명제(방법 5)를 적용하는 방법을 스스로 파악해 보길 바란다. 이러한 방법들은 이전의 방법 2와 3의 일반화 수준(d2)보다 그 정도(d3)가 더 높다.

여전히 좀더 높은 수준의 일반화 방법이 필요

이제 우리는 지금까지 개발되었던 모든 방법들을 하나의 체제로 총괄할 수 있는 좀더 총체적이고 포괄적인 방법 6(d4)을 필요로 한다. 이 방법은 그림 15.6에서 표현되어 있다.

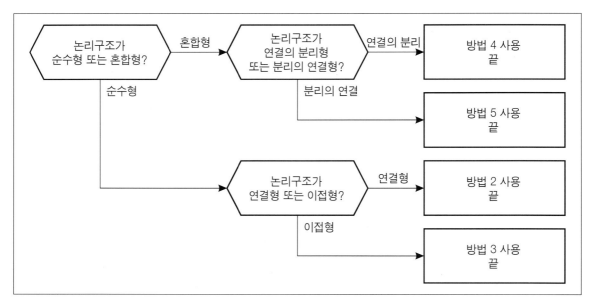

그림 15.6   방법 6 (d₄)

과연 방법 6이 가장 포괄적인가?

지금까지 체계화된 방법들은 각 개념의 정의가 반영된 특성별로 다른 논리구조를 가지고 있는 개념들에 적용되기 위해 개발되었다. 그러나 이러한 정의들은 명제의 한 유형일 뿐이다. 다른 종류의 명제들에는 규칙(rules), 원리(axioms), 정리(theorems), (물리, 화학, 생물 등의) 자연 법칙(law of nature), 특정 사물들의 특성과 그들 간의 관련성에 대한 설명 등 그 외에도 여러 가지가 있다. 학생들은 학교에서 위의 모든 명제들을 학습하고 어떻게 적용해야 하는지에 대해 배워야 한다.

방법 6이 지식을 적용하는 가장 포괄적인 방법이 되기 위해서는 규칙, 법칙, 그 외 여러 가지 명제 등 어떤 종류의 지식에도 통용될 수 있어야 한다. 그러면 다음의 사각형의 한 특성에 대한 간단한 기하학적 명제에 방법 6을 시험해 보자: "사각형의 대각선은 직각이다."

"만약…, 이라면"의 조건문 형태로 표현하면: "만약 어떤 도형이 사각형(S)이면 그 대각선은 직각(dp)이다." 명제적 논리로 표현하면: S→dp. 이 문장은 수학적인 표현으로 '참'이다.

이제 역으로 진술하면: "만약 어떤 도형에서 대각선이 직각이면 그 도형은 사각형이다: dp→S." 그러나 이 문장은 수학적인 표현으로 '참'이 아니다 왜냐하면 직각 대각선을 가지고 있는 도형은 반드시 사각형이 아니라 마름모일 수도 있기 때문이다.

그러므로 위의 예에서 S→dp라는 명제는 '참'이지만 반대 명제인 dp→S는 '거짓'이다.

이렇게 양쪽으로 항상 '참'인 명제는 오직 하나, 정의(definitions)이다. 한쪽에서 참인 다른 명제들은 다른 방향에서는 참이거나 거짓일 수 있다. 다른 방향에서 해당 명제들의 참과 거짓의 여부는 각각의 특정 예에 따라 결정된다.

지금까지 설명한 방법들은 정의들과 양방향 명제들과 관련해서만이 일반화가 성립될 수 있다. 그

방법 2a(d₂) (일방향 명제로 표현되는 연결형 개념이나 조건들에 적용)	방법 3a(d₃) (일방향 명제로 표현되는 분리형 개념이나 조건들에 적용)
어떤 사물이 '만약 …이라면' 형태의 명제 오른쪽 부분에서 제시된, 특정 유형에 속하느냐의 여부를 식별하기 위해서 또는 어떤 행위를 수행가능하느냐의 여부를 결정하기 위해: 1. 해당 명제를 참고하여 왼쪽 부분에 제시된 그 특성이나 조건들을 도출해 낸다. 2. 도출된 특성이나 조건들을 주어진 사물이나 상황에 대입하여 모든 특성이나 조건들을 갖고 있는지를 점검한다. 3. 다음의 원칙에 입각해서 결론을 내린다: 　(a) 만약 어떤 사물이나 상황이 그 명제의 왼쪽에 제시된 모든 특성과 조건들을 갖고 있다면, 그 명제의 오른쪽에 기술된 사물의 유형에 속한다. 만약 그 명제의 오른쪽 부분이 수행할 행동을 의미한다면, 이는 실행가능한 행동이다. 　(b) 만약 어떤 사물이나 상황에 그 특성이나 조건들 중의 **하나라도 누락되어 있으면 어떤 결론도 내릴 수 없다.** 만약 그 명제의 오른쪽 부분이 수행할 행동을 의미한다면, 이것이 실행가능한 행동인지의 여부를 알 수 없다.	어떤 사물이 '만약 …이라면' 형태의 명제 오른쪽 부분에서 제시된, 특정 유형에 속하느냐의 여부를 식별하기 위해서 또는 어떤 행위를 수행가능하느냐의 여부를 결정하기 위해: 1. 해당 명제를 참고하여 왼쪽 부분에 제시된 그 특성이나 조건들을 도출해 낸다. 2. 도출된 특성이나 조건들을 주어진 사물이나 상황에 대입하여 **최소한 하나**의 특성이나 조건을 갖추고 있는지를 점검한다. 3. 다음의 원칙에 입각해서 결론을 내린다: 　(a) 만약 어떤 사물이나 상황이 그 명제의 왼쪽에 제시된 특성과 조건들 중의 **최소한 하나**를 갖추고 있다면, 그 명제의 오른쪽에 기술된 사물의 유형에 속한다. 만약 그 명제의 오른쪽 부분이 수행할 행동을 의미한다면, 이는 실행가능한 행동이다. 　(b) 만약 어떤 사물이나 상황에 그 특성이나 조건들이 **모두 없다면 어떤 결론도 내릴 수 없다.** 만약 그 명제의 오른쪽 부분이 수행할 행동을 의미한다면, 이것이 실행가능한 행동인지의 여부를 알 수 없다.

그림 15.7　방법 2a와 방법 3a의 비교

러나 이러한 방법들은 일방향 명제들에게는 부분적이거나 전면적으로 적용가능하지 않다. 이는 방법 6이 여전히 가장 포괄적이지 않다는 의미이다.

그림 15.7에서 연구자는 일방향 명제하의 순수 접속형(방법 2a)과 순수 분리형(방법 3a) 구조들을 위한 방법을 서술하였다. 독자들은 이전에 그림 15.4에서 설명한 방법 2와 3과 이 방법이 어떻게 다른지를 비교해 보길 바란다. 분명한 것은 방법 2a와 3a의 필요성은 또한 방법 4a와 5a(방법 4와 5의 수정을 통해 쉽게 얻을 수 있음)의 필요성을 낳게 된다.

일방향 명제하의 순수 연결형과 분리형 구조를 위한 방법

그림 15.7은 일방향 명제들을 위한 방법들을 보여준다.

그림 15.7의 방법 2a에서 서술된 "3의 (a)"에 해당하는 한 예. 어떤 행위에 대해 "만약 …이라면"의 형태로 누군가 다음과 같이 서술했다고 하자: "만약 비가 온다면 집을 나설 때 우산을 가져오시오." 이제 비가 오지 않는다고 가정하자. 그러면 나는 그 행위를 하지 **말아야** 하는가?(즉, 우산을 가져오지 않음) 반드시 그럴 필요는 없다. 만약 내가 오늘 오후에 비가 올 것이라고 예상했다면 여전히 우산을 가져올 수도 있다. 위에서 제시된 규칙은 만약 그 조건이 **나타났다면** 무엇을 하라고 말하고 있지만, 그 조건이 **나타나지 않았을** 때는 무엇을 하라는 말이 없었다. 그래서 이 규칙은 비가 오지 **않았을** 때 무엇을 할 것인가에 대해서는 결론을 내릴 수 없다고 명시하고 있다. 이러한 경우에는 어떤 결

정도 가능하다는 의미이다.

그림 15.7의 방법 3a에서 서술된 "3의 (b)"에 해당하는 한 예. 어떤 행위에 대해 "만약 …이라면"의 형태로 누군가 다음과 같이 서술했다고 하자: "만약 비가 오거나 또는 당신이 오늘 오후에 비가 올 것이라고 예상한다면, 집을 나설 때 우산을 가져오시오." 이제 비가 오지도 않고 오후에 비가 올 것으로 예상되지도 않는다고 가정하자. 그러면 나는 그 행위를 하지 말아야 하는가?(즉, 우산을 가져오지 않음) 반드시 그럴 필요는 없다. 만약 나는 여전히 다른 이유들로 인해 우산을 가져올 수도 있다. 위에서 제시된 규칙은 만약 그 조건들 중에 하나만 충족되면 무엇을 하라고 말하고 있지만, 그 조건 중에 무엇도 나타나지 않았을 때는 무엇을 하라는 말이 없었다. 이러한 경우에는 어떤 결정도 가능하다는 의미이다.

물론 방법 2와 3에서 방법 2a와 3a로 수정된 방식은 방법 4-6까지도 적용가능하다. 왜냐하면 방법 4-6에도 방법 2a와 3a에서와 같은 방식을 사용하면 되기 때문이다. 독자들은 이러한 방식대로 방법 4a부터 6a까지 스스로 만들어 보길 바란다.

방법 7: 가장 포괄적인 방법(d_5)

이제 드디어 어떤 종류의 명제(정의, 규칙, 원리, 법칙 등)로 표현된 개념이든지 모두 학습하고 적용할 수 있는 가장 포괄적인 방법에 대해 논해보기로 하겠다. 이러한 명제들은 "만약 …이라면" 문장의 오른쪽 부분에서 모든 유형의 논리구조로 표현되며, 왼쪽과 오른쪽에서 모든 형태의 연결(양방향 또는 일방향)로 구성되어 있다.

그림 15.8에서 방법 7이 방법 6과 6a를 활용한다는 면에서 가장 포괄적이라는 사실을 보여 주고 있다.

유의사항. 이 글에서 지금까지 설명된 방법들에서 제시된 명제들에서 전항(antecedent)과 후항(consequent) 간의 연결이 결정론적인 형태를 띠고 있다. 또한 후항이 전항의 뒤를 명확성(certainty)이 아닌 확률성(probability)에 입각해서 나타나는, 확률론적인 연결을 가지고 있는 명제들이었다. 이러한 이유로 인해 방법 7이 결정론적인 명제들에만 비추어보아도 가장 포괄적이라고 할 수 있다.

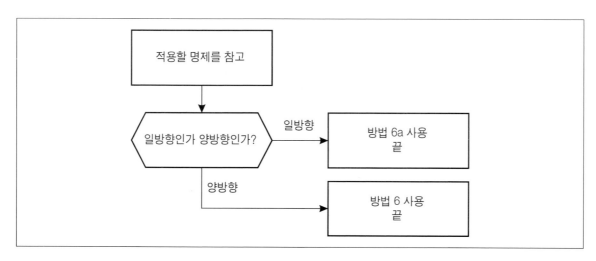

그림 15.8 방법 7 (d_5)

가장 포괄적인 방법을 학습자에게 가르치는 것은 얼마나 어려운가?

가장 포괄적인 방법 7의 서술에 비추어 보면, 사고능력을 위한 포괄적인 방법을 가르치고 배우는 것은 어렵고 긴 과정이라는 느낌이 든다. 그런데 사실, 이 방법을 가르치고 배우는 것은 학생들이 무척 즐거움을 느낄 수 있는 쉽고 비교적 빠른 과정이다. 게다가 중학생조차도 명제들의 논리 구조들과 그 구조들을 다루는 방법 둘 모두를 스스로 발견할 수 있도록 가르칠 수도 있다. 또한 초등학생들을 대상으로 한 몇몇 실험에서는 아동들에게도 가능하다는 것이 밝혀졌다. 뒤에 논의할 부가적인 방법들을 가르치는 데는 좀더 많은 시간이 필요하다.

Landa의 저서(1974)에 있는 15장에서, 아동들에게도 포괄적인 사고방법을 어떻게 가르칠 것인가에 대해 상세한 안내가 제시되어 있다. 독자들은 이 내용을 참고하여 실제로 이러한 수업을 어떻게 실행할 것인가에 대해 스스로 파악하길 바란다.

명제의 외현적인 논리 구조와 내재적인 논리구조

가장 포괄적인 지식 적용 방법을 설명하기 위해 사용되었던 예들의 대부분에서, 논리 접속사인 와(과), 또는, 아니다, 그리고 "만약 …이라면" 등의 논리접속사들이 명제에서 외현적으로 나타났다. 이러한 면은 논리구조를 밝히는데 유용하였으며 논리 도형의 형태로 표현하기 쉽게 만들어 주었다. 그러나 과학과 일상의 언어에서의 많은 명제들을 보면 공히 논리 접속사들이 밖으로 드러나지 않고 문법적인 형태로 표현되지 않아서 논리구조가 숨어 있는 경우가 비일비재하다.

란다매틱스(Landa, 1990)는, 지면 부족으로 이 논문에서 구체적으로 설명하기 어렵지만, 이러한 내적인 논리구조를 외현적으로 나타나게 해 주는 방법들을 개발하였다. 이 방법은 논리접속사인 "와(과), 또는, 아니다, 만약 …라면" 등을 사용하여 내적 논리구조를 표준 논리 형태(standard logical form) 또는 논리적 표준(logical standardization)으로 변환시키는 것이다. 그림 15.9가 그 실제 예를 보여 주고 있다. 오직 이런 형태의 변환만

내재적 논리 구조	표준(외현적) 논리 구조
1. 분사구는 어떤 분사를 포함하고 있는 연관된 단어들의 집합이다(Warriner & Griffith, 1957, p. 37).	1. **만약** 단어들의 모음에서 (a) 그 단어들이 서로 연관되어 **있고** (b) 분사를 가지고 **있다면**(그리고 오직 그럴 때에만) 이 단어들의 집단을 분사구라고 한다.

그림 15.9   내재적인 논리 구조의 논리 표준화의 예

문법적인 접속	논리적 접속으로 변환
1. 그는 명석**하지만** 게으르다.	1. 그는 명석**하고** 게으르다.
2. 나는 그가 사과하지 **않으면** 용서하지 않을 것이다.	2. **만약** 그가 사과하지 **않으면** 나는 그를 용서하지 않을 것이다. 또한: **만약** 그가 사과**하면** 나는 그를 용서할 것이다.
3. 그 은행강도는 은행원에게 이렇게 말했다. "조용히 해, **그러면** 아무 일도 없을 테니."	3. 그 은행강도가 은행원에게 말하기를, "**만약** 네가 조용히 **있으면** 무사할 것이다."

그림 15.10   문법적인 접속을 논리적 접속으로 변환한 예

이 특성과 조건에 대한 논리 구조를 밝혀줄 수 있으며, 지식의 포괄적인 적용방법을 정확하고 효과적으로 활용할 수 있게 해 준다.

나는 독자가 다양한 접속사(예를 들어, 그러므로, …보다도, 다른 한편으로, 둘 다 아니다, 만약 … 등)를 가지고 있는 여러 가지 문장들을 선택하거나 서술한 후, 표준 논리 구조(그림 15.10)로 변화해보도록 권하고 싶다.

나는 또한 독자가 내재적 논리 구조를 포함하고 있는 많은 명제들을 선택한 후에 그것들을 외현적 구조로 변환해보기를 권하고 싶다. 그러한 명제의 한 예는 아래와 같다:

부사는 특히 동사의 수식어, 형용사, 다른 부사, 전치사, 구, 절, 문장, 태도・질・장소・시간・정도・숫자・원인・반대・긍정・부정 등의 어떤 관계를 표현하는, 하나의 단어 또는 단어들의 집합을 의미한다(Webster's Guide to Business Correspondence, 1988, p. 197).

5. 포괄적인 사고방법을 교육하는 것과 관련된 주요 이슈들

포괄적인 사고방법의 교육적 가치

포괄적인 사고방법을 교수・학습하는 것은 다음과 같이 교육적으로 중요한 의미를 가지고 있다:

- 모든 교과목에서 어떤 내용의 지식도 습득・처리・적용할 수 있는 통일되고 보편화된 인지적 도구를 갖추게 해 준다.
- 각각의 포괄적인 사고방법은 한 번만 교육시키면, 각각의 지식을 어떻게 습득・처리・적용할 것인가를 따로 교육시킬 필요가 없다.

- 이 방법은 많은 시간을 절약할 수 있으며, 결국 교수학습의 생산성을 상당히 높일 수 있다.
- 이 방법은 습득한 지식・기술・능력의 질을 엄청나게 제고시킬 수 있다.
- 이 방법은 교수학습의 어려움을 극적으로 감소시켜 준다.
- 이 방법은 학습에서 많은 실수를 방지해 주거나 실수율을 굉장히 줄여 준다.
- 이 방법은 모든 부류의 사람 중에서 전문가 수준의 학습자와 수행자(performer)를 신속하고 확실하게 만들어 준다.

이 외에도 포괄적인 사고방법을 교육함으로써 얻을 수 있는 특히 중요한 교육적 효과들은 다음과 같다:

- 학습자들은 지식의 일반적인 특징과 구조에 대해 이해하기 시작한다―여기서의 지식은 어떤 특정 영역이나 내용을 막론하고 간학문적인 사고를 발달시킨다.
- 학생들은 어떤 교육내용이나 특정 영역을 막론하고 모든 지식의 구조 분석과 비교를 위한 유용한 도구를 갖추게 된다.
- 그들은 세부적인 것에서 포괄적인 것을 인식해내는 도구를 습득하고 능력도 가지게 된다.
- 그들은 지식, 인지 활동, 사고방법들을 좀더 쉽게 다른 여러 지식에 전이시킬 수 있게 되며, 또한 이러한 전이는 동일 교과 내에서뿐만 아니라 다른 교과 영역 간에서조차도 광범위하게 이루어진다.
- 학생들은 자신의 사고과정에 대해 인식하게 되고, 더 나아가 자기의 사고과정을 스스로 관리・조절・통제할 수 있는 도구와 능력을 습득하게 된다. 그럼으로써 그들의 사고는

진정으로 자기충족적이고 독자적인 모습을 구비하게 된다.

• 학습자들은 모든 형태의 지식에 내포되어 있는 문제들을 해결할 수 있는 포괄적인 접근 방법을 개발하게 된다.

왜 포괄적인 사고방법은 오늘날의 학교에서 보편적으로 가르칠 수가 없는가?

여기에는 여러 가지 이유가 있다:

1. 모든 연령의 학생들에게 포괄적인 사고방법을 가르쳐야 하는 중차대성에 대해 아직도 인식하고 있지 못하는 교육과학의 미성숙성

2. 교육학과 심리학에서 포괄적인 사고방법의 개발이 미진하여 다양한 사고방법의 특성과 구조에 대한 과학적인 지식의 부족을 야기하게 되었다.

3. 교육학과 심리학에서 포괄적 사고방법을 가르치는 교수법 부족

4. 교육현장에서 특정 지식과 기술을 교수·학습하는데 치중하여, 사실은 란다매틱스의 관점에서 보면 특정 지식이나 기술을 교수·학습하는 방법인 지식을 습득·처리·적용하는 포괄적인 방법을 도외시

5. 각계각층의 많은 전문가나 전문직 수행자들은 자신만의 인지 과정과 사고 방법을 가지고 있어서 이러한 것들을 학습자들에게 알려 주고 전수하는 것이 불가능하다는 교사들의 인식

6. 예비교사나 현직교사들이 포괄적인 사고방법과 그를 교육하는 방법에 대해 전혀 훈련이 되어 있지 않은 교사 양성 체제의 문제

포괄적인 사고방법을 교육하지 않아서 야기되는 문제점들

학습자들에게 포괄적인 사고방법을 교육하지 않거나 이러한 방법을 학생 스스로 발견하게 하는 교육이 부재할 경우 발생되는 문제점들에 대한 요약은 다음과 같다:

1. 만약 포괄적 사고방법을 교육시키지 않으면, 학습자들은 이러한 사고방법을 주먹구구식으로 발견해야만 한다.

2. 만약 포괄적 사고방법을 발견하는 법을 교육받지 못하면, 학생들은 무의미한 시도와 실패(trial and error)로 점철된 방법에 의존할 수밖에 없다.

3. 이러한 무의미한 시도와 실패에 의존해서 포괄적 사고 방법을 발견하는 것은 힘든 과정이다(그래서 학습과 사고에 있어 여러 난관과 문제를 야기).

4. 무의미한 시도와 실패에 의존해서 포괄적 사고 방법을 발견하는 것은 불필요한 시간 낭비를 초래하는 과정이다(그래서 각각의 과제에 대한 교수·학습 기간이 비효율적으로 오래 걸림).

5. 무의미한 시도와 실패에 의존해서 포괄적 사고 방법을 발견하는 것은 대개 비체계적이고 무계획적인 과정으로 흐르게 마련이다.

6. 무의미한 시도와 실패로 어쩌다 발견된 방법조차도 대부분 경험적 일반화(empirical generalizations)에 그쳐서 충분히 포괄적이지 못하다(그러한 방법들은 전이가능성도 부족할 뿐만 아니라 광범위하게 적용하는 데에도 문제가 된다).

7. 이렇게 어쩌다가 이루어지는 방법은 대체

로 모든 인지활동 요소를 다 발견해 내지 못하기 때문에 여러 면에서 결핍 투성이가 되기 십상이다(불완전, 비효과적 등).

8. 설령 이렇게 어쩌다가 이루어진 방법이 충분히 정확하고 포괄적일지언정, 많은 경우에 비효율적이기 쉽다(비경제적).

9. 어쩌다가 인지활동 방법(Ma)을 발견한 학습자조차도 대부분 그 활동을 의식하는 수준(Mp)에 도달하지 못하게 되기 때문에 모르고 지나가는 경우가 비일비재하다. 그 결과, 학생들은 자신의 인지과정을 스스로 관리·조절·통제하지 못하게 된다.

10. 이러한 자신의 인지활동에 대한 무지로 인해 학습자들은 자신의 인지과정과 체제(Ma)에 대해 다른 사람들과 의사소통할 수 없게 된다.

포괄적 사고 방법은 특정 교육내용과 무관한가?

만약 그 내용이 삼각형이 마름모 또는 명사와 다른 특성을 의미한다면, 그 대답은 '예'이다. 그러나 만약 그 내용이 해당 특성의 논리구조를 포함하고 있다면, 그 대답은 '아니오'이다. 특정 내용의 논리구조도 상당히 다른 형태이지만 역시 교육내용이다. 사고방법은 위의 첫 번째 종류의 내용에 의해 결정되는 것이 아니라, 두 번째 유형의 내용에 의해 결정된다.

포괄적 사고방법의 진정한 모습은 학습자로 하여금 두 번째 유형의 내용을 정확하게 파악하게 만듦과 동시에 첫 번째 유형의 지식으로부터 인지적으로 독립할 수 있도록 해 준다는 사실이다. 이는 곧 학습자가 자신의 인지활동을 어떤 첫 번째 유형의 내용에 대해서라도(그리고 이전에 경험하지 못했던 내용조차에도) 적용할 수 있게 해 준다는 것이다. 그럼으로써 포괄적 사고방법은 학습자들로 하여금 과거 경험상의 제약을 뛰어넘게 해줄 뿐만 아니라 이전에 전혀 경험하지 못했던 사안에 대해서도 효과적으로 사고할 수 있게 만들어 준다.

포괄적인 사고방법과 지능

미국과 다른 나라들에서의 인지심리학은 지능이 교수가능하고 학습가능하다는 결론에 도달했다(Wimbey & Wimbey, 1975; Sternberg, 1983; Perkins, 1995). (우연찮게도 러시아의 인지 및 교육심리학에서는 이러한 결론이 수십 년 전에 도출되었다.) 그런데 특히 무엇이 교수가능하다는 말인가? 이러한 질문에 대한 명료하고 정확한 대답이 주어지기까지는 지능의 교수·학습가능성에 대한 결론은 미해결 상태라고 할 수 있다. 지능에 대한 교수방법을 알기 위해서는 무엇보다도 지능에 대한 정확한 정의를 내리는 것이 필요하다.

란다매틱스에 의하면, 일반지능은 어떤 유형의 지식에도 적용가능한 포괄적 사고방법 체제를 운영(단순히 아는 것이 아님)하는 바로 그 것이다.

그러면 지능을 가르치고 학습한다는 것은 무엇을 의미하는가?

란다매틱스에 의하면, 이는 일반지능을 개발하게 해 주는 포괄적 사고방법을 교수·학습하는 것을 의미한다. 여기서 지능은 사고방법(Ma's)을 구성하는 인지활동의 수행이 아니라는 사실에 주목해야 한다. 지능은 사고방법들의 활동을 수행한 결과 뇌에 남게 된 것이다. 지능은 이전에 수행된 인지활동 체제의 흔적(잔존효과)을 의미한다.

이를 다르게 표현하면: 지능은 교수·학습될 수 없으며, 다만 사고방법만이 교수학습이 가능하다. 지능은 사고방법의 활동을 수행하고 내재화한 결과 형성될 수 있다.

6. 결론

이 장에서 우리는 지식이 적용되는 사물과 현상에 관한 충분한 정보에 입각하여, 지식 적용의 결정론적인 방법만을 다루어 보았다. 그러나 확률론적인 통찰력에 기반을 둔 확률론적인 포괄적 인지활동과 사고방법들이 또한 존재한다. 이러한 인지활동과 교수방법에 대한 논의는 또 다른 주제에서 다루어져야 한다.

참고문헌

Applebome, P. (1997). U.S. pupils score high on science facts but fault on reasoning. *The New York Times*, May 4, 1997.

Hirsch, Jr., E. D. (Ed.) (1993). *What your 6th grader needs to know. Fundamentals of a good sixth-grade education.* New York: Delta.

Landa, L. N. (1974). *Algorithmization in learning and instruction.* englewood Cliffs, NJ: Educational Technology Publications.

Landa, L. N. (1990). *Logic foundations of Landamatics and derivation of algorithms from propositions and rules: A Training course.* New York: Landamatics International.

Landa, L. N. (1997). The algo-heuristic theory and methodology of learning, performance, and instruction as a paradigm. In C. R. Dills & A. J. Romiszowski(Eds.), *Instructional development paradigms* (pp. 661-693). Englewood cliffs, NJ: Educational Technology Publications.

Parks, S. & Black, H. (1992). *Organizing thinking. Graphic organizers.* Pacific Grove, CA: Critical Thinking Press and Software.

Perkins, D. (1995). *Outsmarting IQ: The emerging science of learnable intelligence.* New York: Free Press.

Sternberg, R. (1983). *How can we teach intelligence.* Philadelphia, PA: Research For Better Schools.

Warrier, J. E., & Griffith, F. (1957). *English grammar and composition.* New York: Harcourt, Brace & World.

Webster's guide to business correspondence (1998). Springfield, MA: Merriam-Webster.

Whimbey, A., & Whimbey, L. S. (1975). *Intelligence can be taught.* New York: Dutton.

Zykova, V. I. (1963). *The formation of practical skills at geometry lessons.* Moscow: APS Publishing House.

CHAPTER 16

통합주제 교수법:
두뇌 연구에서 적용까지

Susan Jafferies Kovalik
Susan Kovalik & Associates 회장
Jane Rasp McGeehan
Susan Kovalik & Associates 사장
양영선
관동대학교 교육공학과 교수

Susan J. Kovalik은 교실과 학교에서 학습의 생물학에 대한 연구를 적용하는 체제적 교수 모형인 통합 주제 교수법(ITI)의 창시자이다. 경험 있는 교사이며 오랜 교육컨설턴트로서 Susan Kovalik & Associates 회장이고, ITI 모형을 실행하는 사람들을 지원하기 위해 직원 개발과 자원을 제공하는 Books for Educators 회장이다. 국내외 교육 모임의 주제 강연자로 요청받고 있다. 『통합주제 교수법: 모형과 과학의 아동 관점(*ITI: The Model and Kids' Eye View of Science*)』의 저자이며 ITI에 관한 수많은 비디오를 제작하였다.

Jane R. McGeehan은 초등학교 3학년에서 중학교까지 가르쳐온 평생 공립학교 교육자로서 초등학교 및 중학교의 교장이었고 '교육과정과 교수' 부서의 보조 장학사를 지냈다. Susan Kovalik & Associates의 최근 사장이며, ITI에 대하여 학습하고 실행하기 위해 다방면에서 실용적 경험을 성공적으로 이루어 왔다. 『전환: 두뇌 호환 학습을 위한 지도력(*Transformations: Leadership for Brain-Competible Learning*)』의 공동 편집자이다.

서 문

목적 및 전제. 이 이론의 일차적 목적은 인간 학습의 생물학과 일치되고, 학습자와 지역사회의 요구와 일치되는 방법으로 완전하고 잘 다듬어진 아동 개발을 증진시키는 것이다. 유일한 사전조건은 초중고 교육이다.

학문적 가치. 이 이론에 근거한 가치는 다음을 포함한다:

- 민주 사회를 영속시키는 책임 있는 시민─차이를 만들 수 있다는 것을 학습하는 학생
- 교과를 통합하고 체제적 사고를 증진시키는 연간 주제를 조직하는 학습
- 보살피고 존중하고 협력함
- 신뢰할 만하고, 진실하고, 열심히 듣고, 낙담시키지 않고, 개인적인 최선을 다하기("평생 지침")
- 개발되고 획득될 수 있는 것으로서의 지능
- 모든 학생이 중요함
- 자료에 대한 학생의 완전학습과 자료를 다루기만 함
- 공부하는 내용과 방법에 대한 학생의 부분적 선택
- 정치적 사회적(지역사회) 활동에의 학생 참여
- 교수 방법을 인간 학습의 생물학(두뇌 연구의 발견)에 기초
- 학생에게 의미 있는 학습 -"실제 목적과 대상을 위하여"
- 학습에 강하게 영향을 미치는 감정
- 가장 중요한 감각 입력으로서 "현장에 있음"(실제 세상) 경험

주요 방법. 이 이론이 제공하는 주요 방법은 다음과 같다.

위협의 부재: 학생들을 두려움에서 자유롭게 하고 긍정적인 감정을 연상하도록 돕기

의미 있는 맥락: 학생들에게 흥미 있고 이해되고 세상에 영향을 미치도록 하는 힘을 갖도록 하는 주제를 선정하기. 연간 주제는 월간 요소를 가지고 각 요소는 주간 토픽을 가지며, 각 토픽은 핵심(개념적, 중요한 지식과 기능)을 가져야 한다.

선택: 다중 지능과 개인적 선호도를 고려하며 학습이 일어나는 방법에 따른 선택권을 제공하기

적합한 시간: 학생들이 철저하게 탐구하고 이해하고 사용할 수 있는 충분한 시간을 제공하기

풍부한 환경: 실제 장소, 사람, 대상 등을 강조하면서 학생들이 많은 자원에 초대받는 환경을 제공하기. 직업 추적, 멘토십 등을 사용하여 "학생들이 학교에서 행동하는 것과 성인이 생활에서 행동하는 것 사이를 연결하도록 재설정하기"

협력: 학생들이 문제를 해결하고, 탐구하고, 창조하기 위해 함께 일하도록 하기

즉각적 피드백: 바른 초기 학습을 증진시키고, 더 학습하도록 동기를 유지하기 위해 코칭을 제공하기

완전학습/적용: 학생들이 학습한 것을 실제 생활 상황에서 사용하도록 하기 위해 정신적 프로그램을 획득하게 하는 교육과정에 집중하기

ITI 단계: "현장에 있음"(실제 세상) 경험으로 시작하여 개념 개발, 언어 개발에 이어 실제 세상에 적용하기

교수설계에 대한 적용점. 학습의 생물학에 대한 연구와 교실에서의 실습 사이의 격차를 연결한다. 교수를 주제에 따라 조직한다. 책임 있는 시민과 지역사회 활동을 강조하고, 전체 아동에게 초점을 두었으며, 선택권을 제공한다.

─ C.M.R

통합주제 교수법 : 두뇌 연구에서 적용까지

시민권: 시민의 권리, 특권, 의무가 귀속되어 있는 상태; 사회적 구성원으로 보는 개인 특성; 시민의 의무, 임무, 기능에 있어서의 행동

Webster Unabridged Dictionary

책임 있는: 자신의 힘, 통제, 관리 안에서 무언가에 대답할 수 있거나 해명할 수 있는

Webster Unabridged Dictionary

도전: 교육의 민주적 문제는 일차적으로 아동을 훈련하는 문제가 아니다; 문제는 지역사회 안에서 민주적이고, 지적으로 자유에 대하여 훈련된, 삶의 가치에 대해 경건한, 그 시대의 과제를 열심히 나누려는 아동으로 성장할 수 있도록 도울 수 없는 지역사회를 만들고 있다는 것이다.

Joseph K. Hart
지역사회 학교 운동의 창시자

오늘날의 세상은 1961년 가르치기 시작했을 때와 비교하여 그 크기에서 엄청난 차이를 보이고 있다. 세계는 글로벌 마을이 실현된 모습으로 극도로 작아졌다. 오늘날 우리는 시시각각으로 새로운 사건을 접하고 있으며 개별 메시지가 지구 전체로 즉각 전송되고 수신된다. 컴퓨터는 우리를 정보 고속도로를 여행하도록 초대하여 불과 10년 전에는 상상할 수 없었던 지식 기반에 접근할 수 있도록 하고 있다. 이제 지식은 대학 내의 한정된 소수에게가 아닌 세계의 도처에 있는 많은 사람들에게 공유될 수 있게 되었다.

우리는 전례가 없이 많은 피난민과 이민자에게 국가와 가정의 문을 열어 놓았다. 특정 나라에 대한 강한 충성심이 결여된 채 한 나라에서 다른 나라로 자신이 원하는 일자리를 찾아 이동하는 이주자들이 증가하는 것을 볼 수 있다. 또한 한 나라의 경제 성장이 이웃 나라의 오염 문제를 일으키는 것을 볼 수 있다. 이렇듯 우리 아이들은 50개 이상의 언어와 그보다 더 많은 문화적 배경을 가진 가정에서 학교에 온다. 이 작은 지구에서 우리 아이들과 또 다른 이들의 아이들이 함께 생존이라는 공동 목적을 가지고 이 놀라운 다양성과 그 의미와 마주서야 하는 것이다.

통합주제 교수법(ITI) 모형은 교육과정과 교수를 위해 나의 낙관적인 믿음을 반영하고 있는데, 이는 인간이란 공동의 요구와 목적을 발견하고 피력할 때 그들의 다양성 내에 물려받은 장점을 사용할 것이란 것이다. 따라서 우리의 글로벌 마을에 있는 나라들에 공통이 되는 중요한 요구조건은 **책임감 있는 시민**이다.[1] 책임감 있는 시민은 권리, 특권, 의무를 이해한다. 이들은 자신들의 행동에 대하여 설명할 수 있고 마을과 도시와 국가와 세계가 생산적으로 움직이도록 하는 데 있어서 자신들의 막중한 역할을 이해하고 있다. 이들은 지도자란 대다수의 시민에게 이익이 되도록 조화롭게 일해야 한다는 것을 안다.

그러나 오늘날의 학교는 내가 여기서 설명하고자 하는 관점의 책임 있는 시민에 대해서는 별로 가르치고 있지 않다. 교육 체제에서 필요한 전환은 우리가 보통 제안하는 교육과정, 교수의 향상, 혹은 혁신적인 운영 구조보다는 더욱 넓고 깊은 의미에서 이루어져야 한다.[2] 우리의 개인적 경험으로부터 강화된 상식에 의하면 이 놀라운 글로벌

---

1) 이는 물론 교수 이론과 얽힌 교육과정 이론의 이슈이다.

2) 이는 제1장, 16~18쪽에 논의된 교육의 새로운 패러다임에 대한 요청이다.

의 변화는 그만큼 극적인 학교 변화를 요구한다고 제안한다. 학교에서 요구되는 변화란 과거에 우리를 점유하고 있던 추의 작은 반동의 영역을 넘는다. 우리가 심각하게 이러한 중요한 변화를 성취하려고 한다면, 글로벌 마을 내의 민주 사회를 영속시키고자 설계된 교육의 공공 체제를 창출하는 데에 우리 스스로를 헌신해야 하며, 이를 위해 인간 학습의 생물학에 기초한 교수 학습 전략을 사용해야 한다.

이러한 모든 것에 우선하는 목적을 지원하기 위해서는 눈으로 볼 수 있는 교육과정의 모형이 있어서 중추적 질문에 답할 수 있어야 한다.[3]

1. 학생들이 무엇을 이해하기를 바라는가? (학생들은 책임 있는 시민으로서의 역할을 수행하기 위해 무엇을 이해해야만 하는가?) ITI 교육자들은 학습 목적은 중요한 것이라고 말하며 학생들의 완전학습이 자료를 "대략 다루는 것"보다 더욱 가치 있다고 믿고 있다.
2. 학생들이 이해한 것을 가지고 무엇을 하기를 원하는가? (학생들이 이러한 지식을 사회에 이익이 되도록 책임감 있게 적용하기 위해서는 어떠한 정부, 정치적 및 사회적 영역에 접근해야 하는가?) ITI 학생들은 탐구(학습 활동)를 통해 "행사하는 것"을 준비한다.
3. 어떤 경험이 이러한 결과를 만들어 내는 데 가장 좋을까? ITI 교사들은 직접 가르치고 학교 내에서 실습을 위한 적절한 시간을 가진 후 학교 밖에서의 실제 경험을 매우 강조한다.
4. 학생들이 필수적인 것을 이해하고 이를 이

롭게 적용할 능력을 가지고 있는지를 어떻게 알 것인가?[4] ITI 학교는 학생들이 실제 목적과 대상에게 모든 가능성을 기반으로 정치적, 사회적 행동과 함께 완전학습 했음을 보여 주기 위한 의미 있는 상황을 만든다.

이 질문들이 새롭지는 않지만 ITI 모형에 의해 제안되는 답은 새로운 접근을 불러온다. ITI는 책임 있는 시민을 강조하면서 학습의 생물학을 실제 교실과 학교 전략으로 전환하는 완전한 모형이다.

1. 우선적인 가치의 명료화

ITI 모형에 명시된 가치의 진술은 독자에게 이러한 가치가 자신의 개인적 가치와 부합되는 정도를 측정하게 해 준다. ITI 모형의 가치는 다음과 같다:

- 각 인간의 삶과 모든 생명체의 상호의존성
- 모든 수준에서 협력하여 일하며 보살피고 존중하는 공동체
- 책임감 있는 글로벌 시민
- 유지될 수 있는 미래를 위한 서식처로서의 지구
- 세계에 긍정적으로 공헌하도록 하는 인간의 능력[5]

ITI 모형은 교수 학습을 통해 그 가치들에 대해서 행동하게 하는 교육자의 수단이다.

---

3) 다음 중 어느 것이 교수 이론에, 어느 것이 교육과정 이론에 역점을 두고 있는가?

4) 지금까지 읽은 다른 이론들에서 평가 이론 역시 새로운 패러다임에서는 교수 이론과 밀접하게(떼어낼 수 없게) 연결되어 있음을 알아차렸을 것이다.

5) 이는 교수 이론이 아닌 여기 제시되는 교육과정 이론을 강조하는 가치임을 주목하자.

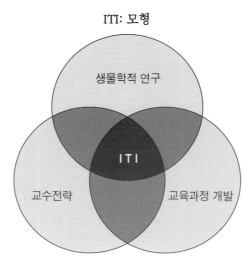

그림 16.1   통합주제교수법의 개관

2. ITI 모형의 개요와 학습의 생물학

Hart의 『인간 두뇌와 인간 학습』을 1983년에 처음 읽은 후에 두뇌에 대한 신비를 벗기는 발견은 양질의 교육과 학교에 대한 개념을 영원히 바꿀 것이라는 것이 분명했다. 신경학자들을 비롯한 학자들의 연구는 우리의 "신체두뇌 협력(bodybrain partnership)" 학습 방법을 밝히고 있다. 이 연구들은[6] 문명사에서 전에는 결코 가능하지 않았던 학습에 대한 창을 제공하였다. 이는 교육자가 학생과 교사의 수행을 향상시키기 위해서 내리는 모든 결정의 기본이 되어야 한다. 예를 들어 강이 인간의 계획에도 불구하고 결국은 자신의 흐름을 형성하는 것처럼, 학습의 생물학은 보편화될 것이다. (주의: "신체두뇌"는 신체와 뇌가 학습을 위해 협력적으로 활동하는 것을 말하는 조합어임)

ITI 모형은 학습의 생물학에 대한 연구와 적절한 교수 전략과 교육과정 개발이 결합한 것이다 (그림 16.1). 그 결과 인간의 직감과 경험을 바로 연결하는 이론의 실용적인 적용이 도출되었다.

학습의 생물학은 지금까지 알아온 어떻게, 언제, 그리고 왜 우리가 정보를 기억하고 효과적으로 사용할 수 있는지를 설명한다. 이에 연구를 하면서 "신체두뇌의 기본"이라고 부르는 강력한 개념 6개를 다음과 같이 선정하였다.

1. 감정은 학습[7]과 수행의 조정자이다(Goleman, 1995; LeDoux, 1996; MacLean, 1990; pert, 1997; Sylwester, 1995).

2. 지능은 경험의 기능이다(Begley, 1997; Diamond, 1998; Perkins, 1995).

3. 인간은 모든 문화에서 문제를 해결하고 산출물은 창출하는데 복합적인 지능을 사용한다(Gardner, 1983).

4. 의미를 찾는 두뇌는 의미 있는 형태(pattern)를 찾는 것이다(Calvin, 1996; Hart, 1983).[8]

---

6) 이 연구들이 서술적 이론, 혹은 설계 이론이라고 생각하는가?

7) 정의적 영역과 인지적 영역 간의 긴밀한 관계에 주목하라.

8) 다시금 이해란 새로운 패러다임에서 학습의 중요한 종류이다.

5. 학습이란 유용한 정신적 프로그램(mental program)의 획득이다(Hart, 1983; Perkins, 1995; Sylwester, 1995).

6. 성격은 기본 기질로서 학습자가 정보를 취득하고 조직하고 사용하고, 이에 대하여 결정하고 세상과 다른 학습자들에게 적응하는 방법에 영향을 미친다(Jung, 1976; Keirsey & Bates, 1984; Myers, 1956).

이들 각 개념에 대하여 간략히 살펴봄으로써 전체적인 ITI 모형을 위한 기초를 소개하겠다.

신체두뇌 기본 1: 감정은 학습과 수행의 조정자이다

Sylwester(1995)는 자신의 책 『뉴런의 찬양(*A Celebration of Neurons*)』에서 이 상황을 "우리는 감정이 교육적인 과정에 매우 중요하다는 것을 안다. 감정은 주의집중을 하도록 하고, 이는 학습과 기억을 하게 한다"(p. 72). 모든 감각 자료는 온몸을 통해서 세포로부터 두뇌로 들어가고 즉각적 위험을 감지하도록 설계된 두뇌 구조에 의해 걸러진다. LeDoux(1996)는 안전이나 생존까지 위협할 수 있는 위험이 무의식적으로 탐지된다고 설명한다. 두뇌의 변연계 내의 구조인 편도류(amygdala)에 의해 자극된 두뇌는 합리적인 사고를 넘어 빠르게 반사하는 반응을 결합시키는 힘을 가지고 있다. Sylwester(1995)는 이 편도류를 우리 두뇌의 "119" 시스템이라고 제안한다. 스트레스 호르몬은 위협이 덜 심각한 경우 학습에 부정적인 영향을 미칠 수 있게 느슨해진다.

교육자가 이해해야 하는 중요한 점은 교실이나 학교에서 일어나는 위협을 멈추게 하는 사건들이 새로운 학습의 가능성을 방해하고 소멸시키는 심리적, 신체적, 감정적인 탈취인지를 이해하는 것이다. 새로운 학습을 끊임없이 자극하는 환경은 학습자를 편안하고, 깨어있고, 안전하게 느끼도록 한다.[9]

신체두뇌 기본 2: 지능은 경험의 기능이다

학습의 생물학에 대한 연구에서 가장 놀라운 발견은 인간의 본성과 영양은 진실로 파트너라는 것이다.[10] 신생아는 흡입과 같은 필요한 반사를 하기 위해 기본 신경망을 가지고 태어난다. Chugani와 연구자들은 Begley(1997)가 보고한 것처럼 출생 후 세상에서의 경험은 삶의 대부분에 있어 과제를 위해 준비하는데 새로운 사용 가능해진 기술과 절차를 사용함으로써 두뇌와 확고하게 연결되어 있다고 설명한다. 이 놀라운 발견은 아기의 처음 3년 동안 가장 강하게 작용하여 삶을 통해 새로운 것을 학습하기 위한 두뇌의 적응성이나 유연성에 대하여 설명하고 있다. 어느 연령이든 새로운 경험과 부딪힐 때 두뇌는 신경세포를 모집하여 신경돌기를 올라오게 하는 과정을 시작하여 두뇌의 다양한 위치에서 신경세포들과 의사소통한다.

Diamond(1998)가 설명한 것처럼 강화된 환경에 의해 자극되어 신경세포들 간의 연결이 증가한다. 두뇌는 사실상 더 촘촘해지고 무거워진다. 이 갑작스럽게 나타난 성장은 학습자가 아이디어들을 "연결시키도록" 하고 더 많이 이해함으로써 더욱 지능적으로 되도록 한다. Perkins(1995)는 지능에 대한 우리의 이해에 혁명이 일어남을 목격하고 있다고 말하면서 "이 혁명은 원기를 회복시키는 특성을 갖는다. 지능이란 유전적 유산에 의해 가두어진 것이 아니라 오히려 개발되고 획득될 수

---

9) 이는 새로운 패러다임의 많은 이론에서 공통된 주제이다. 특히 제21장(Lewis, Watson & Schaps)과 제22장(Stone-McCown & McCormick)을 보라.

10) "이것이거나 저것"인 사고의 범위를 넘는다.

있는 것이다. 사람들은 더욱 지능적으로 생각하고 행동하기 위해 학습할 수 있다."(p. 18)[11]

신체두뇌 기본 3: 모든 문화에서 인간은 문제를 해결하고 산출물을 창출하는데 복합적인 지능을 사용한다

Gardner(1983)의 놀라운 다중지능 이론은 학생들의 강점이 학교가 전통적으로 해 온 것과 일치하지 않는 학생들에게는 하나의 선물이다. 그는 인간 지능에 대해 다음과 같이 유용한 정의를 내렸다.

일련의 문제 해결력이란 개인이 마주친 순수한 문제나 어려움을 풀 수 있게 하는 것으로, 적절하다면 효과적인 결과를 만들어 내어 문제의 발견이나 창조를 위한 잠재성을 수반함으로써 새로운 지식의 획득을 위한 기반을 만들어 준다(pp. 60-61).

Gardner는 문화를 가로질러 여덟 가지 지능을 밝혔는데, 이는 언어적, 음악적, 논리-수학적, 공간적, 신체-운동감각적, 자연주의적, 개인내적, 상호인간적 지능이다(제4장 참조).

신체두뇌 기본 4: 의미를 찾는 두뇌는 의미 있는 형태를 찾는 것이다

신체두뇌 기본 5: 학습이란 유용한 정신적 프로그램의 획득이다

Hart(1983)는 학습이란 의미 있는 형태의 혼동에서 추출하는 것과 유용한 정신적 프로그램의 획득이라는 두 가지 과정이라고 설명한다.[12] 형태를 인식하기 위해서는 어떤 대상이나 행동을 다른 것과 구별하는 특성인 그 속성을 감지할 수 있어야만 한다. 달리는 것과 걷는 것의 차이는 무엇일까? 이를 어떻게 알까? 영어에서 모든 동사와 명사는 상징적으로 포착된 속성의 집합인 형태를 표상한다. 경험으로부터 감각 입력의 생생한 역할에 대한 이전 논의를 상기하면 형태 인식은 어떤 상황으로 불러들이는 경험에 의존한다는 것이 분명하다.

하나는 형태를 인식하는 것이고 다른 하나는 이를 사용할 수 있는 것이다. 어떤 점에서 달리기와 걷기의 차이를 인식하였으나, 달리는 행동을 할 수는 아직 없다고 가정하자. 이는 달리기를 할 수 있기 전에 빨리 걷고 관찰하고, 몇 가지를 해 보아야만 하며, 마침내 맞는 근육에 신경 세포들을 연결하기 위해서 더 많은 연습이 필요할 것이다.

같은 방식으로 학생들에게 학교 담을 넘어 실제 세상의 맥락에서 새로운 정보를 사용하도록 하는 정신적 프로그램을 개발하기 위해서는 연습이 필요하다. 이러한 새로운 상황은 학교에서 정신적 프로그램을 처음 연습할 때에도 유사하겠지만, 창의적이고 진기한 방법으로 적용하기를 요구할 것이다. 프로그램이 완전히 학습되면 이를 독특한 상황에서 사용하기 위해 적응하는 유연성을 갖는 것이 가능해진다.

신체두뇌 기본 6: 성격은 (기본 기질로서) 학습에 영향을 미친다

지능의 다양성을 넘어 성격이나 기질의 차이는

---

11) Gardner(제4장), Pogrow(제14장), Landa(제15장)는 모두 유사한 주장을 한다.

12) 이는 제15장에 나오는 정신 작동에 대한 Landa의 초점과 유사하다.

네 가지 성격

감각적(Sensing) ———————	정보 습득	——————— 직관적(Intuitive)
느낌(Feeling) ———————	의사 결정	——————— 사고(Thinking)
비판적(Judging) ———————	생활 유형	——————— 수용적(Perceiving)
외향적(Extroversion) ———————	성향	——————— 내향적(Introversion)

그림 16.2   네 가지 성격(Ross & Olsen, 1995, Keirsey & Bates 인용)

학습에 지대한 영향을 미친다. Keirsey와 Bates (1984)는 성격적 선호도의 영향을 검사하기 위한 유익한 틀을 설명하고 있다. Jung, Keirsey, Bates 의 연구는 새로운 정보와 다른 사람들에 대한 성향에 대한 네 가지 광범위한 유형을 밝히는 것으로 시작하는데, 이들 중 몇 가지는 전통적인 학교 환경에 다른 것들보다 더 잘 맞는다. 네 가지는 그림 16.2와 같이 각 끝점에 네 가지 가능한 성격 범위로 나타난다. 인간은 각 연성격의 여러 지점에서 행동을 학습할 수 있으나 그들이 새로운 상황에 놓여지거나 새로운 정보의 학습을 다룰 때는 어느 한쪽의 성향을 가진다.

교육자에게 중요한 것은 교사는 개인적 기질에 따라서 자신이 학습하기 원하는 대로 가르치려는 경향이 있다는 것을 이해하는 것이다. Keirsey와 Bates는 교사의 56% 정도가 감각적이거나 비판적인(SJ) 기질을 가지고 있고, SJ 학생들은 학교를 그만두는 기회가 20%라고 보고하고 있다. 학교에서 위험한 상태에 놓인 학생들은 75%에서 90%로 감각적이거나 수용적인(SP) 성격을 가지는 것으로 나타났다. "이 체제는 너무 구조화되어 있고, 엄격하고 지루하고 중압감을 준다"(Ross & Olsen, 1995, pp. 1-41). 많은 사람들이 "밀려나게" 된다. ITI 교실에서는 이러한 성향을 고려함으로써 모든

기질의 학습자들이 학습자로서 성공할 수 있는 기회를 갖게 한다.[13]

연구가 적용 및 실용적 지침이 되도록 하기 위해 다음에 설명될 여덟 가지 신체두뇌 호환 교수 요소를 만들었다. 학습의 생물학에 대한 연구에 따라 동료들과 함께 교수 전략을 선정하고 신체두뇌 협력이 작동하는 교실, 학교, 학교 구역에서 교육자가 학습을 잘 융합하도록 하는 작문 교육과정의 방법을 만들었다.

3. 신체두뇌 호환 요소

각 신체두뇌 기본은 교사가 학습의 생물학에 대한 연구와 이론을 실제로 옮기도록 하는 지침으로 만들어져 있으며 다음 요소와 관련된다.[14]

위협의 부재: 신체적 정신적 안전에 대한 공포

---

13) 이를 서로 다른 교수 방법에 대해 결정하기 위한 상황성으로 인식하기를 바란다.

14) 이는 Bielaczyc와 Collins(제12장), Corno와 Randi(제13장)에 의해 제공된 원리와 본질적으로 유사하다. 얼마나 많은 이런 "요소"가 이 책의 다른 각 이론들에서 명시되었는가?

나 두려움에서 자유롭고, 잘 지낸다는 느낌과 학습 경험과 관련하여 긍정적인 감점을 경험하기

의미 있는 맥락: 학생들에게 흥미 있고 학생들이 세상을 이해하고 영향을 미치는 힘을 가진 주제를 선정하기

선택: 다중 지능, 고차적 사고, 개인 특성에 주의를 기울이며 학습의 대상과 방법에 따른 선택권을 제공하기

적합한 시간: 새로운 아이디어, 정보, 기능을 철저하게 탐구하고 이해하고 사용할 수 있는 충분한 시간을 제공하기

풍부한 환경: 실제 장소, 사람, 대상 등을 구체적으로 강조하면서 학생들이 많은 자원을 통해 학습할 수 있는 건강하고, 초대받는 편안한 환경을 제공하기

협력: 문제를 해결하고, 탐구하고, 창조하기 위해서는 두 사람이 한 사람보다 낫다는 믿음에서 행동하기

즉각적 피드백: 바른 초기 학습을 증진시키고, 더 학습하도록 동기를 유지하기 위해 코치를 제공하기

완전학습/적용: 학생들이 학습한 것을 실제 생활의 상황에서 사용하도록 하기 위해 장기 기억에 저장된 정신적 프로그램을 획득하게 하는 교육과정에 집중하도록 하기

신체두뇌 호환 요소가 교사의 교수 전략 선택에 정보를 제공하기 위해 어떻게 작용하는지를 ITI 교실에 가서 보도록 하자.

실제로는 신체두뇌 호환 요소는 교사가 학생들을 위한 학습 기회를 결합할 때 중복되기도 한다. ITI 교실에 실제로 데리고 갈 수 없기 때문에 몇 가지 상황을 제시하겠다.

ITI 교실 1

교사는 학생들이 하루를 시작하기 위해 교실에 들어올 때 각 학생에게 개별적인 인사를 한다. 학생들은 교사가 붙여 둔 "아침 절차"를 확인하고, 사무적인 태도로 절차가 적힌 종이를 가져간다. 한 절차는 서로 웃으면서 인사하라는 것을 상기하는 것으로 감정적인 분위기가 빠르게 친밀해지고 끌어당긴다. 학생들은 네 명씩 학습하도록 만들어진 탁자로 움직이는데, 각자 자료를 수집하고 조직하기 위해서 자신의 자료철을 가지고 있다. 세 명은 자료철의 적절한 부분에다 교실 앞에 붙어 있는 일일 아젠다를 복사하는 동안, 한 명은 탁자의 중앙에 있는 화초에 물을 줄 만큼 시간을 충분히 길게 끌고 있다. 학생들은 차분하고 편안하면서도 분위기를 돋우어 주기 위해서 교실에서 자주 사용되는 음악으로 선정된 비발디의 "사계"를 즐기는 것 같다. 부드러운 콧노래 소리와 잦은 편안한 미소가 학생들이 교실에 있는 것을 행복해 하고 있음을 나타낸다. 한 학생은 동료가 특별한 "LIFESKILL"(그림 16.4)을 어떻게 사용하는지를 보면서 '대상을 두고 하는 이야기' 문장을 작성하고 있다. 모든 아젠다가 무엇이 올 것인지에 대해 예측하도록 하는데, 예를 들면 에어로빅 체조, 지역사회 모임, 초청 강의, 강사로부터 새로운 정보를 요약하는 공부 클럽 포스터, 감사장 작성 방법에 대한 검토, 강사에게 감사장 주기, 탐구 과제, 그 날에 대한 반성 저널 등이 있다.

신체두뇌 협력을 위한 전략. 위 상황은 직접 위협의 부재(개별 인사, 아침 절차, 일일 아젠다, 바로크 음악, 교실 모임),[15] 협력(4명씩 의자에 앉

---

15) 여기 위협의 부재에 대한 일반적 방법은 여러 대안적인 종류로 나누어지며, 각각은 매우 다른 방법으로 행해질

평생 지침 (LIFELONG GUIDELINES)

진실하기 (BE TRUSTWORTHY)
신뢰하기 (BE TRUTHFUL)
경청하기 (ACTIVE LISTENING)
낙담시키지 않기 (NO PUT-DOWNS)
개인적 최선을 다하기(PERSONAL BEST)

그림 16.3 평생 지침

는 학생들, 공유되는 교실 작업, 대상을 갖는 이야기), 풍부한 환경을 위한 요구(학생 탁자 위의 화분, 바로크 음악, 초대 강사를 위한 계획) 등을 지원한다. 학습 과정에서의 감정의 중심 역할을 생각하면서 ITI 교사들은 학습을 위해 필요한 감정적 분위기를 제공하기 위해 많은 전략을 사용한다.

경험이 있는 ITI 교사들은 그들이 선택한 각 교수 전략이 어떻게 학습 연구의 생물학을 지원하는지를 알고 있다.[16] 이러한 경우 일일 아젠다는 그날 무엇을 하는지를 알게 하는 안정감을 제공하고, 작성된 절차와 방향은 기대를 분명하게 해 준다. 교실 모임과 다른 긍정적인 교실 관리 전략 모

두 훈계에 대한 문제를 방지하고 학생들이 자신의 행동에 대한 책임감을 갖도록 가르친다.[17] 학생들은 매우 높은 행동 규준에 놓여 있고 이로써 안심하고 학습에 집중하게 된다. 학생들은 새로운 도전에 직면하여 문제를 이해하고 해결하기 위해서 때로는 동료들과 협력할 수 있다는 것을 알면서 자신감을 느낀다.

긍정적이고 생산적인 교실과 학교 분위기를 창출하는 도구 중에서 ITI "평생 지침(Lifelong Guide-lines"(그림 16.3)과 "LIFESKILLS"은 공동체 구축을 위한 원동력을 담고 있다. 이는 존중하고 보살피는 교사와 학생, 학생과 학생 관계를 촉진시킴으로써 교실 관리의 혼란을 없앨 뿐만 아니라 장기적인 학습에의 문을 열어 준다. 21세기의 교사는 교실에서 그리고 더 나아가서 성공적인 협력을 위해 필요한 개인적, 사회적 기능을 가르치는 것이 사치가 아님을 충분히 이해해야

수 있다. 물론 대안적 종류를 하나 이상 사용하는 것도 가능하다. 여기서 보지 못하는 것은 어떤 것을 언제 사용할지 결정하기 위한 상황성의 구체화이다. 선정할 때 주요 대안과 고려사항까지도 다룰 수 있는 세부적인 지침을 제공하기 위해 추가적인 공간을 상상할 수 있다. 전자수행지원시스템은 서로 다른 교사와 환경을 위해 적절한 정도의 세부사항을 제공할 수 있을 것이다.

16) 이러한 서술적 이론의 지식은 교사가 어떤 대안적 방법을 언제 사용할지 결정하는 것을 도울 수 있을 것이다.

17) 이를 자기 규제로 주목하기를 바란다. 내가 다른 장에서 지적한 다른 공통된 특성을 이 장에서 발견할 수 있는가?

한다.[18] 이는 교실에서의 깊이 있는 학습과 성인으로서 시민권과의 관계를 강조한다.

개인이 취급되고 다른 사람을 취급하게 되는 방법에 대한 동의는 "커지고 있는" 책임 있는 시민의 기본적인 부분이다. ITI 평생 지침과 LIFESKILLS는 중요한 인간관계를 위한 지침이다. 우리 아이들과 손자손녀들이 만나게 될 미래를 상상하면서 우리는 시간을 초월하여 가장 높은 인간 성취 부분의 기능으로 이를 준비할 수 있다.

ITI 모형을 만드는 것은 지난 해 동안 많은 즐거움을 가져다 주었는데, 특히 동료들과 협력하면서 밝게 서로 보살피는 전문성 덕분이었다. 우리는 "당신은 배우자, 가족 구성원, 친한 친구들에 의해 어떻게 취급되길 바라고 있는가?"라는 질문에 답하게 되었다. 브레인스토밍을 통해 목록이 열거되고, 이를 분류하고 묶어 본 후에 그림 16.3과 같은 평생 지침이 만들어졌다. 누군들 모든 사람이 서로 상호작용하는 데 있어서 이러한 규준에 동의하는 학교에서 관계하고 일하기를 원하지 않겠는가? 그렇다면 첫째 다른 누군가가 눈과 귀와 마음을 모아 주의를 집중하여 경청할 때 어떻게 느낄지를 생각해 보자. 둘째 누군가가 낙담시키지 않을 거라는 것을 알 때 어떻게 느낄지를 생각해 보자. 셋째 누군가가 언제나 진실하고 신뢰할 만할 때 어떻게 느낄지를 생각해 보자. 마지막으로 누군가가 개인적으로 갖은 노력을 다한다고 할 때 어떻게 느낄지를 생각해 보자. 이러한 느낌들은 학습에 중요한 긍정적인 감정 상태를 촉진시킨다.

시간이 지나면서 사람들은 "개인적인 최선"이라는 용어가 무엇을 의미하는지를 물어왔다. 더 구체적으로 설명하기 위해서 동료들과 함께 우리가 존경하고 칭찬하는 사람들의 특성을 열거하였다. 이 결과로 나타난 것이 LIFESKILLS(그림 16.4)로 "개인적 최선"의 정의이다.

평생 지침과 LIFESKILLS은 신체두뇌 호환 학습 환경을 이끄는 핵심이 되는 ITI 도구[19]이며, ITI 학교에서 또 다른 중요한 역할을 한다. 이들은 성인이 그 안에서 서로 개인적 그리고 전문적 기대를 설명할 수 있는 기본 틀을 제공해 준다. 평생 지침과 LIFES-KILLS에 대한 대화로부터 나온 합의에 기초하면 존중과 공동체를 멸시하는 행동은 사라진다. 등 뒤에서 하는 대화는 없어지고, 사회 그룹의 일원으로 남으려고 자신의 수행을 낮게 말할 필요가 없어지고, 옆에서 대화하는 중이나 교직원 회의의 대화 중에 시험지를 채점하는 일도 사라졌으며, 어떤 성인의 작업이 다른 이들의 작업보다 더 중요하다는 것을 학생들에게 심어주던 표시도 사라졌다(예, "스미스 씨가 정말 유일한 비서야").

성인들이 신체두뇌에 호환하는 학교를 창출하기 위해 일할 때 학생들에게 예시가 된다. 성인과 젊은 사람 모두가 평생 지침과 LIFESKILLS을 행동 규준으로 사용하기로 합의할 때 학교는 이들에게 즐거운 장소가 된다. ITI는 개인적 존중에 대한 것이다.

ITI 교실 2

오늘은 시골에 위치한 버지니아 고등학교의 생물 수업 학생들을 위한 특별한 날로 오랫동안 버려진 수로 시스템 근처의 강과 역사적 잔해를 탐구하는 날이다. 해당부서의 요원이며 지역 역사학회의 회원이며 성인 여성 보호자인 교사가 인적 자원으로서 합류할 것이다. ITI 교사는 이 견학을 전통적인

---

18) 정의적 발달을 포함하여 전체 학생을 위한 관심은 새로운 패러다임에서 증가하는 관심으로, 특히 제21장(Lewis, watson & Schaps)과 제22장(Stone-McCown & McCormick)을 참조.

19) "평생 지침"과 "LIFESKILLS"는 교육과정 이론인가 교수 이론인가?

LIFESKILLS

- **성실성 (INTEGRITY)** : 무엇이 옳고 그른지에 따라 행동한다
- **진취력 (INITIATIVE)** : 되어져야 할 필요가 있기 때문에 행동한다
- **유연성 (FLEXIBILITY)** : 필요하면 계획을 변경하는 능력이 있다
- **참을성 (PERSEVERANCE)** : 있는 대로 유지한다
- **조직력 (ORGANIZATION)** : 질서 있는 방법으로 일한다
- **유머감각 (SENSE OF HUMOR)** : 다른 사람의 감정을 상하게 하지 않으며 웃고 즐긴다
- **노력 (EFFORT)** : 최선을 다한다
- **상식 (COMMON SENSE)** : 충분히 생각한다
- **문제해결력 (PROBLEM-SOLVING)** : 해결을 찾는다
- **책임감 (RESPONSIBILITY)** : 무엇이 옳은지를 행한다
- **인내심 (PATIENCE)** : 침착하게 기다린다
- **우정 (FRIENDSHIP)** : 상호 신뢰와 보살핌으로 친구를 사귀고 관계를 유지한다
- **호기심 (CURIOSITY)** : 조사하고 이해하려고 한다
- **협력 (COOPERATION)** : 공동의 목적을 위해 함께 일한다
- **돌봄 (CARING)** : 관심을 보이거나 느낀다
- **용기 (COURAGE)** : 자신의 믿음에 따라서 행동한다
- **자존심 (PRIDE)** : 개인적으로 최선을 다하여 만족한다

그림 16.4   통합주제 교수법 LIFESKILLS

방법으로 공부의 마지막에 사용하기보다 새 단원을 시작하는데 사용한다. 학생들은 엉덩이까지 오는 방수바지를 입고, 수질에 대한 단서로 수중의 유충과 곤충을 분석하고, 생태시스템의 역동성을 설명하는 설명회에 참석하고, 물과 수로 시스템을 일찍이 사용한 사람들에 대한 이야기를 듣는데 빠져 있다. 나도 이 경험을 담은 비디오를 보면서 학생들의 호기심과 열정을 감지할 수 있었다. 이는 모두의 협력과 존중은 다양한 인종과 경제적 배경을 가진 100명 가까운 학생들이 책임 있는 행동을 선택하고 있음을 매우 분명하게 보여 주었다.

신체두뇌 협력을 위한 전략 이 생활의 단편에서

우리는 **의미 있는 내용**(탐구를 위해 가까운 위치 선정, 수질을 결정하기 위한 현장시험에의 집중, 생태시스템의 시뮬레이션, 많은 학생들이 이미 알고 있는 지역 역사가의 이야기), **풍부한 환경**(가장 풍부한 감각 입력이 가능한 실외에 놓여짐, 전문가 인적 자원의 사용, 방수바지의 실제 사용), 그리고 **즉각적인 피드백**(안전 경험을 끌어내는 책임 있는 선정, 수질 분석을 위해 적절한 수의 표본을 만드는 수중 생활 수집 절차, 이 즐거운 경험을 만드는 협력)을 제공하는 전략을 본다. 강에서 시간을 보내기로 한 결정이 여기서 핵심이다.

학습의 생물학에서의 활동은 감각 입력의 제공을 의미하므로 학생들은 개념을 이해하고 적용한

다. 세상 밖에 나와 탐험하는 것은 더 많은 집중을 받을만한 모든 절차적 학습을 증진하기 위해 매우 강력한 전략이다.

ITI 교수 절차

현장에 있음⇒개념⇒언어⇒실제 세상에 적용

ITI 교육과정은 학생들이 직접 경험할 수 있는 가까운 장소나 사건 등의 실제 세상에서 시작한다. 이런 시작점은 학습의 생물학적 관점으로부터 중대한 장점을 제공한다. 우선, 인간 두뇌는 모든 19개의 감각을 통해 그 안으로 들어오는 정보를 이해하기 위해 설계되어 있다(Rivlin & Gravelle, 1984). 형태 인식과 개념화 발달은 각각 입력을 기반으로 한다. 공원, 식품점, 시청, 강과 같은 풍부한 환경에서 신체두뇌는 주의를 집중하여 그 상황을 흡수하는데, 이때 분당 수천 비트의 감각이 진행된다. 학생들에게는 이러한 경험으로부터 개념의 수용량, 언어의 발달, 적용 가능성 등이 나오게 된다.

현장학습으로 시작하고 학습을 시뮬레이션과 역할 놀이와 같은 집중 경험을 통해 단원 공부를 연장한 교사는 그 보상으로 학생들이 성공하는 것을 보게 된다. ITI 교사가 더 많은 입력을 제공하는 방법을 생각할 때, "현장에 있음"이 가장 힘이 있고 그림이 없는 강의와 같은 감각 입력이 가장 힘이 없다는 것을 안다. 이러한 위계는 그림 16.5와 같다. 이들은 또한 현장에 있은 후에 무언가에 관하여 읽는 것이 그 페이지에 있는 단어들에 추가적인 힘을 제공한다는 것을 안다.

지능은 경험의 기능임을 기억하자. 신경에 "걸림"을 제공하기 위해서 학생들은 제한된 관련 경험을 가지고, 자신의 유일한 도구인 교과서와 비디오테이프로 암기하고 시험보고 잊어버리도록 남겨진다. 따라서 책과 비디오 자료들에 관련된 풍부한 경험들을 가지고 학교에 오는 학생들은 제한된 경험을 가지고 오는 학생들을 능가하는 내재된 이점을 가지고 있다.

"현장에 있음" 경험은 중요한 감각 입력을 제공할 뿐만 아니라 자연적 교육과정의 통합을 위한 시작점이 된다. 장소나 사건이 있는 모든 교과 영

감각 입력의 종류

현장에 있음

집중

실물과 직접 자료

표상 아이템의 **직접 자료**

간접 자료

상징적

$(E = MC^2$ 부사들)

그림 16.5 감각 입력의 종류

역은 통합될 수 있다. 예를 들어 수학, 과학, 역사 감각이 결여된 장소란 없으며, 모든 현장은 미적 요소를 가지고 있다.

집안에 있는 모든 장소를 생각해 보자. 욕실에 새 벽지가 필요하다고 해 보자. 우리는 가족 예산으로 시작하여 프로젝트 범위를 설정할 것이다. 얼마나 많은 벽지를 주문해야할 지 치수를 재고 결정할 때 수학적 원리를 사용하고, 가장 좋은 벽지를 선택하기 위해 설계와 색감의 원리에 의존한다. 우리의 아이디어로부터 나와서 사전 지식의 각 부분은 적절한 시기에 역할을 하며 프로젝트 완성까지 이는 계속된다.

"현장에 있음" 경험의 또 다른 가치 있는 결과는 학습 과정의 자연스런 부분으로서 즉각적인 피드백을 제공하려는 경향이 있다는 것이다. 학생들은 "선생님, 이것이 맞아요?"라고 질문하지 않는다. 학생들은 상호의존을 특성으로 하는 연간 계속된 주제의 하나로서 조수가 있는 강에 대하여 탐구하면서, 밝은 색깔의 불가사리가 있으면 만지기에 딱딱한지 부드러운지를 느낀다. 이에 대한 답은 학생들이 호기심에 차서 강에 닿을 때 즉각적으로 나온다. 학생들은 산의 개울에서 오염 연구를 수행하면서 빠르게 흐르는 중심처럼 가장자리에 있는 돌 밑에도 같은 종류의 수중 곤충생물이 있는지를 의문해 본다. 각 장소에서 여러 개의 표본을 수집하고 결과를 문서화한 후에는 답이 산출된다.

ITI 학생들은 자신의 관찰을 신뢰하는 것을 학습한다. 이들은 무언가 가치 있는 것을 학습하고 있다는 것을 알기 위해 교사, 교과서, 퀴즈에 의존하던 것이 줄어든다. 경험이 풍부한 학생들은 관계성을 보고 자신의 능력에 자신감을 확립하여 문제를 해결하고 다음에 일어날 것에 대해 예측한다.

4. 신체두뇌 협력을 위한 교육과정 개발

ITI 교사는 장소나 사건, 그리고 학생들에게 가장 자연스런 질문으로 시작한다. "여기 잘 되어 갑니까?" 교사와 학생 모두의 연령과 사전 경험에 따라서 많은 질문이 따라온다.[20] 지역의 건축 자재 상점을 생각해 보자. 목재는 어디에서 올까? 사람들은 어떤 종류의 목재를 가장 많이 살까? 가장 많이 사는 고객은 누구이며 왜일까? 이 사업이 지역 경제에 얼마나 공헌할까? 얼마나 많은 사람이 여기에 고용되어 있을까? 이용가능한 대부분의 상품은 미국에서 만들어지는가? 상품이 수입된다면 어디에서 수입될까? 사업에서 컴퓨터가 어떤 방법으로 사용될까? 누가 이 사업을 시작했으며 언제일까?

구역과 주에 의해 정해진 대로 중요한 학습 목적을 끌어내는 장소가 선호되며, 교사는 어떤 장소든 깊이있게 탐구할 때 자연스럽게 나타나는 대로 수학, 과학, 언어, 사회, 다른 원리로부터의 지식이 필요하다는 것을 안다. 교사는 교육과정의 핵심 개념을 가장 잘 보여 주는 장소를 선정한다. 그 장소를 깊이 이해하는 것을 반영하는 질문을 내고 이에 대하여 답을 찾는 것에 교사와 학생이 더욱 숙달될수록 교육과정은 더욱 통합된다. 사물 간의 피할 수 없는 "연결"이 잊을 수 없는 방법으로 나타난다.[21]

ITI 교실 3

4학년과 5학년의 다양한 연령의 교실은 학교 은행

---

20) 이를 또 다른 상황성으로 규명하였는가?

21) 연결성을 보는 것은 체제적 사고를 증진시키는 방법이다. 이는 정보시대 패러다임의 중요한 특성이다. 이는 교수 이론인가 교육과정 이론인가?

을 운영하는 책임을 수용하기로 한다. 이들은 가까운 은행을 방문하고 후속 질문을 위해 여러 가지 다른 역할을 수행하는 은행 직원을 교실로 초대하였다. 학생들은 은행의 기능에 대한 추가적 자료를 모으고, 수표 작성을 해 보고 잔고를 관리하고, 모든 학생들에게 이자가 붙는 예금 통장을 개설하는 시스템을 설계하고, 자본 투자를 얻는 방법을 배우고, 적립금을 재투자하는 방법을 발견하고, 학교 은행을 방문하기 위해 학급의 주간 계획을 세운다. 일단 모두 은행에 관한 새로운 형태를 인식하고 이해하면, 자신들이 만든 양식과 절차를 사용하여 자신의 학습만을 위한 "실제" 은행을 연다. 끝으로, 이들은 은행에 대한 '정신적 프로그램'을 적용하며 학교 은행을 개설할 준비가 된다. 연말의 이익은 학습을 정치적, 사회적 행동을 포함하도록 연장해 주는 푸드뱅크로 간다.

5. 연간 주제(개념의 조직)

전통적인 교사의 준비과정에는 교육과정 개발에 대한 훈련을 너무나도 포함하지 않고 있는 것 같다. 따라서 ITI 실행은 실질적인 훈련과 연습, 피드백이 있는 코칭에 달려 있다.[22] 뛰어난 교육과정은 학생들이 (프로그램을) 이해하고 적용할 필요가 있는 개념과 기능(형태)에 대하여 분명하게 표현하는 것에도 의존한다.

연간 주제는 그해 동안 공부하는 모든 것의 정신적 조직자로서 행할 힘을 가진 거대한 형태로 이루어져 있다.[23] 이는 두뇌에 그해 전체의 내용

을 처리하고 유지하기 위한 "주소"를 제공한다. 교육과정을 창조한다는 것은 뭔가 성가시고 비선형적인 과정으로서 다음의 네 가지 주요 활동으로 구성된다: (a) 물리적 장소나 사건을 선택하고, (b) 핵심을 밝혀내고, (c) 조회사항을 작성하고 전략을 평가하고, (d) 연간 주제를 만든다.[24]

교육과정을 위한 구조는 연간 주제, 월간 구성요소, 주간 토픽으로 조직된다. 그러나 교사는 새로운 정신적 프로그램의 획득을 확인하는 것이 목적일 때 구성요소가 한 달 이상일 수도 있고, 토픽은 한 주 이상일 수도 있음을 이해한다.[25] 주제는 중심 아이디어이고 그 해의 개념을 조직하는 것이다. 교사는 왜 이 주제가 중요하며 어떻게 연간 공부에 이득이 있는지를 설명하는 확고한 합리적 이유를 제공해야만 한다. 이렇게 조직하는 개념으로는 변화, 상호의존, 공동체와 같은 것들이 있다. 토픽은 구체화된 핵심을 완전학습할 때 탐구된다.

핵심이란 교사가 학생들이 알고 적용할 수 있기를 바라는 개념, 중요한 지식, 기능에 대하여 분명하고 간결하게 진술한 것이다(Kovalik, 1997). 이는 선정된 물리적 장소를 완전히 이해하기 위해 중요한 형태이다. **개념의 핵심**은 학생들이 이해한 것을 다른 장소나 상황에 전이하고 논리적인 예측을 할 수 있도록 하는 더 큰 아이디어에 초점을 둔다. **중요한 지식의 핵심**은 개념적 핵심에 내재된 형태를 완전히 이해하기 위해 반드시 필요한 구체적인 정보를 제공한다.[26] 끝으로 **기능의 핵심**은 학생들이 개념을 적용하기 위해 필수적인 기능을 완전학습하도록 확인한다.

---

22) 새로운 패러다임이 교사에게 상당한 전문적 개발을 요구하는 새로운 역할을 요청하는 것을 다시 보게 한다.

23) 주제는 Schank, Berman & Macpherson의 경우(제8장)와 유사한 기능으로 작용한다.

24) 이것이 전통적인 ISD 과정(예, Dick과 Carey 과정)과 얼마나 다른지 주목하시오.

25) "획득의 보장"은 학습에 중점을 두는 교수 시스템에서 가장 중요한 측면이다(제1장, 16∼18쪽 참고).

26) 이는 Gardner(제4장)와 Perkins와 Unger(제5장)가 강조하는 종류의 학습이다.

중요한 핵심은 개념적이고, 형태를 탐지하는 가능성으로 가득 차 있다. 이와는 대조적으로 너무나도 자주 교과서가 주도하는 교육과정의 초점이 되고 있는 의사사실들(factoids : 맥락없이 의미를 주거나 유용성을 위해 인정되는 사실의 진술)은 너무 협소하기 때문에 형태를 탐지하기 위한 잠재성을 거의 제공하지 않는다.

각 핵심의 예는 각각의 의미를 다음과 같이 설명하고 있다.

개념의 핵심: 한 시스템은 어떤 기능을 수행하기 위해 상호작용하는 부분들과 과정의 총체이다. 시스템을 연구하기 위해서는 그 범위와 부분을 정의해야만 한다.

중요한 지식의 핵심: 분수계 지역은 생명과 비생명 부분 모두를 포함하는 시스템의 예이다. 이 범위는 강이 물의 공급을 받는 전 지역이다.

기능의 핵심: (분수계 지역에 대한 관찰을 수집하고 공유하기 위하여) 자료를 특정 방법으로 기록하도록 해서 그 해석을 쉽게 해 주는 다양한 종류의 그래프가 있다. 제일 분석하고 이해하기 원하는 자료를 독자가 인식하고 해석하도록 가장 잘 보조할 수 있는 그래프의 형태를 선정하도록 한다. 보통 선택하는 그래프에는 막대그래프, 원그래프, 벤다이어그램, 단순한 원주 차트, 마인드맵 등이 포함된다.

ITI는 자료를 "다루는 것"과 반대로 깊이 이해하도록 하는 것을 강조하여 교육과정은 더 적은 주제들을 포함한다. 이는 교사들이 **적절한 시간**의 요구와 부딪힐 때 "적을수록 많다"는 점을 일깨운다.[27] 인종적으로 다양한 나라에서 개념에 기초한 교육과정은 공통된 주제나 책임 있는 시민으로서 이해할 필요가 있는 소위 공통된 기반을 규명한다. 이는 학생들이 새로운 지식을 그 원리들과 연결하는 중요한 아이디어와 관련시키도록 한다.

ITI 학생들을 정부와 기업 정책을 만드는 성인들로 생각해 볼 수 있다. 몇 년 동안 개념과 연결에 대해 생각하는 연습을 하는 것은 이들을 부분들과 전체로서 사고하는 결정에 이르도록 할 것이라고 확신한다.[28] 우리 학생들은 단지 피상적으로 아는 것이 아닌 광범위한 이해를 필요로 하는 것이다. 풍부한 이해를 기반으로 한 결정이 이 나라를 사회적, 정치적, 경제적 수준에서 조화롭게 운영하는 나라로 이끌 것이라는 생각은 커다란 희망을 주기 때문이다. 따라서 이제 교사로서 이 동기를 유지하는 것이 목적이다.

ITI 교실 4

교사는 학생들이 지난주에 근처의 보호지역에서 관찰한 새들의 습관에 대하여 직접 수업했다. 수업에서는 음악, 신체의 운동감각, 공간, 자연주의자의 수용력, 일반적 언어를 사용하여 내용을 제시한다. 5학년 학생들은 다섯 가지 학습 활동을 배열하고, 새로운 정보에 관한 "탐구"를 열심히 조사한다. 각 학생들은 새 정보를 이해하고 적용하는 연습을 제공하는 활동들에 대하여 혼자서 할 활동, 파트너와 함께 할 활동, 혹은 다른 두 사람과 함께 할 활동 등을 선택한다. 학생들은 Gardner의 8가지 지능을 알고 있고, 교사들이 이들 중 세 개를 나타내는 탐구질의를 만들었다는 것을 인지하고 있다. 모든 질의는 학습하게 되는

---

27) 어떤 다른 이론들이 이 점을 강조하는가?

28) 여기에서 체제적 사고는 교육과정 이론에서 중요한 목적(가르칠 것)으로 보여진다.

핵심, 정보, 기능을 적용하는 연습을 하게 한다. 학생들은 자신에게 가장 관심있는 탐구를 선정한다. 이들은 강력한 지능의 영역 밖에 있는 작업을 선택하면 그 지능을 사용할 그들의 능력을 개발하도록 한다는 것도 알고 있다. 5분 내로 학생들은 선택을 하고 교실은 참여하는 학습자의 소리로 분주해진다.

선택과 탐구. 교사가 지역, 국가적 정책수립자로부터 도움을 받아 학습자가 어떤 개념, 정보 기능을 학습할 필요가 있는지를 설정하는 책임을 가지고 있다 할지라도, 학생들은 자신들이 연구하는 구체적인 예들과 학습이 일어나는 방법에 대한 중요한 선택을 하는 경계 안에서 자유롭다.[29] 학생들은 기대를 넘어 자신이 원하는 대로 더 많은 학습을 추구하려고 선택할 수도 있다. 학습자에게 선택하게 하는 것은 두뇌를 사용하는 교실과 학교에서 중요하다. 이는 학생들에게 자신의 학습을 주도할 연습을 제공하고 성공을 증진시키고 좌절과 지루함을 줄이고 문제해결과 산물을 창출할 능력을 적용하고 확장시키며, 학생들의 기분에 따라서 새로운 정보를 다룰 수 있도록 해 준다.

성실성에 초점을 둔 고등학교에서의 교육과정을 보자. ITI의 "현장에 있음" 환경에서 학생들은 그들 관심을 가장 잘 발휘하는 영역을 선택할 수 있다. 예를 들어 학생들은 시장이나 시 관리자, 교사, 변호사나 의사가 직면하는 성실성 이슈를 생각할 수 있다. 학생들과 교사는 함께 그룹으로 이 개념이 의미하는 바를 공유하게 된다. 이러한 대화는 이슈를 현재에서 이해하는 능력을 증진시키고, 역사적 사건을 보는 데에 의미 있는 관점을 제공한다.

Gardner의 다중지능이론이 학습자의 빈번한 협력을 위하여 상호 존중을 강화하고 추가적인 합리적 이유를 제공할 때, ITI 학생들에게는 선택을 하도록 하는데 중요한 역할을 한다. Gardner의 설명을 이용하여 ITI 학생들에게 인간은 다양한 방법으로 지능적 행동을 보여 준다는 것을 가르친다. 학생들은 각 사람이 많건 적건 간에 고정되지 않고 유연한 지능을 개발한다고 학습하였다. 학생들은 여러 개의 경로를 통해서 학습 목표에 이르는 방법을 선택할 수 있기 때문에 성장한다.

"단원을 읽고 질문에 답하기"를 지나치게 사용한다는 경고는 사라진다. 학생들은 "선생님 말씀"을 들은 후 새로운 정신적 프로그램을 얻을 것이고 관련된 활동을 하기만 하면 된다는 생각은 사라진다. 학생들은 같은 핵심에 초점을 둔 여러 개의 탐구질의를 선택하여 다른 지능을 사용할 수 있다. 학생들은 3학년부터 계속해서 자주 그들 스스로와 교실에서 하는 탐구를 개발하는 데 참여해왔다. 그때 학습은 정말로 신이 났다.

탐구는 학생들이 완전학습(정신적 프로그램)을 성취할 때까지 연습하기 위해 하는 것이다. 탐구는 교육과정의 "내용"과 완전학습의 실현 사이를 이어준다. 이는 단기기억에서 장기기억으로 학습이 전해지는 수단이다. 교사는 Gardner의 여덟 가지 지능을 표본으로 하는 탐구를 작성하고 Bloom의 인지적 목표의 분류법의 모든 단계에 있는 활동 동사를 사용한다.

분수계의 예로 돌아가 다음의 탐구를 보면, 학습자가 핵심에 제시된 자료에 몰두하게 하는 가능성들을 보여 준다.

---

29) 무엇을 학습할지에 대한 선택의 요소는 자기 규제 학습과 관련되며, 새로운 패러다임의 많은 이론에서 중요한 특성이다.

1. 지역의 위상적 지도를 사용하여 분수계의 경계를 결정하라. 측량하기 위하여 가로 8.5″× 세로 11″의 지도를 그려라. 지도에 우리 학

교, 주요 도로, 12개 정도의 잘 알려진 참고
요인들을 포함시켜라.

2. 동료와 함께 일하라. 분수계를 따라 적어도
1 마일을 걸어라. 생태시스템의 각 부분의
예를 조심스럽게 관찰해라: 곰팡이, 박테리
아, algae(혹은 protista), 식물, 동물 등 가장
흔하게 관찰되는 각 예를 기록하라. 발견한
것을 제시할 때 적어도 한 개의 그래프를 만
들어라. 그래프를 다른 두 개의 파트너 그룹
과 비교하라. 토론할 때 전체 그룹에 제시할
관점의 차이를 가지고 오라.

3. 파트너와 주변의 소리를 가까이 들어라. 리
듬의 형태를 찾아서 다른 사람들을 위해서
이를 표현하는 방법을 만들어라. 분수계로
부터 나오는 음향 형태를 친구들에게 보여
줄 준비를 하고 음향이 생명원 혹은 비생명
원에 의해 나온 것인지를 밝혀라.

학생들은 일단 개방적으로 비판 없이 받아들
이면 다른 강점을 가지게 되고, 다양한 그룹이
특별한 강점과 이점을 가진다는 것을 깨닫는다.
예를 들면 설명하는 것보다 그림 그리기를 선호
하는 학습 그룹은 강사를 찾기 위해 애를 쓰는
한편, 그 구성원이 언어, 공간, 음악적 지능에서
의 강점을 가진 그룹은 교실에서 할 발표를 즐겁
게 준비한다. "예술가"의 기능과 "화자"의 기능을
사용하여 학생들을 나누는 낡은 경계는 사라진
다. 각 그룹은 다른 학생들의 독특한 재능을 감
상하고, 그 결과 강하고 단결된 교실 공동체가
만들어진다.[30]

---

30) 학습자 공동체 창출의 아이디어는 제12장(Bielaczyc &
Collins), 제21장(Lewis, Watson & Schaps)과 제22장
(Stone-McCown & McCormick)의 이론들을 포함하여 여
러 이론들에 의해 강조되고 있다.

6. 확장 : 정치적 행동과 지역사회 서비스

최근에 한 7학년 ITI 교사는 자신의 학생들이 설득
문 작성을 완전학습하였다고 행복하게 보고하였
다. 나는 감사하며 미소 짓고, "이제 어디로 가려
고 합니까? 어디로 확장하려고 합니까? 당신 학생
들이 설득하는 논설문을 작성하였다면 미국의 모
든 7학년이 왜 ITI를 사용해야 하지 않겠어요? 웹
페이지에 실으세요. 다음 단계인 정치적, 사회적
인 행동을 하세요."라고 말하였다. 그 교사는 학생
들에게 줄 새롭고 의미 있는 도전을 가지고 열의
있게 돌아갔다.

이는 국가를 강하게 하고 세상을 안전하게 하는
공동체의 임무이다. 강점과 재능을 발견하고 개발
하는 것은 커다란 보상을 가져온다. 그러나 책임
있는 교육자는 그런 개발을 넘어서, 받은 것을 되
돌려 주어야 한다는 임무를 가르치는 것이 어릴
때 학습되어야 한다는 것을 안다. 교육과정의 각
부분은 뭔가 더 큰 것, 지역사회의 무엇인가에 연
결되어야 한다. 스스로에게 "어디로 가려고 하는
지?" 그리고 "어떻게 이 중요한 목적을 학교 밖으
로 의미 있게 연결할지?"를 묻자.

나에게 모든 것은 지금 살고 있는 세상을 더 좋
은 곳으로 만드는 것에 대한 것이다. 각 사람의 즉
각적인 세상은 자신이 매일 사는 곳인 집, 학교,
지역사회, 나라이다. 위원회에 자원하거나 봉사할
때 지역사회에 되돌려 주는 시간을 갖게 된다. 학
교에서 예를 제공함으로써 젊은이에게 이러한 것
들을 하도록 가르쳐야 한다. ITI의 "현장에 있음"
경험으로 학생들은 실제로 그들이 지금과 미래에
변화를 만들 수 있다는 것을 본다.

전에 4-H, 스카우트 프로그램, 인디언 가이드,
소년소녀 클럽, 블루버드와 같은 단체에 참여해
본 적이 있는가? 이러한 조직에서 잘 아는 성인은

부모, 조부모, 가족 구성원이었다. 젊은 세대는 성인이 무엇을 하는지를 보고 옆에서 일하며 배운다. 작은 마을과 농장에서 가족의 생존은 각 구성원의 공헌에 의존하였고 어린이는 그들의 일부가 될 수 있게 되자마자 포함되었다.

오늘날 성인의 일은 어린아이의 눈 밖에서 많이 이루어진다. 특별한 날을 만들어 우리 아이들을 일터에 데리고 나가야만 아이들은 생산적인 성인이 공헌하는 것을 보게 된다. 일 년에 한번은 충분하지 않다. 이에 대하여 많은 학교가 계속해서 직업 추적, 멘토링, 도제 경험 등을 설계하여 학생들이 학교에서 하는 것과 성인들이 생활에서 하는 것 사이를 재연결하려고 한다.[31]

우리 아이들은 그들의 작업이 가족과 지역사회를 위해서 의미를 갖는다는 느낌에서 멀어져 있다. 그들은 너무 자주 하찮고 중요하지 않은 것에 남겨진다. 그러나 우리는 교육과정을 통해서 그에 관한 뭔가를 할 수 있다.

젊은이는 일찍이 행한 자신의 활동이 지금의 차이를 만들 수 있고, 그들이 만드는 결정에 근거하여 차이는 긍정적일 수도 부정적일 수도 있다는 것을 깨달아야 한다. ITI 학교는 긍정적인 사회적 정치적 행동과 지역사회 서비스 프로젝트를 포함하여 학생들로 하여금 지금 옳게 차이를 만들 수 있다는 것을 배우게 하고, 그렇게 하는 것에 대하여 보상한다.

대부분의 경우 사회적 정치적 행동과 지역사회 서비스는 학생에게 맥락과 실제 대상을 제공한다. 그들은 완전히 학습했음과 중대성을 보여 주면서 새로운 지식과 기능을 적용할 다양한 방법을 제공한다.

ITI 교실의 예는 다음과 같다:

• 생태시스템과 쓰레기 관리를 공부하는 한 초등학교 교실은 학교 기반 재활용 계획을 세워 실행한다.
• 한 중학교 교실은 슬로바키아에 있는 그들의 파트너에게 도움을 주기 위해 성공적인 자원 모금을 하여 현재 그들의 지역사회에 온 보스니아 난민 가족을 위해 자금을 제공한다.
• 한 고등학교 교실은 그들이 자랑스럽게 쓰레기가 없도록 유지한 고속도로의 부분을 채택하였다.
• 한 중학교 교실은 가까이 거주하고 있는 은퇴 노인들을 조부모로 정하였다.
• 한 고등학교 기하 교실은 위험한 고속도로 교차로를 재설계하여 그들의 생각을 지역 행정가와 공유하고 이에 기초한 공사를 지켜보았다.
• 6학년 학생들은 더 어린 학생들과 함께 책을 읽고 개인지도를 하고, 어린 학생들이 원래의 책을 멋지게 꾸미기 위해 쓰고 그리는 것을 도왔다.

우리의 학교와 지역사회는 끝없는 도전에 직면하여 있고 젊은 세대는 이를 다루는데 도움이 될 아이디어, 창의성, 에너지로 가득 차 있다. 학생들은 행동할 때 자신이 지금의 차이를 만드는 개인적인 힘을, 우리가 필요한 책임 있는 시민의 비판적 성향을 가지고 있음을 배운다.

책임 있는 시민의 기능과 태도는 성인이 되는 순간에 마술같이 튀어나오는 것이 아니라, 여러 해 동안의 의미 있는 실습을 필요로 한다. 학교는 오늘날의 의미이고 미래를 위한 준비이다.

---

31) 이는 또한 교수 이론에서 증가하고 있는 공통된 집중이다. 사실 설계 이론들(지침)은 이런 종류의 경험을 최선으로 효과적이 되도록 설계하는 방법에 필요하다.

7. ITI의 평가

완전학습을 기록하는 두 가지 수준이 있다. ITI 모형에 대한 교사의 완전학습과 교육과정에 대한 학생의 완전학습이다. 교사의 경우 코치와 피드백이 있는 적합한 훈련이 있어야 한다. ITI 교사는 그들의 목적을 선택하고 ITI 교실 지침에 근거하여 ITI 모형으로 진도를 평가한다. 규정의 1단계(그림 16.6)는 교사가 선택할 수 있는 많은 것을 설명하기 위해 제공된 것이다. 1단계를 완전학습하기 위해서 일 년 또는 그 이상이 걸릴 수 있는데 이는 교사의 사전 경험이나 일할 내용에 달려 있다.

학생들이 교육과정을 완전학습하기 위해서 ITI 교육자들은 학생들이 새로운 정신적 프로그램을 완전학습했는지를 보여 주는 전략을 설계한다.[32] 교사의 가장 좋은 탐구는 가장 좋은 평가 도구일 수도 있다. 지필 검사를 넘는 활동들은 학생들에게 그들이 실제 세상에서 얻은 지식을 적용할 것을 요구한다. 때로 이런 발표는 앞에서 논의하였듯이 정치적 사회적 행동의 형태가 된다.

8. 결론

신체두뇌에 적합한 교육과정과 교수 전략은 인간 생물학, 즉 개인적 학습 경험과 어울린다. 문제의 중심에는 다음과 같이 묻고 답할 용기가 있어야 한다.

1. 우리는 어떤 종류의 사람이 되길 원하는가?
2. 우리의 이웃이 어떤 종류의 사람이 되길 원하는가?
3. 우리의 아이들이 어떤 종류의 사람이 되길 원하는가?
4. 부모, 학교, 지역사회의 어떤 특별한 임무가 우리의 아이들이 그런 사람이 되도록 하게 할까?

훌륭한 일은 그 자신을 위한 보상이 됨을 기억하자. 학생들이 자신들의 삶이 얼마나 중요한지, 자신들의 참여가 얼마나 중요한지를 느낌으로써 "열중하도록" 해야만 한다. 우리 아이들은 가정을 기반으로 한 학교를 포함한 그들의 지역사회를 보아야 한다.

학생들이 거리나 복도를 따라 걸으면서 "나는 여기 속해 있고 안전하다고 느껴. 나는 사람들을 알고 있고 알려져 있어. 나는 내가 그렇게 알려진 사람임이 자랑스러워"라고 말하길 바란다. 그들은 공헌을 할 수 있고, 그 공헌은 필요하고 가치 있다는 것을 알아야 한다.

---

32) 새로운 패러다임에서 학생 평가는 학생들이 실제로 무엇을 아는지 할 수 있는지에 대하여 아무것도 말해주지 않는 분포곡선에 점수를 주어 학생들을 서로 비교하기보다는 완전학습을 확인하고 기록하는데 초점을 둔다.

참고문헌

Begley, S. (1997, Spring/Summer). How to build a baby's brain. *Newsweek*, 28-32.

Calvin, W. (1996). *How brains think*. New York: Basic Books.

Diamond, M. (1998). *Magic trees of the mind*. New York: Dutton.

Gardner, H. (1983). *Frames of mind: Theory of multiple intelligence*. New York: Basic Books.

Goleman, D. (1995). *Emotional intelligence*. New York : Bantam Books.

Hart, L. A. (1983). *Human brain and human learning*. Kent, WA: Books for Educators.

Jung, C. (1976). Psychological Types. In R.F.C. Hull (Ed.), *Collected works of C. G. Jung. Vol. 6*,

ITI 규정 1 단계			

1 단계 — 두뇌 호환 학습 환경을 만들기 위한 초기 단계

교육과정	교수 전략	기대	지시
위협의 부재에 대한 요소는 중요한 계속적인 교육과정의 일부로 가르친다: 평생 지침, LIFESKILLS, 삼위일체 두뇌, 문제해결과 7가지 지능과 협력을 사용한 산출을 포함한다. 활동 시간과 공부 영역의 틀은 더 이상 고정되어 있지 않고, 학생들이 작업을 완수하는 데 적절한 시간이 주어진다.	교사의 교실에서의 지도력과 관리는 평생 지침과 LIFESKILLS의 모델링을 기반으로 한다. "훈계"는 학생들이 외적인 강요된 보상이나 벌 시스템에 의존하기보다는 성공적으로 평생 지침을 실습하는 데 필요한 개인적 기능과 행동을 개발하도록 돕는 것을 기반으로 한다. 교사의 조용한 음성은 교실 환경에 안착되는 데 공헌한다. 교실은 건강하고(청결하고, 조명이 잘 되어 있고, 기분 좋은 냄새가 남), 미적으로 즐겁고(안정된 색감과 음악, 살아있는 화초, 다양한 사용하기 위해 있는 벽), 소란스럽지는 않으나 학습되고 있음을 반영한다. 작성된 절차와 아젠다는 학생들에게 일관성과 안정감을 제공한다. 그룹으로 앉은 학생들은 쉽게 작업 도구를 사용할 수 있다; 협력 학습이 학습 전략으로 자주 사용된다. 교사는 다양한 교수 전략을 개발하여 직접 수업을 보충한다. 교사는 실제 생활 경험(현장에 있음, 집중, 직접 경험)을 교실 수업을 보충하는데 포함시킨다. 인적 자원을 교실에 초대한다. 프로젝트를 완성하기 위해 사용되는 지급품, 시간 할당, 매체에 대한 학생 선택을 통하여 일부 선택이 주어진다. 교사는 자주 학생들을 위해 두뇌 호환 학습 환경을 실행하는 전문가나 동료의 코치를 받는다.	교실 안에 위협이 부재되어 있다. 학생들은 LIFESKILLS를 사용하여 자신의 행동에 대한 책임을 갖기 시작한다. 상호 존중과 진지하게 보살피는 분위기가 학생들과 성인들 사이에 분명하다. 학생들은 서로를 무시하지 않는다; 그들 서로의 행동은 위협이 없음을 지지한다. 학생들은 협력 기능, 즉 열심히 듣고, 순서를 돌아가며 하고, 다른 의견을 존중하는 것을 보여 준다. 학생들은 교실에 들어오자마자 학습에 주의를 집중한다. 학교는 학습에 대한 자기 주도력과 책임감의 부족함으로부터 학생들이 학습하고 성장하기에 안전하고 즐거운 곳으로 대체되었다; 침착함과 개방성이 자라고 있다. 학부모는 두뇌를 사용하는 교육을 지지하는 목적과 연구를 이해하고 교사의 노력을 지지한다. 학부모는 LIFESKILLL이 집에서 사용되는 것을 목격한다. 교사의 확신과 가르치는 즐거움이 증가된다.	학문적이고 협력적 경험에 대한 수업 후의 과정이 매일 일어난다. 교실과 학교에 퍼져 있는 훈계가 줄어든다. 실제 세상의 경험이 제공될 때 학생들이 몰입하는 차이가 교사와 학부모에게 분명해진다. 교사는 학생의 포트폴리오 철에 작업을 선정할 때 학생의 입장을 포함시킨다.

그림 16.6 ITI 규정 1 단계

Princeton, NJ: Princeton University press.

Keirsey, D., & Bates, M. (1984). *Please understand me: Character and temperament types*. Del Mar, CA: Prometheus Nemesis Books.

Kovalik, S., & Olsen, K. (1997). *ITI: The model* (3rd ed.). Kent, WA: Books for Educators.

LeDoux, J. (1996). *The emotional brain: The mysterious underpinnings of emotional life*. New York:

Simon and Schuster.

MacLean, P. (1990). *The triune brain in evolution.* New Work: Plenum.

Myers, I. (1956). *The Myers-Briggs type indicator.* Palo Alto, CA: Consulting Psychologists Press.

Perkins, D. (1995). *Outsmarting I. Q. : The emerging science of learnable intelligence.* New York: the Free Press.

Pert, C. (1997). *Molecules of emotion.* New York: Scribner.

Rivlin, R., & Gravelle, K. (1984). *Deciphering your senses.* New York: Simon and Schuster.

Ross, A. & Olsen, K. (1995). *The way we were... The way we can be. A vision for the middle school through integrated thematic instruction.* Kent, WA: Susan Kovalik & Associates.

Sylwester, R. (1995). *A celebration of neurons.* Alexandria, VA: Association for Supervision and Curriculum Development(ASCD).

수업교류이론:
지식 객체 기반 수업 설계

M. David Merrill
Utah State University
박인우
고려대학교 교육학과 교수

M. David Merrill은 Utah 주립대학교의 교육공학전공 교수이고 ID₂ 연구그룹의 이사이다. 그는 또한 George Peabody 대학, Brigham Young 대학교, Stanford 대학교 그리고 Southern California 대학교의 교원으로 근무했었다. 그는 Anderson Consulting Courseware, Inc.(1972-1980), Micro Teacher, Inc(1981-1985)와 River Park Instructional Technologies, L.L.C.(1996-1997)의 회장이자 창립자였다. 그는 저서 12권과 저서 속에 20장, 200개 이상의 연구논문과 기술 보고서, 25개 이상의 교수관련 프로그램들의 단독 또는 공동저자였다. 그는 1970년대에 TICCIT 저작 시스템과 1980년대의 내용요소제시이론과 정교화이론, 그리고 1990년대의 수업교류이론과 지식 객체에 기반을 둔 ID에 주로 기여하고 있다.

서 문

목적 및 전제. 이 장에서는 몇 가지 종류의 학습만을 중점적으로 다루고 있지만 ITT는 인지 영역 거의 대부분의 학습을 촉진할 수도 있다. 전제는 없다.

학문적 가치. 다음은 이 이론이 근거한 학문적 가치들이다.
- (신중하게 규정된 학습전략을 통한) 효율적인 학습 과정
- 자동화에 의한 효율적인 교수 설계 과정
- 자동화에 의한 효율적인 시뮬레이션 설계
- 개인교수형 통합 시뮬레이션
- 안내에 의한 탐구의 효력
- 학습하는 동안 실시간으로 변하는 학생 개개인의 요구에 부합하는 개별 적응 수업

주요 방법. 다음은 이 이론이 제안하는 주요 방법들이다.
1. 수업 목표를 제시한다.
2. 열린 학습환경을 제공한다.
   - 시뮬레이션
     - 도표
     - 학습자는 실제 상황에서 어떤 행동이든지 실행할 수 있다.
     - 학습자는 어떤 행동도 되돌릴 수 있다.
3. "확인" 교류: 명칭, 위치, 각 장치의 구성요소의 기능 학습
   - 프레젠테이션
     - 명칭 탐구, 기능 탐구
     - 구성요소(명칭, 위치, 기능)에 대해 말하기
   - 연습
     - 구성요소를 제 위치에 놓고 명명하게 한다.
     - 각 구성요소의 기능을 확인하게 한다.
   - 즉각적인 피드백

- 평가점수
- 복원 추출
4. "실시" 교류: 절차 수행 학습
   - 무간섭의 데모(행동-결과)
   - 연습
     - Simon이 언급한 것(방향-결과), 다음 단계 행동하기(결과)
     - 당신이 행동한 것(결과)
   - 피드백
   - 안내
     - 안내를 많이 제공하는 것에서 전혀 없이 하는 것으로 실행 진행
     - 설명 제공(무엇이 그리고 왜 발생했는지)
5. "해석" 교류: 설명, 예측, 문제처리 학습
   - 프레젠테이션:
     - 탐구: 설명하기(무엇이, 왜 발생했는지)
   - 실행하기
     - 예측하기(다음에 무엇이 그리고 왜 발생했는지), 문제처리하기(잘못된 점, 무엇이, 왜 발생했는지)
   - 조정판(결과를 얻기 위한 조건 설정하기)
   - 안내
   - 설명(무엇 때문에 그런 결과가 나왔는지)

(위 설명에는 이 이론이 확인한 수업 교류의 13가지 종류 중에서 3가지만이 포함되어 있다.)
학습자에게 수업을 맞추고 수업하는 동안 학습자가 선택할 수 있도록 한다.

교수설계에 대한 적용점. 수업설계와 개발 시간을 상당히 줄여준다. 입증된 수업 원리에 기초하고 있다. (이 장에서 설명하려는 것과 더불어) 다양한 학습유형을 다룬다.

― C.M.R.

수업교류이론: 지식 객체 기반 수업 설계

1. 도입

목적

내용요소제시이론(Component Display Theory, Merrill, 1983, 1987; Merrill, Twitchell, 1994 참조)은 서로 다른 종류의 수업 성과를 위한 상이한 수업설계 방법들을 제시한다. 수업설계 과정을 자동화하는 방향을 모색하면서 CDT가 수업 처방을 위한 컴퓨터 전문가 시스템을 실행할 수 있을 만큼 정확하지 않다는 것이 확인되었다. 수업교류이론(ITT)은 CDT를 보다 정확하게 하기 위한 것으로 수업설계를 자동화시킨다. 정확성의 증가는 수업 설계자가 지식 표현, 수업 전략, 그리고 수업 설계 처방을 보다 정확하게 할 수 있게 되었다는 점에서 의의가 있다.

CDT는 수업 전략을 구성하는 데 있어서 활용되는 내용요소를 식별하려 했다. CDT는 전략 요소인 **1차적 제시 형식**(PPFs)과 **2차적 제시 형식**(SFPs), 그리고 **상호 제시 관계**(IDRs)의 관점에서 수업 전략을 기술한다. CDT는 학습 결과물에 따라 전략 처방을 제시한다. 각 처방은 PPFs, SFPs, IDRs의 조합 중에서 특정의 학습 성과를 얻기 위한 최상의 조합이다. CDT는 분석 지향적이며, 다양한 수업 목표에 대한 수업 전략을 강조한다.

ITT는 종합 지향적이며, 이들 요소와 수업 교류와의 통합을 강조한다.[1] 수업 교류는 학생이 특정한 지식 또는 기능을 습득하는 데 요구되는 모든

상호작용이다.

이 장에서의 ITT는 Reigeluth가 칭했던 내용요소법(component method)을 강조하는 방향으로 설명된다.[2] 이 보고서에서 우리는 지식 객체의 형태와 지식 객체의 구성요소로 지식을 설명하는 방법론을 소개하고자 한다. 지식 객체와 구성요소는 교과 내용(지식)의 요소가 된다. ITT는 교수 전략을 지식 객체의 구성요소를 처리하는 방법으로 묘사한다.

수업 이론

수업 이론은 두 가지의 1차적인 조건들과 관련되어 있다. '무엇을 가르칠 것인가'와 '어떻게 가르칠 것인가'이다.

무엇을 가르칠 것인가에는 두 가지 고려사항, 선택과 표현이 있다. ITT는 가르쳐야 할 교육과정이 무엇인지 선택하는 것과는 관련이 없고, 가르쳐야 할 것으로 무엇을 선택했는지, 주어진 수업 상황에서 요구되는 지식 구성요소가 무엇인지와 관련이 있다. 그러면 이들 지식 구성요소가 교수 설계를 활성화시키려면 어떻게 표현되어야 하는가?

어떻게 가르칠 것인가는 수업의 목표가 되는 지식 또는 기능의 습득을 조장하는 데 필요한 상호작용에 학생들을 끌어들이기 위하여 학생들에게 이들 지식 구성요소를 제시하는 방법들을 구체화하는 것이다. 적합한 지식 구성요소의 제시와 이들 지식 구성요소의 실행 또는 그와 관련된 학생 활동들, 그리고 교수전략에는 이들 지식 구성요소

---

[1] 전체주의를 보다 지향하는 것은 이 이론이 새로운 패러다임에 정면으로 돌입하게 하는 하나의 변화이다. 그러나 더욱 중요한 것은 331쪽에서 설명된다.

[2] 제1장 9쪽 참조.

와 학생들과의 적합한 상호작용을 활성화하기 위한 학습자 지침 등이 포함된다.

컴퓨터 프로그램 가정

컴퓨터 본위 수업의 저작 시스템은 컴퓨터 데이터베이스 모델에 기반을 두고 있다. 학생은 교과 내용(프로그램 틀)을 담은 하나의 레코드로 표현된다. 그러면 프로그램은 학생들에게 다음의 선택사항 중 하나를 제시한다: 다음 레코드를 보려면 키를 누르시오; 다음 레코드를 보려면 메뉴에서 항목을 선택하시오; 또는 질문에 답하면 그 응답에 따라 다음 레코드가 결정된다. 이러한 수업의 컴퓨터 모형은 심각한 한계를 갖고 있다: 분지형 전략을 제외하면 다른 모든 교수 전략이 기록(프레임) 속에 숨어 있기 때문에 수업체제에서는 보이지 않아 추가적인 처리가 불가능하다는 점이다. 시스템 설계자는 사용될 교수 전략을 결정해야 하며, 데이터베이스 레코드를 안에 짜넣어야 한다.

수업이 아닌 다른 경우에 컴퓨터 프로그램들은 대부분 알고리즘 모형에 근거한다. 이 모형에서 데이터는 그것을 처리(나열, 변형)하는 단일 또는 다수의 지시문으로 데이터를 다룬다. 만약 가르치는 지식이 데이터로 여겨지고, 이 지식을 가르치는 전략이 수업 알고리즘으로 여겨진다면, 컴퓨터 알고리즘 모형을 수업에 적용할 수 있다. 그런데 알고리즘 수업 체제는 수업 알고리즘에 의해 처리되는 형태로 지식을 표현해야 한다. ITT는 바로 이 지식 표현 체제를 기술하는 데 주로 초점을 맞추고 있다.

ITT는 알고리즘 수업체제이다. 지식은 데이터로 표현된다. 수업체제를 구성하는 수업 알고리즘은 이 지식의 구성요소들을 처리(나열, 변형)한다. 이 표현은 컴퓨터 기반 수업설계를 촉진하도록 특별히 설계된 반면, 그 형식 또한 다른 전달양식의 수업설계에도 적용할 만한 가치가 있다.

Gagné의 가정

Gagné(1965, 1985)는 학습 성과(학습 목표)에는 상이한 유형들이 있으며, 이들 각각의 학습 성과는 독특한 학습 조건이 필요하다는 것을 수업이론의 기본적인 가정으로 기술하였다. 적절한 교수 전략에는 지식을 제시하거나 기능을 시연하고, 연습과 피드백을 제공하고, 그리고 주어진 유형의 학습 성과에 대한 안내를 학습자에게 제공하는 것과 같은 필요조건이 모두 통합되어 있다. Gagné는 3가지 수업 국면으로 구분되는 9개의 수업 사태를 제시하였다. 적절한 학습 조건에는 항상 이러한 활동이 들어 있어야 한다. 제시, 연습, 그리고 학습자 안내가 없는 정보는 정보이지 수업이 아니다. 상이한 수업 성과(목적)를 얻기 위해서는 상이한 형태의 제시와 연습 그리고 상이한 유형의 학습자 안내가 필요하다.[3] 학습의 필요 조건에서의 차이가 각각의 학습 성과를 구분 짓는다.

이전의 논문에서는 주어진 유형의 교수 교류를 학습하는 데 필요한 모든 조건이 통합되어 있는 것을 교수 전략이라고 하였다.[4] 이미 수업 처리에는 13개의 유형이 있다는 것이 확인되었다(Merrill, Jones, & Li, 1992). 여기에서는 지식 객체의 구성요소들을 처리하는 수업 알고리즘에 관하여 이들 13개 중 3개 유형만이 기술되어 있다. 이 수업 교류는 다음과 같은 것을 포함한다: '식별

---

3) 여기의 상황성은 일종의 수업 성과이다.

4) ITT와 관련된 이전의 논문에도 본 논문에 제시되어 있는 일부 아이디어가 기술되어 있다(Li & Merrill, 1990; Merrill, Li, & Jones, 1991, 1992; Merrill, Jones, & Li, 1992; Merrill and ID₂ Research Team, 1993, 1996). ITT에서 우리는 단순 제시를 강조(설명적이고 조사적인 사례들과 개론들)하는 것에서 지식 객체의 구성요소로 지식을 표현하는 것을 강조하는 것으로 초점을 옮겼다.

(IDENTIFY)'[5](구성요소 또는 명명 또는 ~의 부분 등, 또한 CDT에서의 사실과 연관되어 있음); '실행(EXECUTE)'(행동 또는 과정 또는 어떤 방법 등, CDT에서의 과정과 연관되어 있음), 그리고 '해석(INTERPRET)'(처리과정 또는 어떤 사건 발생 등, CDT에서의 원칙과 관련되어 있음).[6]

수업교류

ITT에서 수업교류는 학생이 특정한 종류의 지식 또는 기능(학습 목표)을 습득하는 데 필요한 모든 학습 작용을 말한다. 적합한 수업교류를 증진시키는 수업 알고리즘(수업교류 틀이라고도 함)은 특정의 방식(지식 구조)으로 연계되어 있고, 학생이 수업목표를 달성하는 데 필요한 모든 지식이 담겨 있는 지식 객체 묶음을 다룬다. 수업교류 알고리즘은 제시 전략과 연습 전략, 그리고 수업목표 획득을 증진시키는 데 필요하고 적합한 학습자 안내 전략을 포함한다.

ITT 수업전략에서는 학생들에게 지식 객체의 구성요소를 보여 주는 다양한 방법들을 제시하거나 학생에게 제공할 것이 요구된다. 따라서 수업전략은 지식 객체의 데이터(구성요소)를 처리하는 알고리즘이다.

지식 객체

지식 객체는 지식이 다양하게 연관된 지식 구성요소의 구획(장소)으로 이루어진 것이다. 지식 객체의 틀은 교과 영역의 매우 다양한 서로 다른 주제나, 또는 다른 교과 영역에서도 동일하다. 특정 구획의 내용은 다르지만, 그 구획 안의 지식 구성요소의 특성은 같다.

모든 지식 객체는 명칭, 묘사, 그리고 기술과 같은 정보를 위한 일련의 자리(slot)로 구성되어 있다. 명칭은 지식을 표현하는 하나 내지는 다수의 상징 또는 용어를 내포하고 있다. 묘사는 지식 객체를 학생에게 보여 주거나 표현하는 하나 내지는 다수의 멀티미디어 객체(문자, 소리, 동영상, 그림, 애니메이션)이다. 기술 자리는 제작자가 원하는 정보를 지식 대상과 관련하여 배치할 수 있는 개방된 구획이다. 묘사 자리는 몇 개의 하위 자리로 나누어진다. 이들은 기능, 목적 등을 포함하고 사용자가 명확히 알게 된다.

지식 객체에는 실물, 속성, 활동, 그리고 과정[7](Jones, Li, & Merrill, 1990 참조) 등 네 가지 형태가 있다. 실물은 현실에 있는 객체를 의미하며, 장치, 사람, 창조물, 사물, 상징 등이 포함된다. 속성은 실물의 질적 혹은 양적인 특성을 나타낸다. 활동은 학습자가 현실에서 객체를 다루는 행동을 의미한다. 과정은 현실에서 일어나는 실물의 속성값을 바꾸는 사건을 말한다. 행동 또는 과정이 과정을 유발한다.

지식 객체는 다른 지식 객체와도 연결되어있다. 이들 연결의 본성은 다음에서 보다 자세히 설명될 것이다.

---

5) 이들 교류가 이전 논문들과 연관되도록 하기 위해 '식별', '실행', 그리고 '해석'이란 용어가 사용되었다(Merrill, Jones, & Li, 1992).

6) 제15장에서 Landa가 다룰 정신적 조작과 유사한 것이라고 어떻게 말할 수 있을까?

7) CDT(사실, 개념, 과정, 원칙)의 내용 범주와 ITT(실체, 활동, 과정, 속성)에서의 지식 객체의 유형이 서로 일대일로 대응되는 것은 아니다. CDT의 실행 범주와 ITT의 교류 양식 사이에도 일대일 관계가 형성되어 있지 않다. CDT에서 나온 '사실'이란 것은 ITT의 '식별' 교류와 관련은 있지만 같은 것이 아님을 명심한다. CDT에서 나온 '절차'와 '절차 사용'이란 것은 ITT의 '실행'교류와 관련 있음을 명심한다. CDT에서 나온 '원칙'과 '원칙사용'이 ITT의 '해석'교류와 관련 있음을 명심한다.

ITT의 목표

효과적인 수업.　첫째, 최근 정보를 강조하는 반면 적합한 교수전략을 소홀히 하는 경향은 관심 있게 보아야 한다. 수업성과(목표들 또는 목적들)의 유형에 따라 요구되는 상이한 종류의 수업교류는 수업전략을 데이터 구조(지식 객체)를 조작하는 알고리즘(교류)으로 기술함으로써 보다 더 정확하게 기술되었다. 이 공식을 사용하면 수업 설계자들이 보다 효과적이고 보다 설득력 있는 수업을 설계할 수 있을 것이다. 더불어 이들 교류를 교수 개발 도구로서 활용하면 수업에서의 상호작용이 수업설계의 확고한 원칙을 기반으로 할 가능성이 높아지게 된다.[8]

효율적인 수업 개발.　둘째, 여기서는 교수 설계 과정의 많은 부분에서 자동화를 조장하는 이론과 방법론을 이끌어내고자 하였다. 수업개발은 노동 집약적인 일이다. 만약 우리가 방대한 양의 컴퓨터 기반의 상호작용적인 멀티미디어 수업 개발에서 효율화를 꾀하게 된다면, 그 설계와 개발 효율성이 분명 상당히 증대될 수 있을 것이다. 적합한 수업교류를 수업 개발 툴 안에 구축하게 되면 수업설계 과정의 자동화가 가능하게 될 것이며, 이런 효율성이 실현될 것이다.[9]

수업 학습환경.　셋째, 상호작용 학습환경(수업 시뮬레이션과 미세계)의 개발은 극단적으로 노동 집약적이어서 기존의 기술을 사용하여 개발하는 데 매우 많은 비용이 소모된다. 지식 객체로서 지식을 표현하게 되면 일반적인 시뮬레이션 엔진 제작이 가능하게 된다. 그러면 학습환경 구축자는 보다 효과적인 수업 상호작용을 효율적으로 개발할 수가 있다. 게다가 개인 교수형 수업과 학습환경은 동일한 지식 표현에 기반을 두고 있고, 이 구조가 수업 학습환경에 들어 있는 효과적인 학습자 안내를 가능하게 한다.

적응적 수업.　넷째, 지식 표현이 모호하고 수업전략의 세부사항이 명확하지 않아서 진정으로 적응적인 수업개발이 저해되었다. 지식 객체의 형식으로 지식을 정확하게 표현하고, 이 지식을 조작하는 알고리즘으로서의 수업교류를 표현하게 되면 개인 학습자가 수업자료와 상호작용할 때 수업전략을 실시간으로 적응하는 것이 가능하다.[10]

ITT의 범위

ITT 요소 방법은 개인교수형이거나 경험적이든 간에 상관없이 어떤 교수전략이든지 기술하는데 활용될 수 있다. ITT의 구성 방법은 **연성 기능**(soft skill) 훈련뿐만 아니라 기술적인 훈련에도 사용되었다. 이들 방법들은 **잘 구조화된 영역**에서 수업에 쉽게 사용된다. 그러나 이와 같은 방법들은 **불완전하게 구조화된 영역**에도 적용될 수 있다.[11] 이들 방

---

8) 이것이 수업이론을 적용한 전자적 수행 지원 체제의 궁극적인 형식일 것이다.

9) 유추하자면 최초의 전자 스프레드시트 프로그램과 같은 것일 것이다.

10) 본질적으로 수업자료와의 상호 작용에서 실시간으로 개인 학습자들을 위한 수업설계를 하는 능력은 새로운 패러다임의 이론을 정립하는 것뿐만 아니라 현재 개발 중인 것에서 가장 흥미 있는 작업이 될 특징이 있다.

11) 교수 시뮬레이터는 아프리카 마을("Life in a Mende village")이란 인류학적 연구를 개발시키는 데 사용되곤 했다. 이 학습 상황에서 학생이 마을에서 다른 장소를 가 볼 수 있게 하고 그들의 농업과 생활양식에 대한 정보를 수집하기 위해 마을 사람들과 대화할 수 있다. 이 학습의 결과로 학생은 인도주의 협회에 보고서를 제출하게 된다. 시뮬레이션 장치인 PEAnet 구성과 이번 장의 "Valve Simulation"에서 다시 설명할 학습자 지침은 구조화되지

표 17.1 수업교류의 13가지 범주

구성요소 교류

식별(IDENTIFY):	실체의 부분에 대한 정보를 명명하고 기억하기
실행(EXECUTE):	활동의 단계를 기억하여 수행하기
해석(INTERPRET):	과정에서의 사건을 기억하여 원인을 예측하기

추상화 교류

판단(JUDGE):	사례 정렬하기
분류(CLASSIFY):	사례 분류하기
일반화(GENERALIZE):	사례 묶기
결정(DECIDE):	대안 중에 선택하기
전이(TRANSFER):	새로운 상황에 단계나 사건을 적용하기

연합 교류

전파(PROPAGATE):	특정 기능 군을 다른 기능 군의 맥락에서 습득하기
유추(ANALOGIZE):	활동의 단계 또는 교류 사건을 다른 활동 또는 과정에 비유하여 습득하기
대체(SUBSTITUTE):	다른 활동을 학습하기 위해 특정 활동을 확장하기
설계(DESIGN):	새 활동을 고안하기
발견(DISCOVER):	새 과정을 발견하기

법들을 어떻게 연성 기능과 불완전하게 구조화된 영역에 적용할 것인지에 대한 세부적인 설명은 이 장의 범위를 벗어난다.

이전 연구에서 수업교류에는 13개의 범주가 (Merrill, Jones, & Li, 1992) 있는 것으로 확인되었다. 이 수업교류는 표 17.1에 제시되어 있다. ITT는 '식별(IDENTIFY), 실행(EXECUTE), 그리고 해석(INTERPRET)'이라는 구성요소 교류를 실행하는 데 사용되었다. 이 실행 사례가 이 장에서 설명되었다. 추상화 교류를 실행하는 것도 일부 설계되었으나 데모 시스템만이 실행되었다. 지식 객체와 ITT 방법을 사용하면 연합 교류도 실행할 수 있을 것으로 보인다.

'식별, 실행, 해석' 교류는 추상화와 연합화 교류 구획을 구성한다. 모든 수업은 지식의 습득과 이들 기본적인 교류에 의해 향상되는 기능을 포함하고 있다. 이들 교류는 현재 연수에서의 수업 대부

_____

못한 시뮬레이션에서 사용되었다.

분에서 보여지는 수업전략을 설명한다.

2. 참고 사례[12]

이 예시에서는 '식별', '실행', '해석' 교류를 위한 수업목표가 강조될 것이다. 사진으로 제시된 사례에서는 절차를 학습하는 것이 주요 목표이다. 이 목표를 지원하기 위해 학습환경에는 장치의 부품별 기능과 위치를 학습하는 데 필요한 안내가 포함되어 있다. 또한 절차적인 목표를 지원하기 위해 학습환경에는 특정의 결과가 발생하기 전에 충족되어야 하는 기초가 되는 조건들을 확인함으로써 결론을 예측하는 것을 배우거나 예상치 못했던 결과

_____

12) Drake, 저자, 유타주립 대학의 ID2 연구집단의 다른 구성원들이 개발한 교수개발 도구인 Instructional Simulator™를 사용하여 상기에 기술된 학습 상황을 개발했다 (Merrill과 ID2 리서치팀 참조, 1993; Merrill, 1997). 이 교수개발 도구에 대해 더 자세히 알고 싶으면 ID2 리서치팀의 웹사이트: www.id2.usu.edu를 참고하면 된다.

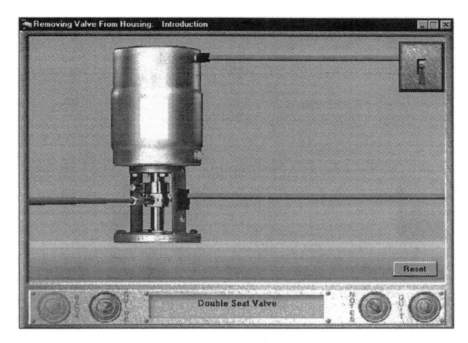

그림 17.1   밸브 제거 시뮬레이션 학습환경

를 처리하는 것에 대한 안내도 포함되어 있다.

그림 17.1은 학습자가 '더블 시트 밸브'를 어떻게 설치, 제거하는지를 가르치기 위해 설계된 학습환경을 제시한 것이다. 이 수업은 착유장과 양조장에서 밸브를 유지, 관리해야 하는 기술자들을 훈련시키기 위해 만들어졌다.

학습 상황에 들어가기 전에 학습자에게 다음과 같은 목표가 제시된다: "이 작업과제는 밸브로부터 호스와 선을 모두 제대로 분리하고, 파이프라인에서 밸브 삽입구를 완전히 풀어서 떼어내는 것이다."

학습환경은 밸브와 연결된 모든 호스와 선을 보여 주는 밸브의 그림으로 구성되어 있다. 이 학습환경은 "열린 학습환경13)"이다.14) 제시된 그림의 일부분을 클릭하면 실행 메뉴가 나타난다. 예컨대 스위치를 클릭하면 'flip' 실행 메뉴가 나타난다. 이 실행을 선택하면 위치를 위, 아래로 바꿀 수 있게 하는 스위치가 나타나고 클릭하면 소리가 들린다. 이 실행은 또한 압축기를 벗겨내는 것을 준비하는 작업이기도 하다. 공기호스 연결부를 클릭하면 'undo' 실행 메뉴가 나타나는데, 에어호스를 밸브로부터 분리하기를 선택할 때 사용되는 것이다. 시스템 조건에 의해 수행이 제한되는 경우를 제외하고는 호스와 선을 마음대로 연결할 수도 분리할 수도 있다. 예컨대, 압축기가 멈춰지지 않으면 시스템의 공기호스가 분리되지 않는다는 것이 이러한 제한의 예이다. 시스템을 탐색해 보면서 대부분의 학습자들은 결국 밸브를 어떻게 분리할 것이며 파이프로부터 어떻게 제거해 내는지를 알게 된다.

---

13) 열린 학습환경은 학습자가 순서에 상관없이 수많은 실행들을 시도할 수 있고, 그 결과를 볼 수 있음을 말한다. 제한된 학습환경은 대부분 학습자가 한 시점에 오로지 한 가지 실행만 하게끔 되어 있다.

14) 이 용어가 제6장에서 나온 Hannafin, Land, 그리고 Oliver의 용어와 어떻게 다른가?

다양한 유형의 학습 안내가 학습환경에 포함되어 있다. 이 학습 안내는 학생들에게 밸브에 대한 지식과 파이프로부터 밸브를 제거하는 기능을 가르치도록 설계된 다양한 교수 전략이 활용되도록 한다.

부품 위치, 기능 그리고 명칭

이 학습자 지침 기능의 목표는 학생들에게 명칭, 위치, 그리고 밸브의 다양한 부품의 기능을 가르치는 것이다. 학습자는 학습환경 내에서 커서를 움직이면, 커서가 놓여 있는 각 부품의 명칭이 윈도우 화면 하단에 나타난다. 윈도우 화면엔 '더블 시트 밸브'라는 명칭이 이어서 나타난다. 그래서 학생들이 화면 주변에 커서를 움직이면서 밸브의 다양한 파트들의 명칭들을 '탐색'할 수 있게 된다.

마우스의 오른쪽 버튼을 클릭하면 커서가 놓여 있는 부품 주변에 있는 팝업 윈도우 창에 기능 설명이 나타난다. 예를 들면, 공기 접속을 할 때 오른쪽 버튼을 클릭하면 그림이 나오고 그림 17.2에 예시된 설명을 스크롤링할 수 있다. 이 시스템의 기능적 설명이 그래픽, 동영상, 소리, 설명문구 또는 복합적인 어떤 매체가 될 수 있음을 기억하라. 저작자는 그림과 문자 자막을 사용할 수도 있다. 그래서 학생들은 장치의 각 부분의 기능을 '탐색'할 수 있게 된다.

화면 아래쪽에 있는 조정부의 'Guide' 버튼을 클릭하면 하위 선택 메뉴가 나타난다. 첫번째 선택지는 '부품에 대한 설명'이다. 이 지침을 선택하면 그 시스템의 부품에 관련된 '강의'를 들을 수 있다. 이 안내는 차례로 각 부분의 설명을 하기 위해서 그림 17.2에서 보여진 것과 같은 종류의 정보를 나타낸다. 학생들이 다음에 설명을 볼 준비가 되었다고 표현하는 것으로 강의의 속도를 조절한다.

이 안내에는 '부품의 위치 찾기'도 제시된다. 이것을 선택하면 안내는 부품의 명칭을 제시하고,

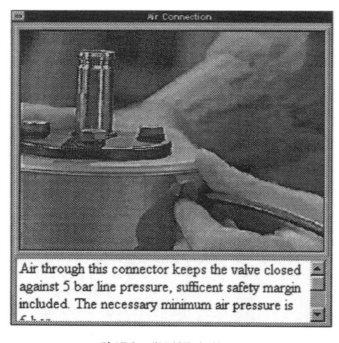

그림 17.2 밸브 부품별 기능 기술

학생들은 부품을 지적(커서가 그 부품 위에 있을 때 클릭하기)해야 한다. 또 다른 것으로 '부품 이름대기'가 있다. 이 안내가 특정 부품을 화면에서 반전시키면 학습자는 제시된 목록에서 그에 해당하는 명칭을 선택해야 한다. 다른 선택지로는 '기능 식별하기'가 있다. 'Guide'가 부품의 설명을 제시하면 학습자는 그에 해당하는 부품을 클릭해야 한다. 정/오/정답 피드백이 각 응답 후에 주어진다. 이 연습 활동은 학생이 항목을 이해하지 못할 때 목록으로 다시 되돌리고 학생이 각 부분에 바르게 응답할 때까지 반복해서 설명하는 것과 같은 식의 복원추출 방식으로 이루어진다. 실습이 끝나면, 학생들은 몇 번만에 부품의 기능을 올바르게 명명하고, 위치를 찾고, 기능을 식별했는지에 따라 점수를 받는다.[15]

ITT의 목표에는 적절한 수업을 자동적으로 발생시키는 수업개발체제를 가능하게 하는 것이 있다. Instructional Simulator 안에는 수업전략들(제시와 실습)이 시스템 안에 통합되어 있다. 설계자는 지식 객체를 단순히 묘사하기만 하면 시스템이 자동적으로 이들 제시와 연습 전략을 발생한다.

절차학습

충분한 시간을 주면, 학생들은 결국 파이프로부터 밸브를 제거하는 과정을 발견할 수 있다. 그러나 '미숙한 발견'은 비효율적이고 종종 실제 상황에서 실행하는 데 시행착오적인 접근을 낳는다. 절차학습은 학습자 지침이 알맞게 주어질 때 좀더 효과적이다. 학습환경에서 절차학습의 목표는 파이프

에서 밸브를 제거하고 제자리에 놓는 데 필요, 충분한 단계를 학습하는 것이다.

이 안내는 네 단계의 절차실습을 제공한다. 1단계는 'hands-off' 시연이다. 이 시연에서는 안내가 각 단계들을 차례로 실행한다. 해당되는 부품으로 커서가 움직이고, 적절한 실행이 제시되고 그 실행이 수행된다. 그리고 시스템은 이 실행의 결과를 그림으로 나타낸다. 2단계는 'Simon Says' 시연과 시뮬레이션이다. 이 시연에서 안내는 학생들에게 실행할 단계를 알려 준다. 예를 들면, '공기 압축기 스위치를 젖혀라'와 같이 알려 준다. 만약 학생들이 다른 어떤 행동을 하려고 하면 안내는 '이것은 공기 압축 스위치가 아닙니다'와 같은 메시지를 제시한다. 학생들이 행동을 선택한 후에 시스템은 그 행동의 결과를 제시한다.

3단계는 'Do the next step' 시뮬레이션이다. 이 실행에서 안내는 '다음 단계를 하시오'와 같은 메시지를 제시한다. 만약 학생들이 다른 단계를 하려고 하면 안내는 '그것은 공기 압축 스위치가 아닙니다'와 같은 힌트를 제시한다. 학생들은 행동을 선택하고, 시스템은 그 행동의 결과를 제시한다.

4단계는 'Performance' 또는 'You-do-it' 시뮬레이션이다. 이 실행에서 학생들은 절차 중 어떤 단계라도 실행할 수 있고 시스템 체제 내에서 그 단계의 결과를 볼 수 있다(즉, 어떤 단계들은 선행 단계가 완성되지 않으면 실행할 수 없게 된다. 예를 들면, 당신이 플랜지 볼트를 제거하고 개봉하기 위해 꼭지에 볼트를 끼워넣고 그리고 꼭지 구멍에서 볼트를 제거하지 않으면 밸브를 제거할 수 없다는 것이다). 학생들이 절차를 모두 따랐다고 확신할 때 'finished' 버튼을 클릭한다. 그러면 안내는 목표에 도달하는 가장 간단한 방법의 단계를 알려 주고 또한 학생이 취했던 단계를 같이 보여 준다. 학생들이 실행했던 불필요하고도 잘못된 단

---

15) 분명히, 학습자는 어떤 수업방법으로 학습할 것인지에 대하여 많은 통제권을 가지고 있다(즉, 학습자는 수업을 자신의 요구와 선호도에 따라 맞출 수 있다). 그러나 학습자가 현명한 판단을 내렸다고 확신할 수 있겠는가? 이것은 이 장에서 나중에 토의된다.

계들은 빨간 색으로 강조 표시된다. 목표를 달성하기 위해 학생들이 취했던 단계의 수가 학생들의 점수로 기록된다.

ITT지식 항목들은 이들 모든 실행 단계를 시스템화 할 수 있게 한다. 설계자들은 단지 시뮬레이션에 필요한 지식 항목들의 요소들만 제공하기만 하면, 시스템은 자동적으로 시스템 안에서 수행 가능한 다양한 단계를 만들어 낸다. 설계자 또는 학습자는 주어진 학습환경의 몇 가지 또는 모든 실행 단계를 선택할 수 있다.

설명, 예측 그리고 고장수리

실행 단계들을 학습하는 것과 특정 목표(예컨대, 파이프에서 밸브를 제거하는 것)를 달성하기 위해 이들을 실행할 수 있는 것은 같은 것이다. 그러나 학습자가 절차의 각 단계에서 무엇이 발생하며 왜 그런 일이 발생하는지에 대해 설명을 들을 때, 이 절차적 기능을 오랫동안 보유할 수 있는 능력이 향상된다. 게다가, 무엇이 왜 일어났는지를 아는 것은 문제 해결 또는 장치 또는 시스템의 고장을 수리하는 데 필요하다. 무엇이 일어났는지는 주어진 행동의 결과를 의미한다. 무엇이 일어났는지는 시스템 외관에서의 변화로 관찰될 수 있다. 무슨 일이 발생하여 시스템의 물리적인 외관상으로는 보이지 않지만 시스템의 조건이 변화될 수도 있다. 왜 일어났는지는 주어진 결과가 발생하려면 충족시켜야 하는 조건들이다. 학생들이 행동을 취한 다음 아무 일도 일어나지 않거나 예상치 못한 일이 일어나게 되면, 어떤 조건들이 충족되었는지 또는 어떤 조건들이 예상치 못한 결과를 낳게 했는지에 대한 설명이 이루어진다. 이 설명의 목표는 학습자가 특정한 조건에서 어떤 일이 발생하게 될 것인지를 '예측'할 수 있게 하거나 실패의 결과가 나왔을 때 또는 예상치 못한 조건이 발생할 때

'설명'(충족되지 않은 조건들을 확인하는 것으로 종종 고장수리라고 함)할 수 있게 하는 것이다.

이 안내는 세 가지 설명 단계를 제공한다. 하나는 'Explain'이다. 시스템을 자유롭게 탐색하는 동안 학생들은 특정 행동을 한 후에 그에 대한 설명을 요구할 수 있다. 안내는 방금 어떤 일이 일어났으며 왜 그것이 일어났는지에 대한 설명을 보여 준다. 예를 들면, 학생들은 밸브를 제거하려 시도한다. 아무 일도 일어나지 않으면 학생들은 설명을 요구한다. 안내는 다음과 같은 문구를 보여 준다: '밸브를 파이프로부터 제거하려고 해도 아무 일이 없으면 플랜지 볼트가 아직도 꼭지 구멍에 있기 때문이다.' 'Explain' 기능은 실행 단계 중에는 언제든지 접근이 가능하다. 'Explain' 표시는 학생들이 행동을 할 때마다 새로이 바뀌어 나타난다.

안내의 두 번째 선택지는 'Predict'이다. 안내는 시스템의 설정을 조정하여 학습자에게 'What happened?'와 'Why?' 목록 중에서 선택하도록 한다. 그러면 학습자는 절차에 따라 다음 단계를 실행하고 무엇이 발생하였는지를 관찰하여 그들의 예측을 확인한다. 시스템은 학생들의 예측 정확도를 기록한다.

안내의 세 번째 선택지는 'Trouble-shoot'이다. 안내는 시스템 설정을 조정하여 오류를 제시하기도 한다. 학생들은 절차의 다음 단계를 실행하고 '무엇이 왜 발생했는지'를 설명해야 한다. 이 상황에서는 안내가 아니라 학습자가 설명한다. 학생들은 무엇이 왜 발생하는지에 대한 결과와 조건 목록에서 선택한다.

ITT 지식객체는 설명 시스템을 포함한 학습환경 설계자가 시뮬레이션에서 요구되는 지식 객체의 요소의 예를 설명(정보를 제공하는)하는 것이 가능하도록 하며, 시스템은 자동적으로 다양한 단계의 설명을 생성한다.[16]

3. 수업교류

다음 문단에서는 우선 학습환경이 기술된다. 학습환경은 (a) 촉진하기 위해 설계된 수업목표; (b) 학습환경에서 요구되는 지식 구조; (c) 실제 세계에서 발생하는 활동과 과정을 표현하기 위해 이 지식 구조에 작동하는 일반적인 시뮬레이션 엔진; (d) 학습자가 학습환경과 상호 작용하는 탐구 학습 행동 등의 시각에서 기술된다.

다음에는 식별, 실행, 해석 수업교류에 대한 정의가 차례로 제시된다. 이 세 가지에 대한 설명에서는 (a) 수업교류에 의해 촉진되는 수업목표; (b) 이 교류에서 요구되는 지식 구조; (c) 학습자에게 정보 제시; (d) 교류에서 요구되는 연습과 피드백; (e) 교류에서 학습을 촉진시키는 학습자 안내 등이 포함되어 있다.

학습환경

목표. 학습환경의 목표는 학생들이 어떤 장치 또는 상황을 탐험할 수 있게 하는 것이다. 환경 내의 객체는 실제 세계와 유사하게 행동한다. 학생들은 환경에서 객체를 활용할 수 있고, 그 행동 결과를 볼 수 있다. 열린 학습환경에서는 학습환경의 제한점 내에서 자유로운 탐색이 가능하다. 단지 한 가지 행동만 실행할 수 있고, 정해진 경로를 따라가도록 제한된 시뮬레이션은 상호작용적 시연환경이지 학습환경이 아니다.

---

16) 다시 말해서, 이들 선택지들은 학습자가 방법을 선택하거나, 시스템이 학습자의 성격 또는 학습자의 수행 기록에 따라 결정하는 그런 방식으로 사용된다. 이렇게 하면 진정으로 비용 효과적인 방법으로 수업을 적절하게 맞출 수 있다.

지식 구조. 학습환경을 위해서 실체에 대한 지식 객체는 한 가지 이상의 속성 지식 객체를 가리키는 자리를 포함하도록 확장된다. 속성 지식 객체는 명칭, 설명과 더불어 일군의 가능값을 갖고 있다. 이 가능값은 각각 도해나 지표와 연계되어 있다. 속성 지식 객체는 그 속성이 예측할 수 있는 각각의 값에 대하여 묘사나 지표를 갖고 있다. 속성 지식의 값이 변하면 그것에 대한 도해도 변하게 된다.

예에서 보면, 스위치의 **속성**으로 두 개의 값이 있다. 즉, '켜짐'과 '꺼짐'이다. 스위치 속성의 값, 위치가 '켜짐'에 있으면, 윗부분에 토글그림이 나타난다. 반대로 스위치가 '꺼짐'에 있으면 아래 부분에 토글 그림이 나타난다.

과정은 특정 실체의 특정 속성값의 변화로 정의된다. 속성값의 변화는 과정의 **결과**가 된다. 과정은 조건적이다. 즉, 특정 과정은 그 **조건**들이 충족되지 않는다면 실행되지 않을 것이다. 과정의 조건은 특정 실체의 속성값으로 정의된다. 그래서 과정을 위한 조건은 속성값이다. 만약 주어진 상황에서 속성값이 과정의 조건을 지정하는 값들과 같다면, 그 처리과정은 실행된다. 그리고 만약 속성값이 처리과정 조건을 지정하는 값들과 같지 않다면, 그 과정은 실행되지 않는다. 마지막으로 과정은 다른 과정을 **촉발**할 수 있다. 이것은 이전 사건이 다음 사건을 유발하는 사건의 고리(과정)를 형성시킨다. 과정이 유발되면, 그 조건들을 살펴본다. 만약 그 조건이 '참'이면 실행되고 '거짓'이면 실행되지 않는다. 그리고 이 과정은 그 결과를 실행하건 실행하지 않건 상관없이 순서도상에서 다음 과정을 유발한다.

예에서 '**분리된 공기관**'은 과정이다. '공기관 되돌리기'라는 활동이 이 과정을 유발한다. 공기관(실체)은 '**연결된** 그리고 **분리된**'이라는 두 개의 값을 갖는 '연결'이란 속성을 갖는다. '연결' 값의 그

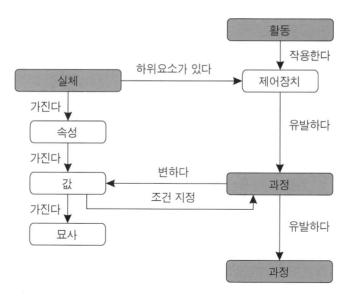

그림 17.3   과정, 실체, 활동의 PEAnet 관계

림은 더블 싯 밸브에 공기 호스가 연결되어 있는 그림이다. 그리고 분리된 값의 그림은 더블 싯 밸브에 공기 호스가 연결되지 않은 그림이다. 이 공기관을 분리하는 과정에는 두 개의 조건이 있다. (a) '**공기관이 연결되었다**'라는 '연결' 속성값, (b) '**공기 압축 스위치가 꺼져 있다**'라는 실체의 속성 상태의 값이다. 만약 공기압축 스위치의 실질적인 값이 '켜짐'이라면 '**공기관 분리**' 과정은 실행되지 않을 것이며, '**공기관 되돌리기**' 작업을 수행해도 아무 일도 일어나지 않을 것이다.

이들 과정, 실체, 활동 간의 관계를 통해 지식 객체로부터 학습환경을 구축할 수 있다. ITT에선 이들 일련의 상호연관성을 PEAnet(process, entity, activity network)으로 지칭한다. 그림 17.3에 이들 PEAnet의 관계들이 제시되어 있다. 학습자는 제어장치(실체 자체 또는 다른 실체의 부분)에 어떤 활동을 실행한다. 이 활동은 과정을 유발한다. 만약 과정이 '참'인 조건이라면, 과정은 속성값을 변화시킨다. 속성값이 변하게 되면, 이 값의 도해도 변하게 되므로 처리과정 결과의 원인을 학습자에게 설명해 주어야만 한다.

그림 17.4는 '밸브 제거' 학습 상황에서 발생할

실체	속성	속성값
AC 스위치	상태	켜짐/꺼짐
공기 관	연결부	연결/분리
클리닝 라인	연결부	연결/분리
밸브 지시선	연결부	연결/분리
플랜지	플랜지 볼트들	끼워넣다/제거하다
구멍	플랜지 볼트	끼워넣다/제거하다
밸브	설치	끼워넣다/제거하다
	봉인	장착하다/들어내다

그림 17.4   '밸브 제거' 학습환경에서 발생할 수 있는 실재와 속성 그리고 속성값

수 있는 실체와 속성 그리고 속성값을 열거한 것이다.

그림 17.5는 "기계로부터 밸브를 제거하기" 중에 포함되어 있는 PEAnet 관계들을 예시한 것이다. 학생들이 기계에서 밸브를 제거 또는 설치하는 데 필요한 연속적인 행동이 그림의 왼쪽에 설명된다. 이들 행동으로 유발된 과정은 세로열 중앙에 나타난다. 그리고 결과(속성값의 변화)가 세

그림 17.5 밸브 제거 학습 상황의 PEAnet 지식 구조

번째 세로열에 나타난다. 이들 행동은 공기 압축기 스위치를 젖히고, 공기 관을 제자리에 놓거나 연결하고, 클리닝 연결부를 연결하거나 되돌리는, 밸브 지시선을 복귀하거나 연결하는, 플랜지 볼트를 끼워 넣거나 제거하는, 플랜지 볼트는 탭 홀에 끼워 넣는, 탭 홀에서 플랜지 볼트를 제거하는, 더블 싯 밸브를 빼내거나 끼워 넣는 것 등이다.

어떤 과정에는 두 가지 이상의 결과가 나온다. 예를 들면 토글 스위치와 관련된 과정에는 두 가지의 결과가 있다. 토글 스위치를 돌리는 과정을 실행하면 이것이 켜져 있을 경우 스위치의 속성값은 '꺼짐'으로 변하고, 만약 '꺼짐'에 있다면 스위치의 속성값이 '켜짐'으로 변하게 된다. 표 오른쪽 부분의 단어들이 실행한 결과의 조건(알맞은 값)을 나타낸다. 만약 조건이 부합하지 않으면 과정은 속성값을 변화시키지 않는다. 다수의 과정은 대안적인 결과가 나온다. 특정 속성의 값이 특정 값을 가지면 그에 상응하는 한 가지 결과가 실행되는 반면, 다른 값을 가지면 다른 결과가 실행된다. 예를 들면 공기관을 분리하는 과정에는 두 개의 결과가 나온다. 하나는 공기관을 연결할 때 스위치의 위치가 '꺼짐'의 위치에 있을 때 실행되는 경우와 또 하나는 스위치의 위치가 '켜짐'에 있을 때 '사고 메시지'를 보여 주는 실행의 경우가 있다는 것이다.

시뮬레이션 엔진

PEAnet 설명으로 PEAnet 구조에 구축된 어떤 학습환경을 구동하는 일반적인 시뮬레이션 알고리즘(때때로 시뮬레이션 엔진이라고도 함)을 기술할 수 있다. 이 알고리즘은 행동(보통 스크린상의 마우스의 실행)을 감시한다. 그리고 이 행동을 해석하는데, 즉 마우스의 실행 위치를 바탕으로 무슨 행동이 일어났는지를 결정한다. 그리고 나서 이

행동에 의해 유발된 과정의 조건을 체크한다. 그래서 만약 조건이 참이라면 과정을 실행하고(결과에 의해 지정된 속성값을 변화시킨다) 새로운 속성값에 해당하는 묘사가 제시되고, 만약 과정-과정 유발 관계가 구체적으로 명시되어 있다면, 다음 과정을 연속적으로 유발한다. 이 수업 알고리즘이 일단 작성되면 다른 학습상황에서 반복해서 사용된다. 속성들과 그들의 값들이 나타낼 수 있는 어떤 상황, 장치 또는 현상이라도 PEAnet 구조 안에서 설명될 수 있으며 시뮬레이션 엔진에 의해 운용된다.

그림 17.5 왼쪽에 길게 나열된 일군의 행동들은 선형적인 연속성을 나타내지는 않는다. 예를 들면, 만약 공기 압축기 스위치의 상태가 '꺼짐'에 있으면 공기관, 클리닝 라인 또는 밸브 지시선은 어떤 순서로든 안전하게 분리될 수 있다. 학습환경은 공기 압축기 스위치가 '켜짐'에 있더라도 학생이 어떤 관이든지 분리하는 것이 가능하다. 그러면 시스템은 이런 행동의 결과로 기술자에게 가해지는 위험을 알리거나 밸브에 가해지는 위험을 나타내는 경고 메시지를 보여 준다.

학생들은 또한 어떤 행동도 반복할 수 있다. 예를 들면, 학생들은 스위치를 잠그고 관을 다시 연결하거나 플랜지 볼트를 언제라도 다시 끼워넣을 수 있다. 그래서 학생들은 이 행동의 결과를 설명한 것을 보면서 실제 상황에서 행동할 수 있을 어떤 행동도 학습 상황에서 실행할 수 있다.

탐구와 안내.   수업적인 요소가 없다면 탐구는 대개 이 학습환경에 의해서 가능하게 된 학습활동일 뿐이다. 학생은 장치를 조작하거나 환경을 탐색하여 실제 세상에서 일어날 법한 전형적인 결과를 경험하게 된다. 탐구는 절차상의 또는 실행 교류를 제시하는 하나의 대안이다.

안내가 없는 탐구는 종종 충분한 학습이 되지

못한다는 것으로 알려져 왔다. 탐구만으로는 충분하지 않다. 학생들은 제대로 된 일련의 행동들을 이행하기 전에 시행착오적인 행동을 하고 문제를 해결하기 위해 실수를 많이 저지른다. 환경을 탐구하는 것으로 주어진 목표를 달성하는 데 가장 효과적인 일련의 행동들을 알아내는 것은 불가능하다. 대부분의 학생들은 안내가 없는 실행만으로 예측 또는 과제 해결을 위한 근본적인 조건들을 알아내는 것이 불가능하다. 그래서 수업적 요소가 없는 학습환경은 단지 수업교류의 일부일 뿐이므로 이것만으로는 불완전하다.

　학습환경이 효과적이라면 다른 형태의 학습안내를 제공하는 것이 필요하다. 안내의 유형 중에 상황이나 장치에서 부분의 명칭, 기능, 또는 위치를 학습하는 것과 같은 기초적[17] 지침이 있다. 절차학습은 바로 그 학습환경에서 시연의 형태로 학습안내가 주어지고, 발판적 실습[18]을 이어서 제시하게 되면 보다 효율적으로 이루어진다. 예측 또는 고장수리 기술을 획득하기 위해서 시스템은 학습자 탐구의 맥락 속에서 설명의 형식으로 안내를 제공해야만 한다. 설명은 주어진 처리과정이 실행되거나 실행에 실패하게 될 때 부딪히게 되는 것에 대한 조건들이 기술된 것이다. 마지막으로 예측과 고장수리 기술은 학생이 주어진 행동 또는 일련의 행동들의 결과를 예측하거나 주어진 결과 또는 고장수리 과정 중에 발생한 일련의 결과들을 방해하는 조건들을 찾아내도록 할 때 개발된다. 다음에서는 이들 각 수업교류가 학습 상황에서 지식객체를 활용하는 것에 대한 설명이 제시된다.

---

17) 기초적이란 사전에 가르치는 것 또는 다른 어떤 학습 행동에 대한 준비를 위해 가르치는 것을 이른다.

18) 발판적 실습이란 각 연속적인 시도가 학생들이 안내가 전혀 없는 환경에서 과정을 수행할 때까지 지원을 점차적으로 줄이면서 안내에 따라 실습하는 것을 말한다.

(구성요소) 식별 교류

목표.　학생들은 제시된 실체(인공물, 장치, 시스템, 위치, 의사소통 등)의 부분의 명칭과 위치를 식별할 수 있을 것이다.

지식 구조.　정보 자리(명칭, 기술, 묘사)와 더불어 구성요소 교류의 지식객체는 '위치', '~의 부분' 그리고 '소유한 부분'과 같은 세 개의 부가적인 자리를 필요로 한다. '위치' 자리는 어떤 참조(부분이 속하는 객체) 지식 객체와 관련하여 묘사의 위치를 나타낸다. '~의 부분' 자리는 참조 지식 객체를 가리키는 화살표가 포함되어 있다. '소유한 부분' 자리에는 관계 있는 지식 객체의 각 구성요소들의 부분을 나타내는 지식 객체를 가리키는 화살표가 포함된다.

　위치 자리는 모드를 나타내는 변수로서 두 가지 값을 갖는다. 만약 지식 객체의 묘사가 문자 또는 그림으로 되어 있다면, 위치 모드는 도식적이다(컴퓨터 스크린에 나타낼 수 있는 것을 의미한다.) 만약 묘사가 오디오 또는 비디오라면 위치 모드는 시간적인데, 예를 들자면 이것은 부분의 묘사가 참조 지식 객체 묘사의 시간 세그먼트, 즉 음악 연주의 세그먼트라는 것이다.

　예에서 보면, 명칭(공기 호스 연결부), 기술(그림 17.2 참조), 묘사(관이 밸브와 연결되어 있는 것을 나타낸 그림 17.1의 그림[19]의 일부)로 구성된 지식 객체가 밸브의 각 부분을 예시한다. 학습환경은 복합적인 그림이다. 각 밸브의 부분은 각각 그 자체의 그림(묘사)에 의해 표현된다. 시스템의 각 부분이 그 자체의 묘사(그림)이기 때문에 각

---

19) 학습환경은 복합적인 그림으로 구성되어 있다. 그것 자체의 그림이 각 파트들을 설명한다. 전반적인 그림들은 학생들이 나타내는 시스템의 그림을 구성한다.

부분이 화면 어디에 있는지 알 수 있다. 따라서 각 그림은 스크린상에 위치 정보가 있어서 새로운 위치로 옮기더라도 강조될 수 있다. 학습환경의 배경도 지식 객체이다. 이것은 각 부분의 모든 지식 객체를 가리키는 지시자를 포함하고 있다. 밸브의 각 부분은 또한 펌프를 설명하는 학습환경의 일부분임을 가리키는 지시자를 갖고 있다.

제시. 식별 교류를 위한 제시 모드는 다음과 같다. (a) 참조 지식 객체의 명칭과 묘사를 보여 준다. 앞의 예에서, 명칭은 제목막대에 제시되어 있고 파이프를 포함한 밸브의 배경, 밸브의 바닥 면, 그리고 스위치 판은 참조 지식 객체의 묘사가 된다. (b) 참조 지식 객체 각 부분의 묘사를 보여 준다. 앞의 예에서, 각 부분, 예컨대, 밸브 그 자체, 플랜지 볼트, 공기관 연결부, 공기관 등의 그림은 묘사이다. (c) 만약 탐구 모드가 어려우면, 마우스가 각 부분 위에 오면 그 명칭을 보여 주거나, 마우스 오른쪽 클릭으로 각 부분에 대한 설명을 제시한다. (d) "각 부분에 대해 설명해 주시오"라고 강의 모드가 선택된다면, 선택 항목 목록 중 각 부분을 강조하면서 그 명칭과 설명을 화면에 제시한다. 시간적인 묘사(비디오 또는 오디오)에서 보통 그림 묘사가 부분을 적기에 식별하도록 하기 위해 시간적 묘사와 함께 제시된다.

실습. 식별 교류의 실습 모드는 다음과 같다. 만약 "부분 위치 찾기"가 선택된다면, 부분의 명칭을 보여 준다. 학생들이 부분을 클릭하면 정/오를 정답과 함께 피드백한다. 부분을 강조하고 부분 명칭들의 목록을 설명한다. 학생들이 부분의 명칭을 클릭하면 정/오를 정답과 함께 피드백해 준다. 만약 틀렸다면 항목을 목록에 남겨둔다. 만약 "기능 확인"이 선택되면, 기능 설명을 보여 준다. 학생들은 부분을 클릭하고 정/오를 정답과 함께 피드백

한다. 만약 틀렸다면 항목을 목록에 남겨둔다.

학습자 안내. 실습하는 동안 만약 학생들이 부분을 잘못 가리킨다면, 학생에게 정확한 부분이 강조된다. 실습하는 동안 학생들이 제시된 부분의 명칭을 틀리게 선택 또는 기입한다면, 정확한 명칭이 주어진다.

변수.[20] 제시와 실습 전략은 다수의 변수에 의해 조정된다. 주어진 교류에서 이 변수들은 제시 또는 실습을 다양하면서도 상이한 조합으로 제공할 수 있다. 식별 교류의 변수에는 다음과 같은 것이 포함된다: 명칭 제시(예/아니오) 그리고 명칭 모드(텍스트/오디오); 묘사제시(예/아니오), 그리고 묘사 모드(텍스트, 오디오, 그림, 비디오, 혼합); 설명 제시(예/아니오) 그리고 설명 모드(텍스트/오디오). 이들 변수들을 사용하여 특정 부분은 128개 이상의 상이한 조합으로 학생에게 제시될 수 있다. 앞의 예에서 설명은 그림과 기술로 되어 있다.

실행(활동) 교류

목표. 학생은 특정 목표로 이끄는 일련의 활동을 실행할 수 있다.

지식 구조. 학습환경을 위한 PEAnet 구조는 학생이 행동을 실행할 수 있도록 한다. PEAnet은 특정 결과(시스템 안에서 실체의 속성값 변화)를 이끄는 데 필요한 과정을 유도하는 일련의 행동으로 구성되어 있다. 예를 들어, 그림 17.4의 PEAnet

---

20) 각 처리와 그것의 모든 실행의 완전한 변수 목록은 이 연구의 범위를 다소 벗어나는 것이다. Merrill, Li와 Jones(1992)에 보다 상세하게 제시되어 있으므로 참조하면 된다.

구조도는 밸브 제거 활동의 지식 구조이다.

추론 엔진.   PEAnet으로 지식을 표현하게 되면 어떠한 초기 조건들(속성값)에서든지 목표를 향한 적절한 경로를 결정하는 추론 알고리즘(추론 엔진)을 작성하는 것이 가능하게 된다. 저자 또는 학생은 절차목표를 명시한다. 목표는 특정 시스템 내에서의 하나 또는 다수의 속성값이다. 그러면 추론 엔진은 어떤 과정이 목표 속성에 목표 값을 설정하는지를 결정한다. 그리고 나서 이 과정에 대한 행동(유발자)을 결정한다. 만약 과정의 조건이 '참'이라면 추론 엔진은 다음 조건으로 간다. 만약 조건이 '거짓'이라면 추론 엔진은 이 조건이 '참'이 되게 할 과정을 결정한다. 그런 다음에 이 두 번째 과정에 대한 행동(유발자)을 결정한다. 만약 이 두 번째 과정의 조건이 '참'이라면 추론 엔진은 이 조건이 '참'이 되게 할 세 번째 과정을 결정한다. 이 역행적 연결고리는 필요한 모든 과정과 행동(유발자)이 확인될 때까지 계속된다. 이렇게 결정된 행동을 반대로 나열하게 되면 목표를 향한 바른 경로가 된다.

제시.   제시의 한 가지 종류는 간섭이 전혀 없이 이루어지는 데모이다. 이런 데모 형식에서는 먼저 적합한 실체의 부분으로 커서가 자동으로 움직여져서 클릭한 다음 시뮬레이션이 제시되고 그 결과가 제시된다. 그 다음으로 목표에 도달할 때까지 다음 행동에 대한 안내가 이루어진다. 이러한 제시 형식은 그 과정이 수동적이기 때문에 다음 단락에 기술된 'Simon Says' 데모보다 덜 적합하다. Simon Says 데모는 수행에 대한 학생의 관심과 수행 결과에 중점을 두고 있으며 학생이 적극적으로 데모에 참여하게 한다.

절차(연속적인 행동)를 가르치는 데 적합한 제시는 데모 또는 Simon Says 시뮬레이션이다. 추론 엔진은 목표를 위한 시스템의 초기 상태에서부터 경로(연속적인 행동)를 결정한다. 그러면 학생에게 "~을(행동지칭) 행하라"라는 지시로써 안내가 차례로 주어져 이들 행동 각각을 실행하도록 지시한다. 만약 학생이 이 행동을 한다면, 그 결과가 실행되고 학생이 다음 행동을 하도록 안내가 지시한다. 만약 학생이 다른 행동을 한다면, 다음과 같은 메시지가 제시된다. "그것은 〈행동이 수행되어야 할 실체의 부분〉이 아니다. 다시 시도하시오." 이러한 안내에 의한 데모는 목표에 도달할 때까지 계속된다.

Simon Says 데모는 때때로 "안내된 실습"이라 불린다. 이것은 사실 용어를 잘못 붙인 것인데, 이러한 형태의 학습 경험은 실습이 아니라 "역동적인 제시"이다. 저자의 관점에서 제시는 수동적일 필요가 없다. 학생이 지시문을 따라서 각 단계를 실행하도록 요구하는 것은 단계(step)에 포함된 부분과 행동에 대해 학생이 관심을 갖도록 강조하는 것이다.

실습.   실습에는 두 가지 추가 단계가 있다. 다음 실습 단계는 취해져야 할 행동을 지시하는 안내가 주어지지 않지만 "다음 단계를 실행하시오"와 같이 방향을 지시하는 것을 제외하고는 Simon Says 데모와 같다. 학생은 어떤 단계가 다음 단계인지 기억한 후 행동해야만 한다. 만약 학생이 다른 행동을 한다면, Simon Says 데모에서와 같은 암시가 주어지는데 즉, "그것은 〈행동이 수행되어야 할 실체의 부분〉이 아니다"와 같은 형태로 제시된다.

그 밖의 You-do-it 실행에서 시스템은 어떤 행동에 의해 유발된 어떤 과정에 대한 어떤 결과라도 시스템 내에서 실행할 수 있게 하는 제약이 없는 모드로 운용된다. 그러나 실행의 목표를 지시하고 학생이 목표를 성취하는 데 필요한 행동을 할 수 있게 인도하는 안내가 주어진다. 또한 학생이 목표를 달성했다고 확신할 때 "종료" 버튼을 클릭하도록 안내가 주어진다. 학생이 종료 버튼을 클릭하면 그들이 제대로 과업을 끝마쳤는지(목표를 달성했는지) 여부를 알게 된다. 추론 엔진이 결정한 경로(연속적인 행동)와 학생의 경로(학생이 취한 실질적인 행동)가 학생에게 제시된다. 불필요한 행동을 눈에 띄게 표시하여 학생이 취한 경로와 안내된 경로를 비교하도록 촉진한다. 목표에 도달하는 다양한 경로가 있는 시스템에서 학생이 취하는 경로는 안내된 경로와 다르더라도 목표를 달성할 수는 있다. 그렇더라도 시스템은 목표가 올바르게 달성되었다고 인식한다. 시스템은 학생이 취한 실제의 경로와 목표를 달성하는 데 필요한 단계의 개수를 기록한다.

　복잡한 시스템에서는 부가적인 실습이 바람직하다. 상이한 문제들이 많이 정의될 수 있다. 문제란 일련의 다른 출발 조건들이다. 다른 문제를 선택한다는 것은 일부 미리 결정된 값으로 출발 조건을 다시 맞추는 것을 의미한다. 그러한 발산적인 실습은 수업의 일부로서 접하지 못했던 시스템 설정으로의 전이를 촉진한다. 부가적인 실습은 절차가 유사하기는 하나 다양한 다른 시스템들로 실습될 수 있을 때 또한 바람직하다. 이들 많은 다양한 발산적인 시스템으로 실행하는 것은 수업하는 동안 학생이 접하지 않은 다른 시스템에서의 행동으로의 전이를 촉진할 것이다.

학습자 안내. 'You-do-it' 실습에서 'Simon Says' 데모 실습에 이르기까지 실습의 발판적 속성은 동일한 형태의 학습자 안내이다. 고도의 안내된 상호작용에서 전혀 안내되지 않은 상호작용에 이르기까지 이 연속적인 단계들은 다수의 수업설계 이론가들이 권장해 왔던 것이고 경험적 연구에서 절차적 기능[21]의 학습을 촉진하는 것으로 확인되었다.

학습자가 일련의 행동을 학습할 때 설명 제공도 절차적 기능 습득을 위해 권장되었으며, 이를 촉진하는 것으로 밝혀졌다. PEAnet 지식 구조에 의해 다양한 상황에서 설명을 자동적으로 제공할 수 있는 시스템 구축이 가능하게 된다. 탐험모드에서 학생은 안내를 통해 설명을 요청할 수 있다. 'Simon Says' 데모 모드 또는 '다음 단계' 실습 모드에서 학습자는 설명을 작동시킬 수 있으며, 과정 중 각 단계에서 설명이 제시된다. 'You-do-it' 또는 수행 실습 모드에서 설명이 작동될 수 있으며, 학생이 각 행동을 실행하면 설명이 제시된다.

　설명은 '무엇이 발생했는가'와 '왜 발생했느냐' 등 두 부분으로 되어 있다. 지식 객체의 요소 측면에서 보면 무엇이 발생했느냐는 결과 또는 과정에 의해 발생하는 속성값의 변화이다. 설명 템플릿을 활용하여 무엇이 발생했는지에 대한 설명이 제공된다. 템플릿의 한 가지 예를 들면 다음과 같다. 학생이 설명을 요청하면 과정이 실행될 때 이런 메시지가 안내에 의해 제시된다. "당신이 〈활동이름〉하면, 〈속성을 소유하고 있는 실체〉의 〈속성〉이 〈값〉으로 변경된다." 그리고 과정이 실행되지 않으면 다음과 같은 메시지가 제시된다. "당신이 〈활동이름〉하면, 아무 일도 발생하지 않는다." 시스템은 다른 종류의 값에 대해 상이한 설명 템플릿들과 이들 값들을 변화시키는 동작들을 가지고 있지만 이들 세부사항들은 이 장의 범위를 벗어나는 것이다.

　왜 발생했느냐에 대한 설명은 과정이 실행되려면 충족시켜야 하는 조건들을 제시하여 설명하는 것이다. '왜'라는 부분의 설명은 과정이 실행될 때 다음과 같은 형태의 문자 템플릿을 사용하여 제시된다. "〈속성〉의 〈값〉이 〈값〉이므로 이 사건이

---

21) 이 책(volume)에 있는 어떤 다른 이론이 그러한 발판(scaffolding)을 활용하는가?

발생한다," 또는 과정이 실행되지 않으면 "〈속성〉의 〈값〉이 〈값〉이 아니므로 이 사건이 발생한다."

앞의 예에서 보면, 학생이 탭홀로부터 플랜지 볼트를 제거하기 전에 밸브를 제거하려는 경우를 가정해 보자. 안내는 다음과 같은 설명을 제시한다. "당신이 〈더블 싯 밸브를 당길〉 때 어떤 일도 발생하지 않는다. 이것은 〈플랜지 볼트〉의 〈위치〉가 〈탭홀로부터 제거〉되지 않았기 때문이다."

(과정) 해석 교류

목표.   일련의 조건들이 주어지면 학습자는 사건의 결과를 예측할 수 있다. 또는 제시된 결과(예상 또는 예상하지 못한)에서 이런 결과가 발생하려면 어떤 조건들이 갖춰져야 하는지 식별할 수 있다. 예상하지 못한 결과(실수)가 발생하면, 그런 결과가 나오게 된 조건을 탐색하는 것을 고장수리라고 한다.

지식 구조.   설명 교류에 요구되는 지식 구조는 조건과 결과로 구성된 일련의 과정 규칙들, 달성 목표(어떤 속성의 값 또는 일련의 속성들), 그리고 일련의 구체적인 문제들(초기 조건들)이다. 문제에 실수가 포함된 경우도 있다. 실수는 잘못된 조건이다. 즉, 잘못된 과정이 실행되면, 잘못된 조건 때문에 예상하지 못한 결과가 발생한다. 잘못된 조건으로는 위험한 구성요소, 결여된 구성요소 또는 부적당한 값에 가하는 통제군 등이 있다.

탐구 상호작용과 같은 PEAnet 지식 구조가 해석 교류에도 요구된다. 실수를 의미하는 부가적인 조건들도 포함되어야 할 것이다. 문제 선택은 시스템의 초기 조건들을 미리 정해져 있는 값으로 변경하는 과정을 유발하는 행동이다.

제시.   학생은 "만약 ... 하면, 무슨 일이 발생하는

지 보기" 위해 학습환경을 갖고 놀거나 탐구하도록 허용된다. 설명(학습자 안내의 일종)은 각 행동의 결과(무엇이 발생했는지)와 충족되거나 충족되지 못한 조건(왜 발생했는지)을 지적하는 것이다. 과정이 다수의 상이한 상황에 적용된다면, 다수의 상이한 시나리오(학습환경에의 변형)가 학습자에게 제시되며, 학습자는 이것들을 "갖고 노는 것"이 허용된다. 시스템의 일부 속성값을 정하게 하는 "제어판"이 학생에게 제공되는 경우도 있다. 이런 방법으로 학생은 다른 조건(속성값)의 결과를 관찰하고 이들 결과에 대한 설명을 보고 실험할 수 있다. 학생이 자신의 행동(행동은 과정을 유발하고, 이 과정은 조건 또는 결과를 변화시킨다)의 결과로써 변하는 조건과 학생의 행동에 의해 변하지 않는 조건을 구분할 필요가 없다는 것이 학습환경의 장점이다. 학생에게 시스템을 통한 실험에서 허용되는 통제 행동(실제 세계에서는 가능하지 않은 행동)이 주어질 수도 있다(중력을 증가 또는 감소시키는 중력 통제와 같은 예가 있다).

실행.   학생은 학습환경에서 구체적인 문제를 받는다. 학생은 장치 또는 시스템의 조건들을 관찰하고 결과를 한 가지 이상 예측해야 한다. 앞서 설명된 시스템에서 학생들은 속성 목록을 받고, 제시된 행동의 결과를 초래하는 각 속성의 값을 선택하도록 한다. 주어진 조건 중에는 잘못된 조건이 하나 이상 있을 수도 있다. 제어판을 학생에게 제시하고 그들이 특정 결과를 이끌어 낼 조건들(속성값들)을 설치하도록 유도하는 것은 다양하게 이루어질 수 있다. 그 결과는 잘못된 조건에서 나온 것일 수도 있다. 예측은 시스템이 실행되고 실행 결과가 제시되는 것으로 확인된다. 학생은 복잡한 시스템에서 관찰된 결과를 일으키는 조건(들)을 찾아내는 다수의 사건들을 역으로 검토하여 실행을 추적해야만 하거나 그 조건에서 얻어진

결과를 보기 위해 시스템의 사건들을 실행할 필요가 있을 수도 있다.

학습자 안내. 제시 또는 탐구가 진행되는 동안 학생은 주어진 사건 결과에 요구되는 조건을 명확히 알게 된다. 학생이 시스템을 탐구하는 동안 예상하지 못한 결과에 대한 설명을 요청할 수 있도록 허용하는 것이 가장 좋은 안내인 경우도 있다. 이 설명에서는 그 결과를 일으킨 조건이 제시된다. 실습을 하는 동안 학생들의 예측과 고장수리는 각 과정의 단계에서 무엇이 발생했는지 그리고 왜 발생했는지에 대한 설명이 있는 시스템을 실행함으로써 확증된다.

적응적 수업. 수업설계에서 지식 객체 구조의 활용에서 가장 흥미를 끄는 가능성은 진정한 적응적 수업일 것이다. 수업전략은 알고리즘이다. 알고리즘은 미리 명세화 될 수 있으며, 미리 프로그램화 될 수 있다. 더불어 수업 알고리즘에는 전략이 학생과의 상호작용을 촉진하는 방법을 통제하는 상이한 값인 다수의 변수들이 포함될 수 있다. 전략변수 값을 변화시키면 상호작용의 본질이 변화하게 된다. 적응적 시스템에는 학생 변수를 교수 전략 변수에 연결하는 일련의 전문가 시스템 규칙이 있다. 학생 변수가 변하면, 전문가 시스템은 전략변수를 변경하고, 이후의 상호작용도 바뀌게 된다. 적응적 시스템은 학생 변수(동기, 관심, 실행과 기타 변수의 수준)를 관찰하는 시스템이 포함되어 있다. 이들 학생 변수의 값이 변하면, 시스템은 역동적으로 전략 변수의 값을 변경하여 개별적인 학생에게 적응적인 시스템이 되는 것이다.[22]

지식 객체 구조는 시뮬레이션 엔진, 인터페이스

---

22) 이것은 개별화 교수에 강력한 형태를 제공하는 고도의 비용 절감적인 방법이 될 것 이다.

엔진과 더불어 학생 자신이 객체가 되는 학습환경을 구축할 수 있게 한다. 학습환경의 다른 객체처럼 "학생 실체"는 속성과 속성값을 갖는다. 이들 속성값은 행동이나 시스템 내의 여타 실체와 같은 과정에 의해 유발된 과정에 의해 변경된다. 학생 실체의 속성이 변하게 되면 학생이 행할 수 있는 행동도 변한다. 이렇게 학습환경은 학생에게 적응되거나 역동적인 방법으로 학생과 상호작용하게 된다.

이 장에서 적응적 시스템에 대해 더 자세히 알아볼 수는 없다. 향후에 발표되는 논문에서 적응적 수업의 이론적 모형에 대한 설명을 보게 될 것이다.

4. 요약

이번 장에서는 ITT의 구성요소적 방법에 대해 집중적으로 살펴보았다. 가르칠 지식을 지식 객체라는 형식으로 보다 정확하게 표현하면 수업전략에 있어서 정확성이 증대된다는 주장이 제시되었다. 교수 전략이 지식 대상의 구성 요소들을 조작하는 방법으로서 기술될 수 있다는 점도 지적되었다. 이 구조는 실행가능한 지식의 명세화를 가능케 하며, 같은 지식 표현으로부터 개인 교수형과 실험적인 수업을 만드는 것이 모두 가능하게 된다.

이 장에서는 지식 객체에 대해 기술되었다. 지식 객체가 어떻게 학습환경(탐구), '식별' 교류, '실행' 교류와 '해석' 교류를 포함하는 많은 교수 전략들을 재정립하는 데 사용되었는지가 기술되었다. 이 장에서는 교수 학습 상황에서 이들 전략의 한 가지 실행만이 설명되었다.

이전의 CDT에 대한 발표에서는 다른 유형의 수업성과에 대한 최상의 전략 처방이 제시되었다. 이 장에서는 지식 객체를 바탕으로 한 전략 알고리즘과 관련하여 이들 처방을 다시 정비하는 것도 가능했지만, 처방보다는 시스템 구조를 설명하는 쪽을 선택했다. 이 장은 지식 객체에 기반을 둔 수업설계의 기초를 설명하는 것이지 이론에 대한 완벽한 발표도 아니고[23] 이 책의 편집자에 의해 제안된 항목 모두가 제시되어 있는 것도 아니다.

참고문헌

Gagné, R. M. (1965). *The conditions of learning.* New York: Holt, Rinehart & Winston.

Gagné, R. M. (1985). *The conditions of learning and theory of instruction* (4th ed.). New York: Holt, Rinehart & Winston.

Jones, M. K., Li, Z., & Merrill, M. D. (1990). Domain knowledge representation for instructional analysis. *Educational Technology, 30*(10), 7-32.

Li, Z., & Merrill, M. D. (1990). Transaction shells: a new approach to courseware authoring. *Journal of Research on Computing in Education, 23*(1), 72-86.

Merrill, M. D. (1983). Component display theory. In Charles M. Reigeluth (Ed.), *Instructional-design theories and models: An overview of their current status* (pp. 279-334). Hillsdale, NJ: Lawrence Erlbaum Associates.

Merrill, M. D. (1987). A lesson based on component display theory. In Charles M. Reigeluth (Ed.), *Instructional Design Theories in Action* (pp. 201-244). Hillsdale, NJ: Lawrence Erlbaum Associates.

Merrill, M.D., with Twitchell, D. G., (Ed.). (1994). *Instructional design theory.* Englewood Cliffs, NJ: Educational Technology Publications.

Merrill, M. D. (1997). Learning-oriented instructional development tools. *Performance Improvement, 36*(3), 51-55.

Merrill, M. D. & ID₂ Research Team (1993). Instructional transaction theory: Knowledge relationships among processes, entities, and activities. *Educational Technology, 33*(4), 5-16.

Merrill, M.D. & ID₂ Research Team (1996). Instructional transaction theory: Instructional design based on knowledge objects. *Educational Technology, 36*(3), 30-37.

Merrill, M. D., Jones, M. K., & Li, Zhongmin. (1992). Instructional transaction theory: Classes of transactions. *Educational Technology, 32*(6), 12-26.

Merrill, M. D., Li, Z. & Jones, M. K. (1991). Instructional transaction theory: An introduction. *Educational Technology, 31*(6), 7-12.

Merrill, M.D., Li, Z., & Jones, M. K. (1992). Instructional transaction shells: Responsibilities, methods, and parameters. *Educational Technology, 32*(2), 5-27.

---

23) 특히 수업 교류의 13개 분류에서 10개는 제외되었다.

정교화 이론: 범위와 계열 결정을 위한 지침

Charles M. Reigeluth
Indiana University
변호승
충북대학교 교육학과 교수

Charles M. Reigeluth는 Harvard University에서 경제학사 학위를 받았고 Brigham Young University에서 교수심리학으로 박사학위를 받았다. 그는 중등학교에서 3년간 과학을 가르쳤으며, Syracuse University의 교수설계 프로그램에 10년간 교수로 재직하면서 학과장을 역임했다. 그는 1988년부터 Indiana University의 교수체제공학과 교수로 재직하고 있고, 1990-1992년에는 학과장을 역임했다. 그의 관심에는 공교육의 혁신과 양질의 교육자원의 설계가 포함된다. 그는 이 주제에 대해 여섯 권의 책과 60여 편의 논문 및 저서의 장(章)을 집필하였다. 그는 정교화 이론과 시뮬레이션 이론을 포함한 몇 개의 교수설계이론의 주요 개발자이다. 그의 저서 두 권은 미국 교육공학회(Association for Educational Communications and Technology)에서 "올해 최고의 책"을 수상하였다.

서 문

목적 및 전제. 이 이론의 주목적은 학습목표의 달성을 최적화하기 위해 내용을 선정하고 계열화(sequence)하는 것을 돕기 위한 것이다. 이 이론은 중간에서 복잡한(medium to complex) 인지적 그리고 심동적(psychomotor) 학습을 위한 것인데, 정의적 영역에 주로 포함되어 있는 내용은 현재 다루고 있지 않다.

학문적 가치. 이 이론이 근거한 가치들은 다음과 같다:

- 의미 만들기와 동기화를 촉진하기 위한, 가능한 한 전체적론적(holistic) 계열
- 학습과정에서 학습자들로 하여금 스스로 많은 범위(scope)와 계열(sequence) 결정을 할 수 있도록 하기
- 교수개발과정에서 쾌속원형법(rapid prototyping)을 촉진하기 위한 접근
- 범위와 계열에 대한 적용가능한 접근을 통합하여 일관성 있는 설계이론으로 통합하기

주요 방법. 이 이론이 제시하는 주요 방법은 다음과 같다:

1. 개념적 정교화 계열
    - 많은 관련 개념들을 학습해야 하는 것이 목표일 경우 이 접근을 사용한다.
    - 앞의 내용을 정교화하는 협의의, 더 구체적인 개념을 가르치기 이전에 광의의, 더 포괄적 개념을 가르친다.
    - 이 개념적 정교화에는 주제별(topical) 또는 나선형(spiral) 접근을 사용한다.
    - 가장 밀접한 개념과 함께 이를 "지원하는(supporting)" 내용(원리, 절차, 정보, 고차원적 사고기술, 태도 등)을 가르친다.
    - 개념들과 이를 뒷받침하는 내용을 "학습 에피소드(learning episodes)"로 묶는데, 이것이 너무 커서 복습이나 종합이 어렵거나 너무 작아 학습과정의 흐름을 방해하지 않도록 한다.
    - 학생들에게 어떤 개념을 먼저/다음에 정교화할 것인지 선택할 수 있는 기회를 제공한다.

2. 이론적 정교화 계열
    - 많은 관련 원리들을 학습해야 하는 것이 목표일 경우 이 접근을 사용한다.
    - 앞의 내용을 정교화하는 협의의, 더 구체적인 원리를 가르치기 이전에 광의의, 더 포괄적 원리를 가르친다.
    - 이 이론적 정교화에는 주제별 또는 나선형 접근을 사용한다.
    - 가장 밀접한 이론과 함께 "지원하는(supporting)" 내용(원리, 절차, 정보, 고차원적 사고기술, 태도 등)을 가르친다.
    - 이론들과 이를 뒷받침하는 내용을 "학습 에피소드(learning episodes)"로 묶는다.
    - 학생들에게 어떤 이론을 먼저/다음에 정교화할 것인지 선택할 수 있는 기회를 제공한다.

3. 단순화 조건 계열
    - 중간 이하의 복잡성을 가진 과제를 학습해야 하는 것이 목표일 경우 이 접근을 사용한다.
    - 더 점진적이고 복잡한 버전(version)을 가르치기 전에 더 쉬운 버전(그래도 다른 모든 버전을 대표하는)을 가르친다.
    - 이 단순화 조건 정교화에는 주제별 또는 나선형 접근을 사용한다.
    - 절차적 과제에는 교수 단계(teaching steps)에 초점을; 발견적(heuristic) 과제에는 교수원리에 초점을; 조합된(combination) 과제에는 단계 및/또는 원리를 전문가들이 이 과제에 대해서 생각하는 것과 같은 방식으로 가르친다.
    - 가장 밀접한 단계 및/또는 원리와 함께 "지원하는" 내용을 가르친다.
    - 단계/원리들과 이를 뒷받침하는 내용을 "학습 에피소드"로 묶는다.
    - 학생들에게 다음에 어떤 과제의 버전을 학습할 것인지 선택할 수 있는 기회를 제공한다.

교수설계에 대한 적용점. 몇 가지 종류의 수업 내용의 전체론적 계열을 설계하는데 필요한 세부 지침. 발견적 과제분석 기법을 포함하는 발견적 과제를 위한 범위와 계열 결정을 위한 지침.

— C.M.R.

정교화 이론: 범위와 계열 결정을 위한 지침

교사중심과 내용중심의 교수에서 학습자 중심의 교수로의 패러다임 변화는 수업을 계열화하는 방법에 대한 새로운 요구를 창출하고 있다. 산업화시대의 패러다임에서의 요구는 내용과 과제를 여러 개의 작은 조각으로 나눠 한번에 하나씩 가르치는 것이었다. 그러나 시뮬레이션, 도제제도, 목표기반 시나리오, 문제기반 학습을 포함하는 대부분의 새로운 교수 접근들은 계열화의 더 전체론적인(holistic) 접근을 요구한다. 이들은 내용이나 과제를 단순화하되, 이를 낱개로 분해하지 않고, 오히려 과제와 내용 영역의 쉬운 현실세계 버전을 제시한다. 정교화이론(elaboration theory)은 학습자에게 학습과정을 더 의미 있게 하고, 동기를 부여하고, 계열화에 대한 전체론적 접근을 제공하기 위해 개발되었다. 그리고 (교사를 포함하는) 교수 설계자로 하여금 학습과정에서 학습자들에게 범위(scope)와 계열(sequence)에 대한 결정을 내릴 수 있도록 권한을 줄 수 있는 방법을 제공하기 위해 개발되었다.[1]

　이 장에서 저자는 계열화의 몇 가지 기초내용과 어떠한 때 정교화 이론을 사용하는 것이 유익한가에 대한 논의로 시작하고자 한다. 그 다음 저자는 각기 다른 종류의 정교적 계열화에 대해 단순화 조건 방법(Simplifying conditions method)에 특히 강조점을 두면서 논의하고자 한다.

계열화 전략은 무엇을 가져오는가?

계열화에 대한 결정은 내용을 어떻게 묶고 순서를 정하는가와 관계된다. 내용을 어떤 형태로든 묶지 않고는 이를 순서화 할 수 없으며, 다른 종류의 계열은 다른 종류의 묶음을 필요로 한다. 따라서 각 묶음에 어떤 내용이 포함되어야 하느냐에 대한 결정이 이루어져야 한다. 교육자들이 자주 "범위와 계열"을 같이 언급하는 이유가 여기에 있다.[2] 범위(scope)는 무엇을 가르칠지-내용의 특성[3]-와 관계된다. 이것은 학습자가 무엇을 필요로 하는가 및/또는 무엇을 배우고자 하는가에 관한 결정을 요한다. 범위와 계열에 대한 결정에는 다음과 관계되는 몇 가지 종류의 결정이 수반된다:

- 각 내용 묶음(학습 에피소드)의 크기:

- 각 학습 에피소드의 구성요소:

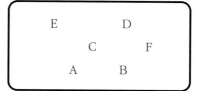

---

[1] 새 패러다임의 어떤 보편적 특징을 이곳에서 발견할 수 있는가?

[2] 다시 우리는 교육과정이론과 교수이론이 통합되는 것을 볼 수 있다.

[3] 여기서 저자는 "무엇을 가르칠 것인가"에 해당되는 모든 것을 지칭하는 말로 "내용"이라는 어휘를 사용하고 있다. 따라서 여기에는 여러분이 가르칠 어떤 과제이건 지식이건 다 포함되며, "내용분석"이라는 말에는 "과제분석"이 포함된다. 일반적 기술(generic skills)과 태도도 포함된다.

• 각 에피소드 안의 구성요소들의 순서:

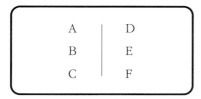

• 에피소드의 순서:

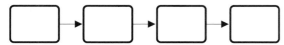

이 모든 것들은 학습경험의 질에 영향을 준다: 효과성, 효율성, 그리고 매력성.

범위는 차이를 가져오는가?

만일 여러분이 세 영역(사기업, 공기업, 또는 비영리 단체)의 훈련부서에 소속되어 있다면, 직원들과 고객들은 특정 기능과 지식을 잘 수행해야 할 것이다. 만일 여러분이 그들이 필요로 하는 것을 가르치지 않는다면, 나머지 수업이 아무리 잘 되더라도 다 소용없게 된다.

그러나 유·초·중등 및 고등교육의 차원에서는 그 요구가 훨씬 덜 명확하고 가치 의존적이기 때문에 사정이 전혀 다르다고 할 수 있다. 더욱이, 학생들의 관심은 지역 공동체나 학부모들이 가지고 있는 가치와는 아무 상관이 없을 수도 있다. 그리고 수업의 결과는 수년이 지나기 전에는 나타나지 않을 수도 있다. 이 모든 요소들은 범위가 차이를 가져오는지, 더 정확히 말해 범위가 어떤 차이를 가져오는지 말하기 어렵게 하고 있다. 명백히, 범위가 가져오는 차이는 학생에 따라 다를 것이며, 교육 체제내의 이해당사자(stakeholder)에 따라서도 다를 것이다. (이해당사자들이란 부모, 고용주, 납세자, 학생, 사회봉사단체 등 교육체제에 이해관계가 있는 사람들을 말한다.) 하지만, 어떤

학생이건 어떤 이해당사자건 "무엇을 가르치는지"가 그들에게 중요한가라고 물으면, 대답은 이구동성으로 "그렇다!"일 것이다.

범위를 설정하기 위한 일반적 고려

범위가 중요하다면, 어떻게 해야 제대로 된 내용을 확실히 선택할 수 있는가?

훈련 맥락. 훈련의 맥락에서 보면 대답은 명확하다. 요구분석을 실시한다. 요구분석을 실시하는 방법에 대해서는 많은 저술이 있다(Kaufman & English, 1979; Kaufman, Rojas, & Mayer, 1993; Rossett, 1987). 그러나 저자가 제안하고자 하는 것은 조직에서 선택하는 목표는 요구만큼이나 가치에 기반해야 한다는 것이다. 제품의 질과 고객이 어떻게 대우받느냐 하는 것은 무엇을 가르칠 것인가에 강한 영향을 미치는 두 가지 적절한 사례가 된다. 교수설계과정에서는 가치분석에 더 많은 비중이 놓여져야 할 것이다.

교육적 맥락. 유·초·중등 및 고등교육의 측면에서는 앞에서 언급한 다음과 같은 이유로 인해서 올바른 내용을 확실하게 선택하는데 어려움이 많다:

• 요구는 훨씬 덜 명확하고,
• 요구는 대개 가치에 의존하고,
• 학생들은 자기 자신의 관심이 따로 있고,
• 수업에 따른 이득은 수년이 지나기 전에는 나타나지 않을 수 있다.

더욱이, 업계가 표준화(standardization)에서 주문생산(customization)으로 변화한 것처럼 유·초·중등 및 고등교육의 내용선정 과정에서도 학

생들에게 모든 것을 똑같이 배우도록 하지 않아야 할 것이다. Osin과 Lesgold(1997)는 "공통필수 교육과정을 정의하고 학생들의 부가적 선택을 지원하는 것"(p. 642)에 대해 이야기하고 있다. 테크놀러지는 학생들이 배우는 과정 중에 자기 스스로 수업을 생성시키고 수정할 수 있는 유연성있는 컴퓨터기반 학습 도구를 만들 수 있는 수준까지 진화하였다.[4] 따라서 "일군(batch)"의 학생들을 위해 수업이 실시되기 전에 훨씬 교사(또는 교육과정 위원회)에 의해 이루어지던 내용 선정은 이제 멀티미디어 시스템이나 교사에 의해 개별 학생들 또는 소규모 학습자 팀으로부터 지속적으로 정보를 수집하고 이 정보를 활용하여 학습자(들)[5]에게 다음에 무엇을 배우고 어떻게 배우는지에 대한 적절한 대안을 제시할 수 있게 됨에 따라 수업중에 이루어질 수 있게 되었다. 이렇게 하기 위해서는 기존의 범위 및 계열결정관행과는 근본적으로 다른 방식으로 범위와 계열 옵션을 설계해야 할 것이다.

계열화는 차이를 가져오는가?

이것은 매우 흔한 유형의 질문인데 잘못된 것이다! 다른 모든 교수전략에서와 마찬가지로 문제는 차이를 가져오느냐가 아니라 언제 차이를 가져오느냐이다. 계열화의 효과는 두 가지 주요 요인에 의해 의존하게 된다: 주제들 간 연관성의 강도와 코스(course)의 크기이다.

계열화는 **코스 주제들 간의 관계가 밀접할 때**만 중요하게 된다. 만일 코스가 워드프로세싱, 컴퓨터 그래픽, 전자 스프레드시트 등 몇 개의 서로 무관한 주제로 구성되었다면 어떤 순서로 이 주제들을 가르치느냐는 별 차이를 가져오지 않는다. 반면에 서로 간의 관계가 밀접하면 계열화는 이 관계와 내용을 학습하는데 영향을 미치게 된다. 예를 들어, 교수체제개발(instructional system development; ISD) 과정의 분석과 설계 국면 간에는 중요한 관계가 있다. 어떤 계열화는 분절적 접근을 하여 서로의 관계와 내용을 이해하는데 어려움을 주는 반면, 다른 계열화는 두 가지 국면을 동시에 다루거나 하나에서 다른 하나로 나선형으로 빈번하게 이동하면서 이런 학습을 가능하게 한다.

둘째, 만일 주제들 간에 밀접한 관계가 있다면 **코스의 크기**가 증가하며, 따라서 계열화의 중요성도 증가하게 된다. 내용을 학습하는데 두어 시간 이상의 시간이 소요된다면, 계열화는 학습자가 완전히 학습하는데 중요한 차이를 가져오기 시작한다. 왜냐하면, 대부분의 학습자들은 계열화가 제대로 안 된 내용이 있다면, 이것을 논리적이고 의미 있게 조직하는데 어려움을 겪을 것이기 때문이다. 그러나 학습할 내용이 적다면(예: 두어 시간 미만), 인간의 두뇌는 계열화의 부족함을 보충할 수 있다.[6]

계열화 전략의 유형

관계가 핵심이다.   관계의 중요성은 두 가지를 내포한다. 첫째, 방금 언급한 것처럼, 아무런 관계가 없다면 계열화는 별 의미가 없다. 그러나 둘째, 계열화의 각 방법은 **한 가지 유형의 관계**에 기반하였다. 예를 들어, 역사적 계열화는 연대기적인 관계―계열이 실제 일어난 사건의 순서에 따

---

4) Merrill이 쓴 제17장을 참고하라.

5) 이 시스템과 교사들은 무한한 대안으로부터 학습자들이 선택을 하고 난 이후 지도를 해줄 수 있을 것이다.

6) 여러분은 이 두 문단이 정교화이론 뿐 아니라 모든 이론과 방법의 계열화에 대한 두 가지 전제를 명시한 것이라고 이해하는가?

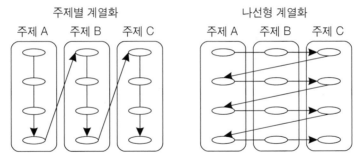

그림 18.1 주제별 및 나선형 계열화.(출처: Reigeluth & Kim, 1993)

라 이루어진—에 기반한다. 절차적 계열은, 훈련에서 가장 일반적 형태의 계열로, 어떤 절차 단계에 있어서 "수행의 순서" 관계에 기반한다. 위계적 계열은 과제를 형성하는 여러 기능과 그 하위기능 간의 선수학습요소들의 관계에 기반 한다. 그리고 "단순화 조건" 계열(차후 설명)은 복잡한 과제의 다른 여러 버전들의 복잡성 정도 간의 관계에 기반한다.[7]

더 나아가 많은 주제에 대해 가르칠 필요가 있다면, 서로 근본적으로 다른 두 가지 기본적인 형태의 계열화가 사용될 수 있다: 주제별(topical)과 나선형(spiral)(그림 18.1을 참조).

주제별 계열화. 주제별 계열화에서는 다음 주제로 넘어가기 전에 한 주제(또는 과제)를 필요한 이해수준(능력)에 도달할 때까지 가르친다. 주제별 계열화에는 장점과 단점이 있다. 학습자들은 다른 주제로 빈번하게 건너뛰기 전에 하나의 코스(또는 과제)에 깊이 있는 학습을 위해 집중할 수 있다. 또한 직접 다루는 학습자료와 학습자원을 몇 개월 또는 일년에 걸쳐 산발적으로 사용하지 않고 정해진 시간대 내에서 사용할 수 있다. 그러나 한 번 다음 주제(또는 과제)로 학급(팀 또는 개인)이 옮겨가면, 앞서 배운 내용은 잊기 쉽다. 그리고 학습자들은 코스(또는 교육과정)의 끝에 당도하기 전에는 전체 주제영역이 어떠하다는 감을 얻지 못한다. 주제별 계열화는 개관, 복습, 종합 등의 교수전술을 도입하여 단점을 어느 정도까지는 보강할 수 있다.[8]

나선형 계열화. 나선형 계열화(Bruner, 1960)에서 학습자들은 한 주제(또는 과제)를 점진적으로 몇 개의 경로를 통해 완전히 습득(master)한다. 학습자는 각 주제에 대해 추가적인 학습을 위해 돌아오기 전에 하나의 주제(또는 과제)의 기초내용을 배우고, 다른 주제, 또 그 다음 주제의 기초를 계속해서 학습하게 된다. 이 반복되는 학습형태는 모든 주제에 대해 최종 필요한 깊이와 폭에 도달할 때까지 계속된다. 나선형 계열화의 주요 장점은 내재된 종합과 복습이다. 나선형 접근을 이용하면 주제(또는 과제) 간의 상호관계를 더 쉽게 학습할 수 있는데, 이는 여러 주제(또는 과제)에 대한 유사점을 시간적으로 근접해서 배울 수 있기 때문이다. 더욱이, 앞서 배운 주제(또는 과제)에 대해 환원하여 추가적으로 배우는 것은 앞서 배운

---

7) 이것은 설계(design)이론인가 서술(descriptive)이론인가?

---

8) 두 가지 문제가 여기서 다뤄지고 있다. 어느 정도까지 모든 교수법이 강점과 약점을 가지고 있다고 보는가? 그리고 어느 정도까지 단점을 가진 방법을 그것을 보완해 줄 수 있는 다른 방법으로 보강할 수 있는가?

내용에 대한 정기적인 복습을 제공한다. 이와는 반대로, 나선형 계열의 가장 큰 단점은 혼란이다. 자주 주제를 바꾸는 것은 학습자의 사고발달 뿐 아니라 자료 자원의 관리를 혼란스럽게 한다.

어떤 것이 최고인가? 다시 말하지만, 이 질문은 가장 보편적인 유형의 질문이기는 하지만 틀린 것이다! 문제는 '어떤 형태의 계열화가 제일 좋은가'가 아니고, '어떤 경우에 좋은가'이다. 더욱이, 현실적으로 주제별 계열화건 나선형 계열화건 순수한 형태의 것은 존재하지 않는다. 극단적인 경우, 나선형 계열화는 각 주제(또는 과제)에 대해 다음으로 넘어가기 전에 한 문장만 제시할 수도 있다. 진짜 문제는 교사와 학습자가 다음으로 넘어가기 전에 하나의 주제를 얼만한 크기와 깊이로 나누는가이다. 나선형과 주제별 계열화를 두 개의 독립된 범주로 생각하는 것보다 이들을 연속선상에 있는 양 종점으로 생각하는 것이 유익할 것이다. 교수설계자(또는 학습자)의 결정은 이 연속선상의 어느 지점에 훈련프로그램이나 교육과정을 옮겨 놓을 것인가이다(또는 언제 이 연속선상의 주어진 지점을 선택할 것인가).[9]

언제, 왜 정교화이론을 이용할 것인가?

훈련과 교육의 맥락에서 모두 대부분의 수업은 복잡한 인지과제(기능에 초점을 두고) 및/또는 인지 구조(이해에 초점을 두고)에 초점을 두고 이루어진다.

복잡한 과제에 대해 단순화 조건 방법(SCM)의 계열화 전략은 학습자들에게 첫 수업(또는 모듈, 또는 부분, 등; 나는 Bruner가 사용한 용어인 "학습

---

9) 여기서 "이것 아니면 저것" 사고를 넘어서는 **두** 가지 방식이 제시된 사실을 알고 있습니까?

에피소드(learning episode)"를 선호한다. 그 이유는 이 말이 전체론적이고, 덜 분절적인 의미를 내포하기 때문이다)부터 과제를 전체론적으로 이해하고 실제 생활의 과제에 대해 전문가의 기술을 습득할 수 있게 한다. 이 기술은 학습자의 동기를 향상시키며, 결국 교수의 질(효과성과 효율성)을 증진시킨다. 과제에 대한 전체론적인 이해는 안정된 인지 스키마의 형태로 나타나는데, 이 스키마에는 더 복잡한 능력과 이해가 동화(assimilate)될 수 있게 된다. 이것은 특히 복잡한 인지과제를 학습할 때 중요하게 된다. 또한, 학습자들이 처음부터 과제의 진짜 버전을 가지고 시작하기 때문에 이 방법은 상황적 학습(situated learning), 문제기반학습(problem-based learning), 컴퓨터 기반 시뮬레이션(computer-based simulations), 현장 훈련(on-the-job training)에 이상적으로 적합하다. 더 나아가서 이것은 고도의 직접적 교수(directive instruction), 고도의 구성주의적 교수(constructivist instruction), 또는 그 중간의 어떤 것과 함께 사용될 수 있다.

인지 구조(이해)에 대해 정교화 계열은 직접적이거나 구성주의적 접근의 교수를 통해 후속적으로 일어나는 더 복잡한 이해를 더 쉽게 이루어지게 하는 인지적 비계설정을 확립하는데 도움이 된다. 따라서 이 계열화 전략의 결과도 안정된 인지 스키마의 형태로 나타나고, 이 스키마에는 더 복잡한 이해가 더 쉽게 덧붙여진다.

SCM과 정교화 계열의 한계는 다음과 같다:

- 이 접근이 가치 있으려면 내용이 상당히 복잡하고 많아야 한다. 적은 내용 가지고는 교수의 질에 있어서 큰 차이를 가져오지 못할 것이다.
- SCM 계열은 에피소드 내 계열화(within-episode sequencing)에 대한 지침을 제공하는

다른 계열화 전략과 함께 사용되어야 한다. 예를 들어, 절차적 과제는 에피소드 내 계열화를 위한 절차 및 위계적 접근의 조합을 요구한다. 그러나 계열화에 대한 기존의 지식을 종합하는 교수이론으로서 정교화이론은 SCM 접근과 함께 다른 접근사용에 대한 지침을 포함한다.

결론적으로 말해 SCM과 정교화 계열은 복잡한 내용에 대해서 강력한 방법이다. 일단 배우고 나면 다른 대안들보다 설계하기가 쉽겠지만, 조금 복잡하기 때문에 처음 설계 방법을 터득하기에는 어려운 점이 있다.

더 나아가서, SCM 과제분석 절차와 정교화 계열 내용분석 절차는 모두 매우 효과적이다. 이 절차들이 과제/내용 분석과 계열 설계를 동시에 가능하게 하기 때문에 쾌속 원형법(rapid prototyping)이 가능하다. 쾌속 원형법을 사용하게 되면 그 강좌 또는 교육과정의 나머지 에피소드를 위한 과제나 내용분석을 실시하기 전에 첫 번째 학습 에피소드가 설계되고 개발될 수 있게 된다. 쾌속 원형은 뒤에 개발될 에피소드의 설계를 월등하게 개선하는데 필요한 형성평가와 원형의 개정뿐만 아니라 고객, 고위 경영층, 그리고 다른 이해당사자들로부터 검사받고 인증받을 수 있는 좋은 표본을 제공할 수 있다.

1. 정교화 계열이란 무엇인가?

교수의 정교화 이론은 부분에서 전체로 진행되는 계열화(part-to-whole sequencing)와 지난 5년에서 10년 동안 교육과 훈련 분야 모두에서 전형적으로 일어났던 내용에 대한 피상적 접근에 대해 전체론적 대안(holistic alternative)을 제공하기 위해 개발되었다.[10] 이것은 또한 계열화 교수에 대한 최근 몇 개의 아이디어를 종합하여 하나의 일관된 틀로 만드는 시도이기도 하다. 현재는 인지와 심동적 영역만 다루며 정의적 영역은 다루고 있지 않다.[11] 이것은 상이한 계열화 전략은 같은 내용 안에서 상이한 종류의 관계(relationships)에 기반하고, 상이한 관계들은 상이한 종류의 전문기술(expertise)에서 중요하다는 생각에 근거한다. 따라서 학습을 가장 촉진할 수 있는 종류의 계열은 개발하고 싶은 전문기술의 종류에 따라 달라진다.

첫째, 정교화이론은 과제 전문기술(task expertise)과 주제영역 전문기술(subject-domain expertise)을 구분한다. **과제 전문기술**은 학습자가 프로젝트 관리하기, 제품 팔기, 또는 연중 계획 수립하기 등 어떤 특정 과제에 대해 전문가가 되는 것과 관련된다. **영역 전문기술**은 학습자가 경제학, 전자공학, 또는 물리학 등과 같은 어떤 특정 과제에 종속되지 않는(그러나 여러 과제와 관련성이 높은) 주제의 전문가가 되는 것과 관련이 된다. 이것은 절차(procedural)와 선언적(declarative) 지식을 구분하는 것과는 동일하지 않다(J. R. Anderson, 1983).

과제 전문기술. 과제는 단순한 것에서 복잡한 것

---

10) 이런 의미에서 이것은 교수 계열화의 다른 패러다임을 대표한다.

11) 그러나 이것이 가능하다는 강한 지적이 있어 왔고, 이미 직관적으로 정의적 영역에 적용되고 있다. 예를 들어, Mark Greenberg와 동료들(Greenberg & Kusché, 1993 참조)은 PATHS 교육과정(Promoting Alternative THinking Strategies)을 개발하였는데, 이것은 아동들에게 폭력과 범죄로 빠져들지 않게 하는 감정 문해(emotional literacy) 프로그램이다. Goleman(1995)에 따르면, "PATHS 교육과정은 상이한 감정들에 대한 50가지 레슨으로 구성되었으며, 기쁨과 노여움 같은 기본적인 감정을 아주 어린 아동들에게 가르치며, 나중에 더욱 복잡한 질투, 긍지, 죄책감 등의 감정에 대해 다룬다."(p. 278).

까지 있다. 정교화이론은 복잡한 과제를 위한 것이다. 이것은 복잡한 인지 및 심동적 과제가 상이한 조건에서 상이하게 이루어지고, 각 조건 세트는 과제의 다른 버전을 정의하며, 그러한 버전의 일부는 다른 것들보다 훨씬 더 복잡하다는 관찰에 근거한다. 결과적으로 정교화이론은 가장 단순한 현실세계 과제의 버전으로 시작하여 이것이 완전히 학습될 때 점차 더 복잡한 버전으로 옮겨가는 전체론적(holistic)이며 단순에서 복잡한(simple-to-complex) 계열을 설계할 수 있는 SCM을 제안한다. 예를 들어, 수학문제를 풀 때 미지수 두 개를 구하는 것보다 미지수 한 개를 구하는 것이 더 쉽다. 미지수의 수는 두 가지 조건을 가진 조건 변인이다: 하나의 미지수와 두 개의 미지수, 그리고 각 조건에 대해 다른 복잡성을 가진 기술과 이해가 요구된다. 따라서 학습자들이 해결해야 할 문제와 프로젝트는 Vygotsky(1978)가 말한 "근접발달영역(the zone of proximal development)" 내에 포함되어야 한다. 다시 말해 문제와 프로젝트들은 학습자가 성공적으로 해결할 수 있도록 현 학습자의 능력에 맞아야 하고, 점차 복잡성이 증대되어야 한다.

그러나 모든 복잡한 과제가 똑같은 특징을 갖는 것은 아니다. 어떤 것들은 기본적으로 절차적(다시 말하면, 고등학교 수학과목이나 고객을 위해 장치를 설치하는 기업 훈련프로그램처럼 전문가들이 정신적 및/또는 육체적 일련의 단계를 사용하는 과제)이고, 어떤 것들은 기본적으로 발견적(heuristic)(다시 말하면, 고등학교 사고 기술(thinking skills) 과목이나 경영 기술에 대한 기업의 훈련 프로그램처럼 언제 무엇을 해야 할지 결정하기 위해 인과모형(causal models)—상호 연관된 일련의 원리 및/또는 지침—을 사용하는 과제)이다. 하지만, 대부분의 과제는 순수 절차에서 순수 발견적 과제의 연속선상 안의 어느 곳에 위치하는 양자의 조합이다. 과제의 발견적 요소와 절차적 요소에 대해 SCM에서 제시하는 지침은 다르다. 배워야 할 것(내용)이 다르고, 내용 안의 관계가 다르기 때문이다. 차후 SCM에 대해 자세하게 다루어질 것이다.

영역 전문기술에 대한 논의로 진전하기 전에 저자가 말하는 인과모형이 어떤 의미인가 명확히 하는 것이 좋을 듯하다. 뒤 따르는 논의에서 중요하기 때문이다. 인과모형은 상호연관된 원인-결과 관계인데, 이 관계에는 한 세트의 연쇄적인 원인과 결과가 존재하며, 대개 결과에 대한 여러 원인이 존재하거나 원인에 대한 여러 결과가 존재한다(그림 18.2 참조). 인과관계는 대개 결정적(deterministic)이기보다는 개연적(probabilistic)인데, 이는 원인적 사건은 결과가 일어나는 가능성을 높이는 것이지 어떤 결과를 필연적으로 동반(결정)하는 것은 아니라는 말이다.

그림 18.2는 물의 순환과 관계되는 복잡한 인과모형의 일부분이다. 각 상자는 어떤 활동이나 조건의 증가(상향 화살표에 의해 나타나는)나 감소(하향 화살표에 의해 나타나는)와 같은 변화를 나타낸다. 따라서 다이어그램의 윗부분을 보면 "지표온도의 향상은 증발을 증진시킨다(또는, 더 정확하게 말하면, 개연성을 증진시킨다)"라고 읽을 수 있을 것이다.

영역 전문기술

영역 전문기술은 단순한 것에서 복잡한 것까지 있으나, 일반적인 것에서 세부적인 것도 있다. 영역 전문기술의 일반에서 세부적인(general-to-detailed) 특성이 단순에서 복잡한 계열로 이어지는 전체론적 계열의 설계를 가능하게 하는 것이다. 정교화 이론의 영역 전문기술을 위한 계열화 지침은 Bruner(1960)의 나선형 교육과정과 Ausubel

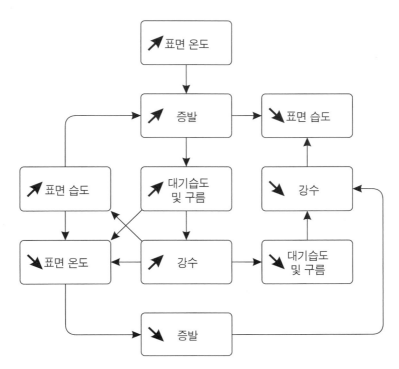

그림 18.2 물의 순환과 관계되는 인과모형의 부분적인 예

(1968)의 선행조직자(advance organizer) 및 점진적 구별(progressive differentiation)에서 주로 그 기원을 두고 있으나, 몇 개의 중요한 측면에서 서로 다르고, 또한 어떻게 계열을 설계하는가 하는 점에서는 보다 많은 지침을 제공하고 있다. 정교화 계열은 경제학의 수요와 공급의 법칙이나 전기의 옴의 법칙처럼 가장 넓고, 가장 포괄적이며, 가장 일반적인 아이디어로 시작한다(이것은 또한 가장 단순하고 대개 가장 일찍 발견된 것이다). 이것은 수요와 공급의 법칙의 공급 쪽에서 이윤을 극대화하는 것이나(한계 수익과 한계 비용) 수요 쪽의 소비자 선호도처럼 점차 복잡하고 세부적인 아이디어로 진행해 나간다. 이것은 정교화 계열을 발견학습(discovery learning)이나 지식의 구성을 위한 다른 접근들을 위해 이상적이게 한다.

그러나 정교화 이론은 두 개의 주요 영역 전문기술을 다룬다: 개념적인 것(무엇을 이해하는 것; understanding what)과 이론적인 것(왜 그런가 이해하는 것; understanding why). 가장 단순한 형태에서 이들은 각각 개념과 원리이나, 더 복잡한 형태에서는 "무엇을 이해하는 것"에 대한 개념적 지식 구조(또는 개념도; concept map)이고, "왜 그런가 이해하는 것"에 대한 인과모형과 "이론적 지식구조"(차후에 설명; 그림 18.4 참조) 양자 모두 이기도 하다. 비록 이 두 가지 종류의 영역 전문기술이 서로 밀접한 관련이 있고 둘 다 각각의 영역에서 전문기술을 습득하는데 다양한 정도로 관여되지만, 전체론적이고 일반에서 세부적인 계열을 만드는데 필요한 지침은 각 종류별 영역 전문기술에 따라 다르다. 결과적으로, 정교화 이론은 두 유형 모두의 영역 전문기술의 개발을 위한 계열에 대한 지침을 제공하며,[12] 양쪽의 영역 전

---

12) 여기서 상황성(situationality)이 일반적 방법을 더 세부적인 것으로 나누도록 했고, 각각의 세부적인 방법은 이 상

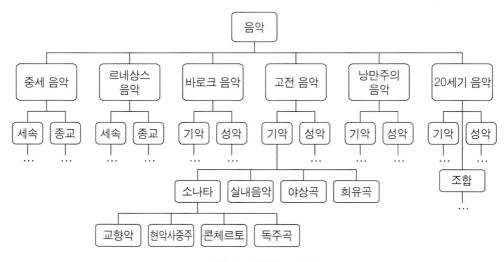

그림 18.3 개념구조의 예

문기술(지식구조)이 주로 다뤄지는 수업이라면 두 유형의 정교화 계열을 동시에 사용할 수 있다. 이것을 **다중-성분 계열화**(multiple-strand sequencing)라 부른다(Beissner & Reigeluth, 1994).

다음에 개념적 정교화 계열이 설명되고, 이어 이론적 정교화 계열이, 그리고 마지막에는 SCM 계열이 다루어진다.

개념적 정교화 계열

개념적 정교화 계열(Reigeluth & Darwazeh, 1982)은 몇 가지 관찰에 근거한다. 첫째는 개념이란 대상, 사건, 또는 아이디어의 묶음 또는 분류이다. 예를 들어, "나무"는 특정 기준들에 부합하는, 특히 목재 줄기를 가진, 모든 개별적 식물을 포함한다. 둘째는 개념은 부분(parts) 아니면 종류(kinds)인 더 좁고, 덜 포괄적인 개념으로 나눠질 수 있다. 예를 들어, 나무의 부분에는 줄기, 뿌리, 가지, 그리고 잎이 포함된다. 나무 종류에는 낙엽수와 상록수가 포함된다. 그리고 각 부분과 종류

_____
황적 변인의 다른 보조변인으로 사용된다.

는 부분과 종류로 또 나눠질 수 있다. 세 번째 관찰내용은 사람들은 새로운 개념을 자기 인지구조 내의 더 넓고 포괄적인 개념 아래 저장하는 경향이 있다는 것이다. 더 넓은 개념은 Ausubel(1968)이 말한 "인지적 비계설정(cognitive scaffolding)"을 제공해 주며, 더 넓고 더 포괄적인 일반적인 개념에서 더 자세한 개념으로 진행하는 학습과정을 그는 "점진적 구별(progressive differentiation)"이라 불렀다. 이렇게 부른 이유는 점차적으로 더 미세한 구별을 하는 과정이 수반되기 때문이다.

개념적 정교화 계열(conceptual elaboration sequence)이 근거를 두고 있는 관계는 부분(parts) 또는 종류(kinds) 측면에 초점을 둔 개념들 간의 포함(inclusivity)관계를 나타낸 것 중의 하나이다. 그림 18.3은 음악의 종류에 대해 보여 주고 있다. 포함관계는 대개 상위(superordinate), 대등(coordinate), 하위(subordinate) 관계이다. 그림 18.3에서 고전음악은 음악의 하위, 중세 음악의 대등, 그리고 기악 고전음악의 상위 개념이다. 종류의 종류의 종류(또는 부분의 부분의 부분)로 개념적 구조를 더 내려갈수록 개념은 점진적으로 더욱 좁아지고 상세해진다. Ausubel(1968)은 개념이 우

리 머리에서 이런 방식으로 조직되기 때문에 더 하위 개념 전에 폭넓고 포괄적인 개념을 먼저 배우면 더욱 안정된 인지 구조를 형성할 수 있다고 주장하였다. 스키마 이론(R. C. Anderson, 1984; Rummelhart & Ortony, 1977)은 이 견해를 지지하는데, 더 복잡하기는 하다. 한 가지 주의해야 할 점은 개념구조에서 낮은 개념은 반드시 더 복잡하거나 더 학습하기 어려운 것은 아니다. 예를 들어 아이들은 대개 포유동물이 무엇인지 배우기 훨씬 전에 개가 무엇인지 학습하게 된다.

개념적 정교화 계열은 학습자가 아직 배우지 않은 가장 넓고, 가장 포괄적이며, 일반적인 개념을 가르치기(또는 발견하기) 시작하여, 필요한 수준의 상세함에 도달할 때까지 더 좁고 덜 포괄적이고, 더 상세한 개념으로 진행하여 가르치는 것이다. 이런 종류의 계열은 동물과 식물의 종류와 부분에 대해 배우고 싶어하는 고등학교 학생이나 회사가 판매하고자 하는 장비의 종류와 부분에 대해 배우고자 하는 직원들이 사용할 수 있을 것이다. 그러나 어떻게 이런 개념과 그 포함관계를 규명할 수 있는가? 이것이 **개념적 분석**(conceptual analysis)의 목적이다. 이 분석의 결과는 개념적 지식 구조(그림 18.3을 참조)이고, 흔히 분류(taxonomy)라고 부른다. 위계(hierarchy)라는 용어가 때때로 사용되기도 하나, 전혀 다르고, 더 넓은 의미의 학습위계를 지칭하여 쓰이기 때문에 혼돈을 준다(Gagné, 1968).

개념적 정교화 계열은 주제별 또는 나선형 방식으로 설계될 수 있다. 주제별 계열의 경우, 개념구조의 한 분지를 끝까지 내려온 후 거기서 점차 넓게 갈 수 있다. 나선형 계열의 경우, 윗줄을 완전히 가로지른 뒤, 그 다음 줄로 차례차례 가로질러 내려올 수 있다.

여기서 강조해야 할 점은 개념적 정교화 계열은 선수학습요건(위계적 계열화; hierarchical sequenc-ing)을 위반하지 않는다는 것이다. 왜냐하면, 개념적 지식 구조상에서 위에 있는 개념은 그 아래 개념을 학습하기 위한 선수요건(prerequisites)을 포함하지만, 더 위에 있는 개념에 대한 선수요건은 없기 때문이다(Wilson & Merrill, 1980).

개념적 정교화 계열에 대한 추가 내용은 Reige-luth(출판중)를 참조하기 바란다.

이론적 정교화 계열

이론적 정교화 계열(theoretical elaboration sequence)은 영역 전문기술을 축적하기 위해 정교화 이론에 의해 현재 제공되는 두 가지 계열화 전략중의 하나이다. 이것은 상호 연관된 일군의 원리에 초점을 맞춘 수업들을 목적으로 하는데, 이 원리들은 고등학교 생물처럼 유전, 생활환(life cycle), 신체 기능의 원리에 초점을 맞추거나, 어떤 장치가 어떻게, 왜 작동하는지(사용 방법은 아님)에 관한 기업 훈련 프로그램처럼 상호간에 정교화를 이루고 있다.

이 계열화 전략은 몇 가지 관찰에 근거하고 있다. 첫째, 원리란 개념들 간의 변화에 대한 인과관계나 자연절차 관계(natural-process relation-ships)이다. 예를 들어, 수요와 공급의 법칙은 어떤 것에 대한 공급과 수요가 그 가격을 어떻게 변화시키는지, 또는 그 반대의 경우(가격 변동이 어떻게 수요와 공급에 영향을 주는지)를 나타내준다. 둘째는 개념들처럼 원리들도 더 넓고, 더 일반적이며, 더 포괄적인 것에서부터 더 좁고, 더 구체적이며, 덜 포괄적인 것들의 연속선상에 위치한다. 예를 들어, Michael Kelly[13]에 따르면 상당히 일반적 원리란:

---

13) Syracuse University의 대학원 수업에서 제시한 과제에서.

- 어떤 환경에서 온도변화는 그 환경 안의 특정 유기체에 행동 변화를 야기시킨다.

그리고 하위 원리 두 개는:

- 사막 환경에서 높은 온도는 특정 유기체를 야행성으로 만든다.
- 사막 환경에서 높은 온도는 특정 유기체를 하면(夏眠)하게 한다.

이 마지막 원리는 하면(夏眠)시 특정 종(species)에게 나타나는 구체적 생리적 변화를 기술하면서 더욱 정교화할 수 있다. 그림 18.4는 또 다른 예를 보여 준다. 따라서 개념과는 달리 넓은 원리들이 협의의 원리들보다 일반적으로 배우기가 단순하고 쉽다. 이 특질이 원리들로 하여금 Bruner(1960)의 나선형 교육과정의 중심이 되게 하였다. 세 번째 관찰은, 개념과 마찬가지로 사람들은 새로운 원리를 인지구조의 더 넓고 더 포괄적인 곳에 저장하는 경향이 있다는 것이다. 다시, Ausubel(1968)은 넓은 원리는 더 좁고 더 복잡한 원리를 위한 인지적 비계설정(cognitive scaffolding)을 제공한다는 것을 발견하였고, 따라서 그가 "점진적 구별(progressive differentiation)"이라 부른 일반에서 세부로 진행하는(general-to-detailed) 계열전략을 추천하였다. 그러나 개념에는 적용되지 않는 원리에 대한 네 번째 관찰이 있다. 원리들은 복잡하고, 체제적이고, 때로는 혼돈스러운 이 세상 대부분의 현상을 반영하는 인과모형들로 조합될 수 있다(그림 18.2 참조).

이론적 정교화 계열은 학습자가 아직 배우지 않은 가장 넓고, 가장 포괄적이며, 가장 일반적인 원리를 가르치기 시작한다(이 원리들은 또한 가장 단순하고 일반적으로 가장 먼저 발견된 것들이다); 그리고 점차 훨씬 더 좁고, 덜 포괄적이고, 더 상세하고, 더 정확한 원리로 진행한다(이 원리들은 또한 더 복잡하고 일반적으로 더 늦게 발견된 것들이다). 앞에서 경제학(수요공급의 법칙)과 전기(옴의 법칙)에 대한 예가 제시되었다. 이 계열은 바람직한 수준의 복잡성에 도달할 때까지 계속된다. 이 순서가 원리들이 대개 발견된 순서를 반영하고 있다는 것과, 학습자에 의해 쉽게 발견될 수 있다는 사실은 이 계열이 문제기반학습과 다른 발견적 접근들을 위해 이상적이 되게 한다.

그러나 어떻게 교사와 설계자가 이렇게 많은 원리들과 그 포함/복잡 관계를 확인할 수 있는가? 이것이 **이론적 분석**(theoretical analysis)의 목적이다. 이 분석의 결과가 이론적 구조인데(그림 18.4 참조), 이것은 (같은 현상에 대해 더 많은 복잡성 및/또는 지침을 제공하는) 다른 원리들에 대해 정교화 하는 원리들을 보여 준다는 점에서 인과모형(그림 18.2)과는 다르다. 인과모형은 대개 유사한 수준의 복잡성으로 다른 원리들과 조합하는(새 현상들을 더하는) 원리들을 보여 준다.

그림 18.4에서 이론적 정교화 계열이 기반한 관계의 종류는 주어진 원인현상을 특징짓는 복잡성의 하나라는 것을 볼 수 있다.[14] 더 복잡한 처치(원리)는 덜 복잡한 처치의 하위요소로 인식된다. 따라서 이론적 관계는 상위, 대등, 하위 등이고, 개념적 관계와 어느 정도 유사하다. 예를 들어, 그림 18.4에서 원리 1과 2는 원리에 대해서 정교화 하고 있다고 할 수 있다. 왜냐하면, 각각의 원리는 광선이 하나의 광학매체를 통과하여 다른 광학밀도를 가진 매체로 들어갔을 때 어떤 결과가 나타나는지 더욱 자세히 설명하고 있기 때문이다.

주지해야 할 사항은 더 자세한 내용은 원인 요소

---

14) 개념과 원리를 더 자세히 나누는 절차에 대한 이 설명이, 제1장의 더 자세한 부분, 종류, 및/또는 기준으로 나누는 방법에 대한 설명보다 더 일반적인 사례의 절차를 대표하고 있다는 것을 발견하였는가?

광선이 한 매체에서 (상이한 광학밀도의) 다른 매체로 전달 될 때:

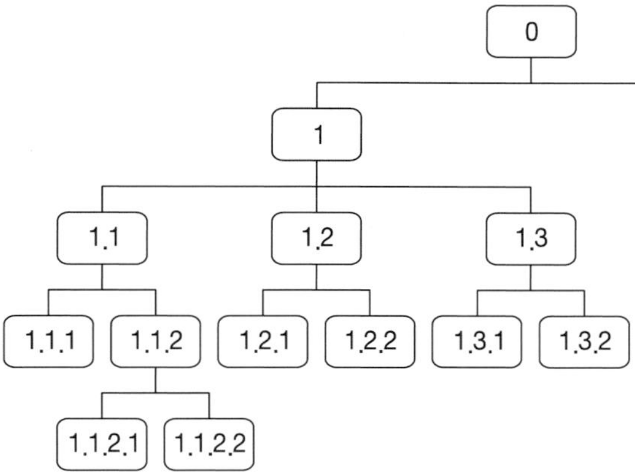

```
                          ┌───┐
                          │ 0 │
                          └───┘
                  ┌─────────┴─────────────┐
               ┌───┐                    ┌───┐
               │ 1 │                    │ 2 │
               └───┘                    └───┘
        ┌────────┼────────┐               │
     ┌─────┐  ┌─────┐  ┌─────┐         ┌─────┐
     │ 1.1 │  │ 1.2 │  │ 1.3 │         │ 2.1 │
     └─────┘  └─────┘  └─────┘         └─────┘
      ┌──┴──┐   ┌──┴──┐   ┌──┴──┐
   ┌─────┐┌─────┐┌─────┐┌─────┐┌─────┐┌─────┐
   │1.1.1││1.1.2││1.2.1││1.2.2││1.3.1││1.3.2│
   └─────┘└─────┘└─────┘└─────┘└─────┘└─────┘
          ┌──┴───┐
      ┌───────┐┌───────┐
      │1.1.2.1││1.1.2.2│
      └───────┘└───────┘
```

- 0   예기치 못하게 행동한다.
- 1   표면에서 구부러진다.
- 2   양 매체의 똑바른 물체가 표면에서 구부러져 보인다.
- 1.1   광선이 굴절하는 이유는 밀도가 높은 매체에서는 속도가 줄거나, 밀도가 낮은 매체에서는 가속하기 때문이고(C),
- 1.2   광선은 굴절하고 서로 간의 거리를 변화시키지만, 서로 평행을 유지한다(A).
- 1.3   광선의 일부는 표면에서 반사되지만, 나머지는 굴절하여 새 매체로 들어간다(A).
- 2.1   겉으로 보이는 대상의 위치와 크기가 대개 변한다(A).
- 1.1.1   광선이 밀도가 높은 매체로 들어가면, 정상 밀도 쪽으로 구부러진다(B, D).
- 1.1.2   두 매체간의 광학적 밀도 차이가 클수록 광선의 굽는 정도는 크게 된다(D).
- 1.2.1   광선들이 정상 밀도 쪽으로 구부러질 때, 이들은 서로 멀어지게 된다(B, D).
- 1.2.2   광선과 표면간의 각도가 예리할수록 광선은 더 구부러진다(D).
- 1.3.1   광선과 표면간의 각도가 예리할수록 광선은 더 많이 반사되고 굴절하는 양은 적어진다(D).
- 1.3.2   각도가 임계각과 같거나 더 예리할 경우, 모든 광선은 반사된다(B, E).
- 1.1.2.1   굴절 지수$(n) = c_i/c_r = (\sin i)/(\sin r)$(D, E),
- 1.1.2.2   임계각과 굴절 지수와의 관계는: $\sin i_c = 1/n$(D, E).

부호:
(A) 달리 일어나는 것은 무엇인가? (B) 언제? (C) 왜? (D) 어떤 방향으로? (E) 얼마나?

그림 18.4   이론적 구조의 예

나 결과 요소 또는 양쪽 모두에 대한 정교화를 통해 제공할 수 있다는 것이다. 그리고 정교화는 다음과 같은 질문들에 답변함으로써 일어날 수 있다:

- 이 외에 일어나는 것은 무엇인가? 또는 이 외에 무엇이 이것을 야기하는가?
- 이 원인이 언제 이런 결과를 가져오는가?

- 어느 방향으로 변화가 일어나는가?
- 왜 변화하는가?
- 어느 정도 변화하는가? (그림 18.4 참조)

이론적 정교화 계열은 주제별 또는 나선형 방법으로도 이루어질 수 있다. 주제별 계열의 경우, 이론구조의 한 분지를 내려온 후 거기서 점차 넓게 가도 된다. 나선형 계열의 경우, 첫째 줄을 완전히 가로지른 뒤, 그 다음 줄로 차례차례 가로질러 내려올 수 있다.

이론적 정교화 계열에 대한 추가 내용은 Reigeluth(1987; 출판중)를 참고하기 바란다.

단순화 조건 방법

과제전문기술을 습득하기 위한 것으로 SCM은 (전문가들이 오랫동안 직관적으로 이를 이용해 왔지만) "무엇을 배울지"(내용)를 분석하고, 선택하고, 계열화하는 지침을 제공하는, 상대적으로 최신의 접근이다. 간단히 말하면, SCM은 위계적 계열과는 다른 단순에서 복잡한 계열을 만들기 위한 실천적 지침을 제공하는데, 이것은 분절적이라기보다는 전체론적이다. 어떤 복잡한 과제도 다른 조건보다 문제를 수행하기 쉬운 조건이 있다는 가정에 따라 SCM 계열은 과제의 전체를 대표하면서도 **가장 단순한 버전**(simplest version)으로 시작한다. 그리고 바람직하게 복잡한 수준에 도달할 때까지 **점진적으로 더 복잡한 버전**(progressively more complex versions)을 가르치게 되는데, 학습자가 각 버전과 다른 버전이 어떤 관계인지 명확히 이해하도록 한다. 과제의 각 버전은 一群(class) 또는 한 組(group)의 완전한 현실세계의 과제 수행을 말한다. 이 절차는 모든 선수요소를 먼저 가르치고 계열의 말미까지 완전한 현실세계 과제를 가르치지 않는 위계적 접근과는

선명하게 대조된다. 그림 18.5는 SCM 접근과 위계적 접근 간의 차이를 보여 준다.

절차적 과제의 경우 초점은 전문가들이 언제 무엇을 하는가 결정하는데 사용하는 단계(step; 정신적 및/또는 육체적)에 있다. SCM의 선택(범위)과 계열 방법은 경로분석 절차에 대한 Scandura(1973)와 Merrill(1976, 1980)의 업적에서 주로 끌어내었다. 복잡한 절차의 각 결정 단계는 절차의 흐름도를 통해 적어도 두 가지 다른 경로에 대한 신호를 보내며 (두 가지 중 하나는 언제나 다른 하나보다 단순하다), 적어도 두 가지 다른 수행의 조건을 대표하기도 한다.

이와는 대조적으로, **발견적 과제**(Reigeluth, 1992; Reigeluth & Kim, 1993)의 경우 초점은 (단계 세트를 사용하는 대신에) 원리, 지침, 및/또는 전문가들이 언제 무엇을 할지 결정하는데 사용하는 인과모형에 있다.[15] 이러한 발견적 과제는 수행의 조건에 영향을 받으며 전문가의 수행 특성에 따라 커다란 차이를 가져오는 특성이 있다. 차이가 너무 커서 전문가들은 과제를 수행할 때 단계를 염두에 두지 않는다. 이 계열화 방법은 Reigeluth가 주로 절차적 SCM 계열로부터 만들어냈다.

과제가 두 가지 형태의 지식(절차적 및 발견적)의 조합일 경우 SCM의 두 가지 계열은 동시에 사용될 수 있다. 그리고 SCM과 영역-정교화 계열도 동시에 사용될 수 있다. 이것을 **다중-성분 계열화**(multiple-strand sequencing)라 부른다(Beissner & Reigeluth, 1994).

SCM(절차적 및 발견적 과제 모두)은 두 가지 부분으로 구성되어 있다: 정수화(epitomizing)와 정교화(elaborating). 정수화는 전체 과제를 대표하

---

15) 이러한 종류의 학습은 산업사회의 교수패러다임에서는 별로 언급되지 않았으나 새로운 패러다임에서는 많은 관심을 끌고 있다.

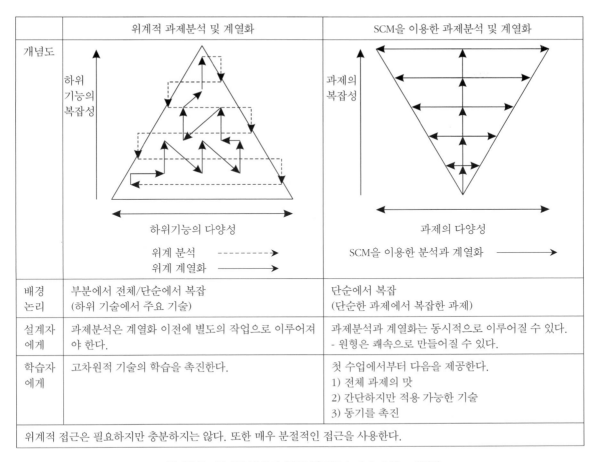

	위계적 과제분석 및 계열화	SCM을 이용한 과제분석 및 계열화
개념도	하위 기능의 복잡성 / 하위기능의 다양성 / 위계 분석 ------> / 위계 계열화 ——→	과제의 복잡성 / 과제의 다양성 / SCM을 이용한 분석과 계열화 ——→
배경 논리	부분에서 전체/단순에서 복잡 (하위 기술에서 주요 기술)	단순에서 복잡 (단순한 과제에서 복잡한 과제)
설계자 에게	과제분석은 계열화 이전에 별도의 작업으로 이루어져야 한다.	과제분석과 계열화는 동시적으로 이루어질 수 있다. - 원형은 쾌속으로 만들어질 수 있다.
학습자 에게	고차원적 기술의 학습을 촉진한다.	첫 수업에서부터 다음을 제공한다. 1) 전체 과제의 맛 2) 간단하지만 적용 가능한 기술 3) 동기를 촉진
위계적 접근은 필요하지만 충분하지는 않다. 또한 매우 분절적인 접근을 사용한다.		

그림 18.5   위계적 접근과 SCM 접근(Reigeluth & Kim, 1993).

면서도 가장 단순한 과제를 찾아내는 과정이다. 정교화는 점진적으로 더 복잡한 과제의 버전을 찾아내는 과정이다.

정수화의 원리는 전체론적 학습과 스키마 형성의 개념에 근거한다. 따라서 정수화는 다음을 사용한다:

1. 간단한 구성요소 기술보다는 과제의 전체 버전
2. 과제의 단순한 버전
3. 과제의 현실세계 버전(대개)
4. 과제를 상당히(fairly) 대표하는(전형적인 또는 흔한) 버전

과제의 정수 버전은 전문가들에 의해 특정하게 제한된(그러나 대개 현실세계) 조건 아래서만 사용되며, 이를 **단순화 조건**(simplifying conditions)이라 부른다.

정교화의 원리는 이와 유사하게 전체론적 학습과 동화에서-스키마(assimilation-to-schema) 개념에 근거한다. 따라서 뒤따르는 각각의 정교화는 다음과 같아야 한다:

1. 또 다른 과제의 전체 버전
2. 조금 더 복잡한 과제의 버전
3. 현실문제와 동등하게 유사해야 하고
4. 전체 과제와 동등하거나 약간 덜 대표적(전

형적 또는 흔한)이어야 한다.

단순화 조건들은 과제의 더 복잡한 버전을 정의하기 위해 하나씩 하나씩 제거된다.

이 계열화 방법은 상대적으로 잘 알려지지 않았기 때문에 이 장의 나머지 부분에서는 이에 대한 설계 지침을 제시한다.

SCM 계열을 설계하는 법[16]

SCM 계열은 과제분석과 설계를 통합하여 설계된다.[17] 분석/설계 과정은 "전문가가 수행한 작업 중에서 가장 단순한 버전은 무엇인가?"와 "무엇이 그 다음으로 단순한 버전인가?" 등의 질문을 중심으로 이루어진다. 각 버전이 선정되면, 계열에서의 이 버전의 위치는 동시에 결정된다.

이런 어림법 외에도 다음의 지침이 도움이 될 것이다.[18] SCM을 설계하는 것이 절차 과정보다는 발견적인 측면이 많기 때문에 다음의 지침은 발견적(글머리표로 표시된)인 것과 단계(문단번호로 표시된)를 포함하는데, 지면의 제약 때문에 전문가가 사용할 모든 발견적 방법(heuristics)을 포함시키지는 않았다. 아래에는 가장 중요한 발견적 방법만이 포함되어 있다. 상위 수준의 분석에서는 절차적 요소가 주종을 이루는 경향이 있으나(과제의 주요 국면), 주어진 단계를 하위단계로 나누는 것이 더 이상 생산적이지 않게 되는 시점이 나타나게 된다. 이는 전문가들이 그렇게 사고하지 않기 때문이다. 오히려, 전문가들의 수행 단계의 근거가 되는 발견적 방법을 확인하는 작업이 필요

하다. 다음의 서술이 혼합과제의 특성을 설명하는 데 도움이 되었으면 한다.

국면 I. 분석과 설계를 위한 준비를 한다

1. **준비**. 분석과 설계를 위한 기초를 다져라.

> 1.1. SME(subject-matter expert; 내용·전문가)와 래포(rapport)를 형성하라.[19]
> 1.2. 일반적 과제의 특성을 규명하라.
> 1.3. 일반적 학습자의 특성을 규명하라.
> 1.4. 일반적 교수(instruction)의 전달에 따른 제약(constraints; 또는 퍼지 비전)을 규명하라.

국면 II. 첫 번째 학습 에피소드를 규명한다

2. **가장 단순한 버전**. SME가 전체적 과제를 대표할 수 있는 가장 간단한 과제를 규명하고 그 버전과 다른 버전들을 구분할 수 있는 조건을 설명할 수 있도록 돕는다.

- 과제의 주요 버전과 한 버전이 다른 버전보다 더 적합한 조건을 규명하는 것으로 시작하는 것이 도움이 된다.
- 다른 조건에 대해 생각하는 것은 버전을 규명하는데 도움이 되며, 다른 버전에 대해 생각하는 것은 조건을 규명하는데 도움이 된다. 따라서 이 두 가지를 동시에(또는 교대로) 수행하는 것이 도움이 된다.
- SME에게 그가 본 가장 단순한 사례를 생각해 보라고 요구한다. 가장 단순한 버전은 유사한 사례들의 群(class)이다. 그 다음 전체로서의 과제를 얼마만큼 대표하는지 검토해 본다.
- 선택할 수 있는 가장 옳은 버전이란 없다. 대

---

16) 이어지는 ISD 과정의 요소에서 교수이론의 요소를 구별해 보라.

17) 통합은 새로운 패러다임에서 공통된 특징이다.

18) 이것을 방법과 하위방법으로 인식했는가?

19) 1.1과 1은 어떤 관계인가? 1.1과 1.2는?

개 선택에 따른 장단점이 있다. 가장 단순한 과제의 버전은 대체로 전체로서의 과제를 잘 대표하지 못한다. 단순한 버전이 전체를 잘 대표할수록 좋다. 그 이유는 학습자가 후속하는 버전에 연관시키는데 도움이 되는 스키마를 제공하기 때문이다.

- 단순성과 대표성 외에 보편성(얼마나 자주 그 과제의 버전이 수행되는지)과 안전성(학습자 및/또는 장비에 얼마만큼의 위험이 있는지) 같은 기준을 추가할 수 있을 것이다.

3. **조직하는 내용**(Organizing content).[20] 이 과제에 필요한 조직하는 내용을 분석한다. 과제의 특성에 따라 하는 방법이 달라진다: 절차적, 발견적, 또는 두 가지의 조합. (이것을 나중에 다루지 않고 지금 다루는 이유는 이 버전이 하나의 에피소드를 위해 너무 크거나 너무 작다는 것을 판단하는 것이 중요하기 때문이다.)

- 만약 주로 **절차적** 과제라면, 절차적 과제분석을 수행해 초급수준의 설명에 해당되는 하위단계를 규명하고, 이 과제의 버전에 대한 흐름도를 그린다(더 자세한 지침에 대해서는 Merrill, 1976; 1980; Reigeluth, 출판중 참조).
- 만약 주로 **발견적** 과제라면, 이 장의 다음 절에서 설명하고 있는 과정을 사용하여 수행모형의 지침과 의사결정 법칙을 규명하고 설명모형의 설명들을 규명한다.
- 만약 **조합형** 과제라면, 두 가지 모두 수행한다: 하위 단계, 지침, 의사결정 법칙, 설명들을 확인하고, 이들을 각각 그림으로 나타낸다.

---

20) 절차적 과제의 경우 조직하는 내용은 단계(steps)인 반면, 발견적 과제는 조직하는 내용은 원리들(발견적 방법)이다.

4. **지원하는 내용**(Supporting content). 이 과제의 버전에 필요한 지원하는 내용을 분석한다. (이것을 지금 수행하는 것이 중요한 이유는 이 버전이 하나의 에피소드를 위해 너무 크거나 너무 작은지를 판단해야 하기 때문이다.)

4.1. 이 과제의 버전과 직접적으로 관련이 있으나 아직 학습자에 의해 습득되지 않은 정보, 이해해야 할 지식, 기술, 메타인지적/고차원적인 사고기술, 정의적 특성(예: 태도)을 규명한다.

4.2. 정보, 이해해야 할 지식(understandings), 기술, 메타인지적/고차원적인 사고기술, 정의적 특성을 초급 수준까지 분석한다. 절차적 과제분석과 위계적 과제분석 접근은 기술과 고차원적 기술에 잘 맞는다. 그리고 위계적 접근은 선수지식을 규명하는 데까지 확장시켜 사용할 수 있다. 그러나 정의적 특성 분석에 대한 지침에 대해서는 필자가 별로 제시할 것이 없다.

이 시점에서 여러분은 이 과제의 버전에 대해 에피소드에서 가르쳐야 할 모든 내용에 대해 규명한 것이다. 그러나 만일 여러분이 구성주의적 정도가 높고 자기 주도적이고 자기 규제적 학습이 많이 요구되는 교수접근을 사용한다면, 지원하는 내용(supporting content)을 직접적으로 가르치지는 않을 것이다. 그럼에도 불구하고, 교사(또는 안내자)는 학습자가 필요한 경우 적절한 비계설정을 제공하거나, 중요한 지원하는 내용을 학습하는데 필요한 적절한 자원을 학습자가 찾을 수 있도록 도와 주기 위해서 이러한 지원하는 내용에 대해서 알고 있는 것이 좋다.

5. **크기**(Size). 이 과제의 버전에 요구된 학습량

이 당신 수업의 에피소드 크기에 맞는지 확인하시오.

5.1. 당신의 에피소드가 얼마나 커야할지 결정한다.
- 구체적인 교수상황에서 수업을 실시하는데 따른 제약이 있다면, 이것을 분석한다(예를 들어 한 시간 수업은 45분으로 진행된다).
- 교실 수업시간과 "숙제"시간을 모두 염두에 두라.
- 너무 큰 것은 좋지 않다. 적절한 크기의 내용의 묶음을 생각할 때는 학습자들이 쉬는 시간 없이 얼마 동안 몰두할 수 있는지 고려하라. 이것은 학습자의 나이, 내용의 어려움/추상 정도, 교수의 동기 부여 정도, 그리고 다른 요인들에 따라 어느 정도 영향을 미칠 것이다.
- 너무 작은 것은 나쁘다. 또한 학습자들이 방해받지 않고 집중하고 몰입할 수 있도록 하기 위해 어느 정도 시간이 주어져야 하는지 생각해야 한다.
- 시간에 제약을 덜 받는 학습환경의 경우, 에피소드의 크기는 Bruner(1960)가 말하는 고려사항에 더 의지해 결정되어야 한다: 학습자가 노력한 만큼 학습자가 "보상(pay-off)"을 받도록 해야 한다. 또한, 에피소드를 같은 크기로 만들 이유는 적다.

5.2. 목표 크기에 맞도록 에피소드의 크기를 조절한다.
- 만약 이 길이가 목표보다 길다면, 단순화 조건을 하나 추가하는 방안을 우선적으로 하여 에피소드의 크기를 줄여라. 이것을 성취하기 위해 필요하다면 현실 세계에 존재하지 않는 단순화 조건을 만들 수 있으나, 이렇게 하는 데에 따른 명백한 부정적 측면도 있다. 그러나 이 부정적 측면을 보완하는 것은 대개 가

능하다. 대안적으로 에피소드에서 다소의 지원하는 내용을 제거할 수 있으나 조직하는 내용의 선수요소를 제거해서는 안 된다.
- 만약 이 길이가 목표보다 훨씬 짧으면 우선 단순화 조건 하나를 제거하는 방법(기술들의 추가가 필요함)으로 에피소드의 크기를 증가시킨다.

6. **에피소드 내 계열**(Within-episode sequence). 당신이 학습자에게 많은 지도를 해주려고 작정했다면, 이 에피소드를 위해 선택된 내용을 계열화해야 할 것이다. 그러나 지도 없이 문제-기반 또는 프로젝트-기반 학습방법을 사용하려 한다면, 학습자에게 언제 어떤 학습 자원이 필요한지 알아내도록 요구할 수 있을 것이다. 어느 방법을 이용하든지 학습자에게 제안을 하거나 학습자를 위해 에피소드 내 계열을 결정할 때는 다음의 지침을 고려해 봄직하다.[21]

- 선수지식을 해당 내용 바로 앞에 가르친다.
- 이해해야 할 지식(원리, 인과모형, 또는 과정모형)을 관련 절차 전에 가르친다.
- 대등 개념(coordinate concepts)을 같이 가르친다.
- 내용을 사용될 순서에 따라 가르친다(예, 절차적 계열).

이 시점에서 ISD에 쾌속원형법을 사용한다면, 당신은 이 학습 에피소드(정수)를 위한 교수를 설계하고 개발할 준비가 되어 있다. 아니면 국면 III으로 계속해서 나머지 에피소드를 위한 범위와 계열을 설계할 수 있다.

---

21) 여러분이 정교화이론에 의해 다양한 방법이 제공되거나 수용된 흔적을 여러 곳에서 발견했기를 바란다.

국면 III. 다음 학습 에피소드를 규명한다

7. **다음 버전.** 전체로서의 과제를 충실히 대표하는 다음으로 가장 단순한 과제의 버전을 규명하도록 SME를 돕는다.

   7.1. 가장 단순한 과제의 버전과 모든 더 복잡한 과제의 버전을 구별짓는 모든 단순화 조건들을 규명하고 그 서열에 따른 순서를 정한다.

   - 각각의 단순화 조건은 전문가가 과제를 수행하기 위해 필요한 어떤 기술과 지식을 제거한다. 다른 조건들은 복잡성에서 차이가 나는 다른 기술과 지식의 세트와 호응하게 된다. 이것은 과제를 수행하는 데에 각각이 얼마만큼 더 복잡해야 하는가에 따라 단순화 조건의 서열을 정하는 것을 가능하게 한다.

   - 단순화 조건들의 서열에 따른 순서화는 단순한 것에서 점차 복잡해지는 과제의 버전과 호응한다.

   - 단순화 조건의 서열에 따른 순서화는 제2단계에서 사용한 기준을 사용하여 이루어져야 한다: 결과로 얻는 과제의 버전이 얼마나 단순하고 대표성이 있는가와 얼마나 보편적이고 얼마나 안전한가와 같이 당신이 선택한 다른 기준들이다.

   - 모든 단순화 조건을 즉시 규명할 것이라고 기대하지 말라. 처음에 아무리 철저하게 노력을 했어도 분석을 진행하면서 보면 조건들을 추가하게 될 것이다.

   - 이러한 단순화 조건들은 먼저 규명되기 때문에 "제1차 단순화조건(primary simplifying conditions; PCSs)이라 부른다. [제2차 단순화 조건(secondary simplifying conditions) 또는 SSCs는 다음에 논의된다].

   - 이 코스에 적합한 모든 유형의 버전을 규명하

는 것이 대체로 유익하다.

   7.2. 다음으로 단순하면서 가장 대표적인 과제의 버전을 규명한다(다음 정교화).

   - 이것은 대체로 다음 서열의 단순화 조건이 된다.

   - 만약 PSC를 제거하는 것이 한 에피소드에서 가르칠 수 있는 것보다 많은 새 내용을 필요로 한다면, PSC를 제거할 때 결과로 나타나는 과제의 새 버전의 복잡성을 줄이기 위해 포함될 수 있는 SSCs를 규명한다.

   - 만약 SSCs가 추가되면, 이를 서열에 따라 순서화한다.

   - PSC를 제거함으로써 정의되는 에피소드("제1차 정교화"라 불리는)는 가장 단순한 에피소드(정수) 다음에 학습되어야 한다는 것을 주지하라. 왜냐하면 모든 에피소드는 가장 단순한 에피소드를 정교화하기 때문이다. 그러나 더 간단한 정교화를 먼저 가르치는 것이 대개 낫지만, 이 에피소드들은 서로간의 관계에 따라 어떤 순서로든지 가르칠 수 있다. 반면에, SSCs를 제거함으로써 정의되는 에피소드("2차 정교화")들은 제1차 정교화를 정교화하기 때문에 관련 제1차 정교화가 끝난 이후에야 학습이 가능하다.

   - 만약 학습자-통제 계열(learner-controlled sequence)을 설계하고자 한다면, 제1차 정교화를 어떤 순서로 선택할 수 있도록 설계할 수 있다. 그러나 한 정교화에서 학습되는 기술이 다른 정교화에서 요구되는 경우, 이것은 간혹 상당한 중복을 가져올 수 있다. 물론 컴퓨터 기반 교수는 이미 배운 내용에 대한 추적을 통해 중복되는 것을 막을 수 있다.

   7.3. 만약 SSCs가 추가되면, 이를 서열에 따라 순서화한다(단계 7.1을 보라).

8. **조직된 내용, 지원하는 내용, 크기, 에피소드 내 계열.** 이 단계들은 국면 II의 단계 3-6과 같다.

9. **남아 있는 버전들.** 각각의 남아 있는 단순화 조건(제1차, 제2차, 제3차, 등등)에 대해 교수시간이 소진되거나 바라는 전문기술 수준에 도달했을 때까지 국면 III을 반복한다.

SCM 분석/설계 과정이 상당히 축약되었고, 특히 발견적 요소는 더욱 그렇다는 사실을 다시 강조하고 싶다. 하지만, 여기서 제시된 지침과 설명을 통해 이에 대한 이해가 있었으리라 생각된다.

단계 3에 대한 정교화: 조직하는 내용

위의 단계 3은 선택된 과제의 버전에 대해 조직하는 내용에 대한 분석을 필요로 했다. 절차적 내용에 대해서는 이미 사용가능한 효과적인 방법이 존재한다: 절차적 분석(Gagné, Briggs, & Wager, 1992, pp. 147-150; Merrill, 1976; 1980; Reigeluth, 출판중). 그러나 발견적 과제의 경우, 필자는 전문가들이 주어진 과제의 버전을 수행하기 위해 사용하는 발견적 방법 규명을 위한 지침을 별로 알지 못한다. 가장 큰 차이점은 분석되고, 계열화되고, 학습되는 내용의 특성에 있다. (의사결정과 분지와 경로를 포함한)단계보다는 전문가들이 과제를 수행하면서 사용하는 원리들과 인과모형을 규명해야 한다. 필자의 업적에는 다음에 등장하는 아이디어들이 점진적으로 발전하였다.

전문가들은 설명적 이론과 설계(처방적)이론 모두를 의사결정에 사용한다. 필자는 설계이론을 수행 모형(또는 수행 모형들의 세트)이라 부르는데, 이것은 주어진 목적을 달성하기 위한 상호연관된 지침의 세트이다. 그리고 필자는 서술적 이론의 한 종류를 설명적 모형(또는 설명적 모형들의 세트)이라 부르는데, 이것은 왜 이 지침들이 효과가 있는지에 대한 상호연관된 설명들의 세트이다. 이것은 정신치료 과제에서 인간의 정신, 또는 발전소 관리와 보수 과제에서 발전소처럼 복잡한 "대상(object)"이 어떻게 작동되는지 보여 주는 다른 종류의 서술적 모형과 대개 관련된다.

"대상" 서술 모형은 전문가들이 이 "대상"이 어떻게 작동되는지 잘 알기 때문에 대개 분석하기가 아주 쉽다. 따라서 시작하기에는 안성맞춤이다. 설명적인 서술모형들은 설명하려고 하는 수행모형들을 규명한 후에 규명하는 것이 더 쉽다. 수행 모형은 아마 분석하기에 가장 어렵다. 왜냐하면 전문가들은 대개 과제를 수행하는데 지침이 되는 발견적 방법에 대해 명백하게 인식하지 못하고, 지침과 설명의 전 세트를 간과하기 쉽기 때문이다.

이 문제를 해결하기 위해, 한 에피소드의 발견적 과제의 버전을 분석하는 데에는 톱다운 방식(top-down approach)이 유용하다. 가장 포괄적인 최상 수준은 과제(조합과제의 경우는 하위과제)의 **목표**(goals)이다. 예를 들어, "수업에 사용할 매체를 결정한다"라는 과제의 경우, 목표는 다음을 포함할 수 있다:

- 매체는 수업목표를 숙지하는데 학습자를 도울 것이다.
- 매체는 비용효과성이 있을 것이다.
- 매체는 수업 개발과 실행에 따른 제약에 포함된다.

중요한 모든 목표를 규명한 후, 이 각각의 목표를 달성하기 위한 **고려사항**(considerations)의 측면에 대해 생각할 수 있을 것이다. 고려사항은 과제의 수행에 영향을 끼치는 인과요인의 주요 범주이다. 예를 들어, (제약에 해당되는) 세 번째 목표

의 고려에는 다음이 포함될 수 있을 것이다:

- 예산,
- 수업을 가르칠 사람의 재능,
- 수업 장비의 입수 가능성

한 범주(한 고려사항) 내에서 많은 인과요인이 있으면, 인과요인의 **하위범주**(subcategories)를 규명하는 것이 도움이 된다. 이렇게 하는 것이 어떤 유형의 인과요인을 간과하는 것을 막아준다. 이제 각 범주(또는 하위범주)에 대해 구체적 **인과요인**(causal factors)을 규명하기 위한 준비가 된 것이다. 예를 들어, 세 번째 고려사항(장비 입수 가능성)에 대한 요인에는 다음과 같은 내용이 포함될 수 있을 것이다:

- 장비의 수
- 장비의 예약
- 장비활용의 대안
- 장비의 특징(성능)

이것이 톱다운 과정에서 도달해야 하는 가장 낮은 수준의 분석이다. 인과요인을 규명한 후에, 전문가가 인과요인이 포함된 과제의 버전을 수행하는데 사용하는 모든 **지침**(guidelines)을 규명하기 위해 각 인과요인에 대한 분석을 실시해야 한다. 예를 들어, 위 요인들에 대한 지침에는 다음 내용들이 포함될 수 있을 것이다(개별적 순서에 따라):

- 만약 예상 학생수에 비해 장비가 부족하다면, 그 전달 시스템을 선정하지 않는다.
- 만약 필요한 시간대에 장비를 모두 사용할 수 없다면, 그 전달시스템을 선정하지 않는다.
- 만약 장비 사용이 가능하고 이를 사용하는 사람도 없다면, 이 전달시스템을 사용할 당위성

은 더욱 높아진다.
- 만약 장비의 성능이 교수 요구에 부합하지 않는다면, 이 전달시스템을 선정하지 않는다.

(이 예들은 설명을 위해 사용하는 것일 뿐, 모든 내용을 포괄적으로 언급한 것은 아니다. 주어진 인과요인에 따라 한 개 이상이 존재할 수 있다.)

당신은 또한 전문가가 지침을 수행 모형으로 조합하는데 사용하는 **의사결정 법칙**(decision rules)을 규명해야 한다. 이제 왜 이 지침들이 효과가 있는가에 대한 구체적 **설명**(explanations)을 정하고 이 설명들을 설명 모형으로 조합할 준비가 된 것이다.

요약하면, 다음은 발견적 또는 조합 과제에 관한 단계 3을 수행하기 위한 몇 개의 하위단계들이다:

1. 과제를 수행하는데 관련되는 어떤 또는 모든 대상들을 위한 **서술모형** 하나를 규명한다.
2. 해당 조건 아래서 이 과제의 버전을 위한 **목표**들을 규명한다.
3. 각 목표를 달성하기 위한 모든 중요한 고려사항들을 규명한다. 어떤 고려사항에 대해 많은 인과요인이 있다면, 이에 대한 **하위고려사항**(subconsiderations)를 규명한다.
4. 각각의 고려사항(또는 하위고려사항)에 대한 모든 중요한 **인과요인들**을 규명한다.
5. 과제의 버전을 수행하기 위해 전문가가 사용하는 모든 지침들(처방적 원리들)을 규명하기 위해 각 인과요인을 분석한다. 또한 수행 모형에 지침들을 조합하기 위해 전문가가 사용하는 **의사결정 법칙들**을 규명한다.
6. 왜 각 지침이 효과가 있는지 **설명**을 정하고 이 설명들을 설명모델로 조합한다.

지면의 한계로 인해 각각의 하위단계를 수행하는데 필요한 발견적 방법들을 열거할 수는 없다. 그러나 잊지 말아야 할 것은 교수에서 구성주의적 접근을 사용한다 하더라도 과제 전문기술의 요소들을 규명해야 할 것이다. 왜냐하면, 제공했을 때 도움이 될 수 있는 비계설정의 종류에 대해 이해하는데 도움이 될 것이기 때문이다.

2. 결론

정교화 이론의 목적은 학습에 훨씬 많은 전체론적 접근을 지원하는 범위와 계열을 설정하기 위한 지침을 제공하기 위한 것인데, 전체론적 접근은 특히 교수이론의 새 패러다임에서 중요하다. 정교화 이론은 다른 교수 상황에서는 다른 지침이 필요하다는 것을 인식하고 있다. 현 시점에서 다른 점이란 개발되어야 할 전문기술 종류의 차이점에 근거하고 있으나, 정교화 이론 개발 작업은 진행중에 있고, 범위와 계열을 결정하는 데 필요한 신뢰할 만한 지침은 더 연구되어야 할 것이다. 이 진행보고서가 증대되고 있는 지식 기반에 다른 사람들을 공헌하도록 고무했으면 하는 바람이다.

참고 문헌

Anderson, J. R. (1983). *The architecture of cognition*. Cambridge, MA: Harvard University Press.

Anderson, R. C. (1984). Some reflections on the acquisition of knowledge. *Educational Researcher, 13*(9), 5-10.

Ausubel, D. P. (1968). *Educational psychology: A cognitive view*. New York: Holt Rinehart & Winston.

Beissner, K. L., & Reigeluth, C. M. (1994). A case study on course sequencing with multiple strands using the elaboration theory. *Performance Improvement Quarterly, 7*(2), 38-61.

Bruner, J. S. (1960). *The process of education*. New York: Random House.

Gagné, R. M. (1968). Learning hierarchies. *Educational Psychologist, 6*, 1-9.

Gagné, R. M., Briggs, L. J., & Wager, W. W. (1992). *Principles of instructional design* (4th ed.), New York: Harcourt Brace Jovanovich College Publishers.

Goleman, D. (1995). *Emotional intelligence: Why it can matter more than IQ*. New York: Bantam Books.

Greenberg, M. T., & Kusché, C. A. (1993). *Promoting social and emotional development in deaf children: The PATHS project*. Seattle, WA: University of Washington Press.

Kaufman, R. A., & English, F. W. (1979). *Needs assessment: Concept and application*. Englewood Cliffs, NJ: Educational Technology Publications.

Kaufman, R. A., Rojas, A. M., & Mayer, H. (1993). *Needs assessment: A user's guide*. Englewood Cliffs, NJ: Educational Technology Publications.

Merrill, P. F. (1976). Task analysis: An information processing approach. *NSPI Journal, 15*(2), 7-11.

Merrill, P. F. (1980). Analysis of a procedural task. *NSPI Journal, 19*(2), 11-15.

Osin, L., & Lesgold, A. (1997). A proposal for the reengineering of the educational system. *Review of Educational Research, 66*(4), 621-656.

Reigeluth, C. M. (1987). Lesson blueprints based on the elaboration theory of instruction. In C. M. Reigeluth (Ed.), *Instructional theories in action: Lessons illustrating selected theories and models* (pp. 245-288). Hillsdale, NJ: Lawrence Erlbaum Associates.

Reigeluth, C. M. (1992). Elaborating the elaboration theory. *Educational Technology Research & Development, 40*(3), 80-86.

Reigeluth, C. M. (in press). *Scope and Sequence Decisions for Quality Instruction*.

Reigeluth, C. M., & Darwazeh, A. N. (1982). The elaboration theory's procedure for designing instruction: A conceptual approach. *Journal of Instructional Development, 5*(3), 22-32.

Reigeluth, C. M., & Kim, Y. (April 1993). *Recent advances in task analysis and sequencing*. paper presented at the NSPI national conference, Chicago, IL.

Rossett, A. (1987). *Training needs assessment.* Englewood Cliffs, NJ: Educational Technology Publications.

Rummelhart, D. E., & Ortony, A. (1977). The representation of knowledge in memory. In R. C. Anderson, R. J. Spiro, & W. W. Montague (Eds.), *Schooling and the acquisition of knowledge.* Hillsdale, NJ: Lawrence Erlbaum Associates.

Scandura, J. M. (1973, August). Structural learning and the design of educational materials. *Educational Technology, 13,* 7-13.

Vygotsky, L. S. (1978). *Mind in society: The development of higher psychological processes.* (Edited by M. Cole, V. John-Steiner, S. Scribner, & E. Souberman). Cambridge, MA: Harvard University Press.

Wilson, B. G., & Merrill, M. D. (1980). General-to-detailed sequencing of concepts in a taxonomy is in general agreement with learning hierarchy analysis. *NSPI Journal, 19*(10), 11-14.

PART

III

운동기능발달 촉진

비록 이 단원이 하나의 이론만을 다루고 있지만, 이 이론은 다양한 이론적 관점에서 도출된 광범위하고 다양한 방법들을 통합하고 있다. 독자 여러분은 이 이론이 제시하고 있는 방법과 원리(안내)가 인지적 영역과 어느 정도 대조가 되는지를 탐구해보기 바란다. 또한 이 이론이 다른 두 영역(인지적·정의적) 에 도움이 될 수 있는 매우 통합적인 이론의 예가 될 수 있는지를 생각해보기 바란다.

─ C.M.R

신체적 기능의 발달: 운동기능영역의 수업

Alexander Romiszowski
Syracuse University

이상수
부산대학교 교육학과 교수

Alexander Romiszowski는 철학박사로 그는 현재 자신의 시간을 두 가지로 나누어 쓰고 있다. 첫 번째는 미국의 시라쿠스 대학교에서 수업설계와 개발을 가르치고 있다. 두 번째 그는 브라질 Rio de Janeiro에서 TTS Consultants와 AGITT Multimedia의 관리자이면서 Sao Paulo 대학 "미래학교" 기관의 객원연구자로 일하고 있다. 그는 많은 출판물을 통해 상을 받았으며 대표적인 것들은 다음과 같다: 3부작의 수업체제설계, 수업체제 생산, 자동화된 수업자료의 개발; Fleming과 Levie가 쓴 수업메시지 설계 책의 한 장인 "운동기능과제 수업을 위한 메시지 설계"; 그리고 가장 최근에는 Charles Dills와 공동으로 편집한 "수업개발 패러다임의 명문집" 등.

서 문

목적 및 전제.   이 이론의 주요 목표는 운동기능의 발달을 촉진하는 것이다.

학문적 가치.   이 이론이 기초로 하고 있는 몇 가지 학문적 가치들은 다음과 같다.
- 신체적 기능들
- 자동화된 신체적 기능들
- 다른 접근들과 명백히 상반되는 관점들의 통합

주요 방법.   이 이론이 제공하는 주요 방법은 아래와 같다.
1. 무엇을 해야 하는지에 대한 지식을 알려 주라.
   - 재생산적인 기능들을 위해: 설명적인 방법들을 사용하라.
   - 생산적인 기능들을 위해: 경험적, 발견학습 기술들을 사용하라.
2. 기본적인 기능을 개발하라(단계적 행동).
   - 기능을 시범 보여라.
   - 통제된 연습활동을 제공하라.
3. 숙달을 시켜라(흐름, 자동화, 일반화)
   지식을 알려 주기
   - 새로운 지식을 요구하지 않는 과제에 대해서: 설명 없이 시범을 보여라.
   - 제한된 새로운 지식을 요구하는 과제에 대해서: 설명과 시범을 동시에 제공하라.
   - 새로운 기술은 필요로 하지 않고 많은 새로운 지식을 요구하는 과제에 대해서:
     - 주로 시각적인 관계에 대해서: 개괄적인 설명 후에 탐구적 연습활동을 사용하라.
     - 한 가지, 다단계의 운동에 대해서: 연습활동 이전에 순차적 행동 패턴을 시범 보여라.
   - 과제에 대한 정신적 연습활동을 촉진하라.
   - 각 단계들에 대한 언어적 단서를 사용하면서 시범을 보여라.
   - 학습자들 관점에서 모든 시범을 제공하라.
   연습활동 제공하기
   - 통합적이고, 잘 조화가 된 과제는 총체적 과제 접근방법을 사용하여 가르쳐라.

   - 그러나 선수학습요소인 하위 기술을 먼저 가르쳐라.
   - 비교적 독립적인 행동으로 구성된 과제는 점진적 접근방식을 통해 가르쳐라.
   - 생산적인 과제에 대해서는 길고, 지속적인 연습기간을 제공하라.
   - 재생산적인 과제에 대해서는 짧은 시간의 연습활동을 제공하라.
     - 짧은 시간의 연습에서는 정신적 연습활동을 사용하라.
   - 빠른 속도를 요구하는 과제에 대해서는 속도 조절을 통제하라.
   - 연습활동 동안 구체적 수행목표를 점진적으로 발전시켜라.
   연습활동에 대한 피드백 제공하기
   - 수행을 통제하는 피드백보다는 오히려 결과적으로 습득하게 될 지식을 보여 주라.
   - 옳고/그름의 정보를 제공해 주기보다는 수행의 잘못된 부분을 교정해 주라.
   - 생산적인 과제에 대해서는 요약이나 행동에 대한 성찰의 기회를 제공하라.
   전이 촉진하기
   - 과제가 생산적이면 생산적일수록 연습활동은 더 다양해질 필요가 있다.
   - 과제수행의 중요한 특성들을 모두 포함한 운동 도식(motor schema)을 학습자들이 개발할 수 있도록 도우라.
   - 과제에 대한 충분한 학습을 촉진하라.
   - 너무 빨리 어려운 과제로 진행하지 마라.
   실제현상과의 적절한 유사성을 가진 과제를 사용하기
   - 재생산적인 과제에 대한 물리적 유사성을 사용하라.
   - 생산적인 과제를 위해서 기능적 유사성을 사용하라.
   - 기술적 유사성보다는 지각된 유사성을 사용하라.
   - 낮은 유사성에서 높은 유사성으로 점진적으로

이동하라.
- 필요하다면 학습을 촉진하기 위해서 유사성을 희생해라.

내면적인 자아를 개발하기
- 긴장완화 운동을 위한 훈련을 제공하라.
- 잘 알려진 전문가가 되는 것을 상상해 보라.
- 적절한 독백(self-talk)에 몰입하라.

교수설계에 대한 적용점. 이 글은 모든 상황에 맞는 모든 유형의 신체적 기능들을 다루고 있다. 이 글은 명백히 상반되는 견해가 어떻게 현장의 전문가들에게 필요로 하는 하나의 응집된 도식으로 통합될 수 있는지를 보여 주고 있다.

— C.M.R.

신체적 기능의 발달: 운동기능영역에서의 수업

1. 서론

신체적 기술의 중요성과 가치

신체적, 혹은 운동적 기능은 스포츠, 일, 여가활동과 상관없이 어떤 영역에서든 사람들이 능숙한 형태로 일을 할 때 두드러진다. 작업의 자동화, 증가하는 여가시간, 가정오락의 인기상승과 같은 현재의 사회경제적 추세에도 불구하고, 개인 및 사회에서 신체적 기능이 여전히 중요하다고 인식되고 있으며 어떤 면에서는 증가하고 있다.

어떤 점에서 보면, 오늘날의 세상이 스포츠 세상처럼 보일 것이다. 스포츠 영웅들은 한때 헐리우드 영화배우들이 가졌던 특권과 같은 사회적 역할을 가지고 있다. 대중매체를 통해서 최고의 취재열기가 스포츠에 주어지고 있다. 학교에서는 과거 어느 때보다 스포츠 교육이 더 중요한 역할을 하고 있다.

기업현장에서는, 로봇에 의해 기술을 필요로 하는 많은 신체적 활동 영역이 대치되었음에도 불구하고, 잘 훈련된 사람들은 일의 생산성과 질 모두에서 로봇을 능가하고 있음을 보여 주고 있다. 생산라인을 완전히 자동화하였던 몇몇 회사들은 다시 인간 기술자를 쓰는 시스템으로 되돌아가고 있다. 신문보도에 따르면 자동차 조립, 전자제품 조립, 그리고 마이크로칩 검사 등이 그 예에 해당한다.

여가 시간이 증가된 오늘날에는 많은 사람들이 특별한 운동기능의 사용을 요구하는 예술과 준 예술적 성질의 수공업에 종사하고 있다. 또한, 사회에서 삶의 표준에 대한 일반적인 상승은 특별한 노동력에 대한 비용의 상승을 가져 왔고, 이러한 사실은 가정 일이나 자동차 유지를 "스스로 하도록" 하였고, 전에는 소수의 특권만으로 여겨지던 기술들을 많은 사람들이 담당해야 할 필요성을 인식하게 하였다.

과거에는 소수의 학습자만이 그리고 생에 있어서 한번만 학습하면 되었던 새로운 신체적 기능들에 대한 숙달의 필요성이 이제는 대부분의 사람들을 위한 평생학습의 한 부분이 되어 버렸다. 더욱이 과거에는 신체적 능력의 발달이, 전형적으로 스포츠나 다른 형태의 활동 또는 숙련된 수행자와의 도제제도를 통한 자유로운 참여 과정을 통해 초기 형성기에 일어났던 반면, 오늘날 빠르게 변화하는 요구는 학습과정의 효과성과 효율성의 중요성을 증가시킴으로써 수업의 가치를 증가시키는 경향을 보여 주고 있다.

이 장의 주된 주제는 운동영역에서 수업의 가치는 학습자 스스로, 그들 고용주, 그리고 사회에 의해 인식된 것처럼 학습자들 스스로에 의해 성취된 기술과 능력에 있다는 것이다. 이러한 가치는 몇 가지 학습이론 영역에서 도출된 연구기반 수업 원리의 적용에 의해 생성된다. 나는 이 장의 가치가 운동기능 수업과 인지적, 정의적, 그리고 다른 학습영역에서의 최고의 실행들 간의 상호관련성을 증명해 주기를 희망한다.[1]

운동기능영역 수업에 대한 연구와 이론

여기에 보고된 많은 연구들이, 운동기능 학습 영역이 교육 연구자들에게 더 인기가 있었던 초기에 이루어진 것은 흥미로운 사실이다. 최근 수업에 대한 주요 문헌들은 운동 영역을 무시하는 경향이 있다. 그러나 이러한 명백한 최근의 무시에도 불구하고 운동기능 발달을 위한 몇몇 의미 있는 연구와 수업모델이 문헌에 존재한다.

이 모델들 중 몇 가지는 숙련된 수행자와 초보자나 견습생 사이의 친밀한 관계 속에서의 연마를 내포하는 산업화 이전의 기술 발달 도제모형에 근접해 있다. 이러한 관계는 형식적 수업에 기초하기보다는 과제의 위임과 숙련자에 의한 감독, 그리고 가끔 왜 일이 성취되었거나 성취되지 않았는지에 대한 성찰활동을 포함한 풍부한 피드백의 제공에 기초하고 있다. 이 모델들은 "행동에 대한 성찰"이나 "인지적 도제" 같은 최근 인지 영역에서 인기 있는 아이디어들과 많은 공통점을 가지고 있다. 그러므로 과거에 연구되었던 운동기능 영역에 대한 성공적인 교수활동이 현재도 여전히 타당하고, 초기에 기대했던 것보다 학습과 수업의 과정

에 대한 현재(후기 산업)의 사고 철학과 근접하다는 사실은 놀라운 일이 아니다.

다른 한편으로, 신체활동 영역은 속도, 생산성, 오류 비율 등과 같은 수행의 객관적인 측정을 통해 타당성 있는 측정이 가능한 것으로 쉽게 수용이 되는 영역이다. 따라서 효과적인 운동기능 훈련 모형을 수행공학운동이 생성해낸 패러다임 안에서 이해할 수 있다. 따라서 대체로 현재의 운동기능 개발을 위한 최고의 실천을 분석하는 것은 실천을 위한 철학적 그리고 이론적 배경으로 사용될 수 있는 다중 패러다임을 밝힐 수 있다는 측면에서 특별히 흥미 있는 일이다. 그러므로 다른 어떠한 것보다도 운동기능 영역은 수업 과정이 몇 가지 이론적 관점의 조합에 의해 가장 적절히 계획될 수 있다는 연구들을 예증해 주고 있다.[2]

2. 운동기능의 학습과 교수: 기본적 구성

기능 도식

아마도 기능 획득에 대한 많은 초기 연구들의 약점 중 하나는 단순한 동작이나 단순한 반복적인 단계들의 계열에 관심을 집중하여 왔다는 것이다.[3] 그러나 이들 단순 반복적인 단계들은 실생활에서 보다 복잡한 활동의 요소들로서 수행되었다. 이러한 견해의 중요성은 금세기 후반 들어 충분히 이해되기 시작했다. 스포츠 훈련 환경에서 Poulton(1957)에 의해 닫힌 과제와 열린 과제간의 구분이 만들어졌다. 닫힌 과제는 (볼링 같은) 안정

---

1) 이것은 수업이론의 새로운 패러다임과 분명히 일관성 있는 주제이다.

2) 바라건대, 여러분은 다중 관점, 절충주의, 체제적 사고 등의 개념이 새로운 패러다임의 특징으로 인식하였을 것이다.

3) 이와 유사한 상황이 정의적 영역에서도 초기작업으로 이야기될 수 있는가?

기능 행동의 영역 및 범주	기능의 연속성	
	재생산기능 지식내용 : 표준화된 절차 적용(알고리즘)	생산기능 지식내용 : 원리와 전략 적용(발견학습)
인지적 기능 • 의사결정 • 문제해결 • 논리적 사고 등	"문제"의 알려진 범주에 알려진 절차 적용(나누기, 문법적으로 올바른 문장 작성)	"새로운" 문제 해결 또는 새로운 절차 고안(이론 검증, 창조적 작문)
운동기능 • 신체적 행동 • 지각의 예민성 등	반복적이고 자동화된 기능(타이핑, 기어 교환, 빠르게 달리기)	"전략" 또는 "기획" 기능 (그림, 방어운전, 축구하기)
반응적 기능 • 자신을 다루는 것 　(태도, 감정, 습관, 자기조절)	조건화된 습관과 태도: 참여, 반응(Krathwohl 등, 1964); 접근과 회피 행동(Mager, 1968)	개인적 통제 기능: 정신 또는 가치 체계 개발(Krathwohl 등, 1964), 자아실현(Rogers, 1969)
상호작용 기능 • 다른 사람을 다루는 것 　(사회적인 습관과 기능)	조건화된 사회적 반응(좋은 태도, 유쾌한 어조, 사회화된 행동)	개인 간 통제 기능(지도력, 감독, 설득, 판매술)

그림 19.1 기능 도식

적 환경에 대한 반응을 요구하고, 열린 과제는 축구 게임과 같이 예견할 수 없는 변화하는 환경에 대한 지속적인 적응을 필요로 한다.[4] 1960년대 영국 퍼킨스 공장에 의한 선도적인 작업은 산업 환경에서의 "계획" 또는 "전략" 기술이 중요하다는 것을 확인해 준 것이다(Wellens, 1974). 이러한 것은 수행자에게 상황 구체적인 반응을 하도록 요구한다는 점에서 "생산적" 기술로 언급되어 왔다. 우리는 (다음 문단 참조) 각 영역들을 넘어서 수업을 통합하려는 추세를 볼 수 있으며 또한 명백히 대조가 되는 행동주의와 인지주의 심리학 진영 간의 수업에 관한 아이디어를 사실적으로 혼합하려는 경향을 볼 수 있다.

우리는 기능 분석을 위한 기본적인 모델로 재생산적 기능에서 생산적 기능까지의 연속성을 개념화할 수 있다. 이 연속성상에서의 주어진 과제의 위치는 적절한 수업방법에 대한 의사 결정을 하는 데 매우 중요한 역할을 한다. 그림 19.1은 재생산적-생산적 연속성과 함께 네 가지 영역의 기능 분류를 조합한 하나의 도식을 보여 주고 있다. 영역들은 수업적인 의사 결정의 어떤 측면에 영향을 주는 반면(예, 매체 선택), 재생산적-생산적 연속성에서의 과제 위치는 훨씬 더 근본적인 수업에 관한 의사 결정에 영향을 준다. 예를 들면, 설명적이거나 실험적인(또는 발견학습) 수업방법간의 의사결정 또는 어느 정도까지 "심도 있는" 토론이 교수방법의 핵심적인 요소가 되어야 하는지를 결정하는 것 등이 그 예들이다(Romiszowski, 1981).[5]

그림 19.1에서 설명된 또 다른 강조점은 개인간 기능 영역에 관련된 네 번째 영역을 추가함으로써

---

4) 어느 정도까지 이것이 인지적 영역에서 구조화된 그리고 비구조화된 영역간의 구분과 유사한가? 이것은 산업사회에서의 세상에 대한 기계론적 관점과 정보사회에서의 세상에 대한 유기체적, 체제적 관점의 구분과 관련이 있는가?

5) 여러분은 이것이 상황적인 것을 인지하였나요?

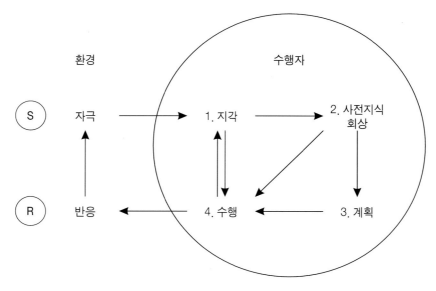

그림 19.2   네 단계의 수행주기

전통적으로 수용되는 세 가지 영역보다 더 많은 학습 목표들의 보편성에 대한 재정의의 가능성을 제공한 것이다. 이것은 본질적으로 당신의 사고, 신체, 감정, 다른 사람의 반응을 조절하는 기능으로 언급되는 네 개의 내용 관련 영역들의 모형을 제시하고 있다.[6] 그러나 중요한 점은 네 가지 영역 중 어디에 위치하느냐가 중요한 것이 아니라 생산-재생산 척도에서 기능이 어떤 위치를 차지하느냐가 수업적 이슈관점에서 가장 중요하다는 것이다.[7]

기능순환주기

많은 저자들은 기능 활동이 환경으로부터 정보를 수용하는 것으로 시작하여 환경에 대한 어떤 행동을 이끌어 내는 것까지 하나의 주기적 단계들을 포함한다는 것을 관찰하였다. 예를 들면, Wheatcroft (1973)는 수행자의 마음속 생각이나 의도의 형성에서 시작하는 운동기능 주기를 아래와 같이 기술할 수 있다.

- 적절한 정보 수용,
- 올바른 지각과 해석,
- 취해야 할 적절한 행동의 결정,
- 그리고 마지막으로 행동 자체[8]

이들 단계는 다시 행동의 결과에 대한 새로운 정보의 수용, 지각, 의사결정, 그리고 덧붙여진 행동 등이 뒤따르게 된다. 실행될 과정에 대한 사전에 습득된 지식이 필요하다는 사실을 이 모형에 통합함으로써, 기능순환주기는 그림 19.2처럼 나타낼 수 있다(Romiszowski, 1981).

이 모형은 자동화된 재생산(반사적, 닫힘 등) 기능과 더 생산적 기능(전략, 계획, 열림 등)을 구별

---

6) 세 번째 영역이 사실상 정의적 영역이고 네 번째 영역이 새로운 것이거나 네 번째 영역이 일반적으로 정의적 영역으로 불리고 있는 것을 함께 구성하고 있는가?

7) 가장 강력한 상황을 규정하는 것이 수업이론이 하여야 할 가장 중요한 것들 중 하나이다.

---

8) 이것은 설계 이론인가 또는 기술적 이론인가?

할 수 있게 해 준다. 기능 행동의 세 가지 기본범주가 가정되었다.

- 감각정보가 뇌의 어떤 의미 있는 관여 없이 신체적 행동을 직접적으로 유발하는 역할을 하는 완전한 반사적 그리고 자동화된 기능 (타이핑). 그러한 기능에 대한 수행 "고리"는 그림 19.2에서 "S-1-4-R"로 기술될 수 있다.
- 복잡할 수는 있으나 근본적으로는 연산적 절차 그리고 일련의 계열적으로 연결된 행동의 실행 회상에 기초한 기능. 많은 산업적이고 스포츠적 기능들은 이 범주에 속한다. 이들 기능에 대한 수행 고리는 "S-1-2-4-R"로 기술될 수 있다.
- 상황에 적절한 행동 계획을 세우고 적절한 행동 결정 전에 대안적인 계획을 평가하기 위해서 감각기관으로 들어오는 정보에 대한 분석에 의존하는 기능. 이들 기능에 대한 수행 고리는 "S-1-2-3-4-R"로 기술될 수 있다. 실제로 많은 내부적 순환 고리들이 발생할 수 있기 때문에, 이것은 단순화된 것이다. 예를 들면, 어떤 행동이 막 시작되었을 때, 내부통제과정은 외부 상황이 변화되었다는 것을 감지하고 계획된 반응이 더 이상 적절하지 않다는 것을 알고 내부 순환 고리(1-2-3-4)가 반복될 수 있다. 또한 계획하기(정보처리)가 수행되었을 때, 새로운 통찰, 규칙, 또는 관계가 미래의 사용(2-3-2-3-2, 등)을 위해 기억될 수 있다.

이 기능 주기는 우리가 운동기능을 가르칠 때 지각, 기억, 지적기능과 인지적 전략과 같은 요소들을 중요하게 생각한다는 점에 우리의 주의를 기울이게 한다. 인지적 영역의 계획 특징과의 유사성은 상당히 놀랄만한 것이다. 또한 앞에서 제시된 기능 도식과 연계하여 검토해 볼 때, 우리는 기본 모형이 어떻게 모든 기능 활동에 적용되어질 수 있는지를 알 수 있다.[9] 다음은 네 가지 영역의 몇 가지 예들이다.

지각.   수행자들은 낮은 수준의 "지각적 예민함"을 가지고 있을 수 있는데 예를 들면:

- 인지적 기능: 수학에서 단어 문제를 "이해"하는 능력의 부재
- 운동기능: 색깔, 어조, 크기, 속도를 구별하는 불충분한 능력
- 반작용 기능: 주위에서 일어나는 관련된 사건들을 인식할 수 있는 능력의 부재
- 상호작용 기능: (비언어적 반응을 포함)자신의 행동에 대한 타인의 반응을 인식할 수 있는 능력의 부재 때문일 수 있다.

사전지식.   사전지식을 회상하지 못하는 능력은 이러한 사전지식들의 부족 때문에 야기되어질 수 있다. 즉 수행자가 단순히 특정한 상황에서 무엇을 해야 할지를 모를 수 있다. 그리고 적절한 절차를 학습하지 않았거나 잊어버릴 수 있다. 다른 한편으로 수행자는 비록 적절한 지식을 가지고 있지만 올바른 방법으로 지각된 자극 정보를 해석하는 데 실패함으로써 적절한 지식을 회상하는데 실패할 수 있다. 이 경우 새로운 정보가 저장된 경험 (지식 구조나 도식)과 비교가 되고 잘못 분류가 되었다. 이처럼 잘못된 절차가 회상되고 적용된 예는 다음과 같다.

- 인지적 기능: 포르투갈어 명사가 잘못된 성으로 분류되었다; 이것은 잘못된 형태의 짝지어

---

9) 이것은 수업이론이 영역 독립적인지 아니면 영역 의존적인지에 대한 논쟁과 관련이 있다.

질 형용사의 회상을 하게 한다.

- 운동기능: 신호등이 자동차 운전자에 의해 잘못 해석되어 잘못된 전략을 회상하게 한다; 운전자는 브레이크 대신 액셀러레이터를 밟는다.

- 반작용 기능: 교사는 학생들의 시험실수를 게으름 때문이라고 잘못 해석하여 질문할 때 학생들에 대해 과도한 부정적인 태도를 발달시킨다.

- 상호작용 기능: 판매원이 잠재적 고객 반응을 잘못 해석하고 그 결과로 부적절한 판매 전략을 적용한다.

계획. 행동을 계획하는 데 실패하는 원인은 가능한 대안적인 일련의 행동을 생성하거나 최선의 선택을 하는데 능력이 없기 때문일 수 있다. 첫 번째는 대안적 절차를 창안하기 위해 관련된 원리(물론 관련된 원리는 미리 알고 있다고 가정할 때)를 사용하는 능력의 부재일 수 있다. 두 번째는 각각의 함축적 의미를 점검함으로써 대안을 평가할 수 있는 능력의 부재일 수 있다. 예를 들면 산업 관련 문제에 직면한 관리자는 모든 대안적 행동(문제 봉합, 경고, 문제 유기, 문제 무시)들을 고려하거나 (하지 않거나) 각각(파업, 생산성 감소)의 위험요소를 정확히 평가할(또는 하지 않을 수) 것이다. 축구 선수들은 그가 할 수 있는 가능한 플레이의 범위(달리기, 피하기, 패스, 차기)를 생각하고(생각 못하고) 게임의 어느 한 구체적인 순간에서 가장 성공할 수 있는 것을 선택할(선택 못할) 수 있다.

3. 운동기능 학습과 수업의 일반적 과정

인지와 정의적 영역과 같은 두 가지 잘 알려진 분류와 유사한 방법으로, 운동기능 영역의 연구자들

을 도와 줄 수 있는 형태의 분류학과 도식을 만들기 위하여, 운동 과제와 기능의 분류에 대한 많은 글들이 쓰여지고 있다(Bloom, Englehart, Hill, Furst & Krathwohl, 1956; Krathwohl, Bloom & Masia, 1964). 문헌에서 12개나 되는 다른 모형들을 규정하였던 Gilchrist와 Gruber(1984)는 이들 모형을 분류하려는 시도를 하였다. 그러나 이들 모형 중 어느 하나도 숙달의 진보에 따른 단계의 계열이나 위계를 나타내는 Bloom과 Krathwohl의 분류학과 똑같은 것이 없었다. 숙달을 위한 위계적 단계모형은 수업계열의 계획, 적절한 평가 도구 개발, 그리고 계열별 단계의 준거 개발을 계획하는 데 유용하다.

Seymour(1954, 1966)는 산업기능 획득에 대한 매우 구체적인 실험적 관찰과 산업기능의 숙달 단계에 기초한 위계적 기능발달 모형을 기술하였다. 이와 비슷한 설명들이 다른 기능 활동 영역에서 독립적으로 연구된 최근의 문헌에서 나타나고 있다. 그 예들로 Schmidt(1975)의 운동기능 학습의 스키마-이론 모형, 스포츠 활동의 관찰에 근거한 Adler(1981)의 보고서, 타이핑의 전문성 발달 관찰에 기초한 Gentner(1984)의 연구들을 들 수 있다. 아래에서 기술된 운동기능 발달 다섯 단계는 위의 연구 특별히 Seymour의 연구로부터 나왔다.[10] 이것은 본 저자(Romiszowski, 1974, 1981)의 연구를 포함한 많은 실질적 기능 훈련을 위한 기초로 성공적으로 사용되어져 왔다.

단계 1: 어떤 목적, 계열, 수단에 의해 무엇이 행해져야 하는지에 대한 지식의 획득. 더 나은 지식은 학습과정이 진보함에 따라 획득된다. 현재까지 무엇이 필요한지는 의미 있는 방식으로 과제를

---

10) 이것은 Landa의 기능 습득 단계와 어떤 방법에서 유사한가?(282쪽 참조) 이들 둘이 유사한가?

시작하는데 필요한 최소한의 지식이다.

단계 2: 작업의 각 단계들을 위해 단계적으로 행동을 실행.   이 단계의 특징은 다음과 같다: 지식의 의식적인 적용(즉, 작업의 "목적과 방법"의 측면들이 각 단계에 대한 의식적인 심사숙고에 의해 통제된다.); 행동을 시작하고 통제하는데 필요한 지각 정보("언제 하고 얼마만큼 잘해야 하는지"의 측면)는 거의 시각적(가끔 청각적)이다. 이 두 가지 특징에 대한 관찰 가능한 결과는 과제의 실행이 변덕스럽고 급변하다는 것이다. 주어진 단계에 소비된 시간은 각 시도마다 상당히 다르다.

단계 3: 눈으로부터의 통제에서 다른 감각 또는 근육의 협력을 통한 운동감각 통제로 전이.   각 동작에 대한 직접적인 통제에서부터 시 감각의 해제(최소한 부분적으로)는 계열성에 있어서 하위계열 동작에 대한 더 효율적인 "진보된 계획"을 가능하게 한다. 하위계열 행동은 하나의 동작과 다음 동작 사이에서 어떤 명백한 단절 없이 직접적으로 흐르듯 진행된다.

단계 4: 기능의 자동화.   이 단계는 의식적인 주의집중과 행동에 대한 사고과정의 필요성을 축소하는 특징을 가지고 있다. 수행은 일련의 반사 행동이 되고, 수행자의 의식적인 노력 없이 한 행동은 다음 행동을 유발시킨다. 이 단계에서 관찰 가능한 진보는 수행자가 과제를 실행하고 동시에 다른 문제에 대해 생각이나 이야기를 할 수 있다는 것이다. 심지어는 과제 실행의 속도나 질에 있어서 아무런 영향 없이 환경의 다른 사건에 어느 정도 참여가 가능하다.

단계 5: 다양한 범위의 적용 상황에 기능을 지속적으로 일반화.   이 마지막 단계는 우리의 기능

연속성 중 생산성/전략/계획에 적용된다. 사실상, 대부분의 스포츠, 작업, 그리고 설계 기능은 적어도 어떤 관점에서는 "생산적"이다. 그러나 연루된 기본적 신체 기능이 잘 자동화되었다 하더라도, 축구선수들은 그들의 게임정신에 기초하여, 운전자들은 그들의 "도로 감각"에 기초하여, 그리고 선반 조작자는 작업의 속도와 질 간의 균형을 얼마나 잘 유지하느냐에 기초하여 구분될 수 있다.[11]

위에서 제시된 기능 숙달 모형은 전반적 수업 과정의 세 가지 기본적 순서들을 제안하고 있다 (그림 19.3 참조).

순서 1: 지식 내용 전달하기.   지식전달은 왜, 언제, 어떻게 과제를 수행하는지를 이해하기 위해 필요한 최소한의 지식을 의미한다. 지식전달은 앞에서 요약하였듯이 기능 개발의 첫 번째 단계와 관련되어 있다. 말하자면 지식전달은 설명적인 방법에 의해 발생할 수 있다. 그러나 생산적 기능의 경우, 경험이나 발견학습 기법의 수단을 통하여 기초가 되는 개념과 원리를 가르치는 것이 바람직할 수 있다. 이것은 인지적 영역에서의 수업을 위한 일반적인 원리와 유사하다.

순서 2: 기초적 기능 전달.   이것은 초기시범과 가르친 과제에 대한 통제된 연습을 말한다. 이것은 앞에서 약술한 기능개발의 두 번째 단계와 관련이 있다. 이 단계의 근거는 만일 과제 수행을 위한 최선의 방법이 있다면, 그것이 훈련받는 사람들에게 시범 보여 주고 모델링이 되어야 한다는 것이다. 이전 단계의 개념적 학습과 달리, 옳고 그름에 대한 노출이 훈련자의 식별력을 증가시켜 주는데 효과적일 수 있지만 잘못된 동작을 연습하는

---

11) 이 기능 숙달 모형은 기술적 모형인가 또는 설계 모형인가?

	재생산적 기능	생산적 기능
단계 1 필수적 지식 내용 전달	설명적 또는 경험적인 방법이 사용될 수 있다(지식의 범주에 따라).	경험적 방법이 선호됨(개념이나 원리 학습이 항상 포함됨).
단계 2 기초적 운동기능 전달	설명적 방법(시범과 격려된 연습). "전체 과제"나 "점진적 부분" 방법 중 하나에 의해. 주: 지식과 기능을 전달하는 것은 어떤 경우에서는 하나의 단계로 결합될 수 있음	설명적 방법(증명과 격려된 연습). 일반적으로 "전체 과제" 방법에 의해. 주: 이 단계는 학습자가 잘 개발된 사전지식인 운동기능을 가지고 있을 때는 생략 가능.
단계 3 숙련도(속도, 지구력과 정확도)와 일반화(일련의 상황과 사례로의 전이정도) 개발	전체 과제에 대한 감독하의 연습 또는 특별한 시뮬레이션 연습. 지속적인 올바른 피드백(결과에 대한 지식 또는/그리고 수행에 대한 지식)	다양한 범위의 사례나 예에 걸친 경험적 방법(안내된 문제해결). 지속적인 성찰적 피드백(브리핑하기; 행동에 대한 성찰)

그림 19.3 기능 개발을 위한 수업 전략

데는 별 효과가 없다. 전달되어질 기본 지식의 양이 적을 때에는 처음 두 단계를 하나로 합치는 것도 가능하다.

순서 3: 숙련도 개발. 이것은 숙달 연습을 위한 적절한 조건의 제공을 말한다. 이것은 앞부분에서 약술한 기능개발 단계의 나머지 세 단계와 관련이 있다: 통제의 전이, 자동화, 그리고 일반화. 이들 중 처음 두 단계는 폐쇄적이며 재생산적이고, 우리의 기능 연속성의 끝 부분에 놓여 있는 기능의 경우에 적절하다. 세 번째는 생산성의 끝 부분에 있는 기능과 관련이 있다. 그러나 전형적으로 복잡한 기능 활동은 재생산적이고 생산적인 기능 요소 모두로 구성되어 있다.[12] 차를 운전하는 것은 기어의 부드러운 변화, 속도 내기, 후미 거울을 자동적으로 힐끗 보기 그리고 또한 자동차 간의 안전한 거리를 판단하는 운전 기술, 각 상황에 대한 적절한 기어의 선택, 다른 보행자에 의한 가능한 행동의 예견, 적절한 방어운전 전략 등을 포함하고 있다.[13]

4. 특별한 상황에 대한 수업 전술

이 장의 이 섹션에서, 우리는 위에서 제시한 기본적인 모델에 기초한 보다 구체적인 연구 기반 수업 원리를 검증할 것이다. 우리는 이들 원리들을 다음의 네 개 범주로 나누었다.

- 정보(설명, 시범과 안내)
- 연습(빈도, 진도 등)
- 피드백(빈도, 형태, 질 등)
- 전이와 일반화

피 훈련자에게 필수적인 정보 전달하기[14]

제한된 배경지식을 가진 단순 과제라면 예시된 해설과 함께 동시에 시범을 보이고 설명을 하라. 그러나 과제가 학습해야 할 새로운 지식을 거의 요구하지 않고 행동의 동작 패턴과 분리되어 있다면, 설명 없이 단

---

12) 이것은 인지적 영역에도 똑 같이 적용이 되는 중요한 점이다.

13) 이들 세 단계가 기술적 모형 혹은 설계 모형 중 어떤 것을 대변하는가?

14) 이 섹션에서는 방법과 특수상황을 확인하려 한다.

순한 "모델 수행"을 보여 주는 것에 의해 효과적으로 가르칠 수 있다.

동작 과제의 숙달에 대한 시각적 시범(그리고 피드백)의 역할에 대한 실험(Carroll & Bandura, 1982, 1987, 1990)은 효과적인 학습을 가져오는 원리적 요소로서 분명하고 충분하게 반복되는 과제의 시각효과 증대가 중요하다는 것을 지지해 주었다. 그러나 지식기반 기능의 경우에는 적절한 언어적 설명에 의한 시범을 지원해 주는 것이 중요하다.

상당량의 새로운 지식을 포함하지만 새로운 기능을 필요로 하지 않는 복잡한 과제는 개요노트나, 따라서 할 신체적 모형과 함께 탐구 활동을 통하여 보다 잘 학습될 수 있다. 더욱이 절차적 지식을 포함한 복잡한 과제에 대한 기억은 설명적 시범 후에 연습을 하는 것보다 탐구적 연습을 한 후에 설명적 개관을 통해 과제를 학습하는 것이 좋다.

Baggett(1983)는 조립된 헬기를 안내로 제공하고, 설명적 영화가 제공되는 절차적 수업을 제공하고 다른 집단에는 제공하지 않음으로써, 설명적 연습과 탐구적 연습의 다른 조합을 사용하여 모형 헬리콥터 조립 과제를 학습하기 위한 몇 가지 대안적 절차의 상대적 효과성을 비교하였다. 그 결과 직접적 성공은 탐구적 연습을 받은 전체 양에 비례하였고 영화를 본 것에 의존하지 않았음을 보여 주었다. 그러나 1주 간격 후 성취도 비교에서 처음에는 많은 양의 탐구적인 연습을 받았고 나중에 필름을 보았던 학생들이 성공적이었다.

이에 대한 가능한 해석은 설명학습 대 발견학습에 관한 일반적인 문헌으로부터 찾을 수 있었다. 만일 조립 과제의 몇 단계들에 걸쳐 도움이 될 수 있는 "모형 조립의 일반적인 원리"가 있다면, 그때 학습은 그들이 원리를 발견했을 때 더 효과적이다. 비

록 영화대본이 "행동에 대한 성찰"을 촉진하도록 구체적으로 설계되지 않았다 하더라도, 영화의 장기적 효과는 연습경험을 통해 습득한 지식의 조직화와 심도 있는 처리 때문일 것이다. 연습 전에 필름을 보았던 사람들은 성찰할 어떤 적절한 경험도 갖지 못했고 그래서 심도 있는 처리가 불가능했다.[15]

학생이 실행하기 위한 시도에 앞서 계열적 행동 패턴을 관찰하도록 하라.

전시 포격 및 레이더를 위한 추적 기능에 대한 연구는 방금 토론하였던 결과와 대조적인 현상을 보여 주고 있다. Poulton(1957)에 의해 수행된 일련의 실험들은 연습하기에 전에 경로추적 활동을 관찰하는 것이 수행의 정확성을 의미 있게 개선하였음을 보여 주었다. 유사한 결과는 다른 연구자들에게서도 얻어졌다(Carroll & Bandura, 1982).

이들 결과들은 Baggett에 의해 보고된 것과 반대되는 것인가? 대조적으로, 그들은 더 높은 수준의 일반화에서 서로를 지지해 주는 것으로 보인다. 위에서 제시된 Baggett의 결과물에 대한 발견학습 기반 설명은 감각 정보의 심도 있는 정신적 처리과정을 포함한 학습 방법이 보다 효과적이라는 가설에 근거하고 있다. 두 실험적 상황간의 차이점은 연구가 된 학습과제의 유형에 있다. 하나는, 중요한 학습이 시각적 패턴과 요소들 간의 관계성에 관한 것이다. 다른 하나는, 중요한 학습이 계열과 한 단계 혹은 다단계 동작의 시간적 정확성에 관한 것이다. 첫 번째 경우, 연습적 탐구는 영화의 계열이기보다는 비판적 정보의 정신적 표상에 더 도움이 되는 방식으로 부분들 간의 시각적 관계를 제시하고 있다. 두 번째 경우는, 영화(비디오)가 그것의 정신적 표상에 더 도움이 되는

---

15) 이 섹션에서는 방법과 특수상황을 확인하려 한다.

방식으로 과제의 계열을 나타내고 있다.[16)]

초기 학습과 장기 기억을 증가시키기 위해 과제에 대한 정신적 리허설을 촉진하고 격려하라.

기능 훈련 기법으로의 정신적 리허설의 사용은 긴 역사를 가지고 있다. 그 예가 게임 전 토론 동안 축구 전략을 통하여 사고하고 이야기하는 것이다. 가끔, 이들 "깊이 생각하기" 단계는 더 나아가서 각 전략에 부호명을 주어 게임 기간 동안 부호명에 의해 전략들이 환기되게 하기도 한다. 때때로 전략의 단계나 구성요소들에 이름을 붙이고, 그래서 경기자들은 적절한 부호 단어를 수단으로 각 단계의 계열, 페이스, 특성을 기억하게 할 수 있다.

학습자가 행동에 대한 정신적 표상 형성을 돕기 위해, 모형 시범의 행동 패턴 단계들에 대해 언어적 부호화 또는 단서를 제공하라.

Bandura와 Jeffery(1973)는 언어적 명칭들이 특히 계열적 동작 기능의 장기기억을 위한 상징적 코드로서 특히 효과적이었음을 발견하였다. 이 결과는 동작기능의 내면화를 돕기 위해 어떤 형태의 언어적 단서가 일반적으로 제공되어야 함을 제안하고 있다. 이들 단서들은 학습자들에게 의미가 있어야 하지만 가능한 단순하고 덜 기교적이어야 한다. Carroll과 Bandura(1990)는 언어적 부호화와 단서만으로는 충분하지 못한 시범과 연습 기회가 주어지는 수업설계의 결점을 극복할 수 없음을 보여 주었다. 따라서 순수한 언어적 수업만으로는 일반적으로 가장 단순한 신체적 기능을 가르치는 것도 부적절하다고 생각할 수 있다.

---

16) 따라서 상황성이 발견된 결과간의 명확한 대조를 해결해 준다.

수행가의 관점에서 과제를 시범 보여라.

이 원리를 위한 실험적 지지는 많은 연구에서 발견할 수 있다(Greenwald & Albert, 1968; Roshal, 1961). 가끔 교사들은 학생들을 집단으로 가르칠 때 동작의 계열성을 시범보이게 된다. 그러면 학생들은 그들 마음속에서 시범을 "전도"시켜야 한다. 학생들이 수행을 할 때 보게 될 것을 정확하게 시범보이는 것이 좋다.

연습을 위한 기회 제공

"전체 과제" 방법으로 통합되고 조화로운 활동을 가르쳐라.

몇몇의 연구들은 분리된 동작들이 모든 연습 단계에서 통합되게 하는, 과제가 하나의 전체로 연습되어질 때 학습이 효과적이라는 점을 제안하고 있다(Knapp, 1963; McGuigan & MacCaslin, 1955; Naylor & Briggs, 1963). 이러한 결과들은 실험실 실험, 실생활에서의 산업 기술, 그리고 스포츠에서도 유용한 것처럼 보인다.

상대적으로 독립된 행동의 계열로 구성된 과제들은 "점진적 부분" 방법에 의해 잘 학습된다.

"계열적 부분" 방법에서, 네 단계 과제(예를 들면 A-B-C-D)는 모든 부분들이 분리되어 연습되어질 때까지 부분들 중 한 부분에 집중하여(예를 들면, A따로 B따로 등등) 네 단계로 연습될 수 있다. 점진적인 부분 방법에서는, 연습의 단계가 누적적으로 성장하는데, 예를 들면, A따로, 그리고 B, 그러다가 A와 B, 그 다음 C 따로, 그리고 A, B, C 함께, 다음 D 따로, 마침내 A-B-C-D가 함께 연습된다. 몇몇 연구들은 단순한 계열적 과제들을 학습하는데 있어서 이들 두 가지 접근이 동등하게 효과적이고 전체 과제 접근보다는 효과적이라는 것을 보여 주었다. 그러나 많은 연구들은 계열적 과제를 위해서는 점진적 부분 접근 방법의 우수성을 지지하고 있다(Naylor & Briggs, 1963; Seymour, 1954; Welford, 1968).

초기에 "최소한 경계 수준" 아래에 있는 선수학습이 되는 하위기능은 전체 과제의 연습 이전에 발달되어야 한다.

Seymour(1954, 1966)는 산업 기능 영역에서 이러한 사전훈련과 그 효과성에 대한 몇 가지 예들을 제공하고 있다. 활동의 더 복잡한 패턴으로 통합하기에 앞서서 특별한 동작이나 지각적인 하위기능을 사전 훈련하는 것은 분리된 부분들의 활동에 대한 연습과는 다른 효과가 있다.

고도로 통합되고 "생산적"인 과제를 위해서는 지속적인 연습을 제공하지만 반복적이고 빠른 속도의 "재생산적"인 과제를 위해서는 간헐적인 연습을 제공하라.

몇몇 연구들은 많은 의사 결정이 포함되거나 높은 수준의 협응이나 리듬 활동이 필요한 보다 복잡한 과제에 대해서는 장기적이고 끊임없는 연습이 간헐적 연습보다 더 효과적이라고 제안하고 있다(Welford, 1968). Singer(1982)는 비록 간헐적 연습이 일련의 시도 후에 즉각적인 장점을 보여주지만 이 장점은 대부분 시간이 지남에 따라 사라지게 된다는 것을 보여 주었다. 다른 연구는 몇 번의 시도 간 휴식을 위한 짧은 중단을 하는 간헐적 훈련들이 반복적이고 재생산적 성질의 빠른 속도를 요구하는 기능의 경우에는 보다 효과적이라는 것을 제안하고 있다(Lee & Genovese, 1988).

학습은 휴식 기간 동안의 정신적 리허설을 통해 증

진된다.

이 주장에 대한 이론적인 정당화는 많은 저자들에 의해 제공되었다(Luria, 1961; Meichenbaum & Goodman, 1971). Shasby(1984)는 이러한 기법에 대한 연구를 검토하고, 이러한 기법이 동작 조절에 문제를 가진 어린 아이들에게는 특별히 효과적이라는 것을 발견하였다. 이론적 설명이 무엇이든지 간에 연습 기간 사이에서 특별히 간헐적 연습의 시도 간에 학습자로 하여금 새로운 과제의 절차를 생각하도록 격려하는 것이 도움이 된다.

빠른 속도를 요하는 과제는 정해진 학습속도에 따라 진행하는 것이 숙달의 보다 빠른 진보를 촉진한다.

강요된 진도전략이 빠른 속도의 산업 과제(Agar, 1962)나 타이핑 기능(Sormunen, 1986)에 적용되었을 때 학습률이 매우 의미 있게 증가하였고, 성취된 궁극적인 수행 수준이 자기 페이스에 의한 연습 조건에서보다 훨씬 더 높아질 것이다. 이 원리는 자기 페이스 학습의 원리에 대한 많은 강조로 인해 종종 간과되고 있다.[17] 속도가 기준이 되는 과제에서, 학생들에게 "자기 자신의 페이스"로 진보하도록 허락하는 원리는 주의 깊은 해석을 요구한다.

구체적 목적을 설정하는 것은 기능 활동의 보다 빠른 숙달을 하게한다.

Barnett과 Stanicek(1979)은 양궁 점수에서 개

---

17) 이것은 대부분의 방법들이 보편적으로 유익하지 않다는 것을 지적하는 것을 도와 주고 있다. 항상 어떤 상황에 따라 달라진다. 어떤 수업이론가들이 그들의 접근방법을 항상 사용해야한다고 한다면 그들에 대해 회의적으로 생각하는 것이 현명하다.

인 목표를 설정했던 학생들은 목표를 설정하지 않았던 학생들과 비교하여 의미 있는 향상을 보여 주었음을 발견하였다. 운동기능에서 학생들을 위해 구체적인 어려운 목표를 설정하는 것이 학생들에게 그냥 "최선을 다하라"고 요구하는 것 보다 학습이나 수행 면에서 많은 개선을 유발하였다 (Locke & Bryan, 1966).

운동기능 수업에서 피드백

일반적으로 "학습에 대한 피드백"(결과 정보)은 학습을 촉진하고, "활동에 대한 피드백"(통제 정보)은 그렇지 않다.

Annett(1959)는 피험자들이 정보를 제공해 주는 저울의 특성을 이용한다면, 그들이 많은 시도를 한다 해도 스프링의 균형에 무게를 가함으로써 주어진 압력을 정확하게 학습하는 전문가가 될 수 없다는 것을 발견하였다. 저울이 가리워져 있을 때 시도를 하고 그 다음 저울을 볼 수 있다면 그들은 학습을 하였다. 이처럼 시각적으로 적용되는 압력에 대한 지속적인 지식(행동에 대한 피드백)은 실수가 없는 연습을 보장해 주었지만 정확한 압력을 적용하는 감각을 학습하게 하지는 않았다. 사실 이후 지식(결과에 대한)은 보다 정확한 시도를 점진적으로 촉진하였고 과제수행의 "감각"에 대한 효과적인 학습을 하게 하였다.

일반적으로 피드백이 보다 완전한 정보를 전달해 줄 때 학습이 보다 효과적으로 촉진된다.

연습의 결과에 대한 지식(KOR)과 수행에 대한 지식(KOP)(어떻게 결과가 얻어지는가)은 교사가 과제의 수행을 교정하기 위해 추구해야 할 두 가지 방법을 나타내 준다. KOP를 제공해 주는 것이 더 효과적이다(Wallace & Hagler, 1979). KOP는 반응의 정확성, 실수의 방향과 범위에 대한 정보를 제공한다. 게다가 KOP는 과제 과정 수행의 어떤 측면에 대해 비평이나 수정을 가능하게 한다.

생산적인 기능을 가르칠 때, 복명(debriefing)이나 행동에 대한 성찰의 과정을 통해 수행에 대한 지식을 제공하라.

계획과 의사 결정과 같은 높은 수준의 전략을 포함하는 기능의 경우에, 적절한 피드백은 반드시 KOP의 형태를 취해야 한다. 이들 기능에서, 기대와 결과를 비교하는 것은 불충분하며, 관찰된 불일치의 원인에 대한 분석을 실시하고, 실행되었던 계획을 성찰하고, 그들의 결점에 대한 이유를 평가할 필요가 있다. 이러한 모든 활동은 다음 연습을 위한 새로운 계획 또는 전략의 통합을 가져오게 한다. 교사 주도적이든 혹은 자발적이든 성찰적 복명은 이제 어떤 기능에서도 생산적 기능 발달의 필수적 요소로서 인식되고 있다. 운동기능 영역에서, 이러한 예들은 락카룸에서의 전-후 게임 전략 토론에 의해 스포츠 상황에서 예증되고 있다. 이러한 현상은 또한 수술 같은 전문가의 기능 개발을 위한 스트레스가 많은 행동에 대한 성찰적 접근에서 분명히 나타나고 있다(Schön, 1983, 1987).[18]

전이를 위한 교수

일반적으로 다양한 연습활동은 운동기능의 일반화와 전이를 증가시키지만 이러한 현상은 그 기능이 재생산적(닫혀 있는)이냐 또는 생산적(열려 있는)이냐에

---

18) 여러분은 성찰이 인지적 영역뿐만 아니라 운동기능영역을 위한 수업이론의 새로운 패러다임에서 공통된 특징이라는 것을 인식하게 될 것이다.

따라 달라진다.

Gabbard(1984)에 따르면, 도식 이론의 중요한 예언은 "주어진 과제에 대한 연습의 다양화를 증가시키는 것은 같은 유형의 동작을 가진 새로운 과제로의 전이를 증가시킨다"는 것이다. 그러나 몇몇 스포츠와 많은 빠른 속도를 필요로 하는 반복적인 산업기술에 대한 경험에서는 연습의 다양화 원리가 지지되지 못하고 있다. 이러한 원인을 설명하는 하나의 방법은 우리가 이야기하는 "기능 연속체"에 의해 가능하다. 어떤 활동이 기능 연속체 중 생산적인 방향에 가까울수록 전이의 효과성을 높이기 위해서는 연습활동을 다양화하는 것이 중요하다. 그러나 활동이 재생산적인 쪽으로 갈수록 연습의 다양화가 어려우며 따라서 연습활동의 다양화에 중요한 가치를 주기가 힘들다(실제, 해로울 것이다).

전이를 위한 교수의 경우, 연습활동의 다양화는 학습자의 마음속에서 "운동개념"과 "운동 도식"을 정의하거나 재정의 하도록 설계되어 있다.

Schmidt(1975)의 이론에 의하면 운동 도식은 인지적 도식 구조와 유사한 상호 관련된 "운동개념"들의 구조이다. 인지적 영역에서의 개념은 다소 정확하게 그것의 경계를 정의하는 일련의 속성들에 의해 정의된다. 이와 같이 공을 정확하게 던지는 것 같은 운동 개념은 던지는 거리, 적용되는 힘, 공의 발사각도, 발사 순간의 팔의 속력과 같은 어떤 특징들에 의해 정의되고 경계짓는다. 이러한 특성들은 물론 언어적 혹은 수학적으로 정의되지는 않지만 그럼에도 불구하고 경기자에게 알려져 있고 상호 관련되어 있어서 자극으로서 어떤 던지기를 위해 요구되는 거리가 반응으로서의 다른 특성들 간의 적절한 연합을 만들어

내게 된다. 교수를 위한 함의는 연습은 운동 개념의 모든 중요한 특성들이 다양화되도록 설계되어야 한다는 것이다.

운동기능의 전이와 기억은 "과도한 학습"에 의해서 향상된다.

현장에서의 관찰과 실험적 증거 모두 학습의 전이 양은 초기 연습의 양에 비례한다고 제안하고 있다(Gagné, 1954). Singer(1982)는 공식적으로 조직화된 과도한 연습은 비용 효과적이지 못하다는 점과 함께 힘의 감소된 회귀법칙이 한계점을 제공하기는 하지만 과도한 학습이나 과도한 연습이 장기 기억에는 유익하다는 증거를 지적하였다.

더 어려운 과제로의 너무 빠른 진도는 피하라. 정보의 과부하는 일반적으로 과제 실행의 퇴보를 초래한다.

다음의 몇 가지 접근들은 정보과부하를 피하거나 방지하는데 효과적이라는 것이 발견되었다(Welford, 1976).

1. 좀더 많은 정보들이 다루어질 수 있도록 새로운 정보를 작은 단위로 묶는(chunking) 방법을 고안하기;
2. 수행자가 주의를 기울여야 할 정보에 선택적일 수 있도록 돕는 방법을 고안하기;
3. 과제 수행의 속도를 조절하여 정보과부하를 피할 수 있는 방법을 고안하기;
4. 수행자를 위해 실질적인 "단계 수준"을 설정하여 단계에 따라 작업하게 함.

이러한 제안들은 수행자에게 전달되는 정보를 통제할 수 없는 경쟁적인 스포츠에서는 실행하기

가장 어렵다. 그러나 산업 기술의 경우에 있어서는, 위의 많은 제안들이 사람과 기계가 함께 고려되는 시스템 공학의 과정에서 실행될 수 있다.

5. 수행자와 과제의 통합

이 부분에서 우리는 운동기능에 대한 두 가지 부가적이고 중요한 교수·학습 측면을 논의할 것이다. 이들 논의는 어떤 측면에서는 운동기능영역에서 독특한 것이고, 초기에 제시되었던 기본적인 기능발달 모형의 경계를 넘어선 것이다. "수행자와 수행되는 활동을 통합하는" 개념으로 이야기할 수 있는 이들 두 가지 주제는 "인간과 기계 연구"로 때때로 언급되는 연구 영역의 특별한 공헌에 의한 것이다. 이 분야는 작업하는 사람들의 특징에 맞게 작업환경을 보다 좋게 적응시키는 것(예를 들면, 작업장과 도구의 인간 환경공학적 설계를 통해서)과 환경에 맞게 사람들을 보다 잘 적응시키는 데(예를 들면, 다양한 형태의 심리적 준비를 통해서) 초점을 두고 있다. 수업의 특별한 맥락에서, 우리는 시뮬레이션 작업(놀이)환경과 작업자(놀이자)의 "내면적 자아"에 초점을 두고 있다.

훈련 장비와 시뮬레이터의 유사성에 대한 질문

모든 측면에서 현실적 과제와 매우 유사하게 하는 것에 중점을 두는 일반적인 연습은 훈련을 위한 비용 효과적인 접근은 아니며, 심지어 비용과는 상관없이 가장 효과적인 접근법이 아닐 수 있다.[19]

Gagné(1954)는 하나의 주요 원리로서 훈련 효과성은 훈련 장비와 시뮬레이터를 설계할 때에 Thorndike(1903)에 의해 처음으로 제안된 "동일 요소" 원리를 대신하여야 한다고 주장했다. 그 생각이 받아들여지는 데 오랜 시간이 걸렸으나 적어도 이 아이디어가 선호되는 방향이었다는 증거가 있다. 이 아이디어의 결과 중 하나는 훈련장비가 실제와 얼마나 유사성을 가져야 하는지를 결정하는데 영향을 미치는 다양한 요인들을 규정하는 것이었다. 아래에서 우리는 유사성 개념에 관한 다양한 관점뿐만 아니라 유사성에 영향을 미치는 요인들을 검토할 것이다.

"물리적 유사성"과 "기능적 유사성"을 구별하는 것은 중요하다.[20] 훈련 효과성은 다른 수준의 물리적 기능적 유사성을 요구한다.

물리적 유사성(보고 느끼는)은 수행에서 거의 인지적 노력을 포함하지 않는 재생산적 기능에서는 더 중요하다. 반면에 기능적 유사성(실제적 원인-결과 관계)은 과제 정보의 심층적 인지적 처리에 의존하는 생산적 기능에서 더 중요하다(Allen, Hays, & Buffardi, 1986).

피 훈련자에 의해 경험되는 "인지된 유사성"으로부터 전문가에 의해 정의되는 "기술적 유사성"을 구별하는 것 또한 중요하다. 효과적 훈련을 위해, 중요한 것은 지각된 유사성이다.

기술적 유사성은 훈련 장비가 얼마나 작업의 실제 시스템을 복제하느냐의 정도를 의미한다. 지각된 유사성은 그 장비가 피 훈련자에게 얼마나 실

---

19) 실제적이고, 현실 세계의 과제 대 덜 실제적인 과제(공상적 상황 포함)간의 논점은 인지 영역에서도 중요하다(Pogrow의 제14장 참조).

20) 이들 구분은 유사성에 대한 갈등적 견해를 해결하는 강력한 하나의 방법이다.

제적 작업을 하도록 하느냐의 정도를 의미한다 (Smode, 1972). 지각적 유사성이 추구하는 것은 피 훈련자에 대한 훈련자의 주의를 집중시키고, 가장 간단하고 해석하기 쉬운 기술적 방식을 학습하게 하기 위해 피 훈련자에게 필요한 지각 정보 제공을 추구함으로써 경제적이고 보다 효과적인 해결책을 실행하는 것이다.

과제의 정확한 시뮬레이션은 그것이 효과적인 수업 설계 원리의 실행을 배제하기 때문에 효과적인 훈련과 가끔 갈등을 일으킨다. 부분 과제 훈련 장비는 모의 실험화된 연습활동으로 음성 설계를 통합하게 해 줌으로써 이러한 문제를 극복하게 한다.

1945년 초기 연구는 시뮬레이션의 정확성을 포기하는 것이 수행 개선을 증진하기 위해 필요할 수 있음을 증명해 주었다(Lindahl, 1945). 이러한 접근은 Gagné(1954)에 의해 강하게 옹호되었는데 그는 총체적 시뮬레이션보다 구성 요인별로 연습을 하는 것을 선호하였고, 작업 활동이나 완벽한 실제적 시뮬레이터를 통해 어떤 기능을 "한번에" 효과적으로 학습할 수 있다는 점에 의구심을 표현하였다.

"완전한"(높은 유사성) 시뮬레이션으로의 진보는 몇 가지 상호 작용 요인들에 의해 좌우되는 것처럼 보인다: 훈련 상황, 과제의 내용, 학습자, 학습 단계.

Hays와 Singer(1989)는 유사성의 관점에서 진보적 계열의 연습 활동에 관한 문헌을 검토하였다. 그들의 검토는 복잡한 운동기능 과제의 훈련을 위해 연습활동의 진행을 계획할 때 적어도 네 가지 요인을 고려하는 것이 특히 중요하다고 제안하였다: 훈련 상황, 과제의 유형, 피 훈련자, 숙달을 위한 진행의 계열. 그러나 그들은 이러한 요인

들의 상호작용이 아직 완전히 이해되지 못하고 있고, 많은 시뮬레이터의 설계과정과 부분적 과제 훈련자가 여전히 시행착오에 의존하고 있다고 강조하였다.

내적 자아와 심리적 조건화의 발달

마지막으로, 우리는 특별히 운동과 스포츠 팀의 훈련에서 최고의 수행을 위해 경기자들을 심리적으로 준비시키기 위해 점차적으로 많이 활용되고 있는 몇 가지 방법을 검토할 것이다. 목표는 내면적 자아에 대한 더 높은 수준의 조절능력 개발 즉, 최고의 수행에 영향을 미치는 감정과 믿음에 대한 조절 능력의 개발을 의미한다. 운동영역에서는 이러한 방법의 적용이 늘어나고 있는 반면 산업 기능 영역에서는 이러한 방법이 초보적인 수준에서 적용되고 있다. 그 예로 작업하기에 앞서 긴장완화와 정신적 심상에 몰두하는 연습의 증가를 들 수 있다.

기능 활동을 수행하기 이전에 긴장완화 훈련은 수행 수준을 향상하는 경향이 있다.

문헌(예, McAuley & Rotella, 1982; Rose, 1985)에 가장 자주 설명된 긴장완화 관례는 초기 숨쉬기 활동을 하는 것으로 때로는 배경 음악 또는 호흡하기 자체 과정에 집중하려는 의도된 노력과 함께 이루어지기도 한다. 숨쉬기 활동은 특별히 어깨와 목과 같은 어떤 육체적 활동을 수반한다. 이들 초기 활동이 끝이 난후 주요 긴장완화가 시작된다. 일반적으로, 이 단계에 명상요소가 포함된다. 이러한 명상적인 긴장완화의 즉각적인 효과는 때로 신체 온도의 하락과 심장 박동률의 저하로 나타난다(Rose, 1985). Niddefer와 Deckner(1970)가 수행에 대한 긍정적인 효과를 보여 준 몇 가지 사례

연구를 문헌으로 남기기는 하였지만 이러한 심리적 과정의 변화들이 나중에 신체적 활동에 어느 정도 영향을 주는지는 명확하지 않다.

자기 자신을 유명한 수행 전문가로 생각하고 그 역할 모형과 자신을 가능한 완벽하게 동일시하는 것은 수행을 개선하는 경향이 있다.

이 방법은 "암시학"과 "암시학 적용" 또는 "가속화된 학습"이라는 다양한 용어를 사용하는 방법론에 기여한 Lozanov(1978)와 다른 학자들에 의해 주장되었다. 이들 방법론은 당신이 막 시도하려는 것에 성공할 것이라는 상상을 하는 것이 유익하지만, 당신이 계속 그 활동에서 성공적인 어떤 사람이라고 상상하는 것이 더욱 더 좋다고 제안하고 있다. Lozanov의 연구는 이러한 접근이 모든 학습 영역에서 효과적임을 증명하고 있다. 운동기능 영역에서 이러한 방법론은 피 훈련자에게 역할 모델을 선택하고 연구하도록 하고 시합 바로 전에 상상 속에서 이러한 역할 모델이 되도록 격려함으로써 사용되고 있다.

자신과의 적절한 "독백"("내적 게임"의 형태)에 열중하는 것은 수행에 있어 의미 있는 긍정적 효과를 가질 수 있다.

전문 테니스 선수이자 코치인 Gallwey(1974)는 인간이 성취와 학습을 위해 얼마나 그들 자신의 능력과 충돌하는지에 대한 문제를 연구했다. 그는 모든 게임이 두 부분으로 구성되어 있다고 가정하고 있다. 첫째는 외부 게임으로 외부의 장애물을 극복하고 외부 목표에 접근하기 위해 외부의 적과 대항한 경기를 의미한다. 두 번째는 내부 게임으로 경기자의 마음속에서 실시되며, 집중력의 상실, 긴장감, 자기 의심 그리고 자기 비난과 같은 장애물에 대항해서 경기하는 것을 의미한다.[21] 경기자들은 적절한 행동의 기술적인 실행보다 다른 관점에서 주의하도록 가르쳤다. 테니스에서는 몸과 감각 기관이 적절한 테니스 타법을 자동적으로 실행하도록 하기 위해, 경기자에게 공을 관찰하는 것뿐만 아니라 의식적으로 볼의 색깔이나 그 움직임의 아름다움까지도 관찰하도록 하였다.

6. 결론: 수업이론과 연습 활동의 통합

Gallwey에 의해 주장된 원리는 많은 측면에서 이 장에 제시된 몇 개의 다른 원리들과 상반되는 것으로 나타났다. 반면에 내부 게임 방법론은 많은 실제적인 성공과 함께 폭넓고 다양한 유형의 스포츠 영역에 적용되고 있다. 우리가 운동기능의 숙달을 향상시키는 단계들에 대해 이 장의 첫 번째 부분에서 언급한 몇 가지 관찰결과를 기억한다면 아마도 이러한 명백한 갈등은 실질적인 것이 아닐 것이다. 아마도 Seymour(1954, 1966)에 의해 언급된 자동화와 빠른 속도를 요구하는 산업기능의 유동성, 그리고 높은 기능을 소유한 타자원이 타이핑의 속도와 정확도에 있어 두드러진 저하 없이 옆에 있는 타자원과 함께 대화를 하는 능력(Sormunen, 1986)은 Gallwey에 의해 묘사된 "이완된 집중" 상태의 테니스 선수들과 유사하다.

아마도 운동기능 발달을 위한 연습활동의 특성인 심리학, 생리학, 정신의학, 생명 공학, 작업 연구, 공학 같은 그러한 다른 영역으로부터 원리와 연구 결과를 통합하는 것은 학습과 수업의 과정에 대한 분명한 갈등적인 관점들을 통합하는 가능성의 한 예로 도움이 될 수 있고, 내용 영역, 수업목

---

21) 어느 정도까지 이것이 초인지적 훈련과 유사한가 또는 초인지적 훈련의 한 유형으로 볼 수 있는가?

표 영역, 또는 선호가 되는 학습에 관한 철학의 관점에서 다양하게 규정된 경계에 의해 구분이 되는 일련의 학문보다는 수업에 관한 질문과 계획을 하나의 통합된 학문처럼 취급할 수 있는 가능성의 한 예로 도움을 줄 수 있다.[22] 아마도 어떤 측면에서는 운동기능 수업은 수업설계 영역을 하나의 전체로 만드는 모형이나 지적 "접착제"의 형태로써 도움을 줄 수 있을 것이다.

참고문헌

Adler, J. D. (1981). Stages of skill acquisition: A guide for teachers. *Motor Skills: Theory into Practice*, *5*(2), 75-80.

Agar, A. (1962). Instruction of industrial workers by tape recorder. *Affarsekonomi*, *10*.

Allen, J. A., Hays, R. T., & Buffardi, L. C. (1986). Maintenance training simulator fidelity and individual differences in transfer of training. *Human Factors*, *28*(5), 497-509.

Annett, J. (1959). Learning a pressure under conditions of immediate and delayed knowledge of results. *Quarterly Journal of Experimental Psychology*, *11*, 3-15.

Baggett, P. (1983). *Learning a procedure from multimedia instructions: The effects of film and practice*. Boulder, CO: Colorado University, Institute of Cognitive Science. (ERIC No. ED239598.)

Bandura, A., & Jeffery, R. W. (1973). Role of symbolic coding and rehearsal processes in observational learning. *Journal of Personality and Social Psychology*, *26*, 122-130.

Barnett, M. L., & Stanicek, J. A. (1979). Effects of goal setting on achievement in archery. *Research Quarterly*, *50*, 328-332.

Bloom, B. S. (1968). Learning for mastery. *Evaluation Comment*, *1*(2), Los Angeles, CA: UCLA.

Bloom, B. S., Englehart, M. D., Hill, W. H., Furst, E. J., & Krathwohl, D. R. (1956). *Taxonomy of educational objectives, Handbook 1: The cognitive domain*. New York: David McKay.

Carroll, W. R., & Bandura, A. (1982). The role of visual monitoring in observational learning of action patterns: Making the unobservable observable. *Journal of Motor Behavior*, *14*(2), 153-167.

Carroll, W. R., & Bandura, A. (1987). Translating cognition into action: The role of visual guidance in observational learning. *Journal of Motor Behavior*, *19*(3), 385-398.

Carroll, W. R., & Bandura, A. (1990). Representational guidance of action production in observational learning: A causal analysis. *Journal of Motor Behavior*, *22*(1), 85-97.

Gabbard. C. P. (1984). *Motor skill learning in children*. ERIC No. ED293645.

Gagné, R. M. (1954). Training devices and simulators: Some research issues. *American Psychologist*, *9*(7), 95-107.

Gallwey, W. T. (1974). *The inner game of tennis*. New York: Random House.

Gentner, D. R. (1984). *Expertise in typewriting*. CHIP Report, 121. La Jolla, CA: University of California, San Diego, Center for Human Information Processing. (ERIC No. ED248320.)

Gilchrist, J. R., & Gruber, J. J. (1984). Psychomotor domains. *Motor Skills: Theory into Practice*, *7*(1/2), 57-70.

Greenwald, A. G., & Albert, S. M. (1968). Observational learning: A technique for elucidating S-R mediation processes. *Journal of Experimental Psychology*, *76*, 267-272.

Hays, R. T., & Singer, M. J. (1989). *Simulation fidelity in training system design*. New York: Springer-Verlag.

Knapp, B. N. (1963). *Skill in sport: The attainment of proficiency*. London: Routledge and Kegan Paul.

Krathwohl, D. R., Bloom, B. S., & Masia, B. B. (1964). *Taxonomy of educational objectives, Handbook 2: The affective domain*. New York: Longman.

Lee, T. D., & Genovese, E. D. (1988). Distribution of practice in motor skill acquisition: Learning and performance effects reconsidered. *Research Quarterly for Exercise and Sport*, *58*(4).

Lindahl, L. G. (1945). Movement and analysis as an

---

22) 이러한 통합적 관점은 새로운 패러다임의 수업이론의 중요한 측면이며 체제적 사고를 반영하고 있다.

industrial training method. *Journal of Applied Psychology, 29,* 420-436.

Locke, E. A., & Bryan, J. F. (1966). Cognitive aspects of psychomotor performance: The effects of performance goals on levels of performance. *Journal of Applied Psychology, 50,* 286-291.

Lozanov, G. (1978). *Suggestology and outlines of suggestopaedia.* New York: Gordon & Breach.

Luria, A. R. (1961). *The role of speech in the regulation of normal and abnormal behavior.* New York: Liveright.

Mager, R. E. (1968). *Developing attitude toward learning.* Belmont, CA: Fearon.

McAuley, E., & Rotella, R. (1982). A cognitive-behavioral approach to enhancing gymnastic performance. *Motor Skills: Theory Into Practice, 6*(2), 67-75.

McGuigan, F. J., & MacCaslin. E. F. (1955). Whole and part methods in learning a perceptual motor skill. *American Journal of Psychology, 68,* 658-661.

Meichenbaum, D., & Goodman. J. (1971). Training impulsive children to talk to themselves: A means of developing self control. *Journal of Abnormal Psychology, 77,* 115-126.

Naylor, J. C., & Briggs, G. E. (1963). Effects of task complexity and task organization on the relative efficiency of part and whole training methods. *Journal of Experimental Psychology, 65,* 217-224.

Niddefer, R. M., & Deckner, C. M. (1971). A case-study of improved athletic performance following the use of relaxation procedures. *Perceptual and Motor Skills, 30,* 821-822.

Poulton, E. C. (1957). On prediction in skilled movement. *Psychological Bulletin, 54,* 467-478.

Rogers, C. R. (1969). *Freedom to learn.* New York: Merrill.

Romiszowski, A. J. (1974). *Selection and use of instructional media: A systems approach.* London: Kogan Page.

Romiszowski, A. J. (1981). *Designing instructional systems.* London: Kogan Page.

Romiszowski. A. J. (1993). Psychomotor principles. In M. Fleming and W. H. Levie (Eds.), *Instructional message design.* Englewood Cliffs, NJ: Educational Technology Publications.

Rose, C. (1985). *Accelerated learning.* Great Missenden, UK: Accelerated Learning Systems.

Roshal, S. M. (1961). Film mediated learning with varying representation of the task: Viewing angle portrayal of demonstration, motion and student participation. In A. A. Lumsdaine (Ed.), *Student response in programmed instruction.* Washington, DC: National Academy of Sciences, National Research Council.

Schmidt, R. A. (1975). A schema theory of discrete motor skill learning. *Psychological Review, 82,* 225-260.

Schön, D. A. (1983). *The reflective practitioner.* New York: Basic Books.

Schön, D. A. (1987). *Educating the reflective practitioner.* San Francisco: Jossey-Bass.

Seymour, W. D. (1954). *Industrial training for manual operations.* London: Pitman.

Seymour, W. D. (1966). *Industrial skills.* London: Pitman.

Shasby, G. (1984). Improving movement skills through language. *Motor Skills: Theory into Practice, 7*(1/2), 91-96.

Singer, R. N. (1982). *The learning of motor skills.* New York: Macmillan.

Smode, A. F. (1972). *Training device design: Human factors requirements in the technical approach.* Orlando, FL: Naval Training Equipment Center.

Sormunen, C. (1986). A comparison of two methods for teaching keyboarding on the microcomputer to elementary grade students. *Delta Pi Epsilon Journal, 28*(2), 67-77.

Thorndike, E. L. (1903). *Educational psychology.* New York: Lemcke and Buschner.

Wallace, S. A., & Hagler, R. W. (1979). Knowledge of performance and the learning of a closed motor skill. *Research Quarterly, 50,* 265-271.

Welford, A. T. (1968). *Fundamentals of skill.* London: Methuen.

Welford, A. T. (1976). *Skilled performance: Perceptual and motor skills.* Gleview, IL: Scott Foresman.

Wellens, J. (1974). *Training in psysical skills.* London: Business Books.

Wheatcroft, E. (1973). *Simulators for skill.* London: McGraw-Hill.

정의적 발달의 촉진

이 단원은 이 단원에서 나오는 이론들을 독자들이 분석하고 이해하는 데 도움을 줄 수 있는 장으로 시작하였다. 제20장은 정의적 발달(예, 정서적, 사회적, 도덕적)의 여섯 가지 중요한 영역과 이들 영역들의 수업적인 가치를 가지고 있는 주요 구성요소들(예, 지식, 기술, 태도)을 보여 주는 개념적 모형을 제시하고 있다. 이들은 무엇을 가르칠 것인지에 관한 수업설계이론들 간의 차이점들을 독자들이 이해하는 데 도움을 줄 것이다. 또한 제20장은 정의적 프로그램의 지속성과 어떻게 주제들이 통합되는지와 같은 수업설계이론들이 정의적 영역에서 각각 다른 이론들과 구별될 수 있는 근거가 되는 보다 중요한 여덟 가지 차원을 설명해 주는 모형을 제공하고 있다.

다섯 개의 이론을 기술한 장들 중 첫 번째(21장)는 인지적 영역과 가장 많이 중복되며, 본질적으로 두 가지 영역 사이의 교량적인 역할을 한다. 그 다음 정서적 발달(22장), 태도 발달(23장), 성격 발달(24장), 그리고 영적 발달(25장) 등으로 구성되어 있다. 그러나 이 다섯 가지 이론들은 단지 길잡이가 절실히 필요할 수 있는 정의적 발달 범주의 폭에 대한 논의의 시작에 불과하다. 그리고 이 다섯 개의 장들은 여기서 진술한 일종의 정의적 발달을 위해 전 세계적 이론가들이 시작한 연구들의 표면적 기술의 시작이라고 말할 수 있다.

인지적 영역과 대조를 해본다면, 여러분은 이 장들은 각각 다른 장들과 경쟁하거나 갈등하기보다는 각각 다른 장들을 보완하고 지원하고 있음을 보다 쉽게 발견할 수 있을 것이다.

이 책에 이 다섯 개의 장들을 포함한 것은 인간 학습과 발달의 정의적 영역 촉진에 관심을 가진 사람들을 위해 보다 많은 안내(교수이론)를 개발하는 것이 중요하다는 인식을 증가시키기 바란다. 또한 나는 이 장들이 정의적 영역의 굉장한 복잡성에도 불구하고 유용한 안내를 제공하는 것이 가능하다는 것을 보여 주기 바란다.

여러분은 이 단원의 장들을 읽어가면서, 2쪽의 질문 목록을 정기적으로 재검토하는 것이 도움이 됨을 알 수 있을 것이다.

—C.M.R.

정의적 교육과 정의적 영역: 수업설계이론과 모델을 위한 적용

Babara L. Martin
독립 컨설턴트, Orlando, FL
Charles M. Reigeluth
Indiana University

이상수
부산대학교 교육학과 교수

1. 정의적 교육: 무엇을 의미하는가?

1976년에 Bills는 정의(affect)에 대한 개념정의가 불분명하고, 관심 밖이며, 측정이 매우 어려워서, 개념에 대한 정확한 이해를 하지 못하면 교육자들이 학교에서 적절히 사용할 수 없을 것이라고 진술하고 있다. 1986년에 Martin과 Briggs 역시 같은 결론에 이르렀다. 그들은 자아개념, 정신건강, 집단역학, 성격발달, 도덕성, 태도, 가치, 자아발달, 감정, 그리고 동기를 포함하여 정의와 관련한 21개의 다른 용어들을 나열하고 있다. 1990년에 Beane은 다음과 같은 진술을 하였다.

교육과정에서 정의의 위치를 규정하는 폭넓고 응집성 있는 이론이나 체제를 개발하기 위한 진전이 거의 전무한 상태이다…. 무엇보다도, 정의를 어떻게 개념 정의할 것인가에 대한 동의가 없으며, 따라서 교육과정에서 정의가 어떻게 자리 매김을 할 것인가에 대한 다양한 견해들이 있다….

그럼에도 불구하고, 학교에서 우리가 행하는 거의 모든 것들이 정의와 연관이 있기 때문에 현재 이 분야에서의 혼란이 이러한 노력을 요구하고 있다(p. 2).

우리는 이 장 혹은 이 책에서 이러한 문제들을 해결하려기보다는, 학습이나 수업에서 정의적 발달이 어떤 위치를 차지하고 있는지에 대한 다양한 관점들을 제공하고, 수업개발자나 교사가 그들의 수업에서 정의를 포함시킬 것인지 또는 어떻게 포함시킬 것인지를 결정할 때 사용할 수 있는 고려사항들을 기술하고자 한다.

"정의"라는 단어는 널리 알려져 있다. 정의적 교육은 넓은 의미로 학교에서 학생들의 경험을 다루고 있고(Ackerson, 1991/1992) 개인적 그리고 사회적 발달 프로그램을 설명하는데 일반적으로 사용되고 있다. 아래의 글들은 교육에서 정의를 규정하는 방법들의 예들이다.

정의적 교육(Affective education)은 개인적-사회적 발달, 감정, 정서, 도덕성, 윤리에 대한 교육을 의미한다; 가끔 교육과정 내에서 독립되어 있다 (Ackerson, 1991/1992; Beane, 1990).

정의를 위한 교육(Education for affect)은 교육이 인간적이어야 하며, 따라서 교육은 정의에 관한 것이어야 한다는 것을 의미한다; 교육은 다른 어떤 것이 될 수 없으며 그리고 교육과정 내의 다른 요소들과 분리될 수 없다(Beane, 1990).

과정으로서 정의적 발달(Affective development as a process)은 개인과 사회의 최고 요구들을 충족시키기 위한 개인적 성장이나 내적 변화를 의미한다. 반면에 마지막 결과물로서의 정의적 발달(affective development as an end-product)은 앞에서 기술한 과정의 결과물을 의미한다; 즉 잘 적응된 또는 정의적으로 발달된 사람(Education for Affective Development: A Guidebook on programmes and practices, 1992).

정의적 발달 교육(Affective Development Education)은 학생들의 발달을 위한 계획된 개입과정을 의미한다; 이 경우는 특정한 주제영역(예, 영어나 정부)의 일부로 정의를 포함하거나, 교육과정에 통합, 과정이나 결과물로서 정의적 발달에 대한 독립된 학습과정을 포함할 수 있다.

정의적 영역(Affective Domain)은 내적 변화나 과정에 초점을 둔 정의적 발달 요소를 의미하기도 하고 또는 과정이나 결과물로서의 정의적 교육의 행동 범주를 의미하기도 한다.

2. 왜 정의를 고려하는가?

정의는 지난 수십 년간 내면적 혹은 외연적으로 학교교육의 한 부분으로 생각되어져 왔다. 정의적 교육은 인간성 교육, 도덕 발달, 학생중심학습, 자아실현, 그리고 가치교육과 같은 조금은 정당화가 쉽고 효과적인 많은 다양한 형태로 나타났다. 정의적 교육은 인종주의, 약물과 알코올 남용, 그리고 10대 임신 등과 같은 많은 다른 사회적 요구에 부응하기 위하여 나타났었다. 그리고 정의적 교육은 아이들 중심 및 교육과정 중심의 논의와 같은 다양한 철학적, 교육과정적 입장의 일부로 나타났었다. 요구와 시간의 변화에 따라 정의적 교육은 점차 인기가 있기도 하고 없기도 하였다.

Lickona는 이 책 제24장에서 20세기 중간의 논리적 긍정주의 철학이 성격 교육에 대한 지지를 부식되게 했다고 기술하고 있다. 교육과정의 강조점이 과학과 수학과 같은 학문적 영역에 주어짐으로써 정의적 교육 영역도 같은 현상이 나타났다. 1960년대에는 Rogers(1969)의 학습자중심학습과 Kohlberg(1969)의 도덕 발달 주장과 함께 가치교육이 다시 나타나기 시작했었다. 비록 이들 프로그램들이 전혀 서로 같지 않지만, 각각은 우리가 정의적 교육이라고 부르는 것에 다시 관심을 불러일으켰다.

Beane(1990)은 학교교육에서 정의적 교육을 포함시키고자 할 때 다음 내용을 고려하도록 제안하였다.

기초가 되는 이론은 다음과 같이 생성된다: 커다란 규모의 사회적 문제가 발생하게 되면 우리는 합법적이거나 아예 법률을 제정하는 형태로 반응할지 모른다. 그러나 긴 시간을 위해서 가장 최고의 해결책은 현 젊은 세대들에게 그들의 문제를 극복하도록 교육하거나 보다 윤리적이고 도덕적인 사회를 창조하도록 돕는 것이다(p. 3).

그러나 공립학교에 있는 학문적 프로그램들은 정의적 행동의 학습이나 교수를 위한 많은 것들 중의 하나라는 것을 인식하는 것이 중요하다. 아동들이나 성인 모두에게, 정의적 행동은 사립학교, 종교학교, 여름 캠프, 교회, 그리고 공동체나

오락활동 등에서 직·간접적으로 언급되고 있다. 정의적 행동은 성인들을 위하여 부모교육, 기업훈련 프로그램, 그리고 자원봉사조직과 같은 다양한 장소에서 명확하게 언급되거나 가르치고 있다. 비록 이 책에서 우리의 초점이 공공 학교에 있지만, 정의적 교육이 어떤 상황, 어떤 나이를 대상으로 가르치거나 개발될 수 있으며, 따라서 수업설계 이론은 공공 학교뿐만 아니라 모든 상황을 위한 안내를 제공해 주어야 할 필요가 있다.

우리가 공공 학교 상황에서 정의적 행동을 가르칠 때, 몇 가지 철학적, 사회적 관점에 따라 고려해야 할 중요한 문제가 있다. 예를 들어, 정의적 목표들이 외연적 혹은 함축적이든, 진술되었든 혹은 진술되지 않았든, 계획적이든 혹은 비계획적이든, 무엇을 가르치고 누가 이러한 결정을 할 것인지가 문제가 된다. 그밖에 어떤 교육방법을 교사가 사용하고 이러한 방법들이 직접적이어야 하는지 혹은 간접적이어야 하는지가 정의적 영역을 가르치기 위해 부모, 학생, 그리고 공동체가 얼마나 수용적이어야 하는지를 결정하는데 영향을 미치게 된다. 정의적 영역을 가르치는 것과 관련한 중요한 문제들은 다음과 같다.

- 정의적 발달은 가끔 오랜 시간이 걸린다.
- 주입 또는 세뇌는 윤리적인 문제가 될 수 있다.
- 가끔 행동의 부재가 행동의 존재보다 중요할 때가 있다(예, 불안전한 또는 혼전 섹스의 절제).
- 고전적 조건화, 조작적 조건화, 그리고 설득적인 의사소통 기법들이 정의적 행동을 가르치거나 유지하는 효과적인 방법이다.
- 가끔 정의를 인지적 결과를 위한 수단으로 혼동하는 경향이 있다.

이 모든 문제들이 수업이론에서 다루어야 할 중요한 것들이다.

이러한 문제들에도 불구하고, 지난 수십 년간 정의적 교육의 새로운 흥미 거리들이 미국의 공공 교육 분야에서 전례가 없을 정도로 발달하였다(Beane, 1990). 왜 이러한 일들이 일어났는가? 분명한 해답은 물질의 남용, 10대 임신, 집단 폭력, 가출, 범죄, 이혼율, 자퇴, 음식물 문제, 질병 등의 증가와 이와 유사한 사회적 문제들의 폭발에 있다. 학교 내에서 대인간 갈등이 극적으로 증가하고 있고, 훈육의 부족(싸움, 폭력, 패거리 활동 등의 범주를 포함하여)이 공교육이 직면한 가장 큰 문제가 되고 있다(Johnson & Johnson, 1996).

그러나 다소 명확한 해답은 현대 심리학과 철학 이론이 사고와 감정 간의 관계성을 그 어느 때보다도 명확히 인식하고 있다는 것이다. 의도적인 행동은 정의와 인지 모두에 의해서 발생한다. 우리의 감성은 무엇인가와 연결되어 있고, 어떤 대상을 가지고 있으며, 사고의 과정을 거친 행동(반응)과 해결책을 필요로 한다(Beane, 1990; Goleman, 1995; Noddings, 1994). 사실, Brown, Collins와 Duguid(1989), Harre(1984), 그리고 Vygotsky(1978)의 연구결과를 보고한 Tennyson과 Nielson(1997)은 최근 어떤 인지심리학자들이 정의적 영역이 실제 인지를 지배한다는 "발견"을 했다고 기술하고 있다. 그들은 상황적 인지처럼 많은 구성주의 아이디어에서 이러한 주장을 발견할 수 있다고 제안하고 있다. 구성주의와 포스트 모던 관점을 신봉하는 다른 교육학자들은 점차 교육에 관한 보다 총체적인 접근에 관심을 가지고 있다. 이러한 접근은 때로는 환원주의, 관료주의, 위계적이기보다는 학습자 중심, 인본주의, 민주주의적인 세계관을 포함하는 것으로 특징지을 수 있다(Hlynka, 1997; Lebow, 1997; Miller, 1994)—이러한 모든 새로운 패러다임적 특성들은 제1장에서 논의되었다.

최근 인간두뇌의 구조와 기능에 대한 연구는 두뇌가 두 가지 마음 즉 감성과 이성을 가지고 있다고 밝히고 있다(Goleman, 1995). 신경과학에 대한 연구를 보고한 Goleman은 이들 두 가지 두뇌의 요소들이 조화롭게 일을 함께하기도 하지만 때로는 각각 독립적으로 구분되어 기능하기도 한다고 기술하고 있다. 지식발전에 기초하여 우리는 이제 두뇌의 감성적 영역이 먼저 개발되어야 할 곳이며, 때로는 우리가 의사결정을 하거나 문제에 직면하면 가장 먼저 "작동"하는 장소임을 알고 있다. 이러한 경우는 사고하는 두뇌가 의사결정을 하는 동안에 발생을 한다. 이러한 사실이 교육과 교육 프로그램에 주는 의미는 학생들이 그들의 감성을 제어하는 법을 배우고 이를 가르쳐야 한다는 것이다. 이는 감정과 행동의 차이점과 이들 차이점이 행동에 미치는 영향을 학습해야 함을 의미한다. Goleman(1995)은 이를 "감성지능(emotional intelligence)"이라고 지칭을 했다. 그는 감성지능이 학생들에게 그들의 감정을 관리하고, 보다 자기인식을 높여주며, 그들의 사회적 인지적 기술을 개선해주고, 보다 감정이입적이게 해 줌으로써 학생들과 사회가 이전에 언급한 사회적 문제들(폭력, 억압, 스트레스)을 잘 다룰 수 있도록 도와 줄 수 있다고 기술하고 있다.

Gray와 LaViolette는 정서적/인지적 구조(emotional/cognitive structures: ECS)라고 불리는 또 다른 두뇌이론을 제안하면서 정서상의 미묘한 차이가 사고와 지식을 결정하는 구조가 된다고 기술하고 있다(Ferguson, 1982). Sommers(Ferguson, 1982)의 연구는 ECS를 타당화하는 결과를 보여 주고 있다. Gray와 LaViolette는 감정을 무시하는 것은 학습의 효과성을 저하시키며, 정서를 이해하는 것은 보다 진보된 인지적 조직화를 촉진하는 핵심 요소가 된다고 제안하고 있다. 유사하게 Greenspan(1997)은 "인지적 자극이 아닌 정서적 자극이

인간마음의 최고 설계자 역할을 한다(p. 1)"라는 중요한 증거를 제공하고 있다. Greenspan의 결론은 정상적인 아이와 비정상적인 아이(예; 자폐아)들에 대한 수천 시간의 관찰에 기초하고 있다. Greenspan(1997)에 따르면:

> 이러한 관찰은 어떤 종류의 정서적 육성이 아이들의 지적, 정서적 건강을 촉진하며, 정의적 경험들이 아이들로 하여금 다양한 인지적 과제를 숙달하도록 도와 준다는 사실을 명확히 해 준다. Maryland 대학의 Stephen Porges와 나에 의해 수행된 실험에 따르면 정서 조절을 담당하는 뇌와 신경체제의 부분들이 인지영역에서 중요한 역할을 한다(Perges, Doussard-Roosevelt, Porales, & Greenspan, in press)(pp. 9-10).
>
> 따라서 정서는 경험의 복잡한 중재자 역할을 할 뿐만 아니라 내적 조직화와 차별화 역할을 담당하고 있다(p. 113).

정서적 발달이 독립되어 있기보다는 인지적 발달과 똑같은 중요성을 가지고 있기 때문에 인지적 발달을 위한 필수적 기초가 되며 중요한 요소가 된다고 말할 수 있다. 이러한 입장은 정서적 발달을 전통적 공교육의 임무로 정당하게 포함하도록 한다.

정의가 교육과정에 포함되어야 할 또 다른 중요한 이유는 민주주의 사회가치로부터 파생한다. Norton(1994)은 다음과 같이 기술하고 있다:

> 미국에서, 1980년대에는 우리 국민들의 도덕적 특성이 불안정한 상황이라는 것에 대한 공적 인식을 같이하고 있었다. 그 당시 10여 년간 정부, 기업체, 재정분야, 전문업들, 그리고 복음종교 내에서 전대미문의 도덕적 부패가 연속적으로 나타나고 있었다. 이러한 사실은 우리 국가의 지도력

과 국민들 간의 "보다 나은 융합"을 하도록 하자는 공적인 주장이 나타나게 하였고, 어떤 사람들에게는 "도덕적 차원의 위기"를 주장하게 하였다 (p. 3).

Norton은 이어서 윤리적, 도덕적 통합이 도덕교육의 이정표가 되었다고 말하고 있다. 인간의 존엄성, 자유, 정의, 배려, 평등, 평화 그리고 정직과 같은 도덕적 원칙과 공유된 가치가 미국 교육의 모든 측면에 통합되는 것이 반드시 필요하다. 단순히 이러한 중요한 원칙과 가치를 이해하는 것만으로는 불충분하다. 학습은 개인이 개인적 그리고 사회적으로 책임 있는 방식으로 행동하도록 하는 것을 반영하고 있다.

왜 정의를 고려해야 하는가? 우리는 이제 다른 어떤 때보다도 학습, 행동, 그리고 인간의 성장과 발달에 대한 총체적인 특성을 잘 인식하고 있고, 또한 우리의 사고와 감정이 통합되어 있으며 매일의 의사결정에 영향을 미치고 있다는 것도 잘 인식하고 있다. 또한 하나의 사회로서 우리는 도덕적 통합과 다른 사람의 요구에 대한 관심에 높은 가치를 두어야 한다. 우리는 생산적이고 정신적으로 건강하며 정직한 시민, 자신과 가족을 잘 보살필 수 있는 능력을 가진 시민, 타인의 복지를 도와줄 수 있는 시민을 양성하는 것이 중요하다. 정의에 대한 관심 없이는 학교는 학생들 궁극적으로는 사회를 속이는 결과를 가져오게 된다.

3. 정의적 학습의 영역으로 어떤 것들이 있는가?

이러한 질문에 대한 답은 몇 가지 이유로 중요하다. 첫째, 어떤 유형의 학습이 정의적 영역을 구성하는지 아는 것은 정의적 영역에 포함될 것과 그

렇지 않은 것을 이해하게 해 준다. 둘째, 교육자들이 무엇을 가르칠 것인지 결정하도록 돕는 목록을 제공해 준다. 셋째, 다른 종류의 정의적 교육은 다른 종류의 수업방법을 필요로 하며 이는 수업이론의 중요한 초점이 된다.

가장 잘 알려지고 가장 자주 사용되는 정의적 영역의 분류는 1964년에 Krathwohl, Bloom과 Masia에 의해 개발되었다. 일명 "정의 분류"는 **내면화**의 원리에 기초하고 있으며 내면화란 태도와 가치가 점진적으로 개인의 한 부분이 되어가는 과정을 의미한다. 내면화란 분류학을 이해하기 위한 기초적인 개념이다. 그 이유로 이론적 관점에서 태도와 가치가 내면화될수록 태도와 가치가 행동에 영향을 미치게 되기 때문이다. 분류학은 내면화의 개념을 반영한 다섯 개의 주요 범주(각각은 하위 범주를 가짐)로 구성되어 있다. 내면화의 범주는 가장 옅은 수준에서 깊은 수준까지 가치와 가치의 복잡성에 의해 수용(receiving), 반응(responding), 가치화(valuing), 조직화(organization), 그리고 특성화(characterization)로 분류될 수 있다(구체적인 범주와 하위 범주에 대한 기술은 Martin & Briggs, 1986을 참조). 분류학의 개발은 부분적으로 다섯 가지 범주와 하위 범주 각각에 대해 교사들이 정의적 목표를 작성하고, 정의적 영역의 평가를 설계하는데 도움을 주기 위해 개발되었다. 이러한 목표들은 내면화의 수준별 정도를 반영하도록 기술될 수 있으며, 이들 목표가 감정, 정서 또는 어떤 현상에 대한 수용과 반대의 정도를 강조한다는 차원에서 인지적 목표들과 구분이 될 수 있다.

분류학의 다섯 가지 주 범주들은 위계적(서로에 기초하여 형성됨)인 것으로 의도가 되었으나 분류학의 위계성에 대한 타당성의 증거를 확신할 수 없다(Martin & Briggs, 1986). 교육과정과 수업개발에 있어서 분류학이 위계적인지 아닌지는 매우 중요하다. 그 이유는 만일 정의적 목표들이 서로

에 기초하여 형성될 수 있다면 나선형 계열의 정의적 행동이 어떤 수업이나 교육과정에도 형성될 수 있기 때문이다.

정의적 영역의 분류학은 너무 일반적이고, 너무 추상적이며, 과도하게 인지에 의존하고, 그 영역에서 제한적이라는 이유로 비판받고 있다(Martin & Briggs, 1986). 더욱이 분류학으로서, 정의적 성과 유형에 따른 적절한 수업방법에 대한 기술이 포함되어 있지 않다는 문제가 있다. 그 제한된 영역과 관련하여 Krathwohl과 그 동료들(1964)은 가치, 태도, 정서, 자기개발과 같은 정의적 구성물의 사용을 포함하여 많은 다른 조직화 도식에 의해 분류학을 조직하려고 시도했지만 그들은 이러한 구성물들이 사용하기에 너무 빈약하게 정의가 되어 있음을 발견하였다. 이러한 개념정의 문제가 아직 풀리지 않은 큰 문제로 남아 있다(Beane, 1990; Bills, 1976; Martin & Briggs, 1986).

수많은 다른 정의적 영역의 분류학이 개발되었으며(Brandhorst, 1978; Foshay, 1978; Gephart & Ingle, 1976; Hoepfner, 1972; Nunnally, 1978) Martin과 Briggs(1986)에 의해 검토되었다. 이들 영역은 하나의 목표로서 자기개발을 강조하는 철학적 반응에서 심리학적 반응에 이르기까지 분포하고 있다. 이들 분류학은 또한 감상, 흥미, 신념, 정서, 사회적 기질, 감정적 반응 등을 포함한 다양한 정의적 구성물들을 포함하고 있다. Foshay(1978)은 여섯 가지 학습영역(지적, 정서적, 사회적, 신체적, 미적, 영적)을 기술했었다. 그는 다른 분류학에 포함되어 있지 않은 심미성과 영성(spirituality)이라는 두 가지 정의적 구성물을 포함하고 있다.

부분적으로 이러한 분류학에 기초하여 Martin과 Briggs(1986)는 정의적 구성물의 중요한 포함물로서 자기개발과, 사회적 능력, 가치, 도덕과 윤리, 계속동기, 흥미, 태도 그리고 하위 요인으로

정서와 감정으로 구성된 자신들의 정의적 분류학을 개발하였다(Martin & Briggs, 1986, p. 448). 그들 분류학은 정의적 영역의 학습결과를 표현하기 위한 것이지만 목표를 위한 수단으로 해석될 수 있다. 즉, 그들은 어떻게 정의적, 인지적 영역이 상호 연결되어 있는지 그리고 이들의 연결은 정의적 영역이 보다 잘 기술되지 못하면 불가능하다는 것을 보여 주려고 했었다. 그들은 정의적 구성물들의 개념 정의 문제를 인식하고 다음과 같이 기술하고 있다.

아마 정의적 영역의 범주에 대한 대안적 사고방식은… 구성물들에 영향을 주는 학습목표나 결과의 범주를 규정하는 것이다. 교육이나 훈련의 잠재적인 정의적 목표나 결과들은 다음과 같은 것들을 포함할 수 있다.
1. 목표들은 심미성을 포함하여 주제영역이나 학문에 대한 긍정적인 태도와 관련이 있다.
2. 목표들은 태도나 가치를 위한 합리적 근거를 개발하는 것과 관련이 있다. 이러한 것들은 도덕이나 윤리 영역에서의 분석적 사고와 의사결정을 포함하고 있다.
3. 목표들은 정의적 과정 즉, 개인에 의해 지각된 암시적 또는 긍정적 방향의 움직임과 관련이 있다.
4. 학습자에게 중요하거나 흥미 있는 영역을 포함하여 직업적, 취미 영역에서의 흥미와 동기를 개발하고 유지하는 것과 관련이 있다(p. 450).

또 다른 개념적 모형이 1989년 캐나다의 Al-berta에 있는 "The Lethbridge Catholic Schools"에서 개발이 되었다(Lambert & Himsl, 1993). 그들은 교육의 중요한 가치 있는 결과인 정의적 영역의 질을 규정하는 프로젝트를 진행했었다. 문헌

연구와 Alberta에 있는 교육자들에 대한 설문조사에 기초하여, 우리는 정의적 구성물(예로 자기개발) 또는 정의적 영역의 차원들(영적 발달)로 지칭하지만 그들은 가칭 지표(indicators)를 포함한 개념적 모형을 고안하였다: 자기가치(self-worth), 타인과의 관계, 세계에 대한 인식, 학습, 영적 삶. 그들은 이들 영역이 서로 연결되어 있는 것을 보여 주는 겹쳐진 원과 같은 개념적 모형을 제시하고 있다.

> 이 모형은 그들이 **타인**을 다루는 상호 관련된 경험을 통해, **세계**에 대한 성장하는 인식을 통해, 그리고 **학습**의 과정을 통해 **자신**에 대한 긍정적인 태도를 보여 주는 행동의 형성과 성장을 표상하고 있다. **영적 삶**의 차원은 삶에서의 목적성, 삶의 사건들과 활동들을 규정함으로써 다른 네 가지 요인들을 통합하게 된다. 영적 삶은 학습자를 인도하는 희망을 제공해 준다(Lambert & Himsl, 1993. p. 17).

마지막으로, 17개 나라의 문화 간 연구인 *Education for Affective Development*(1992)에서 저자들은 정의적 영역 발달 교육의 내용 영역에 대한 개념적 모형 또는 "지도(map)"를 제시하고 있다. 이 모형은 다섯 가지 영역을 규정하고 있다: 지적, 미적, 신체적, 영적, 사회적 영역. 사회적 영역은 두 개의 분지로 다시 나누어진다: (a) 강조점: 도덕적, 법적, 정치적, 전통적(즉, 예절, 에티켓, 사회적 규약), 그리고 (b) 관점: 개인, 가족, 학교, 공동체, 사회, 국가, 그리고 세계. 첫 번째 분지는 다음과 같은 질문을 유발한다: 만일 사회적이라면 어떤 점을 강조할 것인가(예; 도덕적, 정치적)? 두 번째 분지는 다음과 같은 질문을 유발한다: 만일 사회적이라면 어떤 관점으로부터 시작할 것인가(예; 개인, 사회)? 저자들은 비록 모든 영역들이 17

개 국가들의 연구에서 동일하게 가치 있는 것으로 인정받지는 못했지만 거의 모든 국가들이 교육과 지적인 수행 한 가지만을 혹은 둘을 모두 가치 있는 것으로 인식하고 있었다고 주장하고 있다. 예를 들어 어떤 국가들은 아이들이 학습을 사랑하도록 학습해야 한다는 열망을 명백히 기술하고 있다. 즉, 교육 그 자체가 장려되어야 할 가치라는 것이다. 반면에 거의 모든 국가들이 지적인 수행에 가치를 두고 있었다. "이상적으로는 아이들이 교육의 지적인 측면과 긍정적 정의를 연합하여야 한다(p. 28)." 이들 문화 간 연구에서의 교육과 긍정적 정의와의 연합과 인지적 학습은 영역들 간의 연결성을 기억시켜 준다.

이들 정의적 영역의 두 가지 개념적 모형은 분류학(Foshay, 1978을 제외하고)보다 영적 영역에 더 강조점을 두고 있으며, 개인적 관점보다는 세계적 관점을 보다 명확히 밝히고 있다. 그 이유는 아마 그들의 국제적 관심 때문일 것이다. 또한 이들 모형은 정의적 교육 안에서 학습만을 가치화하거나, 지적 행동을 가치화 하거나 또는 이들 모두를 가치화하는 것을 포함하고 있다. 어느 정도 모든 개념적 모형들은 개인과 자기 개발, 도덕 교육, 사회적 학습에 대한 관심, 그리고 긍정적 가치와 태도의 개발(비록 이들은 다른 지표들을 가지고 있지만) 등을 기술하고 있다. 사회적 학습은 때로 인지적 측면(예, 타인과의 관계에 대한 기술 학습)을 강조하고, 때로는 사람의 감정과 정서에 대한 이해 그리고 그들이 대인관계에 어떻게 영향을 미치는지를 보다 구체적으로 강조하고 있다.

4. 정의적 영역의 또 다른 개념적 모형

위에서 검토된 분류학이나 개념적 모형들로부터 정의적 영역이 그 자체로 깔끔하고 분명한 분류를 제공하지 못한다는 사실을 명확히 알 수 있다. 분류작업들은 많은 다른 관점과 많은 다른 목적하에서 다양한 방법으로 접근할 수 있다. 이러한 현상의 부분적 이유는 모든 것들이 서로 연결이 되어있으며, 같은 요인들이 가끔 몇 가지 다른 방법들로 연결되어 있기 때문이다. 결론적으로 정의적 영역의 복잡성과 애매성을 실재적으로 이해하도록 돕기 위해 정의적 영역의 넓고 다양한 다른 유형의 개념화를 인지할 필요가 있다. 이러한 목적을 위해 우리는 정의적 영역을 개인적 성장과 내적 변화를 강조하는 과정적 측면과 "정의적으로 잘 적응된" 사람이라는 결과적 산물 모두를 강조하는 추가적인 개념 모형(그림 20.1 참조)을 제공

하고자 한다.

우리는 정의적 발달을 이해하기 위해 가장 중요한 고려사항들 중 하나가 우리가 명명한 다른 발달영역(dimensions of development)이다. 그러나 우리는 각각의 이러한 영역들은 너무 복잡하기 때문에 수업에 가장 적절한 이들의 주요 요소들을 규정하는 것이 중요하다고 생각한다. 우리의 모형은 여섯 가지 영역과 세 가지 주요 요소로 구성되어 있다. 여섯 가지 영역들은 그림 20.2에 정의되어 있고 각각은 다른 측면의 정의적 개발을 의미하고 있다. 각 요소들은 각 영역의 정의적 발달을 구성하는 요인들을 의미한다. 많은 요소들이 있지만 우리는 각 영역들의 상호관련성을 나타내 보여

영역	수업가치의 구성요소			
	지식	기술	태도	다른 것?
정서 발달	기쁨과 화처럼 다른 사람도 당신처럼 같은 정서를 경험한다는 것을 아는 것	• 정서 인지하기 • 정서 조절하기	• 나는 행복하고 싶다. • 나는 화내는 것을 싫어한다.	?
도덕 발달	배려, 정의, 평등과 같은 문화의 도덕적, 윤리적인 법칙 이해	• 도덕적 사고기술 • 도덕적 영역의 문제해결 기술	• 나는 정직하고 싶다. • 나는 윤리적인 기준을 갖는 것을 선호한다.	?
사회 발달	촉진자 역할과 같은 그룹 역동성과 민주주의 이상을 이해	• 대인간 의사소통기술을 포함한 사회 기술	• 나는 다른 사람들과 긍정적으로 상호작용하고 싶다. • 나는 싸움으로 반론을 해결하려는 것을 반대한다.	?
영적 발달	영혼의 본질과 같은 영적 세계에 대한 종교적 지침에 대한 지식	• 당신 내부의 자아와 접촉할 수 있는 기술 • 다른 사람을 이타적으로 사랑하는 능력	• 나는 영적 삶을 원한다. • 나는 하나님과의 관계를 맺는 기도를 선호한다.	?
미적 발달	가치와 판단의 관계처럼 미학의 주관적 본질을 이해	• 미적 질을 평가하는 기술 • 미적 창조를 할 수 있는 기술	• 나는 내 주위를 아름다운 것들이 둘러싸기를 원한다. • 나는 격조 높은 이론을 감상한다.	?
동기 발달	기쁨과 성취감과 같은 활동을 지속하기 위한 내/외적 보상을 이해	• 자신의 일시적 그리고 일생의 흥미를 개발하는 기술	• 나는 내가 좋아하는 직업을 원한다. • 나는 총과 관계있는 취미는 반대한다.	?

그림 20.1   정의적 발달의 개념 모형

주기 때문에 특별히 중요하다고 생각되는 세 가지만 여기서 규정을 하였다. 그리고 우리는 모형의 네 번째 칸을 비워두었는데 그 이유는 독자들로 하여금 많은 다른 요소가 있음을 기억시키기 위해서이다. 세 가지 주요 요소들은 지식, 기술, 그리고 태도이다(우리는 이들 중 태도가 가장 중요하다고 주장하고 싶다):

- **지식**: 영역과 연결되어 있는 이해나 정보, 예를 들어 자신이나 타인에게 적용되는 용어, 아이디어, 개념, 법칙, 그리고 전략 등에 대한 지식;
- **기술**: 적성, 적절한 지식, 그리고 수행력에 기초한 능력, 예를 들어 자기통제;
- **태도**: 일반적으로 입장(찬성 혹은 반대)과 강도(강함과 약함)로 표상되는 사물에 대한 긍정적, 중립적, 또는 부정적 반응이나 평가.

다른 것들로는 준비성, IQ, 경험, 정의적 교육에 대한 교사의 신념, 문화 등과 같은 정의적 발달을 구성하는 추가적인 구성요소들을 반영하는 개방형 범주들이 있다.

발달 영역

발달을 위한 영역에 포함하기 위한 우리의 선정 기준은 두 가지이다: (a) 차원은 행동에 영향을 미칠 수 있는 잠재성을 가진 강한 태도나 감정 요인을 가지고 있어야 한다. 그리고 (b) 표현되는 행동은 광범위하게 적용될 수 있어야 한다. 가장 분명한 영역은 정서적, 도덕적(혹은 윤리적), 사회적 그리고 동기의 발달이다(개념정의는 그림 20.2 참조). 어떤 학자들은 사회적 발달이 정의적 발달의 차원이기보다는 분리되어 있는 영역(예, Romiszowski, 1981)이라고 제안하기도 한다. Heinrich, Molenda, 그리고 Russell(1989)은 사회적 발달을 대인간(interpersonal) 영역으로 언급하고 있다. 우리는 사회적 발달을 정의적 발달의 영역에 포함시켰는데 그 이유는 사회적 발달이 많은 인간적 관계를 포함하고 있는 강한 태도 요소를 가지고 있기 때문이다.

그러나 영적 그리고 미적 발달은 어떻게 할 것

용어	개념 정의
정서 발달	당신 자신과 다른 사람의 감정과 정의적 평가를 이해하는 것 이러한 감정을 관리하는 것을 배우는 것과 그렇게 하기를 원하는 것
도덕 발달	배려, 정의, 평등 등과 관련하여 친사회적 태도발달을 포함하여 이들을 실행하려는 행동규범과 근거를 확립하는 것
사회 발달	동료, 가족, 직장동료 그리고 우리 자신들과는 다른 사람과의 상호작용을 시작 및 확립하고 관계를 유지하는 기술과 태도를 구축하는 것
영적 발달	자신의 영혼에 대한 자각과 올바른 인식을 증진시키고, 자신의 영혼과 타인의 영혼, 신, 그리고 모든 신의 창조물들과의 관계를 증진하는 것
미적 발달	아름다움과 시대의 양식을 인식하고 창조할 수 있는 능력을 포함하여 이들을 감상할 수 있는 능력을 획득하는 것; 미적 아이디어를 포함하여 일반적으로 예술과 음악에 연결되어 있음
동기 발달	직업과 부업적 추구를 포함하여 그들이 제공하는 기쁨과 유용성에 기초하여 흥미를 유발하기 위한 관심사와 욕구를 개발하는 것

그림 20.2　정의적 발달 차원에 대한 개념정의

인가? 이들이 다른 정의적 발달 영역들과 의미 있는 차이점을 가지고 있는가? 그리고 그들이 정의적 영역에 속하는가? 많은 학자들이 그렇다고 믿고 있고(Foshay, 1978; Education for Affective Development, 1992), 우리도 이들의 주장에 대부분 동의한다. 그 이유는 이들이 우리의 준거를 만족시키기 때문이다. 그러나 우리가 영적 발달을 종교적인 것과 구별되는 또 다른 것이라고 보고 있음을 주지하는 것은 중요하다. 영적 발달은 영적 영역이 물리적 영역과는 다른 차원의 상태이며, 모든 사람들은 영혼(영적 존재)을 가지고 있고, 모든 영혼들은 서로 그리고 신과 상호 연결되어 있다는 개인적 인식을 증가시키는데 관심을 가지고 있다. 영적 발달은 모든 사람들을 사랑할 수 있는 능력과 혹은 개인의 영혼에 대한 의식적 인식을 개발하는 것과 연관이 있다. 신에 대한 믿음 없이 혹은 모든 인간은 영혼을 가지고 있다는 믿음 없이 영적인 발달이 이루어질 수 있는가? 우리의 개념정의에 따르면 영적 측면을 개발할 수는 있으나 완전해질 수는 없다. 그러나 이러한 아이디어에 대한 탐구는 이 장의 영역을 넘어서게 되고 개개 독자들에게 생각해보도록 여지를 남기는 것이 좋을 것 같다.

따라서 우리는 우리의 모형에 여섯 가지의 정의적 발달 영역을 포함하였다. 그 이유는 각 영역들이 우리의 준거를 만족시키고 있고, 서로 다른 대상물을 가지고 있으며, 감정과 태도가 표현되는 다른 문맥에 초점을 두고 있다는 측면에서 서로 질적으로 다르다고 우리가 믿기 때문이다. 그러나 이들 여섯 가지는 서로 매우 연결되어 있고 상호 의존적이라는 것을 이 책의 나머지 네 장을 읽으면서 명확해질 것이다. 이들 여섯 가지는 우리가 검토한 문헌들 속에 널리 언급되고 있으며, 우리는 이들이 정의적 영역의 기술과 분류학의 "본질과 의도"를 내포하고 있다고 믿는다.

감정의 상태로서 정서가 모든 영역의 한 구성요소라는 것이 논쟁의 여지가 있기 때문에 왜 우리가 정서 발달을 분리되어 있는 한 영역으로 포함시켰는지 그 이유를 명확히 할 필요가 있다. 우리 모형의 정서 발달 영역에서 초점은 본질적으로 정서 자체에 주어진다. 다른 영역에서 초점은 특정한 상황의 감정 상태에 주어짐으로써 같은 정서라도 다른 영역들 속에서 다른 목적을 위한 다른 방법으로 적용될 수 있다. 예를 들어, 감정이입을 정서로 이해하고, 물리적으로 경험하고, 유발요인들을 학습하고, 가치화하는 모든 것들이 정서 발달의 부분들이다. 그러나 학대나 차별에 대한 감정이입에 긍정적 태도를 갖는 것도 도덕적 발달에 해당한다. 그 이유는 초점이 옳고 그른 행동에 있기 때문이다. 유사하게 타인과의 긍정적 관계를 유지하는 방법으로 감정이입은 사회적 발달의 부분이 된다. 그 이유는 타인에 대한 감정이입 기술에 해당하기 때문이다. 마지막 두 가지 예에서 개인은 그러한 감정을 감정이입이라고 규정할 수도 그렇지 않을 수도 있으며, 또한 이것이 중요할 수도 중요하지 않을 수도 있다. 중요한 것은 그 상황에서 개인의 경험이 긍정적, 부정적, 중립적이냐이다. 즉, 그들이 차별에 대해 부정적 감정을 가지고 있느냐 또는 그들이 중립적 혹은 심지어 긍정적이냐이다.

그러나 정의적 영역 문헌에서의 많은 다른 개념들에 대해서는 어떻게 생각해야 하는가? 우리가 초기에 분류학이나 개념적 모형에서 자주 언급한 몇몇 개념들은 감정이입, 자기가치, 그리고 흥미이다. 그들이 정의적 발달 영역을 의미하는가? 어떤 점에서는 그들이나 많은 다른 개념들이 실재 정의적 영역에 속하고 가능한(심지어 바람직한) 인간 발달의 영역을 대표한다. 그러나 그들이 다른 영역들과 질적으로 다른가? 우리는 감정이입이 몇몇(아마 모든)다른 영역들의 중요한 부분이 되는 구성요소로 생각한다. 우리는 자기가치는 정서 발달의 중요한 구성요소이고, 사회적 발달이나 심지어 영적 발달을 위한 구성요소나 혹은 필수 구성요소로 생각한다. 다른 한편으로 흥미는 정의적 발달과는 크게 분리가 되며, 따라서 우리가 동기 발달(동기 발달은 동기에 대한 일반적인 개념보다 다소 협소하다는 것을 인식하는 것이 중요하다)이라고 부르는 다른 영역으로 생각된다.

다른 정의적 개념들에 대한 유사한 분석을 하면서, 우리는 현재 그림 20.1과 그림 20.2에서 보여준 것들에 대해 제한된 우리의 영역 목록을 가지고 있다. 그러나 다른 개념들은 부가적인 영역으로 볼 수 있음을 마음에 두어야 하며, 우리가 나열한 각 영역들은 구성요소들과 하위영역을 가지고 있을 수 있다. 또한 다른 구성요소들 역시 같은 상황을 보여 줄 것이다.

영역들의 구성요소

정의적 발달 영역의 구성요소들에 대해 몇몇 연구들은 특별히 중요한 지식, 기술 그리고 태도/가치를 규정하였다(Martin & Briggs, 1986; Zimbardo & Leippe, 1991). 예를 들어, 정서적 발달은 어떤 유형의 태도와 가치, 기술, 그리고 지식(이해)을 필요로 한다. 비록 각 구성요소들의 상대적 중요성은 영역마다 그리고 영역 내에서도 다르긴 하지만 이러한 사실은 도덕적 발달과 우리가 기술한 다른 모든 영역들(간단한 예는 그림 20.1 참조)에도 적용이 된다.

그러나 분명히 지식, 기술, 태도를 넘어서 수업이론의 목적이 되는 정의적 발달을 촉진하는데 영향을 미치는 각 영역들마다 다른 구성요소들이 있다. 준비성, IQ, 경험, 정의적 교육에 대한 교사의 신념, 문화를 예로 제시했다. 이러한 범주들을 포함시키는 우리의 의도는 정의적 영역의 복잡성

때문에 우리의 모형이 불완전하고 우리가 관심을 가졌던 세 가지 요인 외에도 다른 구성요소들이 정의적 발달을 촉진하는 중요한 구성요소로 발견될 수 있음을 명확히 하기 위함이다.

우리 모형의 세 가지 중요한 구성요소들 중, 태도가 모든 정의적 발달 영역의 핵심이라고 믿는다. 태도는 준비성의 상태 또는 일관성 있는 행동을 하게 하는 학습된 경향으로 정의될 수 있다. 태도는 인지적, 정의적, 행동적 요인으로 구성이 되어 있다(Kamradt & Kamradt, 이 책의 제23장; Katz & Stotland, 1959; Zimbardo, Ebbeson & Maslash, 1977). 태도의 **정의적** 구성요소는 핵심이 되며 태도의 대상에 대한 정서적 반응 즉 그것에 대해 어떻게 느끼느냐를 의미한다. **인지적** 구성요소는 개인의 태도 대상에 대한 신념이나 지식을 의미한다. **행동적** 구성요소는 태도에 근거하여 행동하려는 경향성을 의미한다. (태도의 인지적 구성요소는 정의적 발달 차원의 지식구성요소와는 다르며, 태도의 행동적 구성요소는 정의적 발달 영역의 기술적 구성요소와는 다르다는 것을 인지해 주기 바란다. 예를 들어, 개인의 정서를 통제하는 기술은 자신의 정서를 통제하는 호의적 태도에 따라 실행하려는 행동적 경향성과는 같지 않다.)

태도의 세 가지 요인들이 어떻게 결합되어 있느냐에 따라 태도는 강하거나 약하고, 의식적이거나 무의적이며, 고립되어 있거나 다른 태도와 매우 통합되어질 수 있다. 태도의 인지적 정의적 요인들은 그것의 형성과 밀접하게 연관이 있지만, 반면에 행동적 요인은 행동의 방향에 가장 영향을 미치게 되며 인지적 요인과 밀접히 연결되어 있다. 심지어 태도물에 대한 정의적, 또는 평가/정서적 반응이 핵심이 된다고 생각될지 모르지만, 태도는 어떤 인지적 요인 없이는 존재할 수가 없다: 대상물이 최소한 평가되기 위해 인지되어야 한다 (태도발달에 대한 완전한 토론을 위해서 이 책의

제23장 또는 Martin & Briggs, 1986 참조). 그러므로 우리 모형의 각 태도구성요소들은 그림 20.1에서 표현하지는 않았지만 인지적, 정의적 그리고 행동적 요인들을 포함하고 있다.

우리는 다시 그림 20.1에서 보여 준 개념적 모형이 작업 중에 있고, 하나의 관점에 제한되어 있으며, 그리고 따라서 이러한 복잡하고 애매한 영역의 다른 개념화에 의해 보충될 필요가 있음을 강조하고 싶다. 예를 들어, 우리는 또한 정의적 발달이 내면의 자신과 사회적 존재로서 자신을 포함하고 있다고 생각하는 것이 도움이 됨을 발견하였다. 비록 내면적 성장과 사회적 발달이 우리의 영역에서 포함되어 있지만 이들 두 가지 발달의 측면은 명확히 기술되지 않았다. 더욱이 우리는 자기개발을 정의적 영역 내 모든 영역과 구성요소들이 독특한 개인을 형성하기 위해 융합되는 성장의 과정으로 규정하는 것이 유용하다는 것을 알게 되었다. 이러한 개념적 모형은 여러분이 이 책의 나

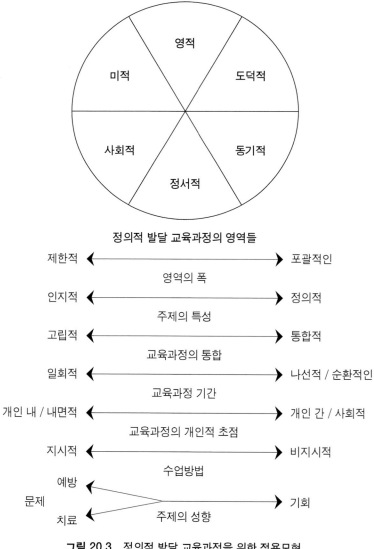

정의적 발달 교육과정의 영역들

그림 20.3   정의적 발달 교육과정을 위한 적용모형

머지 장들을 이해하고 분석하는 것을 도와 주는 여러분 자신의 현재 개념화에 유용하게 작용할 것이다.

5. 정의적 발달 교육과정을 위한 적용 모형

개념적 모형은 정의적 발달을 이해하는 것을 도와준다. 그러나 이 책은 정의적 발달을 촉진하는 방법을 규정하는데 관심이 있다. 대부분 이들 방법의 적용은 교육프로그램과 강좌(교육과정)를 설계하는 것을 의미한다. 비록 개념적 모형이 분명히 도움이 되기는 하지만 다른 종류의 지식 즉, 설계 이론(제1장 참조)이 필요하다. 이 단원의 남아 있는 장들은 현재 이 영역에서 행해진 흥미 있는 작업들의 작은 예들을 제공해 줄 것이다. 여기서 우리가 제시하는 적용모형은 이러한 설계이론에서 중요할 수 있는 몇 가지 설계문제들에 대해 여러분들이 생각해볼 수 있도록 해 줄 것이다(그림 20.3 참조).

우리의 적용 모형은 교육과정에 대한 일곱 가지 주요 설계 논점을 가지고 있다: **주제, 방향, 폭, 통합, 기간, 개인적 초점**, 그리고 **교육과정을 위한 수업 방법**. 이들 각각은 아래에 기술하였다. 그러나 우리는 분명히 이들이 완전한 목록이 아니기 때문에 여러분이 부가적인 설계 논점들을 규명해 주기 바란다.

- **정의적 교육과정의 영역**은 프로그램이나 강좌가 다룰 특정한 종류의 정의적 발달(예, 영적, 도덕적, 동기적)을 의미한다. 여러분은 우리의 개념적 모형을 사용할 수도 있고 다른 개념적 모형을 선택할 수도 있다. 또는 우리의 모형이나 다른 모형의 수정을 선택할 수도 있다. 그러나 교육과정을 위한 정의적 발달 영역의 지표는 적용 모형에서 중요한 역할을 한다.

- **영역의 폭**은 교육과정이 **포괄적**인지를 의미한다. 즉, 다 영역(예, 도덕적, 사회적, 정서적)을 포함하는지 또는 한두 영역만을 기술하는 **제한적**인지를 의미한다.

- **주제의 특성**은 주제가 원초적으로 **정의적** 또는 **인지적**으로 생각되는지를 의미한다. 인지적 정의적 영역은 상호 연결되어 있기 때문에 대부분 어떤 주제라도 두 가지 영역으로부터 제기될 수 있다. 그러나 어떤 주제들은 전형적인 정의적 영역 혹은 인지적 영역으로 생각될 수 있다. 예를 들어, 갈등해소, 개성교육, 도덕적 청렴에 대한 교육과 같은 주제들은 매우 정의적 영역으로 고려될 수 있으나, 계획된 변화 관리, 2차 세계대전, 지리학, 기하학과 같은 주제들은 인지적 영역으로 생각될 수 있다. 이들 두 영역을 통합한 다른 주제들(예를 들어, 사회연구, 문학, 그리고 인간성)은 어떤 점을 강조하느냐에 따라 연속선상의 중간쯤에 위치하게 될 것이다.

- **교육과정의 통합**은 정의적 주제/프로그램들이 교육과정내의 과목영역에 통합되어 있는지 또는 어떻게 통합되어 있는지를 의미한다. **고립된** 교육과정은 정규 학교 과목에 첨부되어 있지 않거나 한 과목, 예를 들어, 사회연구에 첨부되어 있기 때문에 분리된 프로그램이나 강좌로 가르쳐야 한다. 더욱이, 정의적 교육과정 내에서 영역이나 주제들이 분리되어 기술될 수 있으며(예, 도덕 발달) 또는 어떤 연합으로(예, 도덕과 정서; 사회와 정서; 인지, 정서, 그리고 사회 등) 기술될 수 있다. 또한 특정 과목에 첨부되거나 혹은 그 과목으로부터 분리될 수 있다. 통합된 교육과정은 학교에서 다른 교육과정과 완전히 결합된 것을 의

미한다. 즉, 정의적 프로그램이 다른 교육과정과 천을 짜듯이 엮여 있는 것을 말한다.

- **교육과정의 기간**은 어떤 주제나 영역이 얼마나 자주 가르치느냐를 의미한다. **일회성** 교육과정에서는 주제가 한 번만 가르치고 특정한 제한된 요구를 충족하기 위해 가르친다. **나선형** 또는 **순환적** 교육과정에서는 주제가 학교 교육기간 내내 지속이 되고 정교화된 것이 사용된다(Reigeluth의 제18장 참조).

- **교육과정의 개인적 초점**은 강좌가 내적(내면적) 또는 사회적(개인 간) 주제/영역의 발달을 촉진하느냐를 의미한다. **개인 내** 주제란 학생들이 개인의 인지적, 정의적 구조나 의미들을 개발하기 위한 주제를 의미하며, 반면에 **개인 간** 주제란 학생들이 타인과의 관계를 개발하기 위한 주제이며 따라서 타인과의 관계가 있어야 한다. 분명히 이러한 구분은 중요한 수업적 함축의미를 가지고 있다. 비록 이러한 논점이 연속성이 아닌 이분법적인 것처럼 보이지만, 연속성은 개인 간 대 개인 내 주제의 분량에 의해 구분된다.

- **수업방법**은 직접적 혹은 간접적일 수 있다. **직접적** 방법은 학교에서의 수업(예, 역할극, 기술개발 연습 등)을 위해 계획된 구체적인 활동이나 전략을 의미한다. **간접적** 방법이란 의도한 결과를 가져오기 위한 활동을 의미하지만 반드시 학급활동을 의미하지는 않는다. 이러한 활동은 모델링, 학교 풍토나 환경의 변화, 사회적 지지 등을 포함한다.

- **주제의 성향**은 주제를 기술하는 목적이 **문제**(예, 아동학대 또는 10대 임신)를 기술하기 위한 것인지, 또는 **기회**(예, 취미 개발 또는 새로운 친구 만들기)를 기술하기 위한 것인지, 그리고 문제를 기술하기 위한 것이라면, 그것이 방지를 위한 것인지 또는 문제 치료를 위한 것인지를 의미한다. 비록 이러한 설계 논점이 연속성보다는 이분법적인 것으로 보이지만, 연속성은 주제의 분량이 문제 지향적인지 또는 기회 지향적인지에 따라 구분된다.

정의적 발달을 위한 강좌나 프로그램들은 이들 여덟 가지 설계 논점에 의해 기술되고 분석될 수 있다. 따라서 정의적 영역에서의 수업이론은 이러한 논점들을 기술하여야 한다. 다음으로 우리는 다음 장에서 기술되지 않은 몇 가지 정의적 프로그램의 예들을 규정하고, 위에서 기술한 설계 논점들에 기초하여 예들을 간단히 설명하였다.

6. 정의적 영역에 어떤 종류의 강좌와 프로그램들이 존재하는가?

이 부분에서 우리는 앞에서 언급한 우리 모형의 몇 가지 지침을 준수하고 있는 정의적 프로그램의 예들을 언급할 것이다. 우리는 모든 프로그램들을 원초적으로 정의적 영역("주제의 특성")에 속한 것으로 분류를 하였다. 그러나 이러한 분류는 우리들의 판단에 의한 것이다. 비록 이들 프로그램을 통해 태도나 가치가 개발되었지만, 이들 프로그램들이 인지적 행동보다는 정의적 행동에 어느 정도 초점을 두고 있는지는 명확하지 않다.

"교육과정의 개인적 초점" 범주에서 우리는 원래 프로그램들을 두 개의 집단으로 구분하였었다(개인 내 초점과 개인 간 초점). **개인 내/내면적 초점**을 가진 프로그램들은 자아개념, 태도변화, 그리고 도덕 또는 개성 발달을 다루고 있다. 개인 간/사회적 프로그램들은 일반적으로 문제해결, 비판적 사고 기술 등을 가르치는 것을 포함하고 있으며, 항상은 아니지만 가끔 갈등해소, 효과적인 의사소통 기술, 그리고 정서 관리를 포함하고 있다.

그러나 다른 것들과 구분하여 다른 한 가지만을 다루기는 힘들며 따라서 개인 내/개인 간 초점은 그 정도의 문제이다. 아래의 프로그램들에서 우리는 개인 내라는 명칭을 개인적 혹은 내면적 성장이 최우선시 되는 프로그램에 사용하였으며, 그리고 우리는 사회적 기술의 발달에 직접적인 초점을 둔 프로그램을 개인 간 프로그램으로 분류하였다.

학습찬양 프로그램은 Lethbridge Catholic School District와 Alberta Education의 목적과 목표에 기초하고 있다(Lambert & Himsl, 1993). 이 프로그램은 **개인 내 행동**(예, 자기 가치, 자존감, 균형 있는 인간, 문제해결, 창조성, 행복과 긍정적 태도, 학문적 수월성, 가치)과 **개인 간 기술**(타인과의 의사소통과 개인 간 관계) 모두에 초점을 두고 있다. 프로그램은 실제 교사들로 하여금 학생들의 긍정적, 부정적인 정의적 지표들을 감시, 관찰, 기록, 그리고 보고하기 위한 수단이었다. 특정 영역별로 정의적 성장이나 퇴보를 보여 주는 지표들의 목록이 있다. 예를 들어, 긍정적인 자기가치 성장 지표는 "확신을 보여 주기" "책임감 갖기", 그리고 "재능개발"등을 포함하고 있다. 자기가치 퇴보 지표는 "자기가치 저하와 포기", "책임감의 축소", "시간과 재능의 허비" 등을 포함하고 있다. 교사들은 학생들을 관찰하고 긍정적인 행동들을 강화하거나 퇴보된 행동들을 개선하기 위하여 학생과 그 부모들과 함께 계획을 세우기도 한다. 교사가 이 프로그램을 의무적으로 사용할 필요는 없으며 단지 제공될 뿐이다. 프로그램은 **포괄적**(초점의 폭)이고 **통합적**(교육과정의 통합성)이다. 프로그램은 또한 **직접적 혹은 간접적** "수업방법"을 포함할 수 있으며 특성상 **나선적**(기간)이다. 프로그램은 **문제와 기회** 모두를 다루고 있다(성향).

Nel Nodding의 도덕교육(Norton, 1994)은 "사람 만들기"라고 규정된 교육분야에서 교사를 긍정적인 도덕적 자원으로 활용하고 있다. Nodding은 학부모나 교육자의 원초적 목적은 배려심을 증가시키고 유지하는 것이라고 주장하고 있다. 그녀는 도덕 교육이 도덕에 대한 교육과 도의적 교육 모두를 포함한다고 주장하고 있다. Norton(1994)은 "정의적 도제제도" 또는 "배려의 도제제도"라는 용어를 그녀의 학교교육관점에 적용하였다. 그녀는 인지적 도제제도의 단계와 유사한 배려의 도제제도를 위한 방법을 기술하였다: 도덕성이 성취되는 과정을 보여 주기 위한 **모델링**, 교사와 학생들의 도덕적 사고를 외면화하기 위한 **대화**, 그리고 공동체내에서의 도제제도를 포함한 **연습** 등이 그 예이다. 그녀는 같은 교사가 오랜 기간 동안 학생들과 함께 생활해야 하며 배려의 관계에 대한 수업으로 성적을 매기는 작업과는 반대가 된다고 논쟁하고 있다. 그녀의 프로그램은 매우 통합되어 있으며, 직접적 교수방법을 쓰기는 하지만 원초적으로는 배려를 보조해 주기 위하여 학교를 재구조화하는 것을 포함하여 **간접적** 수업방법을 사용하고 있다. 또한 프로그램은 전달방법에 있어서 **나선적** 혹은 **순환적**(기간) 특성을 가지고 있다. 초점의 폭은 도덕 발달에 대한 원초적 관심이 주어진 **제한된** 특성을 가지고 있다.

정의적 자존감: 정의적 교육을 위한 수업계획 (Krefft, 1993)은 비수용적인 사회적 행동은 "정서의 생화학적인 수정"을 필요로 한다는 개념에 기초하고 있다(p. iv). 프로그램의 목적은 학생들로 하여금 정서의 특성을 이해하고 구성적으로 그들을 관리하도록 돕는 것이다. 프로그램은 교육과정과 **통합**되거나 또는 건강과학, 생물학, 과학, 사회연구, 또는 언어예술의 과목으로 **분리**된 간학문적 접근을 강하게 조장하는 수업계획들을 포함하고 있다. 초기의 네 시간짜리 수업계획은 기초적인 것이며, 따라서 초기에 가르쳐야 한다고 조언된 내용들을 포함하고 있다. 그 후 분리된 단위로 죄책감, 공포, 슬픔, 그리고 화 등이 어떤 순서든 상

관없이 가르치되 한 번 가르치면 순서의 조정이 필요하게 된다. "초점의 폭"은 비록 사회적, 인지적 발달이 분명히 포함되어 있지만 도덕 발달에 대한 강조로 다소 **제한적**이다. 프로그램은 교육과정상 **나선형**(기간)으로 의도가 되어 있고 "수업방법"은 대부분이 **직접적**이다. 프로그램은 예방과 치료(성향)를 목표로 하고 있다.

신뢰, 가족, 그리고 친구: 가톨릭 초등학교 안내 프로그램(Campbell, 1993). 이 프로그램은 기독교 교육을 위한 자기 이해에서 다른 것까지 범위를 가진 18개의 주제를 포함하고 있다. 따라서 이 프로그램은 **개인 내** 성장이나 발달과 매우 관계가 있다. 그러나 교육과정의 많은 부분은 스트레스 관리, 도덕적 의사결정, 약물남용, 의사소통, 그리고 갈등해소 등과 같은 **개인 간** 기술을 포함하고 있다. 태도, 기술, 그리고 개념 등의 범주 아래 구체적인 능력들이 제공되고 있다. 이 프로그램은 포괄적(초점의 폭)이고, 통합된 교육과정이며, 직접적 수업방법을 사용하고, 기간은 **나선적**이다. 가르칠 구체적인 능력들에 따라 프로그램은 문제 지향적(예방 혹은 치료) 또는 성장을 위한 기회 지향적인 것으로 분류될 수 있다.

중학교에서의 갈등해소: 교육과정과 교수 안내(Kreidler, 1994)는 교사들로 하여금 "중학교 학생들이 효과적으로 갈등을 비폭력적으로 관리하고, 보다 큰 세상에서의 갈등을 이해하기 위해 개인 간 갈등해소에 대해 그들이 알고 있는 것을 사용하도록 돕게 하는 것이다"(p. 1). 어떻게 갈등이 다양성에 근거하고 있는지를 기술하는 다양성과 갈등에 대한 의미론적 단원 외에 20개의 갈등해소 기술 수업이 제공된다. 교육과정은 협력, 의사소통, 정의적 교육, 다양성의 올바른 인식, 그리고 갈등해소를 강조하는 배려의 공동체를 의미하는 "평화로운 학급"이라 불리는 모형에 기초하고 있다. 프로그램의 초점은 사회적 기술에 있다. 초점

의 폭은 사회적 발달(개인 간 갈등)을 다루는 다소 제한적이다. 하지만 프로그램은 몇 가지 인지적, 도덕적(배려의 공동체), 그리고 정서적 발달도 포함하고 있다. 개념들이 모든 측면의 표준화된 중학교 교육과정에 주입되어 있기 때문에 교육과정은 **통합적**인 것으로 의도되어 있고, 기간은 **나선형** 혹은 **순환적**이다. 프로그램은 원초적으로 협동적으로 구조화된 활동과 학급토론으로 이루어진 **직접적** 수업방법을 강조하고 있다. 프로그램은 **예방**과 **치료** 지향적이다.

의사결정 기술 교육과정(Wills, Botvin & Wills, 1985에서 보고된)은 학생들이 알코올 및 마약과 같은 약물에 쉽게 노출되게 하는 심리적 스트레스와의 투쟁과 같은 약물남용 예방 접근 프로그램이다. 교육자들이 활용 가능한 수백 가지의 마약과 물질 관련 프로그램이 있지만, 이 프로그램은 약물남용을 그만두게 하는 것이 극복 기술의 변화나 스트레스 감소에 의해 성취될 수 있다는 가정에 근거하고 있기 때문에 우리는 이 프로그램을 보고하고 있다. 이 프로그램에서 약물남용에 이르게 하는 정서가 되는 태도와 가치가 직접적으로 다루어지고 있다. 프로그램은 2주 동안 교육할 8개의 모듈로 구성되어 있으며 학급교사의 도움으로 훈련된 건강교사가 가르친다. 첫 번째 모듈은 여가시간의 사용에 관한 가치명료화 훈련이다. 다른 모듈들은 의사결정, 사회적 영향, 강인함, 스트레스 관리, 그리고 담배의 영향 등을 포함하고 있다. 프로그램은 **일회적**(기간), **고립적**(통합), 그리고 **직접적** 수업방법을 사용하고 있다.

부가적 프로그램들.   문헌적으로 정의적 영역 또는 정의적 교육요소를 다루고 있는 프로그램은 수백, 아마 수천 개에 이를 것이다(이들 중 몇 가지는 Goleman, 1995와 Strein, 1988을 참조). 연구들이 너무 많아 이들 연구 중 일부만이라도 우리

가 이곳에서 기술할 수 있는 방법은 없는 것 같다. 그러나 우리는 여기서 활용 가능한 프로그램의 범위를 여러분에게 알려 주기 위하여 극소수의 부가적인 프로그램들(또는 한 경우는 프로그램을 위한 처방)에 대한 기술을 하였다.

다문화적인 의미론적 수업(Fitzgerald, 1995)은 많은 학생들이 "위기"로 규정된 중간 수준 학생들의 요구를 충족하기 위한 정의적 수업 설계의 골격 역할을 한다. 정체성 발달과 자아개념의 역할이 강조된다. 중학교 목표, 단원교육을 위한 기본구조, 그리고 학습자 요구를 연결해 주는 차트가 제공된다.

자신과 타인의 개발과 이해(DUSO)(Dinkmeyer, 1970);(Human Development Training Institute, Strein이 1988년에 보고)는 Strein이 정의적 프로그램들에 대한 비판적 검토(결과는 다음 부분에서 제시될 것임)에 포함시킨 23개의 프로그램들 중 하나이다. 프로그램은 자아개념을 개발하는데 초점을 두고 있으며, 자아개념을 측정하기 위한 도구 즉, DUSO Affectivity Device를 포함하고 있다.

Etzioni의 **개성개발 처방**(1993; 1994; Goleman, 1995년에서도 보고함). Etzioni는 개성은 민주사회의 기초이며 정서적 지능은 개성개발의 기초라는 것을 믿는 사회이론가이다. Etzioni는 학교는 시민적 그리고 도덕적 가치에 진정한 기여를 하게 하는 자기훈육과 감정이입을 가르침으로써 개성을 발달시키는데 있어서 핵심적 역할을 한다고 인식하였다(Goleman, 1995, pp. 285-286). 아동들은 가치에 관하여 학습하고 연습할 필요가 있다.

PATHS 프로젝트(Greenberg & Kusché, 1993; Goleman, 1995년에서도 보고함)는 폭력과 범죄를 저지르기 쉬운 남자아이들로 하여금 자신들의 정서를 인식하고 관리할 수 있도록 돕기 위해 설계되었다. 교육과정은 정서별(화와 같은 기본적인 정서에서 질투와 같은 보다 복잡한 정서까지)로 50

개의 수업으로 구성되어 있으며 수업은 어떻게 자신과 타인의 정서를 인지하고 감독할 것인가를 포함하고 있다. 수업은 폭력을 저지르기 쉬운 아동뿐만 아니라 학급의 모든 아동들에게 제공된다. PATHS는 Parents and Teachers Helping Students의 약자이다.

창조적 갈등 해소(Lantieri, Patti & Edelman, 1996; Goleman, 1995년에서도 보고함)는 폭력이라는 구체적인 문제에 초점을 둔 예방에 기초한 정서교육 프로그램이다. 원래는 프로그램이 점차 확대되고 있는 학교에서의 논쟁들을 어떻게 진정시킬 것인가에 초점이 있었지만, Lantieri는 프로그램이 수동성과 공격성 외의 수단을 통한 갈등해소를 포함한 보다 넓은 사명을 갖고 있다고 보았다. 프로그램의 대부분은 학생들에게 정서적 기초들을 가르치는 것을 포함하고 있다.

Yale-New Haven 사회적 능력 촉진 프로그램(Caplan과 동료들, 1992; Goleman, 1995에서도 보고됨)은 Connecticut주에 있는 New Haven의 도심학교에 있는 학생들을 위해 설계된 사회적 능력 교육과정이다. 이 프로그램은 정서 발달, 성교육, 마약교육, 폭력, 그리고 갈등해소와 같은 중심이 되는 문제들을 다루는 일련의 과정으로 구성되어 있다.

위기에 있는 학생들을 위한 조언자 모형(Sapone, 1989)은 위기에 있는 학생들의 규정과 이러한 학생들의 자존감에 영향을 미치는 전략과 중재의 개발을 위해 대학과 학교간의 제휴를 격려하기 위한 교사교육 프로그램이다. 조언자 모형은 학생들이 개인적 가치와 능력, 그리고 학교와 삶에서의 존엄성을 성취하도록 돕기 위해 제안된 것이다.

가치에 기초한 교수 기술(Hall, Kalven, Rosen, & Taylor, 1995). 이것은 교사들이 자신의 가치를 명료화하도록 돕기 위해 설계된 책이다. 자신의 가치를 학습할 때, 그들은 그들 학생들의 가치발달을 어떻게 촉진할 것인지를 배우게 된다. 구체적인 목표들과 훈련들이 포함되어 있다.

이러한 프로그램들은 얼마나 효과적인가? 연구에 기초한 증거

비록 문제해결 또는 사회적 기술 프로그램들이 개인 내 또는 내면적 행동에 초점을 둔 프로그램보다 더 성공적이라는 연구 자료들이 있기는 하지만 정의적 교육프로그램의 성공에 관한 연구 증거는 각양각색이다. 사실 Goleman(1995)은 다음과 같은 프로그램들에 대해 매우 긍정적인 결과(선택된 결과만 제공됨)를 보고하고 있다: PATHS 프로젝트(Greenberg & Kusché, 1993)는 개선된 사회적, 인지적 기술과 개선된 학급행동을 보여 줌; Seattle 사회적 발달 프로젝트(Hawkins)는 보다 가족과 학교 지향적이고, 마약 사용이나 비행은 줄고 점수는 좋아지는 것을 보여 줌; Yale-New Haven 사회적 능력 촉진 프로그램(Caplan 등, 1992)은 개선된 문제해결 기술, 충동 통제, 극복기술을 보여 줌; 창조적 갈등해소(Lantieri, Patti, & Edelman, 1996)는 학급에서의 감소된 폭력, 보다 배려적인 분위기, 그리고 보다 감정이입적인 결과를 보여 줌; 사회적 인식과 사회적 문제해결력 개선 프로젝트(Elias)는 높은 자존감, 보다 친사회적 행동, 증가된 자아통제, 사회적 인지, 그리고 학급내외에서의 사회적 의사결정능력의 증가를 보여 줌.

　그러나 다른 연구가들은 정의적 교육프로그램에 대한 그들의 지지를 보내는데 있어서 보다 주의를 기울이고 있다. Strein(1988)은 1970년 이후 초등학교 학급에서의 정의적 교육프로그램의 효과성을 평가한 23개의 연구들을 비교하였다. 그는 각각의 연구들을 방법론적인 엄격성, 프로그램 유형, 성적 수준, 프로그램 길이, 리더의 전문성에 기초하여 평가를 했었다. 그는 다음과 같이 진술하고 있다.

보다 주의 깊게 설계된 연구들은 유의미하게 긍정적인 결과를 보여 주지 못하였고 이러한 결과는 행동이나 정의적 측정에 변화를 가져오려 했던 정의적 교육프로그램의 효과성을 지지해 주지 못했다. 특별히 내면적인 면에 초점(예, 자아개념)을 둔 프로그램들은 더욱 그러하다. 사회적, 인지적 문제해결 프로그램에 대한 연구들은 희망적인 결과들을 보여 주었지만 효과성에 대한 보다 많은 증거들을 필요로 하고 있다(p. 288).

　그는 문제해결 프로그램들은 두 가지 결과에서 약점을 가지고 있다고 진술하고 있다: 실제 삶의 현장으로의 일반화와 오랜 시간 동안 그러한 행동을 유지하는 점. 장시간의 프로그램들은 증가된 처치 효과를 보여 주었지만 오직 세 가지 프로그램만 그러한 효과를 보여 주었다.

　초등학교와 중등학교에서의 갈등해소와 동료중재 프로그램(개인 간/사회적 초점)에 대한 확장된 검토에서, Johnson과 Johnson(1996)은 그들의 사용에 대한 실재적인 증거 없이 1994년 이래 이러한 유형의 프로그램들이 폭발적으로 증가하였다고 보고하고 있다. 비록 그들의 연구결과가 그들이 보고한 개인적 연구들이 가지고 있는 많은 문제로 보아야 하지만, 그들의 연구결과는 학생들에게 원만한 협상과 중재 절차를 가르치는데 있어서 프로그램이 효과적임을 제시하고 있다. 훈련 이후에 학생들은 갈등전략을 사용하고 건설적인 결과가 나타났다(p. 498).

　이러한 제한된 연구에 기초하여 정의적 교육프로그램의 효과성을 일반화하는 것은 어렵다. 그러나 이들 연구 자료에 따르면 개인 간 프로그램이 개인 내(내면적) 변화에 초점을 둔 프로그램보다 장기적인 긍정적 결과를 가져오는 경향을 보이고 있고, 장기간의 프로그램이 단기간의 프로그램보다 성공적인 결과를 보여 주고 있다. 이러한 자료는 정의적 프로그램을 교육과정 전반에 통합하여 운영하고 일회적 프로그램보다는 나선형 프로그램을 운영할 필요성을 제한적으로 지지해 주고 있다. 가장 중요한 것은 연구와 평가 결과는 희망적이지만 우리가 정의적 영역에서 효과적인 수업설계 이론과 프로그램을 개발해야할 긴 여정을 필요로 함을 보여 주고 있다.

7. 수업설계사와 교사를 위한 의사결정

우리의 모형, 제공된 프로그램 예들, 그리고 연구 결과들은 정의적 목표들을 포함한 효과적인 수업계획을 설계하도록 교사와 수업설계사를 도와 줄 것이다. 다음과 같은 논점들과는 상관없이 이러한 도움은 어떤 단원이나 수업계열에서도 가능할 것이다: (a) 학습내용이 인지적인가 또는 정의적인가, (b) 주제가 독립적인가 또는 교육과정에 통합되어 있는가, (c) 수업이 일회성인가 또는 교육과정 전체에 나선형으로 구성되어 있는가. 물론 많은 시간과 노력을 필요로 하겠지만 전체 정의적 강좌나 프로그램이 개발될 수 있다. 요약으로 다음을 생각해 볼 필요가 있다.

- 학생의 학습을 촉진하는데 있어서 정의적 영역이 인지적 영역보다 더 중요하지 않더라도 동일하게 중요할 수 있다. 그리고 정의적 영역은 성장을 촉진하는데 있어서 발달 영역들이 서로 겹쳐있는 부분들이 있다. 정서, 도덕, 심미성, 사회, 영적, 그리고 동기 발달이 그 예이다.
- 인지적 기술이 정의적 영역의 중요한 부분이며 반드시 다루어져야 한다. 예를 들어, 사고

와 지적인 지식이 학생들이 자신에 대해 학습할 때, 도덕적 및 가치 판단을 할 때, 어떻게 분노와 정서가 발생하는지(예, 유인물) 학습할 때, 태도의 인지적 대상을 규정할 때, 효과적인 의사소통과 갈등해소 기술을 개발할 때 중요한 역할을 한다. 더욱이, 단순한 학습에 대한 사랑 또는 학과목에 대한 즐김은 가치 있는 정의적 교육목표로 진술되고 있다.

- 그림 20.3에서 제시된 적용 모형은 프로그램 목적과 방법에 관해 생각해 볼 때 고려해야 할 논점에 대한 지침으로 사용될 수 있다. 그리고 표 20.1에서 제시된 개념적 모형은 이러한 목표들을 성취하기 위해 어떤 영역들이 다루어져야 하는지를 결정하는데 도움이 될 것이다.
- 교육과정에 통합되어 있고, 일회적이 아닌 순환적인 정의적 프로그램은 장기간의 효과를 가진 것으로 보고 되고 있다.
- 사회인지적 문제 해결(예, 개인 간 기술)에 초점을 둔 정의적 프로그램은 개인 내(내면적) 성장에 초점을 둔 프로그램보다 효과적이라는 증거들은 프로그램들이 효과적이기 위해서는 충분히 오랫동안 실시되어야 함을 제시하고 있다.
- 교사나 수업설계사들은 정의적 영역의 교육과 관련하여 부가적인 지식과 기술을 습득할 필요가 있다. 이들 두 부류의 사람들은 많은 구체적인 영역들에 대한 정보, 어떤 수업전략과 방법이 성공적인지, 학생들의 정의적 행동을 어떻게 평가할 것인지, 그리고 어떤 평가 기술이 사용될 수 있는지에 대한 정의적 영역에 관한 확장된 지식 기반을 필요로 한다. 더욱이 교사와 설계사는 정의적 프로그램을 기존의 단원, 강좌, 또는 프로그램에 통합할 수 있는 새로운 인지적 기술 또는 완전한 새로운

표 20.1 수업방법

직접적 교수방법	간접적 교수방법
기술 구축	도덕적 도제제도
토의그룹	모델링
저널 쓰기	멘토링
역할극/ 시뮬레이션	부모 참가
활동표	구조화되지 않은 "학습환경"
멀티미디어 적용	무드음악을 포함한 긴장완화 기술
게시판	시각화
예와 비예의 제공	학교 풍토/환경의 개조
새로운 지식 획득(읽기, 매체)	
강의/설명	
공개적 실천(예, 공동체 봉사)	
직접적 보상	

프로그램을 어떻게 설계할 것인지와 같은 기술들을 필요로 한다. 마지막으로 교사와 설계사들은 정의적 영역을 가르치는 것에 대한 새로운 태도를 개발하고 또한 그들 자신의 정의적 발달을 필요로 한다.

• 직접적 그리고 간접적 수업방법 모두 성공적으로 사용되었다. 표 20.1은 각 영역별 몇 가지 방법들을 나열하고 있다.

8. 정의를 고려해야 하는 이유?

이 장의 초반부에서 우리는 "왜 정의를 고려해야 하는가?"라는 질문을 했었다. 이 질문에 답을 하기 위해 우리는 정의적 영역에 대한 개념정의, 정의적 교육에 대한 관점, 그리고 몇 가지 정의적 차원에 대한 개념정의를 제공했었다. 우리는 정의적 영역을 수업에 포함시키는 근거를 제공했었다. 우리는 분류학과 모형, 기존의 수업 프로그램, 수업방법과 전략, 그리고 연구에 기초한 증거들을 제공했었다. "왜 정의를 고려해야 하는가?"라는 질문을 숙고하면서 우리는 정의적 영역이 모든 측면의 학습에서 극히 중요하고, 모든 나이의 학생들

이 성장하고 발달할 때 정의적 프로그램이 그들의 삶에 최소한 몇 가지의 긍정적인 영향을 미친다는 것을 확신하게 되었다. 우리는 정의적 발달이 모든 유형의 학습환경에 포함되어야 한다는 절실한 이유가 있음을 믿는다. 젊고 나이든 학생들을 위해, 산업훈련에서, 의학 교육, 대학원, 그리고 공동체 교육 프로그램 등에 이러한 수업이나 프로그램이 포함되어야 한다. 그러나 교육자와 다른 투자자들이 정의적 학습을 모든 유형의 강좌, 프로그램, 그리고 교육과정에 주입하려는 의식적인 노력이 있을 때에만 학생들의 삶에 대한 실재적인 영향이 극대화될 것이다. 따라서 두 가지 질문만이 남아 있다. 즉 "당신은 정의적 영역의 수업이 학생들에게 긍정적인 영향을 가진다고 믿는가? 만일 예라고 대답한다면 당신은 이를 위하여 무엇을 할 것인가?"

참고문헌

Ackerson, C. (1991/1992). Affective objectives: A discussion of some controversies. *Instructional Development, 3*(1), 7-11.

Beane, J. A. (1990). *Affect in the curriculum: Toward democracy, dignity, diversity.* New York:

Teachers College, Columbia University.

Bills, R. E. (1976). Affect and its measurement. In W. Gephart, R. Ingle, & F. Marshall (Eds.), *Proceedings of the National Symposium for Professors of Educational Research (NSPER)*. Memphis, TN. (ERIC Document Reproduction Service No. ED 157 911.)

Botvin, G. J., & Wills, T. A. (1985). Personal and social skills training: Cognitive-behavioral approaches to substance abuse prevention. In C. S. Bell & R. Battjes (Eds.), Prevention research: Deterring drug abuse among children and adolescents. *NIDA Research Monograph, 63*, 8-49. (A RAUS Review Report.)

Brandhorst, A. R. (1978). *Reconceptualizing the affective domain*. W. Gephart (Ed.). (ERIC Document Reproduction Service No. ED 153 891).

Brown, J. S., Collins, A., & Duguid, P. (1989). Situated cognition and the culture of learning. *Educational Researcher, 18*(1), 32-42.

Campbell, B. (1993). *Faith, family, and friends: Catholic elementary school guidance program* (Vols. 1-6). (ERIC Document Reproduction Service No. ED373277.)

Caplan, M., Weissberg, R. P., Grober, J. S., Sivo, P. J., Grady, K., & Jacoby, C. (1992). Social competence promotion with inner-city and suburban young adolescents: Effects of social adjustment and alcohol use. *Journal of Consulting and Clinical Psychology, 60*(1), 56-63.

Dinkmeyer, D. (1970). *Developing understanding of self and others* (Educational Program). Circle Pines, MN: American Guidance Service.

Education for affective development: A guidebook on programmes and practices. (1992). (ERIC Document Reproduction Service No. ED 371 904.)

Etzioni, A. (1993). *The spirit of community*. New York: Crown.

Etzioni, A., et al. (1994). *Character building for a democratic, civil society*. Washington, DC: The Communitarian Network.

Ferguson, M. (Ed.). (1982). New theory: Feelings code, organize thinking [Special issue, Part I]. *Brain/Mind Bulletin, 7*(6).

Fitzgerald, D. F. (1995). *Multicultural thematic in-struction: One strategy for meeting middle learner's affective needs*. (ERIC Document Reproduction Service No. ED390859.)

Foshay, W. R. (1978). An alternative for task analysis in the affective domain. *Journal of Instructional Development, 1*(2), 22-24.

Gephart, W. J., & Ingle, R. B. (1976). Evaluation and the affective domain. In W. Gephart, R. Ingle, & F. Marshall (Eds.), *Proceedings of the National Symposium for Professors of Educational Research (NSPER)*. Phoenix, Arizona. (ERIC Document Reproduction Service No. 157 911.)

Goleman, D. (1995). *Emotional Intelligence*. New York: Bantam.

Greenberg, M. T., & Kusché, C. A. (1993). *Promoting social and emotional development in deaf children: The PATHS project*. Seattle, WA: University of Washington Press.

Greenspan, S. I. (1997). *The growth of the mind*. Reading, MA: Addison-Wesley Publishing Co.

Hall, B., Kalven, J., Rosen, L., & Taylor, B. (1995). *Values-based teaching skills: Introduction and implementation*. Rockport, MA: Twin Lights Publishers.

Harre, R. (1984). *Personal being: A theory for individual psychology*. Cambridge, MA: Harvard University Press.

Heinich, R., Molenda, M., & Russell, J. D. (1989). *Instructional media and the new technologies of instruction*. New York: Macmillan.

Hlynka, D. (1997, February). A post-modern perspective linking cognition and affect. In B. L. Martin & W. Wager(Co-Chairs), *Alternative perspectives linking cognition and affect: Implications for education*. Presidential Session presented at the annual conference of the Association for Educational Communications and Technology, Albuquerque, NM.

Hoepfner, R. (1972). *CSE-RBS test evaluation: Tests of higher order cognitive, affective, and interpersonal skills*. Los Angeles: Center for the Study of Evaluation.

Johnson, D. W., & Johnson, R. T. (1996), Conflict resolution and peer mediation programs in elementary and secondary schools: A review of the research. *Review of Educational Research, 66*(4),

459-506.

Katz, D., & Stotland, E. (1959). A preliminary statement to a theory of attitude structure and change. In S. Koch (Ed.), *Psychology: A study of science* (Vol. 3, pp. 423-475). New York: McGraw-Hill.

Kohlberg, L. (1969). Stage and sequence: The cognitive-developmental approach to socialization. In D. Golin (Ed.), *Handbook of socialization theory and research.* Chicago: Rand McNally.

Krathwohl, D. R., Bloom, B. S., & Masia, B. B. (1964). *Taxonomy of educational objectives: The classification of educational goals.* Handbook II: Affective domain. New York: Longman.

Krefft, K. (1993). *Affective self-esteem: Lesson plans for affective education.* Muncie, IN: Accelerated Development.

Kreidler, W. J. (1994). *Conflict resolution in the middle school: A curriculum and teaching guide.* Field test version. (ERIC Document Reproduction Service No. ED377968.)

Lambert, E., & Himsl, R. (1993). *Signs of learning in she affective domain.* (ERIC Document Reproduction Service No. ED 360-081.)

Lantieri, L., Patti, J., Edelman, M. (1996). *Waging peace in our schools.* Boston, MA: Beacon Press.

Lebow, D. (1997, February). Bees do it better. In B. L. Martin & W. Wager (Co-Chairs), *Alternative perspectives linking cognition and affect: Implications for Education.* Presidential Session presented at the annual conference of the Association for Educational Communications and Technology. Albuquerque, NM.

Martin, B. L., & Briggs, L. J. (1986). *The affective and cognitive domains: Integration for instruction and research.* Englewood Cliffs, NJ: Educational Technology Publications.

Miller, R. (1994). Introduction. In D. M. Bethel (Ed.), *Compulsory schooling and human learning: The moral failure of public education in America and Japan* (pp. xi-xvi). San Francisco: Caddo Gap.

Noddings, N. (1994). Caring and moral capacities. In D. M. Bethel (Ed.), *Compulsory schooling and human learning: The moral failure of public education in America and Japan* (pp. 55-68). San

Francisco: Caddo Gap.

Norton, M. K. (1994). Educating for head, heart, and hand: Recent research toward moral education. In D. M. Bethel (Ed.), *Compulsory schooling and human learning: The moral failure of public education in America and Japan* (pp. 31-43). San Francisco: Caddo Gap.

Nunnally, J. C. (1978). *Psychometric theory* (2nd ed.). New York: McGraw-Hill.

Porges, S. W., Doussard-Roosevelt, J. A., Portales, A. L., & Greenspan, S. L. (in press). Infant regulation of the vagal "brake" predicts child behavior problems: A psychobiological model of social behavior, Developmental Psychobiology.

Rogers, C. R. (1969). *Freedom to learn.* Columbus, OH: Charles E. Merrill.

Romiszowski, A. J. (1981). *Designing instructional systems.* London: Kogan Page.

Sapone, C. V. (1989). *A mentorship model for students at-risk.* (ERIC Document Reproduction Service Nno. ED314395.)

Strein, W. (1988). Classroom-based elementary school affective education programs: A critical review. *Psychology in the Schools, 25,* 288-296.

Tennyson, R., & Nielson, M. (1997, February). Complexity theory: Inclusion of the affective domain in psychological foundations for instructional design theory. In B. L. Martin & W. Wager (Co-Chairs), *Alternative perspectives linking cognition and affect: Implications for Education.* Presidential Session presented at the annual conference of the Association for Educational Communications and Technology, Albuquerque, NM.

Vygotsky, L. S. (1978). *Mind in society: The development of higher psychological processes.* (Edited by M. Cole, V. John-Steiner, S. Scribner, & E. Souberman). Cambridge, MA: Harvard University Press.

Zimbardo, P. G., Ebbeson, E. B., & Maslash, C. (1977). *Influencing attitudes and changing behavior* (2nd ed.). Menlo Park. CA: Addison-Wesley.

Zimbardo, P. G., & Leippe, M. R. (1991). *The psychology of attitude change and social influence.* Philadelphia: Temple University Press.

교육의 완전한 사명 되찾기: 사회성, 도덕성, 지적 발달을 위한 교육

Catherine Lewis / Marilyn Watson / Eric Schaps
Developmental Studies Center, Oakland, CA

정현미
안동대학교 교육공학과 교수

Catherine C. Lewis는 Developmental Studies Center에서 연구를 책임지고 있는 발달 심리학자이다. 그녀는 학교교육, 사회성 발달, 교육혁신에 관한 24편 이상의 논문을 발표하였다. 그녀의 책, *Educating Hearts and Minds*는 1995년 미국도서관협회에서 지정한 우수 학술서적으로 선정되었다. 그녀는 현재 NSF 지원 일본 초등학교 내 학생중심과학으로의 전환에 관한 연구와 미국 여섯 개 학교구역에서의 교사의 공동체 의식과 교육 변화 간 상관관계를 조사하는 연구를 수행하고 있다.

Marilyn Watson은 캘리포니아, 오클랜드 Developmental Studies Center에서 프로그램 디렉터를 맡고 있다. 그녀는 버클리 캘리포니아 대학에서 교육학 석사와 박사 학위를 수여받았다. DSC에서 그녀는 아동의 사회성, 도덕성, 지적 발달을 육성하는 데 초점을 두는 DSC의 학교 변화 프로젝트, Child Development Project의 프로그램 디렉터를 맡고 있다. 또한, 그녀는 현재 DSC의 프로그램들을 교사 준비교육과 통합시키는 일을 책임지고 있다. 이전에 그녀는 유치원 교사였으며, 캘리포니아 Mills College의 Children's School의 디렉터였다.

Eric Schaps는 캘리포니아, 오클랜드 Developmental Studies Center의 설립자이자 대표이다. 그는 성격 발달, 학교 향상, 알코올(마약) 중독 방지, 프로그램 평가에 관한 50개 이상의 책의 장들과 논문들을 저술하였다. 그는 Bay Area School Reform Collaborative, Bay Area Coalition of Essential Schools를 포함하는 몇몇 위원회와 자문위원으로 봉사하고 있다. 그는 현재 National Commission on Character Education of the Association of Teacher Educators의 공동 의장직을 맡고 있다. 그는 노스웨스턴 대학에서 심리학 박사를 수여받았다.

서 문

목적 및 전제. 이 이론의 주된 목적은 지적 발달은 물론 사회성 발달과 도덕성 발달을 육성하는 것이다—서로 돕고 보살피는 관계형성, 주인의식, 성찰, 내적 동기, 사회적 가치의 이해, 학업 발달. 이 이론은 K-6 학교(초등학교)를 대상으로 한다.

학문적 가치. 이 이론이 바탕을 두고 있는 가치들은 다음과 같다:
- 지적 발달은 물론 사회성 발달, 도덕성 발달
- 모든 아동들을 소중하게 여기고, 학교에 정서적으로 애착을 느끼는 학습자들의 양육 공동체로서 학교
- 동료 학생들 간 유대감과 학습에서의 흥미(내재적 동기)를 육성하는 교육과정

주요 방법. 이 이론이 제안하는 주요 방법들을 다음과 같다:
1. 문학작품 중심 독서
   - 사회적이고 도덕적인 주제들을 풍부하게 담고 있는 책들을 이용한다.
   - 교사에 의한 소리내어 읽기와 파트너 읽기를 (두 학생이 소리내어 읽음) 이용하라.
   - 각 책에 대한 흥미를 지속시키고, 생동감있는 토론을 진행하라.
   - 읽기를 가르치기 위하여, 연습, 모델링, 능동적으로 이해를 구성할 기회, 그리고 교사와 동료로부터의 코멘트를 제공하라.
   - 핵심 가치들의 적용을 위한 계획을 수립하고 성찰하도록 하라.

2. 발달을 위한 훈육
- 훈육을 위한 기초로서 자기 관심보다는 소중한 그룹에 소속되려는 욕망을 일으켜라.
- 학년 초에 아동들이 서로를 알아가도록 시작하고, 학년 내내 계속적으로 인간관계를 형성하도록 하라.
- 벌이나 보상을 주지 말라.
- 학생들이 규칙이 아닌 학급 규범(가치)을 형성하고 유지하도록 도와라.
- 훈육의 문제들을 문제 해결 접근을 적용하여 해결하라. 이 접근은 문제의 원인을 진단하고, 그 문제를 해결하고, 미래에 발생하지 않도록 예방하는 방법을 개발하는 것을 포함한다. 문제해결접근을 모형화하고, 학생들이 그것을 사용하도록 도와라.

3. 협동학습
- 아동이 사회적 기술과 윤리적 가치들을 이해하고 실천할 수 있는 방식으로 그룹 활동을 이용하라.
- 인간 관계를 형성하는 방식으로 그룹 활동을 이용하라.
- 사회적이고 윤리적인 주제들과 함께 중요한 교과 내용을 학습하게 함으로써 내적 동기를 육성하라.

4. 전학교적 활동
- 학생들이 친한 친구 관계를 넘어서 존중, 공평, 친절의 가치를 확대하는 전학교적인 활동을 이용하라.
- 전학교적 활동이 서로 싸우기보다는 우정, 공헌, 소속에 대한 아동들의 요구들을 충족시키도록 하라.
- 학생 가족들이 학교에서 환영받는다고 느끼도록 만들라.
- 상보다는 내재적인 흥미와 도전을 강조하라.

교수설계에 대한 적용점. 인지적이고 정의적인 부분을(특히 사회성 발달과 도덕성 발달을) 철저히 통합된 방식으로 다룬다. 외부적인 훈육을 넘어선 자기 절제를 강조한다.

— C.M.R.

교육의 완전한 사명 되찾기: 사회성, 도덕성, 지적 발달을 위한 교육

1. 서론

교육의 목표는 무엇인가? 지난 십 년에 걸쳐 우리는 미국 전역에 있는 교육자와 학부모들에게 지금으로부터 향후 30년간 초등학생들이 보유하기 원하는 자질이 무엇인지를 물었다. 그들은 지적 발달은 물론 사회성 발달과 도덕성 발달의 중요성을 지적했다. 즉, "정직한", "책임감 있는", "친절한", "동기부여된", "지적인" 자질들이 언급되었다. 갤럽이 조사한 전국 여론조사 결과도 이점을 재확인시켜 준다. 갤럽 조직이 미국인들에게 학교가 지녀야 할 25개의 가능한 목표들을—고소득 직업을 보장하도록 학생들을 준비시키는 것에서부터 신체적 체력을 증진시키는 것에 이르기까지 모든 것—상대적인 중요성에 따라 등급매기도록 요구하였을 때, 두 번째 순위를 차지한 학교의 목표는 "무엇이 옳고 그른지의 기준을 개발하는 것"(Elam, 1989)이었다. 유일하게 더 높은 순위를 차지한 필수적인 학업 사명은 "정확하게 말하고 쓰는 능력을 개발하는 것"이었다. 갤럽 조사 이외의 다른 전국 조사 자료들도 미국인들이 공립학교에서 정직성(응답자의 97%), 민주주의(93%), 다른 인종과 민족적 배경을 갖는 사람들에 대한 수용(93%), 친구와 가족에 대한 보살핌(91%) 등을 포함하는 핵심적 가치들을 가르치는 것에 강력히 찬성함을 보여

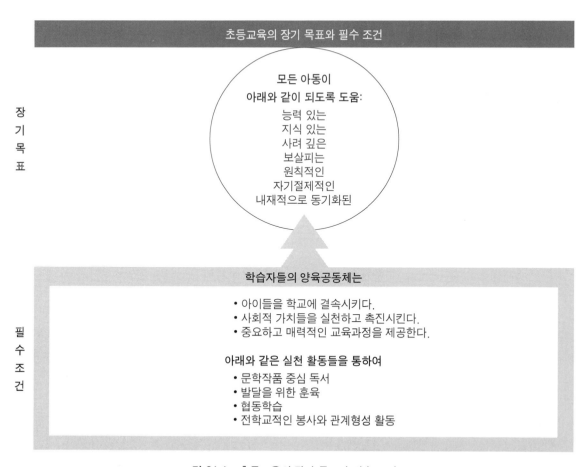

그림 21.1   초등교육의 장기 목표와 필수 조건

주었다(Elam, Rose, & Gallup, 1993).

그러나 "올해 당신의 아이가 학교에서 무엇을 배우기를 원하는가?"라고 질문하면 종종 매우 다른 반응을 나타낸다. 갑자기 어른들은 학생들이 자리에 조용히 앉아 있고, 글자 받아쓰기 테스트를 통과하고, 노트 필기하는 것을 배우는 일을 염려한다. 이들은 능력 있고, 남을 돌보고, 원칙적인 성인을 육성하는 장기적인 목표와 그들의 현재 활동들 사이에 차이가 있음을 발견한다. 이 장에서, 우리는 지적 발달은 물론 사회성, 도덕성 발달이 학교교육의 필수적인 목표가 되는 사례를 만들고, 이 세 가지 목표들을 지원하는 교수 활동들을 제시하겠다.[1)]

무엇이 학교 교육의 본질적인 결과인가?

민주주의 사회를 유지하기 위해서 아이들은 어떤 기술, 태도, 성향을 개발해야 하는가? 그림 21.1은 우리가 필수적이라고 믿는 지적, 사회성, 도덕성 발달의 일곱 가지 자질을 열거한다: 학생들이 능력 있고, 총명하고, 사려 깊고, 남을 보살피고, 원칙적이고, 자기 절제적이고, 내재적으로 동기화되는 것. 놀랍게도 다양한 그룹들이 그림 21.1에 제시된 목록과 대부분 겹치는 항목들을 제안해 왔다(예를

---

1) 기업 교육상황에서도 고용인들의 지적 발달은 물론 사회성, 도덕성 발달에 비슷한 관심을 갖고 있음에 주목할 필요가 있다.

들어, Character Education Partnership, 1996; Etzioni, 1996을 참조하라). 그런데 사회성, 도덕성 발달은 학교가 아닌 가정과 종교기관에서 해야 하는 일이 아닌가? 우리는 학교가 아동들의 지적인 능력에 큰 영향을 가할 수 없다고 주장해 왔다 (Lewis, Schaps, & Watson, 1995). 학교교육에 대한 모든 것은—가르치는 내용, 가르치는 방법, 훈육, 교사와 학생의 관계—아동들에게 어떻게 우리가 다른 사람을 대하고, 진실로 무엇이 가치로운지를 가르친다. 우리는 이러한 교훈을 가르치는 것에 대한 선택의 여지가 없으며, 다만 그것을 신중하고 주의 깊게 가르칠지 아닐지를 선택한다(혹은 비의도적인 교육과정의 일부로서 우연히 학습되도록 함).[2]

어떤 종류의 수업이 아동들에게 그림 21.1에 제시된 지력, 태도, 성격의 자질을 개발시킬 수 있는가? 지난 15년간에 걸친 Child Development Project(CDP)에 관한 이론, 기초 연구 그리고 우리가 수행한 연구들은 소위 "학습자들의 양육공동체(caring community of learners)"라고 부르는 특별한 종류의 교실과 학교가 이러한 자질을 육성하기 쉽다고 제안한다(Battistich, Solomon, Watson, & Schaps, 1997).[3] 학습자들의 양육 공동체(caring community of learners)는 다음의 특성을 갖는다:

• 모든 학생들이 가치 있는 공동체 구성원처럼 느끼고, 대체로 그들은 그 공동체를 가치 있게 여기고, 그 공동체에 대한 애착을 유지하기 원한다.

• 공동체는 아동들이 개발하기 원하는 친절, 공평, 자기 절제, 학습에 대한 개인적 헌신과 같은 가치들을 이해하고 실천하도록 돕는다.

• 교육과정은 중요하고 매력적이다; 그것은 학생들이 매력을 느끼는 방식으로 중요한 지식, 기술, 성향을 훈련한다.

다음과 같은 세 가지 흐름의 이론과 연구가 "학습자들의 양육공동체"의 토대가 된다.

내재적 동기. 장기적으로 보면 아동들은 자진해서 선택했다고 느끼는 행동들에 대해 개인적인 헌신을 기울이기 쉬울 것이다; 보상, 벌 혹은 다른 외부의 강요에 의해 동기화된 행동들에 대해서는 지속적으로 헌신하기 힘들 것이다(Deci & Ryan, 1985; Lepper, 1983; Lepper, Keavney, & Drake, 1996). 따라서 학습자들의 양육공동체는 외재적 동기보다는 내재적 동기를 강조한다. 내재적인 동기는 학습의 즐거움, 다른 사람을 돕는 만족감, 자기 자신에 대한 도전으로부터 오는 개인적 성취감 등을 말하며, 외재적 동기는 스티커, 점수, 다른 보상이나 벌 등을 말한다.[4]

애착과 내면화. 학교가 소속감, 자율성, 능력에 대한 아동들의 기본적인 욕구를 충족시킬 때, 아동들은 학교에 애착을 느끼고 그것의 가치에 관심을 갖는 경향이 있다(Connell & Wellborn, 1991; Deci & Ryan, 1985; Battistich et al., 1997). 학교에 대한 애착은 아동이 학습하고, 도덕적으로 사회적으로 발달하기 위한 동기의 중요한 원천을 제공한다. 왜냐하면, 아동들은 그들이 관심을 갖는 집단의 가치들을 흉내 내려고 하기 때문이다. 이

2) 정의적 영역과 인지적 영역 간의 뒤얽힌 관계는 새로운 교수이론 패러다임의 공통 주제이다.

3) 본 장을 읽어가면서 "학습자들의 양육공동체(caring community of learners)"가 Bielaczyc과 Collins의 "학습공동체(learning communities)" 개념과 어떻게 비교되는지를 찾아보도록 노력하라.

4) 여러분은 이것을 새로운 패러다임의 공통된 특징으로 인지했는가?

런 종류의 동기를 우리는 "내면화된" 동기(inter-nalized motivation)라고 부른다:5) 즉, 이것은 그렇게 하는 것이 즉각적으로 보상되거나 만족스럽지 않을 때조차, 자신의 가치, 장기 목표, 혹은 소중한 그룹의 번영과 일치하는 방식으로 행동하려는 의지이다(Lepper, Sethi, Dialdin, & Drake, 1997; Rigby, Deci, Patrick, & Ryan, 1992). 그런 내면화된 동기는 "외재적" 동기유발자(예, 보상, 벌) 혹은 "내재적" 동기유발자(예, 과제에 대한 흥미)와 대조적으로 학업 동기(academic motiva-tion)의 중요하고 상대적으로 안정된 원천을 제시할 것이다. 외재적 동기유발자와 내재적 동기유발자는 과거 아동들을 동기부여 시켰던 보상 혹은 활동이 오늘날 진부해지듯이 매우 빠르게 변화할 것이다. 학습자들의 양육공동체는 공평, 책임감 등과 같은 가치들을 내면화하도록 촉진하고, 그 가치들을 추구하는 동기를 촉진하는 방식으로서 모든 아동들의 학급과 학교 공동체에 대한 애착을 육성하려고 노력한다.

학습 이론들. 모델링, 연습, 구성, 수업 모두는 아동들이 학습하는 것을 돕는다(Brandt, 1988/1989; Palincsar & Brown, 1984; Rosenshine & Meister, 1992). 학습자들의 양육공동체에서 학습은 이 모든 접근들을 활용한다.6) 예를 들면, 아동들이 실험을 시도하고, 보고 생각한 바를 이야기하고, 그들의 아이디어가 다른 이들에 의해 도전 받도록 하고, 배운 것을 새로운 상황과 문제에 적용할 기회를 갖는다면 왜 물체가 가라앉고 뜨는가를 이해하기 쉬울 것이다(Eylon & Linn, 1988). 이는

사회적 학습과 도덕적 학습에서도 동일하게 작용한다. 예를 들면, 아동들은 만약 그들이 공정, 책임감, 친절 같은 자질을 연습하고, 다른 이들이 그것을 실천하는 것을 보고, 이런 자질이 의미하는 바를 적극적으로 생각하고 토론하고(예를 들면, 그들이 문학, 세계 사건들 혹은 학급 갈등에 대해 토론함), 이런 이슈들에 대한 어른들의 생각에 의해 도전받고 자극받는 일상의 기회들을 갖는다면 공평하고, 책임감 있고, 친절하기 쉬울 것이다.

학습자들의 양육공동체에서 교수 접근을 안내하는 목표들

학습자들의 양육공동체를 형성하는 하나의 올바른 방식은 없다.7) 내용 목표(예를 들면, 우리가 아동들이 언어, 수학, 과학 등에서 배우기를 원하는 것)들과 결합된, 앞에 기술된 세 가지 이론들은 많은 다양한 교수 접근들과 모순되지 않는다. 만약 우리의 목표가 학습자들의 양육공동체를 형성하고, 궁극적으로 아동들의 지적, 사회성, 도덕성 발달을 육성하는 것이라면, 여전히 많은 잘못된 교수 활동들이 존재한다.8) 학습자들의 양육공동체를 형성하기 위해 이용된 많은 교수 활동들은, 만약 약간만 다르게 변형하여도 실제로 공동체를 손상시킬 수 있다. 이 장은 학습자들의 양육공동체를 형성하기 위해 없어서는 안 될 네 가지 교수 접근을 제안한다: 협동학습, 발달을 위한 훈육, 문학 작품 중심 독서, 전학교적 활동. 만약 그 교수접근들이 아동의 도덕성, 사회성, 지적 발달을 촉진하고자 한다면, 각각을 구체적으로 설명하기 전에 이러한 활동들을 안내해야 하는 목표들을 간략히

---

5) 비록 이것이 내재적 동기(intrinsic motivation)의 개념과 다를지라도, 그것은 새로운 교수 패러다임의 중요한 면으로 인식된다.

6) 여러분은 이것을 새로운 패러다임에 널리 퍼진 방법의 다양성 혹은 다중성으로서 인식했는가?

7) 이것은 방법의 다양성을 나타내는 또 다른 징후이다.

8) 이것은 자주 간과되는 "방법의 다양성"의 중요한 이면이다.

탐색할 필요가 있다:[9]

- 교실 공동체 구성원들 사이에 그리고 더 넓은 외부 세계와 긴밀하고, 서로 보살피는 인간관계 형성하기;
- 주인의식 형성하기: 아동들이 교실생활과 학습에서 발언권을 갖는다는 느낌;
- 성찰하기: 학업과 자신의 행동에 대하여 깊이 있게 생각하는 습관
- 내적인 동기 형성하기: 외부의 보상물이 없을 때조차 자신의 신념대로 행동하는 개인적 헌신;
- 친절, 공평, 책임감과 같은 사회적 가치들에 대한 이해와 그러한 가치들에 따라 행동하는 능력과 습관 형성하기;
- 구성, 교수, 실천을 통해 학업 발달 형성하기

특정 교수 접근들

비록 학습자들의 양육공동체를 창조하는 데 유일한 올바른 방식이 없다고 앞서 언급했을지라도, 만약 우리가 지적, 도덕성, 사회성 발달을 동시에 촉진하기 원한다면 학교가 얼마나 제약을 많이 받는지를 깨닫고 충격을 받는다. 아동 발달의 모든 면을 진지하게 생각하는 학교들은 미국 학교에서 널리 사용되고 있는 실천 활동들(보상체제, 능력별 그룹핑, 교사 주도의 규칙과 결과, 기술-훈련 교육과정)을 거부해야 하고, 학업 학습(academic learning)을 성취하면서 동시에 학교에 대한 아동의 애착을 형성하는 방법들을 모색하고 활용해야 한다는 점을 발견한다.[10]

---

9) 이것들은 새로운 패러다임에서 나타나는 공통 주제들을 표현하는가?

10) 이것은 새로운 패러다임과 산업화 시대 패러다임 간에

다음 절에서, 우리는 학습자들의 양육공동체 형성을 위한 네 가지 교수 접근들을 설명하겠다. 그것들은 우리가 지난 15년 동안 집중적으로 연구해 온 학교 변화에 대한 하나의 접근인 CDP의 핵심을 형성한다. 여러 연구들이 아동의 사회성, 도덕성 발달에 대한 CDP의 긍정적 영향을 보고한다 (Battistich et al,, 1997; Battistich, Solomon, Watson, Solomon, & Schaps, 1989; Lewis, Schaps & Watson, 1996); 학업 발달에 대한 CDP의 효과는 표준화된 성취 검사가 아니라 수행 평가 측면에서 측정되었다(Solomon, Watson, Battistich, Schaps, & Delucchi, 1992).[11] 놀랍게도 네 가지 접근은 지적 발달은 물론 사회성, 도덕성 발달에 초점을 두는 체제인 일본 교육[12]에서 발견된다(Lewis, 1995).[13]

2. 문학작품 중심 독서

개요: 문학작품 중심 독서의 수업 예

켄터키 루이스빌에 위치한 Hazelwood 학교에서 2명씩 짝을 이룬 학생들이 2/3학년 교실로 흩어진다. 학생들은 파트너와 서로 머리를 맞대고 『Wagon Wheels』이라는 책에서 왜 아버지 풀디가 집터를 찾아 황무지로 출발할 때 엄마가 없는

몇몇 주요 차이점들을 명료화시킨다.

11) 이것은 다른 목표를 추구하는 패러다임에 동반하는 다른 측정이 필요함을 반영한다.

12) 일본의 경우 문학작품 중심 독서에서 다루어지는 자료들은 도덕 교육 교과에서 활용된다. 일본 독서 교재들은 윤리적, 사회적 주제들을 다루는 작품들로 선택된다.

13) 네 가지 접근들을 공부하면서 제1장에서 구별한 것처럼 어느 특징이 교수이론이고 어느 것이 커리큘럼 이론인지 파악하도록 노력하라.

세 아들을 홀로 남겨 두고 떠났는지에 대하여 브레인스토밍한다. 이 아프리카-아메리카 개척자 가족의 이야기가[14] 100여 년 전 시골 지역에서 퍼진 이야기지만, 도시에 사는 학생들이 그 과제에 몰두하는 데 별 어려움을 겪지 않는다: 학생들이 수행할 과제는 세 살짜리 동생을 돌봐야 하는 열한 살 조니와 여덟 살 윌리 간의 대화를 작성하는 것이다.

로라 에큰 교사는 다음과 같이 말한다: "우리가 조니와 윌리라고 상상해보세요. 아빠 없이 홀로 남겨진 첫 번째 밤입니다. 우리는 침대에 동생을 눕히고, 앉아서 서로 이야기하고 있습니다." 학생들이 파트너 활동을 시작하기 전에, 에큰 교사는 학급이 "우리의 파트너들을 도울 수 있는 방식"을 토론하도록 요구한다. 그들이 마주칠 수 있는 문제들의 유형에 대해 미리 생각해 보면서, 학생들은 파트너와의 활동을 원활하게 만들기 위한 전략을 토론한다: "상대방을 경멸하지 않으면서 그의 의견에 찬성하지 않는다는 너의 의견을 표현하라", "만약 당신의 파트너가 적절치 않은 것을 말한다면, 다른 측면에서 그것을 생각하라", "파트너가 말하고 싶은 모든 것을 말하게 하라."

다음 시간에 걸쳐 학생들은 함께 작업하게 되고, 몇 가지 특징이 주의를 끈다. 학생들은 뮬디 형제가 서로 무슨 말을 하였을 것인가를 예측하는 일에 매우 흥미를 느낀다; 이때 어떠한 점수나 행동적인 보상이 주어지지 않으며, 어떤 것도 요구되지 않는다. 학생들은 파트너 관계를 형성하여 작업할 때 우호적이고, 서로 도와 주고, 재치가 있었으며, 그들이 아는 최선의 대화를 작성하려고 노력했다. 한 파트너관계에서 존은 "우리가 아빠

를 얼마나 그리워하는지에 대하여 말할 수 있을 거야"라고 말한다. 신시아는 "그러나 아빠가 떠난 지 하루밖에 되지 않았어"라고 반박한다. 이 지점에서 몇 가지 의견 교환이 일어난 후에 존과 신시아는 "우리가 얼마나 많이 아빠를 그리워 할 것인가"에 대하여 말하기로 동의한다. 또 다른 파트너 관계에서 베리는 과제에 앞선 토론에서 한 학우가 제안한 전략을 이용한다: 지금 우리는 그 소년들이 어떻게 느끼는 지에 관하여 이야기하고 있기 때문에, "너는 내가 음식을 구하기 위해 사냥하는 것을 도울 것인가?"라는 너의 아이디어에 대해서는 나중에 이야기하는 것이 어떻겠니? 학생들은 놀랍게도 상대방에게 질문하고 반대의사를 표현하는 것을 편안히 여기는 것 같다; 편안한 동료의식이 인종과 성별을 초월한 많은 파트너 관계로 확대된다.

이 학생들은 "Reading, Thinking, and Caring"이라는 명칭의 문학작품 중심 독서 프로그램의 일부로서 『Wagon Wheels』을 읽고 있다. 프로그램의 제목이 시사하듯이, 그 프로그램은 서로를 보살피는, 원칙적인 개인으로서 아동 발달을 육성하는 것과 동시에 사려 깊고, 능력 있는 독자로서 그들을 육성하도록 설계된다. 이 프로그램은 소리내어 읽기 활동(교사가 학급에게 소리내어 책을 읽어 줌)과 파트너 읽기(2명씩 짝을 이룬 학생들이 서로 책을 읽어줌) 활동을 포함한다.

비디오로 녹화된 『Wagon Wheels』 수업을 관찰한 교육자들은 학생들이 얼마나 공손하게 서로를 대하고, 얼마나 헌신적으로 진실된 대화를 나누며, 그 책을 이해하는 데 얼마나 적극적으로 참여하는지를 보면서 충격을 받는다. 이것은 우연히 발생한 것이 아니다. 문학 프로그램의 여섯 가지 주요 특징들이 양육 공동체를 형성하도록 설계되었기 때문이다.

---

14) 이러한 이야기의 사용은 제8장(Schank, Berman & Macpherson), 제13장(Corno & Randi), 제14장(Pogrow)의 이야기 사용과 어떻게 다른가?

어떻게 문학작품 중심 독서가 학습자들의 공동체를 형성하는가?

1. 선정된 책들은 사회적인 주제와 윤리적인 주제들이 풍부한 책을 선택한다.   책은 아동에게 공통적인 이슈(예, 우정)들을 제기하고, 여러 측면(예를 들면; 문화, 인종, 종교, 능력 혹은 경제적인 상황들)에서 자신과 다른 아동들에게 감정이입하고 동일시할 기회를 제공한다. 책은 정직, 용기, 정열 같은 사회적, 도덕적 이슈들을 제기하고, 문학작품을 토론하는 동안 이러한 이슈들에 관하여 이야기할 수 있는 기회를 제공한다. 예를 들면, 그들은 매일 학교에 같은 옷을 입고 오는 가난한 소녀를 아이들이 왜 놀리는지를 말하고(*The 100 Dress*), 2차 세계대전 동안 부정행위에 대항하여 맞서는 용기가 어떻게 아동들에게서 나왔는지를 이야기하거나(*Twenty and Ten*), 인간관계에서 공평과 정직의 중요성(J. T.)에 대하여 말할 수 있다. 한 교사는 아동들이 좋은 문학작품 속에서 자연스럽게 제기되는 윤리적인 주제들을 탐색할 기회를 갖도록 하는 "Reading, Thinking, and Caring"과 같은 접근을 강압적인 다른 접근과 구별한다:

> 모든 이야기들은, 모든 레슨과 책들은 아동이 찾아낼 수 있는 긍정적인 것들을 갖고 있다. 나는 이것을 교훈이라고 말하고 싶지 않다. 이것들은 그것을 깨닫는 아이들이 없어도 존재한다. 이것은 레슨이나 교훈처럼 존재하지 않는다.

> 한 2학년 교사는 어떻게 책에서 마주친 사회적이고 윤리적인 상황들이 교실의 양육 공동체를 형성하도록 돕는지 설명한다.

> 나는 오늘 우리가 문학작품 독서활동을 위한 파트너를 바꾸려 한다고 말했다. 새로운 파트너와 활동하기 전 상대방 파트너를 어떻게 대해야 하는 가에 관해 토론하였다. 누군가가 당신과 일하고 싶지 않다고 말하거나 당신과 함께 일하고 싶지 않은 것처럼 행동하는 것이 얼마나 고통을 주는 지를 언급하였다. 그러자 한 학생이 "당신이 누군가를 알기 전에 그와 일하기를 원하지 않는다는 것을 어떻게 아는가?"라고 질문했다. 이 질문에 대해 학급의 또 다른 학생이 그것을 우리가 학년 초 읽었던 책인 Miss Maggie와 연관시켜서 "Nat은 Miss Maggie가 담배를 피우고 뱀을 가졌기 때문에 그녀를 좋아하지 않았다고 생각했지만, 그가 그녀를 좋아했음을 깨달았고, 우리도 이와 같은 경험을 가질 수 있어요"라고 말했다.

2. 소리내어 읽기와 파트너 읽기는 능력별 그룹 활동의 대안을 제공한다.   아무리 우리가 능력별 그룹을 만드는 것을 감추려고 할지라도, 읽기수업을 위해 학급을 능력별 그룹으로 나누는 것은 아동들에게 누가 "더 뛰어나고", 암시적으로 "더 잘하는가"를 알려 주는 강한 메시지를 주기 쉽다. 파트너 읽기(Partner-reading)(아동들이 책 한권을 학습하는 동안 읽기를 위해 그들의 읽기 수준에 따라서 파트너와 쌍을 이루고, 교대로 소리내어 읽거나 혹은 소리내지 않고 읽는 것)는 그런 비난을 피할 수 있다; 2명씩 그룹을 만들어, 동료로부터 피드백과 도움을 받도록 허용하면서 각 아동이 소리내어 읽는 시간을 최대한 제공한다. 교사가 전체 학급에게 큰 소리로 책을 읽어 주는 "소리내어 읽기(Read-alouds)"는 학급 구성원 모두(가장 느린 속도로 읽는 학생들조차)가 토론 시 자신의 아이디어를 말함으로써 학급 토론에 기여할 수 있는 동등한 발판을 제공한다. 그러므로 그들은 교실 공동체에 연결된다.[15]

---

15) 소리내어 읽기(낭독)는 Jonassen(제10장)이 논의한 스

3. 소리내어 읽기는 아동들이 그들의 독서 기술을 개발하도록 동기를 부여한다.   읽기를 배우는 것은 어려운 일이다. 아동들은 소리내어 책을 읽는 것을 들을 때, 독서가 힘든 노동을 수반할 만한 가치가 있는 즐거운 활동임을 배운다. 책에 대한 흥미롭고 생생한 토론은 읽기에 대한 아동들의 흥미를 촉진시킨다. 6학년을 가르치는 한 교사는 학급에서 다루기 힘든 읽기 능력이 낮은 학생들이 교사가 소리내어 읽어 주는 책을 자기 스스로 읽기 위해서 열심히 찾는 것을 발견하고 놀랐다:

지금 나는 아이들과 The Outsiders를 읽고 있다. 비록 그것이 7학년 책일지라도 우리는 그 책을 사용한다. 그것은 갱단에 관한 이야기이며, 폭주족 젊은이와 상류 사회에 관한 것이다. 또한, 사람을 살해한 한 아이의 느낌에 대한 것이다. 이 도시에서는 한 달에 한 번 정도 아이가 범한 살인사건이 발생한다. 그것은 실제 사건에 대한 것이지만, 아이들은 긍정적 교훈을 얻는다. 우리는 이 책을 전체 학급에게 큰 소리로 읽어 주고 있으며, 가장 과격한 아이들조차 그 책을 너무 좋아하고 책 속의 세계를 추구하고 싶어하기 때문에 자유 독서시간에도 그 책을 선택하고 있다.

4. 학생들은 실천 활동, 모델링, 능동적으로 이해를 구성하는 기회들, 그리고 교사와 동료들로부터의 코멘트를 통하여 학습한다.   읽기는 많은 종류의 경험들을 통해 발달되는 복잡한 기술이다: 이러한 경험들은 상징과 어감을 연결하는 연습, 숙련된 낭독자가 보여 주는 모범적인 말투와 억양을 듣는 기회, 읽고 있는 것을 이해하려고 적극적으로 노력하는 것, 다른 낭독자가 이해한 것과 자신이 이해한 것을 비교할 기회 등을 포함한다. 소리내어

─────────────────
캐폴딩의 아이디어와 어떤 점에서 유사한가?

읽기(read-aloud)와 파트너 읽기(partner-reads)를 (그리고 저학년에서는 발음중심의 어학 교수법인 음성학) 조화롭게 사용하는 것은 아동들로 하여금 이러한 다양한 종류의 경험들을 할 수 있도록 해 준다. 한 가지 방법(예, 음성학의 경우, 독립적인 읽기만 가능)에만 크게 의존하는 프로그램은 독서가로서 아동의 발달에 기여할 몇 가지 사항들을 놓칠 위험이 있다.

5. 가치가 아동들의 협력 작업을 지배한다.   학생들이 파트너 활동을 시작하기 전에, 에큰 교사는 "어떻게 우리가 파트너를 도울 수 있을까?"라고 질문한다. 아동들은 학급의 핵심 가치인 존중과 책임감을 반영하는 의견들을 제안한다(어떻게 이것이 학급 가치가 되는가에 관한 논의는 아래 기술된 "발달을 위한 훈육"절을 참고하라). 파트너 활동 후에 학생들은 전체 학급으로서 어떻게 그들이 파트너 관계로 함께 일하였는지에 대해 성찰했다. 그들은 "우리가 파트너와 함께 작업한 것의 강점은 무엇이고, 부족한 부분은 무엇이었나?"라고 물었다. 이러한 토론은 어떻게 학생들이 서로를 대하는지에 관한 중요한 메시지를 보낸다. 학생들은 그들의 협력 작업을 안내할 가치들에 대하여 이야기하고, "존중"과 "책임감"과 같은 가치들의 구체적인 의미를 발견하며, 그 가치들을 파트너 관계에서 실천하려고 시도하고, 얼마나 성공적으로 잘 했는지에 관해 성찰하고 동료로부터 피드백을 받는다. 이러한 경험들은 가치들을 실천 활동에 반영하려는 기술과 노력뿐만 아니라 추상적 가치들을 보다 쉽게 이해하도록 돕는다.

6. 문학은 학급을 위한 공유된 경험을 제공한다.   일본 초등학교 교사는 수업의 가장 중요한 목표를 "행복한 기억을 만드는 것"으로 설명했다(Lewis, 1995, p. 36). 학급에서 소리내어 읽기는 아동들

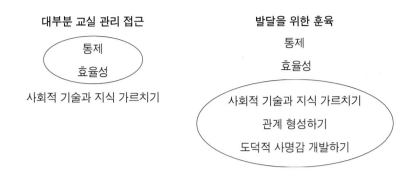

그림 21.2   훈육 목표 비교

을 서로 결합시키고 학교와의 연대감을 형성하는 공유된, 긍정적인 경험을 창조하는 "행복한 기억 만들기"의 한 방법이다.

3. 발달을 위한 훈육

개요: 발달을 위한 훈육의 교실 사례

교사 루비가 쉬는 시간이 끝난 후 교실로 돌아갔을 때, 2학년 학생들이 학급 회의를 열고, 제기되었던 문제를 휴식 시간 동안 토론하고 있는 모습을 보고 놀랐다. 교사가 옆에서 지켜보는 동안, 학생들은 서로의 아이디어를 주의 깊게 경청하고, 그 문제를 해결하였다(Kohn, 1990a).

대개 교육적인 맥락에서 "훈육"은 학생들의 복종을 의미하고, 어른들이 복종을 이끌어내기 위해 사용하는 전략들(보상, 점수, 결과와 같은)을 뜻한다. 그러나 우리는 "훈육"을 매우 다르게 규정한다: 아동이 인간애와 온정이 깃든 사회를 유지할 수 있게 만드는 마음과 정신의 자질, 이런 마음과 정신을 발달시키는 전략들로 정의한다. 학급 문제를 해결하기 위하여 짧은 휴식시간을 자발적으로 이용한 2학년 학생들은 이런 자질들을 보여 준다: 공통 선을 위협하는 문제들에 대한 책임감; 이 문

제들을 해결하는 데 주도적으로 참여하는 의지; 해결책을 향해 협력적으로 일하기 위해 필요한 기술들(학급 회의의 개최 등). 어떻게 학생들이 이러한 자질들을 개발했는가?

이 질문에 대한 답변 대부분은 이 장의 초반에 기술했던 "학습자들의 양육공동체"에서 발견될 수 있다: 아동이 책임 있게 행동하기를 원하도록 만드는 소중한 인간관계에서; 교육과정과 매일 학교 생활 속에서 발생하는 핵심 가치들을 이해하고 실천할 기회 속에서; 성찰에 대한 강조와 옳은 일을 하려는 태도를 강조하는 것에서 발견될 수 있다.

우리는 이러한 접근을 "발달을 위한 훈육(developmental discipline)"이라고 부른다. 왜냐하면 그것은 아동들이 민주주의 사회에서 생활하는 데 필요한 마음과 정신의 자질들을 개발시키는 것을 강조하기 때문이다. 우리의 시각에서 학교 훈육 프로그램의 적절한 목표는 단순히 아동들을 통제하는 것이 아니라, 도덕적인 행동을 스스로 선택하고 행하려는 노력을 자극하는 것이다.[16] 그림 21.2에 제시된 바와 같이, 발달 훈육의 핵심은 아동의 사회성 발달과 도덕성 발달이다. 교실에서 안전과 효율성 목표는 사회성, 도덕성 발달을 방

---

16) 훈육(discipline)에 대한 이러한 두 가지 개념은 산업시대 관점과 정보화시대 관점을 나타내고, 이는 제1장에 열거된 핵심 특성들과 일치한다.

해하는 방식이기보다는 그 장기적인 목표들과 조화를 이루는 방식으로 추구된다. 많은 미국 학교에서 훈육을 구성하는 보상과 벌은 단기적으로는 매우 효과적일 수 있다. 그러나 장기적으로 그런 당근과 채찍 접근은 역 효과적이다. 왜냐하면, 그것은 학생들의 학교에 대한 유대감을 손상시키고, 해야 할 올바른 일이기 때문에 책임감 있게 행동하려는 아동들의 의지를 약화시키기 때문이다. 다음에 제시된 몇 가지 실천 활동들은 발달 훈육의 핵심적 활동이다.

발달을 위한 훈육의 핵심적 실천 활동들

1. 학급(과 학교) 공동체 구성원 간 인간관계를 형성하는 실천 활동 학생들이 사람으로서 서로를 알아가면서 학년을 시작할 때, 어느 교사의 말을 인용하자면, "괴롭힘을 당하는 아이가 나타날 기회가 없었다." 아동들이 파트너 대화(예를 들면, 각 파트너가 1분씩 자신의 좋아하는 취미를 말하고, 다른 파트너는 이를 경청하는 간략한 대화)를 가지면서, 아동들은 다른 이에게 무엇이 중요한지를 배움은 물론 공동 관심사를 발견한다. 교실에서 인간관계를 형성하는 수백 개의 행동들이 있고(Dalton & Watson, 1997), 이 중 많은 행동들이 학업 기술을 형성하는 활동을 대신한다. 예를 들어, 그들이 선호하는 다양한 범주(모험, 논픽션, 환타지, 미스테리 등)의 책들을 공유하도록 초대되는 낙서보드(butcher-paper "graffiti boards")는 아동들이 새 책 혹은 새로운 종류의 독서에 관심을 갖도록 하는 동시에 학생들 간 관계를 형성시킬 것이다. 학급 차트, 여론조사, 인터뷰, 전시 등은 모두 아동들이 핵심적인 학업 기술을 형성하는 동시에 학우들을 알아가도록 돕는 방법일 수 있다.

교사가 교실에서 인간관계를 형성하는 목표를 받아들일 때, 그들은 미국 학교에서 공통적으로 사용되는 훈육적인 활동들을 종종 거부해야 한다: 잘못된 행동을 하는 아동들의 이름을 칠판에 적는 것, 선행에 대해 상을 주는 것, 점수를 주는 것 등. 칠판에 이름을 적거나 상과 같은 "긍정적"인 인센티브를 제공하는 것 등 공개적인 처벌을 이용하는 훈육은 자주 아동들 사이의 관계에 나쁜 영향을 미친다. 우리는 자신의 생일파티에 나쁜 아이를 초대할 수 없다고 말하면서 한 학급 친구에 대한 생일파티 초대를 울면서 거부하는 다섯 살 아이를 알고 있다. 이 다섯 살 아이는 수업시간에 떠든 친구의 이름이 칠판에 적혀 있는 것을 보았기 때문에 그를 나쁜 아이로 여기고 있었다. 교사는 잘못된 행동을 한 아이의 이름을 칠판에 적는 것을 중단하고, 그 후 학급에 나타나는 변화에 대해 다음과 같이 성찰한다:

> 아동 발달 프로젝트(Child Development Project)가 시작되기 전에는 아이들이 교실에 모이지 않을 때, 나는 칠판에 아이들의 이름을 적고 그들의 잘못을 공개적으로 지적하였다. 나는 그 당시 그 아이를 추방자가 되도록 만드는 원인을 제공했다는 점을 깨닫지 못했다.... 지금 우리 교실에는 이런 종류의 추방자가 없다.... 만약 이 도시 전역에서 모든 사람들이 지금 내가 학급에서 아이들을 다루는 것처럼 사람을 대한다면, 갱단은 사라질 것이다. 갱단에 소속감을 느끼는 이들은 추방된 사람들이다. 어느 아이도 이 학교를 떠나지 않는다. 모든 아이가 학급에 소속감을 느끼고 있다.

높은 점수를 받는 아이는 시기의 대상이 되고, 낮은 점수를 획득한 아이들은 나쁜 아이로 간주되기 때문에, "보상"조차도 아동들로 하여금 굴욕감을 느끼게 만들고, 그들 간의 우정을 손상시킬 수 있다.(우리는 "잘 했어요"라고 적힌 표를 받지 못한 아이들이 동료에게 무시당하고, 부모에게 벌을 받기조차 하기 때문에, 매일 "잘 했어요"라고 적힌 표를 주는 것을 중단했던 교사를 알고 있다.) 인자한 표정으로 옆에 서서 "Darlene이 얼마나 보기 좋게 앉아 있는지 보세요. 모든 이들이 Darlene처럼 앉아야 해요"라고 말하는 것조차 장기적으로는 아이들 사이의 관계를 손상시키는 부적합한 비교이다. 이렇게 말하는 것과 "모두 자기 자신을 점검해 보세요. 우리가 앉아 있기로 약속한 것처럼 여러분이 앉아 있는지 아닌지를 알아보세요"라고 말하는 것을 비교해 보라.[17]

　질투를 유발하는 것과 더불어, 개인적 보상과 결과 체제는 다른 방식으로 훈육을 방해할 것이다: 그것들은 아동들은 자기-중심적(self-focus)으로 만든다. 학생들은 "우리의 학급이 어떻게 하고 있는가?"라는 질문보다는 "내가 어떻게 하고 있는가?"라는 질문에 초점을 둔다. 학급에서 자격증, 상, 점수가 학생들의 자기 가치를 나타내는 수단이 되기 때문에 그 학급에 속한 아동은 지속적으로 자신의 수행에 초점을 두게 되며, 다른 사람의 필요와 감정, 도덕성 발달에 주의를 기울이지 않는다.

　인간관계 형성의 목표는 학생들(그리고 교사)이 사람으로 서로를 알게 되는 많은 기회를 갖는 것이다. 다른 학교에서 발견되는 실천 활동들, 예를 들면 "금주의 인물(Special Person of the Week)"은 인간 관계를 보다 잘 촉진하기 위해 종종 변형된다; 예를 들면, 모든 학급 구성원들이 선행에 대한 보상이나 점수 보다는 번갈아가면서 차례로 특별한 사람이 된다. 교사가 경고나 타임아웃처럼 전통적으로 학생들을 통제하기 위해 사용하는 많은 기법들을 아동의 자존심을 상하지 않도록 변형할 수 있다. 우리가 알고 있는 한 유치원 교사는 학생에 대한 지속적인 존중을 강조하는 새로운 방

식으로 타임아웃을 실천 한다: 그는 아동들이 산만한 4세용 아동 테이블 그룹으로 돌아갈 수 있다고 느낄 때까지 화려하고 아름다운 접뚜껑이 달린 책상을 개인 테이블로 사용하도록 해 준다. 자기통제에 지속적인 어려움을 갖는 학생을 돕기 위해, 몇몇 교사들은 그 학생들과 사적인 신호를 개발한다: 예를 들면, 학생들이 공개적인 언급 없이 말하거나 일어서는 것과 같은 잘못된 행동을 통제하도록 상기시켜 주는 몸짓 혹은 목소리 단서들.

2. 학생들은 학급 규범을 세우고 유지하는 것을 돕는다.

　학생들과 교사는 학년 초 교사에 의해 만들어진 규칙을 갖지 않은 채, "우리가 어떤 종류의 학급이 되기를 원하는가?"라고 질문하고 이러한 희망을 실현시키기 위한 규칙들을 토론한다(Developmental Studies Center, 1996). 이것은 간단한 과정이 아니다. 학생들은 세부적인 규칙사항들 -때리지 말기, 악담하지 말기, 모방하지 말기, 친구의 어머니를 욕하지 말기-을 제안할 것이고, 이런 세부적인 금지 규칙들을 존중과 책임감과 같은 좀더 큰 규범으로 연결시키도록 도울 필요가 있다. 학생들이 이러한 공유된 규범에 노력을 기울일 때, 교사의 역할은 변화된다.[18] 교사는 복종을 요구하는 보스가 아니며, 학생들이 순종하도록 뇌물로 유인하고 강압하는 조정자도 아니고, 학생들로 하여금 "우리의 현재 행동이 원하는 학급을 만드는 데 어떻게 작용하는가?"라고 묻도록 돕는 도덕적 안내자이자 모델이다. 어느 교장 선생님은 규칙에서 가치로의 전환에 대하여 다음과 같이 설명한다:

　여러 해 동안, 나는 다음과 같은 질문들을 하면

---

17) 비교하는 것에 대한 강조와 기준을 충족시키는 것에 대한 강조는 두 패러다임 간의 중요한 차이를 나타낸다.

18) 교사와 학생의 역할에서의 근본적인 변화는 새로운 교수 패러다임의 핵심이다.

서 훈육을 해 왔다: 무엇을 하였는가? 그것이 규칙에 반하는 행동인가? 그것에 대하여 무엇을 할 수 있는가? 그러나 이것만으로는 더 이상 충분하지 않다. 사실 나는 중요한 사항을 간과하였다. 완전히 가치를 배제했다는 점이다. 나는 규칙(rules)이 아닌 가치(values)가 되는 의사결정을 하기 원한다.

내부로부터 나오는 동기는 훈육이 어른이 아이들에게 하는 어떤 것이 아니라는 점을 의미한다; 그것은 학급 구성원 모두에 의해 자발적으로 선택된 것이다. 특히 학년 초에 이런 노력을 기울이는 데 상당한 시간이 소요된다. 학급을 지배할 규범에 대한 공감대를 형성하고, 발생하는 문제들을 토론하고, 그들 자신의 해결책을 찾아내는 자유를 허용하는 것이 명령하고 벌을 주는 것보다 더 오랜 시간이 걸린다. 이 점은 예정된 교육과정대로 진행하면서 매일 훈육해야 하는 교사들에게는 고통일 수 있다. 자신의 훈육에 대한 생각이 변하고 있는 어느 교사는 이러한 어려움을 다음과 같이 설명한다.

처음에는 끔찍했다. 나는 칠판에 이름을 적거나 아이들에게 쉬는 시간에 자리를 지키고 있어야 한다고 말하는 것을 포기했다. 나는 일어선 채로 모든 아이들이 떠드는 모습을 보면서 "이제 무엇을 하지?"라고 생각한다. 발달을 위한 훈육은 시작 초기에 더 오랜 시간이 걸린다는 점을 강조하고 싶다. 그 당시에는 1~2분의 시간이지만, 이 몇 분은 때때로 몇 시간처럼 느껴졌다.

어느 교사가 변화를 기술했듯이, 일단 공유된 규범이 세워지면, "대부분 학생들이 떠들고 있을 때 과거 칠판에 적기 위해 임의적으로 선택한 5명 혹은 10명의 이름이 아니라", 문제들은 모든 학생

들이 그들의 행동에 대하여 생각할 기회를 제공한다. 얼마나 잘 행동할지라도 우리들 중에 누가 자신의 최근 행동이 어떻게 친절, 존중, 책임감에 적합한가에 대하여 생각해 보면 이롭지 않겠는가?

발달 훈육의 하나의 중요한 특징인 학급 회의에서, 4학년 학생들은 팀을 선정하는 데 너무 많은 시간을 낭비하기 때문에 점심시간에 정작 소프트볼을 할 시간이 적다는 고민을 제기하였다. 그들은 매일 팀을 선정하기보다는 학급을 여러 팀으로 나누고 휴식시간 중간 쯤 타석에서 그 팀을 교체하기로 결정했다. 학생들의 교사는 "아이들이 스스로 그 아이디어를 제안하였다. 이러한 경험은 아이들이 혼자 힘으로 그것을 할 수 있음을 보여주는 것이다. 만약 내가 그들에게 제안하고, 강요했다면 이러한 해결책은 나오지 않았을 것이다"라고 말했다. 학생들이 문제에 대한 해결책을 도출하도록 도울 때, 그들은 그 해결책을 찾아내려고 노력하며, 장기적으로 그들의 개인적인 노력은 상당 시간을 절약할 수 있다. 여러 해에 걸쳐 CDP를 실시한 학교에서 교사들은 종종 학생들이 저 학년으로부터 더 강한 문제해결 기술과 책임감을 갖고 온다는 점을 주목 한다; 그래서 발달을 위한 훈육에서 투자 대비 성과는 단지 1년 동안 측정해서는 안 된다.

3. 문제해결 접근 많은 접근들이 교실 훈육(classroom discipline)은 학습이 일어나기 전에 확립되어야 하는 어떤 것이라고 가정한다. 그러나 우리는 훈육이 학습이라고 생각한다. 즉, 다른 학습 문제들처럼 훈육상의 문제들은 문제의 원인을 이해하고, 학생들이 문제를 해결하기 위해 필요한 이해, 기술, 헌신을 기울이도록 돕는 철저한 노력을 요구한다. 한 학생의 형편없는 과학실험 보고서가 많은 다양한 원인들을 반영하는 것처럼(예를 들면 과학개념을 잘못 이해하거나 작문기술이 부

족하거나, 동기가 부족한 것 등) 버릇없는 행동은 철저한 차별적인 진단을 요구한다. 학생들은 어떤 행동이 기대되는지를 알지 못하거나 기대되는 행동을 알고 있지만 자기 통제 기술이 부족할 수도 있으며, 혹은 주변 사람들의 요구와 감정을 이해하지 않은 채 자신의 요구에만 몰두해 있을 수도 있다. 이러한 각각의 원인은 각기 다른 해결책을 필요로 한다.[19] 한 교사는 발달 훈육으로의 자신의 전환을 다음과 같이 기술한다:

훈육에 대한 나의 접근은 실제로 변화되었다. 지금 만약 학생들이 문제가 되는 일을 한다면, 그들에게 "우리가 이야기할 필요가 있다고 생각한단다. 대화를 위해 너의 시간을, 아마도 휴식시간에, 조금 빌릴 수 있을까?" 라고 말할 것이다. 나는 그 날 학생이 보인 모습이 진짜 모습이 아니라고 생각한다고 말하고, 학생들에게 무엇이 잘못되었는지를 묻는다. 그런 방식으로 당신은 생각지 못했던 사실을 발견할 것이다. 한 예로 지난 밤 학생들의 새가 죽었을 수도 있다. 학생들은 교사의 이러한 태도와 접근에 대해 진심으로 고마워한다.

"네가 걱정되는구나. 방과 후에 이야기를 나눌 수 있을까?"라고 말하는 것은 "너무 지나치구나. 방과 후에 남거라"라고 말하는 것과는 매우 다른 메시지를 전한다. 교사가 아이에게 왜 문제가 일어나고 있는지를 묻는 시간을 가질 때, 이는 자주 긍정적인 결과를 초래한다. 한 교사는 "나의 훈육에서 가장 큰 차이점은 이제 나는 '왜 이 아이가 장난을 치는가? 무엇이 그 아이가 이런 방식으로 행동하게 만드는가?'라고 생각하는 것이다"라고 말

한다. 단지 아이들의 말을 귀기울여 듣는 것만으로도 그들을 도울 수 있다. 왜냐하면 아이들의 말을 경청하는 것은 그들로 하여금 다른 이로부터 관심을 받고 자기 자신을 표현하고 인간적인 교감을 나누고 싶은 욕구를 충족시키기 때문이다. 아이가 지닌 문제들이 나쁜 행동을 정당화하지는 않는다; 그러나 왜 아이들이 잘못된 행동을 하는지 이해하는 것은 어른들이 다루기 힘든 아이들과 연결을 유지하도록 도울 수 있다.

다시 말하면, "문제해결"접근(problem-solving approach)은 교사들이 왜 잘못된 행동이 일어나고 있는지를 진단하고, 학생들이 미래에 유사한 문제들을 피하도록 도울 수 있는 기술, 이해, 인간 관계를[20] 개발하도록 돕는 것을 의미한다. 문제 해결의 한 부분은 규칙을 어긴 학생들이 남을 보살피고, 책임감 있는 사람으로서(예를 들면, 그들이 행한 손상을 수리하거나 상처를 주는 말에 대해 진심으로 사과하는 것 등) 자기 자신을 회복하는 방법을 찾는 것이다. "내가 한 잘못을 보상하기 위해 무엇을 할 수 있는가?"라는 말은 많은 아이들이 자연스럽게 스스로에게 묻거나, 그들을 둘러싼 사람들이 그렇게 말하는 것을 듣는 지원적인 분위기에서 나올 수 있는 질문이다. 특히 아이들이 강요받기보다는 진심에서 우러난다면 위로하고, 사과하고, 교정하고, 복구하는 것은 규칙을 위반한 후에 "좋은 아이"로서 자신을 다시 회복시키는 강력한 수단일 수 있다.

두 소년과 한 의자: 발달을 위한 훈육 사례

발달을 위한 훈육의 여러 면들은 혁신적이다: 교

---

19) 이것은 개인별 맞춤(customization)의 본질이며, 상황화(situationality)의 본질이다.

20) 이 세 가지 종류의 학습/발달 중, 기술(skills)은 교수이론의 산업시대 패러다임에서 중요하게 다루어졌던 유일한 것이었다.

사는 학생들이 인간으로서 서로를 알아가고, "우리가 바라는 학급"에서의 생활을 안내하는 가치들에 대해 깊이 생각하고, 발생하는 갈등을 해결하도록 돕는다. 그러나 불가피하게 문제들이 발생하고, 다행스럽게도 학습시 실수처럼 그 문제들은 학생들로 하여금 이해와 기술을 증진시키는 가치있는 기회들을 제공한다. 발달 훈육은 실제 현장에서 어떤 모습인가? 캘리포니아 헤이워드에 위치한 루스 학교에서 촬영한 비디오는 두 소년들 간의 갈등을 포착했다:

2명의 유치원생 폴과 레이슨은 서로를 적대적으로 힐끔 쳐다보면서 같은 의자에 서로 비집고 앉아 있다. 학급 쐐기벌레를 종이접시로 만드는 그룹 활동이 진행중이다.

"나는 여기에 앉을 거야" 레이슨이 중얼거린다.

"나도" 폴이 답한다.

"나도" 레이슨이 말한다.

"나도" 폴이 말한다.

두 아이의 갈등을 눈치 챈 교사 린다 레이폴드는 그들 옆에 다가와 종이접시 한 개를 준다(모든 다른 아이는 자신의 종이접시를 받는다).

"여기 종이접시 한 개가 있다. 너희 둘이 해결책을 찾아 보렴" 교사는 말하고, 다른 아이들에게 간다.

지금 여기에 무슨 일이 일어나고 있는가? 전형적으로 교사는 학생들 사이에 갈등이 일어나려고 할 때 관여하여 중재한다. 그러나 이 경우 레이폴드 선생은 그 문제를 해결하려고 시도하지 않는다. 실제로 그녀는 그 문제를 더 압박하는 행동을 취한다: 그녀는 두 소년에게 공유해야 하는 하나의 접시를 준다. 그녀는 두 소년이(그들의 학급 친구들은 물론) 서로 잘 지내는 방법을 배우는 기회로서 그 충돌을 다룬다. 하나의 의자를 차지하려

고 싸우는 폴과 레이슨은 이제 하나의 종이 접시를 공유해야 한다.

그 소년들이 스스로 싸움을 해결할 수 없을 것같이 보일 때, 교사 린다 레이폴드는 두 소년에게 다가와 "문제를 해결하는 방법에 관해 어떤 아이디어가 있나요?"라고 묻는다.

"나는 폴이 다른 의자에 가서 앉도록 요청할 수 있어요" 레이슨이 말한다.

"정말 그렇구나" 교사가 동의한다. "왜 너는 그것을 시도하지 않니?"

"폴, 다른 의자로 가 줄 수 있겠니?" 레이슨이 희망적인 밝은 표정으로 묻는다. 다른 한편 폴은 얼굴을 찡그리며 싫은 기색을 나타낸다. 그는 언제 꾀를 부릴지 안다. 아래 입술을 뽀루퉁하게 내밀고, 한 마디 말도 없이 떠나려고 일어선다.

"잠깐" 레이폴드 선생은 부드럽게 폴을 부른다. "폴, 너는 레이슨이 말한 해결책에 동의하니?"

폴은 눈을 깜박거리고, 머리를 가로젓는다. "아니요, 동의하지 않아요."

교사는 의자에 등을 돌리고 앉아 있는 폴을 도우면서 다음과 같이 말한다. "레이슨, 폴은 그 아이디어를 좋아하지 않는다고 말하는데, 시도해볼 수 있는 다른 해결책은 없을까?"

소년들은 난처해진다. 그들은 서로를 불편스럽게 무시하면서 멍하니 허공을 응시한다. 그때, 그들의 테이블에 앉아 있는 다른 아이들 중 한 명이 작업을 하다가 이들을 쳐다보면서 제안한다. "나는 알아요. 폴과 레이슨은 공유할 수 있어요"라고 마크가 말한다.

흥미롭게도 두 적대자들은 문자 그대로 이 아이디어를 듣는 고통의 시간을 갖는다. 마크의 말과는 상관없이 계속 "레이슨이 떠날 수 있어요" 폴이 말하고, "폴은 다른 의자로 가야 해요" 레이슨이 말한다. 교사는 소년들이 마크의 말을 이해

하고 정확하게 반복할 수 있도록 마크의 제안을
두 번 말하게 한다.

결국, 두 소년은 하나의 종이접시를 공유하는
마크의 제안을 따르기로 동의한다. "내가 한 쪽
편을 맡을 테니, 너는 다른 쪽을 맡아" 폴이 제안
하고, 레이슨이 승낙한다. 한 의자에 둘이 좁게
앉아 있는 것이 불편하기 때문에, 폴은 레이슨 옆
에 두 번째 의자를 갖고 온다. 두 소년은 접시의
중앙을 가로지르는 선을 긋기로 결정하고, 그 후
기쁜 표정으로 크레용을 빌려주면서 서로 그리고
있는 것에 대하여 말하면서 각자 자신의 반쪽 접
시에 작업을 한다. 그들의 작업을 끝냈을 때(폴은
레이슨과 그가 완성했음을 알려준다), 두 소년은
교사에게 벽에 작업한 접시를 고정시키도록 그
접시를 준다. 교사는 두 소년이 갈등을 해결한 것
을 기뻐하면서 그것을 설치한다. 무의식적으로
폴과 레이슨은 학급 과학센터에 있는 나비 누에
고치와 책들을 보기 위해 함께 걸어나간다.

학급 쐐기벌레의 마지막 종이접시 조각이 벽에
설치된 후, 린다 레이폴드는 학생들이 그 프로젝
트에 대한 마무리 토론을 하도록 소집한다. 토론
에서 폴은 레이슨과 종이접시를 공유했다고 자발
적으로 말한다.

"어떻게 그런 일이 일어났나요?" 교사가 묻는다.
"내가 공유하는 것을 좋아하기 때문에?" 폴은
우스꽝스런 목소리로 대답한다. 분명히, 그는 있
었던 일련의 사건들을 잊어버렸다.

"레이슨, 너는 기억하니?"
"우리는 마크의 도움을 받았죠" 레이슨이 정확
하게 회상한다. "그는 우리가 다른 의자를 가져와
서 앉고, 그 접시를 공유할 수 있다고 말했어요."

"그리고 그것이 어떻게 진행되었니?"
"훌륭하게요" 레이슨이 말한다. "좋았어요" 폴
이 동의한다. 이 지점에서, 다른 아이들에게 그
활동을 하는 동안 누구로부터 준비물을 빌렸거나

누구와 설계 아이디어를 교환하였는가를 상기시
키면서 '공유'에 대한 토론에 참여시킨다. "나는
네가 마크의 제안에 귀 기울이기로 결정해서 기
쁘단다," 교사는 폴과 레이슨을 칭찬하면서 토론
을 요약한다. "그것은 좋은 아이디어였어요."

"두 소년, 한 의자"에 설명된 발달을 위한 훈육의 원리들

의자에 대한 폴과 레이슨의 갈등은 초기에는 그들
의 작업을 방해하였다. 대부분 교실에서 행해지는
훈육에서는, 그들의 싸움으로 인해 두 소년의 이
름이 모두 칠판에 적히고, 학급 내 다른 학생들이
그들을 비난했을 것이다. 이기심 대신에, 발달을
위한 훈육은 매우 다른 동기 원천에 의존한다: 즉
소중한 그룹에 소속되려는 욕망[21], "인간 본성의
밝은 면"이라고 불리우는 행복, 친절, 책임감을 향
한 강력한 충동(Kohn, 1990b).

레이폴드 교사가 폴이 불공정하다고 생각한 해
결책을 받아들이는 것을 막았을 때, 그녀는 학급
의 핵심 가치인 공평성을 강조했다. 첫 번째 아이
가 "제발"이라는 말을 하는 것은 자동적으로 일어
난 것이 아니었다. 그녀는 폴과 레이슨이 그 가치
를 실천하는 데 필요한 기술들을 모방하도록 하였
다: 질문하는 것, 귀 기울여 듣는 것, 서로의 신체
적인 언어 행동을 알아차리는 것.

두 소년이 처음에 의자를 갖고 싸우는 것을 보면
서 비록 어느 누구도 예상하지 못했지만, 폴과 레
이슨은 서로를 배려하며 대하는 것에 열려 있었다.
레이폴드 교사는 그 갈등 동안만 아니라 이후 학급
회의에서 그들의 문제와 이것을 어떻게 해결했는

---

21) 자기 관심 대 소중한 그룹에의 소속감-이것은 산업시
대와 정보화시대의 핵심 특징이다; 비록 소중한 그룹에의
소속감이 어느 정도 이기심일지라도 새로운 패러다임의 주
제를 반영한다.

지를 학급에게 말하도록 요청함으로써 그들이 이러한 기술들을 학습하도록 도왔다. 폴이 자신과 레이슨이 어떻게 접시를 공유하게 되었는지를 쉽게 기억하지 못했다는 점은 얼마나 많이 아이들이 그들의 행동에 대하여 성찰하고 배운 교훈을 다시 확인할 기회를 필요로 하는지를 강조한다.

린다 레이포드는 폴과 레이슨에게 그들의 분쟁을 해결하는 방법을 말하지 않았다. 그녀는 두 소년이 그 갈등을 해결할 기술을 가졌다고 가정하지도 않았다. 대신, 그녀는 하나의 종이접시를 줌으로써 그들 앞에 놓인 문제를 강조하였고, 제안된 해결책에 대한 서로의 반응을 살펴보고 학급 동료들에게 도움을 요청하는 것처럼, 두 소년이 문제를 해결하는 데 도움을 줄 수 있는 몇 가지 기술을 배울 수 있게 하였다. 다시 말하면, 그녀는 작문이나 수학에서 문제를 다루는 방식과 유사하게 그 문제를 다루었다: 즉, 문제의 중요성을 강조하고 학생들이 새로운 방식으로 그 문제에 대하여 생각하도록 돕는 질문을 하는 것. 그런 기술은 만약 아이들이 그들을 둘러싼 사람들과의 관계를 가치 있게 여기고 그 관계를 유지하기 원한다면 확고히 뿌리내리기 쉬울 것이다.

좀더 전통적인 상황에서, 폴과 레이슨의 교사는 두 소년이 다른 곳에 앉도록 요청하거나 한 명에게 의자를 상으로 줄 수도 있었을 것이다. 이 경우 두 소년은 아마도 교실 내 인간 관계에 비추어 본다면 거의 실패자처럼 느끼면서 끝났을 것이다. 게다가, 교사에 의해 강요된 해결책은 폴과 레이슨에게 "주인의식"을 느끼지 못하도록 만들었을 것이다.

폴과 레이슨은 그들 간 싸움을 해결하였고 친구가 되었다. 이러한 경험은 많은 이들에게 영향을 미칠 것이다. 교사와 학급 친구들과의 유대감은 ─주의 깊게 귀 기울여 듣고, 각 아동의 요구를 중요하게 인식함─더 깊어질 것이다. 학급 친구와 사이좋게 지내고 문제를 해결하는 기술은 더 커질 것이다. 그들의 요구를 충족시키는 교실 공동체에 노력을 기울이고 그것의 가치를 유지하려는 동기는 더 강력해질 것이다. 이와 반대로, 교사에 의해 강요된 해결책은 매우 다른 파급효과를 일으킬 것이다: 분노, "실패자"의 굴욕감 또는 파괴적인 대상으로 선정되는 것, 자신의 견해가 경청되거나 가치 있게 인식되지 않는다는 느낌, 힘을 지닌 어른에 의해 문제가 해결되어야 한다는 믿음.[22]

시간이 흐르면서, 폴과 레이슨의 경우처럼 대부분 학급 아이들은 공유된 가치에 깊은 관심을 갖고, 그 가치들을 행동하는 기술을 배우고, 올바른 일을 하기를 원하게 만드는 인간 관계를 개발할 것이다. 그들은 공통 선을 돌보고, 민주주의를 유지하는 데 적극적으로 참여하는 시민이 될 것이다. 폴과 레이슨의 이야기에서 가장 놀라운 특징은 그 결말이다: 의자로 인한 싸움이 있은 지 한 달 후에, 학급 쐐기벌레는 벽에서 제거되었고, 각 아이는 상대방이 장식했던 다른 반쪽 접시를 집에 가져가겠다고 요청하였다.

4. 협동학습

협동학습과 학급 공동체

『Wagon Wheels』를 읽고 풀디 소년들이 아빠 없

---

22) 이것은 어떻게 가치들이 지금 학교에서 "잠재적인 교육과정"의 일부로서 가르치고 있는가를 생생하게 보여 준다. 그러나 그것들은 종종 산업화시대에 요구되는 가치(예, 순종)일지라도 정보화시대에서는 종종 해로운 가치들이다(예를 들면, 정보화시대에서는 주도성과 책임감은 순종보다 더 중요해진다). 그것은 또한 인지적 영역만을 다루는 교수이론은 매우 불완전하다는 것을 보여 준다─정의적 영역과 인지적 영역은 분리해서도 안 되고 분리할 수도 없다.

는 첫날 밤에 서로에게 말했었을 대화를 작성하는 사례로 돌아가 봅시다. 그들이 함께하는 작업은 협동학습이 학급 공동체를 형성할 수 있는 방식을 묘사한다. 우리는 협동학습이 반드시 학급 공동체를 형성하는 것은 아니기 때문에 "할 수 있다 (can)"라는 말을 사용한다. 협동학습에 대한 우리의 접근은 다른 접근들처럼 아동들의 학업 성취를 달성하는 목표를 갖는다; 다른 접근들과 다른 세 가지 부가적인 목표들은 다음과 같다.

협동학습의 목표들

1. 아이들의 사회적 기술과 도덕적 가치들에 대한 이해와 실천 형성하기   로라 에큰의 학급에서 아이들은 그룹 작업을 안내하는 가치들을 토론했고, 이 가치들을 실천에 옮기려고 시도하였고, 얼마나 그 가치들이 성공적이었는가에 대해 성찰하였다. 그룹 작업(『Wagon Wheels』의 경우, 2명이 한 그룹을 구성함)은 아이들이 인간 가치를 이해하고 실천할 수 있고, 이 가치들을 실천하려는 그들의 노력에 대해 피드백을 받을 수 있는 실험실을 제공한다. 몇몇 연구들은 만약 그룹 구성원들이 유익하고, 우호적이고, 협력적이고, 서로를 염려한다면 협동학습은 사회적으로, 지적으로 그리고 동기적으로 아이들에게 이롭다고 제안한다. 소규모 그룹 구성원들이 서로를 경멸하고, 비우호적인 방식으로 서로를 대할 때, 소그룹 활동은 실제로 학교에 대한 애정, 내재적 동기, 학업 성취, 그리고 양육공동체로서 교실 경험을 감소시키는 경향이 있다(Battistich, Solomon, & Delucchi, 1993).

2. 인간 관계 형성하기   협동학습에서 아이들은 경쟁적으로 서로 겨루기보다는 협력적인 노력에 참여하게 된다. 이상적으로 공유된 목표를 달성하기 위해 함께 일하는 것은 그들이 서로를 알게 되고 도움에 따라 함께 일하는 아이들 간에 관계를 형성한다. 모든 학급 구성원들 간 인간관계는 학습자들의 양육공동체의 목표이기 때문에, 우리가 생각하는 협동학습은 그룹들 간의 경쟁을 촉진하지 않는다. 종종 경쟁은 서로 경쟁하고 있는 그룹들 간 인간관계를 손상시키고 어떤 이유가 있든지 간에 그룹의 경쟁적인 활동에 적게 공헌하는 아이들을 비난한다.

3. 내재적 동기 촉진하기   미국 개척자 가족을 그린 『Wagon Wheels』은 오늘날 도시 학생들에게 다양한 주제들을 제기한다: 왜 아버지는 아이들을 떠나야만 했는가? 아동으로서 어른이 갖는 책임감이 주어지는 것은 무슨 느낌인가? 아이들이 자신의 어린 형제를 돕고 보호하는 방식은 무엇인가? 에큰 교사는 만약 그들이 뮬디 소년들이었다면 어떻게 느꼈을지 상상하고 그 소년들 사이의 대화를 적도록 요구함으로써 학생들의 흥미를 더욱 자극하였다. 우리는 만약 선정된 문학작품이 진부하거나 혹은 학생들에게 요구한 과제가 중요하지 않은 이야기를 상세하게 기억하는 것이었다면 얼마나 다른 상황이 펼쳐졌을지 예측할 수 있다.[23] 다시 말하면, 내재적 동기는 중요한 주제에 의해 대부분 쉽게 촉진되고, 이때 그 주제는 아이들로 하여금 주제의 중요성을 파악하도록 돕는 방식으로 제시된다.[24]

내재적 동기에 대한 두 가지 사항이 추가적으로 언급되어야 한다. 첫째, 우리는 대부분의 아이들이 깊이 주목하지 않을 수 없는 사회적이고 윤리

---

[23] 사회적, 도덕적, 지적 목표를 동시에 추구하는 방법을 사용함으로써, 효율성은 증진되며 따라서 "부가적인" 목표들은 추가적인 시간과 노력을 거의 요구하지 않는다. 이런 종류의 통합과 시너지는 체계적 사고와 정보화시대 패러다임의 특징이다.

[24] 어떤 이론들이 이것을 강조하는가?

적인 주제들을 찾아낸다는 사실에 놀란다: 학업 활동에 별로 관심을 보이지 않는 아이들조차 종종 친구가 무엇이고, 왜 아이들이 놀리고, 무엇이 옳은 것이고 잘못된 것인가에 대한 토론에 열성적으로 참여한다. 따라서 사회적이고 도덕적인 주제들을 강조하는 것은 학생들에게 교육과정을 좀더 내재적으로 동기화시키도록 만들 것이다. 둘째, 비록 사회적이고 도덕적인 이슈들이 많은 아동 문학작품에서 중심된 주제일지라도, 문학작품 중심 수업에 사용되는 대부분 이용 가능한 교육과정 자료들은 이런 강점을 활용하는 데 실패한다는 사실에 놀란다. 현재 사용되는 교육과정 자료들은 많은 문학작품에서 다루고 있는 사회적, 도덕적 질문들을 무시하면서 사소한 주제를 지닌 작품을 선정하거나, 사실적 정보 기억이나 형식적인 문학 분석에 초점을 두고 있다.

5. 전학교적 활동

전학교적 활동은 서로 돕는 인간관계, 인간 가치에의 헌신, 그리고 이 장 초반부에 강조한 다른 교수 목표들을 형성하려는 교사들의 노력을 지원할 수 있다.[25] 학교 과학전람회의 재 설계는 교사들이 어떻게 그들의 교수 목표들을 더 잘 달성하도록 기존의 관례를 재 조형할 수 있는가를 보여준다.

전통적으로 캘리포니아 초등학교에서 열리는 과학전람회는 상급 학년 학생들이 프로젝트를 만들고 상을 받기 위해 경쟁하는 기간이었다. 그러나 올해의 "가족 과학 페스티발"은 학교를 저녁 동안 체험 과학 박물관으로 전환시켰다. 학생과 가족들은 각 학급이 계획하고 주최하는 활동인 거

품, 자석, 부엌 화학의 미스터리를 탐험했다. 교사들이 그 과학전람회를 다시 설계하려고 했을 때, 세 가지 열망이 그들을 안내했다. 첫째, 학교에 대한 아이들의 유대감을 깊게 하고 강화시키는 방식을 찾았다. 도시 10대들 사이에 확대되고 있는 갱단 폭력처럼, 초등학교 교사들은 아이들의 우정, 헌신, 소속감에 대한 욕구를 건설적인 방식으로 충족시킴으로써 갱단보다 더 매력적인 학교를 만들기를 원했다. 아이들을 서로 겨루게 하기보다는 새로운 과학전람회는 공유되는 의미 있는 일에 아이들을 참여시킬 것이다: 예를 들면, 흥미 있고, 유익한 과학 축제를 계획하는 것. 모든 아이는 이러한 노력에 기여하면서 학업적으로 사회적으로 이익을 얻을 수 있고, 어느 누구도 실패자가 되지 않을 것이다.

둘째, 교사들은 50%를 차지하는 비영어권 학부모를 포함하는 학생 가족들이 학교에서 좀더 환영받는다고 느끼도록 만드는 방식을 찾고 있었다. 교사들은 가족이 아동의 발달에 결정적인 역할을 수행한다는 것을 인식하고, 가능한 많은 가족들을 초청하는 포괄적인 경험을 제공하기를 열망하였다. 기존의 경쟁적인 과학전람회는 가족 참여에 대하여 부정적인 메시지를 제공하였다: 가족들이 얼마나 많이 부정행위하는 것을 돕는가? 승자와 패자를 만듦으로써, 몇몇 부모들에게는 학교시절 겪었던 실패를 가슴아프게 회상시켰다. 이와 대조적으로 새로운 형식의 과학전람회는 가족들을 환영하였다. 다른 이들이 지적했듯이, "어느 누구도 박물관에서 낙제점을 받지 않는다"(박물관 설립자 Frank Oppenheimer, Gardner, 1991에서 인용).

마지막으로, 교사들은 과학 학습을 동기부여시키기 위해 상을 주는 것을 불편하게 여겨 왔다. 교사들은 학생들이 프로젝트의 과학적인 내용보다는 상에 더 관심을 보이는 것을 목격하였다. 상의 부정적인 영향에 대한 연구에 힘입어 교사들은 내

---

25) 이것은 체제적 사고를 나타낸다.

재적인 흥미를 강조하고 실제로 체험하는 과학전람회를 재 설계하기로 결정하였다.

교사들은 과학전람회를 다시 설계하는 동안 학생들 간 서로에 대한 유대감과 학교에 대한 유대감, 과학 학습과 동기, 그리고 가족 구성원들과의 관계를 조심스럽게 고려하였다. 다시 말하면, 학생들의 도덕성, 사회성, 지적 발달을 고려하였고, 학교 전통인 과학전람회를 재 설계함으로써 이를 촉진시키려고 하였다. 결국 새로 설계된 과학전람회는 인간관계, 학생의 주인의식, 내재적 동기 등을 형성시키고자 하는 그들의 목표에 더 잘 기여하였다.

미국 학교에서 학생들은 전형적으로 나이에 의해 그리고 종종 학업 성취, 모국어, 물론 다른 방식에 의해 능력별로 배치된다. 전학교적 활동은 아이들이 친한 친구들 관계를 넘어서 존중, 공평성, 친절의 가치들을 확대시키는 것을 배우도록 돕는 중요한 방법일 수 있다. 예를 들면, 학생들은 "학교에서 우리를 돕는 사람들"을 인터뷰하고 행정가, 관리인, 비서, 보좌관, 다른 사람들의 인터뷰와 사진을 발표할 수 있을 것이다. 이 활동은 학교 공동체 구성원들이 서로 더 인간적인 관계를 맺도록 만들고, 아이들이 어떻게 자신이 다른 사람의 도움을 받는지를 깨닫고, 남을 돕는 것을 학교 규범으로 세운다.

우리는 박물관 견학이라는 현장방문을 함께 가는 5학년과 유치원 아이들의 "버디 수업(buddies' classes)"을 보여 주는 슬라이드를 갖고 있다. 집으로 돌아가는 버스 사진은 한 유치원생이 그의 5학년 친구(버디)와 어깨를 맞대고 잠자는 모습을 보여 준다. 그런 경험들이 아이들의 학교에 대한 유대감을 촉진한다는 사실을 누가 의심할 수 있겠는가? 좋은 친구 프로그램 혹은 사람으로서 서로를 알게 되고, 다른 이들의 행복에 의미 있게 공헌하고, 혼자 창조할 수 있는 것보다 더 큰 무엇을 만

드는 흥분을 배우도록 돕는 다른 전학교적 활동에 참여하는 아동들에게 학교는 재미있고, 가치 있는 중요한 장소가 될 것이다. 그러나 협동학습처럼, 전학교적 활동이 그 목표를 염두에 두고 설계되어질 때에만 학습자들의 양육공동체를 촉진시킬 것이다.

6. 결론

우리는 학교교육의 핵심 목표로서 사회성 발달, 도덕성 발달, 지적 발달을 설정하고, 학습자들의 양육공동체 형성이 학교가 이러한 세 가지 측면의 발달을 동시적으로 육성할 수 있게 한다고 주장하였다. 그리고 학습자들의 양육공동체를 형성하는 네 가지 교수접근을 기술하였다. 학습자들의 양육공동체가 아동들의 사회성, 도덕성, 지적 발달을 지원한다는 명백한 증거가 있음에도 불구하고, 그러한 접근을 확산시키려는 노력은 심각한 장애물에 직면하고 있다(Lewis et al. 1995; Lewis, Watson, & Schaps, 1997). 우리가 강조했던 원리들은-지적 발달은 물론 인간관계에 초점을 두는 것, 내재적 동기에 초점을 두는 것, 학교에 대한 아이들의 감정적인 애착을 중요시하는 것-미국교육에서 학업 성취에만 초점을 두는 것에 정반대된다(Schaps, 1997). 장기적으로 아동들의 학교에 대한 애착과 서로 간의 관계를 훼손시키지만, 단기적으로 훈련과 기술 위주의 교육과정, 경쟁, 상에 의해 학업성취 점수를 높이는 일에 더 크게 유혹받기 쉽다.

사회성, 도덕성, 지적 발달의 사명은 교사들의 삶을 복잡하게 만든다. 왜냐하면, 그것은 더 이상 교사들이 새로운 교육과정이 학생들의 교과관련 지식을 증진시키는지 아닌지 묻는 것으로만 충분치 않음을 의미하기 때문이다; 우리는 그 교육과정이 학우들과의 유대감을 조장하고 학습에 대한

흥미를 촉진시키는지 아닌지를 물어야 한다. 그것은 전통적으로 다른 연구자들과 교류 없이 홀로 연구를 수행해 온 연구자의 삶을 복잡하게 한다. 예를 들면, 교과 전문가, 교육학 전문가, 학교 문화 전문가, 동기분야 전문가들이 모두 함께 큰 그림을 보아야 하기 때문이다.[26] 그러나 이것은 우리가 학업 발달과 사회성 발달을 오가는 오랜 양자택일적 사고에서 탈출할 수 있고(Lewis et al., 1995), 오늘날 우리의 실천 활동을 미래를 향한 우리의 열망에 좀더 가깝게 일치시킬 수 있다는 희망을 준다.

7. 감사의 글

이 장에서 기술된 프로젝트들의 재정적 지원을 제공한 기관은 다음과 같다: The William and Flora Hewlett Foundation; The San Francisco Foundation; The Robert Wood Johnson Foundations; The Danforth Foundation; Stuart Foundation; The Pew Charitable Trusts; The John D. and Catherine T. MacArthur Foundation; The Annenberg Foundation; Spunk Funk, Inc.; DeWitt Wallace-Reader's Digest Fund, Inc.; Louise and Claude Rosenberg, Jr.; and the Center for Substance Abuse Prevention, U.S. Department of Health and Human Services. 우리는 본 장을 작성하는데 하나의 자원으로서 아동 발달프로젝트(Child Development Project)에 대한 Willian Boly의 글을 많이 참조하였다.

---

26) 이것은 새로운 패러다임의 본질적인 면인 체제적 사고를 강하게 주장한다.

참고문헌

Battistich, V., Solomon, D., & Delucchj, K. (1993). Interaction processes and student outcomes in cooperative learning groups. *Elementary School Journal, 94*, 19-32.

Battistich, V., Solomon, D., Watson, M., & Schaps, E. (1997). Caring school communities. *Educational Psychologist, 32*, 137-151.

Battistich, V., Solomon, D., Watson, M., Solomon, J., & Schaps, E. (1989). Effects of a Program to enhance prosocial behavior on children's social problem-solving skills and strategies. *Journal of Applied Developmental Psychology, 10*, 147-169.

Brandt, R. (1988/1989, December). On learning research: A conversation with Lauren Resnick. *Educational Leadership, 47*, 12-16.

Character Education Partnership. (1996). *Character education in the U. S. schools: The new consensus.* Alexandria, VA: Author.

Connell, J. P., & Wellborn, J.G. (1991). Competence, autonomy, and relatedness: A motivational analysis of self-system processes. In M. R. Gunnar & L. A. Sroufe (Eds.), *The Minnesota Symposia on Child Development, 23* (pp. 43-77). Hillsdale, NJ: Lawrence Erlbaum Associates.

Dalton, J., & Watson, M. (1997). *Among friends.* Oakland, CA: Developmental Studies Center.

Deci, E. L., & Ryan, R. R. (1985). *Intrinsic motivation and self-determination in human behavior.* New York: Plenum.

Developmental Studies Center. (1996). *Ways we want our class to be.* Oakland, CA.

Elam, S. M. (1989, June). The second Gallup/Phi Delta Kappa poll of teacher's attitudes toward the public schools. *Phi Delta Kappan, 70*, 785-798.

Elam, S. M., Rose, L. C., & Gallup, A. M. (1993, October). The 25th annual Phi Delta Kappa/Gallup poll of the public's attitudes toward the public schools. *Phi Delta Kappan, 75*, 137-152.

Etzioni, A. (1996, May). Virtue should be seen, not just heard. *Education Week*, p.40.

Eylon, B., & Linn, M. C. (1988). Learning and instruction: An examination of four research perspectives in science education. *Review of*

Educational Research, 48, 251-301.

Gardner, H. (1991). *The unschooled mind.* New York: Basic Books.

Kohn, A. (1990a, January). The ABC's of Caring, *Teacher Magazine*, 52-58.

Kohn, A. (1990b). *The brighter side of human nature.* New York: Basic Books.

Lepper, M. R. (1983). Social control processes and the internalization of social values: An attributional perspective. In E. T. Higgins, D. N. Ruble, & W. W. Hartup (Eds.), *Developmental social cognition: A sociocultural perspective* (pp. 294-330). New York: Cambridge University Press.

Lepper, M. R., Keavney, M., & Drake, M. (1996). Intrinsic motivation and extrinsic rewards: A commentary on Cameron and Pierce's meta-analysis. *Review of Educational Research, 66*, 5-32.

Lepper, M. R., Sethi, S., Dialdin, D., & Drake, M. (1997). Intrinsic and extrinsic motivation: A developmental perspective. In S. S. Luthar, J. A. Burack, D. Cicchetti, & J. R. Weisz(Eds.), *Developmental psychopathology: Perspectives on adjustment, risk, and disorder* (pp. 23-50). New York: Cambridge University Press.

Lewis, C. (1995). *Educating hearts and minds: Reflections on Japanese preschool and elementary education.* New York: Cambridge University Press.

Lewis, C., Schaps, E., & Watson, M. S. (1995). Beyond the pendulum: Creating challenging and caring schools. *Kappan, 76*, 547-554.

Lewis, C., Schaps, E., & Watson, M. S. (1996). The caring classroom's academic edge. *Educational Leadership, 53*, 16-21.

Lewis, C., Watson, M. S., & Schaps, E. (1997, March). *Conditions for school change: Perspectives from the Child Development Project.* Paper presented at the meeting of the American Educational Research Association, Chicago, IL.

Palincsar, A. M., & Brown, A. L. (1984). Reciprocal teaching of comprehension-fostering and comprehension-monitering activities. *Cognition and Instruction, 2*, 117-175.

Rigby. C. S., Deci, E. L., Patrick, B. C., & Ryan, R. M. (1992). Beyond the intrinsic-extrinsic dichotomy: Self-determination in motivation and learning. *Motivation and Emotion. 16*(3), 165-185.

Rosenshine. B., & Meister, C. (1992, April). The use of scaffolds for teaching higher-level cognitive strategies. *Educational Leadership, 49*, 26-33.

Schaps, E. (1997, January). Pushing back for the center. *Education Week*, p. 20.

Solomon. D., Watson. M., Battistich, V., Schaps, E., & Delucchi, K. (1992). Creating a caring community: Educational practices that promote children's prosocial development. In F. K. Oser, A. Dick, & J. L. Patry (Eds.), *Effective and responsible teaching: The new synthesis* (pp. 383-395). San Francisco: Jossey-Bass.

자기과학: 아동을 위한 감성지능

Karen Stone-McCown
The Nueva School and 6 Seconds
Ann Hathaway McCormick
The Learning Company and Learning Design Company
최 욱
경인교육대학교 교육학과 교수

Karen Stone-McCown은 간호사로 자신의 사회생활을 시작했다. 그녀는 Stanford 대학교를 졸업하고 1967년에 Nueva School을 설립하였다. 또한 그녀는 Ford 재단 기금으로 Massachusetts 대학교의 교육학과에서 정서교육(affective education) 전공으로 석사를 받았으며 이후 이 분야로 자문과 강연을 하게 되었다. Karen은 Nueva 학교의 교육과정으로 자기과학(Self-Science)를 도입하였고, 『자기과학: 주제는 나 자신(Self-Science: The Subject is Me)』라는 이름의 책도 공동으로 출판하였다. 또한 그녀는 정서지능에 대한 교육과 수업자료를 제공해 주는 비영리 단체인 '6 Seconds'를 설립하였다. 그리고 Karen은 교육용 소프트웨어와 웹 회사인 the Learning Design Company를 공동 설립하였다.

Ann은 저소득층 지역의 초등학교 교사를 지내면서 캘리포니아 대학교 버클리캠퍼스에서 교육학 박사 학위를 취득하였다. 그녀는 효과적인 수업에 대한 연구를 수행하였고, 교육용 소프트웨어 회사인 the Learning Company를 공동 설립하여 16개 제품에 대해 국가에서 수여하는 상도 받았다. 이뿐만 아니라 the Learning Design Company를 설립하여 여러 멀티미디어 제품을 개발하였다. 또한 그녀는 미래의 학교상에 대한 여러 자문도 수행했으며 18개 국가의 교육지도자들과 함께 일했었다. 그리고 미국 대통령 직속 특별위원회와 영국 의회에 대해 자문하였다.

서 문

목적 및 전제. 이 이론의 주요 목적은 아동의 정서 발달을 촉진하는데 두고 있다. 좀더 상세하게 살펴 보면, 이 목적에는 다음의 내용들이 포함되어 있다: (1) 자기 인식(self-knowledge)을 가치 있는 학습 내용으로 수용, (2) 학습자가 자신의 학급 또래들에 대해 신뢰를 가지는 태도를 개발, (3) 학습자 자신이 가지고 있는 다중적이고 다층적인 정서를 좀더 잘 인식, (4) 바람직한 정서 상태를 유지하기 위한 의사소통 능력을 개발, (5) 자신의 생각과 정서를 터놓음, (6) 자존감 고양, (7) 자신의 태도와 행동에 대해 책임감, (8) 자신의 주요 관심사/우려/두려움에 대해 정확히 인식, (9) 자신의 현재 행동 양식과 학습방식을 인식, 그리고 (10) 긍정적이고 희망적인 사고와 같이 대안적인 행동양식을 시도. 이 이론은, 1-8 학년 학생들을 위해 개발되었으며 자기과학 과정이 성공하기 위해서는 교육행정가, 교사, 학부모의 전폭적인 지원이 필수적이다.

학문적 가치. 이 이론이 기반을 두고 있는 학문적 가치는 다음과 같다:

- 자기 인식, 충동 통제, 인내심, 열정, 자기 동기화, 동정심, 일하고 타인을 사랑하는 생존 능력으로서의 사교성
- 아동 개개인의 욕구를 표출 · 처리
- 감성 발달을 촉진하는 안전하고 상호 신뢰하는 환경

주요 방법. 이 이론이 제시하고 있는 주요 교육방법(교수전략)은 다음과 같다:
"트럼펫 과정"은 학습자로 하여금 다음과 같은 과정을 밟게 한다:

1. 토론에 필요한 공통 주제를 찾기 위해 각자의 경험들을 공유
2. 자신의 반응을 목록화: 당신은 어떻게 생각, 느끼고, 행동했는가?
3. 자신 특유의 행동 방식을 인식
4. 자신의 행동방식을 인정하고 각 행동이 자신에게 어떤 의미가 있는지 이해
5. 각 행동방식의 결과(이득과 손실)에 대해 숙고
6. 대안적인 행동 방식 탐색—여러 가능성 모색
7. 그 대안을 평가
8. 주어진 상황에 가장 적합한 행동 방식을 선택

교수 방법:

- 두 명의 교사가 한 팀이 되어 12-15명 정도의 학급에서 40-50분 정도의 수업시간으로 진행되는 적절한 교실 환경 속에서, 교육내용은 각 학생들이 처한 상황에 따라 결정되며, 교사가 전체 토론을 주재하는 것이 아니라 각 학급활동이 중심이 되어 학급이 운영되는 형태를 취한다.
- 학습자들 간에 신뢰와 협동을 쌓는데 중점을 두는 활동을 통해 심리적 안정감을 주는 학습환경을 조성한다; 또한 각자의 느낌을 공개적으로 표현하고, 활동을 명확하게 규정하고, 상호 피드백과 자신감을 주고받으며, 게임에 적극 참여하고 또래들 각자의 요구에 대해 민감하게 반응함으로써 신뢰를 구축한다.
- 특히 학급 내에서 의사소통할 때 지켜야할 규칙(ground rules)을 정한다; 다른 학습자들의 사적인 비밀을 존중, 상대방을 비방 금물, 갈등 발생시에 대화로 해결, 나의 감정을 솔직히 표현하여 동료 학습자가 느끼게 하는 기법(I-message)을 활용, 새로 온 학생에게 참여 강요 금지
- 발문기법을 활용: 다른 학생들의 생각과 느낌을 존중한다는 원칙 하에 그들이 보여 주는 반응들에서 유사점과 차이점이 무엇인가를 묻는데 중점을 두지만 그 이유에 대해서는 묻지 않는다.
- 담화(dialogue), 역할 연기, 사회적 실험(social experiments), 시뮬레이션, 게임, 상상의 나래를 펴기(guided fantasy), 미술을 통한 표현, 일지 작성 등의 교수전략도 활용

다양한 교육방법:

- 1-2학년에게는 자신의 감정의 다양성, 진정성, 유동성에 대해 인식하도록 도와 준다.
- 3-4학년에게는 사회적 수용에 대한 관심으로 인

해 발생하는 긴장감에 대해 알도록 한다.
- 5-6학년에게는 자신들의 가족과 또래 집단 내에서 건전한 활동 영역을 구축하도록 도와 준다.
- 7-8학년에게는 자신들의 미래상, 교우 관계, 사회에서의 미래 선택에 있어 건전한 이미지를 구

축하게 한다.

교수설계에 대한 적용점. 1-8학년의 감성 발달을 촉진하는 교수전략을 제공해 준다.

— C.M.R

자기과학: 아동을 위한 감성지능

우리가 공히 내면적인 통찰력이 부족하다면, 외적인 것에 대한 지식은 어떤 점에서 유용한 가치가 있을까? 내면적 세계에 대한 지혜가 전무한 상황에서 우리를 둘러싸고 있는 객관적인 세계에 대한 지혜는 존재할 수 있을까? 자기 인식(self-knowledge)이 없이 다른 사람들을 잘 이해할 수 있을까? 자기 인식이 없는 교육은 절대로 지혜와 성숙을 의미하지 않는다: 그러나 내면적인 자기 인식은 어떤 과정이며, 교육 그 자체처럼 끝이 없이 계속되는 것이다(Kubie, 1968, p. 225).

1. 서론

신문은 아동들과 가족들이 연루된 슬프고 폭력적인 소식들을 우리들에게 매일 전해 준다. 사회에서의 많은 병폐 현상들은 이제 일상의 일이 되어 더 이상 뉴스거리가 되지 못하고 있다: 아동들이 학교 화장실에서의 폭력을 두려워 함; 교문에 무기류를 검색하는 금속탐지기가 설치됨; 고속도로상에서의 총격사건은 유명인사가 관련되었을 때에만 뉴스거리가 됨; 결혼한 사람들 중 60%가 이혼이 이름; 감성적인 면에서의 학대가 난무함; 정원을 초과한 보육원에서의 유아들이 정상적인 식사를 못할 뿐만 아니라 영아들은 하루 종일 갇혀

있는 신세가 됨; 많은 아동들이 우울증, 섭식 장애(eating disorders), 공격적인 성격을 보여 주고 있다.

하버드대학교의 심리학자이자 언론인인 대니엘 골맨(Daniel Goleman)은 자신의 저서인 『감성지능(*Emotional Intelligence*)』에서 우리의 가족과 사회에 만연되어 있는 감성적인 부적절(ineptitude), 절망, 부주의 등의 이슈들을 제기하였다. Goleman(1995)은 우리 사회의 몇몇 문제점을 지적하면서 다음과 같이 말했다:

매일의 뉴스는 시민의식과 안전이 붕괴되고 미개한 충동이 난무하고 있다는 소식으로 가득 차 있다. 그러나 우리는 이러한 소식들에 대해 우리 자신들의 삶이나 우리들 주변 사람들로부터 통제 불가능하며 소름끼치는 느낌을 전반적으로 주는 것으로 간단하게 치부해버리는 경향을 보인다. 어느 누구도 이러한 예측불허의 폭거와 실망의 조류로부터 자유로울 수 없다: 이러한 현상은 어떤 형태로든 우리들의 삶을 침범해 들어오고 있다(p. x).

또한 Goleman은 그의 책의 내용 중에서 아마도 가장 슬픈 사실들은 다음과 같은 연구결과라고 주장하였다:

학부모와 교사들에게 실시한 어떤 대규모 설문조사 결과는 전세계적으로 현 세대의 아동들이 지난 세대들보다 훨씬 많은 문제점들을 안고 있다는 것을 보여 주고 있다: 좀더 외롭고 우울하며, 화를 더 잘 내고 다루기 힘들며, 심리적으로 더 불안정하고 걱정도 잘하며, 좀더 충동적이고 공격적이다. 여기에 대한 치료법은 당연히 우리들이 아동들을 삶에 대해 어떻게 준비시켜야 하는가(즉, 교실에서 정신과 마음을 함께 교육)에 달려 있다고 해도 과언이 아니다(p. xiii).

그러나 이러한 나쁜 소식에도 불구하고, Goleman의 책(1995)에서 구체적으로 제시되었듯이 지난 10년 동안 감성에 대해 수많은 연구가 수행되어 왔다. 여기서 그는 우리의 삶을 어떻게 지적으로 관리할 수 있는가를 설명하고 있다. 그는 주장하기를, "잘 훈련되기만 하면 우리의 열정은 지혜를 가지고 있다. 이러한 지혜는 우리 사고방식, 열정, 삶을 인도해 준다. 그러나 지혜는 쉽게 정도를 벗어나는 경우가 비일비재하다"(p. xiv).

감성지능이란 무엇인가?

Goleman(1995)은 두뇌와 행동에 대한 최근의 연구뿐만 아니라 실생활에서 뛰어난 사람들, 즉 대인관계가 뛰어나고 직장에서 인정받는 사람들을 결정짓는 역량들에 대한 최근 연구들을 제시하였다. 그가 말하기를 "감성지능"은 "자기 인식, 충동 통제, 인내심, 열정, 자기 동기화, 공감, 사회성" 등을 포함하고 있으며, 이는 인간이 사회에서 발전하고 사회를 번영시키는데 필요한 기본 능력이다.

감성지능 교육과정의 중요성

감성지능이 높은 사람들은 사회에서 매우 중요하기 때문에 그리고 과거처럼 교회나 가정이 인간의 삶을 더 이상 인도해 주지 못하기 때문에, 학교에서 감성지능을 가르치는 교육과정을 개발하는 것은 상당히 중요하다. 세계화된 경제에서 나타나는 여러 현상들은 단순히 가족구조가 붕괴되었을 때 우리 아동들에게 엄청난 부담을 주게 된다. 과거에는 인간들은 자신의 행동을 규정짓는 기대와 소속감을 느낄 수 있는 작은 지역사회에서 사회화될 수 있었다. 그런데 오늘날 사회는 대규모의 변화에 직면하고 있으며, 우리의 많은 아동들이 일상생활에서 자신의 삶에 대한 기본적인 안내 없이 방치되어 있다.

교육적인 논의에서 우리는 "아동들이 자신의 잠재력을 발휘할 수 있도록 도와 줌" 그리고 "삶을 위한 교육"을 "자존감(self-esteem)"이라는 용어로 사용하였다. 그런데 전통적인 교실에서 우리는 다음과 같은 모습을 자주 목격한다; 한 학생이 매일 교실의 뒷자리에 앉아 학급활동에 완전히 소외되어 있으며; 한 남학생은 역사 시간에, 자신의 학점에 대해, 어느 여학생에 대해 낄낄대기만 하며; 어느 여학생은 항상 제일 먼저 손을 들고 학습에 적극적으로 참여하고; 어떤 여학생은 다른 학생들이 하는 활동을 모든 경우에 그대로 따른다. 여기서 교사는 무척 무기력해 보인다. 여기서는 학습을 성취하기 위해 정보를 처리해야하는 학습자에 대한 아무런 고려 없이 외면적 세계에 대해 매일매일 정보를 무의미하게 처리하는 일만이 있을 뿐이다.

만약 화성인들이 이러한 상황을 보게 된다면 그들은 아마 학습하는 것과 학습되어지는 것 사이의 괴리가 지구와 화성의 거리만큼이나 크다는 것뿐만 아니라 일과 사랑을 위해 필요한 생존능력의 습득이 종종 운수에 맡겨지는 것도 목격하게 될 것이다. 그래서 화성인들은 다음과 같이 문의할지도 모른다, "아이들은 생존 기술을 어디서 배우게 되는가? 대인관계 능력은 어디서 배우게 되는가?

의사소통은? 문제해결능력은? 자신의 학습에 대한 책임은?"

다행히도 아동들은 성공적인 대인관계 기술을 배울 수 있으며, Goleman(1995)에 의하면 학습자들이 배우게 되는 감성수업은 실제로 대뇌회로(brain circuitry)를 형성시켜 준다.

감성지능 교육과정의 부재 현상

자기인식 교육과정의 중요성이 대두되고 있는데 왜냐하면 기업체에서 많은 세미나와 교육에 이루어지고 있음에도 불구하고 학교에서는 감성지능을 아동이 학습할 기회가 거의 없기 때문이다.

Goleman(1995, p. 305-309)은 학습자의 경험을 바탕으로 감성지능을 가르치는 주요 프로그램들을 제시하였다. 비록 이 프로그램들이 문제해결능력, 또래와의 교우관계, 충동 통제, 행동 개선, 공유하기, 그 외 주요 사회성 기술 등을 향상시켰다는 것을 보여 주었음에도 불구하고, 감성 역량을 가르치는 것은 대부분 학교들에서 주요 교육대상이 아닌 것이 현실이다. Goleman은 자신의 책인 『감성지능(*Emotional Intelligence*)』의 저술을 마친 직후에 Nueva School에 와서 강연을 실시하였으며(이 강연 내용은 그의 책 16장에 기술되어 있다.), 이 Nueva School이 그의 책을 쓰는데 많은 영감을 주었다고 말했다. 그러면 지금부터 우리가 Nueva 학교에서 감성지능을 어떻게 가르쳤으며, 그 이론적 배경은 무엇인지 기술해 보겠다.

2. Nueva 학교

우리는 지난 25년 동안 샌프란시스코 남부에 위치한 Nueva 학교에서 일해 왔다. 매주 한두 번씩 1-8학년 학생들의 학급이 중심이 되어, 교사와 학생들은 진정한 인간을 키워내는 약속을 지키기 위해 학교가 할 수 있는 일을 추구해 왔다.

Nueva 학교에서는 전통적인 3R(Reading, Writing, Arithmetic)과 통합해서 과목을 가르치고 학교의 교육환경을 조성해왔다. 우리는 이러한 과목을 "자기과학: 주제는 내 자신(Self-Science: The Subject Is Me)."이라고 부른다.

우리는 아래와 같은 기본 전제를 가지고 있다:

- 학습은 사고 · 감정 · 행동을 필요로 하며, 체험으로 시작된다.
- 인간의 체험이 더 의식적인 것일수록 자기 인식의 가능성이 더 높아진다.
- 자기 인식이 잘 되면 될수록 자신과 타인에 대해 더 긍정적으로 반응할 수 있게 된다.

우리는 위의 전제를 Nueva 학교에 적용하여(물론 정곡을 찌르지 못해 돌아가거나 실패했던 경험들도 반영), 하나의 교육과정을 개발하게 되었다. Nueva의 학교심리학자인 Hal Dillehunt와 Karen Stone-McCown은 『자기과학: 주제는 내 자신(*Self-Science: The Subject Is Me*)』(1978)이라는 책을 공동 발간하였는데(부장 선생님인 James Olivero의 조언도 반영), 이 책에서 그들은 수업지도안, 학급경영 전략에 관한 제언, 이력철 작성, 평가, 자기과학의 실제에 대해 흥미를 주기 위한 언론 보도내용 등이 포함된 자기 인식 교육과정에 대해 구체적으로 설명하고 있다.

3. 자기과학

자기과학의 목적과 필요성

자기과학은 1-8학년 아동들을 위해 고안된 체험학

습 위주의 교육프로그램이다. 이 교육과정의 목적은 아동이 모든 학습과 사회 상황을 이해하고 올바르게 행동할 수 있게 해 주는 정서적이고 인지적인 능력을 배양하는데 두고 있다.

그런데 자기 인식과 대인관계 영역에서 총체적인 성공을 거두지 못한 것을 찾아내기 위해 현재의 사회 문제들을 너무 깊숙이 따져볼 필요는 없다. Nueva 학교에서의 자기과학을 설명하는 데 있어 Goleman(1995)이 주장하기를:

> 얼핏 보면 자기과학 수업이 학생들이 제기한 문제들에 대해 별로 특별한 것이 없는 하나의 해결방안인 것처럼 보인다. 그러나 이러한 교육은 전반적으로 보면 마치 아동이 좋은 가정교육을 받는 것처럼 각 개별 수업들은 작지만 효과적이며 상당 기간 동안 지속적이고 정기적으로 제공된다. 이로 인해 감성학습이 깊이 배어들게 된다; 여기서 체험이 지속적으로 반복됨으로써 두뇌는 그 체험들을 강화된 경로(즉, 협박, 좌절, 상심을 느낄 때 적용하는 신경습관)로 성찰하게 된다. 그리고 감성능력(Emotional Literacy) 수업의 매일의 내용은 겉으로는 평범해 보이지만 그 수업이 지향하는 결과(즉, 훌륭한 인간)는 그 어느 것보다 미래에 가장 중요한 것이다.(p. 263)

그 동안 가족은 아동에게 사회성과 감성을 길러주는 훌륭한 교사 역할을 해왔다. 그리고 전통적으로 학교는 학문적인 능력을 길러 주어 가족의 역할을 지원해 왔다. 이제 자기과학은 감성 역량을 포함시켜 학습의 지평을 넓히고 지원하는 기회를 제공하고자 한다. 아동을 위한 가장 효과적인 교육은 가정과 학교가 학습에 있어 동반자가 될 때 가능할 수 있다. 그리고 모든 교사와 학부모들(아동까지 포함)은 인간은 자기 인식, 자기 통제, 동기화, 동감, 사회성으로부터 많은 혜택을 볼 수

있다는 생각에 동의하고 있다.

이론적 근거

자기과학은 인지적이고 정의적인 영역에서 공히 이론적 근거를 가지고 있다. 우리가 25년 전 자기과학을 교육하기 시작했을 때, 우리는 어떻게 아동이 사고방식을 바꾸고 사회적이고 감성적으로 발달할 수 있는가에 대해 우리가 할 수 있는 모든 학습에 대해 관심이 있었다. 우리는 이 이론과 연구를 이해하는데 도움을 줄 Ralph Tyler(Behavioral Sciences Research Laboratory 소장)와 Ernest R. Hilgard(Stanford 대학교의 심리학과)의 자문을 받았다.

또한 우리는 여러 학자들의 문헌을 고찰해 보았다; Carl Jung의 무의식 과정, 원형(archetype), 자아; Jean Piaget의 발달 단계와 학습 과정; Abraham Maslow의 욕구체계설과 자아실현; Anna Freud의 아동을 위한 정신분석학; Eric Erikson의 정체성 탐색뿐만 아니라 신뢰 대 불신 그리고 정체성 대 역할 혼돈과 같은 여러 단계에서의 아동의 발달 과제; Jerome Bruner의 연구, 특히 나선형 교육과정.

미래의 아동들을 위한 학교를 어떻게 설계해야 하는가를 찾기 위한 일환으로 노벨물리학상 수상자인 Luis Alvarez, 유명한 바이올리니스트인 Yehudi Menuhin 외에 우리 사회의 10명의 저명인사들에게 자문을 구했는데, 이구동성으로 그들은 학교가 아동의 감성적이고 사회적인 교육 요구도 지적인 교육 요구와 함께 다루어야 한다고 주장하였다.

그 동안 자기과학을 교육하는 교사들은 현대 이론과 연구에 뒤쳐지지 않기 위해 많은 연수를 받았고 지역의 대학교에서 개설된 과목들도 많이 수강하였다. Nueva 학교의 자기과학 교사들에게 가

장 흥미 있었던 이론과 연구는, 개인적인 탐구와 사회적 상호작용을 통해 자신의 경험을 창조해나가는 것이 학습이라고 보는 구성주의였으며 이 이론은 Nueva의 교육철학에도 부합되는 것이었다. 교사들은 또한 뇌의 기능에 대한 새로운 연구, 그리고 내면적 지능과 대인관계 지능을 중시(자기과학의 중점 사항)하는 Howard Gardner의 연구에 매혹되었다. 우리는 자기과학 교사들이 생물학, 사회 학습이론, 정신분석학, 학습 모형, 학습 방법, 교수전략, 학급경영, 평가 등의 이론에도 밝을 필요가 있다고 느꼈다.

학습 목표

자기과학 프로그램은 그림 22.1에서와 같이 10가지 주요 목표 하에 유목화되고 순서화된 수업들로 구성되어 있다. 그 목표들은 첫 목표부터 순서에 따라 진행되며 하나의 목표를 달성하기 위해 상당 기간의 학습이 이루어진다. 그리고 각 목표는 평생 학습 과정의 일환으로 실행된다. 그림에서 각 목표를 언급하면서 "들어가며(approaching)"라는 용어는 각 과정에서의 학습이 파종하는 것과 매우 흡사하다는 생각을 교사에게 전달하기 위해 사용되었다. 여기서 학습이 즉각적으로 발생되었는가의 증거는 있을 수도 있고 없을 수도 있다.

자기과학을 실제로 교육한 어떤 예에서 이러한 목표들이 어떻게 통합되어 나타는가를 보여 준다. 자신의 행동 유형을 인식하기 시작한 6세 아동이 말하기를, "나는 항상 부모님의 도움을 필요로 한다." 여기서 교사와 또래학급은 다음과 같은 토론을 통해 자신의 행동 유형에 대해 심도있는 이해를 하도록 도와 주었다. "너는 6살이야, 여전히 어린이지, 그리고 때때로 부모님이 너를 도와 줄 필요가 있단다. 그런데 네 스스로 할 수 있는 일들이 있지 않을까? 그런 일들은 어떤 것일까? 네 친구들은 무엇을 할까? 그들에게 한 번 물어보자. 이제 네 스스로 할 수 있는 새로운 무엇인가를 한 번 직접 시도해보는 것이 어떻겠니? 다음에 한 번 더 시간을 내서 이일을 어떻게 했는지 얘기해 보자." 여기서 자기과학 교사와 수업은 자신의 삶에서의 이슈를 인식하고, 거기서 자신이 무엇을 느꼈는지 표현하고, 의사소통 기술을 개발하고, 새로운 행동을 시도해보고, 자신에게 더 큰 책임을 질 수 있도록 돕는다(물론 6세 아동이 감당할 수 있는 수준으로).

자기과학 교육과정은 능력에 기반을 둔 순서로 진행되며 교사들은 염두에 두고 있는 목표를 달성하기 위해 미리 계획된 많은 활동들을 가지고 있지만, 아동들의 사회적이고 감성적인 교육요구에 따라 탄력적으로 운영되며 각 수업의 도입부에서의 상황에 따라 변화·조정된다. 여기서 교사들은 특정 아동들에게 즉각적으로 필요한 이슈들을 제기하고 장시간의 교육을 통해 여전히 자기과학의 목표에 도달할 수 있게 된다.

목표의 근저에 깔려 있는 철학

자기과학의 개념에는 어떤 급진적인 사고도 깔려 있지 않다. 실제로 이 교육은 단지 전통적인 교실의 가치를 확대한 것에 지나지 않는다. 그 확대된 가치는 전통적인 것을 대체하려는 의도는 추호도 없다. 그보다는 기존의 효과적인 것을 보완하는데 의미를 두고 있다. 모든 자기과학을 총괄하는 가치는 감성지능의 개발은 인지적인 지능을 개발하는 것만큼 중요하다는 개념이다. 모든 인간은 감성역량에 필요한 기술들을 학습할 수 있다; 이를 더 빨리 교육시킬수록 더 성공적인 인간으로 성장할 수 있다.

모든 인간은 자신에게 주어진 인식 수준과 삶의 경험을 바탕으로 자신이 할 수 있는 최선의 노력을 기울이는 존재라고 우리는 확신한다. 그런데 이 말은 인간은 자신의 현재 상태 이상으로 능력을 발휘할 수 없다는 것처럼 들릴 수도 있다. 이런 의미와는 정반대로, 만약 우리가 누군가가 자신의 삶에서의 행동유형과 반응을 변화시킬 수 있도록 도와 준다면 그 자신의 의식 수준을 고양시키고 삶의 경험을 넓힐 수 있게 만들 수 있다. 만약 모든 학부모와 교사가 이러한 믿음을 실행에 옮긴다면, 그 아이의 삶이 어떻게 변할 것인지 상상해 보라. 아동들은 신뢰와 높은 존중의 환경(가장 생산적인 교육효과가 날 수 있다고 우리들이 확신하고 있는 환경) 속에서 살게 될 것이다. 교사와 학부모들은 아동을 비판하고 비난하는 대신 주어진 상황에서 학습자가 삶의 경험을 어떻게 효과적으로 넓히는가를 파악하고 또한 자신의 의식 수준을 심화시키는가에 기반을 두고 학습을 지원해야 한다.

그림 22.2는 자기과학 프로그램이 전통적인 수업이라는 광범위한 맥락 속에서 어떻게 통합될 수 있는가를 보여 주고 있다.

4. 무엇을 가르칠 것인가를 결정

자기과학에는 무엇을 가르칠 것인가를 결정해 주는 "트럼펫 과정(trumpet process)"이라고 칭한 인지적 구조가 있다. 과학적 방법은 물리적 세계를 발견하는 도구인 것처럼, 이 트럼펫 과정은 감성과 내면적 세계와 관련된 이슈들을 발견하고 그 이슈를 기반으로 활동하게 해 주는 도구라고 할 수 있다. 자기과학 교육과정의 목표는 그림 22.1에 개괄적으로 제시되어 있다. 첫 5개의 목표는 학습자로 하여금 학급 협동성과 특정 기술을 학습하는 것을 지향하고 있다. 다음의 5개 목표는 트럼펫 과정을 중심으로 달성된다. 이 트럼펫 과정은 수업에서 정의적 경험을 성공적으로 체험하도

록 인지적인 안내를 제공하고 있다. 이 과정은 교사와 학급의 학생들이 제기할 질문들, 즉 각 아동이 자신의 경험을 이해하고 내재화하도록 도와 줄 뿐만 아니라 전반적으로 학급의 내적 사고과정들을 인식할 수 있도록 도와 주는 질문들에 대한 핵심 준거를 제공해 준다. 그림 22.3이 학습을 위한 개별 관심사와 절차를 제시하고 있다.

트럼펫 과정

단계 1. 경험을 공유.　여기서 아동은 학급에 토론을 위한 공통 참고 사항을 제공해 주는 다양한 활동이나 게임에 참여한다. 공통된 정의적 경험을 가지게 되는 것이 관심사의 공유를 촉진시켜 준다.

단계 2. 각자의 반응을 목록화.　여기서 아동들은 단계 1에서 제기된 경험에서 어떤 일이 발생했는지를 다음과 같은 질문을 던지면서 살펴보고 탐색한다. "나는 어떻게 반응했는가? 어떤 것이 특이했는가? 무엇이 공통점이었는가?" 이 단계는 트럼펫 과정에서 가장 복잡한 부분일 것이며 다음과 같은 세 가지 주요 질문을 던질 수 있는 능력을 요한다: "무엇을 생각했니? 어떻게 느꼈니? 무엇을 했니?"

단계 3. 자신의 행동 유형을 인식.　위의 단계에서의 활동이 좀더 심도 있게 이루어지면, 각 학생들의 특유의 행동 양식이 나타남과 동시에 생각·느낌·행동의 차원에서 명확하게 드러나게 된다. 모든 학생들이 행동 유형을 보여 주게 되지만, 대부분은 자신의 행동방식을 규정하고 이해하는데 도움을 필요로 한다. 자신의 행동 유형을 인식하는 것은 어려운 활동이다. 대부분의 아동들이 자신에게 그런 행동 유형이 있는지를 인식하기 위해서는 주어진 하나의 유형에 대해 최소한 세 개의

목표 안내 교육과정의 전반부 목표 1-5	정의적 영역을 위한 기술	인지적 영역을 위한 기술
목표 1로 들어가며: 자기인식을 가치 있는 학습내용으로 수용	자기과학을 배우기로 결심. 활동과 토론에 참여. 자아에 대해 말함. 자아에 대해 무엇을 알아냈는지를 말하고, 이 지식이 얼마나 유용한지 애기함.	자기과학의 체계적인 절차를 이해. 조사·처리·구조화·정량화·일반화·목록화를 이해. 과학자가 어떻게 관찰하는가를 이해. 사물을 보는 관점의 다양화. 여러 가지 학습방법을 이해.
목표 2로 들어가며: 학습자가 자신의 학급 또래들에 대해 신뢰를 가지는 태도를 개발	활동에서 모든 급우들을 학습동반자로서 활용하려는 자세 증진. 자신의 느낌과 관심사를 털어놓음. 급우들의 비밀을 수용하고 존중.	신뢰의 중요성을 인식: 비밀 유지; 수용; 존중. 신뢰를 이해하는데 읽기·쓰기·관찰·분류·판단 능력을 활용. 신뢰성있게 결정하는 방법을 학습. 경청을 통해 구분하는 능력을 학습
목표 3으로 들어가며: 학습자 자신이 가지고 있는 다중적이고 다층적인 정서를 좀더 잘 인식	자신의 생각과 감정을 목록화하는 능력을 제고. 자신의 감정과 신체 상태와의 관련성을 인식. 급우들의 생각과 감정을 수용하고 지원. 자신과 타인의 반응 간의 공통점과 차이점을 인식	감정을 표현할 어휘능력 개발. 감정의 과정을 이해. 자신·가정·학교에 대해 느끼는 감정들의 관련성 이해. 감정을 느끼는 다양한 방법을 이해. 자신의 감정을 인정.
목표 4로 들어가며: 바람직한 정서상태를 유지하기 위한 의사소통 능력을 개발	새로운 학습 방법을 수용: 게임, 상상의 나래 펴기, 역할연기. 비언어적 의사소통의 중요성 발견. 경청과 자기표현 능력 향상. 어휘능력 개발. 마음을 편하게 만듦.	해석 및 추론 능력 개발. 사실과 판단의 차이점 인식. 문제상황에서 타협을 찾는 차원에서 타협의 개념 학습. 경청능력 개발. 송신, 수신 등 의사소통의 개념 이해
목표 5로 들어가며: 자신의 생각과 정서를 털어놓음	자신의 생각과 감정을 터놓는 능력 개발. 자신을 터놓고 말하는 활동에 적극적으로 참여. "I message"를 표현하는 방법 학습	행동을 유목화: 행동 유형을 보는 안목. 행동과 의사소통 간의 연관성을 이해. 개방적인 의사소통에 높은 가치 부여. 실험 실시 및 결과 도출. 경청 및 질문제기 능력 향상

목표 1-5를 마치며: "트럼펫 과정"(8 단계로 이루어진 정의적인 발전 과정)을 학습하고 체험

그림 22.1   10개의 주요 목표(전반부)

목표 안내 교육과정의 후반부 목표 6-10	정의적 영역을 위한 기술	인지적 영역을 위한 기술
목표 6으로 들어가며: 자신의 장점을 인식하고 인정하는 차원에서 자존감 고양	자신에 대해 좀더 긍정적으로 생각하고 말하는 능력 향상. 자신을 기분 좋게 만드는 능력. 자신에게 자부심을 표현. 자신의 장점과 단점을 정확하게 서술.	평가하고 판단하는 능력 학습. 감성적인 개념을 허구·신화·민담의 등장인물과 연관. 자료를 분류하는 능력 강화.
목표 7로 들어가며: 자신의 태도와 행동에 대해 책임감	자신의 감정, 기분, 행동, 그리고 행동의 결과를 수용하는 능력 배양. 자신이 결심한 것을 실천하는 능력 향상.	투사와 회피의 개념을 이해. 자신의 학습 습관에 대해 평가.
목표 8로 들어가며: 자신의 주요 관심사/우려/두려움에 대해 정확히 인식	자신이 구체적으로 원하는 것과 필요한 것을 표현하는 능력을 배양하고 다른 사람의 것과 자신의 것을 비교할 수 있는 능력.	지금까지 개발한 기술과 개념을 통합
목표 9로 들어가며: 자신의 현재 행동 양식과 학습방식을 파악	자신의 행동 유형을 묘사할 줄 아는 능력 향상. 자신의 학습 방식을 인식. 자신의 행동 방식의 결과와 기능에 대해 인식하는 능력 배가	자신의 학습 방식을 서술. 지금까지 배운 절차나 과정들을 적용
목표 10으로 들어가며: 긍정적이고 희망적인 사고와 같이 대안적인 행동양식을 시도	대안적인 행동을 개념화하는 능력 배양. 새로운 행동을 실험적으로 시행하는 능력 향상. 자신의 제약점을 수용.	변화를 실행하는 절차를 이해

그림 22.1 10개의 주요 목표(후반부)

자기과학은 기존 교실 수업의 지평을 넓혔다	
기존 교실에서의 가치들	**자기과학 교실에서 확장된 가치들**
1. 학교에서 정한 교과목 위주 교육	1. 자신(사고, 감정, 행동)에 대한 학습을 학교에서 제도화
2. 외우고, 계획하고, 해석하는 능력이 중요	2. 학생과 교사의 현재 상태를 경험하는 것을 중시
3. 아이디어와 사물의 세계에 대한 용어와 개념 학습 중시. 또한 그 세계와의 타협 중시	3. 인간의 감성에 대한 용어와 개념 학습 중시. 감성과의 타협 중시
4. 비판적인 판단과 평가를 강조	4. 무비판적인 수용과 존중이 인격 발달의 중점 사항임을 강조
5. 경험과 아이디어를 말하고 생각하고 읽기를 중시	5. 자신과 자신 주위의 사람과 사물을 학습하는 것에 주안점
6. 교과목 내용에 대한 사려 깊은 표현에 높은 가치를 둠	6. 생각과 감정을 적절하면서도 있는 그대로 터놓고 말하는 것에 높은 가치. 자아와 타인 속에서 개인적인 발달을 추구

그림 22.2   자기과학은 기존 교실 수업의 지평을 넓혔다

행동 사례들을 필요로 한다. 이러한 단계에서 아동은 다음과 같이 질문한다. "나에게 전형적인 것은 무엇인가?" 이에 교사는 다음과 같이 물어본다. "바로 지금 하고 있는 행동이 무엇이지? 방금 무엇을 했지? 평상시에 그렇게 행동하니?" 또한 교사는 수업에서의 행동에 중점을 둘 수도 있다. 예를 들어, 한 초등 교실에서 남학생과 여학생들은 각자 몰려서 한쪽으로 앉는 경향을 보인다. 이때 교사는 다음과 같은 질문을 던질 수 있다. "자신이 어떤 자리를 선택했는지 인식하고 있는 사람 없는가?" 최소한 몇몇 학생들은 그 행동 방식을 지적할 수 있을 것이다. 그런 연후에 교사는 그러한 행동 방식에 대해 토론을 제기하고 우리 모두가 그러한 행동 유형을 가지고 있으며, 어떤 방식은 유용하지만 어떤 유형은 바람직하지 못하다는 사실을 일깨워줄 수 있다.

단계 4. 자신의 행동 유형을 인정·이해. 아동들은 자신의 행동 방식을 어떤 것인지 살펴보고, 특정 유형이 자신에게 어떤 의미가 있는지를 이해하면서 그 유형이 자신의 것이라고 수용하게

된다. 칠판 닦기를 자원하는 것과 같이 사회적으로 긍정적인 행동 유형은 신속하게 그에 대한 보상이 주어지기 때문에 아동에게 이해되기 쉽다. 그러나 많은 아동들은 다른 아이를 괴롭히는 것과 같이 사회적으로 부정적인 행동 방식으로부터 발생되는 반대급부를 발견하는데 어려움을 겪는다. 여기서 교사는 사회적으로 부정적인 행동 유형이 자기 자신에게 폐해가 된다는 것을 이해시킬 필요가 있다.

단계 5. 각 행동 방식의 결과에 대해 숙고. 이 단계에서 교사는 학생에게 다음과 같이 질문한다. "이러한 행동 방식 때문에 어떤 일이 일어나거나 날 수 있다고 생각하니?" 이에 아동은 특정 행동 유형을 치를 대가에 대해 살펴보게 된다. 여기서 교사는 특정 행동 방식으로 인해 잃는 것과 얻는 것이 무엇인가를 이해하며 보상과 대가가 어느 정도 균형성이 있는가를 분석할 수 있도록 도와 준다. 모든 행동 양식들에는 긍정적인 면이 있는 반면에 부정적인 면도 항상 존재한다. 대부분의 사람들은 사회적으로 긍정적인 행동 유형을 최소한

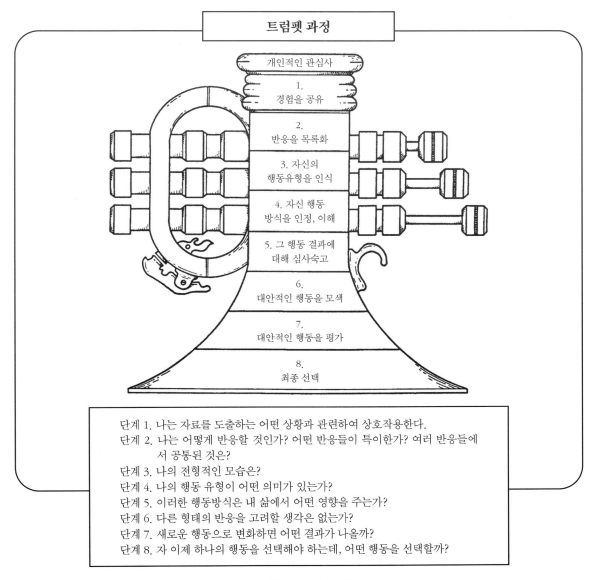

그림 22.3   트럼펫 과정

하나 가지고 있으며 그러한 행동은 오로지 좋은 것일 뿐이라고 일반적으로 생각한다. 그러나 이런 선행에도 대가가 치러진다. 즉, 칠판을 자원해서 닦는 행위로도 아동은 잃는 것이 있다.

단계 6. 대안적인 행동방식을 탐색.   이 단계에서 학급의 학생들은 자신의 동료가 대안적인 반응 유형을 찾도록 지원해 준다. 교사는 아동들에게 다

음과 같은 질문을 자주 던진다. "그 외에 어떻게 행동할 수 있겠니?" 그리고 난 후 학생들은 가능하면 많은 대안적 아이디어들을 여과하지 않고 생각해 낸다. 이렇게 자신의 상상력을 동원하여 특정 상황에서 하나 이상의 접근 방식이 가능하다는 사실을 인식하게 한다.

단계 7. 대안적 행동을 평가.   "내가 만약 새로운

행동을 한다면 어떻게 될 것인가?" 일단 대안적인 행동들이 모두 도출되면, 그 아동은 가장 부적절한 아이디어부터 배제하면서 그 행동들을 평가한다. 그리고 한두 개의 대안만 남았을 때 그 학생은 하나를 시도해 보기로 결정한다. 결정된 대안을 시도해 본 후 각 아동들은 새로운 행동을 평가하는 트럼펫 과정을 활용하여 자신의 학급에게 그 결과를 설명해준다.

단계 8. 최종 선정.   여기서 아동은 다음과 같이 자문해 본다. "이제 내가 선택을 해야 하는데 나는 어떤 행동을 원하는가?" 이러한 의식적인 선택은 이 단계에서 가장 중요한 요소이다. 여기서 아동들은 의사결정을 행하고 그에 대해 책임을 져야 한다는 사실을 명심해야 한다. 여기서 학생들이 어떤 대안을 선택했거나 다른 대안으로 대체했다는 것은 중요하지 않다. 그보다는 학생들이 특정 상황에서 가장 적합한 행동 유형을 선택할 수 있는 교육을 받아서 자신들의 선택의 폭을 넓히도록 하는 데 주요 목적이 있다. 즉, 기존의 행동 방식을 반복하는 것이 어떤 경우에는 적절할 수도 있고 그렇지 않기도 하다.

5. 어떻게 가르칠 것인가 결정

자기과학의 가치는, 교사가 제시·설명하며 교재를 읽고 질문에 답하는 수업 형태인 내용지향적인 방법에 반하여, 체계적인 학습과정을 지향하면서도 게임과 시각화 등과 같은 실험적인 방법을 활용하는 데 있다. 자기과학은, 개별 학습자가 독자적으로 학습하고 과제를 수행하거나 교사에게 수동적으로 반응하도록 하기보다는, 학급과 학급 전체의 상호작용으로부터 나오는 응집효과와 학습을 가치 있게 여긴다. 자기과학은 실패가 학습을

위한 기회이지 판단, 비판, 비난을 위한 기회가 아니라는 점을 분명히 하고 있다.

자기과학에서 수업은 말해 주기보다는 물어 보기이다; 교사들은 정답보다는 호기심, 탐구심, 재정의, 의문, 다양한 해결방안을 촉진한다. 이 교육과정에서는 학습자가 상호 공유할 수 있는 공통 주제나 경험이 존재하며, 다른 한편으로는 미리 정해진 내용이기보다는 학급의 학습자들로부터 제기되고 탐색되는 특유의 내용이 또한 존재한다.

이 교육과정에서는 매주 상당 기간 동안 적절한 학습 문화를 조성하는 것이 과목을 개설하는 것만큼 중요하다. 여기서 우리가 제시하는 기법들은 자기과학에 우호적인 문화를 조성하는 방법뿐만 아니라 자기과학을 교육하는 방법도 공히 구축하는데 목적을 두고 있다.

이 부분에서 우리는 자기과학 교실의 구조, 학급 내 규칙, 교수전략(전체 또는 특정 활동을 위한 의사소통 기법, 1-8학년을 네 단계로 교육하는 방법의 예시) 등을 설명하고 있다.

적절한 교실 구조를 사용

이상적으로는 두 명의 교사(때때로 보조 또는 자원)가 한 팀으로 자기과학 수업을 이끌어간다. 팀티칭(team-teaching)은 각 학급에서 발생하는 상황을 간파하고, 상호 균형과 조화를 이루며, 수업 후에 잘된 점과 개선점을 도출하고, 후속 교육목표를 설정하는데 있어 효과적이다. 특히 한 교사가 자기과학에 초보자인 경우에 팀티칭은 필수로 시행되어야 한다.

학급의 크기는 각 학습자가 체험 위주로 학습을 하느냐의 여부를 결정하는 관건이 된다. 소집단은 개별 학습자가 적극적으로 학급활동에 참여하는 기회를 보장해 준다. 전체 학급의 학생 수는 12-15명이 적절하다. 이러한 환경에서 또래 집단에 대

한 인식과 자신에 인식이 서로 강화된다; 아이디어를 공유하고 선택사항을 도출함으로써 학급은 학습을 지원하는 하나의 단위이자 해결책을 만들어내는 하나의 장소가 된다. 한 차시 수업은 40-50분 정도 걸린다.

자기과학에서 교육내용은 미리 정해지지 않고 각 개별 아동들의 실제 생활에서의 환경·이슈·관심사·흥미에 의해 결정된다. 자기과학에서는 어떤 차시 수업도 같지 않으며 교육내용은 학습자로부터 나오고 생생한 삶의 이야기이기 때문에 항상 자극과 흥미를 던져 준다.

수업을 시작하는 한 방법으로 각 아동들에게 이런 질문을 던진다. "1부터 10까지의 척도로(10이 가장 좋은 경우) 오늘 기분을 표현한다면 어느 정도인가?" 또는 "오늘 당신은 어떤 색깔·동물·차인가?" 이렇게 함으로써 교사는 학급의 심리상태를 파악하고 그 톤(tone)에 맞게 적절하게 수업을 이끌어간다.

만약 학생들이 방금 큰 시험을 끝내서 무척 들뜬 상태인 경우에는 이러한 흥분을 가라앉히는 차원에서 좀더 적극적인 경험을 필요로 한다. 기분이 들떠있을 때 너무 많은 대화는 별로 효과적이지 못하다. 아동의 삶에 가족 중 한 사람이 죽었다든가 하는 충격적인 일이 벌어졌다면 적합한 활동은 좀더 조용하고 민감성이 높은 활동이다.

그러므로 교사들은 주어진 상황에 따라 즉각적으로 내놓을 수 있는 다양한 활동들(후에 구체 설명)을 언제든 준비하고 있어야 학급의 상황에 따라 적절하게 제공할 수 있게 된다. 당연히 어떤 아동은 척도에서 자신에게 최고나 최저점수를 준 또래에게 왜 그렇게 느끼는지 질문하게 되며, 그렇게 되면 토론이 갑자기 활성화된다. 이때 질문을 받은 학생은 다음과 같이 말하게 되며, "오늘은 내 생일이니까 나는 10점을 주었어." 그리고 교사는 전체에게 생일이 무엇을 의미하는지를 묻거나 그

외 어떤 일들이 자신들을 정말 기분 좋게 만드는가에 대해 질문을 던지게 된다.

교사들은 아동들의 현재상태에 맞추기도 하지만 수업의 진행에 대해 학생들이 어느 정도 좌지우지하느냐에 대해서는 분명한 한계를 정해 놓는다. 특히 천재지변과 같이 감성적으로 많은 부담이 되는 상황인 경우가 그러하다. 이럴 때 교사는 편안한 활동을 선택하여, 다음과 같은 질문을 던지면서 각 아동들의 이야기를 녹화한다. "그 일이 벌어졌을 때 여러분은 어디에 있었는가? 무엇과 누구에 대해 특히 걱정했는가?"

자기과학을 교육할 때 가장 힘든 일들 중에 하나는 일부 교사들이 교실에서 일상적으로 해왔던 대로 학생들을 심하게 억제하거나, 권위적이 되거나, 설교하려는 경향이 나타나지 않도록 노력하는 것이다. 물론 교사들은 학급 질서를 유지하고 한계를 정하지만 자신을 학생들을 통제하고 지도하는 관리자(manager)라기보다는 학습과정 속에서 어떻게 타협하고 그 과정을 어떻게 진행하는가를 이끌어 주고 모범을 보이는 촉진자(facilitator)로 생각한다. 교사는 절대로 수업이 본류에서 벗어나지 않게 하지만 시간이 갈수록 교사가 수업을 지배하는 형태는 줄이고 학생들이 수업을 주도하는 쪽으로 힘을 실어준다.

자기과학에서는 판단을 배제한 수용과 존중이 인간발달 과정에서 핵심이 된다. 실제로 이러한 교사의 태도가 단순히 들어주고 정확하게 파악하며 학습하는데 있어 중점사항이 된다. 그래서 각 수업은 신뢰를 쌓고 서로 도와가며 활동한다는 의식이 들게 만드는 활동에 초점을 둔다. 만약 수업 중에 중요한 이슈가 제기되었을 때는 교사가 아동들에게 다음과 같이 말하면서 확인을 시켜준다, "나중에 그 이슈를 꼭 다룰 것이다." 자기과학에서 두 명의 교사가 있게 되면 한 교사는 후에 제기할 이슈에 대해 정확히 짚고 넘어가게 하는 역할을

하게 된다.

교사들은 자신의 감정을 터놓고 표현하며, 아동을 규정할 필요는 없지만 자신의 행동은 명확하게 규정하고, 숨겨진 돌발상황이 없도록 피드백을 주고 재확인함으로써 신뢰에 대한 모범을 보인다. 또한 교사들은 학습의 동반자가 되어 게임에 참여하며 활동의 짝으로 양쪽성별의 학습자들을 균형 있게 선택하는 융통성을 보여 줌으로써 신뢰를 쌓는다. 교사가 학생들과 활동을 같이 하거나 같이 하려는 노력을 보이면 보일수록 학생들은 더 안정감을 느끼게 된다.

역할모범으로서의 교사

자기과학 교사의 역할은 단순히 심리적으로 안정감있는 환경을 조성하는 것 이상이어야 한다. 자기과학 수업을 준비하는 것은 다른 교과목 수업을 준비하는 것보다 더 많은 자기성찰을 요구한다. 학생들은 교사의 행동을 보고 배운다. 교사가 보여 주는 모습과 일거수일투족이 수업에서 중요한 부분을 차지한다.

교사는 오로지 촉진자의 역할만을 고집하지 않고, 학습자들에게 존중과 자기과학의 가치에 대한 열정을 표하는 차원에서 기꺼이 학습동반자로서의 역할을 자임하는 태도를 보여 주어야 한다. "감성지능"에 대한 역할 모범을 보이는 것 말고도 교사는 아동들이 자신의 행동방식을 파악하고, 그 결과를 인식하고, 대안적 행동을 탐색하며, 적절한 선택을 할 수 있도록 도와 주어야 한다.

교사는 개별 아동의 교육 요구에 민감하게 반응하여 학생이 제기하거나 경험했던 모든 사안에 대해 스스로 해결방안을 찾을 수 있도록 해야 한다. 이슈는 자기과학 수업 중에 제기되지만 그 이슈에 대해 다른 각도로 심도있는 추가활동이 필요한가를 정확하게 짚고 넘어가는 능력이 필요하다. 모든 교사들은 자신의 교실에서 이러한 종류의 결정을 항상 하게 된다.

자기과학 수업을 이끌어갈 수 있는 자질을 갖춘 교사의 헌신, 열정, 자발적 의지가 성공적인 프로그램의 관건이 된다. 읽기 능력이 부족한 사람이 읽기를 가르칠 수 없는 것처럼, 감상지능이 부족한 사람은 성공적인 자기과학 수업을 이끌어나갈 수 없다.

수업 수칙 결정

자기과학 교실에서 어느 정도의 수업 수칙을 정하도록 도와 주게 된다. 이 수칙에는 어떻게 의사소통하는가에 대한 내용이 주류를 이룬다. 이 수칙은 학생들이 자기과학 수업뿐만 아니라 학교 전체 생활에서 지켜야 하는 규정이다.

신뢰와 사생활 존중. 아동들은 신뢰가 자기과학에서 얼마나 효과적인지를 학습하게 된다. 학생들은 자기과학 수업에서 어떤 일이 있었는지 자신의 가족들에게 얘기하며 또한 수업 중에 무엇을 공유하였는지를 말할 수 있지만 다른 아동들에 대한 언급은 하지 않도록 한다. 만약 아동들의 건강이나 안전에 대한 관심사가 제기되었을 때 교사는 최대한 그들 편에 서서 행동한다. 자기과학에서 다루는 토론 내용은 매우 사적인 것이기 때문에 서로 믿을 수 있는 환경 조성이 매우 중요하며, 방문객이 수업을 참관하는 일은 매우 드물다. 그래서 수업 중에는 교실 문 밖에 "방해하지 마시오"라는 간판을 부착하고 교직원, 학생, 학부모가 이를 지키도록 한다.

상대방에 대한 비방. 단지 자기과학 수업뿐만 아니라 학교생활 전반에서 학생들은 어떤 형태로든 타인을 비방하는 언사는 절대 금물이다. 여기서 타인에 대한 비방이라는 의미는 기분을 상하게 하고 비난하며 품위를 손상시키고 자기 스스로를 또는 타인을 부정하는 모든 언어적이거나 비언어적인 언사를 의미한다. 그러한 언사는 다른 사람의 정신과 영혼을 죽이는 행위이다. "너는 멍청이야!"와 같은 말이 한 예가 된다. 아동들은 어떤 것이 비방인지를 인식하고 서로에게 쓰지 말도록 요청함으로써 부정적인 감정을 느끼지 않도록 한다.

직접 대면.　자기과학 교사들은 학생들로 하여금 자신들과 갈등, 이슈, 못다한 대화가 있는 아동들과 직접적으로 대화하라고 격려해 준다. 이럴 때 어떤 아동은 교사의 지원을 바라기도 한다. 그러나 교사는 그 아동에게 해당 학생과의 토론을 먼저 제의하는 것이 해결책을 도출하는 길이라고 일러 준다.

나의 감정을 솔직히 표현하여 동료 학습자가 느끼게 하는 기법(I-message).　아동들은 다음과 같은 "I-Message"를 사용하는 방법을 배우게 된다. "네가 (어떤 행동)을 했을 때 나는＿＿＿＿라고 느꼈다." "네가 거짓말을 했을 때 나는 매우 화가 났었다." "네가 나를 혼자 내버려 두었을 때 나는 슬펐다." 이렇게 말한 후에 자신이 무엇을 원하는지 다음과 같이 말한다. "나는 네가 진실을 말하기를 원해." "네가 나를 끼워주기를 원해." 그런데 상급학년의 학생들은 행동의 결과를 지적하고 표현하기도 한다. "네가 약속했던 전화를 지난밤에 하지 않아서 나는 실망했다. 나는 네가 나와의 약속을 지키기를 바란다. 그렇지 않으면 너무 신뢰하기 힘들다."

새로운 학생.　만약 새로운 학생이 수업에 참여하게 되면 그 아동은 수업에 참여하도록 강요받지 않는다. 이 수업에서는 참관하는 것만으로도 많은 것을 얻게 된다. 그런 후에 교사는 그 학생을 따로 불러 이 수업을 이해하는데 도움이 더 필요하지는 않은지 그리고 더 배우고 싶은 것은 무엇인지 등의 수업에서 어떤 일이 있었는지를 구체적으로 물어본다.

발문기법 활용

학습할 기회는 인지적인 탐구과정을 통해 결정된다. 여기서 "학습"이란 "활동 중에 도출된 아이디어들에 대해 의식적인 평정을 내리는 것"을 의미한다. 그러므로 질문을 던지는 것은 수업보다는 학습에 중점을 둔 것이다. 자기과학 수업에서 효과적인 발문기법 중의 하나는 "왜"냐고 묻기보다는 "무엇"이냐고 질문하는 것이다. 우리는 "왜"냐고 묻는 것은 비생산적이고 수세적이며 반복되는 응답이 나오게 하는 반면에 "무엇"이냐고 묻는 질문은 선입견이 배제된 상태에서 정확한 관찰을 하며 허심탄회한 토론이 이루어지게 한다.

무엇을 보았느냐?
무엇을 들었느냐?
무엇을 생각하고 있니?
무엇을 느끼고 있니?
어떤 일이 일어났지?
방금 무엇을 했지?
그것에 대해 무엇을 느꼈었지?
그것은 무엇을 의미하니?
만약 …라면 어떻게 할 것인가?
그러한 (사고, 느낌, 행동)의 결과는 무엇일까?
다른 가능성은 무엇인가?
진짜 그것을 할 것이니 아니면 그냥 말해본 것이니?
이러한 것을 자주 하니?
그것을 똑같이 다시 반복하려고 하니?

위에서 열거된 질문들이 수업에서 지속적으로 사용될 것이다. 이러한 질문들은 교사로 하여금 학생들의 인지적인 능력을 발달시켜 줄 뿐만 아니라 성공적이고 분석적인 행동을 적절하고 건전한 형태로 모범을 보일 수 있는 계기도 마련해 줄 수 있다.

자기과학에서의 두 번째 포괄적인 발문기법은 학생 응답들 간의 유사점과 차이점에 초점을 두기 위해 반복되는 예상 질문을 지속적으로 활용하는 것이다. "여러분들 중에 똑같이(또는 다르게) 느낀 사람 없는가?" 이러한 유형의 질문은 학습자 자신과 타인에 대해 인식하게 만들어 주며, 유사한 사고와 느낌을 공유함으로써 확신을 가지게 하고, 차이점에 대한 인식을 통해 자존감을 높여준다. 여기서는 타인의 사고와 느낌을 존중하는 전제가 저변에 깔려 있다.

교수전략 활용

학생들 간에 자기과학 프로그램의 취지가 확실히 인식된 후 교사는 각 학생들의 교육요구에 맞는 새로운 교육방법들을 고안해 낸다. 지금까지 자기과학 수업에서 그 효과성이 입증된 교수전략들에는 담화(여기서는 높은 수준의 토론을 의미), 역할연기, 사회적 실험, 실제생활로부터의 시뮬레이션, 게임, 상상의 나래를 펴기, 미술을 통한 표현, 학습 일지 작성 등이 있으며, 이 전략들은 모든 학년에 활용가능하다. 나중에, 이러한 전략들을 네 가지 수준(Nueva 학교에서의 학급 구성에 상응)에 맞게 어떻게 아동들에게 활용할 것인가에 대한 구체적인 예를 들어 보겠다.

담화. 자기과학 수업에서는 의사소통을 하나의 학습목표로 지향하고 있기 때문에, 아동들은 학급에서 건설적인 토론에 적극 참여할 필요가 있다.

자기과학 담론은 학생들의 삶에서 나타나는 다양한 사건들인 생일, 새로운 가족의 탄생, 국경일, 시험, 애완동물의 죽음, 친구와의 다툼, 학생들의 관심거리가 될 수 있는 뉴스 등을 중심으로 이루어진다. 자기과학에서의 토론은 성인이 주도하는 형태가 아니다; 교사는 촉진자의 역할을 하면서 아동의 관점에서 표현하도록 유도한다. 학생들은 자신이 말하는데 시간제한이 있다는 것을 가끔 잊어버려서 재확인시켜 주어야 하지만, 시간제한을 지켜야 한다는 것을 알고 토론에 참여한다. 여기서 시간이 다 되었다는 것을 알려 주는 신호를 사용하는 것도 효과적이다. 이 토론에서 학습자들은 단순히 자신의 차례가 되었을 때 어떻게 말할 것인가를 생각하는 것에 그치지 않고, 다른 학생들이 말할 때 어떻게 경청하고, 또한 토론의 심도있는 진행을 위해 말한 학생에게 바람직한 방법으로 어떻게 질문을 던지고 응답해야 하는가를 배우게 된다. 사실 경청은 지금까지 가장 도외시 되었던 중요한 의사소통 기술이다.

역할 연기. 역할 연기는 어떤 사람이나 사물이 되는 기회를 제공해 준다. 이 기법은 상당히 감성적인 주제를 탐색하거나, 다른 관점을 이해하거나, 대안을 모색하거나, 결과를 알아볼 때 유용하게 활용될 수 있다. 만약 학습목표가 자기 인식이라면 학생들은 자신들의 역할을 수행하면서 다른 아동들의 어떻게 행동하는가를 볼 기회를 가지게 된다. 여기서 교사는 다음과 같이 말한다. "윤정아, 네가 좌절할 때 어떻게 표현하는지 연기해 보렴." 그런 후에 다른 학생에게, "네가 윤정이가 되어 연기해 보렴." 여기서 윤정이는 자신이 주장이 강하다고 생각하는 반면 다른 학생들은 공격적이라고 생각할 수도 있다. 이런 후에 교사는 다음과 같은 질문을 던진다. "여러분이 자신에 대해 생각하는 것처럼 다른 사람도 똑같이 생각하니?" 이렇게 학습목표가 학생들로 하여금 다른 사람의 관점에서 볼 수 있게 도와 주는 경우일 때, 교사는 학생들로 하여금 자신의 생각과 상반되는 역할을 직접 맡아보게 할 수도 있다. 역할 연기는 후속 토론에서 좋은 학습자료가 될 수 있기 때문에, 역할 연기를 하는 시간은 되도록 짧게 가는 것이 좋다.

사회적 실험. 자기과학에서의 실험은 현상 관찰, 자료 수집, 결과 보고, 결론 도출 등과 관련된 활동을 의미한다. 예를 들어, 학생들은 모둠으로 나뉘어 각 모둠은 여러 장의 카드가 주어진다. 활동 안내문은: "카드로 3층짜리 집을 만든다. 모둠 내의 긴밀한 대화와 상호작용에 중점을 두어라." 여기서 교사는 학생들이 3층짜리 집을 지으면서 계속 무너지는 일이 반복되어 좌절감이 고조되는 것에 주목한다. 이때 모둠 내에서 발생한 부정적인 상호작용을 어느 정도 지켜보면서 이 상황이 심하게 악화되지 않은 시점에서 교사는 활동을 중지시킨다. 그런 후에 교사는 학생들에게 칠판에 활동한 결과를 기록하고 분석하게 한다. "여러분 자신에 대해 무엇을 느꼈나요? 다른 학생들에 대해서는 어떤 것을 느꼈나요?" 이런 후에 학습자들은 좌절과 관련된 자신의 행동 방식에 대한 결론을 토의하게 된다. "이것이 너의 평상시 행동인가? 그러한 행동의 결과는 무엇인가? 좌절을 느꼈을 때 지금 행동 말고 대안적인 행동에는 어떤 것이 있는가?"

시뮬레이션. 시뮬레이션은 어떤 사건을 축소된 형태로 재구성하여 아동들이 토론할 공통 경험을 가지게 하는 것이다. 학생들이 학교에 왔을 때 교사는 다음과 같이 말한다. "오늘 갈색 눈동자를 가진 학생들은 특별한 취급을 받게 된다. 그 학생들은 모두 첫줄에 서서 운동 기구를 고르는데 우선권을 가진다. 그리고 파란 눈을 가진 학생들은 맨 나중에 호명될 것이고, 쉬는 시간에 교실을 잘 청소해야 간식을 주겠다." 그런 후에 하루 종일 교사와 학생들은 위에서 말한 대로 시뮬레이션을 실행하게 된다. 자연스럽게도 이러한 상황은 학습자들로 하여금 강한 감정을 빨리 불러일으키면서 자신의 생각과 느낌을 토론하고 싶은 강렬한 충동이 일어나게 되는데, 이로 인해 공정성, 편견, 차별과 관련된 이슈들이 제기된다. 이때 교사는 다음과 같은 질문을 던진다. "여러분은 지금까지 살면서 이러한 경우를 언제 경험했는가? 매일 이렇게 살아야만 한다면 어떻게 할 것인가? 이러한 일이 그 외 어떤 곳에서 일어나는가? 편견과 차별에 대해 우리는 무엇을 할 수 있는가?" 이와 같은 시뮬레이션 활동은 충분한 준비와 후속활동이 있어야 하며 다른 교사들과의 협동작업을 필요로 한다.

게임. 자기과학 게임은 규칙과 결과가 있는 활동이지만 승자와 패자를 항상 가르려고 하지는 않는다. 게임은 자기과학의 열 가지 목표 중에 어떤 것에도 적용가능하다. 예를 들어, "M&M" 게임은 모든 학년의 아동들에게 인기있는 활동이다. 여기서는 학생 두 명이 짝이 된다. M&M 초콜릿 한 컵이 각 짝의 학생들에게 주어지고 다음과 같은 규칙이 부여된다. "이 게임의 목적은 모두가 이기는 것이다. 여러분 짝과 팔씨름을 계속해서 한 번 이기는 사람이 M&M 하나를 가진다. 모든 M&M이 없어질 때까지 게임은 계속된다."

후속 질문을 통해 교사는 규칙 준수, 승패에 대한 태도, 개인 행동방식, 경쟁, 타인에 대한 태도, 행동 결과 등에 대한 개별과 전체의 인식을 물어보게 된다. 이 게임의 규칙이 어떻다고 생각하니? 여러분은 어떤 식으로 게임을 진행했는가? 여러분의 짝은 어떤 식으로 진행했는가? 게임을 하면서 무엇을 느꼈는가? 게임 동안 여러분 짝은 어떻게 느꼈다고 생각하는가? 여러분이 평상시에 게임을 할 때도 보통 이런 식으로 행동하는가? 여러분의 행동 방식의 결과는 어떤가? 여기서 보통 나타나는 이 게임의 양상은 한 학생이 모든 M&M을 다 가지게 되어 상대편은 하나도 가질 수 없게 되거나, 짝끼리 서로 이기게 되면 M&M을 나눠가지게 된다는 것을 빨리 간파하는 경우로 나뉘어진다. 이때 교사는 학습자들로 하여금 이러한 상황을 그들 삶의 다른 영역이나 세상의 이치에도 적용할 수 있다는 것을 보여 주게 된다.

상상의 나래를 펴기. 상상의 나래를 펴기는 상상의 이미지를 만들어 내는 과정을 의미한다. 자기과학에서 이 활동은 학생들로 하여금 자신의 장점, 개성, 능력, 잠재력에 대한 명확한 인식과 개괄적인 파악을 하도록 도와 줄 때 활용된다. 그 첫 번째 단계는 몇 분의 시간을 주고 일반적으로 인간이 가지고 있는 장점이 되는 성격들을 나열한 목록을 작성하게 한다. 그리고 5-6명의 모둠을 구성한다. 그런 후에 전 모둠원이 서로 돌아가면서 한 모둠원에게 그들이 보아왔던 그의 성격에서의 장점들을 가능하면 엄청나게 많이 말해준다. 이를 한 모둠원이 기록을 해서 각 모둠원에게 그 결과를 각각 나눠준다. 이때는 단지 긍정적인 것만을 나누는 시간이다. 장점들이 목록화된 후, 교사는 한 모둠에게 다음과 같은 질문을 던진다. "만약 윤정이가 자신의 강점과 잠재력을 모두 잘 발휘한다면 5년 후에 어떤 사람이 되어있을지 여러분은 상상해 볼 수 있을까요?" 이런 후에 그 모둠은 윤정이 대해 상상의 나래를 편 것을 공유하게 된다. 또한 교사는 이런 질문도 던진다. "여러분은 스스로에게 어떤 상상의 나래를 펼쳤는가?"

미술을 통한 표현. 미술은 다른 형태의 의사소통이다. 아동들은 자기과학에서 종이를 접고, 그림을 그리고, 찰흙을 빚는 활동 등을 통해 자신의 감정을 좀더 잘 인식하게 되며, 자신의 관점에서 실제는 어떻게 보이는가를 표현하고, 미래상을 창조하기도 한다. 예를 들어, 아동들은 자신의 안과 밖에서 느끼는 감정을 그림으로 표현한다. 그리고 그들은 할로윈 날의 복장을 한 즐거움(밖의 느낌)과 동시에 유령의 집에서 무섭고 울음이 나올 것 같은 공포(안의 느낌)를 얘기하게 된다. 이렇게 자신의 감정을 그림으로써 학생들은 스스로를 표현할 뿐만 아니라 한 번에 여러 감정을 동시에 느낄 수 있다는 것을 알게 된다. 이때 교사는 학생에게 안과 밖의 감정을 서로 어떻게 연결할 것인가를 배우도록 도와 줄 수 있다.

학습일지 작성. 학습자는 자신의 사적인 학습일지를 작성함으로써 관찰과 인식 능력을 높일 수 있으며, 그 내용은 학생이 원할 때만 서로 공유하게 된다. 여기서 학습자는 어휘 능력이 향상되거나, 문제해결 능력이 높아지거나, 자신의 행동방식을 인식하거나, 이러한 행동방식이 자신 스스로와 타인에게 어떤 영향을 미치는가를 이해했을 때를 일지에 기록하면서 자신의 학습이 발전했다는 느낌을 가지게 된다.

학년별로 차별화된 교수전략

자기과학 수업의 초점은 아동의 발달단계에 따라 다양하게 나타난다. 다음은 자기과학 수업이 아동의 학년별로 다른 교육요구에 따라 어떻게 프로그램을 다양하게 가져가는가를 보여 주는 예시 활동들이다.

1-2학년. 1-2학년은 자신 감정의 다양성, 면밀성, 변화성에 대해 인식하기 시작하는 때이다. 다음의 활동들이 이러한 인식능력을 공고히 해줄 뿐만 아니라 예를 들어 "잘 지냈니?(How are you?)"라는 물음에 그저 "네! 그래요(I'm fine)" 정

도로 대답하기보다는 좀더 구체적으로 대답할 수 있도록 도와 준다. 즉, 어휘와 인식능력을 향상시키기 위해 "느낌"을 나타내는 단어를 브레인스토밍(brainstorming)하고 그 목록을 작성하게 한다. 또한 칠판에 "감정 연속선"을 그려서 거기에 분노, 당황, 슬픔, 차분함, 무시, 싫증, 행복, 흥분 등을 표현하게 한다. 여기서 각 학생들에게 현재의 감정 상태를 나타내는 단어에 자신의 이름을 표기하거나 현재의 감정을 가장 잘 나타내 주는 단어를 추가하라고 한다. 그리고 인간은 원래 두 가지 이상의 감정이 공존한다는 사실을 일깨워 준다; 그런 후에 학교에 처음 온 날에 느꼈던 흥분과 두려움 모두를 표현하는 하나 또는 한 짝이 되는 그림을 그려보도록 권고한다.

3-4학년.   1-2학년과 마찬가지로 자신의 안과 밖의 감정을 표현하고 거기에서 느끼는 원초적인 긴장감에 대해 명확히 느낌으로 인해 3-4학년은 급우들에 대한 인식능력을 더 개발하고 "참여"와 "배제"라는 사회적 수용에 대한 관심으로 인해 나타나는 문제의식을 발전시키는 과정을 밟게 된다. 특히 "합의 게임(consensus game)"은 전체 학급 차원의 의사결정을 내리며 그 학습사회에 대해 공헌한다는 인식을 개발하기 위해 활용될 수 있다. 아마도 여기서의 학급은 대표를 선출하고 학급의 상징을 선정하며 교실에 칠할 색도 결정하게 된다. 여기서 색을 결정할 때 교사를 포함해서 전체 학급이 원형으로 앉아 교사(또는 아동)가 돌아가면서 자신이 선호하는 색을 말한다(같은 색을 말해도 무방하고 색 이름만 대고 아무 얘기를 하지 않는다). 하나의 색으로 통일될 때까지 계속 돌아가면서 선호하는 색을 말한다. 만약 마지막에 두 가지 색이 팽팽히 맞선다면 학급 회장이 나서서 둘 중 하나의 색을 싫어하는 사람이 있으면 손을 들라고 요청한다. 이때 한 사람이라도 그 색을 싫

다고 하면 그 색은 배제된다. 두 번째 색에 대해서도 위와 똑 같은 거수방법으로 결정한다. 여기서 교사는 학생들이 가능하면 비언어적인 표현을 쓰도록 유도해야 한다. 이렇게 해서 합의에 도달하면 합의과정에 대해 교사는 다음과 같은 질문을 던지면서 후속활동을 진행한다. "합의과정이 어려웠는가 쉬웠는가? 언제 합의가 유용한가? 의사결정을 할 때 합의가 어느 시점에서 유용하지 않았는가?"

5-6학년.   5-6학년은 여전히 가족과의 유대관계가 강하지만 한편으로 친구와 언제든 접할 수 있어서 가족과 또래집단 간에 건전한 경계를 구축하는 것을 배우게 된다. 그래서 "사생활 블럭(privacy blocks)" 게임이 이와 관련하여 적합한 활동을 제공해 준다. 이 게임에서 학생들은 자신의 공유 방식을 결정하는데 사용할 기준을 먼저 파악한다. 칠판에 사생활 불럭을 그린다. 이 그림은 가운데 정사각형을 중심으로 더 큰 정사각형이 동심원처럼 에워싸는 형태로서 학생이 누구와 무엇을 공유하는가를 나타내 준다. 가장 중심 정사각형에는 "나", 그런 후에 "가까운 사람(친한 친구와 가족)", "친구(학교, 지역 사회)", "아는 사람", "모든 사람"의 순서로 기입된다. 교사는 이외에도 다양한 상황을 제시하면서 해당 박스에 상응하는 주제어를 학습자가 기입하게 한다. "여러분이 만약 시험에서 부정을 저질렀다면 누구에게 말할 것인가?"(주제어: 부정) "만약 여러분의 부모님이 암이라는 진단을 받았다면 누구에게 …?"(주제어: 암) "만약 여러분의 가장 친한 친구가 가게에서 물건을 훔쳤다면 누구 …?"(주제어: 훔치기) 이 활동의 후속으로 학습일지를 작성하거나 전체 토론을 진행하는 것도 효과적이다.

7-8학년.   7-8학년을 위한 자기과학은 성인이

되는 것, 새로 생겨나는 자아의식, 교우 관계, 성역할, 살면서 문제에 직면했을 때의 선택 등에 집중되어야 한다. 한 예로 "동물로 상상의 나래를 펴기" 게임이 자의식이 강한 청소년을 만드는 활동이다. 여기서 교사는 학생들에게 편안한 자리 또는 자세를 취한 후 눈을 감으라고 하고 다음과 같이 말한다. "큰 숲을 상상해보라. 그 숲의 가운데에 커다란 공간이 하나 있다. 그 공간의 중간에 여러분 자신에 해당하는 동물과 여러분이 가장 싫어하는 사람에 해당하는 동물이 서 있다. 어떤 생각/느낌이 드는가? 여러분은 어떻게 행동하는가?" 여기서 잠깐 멈추고 학생들에게 위에서 말한 이미지를 떠올리는 시간을 준다. 그런 후에 "이제 그 이미지는 지우자. 이제 여러분은 그 숲의 공간에 다시 선다고 가정하자. 이번에는 그 공간의 중간에 여러분 자신에 해당하는 동물과 여러분이 가장 좋아하는 사람에 해당하는 동물이 서 있다. 어떤 생각/느낌이 드는가? 여러분은 어떻게 행동하는가?" 마찬가지로 잠깐 멈추고 이미지를 떠올릴 시간을 준다.

이러한 활동 직후에, 교사는 학생들에게 그러한 상상을 하면서 느낌과 생각이 어떠했는지 상세하게 묘사해 보라고 한다. 이에 학생들은 다음과 같은 질문을 염두에 두면서 자신의 반응을 급우들과 나누게 된다. "각 상황에서 어떻게 느꼈는가? 이러한 방식이 여러분이 보통 그러한 사람들에게 반응하는 형태인가? 여러분의 반응으로 인해 스스로에 대해 무엇을 알게 되었는가? 다른 친구들의 반응과 여러분의 것이 어떻게 같고 다른가?"

6. 자기과학의 성공적인 실행을 위한 전제조건

교사와 행정가들은 자기과학 프로그램을 도입하기 전에, 아래의 주요 질문에 대해 스스로 어떻게 생각하는지를 명확히 할 필요가 있다:

- 자기과학의 목표가 나의 개인적인 가치와 일치하는가?
- 자기과학의 목표가 내가 재직하고 있는 학교의 가치와 철학적으로 일치하는가?
- 교사들은 다음과 같이 자기과학을 교육하기 위해 필요한 지도력을 갖추었는가?

아동에 대한 애정. 교사들은 아동의 감성과 사회성 발달에 관심을 가지고 있어야 한다: 교과목 중심이 아닌 아동 중심의 교육관을 가지고 있어야 한다.

자기인식. 교사가 자신에 대해 더 잘 알면 알수록 학습자가 자기인식을 하는데 많은 도움을 줄 수 있다.

개방적인 사고. 자신의 감정과 생각을 같이 나누고 때로는 "나도 잘 모르는 일이란다"라고 과감히 말할 수 있어야 한다.

온화함. 우호적이고 보살펴 주는 행동방식을 보여 주고, 대부분의 수업상황에서 가능하면 학생들이 편안한 상태와 마음가짐을 유지할 수 있는 분위기를 조성해야 한다.

수용. 스스로와 타인을 수용하는 자세를 견지하며, 자신과 타인의 생각 모두가 타당하다는 것을 인정하고, 우리들 모두에게 존재하는 선과 악을 수용하며, 아동의 입장을 옹호하는 자세가 필요하며, 경청하는 능력도 있어야 한다.

지원. 비방어적(nondefensive)이고, 신뢰감을 주고, 지원을 아끼지 않아야 한다: 아동은 미지의 세계로 나아갈 때 안전함을 느끼는 차원에서 자신이 지원받고 있다는 생각이 들어야 한다.

융통성. 수업이 진행되는 분위기에 따라 계획된 활동도 수정하고, 돌발상황에 대해 건설적으로 반응할 줄 알아야 한다.

섬세함. 각 개별 학생들에 대해 민감하게 반응하며, 자신의 행동이 학생들에게 미칠 영향에 대해 항상 예민해야 한다; 섬세함은 또한 자신 스스로와 자신의 생각, 그리고 자신이 전체 수업에 미칠 영향에 대해서도 민감해야 한다; 섬세함은 수업에서 나타나는 여러 실제상황에 대한 주요 관찰자의 역할을 해준다.

존중. 가능하면 아동들이 자신에 대해 스스로 파악하도록 하며, 아동들의 말에 경청하는 자세를 보여 준다.

교사와 교육행정가들은 학교에 자기과학 교육과정이 성공적으로 도입되기 위해서는 두 가지의 지원을 필요로 한다. 첫째, 교육행정 당국으로부터의 재가뿐만 아니라 감성지능을 가르치는 것이 중요하고 가치 있다는 인식을 가진 여러 교사들과 학부모들로부터의 동의가 필요하다. 두 번째로, 기꺼이 이러한 교육을 뒷받침해 줄 최소한 한 명의 관리자를 설득시켜놓아야 한다.

또한 자기과학 수업을 필수 또는 선택 과목으로 할 것인지 그리고 다른 교사들이 한 교실에서 공동수업을 할 것인지에 대해 동의가 필요하다. 마지막으로 학습자들을 어떻게 평가할 것인지를 결정해야 한다. 출석을 바탕으로 한 이수-미이수 체제로 측정할 것인지의 방법부터 행동 변화에 대한 학생의 보고서나 교사의 수행평가, 학부모의 설문 결과, 학생이 작성한 일지, 학생의 자기 평가, 자존감에 대한 표준화 검사 등 많은 평가 방법들이 있다.

7. 결론

Goleman(1995)은 자신의 저서 15장에서 Nueva 학교의 자기과학 프로그램을 소개하면서 다음과 같이 주장하였다.

> 이 사회에서 누구도 분노를 현명하게 다루거나 갈등을 긍정적으로 해결하는 핵심 내용을 교육하는 것에 반대하지 않으며, 또한 공감, 충동 통제, 그 외의 감성지능과 관련된 역량을 가르치는 것을 싫어할 사람도 없다. 아동이 학습할 기회를 가질 수 있었던 감성수업을 하지 않는 것은 아동이 건전한 감성 능력들을 배양하게 해 주는 엄청난 두뇌의 성숙 기회를 박탈하는 위험을 안고 있다.

자기과학 교육과정이 아동들에게 별 도움을 주지 못하는 경우를 상상하기는 어려울 것이다. 만약 학습자들이 어린 나이에 감성지능을 습득하게 되면, 그들은 좀더 완성된 삶을 영위할 수 있을 뿐만 아니라 가족과 사회에서 좀더 나은 구성으로서 또한 이 세상에서 좀더 바람직한 시민으로서 살아갈 가능성이 높아진다. 우리는 자기과학 수업이 교사와 학생에게 공히 신나는 여정이 되어 왔다는 사실을 알게 되었다. Goleman(1995)은 다음과 같이 서술하였다;

> 몇몇 교육자들에게 감성 능력은 높은 관심을 끌고 있음에도 불구하고 실제 교육과정은 거의 드물다; 대부분의 교사, 교장, 학부모들은 그러한 교육이 있는지조차 모르고 있는 실정이다. 이러한 교육을 위한 최고의 수업모형조차도 수많은 공·사립학교들에서 교육의 비주류 취급을 받고 있다. 물론 어떤 교육과정(Nueva 학교 것도 포함)도 모든 문제에 대한 해답일 수는 없다. 우리

스스로 알고 있을 뿐만 아니라 아동들도 직면하고 있는 현대 사회의 여러 위기 상황들을 보면, 그리고 감성 능력을 위한 교육과정으로부터 바라는 엄청난 희망 속에서 우리는 스스로에게 자문해 보아야 한다: 삶을 위해 가장 필수불가결한 기술을 모든 아동들에게 가르치지 말아야 하는가 —이제 아니면 언제? 만약 지금이 아니라면, 언제?(p. 286-287)

참고문헌

Goleman (1995). *Emotional intelligence*. New York: Bantam Books.

Kubie (1968). In R. Porter(Ed.), *The role of learning in psychotherapy*. Boston: Little, Brown.

Stone-McCown, K., & Jensen, A. L.(1998). *Self-science: Teaching emotional intelligence*. San Mateo, CA: Six Seconds.

CHAPTER 23

태도 교수를 위한 구조화된 설계

Thomas F. Kamradt / Elizabeth J. Kamradt
Indiana University

변호승
충북대학교 교육학과 교수

Tom Kamradt는 University of Illinois에서 철학학위를 받았으며 1971년부터 교수체제의 설계에 관여해 왔다. 그의 업무에는 정신지체자, 신체장애자, 조종사, 비행관제사 등 다양한 대상과 주제가 포함되어 있다. 1984년 그는 미국과 유럽의 대기업에 훈련과 생산성 솔루션을 제공하는 벤처자문회사인 TechniQuill 주식회사를 설립하였다.

Beth Kamradt는 Penn State University에서 미생물학 학위를, Indiana University에서 교수체제공학 학위를 받았다. 그녀는 Indiana University에서 강의를 맡았으며, 태도 교수를 주제로 International Society for Performance and Instruction 학회발표에서 앙코르 발표자가 된 바 있다. 그녀는 현재 새로 설립된 Unisys Corporation University의 전무이사를 맡고 있다.

서 문

목적 및 전제. 이 이론의 주요 목적은 학습자가 태도를 바꿀 수 있도록 돕는 것이다. 이 이론은 학습자가 기존의 태도를 기꺼이 재고하겠다는 상황을 염두에 두고 만들었다.

학문적 가치. 이 이론이 근거한 가치들은 다음과 같다:

• 태도 개발 및 변화
• 학습자들은 태도를 바꾸는데 노력할 것인지 말 것인지 선택할 수 있고
• 학습자가 새 태도를 유지하고 실제 상황에 전이할 수 있도록 돕는 사태들

주요 방법. 이 이론이 제시하는 주요 방법은 다음과 같다:

일반적 전략

• 태도의 세 가지 요소(정의적, 인지적, 행동적)를 한 요소에서 다른 요소로 교수 전술(tactics)을 급하게 바꾸면서, 똑같은 양을 같은 방향으로 동시에 옮긴다.
• 새 태도를 실험해 보는 안전한 환경을 제공한다.

구체적 전술

1. 태도를 활성화한다: 이것을 사용할 수 있는 상황을 제시한다(행동).
   • 직접적, 간접적 활성화일 수 있다.
   • 활동은 학습자의 기존 태도와 약간 일관되지 않아야 하며, 목표 태도방향에 있어야 한다(필요하다면 조정해야 한다). 이것은 부조화(dissonance)를 야기한다.
2. 부조화 요소(들)를 다음 질문을 통해서 분석한다:
   • 그 상황에서 기분이 어떠했습니까? (정의적)
   • 무엇을 생각하고 있었습니까? (인지적)
   • 왜 그러한 행동을 했습니까? (행동적)
3. 어떤 요소가 가장 부조화한지 밝힌다.
   • 정의적인 경우, 조작적 조건화(operant conditioning) 기법을 사용한다.
   • 인지적인 경우, 설득을 사용한다.
   • 행동적인 경우, 행동에 대한 시연과 연습을 사용한다.
4. 더 진행하기 전에 연속선상의 한 지점에서 태도를 강화(consolidate)한다.
   • 명백한 전이사태와 조직개발계획을 포함시킨다.

교수설계에 대한 적용점. 매우 윤리적이며 인간적인 접근이다. 태도의 세 가지 요소들의 상호의존성을 인식하고 있다. 가장 부조화하는 요소를 제일 먼저 밝히는데 개별화(personalized)되어 있다. 모든 태도는 그 소유자가 자신의 요구(needs)를 해소하기 위해 사용하는 도구라는 것을 인식하였다.

—C.M.R.

태도 교수를 위한 구조화된 설계

1. 서론

우리가 기업의 여러 모퉁이를 돌아보면 "태도(attitude)"라는 말이 연필, 펜, 연필꽂이, 메모지 받침, 소식지, 포스터, 풍선, 티셔츠, 모자, 달력, 깃발, 플랭카드, 패, 트로피, 경주용 차 등에서 발견된다. 이 광경들은 최근의 일이며 그 빈도가 증가하고 있다. 이 단어는 때로는 "내 태도가 바로 차이점이다!(My *attitude* is the difference!)"라는 짧은 문구에서도 나타난다. 이 말이 이렇게 자주 그 자체로 출현하는 것은 그 메시지와 그 중요성이 명

백하다는 것을 암시해 주고 있다.

이 현상은 사업운영과 교육 모두에서 중요한 경향을 반영하고 있다: 태도가 매우 중요한 성공요인이라는 폭넓은 인식이다. 그러나 대중적 아이콘으로서의 "태도!"는 매우 중요한 문제를 나타내고도 있다. 우리가 수행목표로서 태도에 대한 찬사를 보낼 때 그것이 무슨 의미가 있는지 직관적으로 알고는 있지만, 우리가 이러한 태도에 영향을 주려고 실제로 무엇을 할(do) 때는 번번히 오도되고 성과 없이 끝나게 된다.

교수체제설계의 학문은 이 도전에 대응하려고 노력하고 있지만, 수행목표가 전통적인 인지적 (cognitive), 심동적(psychomotor), 정의적(affective) 기술(skill)의 영역(domains)에 놓여 있을 때는 객관적이고, 반복적인 방법을 제시하지 못하고 있다. 이 장은 태도교수의 개발을 위한 포괄적이고 구조화된 모형에 대한 수업설계 부분에 대해 서술한다. 완성된 모형에는 태도에 대한 기능적인 정의, 태도에 대한 객관적 측정의 기법, 태도 요구분석 방법, 수업설계 절차에 분석 결과를 직접 적용하는 방법, 자세한 훈련 후 평가 기법이 포함된다.

이 모형을 개발한 목적은 두 가지이다:

- 현대의 교수설계기법―즉 예측 가능한 결과를 낳는 반복적인 방법―의 강점과 성공을 대변하는 엄격성을 유지하고,
- 효과적인 태도 교수에 필요한 기술을 아직까지 이 영역에서 성공하지 못했거나 성공을 시도하지 못한 많은 교육자와 설계자에게 전파하기 위한 것이다.

교수의 역할이 **현재의 상태**(what is)와 **바람직한 상태**(what should be)의 괴리를 줄이는 것이라고 배운 교수설계자들은 우리 방법으로 전환하는 것

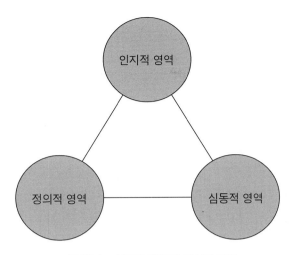

그림 23.1 분리된 태도의 구성과 구조

이 거창한 비약까지는 안 되더라도, 흥미로울 것이다. 우리 모형을 적용하는 데에는 기존에 이미 효과적이라고 입증된 방법들의 가치를 폐기할 필요는 없을 것이다. 이 모형은 구조화된 것 외에 두 가지 측면에서 매우 의미 있다:

- 현대 교수체제설계의 기준을 정의한 주요 저자들의 제언과 일치한다.
- 학습과 수행에 관계된 학습자의 모든 차원을 포함하는 통합적 접근을 제시한다.

우선 기초적인 관점에 대해 먼저 생각하면서 시작할까 한다.

태도가 어떻게 기능하는가

태도는 인지적, 심동적, 정의적 영역 등 학습의 세 가지 영역의 요소들을 포함하는 기본적인 실체로 볼 수 있다(그림 23.1).[1] 원자가 물질의 기본 단위

---

[1] 지금쯤 이것은 새로운 패러다임의 익숙한 표상이 되어 있을 것이다.

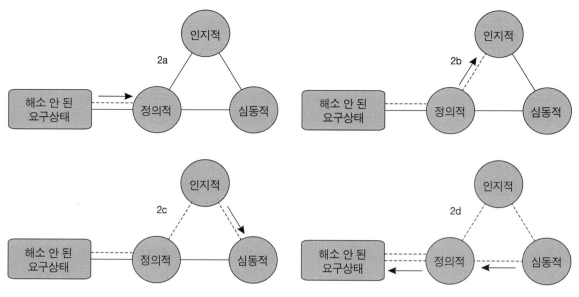

그림 23.2 태도 내의 과정

로 어떠한 실질적인 방법으로도 나눌 수 없는 것처럼, 우리는 태도를 학습의 가장 기본적인 단위로 제안하고자 한다. 하지만, 원자는 전자, 양자, 중성자 등의 구성요소를 가지고 있고, 최신 물리학을 배웠다면 쿼크(quark)라는 것도 존재하는 것을 알 것이다. 이와 유사하게, 인지적, 심동적, 정의적 학습의 조각들이 태도의 구성요소이다. 이들은 대개 태도와 떨어져서 존재하지 않으며, 이들을 분리해 내는 실질적인 방법도 없다. 태도는 학습자가 배우게 되는 것이며, 따라서 효과적인 교사가 가르쳐야 할 내용이다.

이 아이디어는 모든 학습과목을 특정 학습영역에 배정하는 교수설계자의 관행에 정면으로 위배될 수 있을 것이다. 그 동안 행해온 이 일반적인 관행은 도움이 되어 왔는데, 이것은 학습자들이 분절적인 영역을 가지고 있기 때문이 아니라, 현재의 교수 방법들이 특정영역에 국한되어 실시되고 있기 때문이다. 학습과목이든 무엇이든 학습자의 태도 안에 저장된다. 이것에 대해서는 나중에 자세히 설명하기로 하고, 지금은 학습과목 안의 인지

적·심동적·정의적 **영역들**(domains)과 태도의 인지적·심동적·정의적 **요소들**(components)을 구분해 보자.

한 태도 안에서 세 가지 요소들은 명백한 구조와 과정을 통해 상호작용한다(그림 23.2). 태도는 그 소유자에게 이득이 되도록 사용할 수 있는 도구로 기능한다는 것이 그 효능이라고 할 수 있다. 이 모형의 핵심은 태도를 독특한 개인적 전략을 실행(implement)하기 위해 개발된 도구로 바라보는 것이다. 그 이득은 일반적으로 말하면 요구(need)의 해소이다.[2] 요구상태(need states)가 존재한다는 사실은 많은 저자들의 논문에 의해 밝혀졌다. 이 장에서는 Maslow(1943)의 위계(hierarchy)에 의존할 것인데, 다른 유사한 체제도 이 모형과 호환될 수 있을 것이다.

잠재적 태도(latent attitude)는 해소 안 된 요구상태에 의해 활성화된다. 요구는 그 자체로 태도

---

2) 이것은 모든 패턴은 그 소유자를 어떤 형태로든지 돕는다는 Stone-McCown과 McCormick의 생각과 얼마나 유사한가(제22장, 452쪽)?

의 부분은 아니며, 우리는 우리 요구를 직접적으로 인식하지 못한다. 오히려 요구는 관련된 모든 태도의 정의적 요소 안에 있는 감정(feeling)을 자극한다(그림 23.2a). 예를 들어, 영양에 대한 요구는 음식을 얻는데 유익한 모든 태도들의 정의적 요소 안에 존재하는 배고픔의 감정을 자극한다. 감정은 대체로 물리적 지각과 정서적 지각의 결합이다. 영양에 대한 요구와 배고픔은 하나가 아니며 동일하지 않다. 오히려, 영양은 요구(need)이고 배고픔은 신호(signal)이다. 우리는 신호를 배고픔의 개념이나 아이디어로 혼동해서는 안 된다. 신호는 태도의 비언어적 정의적 요소 안에 온전히 존재한다. 이것은 우리가 성숙한 성인을 지칭하건 언어기 이전의 유아를 지칭하건 동일한 것으로 인식된다. 물론, 우리가 성숙해가면서 우리 요구의 복잡성과 그 결과로 얻어지는 신호의 다양성은 증가하게 된다. Maslow의 위계의 상층 끝에서 사회적 또는 지적 성장의 요구에 대한 미충족은 (직업, 장소, 관계 등에 대한) 불만족이나 야망에 대한 감정을 얻게 할 수도 있다. 모든 독자들은 아마 불만족이나 야망에 대한 육감과 이 단어들에 의해 암시되는 인지개념 간의 차이를 알 수 있을 것이다.

정의적 감정에 의해 요구상태가 신호되면, 인지요소의 활성화는 재빨리 이를 뒤따른다(그림 23.2b). 인지적 요소는 두 가지 주요 목적을 가지고 있다. 첫째는 감정에 이름을 부여하기 위해서 ─ 아이디어 수준으로 향상시키기 위해서이다. 이 것이 요구를 해소하려고 하는 우리의 심층적 생각과 경험을 열거할 수 있게 만든다. 예를 들어, 배고픔에 대해 즉각적이거나 명백한 해결책을 고려하는 것 외에, 우리는 냉장고에 물건을 다시 채우거나, 빵을 굽거나, 텃밭을 가꾸는 장기적 해결책을 강구할 수도 있을 것이다.

두 번째 인지적 요소의 목적은 가능한 대안에서 행동의 진로(course of action)를 선택하는 것이다(그림23.2c). 위험의 수준, 성공의 가능성, 그리고 다른 많은 요인에 대한 우리의 지각이 직면한 상황과 반응하여 한 행동의 진로가 다른 대안보다 낫게 느껴지도록 한다.

일단 행동의 진로가 선택되면, 이것은 실행된다(그림 23.2d). 이것은 태도의 심동적 요소이다. 많은 저자들은 선택된 행동을 행하는 것은 사실 태도의 한 부문이 아니라 태도의 결과라고 지적하였다. 우리가 앞으로 수업설계에 대해 논의할 때 명백해질 이유로 인해, 우리는 행동이 없어서는 안 될 태도의 중요한 요소라 믿는다. 우리는 태도 도구(attitude tool)를 수동적인 것으로 보지 않고, 내재적으로 효능을 가진 매우 자동적인 도구로 본다.

만약 선택된 행동이 요구를 만족시키는데 성공한다면, 태도는 다시 잠복하게 된다. 그 감정의 소유자는 아마 잠재의식(subconsciously)에서 그 태도가 "좋은(good)"것으로 판단할 것이다.[3] 이것은 감정의 수유자로 하여금 가능한 테두리 안에서 중요한 개인 요구를 해소하는데 성공하게 한 것이다. 태도에 대한 가치가 증명되었기 때문에, 그는 이것이 공격당하면 방어할 것이다. 감정의 소유자는 인간의 요구를 해소하도록 설계된 감정에 대한 어떠한 위협도 인간 요구에 대한 직접적인 위협으로 간주할 것이다.

만약 행동이 요구상황을 해소하는데 실패한다면, 그 소유자는 신속히 대안적 태도를 적용할 것이다. 첫 번째 태도가 결함이 있는 것으로 여겨지면 잠복으로 들어가지 않고 잠재의식에서 접근 가능하고 융통성 있게 이를 개선하려 할 것이다. 정신적이고 감정적인 에너지는 태도가 정련되거나 이를 대체할 적절한 태도가 만들어질 때까지 사용

---

3) 이것에 대한 논리적 근거는 행동주의 이론이라는 것을 주지하기 바란다.

될 것이다.

태도는 번개와 같은 빠른 속도로 기능하며, 몇 가지 예외를 제외하고는, 우리들은 잠재의식에서 이를 활용한다. 우리가 이전에 태도 안에 저장한 판단과 경험을 발동시키는 것은 복잡하고 빨리 변화하는 환경에서 일어나는 여러 상황에 우리가 신속하고 효과적으로 반응할 수 있게 한다. 우리는 이것이 태도를 갖는 가장 유익한 점이라고 생각한다. 이것이 없다면 우리는 행동하기 전에 우리가 겪는 모든 상황에 대해서 자세하고 시간 소모적인 합리화 분석을 실시해야 할 것이다. 우리가 사는 환경이 복잡하기 때문에 우리는 아무것도 하지 못할 것이다. 우리 과거의 경험들은 문제를 단순화시키기는커녕 기하급수적으로 많은 문제를 야기할 것이다. 왜냐하면 더 많은 경험은 곧 분석해야 할 데이터가 더 많다는 말이기 때문이다. 우리 태도를 잠재의식에서 즉각적으로 적용함으로써 우리는 우리의 의식을 비워 아직 태도학습이 일어나지 않은 새로운 사건을 다룰 수 있도록 한다.

비록 우리가 우리의 태도를 잠재의식에서 사용하고 있지만, 우리가 원한다면 의식적으로 이에 접근할 수 있다. 만약 여러분이 여러분의 태도에 기반하여 행동한 다음 바로 누가 다음과 같은 질문을 한다면 쉽게 대답할 수 있을 것입니다:

- 그 상황은 어떤 감정을 느끼게 했습니까?
- 무엇을 생각하고 있었습니까?
- 왜 그러한 행동을 했습니까?

비록 의식적으로 상황을 평가하고 반응을 선택한 기억이 없더라도 이러한 질문에 답변하는 것은 가능할 것이다. 사실, 질문자에 대한 여러분의 대답은 "너무 당연하지 않아요?"일 것이다. 이 세 가지 질문은 활동하는 태도(active attitude)의 정의적, 인지적, 심동적 요소와 각각 직접적으로 연결

되었다. 이에 대한 답변들은 특정 태도에 대한 내용과 이것을 적용하는 과정 모두를 설명하고, 태도를 효과적으로 가르치는데 핵심이 된다.

태도에 대한 기능적 정의

태도란 관련된 정의적, 인지적, 심동적 학습의 조각들을 저장하는 심체적(psychophysical) 구조로 그 소유자가 즉각적, 잠재적 접근을 할 수 있는 것을 말한다. 이 구조는 개인의 기초적인 요구를 충족시키는 것과 관련되는 환경적 상황에 빠르고 효과적으로 반응할 수 있도록 하는 도구로 기능한다.

이야기 예. 태도가 합리적 요소와 비합리적 요소를 모두 포함하기 때문에 이에 대한 어떤 순수한 설명적 서술도 우리가 설명하려는 내용을 전달하지 못한다. 소설이나 교향곡처럼, 태도의 본성도 경험을 통해서만 완전히 이해될 수 있다. 우리가 볼 때 태도는 인간 본성에 널리 퍼져 있어 우리 행동 선택의 상당 부분을 설명하고 있다. 태도를 가르치고 싶은 사람에게 유익한 연습은 하루의 일과를 통해 나타나는 자기 자신의 태도를 인식하고 해석하는 것을 배우는 것이다. 다음 예들이 지침이 된다:

- 점심시간에 당신은 식사를 하기 전 잠깐 짬을 내어 매리 이모한테 빌린 책을 되돌려주려 한다. 매리 이모는 문 앞에서 당신을 반기며 점심식사를 같이 하자고 말씀하신다. 이모의 초대를 듣는 순간 당신은 즉각적이며 본능적으로 떠나고 싶다. 그러나 당신의 그런 불편함은 매리 이모에게는 감지되지 않는다. 당신이 이모의 눈을 응시하며 "매리 이모, 그러고는 싶은데요, 점심시간을 이용해서 상사를

위해 오후 회의준비를 해야 해요. 죄송합니다만, 다음 기회에 해야겠네요."라는 말을 할 때 이모는 오히려 당신의 얼굴에서 안타까움이 묻어나는 선한 미소를 보게 된다.

빨리 떠나야 한다는 당신의 육감은 머무르는 것이 핵심요구(core need)를 위협한다는 것을 신호(정의적)해 준다. 당신은 이모가 외롭고 간혹 호의를 베풀면서 대화상대를 만들려고 하신다는 것을 안다(인지적). 당신은 또한 이것이 사적인 시간을 갖고자 하는 요구와 책임 있는 자기관리에 저촉된다는 것도 안다(인지적). 그래서 당신은 변명을 하기로(심동적) 선택하였다(인지적). 그러나 변명을 아무거나 할 수는 없다. 당신은 매리 이모가 쉽게 상처를 입고 매우 집요하다는 것을 알고 있다. 그러나 이모는 당신의 직업을 매우 존중하기 때문에, 당신은 이모에게 상처를 주지 않는 유일한 변명을 선택하였다. 당신은 이모의 제의가 입에서 떨어지자마자 당신의 "요구(demand)가 많은 사람 대(對) 내 개인 시간" 태도를 적용할 만반의 태세를 갖추고 있었고, 예상대로 적중했다. 이후에 당신은 그 상황이나 가능했던 반응에 대해 평가해 본 기억이 없다.

• 당신은 마감을 코앞에 둔 중요한 프로젝트를 진행하고 있고 저녁 늦게까지 직장에 남아 일해야 할 처지이다. 옆 책상의 신참 여직원이 아직 혼자 감당하기에 버거운 과제를 받았다고 불평하는 소리를 듣는다. 당신은 즉시 여직원에게 다가가서 그녀가 혼자서 일을 수행할 수 있을 때까지 같이 일하겠노라고 자원한다.

신참 직원에게 빨리 도움을 주겠다는 당신의 욕구는 그녀의 불평을 들으므로 해서 핵심요구가 영향을 받았다는 것을 **신호한다**(정의

적). 당신은 당신이 처음 직장을 시작했을 때 느꼈던 **좌절감**(정의적)에 대한 육감적 기억을 경험한다. 당신은 그녀의 불평이 정당하고 당혹스러울 것이라는 사실을 **안다**(인지적). 당신은 동료 직원들에 대한 당신의 책무가 어떤 프로젝트보다 중요하다고 **믿어**(인지적), 당신이 하던 일을 **멈추고**(심동적) 도와 주러 **갔다**(심동적). 나중에 자리로 되돌아왔을 때 당신은 당신의 행동이 당신의 프로젝트에 어떤 결과를 가져올지 고려했다는 기억이 없다.

변동 비율, 부조화, 일관성. 앞에 언급한 사례에서 나타난 두 태도의 특성은 강한 정의적 요소를 포함하고 있기 때문에 바로 이해될 것이다. 그러나 우리의 모든 학습이 태도의 형태로 저장된다면, 타이어 교환 같은 감정 없이 보이는 과제에는 어떤 태도가 관련될까?

우리는 모든 학습에 세 가지 태도 요소가 포함되고 태도 안에는 모든 요소가 동등한 비율로 존재하지는 않는다고 믿는다(그림 23.3). 우리는 이것을 변동 비율(variable proportion)의 원리라 부른다. 타이어 교환 과제는 주로 심동적 과제로 이를 지원하는 적은 양의 인지적 지식을 포함하고 있다. 정의적 요소는 적어보이고, 교사로서 우리는 시연과 연습의 심동적 교수방법을 사용하여 개발될 수 있는 기술 수준에 만족한다. 역으로, 작곡가는 정서 지배적인(affect-dominant) 과제를 수행한다. 작곡하려는 곡의 정서적 파급효과를 느낄 수 있는 작곡가의 요구와 비교할 때, 음계를 숙달하는데 필요한 인지적·심동적 기술은 미미하다. 법 연구자는 인지 지배적인(cognitive-dominant) 직업을 가지고 있으며, 정서적, 심동적 요소는 부차적이다. 이러한 다른 능력을 담고 있는 태도들에는 이 세 가지 요소들이 모두 존재하지만, 다른 비율로 구성되어 있다.

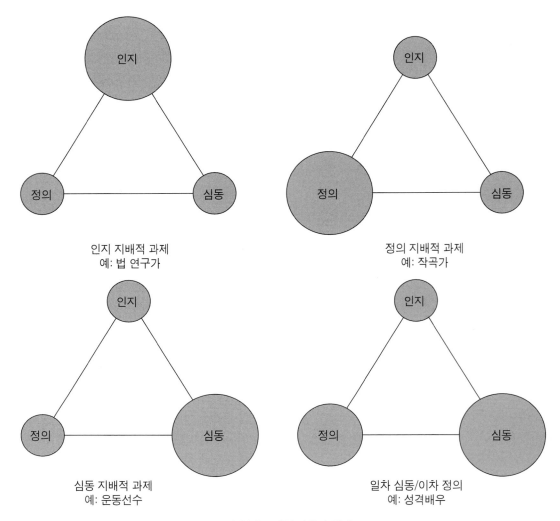

그림 23.3   변동 비율의 원리

　과목의 특성에 따라 좌우되는 변동비율 외에 학습자들은 자기의 학습 스타일 안에 선호하는 태도 요소를 통합시키고 있을 것이다. 태도의 인지적 요소를 개발하는데 탁월한 능력을 가진 사람은 공학(engineering) 같은 인지 지배적인 분야에서 성공하기 쉬운 반면, 심동적 요소를 개발하는데 탁월한 능력을 가진 사람은 건설 산업에서 월등함을 보일 것이다. 자기 학습 스타일에서 강한 요소 선호도를 보이는 사람이 영역 지배력이 부합되는 주제에 대해 천착할 수 있다면, 큰 노력 없이 명인

("천재")의 명성을 획득하게 될 것이다. 하지만, 우리의 견해로는 이렇게 한정된 상황에 너무 많은 비중을 두고 있는 듯하다. 명인들의 학습 방법을 연구하는 것은 관심과 태도가 정의적, 인지적, 심동적 요소들의 균형있는 구성을 가진 우리들에게는 수행능력 개발을 위한 이상형이 아니다.

　이 시나리오를 생각해 보라: 당신은 집에서 멀리 떨어진 낯선 곳을 여행하고 있다. 땅거미가 지려는 한적한 길에서 자동차 바퀴가 펑크 난다. 인근 동네는 소문난 위험 지역이다. 당신은 필사적

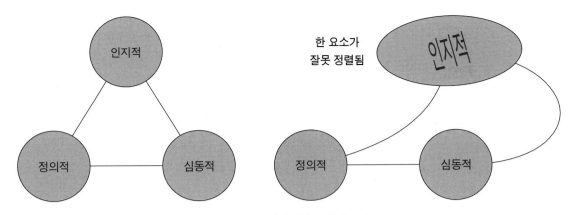

그림 23.4 내적 일관성 대 부조화

으로 바퀴를 고친 후 길을 가고 싶지만, 용기를 내어 작업을 시작하기까지 몇 분 동안 무서움에 떨며 그대로 차안에 앉아 있다. 그리고 바퀴를 교환하는 동안 몇 개의 중요한 실수를 한다. 사이드 브레이크 채우는 것을 잊는다. 큰 너트를 잃어버린다. 잭에 안전 빗장을 거는 것을 잊어버린다. 바퀴교체에 대해 배울 때 보여줬던 기술이 어떤 일인지 당신을 떠났다.

이러한 수행실패는 대개 어떤 방해에 의한 것으로 설명된다. 이것 외에 다른 여러 가지가 작용했을 것이라고 의심할 수 있고, 우리는 이것을 **태도 부조화**(attitudinal dissonance)라 부른다. 태도 부조화는, 그 설계나 실행이 원인이 되어, 요구를 해소하도록 만들어졌음에도 이 요구를 해소하지 못하는 태도의 무능력을 말한다. 바퀴를 교체하는 과제는 비록 교수과정에서 다루어졌는지는 모르지만, 정의적 요소를 가지고 있지 않다. 이 시나리오의 사람에게 바퀴교환 기술을 결합한 태도를 사용하라는 신호는 안전하고, 안정적이며, 자기의존적인 기본적인 인간요구와 연결되어 있다. 그러나 어둡고, 한적한 도로에서 기존에 학습했던 절차(즉, 태도)를 따른다는 것은 더한 위험에 쉽게 노출될 수 있다.

일반적으로 우리 태도는 매우 높은 내적 **일관성**(consistency)을 가지고 있는데, 이는 부조화와 반대된다(그림 23.4). 대부분의 경우 우리는 태도가 개인의 요구를 추구하는데 매우 신뢰할 만한 전략이라는 것을 발견하게 된다. 정의적 신호, 인지적 개념, 그리고 선택한 행동 모두는 서로에게 든든한 짝이다. 만약 태도가 일관성이 결여되었거나 그 신뢰성에 의문이 가면, 우리는 여기에 많은 정신적·정서적 에너지를 투자하여 한 단계 높은 일관성을 갖도록 정렬시킨다. 만약 어떤 상황이 생겨 태도의 세 가지 요소의 상호작용이 애초 해소하도록 설계된 요구를 해소하지 못했을 때 우리는 태도 부조화를 경험한다. 펑크난 바퀴 시나리오에서, 안전하고 안정적이어야 하는 요구는 바퀴의 교환 활동에 의해 위협받은 듯 보이는데, 이것은 애초에 이 태도가 만들어진 목적과 정반대이다. 이 사람은 두려움에 떨면서 아무것도 하지 않았다. 분명 다른 어떤 대안적 태도는 가능하지 않았다. 다른 사람이었으면, 이동전화를 걸어 도움을 요청하는 것 같은 다른 선택을 했을지도 모른다.

본성적으로 부조화하고, 일관성이 수리불가능하게 망가진 태도는 기능장애태도(dysfunctional attitude)이다. 예를 들어, 애정을 갈구하며 울 때마다 음식을 제공받은 유아는 성장했을 때 늘 외로움을 느끼는 과식자가 될 수 있다. 애정을 요구하는 정의적 신호는 음식을 얻는 것이 해결책이라는 인지적 믿음과 조건화된 것인데, 성인이 되었을 때 실패하고 마는 전략이다. 기능장애태도를 재훈련하는 것이 이 모형의 중요한 기능중의 하나인데, 본 논의의 밖이다.

인간은 학습하고 이것이 자신에게 유익하기 때문에 학습한 것을 보존한다. 학생을 파일 캐비넷이나 기억장치와 동일한 관점, 즉 바람직한 수행 수준을 달성하기 위해서는 정확한 정보를 입력하거나 적절하게 조직만 하면 된다는 관점에서 본다면 학생을 효과적으로 가르칠 수 없을 것이다. 인간 학습자는 자기가 배우는 내용에 대해 내적 · 잠재의식 하에서 가치판단을 한다. 이러한 판단은 주요 존경(primary deference)을 가장 낮은 수준의 요구에 두고 있는 Maslow의 요구체계를 전폭적으로 지원하고 보존한다. 이 판단들은 늘 학습한 어떤 것이 특정 상황에서 유익한가 해로운가를 구별할 수 있는 능력(정의적 요소)과 최고의 효과성을 위해 학습한 것을 어떻게 적용하고 하지 말아야 하는가에 대한 다양한 시나리오(인지적 요소와 심동적 요소)를 포함한다.

변동 비율의 원리의 핵심은 모든 학습과 수행 노력에 이 세 가지 태도요소는 어떤 비율로든지 모두 존재한다는 것이다. 만약 교수과정이 이 세 가지 요소 모두를 완전하고 정확하게 통합시키지 않으면, 학습자들은 잠재의식에서 자기의 경험이나 성격에 의해 임의로 정보를 채워 넣게 된다. 이것은 교수계획을 왜곡시켜 예기치 않은 결과를 가져온다. 오늘날의 영역중심의 교수 기법들은 인지적 요소와 심동적 요소를 잘 통합시키는데, 정의적 요소를 적절히 통합시키는 데는 실패하고 있다. 다른 말로 하면, 완전한 태도는 가르치지 못한다. 오히려, 세 가지 태도 요소 중에서 두 가지만 전문적으로 가르친 후에, 우리는 수행정도가 낮은 학습자들의 태도가 결핍되었다고 **이들을** 탓한다.[4]

태도 요구분석[5]

태도 요구분석(attitudinal needs analysis)은 전통적인 요구분석의 범위를 확장한다. **현재의 상태**(what is)와 **바람직한 상태**(what should be)는 세 가지 모든 요소에 의해 분명하게 정의된 구체적 태도(일반적으로 말하면, 태도들의 세트)로 설명된다. 태도 요구분석을 수행하는 절차는 이 장의 범위를 넘어서지만, 이것이 가져오는 결과가 레슨 설계 과정을 주도하기 때문에 이에 대한 논의가 있어야 한다.

관련되는 태도들은 연장선상에 존재한다고 생각할 수 있다(그림 23.5a). 이 연장선상의 양 끝은 정반대의 극단을 대표하는 태도가 있다. 이것은 **외적 일관성**(external consistency)이라 불리는 두 번째 형태의 태도 일관성이다. 앞에서는 내적 일관성에 의해 논의했었는데, 여기에는 신뢰로운 결과를 생산하기 위해 세 가지 요소가 태도에 잘 통합되어 있었다. 인종적 다양성에 대한 태도를 생각해 보자. 연속선상의 "왼쪽"의 극단에는 다음과 같은 태도가 형성되어 있다:

- 정의적: 소유자의 생존에 대한 두려움, 위험, 심각한 위협의 감정;
- 인지적: 다른 인종의 사람들은 적대자이고 경쟁자이다; 바람직한 행동 옵션은 다른 인종의 사람들을 정복하는 것이다;
- 심동적: 인종차별, 폭력, 대량학살, 인종전쟁;

---

4) 이것은 전형적인 산업사회 사고방식이며, 왜 정의적 영역을 교수이론의 새 패러다임에 통합시키는 것이 중요한지를 지적해 준다.

5) 이것은 교수이론의 한 부분인가, ISD 과정의 한 부분인가?

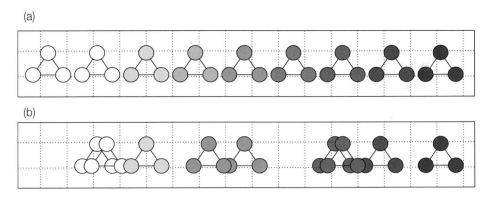

그림 23.5 (a) 이론적으로 연속선상에 분산되어 있는 태도; (b) 요구분석에 의해 경험적으로 측정된 태도

연속선상의 "오른쪽"의 극단에는 다음과 같은 태도가 형성되어 있다:

- 정의적: 사회와 개인의 성장으로 이어지는 형제애, 존경, 공유, 인정, 공통성, 호기심의 감정;
- 인지적: 다른 인종의 사람들은 중요한 모든 면에서 나와 같다; 행동 옵션은 결혼까지 포함하는 모든 종류의 유대관계를 포함한다;
- 심동적: 근접성을 추구하고, 상호의존성을 추구하고, 상호 존경을 추구하며, 결혼을 지지한다.

이러한 극단치들 사이의 연장선상에는 수천 개의 중간 태도들이 인종적 다양성이라는 주제에 대해 가질 수 있는 모든 범위의 가능한 태도를 반영하며 나열되어 있다. 외적 일관성은 본질적으로 이 연장선상에서 어떠한 틈이나 균열이 없는 것이다. 분석절차에 의해 여러 가지 태도들이 올바르게 규명되고 표현되면, 각각의 분리된(discrete) 태도는 이와 매우 유사한 두 개의 다른 태도들 사이에 명백하게 "맞을(fit)" 것이다(그림 23.5). 각 태도의 삼각형 안의 유사성에도 불구하고, 어떤 태도가 가운데에 속하고, 어떤 것이 왼쪽, 그리고 어떤 것이 오른쪽에 속하는가의 문제는 각 태도의 내적 요소와 이들의 기능적 관계를 분석함으로써 가능하다. 더 나아가, 완전하고 분리된 태도가 이 일관성을 반영할 뿐 아니라, 요소와 유사한 요소를 비교함으로써 유사성의 똑같은 정규 변화(regular gradient)가 발견될 것이다. 개별 요소들을 분석하는 기법들은 관습적이다. 조건화(conditioning)와 소거(extinguishing) 시나리오는 정의적 요소를 설명하고, 인지분석은 인지적 요소를 설명하며, 행동분석은 심동적 요소를 설명한다.

앞에서 언급한 연장선상의 중간쯤에 발견될 수 있는 태도(A)에 대한 예는 다음과 같다:

- 정의적: 관용과 존중에 대한 감정;
- 인지적: 다른 인종의 사람들은 피부색과 문화적 가치를 제외하고는 나와 매우 유사하다; 바람직한 태도 옵션은 수용과 의사소통에 초점을 둔다;
- 심동적: 기회가 주어질 때마다 다른 인종에 대한 유사점과 차이점에 대해 인정하고 존중한다.

태도 A에 바로 인접한 왼쪽에서 발견할 수 있는

태도(B)에 대한 예는 다음과 같다:

- 정의적: 전부는 아니지만 많은 다른 인종의 사람들에 대해 관용과 존중의 감정;
- 인지적: 다른 인종의 사람들은 피부색과 문화적 가치를 제외하고는 나와 매우 유사한데, 이렇게 명백한 차이 때문에 어떤 사람들에 대해서는 환영하지 않는다; 바람직한 행동 옵션은 개인별로 신중하게 수용하는데 초점을 맞춘다;
- 심동적: 다른 인종의 사람들을 존중하기 훨씬 전에 그 인종의 한 사람에 대해 알게 되는 것.

태도 A에 바로 인접한 오른쪽에서 발견할 수 있는 태도(C)에 대한 예는 다음과 같다:

- 정의적: 관용, 존중, 공통점에 대한 감정;
- 인지적: 다른 인종의 사람들은 중요하지 않은 몇 가지를 제외하고는 나와 매우 유사하다; 바람직한 행동 옵션은 수용, 공유, 사회적 유대에 초점을 맞춘다;
- 심동적: 기회가 있을 때마다 다른 인종의 유사점과 차이점을 인정하고 존중한다; 이해와 공동체 의식을 발달시킬 수 있는 통로를 찾는다.

A, B, C를 완전하고 분리된 태도로 바라볼 때 얼마나 유사한지 주목해 보라. 또한, 요소들을 A, B, C 중의 유사요소들과 비교하는 것이 얼마나 똑같이 강한 유사성을 나타내는지 주목하라. 그럼에도 불구하고, A 및 C와 비교했을 때 B가 연장선상의 왼쪽 극단과 유사하고, A 및 B와 비교했을 때 C가 오른쪽 극단과 유사하다는 것이 명백하다. 우리의 경험으로 우리는 모든 태도가 이렇게 분석될 수 있다는 것을 믿게 되었다. 만약 분석 절차를 통해 태도가 비정상적으로 세밀하게 구분되면, 데이터를 연장선상에 나열하기란 더 어렵게 된다. 그러나 이 단계에 대한 조심스런 관심이 우리로 하여금 수행 목표와 교수 항목(instructional points)을 똑같이 세밀하게 나눌 수 있도록 해 준다.

요구분석 과정의 결과로 얻는 문서는 우리가 **태도도**(attitude map)라 부르는 간단한 이차원 행렬이다. 이것은 그림 23.5b에 있는 것처럼 연속선을 설명하고 있지만, 언어로 이루어진다는 차이가 있다. "정의적 요소", "인지적 요소", "심동적 요소" 표기가 X축에 되어 있다. Y축에는 데이터 수집과정에서 얻은 모든 태도에 대한 임시 이름이 적혀 있다. 두 가지 태도가 분석되는 태도의 "긍정적" 및 "부정적" 극단으로 규명되었다. 이것들은 각각의 요소별로 위와 아래 줄(rows)에 설명된다. 나머지 태도들은 양 극단 사이에 조심스럽게 나열된다. 각 태도에 대한 요소를 설명할 때, 우리는 응답자들에게 정의 상자에는 "감정" 단어를, 인지 상자에는 "아이디어"와 "개념" 단어를, 심동 상자에는 "활동" 단어를 사용하도록 요구한다. 그런 후 우리는 그들의 데이터를 동일한 용어를 사용하여 우리의 최종 도표에 옮기도록 한다.

개념적으로, 완성된 도표는 우리가 세운 개입(intervention, 역자 주: 태도변화를 위한 수업) 계획의 주제와 관련되므로 개인이나 그룹의 태도구성에 대한 종합적인 그림을 제공해 준다. 물리적으로, 최종 도표는 계획된 개입의 복잡성과 관객의 크기 및 태도의 다양성에 따라 그 길이가 상당히 달라진다.

학습의 장애물

구조화된 기법에 기초한 예측적 방법의 목표를 달성하려면 두 가지 중요한 장애물을 극복해야 한다:

1. 대부분의 사람들은 자신의 태도가 이미 충

분히 "좋다(good)"고 굳게 믿고 있으며, 이를 개선하기 위한 어떠한 제안에도 거세게 저항한다.

2. 교수체제설계는 태도의 정의적, 인지적, 심동적 요소를 가르치는데 많은 기법을 제공하고 있지만, 근본적 실재(fundamental entities)로서의 태도를 가르치는 데에는 현재 별로 많은 지침을 제공하지 못하고 있다.

태도는 우리가 우리로서 존재하며 살아가기 위한 개인적 전략이다. 우리가 태도에 의존하는 이유는 이것이 우리의 요구와 가치를 추구하는데 최대의 성공과 최소의 불쾌함을 제공하며 반복적으로 그 가치를 증명했기 때문이다. 유아기 때부터 우리는 많은 주의를 기울여 태도를 특별하게 수집해 왔다. "물론, 모든 태도가 매번 통하지는 않지만, 내가 선택한 것보다 나은 것을 본 적은 없습니다. 그랬다면, 나는 기꺼이 내 태도를 바꿀 것이고, 사실, 벌써 여러 번 그렇게 했습니다. 그러나 바로 지금 내가 절대적인 확신을 가지고 말할 수 있는 것은 지금까지 내가 나에게 좋다고 생각되는 태도는 모두 채택했고, 그렇지 않은 것은 제외했다는 것입니다. 당신은 내가 변해야 한다고 생각하십니까? 당신이 볼 때 그게 나에게 좋다고 생각하십니까? 만약 다른 좋은 방법이 있었다고 생각했더라면, 오래전에 내 스스로 그것을 발견했을 것입니다. 당신은 내가 누구인지 이해하지 못하며, 내가 진정 무엇을 원하고 필요로 하는지도 모르는데, 내가 당신을 왜 믿어야 하지요?"

자신의 태도가 간섭받는 것을 느끼면 우리 중에 누가 이렇게 반응하지 않겠는가? 자신의 인생이 행복하지 않고 별볼일 없다고 인정하는 사람들도 대가가 크지 않은 "내가 되는 길"은 없을 것이라고 제일 먼저 주장할 것이다. 그러나 압력은 거세다. 우리는 **나에게 좋은 것**으로 우리 자신의

태도를 판단하기도 하지만, **나에게 좋은 것**으로 다른 사람들의 태도도 판단한다! 그 결과는? 우리가 순수하게 우리에게 유익하고 건강한 태도를 개발하려고 할 동안, 우리는 다른 사람들과 기관이 **그들**에게 유익한 태도를 채택하도록 하는 압력에 대응해야 한다!

세상은 세 가지 흔한 전략을 가지고 있는데, 이 모두는 우리의 태도를 간섭하는데 부족하다. 여러분은 이것을 보자마자 알 것이다. 이것을 다음과 같은 별명으로 부른다:

- 부흥회 목사
- 토론 우승자
- 독재자

회사는 경영상태가 좋지 못하다. 판매, 이익, 품질이 모두 떨어져 있다. 기름 부음을 받은자는 상황을 반전시키기 위해서 필사적으로 전략을 강구한다. 직원들을 강당으로 몰아넣어 하루 종일 쉬지 않고 진행되는 신앙부흥특별집회에 참석케 한다. 할아버지가 이 회사를 어떻게 창립했으며, 대공황을 지나온 이야기에 대한 강연이 실시되었다. 우리는 상호의존성을 표현하기 위해 옆 사람을 껴안고 눈물을 흘려야 했다. 우리는 시장 주도권 획득의 꿈을 재확인하기 위해 구호를 외치고 노래를 불렀다. 하루를 마쳤을 때 모든 사람들은 자부심과 열정과 헌신을 가슴속 깊이 간직하고 집으로 향했다.

그러나 뭔가 잘못되었다. 일주일 후 아무것도 변한 게 없었다. 많은 직원들은 농락당했다는 부끄러운 감정을 경험하게 되었다. 잘못된 것은 부흥 전도사가 신념과 행동도 어떻게든 따라오기를 바라며 정의적 요소 하나만을 당겨 태도를 바꾸려 한 것이다. 부흥회 천막의 동료애에 힘입어 우리는 이 불일치를 잠시 인내한다. 그러나 태도 일관

성을 찾는 우리의 자연스런 욕구가 곧 지배한다. 새로운 감명에 우리의 인지적 요소와 정의적 요소를 재정렬하려고 하면서, 우리는 회사에 대한 우리의 생각이나 우리가 일하는 방식을(행동적) 바꿔야하는 어떠한 논리적 이유도(인지적) 발견하지 못한다. 늘인 고무줄처럼 우리는 긴장을 풀며 원래의 일관성 있는 태도를 다시 옹호한다.

토론 우승자는 당신의 태도를 탁월한 논법으로 바꾸려 한다. "…은 일리가 있지 않나요?" "상식적으로 생각하면 제 방법이 더 좋다는 것을 깨달을 겁니다!" 그는 인지적 요소를 끌어당기며, 감정과 행동이 따라올 것이라고 생각할 것이다. 종종 길고 끝없는 논쟁 끝에 당신은 포기한다. "알겠어요. 당신이 맞습니다. 당신 방법으로 하지요." 그러나 다음 날 모든 것은 원래대로 돌아간다. 태도 불일치에 대한 당신의 회피와 일관성에 대한 욕구가 지배하며 당신의 원래 태도(즉, 수행)는 다시 옹호된다. 당신은 이 방법으로 해봤는

데 어쩐지 옳은 느낌이 아니고, 그것은 그것일 뿐이라는 생각이다.

독재자는 당신의 행동을 통제할 수 있는 권한이 있다. "나는 당신의 상사이다. 내가 당신의 월급을 주기 때문에 당신은 내 방식대로 해야 한다. 논의 끝." 물론, 그가 이 권한을 가진 이유는 당신이 주었기 때문이다. Maslow는 현명하게도 신체적 요구와 안전의 요구는 위계의 바닥에 해당된다는 사실을 알았다. 우리 대부분은 음식 공급이 안정적일 때 창의적 자기충족에 대한 태도를 발달시키기 시작한다. 그래서 우리는 독재자가 어떤 태도를 어느 정도 조작하는 것을 참기로 선택한다. 그러나 독재는 혁명의 씨를 심는다. 우리에게 강요된 행동이 우리 자신의 태도를 위협하면, 우리는 우리 믿음에 대한 헌신과 우리가 누구인지 긴밀하게 연결된 정의적 장구들(accouterments)의 강도를 높인다. 우리는 태도 불일치와 이것이 지속적으로 우리에게 주는 스트레스를 마지못해 받아들이며,

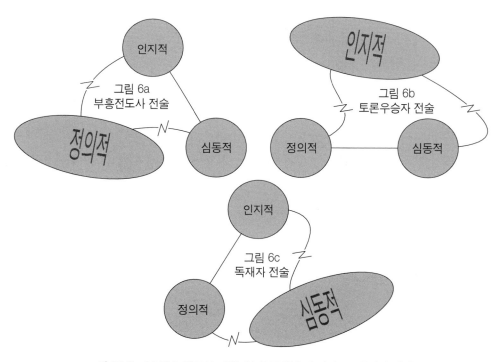

그림 23.6 (a) 부흥 전도사 기법; (b) 토론 우승자 기법; (c) 독재자 기법

언젠가는 일관성 있는 기회가 올 것이라고 믿는다. 이 스트레스는 수행실패를 가져오며, 독재적 위협의 강화에 의해서만 수정될 수 있는 악순환이 시작된 것이다. 결국, 독재자의 태도훈련 시스템은 스스로의 무게에 의해 무너지게 된다.

우리는 이런 우스꽝스런 상황을 세상 탓으로 돌린다. 그러나 이것은 주제로 하여금 영역-구체적인(domain-specific) 교수전략을 지정하게 만드는 교수설계에 의해서도 조장된다. 사람들은 태도를 바꿀 수 있으며, 바꾸기도 한다. 사람들은 자주 바꾸고 기꺼운 마음에서 바꾼다. 구조화된 훈련 환경에서 이 기꺼움에 접근하려면, 부흥 전도사, 토론 우승자, 독재자의 함정으로부터 벗어나는 세심한 전략을 개발해야 한다. 비록 각각이 다른 태도 요소를 이용했지만, 이들 모두는 모든 태도에 내재되어 있는 똑같은 자기방어적인 메커니즘의 희생양이 되었다.

앞에서 언급한 고무줄은 이 메커니즘에 대한 적절한 비유이다(그림 23.6). 내적 일관성을 가진 태도에서 고무줄은 자연스럽고 느슨한 모양을 하고 있으며, 구성요소들은 대칭의 삼각형을 이룬다.

불일치 태도에서는 하나 또는 그 이상의 요소들은 정렬이 안 되어 고무줄이 늘어지고 대칭을 뒤틀리게 하는데, 대칭은 일관성을 나타낸다. 만약 우리가 어떻게든 태도의 세 가지 모든 요소를 **동시에** 똑 같은 방향으로 똑 같은 양을 움직일 수 있다면, 학습자들은 고무줄을 늘이고 저항을 불러일으키는 태도 불일치를 경험할 기회조차 없이 새롭고 개선된 태도를 채택할 수 있을 것이다(그림 23.7). 안타깝게도 현재로서는 이것을 달성할 수 있는 교수 공학(instructional technology)이 부족하다.

2. 전체론적 교수 전략

진정한 동시성을 제공할 공학의 부재 상황에서, 우리는 실제적이며 효과적인 대안을 제시한다. 이 대안은 우리가 가지고 있는 영역-구체적인 교수방법을 이용하여 완전한 태도를 가르치는 것을 구현하는 방법에 기반한다. 구체적으로 말하면, 우리는 목표 태도의 해당 요소의 방향으로 기존 태도의 각 요소들을 차례대로 아주 조금씩 움직여야

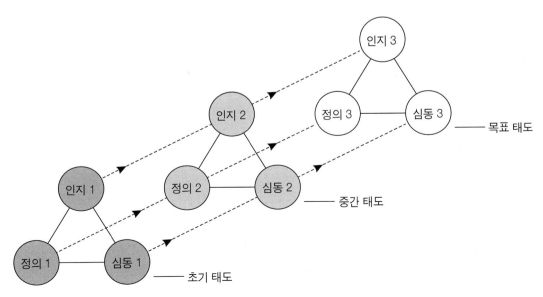

그림 23.7 발전적 태도의 변화

한다. 이것 역시 불일치를 가져오며 학습자로 하여금 기존 태도를 보호하려는 자극을 주지만, 우리가 민첩하고 효과적으로 우리의 교수 초점을 한 요소에서 다음 요소로, 세 가지 요소 모두가 달성될 때까지 같은 양을 같은 방향으로 움직인다면, 불일치는 곧 해소될 것이다(그림 23.8).

이 전략은 태도 불일치에 대한 우리의 자연스러운 회피가 절대적이 아니라는 가정을 하고 있다. 대부분의 사람들은 특정의 매우 제한적인 상황에서 한정된 만큼의 불일치를 인내할 것이다:

1. 사람들은 증명된 태도에 과도한 손상을 주는 것을 감행하지 않을 것이다. 만약 증명된 태도를 변화과정에 노출시키는 것이 그 소유자에게 정의적 도구를 잃게 만들 위협이 있다면 협조하지 않을 것이다. 증명된 태도에 대한 어떤 위협도 태도를 해소하려고 설계된 중요한 인간 요구에 대한 직접적인 위협으로 간주된다는 사실을 기억하라.

2. 개선된 태도를 성취할 수 있는 가능성이 있다는 것을 사람들이 믿어야 한다. **개선된** 것이란 새 태도는 밑에 깔린 요구뿐 아니라 포기한 태도까지도 해소해야 하며, 또한 옛 태도가 지니지 못한 **부가적**인 이득까지도 제공해야 한다.

3. 불일치는 가능한 가장 짧은 기간 동안에만 일어나야 한다.

이러한 조건을 충족하려고, 우리는 다음과 같은 세 가지 필수적인 특징을 레슨 설계의 근거로 삼았다.

1. 우리는 학습자가 **원할 경우** 변화할 수 있는 **기회**를 제공한다. 우리는 사람들 스스로 기회를 제공한다는 것을 주장하거나 제의한 적도 없다. 누구도 마음대로 자리를 떠나도 되고 교육에 참가하지 않고 자리에 앉아 있어도 되며, 이에 대한 어떠한 제재도 없다.

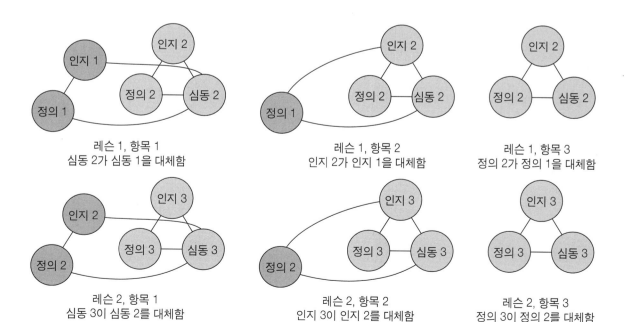

레슨 1, 항목 1
심동 2가 심동 1을 대체함

레슨 1, 항목 2
인지 2가 인지 1을 대체함

레슨 1, 항목 3
정의 2가 정의 1을 대체함

레슨 2, 항목 1
심동 3이 심동 2를 대체함

레슨 2, 항목 2
인지 3이 인지 2를 대체함

레슨 2, 항목 3
정의 3이 정의 2를 대체함

그림 23.8 교수 전략

태도는 성공을 위한 개인의 독특한 전략이다. 윤리적으로 누구도 다른 사람의 태도를 강요할 권리가 없다.[6] 우리는 또한 만약 학습자들이 참가한다면 언제라도 아무런 비난 없이 자유로이 새로 학습한 태도를 버리고 예전의 태도를 다시 채택해도 된다는 사실을 약속한다. 성공적인 태도교수는 언제나 양자에게 득이 되는 안전한 제안이어야 한다. 최악의 결과는 개입 과정을 겪은 학습자가 처음 시작했던 태도의 기능 세트를 그대로 가지고 있는 것이다.

2. 우리는 학습자들이 현재의 태도와 매력적인 대체물로 신중하게 선택된 잠재적인 새 태도를 모두 생생하게 접할 수 있게 한다. 대부분은 대체로 새로운 태도를 적어도 세 번 부정하면서 요소 별로 기존 태도에 대한 기록을 방어할 것이다. 우리는 "양면 맞닥뜨림 (two-sided encounter)"이라 부르는 절차를 통해, 새 태도를 안전한 환경에서 "시험해" 볼 수 있게 하며, 이것이 옛 태도처럼 똑같은 요구를 효과적으로 만족시키며 가치 있는 부가적인 이득을 제공하는지에 대한 태도를 형성할 수 있게 한다.

3. 학습자의 방어가 때로는 1분 사이에 여러 번 한 태도 요소에서 다른 요소로 바뀜에 따라 우리는 교수 전술을 재빨리 바꾼다.

활성화. 이 세 가지 기준에 부합하는 것 외에,[7] 레슨 설계는 모든 요소가 학습자와 교사에게 접근 가능하도록 문제의 태도를 활성화(activation)하

---

6) 이것은 분명히 상명하복의 통제에 더 기반한 산업사회의 시각은 아니다(제1장 참조).

7) 이것은 제1장에서 논의된 것처럼 기준으로서의 방법에 대한 명백한 사례이다.

는 길을 제공해야 한다. 태도는 그 사용을 필요로 하는 상황에 의해 활성화 된다. 예를 들어, 만약 문제의 태도가 대인 행동(이를 테면 학습자가 모임을 빠지거나 성차별적 언어를 구사한다)과 관계가 된다면, 역할극(role play) 연습이 적절할 것이다. 만약 태도가 어떤 대상과 관계된다면 (이를 테면 학습자가 시설물을 아끼지 않고 종이를 낭비한다), 교실 내에서 실제 물건을 사용하는 것이 활성화를 이룰 것이다.

만약 직접 활성화가 불가능하면, 간접적 방법도 종종 똑같은 효과를 나타낸다. 간접적인 방법은 태도를 필요로 하는 상황을 생생하게 상상하는 것을 기반으로 한다. 다음 연습을 보라. 선생님이 당신에게 "과제물을 제때 내야 하는 중요성을 설명해 달라"고 말할 것이다.

대부분의 사람들은 자기 태도의 인지적 요소, 즉 믿음과 경험의 출력을 높이기 위해 몇 초간 머뭇거린 뒤 반응할 것이다. 이들의 반응은 대개 머뭇거림으로 점철되었을 것이고 가장 중요한 이유는 먼저 언급하지 않을 것이다. 이들은 자기들의 감정을 설명하려고 노력할지 모르지만, 이 감정을 바로 느끼지는 못할 것이다. 비록 이들이 시간 지키기에 대해 긍정적이며 기능적 태도를 가지고 있다고 하더라도, 이것이 활성화되어 있지 않으면 이를 비효율적으로 접근할 것이다. 그러면 다음과 같은 요청을 선생님한테 받았다고 생각해 보자:

눈을 감으세요. 당신이 상사의 집무실 문 밖에 서 있다고 상상해 봐요. 당신은 기한이 2주 지난 보고서를 손에 들고 있습니다. 당신은 문을 두드리기 전에 머뭇거리며 크게 숨을 들이킵니다. 당신의 팔은 무겁습니다. 결국 당신은 문을 두드리고, 걸어 들어가서 그녀의 손에 보고서를 내놓습니다. 상사는 천천히 올려다보고 당신의 눈과 마주칩니다. 왜 당신은 이것을 하고 싶지 않으십니까? [8]

이번에 당신은 완전하고, 즉각적이며, 힘들지 않게 주요 질문에 답할 수 있다:

- 그 상황에서 기분이 어떠했습니까?
- 무엇을 생각하고 있었습니까?
- 왜 그러한 행동을 했습니까?

두 번째 형태의 요청이 상상력의 힘을 통해서 당신의 시간 안 지키는 태도의 세 가지 모든 요소를 생생하게 관여하게 하였다.

목표 세우기

교수 목표는 언제나 요구분석에 의해서 측정된 개인의 원래 태도보다 태도 연속선상의 "긍정적" 극단에 가까운 태도를 학습자들이 자유로이 선택할 수 있도록 학습자들을 동기부여하는 것이다. 각 레슨에 맞는 옳은 목표태도를 선택하고 전반적으로 적절한 개입을 하는 데는 많은 미묘한 사항들이 있다는 것을 우리는 이론보다 경험을 통해 알게 되었다. 만약 세 가지 설계의 핵심 원리가 엄격히 지켜진다면, 사람들은 놀라운 속도와 의지를 가지고 상당한 태도 발달을 받아들이게 될 것이다. 중요한 인간의 요구를 무시하지 않은 채 긍정적 성장을 제공하는 윈-윈(win-win)의 위험 없는 개입을 설계한다면, 우리들처럼 당신도 이 접근 방법의 역량에 놀라게 될 것이다.

매번 학습자가 개선된 태도를 채택할 때마다 고무줄은 완전히 이완된 상태로 되돌아간다. 이것은 남은 저항 없이, 새롭고 더 "나은" 목표태도를 가지고 또 다른 레슨을 시작할 수 있게 한다. 달리 말하면, 그림 23.7에 나타난 초기태도(initial atti-

---

8) 이것과 이 책의 다른 몇 가지 이론들에 포함된 이야기들의 아이디어와 어떤 점에서 유사한가?

tude)의 요소 중에 어떤 것이라도 목표태도의 요소 위치로 움직이려 한다면, 아마도 초기태도의 고무줄을 늘여 파열시킬 것이다. 학습자는 수업을 거부하며 자기 태도를 방어할 것이다. 그러나 한 눈은 성장 가능성에 두고, 다른 눈은 자기의 핵심 요구에 대한 위험에 두는 학습자에게는 각 요소를 중간태도(intermediate attitude)까지 움직이는 것은 전부 수용할 만하다. 일단 중간 태도가 확고하게 채택되면, 이 새 출발점으로부터 똑 같은 과정을 되풀이하는 것은 학습자에게 똑같이 쉽게, 그리고 고무줄에 저항을 불러일으키는 긴장을 주지 않으면서 목표태도를 채택하는데 동기부여를 해 줄 것이다.

이 모형에 익숙한 교수자는 많게는 20명의 학습자 그룹을 대상으로 목표태도 세트의 90%에 달하는 채택률을 달성할 수 있다는 것을 우리는 발견하였다. 물론 이것은 최적에 가까운 설계를 가정한 것이다. 각 중간태도 지점에서 더딘 채택자들이 빠른 채택자들과 함께 보조를 맞추려면 시간이 적절히 배분되어야 하며 교수 사태가 적절히 설계되어 충분한 기회가 주어져야 한다. 똑같이 중요한 것은 교수자가 각 중간 태도 지점에서 그룹이 함께 움직이고 있는지를 사정할 수 있어야 한다. 20명 이상의 학습자들을 훈련시키기 위해서 우리는 태도 요구분석의 결과를 이용하여 한 그룹에 20명 정도의 하위 그룹을 선별한다.

초기태도와 중간태도 간, 또 중간태도와 목표태도 간 변환의 크기는 학습자가 확고하게 채택할 변환이 얼마나 될지에 대한 정보에 입각한 추측으로 시작된다. 그러나 교수가 진행되면서 중간태도가 역동적으로 재정의되어야 하는지 알 수 있는 검사기회가 교수과정에 내장되어 있다. 개입의 목표와 참가자들의 구성에 따라 그림 23.7은 어떤 수의 중간태도를 포함하여 다시 그려져야 할 수도 있다. 반대로 생각하기 쉽지만, 많은 수의 태도 변환이 있는 개입이 적은 수의 변환이 있는 것보다 성공적일 뿐만 아니라 신속히 이루어진다.

중간태도와 목표태도의 구체적 내용을 규명하는 것이 또한 개입 목표와 관객 구성의 기능이기도 하다. 공통적인 태도 세트를 공유하는 관객을 갖는 것이 언제나 바람직한 것은 아니다. 만약 관객이 몇 개의 하위그룹을 갖는다면, 다른 사람들에게 제안되는 태도의 가치와 실용성에 대해 증언해 줄 구성원이 있을 여지가 있다. 이런 상황에서, 개입 전략은 그룹 전체를 연속선상의 특정 지점으로 이동시키는 것이 아니고, 각 하위그룹을 긍정적 방향으로 동일한 거리만큼 이동시키는 것이다.[9]

만약 관객이 동질적인 태도 세트를 가지고 있으면, 위험뿐 아니라 변화에 대해 인지된 이득에 대해 솔직하고 진심으로 표현할 기회가 많을 것이다. 이러한 표현들은 지원적이고 위험 없는 학습 환경을 제공하는데 중요하다.[10] 빠진 것은 목표 태도의 접근 가능한 모형(accessible model)이다. 우리는 공통의 태도를 공유하는 학습자들은 조직 내외에서 똑 같은 영웅을 공유하는 경우가 많다는 사실을 발견했다. 그래서 우리는 합의된 영웅의 태도 세트(세 가지 요소 안에 모두 명백하게 규명된)에 대한 도표 모형(flip-chart model)을 개발하였다. 우리 모형을 이용해 세일즈 조직내에서 태도를 개발할 때 우리는 관객들이 자신들과 다년간 판매왕 트로피를 수상한 사람과 각 태도가 어떻게 다른지 설명하는데 탁월한 능력을 발휘하는 것을 발견하곤 한다. 태도 교육을 제안 받기 전에 이들은 자주 다음과 같은 회고적 발언으로 논의를 끝낸다: "그건 그 사람이지 내가 아닙니다".

교수 모형

앞에서 설명된 필수적인 특징들을 지키는 한, 교수 사태를 선택할 때 엄청난 다양성과 창조성을 발휘할 수 있는 여지가 있다.[11] 이 모형에서 요구하는 단계로 접어들기 전에 유용한 몇 가지 예비 연습을 해 보자.

대개 연습은 요구 분석을 실시간으로 확인할 수 있게 설계된 구두 또는 지필 연습으로 시작한다. 이 연습은 또한 관객들로 하여금 자기들의 태도 안에 내장된 요소들과 과정을 규명하는 세 가지 질문에 기초한 비평적 방법을 사용하는데 익숙하게 해 준다. 대개 우리는 개입의 주제와 관련있는 상황을 단순히 설명하면서 "이 상황을 어떻게 처리할 것입니까?" 질문한다. 만약 연습이 긍정적인 용어로 표현되면, 참가자들은 자기들의 전문기술(즉, 태도들)의 장점에 대해 언급하는데 열성을 다할 것이다.

만약 이들의 대답이 하나 또는 그 이상의 태도 요소에 대해 구체적으로 언급하지 못하면, 우리는 이들이 태도를 완벽하게 설명할 때까지 요소 중심의 질문들을 실시하게 된다.

- 이 접근을 사용하는 것이 어떤 느낌을 들게 합니까? (정의적)
- 이 접근이 이치에 닿는다고 생각한 이유는 무엇입니까? (인지적)
- 이 상황에서 실제로 무엇을 합니까? (심동적)

만약 정의적 요소에 대한 이들의 설명이 저변에 깔린 어떤 요구를 신호하는지 명백하게 규명하지 못한다면, 우리는 "가장 기본적인 측면에서, 당신

---

9) 이것은 교수이론의 새 패러다임의 맞춤 특성(customization characteristic)의 한 형태이다

10) 다른 교수 이론들 중에 어떤 것이 유사한 학습환경을 옹호하는가?

11) 여러분은 이것을 방법의 다양성 또는 다수성(multiplicity)으로 인식하기를 바란다.

이 설명한 방식대로 이 상황을 처리할 때 어떤 개인적 가치가 증진됩니까?" 라고 직접 묻는다.

성장 기회를 탐색하는 것은 또 다른 중요한 예비 연습이다. 태도 개입에 대한 적절한 기회는 이 개입의 후원자에게 이득을 가져다 줘야 하는 것 외에 태도의 **소유자의 견해로 볼 때** 태도의 소유자에게도 이득을 주어야 한다. 이것은 누구도 자신의 생존 전략에 필수적인 도구를 손실당하는 위협을 받지 않도록 하기 위해 우리가 우리 자신에게 부과하는 윤리적 제약이다.

우리는 관객의 협조에 대해 강화를 주면서 탐색을 시작하며 유도 질문을 실시한다. 예를 들어, "저는 당신이 직무를 수행하고 당신에게 도움이 되는 삶을 사는데 유익하고 신뢰로운 방법인 아주 탁월한 몇 가지 태도에 대해 들었습니다. 당신이 설명한 각각의 태도는 당신의 개인적 창조물이며, 이렇게 유익한 태도를 만들고 이것에 기반해 살아가는 당신의 능력에 대해 자부심을 가져야 합니다. 방금 설명하신 태도가 그 상황에서 가장 적합한 것이고 개선할 여지가 전혀 없다고 생각하시는 분이 계십니까?" 이 질문에 대해 긍정적으로 대답하는 사람은 거의 없다. (만약 누군가 있다면, 다른 관객들은 왜 자기들이 이 태도를 채택하지 않았는지 기꺼이 비판할 것이다.) 다음으로 우리는 이 사람들에게 개선될 수 있는 태도(개입과 관련된)에 집중하고 그 단점을 설명하라고 요구한다. 이 단점들의 상당 비율이 다음 네 가지 범주에 포함될 것입니다:

- 이 태도는 효과가 없는 경우가 많다.
- 이 태도는 효과는 있으나 부작용이 있다.
- 이 태도는 다른 상황에서 잘 적용되지 않는다.
- 이 태도는 다른 가치 있는 태도와 상충된다.

이러한 예비 연습은 교수자로 하여금 개입설계에 의해 가정된 기준태도와 목표태도가 관객들의 태도 구성을 정확히 대표하는지 평가할 수 있게 해 준다.

이 시점에서 우리는 교수의 결정적인 국면에 진입하며 모형의 지침을 적용하기 시작한다. **단계 1**은 기존 태도의 활성화이다. 가장 신뢰할 만한 활성화 기법은 학습자로 하여금 자신들의 기존 태도와는 일관성이 약간 없고 목표태도와는 일관성 있는 방향의 행동(심동적)을 수행하도록 요구하는 것이다. 다시 말하면, 요구된 행동은 신중히 선택된 중간 태도와 일관성이 있어야 한다. (코스의 개입 설계는 그 행동이 실행 가능하도록 해야 한다.) 이 요구는 가벼운 불일치를 자극하며 학습자로 하여금 방어에 착수하도록 준비케 한다. 활성화 상태에서 모든 기존 태도 요소들은 핵심적인 요소-구체적(component-specific) 질문들을 통해서 학습자와 교사에게 모두 접근 가능해 진다.

일반적으로 학습자는 행동을 요구받기 전, 요구받는 동안, 또는 이후에 즉시 이의를 제기한다. "그렇습니다, 그런데…" 같은 문구는 이의의 서두를 장식하며 몇 차례 반복적으로 나타날 수 있다. 우리는 활성화 순간이 인상적이며 눈에 띄는 드라마라는 것을 줄 곧 발견하여 왔다. "그렇습니다. 그런데 그렇게 하는 것이 왜 저를 불안하게(정의적) 하는지 말하지요…." "그렇습니다. 그런데 제 방식이 왜 더 일리가 있는지(인지적) 설명하지요…." "그렇습니다. 그런데 그렇게 하는 것은(심동적) 효과가 없을 것 같네요." 활성화의 매서움에 의해 우리는 행동적 요소가 태도의 본질적인 부분이라는 결론을 내린다.

- 만일 학습자가 전혀 이의를 제기하지 않으면, 요구한 행동이 기존 태도와 너무 일치한다. 교수자는 목표태도와 근접한 중간태도로 교체할 준비가 되어야 한다.

표 23.1

태도 요소	내용 예	학습유형	학습사태의 예
심동적	체육활동, 컴퓨터 키보드 및 마우스 사용, 수동 연장 조작, 악기 연주, 춤	운동기능학습* 1. 모방(Imitation) 2. 조작(Manipulation) 3. 정밀(Precision) 4. 명료화(Articulation)	• 시연 • 단계적 교수 • 안내된 피드백과 함께한 연습
인지적	사실, 개념, 원리, 규칙	인지적 학습† 1. 지식(Knowledge) 2. 이해(Comprehension) 3. 적용(Application) 4. 창작(Creation)	• 선수학습내용이나 관련지식을 회상 • 새 정보 제시 • 모범 예제 제시 • 예제가 아닌 것을 자세히 제시 • 새 지식의 적용과 일반화를 위해 새로운 상황을 제시(예: 실험, 사례연구)
정의적	고통, 허기, 걱정, 우정, 사랑, 긍지, 창피함, 재미, 경쟁심	조건화‡ 1. 조작적(operant) 2. 대응적(respondent)	• 자극 제시 • 반응 유도 • 종속적 반응(contingency)을 강화 또는 소거(예:보상 또는 벌 시나리오)

* Benjamin S. Bloom이 편집한 *Taxonomy of Educational Objectives, handbook 1: Cognitive Domain.* New York: David McKay Company, 1956에서 각색.
† E. Simpson(University of Illinois)과 R. H. Dave(National Institute of Education, New Delhi, India)의 논문에 근거해 각색함.
‡ 다음 문헌 참고: Skinner, B. F. (1938). *The Behavior of Organisms.* New York: Appleton-Century-Crofts. (1969) *Contingencies of Reinforcement: A Theoretical Analysis.* Englewood Cliffs, NJ: Prentice-Hall.

• 만일 학습자가 행동하기를 전면 거부한다면, 그 행동이 기존 태도와 너무 불일치한다. 교수자는 기존 태도와 근접한 중간태도로 교체할 준비가 되어야 한다.

단계 2는 양면 맞닥뜨림이다. 만약 이의가 요소나 요구 특이적일 경우, 적절한 교수 기법을 이용하여 동일한 요소 또는 요구에 신중하게 초점을 맞춰 이에 대해 피드백으로 반응한다(표 23.1 참조). 예를 들어:

1. 만일 학습자가 "이것을 하는 것은 … 때문에 이치에 맞지 않습니다"라며 이의를 제기한다면 그 행동이 이치에 맞도록 인지적 교수를 통해 타당한 논리를 제시해야 한다. 제시

한 논리를 뒷받침하기 위한 사태를 교수계획에 미리 포함하여 이에 대비해야 한다.

2. 만일 학습자가 "이것을 하는 것은 불가능하다(또는 위험, 비실용적이거나, 다른 행동적 이유를 들어 이의를 제기하면)"고 이의를 제기한다면, 심동적 방법으로 그 행동을 시연하고 연습하여 이 이의제기를 경감할 수 있도록 해야 한다.

3. 만일 학습자가 "이것을 하면 무섭기 때문에 (또는 창피하기 때문에, 화나기 때문에, 또는 어떤 정의적 이유를 들어 이의를 제기하면) 이것을 하고 싶지 않다"라고 이의를 제기한다면 혐오하는 느낌은 충분히 피할 수 있고 긍정적 감정을 충분히 성취할 수 있다는 것을 보여 주기 위해 조작적 조건화 기법들을

사용한다.[12]

흔하지는 않지만, 학습자는 요구에 직접적으로 기반한 방식으로 이의를 제기할 수 있다. "만일 내가 그것을 하면, 나는 해직될 것이고 내 집, 자동차 등을 잃게 될 것이다." 전과 마찬가지로 개입의 설계에는 이의제기를 완화시키는 능력이 포함되어야 하는데, 요구가 생존 수준에 있다면 상당한 어려움이 있을 것이다. 최근에 우리는 수 십 년 동안 지시적인 "X 이론"을 신봉해 온 회사의 지점장들에게 권한위임과 주도적 태도를 개발하려고 했다. 우리가 제의한 행동은 지점장들의 책상에 있는 금과옥조 같은 회사규정을 쓰레기통에 버리라는 것이다. 이에 대한 이의제기는 즉각적이었고 매우 거셌다. 설계의 일환으로 우리는 회사의 해당 부의 사장을 눈에 잘 띄는 교실 뒤쪽에 앉도록 했다. 이의제기의 와중에 (계획한 대로) 사장은 쓰레기통을 들고 각 참가자들에게 "그 책을 버리세요. 저는 여러분이 그렇게 하기를 바랍니다!"라고 외치고 다녔다. 회사에서 성공하는 법에 대한 20여 년 묵은 태도는 그날 최후를 마쳤다.

학습자의 이의제기가 특정 태도요소를 지칭하지 않을 때는 (예: "차라리 안하는 게 낫겠다"), 그룹의 지지, 혐오하는 결과의 방지, 또는 수업의 게임적 특성을 언급하여 일반적인 격려를 하라. 만일 학습자가 일반적인 이의제기를 반복하면 구체적 요소가 포함된 이의제기를 하도록 유도하라. 그러나 학습자의 기존 태도를 직접적으로 공격하지는 말라. 오히려, 그들이 원한다면 기존태도를 고수할 수 있다는 것을 인정하라.

학습자가 원할 때 각 요소들에 포함되는 이의제기를 충분한 시간을 가지고 다룰 수 있도록 준비

하라. 또한, 학습자가 원하는 만큼 교수의 초점을 요소에서 요소로 전환할 수 있도록 준비하라. 만일 학습자가 처음의 태도를 재확인하지 않고 이의제기를 하지 않는다면, 한 단계 진전한 것이다. 학습자는 새 태도를 "시험"해 보는 것이며, 초기태도의 단점이 없는 대안적인 태도에 의해 저변의 요구가 해소될 수 있다는 것을 발견하는 것이다. 학습자에게 일관성 있고 기능적인 태도가 형성되고 있는지 학습자의 인식을 확인하기 위해 구체적 요소에 관한 질문을 실시하라. 행동의 반복을 요구하라. 학습자는 자주 윈-윈의 가능성에 확신한 나머지 중간태도를 다시 설명하든지 더 매력적인 대안을 제시할 것이다: "그래서 당신은 만일 제가 이 상황에 이렇게 대처하면 저는 사실상(학습자가 근거를 제시한다) 상황이고 저는 (학습자가 새로운 긍정적인 정의적 느낌을 제시한다)을 느껴야 하고 결코 (학습자는 이전의 부정적인 정의적 느낌을 제시한다)을 느낄 필요가 없다는 말이지요?"

이의제기가 가라앉고 학습자가 그 행동에 대해 반복적으로 연습하려고 할 때 새로운 태도에 대한 기능에 대해 점검한다. 학습자가 다음과 같이 할 수 있으면 새 태도가 확고하게 채택된 것으로 볼 수 있다.

1. 그 행동을 서툴지 않고 주저 없이 행할 때
2. 근거를 혼동 없이 설명한다
3. 만족한 요구상태를 증명하는 감정을 인정할 때

전이 사태와 조직개발

사람으로 하여금 오랫동안 안전성과 신뢰성이 입증된 태도를 기꺼이 버리도록 동기부여하는 것은 대단한 성취이고, 때로는 오늘날의 기업 교육환경에서 필요한 것이다. 이 방법에 대한 얼마 정도의 연습을 통하여 비록 당신이 바퀴 교체 정도만 가

---

12) 당신은 이것을 다른 방법을 선택하기 위한 상황성으로 인식했는가?

르치려고 했음에도 불구하고 학생들이 다시 태어난 감정으로 들떠 교실을 떠날 수 있을 것이라고 기대할 수 있다. 기본적인 인간의 요구를 위험에 처하지 않게 하면서도 개인적이며 전문적 성장을 제공하는 길을 발견하는 것은 그 길을 가르쳐 줄 스승만 있다면 우리 모두가 선택하고 싶어하는 매우 기분 좋은 경험일 것이다.

그러나 모든 좋은 교사들이 알듯이 이 세상은 만만치 않은 교실이다. 이 방법을 경험한 사람들은 경쟁자인 부흥회 목사, 토론 우승자, 독재자에 의해 성취할 수 있는 그 어떤 것보다 새로운 태도에 탄력을 가지고 헌신하게 된다. 그러나 이 헌신은 영원하지도 절대적이지도 않다. 만일 학습된 태도가 그 약속을 이행하지 않으면, 우리가 끝없이 추구하는 일관성이 더 나은 태도를 찾을 때까지 형성과정을 다시 시작할 것이다.

이 위험을 최소화하기 위해, 우리의 모든 개입에는 명백한 전이사태(transfer event)와 조직개발(organizational development; OD) 계획이 포함된다.

지원(support)은 개입에 참여하는 교사와 다른 참가자에 대한 지원이다. 이 사람들은 위험이 감수되고 발견이 이루어질 때 현장에 있는 유일한 사람들이다. 이 그룹에 참여하는 것은 개입이 물리적으로 끝난 이후에도 새로운 태도의 적용을 지원하는 지속적인 자산이 된다.

위협(threats)은 새로 학습된 태도에 적대적으로 알려진 요소들이다. 아직 교실에 있는 동안 이러한 위협을 규명하고 인정함으로써 적절한 대응책이 계획되고 준비될 수 있다.

예외(exceptions)는 새로 학습된 태도가 요구되는 상황으로 보이지만, 이 태도를 적용하기에는 적합하지 않은 상황을 말한다. 새 태도를 언제 적용하고 언제 적용하지 않아야 하는지 학습하는 데에는 연습이 필요하며, 교실에 있는 동안 예외를 규명하는 것은 불필요한 위험으로부터 새 태도를 보호할 수 있다.

계획(plans)은 개입에서 참가자들이 새 태도를 사용하고 이것으로부터 얻은 이득을 불필요한 위험 없이 즐기기 위하여 지원, 위협, 그리고 예외요인들을 의식적이고 타당한 시나리오로 엮어내기 위한 노력이다.

OD 계획은 대부분의 조직에서 개입 참여자들이 새 태도가 아닌 기존 태도를 보상하는 환경으로 복귀할 것이라는 것을 인정한 것이다. 사실, 기존 태도는 그 조직에서 성공하기 위해 만들어진 전술일 개연성이 높다. 만일, 조직이 직원들에게 요구한 대로 새로워지기보다는 지속적으로 기존 태도를 보상한다면, 직원들은 기존 태도를 다시 채택할 것이다.

각 구체적 조직 요소들은 기본적으로 하나의 구체적 태도요소에 영향을 미친다. 수행보상시스템과 직무설계는 직접적으로 핵심적인 개인 요구에 영향을 미친다. 경영 유형, 문화, 그리고 사회적 역동성은 직접적으로 정의적 태도요소에 영향을 준다. 리더십 비전, 사업 선언서(mission statements), 그리고 인사정책은 인지적 요소와 업무 흐름에 직접 영향을 주고, 절차와 장비는 직접 심동적 요소에 영향을 준다. 한 조직이 구성원들의 건강하고 생산적인 태도 세트의 이익을 원한다면, 모든 조직 요소의 설계와 실행에 내적·외적 일관성이 필수적이다.

참고문헌

Maslow, A. H. (1943). A theory of human motivation, *Psychological Review*, 370-396.

품성교육: 덕의 육성

Thomas Lickona
State University of New York at Cortland
박인우
고려대학교 교육학과 교수

Thomas Lickona는 발달 심리학자로 Cortland에 있는 New York 주립대학의 교육학 교수이며, Fourth and Fifth Rs(Respect and Responsibility) 센터를 맡고 있다. 그는 Albany에 있는 New York 주립대학교에서 심리학 박사 학위를 받았으며 아동의 도덕적 추론의 발달에 대한 연구를 해왔다. 그는 도덕교육협회의 회장을 역임했고 현재 품성교육조합의 이사위원회에서 활동하고 있다. 그의 많은 저술 중 '품성교육'은 "이 분야에 있어서 뚜렷한 업적"으로서 칭송되고 있고 "인간 정신의 최고의 가치 확인"에 대한 것으로 1992년 Christopher상을 받았다.

서 문

목적 및 전제. 이 이론의 가장 중요한 목표는 선한 사람, 선한 학교와 선한 사회를 개발하는 것인데, 여기서 "선(good)"이라는 것은 정직, 정의, 공감, 보살핌, 인내, 자기 통제, 겸손 등과 같은 "덕(virtue)"을 가짐으로써 만들어진다. K-12 학교과정을 위해 개발되었다.

학문적 가치. 이 이론이 근거한 몇 개의 가치들은 다음과 같은 것이 포함되어 있다.

• 객관적인 도덕적 진실의 현실—덕은 객관적으로 선한 인간의 특질
• 중요한 교육적 목표로서 객관적으로 가치 있는 덕의 습득
• 어떤 덕을 가르칠 것인지 선택하는 데 영향을 주는 배경
• 궁극적인 성격 측정으로서의 행동
• 선을 알고(인지적 측면), 선(정서적 측면)을 갈망하고, 품성 개발에 중요한 선(행동 측면)을 행하는 것
• 덕을 가르치는 데 있어서 종합적이고 객관적임
• 품성 개발을 강조하는 덕의 공동체를 형성하기 위한 모든 학교의 노력
• 학생 자신의 품성을 형성하기 위한 적극적인 참여와 책임감뿐만 아니라 도덕적 권위와 리더십에 대한 성인들의 연습
• 검증된 덕이라는 도덕적 유산의 전달뿐만 아니라 학생들이 가치 충돌의 상황에서 덕을 어떻게 적용할 것인지에 대해 비판적으로 생각하게 하는 것

주요 방법. 이 이론이 품성 개발에 대해 종합적인 접근방법으로 제안하는 주요 방법이 있다.

교실 전략

1. 교사는 학생을 존경하고 돌보아야 하고, 좋은 예를 만들고 지시적인 도덕적 지침을 제공해야 한다.
2. 학생이 서로를 알 수 있도록 도와 줌으로써 돌보는 학급공동체를 만든다. 즉, 존경하고 보살펴 주고 서로를 확인하고 또 그룹의 가치 있는 구성원임을 느끼도록 한다.
3. 도덕적 추론, 자기 통제, 다른 사람에 대한 존경

심을 개발하도록 학생을 도와 준다.
4. 정규 학급 활동을 통해 학생들을 공유된 의사결정에 참여시킨다.
5. 교육과정의 도덕적 잠재력을 발굴하여 이를 통해 덕을 가르친다.
6. 협동학습을 사용하여 학술적 자료를 학습하는 동안 중요한 사회적, 도덕적 역량에 대한 정기적인 실습을 제공하고, 결속력 있고, 돌봐주는 학급 공동체 개발에 기여한다. 학생들은 정기적으로 얼마나 잘 협동하는지 성찰해야만 하고 지침을 개발해야 한다.
7. 학생이 자기 통제력, 인내력, 신뢰성, 근면성과 책임감을 포함하는 "기능적 양심"(작업을 훌륭하게 수행하려는 욕망)을 개발할 수 있도록 좋은 사례를 제시하고, 높은 기대와 지원을 결부시키고, 모든 학습자를 참여시키고, 규칙적이고도 의미 있는 과제를 제시한다.
8. 학생에게 덕이 무엇인지, 그들의 습관이 어떻게 보다 충실한 삶으로 이끄는지, 각자 자신의 성격을 개발할 책임을 어떻게 져야 하는 것인지를 가르친다.
9. 학생에게 갈등을 어떻게 해결하는지를 가르친다.

학교차원의 전략

1. 애타적인 역할 모형을 접하도록 하여 학생들의 돌보는 마음이 학급의 경계를 넘어서도록 하고, 그들의 학교와 공동체에 봉사할 기회들을 지속적으로 추구하도록 한다.
2. 학교생활의 모든 분야에서의 학교의 품성 기대치를 정의하고, 본받도록 하고, 가르쳐서 학교에서 긍정적인 도덕 문화를 형성한다.
3. 학부모들과 공동체를 품성교육의 동반자로서 활용한다.

교수설계에 대한 적용점. K-12 교육과정의 중요한 부분이 되어야만 하는 객관적으로 가치 있는 덕이 있다는 것에 대한 이해. 전교적인 노력의 중요성. 지시적, 구성주의적 목표와 방법 모두 사용.

—C.M.R.

품성교육: 덕의 육성

한 교장선생님이 학창 시절 본관 정문 위에 다음과 같이 새겨져 있던 글귀를 기억하고 있었다.

> 생각을 조심하라.
> 생각이 말이 되기 때문이다.
> 말을 조심하라.
> 말이 행동이 되기 때문이다.
> 행동을 조심하라.
> 행동이 습관이 되기 때문이다.
> 습관을 조심하라.
> 습관이 당신의 품성이 되기 때문이다.
> 품성을 조심하라.
> 품성이 당신의 운명이 되기 때문이다.
> — Anon

윤리적인 발달 측면에서 볼 때 최근의 가장 중요한 흐름은 다시 품성으로 관심을 되돌리자는 것이다. 학문적인 대화, 매체의 집중과 일상적인 대화 모두가 우리의 선택된 지도자들의 품성과, 같은 시민과 아동의 품성에 중점을 두고 있다. 정신의학자인 Pittman(1992)은 다음과 같이 기술했다.

> 우리 삶의 안정은 우리의 품성에 달려 있다. 성숙하고 책임감 있고, 또 생산적인 시민이 되도록 아이들을 키우는 임무를 수행할 만큼 결혼생활을 오래 유지하게 하는 것은 열정이 아니라 품성이다. 이런 불완전한 세상에서 사람들이 생존하게 하고 견뎌내게 하고 그들의 불행을 초월하게 하는 것이 바로 품성이다(p. 63).

품성에 대하여 재기된 관심은 품성교육의 현재의 부활에 특별한 증거가 된다. 품성교육은 덕을 육성하려는 신중한 노력으로 정의 내려질 수 있다. 덕은 객관적으로 선한 인간의 질적인 측면이고 개인의 발전과 안녕에 좋으며, 모든 인류 공동체에도 좋은 것이다. 이것은 본질적으로 좋은 것이며 시간과 문화를 초월하여 선한 것이기 때문이다. 즉 정의와 정직과 친절이 늘 선했고 앞으로도 늘 그럴 것이다.

덕이 담고 있는 철학에서 보면 품성교육은 객관적인 도덕적 진실의 실재, 즉 진실로 옳은 것과 그른 것인지에 대한 개념을 지지한다. 철학자 Kreeft와 Tacelli(1994)가 지적한 대로, 객관적인 진실은 진실이 인식하는 사람과 독립된 것이다. Lincoln이 시민전쟁 동안 대통령이었다는 것은 비록 그것을 모르는 사람이 있더라도, 객관적으로 진실이다. 비록 많은 사람들이 그것을 알지 못해도 간음은 그른 것이고 인종주의도 그른 것이고 고문도 그른 것이고, 데이트에서 성폭행도 그른 것이고, 속이는 것도 그른 것이고, 무고한 사람을 불법으로 몰아가는 것도 그른 것이다. 객관적 도덕적 진실은 우리의 양심과 행동에 호소한다.

품성교육의 역사

객관적이고 알기 쉬운 도덕적 진실에 대한 생각은 매우 오래되었다. 신학자인 Dulles(1950)는 무신론적 유물론에서부터 기독교적 믿음까지 Harvard 대학에서의 그의 행로를 기술하고 있는 에세이에서, 덕은 진실이고 선한 삶만이 존재하게 될 수 있다는 확신을 처음 가지게 된 것은 플라톤과 아리스토텔레스의 저서를 통해서였다고 말하고 있다. Dulles는 다음과 같이 기술한다.

내가 대학교 2학년 여름 동안 플라톤을 폭넓게 읽고 나서 도덕이 인위적인 관습의 조직에 불과하다는 내 마음속의 환상이 사라졌다. 사람은 객관적인 진실과 지혜, 정의, 용기, 절제와 같은 선의 탁월함을 확실한 직관으로 식별할 수 있다는 것을 그는 단호하게 입증하고 있다. 그리고 그는 이들 덕이 항상 그리고 어디서나 그 반대쪽보다 더 낫다고 하고, 선에 복종하라 하고, 악은 행할 책임이 없으며, 행한다면 앞으로의 삶에 있어서 자칫 처벌을 받을 수도 있다는 것을 계속 주장하고 있다. 플라톤은 사람이 열정을 의지로 극복하고, 그 의지가 합당한 이유에 따르도록 하지 않는 한 온전한 사람이 아니라는 확신을 주었다. 나 자신의 경험으로도 이 교훈은 확고해졌다. 술집의 바에서, 또는 자유 토론회에서 보다 즐겁게 보낼 수 있을 저녁 시간에 공부를 하려면 일종의 극기가 필요함을 알았다. 그리고 그런 극기는 거의 감각적인 방종의 경로를 따르는 것보다 훨씬 고귀하고 만족스런 일이라는 것을 알게 되었다(p. 71).

대부분의 미국 역사를 훑어보면, 학교 수업의 목적은 고귀하고 충만한 삶이 되게 하는 덕의 육성이었다. 미국 공립 초등학교의 아버지라 불리는 Horace Mann은 교육의 최고 목표는 품성이고 학교는 지식을 가르치기 전에 덕을 가르쳐야 한다고 주장한다(McClelland, 1992). 훌륭한 품성을 본받도록 하는 것은 교사의 우선적인 책임이다. 학교 교육과정 안에서 *McGuffey Readers*와 같은 책은 정직, 근면, 번영, 친절, 애국심 그리고 용기를 불러일으키는 일상의 음식과 같은 이야기들을 학생들에게 전해준다.

덕성을 교화시키는 이야기와 교사의 훌륭한 본보기와 훈련을 통해 덕을 소개하는 것은 20세기 중반까지 공립학교의 주요 사명으로 남아 있다. 이런 점에서 강력한 힘이 시대정신을 다시 만드는

데 집중되었고 가르치는 품성에 대한 지원을 침식한다. 이들 중 두드러지게 나타나는 것은 논리적 실증주의의 철학이었는데, "절도는 나쁜 것이다"와 "친절은 좋은 것이다"와 같은 가치 진술은 과학적인 주장을 입증하는 방법으로는 입증될 수 없다고 하였다. 실증주의에 의해 도덕성은 완전히 주관적이고 다양한 의견의 문제가 되었으며, 공적인 토론 문제나 학교를 통해 공적으로 전달해야 하는 문제가 더 이상 되지 못했다.

1960년대에 미국은 범세계적으로 몰아쳤던 "개인주의"의 영향을 받았다. 개인주의는 개인의 가치, 자치, 주관성을 옹호한다. 개인주의는 책임보다는 개인적인 권리와 자유를 강조했다. 개인주의는 사회적 억압과 부정(인종주의, 성차별주의, 제도적 타락)과 진보적인 인권에 합당하게 저항하지만 파괴적인 부정적인 면이 있었다. 그런데 그것은 모든 영역(학교, 가족, 교회, 정부)에서 도덕적인 권위를 비합법적이게 하고 더 나아가 객관적인 도덕 기준에 대한 믿음을 침식했고, 사람들이 자신의 성취에만 여념이 없게 만들었고, 결혼과 부모가 되는 것과 같은 사회적인 헌신을 약화시켰을 뿐만 아니라 사회를 불안정하게 만드는 성혁명을 자극했다.

동시에, 미국 사회에서 빠르게 증가하는 다원주의가 "우리는 누구의 가치를 가르쳐야 하나?"라는 문제를 야기시켰다. 마침내, 일반 사회에서 증가하고 있는 세속화, 특히 공립학교에서 종교를 조장하는 것을 반대하는 연방 대법원의 판결은 사람들이 "도덕 교육이 종교를 갖게 만든다면 헌법 수정 조항 제1조(언론의 자유 보장)를 어기는 것이 아닐까?"와 같은 걱정을 하게 만들었다. 사회 전반이 도덕성을 다원적인 사회가 동의할 만한 무엇, 또 우리의 세속적인 민주주의에서 합법적으로 가르칠 수 있는 무엇보다는 전적으로 주관적인 것으로서 생각하게 되었을 때, 공립학교

는 한때의 주된 역할인 품성교육자로부터 한발 물러서게 되었다.

1960년대 후반에 가치 교육은 상당히 다른 형식 즉, 가치 명료화로 재등장했다(Raths, Harmin, & Simon, 1966). 가치 명료화는 "학교로 간" 실증주의와 개인주의였다. 이것은 객관적이고 전체적으로 타당한 가치의 개념을 거부했고 대신 사람마다의 개인적인 경험으로부터 가치를 만들어 낸다고 주장했다. 따라서 교사의 역할은 학생들이 그들 자신의 가치를 명백하게 할 수 있는 "과정"을 가르치는, 즉 편협한 판단을 내리지 않는 것이어야 한다. 비도덕적인 가치(일요만평 읽기를 좋아하는가?)와 도덕적 가치(공적 처벌에 대한 당신의 입장은 무엇인가?) 사이에는 차이가 없다. 모든 종류의 가치 판단은 개인적인 선호의 문제로 축소되었다. 자기 선택의 가치들로서, 들치기에서부터 성행위, 사탄 숭배자가 되는 것까지의 도덕적 선택을 옹호하는 학생들과 직면하여 가치 명료화를 개념적 틀로 사용하는 교사들은 무기력하다는 것을 느꼈다.

1970년대 동안, 가치 명료화는 도덕적으로 보다 건전한 방식─Kohlberg의 "도덕적 딜레마 토론"(예를 들어 Reimer, Paolitto, & Hersh, 1979)과 도덕 철학자들(예를 들어 Hall & Davis, 1975)에 의해 개발 되었던 "논리적 의사결정"이라는 접근─과 경쟁했다. 이들 인지적 접근은 가치 명료화의 도덕적 상대주의를 거부했고 학생들이 보다 체계적이고 원칙적인 도덕적 추론을 개발하도록 했다. 그러나 이 방법들은 도덕적 내용(옳은 것을 학습하고 난 후 그것을 습관이 될 때까지 연습하는 것)보다 아직도 과정─사고 기능─에 초점이 맞춰져 있었다. 이 인지적 방법을 사용한 교사들은 본보이기, 가르침, 아니면 특정한 도덕적 행동을 장려하는 것에 대한 책임이 없다고 생각하였다.

품성교육의 특성[1]

현재의 품성교육 운동은 아이들의 도덕적 사회화로서 가족의 와해, 초기 가치의 형성자로서 매스미디어 문화의 부정적인 영향 증가, 국가가 도덕적·정신적 하락의 시기에 있다는 대중적 관념과 아동폭력, 부정, 마약중독, 이기주의와 성적 행동 안에서 발생되는 문제되는 젊은이들의 경향 등과 같은 요인들에 의해 추구되고 있다(Kilpatrick, 1992; Lickona, 1991).[2] 품성교육은 또한 과정 중심, 비지시적, 최근 십년의 지나친 인지적 가치의 교육 방법, 현재 문제의 한 부분으로서 보여지는 방법에 대한 반발이다.

품성교육은 학생이 객관적으로 가치 있는 덕을 획득하도록 도와 주는 의식적인 노력으로의 회귀이다. 학생은 그들 스스로가 무엇이 옳고 그른 것인지 결정하지 못한다. 대신 학교가 존중감, 책임감 같은 덕을 지지하고, 모든 면에서 명시적으로 그것들을 촉진한다. 품성교육은 단순히 말하기는 아니다. 사고와 토론이 중요하지만 최종 결과는 품성을 궁극적으로 측정하게 되는 행동이다. 품성교육은 비록 과정의 일부분이긴 하지만 분리된 과정은 아니다. 그것보다는 존중감, 책임감, 정직, 친절, 근면, 자기 통제와 같은 행동을 본받도록 하고, 가르치고, 기대하고, 좋게 보고, 또한 지속적으로 매일의 상호작용 속에서 실행하도록 하는 전 학교 수준의 노력이다.[3]

품성교육을 이끄는 이론의 핵심적인 원칙은 아

---

1) 수업이론이 무엇인지 그리고 교육과정 이론이 무엇인지를 규명하려고 시도하는 것은 제1장에서 논의되어 읽은 바와 같다.

2) 여기서는 교육에 있어서 사회의 근본적인 변화를 근본적인 변화(새로운 패러다임)를 가져오는 추진력으로 본다.

3) 다시 말해, 문화 또는 주변 환경의 문제는 중요한 방법적 변수로서 나타난다.

리스토텔레스의 사상이다. 즉, 덕은 사상에만 그치는 것이 아니라 우리가 덕행을 행하여 발전시키는 습관이라는 것이다. 우리는 친절한 행동을 함으로써 친절하게 되고, 자기 통제를 함으로써 자기 통제를 하게 되는 것이다.[4] 그런 원칙을 행하면서, 품성교육자들은 아이들이 비교적 쉽게 행동하고 그 반대의 행동을 하는 것이 부자연스럽게 될 때까지, 아이들을 친절하고, 예의 바르고, 자기 수양적인 행동을 반복적으로 행하게 도와 주고자 한다.

품성교육의 목표

품성교육에는 세 가지의 목표가 있다. 선한 사람, 선한 학교, 선한 사회 이 세 가지다.

첫 번째 목표는 우리가 완전한 인간이 되기 위해서는 선한 품성이 필요하다는 것을 주장한다. 우리는 정신과 마음의 힘이 필요하고, 선한 판단, 정직, 공감, 간호, 인내, 인간 성숙을 보장하는 두 가지인 사랑과 노동을 가능하게 하는 자기 수양과 같은 의지와 자질이 필요하다.

두 번째 목표는 우리에게는 선한 품성을 구체화시키는 학교가 필요하다는 것을 주장한다. 학교가 문명화 되고, 돌보아 주고, 본보기가 되고, 가르치고 학교생활의 모든 상황에서의 행위의 높은 표준을 지지하는 의미 있는 집단이 될 때, 학교는 확실히 교수와 학습에 있어서 보다 전도력이 있는 더 나은 장소가 된다.

세 번째 목표는 품성교육은 도덕 사회를 형성하는 과업에 있어서 필요하다고 주장한다. 폭력, 부정직, 탐욕, 가족 와해, 가난 속에서 살고 있는 아동 인구의 증가, 매 맞는 여성과 자궁 내의 파괴를

허락하는 반면 탄생 이후로 저항력 없고 의지하는 인간 생활을 방어하는 도덕적 모순과 같은 사회적 문제가 뿌리 깊이 박혀있고, 체계적인 해결책이 필요하다. 그러나 만약 미덕이 개별적인 인간의 정신과 마음 그리고 영혼 안에 존재하지 않는다면, 미덕 있는 사회를 형성하기가 어렵다. 가족이나 교회와 같이 학교는 미덕의 잠정적인 온상 중의 하나다.

품성의 내용

품성교육을 포용하는 학교는 품성교육이 미덕을 강화시키는 목적이 있고 미덕은 객관적으로 선한 인간 자질이라는 제안으로부터 시작한다. 일반적인 제안은 보다 구체적인 질문을 유도한다. 즉, 어떤 미덕을 학교에서 선한 품성의 기본으로서 가르쳐야만 할 것인가와 같은 것이다.[5]

고대 그리스 사람들은 네 개의 "중요한 덕"으로 분별(행해야 하는 것을 판단할 수 있게 됨), 정의(다른 사람들에게 그들의 권리를 부여할 수 있게 됨), 인내(우리가 어려움에 직면했을 때 옳은 것을 행하게 하는), 절제(우리의 욕망을 통제하고 심지어 정당한 기쁨의 남용까지도 회피하는)가 있다. 영국의 심리학자인 Isaacs(1976)은 부모와 교사를 위한 지침인 품성 형성이란 저서에서 보다 정밀한 계획을 제안하는데 24개의 덕, 즉 특정의 덕이 특별히 강조되는 발달 기간에 따라 다음과 같이 분류하였다. (a) 7세까지: 복종(정당한 권위와 규칙 준수), 성실(자선과 분별로 진실을 말하기), 질서 존중(조직화되고 시간을 잘 사용하는), (b) 8세부터 12세까지: 인내, 불굴, 근면, 끈기, 책임, 정의, 관용, (c) 13세부터 15세까지: 겸손(자신과 다른 사람의 사생활, 명예 존중), 중용(자기 통제), 순진

---

4) 이것은 뇌를 근육으로 비유한(14장) Pogrow의 비유를 회고하게 한다.

5) 확실히 이것은 교육과정 이론의 문제이다.

(순수함), 사회성(타인과 함께 대화하고 어울리는 능력), 우정, 존중, 애국심(자신의 국가에 대한 봉사와 모든 나라에서 숭고하게 여겨지는 것을 인정), (d) 16세부터 18세까지: 인내, 융통성, 이해, 충성, 대담(선을 위해 위험을 감수하는), 겸손(자기인식), 낙천주의(확신). DeMarco가 최근에 저술한 『The Heart of Virtue』에서 보살핌과 자비에서부터 인내와 지혜를 망라하여 28개의 덕을 추천하고 있다.

일부 학교에서 품성교육은 자기 훈련, 중노동, 인내, 자기 통제와 같은 "엄한 덕"을 강조한다. 반면 다른 학교에서는 공감, 친절, 동정, 관용과 같은 "부드러운 덕"을 강조한다. 어떤 덕을 가르칠 것인지를 결정할 때 학교는 포괄적 및 객관적이어야 한다. 주요 준거는 '무엇이 진정으로 아이의 관심과 개발을 최대한 뒷받침할 수 있는가' 이어야만 한다.

논쟁의 여지가 있는 덕인 복종에 대해 생각해 보자. 어떤 품성교육 비평가는 선한 나치당원을 육성하는 것과 유사한 측면에서 학교가 복종을 가르치는 것에 대해 부정적으로 반응해 왔다. 그러나 나치와 같은 복종은 의문의 여지 없이 덕의 타락이다. 복종은 적절하게 이해된다면 초등학교에서 "정의에 위배되지 않는 상황에서 규칙을 준수하는 것"을 가르치는 것과 같은 의미다. 규칙과 법에의 복종은 우리의 일반적인 의무이지만, 상사가 거짓말을 하고 사기를 치라고 하거나, 도둑질을 하라고 했을 때 정의와 충돌할 수 있다. 복종은 올바르게 가르치면 맹목적이기보다 도덕적 판단과 개인적인 책임감이 필요하다.[6]

어떤 덕을 가르칠 것인지를 선택하는 것은 또한 상황에 따라서 영향을 받는다. 예를 들면, 민주주의 사회에서는 품성교육은 필연적으로 개인의 권리 존중, 공동 선에 대한 관여, 이성에 의거한 대화, 법 절차 고려, 이의사항에 대한 관대, 공공 생활에서 자발적인 참여와 같은 "민주적 덕"을 포함해야 한다. 여기서 덕은 민주주의 시민의식에 필요한 품성의 종류에 있어서 중요한 것이다. 유사한 방법으로, 종교적인 맥락은 덕망 있는 삶을 어떻게 말로 표현하는지에 깊은 영향을 준다. 예를 들면, 위대한 성인은 다른 모든 미덕의 핵심적인 근본을 겸손으로 보았다. 『On the degree of our humility』라는 책을 철학자 von Hildebrand(1948)가 저술했다.

> 하나님의 삶에 참여하려면 자유를 얻는 정도에 달려 있다… 모든 미덕과 모든 선한 행동에 교만이 스며들어 있다면, 그것은 가치 없는 것이 되고 만다. 그런데 이것은 우리가 우리의 선을 어떤 식으로든지 자랑으로 여길 때마다 발생한다. … 겸손은 우리가 창조물로서의 신분이라는 것을 온전히 아는 것, 그리고 우리가 가진 모든 것을 하나님이 주신 것이라는 분명한 의식이 포함된다(p. 150).

종교적인 학교는 도덕적 삶(현세와 미래의 삶에서 신과의 합치를 이루는)으로 이끄는 신앙 기반의 이성과 공립학교에서 진리보다 단지 세계관으로서 가르칠 수 있는 선의 궁극적인 근원(하나님의 은총)을 가르칠 수 있다. 그러나 공립학교도 믿음의 전통을 포함하여 풍부한 지적, 문화적 자원을 바탕으로 학생들을 환기시키고, 그들의 인성을 개발하는 과업에서 그들을 인도할 삶의 목표에 대한 비전을 갖도록 하는데 있어서 뒤떨어지지 않는다. 이러한 비전이 없이 품성을 추구하는 것은 철학적인 방향성을 갖지 못하게 된다.

---

6) 이것을 "양자택일" 사고를 초월하는 것으로 인식하면 좋겠다. 우리는 객관 및 주관(또는 상대성) 모두를 다뤄야 한다.

품성의 심리학적 요소

학교는 품성의 내용을 정의하는 것과 더불어 또한 품성의 심리학이 필요하다. 도덕적 삶을 살아가기 위해 요구되는 심리학적 요소는 무엇인가? 품성은 넓게 도덕성의 인지적, 감정적, 행동적 측면, 즉 도덕적 앎, 도덕적 감정, 도덕적 행동을 내포하는 것으로 표현되어야 한다.[7] 좋은 품성은 선, 선의 갈망, 선을 행하는 것과 정신 습관, 마음의 습관, 행동의 습관이 포함된다. 우리는 아이들이 옳지 않은 상황에서 오는 고통과 그 가운데 유혹을 당하더라도, 옳은 판단을 하고 옳은 것을 철저하게 돌아보고, 옳은 것을 행해 주기를 바란다.

품성의 인지적 측면은 적어도 여섯 개의 구성요소를 포함하고 있다. 즉 도덕적 경계(그 상황이 밀접하게 도덕적 판단이 필요한 도덕적 문제를 포함하고 있는가?), 덕과 그 덕이 특정 상황에서 우리에게 무엇을 요구하는지를 이해하는 것과, 장래의 과업, 도덕적 추론, 사려 깊은 의사결정, 도덕적 자기 인식인데, 이 모든 이성적인 도덕적 사고력은 도덕적 성숙이 필요하다.

인간은 옳고 그른 것에 대해 매우 잘 알지만, 여전히 잘못을 저지른다. 품성의 감정적 측면이 도덕적 판단과 도덕적 행동 사이의 가교로서 작용한다. 이 감정적 측면은 적어도 다섯 개의 요소가 포함되어 있다. 즉, 양심(옳은 것이라고 판단한 것을 행하는 의무감), 자기 존중감, 공감, 선에 대한 사랑, 겸손(도덕적 실패를 인식하고 바로 잡아주려는 의지)이 포함된다.

우리가 무엇을 해야 하는지를 알았을 때, 그것을 해야만 한다고 강하게 느낀 적이 있지만, 여전히 도덕적 판단과 감정을 효과적인 도덕적 행동으로 옮기는 데 실패한다. 품성의 세 번째 부분인, 도덕적 행동에는 세 개의 부가적인 요인이 있다. 즉, 도덕적 역량(듣기, 의사소통, 협동, 문제 해결과 같은 기술을 포함), 도덕적 의지(우리의 판단과 힘을 동원하고 자기 통제와 용기의 핵심에 놓여 있는), 도덕적 습관(도덕적으로 옳은 방법으로 상황에 대응하는 믿음직한 내적 기질)이다.

1. 품성 개발에의 통합적 접근

학교는 품성을 인지적, 감정적, 행동적 영역에서 개발하려면 통합적인 접근이 필요하다. 통합적인 접근에서 학교는 (a) 학급과 학교 생활의 매 상황에서 나타나는 품성 개발 기회의 확인, (b) 품성 개발을 강화하고 선한 품성과 대조되는 학교 관행을 최소화하기 위해 이 기회를 신중하게 사용하는 방법에 대한 계획 등을 고려해야 한다.

Cortland에 있는 New York 주립대학에 있는 Center for 4th and 5th Rs(Respect and Responsibility)는 12개의 상호 지원 전략의 관점에서 통합적 접근을 정의하였는데, 9개는 학급 기반이고 나머지 3개는 범학교적 기반이다. 이 방법은 직접적인 것(예를 들면, 덕을 설명하고, 그것을 본받게 하고, 학생들을 덕의 학습에 끌어들여 덕을 실천하도록 고무시키는 것)과 간접적인 것(예를 들면, 협동학습, 문제 해결, 덕을 이해하고 실천하도록 학생을 도와 주는 학습에의 참여와 같은 실제의 도덕적 경험을 제공하는 것) 모두를 포함한다. 이 통합적 접근은 성인의 도덕적 권위와 리더십을 품성교육의 핵심으로 간주할 뿐만 아니라, 학생의 적극적인 참여와 그들 자신의 품성을 형성하기 위한 책임감에 가치를 부여한다. 검증된 덕이라는 도덕적 유산을 전달하려는 노력뿐만 아니라 학생이 미래의 도덕적인 도전 상황(예를 들어, 환경 파

---

7) 우리는 인지적, 감정적, 심리-운동적 영역이 나누어질 수 없음을 볼 수 있다.

괴와 투쟁하고, 태아의 삶을 존중하고 여성을 지지하는 방법에 있어서의 낙태 문제를 해결하는)에 덕을 어떻게 적용할 것인지에 대해 비판적으로 생각하도록 하게 하는 노력도 포함된다.[8]

또한 인생 대 자유, 충성 대 정의, 개인의 자유 대 공동의 선, 경제 발달 대 환경 보호와 같은 가치 충돌을 다루기 위해 비판적 사고가 필요한 것으로 인식되기도 한다. 품성교육은 일상의 윤리적 삶에서 우리가 결정해야만 하는 대부분의 도덕적 선택이 복잡한 딜레마가 아니라고 하지만, 이것은 또한 서로 맞서는 덕에의 정의를 실현하는 방법을 인지하기 위해 신중한 판단과 도덕적 상상이 필요한 경우가 있다는 것도 인정한다. "내가 진정 싫어하는 누군가가 운동장에서 당신에게 다가와서는 '너 나를 좋아하니?'라고 말했을 때 그에게 무엇을 말해야 하는지" 수업 토론에서 3학년생들에게 질문했다. 한 급우는 진심어린 그리고 친절함이 결부된 방법으로 응답했다. "저는 이렇게 말할 겁니다. '넌 내가 좋아하는 것과 싫어하는 것을 갖고 있는데, 이건 내가 알고 있는 모든 사람들에도 똑같아.'" 이 교환은 아이들이 자주 부딪히는 도덕적 복잡함에 덕을 적용하는 방법을 다른 학생이 배우도록 도와 주는 것을 보여 준다.

요약하면, 품성교육은 개인과 사회에 있어서 좋은 도덕적 자질인 덕을 개발하고자 한다. 학교는 성숙한 품성을 구성하는 덕을 폭넓게 개발해야 하고 각 덕의 인지적, 감정적, 행동적 측면을 개발해야 한다. 이런 통합적인 관점에서 품성을 개발하는 것은 학교의 도덕적 삶의 모든 상황을 품성개발을 위한 기회로서 사용하는 통합적인 접근을 필요로 한다. 품성교육의 통합적인 접근에는 직접적

인 접근(예를 들어, 교육과정)과 간접적 접근(예를 들어, 긍정적인 도덕적 환경), 성인의 권위와 학생의 책임감, 도덕적 지혜의 유산을 물려받고 비판적인 생각을 개발하는 것, 그리고 학생이 명확한 상황에서 옳은 것을 실천하도록 도와 주고, 덕이 충돌하는 도덕적 문제상황에 대해 종합적인 해결책을 만들어 내도록 도와 주는 것을 포함한다.

이 장의 나머지에서는 통합적 모형에서의 12개 학급 및 학교차원의 전략들을 설명하고자 한다. [보다 충분한 논의를 위해서는 『*Education for Character*』(Lickona, 1991)을 참고할 것.]

통합적인 접근 안에서의 학급 전략

1. 보호자, 도덕적 모범, 도덕적 조언자로서의 교사

가족에서와 같이 학급에서 아이들에게 미치는 도덕적 영향은 아이들과의 관계의 질에 달려 있다. 학생들과의 관계에서 교사는 세 가지 방법으로 긍정적인 도덕적 영향을 발휘할 수 있다. 이 세 가지는 학생들을 존중하고 돌보는 것, 좋은 모범을 마련하는 것, 직접적인 도덕적 지침을 제공하는 것이다.

예를 들어, 전직 5학년 담임이었던 Molly Angelini는 그녀의 학급에서 공손함을 중요한 덕으로 정했다. 그녀는 모든 학생들을 아주 공손하게 대했고 자신의 학급에 오는 누구에게라도 예의바른 행동의 모범을 보여 주었다. 만약 그녀의 학생이 급우를 헐뜯는다면, 그녀는 그들이 감정을 해치게 한 사람에게 사과하는 편지를 쓰라고 했다. 그녀는 학생들이 무엇인가를 반복해서 말해주길 원한다면, "뭐라고요?"나 "응?"을 쓰는 대신에 "다시 한 번 말씀해 주세요"라고 말하라고 가르쳤다. 학생들이 점심 먹으러 가면, 식당에서 일하시는 분들이 그들의 쟁반에 음식을 놓아주실 때, 그분들을 호칭하며 감사하다는 인사를 하라고 가

---

8) 다시 말해, 이 문장은 방법의 역동성에 결과적으로 초점을 두고, "양자택일"의 사고를 넘어선 몇 가지 사례를 포함하고 있다.

르쳤다. 무엇보다도 그녀는 학생들에게 이런 모든 행동들이 기계적인 몸짓이 아니라 다른 사람을 존중하는 의미 있는 방법이어야 한다고 가르쳤다.

2. 돌보는 학급 공동체 창조[9]

아이들은 어른의 애착으로 돌보는 것이 필요하고, 또한 서로에 대한 애착으로 돌보는 것이 필요하다. 아이들은 소속감과 지지에 대한 요구가 충족되면 다른 사람들을 보다 더 잘 돌보게 되기 쉽다.

교사는 학년에 상관없이 학생을 다음과 같이 도와 줌으로써 돌보는 학급 공동체를 만드는 단계를 취할 수 있다. (a) 사람으로서 다른 사람을 알게 하는 것, (b) 서로를 존중하고, 걱정하고, 관심 가져 주는 것, (c) 집단 내에서 가치 있는 집단구성원 의식을 갖게 하는 것.[10]

예를 들어, 고등학교에서 역사와 심리를 가르치고 있는 Hal Urban은 학급에서 도덕적 공동체를 개발하는 쪽의 긴 여정을 가는 것이 아니라 각 수업이 시작될 때 단지 5분 정도만 걸리는 단순한 다음의 세 가지를 행한다. 첫째, 그는 "누구 좋은 소식 갖고 있는 사람 없나요?"라고 질문한다. 다수의 학생이 좋은 소식을 나눈 후, 그는 "누구 다른 사람에게 얘기하고 싶은 사람 없어요?"라고 물어본다. 학생들은 그렇게 함으로써 편안해진다. 마침내, 그는 학생들에게 앞 수업시간에 앉았던 자리와는 다른 자리를 앉게 하고 그들의 새로운 짝을 더 잘 알게 하기 위해 약간의 시간을 준다. 그는 학급 공동체를 만드는 것은 또한 학생을 더욱 토론에 참여하도록 하는 신뢰의 분위기에 기여한다는 것을 안다. 학기말에 학생들에게 실시된 수업

평가에서 10년 후에 이 수업 중 무엇을 기억하게 될 것인지를 물었을 때, 많은 학생들은 Urban 선생님이 수업을 시작했던 그 방법을 기억할 것이라고 대답했다.

3. 도덕 훈련

만약 훈련을 통해 품성을 개발하려면, 훈련은 학생들이 도덕적 추론, 자기 훈련, 타인 존중을 개발하도록 도와 주어야 한다. 규칙은 학생이 규칙 뒤에 숨어 있는 도덕적 표준(예를 들어, 공손과 돌봄)을 볼 수 있게 하는 방법 안에서 형성되어야만 한다. 여기서 강조하는 것은 외부의 보상과 처벌[11]에 있는 것이 아니고, 그것이 하기에 옳은 것이기 때문에, 즉, 타인의 권리와 요구를 존중하기 때문에 규칙을 준수해야만 하는 것이다.

예를 들어, Kim McConnel은 수업 첫날에 자신이 맡은 6학년 학생들을 4개 집단으로 나눈다. 그녀는 각 집단에게 커다란 종이에 우리를 도와 줄, 즉 우리가 일을 하고, 안전함을 느끼고, 우리가 여기에 있음을 기뻐하게 하는 "우리만의 학급 규칙"을 쓰라고 요청했다.

도덕적 훈련을 사용하는 교사는 학생이 규칙을 만드는 데 도움이 되는 것과 상관없이 학생들이 학급 규칙의 도덕적 기초를 이해하도록 해야 한다. 또한 규칙을 어기면 도덕적 교훈을 알려줘야 하고(예를 들어, 규칙 위반이 왜 잘못된 것인지), 덕(정직, 공평함, 자신의 행동에 대해 책임을 지려는 의지 등)을 강화시켜야 한다. 그들은 학생이 무엇인가 잘못했을 때, 그 일을 옳게 하기 위해서는 긍정적인 행동을 해야 한다는 것을 배울 수 있도록, 가능한 한 적절하게 배상하도록 요구해야 한다.[12]

---

9) 다른 어떤 이론이 이것을 강조하는가? 이 개념은 다른 개념과 방법 면에서 다른가?

10) 여기서의 방법은 보다 세부적인 방법으로 나눠진다. 제1장에서 정의 내렸듯이, 부분적이고, 다양하고, 준거가 되는가? 남겨진 각 전략적 문제에 민감해라.

---

11) 이것은 교수 이론의 새로운 패러다임에서 상당히 일반적인 주제이다.

12) Stone-McCown과 McCormick은 이와 같은 항목들을

4. 민주적 학급 환경 조성   이것은 학급을 가르치고 배우기 좋은 장소로 만드는 데 있어서 학생들의 책임을 높이는 공유된 의사 결정에 정기적으로 학생을 참여시키는 것을 의미한다. 민주주의 학급을 만드는 주요 방법은 학급 회의이다.

예를 들어, 10학년 영어를 담당한 교생인 Martha Bigelow는 학기 초에 행동에 대한 계약을 설명하고, 토론하고, 체결하기 위해 모든 담당 학급에서 학급회의를 실시했다. 첫 단원인 'A Raisin in the Sun'이란 연극을 가르칠 때, 두 학급에서 절반 이상의 학생들이 계약에 명시된 "예습한다"라는 목표를 지키지 않고 있음을 알았다.

그녀는 즉시 학급회의를 개최하여 이 문제를 토론하였다. 그녀는 "저는 많은 학생들이 숙제를 하지 못했다는 것과 연극에 대해 토론을 잘 하려면 숙제를 해 오는 것이 중요하다는 것에 대해 얘기했습니다. 저는 수업을 위해 그렇게 많은 시간을 들여서 준비하는데 많은 학생들이 준비되지 않은 채로 수업에 오는 것이 나에게는 매우 실망스럽고 좌절을 안겨준다고 설명했습니다. 이것은 여러분이 우리 반에 대해 신경을 쓰지 않는다는 것과 같다고 얘기했습니다"라고 했다.

학생들은 신경을 '썼다'고 주장하면서, 이 마지막 문장에 강하게 반응했다. 즉, 그들은 출석하지 않았는가?라고 했다. Bigelow는 단지 보여지는 것만으로 충분하지 않다라고 대답했다. 학생들은 왜 그들이 숙제를 하지 못했는지에 대한 이유, 즉 방과 후 야구 연습을 했고, 버거 킹에서 일을 했고, 그들이 집에 있을 때는 TV를 보는 것을 좋아했고, 기타 등등, 이 모든 일을 다 하고 나서는 너무나 피곤하여 숙제를 할 수 없었다는 그런 모든 이유를 얘기했다. 그래서 Bigelow는 학생들이 일상 계획에 숙제할 시간이 포함된 시간 관리 전략

을 만들도록 도와 주었다. 다음 수업에서 그녀는 과제를 설명하고 그 중요성을 설명하느라 더 많은 시간을 또한 소비했다. 대부분의 학생은 그렇게 한 후에는 더 잘 했으나, 모두가 그런 것은 아니었다. 그녀는 다른 학급 회의에서도 이렇게 했으며, 이번에는 학생들이 숙제를 다 하도록 숙제에 대해 부가적인 인센티브를 제공하는 점수를 부여해야 한다고 제안했다. 이렇게 함으로써 더욱 향상되었다. Martha Bigelow는 "학급회의에 대한 생각은 이번 학기에 내가 배웠던 것 중 가장 중요한 것이었다. 이 회의를 통해 학생들은 자신의 의견이 가치 있고, 문제를 해결하는 데 도움을 줄 수 있다고 느끼게 된다"고 얘기했다. 이런 종류의 학급회의는 종종 무시되는 원칙을 실천에 옮기게 한다. 만약 우리가 학생에게 책임감을 개발하길 원한다면, 그들에게 책임을 주어야 한다.

5. 교육과정을 통해 덕을 가르치기   교과과정에서 도덕적 잠재성을 모색하는 것은 교사들에게 담당하고 있는 학년의 교육과정을 살펴보고 "내가 가르치고 있는 교과에는 어떤 도덕적 질문과 품성 단원이 들어 있는가? 이러한 질문과 단원을 학생들의 눈에 띄게 만들 수 있을까?"라고 자문해 보는 것을 의미한다. 과학교사는 자료의 정확한 진실된 보고의 필요성과 과학에서의 기만이 과학 영역에 어떤 해를 끼치는지에 대한 수업을 설계할 수가 있다. 사회과 교사는 사회적 정의의 문제, 역사적 인물들이 직면했던 실제 도덕적 딜레마, 그리고 현재 공동체나 국가를 더 낮게 만드는 시민운동의 기회 등에 대해 검토해 볼 수 있다. 문학교사는 학생들에게 소설, 연극, 그리고 여러 이야기에 들어 있는 도덕적 결정, 도덕적 장점과 단점을 분석하도록 할 수 있다. 수학교사는 학생들에게 도덕적으로 의미 있는 사회적 경향(예컨대 폭력 범죄, 청소년 임신, 노숙자, 빈곤 아동 등)을 조사하여 그

거의 대부분 똑같이 강조한다.

려 보게 할 수 있다. 모든 교사들이 자신의 분야에서 도덕적 또는 지적으로 뛰어난 업적을 이룬 인물에 대해 조사하도록 할 수도 있다.[13]

교육과정을 통해 품성을 가르치는 것에는 또한 이미 출판되어 있는 품성 교육과정을 활용하는 것도 포함된다. Heartwood Ethics Curriculum for Children(The Heartwood Institute, 1994)은 정의, 존경, 정직, 용기, 충성, 희망, 사랑 등과 같은 일곱 가지 품성을 조장하기 위해 전 세계의 아동 문학에서 고대 및 현재의 고전을 발췌하여 사용한다. Facing History and Ourselves(Facing History and Ourselves National Foundation, 1994)는 처음에 8학년을 위해 개발되었다가 나중에 고등학교와 대학에도 도입되었는데, 역사, 영화, 강사 등을 활용하여 유태인 대학살에 관해 살펴보도록 한 다음 자신의 내부를 들여다 보면서 편견과 희생양에 대한 인간의 보편적인 경향을 탐구하도록 한다. Choosing to Participate(Stoskopk & Strom, 1990)는 Facing History 교과과정에서 분리되어 나왔는데, 구성원 모두를 위한 정의와 존엄성을 추구하는 사회를 건설하기 위해 역사적으로 인간이 활용했던 모든 방법들, 예컨대 봉사, 정치, 사회적 행동주의, 그리고 다른 자발적 활동들을 모두 살펴보도록 한다. 학생들로 하여금 스스로 사회적 활동 프로젝트를 찾아서 수행하도록 격려한다. *The Art of Loving Well* (The Boston University Loving Well Project, 1993)은 개발자가 고등학교 영어와 보건 수업을 위한 "반-충동(anti-impulse) 교육과정"으로 묘사했는데, 학생들이 낭만, 사랑, 헌신, 그리고 결혼 등에 대해 성찰해 볼 수 있도록 짧은 이야기, 시, 수필, 그리고 전설 등으로 구성된 명선집을 사용한다. 연방 정부의 지원

을 받아 수천 명을 대상으로 한 익명의 자기보고식 설문조사에서 *The art of Loving Well* 교육과정을 경험한 학생 중 92%가 2년 후에도 여전히 금욕적이었으며, 통제집단의 72%와 비교되었다.

6. 협동학습 협동학습에서 학생들은 다른 사람의 관점을 고려하는 습관, 팀의 일원으로서 일하는 능력, 그리고 다른 사람을 고려하는 능력 등과 같은 중요한 사회적 도덕적 역량을 정기적으로 개발하는 연습을 하게 된다. 협동학습은 또한 민족적, 인종적, 그리고 다른 사회적 장벽을 허물고, 모든 학생들을 협동집단이라는 소규모의 사회적 조직에 통합함으로써 결집력이 높고 돌보는 학급 공동체를 개발하는 데 기여한다.

협동학습이 학문적 및 품성 개발 전략으로서 효과적이려면 상호의존성 및 개별 책무성이 포함되도록 설계되어야 한다.[14] 집단 구성원 모두가 필요하도록 되어야 하고, 모든 사람이 공동 작업을 종료할 때 자료를 숙달했음을 개별적으로 보여 주어야 한다. 그 형태는 다양하다(예컨대, 학습 동반자, 팀 검사, jigsaw 학습, 소집단 프로젝트, 전체 학급 프로젝트 등). 학생들이 효과적으로 협동하기 위해 요구되는 기술과 역할을 가르치는 시간이 반드시 있어야 한다. 학급에서 문제가 발생하는 것을 막고 각자의 노력을 반추하기 위한 준거가 되는 지침을 만들 수도 있다. 예컨대, Betty House 선생님과 5학년 학생들은 다음과 같은 지침을 제정하였다. "집단 구성원을 다음의 경우에 최선을 다해야 한다…. (1) 서로에게 친절하게 대한다, (2) 억제란 없다, (3) 모든 사람의 아이디어를 듣고, 활용하도록 노력한다, (4) 모든 사람이 해야할 일을 갖는다, (5) 농땡이를 부리지 않는다, (6) 불평하지 않는다, (7) 칭찬한다.

---

13) 이것은 어느 정도 통합교육과정의 아이디어를 의미한다.

14) 이것은 분명 익히 알고 있을 것이다.

7. 기능 의식   한 개인의 품성은 종종 자신이 수행한 과업의 질에 의해 다른 사람의 삶에 영향을 끼친다. 과업을 잘 수행하면, 다른 사람에게 이득이 돌아가고, 잘 수행하지 못하면 다른 사람이 고생하게 된다. 양심의 가장 중요한 "소리" 중에 하나가 바로 기능의 양심, 즉 "작업을 잘 수행하라"라는 소리이다. Syracuse 대학의 Greene 교수(1985)는 사람들이 작업이나 과제를 잘 수행하고자 하는 것이 그 사람 품성의 표시가 된다는 것을 관찰하였다.

학교에서의 과제물 수행에서도 학생들은 이러한 기능 의식과 일 관련 품성을 개발할 기회를 갖게 된다. 일 관련 품성으로는 (a) 미래의 목표를 추구하기 위해 현재의 만족을 늦추는 능력과 같은 자기 규제, (b) 낙담에 처했을 때의 인내, (c) 다른 사람의 삶에 영향을 끼친다는 일의 공공성을 포함한 의존성, (d) 근면, 그리고 (e) 책임감(교육받은 것을 최대한 활용하는 것 포함) 등이 있다. 교사는 자신의 가르침에서 책임 있는 작업의 본보기를 보이고(예컨대, 잘 준비하고, 정시에 시작하고, 학생들의 과제물에 적절하게 피드백을 적어서 제때에 돌려주고, 추가로 도움이 필요할 때 도움을 주는 것 등), 고수준의 기대와 지원을 결부시키고, 모든 학생들이 참여케 하는 교육과정을 사용하고, 그리고 정기적, 유의미한 숙제를 부과하는 것을 통해 일-관련 품성 개발을 조장하게 된다.

8. 윤리적 반성   이 전략은 품성의 인지적 측면을 구성하는 다양한 특성들을 개발하는 데 초점이 맞춰져 있다. 특히 중요한 것은 학생들에게 덕이 무엇이고, 습관적인 연습이 어떻게 보다 성숙한 삶으로 이끄는지, 그리고 각자가 품성 개발에 대해 어떻게 책임을 져야 하는지 등을 학생들에게 가르치는 것이다. 예컨대 심리학자인 Cronin(1995)은 중학생이 자신의 행동에 대하여 더 잘 의식하도록 도와 주기 위한 교육과정을 설계하였다. 학생에게 존경, 협동, 관용(예컨대 요구하기 전에 도와 주기, 부정적인 소문으로부터 막아 주기)과 같은 실제적인 덕을 실천하는 데 있어서의 일일 향상 목표를 설정하도록 한다. 매일 저녁에 스스로 진단하고, 원한다면 개인 일지에 진척 정도를 기록한다. 이러한 일일 목표 설정은 자기 의식과 좋은 습관 형성에 중요하다.

9. 갈등 해결을 가르치기   학생들에게 물리력이나 위협하지 않고 갈등을 해결하는 방법을 가르치는 것은 다음 두 가지 이유에서 품성교육의 매우 중요한 부분이 된다. (a) 공정하게 해결되지 않은 갈등은 교실에서 도덕적 공동체 형성을 막거나 와해시킨다. (b) 갈등해결 기술이 없다면 학생들은 현재 및 향후에 살아가는 과정에 대인관계에서 도덕적으로 불리하게 될 것이며, 학교와 사회에 폭력을 결국 불러일으키게 될 것이다.

교실에서 갈등해결 기술을 가르치는 방법은 다양하다. South Carolina Columbia시에 있는 Heathwood Hall Episcopal School의 유치원 교사인 Susan Skinner는 직접 효과를 확인한 두 가지 방법을 사용한다. 두 아동이 갈등관계에 있으면, 그녀는 활동을 중단하고, 이 갈등을 교수 가능한 순간으로 활용한다. 그녀는 (논쟁에 관여되지 않은) 두 아동을 앞으로 불러내어 갈등에 대한 긍정적인 해결책을 보여 주는 역할을 수행하도록 한다. 그리고 그녀는 전체 학급을 대상으로 제안을 해 보도록 한다. 마지막으로 갈등 관계에 있는 두 아동을 불러내 방금 보고 들은 긍정적 해결책을 연기해 보도록 한다. 이러한 기능은 아동이 조기에 학습하여 자주 연습한다면 그 아동의 품성의 일부가 될 가능성이 가장 높다. 그러나 청소년기에도 효과적인 훈련이 가능하지만 갈등이 치명적인 폭력으로 폭발할 수도 있기 때문에 위험성이 더 크다.

통합적 접근 방식에서 학교 차원의 전략

1. 범 교실 차원의 돌보기   품성교육은 교실을 넘어서 보다 넓은 범위로 학생들의 돌보기를 확대해야 한다. 학생들은 다른 사람의 필요에 대한 의식, 도와 주려는 마음, 그리고 이타적 역할 모형에 대한 노출과 학교와 지역 공동체에서의 지속적인 봉사 활동을 통해 도와 주는 기능을 개발할 수 있도록 도움을 받아야 한다. 품성 개발의 잠재력이 있는 봉사 기회로는 학생들이 대면하여 도움을 주는 관계에 참여하여 다른 사람의 삶에 영향을 주는 것을 경험하게 되는 것이 있다.

봉사 학습 프로그램의 전형적 사례는 New Jersey 주의 Princeton에 Stuart Country Day School에서 볼 수 있다. 교장선생님인 Joan Magnetti 수녀(Lickona, 1991에서 인용)는 자신의 고등학교 학생들에게 주어지는 봉사 기회에 대해 다음과 같이 기술한다.

> 우리 학생들은 맹인을 위해 읽어 주고, 도심 거주 아동을 위해 일하고, 무료급식소에서 봉사하고, 집을 재건하고, Appalachia에서 2주를 보냅니다. 국회의원을 만나 사회적인 쟁점에 대해 견해를 물어본 학생들도 많이 있습니다. 이러한 유형의 교육은 이상적으로 보면 국제적인 차원에서 이루어져야 한다고 믿기 때문에 우리는 또한 학생들을 Bogota에도 보냅니다. 학생들을 현재 세상에서의 도덕적 요청에 노출시켜 지도력을 준비하도록 하는 것이 우리 목표입니다(p. 320).

2. 학교 내에 긍정적인 도덕적 문화 조성   학교의 도덕적 문화는 그 운영 가치, 실제 학교 관행과 행동(예컨대 사람들이 서로 존경하는가? 서로 돕는가? 학교 환경 내의 도덕적 문제에 주의를 기울이는가?)에 반영되어 있는 것에 의해 정의된다. 운영 가치는 사람들이 다른 사람에게서 기대하고, 유지하도록 돕고자 하는 진정한 규준이다. 학교의 도덕적 문화가 중요한 것은 도덕적 행동에 영향을 주기 때문(긍정적인 도덕적 문화는 행동을 끌어올리는 반면 부정적인 문화는 끌어내린다)이며, 그리고 품성 개발에 영향을 끼치기 때문(긍정적인 도덕적 문화에서 좋은 품성이 더 쉽게 개발된다)이다.

학교에 긍정적인 도덕적 문화를 조성하려면 학교 생활의 전 영역에서 학교의 기대되는 품성들을 정의하고, 본을 보이고, 가르치고, 유지하면 된다. 이러한 노력의 일환으로는 동료문화를 덕의 방향으로 움직이도록 하는 것이다. 이렇게 하는 가장 효과적인 방법은 학생들이 학교의 도덕적 환경에 대한 책임을 공유하도록 하는 참여적 학교 민주주의이다.

예컨대, Massachusetts주의 Brookline에 있는 초등학교인 Heath Elementary School에서 Ethel Sadowsky 교장(1991)은 미국 헌법에 대해서 막 공부를 마친 4학년 및 5학년 전체가 참석하는 주간 "공동체 회의"를 기획하였다. Sadowsky 교장은 학생들이 국가를 통치하는 데 필요한 규칙과 법령이 학교에서 발생하는 갈등과 문제를 해결하는 공정하고 효과적인 방법의 필요 사이에 유사성이 있다는 것을 알 수 있게 하였다. 그녀는 학생들이 자신의 집무실 출입문에 큰 봉수를 걸어두고 학생들에게 제안을 작성하여 집어넣도록 하였다. 여기에 제출된 제안에는 점심 때 자리를 남겨두는 것, 점심식사 줄을 줄이는 것, 운동장의 불공평한 사용, 그리고 화장실 비누 부족 등이 있었다.

이들이 처음 회의를 열었을 때, 화장실 비누 부족이 가장 먼저 해결해야 하는 문제로 선정되었다. 전체 집단이 10명 단위의 소집단으로 나뉘어졌으며, 각 집단마다 성인 인도자(교사, 행정가, 또는 교생)가 배정되었다. 성인은 문제해결 과정을 이끌었다. 10분간 가능한 해결책을 제시하였고, 제시된 것은 다음의 네 가지 지침에 따라 검토하였다. (a) 이 해결책은 모든 사람에게 공평한가? (b) 안전한가? (c) 필요한가? (d) 실행가능한가? 교장은 각 성인 인도자에게 문제에 대한 개요를 주었다.

> 학생들은 화장실에 비누가 없다고 불평한다. 관리인은 화장실에 비누를 쌓아두면 금방 없어지기 때문에 반대한다. 비누분배기를 설치하는 것도 금방 고장나기 때문에 별로 좋아하지 않는다. 우리 Heath 공동체 회의는 비누분배기를 설치할 경우 어떻게 하면 씻는 데 사용하되 고장이 나지 않도록 할 수 있을까? 어떤 문제들이 발생할 것으로 예상되며 어떻게 조치를 취할 수 있을까? 당신은 무엇을 기꺼이 하겠는가?(Sadowsky, 1991, p. 99)

소집단 토론에서 아동들은 상상력의 나래를 펼쳤다. 학생들은 분배기를 감시할 사람을 고용하자, 텔레비전 모니터를 설치하자, 지문인쇄기를 설치하자, 매 5분마다 관리인이 분배기를 확인하도록 하자, 분배기에 알람을 설치하자, 그리고 화장실을 순찰할 경비견을 구입하자 등과 같은 해결책을 제안하였다. Sadowsky 교장(1991)은 "다행스럽게도 각 집단마다 한 학생이 나와서 각 해결책의 헛점을 지적하였다. 내가 이끌었던 집단에서 한 학생이 지문인쇄하는 아이디어에 대해 실제적 및 자유주의적 견지에서 신랄하게 비판하였다. 그녀는 지문을 모두 인쇄하게 되면 정말 비용이 많이 들 것이며, 제대로 사용하고도 지문이 있다는 것 때문에 분배기를 고장낸 것으로 고발될 수도 있다는 점을 지적하였다. 소규모 토의 집단과 해결책을 지침에 따라 평가하는 것이 사려깊은 비평이 나올 수 있도록 도왔다."

그 다음 주 공동체 회의에 소집단이 모였을 때, 다음과 같이 합의를 이루게 되었다. (a) 비누분배기는 설치되는 것이 좋다, 그리고 (b) Heath 공동체 회의 참가자는 모든 교실에 짝을 지어 가서, 비누 부족 문제를 설명하고, 해결책을 찾아내기 위해 공동체 회의에서 어떤 일을 했는지 설명한다. 그들은 다른 모든 학교 동료에게 "비누분배기가 모든 사람이 사용하도록 하기 위한 것이며, 고장난다면 아무도 쓸 수 없게 된다"라고 말함으로써 협조를 구하였다.

비누분배기가 설치되어 한 달 정도 의도대로 사용된 뒤 고장이 났다. 8학년 남학생이 과학 시험에 떨어진 분풀이로 화장실로 가서 분배기를 손으로 내리쳐 벽에서 떨어뜨렸다. 1학년 학생이 그때 화장실에 있었고, 이것을 전부 목격하였다. 그는 교실에서 공동체 회의에 참석했던 동료가 들려준 모든 사람이 분배기 해결책이 제대로 작동하기 위한 책임을 어떻게 져야 하는지에 대한 설명을 주의깊게 들었다. 그는 분배기를 작살낸 8학년생에게 "형, 이제 죽었다"라고 말했다. 그리고 교무실로 와서 이 범죄자를 고발하였다. 그 8학년생은 자기 입으로 잘못을 시인하고 새 분배기를 설치하는 비용을 지불하기로 하였다.

이 분배기는 1년 넘게 사용되었다. Heath 공동체 회의에서는 점심 시간의 혼잡함, 불공평한 운동장 및 장비 사용, 학생들이 등교에 사용하는 자전거를 묶어둘 장소 부족 등의 문제들이 이와 비슷한 방식으로 다뤄졌다.

참여적 학교 민주주의는 학생들이 학교에서 긍정적인 도덕적 문화를 조성하는 데 능동적인 역할을 담당하도록 만든다. 이것은 다음과 같은 메시지를 전달한다. "이것은 우리 학교이다. 문제가 있다면 우리가 해결해야 한다." 학생들에게 실제 문제에 대해 실제로 책임을 지우면 품성의 세 가지 부분 모두를 개발하게 된다. 학생들은 어떤 것이 옳고 공평한가에 대한 도덕적 판단을 내리고, 실제 삶에서의 문제에 대한 효과적인 해결책을 만들어내는 과정에 참여하기 때문에 도덕적 지식을 습득한다. 학생들은 학교에서 권리와 책임 문제에 관심을 기울이도록 조장되기 때문에 도덕적 감정을 습득하게 된다. 마지막으로 학생들은 도덕적 행동을 취할 기회를 갖기 때문에 도덕적 행동을 습득하게 된다.

3. 품성교육 동반자로 학부모와 공동체 참여시키기

다음의 세 가지 아이디어가 핵심이다. (a) 부모는 아동의 최우선 및 가장 중요한 도덕 선생님이고, 학교는 부모가 이러한 역할 수행을 지원하기 위해 모든 노력을 경주해야 한다. (b) 부모는 또한 좋은 품성을 개발하려는 학교의 노력을 지지해야 한다. (c) 학교-부모간의 노력이 갖는 영향력은 더 큰 공동체(예컨대, 교회, 기업, 조직, 지역 정부, 그리고 매체 등)가 좋은 품성에 해당하는 덕을 조장할 때 더욱 커지게 된다.

학교는 부모가 품성 교육자로서의 역할을 수행할 수 있도록 여러 방면으로 지원할 수 있다. 학교는 부모에게 아동의 품성 개발에 있어서 얼마나 중요한가를 알려줄 수 있다. 학교는 학부모가 품성이 형성되는 방식을 이해하도록 (아동이 보고, 듣고, 행하도록 반복적으로 유도되는 것에 의해) 도와 줄 수 있다. 연구자들이 부모가 아동의 도덕 발달에 끼칠 수 있는 차이와 관련하여 보여 준 것과 효과적인 양육방식을 공유할 수도 있다. 학교의 품성 교육 위원회에 학부모를 참여시키고, 모든 부모를 대상으로 의견을 조사하고, 학교의 핵심 가치와 품성 교육 계획을 학부모에게 분명하게 전달할 수도 있다. 학교는 학부모가 학교에서 이루어지는 활동(예컨대 가족 영화 행사), 학교에서

제시하는 가정 기반의 활동(예컨대 저녁 식사 논의 주제 또는 잠자리 이야기 등), 또는 아동 주도의 활동(예컨대, 아동이 마약에 관한 태도, 우정에 관한 시각, 어렸을 때 배운 가치관 등에 대하여 부모의 견해를 물어보는 학교 숙제) 등을 통해 아동의 품성교육에 직접 참여하도록 할 수도 있다.

가정과 학교간의 협력이 중대한 영역에는 성교육이 있다. 성은 현재 젊은이들이 품성이 좋지 않고, 존경, 책임감, 그리고 자기조절의 수준이 가장 낮은 삶의 영역이다. 육체적, 감정적, 그리고 영적인 복지에 대한 위협을 받고 있는 젊은이보다도 미숙한 성적 활동의 위험에 처해 있는 젊은이의 숫자가 가장 많다는 것은 과장이 아니다. 국가별로 보면 미국은 개발국가 중에서 청소년 임신율이 가장 높고, 청소년 낙태율(연간 400,000건)이 가장 높다. 성적으로 활발한 청소년기의 소녀 중 1/3이 클라미디어(불임의 주요 원인)나 인류두종 바이러스(HPV)(거의 모든 자궁 경부암의 원인)에 감염되어 있다.

문화적으로 우리는 성혁명에서 점차적으로 벗어나 순결 또는 성적 자기조절이 좋은 품성의 일부가 되는 지혜, 즉 개인과 공동의 선으로 여겨지는 덕을 회복하고 있다. 그러나 다수의 학교에서 심지어 품성을 교육하는 데 매달려 있는 경우에도 성교육에 대한 접근방식을 조율하는 일관적인 교육철학이 결여되어 있다. 학교생활의 영역 대부분에서는 품성교육에서 의도한 대로 학생들이 도덕적으로 옳은 결정(거짓말, 속임수, 인종차별주의자 등은 나쁘다)을 내리도록 이끌고 있다는 점에서 적절히 지시하고 있는 것으로 보인다. 그러나 성교육에 있어서 만큼은 두 가지 상이한 도덕적 메시지를 전달하고 있다. "성교는 하지 말라, 그러나 이것은 안전하게 하는 방법이다." 학교는 다수의 학생들이 학교가 아무리 절제를 강조하더라도 성교를 할 것이기 때문에 피임하는 방법을 학생들

에게 가르쳐야 한다고 말한다. 그러나 마약 교육과 같은 영역에서 학교는 "만약 마약을 하기로 했다면, 이것이 좀더 안전하게 마약을 사용하는 방법이다: 믿을 만한 사람에게 마약을 구입하라. 마약과 알코올을 함께 하지 마라. 학교 간호 선생님에게서 깨끗한 바늘을 받아라." 등과 같이 결코 말하지 않는다. 대개의 경우, 학교가 어떤 것을 잘못(자신 또는 타인에게 해로운 것)이라고 판정하면, 학생들에게 그것을 하는 방법을 가르치지 않는다.

Character Educational Partnership(1997)과 Medical Institute for Sexual Health(1996) 등 두 기관은 최근에 "품성 기반 성교육" 원리를 각각 명확하게 표현하여 학교가 품성교육 원리를 성 영역에 적용하는 것을 돕고 있다. 윤리적 추론, 의학적 증거, 그리고 실화 등을 통해 품성기반 성교육은 젊은이들이 절제만이 의학적으로 안전하고, 미혼의 청소년에게 있어서 도덕적으로 책임 있는 선택이라는 결론에 이르도록 돕고 있다.

2. 품성교육 평가

품성교육 운동이 탄성을 받으면서 평가 문제가 점차적으로 넓게 다가오고 있다. 평가할 때, 학교가 품성교육에서 기대하는 세 가지 유형의 결과를 식별하는 방법이 도움이 된다.

1. 학교 환경에서 관찰 및 기록될 수 있는 품성 향상

학교는 학생의 태도와 행동에 있어서 긍정적인 변화에 영향을 끼침으로써 학교를 보다 나은 장소로 만들고자 하는 희망에서 품성교육 프로그램을 시작한다. 이 영역에서 평가는 다음과 같이 질문을 던지는 것이다. 학생들의 출석이 증가했는가? 싸움과 징계가 줄어들었는가? 고의적인 파괴행위가 줄어들었는가? 마약 사건이 줄어들었는가? 시험 부

정행위에 대한 태도, 자발적인 부정행위 보고건수가 향상되었는가? 관찰가능한 행동을 기록하거나 학생의 도덕적 판단(시험 부정행위는 옳지 않은가?), 도덕적 헌신(만약 분명 들키지 않을 것 같으면 부정행위를 하겠는가?), 그리고 자기 보고적인 도덕적 행위(지난 1년간 몇 번이나 부정행위를 저질렀는가?) 등을 측정하는 무기명의 설문지를 통해 이러한 프로그램 전후의 차이를 측정할 수가 있다.

2. 학교환경을 넘어서는 품성 효과

이것은 일반화 정도를 측정하는 것이다. 여기서 평가는 다음과 같은 질문으로 이루어진다. 학교 밖에서 학생들은 도움이 필요한 타인을 돕는 것과 같은 친사회적 행동을 어느 정도 보이는가? 도덕적 신념을 견지하는가? 들치기와 같은 반사회적 행동을 억제하는가? 음주운전과 성교와 같은 고위험 행동을 억제하는가? 학교 밖 환경에서 이러한 행동은 학교 내에서의 행동과 마찬가지로 무기명 자기보고식 설문을 통해 측정가능하다.

3. 졸업 후 삶에서의 결과

이것은 학교가 품성에 끼친 영향의 지속 정도를 측정하는 것이다. 졸업생들은 얼마나 믿을 만한 배우자와 책임 있는 부모가 되는가? 법을 준수하는 시민? 자신이 속한 공동체에서 생산적 및 기여도가 높은 구성원? 이 세 번째 영역은 학교 자체가 감당할 수 없는 종단적 연구를 통해서만 측정이 가능하다. 다른 기관들이 이러한 평가를 수행할 수 있고, 해야 한다.

기존의 연구는 품성교육의 효과에 대해서 무엇을 알려주고 있는가? 최상의 평가 연구는 품성의 세 가지 측면, 인지적, 정서적, 그리고 행동적 산출물을 모두 측정하고자 하는 것이다.

예컨대, Solomon, Watson, Battistich, Schaps, 그리고 Delacchi(1992) 등은 The Child Development Project in California에서 협동학습, 문학을 통한 공감 교수, 긍정적 역할 모형, 발달적 훈육, 학생의 조력 관계 참여, 그리고 학부모 개입 등이 결합된 품성 프로그램에 대한 종단적 실험 연구를 실시하였다. 초등학교를 마칠 무렵에 프로그램을 경험한 학생들은 그렇지 못한 학생들에 비해,

- 다른 동료를 돕고 고무하는 행위(품성의 행동적 측면에 대한 측정치)를 보다 자연스럽게 보여 주었다.
- 가상의 사회적 갈등에 대한 친사회적 해결책을 생각하는 데 있어서 더 뛰어났다(품성의 인지적 측면에 대한 측정치).
- 집단의 모든 구성원이 집단 전체에 영향을 끼치는 결정에 참여할 권리가 있다는 신념과 같은 민주주의적 가치에 더 헌신하였다(품성의 감정적 정서적 측면에 대한 측정치).

최근의 연구에서도 가장 도전적인 영역인 마약과 음주에 대한 학생들의 태도 변화에 있어서 학교, 가정, 공동체의 협력이 단지 학교 기반의 활동에 비해 더 효과가 있다는 것이 입증되고 있다. Pentz(1989)는 20,000명의 6학년과 7학년을 대상으로 좋게 평가되는 학교 기반 마약 교육과정과 가정 참여(학생들은 학부모를 면담하고, 가정에서 거부 기술을 역할연기함), 그리고 공동체 참여(광범위한 매체 지원)가 학교 교육과정에 결부된 프로그램을 비교한 연구를 보고하였다. 접근 방식이 보다 포괄적일수록 청소년들이 마리화나, 담배, 주류 등의 사용을 늦추는 데 있어서 더 뛰어났다.

품성교육이 직면한 가장 큰 위험은 교육 연구가인 Aspy와 Aspy(1996)가 관찰했듯이 심각한 사회 문제에 대해 교육적 노력이 매우 약하다는 것이다. 미약한 노력이 문제를 의미있게 개선하는 데 실패하게 되면 사람들은 "품성교육을 해봤지만 실패했다"라고 말하게 된다. 따라서 품성교육에 있어서 노력의 수위는 우리가 직면한 도덕적 문제의 심각성에 맞춰야 한다. 이것은 모든 형성적 기관—가정, 신앙 공동체, 청소년 단체, 정부, 그리고 매체 등—이 우리 청소년의 품성, 그리고 궁극적으로는 희망컨대 우리 문화의 품성을 형성하는 데 있어서 학교와 함께하여야 한다.

참고문헌

Aspy, C., & Aspy, D. (1996). The case for a strong values education program in public schools. *Journal of Invitational Theory and Practice, 4,* 7-24.

Boston University Loving Well Project. (1993). *The art of loving well.* Boston: Author.

Character Education Partnership. (1997). *Character-based sex education in the public schools.* Alexandria, VA: Author.

Cronin, P. (1995). *A manual for character education.* Chicago: Metro Achievement Center.

DeMarco, D. (1996). *The heart of virtue.* San Francisco: Ignatius Press.

Dulles, A. R. (1950). Coming home. In J. A. O'Brien (Ed.), *Where I found Christ.* (pp. 63-81). Garden City, NY: Country Life Press.

Facing History and Ourselves National Foundation. (1994). *Facing history and ourselves: The Holocaust and human behavior.* Brookline, MA: Author.

Greene, T. (1985). The formation of conscience in an age of technology, *American Journal of Education, 94,* 1-38.

Hall, R., & Davis, J. (1975). *Moral education in theory and practice.* Buffalo, NY: Prometheus Books.

The Heartwood Institute. (1994). *Heartwood: An ethics curriculum for children.* Pittsburgh, PA: Author.

Isaacs, D. (1976). *Character building: A guide for parents and teachers.* Dublin, Ireland: Four Courts Press.

Kilpatrick, W. (1992). *Why Johnny can't tell right*

from wrong. New York: Simon & Schuster.

Kreeft, P., & Tacelli, R. K. (1994). *Handbook of Christian apologetics.* Downers Grove, IL: InterVarsity Press.

Lickona, T. (1991). *Educating for character.* New York: Bantam Books.

McClelland, B. E. (1992). *Schools and the shaping of character: Moral education in America 1607-present.* Bloomington, IN: ERIC Clearinghouse for Social Studies.

Medical Institute for Sexual Health. (1996). *National guidelines for sexuality and character education.* Austin, TX: Author.

Pentz, M. A. (1989). A multicommunity trial for primary prevention of adolescent drug abuse. *Journal of American Medical Association, 261,* 3259-3266.

Pittman, F. (1992). On character, *Networking* (newsletter), 63.

Raths, L., Harmin, M., & Simon, S. (1966). *Values and teaching.* Columbus, OH: Charles F. Merrill.

Reimer, J., Paolitto, D., & Hersh, R. H. (1979). *Promoting moral growth: From Piaget to Kohlberg.* New York: Longman.

Sadowsky, E. (1991). Democracy in the elementary school. In J. Benninga (Ed.), *Moral, character, and civic education in the elementary school.* (pp. 84-106). New York: Teachers College Press.

Solomon, D., Watson, M., Battistich, V., Schaps, E. & Delacchi, K. (1992). Creating a caring community. Educational practices that promote children's prosocial development. In F. K. Oser, A. Dick, & J. L. Patry (Eds.). *Effective and responsible teaching: The new synthesis.* (pp. 383-396). San Francisco: Jossey-Bass.

Stoskopk, A. L., & Strom, M. S. (1990) *Choosing to participate.* Brookline, MA: Facing History and Ourselves National Foundation.

Von Hildebrand, D. (1948). *Transformation in Christ.* Manchester, NH: Sophia Institute Press.

청소년 영적 발달: 단계와 전략

Joseph Moore
New England Consultants
박인우
고려대학교 교육학과 교수

Joseph Moore는 정부법인의 New England Consultants 의 회장이고, Massachusetts의 Plymouth 지방에 있는 젊은 범죄자를 위한 재통합 프로그램을 지휘하고 있다. 그는 종교 연구와 다른 카운슬링 분야의 석사 학위를 갖고 있다. 30년 동안 그는 어린 아이들과 대학생을 위한 공사로서, 그리고 청년들의 종교 교육과 개발을 지휘하던 지도자로서, 로마 가톨릭 교구와 학교에서 일했었다. 그는 15개 저서의 저자이기도 하다: 10대들을 위한 2개의 유명한 종교 교육 프로그램이 포함되어 있다: Paulist Press 출판, Choice와 Silver Burdett Ginn 출판, Connect.

서 문

목적 및 전제. 이 이론의 주요 목표는 영적 발달을 촉진시키는 것이다. 그 대상은 청소년이다.

학문적 가치. 다음은 이 이론이 근거한 학문적 가치들이다.
- (어느 정도 인위적인) 단계에 따라 서서히 완성에 이르는 청소년
- 특히 청소년기의 영적 발달 촉진
- 학생 중심의 심리-교육적 방법

주요 방법. 다음은 영적 발달 3단계에 따라 이 이론이 제안하는 단계별 주요 방법들이다.

정화 단계
잘못된 자아의식, 특히 낮은 자아 존중감을 자신에게서 씻어내는 것을 목표로 한다.
1. 자신의 가치에 대해 토론의 출발점으로서 자아 존중을 "측정"하는 도구를 이용한다.
2. 청소년을 대상으로 하는 수련회에서 자기 이미지를 다루고 자신의 가치에 대한 감각을 다룬다.
- 자기방어기재나 "위장"과 자신으로부터 도피하려는 파괴적인 힘을 갖고 있는 10대 후반의 청소년이나 청년에 대해 얘기를 나눈다.
- 자기방어에 관해 소집단 토론을 나눈다.
- 말이나 글로 구체적이고 명확하게 서로에 관해 표현하게 한다.
3. 동료 집단의 구성원이 되어 다른 사람들의 삶에서 중요한 위치에 있다는 것을 깨닫도록 한다.

계몽 단계
청소년이 자기 편견에서 벗어나 신과의 관계를 설정하고 조장하는 방향으로 변화하도록 도와 주는 것이 목표다.
1. 침묵과 짧은 시간 동안 명상하도록 한다.
- 명상의 시작으로 "환상 여행"과 호흡 연습을 이용하라.
- 청소년이 그들 자신이 스스로 명상을 할 수 있을 때까지 안내에 의한 명상을 이용한다.
2. 믿음이 있는 친구들끼리 만든 모임 안에서 하나의 구절을 읽고 그것이 그들 자신의 삶에 어떻게 적용되는지를 토론하는 "성경 구절 나누기"를 실시한다.
3. 신과의 개인적인 관계를 증진시키기 위해 지시되는 명상이나 일기 쓰기, 고독, 성경구절 나누기, 공유된 기도와 같은 방법을 사용하는 주말 명상 시간을 가진다.
4. 청소년이 신과의 관계를 설정하는 데 보조가 되는 성인 조언자나 안내자를 둔다.
- 성인이 조언 관계를 시작해야 한다.

통합 단계
청소년이 신과 신의 모든 살아 있는 창조물과의 일치감을 느끼게 도와 주는 것이 목표이다.
1. (a) 수입이 낮은 사람과 (b) 수입이 같은 사람들 중 심각한 차이를 느끼는 사람들과의 직접적인 인간적 상호작용을 갖게 하는 문화 노출 모임을 제공하여 그러한 경험에 대한 집단 성찰 시간을 갖는다.
2. 주말에 대화, 시청각 교재, 소집단 토의 등의 방법으로 사회정의에 대한 여러 주제에 대해 명상하는 시간을 가진다.
3. 다양한 주제에 대하여 연사나 영화를 청소년에게 제공하여 사회적 논쟁에 대해 폭넓게 접하도록 하여, 우리가 그들에게 접하기를 원하는 그런 관점이 아니라 문제의 복잡함을 접할 수 있도록 한다.

교수설계에 대한 적용점. 영적 발달을 교육 이론이 지향해야 할 중요한 범위로 규정한다. 상이한 수업 방법이 요구되는 영적 발달 단계를 착상해 낸다.

특이 사항. 이 장은 세 가지 특별한 점이 있다.
첫째, 영적 발달이 영혼의 점진적인 진보로 여겨졌으며 종교적 교육과는 구분된다. 이것은 모든 종교가 어느 정도*까지는 지향하고 있는 그런 것이다. 하

---

* 예를 들면 불교적 관점을 바탕으로 한 영적 발달 단계가 있다. Master Sheng-Yen이 저술한 『*Ox Herding at Morgan's Bay*』를 참조하시오.

지만 종교가 없다고 해도 영적 발달은 이루어진다. 영적 발달을 증진한다고 하여 특정 종교를 지지해야 되는 것은 아니며 종교적 교리나 교화와도 상관이 없다.

둘째, 이 책에 이 장이 포함된 것은 영적 발달이 공교육에 포함돼야 한다는 것을 어떤 식으로든지 의미하는 것은 아니다. 다양한 인간 학습과 발달은 공교육보다 수많은 상황이나 환경에서 이루어지며, 이 책에 나오는 모든 이론은 다수의 상이한 상황에 적용될 수 있다. 이론을 적용할 상황 선택은 이론 자체와는 별개이다. 하지만 공교육에서는 종교를 가르치지 말아야 한다는 믿음이 우리가 영적

발달을 조장하기 위한 지침 일부 또는 전부를 교수이론에서 제외해야 한다는 것을 강요하는 것은 아니다. 왜냐하면 다른 상황에서는 이것이 높이 평가될지도 모르기 때문이다.

셋째, 현재 사용되는 영적 발달 조성을 위한 지침 대부분은 종교 단체에서 나온 것이다. 이 지침에서 전문가는 그들 각자의 종교의 관점으로 바라보는 것이 당연하다. 이번 장의 저자는 기독교적 관점에서 글을 썼지만, 독자는 기독교적인 술책을 벗어나 영적 발달을 조성하기 위해 제안된 보다 보편적인 생각들을 살펴볼 수 있기를 바란다.

— C.M.R

청소년 영적 발달: 단계와 전략

대부분 종교는 영적 발달 개념을 인식하고 있다.[1] 예를 들어, 기독교의 역사에서 보면 중세 시대 이후 영적 삶은 일반적으로 정화, 계몽, 통합 등 세 가지 주요 등급으로 구분되었다. 초대 기독교 시대부터 영적 작가는 영혼이 점진적으로 완성되어 가고 신과의 관계에서 진척도 단계적이라는 생각을 지지했다.[2] 성 베드로는 어른이 아이들보다 더 강한 양식이 필요하다고 했는데, 이미 "영적인" 사람과, 기독교인이긴 하지만 "아직도 현세적인" (고린도전서 3:1~2) 사람을 구분하고 있다. Cassian

은 비굴한 두려움, 금전에 대한 욕망, 자식의 사랑 등 세 등급으로 분류했고(Conferences XI, 6-12), 성 Bonaventure는 명상 훈련에서 정화, 계몽, 완성에 대해 얘기하고 있다. "카멜 산의 등반(Ascent of Mount Carmel)"에서 사도 요한은 감각의 첫날 밤, 그 밤에 이어지는 두 번째 영의 밤, 그리고 완벽한 조화의 세 번째 등급에 대해 기술했다.[3]

현대 사회에[4] 청소년은 영적 발달이나 신과의

---

1) 저자는 본래 기독교인이기 때문에, 거기에서 얻은 경험에서 예를 들 것이지만, 그 아이디어는 보편적이다.

2) 영혼의 점진적인 진보에 대한 생각은 이러한 까닭으로 영적 발달로 여겨지는데, 종교교육의 보다 친근한 개념과는 매우 다르다. 교회와 영적 상태의 분리가 영성과 영적 상태의 분리를 필요로 하는지 여부를 의문시해 보는 것은 깊이 생각해볼 만한 문제이다. 미국에서 우리의 선조가 신을 자주 언급하는 것(독립선언에서부터 우리의 화폐에 있는 문구에 이르기까지)은 그러한 분리가 필요하다는 것으로 해석하지 않았다는 것을 보여 준다.

3) 영적 발달에서의 인간의 진보에 대한 개념은 아마도 극동지방에서 아마도 훨씬 더 두드러지고, 영적 발달을 조장하는 방법에 대한 그들의 지식이 기독교나 이슬람교보다도 발전되었다는 주장이 가능하다(예를 들어, Paramahansa Yogananda에 의해 쓰여진 Yogi의 자서전, 마음속의 신앙, 지도자 Shengyen에 의해 쓰여진 Ch'an(교회법 고문)의 의식에 대한 안내를 참고한다.)

4) 산업사회에서 기계는 우리의 영적 능력의 신장을 나타냈다. 부상하는 정보세대 사회에서는 기술이 영적 능력의 신장을 나타낸다. 다음에 무슨 일이 있을 것인가? 다음 사회 혁명의 주요 단계는 신과 모든 사람들과 모든 창조물과의 일체감을 보는 우리의 능력을 포함하는, 영적 능력의 향상을 나타낼 것이다. 그러나 그러한 일이 일어나든 그렇지 않든, 그것은 아마도 우리가 최소한의 관심을 기울여야 하

관계 정립이 전보다 더 어려운 것으로 보인다. 그래서 청소년의 영적 발달에 관해 얘기해 보고자 한다. 전통적인 3단계(정화, 계몽, 통합)에 대한 현대 심리학 관점과 영적 발달에 관한 연구에서 나온 현대적 의미를 더해보려고 한다. 더 나아가 청소년의 영적 발달을 "향상"시키거나 나아가는 것을 돕기 위한 구체적인 방법도 제시할 것이다.

이 "단계"가 상대적으로 인위성이 있다는 것은 알지만 청소년 목회를 빈틈없이 계획하고 종교 교육을 계획하는 목적이라면 이 단계들에 초점을 맞추는 것이 도움이 될 것이다. 사실, 우리 모두 일생 동안 영적 감정적 성장의 단계를 오르내리게 된다. 우리는 때로 유아기적인 정신과 감정으로 행동하기도 하고 때로는 다른 시대에 있는 어른처럼 행동하기도 한다. 대부분 우리는 그 중간쯤에 있다. 사실 신의 영성을 지면상으로 보기 좋은 말로 깔끔하게 정의된 단계들로 한정지을 수는 없다. 하지만 우리는 논리적으로 생각할 수 있고 신과의 관계에서 점진적으로 진보한다는 개념이 분명 이점도 있기 때문에 자신이 믿고 있는 종교와 상관없이 청소년과의 작업에서 도움이 되는 제안을 다음에 제시하였다.

경험과 명상, 교육과정 계획을 구조화하기 위해 청소년의 정신과 감정의 발달에 대해 논리적으로 생각하는 것이 유용하다고 생각한다. 영은 언제든지 깔끔하게 정의된 모든 인간의 범주를 초월할 수 있다는 점을 의식하고 있다는 것을 보여 주는 반짝이는 눈을 유지하면서 전진하게 되면 도움이 될 것이다. 그리고 영적 단계에 대한 현대적인 관점과 청년의 영적 성장을 도울 수 있는 구체적인 제안에 대해 다뤄보자.

1. 정화 단계[5)]

정화 단계에 대하여 심리학에서의 전통적 이해에 바탕을 두면서 현대적인 관점을 제시하는 것으로 시작해 보자. "정화"는 글자 그대로 "깨끗하게 한다"는 뜻으로 종교적으로 보면 죄를 씻는다는 뜻이다. 만약 우리가 신의 자식인 우리의 솔직한 자기 자신의 허물로서의 죄를 말한다면, 우리의 진정하지 못하거나 거짓된 자신을 씻어버리거나 없애버리는 것으로서 정화를 얘기할 수 있다. 우리는 심리학에서 불확실하고 거짓된 인격을 의미하는 말로 "가면"이나 "겉치장"이라는 말을 쓴다. "정화" 단계는 그릇된 자기 인식에서 벗어나는 것이며 특히 낮은 자기 존중감[6)]에서 벗어나는 것이다. 이 관점은 청소년 영적 교육의 주요한 구성요소가 될 것이다.

Clairvaux의 성 Bernard는 『*The Love of god*』이라는 자신의 논문에서 신을 사랑하는 첫 번째 단계는 건강한 자기 자신에 대한 사랑과 이 세상에서의 개별적인 독특함을 인정하는 것을 발달시키는 것이라고 주장한다. 그러나 Strommen은 십대 7,000명을 대상으로 한 기독교연구, 『*The Five Cries of Youth*』(Strommen, 1974)에서 낮은 자기 존중감은 청소년의 근본적인 문제 중 하나라고 했다. 그런 현상은 여러 종류로 나타나는데, 학교와 관련된 문제, 학업 문제, 가족간의 문제, 이성과의 문제 등으로 괴로워하는 것이 그것이다. 저자도 Strommen과 같이 낮은 자부심은 영적인 문제를

는 것이다.

---

5) 다음의 어느 생각들이 기술적인 이론이고 설계 이론인가?

6) 이전 장에서 인지와 감정 영역 사이에서 상호작용의 중요성이 지적되었다시피, 감정적인 발달과 다른 측면의 전신적 발달이 영적 발달과 서로 얽혀 있다는 것은 놀랄 일이 아니다.

포함한 많은 청소년 문제의 근본이라고 본다. 사람이 사랑을 느끼지 못하고 자신의 가치를 알지 못하면, 신도 자신을 돌보지 않고 그들의 기도도 분명 들어주지 않는다고 생각할 것임을 나타내는 조사도 있다(Strommen, 1974).

미국 고등학교는 이런 문제에 대해 상관하지 않는다는 조사도 있다. 조사자는 28,000명의 고등학교 상급생을 선발하였으며, 2년 후에 다시 같은 사람들을 대상으로 같은 내용을 조사했는데 일반적으로 자기존중감이 극적으로 증가했다(National Center for Education Statistics, 1984). 고등학교에 있으면, 학교와 그 문화가 성공적인 인간의 모습을 결정한다. 학교 밖에서 젊은이들은 훨씬 더 자유롭게 자기 자신을 정의한다. 6-12학년생 46,000명을 대상으로 실시된 다른 연구에서는 "자기 자신에 대해 좋은 감정을 가지고 있다"는 학생이 절반 이하였다(Search Institute, 1993). 자살한 한 아이의 부모가 보내온 아래 편지를 보면서 청소년이 얼마나 자주 엄청난 요구에 노출되는지 반성해 보라.

아들의 죽음을 보면서

저는 작가가 아니라 평범한 엄마입니다. Adam Johnson은 제 막내아들이었고 제가 정말 사랑했고 보물처럼 소중히 여기는 아이였는데, 두 주 전에 자살을 했습니다. 저는 아들의 죽음으로 몹시 슬프고, 그 아이가 여기 있어서 얘기할 수 있었으면 좋겠습니다. 저는 또한 그 아이가 여기 있을 수 있고, 우리가 기쁨을 얻을 수 있도록 제가 무엇인가 좀더 할 수 있었을 것이라고 생각합니다.

하지만 이제 Johnson은 없고 저희만 남았습니다. 아들의 죽음으로 생활의 많은 것들이 변했죠.

변화의 첫번째 단계는 수용이었습니다. 우리는 항상 강하지 않고 완벽하지 않다는 것입니다.

우리 아들도 마찬가지였습니다.

Adam은 멋있고 재치 있고 카리스마가 있는 아이였습니다. 그는 스스로 결정해서 훌륭한 운동선수가 됐죠. 하지만 애정과 인정에 굶주리고 두려워하는 아이이기도 했습니다. 외로웠죠.

아들의 친구들과 가족인 우리마저도 아들의 소질을 칭찬하기만 했지 동시에 감정의 변화가 어땠는지 알아주지 못했습니다. Adam은 그런 감정을 숨기기 위해 최선을 다했습니다. 아들은 살아 있는 것을 수치스러워 했는데, 아들이 그런 감정을 가진 것에 대한 책임이 부분적으로 저희에게도 있다고 생각합니다. 우리 모두가 장점은 칭찬해 주고 약점은 한계일 뿐이라고 단정하는 환경을 만들었기 때문입니다. 우리는 그것을 스스로 인정하지도 않고 다른 사람의 것도 보려고 하지 않았습니다.

성공이 모든 것을 말해 주는 것은 아닙니다. 본보기와 지침으로서 보여지는 우리의 성공자들은 물러설 수 없고 역할을 벗어날 수도 없고 도움을 청할 수도 없는 것과 이 단계에서 실패한다는 것에 대해 두려움을 느끼는 것이 얼마나 끔찍한 일인지 모릅니다. 그들 자신의 성취를 위해 사람들을 존경하고 그들의 힘만을 바라보는 것으로 우리는 그들을 거의 이해하거나 알 수가 없습니다. 우리가 목적을 이루었는지 몰라도 성취는 사라지거나 없어지고 연약하고 고통스런 응어리만 남아서, 숨거나 도망치거나, 또는 드러내는 것 중에서 선택하게 됩니다. 그리고 노출하는 것에서 우리는 최고의 인간성에 도달하게 됩니다.

― 미니애폴리스에서 한 엄마가

James Fowler는 신앙의 단계에 대한 조사 (Durka & Smith, 1986)에서 12살에서 18살 사이의 대부분을 자신이 명명한 "종합적 계약" 단계로 분류하였다. 이 단계에서 청소년은 대인관계에 대해 관심이 많고 신은 어린 시절 떠오르는 친구같이 느껴지게 된다. 이 조사는 세상에서 관계를 성립하는 데 있어서 자기 존중감의 중심성을 등한시 하였다. 이것이 바로 영적 지침의 출발점이다. 기독교에서는 예수와의 우정과 개개인에 대한 개인적인 관심을 강조할 수 있다. 복음 중에 신의 친구와 같은 모습을 효과적으로 보여 주는 구절이 있다. 이러한 구절로는 마태복음 6장 25절에서 34절, 7장 7절에서 11절, 11장 28절에서 30절, 12장 46절에서 50절, 누가복음 10장 38절에서 42절, 15장 11절에서 32절, 요한복음 11장 1절에서 44절, 14장 1절에서 31절, 15장 1절에서 17절 등이 있다.

Fowler에 따르면 비록 이 단계가 10대에 해당하는 것이라고 하지만, 우리가 "정화 단계", 또는 1단계라고 일컫는 것과 부합된다. 영적 여정 중에 있는 청소년도 Fowler의 다음 단계인 "개별화-재귀적 신앙" 단계를 경험할 수 있다고 본다. 이것은 개인의 권위와 진리를 결정하기 위한 준거를 내면화할 때 발생하는 것이고, 동시에 단체나 그 사상에의 귀속을 받아들인다. 이 단계의 젊은이는 개인적 경험과 동료의 경험에 강하게 주목한다.

John Westerhoff는 그의 책 『Will Our Children Have Faith』(1976)에서 청소년을 "친화적 신앙" 또는 "마음의 종교" 단계에 있다고 간주한다. 이 단계에서 한 단체에 속한다는 것은 자신을 필요로 하고 원하는 곳이 있다는 것을 확인하는 것이라는 점에서 중요하다. 성인이 유력한 역할을 주도적으로 하고 있기 때문에 교화는 예배의 장소로 여겨지며 젊은이가 교회 생활에 있어서 진정 의미 있는 위치를 갖게 하는 것에 대하여 실질적인 도전

이 된다. 예를 들어 기독교에서 우리는 젊은이에게 입교를 통해 교회 안에서 어른이 되는 것이라고 말하지만, 너무나 자주 우리는 교구나 집회 생활에서 그들을 뒤로 하기도 하고 단체에 중요한 기여를 할 수 있게 도와 주지 못하고 있다. 10대의 영적 지침이 충족시킬 수 있는 기능이 있다면 그 교구나 교회 위원회에서의 위치, 교회 계획 참여와 교회에서의 역할, 교회 가족으로 수고하고 있는 사람뿐만 아니라 동료 성직자에 대한 과제 등을 포함하는 교구 청년을 위한 입교 후 규정을 제정하는 것이다.

이 단계에서 청소년 대상 성직자나 영적 안내자의 우선적인 역할은 "성직자와의 친근감"이라는 Strommen(1974)의 의견에 동의한다. 성 Bernard는 만약 한 사람이 먼저 근본적인 방법으로 자신을 사랑하지 않으면, 신의 사랑으로 나아가는 것이 불가능하다고 했다(Dwyer, 1980). 따라서 "정화" 단계에서 우리는 우리의 에너지를 확고한 공동체를 개발하고 긍정적 자기 이미지를 조장하는 전략을 선택하는 것뿐만 아니라 자신의 진가와 가치를 찾을 수 있는 인간적인 관계를 청소년과 맺는 것에 집중하여야 한다. Nelson(1984)은 이 단계에서 영적 교육을 "산파", 즉 젊은이가 자기 자신의 진정한 가치를 깨달을 수 있게 도와 주는 어른에 비유하여 얘기하고 있다.

1 단계를 위한 전략

자기 이미지 검사도구.   학급 또는 종교 교육 집단에서의 집단 토론이나 일대일 대화에서 자기존중감의 수준을 "측정"하는 검사도구는 매우 도움이 된다. 자기 이미지가 정확하게 측정될 수 있는 것은 아니지만 토론의 발판으로서는 매우 좋다. 자기 이미지 검사도구는 Moore(1991, 1993a, 1993b)에 제시되어 있다.

자기 성장 수련회[7]　일부 교회는 수련회를 하룻밤, 수일간, 또는 주말에 실시하여 개인의 성장과 교회 공동체의 성장을 도모한다. 이러한 모임에서는 한 가지 문제 이상을 다루기는 어렵다. 여러 주제가 서로 얽혀 있을 수는 있지만 한 가지 초점을 정하고 이것에 수련회의 모든 것이 맞춰질 때 효과적이다. 여러 가지 주제에 대해 동일하게 주의를 기울이게 되면 경험이 희석되고 영향력도 최소화된다. 그리고 1단계에서는 자기 이미지를 다루는 수련회 경험이 요구되며, "충분히 종교적"인 주제가 아니라는 것에 대한 해명이 필요하지는 않다. 이러한 수련회의 중요한 부분들이 일반적인 교회 의식의 형태로 진행될 수도 있지만, 그 주제는 반드시 자기 가치에 대한 감각을 양육하는 것이어야 한다.(2, 3단계에서는 상이한 목표에 대해 상이한 수련회가 제시된다.)

　자기 가치는 다양한 연습에 의해 향상될 수 있다. 자신에 대한 잘못된 감정과 낮은 견해를 다룰 때 출발점은 자기방어기재나 "가면"이 좋다. Erikson(1968)은 자신의 진정한 자아를 발견하는 것이 청소년기의 근본적인 과제라고 언급한다. 청소년에게 위협을 가하면 이 과제는 다수의 방어기재를 생성하게 된다. Logan(1978)은 이러한 기재로 (a) 탈출(파티, TV 등), (b) 역할 갖기(운동선수, 학자), (c) 현재의 혼란상태를 강화하는 표현하기(예컨대, 마약, 성행위), 그리고 (d) 성인과 권위자에게 대항하여 부정적 정체성 수용 등을 들었다.

　수련회에서 이러한 문제에 접근하는 좋은 방법으로는 보다 나이 많은 청소년 또는 젊은 성인이 자신의 가면과 자신으로부터의 도피가 가지는 파괴적인 힘에 대해 얘기하는 것이다. 연사는 자신의 독특성과 개성을 받아들이고 자기 존중감을 성장시킬 필요가 있음을 강조한다. 이러한 얘기에 이어서 소집단 토론을 통해 청소년들이 자신의 방어기재에 대해 얘기하도록 한다.

　또한 자기 성장 수련회에서 학습자들이 타인에 관한 구체적이면서 확신을 주는 말을 하거나 글로 작성토록 하는 연습도 큰 도움이 된다. 이러한 기법 중에서 창의적인 것으로 다른 참여자들에게 긍정적인 형용사를 하나 기록한 긍정적인 노트를 보내는 것이 있다. 긍정적인 언어의 피드백은 특히 동료집단으로부터 주어질 때 자기 존중감이 낮은 청소년에게 치료 효과가 매우 크다. 이러한 형태로 서로를 칭찬하는 것을 통해 하나님의 사랑을 확실이 드러내게 되는 것이다.

동료 목회.　일대일 상담이나 종교적 활동(수련회)을 통해 청소년을 도와 주는 동료 목회팀의 구성원이 되는 것도 청소년의 자아감을 크게 향상시킨다. 다른 사람의 삶에서 중요한 의미를 갖는다는 느낌은 잴 수 없는 경험이다. Strommen은 "Training Youth to Reach Youth" 프로젝트에서 얻은 결과를 정리한 짧은 보고서(1978)에서 동료 목회 훈련을 받은 청소년들에게서 자아존중감이 증가했고, 사람들의 실수에 주목하는 것이 줄어들었고, 놀라울 정도로 자존감이 향상되었다고 보고하였다.

　2 단계에서 기도에 대해 보다 명시적으로 논의되겠지만, 1 단계에서도 집단에서 합심기도가 앞서 언급된 영역의 청소년들에게 매우 유익할 수 있다.

1. 기도는 하나님과의 보다 개인적 우호관계 속에서 성장하는 방법을 가르칠 수 있다.
2. 기도는 청소년들이 자신의 관심사가 다른

---

7) 이 부분을 읽으면서, 이 방법이 보다 세분화된 부분, 종류 또는 준거로 나뉘게 되는 것을 확인하고, 상황을 살펴보도록 한다.

사람에 의해 공유되고 있다는 느낌을 깨닫도록 도와 준다.

3. 기도는 기도집단이 지속적으로 유지될 경우 신앙에 기초한 보다 건강한 자기 이미지, 자신에 대한 믿음, 다른 사람에 대한 믿음, 그리고 하나님에 대한 믿음을 형성하는데 있어서 안전 및 지원의 느낌을 제공할 수 있다.

2. 계몽 단계

두 번째 단계인 "계몽" 단계란 직역하면 "빛으로 가득찬" 단계를 의미한다. 대상에 빛이 비춰지면 그것을 분명하게, 진정한 모습을 볼 수 있다. 이 단계에서 대상은 우리 자신이다. 일단 자신의 방어기재, 낮은 자기 이미지, 그리고 부풀어 오른 자아를 버리게 되면 우리는 하나님이 우리를 보는 것처럼 진정한 자신의 위치를 인지하기 시작한다. 두 번째 단계에 대해 설명하는 또 다른 방법으로는 하나님의 영원한 사랑으로 사랑을 받고 있기 때문에 자신이 사랑스럽다고 인지한다고 말하는 것이다. 계몽 단계에서 사람은 자신에게 맞춰져 있는 초점을 하나님을 보는 것으로 옮기는 것을 시작할 수가 있다. 청소년은 자신의 선입관을 줄이게 되면 주님과의 성숙한 관계를 자유롭게 개발하게 된다. 앞서 논의되었듯이, 청소년은 하나님과의 소중한 관계를 개발할 수 있기 전에 자신을 먼저 살펴보아야 한다.

청소년 초기에 사람은 하나님을 향해 불안을 털어놓고, 안전감을 얻으려는 경향이 있다. 청소년 후기에는 인간적 및 영적 벌판에서 보다 깊이 있는 공유와 깊이 있는 친밀한 관계를 맺을 능력을 갖고 있다. 청소년은 긍정적 정체감을 충분히 갖게 되면 집단으로 자신을 둘러싸고 있는 고정적인 환경을 깨고 혼자서 "산"으로 올라가는데 충

분한 내적 자원을 갖게 된다. 하나님은 분명히 집단 안에 임재하는 한편으로 우리는 개인적으로 하나님을 만나 개인적 관계를 꽃피워야 한다. Fowler가 말한 "종합적 계약"의 단계에서 하나님은 "친구"로 여겨진다. 가톨릭 청소년에 대한 조사(Fee, Greeley, McCready, & Sullivan, 1980, 표 3.1, p. 55)에서 오늘날 젊은이는 하나님과 예수에 대해 매우 따뜻하고 내재적인 이미지를 갖고 있는 것으로 보고되었다.

Westerhoff(1976)는 "관계적 믿음에 대한 필요가 청소년 후기에 충족될 경우 믿음 '탐색'으로 넘어갈 수도 있다"(p. 96)라고 본다. 이것은 '머리'에 의한 종교가 마음의 종교가 된다는 것이다. 대개 자신의 전통에 관한 처음의 이해를 탐색하는 것이 이것과 동반되기도 하며, 청년이 헌신의 필요성을 느끼는 지적 투쟁과 실험의 시기이기도 하다. 종교적으로 성숙한 청소년은 고등학교 2학년 또는 3학년 때 Westerhoff가 기술한 이 단계에 접어들었다가 나올 수도 있을 것으로 보인다.

Goldman(1964)은 13세에서 17세 사이에 청소년들은 하나님에 대한 경험을 "느끼게" 된다고 기술한다(p. 240). Elkind(1974)는 "사생활 추구와 개인적 독특성에 대한 신념이 선물이나 주는 사람이 아니라 안내와 지원을 위해 찾는 개인적인 신뢰자로서 하나님과의 관계를 나-너의 관계로 형성하도록 이끈다"고 진술한다(p. 93). Elkind(1985)는 청소년들은 새로운 정신적 능력 때문에 "깩깩거릴" 필요가 없는 개인적인 친구로서 하나님과 사적인 대화를 가질 수 있도록 틀에 박힌 종교에서 벗어날 필요가 있다고 진술한다. Elkind는 청소년들은 이러한 일탈이 필요하고 허용되어야 한다고 본다. Nelson(1984)은 이 단계에서 영적 지도자의 역할을 청소년이 자신의 신념을 갖도록 하는 "채용 대리인"으로 규정하였다.

교황 요한 바오로 2세의 교리문답서(1979)에는

다음과 같은 중요한 질문이 제시되어 있다.

우리가 예수 그리스도, 인간이 된 하나님을 무수히 많은 아동과 청년들에게 드러낼 수 있을까, 단지 빨리 지나가는 첫 만남의 열광 속에서가 아니라 매일 깊어지고 분명해지는 그분과의 교제, 그 메시지, 그를 통해 우리에게 드러난 하나님의 계획, 개인마다 제시된 부르심, 그리고 그를 믿었던 "작은 무리"를 통해 이 세상에서 건설하고자 했던 그의 나라 속에서 드러낼 수 있을까?

이 문장은 청년 목회와 청소년 종교교육을 담당하고 있는 모두에게 도전을 던져준다. 우리 성인은 젊은 사람들이 하나님과의 관계와 헌신을 맺고 살찌워나가도록 도와 줄 수 있을까? 심리학적인 영역에서 일부 토대(정화 단계)를 놓았다고 가정하고, 다음에는 영적 성장의 두 번째 단계에서 취할 수 있는 실제적인 단계의 사례가 제시되어 있다.

2 단계의 전략

금욕주의. 첫 번째 언급하고자 하는 전략은 금욕주의 또는 제자로서의 느낌이다. "disciple"과 "discipline"은 동일한 어원에서 나왔다. 젊은이들이 영적으로 성장하고 깊어져야 할 첫 번째는 자신에게 비춰지고 있는 조명을 주님에게로 이동하는 데 있어서의 도움이다. Piveteau(1938)는 우리 사회가 침묵을 버렸기 때문에 젊은이들이 영적으로 무디어졌다고 하였다. 청소년들은 끊임없는 잡음으로 가득 찬 세상에 젖어 있다. 매체에서 가장 눈에 띄는 것은 정보를 점차적으로 더 짧은 시간 단위로 쪼개는 분절화가 증가하여 감각을 폭격하고 있다는 것이다.[8]

젊은이는 자신의 외부로부터의 부여되는 수양,

지배-침묵과 단기간의 명상에 의한 지배가 필요하다. 그들은 주님과의 개인적 대화를 위한 공간과 장소를 만드는 데 성인의 도움이 필요하다. 그들은 스스로 이것을 하기에는—적어도 시작 부분에서는 지나치게 자기 중심적이고, 혼란된 상태이고, 잡음에 젖어 있고, 그리고 분절화되어 있다. 궁극적으로 청소년은 자신의 내적 규율을 계발하게 되겠지만 처음 시작은 어렵다. 우리가 그들을 집단으로 만날 때 기도 시간을 만들어야 한다. 단순히 언어적으로 기도가 공유되는 것뿐만 아니라 엘리야처럼 하나님이 요란한 소음이 아니라 부드러운 속삭임 속에서 하나님이 말씀하신다는 것과 내적 고요가 속삭이는 것을 듣는 것이 절대적으로 필수적임을 알게 되도록 침묵이 관찰될 수 있도록 한다.

명상의 도입활동으로 인도자가 사람들로 하여금 자신의 마음속을 여행토록 하는 "환상 여행"이 진정으로 도움이 될 것이다. 이 환상 여행은 묵상을 예비하고, 내적 고요와 내적 여행의 가능성을 가르쳐 주는 기능이 있다. 또한, 호흡연습과 스트레스를 낮추기 위해 자주 사용되는 연습들도 명상과 묵상을 예비하는 데 도움이 될 것이다.

청소년기는 명상(인지적으로 복음이나 하나님의 이미지에 초점을 맞추는 것)과 묵상, 즉 지적인 기능을 "정지한 채" 감각적으로 하나님의 목소리를 수용하는 것 사이의 차이를 가르치기에 이른 시기는 아니다. Quaker 교도의 집회는 청소년들이 집단으로 묵상하는 것을 관찰할 수 있는 좋은 현장학습 대상이다. 명상을 가르칠 경우 청소년(또는 청소년 집단)에게 환상 여행이나 복음에 대한 성찰을 인도하는 지도자가 명상기법을 가르치는 것이 좋다. "인도에 의한 명상"은 청소년이 스

---

8) 이것은 분명히 이전 시대에 영적 개발 방법이 맞서 싸울 필요가 없었던 정보화 시대의 현상이다.

스로 명상을 할 수 있기에 앞서 가끔 필요하다. 청소년이 갖고 있는 하나님에 대한 이미지에 관하여 논의하는 것도 명상에 도움이 된다. Phillips의 『Your God is Too Small』(1971)은 비록 오래되었지만, 오늘날도 여전히 통용된다.

성경공유. 계몽 단계로 "나아가는" 두 번째 전략은 성경공유이다. 성경을 공유하는 것은 성경공부와는 반대로 신뢰하는 친구들로 집단을 구성하여 성경의 한 부분을 읽고 자신의 삶에 대한 하나님 말씀의 실제적 적용을 개인적으로 또는 집단으로 말로써 표현하는 것이다. 이처럼 영적 수준을 공유하는 것은 어떤 나이의 사람들도 하나님에 대한 보다 깊이 있는 이해를 얻는 데 도움이 된다. 청소년에게 성경을 사용하는 것은 아주 구체적이고 "이를 댈 수 있는" 것이기 때문에 특히 효과적이다. Princeton Religion Research Center에서 청소년 508명을 대상으로 실시된 연구(1984)에서 8명 중 1명만이 성경을 매일 읽는 것으로 나타났다. 면담에 응한 사람의 30%는 성경을 열어본 적도 없다고 대답했다. 이처럼 우리는 하나님의 말씀에 대한 목마름과 사랑 안에서 청소년들이 성장하도록 도와 줄 일이 많다.

수련회. 세 번째 전략은 주님과의 관계에 특히 초점을 맞춘 수련회를 갖는 것이다. 이러한 주말 모임에서 인도에 의한 명상, 일기 쓰기, 독거, 성경공유, 합심기도, 참회, 성찬 등의 시간을 가지면 된다. 대화와 연습은 주님과의 개인적 관계와 관련되어 진행된다. 예컨대, "예수 그리스도 원" 연습에서 참석자들은 중심에 있는 예수와의 관련하여 자신의 위치를 정하고, 그 내부에 있는 원들에 주님으로부터 자신을 분리하는 방해물들로 이름을 붙인다.

일기 쓰기는 청소년들이 자신 안에 있는 성령의

움직임뿐만 아니라 하나님에 관한 자신의 생각과 느낌을 기록하는 것으로 수련회와 일상 생활에 대하여 성찰해 보는 데 유익한 형태이다. 규칙적인 기도 시간처럼 일기를 쓰는 습관은 청소년들이 주님과의 관계를 깊게 하는 데 요구되는 금욕주의를 실천하는 데 도움이 된다. 일기는 또한 개인적인 삶에서의 유형(좋은 점 또는 나쁜 점)을 인지하는 데 도움이 된다.

영적 인도와 본받기. 마지막으로 이 단계에서의 부가적인 전략으로 영적 인도와 본받기에 대해서 논의해 보자. 청소년들이 성인 조언자나 안내자를 갖고, 하나님과의 개인적 관계에 대한 여정에서 도움을 받는 것이 좋다. 영적 인도 프로그램은 가톨릭 고등학교의 종교부에서, 아마도 기도에 대한 선택과정과 연계하여 제공될 수 있다. 이것은 교구에서 그 후원자에게 성직자 인준 준비에서 유력한 역할을 부여하는 것으로 가능할 것이다. 청소년에 대한 영적 인도는 또한 기본적인 심리적 상담도 포함될 것이다. 그러나 이것은 청소년들에게 성경에 따라 기도하는 방법, 일기 쓰는 법, 매일 기도를 위해 시간을 정하는 법, 명상과 묵상하는 법 등을 가르칠 수 있는 절호의 기회이다. 영적 안내자는 청소년들이 "주세요, 하나님" 수준의 미성숙한 기도 정신에서 관계 속에서의 대화로서의 기도로 이해하는 것으로 나아갈 수 있도록 도와 준다.

영적 인도자에 의해 제공되는 본은 실제 말하는 것만큼 중요하다. 하나님이 누구이며, 삶에서 어떤 의미를 가지고, 그에 관해서 어떻게 말하고, 또 신앙에 따라 행동하는가는 같이 일하는 청소년에게 매우 긍정적인 영향력을 끼칠 것이다. Taize의 Roger 신부는 다음과 같이 언급하였다.

오, 어떻게 기도를 모든 사람에게 열려 있도록 할

수 있을까? 교회에서 필요하다면 오랫동안 혼자 있고자 하는 단 한 사람이 그 인내에 의해 하나님을 구하는 살아있는 부름이 된다... 단 한 사람이면 충분하다(Schutz, 1979, p. 27).

계몽단계에 대한 논의를 접으면서 청소년이 하나님을 보다 잘 알도록 하기 위해 무수히 많은 기회를 제공할 수 있을지라도 그와 보다 깊이 있는 관계로 나아가기를 원치 않을 수도 있다는 점을 분명히 해 두고자 한다. 기도 교과목을 개설하고, 명상법을 가르치고, 수련회에 데려가더라도, 그들을 개종하도록 하거나 자신의 선입견에서 벗어나도록 할 수는 없다. Groome(Hutchinson, 1984에서 재인용)은 다음과 같이 진술하였다.

하나님을 알게 되는 것은 나이에 상관없이 답보다는 질문하는 것과 더 관련되어 있는 과정이다. 우리는 도덕적 판단을 내릴 능력을 갖춘 청년들의 "no"를 존중해야 한다. 부유한 청년의 "no"를 생각해 보자. 예수님은 그와 논쟁하거나 실수하는 것이라고 주장하지도 않았다. 그 분은 청년의 결정이 자신을 슬프게 했지만 존중하였다(p. 22).

3. 통합 단계

세 번째 단계인 통합은 우리 자신이 "통합된" 것: 살아계신 하나님 안에서 하나됨, 그의 살아 있는 모든 피조물과 하나됨을 경험한다는 것을 의미한다. "단계"라는 단어는 생에서 정점의 순간에서 느끼는 한 순간의 감정에 제한되기보다는 이 "한 순간"이 지속되는 시각이라는 것을 담고 있다.

어떤 방식으로든지 자신의 존재에 대한 통제를 포기하는 것이 이 영적 수준으로 완전히 들어가는

데 필수적인 것으로 보인다. 예수가 베드로에게 말했듯이.

내가 진실로 진실로 네게 이르노니 젊어서는 네가 스스로 띠 띠고 원하는 곳으로 다녔거니와 늙어서는 네 팔을 벌리리니 남이 네게 띠 띠우고 원치 아니하는 곳으로 데려가리라(John 21:18).

우리가 상처받기 쉽게 노출될 때 강해진다는 것은 일종의 역설이다. Nouewen(1979)이 우리의 서로간의 고백과 "약점을 공유하는 것은 나중에 갖게 될 강점에 대한 암시가 된다"고 하면서 아주 신랄하게 언급했던 "상처받은 치료사" 개념이다(p. 94).

청소년에게 삶은 자신이 통제하고 있는 여행으로 경험된다. 그들은 자신의 존재에 대한 완전한 통제권을 가진 것처럼 경력, 대학, 삶의 양식, 그리고 자신의 미래에서의 다른 영역들을 계획하고 있다. 여기에서 예외는 삶에서 부모님의 사망, 이혼, 질병에 대한 경험과 같이 전혀 통제권을 갖지 못한 강한 충격을 경험한 중산층의 청소년들이다. 또한 폭력과 극적인 손실이 일상적으로 벌어지는 환경에서 자란 도시의 청소년들도 예외에 속한다. 그러나 심각한 비극을 겪은 청소년도 여전히 영적 항복이라는 교훈을 배울 만큼 충분한 삶의 경험을 쌓지는 못했다. 따라서 어떤 의미에서 청소년은 단지 통합 단계로 들어갈 능력이 없는 것이다. 그러나 청소년의 영적 발달의 기회를 전략적으로 계획하기 위해 보다 폭넓은 세계관에 연결된 통합 단계를 제한된 그렇지만 신선한 의미에서 살펴보고자 한다.

Fowler는 청소년 후기와 성인 초기에 믿음의 "개인적인 회상적" 단계가 특징적이라고 하였다. 이 시점에서 개인은 자신의 헌신, 삶의 방식, 그리고 신념에 대한 책임감을 느끼기 시작한다.

Fowler의 주장과 일직선상에서 저자도 청소년 후기에 자아정체성 문제가 어느 정도 다뤄진 다음에는 공감과 다른 사람을 도와 주도록 이끄는 감정적 각성에서의 성장이 가능하다고 본다. 청소년은 자신에게 주어진 재능을 인지하고(바울이 고린도전서 12장에서 열거하였듯이), 자신의 재능을 다른 사람의 이익을 위해 사용하도록 깊이 감동될 수 있다. 그러나 청소년은 지구상에 있는 자신의 모든 형제 자매와의 연결성을 느낄 수 있도록 영적인 인도와 격려가 필요하다. 그들은 자신이 갖고 있는 편견과 자기중심적 민족주의의 장벽을 무너뜨릴 개인적 경험과 만남이 필요하다. 특히 중산층 청소년은 "근교의 온실"에서 나와 특권이 박탈되고, 고생하고, 가난한 사람들의 고통을 받을 필요가 있다.

청소년 목회를 하고 있는 사람들에게 이것은 창의성과 에너지에 큰 도전이 된다. Strommen(1979)은 5명 중 1명이 편견에 사로잡혀 반성이 없는 삶을 살고 있다고 보고하였다. 그들은 자신들이 인종 관계에 있어서 부모들보다 더 보수적인 것으로 보고 있다. 그들은 소수민이 잘못된 대우를 받으면 움직이지 않는다. 돈이 가장 큰 의미를 갖고, 자신이 얻고자 하는 것을 획득하는 수단으로 보고 있다. 1980년대에 Strommen이 이 연구를 다시 실시한 후에 이러한 이기주의가 얼마나 증가하였는지는 단지 추측해 볼 수 있을 뿐이다. 다양한 영역에서의 기독교 교육/청소년 목회에 대한 상이한 목표에 관한 연구에서 Boys Town Center for the Study of Youth Development의 연구진은 사회 정의가 가톨릭 부모와 교육자들에게서 우선순위에서 낮은 것으로 나왔다(Hoge & Petrillo, 1982). 그리고 United States Catholic Conference (U.S.C.C)의 Department of Education에서 20년 전에 발간한 『A Vision of Youth Ministry』라는 책에는 "정의와 봉사"가 청소년 목회의 일곱 가지 중

요한 요소 중에 속하는 것으로 되어 있다. Warren (1994)이 TEC("Teenagers Encounter Christ")의 전국 수련회에서 언급되었던 다음의 비평도 이 문제에 대해 동일선상에 있다.

나는 중산층 청소년을 위한 다양한 프로그램에 제시되어 있는 비전이나 예수님의 모습에 대해 염려해 왔습니다. 이 예수님은 어느 정도의 부와 특권에 지배적인 관심을 보이는 중산층의 예수님 경향을 보입니다. 중산층의 지배적인 관심은 보다 나은 평안함에 있는 것으로 보이며, 따라서 중산층의 예수님도 평안함을 주는 것으로 제시되어 있습니다. 간과되고 있는 것은 평안함을 주는 것뿐만 아니라 직면하고, 도전하는 예수님, 분쟁자 예수 입니다. 중산층 예수는 "타인을 위한 인간"이 아닙니다. 중산층 예수는 우리를 위한 인간입니다. 우리를 향한 하나님의 사랑의 표시로서 그를 받아들이는 데 어떤 도전이 있다면 말입니다. 분명히 예수님을 우리와 함께 하시는 하나님으로 그리고 우리에게 은총을 주시는 하나님으로 이해하는 것도 맞습니다. 하나님의 사랑이 육화된 것으로 예수님을 받아들이는 것이 제자가 되는 길로 접어드는 중요한 첫 단계입니다. 그러나 더 나아가지 않는 것이 바로 중산층 예수님이며, 잘못된 이미지입니다. 복음은 예수님이 우리에게 껴안아 주는 예수라기보다는 우리를 불러서 가난하고 약하고 어울리지 못하는 사람들을 껴안아 주라고 하는 것을 여러 방식으로 회상시키고 있습니다. 복음에 예수님은 주의를 자신이 아니라 변화되어야 하는 사회적 상황, 그러한 사회적 상황에서 고생하고 있는 사람들, 즉 가난한 사람에게로 끊임없이 돌리고 있습니다(p. 94).

청년들은 보다 깊은 영적 단계로 점진적으로 나아가도록 도울 수 있다는 주장에 대해 계속 논의

해 보자. 작업의 첫 번째 순서는 정화 단계에서 논의되었던 자신을 다루는 것이다. 두 번째 문제는 계몽 단계에서 논의되었던 하나님과의 개인적 관계를 조장하는 것이다. 청소년 목회와 청소년 신앙교육을 조직하고 전략적으로 기획하려는 사람들에 대한 세 번째, 그리고 마지막 도전은 통합 단계에서 논의된 인성에서의 고통받는 주님의 얼굴을 보는 것이다. 아마도 과거에 가장 관심을 기울이지 못했지만, 모든 기독교인에게 세상을 향한 사랑의 행위를 설교하는 것은 바로 이 세 번째 단계인 것이다. 물론 이 단계들이 어느 정도 임의적이고, 기독교 삶에서 우리 모두 끊임없이 자신, 하나님, 그리고 다른 사람을 살펴보고 있다. 그렇지만 청소년을 대상으로 하는 종교교육과 목회의 강조점이 조직화되는 것은 유익한 것으로 보인다. 그리고 다음으로 청소년이 지역적으로 행동하면서도 국제적으로 생각하도록 돕는 구조들에 대한 논의로 넘어가 보도록 한다.

3 단계 전략

이 단계는 청소년의 영적 발달의 전략을 개발한다는 점에서 가장 도전이 되는 단계이다. 이것은 부분적으로 3단계가 가장 고도의 단계라는 점에 기인하며, 또 부분적으로 최근까지 청소년 사이에 국제적인 의식을 개발하는 데 관심을 거의 기울이지 않았기 때문이기도 하다.

문화적 노출.　가장 효과적인 전략은 소위 "문화적 노출"이다. 이것은 개인이 자신의 문화 외에 다른 문화에 직접적인 인간간의 상호작용을 통해 노출되는 것을 의미한다. 대부분의 경우 이것은 중산층 청소년에게 보다 낮은 사회경제적 계층의 사람을 소개하는 것을 의미한다. 구호소에서 점심을 제공하는 것, 도시 빈민가에서 학생들을 가르치는

것, 대학생과 함께 Haiti나 중앙아메리카로 가서 일주일간 선교하는 것 등이 문화적 노출의 사례들이다. 동일한 수입 수준에서도 매우 상이한 점이 많은 사람들, 예컨대 정신 지체자, 노인, 또는 입교를 위한 기독교 서비스 과목의 일환으로 청소년들에 의해 목회가 이루어지는 신체 장애자들을 연결하는 것도 문화적 노출의 다른 형태이다. 이러한 직접적인 인간적 접촉은 이미 극도로 감동받지 않는 청소년들에게 진정한 영향력을 끼친다. 목회를 통한 관계 형성은 청소년의 의식 속에 향후 수년간 내재될 것이다. 이러한 전략에 대한 제안은 다음과 같다.

1. 직접적인 인간적 상호작용은 어떤 "교육 서비스" 클래스, 프로젝트에서든지 본질적인 요소로 여겨져야 한다. (이웃의 아이를 무료로 돌봐주는 것은 분명히 친절한 청소년으로 볼 수 있지만 "문화적 노출"로서 간주되어서는 안 된다.)

2. "문화적 노출"은 공동체 안에서 경험되어야 한다. 즉 혼자서 하기보다 다른 청소년, 그리고 그 경험에 대한 성찰을 도와 줄 성인 지도자와 함께 경험되어야 한다. 성찰이 매우 중요하다.[9] 청소년들은 타인의 가난이나 고통에 의해 쉽게 압도되며 극도로 무기력과 불안감을 느낀다. 공동체 안에서의 성찰은 보다 심리적으로 유의미한 시각에서 경험을 볼 수 있도록 도와 줄 수 있다. Appalachia에서 다수의 성인 지도자와 함께 일주일간 집단 프로젝트를 수행하는 것은 공동체 안에서 성찰의 기회를 갖는 좋은 사례이다.

---

9) 새로운 패러다임의 수업이론에서 이것, 직접적인 경험과 그에 따른 성찰은 공통적인 특성임을 인지했을 것이다. 저자는 이것을 행동-반응-성찰 순환이라고 하였다.

수련회. 두 번째 전략은 주말 수련회 형태로 1, 2 단계에서처럼 유의미하게 개발될 수 있을 것이다. 청소년들은 성인과 함께 평화, 차별, 성차별주의, 가난 등에 관한 주제에 대해서 개인적인 대화를 나눌 수 있다. 공유 집단에서는 이 대화에 대하여 논의하고 제기된 일부 쟁점을 구체적으로 다루기 위한 전략을 창출할 수도 있다. 여러 출판사들이 사회적 정의 영역의 시청각 자료를 점차적으로 더 많이 제공하고 있다. 기도 서비스와 다른 의식도 수련회 주제에 맞춰 진행될 수 있을 것이다.

연사와 필름. 세 번째 제안 또는 전략은 청소년에게 다양한 주제에 대한 연사나 필름을 제공하여 사회적 쟁점에 대하여 폭넓게 노출되도록 하는 것이다. 연사, 필름, 그리고 다른 형태의 매체는 비록 문화적 노출보다는 덜 직접적이지만 청소년들에게 정의 문제에 대한 도덕적 판단에 요구되는 적절한 정보나 자료를 제공할 것이다. 우리는 종종 사회적 정의 영역의 인지적 특성을 무시하여 청소년들이 갖게 되기를 기대하는 시각을 조성하기 위해 다양한 쟁점의 복잡성을 설명하지 못하기도 한다. 그러나 이것은 그들에게 서비스를 잘못하는 것이다. 도덕교육에 대한 모든 연구는 젊은이들이 도덕적 성숙함에 도달하기 위해서는 필요한 모든 사실을 갖고 다양한 시각으로 씨름해야 한다는 것을 지적하고 있다.[10] 이것은 "개인적" 도덕성 문제에 있어서도 동일하며 사회적 쟁점과 관련된 도덕적 판단 영역에서도 동일하다.

4. 공립학교와 기관을 위한 제언

공립학교와 기관은 분명히 청소년의 영적 개발과

---

10) 제24장에서 Lickona가 이와 비슷한 견해를 표현하였다.

성장에 기여한다. 자기 존중감, 공동체 경험, 세상에 대한 책임감 등을 조장하는 집단 활동은 모두 잠재적으로 영적이다. 예컨대, 공동체 형성 활동과 신앙과의 관계에 대한 언급이 없다고 해서 신앙이 길러지지 않는 것은 아니다. 숙제, 교실 활동, 지역 사회 프로젝트, 공동체 서비스, 동료 도움, 협상 기능 훈련, 그리고 그 외에도 많은 것들이 청소년의 영성을 개발할 수 있다. 부모도 역시 청소년을 사랑하고 확신하는 것에 의해, 도덕적 가치를 본보이고, 가르치는 것에 의해, 가정생활뿐만 아니라 인류 가족에 대한 참여와 축하를 요구하는 것에 의해 여기서 논의된 영성 개발에 동참하게 된다.

참고문헌

Durka, G., & Smith, J. (1986). *Emerging issues in religious education* (pp. 187-208). New York: Paulist Press.

Dwyer, V. (1980, April). *The spiritual dimension of the educator.* Order of Cistercians of the Strict Observance O.S.C.O. address at the National Catholic Education Association N.C.E.A. Convention, New Orleans, LA.

Elkind, D. (1974). *Children and adolescents.* New York: Oxford University Press.

Elkind, D. (1985, March). *Teenagers in Crisis*, lecture delivered at St. Joseph College, West Hartford, CT.

Erikson, E. (1968). *Identity, youth and crisis.* New York: Norton.

Fee, G. D., Greeley, A., McCready, & Sullivan. (1980). *Young catholics.* New York: Sadlier.

Goldman, R. (1964). *Religious thinking from childhood to adolescence.* London: Rutledge.

Hoge, D., & Petrillo, M. P. (1982). Desired outcomes of religious education and youth ministry in six denominations. In Wych & Richter (Eds.), *Religious education ministry with youth.* (chap. 5). Birmingham, AL: Religious Education Press.

Hutchinson, G. (1984, September). Shared Christian

praxis. *Religion Teachers Journal.*

John Paul II. (1979). Conference. Washington, DC.

Logan, R. (1978). Identity diffusion and psycho-social defense mechanisms. *Adolescence, 13,* 503-507.

Moore, J. (1991). *Personal growth* [minicourse, session 3]. Morristown, NJ: Silver, Burdette, & Ginn.

Moore, 1. (1993a). *Confirmation journal* [minicourse, session 14]. Mahwah, NJ: Paulist Press.

Moore, J. (1993b). Friend for the journey [youth ed]. Cincinnati: St. Anthony Messenger Press.

National Center for Education Statistics. (1984, February). Self-esteem rises after high school. *Group,* p. 17.

Nelson, J. (1984, March 31). Religious devotion among youth. Presentation delivered at St. Joseph College, Hartford, CT.

Nouewen, H. J. M. (1979). *The wounded healer.* New York: Image Books.

Phillips, J. B. (1971). *Your God is too small.* New York: Macmillan.

Piveteau, D. (1938). Youth, atheism and catechesis.

Lumen Vitae, 38, 427.

Princeton Religion Research Center. (1984, April). Study Title Here, *Goosecorn,* 4.

The Samaritans. *On a son's death.* (Speech available from the Samaritans, 500 Commonwealth Ave., Kenmore Square, Boston, MA 02215)

Schutz, R. (1979, May). "*Fête et Saisons.*"

Search Institute. (1993). *The troubled journey.* Minneapolis, MN: Author.

Strommen, M. (1974). *The five cries of youth* (chap. 2). New York: Harper and Row.

Strommen, M. (1978, July 22). *A futuristic approach to youth ministry.* Presentation delivered at the New England Conference on Youth Ministry, Stonehill College.

Strommen, M. (1979). *Cry of the prejudiced.* (chap. 5). New York: Harper and Row.

U.S.C.C. Department of Education. (1976). *A vision of youth ministry.* Washington, DC.

Warren, M. (1984). New stage in weekend retreat for teenagers. *Origins, 14*(6), 94.

Westerhoff, J. (1976). *Will our children have faith?* (pp. 94-96). New York: Seabury Press.

성찰과 향후 연구

제1장에서 기술적 이론과 설계 이론의 차이를 강조하였다. 기술적 이론의 개선은 타당성을 중심으로 이루어진다. 이에 비하여 설계 이론의 개선은 우수성(preferability) 중심으로 이루어진다. 주어진 목적, 조건, 그리고 가치를 고려할 때 어떤 모형이 다른 것들에 비하여 보다 훌륭한가에 관심을 가진다. 이런 차이로 인하여 다음과 같은 결론을 생각할 수 있다. 즉, 성격이 다른 이론의 개선을 위해서는 상이한 연구 방법론이 필요하다는 것이다. 최근까지의 대부분의 연구 방법론은 기술적 이론을 발전시키기 위하여 설계된 것이다. 제5부의 첫 장(제26장)은 설계 이론의 발전을 가능하게 하는 현장 연구 혹은 개발 연구의 한 가지 종류를

설명하면서 이 문제를 다루고 있다. 나는 이 장을 통하여 연구자와 실천가들이 모두다 설계 이론의 발전을 위해서는 추가적인 방법론이 필요하다는 데에 대한 인식이 높아지고, 이론 개발에 대한 자극을 받았으면 한다. 이 책의 많은 이론들은 유사한 이론-개발 방법론을 사용한 것처럼 보인다. 특별히 Corno와 Randi 접근(제13장)에 큰 흥미를 느끼고 있다.

제5부의 나머지 장(제27장)은 이 책의 많은 이론들에 대한 전반적인 성찰을 포함하고 있다. 개별 이론("나무들")들을 포함하는 "숲"을 바라볼 수 있는 넓은 관점을 얻는데 도움을 받을 수 있다.

― C.M.R.

형성적 연구: 설계 이론의 개발과 개선에 관한 방법론

Charles M. Reigeluth
Theodore W. Frick
Indiana University

임철일
서울대학교 교육학과 교수

제1장에서 Reigeluth는 설계 이론이 목적을 달성하는 수단을 제공한다는 점에서 기술적(descriptive) 이론과 차이가 있다는 점을 설명하였다. 교육과 같은 응용 분야에서는, 설계 이론이 기술적인 학습이론보다 유용하며 쉽게 응용이 가능하다. 그러나 이 책에서 소개된 21개의 어떤 이론도 아직까지 완벽한 상태에 이르지 못하고 있다. 이론이 제시한 방법들이 다양한 상황에 적용되는 것을 안내할 수 있는 상세 지침이 개발됨으로써 모든 이론들은 더욱 좋은 상태가 될 수 있을 것이다. 또한 추가적인 학습유형을 위한 이론 그리고 새로운 정보 기술을 수단으로서 활용하는 것과 같은 상이한 상황에서 요구되는 인간 발달을 안내할 수 있는 이론들이 여전히 필요하다. 이러한 생각은 다음과 같은 중요한 질문을 하게 만든다. "교수 설계 이론을 개발하고 개선하는데 어떤 연구 방법이 가장 도움이 될 수 있는가?" 이 장에서는 교육자들이 가장 유용한 지식이라고 여길 수 있는 지식을 개발하는데 도움을 주는 한 가지 연구 방법론을 비교적 상세하게 기술하고자 한다. 이 방법론은 실제로 본 책의 몇몇 저자들이 자신의 이론들을 개발하는데 직관적으로 활용하고 있다.

우리는 이 방법론을 "형성적 연구"라고 지칭하는데, 이 방법론은 수업의 실제와 과정을 설계하기 위한 이론을 개선하는데 목적을 두는 개발 연구(developmental research) 혹은 실천 연구(action research)의 한 가지 종류로 볼 수 있다. Reigeluth(1989)와 Romiszowski(개인적 의견 교환, 1988년 4월)는 교수 설계 이론의 지식을 확장하는데 이 접근을 활용할 수 있다고 추천하였다. Newman(1990)은 학교에서 컴퓨터가 미치는 조직 차원의 영향력을 연구하는데 이와 유사한 연구 방법론을 추천하였다. Greeno, Collins, Resnick(1996)은 "설계 실험(design experiment)"이라고 불리는 형성적 연구와 유사한 연구 방법론을 활용하는 연구자들을 확인하였는데, 여기서 "연구자와 실천가들 특히 교사들이 설계, 실행, 그리고 실제에 있어서 변화에 대한 분석을 협동적으로 실시한다."(p. 15) 형성적 연구는 교육에 있어서 체제적 변화(systemic change)와 같은 비교적 넓은 분야의 지식을 개발하는 데도 사용되고 있다(Carr, 1993; Naugle, 1996).

우리는 이 장에서 교수 설계 이론을 개발하고 정련화하고자 하는 교육 연구자들을 소개하려 한다. 대부분의 연구자들은 설계 이론들을 개발하는 데 도움이 되는 연구 방법론을 정식으로 공부할 기회를 가지지 못하였다. 대학의 박사 과정은 대체로 교육에 관한 기술적 지식을 개발하기 위한 양적, 질적 연구 방법론을 강조하는 경향이 있다. 그러나 설계 이론은 "무엇인가"보다는 "어떻게 할 것인가"를 말하여 주는, 즉 실천을 위한 지침을 다룬다.

우리는 전통적인 양적 연구 방법론(예컨대, 실험, 조사, 상관 분석)은 특별히 초기 개발 단계에 있는 교수 설계 이론을 개선하는데 별다른 도움을 주지 못한다는 점을 알게 되었다. 대신 형성 평가(formative evaluation)와 사례 연구 방법론으로부터 형성적 연구 방법(formative research methods)을 도출하였다. 질적 방법들에 익숙한 연구자들은 이러한 새로운 방법을 인식할 수 있을 것이다. 그러나 이 경우에는 목적이 다르다는 점을 알고 있어야 하며, 따라서 방법론상의 추가적인 고려 사항을 염두에 두어야 한다.

이 장에서는 우선, 일반화가 가능한 설계 관련 지식을 개발하고자 하는 연구의 평가를 위한 세 가지 기준(효과성, 효율성, 매력성)을 검토한다. 다음으로, 설계가 이루어진 사례, 동시(in vivo) 자연적 사례, 사후(post facto) 자연적 사례를 중심으로 형성적 연구 방법론에 대하여 상세하게 설명한다. 마지막으로 구인 타당도, 자료 수집과 분석 절차, 설계 이론으로서 일반화 가능성에 관한 방법론적 쟁점들을 다룬다.

1. 일반화가 가능한 설계 지식에 관한 형성 연구의 준거

기술적 이론에 관한 연구에 있어서 가장 관건이 되는 방법론적 쟁점은 타당도이다. 즉, 제시된 설명이 "무엇을"에 해당하는 실체를 제대로 드러내는 것이 중요하다. 이에 비해서, 설계 이론(또는 지침 혹은 모형)의 경우에는 관건이 되는 것은 **우수성**(preferability)이다. 기대하는 결과를 획득하는데 지금까지 알려진 방법보다도 더 좋은 것에 관심이 있다. 그러나 "더 좋은" 것이란 무엇을 의미하는가? 우수성을 구성하는 것은 무엇인가? 제1장에서 논의한 것처럼 우리가 사용하는 준거는 우리들의 가치에 의지하고 있다. 보다 정확히는 설계 이론의 적용과 관련된 당사자들의 가치에 의지하고 있다. 이러한 가치들은 적어도 세 가지 측면 즉, 효과성, 효율성, 매력성을 통하여 드러난다(Frick & Reigeluth, 1992; Reigeluth, Volume 1, 1983 참고). 아래에 각 준거에 대한 논의가 제시되어 있다.

효과성. 때때로 효과성의 가장 중요한 측면은 이론(지침 혹은 방법)이 주어진 상황에서 목적을 달성하였는지에 관한 정도나 수준을 의미한다. 대체로 규준 지향 혹은 준거 지향의 수치 척도에 의하여 측정된다(Mager, 1984 참고). 다른 측면은, 반복하여 이루어질 때에도 목적을 달성하는지를 보여 주는 확실성(dependability)이다. 확실성은 확률에 의하여 측정된다. 세 번째 측면은 목적을 달성하는 맥락(즉 상황)의 폭이다. 상황에 따른 방법들이 일반적인 방법보다 우수하다. 실제로 설계에 관한 지식을 하나의 방법 혹은 모형을 벗어나서 하나의 설계 이론의 수준까지 격상시키는 것은 바로 상이한 상황에 따라서 상이한 방법들이 제공되기 때문이다.

효율성. 이 측면은 "돈을 투자한 만큼의 값어치가 있는가"와 관련되어 있다. 여기에는 두 가지 요소가 포함된다. 하나는 "가치"(효과)를 측정하는 것이며, 다른 하나는 "돈"(금전이나 시간 혹은 다른 비용 혹은 전체적인 것)을 측정하는 것이다. 교수 설계 이론에 있어서는 수업에 요구되는 환경에 필요한 자료, 장비, 여타 요청 사항과 같은 추가적인 자원에 드는 비용뿐만 아니라 사람이 쓰는 시간, 노력 등을 고려하여야 한다.

매력성. 이 측면은 결과적으로 제시되는 설계로 인하여 관련된 사람들이 얼마나 즐거워하고 있는가를 다룬다. 교수 설계 이론에 있어서 이 측면은 교사, 학생, 지원 조직, 그리고 심지어 행정가 및 학부모들을 포함하게 된다. 매력성은 효과성과 효율성의 측면과는 독립적인 특성을 지니고 있다.

이러한 세 가지 준거는 상황에 따라서 다르게 그 가치를 인정받는다. 왜냐하면 당사자들의 기대와 요구가 다를 수 있기 때문이다. 따라서 세 가지 준거 모두 설계에 관한 지식을 개발하기 위한 연구 설계를 할 때 분명하게 드러나야 한다. 우리는 특정의 설계 이론이 이 세 가지 측면을 어떻게 다루는지를 살펴 볼 필요가 있다. 설계 이론을 정련화하거나 혹은 세 가지 준거에 대하여 상이한 비중을 두면서 특정 이론의 변형된 형태를 개발하게될 때 이 세 가지 측면을 잘 살펴보아야 한다. 예컨대, 효과성에 비해서 효율성이 그다지 중요하지 않을 때 특정의 방법들을 보다 선호할 수 있다. 반면에 효율성이 효과성보다 중요할 때(예를 들면 낮은 비용 혹은 수업 시간이 적을 때) 다른 방법들을 선호할 수 있다.

마지막으로, 설계 이론의 개발과 검토가 한번 실시해서 이루어지는 것이 아니라는 점을 분명히 하여야 한다. 오히려 점진적인 근사(approximation) 혹은 접근의 문제이다. 설계 이론들은 반복적인 노력을 통하여 개선되고 정련화된다. 몬테소리(Montessori) 교육 체제는 매우 좋은 예이다(Montessori, 1964; 1965). 만약에 특정의 교육 설계 이론(educational-design theory)이 초기에 도구적인 가치를 가지고 있는 것으로 구체화가 될 경우, 일찍부터 유용할 수 있으며 이후 이것을 적용하려는 많은 교육자들에 의하여 정련화되고 수정된다.

타당성보다는 우수성(preferability)을 상위로 놓는 설계 이론을 개발하기 위한 연구 방법론을 평가하는데 이와 같은 준거가 있을 경우, 이러한 준거들을 다루는 연구를 어떻게 수행할 수 있는가? 이하에서는 형성적 연구 방법론의 다양한 변형을 이용한 연구들을 언급하면서 형성적 연구 방법론의 활용을 안내하는 지침을 제공하려고 한다.

2. 형성적 연구

형성 평가(때때로 현장 검사 혹은 사용성 검사로 불리워짐)는 교수 자원과 교육과정(curricula)을 개선하는데 사용하는 방법론이다(Bloom, Hastings, & Madaus, 1971; Cronbach, 1963; Scriven, 1967; Thiagarajan, Semmel, & Semmel, 1974). 여기에는 "무엇이 잘 이루어졌는가?", "무엇이 개선되어야 하는가?", 그리고 "어떻게 개선될 수 있는가"와 같은 질문이 포함된다(Worthen & Sanders, 1987, p. 36). 교수설계 이론을 개선하기 위한 개발 연구 혹은 "실천" 연구 방법론의 기초로서 형성 평가를 활용하는 것은 특정의 교수 체제를 개선하기 위하여 형성 평가를 사용하려는 것으로부터 자연스럽게 진화되어 나온 것이다. 형성 평가는 또한 교육과정

개발, 상담, 행정, 재정, 관리와 같은 교육의 다양한 측면에 대한 설계 이론을 개발하고 검토하는데 유용하다.

　Reigeluth(1989)가 논의한 바와 같이, 형성적 연구의 근본적인 논리는 만약에 특정 교수 설계 이론 혹은 모형을 정확하게 반영하는 적용 사태를 개발할 수 있다면 적용의 과정에서 확인된 어떤 약점이라도 그것은 이론의 약점을 반영하고 있다는 것이다. 또한 적용의 과정에서 확인된 어떤 개선점이라도 적어도 그 이론이 적용되는 상황의 하위 측면을 위한 이론의 개선 방법을 보여 줄 수 있다는 것이다. 이 점은 실험 설계의 논리와 매우 유사하다. 실험설계에서는 독립 변인의 변수를 드러내는 사례를 개발하고, 그 사례의 값들을 수집하고, 독립 변인의 개념을 다시 일반화한다. 다양한 학생, 내용, 환경에 반복적으로 실시하는 것은 두 가지 경우 모두 필요하다. 그러나 형성 연구에서는 중요한 질문이 "어떤 방법들이 효과적인가?" "어떤 방법들은 효과적이지 못한가?" 그리고 "어떤 개선점들이 주어진 이론에 필요한가?"와 같은 것이다.

　형성적 연구 방법론에서는 이론에 관한 한 가지 사례(혹은 적용된 예)가 개발되거나 확인된다. 설계된 사례는 해당 이론이 제시하는 지침에 가능한 전적으로 의지한다. 예컨대, 되도록이면 직관을 사용하지 않고 특정의 교수 설계 이론에 기반을 두어 하나의 과정(course)이 개발된다. 적용된 사례(이 경우 과정)는 일대일, 소집단, 그리고 현장에 적용할 수 있는 형성 평가 기법들을 활용하여 형성적으로 평가를 받는다(Dick & Carey, 1990; Thiagarajan, Semmel, & Semmel, 1974). 자료들은 그 과정을 개선하는 방법들을 찾기 위하여 분석된다. 그리고 이론을 개선하기 위한 일반적 지식(generalization)이 가설적인 형태로 확인된다.

　형성적 연구는 기존의 교수설계 이론과 모형을 개선하기 위하여 사용된다. 정교화 이론(English, 1992; Kim, 1994), 이해를 촉진하기 위한 이론(Roma, 1990; Simmons, 1991), 윤리적 문제에 대한 인식을 높이기 위한 이론(Clonts, 1993), 팀을 위한 교수 설계 이론(Armstrong, 1993), 컴퓨터 기반의 시뮬레이션 설계를 위한 이론(Shon, 1996) 등이 여기에 속한다. 또한 수업의 동기 측면 설계를 위한 Keller(1987)의 과정과 같은 교수 체제개발(ISD)을 개선하기 위해서 활용된다(Farmer, 1989). 더욱이 체제적 변화에 활용될 수 있는 학교 체제 모형을 위한 교육 체제 설계(Educational Systems Design)를 개선하는 데에도 사용된다(Carr, 1993; Khan, 1994; Naugle, 1996). 형성적 연구 방법론은 이러한 이론과 모형들을 개선하는 방법을 찾아내는데 가치가 있는 것으로 확인되었다. 또한 실질적으로 교육의 모든 분야에 있는 이론과 모형을 개선하는 데에도 활용될 수 있다.

3. 형성적 연구의 방법론적 절차

형성적 연구는 Yin(1984)이 제시한 바와 같은 사례 연구 접근을 따르고 있다. 구체적으로는, 이론의 한 가지 적용으로 볼 수 있는 종합적인 단일 사례를 설계하게 된다. 연구는 성격상 탐색적이다. 왜냐하면 "분명하면서도 단일한 어떤 결과"도 없기 때문이다(Yin, 1984, p. 25). Yin은 단일 사례 연구가 "현재의 일련의 사태에 대하여 어떻게 혹은 왜라는 질문이 제기될 때"(p. 20)와 같은 경우에 적절하다고 믿는다. 이 경우는 설계 이론을 어떻게 개선할 것인가를 방법론에 포함하게 된다. 이런 유형의 방법론은 연구자-교사간의 협동적 활동에도 적합하다.

　이 연구 방법론의 특수성은 형성 연구의 유형에

따라서 상이하다. 지난 7년 동안 형성 연구를 위한 다양한 방법론을 몇몇의 연구를 통하여 점차로 정련화시켜 왔다(Armstrong, 1993; Carr, 1993; Clonts, 1993; English, 1992; Farmer, 1989; Khan, 1994; Kim, 1994; Naugle, 1996; Roma, 1990; Shon, 1996; Simmons, 1991; Wang, 1992).

사례 연구들은 탐구의 대상이 되는 상황이 연구자에 의하여 조금이라도 조작될 수 있는가 여부에 따라서 설계된 사례 혹은 자연적 사례로 구분될 수 있다. 만약에 연구자가 이론(혹은 모형)에 따라서 사례를 만들고 그 사례를 형성적으로 평가하게 될 때 이 형성 연구는 **설계된 사례**가 된다. 이에 대응하여 연구자가 (a) 이론에 따라서 구체적으로 설계되지는 않았지만 그 이론이 제시하는 동일한 목적과 맥락에 부합하는 특정의 사례를 선정하거나, (b) 특정의 사례가 관심의 대상이 되는 이론과 일관되는지, 어떤 지침을 제대로 따르지 않는지, 그리고 이론에 포함되지 않은 가치 있는 어떤 요소들을 포함하고 있는지를 분석할 때, 그리고 (c) 어떻게 일관된 요소들이 개선될 수 있는지, 존재하지 않는 요소들이 사례의 개선을 나타내는지, 그리고 그 사례에 독특하게 있는 요소들을 제거하는 것이 오히려 문제가 되는지를 확인하기 위하여 사례를 형성적으로 평가할 때 이 형성 연구는 **자연적 사례**가 된다. 더욱이 자연적 사례의 경우, 관찰이 사례가 적용되는 도중에 혹은 그 후에 이루어지는가에 따라서 다양한 방법론이 나타나게 된다. 이와 같이 형성 연구에는 세 가지의 주요 연구 유형이 있다.

- **설계된 사례.**   연구를 위하여 의도적으로 이론의 적용 사례가 개발된다(대체로 연구자에 의하여).
- **동시 자연적 사례.**   사례가 적용될 때 사례에 대한 형성적 평가가 이루어진다.
- **사후 자연적 사례.**   사례가 적용된 이후에 사례에 대한 형성적 평가가 실시된다.

이러한 세 가지 유형과 함께 새로운 이론(존재하지 않는 것)을 개발하는 것이 목적인지 아니면 현존하는 이론을 개선하는 것이 목적인지에 따라서 형성적 연구 방법론을 구분할 수 있다. 표 26.1은 이러한 변형된 방법론들을 보여 주고 있다.

현존하는 이론의 개선을 위하여 설계된 사례의 경우 다음과 같은 과정을 중심으로 방법론적 문제를 다루게 된다.

1. 설계 이론을 선정한다.
2. 그 이론의 해당 사례를 설계한다.
3. 사례에 관한 형성 자료를 수집하고 분석한다.
4. 사례를 개선한다.
5. 자료 수집과 수정을 반복한다.
6. 이론에 관한 잠정적 수정 사항을 제안한다.

새로운 이론을 개발하기 위하여 설계된 사례의 경우 과정상 약간의 변화가 있다.

표 26.1 형성적 연구의 유형

	현존하는 이론 대상	새로운 이론 개발
설계된 사례	현존하는 이론의 설계된 사례	새로운 이론의 설계된 사례
동시 자연적 사례	현존하는 이론의 동시 자연적 사례	새로운 이론의 동시 자연적 사례
사후 자연적 사례	현존하는 이론의 사후 자연적 사례	새로운 이론의 사후 자연적 사례

1. (적용 대상이 아님)
2. 설계 이론의 개발을 도와 줄 수 있는 사례를 만든다.
3. (기존 이론의 경우와 동일)
4. (기존 이론의 경우와 동일)
5. (기존 이론의 경우와 동일)
6. 잠정적 이론을 전체적으로 개발한다.

동시 및 사후 자연적 연구의 경우에 과정에 있어서 차이가 있다.

1. (새로운 혹은 기존 이론에 상관없이 설계된 사례와 동일)
2. 사례를 선정한다.
3. 사례에 관한 형성 자료를 수집하고 분석한다.
4. (적용 대상이 아님)
5. (적용 대상이 아님)
6. (새로운 혹은 기존의 이론에 상관없이 설계된 사례와 동일)

이하에서는 가장 일반적인 것으로 볼 수 있는 현존하는 이론을 개선하기 위한 설계된 사례부터 시작하여 각 형성 연구 유형에 대한 설명이 제시되어 있다.

기존의 이론을 개선하기 위한 설계된 사례

사례 연구에 따라서 많은 변형들이 있기는 하지만 아래 제시되어 있는 것은 이와 같은 형성 연구에서 볼 수 있는 가장 전형적인 과정을 보여 준다.

1. 설계 이론을 선정한다.   먼저 개선하고자 하는 기존의 설계 이론(혹은 모형)을 선정한다.

예컨대, Robert English는 인디애나 대학교의 강

사인데, 대학 박사 학위 논문 연구(English, 1992)를 위하여 수업에 관한 정교화 이론(Reigeluth & Stein, 1983)을 선정하였다.

2. 그 이론의 해당 사례를 설계한다.   그 다음에 설계 이론(혹은 모형)이 적용되는 일반적인 상황들 중에서 하나의 상황을 선정한 후 설계 이론이 구체화된 적용 사례("설계 사례"로 불리는 것)를 설계한다. 이 사례는 결과물이 될 수도 있고 혹은 과정이 될 수 있는데 대체로 두 가지 모두인 경우가 많다. 설계 사례에는 가능한 해당 설계 이론만이 적용되어야 한다는 점이 중요하다. 두 가지의 약점을 피해야 한다.(이론의 요소가 제대로 드러나지 않은 생략(omission)과 이론에 포함되지 않은 요소들이 오히려 들어가 있는 범실(commission)의 약점이 있다.) 이 문제는 구인 타당도와 관련된다. 실험 설계의 경우 각 처치들은 해당되는 독립 변인의 개념을 제대로 드러내는 방식에 의하여 구인 타당도를 확보하려고 한다.

사례의 설계는 연구자(참여자로서) 혹은 이론의 전문가(관찰자로서 연구자)에 의하여 이루어지는데 내용 전문가(대체로 사례가 활용되는 강좌의 교사)의 도움을 받게 된다. 어떤 경우이든지 한 명 혹은 그 이상의 이론에 관한 전문가를 확보하여 사례를 검토하면서, 그 사례가 이론을 제대로 반영하고 있는지를 분명히 하여야 한다. 만약에 자신이나 아니면 이론의 전문가들이 이론이 어떠한 지침도 제공하여 주고 있지 않다는 결정을 내리게 될 때는 이후 설계 이론에 추가되어야 하는 지침 영역으로 이 부분을 특히 기록으로 잘 남겨 두어야 한다. 또한 하나 혹은 가능하면 다수의 추가적인 내용 전문가를 확보하여 내용의 정확성을 그 사례가 제대로 반영하고 있는지를 검토하여야 한다.

예컨대, Robert English는 자신미 매번 가르쳐 왔던 전기학에 대하 기본 대학과정을 선택했다. 그는 코스의 교재에서 4개 단원을 골라 정교화 이론에 따라서 그것을 재계열화했다. 그 후 이론의 저자 중 한 명(Reigeluth)에게 정교화 이론의 지침을 제대로 적용하였는가에 관한 타당성을 확인하도록 하였다.

3. 사례에 관한 형성 자료를 수집하고 분석한다.

다음으로 설계된 사례에 대한 형성 평가를 시행함으로써 자료 수집을 시작한다(예컨대, Dick & Carey, 1990을 참고). 이러한 형성 평가의 의도는 사례에 있는 문제점 특히 이론에 의하여 처방된 방법들의 문제점을 확인하고 제거하는데 있다. 어떤 상황에서는 사례에 대한 설계와 실행이 동시에 일어나기도 한다. 이 경우 설계 과정에 자료가 수집된다. (혹은 반대로 자료 수집 과정에 설계가 발생할 수도 있다.) 다른 상황에서는 사례에 대한 설계와 개발이 실제 실행이 발생하기 전에 끝날 수도 있다. 이 경우 자료 수집은 별도의 활동 단계가 된다. 또 다른 상황에서는 양자를 모두 실시할 수도 있다. 사례를 설계하면서 부분에 대하여 간단한 수준의 검사를 하고 이후 모두 완성되면 보다 큰 규모의 검사를 할 수 있다.

English의 정교화 이론에 관한 연구의 경우, 설계와 개발은 실행이 있기 전에 끝마쳐졌다. 왜냐하면 설계가 완성되기 전에 거시적 수준의 계열에 관한 검사를 하기 어렵기 때문이다.

먼저 참가자들을 잘 준비시켜서 보다 개방적으로 필요한 자료들을 잘 제공할 수 있도록 하여야 한다. 새로운 방법을 검토한다는 것을 설명하면서, 방법들에 대하여 매우 비판적일 것을 기대한다는 점과 문제점들이 있다면 참가자들에게 그 문제가 방법 자체에 결함이 있기 때문이 아니라 방법상의 약점 때문에 그렇다는 점을 알려줌으로써 참가자들을 개방적으로 만들 수 있다. 참가자들과 래포(rapport)를 형성하도록 노력하고, 일대일 방식의 형성 평가에서는 진행 도중에 소리내어 생각하기(think aloud)를 하도록 한다(이 경우에서는 수업의 과정중).

예컨대, Robert English는 학생들에게 새로운 강좌 설계를 이용하고 있는데 그것에 대한 학생들의 반응을 듣고자 한다고 설명하였다. 그는 학생들에게 다음과 같이 말하였다. 학생들이 어떤 실수를 하든지 아니면 어떤 오해를 하든지 간에 그것은 학생들이 학습 능력보다는 강좌의 문제 때문에 발생한 것이다. 수업이 실제로 일어나기 전에 그는 학생들과 래포를 형성하여 학습자들이 편안하게 상호작용을 하면서 솔직한 답변을 할 수 있도록 하였으며, 가능한 최대한 비판적으로 될 것을 요청하였다. 그는 또한 소리내어 생각하기와 공부를 하면서 필요한 경우 자료에 노트를 할 것을 요구하였다.

관찰, 자료, 그리고 면담과 같은 세 가지 기법들은 형성적 자료를 수집하는데 유용하다. **관찰**은 설계 이론이 드러나 있는가를 확인하게 하며 해당 요소에 대한 학습자들의 외적 반응을 볼 수 있게 한다. 요소(이 경우는 수업의 방법)와 결과에 관한 **자료**는 이론의 요소가 가지고 있는 가치에 관한 결정을 내리게 하여 준다. 예컨대, 시험 결과는 얼마나 많은 학습이 이루어졌으며 어떤 유형의 학습이 발생하였는가를 측정할 수 있게 한다. 또한 지역 사회에 미치는[1] 영향에 관한 신문 기사는 특정 요소의 가치나 혹은 이미 결과 관련 자료가 있는

---

1) 역자 주: 새로운 수업 이론 혹은 모형의 효과

요소들에 대한 삼각 확인(triangulation)[2]의 가치에 대한 새로운 통찰을 제공할 수 있다. 이 경우 신문에 나타난 효과가 앞에서 논의한 것처럼, 우수성을 평가하기 위하여 이미 설정된 준거들을 반영한다는 점을 전제하여야 한다.

그러나 가장 유용한 자료는 참가자와의 **면담**을 통하여 획득된다. 개인 면담이나 집단 면담 혹은 상호작용을 통하여 참가자(교사 혹은 학생)들의 반응과 생각을 알 수 있다. 면담을 통하여 설계된 사례의 강점과 약점을 확인할 뿐만 아니라 설계된 사례의 요소들 중에서 개선될 필요가 있는 것을 탐색할 수 있다. 또한 사례로부터 특정 요소들을 제거하거나 혹은 새로운 요소를 추가함으로써 나타나는 결과를 탐색하거나 발생 가능한 상황을 탐색하게 된다(여기서 상황은 학습의 유형, 학습자, 학습 환경, 그리고 교수 설계 이론에 관한 연구의 개발 과정에서의 제한점에 따라서 방법들이 다르게 나타나는 방식을 의미한다.) 비록 이러한 자료들이 참가자 의견으로부터 추측된 것이어서 항상 의심스럽기는 하지만 우리들에게 직관을 주거나 유용하다. 최소한, 이러한 자료들은 추후의 참가자 및 상황을 대상으로 검토할 필요가 있는 가설을 제공할 수 있다. 면담은 사례의 실행 중 혹은 실행 후, 그리고 둘 다 할 수 있다.

설계된 사례의 실행 과정에 이루어지는 참가자와의 상호작용의 순서는 개방형 질문으로부터 특수 목적형 질문으로 이루어져야 한다. 질문들은 탐구의 대상인 설계 이론에 맞추어져야 하며, 이론이 목적으로 하는 것을 보다 잘 획득하게 하여 주는 새로운 지침을 추가하는 것과, 이론에서 제시하는 구체적인 지침을 어떻게 개선할 수 있는가에 관한 자료를 수집하는데 초점이 맞추어져야 한

---

2) 역자 주: 수업의 요소를 관찰 등의 여러 가지 다양한 방법을 통하여 확인하는 절차

다. 따라서 교수 설계 이론의 경우, 이러한 질문을 통해서 설계된 사례의 실행이 어떤 측면에서 학습을 지원하거나 방해하는지를 확인하거나, 약점을 개선할 수 있는 방법을 찾아내야 한다. 질문은 얼굴 표정과 같은 단서(예컨대, 의심스러운 모습)에 의하여 나타날 수 있도록 융통성 있게 반응을 보면서 이루어져야 한다. 또한 사례가 실행되는 중 쉬는 시간에 이루어질 수도 있다. 만약에 참가자들이 사례의 특정 요소에 대하여 어려움을 경험하게 되면, 사례에 나타난 초기 약점들에 의하여 이후 자료들이 부정적인 영향을 받지 않도록 더 이상 나아가기 전에 이러한 어려움을 해결한 다음에 진행하는 것이 좋다.

설계된 사례를 실행한 **이후**에는 다른 유형의 개방형 질문이 사용되어야 한다. 사례의 어떤 요소들을 좋아했거나 혹은 좋아하지 않았는지, 어떤 것에 의하여 도움을 받았는지, 어떤 것이 도움을 주지 않았는지를 참가자들에게 물어 볼 수 있다. 또한 주어진 자료와 활동이 자신들이 요구한 것과 일치하는지, 만약에 변화가 가능하다면 어떤 것을 변화시키려는지, 그리고 목표를 달성하였는지를 물어볼 수 있다. 사후 검토를 위한 질문들의 목적은 설계된 사례의 실행을 전체적으로 볼 때 어떻게 평가할 수 있는지 생각할 수 있는 기회를 제공하는 것이다. 앞에서 언급하지 못한 장점과 약점을 지적하거나, 다른 추가적인 의견을 제시할 수 있는 기회를 제공하는 것이다. 약점을 드러내는 것과 관련하여서는 활발하게 지적할 수 있도록 안내를 받아야 한다. 참가자들 간의 신뢰성 혹은 일관성을 측정함으로써 자료가 충분한 상태에 이르도록 하여야 한다.

또 다른 한 가지 논점을 여기서 강조할 필요가 있다. 때때로 참가자들은 설계된 사례의 상세한 것을 잊어버린다. 따라서 특정의 요소들이 전체 과정의 어느 부분에서 나타났는지를 알려 주어야

한다. 이 부분을 알려주면 참가자들은 대체로 많은 말들을 하게 된다. 따라서 다음과 같은 것을 제안한다. 개방형 질문을 하고 난 뒤에는 참가자들로 하여금 전체 과정을 되돌아보면서 자신들의 인상을 다시 생각할 수 있도록 하는 것이 필요하다. 전체 과정을 녹화하여 참가자들이 이것을 볼 수 있게 하는 것은 매우 유용하다.

대체로, 가장 유용한 자료들은 설계된 사례가 실행되면서 참가자들과 일대일로 면담을 하는 과정에서 수집된다. 왜냐하면 사실이 발생한 이후 면담할 때 발생하는 기억 회손 문제를 피할 수 있으며, 이후 실행과정에서 자료 수집을 어렵게 만들 수도 있는 문제를 극복할 수 있기 때문이다. 그러나 실행 도중에 실시하는 면담은 외적 타당도가 낮다. 왜냐하면 면담이 일종의 방해 요인(intrusiveness)이 될 수 있기 때문이다. 형성 평가에서와 마찬가지로, 보다 풍부하지만 타당성이 떨어질 수 있는 자료 수집 기법(설계된 사례의 실행 과정에서 실시되는 일대일 면담)으로부터 시작하여 그 자료들의 타당성을 확인하기 위하여, 충실성은 떨어지지만 대표성이 보다 높은 기법(소집단 및 현장 적용 후 실시되는 면담)의 활용을 제안한다. 그리고 현장 실시 이후에 이루어지는 면담 과정에서는 설계된 사례가 실행되는 것을 녹화하여서 참가자로 하여금 녹화내용을 보면서 의견을 제시하도록 하는 것이 도움이 된다. 또한, "참여자 확인"(member checking)(Guba & Lincoln, 1981)은 정보가 기록된 후 가능한 빨리 각 참가자들에 의해서 이루어져야 한다. 참여자 확인을 위한 한 가지 기법은 각 참가자들에게 자신들이 제공한 정보를 정리하여 요약한 것을 보여 주고 그것의 정확성을 논의하게 하는 것이다.

English는 세 가지 기법을 모두 다 사용하였지만, 학생들과의 면담에 집중을 하였다. 그는 일대일

면담을 활용하여 학생들이 어려운 내용을 다루는 것을 도와 주는 방법을 탐색하였으며, 학생들의 의견을 모두 녹음하였다. 그의 연구는 크게 두 단계로 이루어진다. 하나는 "상호작용적" 자료 수집 단계인데 여기서는 수업 과정에서 학생들과 상호작용을 하게 되며, 다른 하나는 "비상호작용적" 자료 수집 단계인데, 여기서는 수업 이후에 자료 수집을 하기 위해서 각각의 학생(1 단계와 다른 학생)과 상호작용을 하게 된다. 단계 1의 자료가 보다 충실하며, 단계 2의 자료는 단계 1의 결과의 타당성을 확인하기 위하여 사용된다.

자료 수집은 항상 해당 설계 이론을 어떻게 개선할 수 있을 것인가에 초점을 맞추어야 한다. 어떤 것을 변화시켜야 하는지(약점) 뿐만 아니라 어떤 것을 변화시켜서는 안 되는지(강점)에 초점을 맞추는 것이 유용하다. 약점이 발견될 때마다 그러한 약점을 극복할 수 있는 방법을 학습자(혹은 사용자)들이 제안할 수 있도록 하는 것이 매우 중요하다. 혹은 최소한 각각의 약점을 극복할 수 있는 연구자의 제안에 대한 학습자들의 반응을 확보하는 것이 중요하다. 결과의 신뢰성을 측정하기 위해서는 자료 수집을 몇 차례 반복하는 것이 매우 필요하다(실험 연구에서 대상의 수를 증가시키는 것과 동일한 맥락). 반복하여 수집할 때 이론이 의도하는 상황의 제한 폭 내에서 가능한 상세 상황(사람의 유형과 조건)을 다양하게 하는 것이 적절하다. 이렇게 함으로써 상황성(상이한 맥락의 조건에 따라서 다른 방법을 활용하는 것)을 확인함과 동시에 외적 타당도(일반화 가능성)를 증가시키게 된다.

English의 자료는 이론의 강점, 약점, 그리고 개선점을 포함하고 있다. 또한 English는 충분한 자료를 얻기 위해서 제1 단계에서는 총 10명의 학

생들과 면담을 하였으며, 제2 단계에서는 3명과 면담을 하였다. 각 단계에서 학생들은 지능 수준에 있어서 골고루 분포되어 있었다.

자료 분석은 가능하면, 학생들 간의 응답에 있어서 일관성을 확인하기 위하여 자료 수집 과정 중에 이루어져야 한다. 가장 중요한 관심 영역은 해당 수업의 주요 강점과 약점을 확인하면서 이론에 대한 개선점을 찾아내는 것이다. 자료 분석은 세 가지 활동으로 이루어진다. 자료 축소, 자료 전시, 그리고 결론 도출이 그것이다(Miles & Huberman, 1984). 자료 축소는 "'원시' 자료를 선정하고, 집중하며, 단순화하고, 추상화하며, 변형시키는 것"이다(Miles & Huberman, 1984). Miles와 Huberman(1984)이 제안한 분석 절차는 설계된 사례의 실행 과정에서 이루어진 '관찰의 유형'과 사후 검토 과정에서 질문에 대한 '답변의 유형'에 따라서 자료들을 범주화하는데 초점을 맞춘다. 요약 정보는 일련의 매트릭스(예컨대, Roma, 1990에 의하여 제안된 것)에 놓여지는데, 여기서는 연관된 상황적 특성(예컨대, 학생, 내용, 그리고 맥락)이 한 축에 분명히 제시되면서 다른 축에는 해당되는 자료의 범주(예컨대, 이론의 요소들)가 나열된다. 각각의 칸은 자료의 성격에 따라서 긍정/부정 혹은 예/아니오의 대답들이 들어 있게 된다. 개선을 위한 제안은 매트릭스에 제시된 각 약점 부분에 기입될 수 있으며 매트릭스와는 별도로 다른 곳에서 상세하게 설명된다. 매트릭스의 범주는 연구 이전에 미리 결정될 수는 없다. 왜냐하면 대부분의 질문들이 개방형이기 때문이다.

개방형 질문을 했을 때 발생할 수 있는 문제점 중의 하나는 매트릭스의 많은 칸들이 빈 상태로 남아있을 수 있다는 점이다. 왜냐하면 몇몇 학생들은 특정의 범주에 대해서는 자료들을 제공하지 않기 때문이다. 이 점은 상황의 유형에 상관없이 (예컨대, 학생, 내용, 맥락) 모든 범주에 적용될 수 있는 결론을 도출하기 어렵게 만든다. 이 문제를 해결할 수 있는 한 가지 방법은 자료 수집을 하는 동안에 개방형 질문과 직접적 질문을 통합적으로 하는 것이다. 이렇게 함으로써 모든 참가자들로부터 설계된 사례의 특정 측면에 관한 정보를 확인하게 하여 주며 자료가 있는 칸들을 증가시켜 준다. 그러나 모든 정보의 범주를 예측하기는 불가능하기 때문에 직접적 질문만을 활용하는 것을 추천하지는 않는다. 우리가 제안하는 것은 개방형 질문으로 시작하여서 연구 시작 전에 중요한 문제로 확인한 것이나 초기 자료 수집 단계에서 드러난 문제에 대하여 직접적 질문을 하는 것이다.

4. 사례를 수정한다. 다음으로, 수집된 자료를 바탕으로 설계 이론의 사례를 수정한다. 이러한 수정은 모든 자료 수집과 분석이 끝나기 전에도 할 수 있다. 수정할 필요가 있는 것을 가능한 빨리 수정하여서 이후 자료 수집 단계에서 활용할 수 있으며, 때로는 비교 평가를 위하여 동일한 학생들에게 두 가지의 설계된 사례를 제시할 수도 있다. 수정된 사례의 특성을 잘 기술하여야 한다. 왜냐하면 그것들이 해당 설계 이론이 어떻게 개선될 수 있는가를 알려 주는 가설이 될 수 있기 때문이다.

5. 자료 수집과 수정을 반복한다. 해당 이론의 한계 내에서 체계적으로 상황을 달리하여(사람과 조건) 몇 차례의 추가적인 자료 수집, 분석, 수정을 반복하는 것이 필요하다. 이렇게 함으로써 초기에 발견된 것을 확인하게 되며, 외적 타당도(일반화 가능성)를 증가시키게 된다. 이 점은 설계 이론의 변화를 정당화하는데 매우 중요하다. 이러한 과정을 통하여 특정 상황에서는 매우 잘 적용된 것이 다른 상황에서는 대안적 방법만큼 잘 적용되

지 않을 수 있다는 것을 확인할 수 있다. 이러한 "상황성"은 설계 이론을 개선하면서 실천가들의 요구를 보다 잘 반영하려는 연구 노력이다.

6. 이론에 관한 잠정적 수정 사항을 제안한다. 마지막으로, 확인된 결과를 활용하여 개선된 설계 이론을 가설화한다. 물론, 이렇게 제안된 것은 보다 엄격하게 반복되고 타당화가 이루어지기 전까지는 "지식"이 될 수 없다. 추가적인 형성 연구는 반복이 필요한 부분을 제공할 것이다. 그러나 타당화(혹은 반증)에 적절한 연구 방법은 실험 연구이다.

새로운 이론을 개발하기 위한 설계된 사례

이런 유형의 형성 연구는 기존의 설계 이론으로부터 연구를 시작하지 않는다는 점에서 앞의 연구와는 다르다. 즉 앞에서와 같은 단계 1은 없는 것이다. 다음으로, 지침을 제공하여 줄 수 있는 설계 이론이 없는 상태에서 최선의 사례(case)(설계 이론의 사례(instance)에 대응하는)를 설계하기 위해서 단계 2를 많이 변형하여야 한다. 이렇게 하는 이유는 경험과 직관에 기반을 두고 근거 있는 설계 이론을 개발하기 위하여 구체적인 사례를 활용할 수 있게 하기 위함이다. 이 책의 몇몇 이론들은 이러한 유형에 기반하여 개발된 것처럼 보여진다(예컨대, Corno & Randi, chap. 13; Nelson, chap. 11; Perkins & Unger, chap. 5; Pogrow, chap. 14; Schwartz, Lin, Brophy, & Bransford, chap. 9). 이런 방법은 기본적으로 분명한 설명에 근거하기보다는 직관적인 특성을 보여 준다. 단계 3, 4, 5는 앞의 유형과 유사하다. 그러나 단계 6은 기존의 이론을 수정하기보다는 새로운 설계 이론을 귀납적으로 개발하는 과정이 된다. 새로운 단계 2와 단계 6에 대한 설명이 아래에 제시된다.

2. 설계 이론의 개발을 도와 줄 수 있는 사례를 만든다. 새로운 설계 이론(혹은 모형)이 적용될 수 있는 일반적인 상황에 포함될 수 있는 특정 상황을 선택한다. 다음으로 경험, 직관, 시행착오, 관련된 서술적 지식 및 교육에 관한 과학적 지식 등을 통합적으로 활용하여 그 상황에 적합한 최고의 사례를 설계한다. 물론 이 사례는 산출물과 그것을 실행한 것, 혹은 과정이거나, 양자 모두를 의미할 수도 있다. 이 사례는 설계 이론을 개발하려는 사람에 의하여 설계되어야 한다. 왜냐하면 사례와 친숙한 수준이 근거있는 좋은 이론을 개발하는데 매우 중요하기 때문이다. 사례를 개발하면서 동시에 잠정적인 이론을 개발하여야 한다. 사례에 포함될 요소들을 결정할 때 요소들의 선정과 활용을 위한 지침을 만들어야 하며 그것을 개발하려는 이론과 통합하여야 한다. 이렇게 함으로써 개발될 사례가 이론의 한 가지 사례가 될 수 있는 것이다.

6. 잠정적 이론을 전체적으로 개발한다. 마지막으로 발견된 결과를 활용하여 잠정적인 설계 이론을 수정하고 정교화한다. 이론이 의도하는 모든 상황에서 이론이 제대로 적용될 수 있는가를 평가하기는 어려울 것이다. 따라서 이론의 허점과 부적절성이 발견될 것이다. 해당 이론을 다른 사람들에게 알려 줄 때 바로 이러한 부적절성을 확인하고 잘 설명하여야 한다. 또한 해당 이론을 추가적으로 발전시키는데 가장 도움이 될 수 있는 개발 연구의 유형을 보여 주는 연구 방향을 제안하여야 한다.

자연적 형성 연구

자연적 형성 연구는 연구자가 설계된 사례를 만들 수 없다는 점에서 설계 연구(designed study)와는 다르다. 다른 사람이 개발한 사례를 관찰한다는 점에서 자연적인(이 용어의 일반적인 의미에서) 연구 형태이다. 이 사례는 연구자가 실제 사례가 발생할 때 연구할 수 있는 경우, 즉 **동시**(in vivo) 자연적 연구라 불리는 것과 이미 주어진 사실에 대하여 연구할 수 있는 경우, 즉 **사후**(post facto) 연구라 불리는 것으로 나누어진다. 사후 연구와 동시 연구의 주요 차이는 사후 연구의 경우, 관찰이 불가능하며(비디오 자료를 보는 경우를 제외하고는), 시간이 지난 후에 시행되기 때문에 면담을 준비하기도 어려우며, 정확하고 완벽한 자료를 얻을 가능성이 낮다는 점이다. 두 가지의 경우 모두 순수하게 자연적 연구일 경우 자료에 근거하여 사례를 수정할 수 있는 기회(앞의 단계 4)와 수정된 사례를 다시 실행할 수 있는 기회(단계 5)가 없다. 자연적 사례는 기존의 설계 이론을 개선하거나 혹은 새로운 이론(즉 아직 존재하지 않은)을 개발하는데 활용할 수 있다. 자연적 연구를 위한 상세한 방법이 아래에 제시되어 있다.

1. (새로운 혹은 기존의 이론에 상관없이 설계된 사례와 동일)

2. 사례를 선정한다.   이론의 사례(instance)를 개발(기존의 이론에 대한 연구에서)하거나 혹은 사례를 개발(새로운 설계 이론을 개발하기 위한 연구에서)하는 것 대신에, 곧 시행하려고 하는 사례(동시적 연구를 위해서)나 혹은 완결된 사례(사후 연구를 위해서)를 선정하게 된다. 기존 혹은 새로운 이론을 위한 연구 모두 사례들은 이론이 적용될 수 있는 일반적인 상황의 범주 내에 속하여 있는 특정한 상황과 관련된 것이어야 한다. 이 사례는 산출물이나 과정이 될 수 있으나, 대체로 양자모두를 의미한다. 기존의 이론을 검토하기 위해서는 해당 이론에 가장 근접한 사례가 매우 큰 도움이 된다. 즉 해당 이론이 주장하는 요소들을 많이

포함하고 있는 사례가 필요하다. 그리고 해당 이론과 관련된 한 명 이상의 전문가로 하여금 개발된 사례가 어느 정도 해당 이론의 요소들을 포함하고 있는지 확인하게 하여야 한다.

3. 사례에 관한 형성 자료를 수집하고 분석한다.
다음으로, 사례에 관한 형성 자료를 수집하고 분석한다. 기존 이론에 관한 연구에서는, 이론과 사례에 요소들이 나타나는지, 아니면 나타나지 않는지를 기준으로, 수집하기를 원하는 자료의 유형을 크게 세 가지로 나눌 수 있다. 첫 번째 것은 이론과 사례에 모두 다 나타나는 요소와 관련된 것이다. 사례에 활용된 이론 요소들의 강점, 약점, 가능한 개선점을 확인하여야 한다. 이러한 요소들이 사례에서 개선될 수 있는가(그리고, 논리적 추론을 통하여 이론에서도 가능한가)? 두 번째 것은, 이론에는 있으나 사례에는 없는 요소들과 관련된다. 이때는 이론의 특정 요소들을 사용하지 않은 사례들로 인하여 나타나는 결과들을 확인하여야 한다. 이러한 요소들이 활용되어야만 했는가? 세 번째 것은 이론에는 없으나 사례에는 있는 경우와 관련된다. 방법뿐만 아니라 상황성(situationalities)을 포함하여 이론에는 없으나 사례에 있는 요소들의 강점, 약점, 가능한 개선점을 확인하여야 한다. 이러한 요소들이 이론에 추가되어야 하는가? 새로운 이론을 개발하는 연구의 경우, 이와 같은 유형의 자료만이 유용하다. 사례로부터 일반화가 가능한 것이 무엇인지 그리고 상황성을 포함하여 어느 정도 일반화가 가능한지에 관한 가설을 개발하기 위해서는 자신의 직관, 경험, 관련된 서술적 이론에 상당히 의지해야만 한다.

이러한 세 가지 유형의 자료는 앞에서 논의한 세 가지 기법(관찰, 면담, 자료)에 의하여 수집될 수 있다. 관찰은 이론의 요소들에 대한 참가자들의 표면적 반응을 볼 수 있게 할 뿐만 아니라 이론의 어떤 요소들이 사례에 나타나는지, 어떤 요소들이 빠져있는지를 판단하게 하여 준다. 그러나 '사후' 연구의 경우 관찰은 비디오로 녹화되었을 경우에 가능하다. 면담(개별 혹은 집단) 연구의 경우 참가자들의 반응과 사고를 검토하면서 사례에 추가될 부분을 탐색하게 하여 준다. 비록 사후 연구의 경우, 어렵지만 사례에 참가하였던 몇몇 사람들과 면담을 하는 것이 가능하기도 하다. 마지막으로 방법과 결과에 관한 자료를 이용하여 이론의 요소들이 지니고 있는 가치를 판단할 수 있다.

앞에서 언급한 설계된 사례의 경우와 마찬가지로, 비록 그 사례에다가 실제로 어떠한 변화도 가할 수 없지만 자료의 수집은 항상 사례를 어떻게 개선할 것인가에 초점이 맞추어져야 한다. 이것은 물론, 특별한 개선이 요구되는 약점을 확인하는 것과 함께, 변화될 필요가 없는 강점이 어떤 것인지 확인하는 것을 포함한다. 결과의 신뢰성을 확보하기 위하여 자료를 반복적으로 수집하는 것이 필요하다.(이것은 실험 연구에 있어서 대상의 수를 증가시키는 것에 대응한다.) 다시 한번, 충분할 정도로 반복을 하는 '포화'(saturation)의 기법을 제안한다. 또한 매번 맥락의 정보들을 변화시킴으로써 상황성과 일반화 가능성의 폭을 확보하게 된다.

단계 4와 단계 5는 적용 대상이 아니다. 단계 6은 새로운 이론이든 기존 이론이든지 상관없이 설계된 사례와 동일하다.

사후 형성 연구의 사례들로는 Khan(1994)와 Wang(1992)의 연구를 들 수 있다. 또한 Collins와 Stevens(제 1권, 1983)의 탐구 수업을 위한 인지 이론은 사후 자연적 형성 연구를 활용하여 개발된 수업에 관한 설계 이론의 한 가지 사례이다. Collins와 Stevens는 다양한 형태의 "상호작용적" 교사들의 전사본(transcript)을 확보하였다. 이 교사들은 "탐구식, 발견식 수업, 즉 소크라테스식 방법의 사례들을 활용하였다"(p. 250). 그리고 이 연구자들은 "이런 교사들의 교수 전략의 공통된 요소들을 추출하고 … 어떻게 이러한 요소들이 다른 영역에까지 확대 적용될 수 있는가를 보여 주었다"(p. 250).

위에서 언급한 사례들은 형성 연구 방법론의 모든 종류들을 다 망라하지 못한다. 또한 이런 사례들은 상호 배타적이지도 않으며 "아주 엄밀하지도" 않다는 사실을 숨기고 있다. 실은 많은 형성 연구들은 한 가지 이상의 유형들이 지니고 있는 요소들을 포함하고 있다. 또한, 각 범주 내에서도 많은 변형들이 있을 여지가 많다. 그러나 개별 연구 유형에 대한 특이한 방법론적 문제뿐만 아니라 모든 연구 유형이 공통적으로 지니고 있는 방법론적 문제가 있다.

4. 형성적 연구의 방법론적 문제

사례 연구들이 엄격성을 결여하고 있다는 비판을 받아왔다. 그러나 이런 제한은 다음과 같은 세 가지 방법론적 문제에 주의를 기울임으로써 어느 정도 다루어질 수 있다. (a) 구인 타당도, (b) 견실한 자료 수집 및 분석 절차, (c) 이론의 일반화 가능성에 대한 주의.

구인 타당도

구인 타당도는 "연구의 대상이 되는 개념에 대한 정확한 조작적 측정을 확보하는 것"과 관련이 있다"(Yin, 1984, p. 37). 형성 연구에 있어서 관심의 대상이 되는 개념들은 해당 설계 이론이 제공하는 방법들과 이러한 방법들의 활용에 영향을 미치는 **조건들** 그리고 강점과 약점을 보여 주는 지표들 (결과를 보여 주는 준거)이다. 방법에 대한 조작화와 적절한 상황에 대한 분석은 이론 전문가에 의하여 실행되어야 하며, 구인 타당도를 확보하기 위하여 이론은 1명 혹은 2명 이상의 전문가에 의하여 검토를 받아야 한다. 앞의 단계 2에서 밝힌 바와 같이 구인 타당도를 약화시키는 방식에는 두 가지가 있다. 생략(omission)(이론의 요소가 제대로 드러나지 않는 것)과 범실(commission)(이론에 포함되지 않은 요소들이 오히려 들어가 있는 것)이 될 수 있다.

강점과 약점을 보여 주는 지표들은 앞에서 논의한 것처럼 방법들의 효과성, 효율성, 매력성을 포함하여야 한다. 효과성의 지표는 설계된 사례 혹은 일반 사례가 특정한 목적을 달성하는지 여부를 측정할 수 있는 전문가에 의하여 개발되어야 한다. 효율성의 지표는 방법을 설계하고 사용하는데 있어서 시간과 비용을 측정할 수 있는 전문가에 의하여 개발되어야 하며, 이러한 지표는 다른 전문가에 의하여 검토를 받아야 한다.

견실한 자료 수집 및 분석 절차

자료 수집과 분석 절차의 견실함은 두 가지 요소에 의하여 영향을 받는다. 자료의 완벽성 혹은 완결성과 자료의 신뢰성 혹은 정확성이 바로 그것이다. 이러한 두 가지 요소들은 어느 정도 중복되지만 두 가지의 구분된 문제로 생각하는 것이 도움이 된다(Rubin, 1994, 사용성 공학 참고).

완벽성: 자료의 완벽성은 여러 가지 기법에 의하여 증가될 수 있다. 참가자들의 사전준비, 창발적인(emergent) 자료 수집 과정, 관여 수준을 점진적으로 감소하기, 포화상태에 이르기까지 반복하기, 약점뿐만 아니라 강점을 확인하기 등이 여기에 속한다.

첫째, 참가자들은 많은 경우 **사전에 준비하는 것**을 요구받는다. 왜냐하면 그렇지 않을 경우, 설계된 사례 혹은 일반 사례를 비판하는데 어려움을 겪기 때문이다. 예컨대, 학생들은 학습에 있어서 문제가 발생하면 수업보다는 자신들을 비난하는 경향이 있다. 그리고 수업에 문제가 있다고 판단하는 경우에도 학생들은 그것을 개발하는데 관여한 사람을 앞에 두고 비판하기를 꺼려한다. 그러므로 설계된 사례 혹은 일반 사례를 실행하기 전에 참가자들이 비판적으로 될 수 있게 준비하는 것이 중요하다. 더욱이 참가자들과 친한 관계를 형성하는 것이 참가자들이 보다 개방적으로 반응하도록 만드는데 중요하다.

둘째, 이론에서 어떤 약점이나 개선의 영역을 확인할 수 있는지 거의 알 수 없기 때문에 자료를 수집하는 과정이 **창발적**(emergent)이어야 한다는 점이 매우 중요하다. 즉, 자료를 수집하는 것이 개방형 탐색(예컨대, 질문, 관찰, 자료)으로부터 시작하여, 점차적으로 이전 대답에 따라서 보다 분명한 목표를 가질 수 있도록 발견된 사실에 대한 융통성 있는 대응이 이루어져야 한다.

셋째, 초기 자료 수집 단계에서는(예컨대, 학생들과 일대일 상호작용) 방해 요인(obtrusive probes)(즉 설계된 사례의 실행을 방해하는 것)으로부터 시작해서 점차적으로 **방해 요인이 적어지도록** 함으로써 외적 타당도가 보다 높은 (이후 학생들을 통하여) 조건에서 초기의 발견들을 뒷받침한다.

넷째, 직접적인 관여에 의한 탐색을 반복적으로 실시하여서 **포화**(saturation) 상태에 이르도록 한다(반복적으로 자료 수집을 하였으나 선행의 발견들과 차이점이 없는 상태). (Merriam, 1988을 참고하라).

마지막으로, 설계된 사례(designed instance)나 일반 사례(case)의 약점뿐만 아니라 **장점**에 관한 정보를 확실하게 수집하여야만 한다. 또한 변화될 필요가 있는 것뿐만 아니라 변화되어서는 안 될 것도 수집하여야만 한다.

신뢰성: 자료의 신뢰성은 다양한 기법에 의하여 향상될 수 있다. 삼각법(triangulation)(Lincoln & Guba, 1985), 증거의 사슬(chain of evidence), 구성원의 확인(member checks)(Guba & Lincoln, 1981), 연구자의 가정, 성향, 이론적 관점의 명료화(Merriam, 1988) 등을 활용할 수 있다.

첫째, **삼각법**은 다양한 증거 자료를 활용하여 다른 자료와 비교해 각각의 자료를 교차 확인하는 방법을 의미한다. 형성 연구에서 다양한 증거 자료란 우선 복수의 참여자(예컨대, 학생)를 의미한다. 다른 참여자들과 반복적인 실시를 통하여 자료를 수집하여 참여자들 사이에 상당한 수준에 이르는 자료의 일관성(포화 상태)을 확보하여야 한다. (이 점은 분명하게 자료의 완벽성과 중복된다.) 또한 개별 학습자로부터 다양한 증거 자료가 수집되어야 한다(예컨대, 학습자의 학습 관찰, 학습자와의 면담, 학습자의 결과물-시험, 논문, 프로젝트 보고서). 확인된 결과를 받아들일 수 있는지에 대한 일반적인 판단을 하기 위하여 설계된 사례 혹은 일반 사례를 평가할 수 있는 객관적인 지표의 활용을 추천한다. (예컨대, 수업의 효과성을 확인하기 위하여 사전, 사후 검사의 실시나 효율성과 매력성을 확인하기 위하여 유사한 객관적 검사를 실시하는 것).

둘째, 모든 자료 수집 절차는 **증거의 사슬**(chain of evidence)이 성립될 수 있도록 분명하고도 명확하게 문서화되어 있어야 한다. Yin이 제안한 바와 같이 마치 누군가가 연구자의 어깨 너머로 지켜보고 있다는 것을 가정하고 연구가 수행되어야 한다.

셋째, **구성원 확인**(member check)은 자료와 해석을 참여자들에게 돌려보내는 것을 의미한다. 참여자들과 보다 철저한 대화를 나눔으로써 연구자가 가지게 되는 실수나 오개념화가 수정될 수 있으며, 새롭게 해석이 이루어지거나 강조점이 변경될 수 있다.

마지막으로 **연구자의 가정**, 편견, 이론적 관점의 명료화를 연구자의 보고서 초기에 분명히 하며 이러한 관점이 분명하게 되도록 많은 노력을 하여야 한다.

이론을 일반화할 수 있는지에 관한 주의

마지막으로, 확인된 결과가 이론에 일반화될 수 있는 방식을 증진시킴으로써 형성 연구의 엄격성이 높아질 수 있다. 이것을 위한 두 가지 도구가 있다. 하나는 상황성(situationality)을 확인하는 것이며 다른 하나는 연구를 반복하는 것이다.

상황성은 두 가지로 탐색될 수 있다. (a) 반복 연구에서 다른 결과가 나타날 때마다 상황의 차이에 주목하라(예컨대, 교수 설계에 관한 연구의 경우, 학습자의 특성, 학습 내용의 특성, 학습 환경의 특성, 개발의 제한점). (b) 결과가 다르게 나오는지를 보기 위하여 자료 수집을 반복할 때마다 상황의 요소를 의도적으로 달리하라. 이러한 결과들은 검토의 대상이 되는 이론의 상황성을 가설화하게 한다. 상황성이 이론에 통합될 때 해당 이론은 보다 넓은 범주의 상황에 유용한 이론이 된다. 최소한 자신의 연구에서 이론이 적용되고 있는 상황을 가능한 완벽하게 서술하여야 한다. 이렇게 함으로써 다른 사람들은 상황성에 관한 결론을 이끌어낼 수 있게 된다.

반복은 형성 연구의 발견들을 확실하게 한다. 충분하게 반복함으로써 해당 설계 이론의 개선점에 관한 가설들이 충분한 증거를 확보하게 되고 이론의 변화를 뒷받침하여 준다. 자연스럽게, 반복은 체계적으로 상황 요소들을 달리하여 진행됨으로써 결국 다른 방법들이 보다 좋을 수 있다는 것을 확인하게 한다.

5. 결론

교육 실천가들은 교육 연구자들에 의하여 개발된 이론적 지식을 활용하는데 어려움을 겪는다. 대부분의 교육 연구들은 서술적인 지식의 형태를 지니는 것으로 볼 수 있다. 만약에 자연과학 분야에서 이런 현상이 나타난다면, 대체로 물리학 혹은 생물학에 관한 연구 결과가 대부분이며 기계 공학 혹은 임상 의학에 관한 연구는 거의 없는 상황으로 볼 수 있다.

우리는 본 장의 대부분을 설계 이론의 개선을 위한 형성 연구의 다양한 방법론을 설명하는데 할애하였다. 특히 교수 설계 이론 영역에 관한 우리들의 경험을 토대로 설명을 하였다. 특별히, 설계된 사례 연구를 위한 두 가지 방법을 기술하였다. 하나는 기존의 이론을 개선하기 위한 것이고, 다른 하나는 새로운 이론을 개발하기 위한 것이다. 또한 우리는 자연적 사례 연구를 위하여 두 가지 방법을 기술하였다. 하나는 동시적(in vivo) 연구이며 다른 하나는 사후(post facto) 연구이다. 이 두 가지 방법 모두 기존의 이론을 개선하거나 새로운 이론을 개발하는데 활용될 수 있다. 이러한 방법론은 모두 지난 8년간 수행된 다양한 형성 연구로부터 도출된 지식에 기반을 두고 있다.

교육의 실제를 개선하기 위해서는 보다 많은 그리고 보다 훌륭한 설계 이론에 관한 연구가 필요하다는 것이 바로 우리들이 주장하는 점이다. 본 장과 이 책이 보다 많은 교육 연구자들로 하여금 실천가들과 함께 형성 연구를 할 수 있도록 촉진하기를 바란다. 왜냐하면 이런 연구들이 교육자들의 요청에 답변을 하고, "교육 개혁의 역사는 주요 개혁들이 지속화되어 제도화되지 못하는 것을 일관되게 보여 주는 실패의 역사이다"(Pogrow, 1996, p. 657)라는 현상태를 변경할 수 있게 하는 우리들의 능력 향상에 영향을 미치는 설계 이론의 발전을 약속하기 때문이다.

다른 유형의 지식을 배제하면서 설명적인 지식에만 편향되어 있는 상태를 극복하는 것은 쉬운 문제가 아니다. 따라서 본 장이 형성 연구 유형을 지원하는 기금과 단체가 보다 많이 나타나게 하거나, 이런 유형의 논문을 보다 많이 게재하는 전문 학술지가 나타나게 하기를 기대한다. 왜냐하면 이러한 기관들이 연구자가 수행하는 연구의 유형에 영향을 미치기 때문이다.

참고문헌

Armstrong, R. B. (1993). *The Team Instructional Prescriptions (TIP) Theory: A set of integrated models for prescribing instructional strategies for teams.* Unpublished dissertation, Indiana University Graduate School, Bloomington, IN.

Bloom, B., Hastings, T., & Madaus, G. (1971). *Handbook on formative and summative evaluation of student learning.* New York: McGraw-Hill.

Carr, A. A. (1993). *Selecting community participants for systemic educational restructuring: Who should serve?* Unpublished dissertation, Indiana University Graduate School, Bloomington, IN.

Clonts, J. (1993). *Formative evaluation of an instructional theory for increasing awareness of ethical issues.* Unpublished dissertation, Indiana University Graduate School, Bloomington, IN.

Collins, A. (1992). Toward a design science of education. In F. Scanlon & T. O'Shea (Eds.), *New directions in educational technology* (pp. 15-22). Berlin: Springer-Verlag.

Collins, A., & Stevens, A. L. (1983). A cognitive theory of inquiry teaching. In C. M. Reigeluth (Ed.), *Instructional-design theories and models: An overview of their current status* (pp. 247-278). Hillsdale, NJ: Lawrence Erlbaum Associates.

Cronbach, L. (1963). Evaluation for course improvement. *Teachers College Record, 64,* 672-683.

Dick, W., & Carey, L. (1990). *The systematic design*

of instruction. Glenview, IL: Scott, Foresman.

English, R. (1992). *Formative research on the elaboration theory of instruction.* Unpublished dissertation, Indiana University Graduate School, Bloomington, IN. See also English, R. E., & Reigeluth, C. M. (1996). Formative research on sequencing instruction with the elaboration theory. *Educational Technology Research & Development, 44*(1), 23-42.

Farmer, T. (1989). *A refinement of the ARCS motivational design procedure using aformative evaluation methodology.* Unpublished dissertation, Indiana University Graduate School, Bloomington, IN.

Frick, T. W. (1983). *Non-metric temporal path analysis: An alternative to the linear models approach for verification of stochastic educational relations.* Unpublished doctoral dissertation, Indiana University Graduate School, Bloomington, IN.

Frick, T. W. (1990). Analysis of patterns in time: A method of recording and quantifying temporal relations in education. *American Educational Research Journal, 27*, 180-204.

Frick, T. W., & Reigeluth, C. M. (1992, February). Verifying instructional theory by analysis of patterns in time. Paper presented at the annual conference of the American Educational Research Association, San Francisco, CA.

Greeno, J. G., Collins, A., & Resnick, L. B. (1996). Cognition and learning. In D. C. Berliner & R. C. Calfee (Eds.), *Handbook of Educational Psychology* (pp. 15-46). New York: Macmillan.

Guba, E. G., & Lincoln, Y. S. (1981). *Effective evaluation.* San Francisco, CA: Jossey-Bass.

Keller, J. M. (1987, November). The systematic process of motivational design. *Performance & Instruction, 26*, 1-8.

Khan, B. (1994). *Post facto formative research on the educational systems design (ESD) process.* Unpublished dissertation, Indiana University Graduate School, Bloomington, IN.

Kim, Y. (1994). *Formative research on the Simplifying Conditions Method for task analysis and sequencing of instructional content.* Unpublished dissertation, Indiana University Graduate School, Bloomington, IN.

Lincoln, Y. S., & Guba, E. G. (1985). *Naturalistic inquiry.* Newbury Park, CA: Sage Publications.

Mager, R. (1984). *Measuring instructional results.* Belmont, CA: Lake Publishing.

Merriam, S. B. (1988). *Case study research in education: A qualitative approach.* San Francisco, CA: Jossey-Bass.

Miles, M. B., & Huberman, A. M. (1984). *Analyzing qualitative data: A source book for new methods.* Beverly Hills, CA: Sage Publications.

Montessori, M. (1964). *The Montessori method.* New York: Schocken Books.

Montessori, M. (1965). *Spontaneous activity in education.* New York: Schocken Books.

Naugle, L. (1996). *Formative research of the Reigeluth process model and an effort to initiate school restructuring.* Unpublished dissertation, Indiana University Graduate School, Bloomington, IN.

Newman, D. (1990). Opportunities forresearch on the organizational impact of school computers. *Educational Researcher, 19*(3), 8-13.

Pogrow, S. (1996). Reforming the wannabe reformers: Why education reforms almost always end up making things worse. *Phi Delta Kappan, 77*, 656-663.

Reigeluth, C. M. (1983). Instructional design: What is it and why is it? In C. M. Reigeluth (Ed.), *Instructional-design theories and models: An overview of their current status* (pp. 3-36). Hillsdale, NJ: Lawrence Erlbaum Associates.

Reigeluth, C. M. (1989). Educational technology at the crossroads: New mind sets and new directions. *Educational Technology Research & Development, 37*(1), 67-80.

Reigeluth, C. M., & Stein, F. S. (1983). The Elaboration Theory of Instruction. In C. M. Reigeluth (Ed.), *Instructional-design theories and models: An overview of their current status* (pp. 335-382). Hillsdale, NJ: Lawrence Erlbaum Associates.

Roma, C. (1990). *Formative evaluation research on an instructional theory for understanding.* Unpublished dissertation, Indiana University Graduate School, Bloomington, IN.

Rubin, J. (1994). *Handbook of usability testing: How to plan, design, and conduct effective tests.* New York: Wiley.

Scriven, M. (1967). The methodology of evaluation. *In AERA Monograph Series on Curriculum Evaluation, No. 1* (pp. 39-89). Chicago: Rand McNally.

Shon, M. (1996). *Formative research on an instructional theory for the design of computer-based simulations for teaching causal principles.* Unpublished dissertation, Indiana University Graduate School, Bloomington, IN.

Simmons, J. (1991). *Formative evaluation research on an instructional theory for teaching causal principles.* Unpublished dissertation, Indiana University Graduate School, Bloomington, IN.

Thiagarajan, S., Semmel, M. I., & Semmel, D. S. (1974). *Instructional development for training teachers of exceptional children: A sourcebook.* Minneapolis, MN: Leadership Training Institute/Special Education, University of Minnesota.

Wang, S. W. (1992). *The process for creating and maintaining a Montessori public educational system in an urban community.* Unpublished dissertation, Indiana University Graduate School, Bloomington, IN.

Worthen, B., & Sanders, J. (1987). *Educational evaluation: Alternative approaches and practical guidelines.* New York: Longman.

Yin, R. K. (1984). *Case study research design and methods.* Beverly Hills, CA: Sage Publications.

최근의 진전, 역사적 관점 및 미래의 교수 이론을 위한 몇 가지 과제

Glenn E. Snelbecker
Temple University, Philadelphia, PA

임철일
서울대학교 교육학과 교수

이 책은 최근의 교수 이론 중 일부분을 소개하고 있다. 또한 개별 이론들의 일반적 특성 및 연구를 수행하거나 실제적 상황에서 교수 이론을 활용하려는 사람들에게 중요할 수 있는 주요 특징을 설명하고 있다. 제2장과 다른 곳에서(예컨대, Snelbecker, 1985)와 같이 나는 교수설계 이론과 모형 대신에 **교수 이론**(instructional theories)이라는 용어를 사용한다. 나는 교수 이론이라는 용어를 선호하는데, 그 이유는 우리가 설계하려는 수업의 유형(교수 이론을 반영하는)을 수업을 설계하고 개발하는 과정(특히 설계하고 개발하는 활동과 관점 혹은 이론들을 반영하는)과 구분하는 것이 중요하기 때문이다. 제1권에서 (Snelbecker, 1983a), 나는 교수 이론과 관련된 몇몇 사람들을 제시하면서, 그 사람들의 관심 영역에 공통점과 차이점이 있음을 지적하였다. 나는 이론가와 연구자들을 지칭하기 위하여 **지식의 생산자**(knowedge producer)라는 용어를 사용하였으며, 교수 설계자와 강사들을 지칭하기 위해서는 **지식의 사용자**(knowledge user)라는 용어를 사용하였다. 나는 이러한 두 집단의 구분이 다시 한 번 다음과 같은 점을 확인하여 준다고 생각한다. 즉, 교수 이론에 대한 사람들의 기대와 반응이 다를 수 있다는 점을 인식할 필요가 있는 것이다.

이 장은 크게 세 부분으로 나누어져 있다. 첫째, 이 책에 소개된 개별 이론들에 대한 나의 생각을 제시하였다. 둘째, 교수 이론의 현재 성과와 잠재된 미래의 구성 방향과 활용 방식을 이해하기 위해서는 최근 몇 십 년 간의 성과뿐만 아니라 20세기 초반에 이루어진 연구를 포함하는 초기의 이론과 연구들에 대해서 고려하여야 한다는 점을 제안하였다. 이 부분은 제1권에서 제시된 이론과 제2권에서 제시된 이론을 비교하는 것을 포함한다. 셋째, 교수 이론의 구성을 개선하고 교수 이론을 더 많이 사용할 수 있도록 하기 위한 도전적 난제와 과제가 무엇인지 살펴보고, **분류체계**(taxonomy)와 **공학**(technology)이라는 용어에 대해 간략하게 검토한다.

1. 교수 이론: 최근의 진전

교수 이론에 관하여 이 책에서 소개된 것들을 어떻게 볼 수 있는가? 우선 이 책에 포함된 이론들에 대한 일반적인 논평을 한 후, 개별 이론에 대해 각 부별(unit)로 논평을 하려고 한다.

소개된 교수 이론에 관한 몇 가지 생각

이 책은 매우 인상적인 일련의 현대 교수 이론과 모형들을 보여 주고 있다. 전체적으로, 여기에 제시된 이론들은 교수 이론의 공통된 특성과 다양한 관점을 보여 주고 있다. 또한 수업설계와 관련하여 계속 발전하고 있는 지식이 향후 어떻게 실제적으로 적용될 수 있는가를 제시하고 있다. 또한 "교육"과 "훈련" 분야에서 논의되고 있는 다소 일반적인 특성의 경향(즉, 교수 이론을 벗어나는)을 반영하고 있다. 대표적인 경향으로는 다음과 같은 것들이 있다.

- 인지적 과정에 관한 최근의 강조
- 교육과 훈련에 있어서 정서의 역할에 관한 점증적 인식
- 학습자의 개인적 특성을 효과적으로 개념화하고 다룰 수 있는 방식에 관한 질문
- 강사들 간의 차이가 가져오는 잠재적인 효과와 교수 전달 체제의 특성에 관한 비교적 적은 관심
- 수업의 과정과 결과에 관한 사회문화적 특성이 잠재적으로 지니는 효과에 관한 인식
- 수업의 효과성을 개선하는 것이 바람직하다는 일반적인 동의가 있기는 하지만, 이러한 동의를 어떻게 확보할 수 있는가에 관한 대조적 관점

이 책을 읽는 동안 독자가 특정 이론의 아이디어를 적용하려는 강사이든지 아니면 교수 설계자, 연구자 혹은 교수 이론을 개발하려는 사람이든지 간에 상관없이, 두 가지의 일반적 사항을 고려할 필요가 있다. 첫째, 이 책을 읽을 때 각 이론의 저자가 교수 이론에 관한 자신들의 입장을 밝힐 수 있는 공간이 충분하지 않다는 것을 확인하는 것이 매우 중요하다. 따라서 현재의 각 장에서 소개된 이론들은 일종의 "예시" 혹은 현재 진행중인 작업에 관한 개요서와 같은 것으로 볼 수 있다. 또한 참고 문헌들은 각 이론에 대한 보다 상세한 정보를 얻는데 사용될 수 있다.

두 번째 제안은 제2장에서 내가 밝힌 논점의 연장선에 있다. 제2장에서 나는 한 가지 이론적 관점에서 아이디어를 도출하든지 혹은 복수의 관점으로부터 아이디어를 도출하든지 간에 한 가지 이론이 지니고 있는 특징뿐만 아니라 현재 나와 있는 다양한 이론들도 살펴볼 필요가 있다는 점을 제안하였다. 따라서 어떤 이론을 읽어 내려갈 때 적어도 다음과 같은 두 가지 점을 고려해야 한다. (a) 특정의 이론이 현재 가용한 전반적 교수 이론 중 어디에 속하는가와, (b) 그 특정 이론이 지니고 있는 "부가 가치"는 무엇인가? 각 이론이 지니고 있는 특징과 부가 가치는 이 책의 각 장 앞 서문에서 강조되고 있다. 따라서 이론에 대하여 논평을 달 때 나는 각 이론이 전체 교수 이론에 있어서 어떤 공헌을 하였는지에 주목하고자 한다. 특별히 특정 이론뿐만 아니라 일반적인 교수 이론의 지속적인 발전에 중요할 수 있는 몇몇 (a) "아이디어"와 (b) "문제"가 무엇인지에 주목하고자 한다.

각 부와 개별 이론에 관한 몇 가지 생각

비록 제1권에서도 인지 이론이 언급되었지만, 특히 이 책의 제2부에서는 교수 이론이 행동주의에

의한 영향을 예전만큼 많이 받고 있지 않다는 점이 명확하게 드러나 있다. 대신 다양한 방식으로 제시된 인지 과정에 대한 관심은 교수 이론의 개발과 관련된 현재의 경향을 잘 보여 주고 있다. 그러나 만약 행동주의 이론에 입각한 개념적 기초와 실제적 아이디어를 전체적으로 무시한다면, 가치 있는 몇몇 아이디어를 잃어버릴 수 있다는 점을 밝히는 것이 중요한 것 같다. 이 책의 제19장에서 행동 과정과 관련된 논점이 제시되어 있기는 하지만, 행동주의 이론을 활용하고자 하는 독자들은 제1권 및 기타 관련 서적을 찾아볼 필요가 있다.

제4장에서 Gardner는 다중 지능에 관한 자신의 아이디어 중 일부를 제시하면서 추가적으로 많은 아이디어를 제안하고 있다. Gardner는 지능에 "몇 가지 종류"가 있는지에 관한 백 년 간의 논쟁의 맥락에서(즉, 단일의 일반적 요인인가 보다 특수한 요인들인가) 다중 지능의 입장을 제시하고 있을 뿐만 아니라 이러한 "다중 지능"이 교수 방법과 교육과정(curriculum)에 관한 문제를 다룰 수 있도록 하는 기초를 제공한다고 주장한다. 이러한 문제 제기는 교수 이론의 영역 내에 있는 사람들에게 많은 생각할 거리를 제공한다. 예를 들면, 모든 교수 이론들은 특정의 교육과정 주제를 언급하여야 하는가? Gardner는 많은 교수 이론가들이 다루어야 하는 특정의 교수 결과와 목적을 확인하였는가? 특정의 교수 이론이 특정의 교육과정(課程) 목적에만 적절하리라고 기대할 수 있는가? 혹은 각각의 교수 이론이 "복수의" 목적을 가지고 있다고 할 수 있는가? 또한 개별 교육과정의 목적에 따라 "복수의" 교수 이론이 있다고 할 수 있는가?

제5장에서 Perkins와 Unger의 "이해를 위한 교수와 학습"에서는 학생의 "이해"를 촉진하기 위한 입장을 제시하고 있는데 자신들의 이론이 가지고 있는 실제적인 시사점을 확인하기 위한 노력의 결과를 보여 주고 있다. Perkins와 Unger는 학생들

의 이해를 촉진시킬 수 있는 실제적 아이디어를 제안하고 있으며, 자신들의 방법이 왜 "성공할 수 있는지"(work)를 보여 주고 있다. 그러나 이들은 "이해"라는 것이 몇몇 교수 및 학습 형태에 있어서는 그다지 중요한 주제가 아니라는 것을 잘 알고 있다. 이들의 접근은 몇 가지 문제를 야기한다. 예컨대, 우리가 "어떤 것을 이해한다"고 했을 때, 그것을 활용할 수 있다고 말할 수 있는가? 만약에 학습한 것을 제대로 보여 주지 못한다면 이해하지 못하였다고 생각할 수 있는가? 교사가 언제 이해를 촉진하여야 하는지와 언제 다른 유형의 학습에 집중해야 하는지를 어떻게 알 수 있는가?

제6장에서 Hannafin, Land와 Oliver는 "개방성"이 학습의 목적과 관련된다는 점을 지적하고 있다. 즉, 개방성을 활용하여 학습 목적을 달성할 수 있으며 가르칠 수 있다는 것이다. 혹은 개방성이 학습 목적과 수단 모두와 관련된다는 점을 지적하고 있다. 또한 관련된 일련의 개념들, 구성 요소들, 방법들을 설명하고 있으며, 각각의 예들이 제시되고 있다. 저자들은 학습자 중심의 학습과 설계가 지속적으로 성장하고 있으며, 개방형 학습 환경을 어떻게 제공할 수 있는가를 교사들이 알아야 한다고 주장한다. 이 접근에서 다루고 있는 몇 가지 질문은 다음과 같다. 교사들이 어떻게 개방성이 가지는 도전적 과제를 다룰 수 있도록 "준비" 할 수 있는가? 이러한 유형의 접근을 지지하는데 필요한 현직 교사들을 위한 준비 그리고 교실을 기반으로 하는 자원에는 어떤 것이 가능한가? 비록 저자들이 분명하게 밝히지 않은 것처럼 보이지만, 개방성 접근은 인터넷과 다른 기술적 자원과 함께 나타날 것이라는 가능성을 보여 준다. 이 점은 "교사가 항상 가장 많이 아는 것은 아니다"라는 상황, 혹은 특정 기술에 대해서는 학생들이 더 많이 알 수 있다는 상황을 생각하게 하여 준다. 개방성 접근이 강사들로 하여금 이와 같이 "친숙하지

못한" 맥락을 어떻게 다룰 것인가를 도와 줄 수 있는가?

제7장에서 Mayer는 학습과 수업에 관한 세 가지의 대조적인 관점을 제시한다. 반응을 강화하는 것으로서의 학습, 지식 획득으로서의 학습, 그리고 지식 구성으로서의 학습이 바로 그것이다. 결과적으로 강사들은 바로 세 번째 유형, 즉 지식의 구성에 초점을 맞추어야 한다고 주장한다. Mayer는 자신의 접근이 기반으로 하고 있는 것을 분명히 하면서, 학생들의 "지식 구성을 위한 선정, 조직화, 통합 전략"을 촉진할 수 있는 방법들을 제안하고 있다. 그는 또한 중요한 목적으로 '학습의 전이'와 '어떻게 학습할 것인가를 학습하는 것'을 제시하고 있다. 하지만 다른 유형의 학습과 수업이 어느 정도까지 필요하고 적절한가에 관해서는 다루지 않았다.

제8장에서 Schank, Berman과 Macpherson은 학교가 근본적인 변화를 요구한다는 점을 제안하고 있다. 이들은 제2부의 다른 장에 있는 저자들과 함께 "사실 중심"의 수업과 학습에 대하여 비판적이다. Schank, Berman, Macpherson은 어떤 맥락이든, 혹은 어떤 연령층에 있든지 간에 학생들이 다양한 주제 영역을 배울 때 도움을 줄 수 있는 "이상적인" 수단으로서 "목적기반 시나리오"(goal-based scenarios) 혹은 시뮬레이션을 제시하고 있다. 이들은 어떻게 인간이 학습을 하는가에 관한 이론과 자신들이 주장하는 방법론에 관한 기초적인 지식으로 사례기반추론(case-based reasoning)(CBR)을 제안한다. 그러나 이들은 CBR이 반드시 인간의 학습 현상을 설명하여 주는 유일한 방식이 아니라는 점을 인정하고 있다. 이 책의 여기 저기에서 독자들은 강사들이 자신들의 학생에게 적절한 학습의 유형이 무엇인가를 언제, 어디서, 왜, 그리고 어떻게 "알게 되는가"에 관한 질문에 접하게 된다.

제9장에서 Schwartz, Lin, Brophy와 Bransford는 Vanderbilt 대학의 Cognitive and Technology Group(CTGV)에 의하여 수행된 교실, 기업, 훈련 상황의 연구에서 확인된 아이디어들을 제시하고 있다. 그들은 자신들의 발견이 일종의 중간적인 형태를 취한다고 주장한다. 즉, 교수 설계자에 의하여 수업 설계에 관한 결정이 내려질 수도 있고, 교사와 학생들에 의하여 결정이 내려질 수도 있는 것이다. 이들은 특정의 컴퓨터 프로그램(STAR Legacy)을 자신들의 아이디어를 설계하고 실행하는 맥락으로 활용하고 있다. 왜냐하면, 그 프로그램이 적응적 수업 설계를 융통성 있게 연구할 수 있도록 해 주며, 학생들로 하여금(초보자이든 아니면 전문적인 수준이든) 어떻게 사람들이 학습을 하고, 어떻게 수업이 설계될 수 있는가를 생각할 수 있도록 도와 주기 때문이다. 이 장에는(다른 장에서도 마찬가지이지만) 모종의 모순된 것이 있다. 한편으로 수업을 설계할 필요가 있다는 주장을 하지만, 다른 한편으로는 융통성이 있어야 한다는 충고를 한다. 결과적으로 다음과 같은 결정을 내릴 때 문제가 발생한다. 즉, 계획대로 진행해야 하는 시점과 융통성 있게 변화해야 하는 시점을 결정하는 것이 문제가 된다. 이와 동일한 문제는 다음과 같은 보다 일반적인 이론적 관심과 관련이 있다. 즉, 언제 이론을 "따라야 하는가"(어느 이론을 선택하든지 간에), 그리고 언제 이론을 변형하거나 혹은 심지어는 사용하지 않아야 하는가에 관한 문제와 관련이 있는 것이다.

제10장에서 Jonassen은 제2부의 다른 저자들이 다루고 있는 주제를 언급하고 있다. 즉, 학습자들이 스스로 자신들의 발전적 아이디어와 이해를 구성하고 구조화하는 것을 격려하고 지원할 필요가 있다는 점을 밝히고 있다. Jonassen은 일종의 일반적인 맥락으로서 구성주의 학습 환경(CLE)을 제안하고 있다. 여기에서는 학습자들이 혼자서 혹

은 집단으로 다양한 유형의 문제들을 해석하고 해결하는 것에 관하여 도움을 받을 수 있다. 그는 CLE가 질문/쟁점 기반의, 사례 기반의, 프로젝트 기반의, 문제 기반의 학습 형태를 위한 맥락을 제공한다고 주장한다. 스캐폴딩(scaffolding, 발판)과 다른 기법에 의하여 다양한 수준의 학습자들이 자신만의 아이디어와 이해를 획득하기 위한 도움을 받는다. CLE가 어떻게 조직화될 수 있는가에 관한 이후 이론적인 발전에 대하여 생각하면서 다음과 같은 질문을 할 수 있다. 향후 미래에 "좋은" CLE를 어떻게 설계하는가와 각각의 CLE로부터 나타나게 되는 학습 결과의 종류를 잘 알게 되면, 학습자에게 너무나 많은 구조를 제공하는 상태에 이르는 것이 아닌가? 다른 말로 하면 그렇게 되면 CLE가 "너무 객관적"이며, 예측 가능한 학습 결과만을 지원하게 된다는 비난을 받게 되는 것이 아닌가?

Nelson의 제11장은 협동학습을 문제기반의 학습 환경과 통합하고 있다. 비록 Jonassen과 다른 저자들이 인지적 조작의 "사회적" 측면을 다루고 있지만, 이 장은 특별히 수업의 핵심적 측면으로 사회적 상호작용을 강조하고 있다. 자신의 협동적 문제 해결 이론(Collaborative Problem Solving theory)을 활용하여 Nelson은 전 학습 과정에 걸쳐서 적용 가능한 "종합적 지침"과 함께 특정 상황과 단계에 국한되는 "과정별 활동" 형태를 지닌 해결책을 제공하고 있다. 그러나 Nelson의 접근은 집단 상호작용에는 "좋은" 것이 적어도 어떤 개별 학습자들에게는 "좋을" 수도 있거나 그렇지 않을 수도 있다는 측면에 대한 질문을 불러일으킨다. 또한 특정의 수업이 지나치게 "집단 지향성"이면 수업의 개인화(personalization)가 약화될 수 있다는 측면에 대한 질문을 불러일으킨다.

제12장에서 Bielaczyc와 Collins는 수업의 중요한 측면으로서 사회적 상호작용에 관한 초점을 계속 발전시킨다. 가장 기본적인 주제는 개인 지식을 향상시키는 방식으로 집단 혹은 전체 지식을 발전시키는 것이 목적이다. 한편으로, 이 장에서 소개된 아이디어는 흥미롭지만, 다른 한편으로는 다양한 집단과 일을 해 본 나의 경험에 비추어 보면 여기에 제시된 관점이 어떻게 다른 집단에도 계획된 것처럼 일관되게 작용을 할 것인가를 예측하기는 어렵다. 이러한 아이디어의 활용에 관한 전망에 대하여 긍정적인 태도를 취하더라도 "면대면 집단"에 관한 이러한 아이디어들이 인터넷상의 집단 상호작용에도 유용할 수 있으리라는 생각에 대해서는 의심스럽다. 인터넷을 활용하든 아니면 다양한 기술 자원을 활용하든지, 집단의 상호작용은 인터넷과 다른 기술 자원이 보다 자연스럽게 수업의 한 가지 주요한 부분으로 활용되면서 많은 교수 설계자들이 점점 고려하여야 하는 측면을 구성하게 되었다.

제13장에서 Coron와 Randi는 개별 학습자에게 초점을 맞춘다. 특히, 각 학습자가 자기 조절 학습을 하는 방식에 관심을 갖는다. 이 장의 첫 번째 문단은 나의 관심을 바로 불러 일으켰다. 여기서 저자들은 수업을 "설계"하려는 시도가 학생들로 하여금 자기 조절 학습을 하게 하는 것과 갈등을 불러오지 않는가를 물어본다. 이것이 바로 내가 제10장의 아이디어에 관한 미래의 전망에 대하여 논의할 때 언급한 딜레마와 같은 유형의 문제이다. 만약에 (내가 이 책에서 제안한 바와 같이) 교수 이론이 반드시 체계적으로 따라야하는 엄격한 아이디어보다는 일반적인 지침을 제공하는 것이라고 간주한다면, 수업을 "설계"할 뿐만 아니라 학생에 의한 자기 조절 학습을 촉진할 수도 있을 것 같다. 이 점은 교수 설계 영역의 사람들에게 흥미 있는 쟁점을 불러일으킨다. 즉, 제시된 이론을 엄격하게 따르고 적용하여야 한다는 생각을 "초보" 교수 설계자에게 강요하지 않으면서도 어떻게 교

수 이론을 배우고 활용하도록 도와 줄 수 있는가와 같은 문제가 있다. 어떤 점에서는 이론 없이 산다는 것은 "힘든" 일이다(왜냐하면 이론에 의해서 제공되는 지침이 없기 때문이다). 그러나 이론을 사용하려고 할 때 그 이론이 우리를 오히려 통제하게 되는 경우가 종종 발생한다. 이 문제에 대한 대답은 우리가 초보자들로 하여금 이론과 적용이 반복적으로 이루어진다는 점을 볼 수 있게 함으로써 가능하다. 즉 이론으로부터 실제 맥락으로의 일방향의 움직임보다는 이론과 실제적 적용 간에 오고 가는 과정에 의하여 답을 얻게 되는 것이다.

Pogrow의 제14장은 사고 기술의 발달에 초점을 맞추고 있으나, 특수한 요구가 있는 학생으로 제한을 두고 있다. Pogrow는 특수한 요구가 있는 학생들을 위한 보충 자료나 다른 접근을 위하여 고차 사고 기술(Higher Order Thinking Skills) 프로그램과 2학년 전대수학(pre-algebra) 프로그램인 SuperMath를 사용하기보다는 수업의 기초 자원으로 활용할 것을 옹호하고 있다. Pogrow는 이론에 너무나 많이 의존하는 것을 경계한다. 또한, 모종의 실제적 상황에 이론을 적용할 때에는 상이한 방식이 가능하다는 점에 주목한다. 그러나 이상의 측면을 염두에 두면서도, 특수한 요구가 있는 학생들에게 "고도의 창의적이면서도 직접적인 학습 환경"을 설계할 수 있다고 제안한다. 그는 또한 "주요 상황 변수"를 제대로 고려하지 않게 되면 잘 설계된 학습 환경이 제대로 그 기능을 발휘할 수 없게 된다는 점을 강조한다. 이러한 관점은 수업 설계와 관련된 일반적인 쟁점을 상기시켜 준다. 즉, 앞에서도 제안하였듯이 특정의 이론에 너무 엄격하게 의존할 필요가 없다면, 매우 중요한 요소들을 빠뜨릴 수 있다는 것을 어떻게 알 수 있겠는가? 이 질문은 해당 요소가 없이는 이론이 성공적으로 적용되기 어렵다는 점을 고려할 때 물어볼 수 있다.

제15장에서 Landa는 "Landamatics 교수 설계 이론(Landamatics Instructional Design Theory)"과 "일반적 사고 방법 교수를 위한 방법론(Methodology for Teaching General Methods of Thinking)"을 제안하고 있다. 제2부의 몇몇 장에서 드러나고 있는 사회적 상호작용과 사회적 구성주의 입장과는 대조적으로, Landa는 개인적 수준에서 일어나는 인지적 과정에 초점을 맞추고 있다. 이러한 접근의 대표적인 예로는 주어진 주제에 대하여 "전문가"가 보이는 인지적 조작을 확인하는 것이다. 이것은 인지 과정에 있어서 "초보자"들이 전형적으로 보여 주는 것과 다른 방식이라는 점에서 대비가 된다. 결국 전문가의 인지적 과정을 조직화하여서 초보자들에게 가르칠 수 있다고 생각한다. 이러한 접근의 성공은 강사가 전문가의 인지적 조작을 구별해 내는 능력에 달려 있다. 이 접근은 인지적 조작이 지니고 있는 상황 특수적인 성격 혹은 맥락적인 성격에 대해 강조를 하는 다른 인지 이론과는 차이가 있다. 저자는 비록 결국에는 특정의 맥락에 적용되기는 하지만, 일반적인 성격의 인지 과정에 초점을 맞춘다. 이 점은 맥락과 학생 집단의 특성에 상관없이 적용될 수 있는 교수 원리와 지침의 일반화 가능성에 대한 질문을 가져온다. 특정 상황에만 분명하게 적용될 수 있는 학습 과정인지 아니면 다양한 맥락에서도 적용 가능한 학습 과정인지 선택하게 될 때 어떻게 하여야 하는가에 관한 질문을 제기하는 것이다.

제16장에서 Kovalik과 McGreehan은 교수 이론을 개발하기 위한 기초 토대로서 신경심리학 연구와 이론을 활용할 수 있다는 점을 잘 보여 주고 있다. 통합주제수업(Integration Thematic Instruction, ITI) 접근은 제4장에서 Gardner가 관심을 가지고 있는 교육과정(curriculum) 목적과 동일한 연장선에서 수업뿐만 아니라 교육과정을 위한 모형으로 제안되었다. 저자들은 자신들의 ITI

수업 모형의 기초 토대로서 "학습에 관한 뇌 연구"를 채택한다. 학습에 있어서 감성과 성격의 역할에 대한 확인에 초점을 맞추는 연구로부터 지능에 대한 경험의 영향 및 다중 지능의 역할에 관한 연구, 그리고 뇌 행동 활동의 특성으로서 의미 있는 형태와 조직화된 정신적 프로그램에 이르는 연구를 다룬다. 제16장에서는 뇌에 관한 초점을 보여 주는데 이는 교수 설계 연구와 실제 영역에 다음과 같은 질문을 던져 준다. 이 접근(신경심리학 정보에 근거한 다른 이론들을 포함하여)이 어느 정도나 신경 체계의 위계적, 상호의존적 특성과 복잡성을 제대로 반영하고 있는가? 특별히 정보의 "구성"과 다른 고차적 인지 과정에 초점을 맞추는 경우, 매우 중요할 수도 있는 뇌 행동 기능 중 간과된 것은 어느 정도인가?

제17장은 Merrill의 구인 전시 이론(Component Display Theory)의 최근 발전을 소개하고 있다. 이러한 특징 중 일부는 교수 설계 과정의 자동화를 CDT의 컴퓨터 기반 실행을 통하여 구현하려는 시도로부터 나왔다. 이 장은 지식을 지식 객체와 지식 객체의 요소(위치, slot)로 표상할 수 있는 방법을 소개하고 있다. 여기서 지식 객체는 결국 주제 내용(즉 지식)의 요소로 볼 수 있다. 교수 교류 이론(Instructional Transaction Theory)은 수업 방법이 일정한 융통성과 적응성을 가지면서 교육과정(curriculum)의 목적을 달성하는데 활용될 수 있는 방식을 제공하고 있다. 이 이론은 다양한 학습 결과를 학생들이 획득하도록 도와 줄 수 있는 교류(transaction), 학습자 안내 및 다른 상세 지침을 분명하게 제시하고 있다. Merrill의 접근은 수업의 상세한 측면까지 다루고 있는데 "성숙한" 이론이 어쩔 수 없이 지니고 있는 문제를 보여 주고 있다. 즉, 너무 자세하게 교수 과정을 확인하는 것은 학습자들에게 "지나치게 많은 구조"를 제공하게 된다는 비난에 노출되기 쉬운 것이다. 어떤 의미에서는, 한 가지 이론에 대하여 더 많이 알수록 그리고 더 분명하게 설명할수록, 그 이론은 지나치게 구조적이게 되며 심지어는 "기계적인" 것으로 보여지기도 한다.

제18장에서 Reigeluth는, Merrill의 이론에 관하여 방금 언급한 것과 같이, 발전이 많이 이루어진 이론들이 지나치게 상세하기 때문에 받게 되는 비판의 한 가지 예를 보여 주고 있다. 이 장에서 Reigeluth는 계열화가 차이를 "가져오는지" 여부보다는, "언제 계열화가 차이를 가져올 수 있으며, 언제는 그러하지 못한가"라는 것이 중요하다는 관점을 제시하고 있다. Reigeluth는 일반적인 관점과 몇 가지 지침을 제공함으로써 설계자와 강사들이 계열화를 설계하여 학습자들의 활동과 결과를 보다 긍정적으로 만들 수 있다는 점을 보여 주고 있다. 이 장에서 제기된 한 가지 문제점은 설계자와 강사들이 어떻게 특정의 수업 사태에서 확인될 수 있는 다양한 계열화 전략과 지침을 "다룰 수 있는가"이다. Reigeluth의 이론과 지침은 강사와 설계자들을 도와 줄 수 있다. 그러나 이 분야의 지식이 축적되면 될수록, 보다 많은 선택 조항과 결정을 고려할 필요가 생긴다. 다른 문제는 학습자(설계자나 강사가 아니라)가 어느 정도 계열화 결정을 알거나 실제로 결정하게 되는지에 관한 것이다. 즉, 개별 학습자 혹은 집단 학습자가 어느 정도 이러한 계열화 결정을 내릴 수 있어야 하는가?

제3부, "심체적 발달의 촉진"의 제19장은 흥미 있는 쟁점을 불러일으키고 있다. 제19장에서 Romiszowski는 심체적 기술이 운동, 레저, 노동의 현장에서 나타날 수 있는 사례들을 묘사하고 있다. 그는 심체적 기술에 관한 수업은 수업을 위한 기초 이론으로 활용되어 온 잘 정립된 학습 이론을 활용하여야 한다는 점과 인지 심리학의 최근 연구 결과들을 반영하여 이러한 이론들을 검토하고 수정할 필요가 있다는 점을 제안하고 있다. 또

한, 그는 심체적, 인지적, 정의적, 대인관계 및 다른 학습 영역 간의 상호 연관성을 강조하고 있다. 이처럼 다양한 학습 영역 간의 상호 연관성에 대하여 설명하는 관점은 다음과 같은 질문을 야기시킨다. 즉, 교수설계자들은 모든 형태의 수업과 교수 설계와 관련된 학습 영역 간의 상호 연관성을 고려하지 않아야 하는가?

제4부, "정의적 발달의 촉진"은 5개의 이론으로 구성된다. 제21장에서 Lewis, Watson, Schaps는 정의적 측면의 교육이 유치원으로부터 12학년에 이르는 교육에서 필요한 한 가지 구성 요소이어야 한다는 점을 보여 주고 있다. 다른 저자들과 마찬가지로 이들은 학교교육의 "본질적 결과"에 대하여 질문을 제기하고 있다. 그들의 관점에 의하면 한 가지 중요한 방향은 "학습자들 간 상호관심의 공동체(caring community of learners)"를 촉진하는 환경을 설계하는 것이다. 또한, 이들이 주장하는 것은 이러한 공동체가 사회적, 윤리적, 지적 발달을 육성한다는 것이다. 저자들은 몇 가지 고려할 필요가 있는 쟁점을 확인한다. 예컨대, 자신들의 접근은 지적 결과의 범주를 좁히려는 최근의 경향과는 맞지 않는 것이다. 이 접근은 교사와 연구자들에게 추가적인 문제와 난제를 가져온다. 왜냐하면 여기에는 상당히 복잡한 과정과 결과가 포함되기 때문이다.

Stone-McCown과 McCormick의 제22장에서는 Gardner의 다중 지능 접근에서 언급된 특성을 보여 주고는 있으나, 기본적인 개념적 기초는 Goleman의 "감성 지능"의 개념과 관련되어 있다. 이 장은 "자신-과학: 주제는 바로 나"(Self-Science: The Subject is Me)와 관련된 지난 25년간의 경험을 요약하고 있다. 여기에서는 아이들이 자신들의 학습 및 사회적 상황을 이해하고 제대로 기능하도록 정의적 및 지적 기술의 개발을 도와 주는 소규모 그룹으로 구성된 주 단위의 모임에 대해 다루

고 있다. 이 장을 읽으면서 확인할 수 있는 몇 가지 쟁점은 다음과 같다. 이 프로그램이 다른 "자기 존중" 프로그램과 많이 달라서 기대하는 목적을 달성하는데 보다 성공적인가? 이러한 방법을 학문적인 학습에 통합함으로써 똑같은 목적을 어느 정도 달성할 수 있는가? 즉, 학생들이 자신들에 대하여 학문적으로 성공적이라고 생각하거나, 자신 및 다른 사람들과의 관계에 대하여 좋게 생각하고 있는 조건에서도 목적을 달성할 수 있는가?

내가 듣기로 많은 경우에 교사와 훈련가들이 불평하는 것 중에 하나는 학생들이나 의뢰인들이 "어떤 태도"를 가지고 있다는 것이다. 그런데 "태도"라는 것이 거의 대부분 부정적인 의미를 포함하고 있다. 제23장에서 Kamradt와 Kamradt는 수업의 중요한 목적으로 "태도를 갖는 것"을 제시하고 있다. 수업을 위한 목적으로 태도를 정당화하는 것이 매우 중요하다는 사실을 언제 그리고 어떻게 인식할 것인가? 분리된 교수 방법 아니면 통합된 교수 방법을 구안하여야 하는가(즉, 후자가 정의적 및 인지적 목적을 포함하는가)? 학습자의 성취를 평가하는데 태도를 어느 정도나 중요한 것으로 평가할 수 있는가?

Lickona의 제24장은 인성 교육(character education)이 (다시 한번) 중요한 교육 결과라는 점을 제시하고 있다. 나는 여기서 "다시 한번"을 첨가하였는데 왜냐하면 인성 교육은(때때로 도덕/윤리/시민 교육으로 불리워짐) 지난 20세기 이전까지는 교육의 중요한 측면으로 간주되었으나, 20세기에 와서는 교육자들 사이에서나 사회에서 별로 "인기"가 없는 경우가 적지 않았기 때문이다. 제24장에서 몇 가지 주요한 주장을 살펴볼 수 있는데, 예컨대, "인식의 주체와는 상관없는 진실이 있다"는 주장이라든지 인성교육은 지적 발달과 학문적 성취의 다양한 측면을 촉진하는 목적이자 수단으로 간주할 필요가 있다는 주장이 여기에 속한다. 이

장에서 주창된 관점 중 일부는 "객관적인 진실"이라는 것은 거의 혹은 전혀 없다는 사회적 구성주의 입장을 취하는 저자들과 "충돌"할 수 있으며, "인성을 기르려는" 어떠한 시도도 학생들의 관점을 부적절하게 조작하려는 의심을 받을 수 있다.

그러나 제25장은 교육이 학문적 혹은 지적 추구에만 초점을 맞추어야 한다는 좁은 관점으로부터 가장 벗어나는 내용을 담고 있다. 이 장에서 Moore는 신앙을 가르치는(종교 관련 학교에서나 빈번히 발견할 수 있는) 것이 발달론적 측면에서 다루어져야 한다는 것을 제안하고 있다. Moore는 "보편적인" 목적과 교수 방법을 확인하여 종교적인 경계를 벗어날 수 있으려고 한다. Moore는 자신이 소개하는 사례와 아이디어들이 자신의 종교와 신앙에 대한 관점에 의해 영향을 받았음을 밝히고 있다. Moore는 신앙 교육을 위한 자신의 논점을 지지하기 위하여 청소년 발달에 관한 문헌을 인용한다. 그가 말하는 것을 대부분 동의할 수 있지만, 이처럼 교육에 대한 목적과 우선순위에 관하여 폭넓게 관점을 취하는 것은 강사와 교육자로 하여금 이 주제에 대한 자신들의 관점, 이렇게 하여 확장된 교육과정(curriculum)의 강조점과 우선순위, 그리고 이러한 프로그램을 포함하는데 발생하는 시간 관리 문제 등을 다시 한번 검토하게 만든다.

2. 역사적 관점

여기서는 제2권에 있는 이론들, 현재의 교수 이론의 상황, 그리고 미래 교수 이론의 구성과 활용에 필요한 준비를 고려하기 위한 배경으로 교수 이론의 역사적 측면을 검토한다. 나는 제2권에 있는 이론들을 비교하기 위하여 다섯 가지의 기준점을 선택하였다. 20세기 초반, 중반, 1970년대 초반,

1980년대 초반(제1권이 완성되었을 때), 1990년대 후반(이 책이 완성되었을 때)이 그 시점들이다. 각 시점에 해당하는 이론의 초점과 범주 그리고 심리학적 이론을 교수의 실제에 적용하려는 관심의 수준을 고려하였다. 특별히 초기 시점에서는 심리학적 이론, 특별히 학습 이론에 초점을 맞추었다. 왜냐하면, 교수 이론의 기원과 구성에 심리학적 학습 이론이 매우 중요한 영향을 미쳤기 때문이다.

20세기 초반

내가 대학원 시절에 심리학을 배웠을 때, 심리학의 초점이 변경된 것에 관한 짧은 시가 하나 있었다. 이 장을 쓰는 현재 그 시의 지은이나 출처를 기억해 낼 수는 없지만 기억할 수 있는 것은 그것이 새로운 세기가 출범하면서 심리학이 영혼을 잃어버리고, 1930년대에 이르러서는 행동주의 심리학의 영향으로 말미암아 이제는 정신까지 잃어버린 것을 보여 주는 것이라는 점이다. 이 시가 근거를 두고 있는 점은 다음과 같은 두 가지이다. 첫째, 19세기에 다루어졌던 도덕적 문제와 인성의 발달에 관한 논의는 심리학이 과학으로 등장하면서 사라지거나 적어도 "더 이상 강조하지 않게" 되었다는 점이다. 둘째, 종합적인 학습 이론들, 특별히 이론적 기초로서 행동주의 심리학이 이론 구성을 지배하게 되면서, 현재 우리가 "인지적" 주제로 부르고 있는 논의가 20세기 초반부에 배경으로 점점 사라지게 된다. 그러나 Edward Chance Tolman과 같이 행동주의 심리학자 중에서도 적어도 1930년대 초반에는 인지적 과정에 관심을 보여 주는 학자들도 있다는 것을 알 필요가 있다.

19세기 후반부터 20세기 초반에 이르기까지 심리학은 철학으로부터 점점 분리되어 과학 혹은 학

문으로서 자리를 잡게 되며 특별히 감각과 지각에 많은 연구가 있어 왔다. 그 시점에 학습과정은 그다지 일반적인 연구의 대상은 아니었다. 따라서 교수 이론은 하나의 관심 영역의 대상이 되지도 못하였다. 다양한 요청이 있게 되자 William James는 심리학이 교육자들에게 유용한 아이디어를 제공할 수 있는 방법을 설명하려고 "교사들과 이야기"를 (직접적으로 혹은 책을 통하여) 제공하였다. 다른 사람들은(Snelbecker, 1985를 참고) 심리학이 수업을 계획하는데 도움이 될 수 있는 방식을 탐색하였다. 예컨대, Thorndike는 심리학의 역할을 "순수 과학"으로 인식하면서도 심리학적 원리를 교육에 실제적으로 적용하기 위한 연구가 수행될 필요가 있음을 제안하였다. Dewey(1900)는 일찍이 심리학이 다양한 사회적 문제를 다루는데 도움이 될 수 있는 한 가지 사례로 심리학과 교육의 관계를 들었다. Maria Montessori는 오늘날의 관점에서 심리학적 정보에 부분적으로는 바탕을 두면서 수업을 준비하려는 초기 시도의 한 가지 예로 볼 수 있는 교육 이론과 접근들을 개발한 사람 중에 포함된다.

아마도 심리학과 수업의 보다 형식화된 관계가 제한을 받게 된 것은 심리학이 비교적 새롭게 과학으로서 규정을 받는 과정에서 심리학의 정체성에 관한 지속적인 논쟁이 있었기 때문이다. 비록 하나의 심리학이 존재할 수밖에 없다는 초기 기대가 있기는 하였지만, 곧 심리학의 몇 개의 학파가 생겼으며, 각 학파들은 자신들의 입장이 심리학에서 가장 중심이 된다는 주장을 하기 시작하였다. 더욱이 이러한 심리학의 이론들이 심리학의 다양한 문제들을 이해하는 한 가지 틀을 제공하여 주리라는 일반적인 예상도 있었다. 따라서 이 시기에는 수업실천 혹은 대부분의 실천적 문제를 위한 실제적 적용에 직접적으로 참여하려는 심리학자들이 드물었다.

20세기 중반

20세기 중반 무렵 심리학적 이론들은 좁은 범주의 연구를 다루게 되었으며, 이는 결국 "축소 모형"(예컨대, 모든 유형의 학습 과정의 기초로서 볼 수 있는 것을 다루는 것 대신에 특정의 학습유형만 다루는 것)의 탄생을 가져왔다. 20세기 중반 전에는 "응용" 심리학자들은 주로 측정 분야에서 볼 수 있었으며, 수업을 계획하거나 다른 분야에서는 드물었다. 제2차 세계대전 중 그리고 전후에 걸쳐서 많은 군 병력을 훈련시킬 필요 등으로 인하여 기초 연구를 수행한 일단의 실험 심리학자들이 보다 효과적으로 수업을 계획하는 분야에 참여하기 시작하였다. 1950년대 후반 무렵에 이르러서 학습이론이 수업을 계획하는데 기초적인 지식으로 활용되기 시작하였다. 어떤 경우는 행동주의 학습이론이 사용되기도 하였으며, 어떤 경우에는 새롭게 등장하는 인지 이론을 사용하기도 하였다.

효과적인 훈련을 제공하려는 이러한 노력들은 결국 초기 교수 이론의 등장에 영향을 주었다. 예컨대, B. F. Skinner, Robert Gagné(Snelbecker, 1985를 참고하라)의 이론이 여기에 속한다. 비록 이러한 초기 이론가들이 자신들의 접근이 훈련뿐만 아니라 일반 교육에도 어떻게 활용할 수 있는지 보여 주려고 시도하였지만, 이들이 발전시킨 아이디어들은 분명하지 않은 어떤 이유로 일반 학교교육 맥락보다는 전문적인 교육(예컨대, 의료 분야)과 같은 분야뿐만 아니라 기업, 정부, 군대의 훈련에 보다 광범위하게 적용되었다.

이러한 "훈련" 활동과는 다르게 초기 교수 이론의 기초들이 학교교육에서도 발견된다. 몇몇 저자들은 1930년대 초반 Ralph Tyler의 연구를 교수이론의 등장으로 간주한다. 그러나 교수 이론의 발전을 지원하기 위하여 조직화된 시도를 하는 것은 1950년대 후반과 1960년대 초반으로 볼 수 있다. '장학과 교육과정개발 협회(Association for Supervision and Curriculum Development)'의 활동과 출판으로 형식화된 교수 이론이 등장하였다. 예컨대, 1960년대 초반부 ASCD의 몇몇 회의들은 교수 이론에 초점을 맞추었으며, 1964년도에 교수 이론에 관한 ASCD 위원회가 설립되어 1967년까지 그 활동을 이어갔다. ASCD 출판물 중 하나는 교수 이론의 기준을 제시하였다(Gordon, 1968).

Skinner의 접근과 비록 정도는 약하더라도 Gagné의 접근은 행동주의 학습 이론에 의하여 크게 영향을 받았다. Jerome Bruner는 일련의 저서를 통하여(예컨대, 1960, 1966a, 1966b), 교수 이론을 발전시키기 위한 기초로서 새롭게 등장하는 인지 이론의 활용을 지지하였다. 이 시기의 문헌들을 검토하여 볼 때, 훈련 상황에는 행동주의 학습 이론이 적용되고, 교육 상황에는 인지주의 이론이 적용되는 데에는, 각 심리학 이론이 지니고 있는 특성보다는, 심리학적 이론의 적용을 탐색하려는 데에 참여한 특정 집단의 성격 때문이라는 인상을 가지게 된다. 훈련과 교육의 상황에서 활용되는 교수 원리 사이에는 많은 공통점들이 있어서 어떠한 심리학적 이론이라 하더라도 교육과 훈련의 상황에서 모두 건설적으로 활용될 수 있다(Snelbecker, 1988 참고).

1970년대 초반

1960년대 후반과 1970년대 초반에 나는 "학습 이론과 교육에의 적용 가능성"이라는 주제를 다루는 책을 쓰려고 하였는데, 교수 이론을 구성하려는 계획적인 시도가 많다는 것을 확인하면서 책의 제목과 초점에 "교수 이론"을 포함하였다(Snelbecker, 1985). 대부분의 경우 당시에 공식적으로 확인된 교수 이론들은 근본적으로 다른 목적을 위하여 시도된 연구의 "부산물"이었다. 대부분은 학습

에 관한 심리학적 이론으로부터 도출되었다. Carl Rogers의 "학습을 위한 자유" 이론과 같은 경우는 당시 지배적인 심리학적 학습 이론의 영향력에 반대하는 차원에서 제시되었으며, 상담과 심리 치료 이론 혹은 성격 이론의 변형된 형태로부터 도출되었다. 다섯 가지의 대표적인 교수 이론과 각각의 주요 개념적 기초를 다음과 같이 정리하여 본다.

1. 조작적 조건화 이론과 고전적 조건화 이론에 바탕을 둔 행동 수정과 교수 공학.
2. 인지적 구성에 초점을 맞추는 교수 이론은 교수 이론의 개발을 주장하면서 인지 과정에 관하여 점증적인 관심을 보이는 Jerome Bruner에 의하여 큰 영향을 받았음.
3. 학습, 교수 이론의 원리들은 Bugelski의 연구에서 드러나 있듯이 다양한 학습 이론 및 연구로부터 수업을 위한 시사점을 찾는 시도임.
4. 과제 분석 교수 이론은 Robert Gagné의 접근에 바탕을 두고 있는데 여기서 교수 설계 원리들은 학습유형에 따라서 상이한 학습 이론들을 기초로 함.
5. 인간주의 심리학과 교수 이론들은 상담 및 심리치료 이론 혹은 다양한 성격 이론으로부터 도출된 아이디어를 바탕으로 "전체적인 인간"을 강조하는 관점에 기초를 두는 모든 종류의 상황에 적용될 수 있는 교수 설계를 지니고 있음.

이와 동일한 시점에(1960년대 후반에서 1970년대 초반) 몇몇 저자들은 새롭게 등장하는 수업 모형(teaching models)(혹은 수업 이론 혹은 수업 양식이라고 불리는)을 제시하였다. 이러한 유형의 연구에는 Joyce와 Weil의 『수업의 모형(*Models of Teaching*)』(1996) 초판과 Mosston과 Ashworth

(1990)의 『수업 양식의 범위: 지시로부터 발견까지(*The Spectrum of Teaching Style: From Command to Discovery*)』의 초판이 속한다. 이들의 책은 모두 1970년대 초반에 출판되었다. 교수 이론과 수업 모형은 아주 적으나마 동일한 특성을 가지고 있다. 왜냐하면 둘 다 수업을 개선하려고 개발되었기 때문이다. 교수 이론과 수업 모형들 중 일부는 공통의 이론을 가지고 있다(예컨대, 양 집단에는 모두 인지적인 초점을 지닌 이론들이 있으며, 행동주의 심리학에 기반을 둔 이론들이 있다). 그러나 이 두 부류의 연구 집단 간에 문헌의 인용은 비교적 드물며, 상이한 학술지를 통하여 연구들이 보고되고 있다. 교수 이론과 수업 모형간의 이러한 "차이"는 1970년대 이미 나타났으며 현재에 이르기까지 계속되고 있다.

1980년대 초반

이 책의 앞선 책 제1권이 1980년대 초반에 출판되었다. 제1권 교수 이론의 저자들은 수업의 특징과 수업에 영향을 미치는 요소들에 대하여 많은 관심을 보였다. 이러한 관심은 특정 연구나 다른 주제에 관한 이론(예컨대, 학습 혹은 상담 이론의 심리학적 연구)의 부산물로 교수 이론을 간주하던 초기 이론과는 큰 차이가 있다. 제1권의 편집자는 "이 책에 관하여"에서 다음과 같이 밝히고 있다.

> 이 책은 수업을 어떻게 개선할 것인가에 관한 우리의 지식을 증진시킬 것이다. 이 책은 학습의 과정이 보다 쉽고 보다 즐길 수 있다는 가정에 기반을 두고 있다. 지난 25년간 수업을 개선하기 위한 새로운 학문이 발전하여 오고 있다… 이 책의 주요 목적은 이 분야의 학문 특성을 현재 규정하고 있는 독단적이며 단편적인 "지식의 기저"를 통합하여 **공통의 지식 기저**(common knowl-edge base)의 설립을 촉진하는 것이다. (Reige-luth, 1983, p. xi)

이처럼 지식의 생산자뿐만 아니라 지식의 사용자를 위하여 새롭게 정립되는 학문에 관심을 표명하고 지원을 하고 있는 몇 가지 중요한 변화들을 볼 수 있다. 교수 이론이, 실제적 가치를 지니거나 혹은 지니지 못하는 "순수 과학"의 아이디어를 형성하거나 이론의 구축에만 제한을 두지 않고, 개념적 문제와 함께 실제적 문제를 다룬다는 것은 분명하다. 예컨대, 제1권의 교수 이론 중 일부는 행동주의 심리학이 학습 이론에 미치는 영향을 반영하고 있으며, 인지 심리학의 점증하는 영향력은 인지적인 접근을 하는 이론뿐만 아니라 당시 대부분의 이론에도 나타나고 있다. 그러나 이러한 이론들은 또한 수업을 이해하려는 것과 그렇게 이해된 지식을 실제적 상황에 효과적으로 활용하는 방법 사이의 조화를 보여 주고 있다.

1990년대 후반

『교수 이론과 모형: 최신 경향의 탐색』이라는 두 권의 책을 준비하고 출판하는데 대략 15년의 시간 차이가 있다. 두 권의 책에 포함되어 있는 이론의 유사성과 차이점을 비교하는 것이 유용할 수 있다. 한 가지 중요한 유사성은 제2권에서도 여전히 제1권에서 확인된 경향이 지속되고 있다는 점이다. 즉 저자들이 학습, 성격 발달 혹은 다른 주제에 관한 이론 구성의 부산물로 교수 이론을 간주하기보다는, 제1차적인 관심 사항으로 교수 이론을 개발하려는 주된 노력을 보여 주고 있다. 이 점은 개념적으로나 실제적으로 중요한데, 왜냐하면 저자들이 다른 영역의 이론에 맞추기 위하여 교수 과정과 결과를 정리하기보다는, 자신들의 아이디어를 형성하는데 중요한 수업의 측면에 초점을 맞추는 경향성이 높아질 수 있기 때문이다.

제2권의 이론들과 제1권의 이론들은 몇 가지 점에서 차이가 있다. 첫째, 비록 교수 이론과 학습 이론 사이의 "간격"이 제1권이 준비될 때 벌써 분명히 있었고 점점 증가하고 있지만, 제2권의 이론들은 제1권의 이론들과 달리 심리학의 학습 이론에 덜 의존하고 있다. 제2권의 이론들은 제1권에서 드러난 것보다도 더욱 다양한 실제적, 이론적 자원들로부터 나타나고 있다.

이 글의 앞에서 나는 20세기 초반 심리학이 영혼과 정신을 잃어버리는 것을 표현하는 시에 대하여 언급하였다. 제2권은 다시 정신과 감정 그리고 영혼까지도 회복할 수도 있다는 추측을 가능하게 하는 기초를 제공하고 있다. 이러한 변화는 우리들에게 주고받는 거래를 요구한다. 즉, 내적인 정신적 조작을 다루고 정의적, 정신적 측면을 포함시키는 이론의 범주의 확대로 인하여 교수 이론의 영역에 대한 보다 "풍부한" 해석을 얻을 수 있다. 그러나 이로 인하여 우리는 또한 (a) 제1권에서 우리가 접한 복잡성을 훨씬 뛰어 넘는 복잡한 이론을 요구하며, (b) 수업이 감정이나 가치를 포함하여야 하는가 아니면 수업은 좁게 규정된 "학문적" 주제들을 다루어야만 하는가와 해묵은 논쟁을 촉발시키는 복잡성에 빠져들게 되는 것이다.

내가 확인한 두 번째 차이점은 특정의 이론이 일반적인 수업을 다루는가 아니면 특정의 상황 혹은 수업의 유형에만 제한되는가와 관련된 정도이다. 제1권에서 저자들은 자신들의 이론이 제한된 영역에 한정된다는 점에 주의를 기울였다. 제2권의 저자들은 자신들의 개념화가 적합할 수 있는 수업의 측면을 확인하는데 있어서 제1권의 저자들보다 더 겸손하다. 편집자가 각 이론에 대하여 적은 "서문"은 또한 독자들로 하여금 각 이론이 적용 가능한 위치와 방식을 확인하는데 도움을 주고 있다.

세 번째 차이점은 제1권에 비하여 무려 3배 이상의 이론들이 제공되고 있다는 점이다. 한편으로는 보다 많은 교수 이론 "군"이 독자들로 하여금 보다 많은 선택을 갖게 한다. 다른 한편으로는 주어진 상황에서 사용 가능한 이론을 선택하는데 독자들이 주요 책임을 가지고 있다는 것을 의미하기도 한다. 이 점은 공부하고 이해하여야 하는 이론의 숫자가 너무 많다고 불평을 하는 대학원 학생들을 생각나게 만든다. 교수 이론의 점점 증가하는 숫자를 보면 이러한 불평은 없어지기보다는 계속되리라 생각한다. Reigeluth는 각 이론의 앞부분에 "서문"을 작성하면서 (마지막에 C.M.R이라고 씀) 독자들이 각 이론의 독특한 강조와 특성을 확인하도록 도와 준다. 그러나 추가적인 도움이 필요할 수도 있다는 사실은 나로 하여금, 이 책의 마지막에 교수 이론의 개발자와 사용자가, 각 이론들을 "살펴보면서" 정보에 기반을 둔 결정을 내리는데 도움을 줄 수 있는 방식을 제안하게 만든다.

3. 미래의 난제와 과제

수업에 관한 현재의 이해들을 돌이켜 볼 때, 몇 가지 일반적이면서도 서로 중복될 수 있는 질문들이 떠오른다. 연구를 자극하고 교수 이론의 개선을 촉진하게 만드는데 필요한 것은 무엇인가? 수업에 관하여 이처럼 발전하고 있는 지식 체계의 실제적 적용을 가능하게 만들기 위해서는 무엇을 하여야 하는가? 어떤 난제가 존재하고 있으며, 어떤 과제들을 다루어야 수업에 관하여 이처럼 발전하고 있는 지식 체계에 지식의 생산자와 지식의 사용자가 모두 공헌하면서도 도움을 받게 되는가? 나는 "교수 이론의 공동체"를 위한 두 가지의 도전적 난제와 과제를 확인하였다. 결국 도전적 난제와 과제를 확인하는 것은 지식의 생산자와 지식의 사용자 모두에게 도움이 될 것이다. 간단히, **분류 체계**(taxonomy)와 **공학**(technology) (혹은 보다 정확히 말하면 **교수 공학**)으로 나누어 볼 수 있다.

분류 체계

나는 지난 수십 년 동안 심리치료 이론의 발전과 활용을 지켜보았는데, 25년간에 걸쳐서 36개의 이론(Harper, 1959)이 400개 이상의 이론으로 발전하였다(Goldfried, Radin, & Rachlin, 1997; Karasu, 1986). 이 책의 제2장에서 나는 심리 치료 이론의 개발자와 사용자들이 많은 이론들을 이해하고 다루기 위하여 선택한 단계들을 간략하게 설명하였다. 예컨대, 그들은 심리치료 통합의 탐색을 위한 협회(Society for the Exploration of Psychotherapy Integration)를 결성하기도 하였다.

제2권의 내용을 살펴보면 총 24개의 이론이 있다. 그러나 분명하게 확인되지 않은 이론들을 고려한다면 1990년대 후반에 존재하는 교수 이론의 숫자는 아마도 2배 이상이 넘을 것이다. 예컨대, 유럽과 다른 나라의 연구를 포함할 경우 많은 이론들이 나타날 것이다. 만약에 다양한 유형의 "수업 이론과 모형"을 포함하게 되면 수업에 적절한 이론들은 더욱 많아 질 것이다. 비록 교수 이론의 숫자가 심리 치료 이론의 경우에서와 같이 기하학적 비율로 늘어나지는 않더라도 조만간에 수백 가지의 이론들이 있게 될 것이다.

내가 생각하는 첫 번째 과제는 다음과 같이 진술될 수 있다.

난제: 어떻게 우리가(지식의 생산자와 사용자) 수업에 관하여 이렇게 증가하는 정보 체계를 인식하고 이해하고 활용할 수 있을 것인가?

과제: 현재 존재하는 이론을 분류하고, 향후 이론 개발의 필요성을 확인하기 위한 체제로서

기능을 수행할 수 있는 분류체계를 개발할 수 있는 전망을 탐색한다. 우리가 수행하여야 하는 과제는 일반적으로 받아들일 수 있는 분류 체계 혹은 교수 이론을 분류할 수 있는 다른 수단을 개발하는 것이다.

이와 같은 분류체계의 개발은 매우 유용할 수 있다. 그러나 분류체계는 교수 이론에 관하여 관심을 보이는 다양한 구성 집단들에 의해 개발될 수 있을 것이며, 이를 위해서는 많은 연구가 필요하다. 교수 이론 혹은 수업 모형을 분류하려는 시도가 있었다. 내가 시도한 초기의 분류는 교수 이론이 바탕으로 하고 있는 학습 이론 혹은 다른 이론에 비추어서 교수 이론을 나누는 것이었다(Snelbecker, 1985). 제1권에서 Gropper(1983)의 글과 Landa(1983)의 글은 특정의 이론이 다루는 것과 다루지 않는 것을 확인할 수 있는 두 가지의 접근을 제시하고 있다. 이러한 두 가지 접근이 제2권의 이론에도 적용가능한지는 아직 분명하지 않다.

교수 이론이라는 용어와 분명하게 연결되지 않은 이론들에 대한 분류 시도가 있다. 예컨대, Joyce와 Weil(1996)은 수업 모형을 분류하는 방식으로 네 가지의 모형 군을 제시하고 있다. 그들은 다양한 접근들을 사회적, 정보처리, 개인적, 행동주의적 체계 군으로 나눈다. Mosston과 Ashworth (1990)은 "교사에 의한 결정과 학습자에 의한 결정"(p. 3)에 따른 수업 양식의 범위를 제시한다. Scriven(1994)의 교사의 임무에 관한 논문은 교수 이론이 분류 체계를 개발하는데 사용할 수 있는 아이디어를 제공하고 있다. Scriven의 DOTT(duties of the teacher) 항목은 교사가 실제로 하고 있는 일에 대한 분석을 바탕으로 하고 있다. 여기에는 교수 역량 분야를 다루고 있는데, 물론 DOTT는 수업에 관한 임무 이상을 포함하고 있다. 어떤 사람들은 교수 이론을 적어도 부분적으로는 자신

들이 초점을 맞추고 있는 학습 과제의 결과 유형에 비추어서 분류하고자 한다. 만약에 그렇다면, 널리 인용되고 있는 Bloom의 『교육 목표 분류 체계(*Taxonomy of Educational Objectives*)』의 최신 버전을 살펴보는 것이 유용하다. AERA와 유럽의 전자메일을 통한 논의를 살펴보면 지난 수년 동안 수정된 분류 체계에 관하여 작업이 진행되고 있다는 것을 알 수 있다.

공학, 특히 교수 공학

다른 난제-과제는 교수 이론과 교수 공학의 상보적 관계로부터 도출된다. 즉, 교수 이론 공동체에 기회와 의무를 동시에 제공하는 관계이다. 첫 번째로 밝힌 난제-과제의 경우와 같이 두 번째 주제도 또한 지식의 사용자뿐만 아니라 지식의 생산자에게 중요한 시사점을 주고 있다.

교수, 교육 혹은 훈련의 쟁점들을 논의할 때 공학이라는 용어가 사용되는 정도에 대하여 인식하지 못하는 경우는 거의 없다. 그러나 어느 누구도 이 용어를 동일한 방식으로 정의하지는 않는다. 공학의 정의, 특히 교수 공학의 정의와 관련된 문제들은 이미 25년 전 공식적인 미국 교수공학 위원회의 한 보고서에서 제시하였듯이 결코 새로운 문제는 아니다(McMurrin, 1970; Tickton, 1970, 1971). 이 위원회에서는 공학을 단순히 기계 혹은 "장치"로 파악하는 것이 잘못된 것이며, 독립적으로 존재하는 다양한 형태의 매체, 하드웨어와 소프트웨어로 간주하는 것도 적절한 것이 아니라는 점을 밝히고 있다. 이들이 제안하는 것은 보다 광범위한 접근이 "교육의 발전을 위하여 공학이 공헌할 수 있는 중요한 해법이 될 수 있다"는 것이다(McMurrin, 1970, p. 19). 이들은 교수 공학의 정의를 다음과 같이 제시한다.

교수 공학은 구체적인 목표에 관한 학습과 교수의 전체 과정을 설계하고 실행하고 평가하는 체계적 방식이다. 교수 공학은 인간의 학습과 의사소통의 연구에 기초를 두며, 보다 효과적인 수업을 만들기 위하여 인간 및 인간 외적인 자원들을 통합한다. (McMurrin, 1970, pp.5. 19)

이와 같은 폭 넓은 정의에 따르면, 교수 이론은 교수 공학의 매우 중요하면서도 핵심적인 부분이 된다. 그러나 공학에 관하여 좁은 정의를 사용한다 하더라도 교수 공학과 교수 이론은 매우 밀접한 상호보완적인 관계에 있다. 공학이 포함되는 좋은 학습 경험은 다음과 같은 몇 가지 이유 때문에 좋은 교수 이론에 바탕을 둘 때 최고의 상태가 될 수 있다. 첫째, 교수 이론은 수업을 일종의 조직화된 방식으로 파악하게 해 준다. 교수 이론에 의하여 상이한 수업-학습 활동 유형에 따라서 어떤 일이 발생할지, 그리고 왜 그러한 일이 발생하는지 "알게 된다." 또한 교수 공학 자원의 실행과 효과를 평가하는 적절한 방법을 제시하여 준다. 반대로, 교수 이론의 실제적 적용은 지식의 생산자들이 교수 이론을 "검증"하는 중요한 기회와 수업에 관한 개념화에 있어서 어떠한 수정이 필요한지 확인할 수 있는 기회를 제공하며, 일반적으로는 보다 나은 교수 이론의 개발을 촉진한다. 제26장에서 Reigeluth와 Frick은 강사들이 (a) 자신들이 놓인 실제 상황에 특정 교수 이론이 얼마나 유용한지를 평가하며, (b) 그 이론이 어떻게 개선될 수 있는가에 관한 아이디어를 도출하게 하는 일반적인 지침과 구체적인 방법들의 예들을 제시하고 있다. 여기에 제시된 것 이상의 이론-공학과 이론-실천의 쟁점에 관한 보다 광범위한 논의가 필요한 독자들은 Seels(1997)와 Salisbury(1988)의 논문이 제시한 논점과 이 두 논문이 실린 학술지의 다른 논문들을 참고할 수 있다.

교수 공학과 교수 이론 사이의 긴밀한 관계는 기술의 몇몇 형태(텔레비전, 컴퓨터, 멀티미디어 시스템, 인터넷 등)가 학습을 어느 정도 촉진할 수 있는가와 관련된 지난 수십 년 동안의 일련의 논의에서도 확인할 수 있다. 1980년대 이후 많은 논의들은 1983년 Richard Clark가 *Review of Educational Research* 학술지에 발표한 『매체에 의한 학습 연구를 다시 생각하며(*Reconsidering Research on Learning from Media*)』에 의하여 자극을 받았으며, 또한 이 논문을 지속적으로 인용하고 있다. 이 논문과 후속 논문 등을 통하여 (예컨대, Clark, 1992, 1994) Clark는 일종의 전달 체제로서 기술은 실제로 수업에 어떤 의미 있는 결과를 가져올 수 있는 것이 아니라는 입장을 견지하고 있다. 그의 입장을 이해한 바에 의하면, 학습에 영향을 미치는 것은 우리가 전달 체제를 가지고 하는 그 무엇 즉, 사용한 교수 방법, 수업이 설계되는 방식이라는 것이다. Van Horn(1998)은 "미래의 학교를 구조화하는데 사용되는 교수 설계는 오늘날의 설계와 다를 것이다"(p. 556)라는 제안을 하였다. Van Horn은 자신의 논문에서 Clark의 입장에 동의하는지 혹은 동의하지 않는지를 밝히지 않았다. 그러나 기술적 능력에 의하여 제공될 수 있는 상호작용성을 활용하여야 한다는 그의 강조는 기술이 학습에 영향을 주는지 여부는 기술을 가지고 우리가 설계하는 수업-학습의 유형에 크게 의존할 수도 있다는 관점을 지지한다.

두 번째의 난제와 과제는 다음과 같다.

난제: 어떻게 교수 이론을 교수공학의 적용을 건설적으로 설계하는데 활용할 수 있는가? 또한 어떻게 교수공학의 적용을 향후 교수 이론의 개발을 촉진하는데 활용할 수 있는가?

과제: "기술이 교육과정과 수업을 주도"하는 것이 아니라 "교육과정(curriculum)과 수업이 기술을 주도"할 수 있도록 도움을 줄 수 있는 방법을 확인하라. 교수 이론이 강사들로 하여금 기술적 자원들을 언제 어디에서 어떻게 활용하는지 결정하는 것을 도와 주는 방식을 알려 주어라. 또한 이러한 활동을 하는데 교수 이론이 어떤 제한점을 가지고 있는지를 알려 주어라. 교수 이론의 변화, 개선점 그리고 필요한 수정 사항이 무엇인가를 솔직하게 확인하고, 교수 이론 이외에도 어떤 이론과 모형들이 필요한지를 알려 주어라. 어떤 교수 이론이 선정되어야 하는지를 결정하는 방법을 알려 주어라. 수업의 실제가 이론으로부터 도출된 아이디어에 의하여 수정될 필요가 있듯이, 기술을 기반으로 하는 수업의 활용 측면에 비추어 볼 때 교수 이론의 어떤 측면들이 변화될 필요가 있는지를 고려하라.

이러한 교수공학-교수이론의 관계는 학교와 대학이 새로운 자원을 획득하고 사용하는 흥미로운 방법에서도 분명하게 드러난다. 비록 어떤 일화에 있는 정보를 일반화하는 것에 주의를 기울여야 한다는 생각이 여기에서도 적용될 수는 있지만, 내가 알고 있는 것을 소개하고자 한다. 왜냐하면 이런 것들이 교수 이론에 대한 보다 높은 강조를 하는 입장에서 드러나는 경향을 보여 줄 수 있기 때문이다.

1980년대 중반 무렵, 학교의 컴퓨터 교사와 정보기술 담당 교사를 위한 두 개의 프로젝트가 국립 과학 재단(National Science Foundation)에 의하여 수행되었다(Aiken & Snelbecker, 1991; Snelbecker, Bhote, Wilson, & Aiken, 1995). 나는 지난 몇 년 동안 대학과 초중등학교의 기술 계획 사업의 참가자로도 활동을 하였다. 여기서 교수 공학자와 교수 설계가 1980년대에 비하여 1990년대에 두드러지게 많이 언급된다는 것을 발견하게 되었다. 개인용 컴퓨터가 교육과 훈련의 현장에 도입되기 시작한 초기 시점에는 강사들과 교육자들은 컴퓨터가 보급되는 것에 대하여 대단히 흥분하는 것처럼 보였다. 그런데 최근에는 강사와 교육자들은 컴퓨터를 가지게 되는 것 자체에 만족하지 않고, 왜 그리고 어떻게 컴퓨터와 다른 기술 자원들이 수업을 촉진하는지 물어 보는 것처럼 보인다.

나는 훈련과 교육 현장에서 다음과 같은 이야기를 계속 듣고 있는데 이것은 무척이나 중요하다. "교육과정과 수업이 기술을 주도하여야 한다. 기술이 교육과정과 수업을 주도하여서는 안 된다." 나를 놀라게 하는 것은 이러한 이야기를 하는 사람들이 교수 이론 예찬론자들이 아니라는 점이다. 대신 많은 경우에 "기술 분야 사람들"이 이러한 이야기를 하고 있다. 예컨대, 컴퓨터와 인터넷 그리고 다른 기술적 자원에 전문성을 가지고 있는 사람들이 모두 다 말하기를 자신들은 이미 하드웨어, 소프트웨어 등에 대해서는 많이 알고 있으며, 더 알고자 하는 것은, 이렇게 기술이 지원하는 학습이 실제로 학습자를 도와 줄 수 있는 방법에 대해서 이해하는 것이라는 점이다.

따라서 나는 대학교와 학교의 기술 도입을 기획하는 모임에서 많은 사람들이 하드웨어와 소프트웨어의 구입이 전부가 아니라는 주장을 하는 것을 보게 된다. 점점 보다 많은 사람들이 주장하기를 기술을 구매하는 결정은 이러한 자원들이 결국 수업과 학습에 어떤 결과를 가져오는가에 근거를 두어야 한다는 것이다. 두 곳의 고등 교육 협회에서 보여 주고 있는 주장과 활동은 "교수"와 "학습"이 어떻게 보다 밀접하게 "기술"과 연결될 수 있는가를 보여 주고 있다. 지난 수 년 동안에 걸쳐서 미국 고등 교육 협회(American Association for Higher Education, AAHE)는 전자메일을 활용한 논의를 지원함과 동시에 미 전역에 걸쳐서 각종 대학의 기술 도입 기획을 지원하고 촉진하였다. AAHE의 전자메일을 활용한 논의에서 한 중재자

는 미 전역에 걸쳐서 이러한 기술 도입 기획 활동에 적극적으로 참여하고 있는데(Gilbert, 1998) 다음과 같은 주장을 하였다. AAHE는 지난 15년 동안 관찰한 것을 토대로 기술 도입 기획을 위한 세 측면의 접근을 활용하고 있는데, 세 측면 중 한 가지만 단독으로 기능을 하는 경우는 없었다는 것이다. AAHE는 위에서부터 아래로(총장 혹은 학장의 리더십), 아래로부터 위로(제도적 지원이 거의 없이 개별 교수들의 활동), 그리고 "전염" 모형(선도자들의 활동을 널리 알리고 이러한 열정이 다른 사람들을 wjs염시키는 것을 기다리는 것) 접근 세 가지를 통합적으로 활용하는 것을 제안한다. 여기서 매우 중요한 점은 이러한 세 측면의 접근을 지원하는 대학교 혹은 대학의 운영체가 더 이상 "기술 도입 기획 위원회"가 아니라 교수, 학습, 기술 위원회(Teaching, Learning, and Technology Roundtable)라는 공식 명칭을 가지고 있다는 점이다. 이와 유사하게 교사 교육 방식을 변화시키려는 기관에서 발표한 것도(이 글을 쓰기 위하여 준비하는 과정에서 미국 교사교육 대학 협회로부터 받은 것) "기술"보다는 "교수와 학습"에 대한 주된 강조를 보여 주고 있다.

대학의 "교수, 학습, 기술" 집단뿐만 아니라 점점 더 많은 학교에서 교수 이론의 구성과 활용에 대한 많은 질문과 쟁점들이 있을 것이라는 점을 예상할 수 있다. 교수 이론은 수업을 설계하는 데에 유용할 뿐만 아니라, 기술 자원의 긍정적 및 부정적 효과를 평가하기 위한 적절한 수단을 확인하게 한다는 점에서도 도움이 된다. 또한 교수 이론은 어떻게 다양한 기술 기반 수업 측면이 "일상적인" 수업의 제공 방식을 향상시킬 수 있는가를 분명하게 하며, 적어도 현재와 미래의 기술들이 어떻게 수업의 과정과 결과를 변화시킬 수 있는가를 확인하게 한다. 예컨대, "서서 강의하는" 강사, 컴퓨터, 멀티미디어 시스템, 인터넷, 그리고 다른 수

업 제공 방식이 무엇을 제공하여야 하는가를 고려할 필요가 있다. 이 입장은 제2장에서 내가 밝힌 것과 비슷한데, 거기에서 나는 다양한 이론들이 우리들에게 제공한 것에다가 추가로 더할 "부가가치"가 어떤 것이 있는지 확인할 필요가 있다고 밝혔다.

다른 곳에서(Snelbecker, 1993), 나는 두 가지 제안을 더 하였다. 나는 실제적 현장의 요구와 특성에 기반을 둔 이론들을 선정하여야 한다는 점을 밝혔다. 또한 동일한 실제적 현장일 경우에, 비록 구성주의와 행동주의처럼 서로 "경쟁하는" 이론들이라고 하더라도 상이한 이론을 통합하여 사용할 수 있는 설계 및 개발 전략을 사용하여야 한다는 주장을 하였다. 우리는 상이한 "전달 체제"의 독특한 특성을 최대한 활용하는 것을 안내하는 수업 설계 방식을 확인하는 기회와 의무를 가지고 있다. 이러한 기회와 의무는 또한 새롭게 등장하는 교수 이론을 검토하고 개선할 수 있도록 도와 줄 것이다. 교수 이론이 수업을 변형[혹은 "재공작 (re-engineering)"]하는데 도움을 줄 수 있듯이, 실제로 적용된 사례들이 수업을 개념화하는 우리의 관점과 심지어는 방법을 변형할 수 있도록 도와 줄 것이다. 따라서 교수 공학이 적용된 사례들은 교수 이론의 공동체를 위한 기회이자 책임이 될 것이다.

4. 요약

이 책은 광범위한 교수 이론을 포함하고 있다. 우리가 여기에서 본 이론들과 미래에 나타날 많은 이론들은 축복이면서 동시에 걱정거리이다. 매우 많은 정보들을 활용할 수 있다는 것은 대단한 일이나 정보의 증가는 때때로 사람들을 압도한다. 지식의 사용자뿐만 아니라 생산자도 주어진 이론

을 다양한 관점에서 검토하고, 각 이론들의 공헌점을 인식하기 위해서 교수 관련 지식을 전체적으로 검토하는데 도움을 받아야 할 것이다. 기술과 관련된 학습의 모험적 시도들은 교수 이론들을 적용할 기회를 증가시키고 있다. 그러나 그러한 기회들은 현재와 미래에 개발된 교수 이론을 검증하고 개선해야 할 책임을 포함하고 있다.

참고문헌

Aiken, R. M., & Snelbecker, G. E. (1991). Hindsight: Reflections on retraining secondary school teachers to teach computer science. *Journal of Research on Computing in Education*, *23*(3), 444-451.

Bruner, J. (1960). *The process of education*. New York: Random House.

Bruner, J. (1 966a). Learning about learning: A conference report. *Cooperative Research Monograph*, *15*.

Bruner, J. (1966b). *Toward a theory of instruction*. Cambridge, MA: Belknap.

Clark, R. E. (1983). Reconsidering research on learning from media. *Review of Educational Research*, *53*, 445-459.

Clark, R. E. (1992). Media use in education. In M. C. Alkin (Ed.), *Encyclopedia of Educational Research* (pp. 805-814). New York: Macmillan.

Clark, R. E. (1994). Media will never influence learning. *Educational Technology Research and Development*, *42*, 21-29.

Dewey, J. (1900). Psychology and social practice. *Psychological Review*, *7*, 105-124.

Gilbert, S. W. (1998, March 9). Listserv moderator's comment on an e-mail message distributed by AAHE's listserv, aahesgit@Iist.cren.net.

Goldfried, M. R., Radin, L. B., & Rachlin, H. (1997). Theoretical Jargon and the Dynamics of Behaviorism. *The Clinical Psychologist*, *50*(4), 5-12.

Gordon, I. J. (1968). *Criteria for theories of instruction*. Washington, DC: Association for Supervision and Curriculum Development.

Gropper, G. L. (1983). A metatheory of instruction:

A framework for analyzing and evaluating instructional theories and models. In C. M. Reigeluth (Ed.), *Instructional-design theories and models: An overview of their current status* (Vol. 1, pp. 37-53). Hillsdale, NJ: Lawrence Erlbaum Associates.

Harper, R. A. (1959). *Psychoanalysis and psychotherapy: 36 systems.* Englewood Cliffs, NJ: Prentice-Hall.

Joyce, B., & Weil, M. (1996). *Models of teaching* (5th ed.). Needham Heights, MA: Simon & Schuster.

Karasu, T. B. (1986). The specificity versus non-specificity dilemma: Toward identifying therapeutic change agents. *The American Journal of Psychiatry, 143*(6), 687-695.

Landa, L. N. (1983). Descriptive and prescriptive theories of learning and instruction: An analysis of their relationships and interactions. In C. M. Reigeluth (Ed.), *Instructional-design theories and models: an overview of their current status* (Vol. 1, pp. 55). Hillsdale, NJ: Lawrence Frlbaum Associates.

McMurrin, S. M. (1970). *To improve learning: A report to the president and the congress of the united states by the commission on instructional technology.* Washington, DC: U.S. Government Printing Office.

Mosston, M., & Ashworth, S. (1990). *The spectrum of teaching styles: From command to discovery.* New York: Longman.

Salisbury, D. F (1988). Introduction to special issue. *Journal of Instructional Development, 10*(4), 2.

Scriven, M. (1994). Duties of the teacher. *Journal of Pe rsonnel Evaluation in Education, 8*(2),

151-184.

Seels, B. (1997). Introduction to special section: Theory development in educational/instructional technology. *Educational Technology, 37,* 3-5.

Snelbecker, G. 띠. (1983). Is instructional theory alive and well? In C. M. Reigeluth (Ed.), *Instructional-design theories and models: An overview of their current status* (Vol. 1, pp. 437-472). Hillsdale, NJ: Lawrence Erlbaum Associates.

Snelbecker, G. E. (1985). Contrasting and complementary approaches to instructional design. In C. M. Reigeluth (Ed.), *Instructional-design theories in action: Lessons illustrating selected theories and models* (pp. 321-337). Hillsdale, NJ: Lawrence Erlbaum Associates.

Snelbecker, G. E. (1988). Instructional design skills for classroom teachers. *Instructional Development, 10*(4), 33-40.

Snelbecker, G. E. (1993). Practical ways for using theories and innovations to improve training. In G. M. Piskurich (Ed.), *The ASTD handbook of instructional technology* (pp. 19.3-19.26). New York: McGraw-Hill.

Snelbecker, G. E., Bhote, N. P., Wilson, J. D., & Aiken, R. M. (1995). Elementary versus secondary schoolteachers retraining to teach computer science. *Journal of Research on Computing in Education, 27*(3), 336-347.

Tickton, S. G. (Ed.). (1970/1971). *To improve learning: An evaluation of instructional technology* (2 volumes). New York: R. R. Bowker.

Van Horn, R. (1998). Power tools: Tomorrow's high-performance courseware: A rough sketch. *Phi Delta Kappan, 79*(7), 556-558.

찾아보기

<〈ㅇ〉>

〈ㅈ〉

〈ㅊ〉

〈ㅋ〉

\<기타\>

역자 소개

최 욱 (14장, 15장, 22장 번역)

고려대학교 교육학과 졸업(1985)
University of Minnesota 교육공학 석사(1988)
Indiana University 교육공학 박사(1995)
현, 경인교육대학교 교육학과 교수
kwkchoi@gin.ac.kr

박인우 (17장, 24장, 25장 번역)

서울대학교 교육학과 졸업(1988)
서울대학교 교육공학 석사(1990)
Florida State University Ph. D.(교육공학)(1993)
현, 고려대학교 교육학과 교수
parki@korea.ac.kr

변호승 (10장, 18장, 23장 번역)

고려대학교 교육학과 졸업(1989)
고려대학교 대학원 교육학 석사(1991)
Indiana University 교육공학 박사(2000)
현, 충북대학교 교육학과 교수
hobyun@chungbuk.ac.kr

양영선 (7장, 11장, 16장 번역)

이화여자대학교 교육공학과 졸업(1981)
University of Pittsburgh 교육공학 석사(1985)
Florida State University 교육공학 박사(1990)
현, 관동대학교 교육공학과 교수
ysyang@kd.ac.kr

왕경수 (1장, 3장, 9장 번역)

서울대학교 사대교육학과 졸업(1981)
서울대학교 교육심리학 석사(1988)
Indiana University 교육공학석사
Indiana University 교육공학 및 인지과학(복수전공)
박사(1996)
현, 전북대학교 교육학과 교수
kswang@chonbuk.ac.kr

이상수 (13장, 19장, 20장 번역)

부산대학교 교육학과 졸업(1988)
부산대학교 교육방법 석사(1990)
Florida State University 교육공학박사(1999)
현, 부산대학교 교육학과 교수
soolee@pusan.ac.kr

이인숙 (4장, 5장, 8장 번역)

이화여자대학교 시청각교육학과 졸업(1980)
이화여자대학교 대학원 시청각교육학과 졸업(1987)
Indiana University 교육공학 박사(1994)
현, 세종대학교 교육학과 교수
inlee@sejong.ac.kr

임철일 (2장, 26장, 27장 번역)

서울대학교 사범대학 교육학과 졸업(1986)
서울대학교 대학원 교육학과 석사(1988)
Indiana University 교수체제공학과 박사(1994)
현, 서울대학교 교육학과 교수
chlim@snu.ac.kr

정현미 (6장, 12장, 21장 번역)

서울대학교 가정대학 졸업(1991)
서울대학교 교육학과(교육공학전공) 석사(1994)
Florida State University 교육공학 박사(2000)
현, 안동대학교 교육공학과 교수
hmc@andong.ac.kr

교수설계 이론과 모형

발 행 일	2005년 9월 1일 1쇄 발행
	2010년 1월 21일 2쇄 발행
	2018년 1월 17일 3쇄 발행
편 저 자	Charles M. Reigeluth
역 자	최욱 · 박인우 · 변호승 · 양영선 · 왕경수
	이상수 · 이인숙 · 임철일 · 정현미
발 행 인	홍진기
발 행 처	아카데미프레스
주 소	10081 경기도 파주시 문발동
	출판정보산업단지 507-9
전 화	031-947-7389
팩 스	031-947-7698
웹사이트	www.academypress.co.kr
등 록 일	2003. 6. 18, 제406-2011-000131호
I S B N	89-91517-05-6

정가 25,000원